KB086833

제4판

# 공학심리와 인간 수행

제4판

# 공학심리와 인간 수행

Christopher D. Wickens, Justin G. Hollands, Simon Banbury, Raja Parasuraman 지음
곽호완, 박창호, 남종호, 이재식, 김영진 옮김

Σ 시그마프레스

# 공학심리와 인간 수행, 제4판

발행일 | 2017년 2월 28일 1쇄 발행

저자 | Christopher D. Wickens, Justin G. Hollands, Simon Banbury,
　　　Raja Parasuraman
역자 | 곽호완, 박창호, 남종호, 이재식, 김영진
발행인 | 강학경
발행처 | ㈜시그마프레스
디자인 | 송현주
편  집 | 김경림

등록번호 | 제10-2642호
주소 | 서울특별시 영등포구 양평로 22길 21 선유도코오롱디지털타워 A401~403호
전자우편 | sigma@spress.co.kr
홈페이지 | http://www.sigmapress.co.kr
전화 | (02)323-4845, (02)2062-5184~8
팩스 | (02)323-4197

ISBN | 978-89-6866-872-2

# Engineering Psychology and Human Performance,
## 4th Edition

Authorized translation from English language edition published by Routledge, an imprint of Taylor & Francis Group LLC
Copyright © 2013 Taylor & Francis

All Rights Reserved.

Korean language edition © 2017 by Sigma Press, Inc. published by arrangement with Taylor & Francis Group LLC

이 책은 Taylor & Francis Group LLC와 ㈜시그마프레스 간에 한국어판 출판·판매권 독점 계약에 의해 발행되었으므로 본사의 허락 없이 어떠한 형태로든 일부 또는 전부를 무단복제 및 무단전사할 수 없습니다.

* 책값은 뒤표지에 있습니다.
* 이 도서의 국립중앙도서관 출판예정도서목록(CIP)은 서지정보유통지원시스템 홈페이지 (http://seoji.nl.go.kr)와 국가자료공동목록시스템(http://www.nl.go.kr/kolisnet)에서 이용하실 수 있습니다.(CIP제어번호 : CIP2017004059)

# 역자 서문

23년 전에 C. D. Wickens의 *Engineering Psychology and Human Performance*(2nd Ed.)를, 13년 전에 그 3판을 번역한 후에 이제 4판을 번역하게 되었다. Wickens가 저자 서문에서 밝혔듯이 이 책은 시스템 디자인에서 인간 정보처리 이론과 실험 결과들을 적용하려는 노력의 산물이다. 이 책은 감각·지각·인지 등 실험심리학의 연구 결과들을 단순히 나열하는 것에서 더 나아가 각 시스템에서의 조작환경이나 인터페이스에서 정보처리 연구 결과들이 서로 어떻게 관련되는지, 오류나 사고를 일으키지 않고 최적의 인간 수행을 낳게 하기 위해서는 시스템이 어떻게 디자인되고 수정되어야 하는지에 대한 기초를 제공한다. 역자가 보기에 한 가지 아쉬운 점은 원저자가 인지심리학자여서인지는 모르겠으나, 실제 시스템의 디자인에 관한 구체적인 실습이나 제안은 약간 미약하다는 것이다. 그렇지만 이 책은 시스템의 인지심리학적·정보처리적 분석에서 매우 출중하다고 판단되며, 실제 시스템의 디자인은 이러한 이론적 이해의 토대에서 특정 시스템을 디자인하는 디자이너의 머릿속에 훈습되어야 할 것이다.

비록 이 책의 많은 부분이 지각·인지심리학의 기초적인 부분에 대한 설명을 제공하고 있기는 하지만, 독자들 중 인지심리학의 기초가 약한 학생들은 내용의 이해에 어려움을 겪을 수도 있다. 따라서 심리학과 또는 산업공학과에서 이 과목을 개설하는 경우, 우선 기초적인 지각·인지심리학 과목 및 인간공학 과목을 수강한 후에 본 과목을 수강하도록 하는 것이 필요하다. 또는 각 장의 내용 중 기초적인 부분에 대한 내용을 숙지하는 학기와 그 응용 및 디자인 실습을 주로 하는 학기 등 두 학기로 나누어 개설하는 것도 좋은 방법이라고 할 수 있는데, 이 책은 분량이나 내용의 방대함으로 인해 한 학기에 소화하기에는 다소 어려울 듯하기 때문이다.

끝으로, 이 책의 출간을 진행하는 데 지원을 아끼지 않으신 (주)시그마프레스의 강학경 사장님과 김경림 과장님께 심심한 감사의 뜻을 전한다. 아울러, 이 책의 번역진 교수들의 노고에도 감사의 뜻을 전하며, 색인 및 교정작업을 도와준 박형규, 변신철, 손영준, 김하진, 엄재영, 허효주, 최효영, 최철원, 하보원, 이민주 등 연구실 학생들에게도 고마움을 표한다.

2017년 2월

# 저자 서문

이번 4판과 이전 판을 포함하여 이 책은 시스템 디자인에 관한 문제와 인지, 실험심리학, 인간 수행에서의 훌륭한 이론적 연구와의 괴리를 해결하기 위해 씌어졌다. 많은 인간-기계 시스템은 원래 목적한 대로 잘 작동하지 못하는데, 왜냐하면 사람들이 주의, 지각, 생각, 기억, 결정 및 행동하는(즉, 수행하거나 정보를 처리하는) 방식과는 부합되지 않는 요구사항이 사용자들에게 부과되기 때문이다. 지난 60여 년간, 인간 정보처리와 인간 수행을 이해하고 모델링하는 것에 관한 엄청난 진보가 이루어졌다. 우리의 목표는 이러한 이론적 진보가 어떻게 인간-기계 상호작용을 촉진시키도록 적용되며, 또 적용될 수 있는지를 보여주는 것이다.

비록 시스템 디자인 문제에 직면한 엔지니어들이 이 책에서 암묵적, 또는 명시적으로 언급된 답이나 가이드라인을 찾을 수 있을지는 모르지만 이 책이 인간공학의 핸드북이 되고자 하는 것은 아니다. 책 안에 있는 많은 참고문헌들이 이러한 가이드라인에 대한 보다 포괄적인 방향을 제공할 뿐만 아니라 실용적인 가이드라인을 어떻게 적용할지 제시한다.

대신, 우리는 보다 직접적으로 인간 정보처리의 심리학적 관점에서 책을 구조화하였다. 각 장의 순서는 디스플레이, 조명, 제어, 컴퓨터, 키보드 등과 같은 시스템 구성요소나 공학 설계 개념의 관점보다 인간이 정보처리를 함에 있어서 정보의 흐름에 상응하도록(즉, 감각으로부터 뇌를 거쳐 행동으로) 하였다. 더욱이, 이 책에 포함된 특정 시스템 디자인 원칙에 대한 추천들 중 많은 것들은 오직 실험실 연구와 이론에 근거한 것이며, 실생활 시스템에서는 아직 검증되지 않은 것들이다.

우리는 이론에 대한 확실한 파악은 좋은 인간요인의 특정 원칙들이 즉시 유도될 수 있도록 하기 위한 강한 기반을 제시한다는 것을 확실히 믿는다. 따라서 우리가 염두에 두는 독자는 (1) 심리학을 공부하는 학생으로서, 이들은 다른 과목에서 직면한 심리학의 이론적 원리를 실제 세계에 응용하는 데 많은 영역들 간의 관련성을 깨닫게 될 것이다. (2) 공학을 공부하는 학생으로서, 인간이 상호작용하는 시스템을 디자인하고 개발하는 것을 배우는 동안 인간요인의 핵심인 인간 한계의 본질뿐만 아니라 그 한계에 내재하는 인간 수행과 정보처리의 이론적 원리들에 대한 진가를 발견할 것이다. 그리고 (3) 공학심리학, 인간 수행 및 인간공학 분야의 실제적 응용가로서, 심리학의 원리 및 이론과 시스템 디자인에서의 이슈 간의 긴밀한 협응을 이해할 수 있을 것이다.

이 책의 12개 장은 인간 수행 요소들을 폭넓게 망라한다. 제1장에서 인간요소와 시스템 설계의 넓은 프레임 안에서 공학심리학이 자리매김을 한다. 제2장부터 제8장까지는 지각, 주의, 인지(공간 및 언어), 기억, 학습 및 의사결정에 대해 다루는데, 각각 인지심리학의 영역에서 잠재적인 응용방안이 강조될 것이다. 제9장과 제10장은 제어 행동의 선택과 실행, 오류, 시분할을 다룬다. 제11장은 **신경인체공학**(neuroergonomics)이라는 새로운 분야의 관점으로부터 작업부하, 스트레스, 개인차와 같은 3개의 더욱 통합적인 개념에 대해서 다룬다. 제12장에서는 인간-자동화 상호작용이란 주제에 대해 다루고 있다. 마지막으로, 에필로그에서는 앞의 장들을 초월하는 특정한 중요 문제들을 강조한다.

비록 총 12개의 장들은 서로 연결되어 있지만 (사실 인간 정보처리의 구성요소라는 점에서도 그렇다), 이 중 특정 장들이 강의 요목에서 누락되더라도 여전히 응집성 있는 전체의 모양을 갖추도록 구성되었다. 예를 들어, 응용인지심리학 과목이 개설되는 경우는 제1~8장, 그리고 제10장을 포함하면 되고, 공학응용에 보다 강조가 주어지면 제1, 2, 4, 5, 9, 10, 11, 12장과 에필로그가 포함될 수 있다.

## 이번 판에서 새로운 점

3판 이후로 변화된 것은 다음과 같다.

- Raja Parasuraman과 Simon Banbury가 새로운 공동 저자로 참여하였다.
- 의학과 건강관리 응용 분야에 대한 참고문헌을 대폭 보강하였다.
- 노령화 인구의 인지에 대해 변화한 점과 관련된 참고문헌을 대폭 보강하였다.
- 읽기 쉽고, 상식적인 예시들에 대한 강조를 많이 하였다.
- 48개의 새로운 그림들을 추가하였다.
- 많은 새로운 연구들에 대한 인용구가 추가되었다.

새로운 실험과 연구를 적절하게 결합시키는 것뿐만 아니라 3판과 달리 4판에서 많은 변화를 주었다. 첫 번째, 우리는 스트레스, 작업량, 개인차에 대해 많은 내용이 통합된 신경인체공학이라는 새로운 장을 추가하였다. 두 번째, 공간적 인지, 의사결정, 자동화 및 멀티태스킹에 대한 장들을 상당히 수정하였다. 여기에 방해 관리(interruption management)와 산만한 운전(distracted driving)이 포함되어 있다. 이 두 영역은 사회 문제에 공학심리학적 이론을 적용하는 설득력 있는 예시를 보여준다. 이러한 추가된 것들을 보완하기 위해서 수동 제어와 처리 제어 대한 많은 복잡한 내용을 삭제하였다. 세 번째, 고령자가 정보를 어떻게 처리하는지에 대한 더 많은 예시를 추가하였다.

네 번째 확실한 변화는 2명의 유능한 공동 저자가 참여한 것이다. Raja Parasuraman은 자동화와 신경인체공학에 전문적 조언을 주었고 반면에 Simon Banbury는 인지, 기억, 청각적 처리 과정에 기여하였다. 마지막으로, 세 번째 밀레니엄이 시작되는 시기에 이러한 유능한 인재의 참가로 우리는 공학심리학의 가장 최근 정보를 덧붙여서 새 책의 내용을 풍성하게 할 수 있었다. 대략 1,000개의 새로운 참고문헌들(대략 인용구의 50%)이 추가되었다.

## 각 장별 변화

### 제2장

- 퍼지 신호탐지 이론의 새로운 기술에 대한 부분이 추가되었다.
- 실험실 내외적으로 경계에 대한 새로운 부분이 추가되었다.

### 제3장

- 선택적 시각 주의와 안구 운동의 새로운 처리 모델이 추가되었다.
- 잡동사니에 대한 새로운 부분이 추가되었다. 이는 또한 후반부에 나오는 지도 잡동사니에까지 확장되어 있다.
- 일터와 학교에서 소음의 방해에 대한 새로운 내용이 추가되었다.

### 제4장

- 직·간접적인 지각에 대한 새로운 섹션이 추가되었다.
- 3D 보기에서 착시에 대한 새로운 섹션이 추가되었다.
- 입체 디스플레이에 대한 새로운 섹션이 추가되었다.

### 제5장

이 장은 3판의 상당 부분을 수정하고 재구조화하였다. 그리고 공간 인지, 항행, 수동 제어라고 제목을 붙였다. 이전 판의 수동 제어 장의 많은 내용을 통합하는 한편, 이전 판들의 많은 구체적인 세부사항들을 삭제하였다. 새로운 장은 다음 내용을 포함한다.

- 공간의 인지적 표상과 참조 변환 틀에 대한 새로운 섹션을 추가하였다.
- 공간 변환의 전산화된 모형에 대한 새로운 섹션이 추가되었다.
- 2D와 3D 지도의 디자인 응용에 대한 새로운 주요 섹션이 추가되었다.
- 환경적 디자인에 대한 새로운 섹션이 추가되었다.
- 시각 타성의 중요한 디스플레이 원리에 대한 새로운 섹션이 추가되었다.
- 가상환경에 관해 확장된 부분은 증강현실과 가상 및 증강현실의 문제점에 대해 더 많은 내용을 포함한다.

## 제6장

- 청각적 아이콘에 대한 새로운 부분을 포함한다.

## 제7장

- 일상적인 기억에 대한 새로운 부분이 추가되었다.
- 미래계획 기억에 대한 새로운 부분이 추가되었다.
- 집단 내 조작에 의한 교류적 기억에 대한 새로운 부분이 추가되었다.
- 상황인식의 범위를 확대하였다.

## 제8장

의사결정에 관한 이 장은 상당히 많이 수정되었다. 손실 회피, 의사결정 피로 및 '직관적' 의사결정에 대한 많은 최근 연구 결과를 포함한다.

- 의사결정에서 노력과 메타 인지의 역할에 관한 두 가지 새로운 부분을 추가하였다.
- 전문성과 경험의 역할에 관한 통합적인 부분을 추가하였다.

## 제9장

행동 선택에 관한 이 장은 이전 판의 다른 장에서 다룬 인간 오류에 관한 내용을 통합하였다. 반응시간에서 단계들에 관한 광범위한 내용 중 일부는 삭제되었다.

## 제10장

이 장은 오직 멀티태스킹에만 초점을 맞추어 상당히 수정되었다. 다음과 같은 내용을 포함한다.

- 멀티태스킹의 전산화된 모델에 대한 새로운 부분이 추가되었다.
- 실행제어에 대한 새로운 부분이 추가되었다.
- 방해 관리에 관한 새로운 부분이 추가되었다.
- 부주의한 운전의 원인에 대한 강조와 운전 중 휴대전화 사용과 해결책에 관한 새로운 주요 부분이 추가되었다.
- 능력, 전문성 및 노화와 관련된 차이에 초점을 맞추어 멀티태스킹에서 개인차에 관한 새로운 주요 부분이 추가되었다.

## 제11장

심적 작업부하, 스트레스, 개인차 : 인지적 및 신경인체공학적 관점. 이전 판에서도 정신적 부하와 스트레스에 관한 많은 내용들을 포함하고 있었지만 이 장은 새롭다. 다음과 같은 내용을 포함한다.

- 인간요인과 신경생리학을 통합하여 신경인체공학적 접근으로 새로운 부분을 기술하였다.
- 부하 측정에 대해 신경인체공학적 접근의 범위를 대폭 확대하였다.
- 작업기억과 실행제어의 차이, 분자유전학적 차이, 그리고 이들과 인지적 차이와의 관계, 그리고 신체 장애로부터 발생하는 차이를 포함한 개인차에 대해 뇌-컴퓨터 인터페이스(Brain Computer Interface)의 최근 연구에 초점을 맞춘 새로운 섹션을 추가하였다.

### 제12장

자동화. 이 마지막 장에서 처리 제어에 대한 부분은 삭제하였고 다른 장으로 이관하였다. 대신에, 현재 판에서는 오로지 인간-자동화 상호작용에 대해서만 다루었고 이것은 이전 판의 두 배 이상의 분량이다. 확장된 범위는 다음과 같은 새로운 부분을 포함한다.

- 사건, 사고와 관련된 자동화
- 자동화의 수준과 단계
- 자동화 복잡성
- 자동화 상태와 행동에 대한 피드백
- 자동화에 대한 의존과 신뢰
- 인간-자동화를 위한 설계 : 에티켓

### 에필로그

마지막으로, 이 책은 끝부분에 중요하고 반복되는 여러 주제를 통합하여 짧게 다루는 에필로그를 포함한다.

## 부록

안내 사이트(www.routledge.com/9780205021987)로 들어가면 수강생 및 강사를 위한 추가 수업자료를 참고할 수 있다.

# | 차례 |

## 07  기억과 훈련

## 08  의사결정

## 09 행위의 선택

## 10 중다과제 수행

## 11 심적 작업부하, 스트레스, 개인차 : 인지적 및 신경인체공학적 관점

# 12 자동화와 인간 수행

# 에필로그

# 01 공학심리학과 인간 수행의 소개

인간요인 공학의 분야는 서로 밀접히 연결되어 있는 인간-시스템 통합(Booher, 2003), 인간-컴퓨터 상호작용(Shneiderman & Plaisant, 2009, Sears & Jacko, 2009), 그리고 사용자-인터페이스 디자인(Buxton, 2007) 분야와 함께 인간이 어떻게 기술과 상호작용하는지를 다룬다. 이 분야는 제2차 세계대전 발발에 즈음하여 태동한 이후, 왜 비행기 조종사가 매우 좋은 비행기를 추락시키는지(Fitts & Jones, 1947), 영국 해협을 넘어 침범하는 적기에 대한 경계가 왜 그리 소홀한지(Mackworth, 1948) 또는 학습 이론을 사용하여 군인을 더 잘 훈련시키려면 어떻게 적용하여야 하는지(Melton, 1947) 등의 문제를 이해하고 돕기 위해 실험심리학자가 기용되면서 빠르게 발전을 거듭하였다. 그로부터 70~80년이 지나면서, 이 분야는 소비자 제품, 사업, 고속도로 안전, 원격통신 분야로 성장하였고 가장 최근에는 건강 관리 영역으로도 확장되었다(Kohn, Corrigan, & Donaldson, 1999).

## 1. 정의

### 1.1 공학심리학

이 책은 인간요인이라고 하는 광범위한 분야 내에서 **공학심리학**(engineering psychology)(Proctor & Vu, 2010)에 초점을 두고 있다. 공학심리학이 '목 위로부터 인간요인(인간요인의 정신적인 부분)'에 초점을 두고 있는 반면, 인간요인의 많은 응용들은 허리 부상, 피로, 작업 생리와 같은 '목 아래(인간요인의 신체적인 부분)' 문제에 초점을 두고 있다. 후자가 지향하는 초점의 대부분은 작업연구로서 **인체공학**(ergonomics) 분야에 포함되는데, 실제로는 이 고전적인 인체공학 연구로 인해 자연스럽게 '목 위의' 인간 작업에 초점을 두는 **인지인체공학**(cognitive ergonomics) 그리고/또는 **인지공학**(cognitive engineering)의 연구를 낳았다(Vicente, 1999; Jenkins, Stanton, et al., 2009). 공학심리학과 인간요인 공학의 추가적인 차이점(Wickens, Lee, Liu, & Gordon-Becker, 2004)은 인간요인 공학이 공학심리학에 비해 제품이나 워크스테이션 등의 설계와 평가에 훨씬 더 많이 초점을 둔다는 것이다. 결국 공학심리학은 공학의 하위 분야가 아니라 심리학의 하위 분야이다.

따라서 공학심리학은 심리학의 넓은 분야 내에서 기술될 수 있고, **응용심리학**(applied psychology)이라는 다소 좁은 하위 분야로도 기술될 수 있다. 후자에서 행동의 연구는 산업, 학교, 상담, 정신질환, 스포츠 같은 실험실 밖 분야의 행동과 인지에 관한 원리와 이론의 적용에 초점을 맞춘다. 이러한 넓은 응용 영역 중에서 공학심리학은 **업무현장**(교통수단과 가정에서의 측면을 포함하는 것까지 확장하여)의 수행에 초점을 두는 경향이 있으며, 이런 이유로 공학심리학의 특징은 다시 인체공학, 작업연구, 특히 인지인체공학과 긴밀한 관계를 갖는다.

공학심리학의 독특함을 강조하기 위해 공학심리학이 인지인체공학과 구분되는 특징을 꼽는다면 그것은 바로 공학심리학이 업무현장에 적용 가능한 뇌, 행동, 인지 **이론**에 필수불가결하게 강한 기반을 두고 있다는 점이다. 인지인체공학의 경우에도 확실히 이론이 없지는 않겠지만, 그 분야는 이론으로 직접 해석되기 어려운 정도의 과제 기술과 분석, 디자인, 설계 원칙에 대해서도 초점을 확장한다.

공학심리학이 기초 심리학 분야(특히 실험심리학)로부터 구분되는 것은 공학심리학의 영역이 반드시 이론과 원리들의 응용을 고려해야 하는 반면, 기초 심리학 분야는 그럴 필요가 없다는 점이다. 두 가지 관련된 영역의 연구를 위한 세 가지 함의가 있다. 첫째, 실험심리학은 **실험 통제**(experimental control)에 대한 문제들을 매우 중시한다. 모든 변수들은 실험 내에서 조작되는 것을 제외하고 일정하게 유지되어야 한다. 둘째, **통계적 유의성**은 종종 **실용적 유의성**에 압도적 영향을 미친다. 다시 말해서, 실험실에서 측정된 10ms의 효과는 흥미로운 발견의 신호가 될 수 있다. 그러나 그러한 효과들은 실험실 밖의 업무현장에서는 제한된 유용성에 그칠 수 있다. 셋째, 기본적인 실험실 연구에서 참가자의 과제는 통상 이론적 이유 때문에 실험자에 의해 설계된다.

반면에, 공학심리학의 실험 연구에서 통제에 대한 고려가 여전히 필요하기는 하지만 과도하게 실험적 통제를 하는 순간, 작업현장에서 인간이 수행할 때 상기한 10ms 효과 같은 미미한 것은 여타 다른 인간에 대한 경쟁적인 영향들 속에 '씻겨 버릴(wash out)' 수도 있다. 두 번째 차이는 첫 번째에 관련된 것이다. 공학심리학자는 통계와 통계적 유의성에 관심을 갖기는 하지만 실용적 의미를 고려하지 않으면 특정 발견이나 원칙들이 인간요인 공학자가 관여되는 업무현장에 확장될 수 없다는 것도 깨닫는다. 셋째, 실험참가자에 대한 과제 설계에 있어, 공학심리학자는 반드시 실험실을 넘어서서 과제들에 대한 적절성을 항상 고려해야 한다. 공학심리학자는 적절한 실제 세상의 맥락과 과제를 이해해야 하며, 이 지식은 실험 과제의 설계에 영감을 주어야 한다.

물론 실제에서는 이러한 구분은 뚜렷하지 않고 흐릿하다. 우리는 무엇이 '작업현장'인지, 무엇이 작업현장이 아닌지를 정의하는 것이 모호하다는 것을 알고 있다. 예를 들어, 고속도로 안전이 공학심리학 영역 내에 속하지만, 그렇다고 해서 운전자가 트럭을 운전하는 이유가 일 때문인지 즐기기 위해서인지는 관여하지 않는다. 이런 흐릿함의 또 다른 예로, 때때로 목 아래에 있는 문제들이 목 위의 문제로 영향을 준다(마치 우리가 형편없이 설계된 물리적 작업환경에서 발생한 불편함으로 인해 정신적으로 산만해지는 것처럼). 더욱이 인간 요인 공학에 의해 다루어지는 많은 설계 이슈들은 공학심리 원리에 지배된다(Peacock, 2009). 그 설계가 실험실 밖에서 평가될 때, 그 결과들이 그 설계의 기반이 되는 원리들을 개선하기 위한 더욱 통제된 실험을 이끌어내게 된다. 그리고 같은 방법으로 학습이 이루어지고 공학심리학자들에게 직면된 도전들은 기초 심리학자들에게 어디에 새로운 이론이 필요한지 또는 어디에 오래된 이론이 요구되는지에 대한 정보로 항상 피드백 되어야 한다. 실험심리학자들은 실제 세상의 환경에서 그들의 모형과 결과의 한계에 대해 종종 흥미를 가지며, 이러한 피드백을 제공함으로써 공학심리학자들이 그 적용이 고려되었는지 확인하는 데 도움을 준다.

### 1.2 인간 수행

이 책 제목의 두 번째 부분인, **인간 수행**(human performance)에 대해서도 약간의 설명이 필요하다. 여기서, 우리의 강조점은 수행의 질에 대한 것이며(다시 말해, 좋거나 혹은 나쁘거나) 우리는 통상 '3개의 큰' 측정을 떠올린다.

- 속도(더 빠를수록 더 좋음)
- 정확도(더 높을수록 더 좋음)
- 주의 요구(일반적으로 더 적을수록 더 좋음)

따라서 인간이 좀 더 빠르고, 정확하게 그리고 감소된 주의 요구와 함께 (이리하여 다른 과제들을 동시적으로 수행할 수 있게끔 하면서) 특정 과제를 수행할 수 있도록 설계에 적용한다면 이것이 공학심리학의 완벽한 원리라고 생각할 수 있다.

물론 우리가 보게 되겠지만, 많은 경우에 이러한 측정들이 실제에서는 서로 교환(trade off) 관계가 될 수도 있다. 더욱이 공학심리학자들은 학습 수준이나 개념의 기억, 장비 하나에 대한 정신적 모형의 질, 과정에 대한 상황인식 수준 또는 결정에서 과잉확신 수준과 같은, 수행에 **직접적으로** 반영되지 않는 많은 인지적 현상에 상당한 흥미를 지니고 있다. 그럼에도, 이러한 것들이 인간 수행 이론의 핵심적인 **매개변인**(intervening variable)으로 주어지는 한, 마지막에는 이러한 모든 인지적 현상들이 업무현장에서 특정 수행 측정으로 표현될 수도 있다.

## 2. 연구 방법

여러 가지 연구 방법들이 인간 수행을 돕는 데 '무엇이 효과적인가'에 관한 이론 기반 원리를 발견하고, 공식화하고, 재구성하도록 하는 데 기용될 수 있다. 이들은 **실험실 실험**에서부터 **루프 내 인간**(human-in-the-loop) 시뮬레이션, 현장 연구, 실제 세계 관찰까지 연속선상에 대략 놓여질 수 있다(Wickens & Hollands, 2000). 실제 세계 관찰은 사용자 **설문조사**, 관찰 **연구** 그리고 **주요 사고**(major accident)의 사례 연구(분석)들로부터 나온 것이다. 건강관리나 비행술 같은 전문분야에서의 경미한 사고 집합들이 작업환경에서 발생되는 에러와 같은 인간 수행 문제에 관한 대형 **데이터베이스**를 구축하는 데 이용될 수 있다. 각각의 방법은 장단점이 있다. 여기서 작업환경에서의 비용이나 정확도 등의 속성들이 연속선상에서 서로 교환하기 때문에 이 모두를 만족하는 '최선의' 방략은 없다. 그리고 효율적인 공학심리학자는 특정 분야에서 실행된 다양한 연구들에 서로 다른 방법들이 사용되어 그들의 결과들이 적절하게 해석된다는 것을 알 필요가 있다.

이 연구 방법들의 무기창고에, 공학심리학 연구에서 점차 유용해지고 있는 두 가지를 추가한다. 이 두 가지는 앞으로 이야기될 장들에서 설명될 것이다. 첫째, **메타분석**(meta-analysis) (Egger & Smith, 1997; Glass, 1976; Rosenthal & DeMatteo, 2001; Wolfe, 1986)은, 하나의 훈련 방법이 다른 것들보다 나은지 아닌지와 같은(그리고 만약 그렇다면 얼마나 나은지) 특정 연구 문제에 관한 연구 분야의 '집약적 지혜'를 끌어내기 위해 여러 연구들로부터 양적 데이터 추출과 통합 방법을 제공한다. 메타분석 방법을 사용하지 않고 여러 연구들을 모두 수행하면 많은 시간이 드는 데 반해, 메타분석은 인간 참가자들로부터 수집된 정보의 많은 복잡성을 피하고 과거 결과에서 양적 특색을 잡아내는 훌륭한 수행을 한다. 둘째, **계산 모형**(computational model)(Gray, 2007; Pew & Mavor, 1998)은 소프트웨어를 통해 인간의 행동과 인지를 모의 실험할 수 있는 편리한 방법이다. 마우스 커서를 움직이는 것이나 필요한 물품을 위해 목록을 검색하는 것과 같은 인간 행동의 비교적 간단한 유형은 자료 수집에 대한 요구 없이 인간 수행에 근접한 자료를 제공할 수 있다.

## 3. 인간 정보처리 모형

다양한 연구환경(실험실 또는 현장 연구)에서 얻어진 수행(속도와 정확성)의 다양한 차원들에 대한 지식은 인간요인 공학자들에게 시스템 설계나 환경적 차이에 의해 수행이 **어떻게** 달라지는지를 이해하도록 돕는다. 그러나 이러한 지식은 왜 수행이 달라지는지에 대해 흥미를 가지는 공학심리학자들에게 항상 충분한 것은 아니다. 예를 들어, 자동차 무선제어의 새로운 인터페이스에 오류가 발생하는 것은 무엇 때문인가?

- 다른 제어기를 건드리지 않고 그 제어기를 조작할 수 없기 때문인가?
- 제어기가 너무 민감해서인가?
- 운전자가 주파수를 올리려면 어느 방향으로 돌려야 하는지 헷갈려서인가?

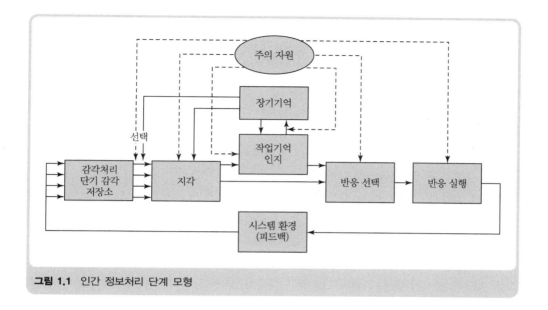

**그림 1.1** 인간 정보처리 단계 모형

● 운전자가 제어판에 있는 아이콘을 이해하지 못해서인가?

설계에 따라 달라지는 심리학 과정 및 운동 과정의 구분은 매우 중요한데, 이것들은 한편으로 기초 심리학적 이론과 연관되어 있고 다른 한편으로는 설계 방안을 위한 다양한 유형들을 확인하게 해주기 때문이다.

그림 1.1에서 보여주는 **인간 정보처리**(human information processing) 단계 모형은 이 책에서 각 장의 구성의 틀을 제공할 뿐만 아니라 시스템과 상호작용하는 다양한 심리적 과정을 분석하거나 과제 분석을 수행하는 데 유용한 틀을 제공한다. 이 모형은 인간 수행 과제와 같은 정보의 흐름을 통상적으로(항상은 아니지만) 특징짓는 일련의 심적 조작 또는 처리 단계를 묘사한다. 교차로를 향하는 운전자의 과제를 예로 들어보자. 그림 1.1을 왼쪽부터 보면, 환경 내 사건은 우리의 **감각**(sense)(시각, 청각, 촉각 등)에 의해 처리되기 시작하고 **단기 감각 저장소**(short term sensory store, STSS)에 약 1초 미만 동안 일시적으로 저장될 것이다. 따라서 교차로에 접근하는 운전자는 교통신호와 지나가는 자동차 그리고 다른 자동차들의 환경적 흐름을 볼 수 있을 것이며, 승객(사람)의 대화와 라디오 소리를 들을 수 있을 것이다.

그러나 감각은 지각이 아니고, 감각적 정보의 커다란 집합체의 일부 중 작은 부분만 실제로 **지각되어진다**(예 : 빛이 노란색으로 바뀌게 되는 것을 지각함). **지각**(perception)은 감각적 신호 또는 사건의 의미를 결정하는 것을 포함하고 이러한 의미는 과거 경험으로부터 유래된 것이다(녹색 신호등은 '조심하라'를 뜻한다). 그림에서 보듯이 이 과거 경험은 사실과 이미지 그리고 세상이 어떻게 작동하는지에 대한 이해로 **장기기억**(long term memory)에 저장된다.

지각 이후, 정보처리는 전형적으로 두 가지 경로 중 둘 다 혹은 하나로 나아간다. 한편으로는 상황을 지각하는 것(이해하는 것)이 광범위한 가능성으로부터 선택되거나 채택된 즉각적인 반응을 일으키는 촉발제가 되기도 한다. 여기서 운전자가 가속장치에서 발을 떼거나 브레이크를 밟는 것은 다양한 요인에 기반한 결정이지만, 이러한 결정은 순식간에 일어나야 한다. **반응 선택**(response selection)에 이어서, 반응은 인간 정보처리 모형의 연속적 단계 중 네 번째 단계에서 실행되는데 어떤 면에서 이 단계는 근육을 포함할 뿐만 아니라 이러한 근육들의 뇌 제어까지 포함한다.

하지만 지각과 상황 이해가 항상 즉각적인 반응을 일으키는 것은 아니다. 지각에서부터 상위 경로를 따라, 운전자는 신호등의 상태(노란불)를 일시적으로 유지하기 위해 **작업기억**(working memory)을 사용한다. 동시에 고속도로를 주사(scan)하고 눈앞에 있는 추가적인 정보(예 : 근접하는 차량이나 주변의 경찰차)를 통해 교차로를 건넌다. 실제로, 많은 경우 모든 지각에 명시적 행동이 뒤따르는 것은 아니다. 당신이 강의실에 앉아서 강연자로부터 흥미로운 사실을 듣고 있다면 그 내용을 노트에 받아 적기보다는 (반응 선택과 실행 없이) 내용에 대해 곰곰이 생각하고 시연해 보고, **학습**(learn)할 것이다. 장기기억에 정보를 저장하기 위해 작업기억을 사용하는 것은 시험에 대비하거나 강의실 밖에서의 적용을 위한 것이다. 더하여, 작업기억의 기능은 단순히 정보를 저장하는 것이 아니라 정보에 대해서 생각하는 것 즉, **인지**(cognition)의 과정이다.

이 부분에서 지각과 작업기억의 과정이 각각 분리된 상자들처럼 구분되는 것은 아니라는 점을 주목한다. 지각 과정과 작업기억 사이에는 흐릿한 경계가 있고, 이러한 이유로 두 번째 단계는 감각 이후이면서 반응 선택 이전 단계로서 일반적으로 **감지된 대상의 해석**을 설명하는 '인지'로 기술될 수 있다. 이 감지된 대상은 때로는 교통신호처럼 순식간에 일어나고, 때로는 강연자에게서 듣고 갖게 된 생각처럼 서서히 일어나는 것이기도 하다.

네 단계와 기억 모형을 결합하기 위해서, 우리는 **피드백**(feedback)과 **주의**(attention)라는 두 가지 중요한 요소를 더했다. 첫째, 많은(전부는 아니지만) 정보처리 과제에서, 실행된 반응은 환경을 변화시키고, 그에 따라 (그림 1.1의 피드백 순환에서 볼 수 있듯이) 감각된 정보의 새롭고 다른 양식을 형성한다. 더하여, 만약 운전자가 가속장치를 밟으면 이는 자동차의 감지된 속도를 증가시킬 뿐만 아니라 새로운 감각정보(예 : 표지판 뒤에 숨어 있던 경찰차가 갑자기 나타나는 것)를 드러낼 것이다. 이러한 과정은 차례로 정지-시작(stop-go)에 대한 반응 선택의 변경을 요구한다.

둘째, 주의는 정보처리의 대부분을 위한 핵심적인 도구이며, 여기에서 주의는 두 가지의 질적으로 다른 역할을 한다(Wickens & McCarley, 2008). 감지되고 지각된 정보의 **여과기**(filter)로서 첫 번째 역할에서 보자면, 주의는 차후의 정보처리를 위해 특정 요소는 선택하고 다른 요소는 막는 것으로서, 그림 1.1에서처럼 입력보다 지각에서 나오는 출력이 더 적다. 그래서 운전자가 교통신호에 완전히 주의를 집중하면 동승객의 대화를 무시하거나 경찰을 보지 못할 수 있다. 두 번째로 주의는 꼭대기에 있는 연료 공급처로부터 이어져 나오는 점선이 나타내듯이, 정보처리의 다양한 단계에 에너지나 **심적 자원**(mental resource)을 제공하는 **연료**(fuel)의 역할을 한다. 어떤 단계는 다른 단계보다 더 많은 자원을 요구한다. 예를 들어, 안개 속에서 신호등을 응시하는 것은 어두운 밤처럼 시야가 분명한 상황에서 보는 것보다 지각을 위해 더 많은 노력이 요구된다. 하지만 우리의 주의 자원 공급에는 한계가 있고, 이러한 이유로 하나의 과제에 요구되는 집합적인 자원은 동시다발적인 과제에 충분하지 않을 수 있으며, 멀티태스킹에 실패를 일으킨다.

그림 1.1은 정보처리(그리고 이 책의 구성) 개념화를 위한 유용한 틀을 제공하고 있지만 문자 그대로 받아들이지 않아야 한다(Wickens & Carswell, 2012). 이와 같이 다른 단계들과 연합되어 있는 기본적인 작용은 다른 뇌 구조와 다소 연관되어 있다(제10장과 제11장 참조). 그러나 이 연합은 뚜렷한 것도 아니지만 엄격한 순서에 따라 단계가 작용하는 것도 아니다. 그러므로 강의를 듣고 있는 학생은 강연자의 말을 시연하면서 동시에 받아 적을 수 있다. 그리고 당연하게, 그림 아래에 있는 주요 피드백 순환은 정보처리 과정 순서에서 고정된 '시작'과 '끝'이 없다는 것을 의미한다. 결국 인간 정보처리는 영감이나 생각, 혹은 무언가를 하려는 의도, 장기기억으로부터 비롯된 어떤 것, 작업기억으로의 흐름, 그다음 반응으로의 흐름, 어떤 지각적 입력 없이도 시작될 수 있다. 그럼에도 불구하고 (곧 살펴보겠지만) 단계 구분은 과제들을 분석하고, 원리를 기술하고, 해결책을 제공하며, 많은 경우 공학심리학에 기반이 되는 이론들을 발전시키는 데 매우 유용하다.

그림 1.1에 나타난 모형은 이 책의 모든 장들을 구성하는 틀을 제공한다. 제2장에서는 하나 혹은 그 이상에 따라 변화하는 자극의 분류와 신호탐지에 관한 기본적인 지각에 대해 논의한다. 제3장에서는 주의 여과기와 주의의 선택적 측면들에 대해서 살펴본다. 제4, 5, 6장에서는 좀 더 복잡한 지각과 인지의 측면에 대해서 다루는데, 공간과 공간 작동을 위한 디스플레이 설계(제4장), 수동 조작(제5장), 그리고 언어(제6장)를 살펴본다. 제7장은 인지의 역할과 작업기억과 장기기억, 그리고 학습과 훈련에 관한 이들의 관련성을 다룬다. 제8장과 9장에서는 행위의 선택을 살펴본다. 제8장 행위의 선택은 작업기억을 포함하는 의사결정의 정교한 과정을 보여준다. 제9장은 신호등에서 행하는 것과 같은 좀 더 신속한 행위에 대해 제시한다. 제10장은 멀티태스킹의 주제를 다루는데, 멀티태스킹은 다양한 단계들의 조합으로서 주의 자원의 제한된 '연료'를 위해 서로 경쟁할 필요가 있다. 제11장에서는 신경인체공학의 관점에서 정신적 작업부하, 스트레스, 그리고 개인차에 대해서 살펴본다. 제12장은 인간-자동화 상호작용, 그리고 마지막 짧은 장은 몇 가지 핵심 주제들을 요약한다.

## 4. 이 책의 교수법

다음 장으로 넘어가기 전에 독자들에게 강조하고 싶은 몇 가지 주의점이 있다.

첫째, 우리는 많은 문헌자료를 인용하기 위해 노력했다. 이 문헌자료는 우리가 제시한 개념, 원리, 결과들 뒤에 가려진 풍부한 연구를 나타낸다. 그렇게 하면서, 단일 연구에서의 구체적인 방법과 연구 결과보다 그 이상으로, 연구의 본론에서 '핵심 메시지'를 강조하기 위해 노력했다. 그렇게 해서, 특정 연구들의 세부사항에 대해서는 대강 넘어갔을지 모르지만 연구들의 주 결론에는 충실했다고 생각한다. 이 책에 실린 풍부한 참고문헌 목록은 호기심 많은 독자에게 독자가 바라는 어느 특정 주제에 대한 좀 더 상세한 세부사항을 찾아볼 수 있도록 한다. 이 책의 이전 간행본을 사용한 많은 과거 학생들은 지금 공학심리학자이거나 인간요인 실무자들인데, 이들의 공통된 의견은 이 책이 강의를 들은 지 오랜 후에도 전문적인 경력을 위한 유용한 참고자료로 남는다는 것이다.

둘째, 독자는 각 장들 사이에서 상호 참고문헌의 풍부한 네트워크를 발견할 것이다. 이것이 발생시키는 어떤 산만함은 인간 수행 복잡성에 대한 인식, 그리고 수행 요소들이 어떻게 뒤섞여서 작업현장에서 적용되는지로 보상되기를 바란다. 간단한 하나의 예시를 들자면, 우리는 **과잉확신**(overconfidence)의 인지적 현상이 다양한 형태로 다양한 단계의 인간 수행과 인지 유형(그러므로 다른 장들)에 걸쳐서 재출현한다는 것을 발견할 수 있다.

셋째, 독자는 고딕체와 **굵은 글씨** 사용 간의 차이에 주목할 것이다. 이전에는 핵심 용어나 개념(각 장의 마지막에 목록으로 정리되어 있다)을 강조하기 위해 사용됐는데, 반면 이제는 독자에게 이미 익숙한 단어나 구문을 강조하기 위해 사용되었다.

마지막으로, 인간요인과 공학심리학의 차이에 걸맞게, 우리는 특정 설계 예시(비록 등한시하지는 않았지만)보다 효과적인 인간 수행(Peacock, 2009)을 돕는 **일반적인 원리들**을 더 강조하는 경향이 있다. 이 책의 자료가 설계 적용에서 진정으로 관심 있는, 인간요인 처치에 적용하여 수행할 수 있는 이들에게 효과적인 '연결'을 제공하길 희망한다(예 : Salvendy, 2012; Wickens, Lee, Liu, & Gordon-Becker, 2004; Peacock, 2009; Proctor & van Zandt, 2008).

요약하자면, 우리의 접근이 기존의 문헌자료와 뚜렷이 구분되는 대조점을 제공하길 바란다. 독자는 인간과학(예 : 심리학, 인지과학, 신체운동학) 또는 응용과학(공학, 컴퓨터 과학)에 관한 사전 지식이 있는 대학원생이거나 심화 전공의 대학생인 경향이 있다. 과학도는 정보처리와 인간 수행에 대해 알려져 있는 것이 어떻게 실제 세계 상황에 적용될 수 있는지에 더욱 흥미를 가질 것이다. 공학도는 심리학과 그 이론들에 대해 더 알게 되기를 바라고, 공학적 제품과 시스템의 설계에 왜 심리학이 중요한지에 대해 흥미를 가질 것이다. 우리는 과학도와 공학도 모두가 이 책이 두 가지 질의 적절한 균형을 갖추고 있다는 것을 알아주기를 바란다.

## 핵심 용어

감각(sense)

계산 모형(computational model)

공학심리학(engineering psychology)

과잉확신(overconfidence)

단기 감각 저장소(short term sensory store, STSS)

매개변인(intervening variable)

메타분석(meta-analysis)

반응 선택(response selection)

실험 통제(experimental control)

심적 자원(mental resource)

여과기(filter)

연료(fuel)

응용심리학(applied psychology)

인간 수행(human performance)

인간 정보처리(human information processing)

인지(cognition)

인지공학(cognitive engineering)

인지인체공학(cognitive ergonomics)

인체공학(ergonomics)

작업기억(working memory)

장기기억(long term memory)

주요 사고(major accident)

주의(attention)

지각(perception)

피드백(feedback)

학습(learn)

# 02 신호탐지와 절대 판단

## 1. 개관

대부분의 시스템에 있어서 정보처리는 환경 속에서 발생하는 사상(event)을 탐지하면서부터 시작된다. 중대한 참사의 경우는 그 사건이 너무도 확연한 것이어서 즉각적인 탐지가 보장된다. 그러나 탐지 자체가 불확실성의 출처나 수행에 있어서 잠재적인 병목 현상에 해당하는 다른 상황들도 많은데, 이러한 경우는 지각 역(threshold of perception) 근처에 있는 사상들을 탐지해야 할 필요가 있기 때문이다. 수화물 검사관이 가방 안에서 휴대가 금지된 다용도 만능 칼을 탐지하게 될까? 방사선과 의사가 X선 정밀검사 중에 비정상적인 부분을 탐지하게 될까?

이 장에서는 관찰자가 신호가 있다 또는 없다고 말하는, 이 세상을 두 가지 상태 중 하나로 분류하는 **신호탐지**(signal detection) 상황을 먼저 다룰 것이다. 탐지 과정은 신호탐지 이론(SDT)의 틀 내에서 모형화될 것이다. 우리는 탐지 과정의 복합성을 이해하고, 탐지가 실패했을 때 무엇이 잘못되었는지를 진단하며, 교정 해법을 제시하는 데 이 모형이 공학심리학자들에게 어떻게 도움을 줄 수 있는지 보여줄 것이다. 또한 우리는 신호탐지 이론의 몇 가지 변형과 언제 그것을 가장 잘 적용할 수 있는지를, 그리고 그것이 우리가 신호탐지 상황을 해석하는 방식을 어떻게 변화시켰는지를 자세히 살펴볼 것이다.

지각이 두 가지 이상의 상태로 범주화되어야 하는 경우, 우리는 **식별**(identification)의 영역으로 이동한다. 먼저, 다수준 범주화의 가장 단순한 형태인 절대 판단 과제를 살펴볼 것이다. 그다음에 좀 더 복잡한 다차원 자극 판단을 살펴볼 것이다. 마지막으로 정보 이론에 관한 좀 더 상세한 사항들을 이 장의 끝에 보충자료로 추가했는데, 여기에는 지각적 오류를 수량화하고 모형화하는 대안이 되는 방식을 기술하고 있다.

## 2. 신호탐지 이론

### 2.1 신호탐지 패러다임

신호탐지 이론은 쉽게 구별되지 않는 비연속적인 세상의 두 가지 상태(신호와 잡음)가 존재하는 상황이라면 어디든지 적용 가능하다. 중요한 것은 신호탐지 이론이 인간 조작자 단독에 의한 수행, 또는 기계나 자동 탐지기에 의한 수행, 사람과 기계 둘 다에 의한 수행 분석에 똑같이 잘 적용될 수 있다는 것이다(Parasuraman, 1987; Sorkin & Woods, 1985; Swets, 1998). 신호탐지 과정 중에는 두 가지의 반응, 즉 '예(신호를 탐지했습니다)'와 '아니요(신호를 탐지하지 못했습니다)'의 범주가 생긴다. 이런 단순한 상황은 많은 직업과 관련된 과제에 내재된 것으로 드러난다. 예를 들면 다음과 같다.

- 공항 보안 검색관이 숨겨진 무기를 탐지(McCarley et al., 2004)
- 레이더로 교신을 탐지(Mackworth, 1948)
- 방사선 전문의가 X선 사진에서 악성 종양을 탐지(Swets, 1998)
- 핵발전소 감독자가 비정상 시스템의 오기능을 탐지(Sorkin & Woods, 1985)
- 전쟁터에서 목표물 확인(Hollands & Neyedli, 2011)
- 항공관제 도중에 치명적 사건을 탐지(Metzger & Parasuraman, 2001)
- 거짓말 탐지기에서 진실하지 않은 진술을 구분(Ben-Shakhar & Elaad, 2003)
- 운전 상황이 위험할 때를 탐지(Wallis & Horswill, 2007)
- 철도 건널목을 가로지르는 것이 안전한지를 결정(Yeh, Multer, Raslear, 2009)
- 비행기 몸체에 균열이 있는지를 탐지(Drury, 2001; Swets, 1998)

각각의 예에서 세계에 대한 두 가지 가능한 상태가 있으며, 실수를 할 가능성이 있는 관찰자가 어떤 상태가 발생했는지를 결정할 책임을 지고 있다.

세계에 대한 두 가지 상태와 2개의 반응 범주를 조합하면 그림 2.1에서 보는 바와 같이 $2 \times 2$ 행렬이 구성되는데, **적중**(hit), **탈루**(miss), **오경보**(false alarm), **정기각**(correct rejection)이라는 네 가지 부류의 결합 사상을 낳는다. 탈루나 오경보가 없어야 완벽한 수행이 이루어진다. 그러나 많은 상황에서 비신호(잡음) 상태로부터 신호를 구분해 내기가 쉽지 않다. 신호가 그리 강하지 않을 수도 있고, 조작자가 피로에 시달리고 있을 수도 있고, 신호가 여러 단서들의 복잡한 조합으로 정의되어 있을 수도 있다. 그러므로 탈루나 오경보가 발생할 수밖에 없고, 따라서 보통은 네 칸 모두에 자료가 있게 된다. 신호탐지 이론(SDT)에서는 전형적으로 각 열에서 관찰된 총 횟수를 각 칸의 발생횟수로 나누어 생기는 확률로 이 값들을 표현한다. 그러므로 20회의 신호가 제시되었고 5회의 적중과 15회의 탈루가 있었다면 **적중률**(hit rate)은 P(H)=5/20=0.25가 된다. 만일 10회의 잡음 시행이 제시되었고 그중 절반에 대하여 '예' 반응이 있었다면 **오경보율**(false alarm rate)은 P(FA)=0.50이 된다. 실험실 바깥

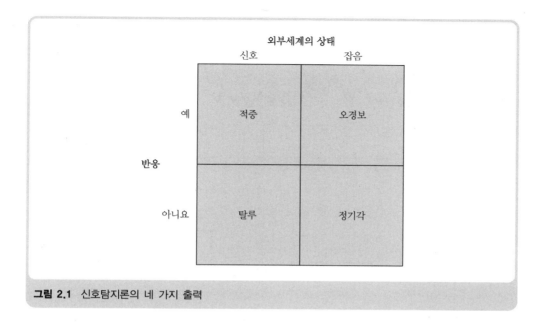

**그림 2.1** 신호탐지론의 네 가지 출력

의 어떤 상황에서는 '잡음 시행'의 실제 빈도를 알 수 없다. 이러한 경우에 우리는 조작자가 '예'라고 답하는 모든 상황을 살피고 나서 거기에 신호가 제시되었는지를 결정한다. 따라서 오경보율은 '예' 반응을 받은 비신호의 확률로 정의된다(예 : 비신호의 75%에 '예' 반응이 있었다).

SDT 모형(Green & Swets, 1966; Macmillan & Creelman, 2005; T. D. Wickens, 2002)은 탐지 과제에 정보처리의 두 가지 단계가 있다고 가정한다. (1) 신호의 출현 여부와 관련되어 감각정보가 쌓인다. (2) 이 증거가 신호에서 나온 것인지 아닌지에 관한 결정을 한다. 우리는 이 증거를 변수 '$X$'라고 명명한다. 그러므로 평균적으로 신호가 있는 경우 $X$는 신호가 없는 경우보다 커야만 할 것이다. (우리는 $X$를 어떤 뇌 영역에서 발생한 활동 수준으로 간주할 수도 있을 것이다.) 이 활동은 자극 강도의 크기에 따라 증가된다. 그러므로 만일 충분한 활동이 있다면 $X$가 임계 역치 $X_c$를 넘게 되고, 조작자는 '예'라고 결정한다. 만일 너무 적다면 조작자는 '아니요'라고 결정한다.

환경과 뇌 활동에 있는 무작위 변동성 때문에 $X$값은 신호가 없는 상황에서도 계속적으로 변한다. 이러한 변동성을 그림 2.2에 나타냈다. 따라서 아무런 신호가 없는 경우에도 무작위 변동성 혼자만의 결과로도 $X$는 때때로 기준 $X_c$를 넘을 수 있으며, 조작자는 '예'라고 말할 것이다(그림 2.2의 A 지점에서 오경보가 발생함). 이와 대응해서, 신호가 제시된 경우에서 활동의 무작위 수준이 낮을 수도 있고, 이로써 $X$가 기준보다 작을 수가 있으며, 관찰자는 '아니요'라고 말할 것이다(그림 2.2의 B 지점에서 탈루가 발생함). 더욱이 신호와 잡음 사이의 강도 차이가 작을수록 오류 확률이 증가하는데, 이는 무작위로 비롯된 $X$의 변동이

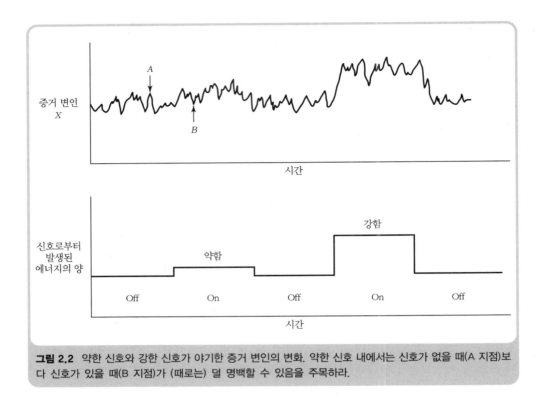

**그림 2.2** 약한 신호와 강한 신호가 야기한 증거 변인의 변화. 약한 신호 내에서는 신호가 없을 때(A 지점)보다 신호가 있을 때(B 지점)가 (때로는) 덜 명백할 수 있음을 주목하라.

신호에 내재된 에너지의 양에 비해 상대적으로 증가하기 때문이다. 그림 2.2에서 $X$의 평균 수준은 약한 신호가 존재할 경우에는 약간 증가하고, 강한 신호가 존재할 경우에는 크게 증가한다.

예를 들어, 잡음이 많은 레이더 화면을 감시하고 있는 사람을 생각해 보자. 구름과 비로 인한 반사가 야기한 자극 강도의 무작위 변동성 가운데, 신호인 비행기의 존재를 표시하는 여분의 강도 증가를 보이는 곳이 어딘가에 있다. 시간이 흐르는 동안 잡음의 양은 일정하지도 않고 오락가락한다. 때때로 그 양이 많아져서 자극을 완전히 차폐시키기도 하고, 때로는 작아져서 비행기를 뚜렷하게 보여주기도 한다. 이 예에서 '잡음'은 환경 속에서 변동한다. 이번에는 당신이 어두운 밤에 수평선 너머로 희미한 빛을 찾아보면서 배를 구경하며 서 있다고 가정해 보자. 이 경우 당신은 진짜 빛일지도 모르는 섬광과 자신의 감각기관에서 발생된 '시각적 잡음'에 불과한 것을 구분해 내기 어렵게 된다. 이 사례에서 무작위 잡음은 내부에서 발생된 것이다. 그러므로 신호탐지 이론에서 '잡음'은 외부 출처와 내부 출처에서 나온 잡음들의 조합이다.

SDT에서 우리는 신호와 잡음을 한 쌍의 정상 분포로 표현한다. 그림 2.3은 잡음 시행이 실제로 발생했을 경우(왼쪽 곡선), 또는 신호 시행이 실제로 발생했을 경우(오른쪽 곡선)에 $X$의 특정한 값을 관찰하는 확률을 보여주고 있다. 이들 자료는 그림 2.2의 증거 변인 그래

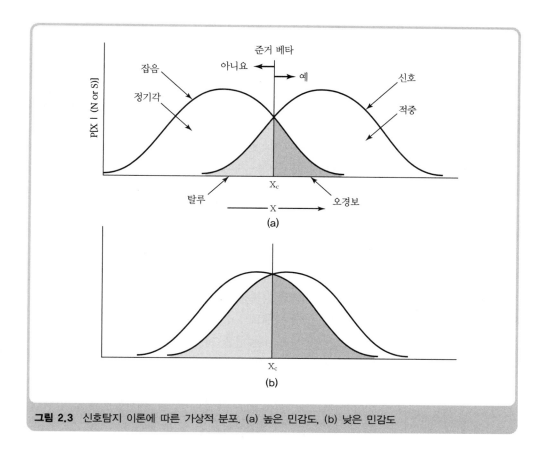

**그림 2.3** 신호탐지 이론에 따른 가상적 분포. (a) 높은 민감도, (b) 낮은 민감도

프에서 얻을 수도 있다. 즉, 신호가 없는 동안 상이한 $X$값의 상대적 빈도를 계산하여 그림 2.3의 왼쪽 확률 곡선을 만들고, 약한 신호가 있는 동안 상이한 $X$값의 확률을 별도로 계산하여 그림 2.3의 오른쪽 확률 곡선을 만든다. $X$값이 증가함에 따라 $X$는 신호가 제시된 동안 발생되었을 가능성이 점차 더 높아진다.

$X$가 신호에 의해 생성되었을 확률이 오로지 잡음에 의해서만 생성되었을 확률과 같은 경우, 신호 곡선과 잡음 곡선이 교차하게 된다. 조작자가 선택한 기준값 $X_C$가 바로 이 교차점이라고 가정하자. 이를 표시하기 위해서 그림 2.3의 이 지점에 수직선을 내렸다. 오른쪽에 있는 모든 $X$값($X > X_C$)에 대해서 조작자는 '예'라고 대답하게 된다. 왼쪽에 있는 값에 대해서는 '아니요'라고 반응을 한다. 만일 기계 탐지 시스템으로 분석되는 중이라면 $X_C$는 다른 사람, 전형적으로는 시스템 설계자가 정해 놓지만(이 장의 나중에 나오는 '경보와 경고' 부분 참조), 시스템은 $X$가 $X_C$를 넘을 경우 역시 '예'라고 반응할 것이다. 곡선 아래에는 네 영역이 생기는데, 각각 적중(H), 탈루(M), 오경보(FA), 정기각(CR)을 나타낸다. 각 곡선 내부의 전체 면적은 1.0이 되기 때문에, 각 곡선 내부에 있는 두 음영 표시 영역을 추가로 더해야만 1이 된다. 즉, P($H$)+P($M$)=1이고 P($FA$)+P($CR$)=1이다.

## 2.2 반응 기준 설정 : 신호탐지 이론에서의 최적성

어떤 신호탐지 과제든 관찰자들은 자신의 반응 편향 또는 기준의 변동이 있을 수도 있다. 예를 들어, 이것들은 '느슨하거나' 또는 '모험적'일 수 있다. 즉 '예'라고 말하는 경향이 높고, 따라서 발생한 신호의 대부분을 탐지해 내긴 하지만 오경보 역시 많게 된다. 대조적으로 이들은 '보수적'일 수도 있는데, 대부분의 경우에 '아니요'라고 대답하므로 오경보 수가 적은 대신에 많은 신호를 놓치게(탈루가 많게) 된다.

보수적 전략이 좋은지, 모험적 전략이 좋은지는 때때로 상황이 좌우한다. 예를 들면, 방사선과 의사는 악성이라고 의심할 아무런 이유가 없는 건강한 사람의 X선을 검사할 때보다 다른 질병증세 때문에 의뢰받은 환자의 X선을 정밀검사(scan)할 때는 '예'(예 : 당신에게 종양이 있습니다)라고 편향해서 말하는 편이 좋다(Swets & Pickett, 1982). 다른 한편으로, 회사의 수입 감소를 초래하는 결과가 생기는 불필요한 터빈 엔진의 작동 중단을 하지 않도록 여러 번 지적을 받은 발전소의 감시관을 고려해 보자. 이 조작자는 고장 여부에 대한 다이얼과 계량기를 감독하면서 틀림없이 보수적인 판단을 할 것이며, 고장이 진짜 발생한 경우에도 그것을 놓치기 (또는 대처 반응을 늦게 하기) 쉽게 될 것이다.

그림 2.3에서 결정 기준 $X_c$가 두 분포가 만나는 중립 지점에 놓여 있다. 여기 대신에 만일 $X_c$가 오른쪽에 놓여 있으면 그 기준을 넘어서기 위해서는 더 많은 증거가 필요하게 되고 대부분의 반응이 '아니요'일 것이다(보수적 반응). 그런 전략은 오경보를 거의 낳지 않지만 적중도 적어서 잠재적 비용이 따르게 된다. 만일 그 기준이 왼쪽에 있으면 증거가 덜 필요하게 되고 대부분의 반응이 '예'일 것이다. 이 전략은 좀 더 모험적이지만(오경보를 더 많이 낳는다) 적중의 수를 증가시키는 이점이 있다. $X_c$와 정적 상관이 있는 중요한 변인이 **베타**($\beta$)인데, 이것은 $X_c$에서 신호와 잡음이 만들어낸 신경 활동의 비율로 정의될 수 있다.

$$\beta = \frac{P(X|S)}{P(X|N)} \tag{2.1}$$

이것은 그림 2.3에 있는 제시된 $X_c$의 수준에서 두 곡선이 보이는 높이의 비율이다. 그러므로 $\beta$와 $X_c$ 모두 **반응 편향**(response bias) 또는 **반응 기준**(response criterion)을 나타낸다.

신호탐지 이론의 중요한 기여는 (1) 신호를 관찰할 개연성과 (2) 네 가지 가능한 결과의 이득과 비용(득실)이 주어진 경우, 최적 $\beta$를 어디에 놓아야 할지를 규정할 수 있다는 것이다(Green & Swets, 1966; Swets & Pickett, 1982). 우리는 먼저 최적 $\beta$ 설정에 미치는 신호 확률의 효과를 자세히 살펴보고 난 다음, 득실의 영향을 살펴보도록 하겠다.

### 2.2.1 신호 확률

신호가 나타나는 빈도가 나타나지 않을 빈도와 동일한 상황에서, 그림 2.3의 특별히 대칭적인 기하학적 배열이 "$X_c$가 두 곡선의 교차점에 있을 때, 즉 $\beta=1$일 때 최적 수행이 발생하게 된다."고 결정하는 사실을 볼 수 있다. 어떤 다른 위치에 놓아도 장기적으로는 더 많은 오류를 낳게 된다. 그러나 신호가 없는 것보다 더 많이 발생되면 기준은 낮아져야만 한다. 예를 들어, 만일 방사선과 의사에게 환자가 악성 종양을 가졌을 가능성이 높다고 알려주는 다른 정보가 있다면 이 의사는 X선 사진에서 보인 이상을 X선 사진 처리 과정의 잡음 (noise)으로 처리하여 무시하기보다는 종양으로 범주화하기가 더 쉬울 것이다. 역으로 신호 확률이 감소하면 $\beta$는 보수적인 방향으로 조정(증가)되어야만 한다. 예를 들어, 컴퓨터 마이크로칩에서 결함을 찾아내고 있는 검사관이 얼마 전에 제조 기계들이 보수 수리를 받았기 때문에 현 공정에서는 결함 빈도가 낮게 추정된다는 말을 들었을 경우에는 결함을 찾는 데 더 보수적이어야 할 것이다. 공식적으로, 신호와 잡음 확률의 변화에 대한 반응으로 **최적** $\beta$(optimal beta)를 수정하면, 다음 식으로 표현된다.

$$\beta_{최적} = \frac{P(N)}{P(S)} \qquad\qquad (2.2)$$

P(S)가 증가하면 이 값은 감소하며(더 모험적이 됨), 최적의 $\beta$를 낳는 $X_c$값이 그림 2.3의 왼쪽으로 움직이게 한다. 만일 이 설정이 적합하면 정반응(적중과 정기각)의 수가 최대인 수행이 된다. 최적의 $\beta$를 설정하는 것이 완벽한 수행을 낳는 것은 아니다. 두 곡선에서 겹치는 부분이 있는 한 여전히 오경보와 탈루가 있게 된다. 그러나 신호 강도가 주어지고 인간 또는 기계 민감도의 수준이 주어졌을 경우, 최적 $\beta$가 최선이다.

　$\beta$에 대한 공식(공식 2.1)과 최적의 $\beta$에 대한 공식(공식 2.2)은 때때로 혼동이 있을 수 있다. $\beta_{최적}$은 $\beta$가 어디에 설정되어야만 하는지를 정의하고, 전적으로 신호와 잡음이 환경 속에서 발생할 확률의 비율로 결정된다. 이와는 대조적으로 관찰자에 의해서 결정되는 $\beta$는 신호와 잡음이 주어졌을 때 X의 확률 비율에 의해 결정된다. 이 값은 경험적 자료에 의해서 유도되어야만 한다(즉, 주어진 상황에서 관찰자가 만드는 적중과 오경보의 비율).

## 2.2.2 득실

최적 $\beta$의 설정은 득실(payoffs)에 의해서도 영향을 받는다. 이 경우에 최적이란 더 이상 오류를 최소화하는 $\beta$값으로 정의되지 않고, 전체로 예상되는 재정적 이익(또는 손해)을 나타내는 **기대가치**(expected value)를 최대화하는 값으로 정의된다. 만일 신호를 놓치지 않는 것이 중요해서 조작자에게 적중에 많은 보상이, 그리고 탈루에 높은 벌금이 부가되면 $\beta$는 낮아지게 될 것이다. 이러한 득실 제도는 결함 있는 마이크로칩이 검사대를 무사통과할 경우 회사에(그리고 검사자의 봉급에도) 심각한 손해를 초래하는 결과가 될 것이라고 상사로부터 충고받은 품질관리 검사관에게 효력이 있을 것이다. 그러므로 검사관은 결함 있는 칩을 모두 골라내기 위해서 결함 없는 칩도 더 많이 폐기처분(오경보)하려고 할 것이다. 역으로, 다른 상황에서 오경보를 피하려면 오경보에 무거운 벌금을 부가해야 한다. 이러한 득실 관계는 공식 2.2를 확장하여 $\beta$의 최적 설정 공식으로 아래와 같이 변환시킬 수 있다.

$$\beta_{\text{최적}} = \frac{P(N)}{P(S)} \times \frac{V(CR) + C(FA)}{V(H) + C(M)} \tag{2.3}$$

여기서 V는 바람직한 사상들의 값[적중(H) 또는 정기각(CR)]이고 C는 바람직하지 않은 사상들의 값[오경보(FA) 또는 탈루(M)]이다. 이 공식에서 비용은 음수(−)로 가정되는데, 당연히 분모나 분자의 값을 감소시킨다. 분모 값이 증가하면 최적 $\beta$가 낮아지고 모험적인 반응이 될 것이다. 역으로 분자 값이 증가하면 보수적인 반응이 될 것이다. 이 함수의 값과 확률 부분이 독립적으로 결합되는 것을 주목해야 한다. 따라서 터빈의 작동 중단 같은 사상은 아주 드물게 발생하므로 확률에 의해 결정되는 것으로 최적 $\beta$를 높인다. 그러나 탈루의 결과가 아주 심각하므로 최적 $\beta$는 여전히 상대적으로 낮은 값으로 설정되어야만 하는데, 이 예에서는 비용이 확률을 압도한다. 즉, 많은 오경보가 탈루를 피하는 환경에서는 많은 오경보가 최적이다.

### 2.2.3 $\beta$ 설정에서의 인간 수행

조작자가 사용하는 $\beta$의 실제 값은 일련의 탐지 과제를 통해 얻어진 적중 및 오경보의 횟수로부터 계산될 수 있다. $\beta$(와 곧이어 설명할 민감도)를 계산하는 방법은 부록에 있다. 그러므로 우리는 사람들이 득실과 확률 변화에 따라 자신의 기준들을 최적 $\beta$와 비교했을 때 얼마나 효율적으로 세우는지 알아볼 것이다. 사람들은 이 두 수량의 변화가 지정하는 대로 $\beta$를 조정한다. 그러나 실험실 실험 자료에 따르면 $\beta$가 조정되어야 하는 만큼 조정되지는 않는다. 즉, 피험자는 그림 2.4에서 나타난 대로 **굼뜬** $\beta$(sluggish beta) 형태를 보인다. 피험자들의 이상적인 $\beta$가 클 때 그만큼 모험적이지도 않고, 이상적인 $\beta$가 낮을 경우에도 예상되는 만큼 보수적이지도 못하다. 그림 2.4에 나타난 바와 같이 이런 굼뜬 반응은 득실보다는 확률로 $\beta$를 조작할 때 더 심각한 것으로 발견되었다(Green & Swets, 1966).

확률 조작에 대한 $\beta$의 반응이 굼뜬 이유에 대하여 여러 가지 설명이 제안되었다. Laming (2010)은 관찰자가 실질적으로 객관적인 기준을 세우려 하기보다는 확률 대응을 하려는 경향이 있다고 제안한다. 이것의 의미는 관찰자들이 자신들의 오류에 대해 균형을 맞추려고 하는데, 신호의 확률이 나타날 것 같지 않은 경우에조차 P(FA) = P(Miss)가 되도록 만든다. 더욱이 참가자들은 이전에 나온 두세 차례의 시행에서 나온 사상을 기억할 수 있다(작업기억에 관해 이야기하는 제7장을 참고하라). 그러므로 관찰자가 오류를 하고, 피드백을 얻고, 그리고 나서 그 오류를 다시 할 가능성을 최소화하고자 시행마다 반응을 조정하는 데서 굼뜬 $\beta$가 발생한 것일 수도 있다. 다른 설명은 조작자가 확률적인 자료를 오지각하기 때문이라는 것이다. 사람들은 희귀한 사상의 확률을 과대평가하고, 빈번한 사상의 확률을 과소평가하는 경향이 있다는 증거가 있다(Erlick, 1964; Hollands & Dyre, 2000; Peterson & Beach,

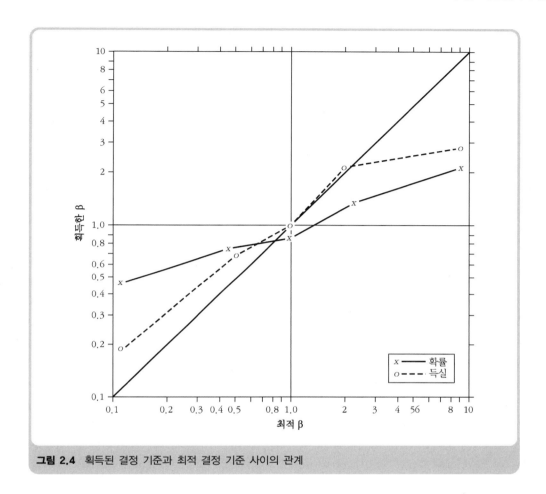

**그림 2.4** 획득된 결정 기준과 최적 결정 기준 사이의 관계

1967; Sheridan & Ferrell, 1974). 제8장에서 좀 더 자세하게 논의될 예정인 이러한 행동으로 인해 $\beta$가 1이 되는 방향으로의 이동이 관찰된다.

실험실 바깥 실제 세계에서도 굼뜬 $\beta$에 대한 증거가 있다. Harris와 Chaney(1969)는 코닥 공장에서 일하는 검사관들의 수행을 조사하면서, 검사관들은 결함률이 약 5% 이하로 떨어질 때 이에 부응해서 $\beta$를 낮추지 못했음을 보고하였는데 이것이 바로 굼뜬 $\beta$를 분명하게 보여주는 것이다. Karsh와 동료들(1995)은 병사들에게 표적 차량의 정체가 우군(미국 육군) 탱크인지 적군 탱크인지를 판단하도록 시켰다. 최적 $\beta$가 매우 낮았음에도 불구하고 병사들은 이 최적 수준 가까이까지 자신들의 $\beta$를 낮추지 않았다(Hollands & Neyedli, 2011). Chi와 Drury(1998)는 관찰자에게 집적 회로판의 부호를 정밀검사하도록 시키면서, 회로판에 결함이 있을 가능성뿐만 아니라 다양한 결과와 관련된 비용과 보상 정도를 변동시켰다. 경험적 값으로 만들어진 ($\beta$의) 기울기는 최적 ($\beta$의) 기울기(그림 2.4의 대각 실선)의 절반 정도였는데, 이는 굼뜬 $\beta$에 대한 증거로 다시 확인되었다.

제품 검사의 기준 설정을 조사하면서, Botzer와 그의 동료들(2010)은 품질관리 과정에 친숙한 참가자들에게 자동화된 경보 시스템의 역을 확률과 득실 교환의 조합에 따라 분명하게 설정하도록 시켰다. 역 설정은 일반적으로 최적이 아니었는데, 굼뜬 $\beta$ 패턴을 분명하게 보여주는 것이었다. 참여자들은 자신들이 오류율을 .05(즉, 통계적 유의미를 정하는데 공통적으로 사용되는 확률 수준) 정도가 되게 역을 설정하는 책략을 사용했다고 보고했다. 이것도 굼뜬 $\beta$ 결과에 추가할 수 있을 것이다. 중요한 것은 Botzer와 그의 동료들은 또한 만일 예측 값에 대한 정보[즉, **경보**가 있을 때 제품이 **결함**이 있을 (조건부) 확률]가 주어지면 참가자들은 진단 값 정보[**결함** 있는 제품이 있을 때 **경보**가 울릴 (조건부) 확률]가 주어졌을 경우보다 자신들의 기준을 좀 더 최적으로 조정할 수 있다는 사실을 발견했다는 것이다. 이것이 의미하는 바는 생산 공장에서 실제 상황에 관한 구체적인 정보를 제공하는 것, 즉 경보가 얼마나 진단적인가에 관한 정보를 제공하기보다 경보가 발생하였다고 제시하는 것이 더 낫다는 것이다.

## 2.3 민감도

신호탐지 이론의 중대한 기여는 탐지 기제의 예리함 또는 해상도라고 할 수 있는 조작자의 **민감도**(sensitivity)와 반응 편향 사이에 관해 분명한 구분을 했다는 것이다. 신호탐지 이론은 탈루가 높은 $\beta$ 때문인지 낮은 민감도 때문인지를 구분할 수 있다.

민감도란 그림 2.3의 X축 선상에서 잡음 분포와 신호 분포의 분리 정도를 가리키는 것이다. 만일 분리 정도가 크면(그림 상단) 민감도는 높다. 주어진 $X$값은 S(신호) 또는 잡음(N)의 어느 하나에 의해서만 발생하게 될 가능성이 높지, 둘 다에 의해서 발생하게 될 가능성이 높지는 않다. 만약 분리 정도가 작으면(그림 하단) 민감도는 낮아진다. 곡선들은 가설적인 뇌 활동을 나타내기 때문에 이들의 분리 정도는 신호의 물리적 특성(예 : 그 강도나 현저성의 감소) 또는 관찰자의 특성(예 : 청각 자극 탐지 과제에서 청력의 손실, 또는 X선 사진에서 복합적인 종양 패턴을 탐지하는 과제에서 의대생의 훈련 부족, 또는 단순히 신호가 어떤 것인지를 기억하지 못함)에 의해서 감소될 수 있다. 그러므로 공식적인 민감도 측정치는 표준편차 단위로 나타낸 두 분포의 평균이 서로 분리된 정도에 대응하며 이를 $d'$이라고 부른다. 대부분의 신호탐지 이론을 적용한 경우에 $d'$은 0.5에서 2.0 사이에서 변동한다. $d'$과 $\beta$에 대한 확장표는 Macmillan과 Creelman(2005)의 책에서 찾아볼 수 있다. $d'$과 $\beta$를 계산하는 방법은 이 장의 부록에 있다.

## 3. ROC 곡선

### 3.1 이론적 표현

**수용자 조작 특성**(receiver operating characteristic, ROC) **곡선**으로 알려져 있는 그래프는 신호탐지 분석으로 나온 자료에 대하여 민감도와 반응 편향의 접합 효과를 이해하는 데 유용하다. 그림 2.1에서 우리는 SDT 실험에서 발생할 수 있는 네 가지 결과를 제시하였다. 네 가지 값 중에서 2개가 핵심이다. 이것들은 P(H)와 P(FA)인데, P(M)과 P(CR)은 각각 1 − P(H) 그리고 1 − P(FA)이므로 중복해서 기술하기 때문이다. ROC 곡선은 민감도를 일정한 수준으로 하고, 반응 기준을 다양하게 설정하여 P(FA)에 대응하는 P(H)를 도표로 그린다. 반응 기준이 그림 2.3의 X축을 따라서 상이한 위치로 움직이면, 그림 2.1의 행렬들은 다른 값들의 조합으로 채워질 것이다. 그림 2.5의 각 상자들은 신호와 잡음의 분포, 그리고 자료 행렬 사이의 관계를 나타낸다. 더 중요한 것은 그림 2.5가 자료 행렬(그림 2.1), 그 분포(그림 2.3), 그리고 ROC 곡선 사이의 관계를 보여준다는 것이다.

각 신호탐지 조건(각 행렬)은 ROC상의 한 점을 낳는다. 만일 신호 강도와 관찰자의 민감도가 일정하다면, (득실을 바꾸거나 신호 확률을 변화시킴으로써) 한 조건에서 다른 조건으로 $\beta$를 변화시킴에 따라 **ROC 곡선**(ROC curve) 또는 다른 용어로는 **등민감도 곡선**(isosensitivity

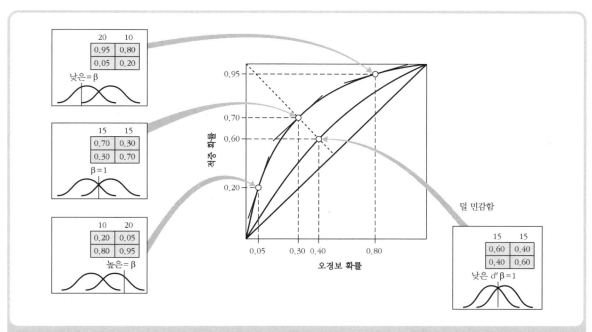

**그림 2.5** 원자료와 내재된 신호 그리고 잡음 곡선과 ROC 곡선. 이 그림은 높은 민감도를 가진 ROC 곡선상의 세 점이 어떻게 관련되어 있는지 보여주고 있다.

**표 2.1** 신호탐지 과제에서 신뢰도 평정 분석

| 피험자의 반응 | 제시된 자극 | | 반응이 어떻게 판단되었나? | |
| --- | --- | --- | --- | --- |
| | 잡음 | 신호 | | |
| "1"=신호 없음 | 4 | 2 | 아니요 | 아니요 |
| "2"=불확실 | 3 | 2 | 아니요 | 예 |
| "3"=신호 있음 | 1 | 4 | 예 | 예 |
| **총 시행 수** | 8 | 8 | ↓ | ↓ |
| | | | 보수적 기준<br>P(FA)=1/8<br>P(HIT)=4/8 | 모험적 기준<br>P(FA)=4/8<br>P(HIT)=6/8 |

curve)(곡선 위에 있는 점들은 동일한 민감도를 갖는다)이라고 부르는, 휘어지는 점들의 집합을 만들어낼 것이다. 그림 2.5의 왼쪽 아래에 있는 점들은 보수적 반응을 나타내고 오른쪽 위의 점들은 모험적 반응을 나타낸다. 그림 2.3에 있는 X의 기준 위치를 왼쪽에서 오른쪽으로 분포들을 따라 미끄러지듯이 움직여보면 점진적으로 더 많은 '아니요' 반응이 만들어지고, ROC 곡선상에서는 점들이 오른쪽 상단에서 왼쪽 하단으로 움직인다.

서로 다른 득실 체계나 신호 확률을 가지고 반응 기준만을 바꾸어 매번 같은 신호탐지 실험을 여러 번 수행한다는 것은 시간 낭비일 수 있다. 여러 기준점에 대한 자료를 좀 더 효율적으로 수집하는 방법은 피험자에게 신호가 나타났는지에 대한 신뢰도 평정을 하도록 하는 것이다(Green & Swets, 1966). 만일 세 가지 **신뢰 수준**(confidence level)을 채택한다면 (예 : '1'=신호가 없었음을 확신, '2'=확신 없음, '3'=신호가 있었음을 확신) 표 2.1이 보여주는 바와 같이 상이한 방식으로 같은 자료를 두 번 분석할 수 있다. 첫 번째 분석에서 수준 1과 2는 '아니요' 반응으로, 수준 3은 '예' 반응으로 분류된다. 이 분류는 보수적 $\beta$ 설정과 대응되는데, 대략적으로 반응의 2/3가 '아니요' 반응이었기 때문이다. 두 번째 분석에서 수준 1은 '아니요' 반응으로 간주되며, 수준 2와 3은 '예' 반응으로 간주된다. 이 분류는 모험적 $\beta$ 설정으로 대응된다. 그러므로 2개의 $\beta$ 설정이 한 세트의 탐지 시행에서 가능하다. 피험자가 각 시행에서 더 많은 정보를 전달해 주기 때문에 자료 수집의 경제성이 실현된다. 이러한 신뢰도 수준 접근은 수준의 수를 얼마든지 늘려서 일반화시킬 수 있다.

공식적으로, ROC 곡선 위에 있는 어떤 점에서의 $\beta$값(그림 2.3에서 곡선 높이 간의 비율)은 그 지점의 곡선 점에서 그린 접선의 기울기와 같다. 그림 2.5에서 보는 바와 같이, 이 기울기(즉, $\beta$)는 **부적 대각선**(negative diagonal)(점선으로 표시된 선)을 따라 놓인 점들에서는 1이 된다. 만일 이 지점들에서 적중과 오경보 값이 결정된다면 그림 2.5의 부적 대각선 위에 있는 두 점에서 보여주듯이 P(H)=1-P(FA)임을 알 수 있다. 여기서 수행은 그림 2.3의 두 분포의 교차점에서의 수행과 동일하다. 또한 왼쪽 하단에서 오른쪽 상단을 따라 연결된 그림 2.5의 **정적 대각선**(positive diagonal) 위의 점들은 우연 수행을 나타낸다는 것을 주

목하라. 즉, 기준이 어떻게 설정되든 P(H)는 P(FA)와
항상 동일하며 신호는 잡음과 전혀 구별될 수가 없다.
시각 신호 탐지관은 눈을 감고 있는 것과 마찬가지다.
그러한 우연 수행이 발생하여 정적 대각선 위에 점들
이 대응되는 그림 2.3의 상황은 신호와 잡음 분포가
완전히 겹쳐 있는 것이다. 마지막으로, ROC 공간의
오른쪽 하단 영역의 점들은 우연 수행보다 못한 수행
을 나타낸다. 여기서 피험자들은 신호가 있을 때보다
아무런 신호가 없을 때 '신호'라고 대답하고 있는 중이
다. 이는 피험자가 과제를 잘못 해석하고 있거나
또는 실험에서 장난치고 있는 중이다!

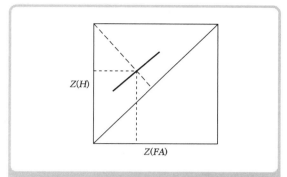

**그림 2.6** 적중과 오경보 비율이 $z$ 점수로 변환되면, ROC 곡선은 직선이 된다.

　민감도와 관련해서, 그림 2.5는 좀 더 민감한 관찰자의 ROC 곡선은 좀 더 많이 휘어져
있고 왼쪽 상단 부분에 좀 더 가깝게 위치해 있음을 보여주고 있다. 대조적으로, 덜 민감한
관찰자의 경우 곡선이 (우연 수행을 나타내는) 정적 대각선에 근접해서 자리하고 있다. 그
림 2.5의 ROC 공간이 선형 확률 척도로 그려져 있으며, 따라서 전형적으로 휘어진 곡선을
보여주고 있음을 주목하라. 곡선을 그리는 대안 방법으로는 $z$ 점수를 사용하는 것이다(그
림 2.6). 각 축을 따라서 일정 단위의 거리는 정상 분포의 표준 점수들의 일정한 점수를
나타낸다. 이렇게 표현하면, 그림 2.5의 휘어진 선은 우연 수행인 대각선에 평행한 직선들
이 되는 장점이 있다. 주어진 점에서 $d'$는 Z(H)−Z(FA)와 동일하게 되는데, 이는 우연 수행
인 대각선의 왼쪽 상단에 점들이 놓이는 표준 점수의 수를 나타내는 것이다.

## 3.2 경험적 자료

그림 2.3, 2.5, 2.6이 보여주는 이론적이고 이상적인 곡선과, 신호탐지 실험 또는 탐지 수행
에 대한 현장조사를 통해 얻어진 실제의 경험적 자료 사이의 구분을 깨닫는 것이 중요하다.
가장 명백한 대비는 그림 2.5와 그림 2.6은 연속적이고 부드러운 이론적 곡선과 이와는 대
조적으로 1개 이상의 비연속적인 점들로 이루어진 경험적 자료를 명백한 대비로 보여주고
있다. 더 중요한 것은, 경험적 결과들은 그림 2.6에서 보는 식으로 항상 45도 기울기 선(그
림 2.5에 있는 일정하게 휘어져 있는 선과 동일함) 위에 떨어지지 않고, 종종 약간 더 낮은
기울기를 가진다. 이론적으로 이러한 상황은 그림 2.3에 제시한 잡음과 신호의 분포가 실제
로는 정확한 정상 분포가 아니고, 또한 동일 변량을 가지고 있지 않기 때문에 발생한다.
이는 신호 자체에 변동성이 존재할 경우에 발생할 수 있다. 기울기가 평평해지는 것은 민감
도의 측정치로 $d'$을 사용하기 어렵다는 것을 보여준다. 만일 $d'$이 그림 2.6의 ROC 곡선과
우연 수행 축과의 거리이고, 이 거리가 기준설정의 함수로서 변동한다면 편향과 민감도는
더 이상 독립적이지 않다. 민감도는 이러한 상황에서 편향과 독립적으로 측정될 수 없으며,

수행을 특징지을 때 두 측정치를 같이 고려해야만 한다.

비록 (득실이나 확률을 변동시키거나 평가 척도를 사용해서) ROC 곡선상에 여러 점을 만드는 것이 바람직하더라도, 많은 실제 세계 맥락에서 그렇게 하기는 어렵다. 그러한 사례에서 실험자는 단일 자극-반응 행렬에서만 가용한 자료를 사용하는 것으로 축소한다. 이 상황이 항상 문제가 있는 것은 아니다. 만일 편향이 최소인 경우에는 완전한 집합의 ROC 자료를 모으는 것이 불필요할 수도 있다(Macmillan & Creelman, 2005). 그럼에도 불구하고, 만일 ROC 공간상에 하나 또는 두 점만이 존재하며 극단적으로 모험적인 또는 보수적인 편향이 있다는 증거가 존재한다면, 민감도에 대한 다른 측정치가 사용되어야만 한다.

이러한 상황하에서 (A′이라고 부르는) ROC 곡선 아래쪽 면적의 측정치는 대안이 되는 민감도 측정치를 제공한다(Kornbrot, 2006; Macmillan & Creelman, 2005). 이 측정치 A′은 ROC 공간의 우상단 모서리와 좌하단 모서리, 그리고 측정된 자료 지점을 이어 형성된 삼각형 면적(그리고 정적 대각선의 아래 영역을 더한다)을 나타낸다. 측정치 A′의 값은 분명하게 내재된 신호와 잡음 분포의 모양에 연관된 가정에 의존하지 않으며, 따라서 때때로 비모수 또는 "모수에 구애받지 않는다(parameter free)"고 한다. A′은 ROC상의 점이 하나나 둘밖에 없을 때 사용하기 편한 측정치가 될 수 있다. 측정치 A′은 다음의 공식으로부터 계산될 수 있다.

$$A' = .5 + [(P(H) - P(FA))(1 + P(H) - P(FA))] / [4P(H)(1 - P(FA))] \tag{2.4}$$

물론 편향을 대신할 수 있는 측정치도 존재한다. 예를 들면, 측정치 $C$는 두 분포의 교차점에 상대적으로 기준을 위치시킨다. 교차점은 영점이고, 이 기준에서 거리는 $z$ 단위로 측정된다. 그러므로 보수적인 편향은 양수 $C$값을 가지고, 모험적 편향은 음수 $C$값을 갖는다. 부록에 나오는 대로 $C$는 $\beta$와 관련된다. 편향 측정치에 대한 요약에 따르면 $C$가 $\beta$보다 나은 측정치를 제공한다고 하는데, 이는 $d'$의 변화에 덜 예민하기 때문이다(Warm, Dember, & Howe, 1997; Snodgrass & Corwin, 1988). 또한 편향에 대한 비모수 측정치가 가용한데, Macmillan과 Creelman, 그리고 See와 그의 동료들(1990, 1997)의 연구에 기술되었다.

마지막으로 $\beta$가 1에 가깝고, 탈루 대 오경보에 대한 차별적 비용이 없고, 적중 대 정기각에 대한 차별적 이득이 없는 상황하에서 정확성(맞은 비율)이라는 간단한 측정치가 민감도의 특징이 되는 데 적합하다.

## 4. 퍼지 신호탐지 이론

신호탐지 이론은 실험자가 무엇이 신호이고 무엇이 잡음인지를 정하고, 참가자에게 상응하는 지시를 주는 실험실 연구에서 인간 수행을 분석하는 데에 전형적으로 사용된다. 예를 들어, 재인 기억 연구에서 신호란 전형적으로 사전 연구 기간 동안 참가자에게 보여준 얼굴로 정의되고, 사전에 보여주지 않은 다른 얼굴들은 잡음으로 나타난다. 이러한 신호와 잡음에 대한 '산뜻한' 정의는 일상 또는 작업환경에서 가능한 것이지, 대개는 무엇이 신호이고 무엇이 신호가 아닌지에 대한 정의는 불분명하다. 예를 들면, 항공관제(ATC)에서 신호('물리적 충돌')에 대한 법률적 ('산뜻한') 정의는, 두 비행체의 비행 경로가 서로 수평적으로 5해리(5nm=9,260m) 그리고 수직적으로 1,000피트(304.8m) 내에 들어올 때이다. 그러나 관제사가 행동조치가 필요한 신호라고 간주하는 비행체 간의 떨어진 거리는 일반적으로 이런 최솟값보다 크며, 거리 유지 상황을 놓쳤을 때까지의 시간 그리고 교통의 복잡성과 같은 요인에 의존하고, 따라서 산뜻하지 않다.

신호 또는 범주의 정의가 명확하지 않을 때에도, 그럼에도 불구하고 **퍼지 로직**(fuzzy logic)을 사용하여 수학적으로 표현할 수 있다(Zadeh, 1965). Parasuraman과 그의 동료들(2000)은 SDT와 퍼지 로직을 결합하여 **퍼지 SDT**(fuzzy SDT)를 위한 공식을 개발하였다. 퍼지 로직은 한 사상을 하나 이상의 집합에 속할 수 있도록 한다. 즉, 퍼지 로직은 어떤 것을 흑 또는 백으로 범주화하기보다는 회색 음영으로 범주화할 수 있게 한다. 예를 들면, 당신이 '쾌적하다'고 생각하는 방 온도의 범위는 13℃와 30℃ 사이일 것이다. '산뜻한' 집합은 이 범위에 있는 모든 온도를 '쾌적하다' 집합에, 그 외의 모든 다른 온도는 '쾌적하지 않다'에 할당할 것이다. 그러나 현실에서는 대부분의 사람들이 14℃와 29℃에는 비교적 쾌적하지 않다고 느낄 것이다. 모든 온도를 '쾌적하다' 또는 '쾌적하지 않다' 조합에 할당하기보다는 쾌적함의 확률 사이를 구분하는 것이 더 적합하다. 대신에 우리는 '쾌적하다' 집합에서 어떤 온도의 자격을 예와 아니요, 0과 1 사이 어딘가에 있도록(즉, 0.1은 14℃ 또는 29℃, 그리고 0.8은 24℃) 해주는 함수를 개발할 수 있었다. 소속의 정도를 기술하는 함수를 **사상 함수**(mapping function)라고 부른다.

그러므로 퍼지 SDT의 한 사상은 0과 1 사이의 어떤 정도로 '신호' 집합($s$)에 속할 수 있다. 유사하게 반응은 0과 1 사이의 소속 정도를 가지고 '반응' 집합($r$)에 속할 수 있다. 적합한 사상 함수를 사용해서 일단 $s$와 $r$이 [0,1] 범위에 사상(mapping)되면, 적중, 탈루, 오경보, 정기각의 네 가지 퍼지 출력 범주에 있는 사상(event)에 대한 소속 정도가 계산된다. Parasuraman과 그의 동료들(2000)은 다음과 같은 공식을 제안하였다.

| | |
|---|---|
| 적중 | $H = \min(s, r)$ |
| 탈루 | $M = \max(s - r, 0)$ |
| 오경보 | $FA = \max(r - s, 0)$ |
| 정기각 | $CR = \min(1 - s, 1 - r)$ |

어떻게 이 공식들이 사상 자격 값을 계산하는 데 사용되는지를 설명하기 위해서, $s=.8$이고, $r=.9$인 경우를 고려해 보자. 여기서 세상의 상태는 강력하지만 절대적이지는 않게 신호임을 가리키고 있으며, 관찰자는 강력하게 (그러나 절대적이지는 않게) 신호가 있었다고

반응한다. 공식에 적용하면, 결과로 얻어진 범주 소속 정도들은 H =.8, M = 0, FA =.1, CR =.1이다. 그러므로 출력은 강력하게 적중임을 가리키지만, 전통적인 SDT와는 다르게, FA 범주에도 또한 일부 소속 정도가 있는데, 이는 신호가 불러일으킨 정도보다 반응이 더 강하였다는 사실을 나타내는 것이다. CR 범주 또한 0이 아닌데, 이는 그 사상이 '잡음' 범주에 소속 정도가 조금 있음을, 그리고 명백한 '예' 반응이 만들어지지 않았다는 사실을 반영한다.

일단 사상 소속 정도 값이 계산되면 퍼지 적중과 오경보 비율을 계산하는 것은 간단한 문제이다. 퍼지 적중률은 모든 시행들에 있는 H값의 합을 신호($s$)의 소속 정도 값의 합으로 나누는 것이다. 유사하게 오경보율은 FA 소속 정도 값의 합을 잡음의 소속 정도 값($1 - s$)의 합으로 나누는 것이다. 일단 퍼지 적중률과 오경보율이 계산되면, 민감도와 편향의 측정치가 전통적인 SDT에서와 같은 방식으로 계산될 수 있다. 신호 사상 또는 반응 각각은 별개의 범주 또는 퍼지 소속 정도로 범주화될 수 있음을 주목하라. 퍼지 SDT의 공식들은 소속 정도 값이 불분명하지 않다면, 그 공식이 SDT의 공식으로 복귀할 수 있는 그런 것이다.

이것의 발달 이래로(Parasuraman et al., 2000) 공학심리학과 인간요인에 있는 다양한 논쟁거리에 퍼지 SDT를 적용하는 경우가 증가해 왔다. 세 가지 사례를 여기에 제공한다.

Masalonis와 Parasuraman(2003)은 항공관제에 관한 두 가지 연구(자동화된 충돌 탐지 시스템에 대한 현장 평가 그리고 소위 **자유비행** 조건하에서 관제사 수행에 대한 실험실 연구)에서 얻은 자료로부터 민감도와 반응 편향 측정치를 계산하는 데 퍼지 SDT를 사용했다. 각 사상은 한 쌍의 비행체 사이의 거리를 [0,1] 범위에 대응시킴으로써 어떤 불확실 정도에 대한 신호(물리적 충돌)로 정의되었다. 전통적인 SDT와 비교하면, 퍼지 SDT 분석은 더 낮은 민감도의 값들과 더 높은 (더 보수적인) 반응 편향의 값을 준다. 전통적인 SDT에서 사용된 충돌 기준 바로 바깥의 충돌이 퍼지 SDT에서는 어떤 주의를 받을 가치가 있는 신호로 정의된다. Masalonis와 Parasuraman(2003)은 퍼지 SDT가 전통적인 SDT보다 충돌 탐지 과제에서 수행의 좀 더 완전한 그림을 제공하였다고 결론지었다.

Wallis와 Horswill(2007)은 도로 위의 위험을 지각하는 운전자의 능력과 안전 운전 사이의 관련을 조사하였다. 위험 지각 능력은 운전자 충돌 관여와 부적으로 상관이 있지만, 초보 운전자와 숙련된 운전자 사이의 변동성과 같은 개인 간 변동성에 대한 좀 더 예민한 평가가 필요하다. Wallis와 Horswill은 두 가지 모형을 검사했는데, (1) 초보 운전자는 숙련된 운전자보다 위험한 상황을 변별하는 데 민감도가 낮다는 것, (2) 초보 운전자가 위험하다고 상황을 지각하는 역이 더 높다는 것이었다. 안전 운전과 위험 운전에서 소속 정도를 고려하는 퍼지 SDT 분석을 사용해서 두 번째 가설이 지지되었다. 연구자들은 또한 잠재적 위험에 대한 환경 단서들을 예측하도록 초보 운전자들을 훈련시키면 그들의 기준 설정이 향상된다는 것을 보여주었는데, 이는 훈련을 시키면 초보자들도 숙련된 운전자들이 채택하는 것과 동일한 모형을 사용하도록 유도될 수 있다는 것을 나타낸다.

마지막 예는 야구 주심에 대한 연구에서 나왔다. 어떤 투구가 스트라이크로 분류되어야 하는지는 실제 세계에 있는 애매한 신호의 전형적인 예이다. MacMahon과 Starkes(2008)는 주심, 선수, 야구 경험이 전혀 없는 일반인에게 비디오 장면에서 스트라이크와 볼을 판단하게 하였다. 신호의 정의가 맥락의존적이라는 퍼지 SDT의 예측과 일관되게, 참가자들은 명백한 스트라이크 (높은 스트라이크 소속 정도의 신호) 뒤에 이어 나온 경우보다 명백한 볼 (낮은 스트라이크 소속 정도의 신호) 다음에 본 표적 투구들을 척도상의 스트라이크 쪽에 더 가깝다고 선언했다. 더욱이 이러한 맥락 효과의 강도는 야구 경험과는 무관하게 모든 참가자들 사이에서 발견되었다.

## 5. 신호탐지 이론의 응용

신호탐지 이론은 실험심리학에 커다란 영향을 주고 있으며, 그 개념들은 많은 공학심리학의 문제에 응용 가능성이 아주 높다(Fisher, Schweickert, & Drury, 2006). 이 이론은 두 가지 일반적인 혜택이 있다. (1) 민감도, 그리고 그에 따라 반응 편향에서 서로 다른 조작자 사이, 또는 조건들 사이에서 수행의 질을 비교하는 능력을 제공한다. (2) 수행을 편향과 민감도 부분으로 나눔으로써, 수행 변화가 민감도의 손실에 기인한 것인지 또는 반응 편향의 이동에 기인한 것인지에 따라 다양한 교정 조치가 필요함을 의미하는 진단 도구를 제공한다 (Swets & Pickett, 1982).

첫 번째 이점이 가진 함의는 분명하다. 두 조작자의 수행(또는 두 상이한 부분으로 구성된 검사 기구에서 얻은 정확 반응률)이 비교된다. 만일 A가 B보다 정확 반응률도 높고 오경보율도 높다고 하면, 어떤 쪽이 더 우월한 것인가(즉, 더 높은 민감도)? 편향에서 민감도를 분리시키는 명백한 기제가 가용하지 않다면 이러한 비교는 불가능할 것이다. 신호탐지 이론이 바로 그 기제를 제공한다.

두 번째 이점의 중요성(신호탐지 이론의 진단적 가치)은 우리가 실제 세계 과제에 신호탐지 이론을 적용하는 몇 개의 실제 사례를 살펴보면 명백해진다. 조작자가 어떤 사상을 반드시 탐지해야 하지만 완벽하게 수행하지 못하는 많은 환경 속에서 이러한 오류의 존재는 공학심리학자들에게 도전거리를 제공한다. 왜 이런 오류가 발생하는가? 그리고 어떤 교정 조치가 이를 방지할 수 있는가? 이에 대하여 세 가지 응용 분야(의학 진단, 목격자 증언, 그리고 경보 설계)를 살펴볼 것이며, 연이어 경계에 대한 좀 더 광범한 논의로 진행할 것이다.

### 5.1 의학 진단

의학 진단의 영역은 신호탐지 이론의 응용으로 결실이 많은 영역이다(Lusted, 1976; McFall & Treat, 1999; Swets, 1998). 이상 부위들(질병, 종양)이 환자에게 있거나 없으며 의사는 최초에 이에 대하여 '있다', '없다'를 결정해야만 한다. 신호의 강도(그러므로 인간 조작자의 민감도)는 이상 부위들의 특출성 또는 수렴되는 증상들의 개수뿐만 아니라 의사가 관련 단서들에 주의를 기울이는 훈련 같은 요인들과 관련되어 있다.

Swets(1998; Getty, et al., 1988 참조)는 암 종양과 양성 낭종을 구분하는 데 있어서 방사선 전문의의 민감도를 향상시키는 데 관심이 있었다. 유방암 검진용 X선 촬영은 조사하고 평가해야 하는 다중 특징들이 있어서 판독 기술이 필요하다. 예를 들면, 이상한 덩어리가 불규칙적인 경계 또는 형태를 지니고 있다면 악성 증식을 나타낼 가능성이 더 높다. 연구자들은 '판독 교재'를 개발하였는데, 이것은 방사선 전문의가 그런 특징이 나타났다고 얼마나 확신하는지를 평가하는 수치 척도가 붙어 있는 의사가 살펴봐야만 하는 특징의 유형들에 대한 검사 항목 명세표이다. 유방암 검진용 X선 판독에 경험이 많지 않은 방사선 전문의는 이 판독 교재를 사용하지 않았을 때보다 사용하였을 때 (모든 신뢰도 수준이나 $\beta$값의 범위에서) 더 높은 민감도를 보여주었다. Swets는 판독 교재로 인하여 암 환자 100명에 대하여 약 13명의 환자로부터 추가로 암을 탐지할 수 있었으며, 더욱이 판독 교재로 인하여 암이 없는 환자에 대해 12건의 불필요한 조직검사를 피할 수 있었다고 밝혔다(오경보율을 낮춤).

한편, 반응 편향은 **질병 유병률**(disease prevalence) 그리고 그 환자가 초기 검사인가(질병 확률 낮음, $\beta$ 높음) 또는 전문 진단인가(질병 확률 높음, $\beta$ 낮음)에 의해 영향을 받을 수 있으며, 또한 영향을 받아야만 한다. Lusted(1976)는 의사의 탐지가 일반적으로 질병 유병률, $P$(신호)의 변동에 대하여 적정보다 낮은 정도로 반응하는 경향이 있다고 주장하였다. Parasuraman(1985)은 방사선과 레지던트들이 $\beta$가 변해야 하는 상황인 초진과 전문 진단 간의 차이에 적합하게 반응하지 않음을 발견하였다. 두 결과 모두 굼뜬 $\beta$ 현상을 설명하고 있다.

비록 (가치와 비용의 측면에서) 득실이 의학적인 의사결정에 영향을 주기는 하지만, 적중(즉, 악성 종양 탐지는 외과 제거 수술로 이끈다)과, 오경보(불필요한 수술, 그리고 이와 관련된 병원비 지출과 초래될 결과들), 그리고 탈루의 결과를 수량화하기는 힘들다. 수술의 금전적 비용, 의료과실 소송, 환산할 수 없는 인간 생명의 가치, 그리고 고통에 근거하여 이러한 사상들에 가치와 비용을 매긴다는 것은 분명히 어려운 일이다. 이제 앞에 열거한 것들이 의사결정 비율에 영향을 준다는 것은 의심의 여지가 없다(Lusted, 1976; Swets, 1998). 네 가지 결과를 개별적으로 살펴보는 대신에, Swets(1998)는 의사가 이득과 비용의 비율을 "나는 암이 없을 때보다 암이 있을 때에 두 배 더 확신이 간다."와 같이 단순하게 양화할 수 있을 것이라고 제안하였다. 따라서 공식 2.3의 우항의 비율은 1/2이 되고, 느슨한 기준이된다. 대안으로 오경보에 대한 한계점을 만족시키는 기준을 정의할 수 있다. 이것은 유의도 검사에서 $\alpha$ 수준을 정하는 것과 유사하다. Swets는 오경보(오긍정) 비율이 의료 맥락에서는 전형적으로 .10 정도라고 제안하였다. FA를 낮게 유지하기 위하여 $\beta$를 올릴 필요가 있으며, 보수적 기준을 낳는다.

마지막으로, 경험적으로 기준이 어디에 설정되는지에 대한 감을 얻기 위해서 조직검사 비율을 조사할 수 있다. 예를 들면, 미국에서 조직검사 산출률(yield)(즉, '예' 반응이 있을 때 신호의 조건 확률)은 20~30%인데, 영국에서는 50% 근처이다(Swets, 1998). 이것이 뜻하는 바는 조직검사를 수행했을 때 양성(암) 결과가 영국보다 미국에서 덜 자주 나온다는 것이다. 이것의 함의는 미국에서 기준이 더 낮고, 위험이 낮을 때 조직검사가 더 자주 요청된다는 것이다. 이것은 환자 개인과 의사의 요구에 더 부합하는 것일 수도 있지만, 또한 전체 시스템 차원에서의 비용을 더 요구한다는 것이다(Swets, 1998).

## 5.2 재인 기억과 목격자 증언

재인 기억에 신호탐지 이론을 적용할 때, 관찰자는 물리적 신호가 나타났었는지 판별하지 않고 물리적 자극(즉, 이름, 대상, 어떤 사람의 얼굴)을 이전에 보았는지 또는 들었는지를 결정한다(Wixted, 2007). 재인 기억에 대한 신호탐지 이론의 중요한 응용 하나가 **목격자 증언** 연구에서 발견되었다(예 : Meissner, Tredoux et al., 2005; Wells & Olson, 2003; Wright & Davies, 2007; Brewer & Wells, 2011). 이는 법의 영역에 심리학 응용이 증가하는 일부분을 대변하고 있다(Wargo, 2011). 범죄 목격자는 용의자가 가해자인지 여부를 재인 또는 확인해 달라고 요청을 받는다. 그림 2.1에 있는 네 가지 종류의 결합 사상이 손쉽게 명시될 수 있다. 목격자가 조사하는 용의자는 범죄 현장에서 실제로 지각한 사람이거나(신호) 아니거나(잡음) 둘 중 하나다. 목격자 순서에서 "바로 그 사람이다."(Y) 또는 "그 사람이 아니다."(N)라고 둘 중 하나로 말할 수 있다.

이 사례에서, $\beta$를 너무 높지도 (많은 탈루가 있으면 범죄자들이 석방될 가능성이 높다) 너무 낮지도 (오경보율이 높게 되어 무고한 시민이 피소될 가능성이 높아진다) 않게 유지하면서 민감도 수준을 높게 유지하여야만, 형사 행정과 사회 보호라는 결합 이익이 실현된다. 라인업을 실시하는 공통적인 방법은 모든 사람들을 동시에 횡렬로 세워 보여주는 것이 포함된다. 대여섯 명을 횡렬로 세워놓은 모습을 목격자에게 보여주는데, 이 중 한 사람만이 경찰이 용의자로 구금한 사람이고, 다른 사람들은 '들러리'다. 그러므로 라인업 결정은 두 단계 과정으로 이루어져 있다고 볼 수 있다. 즉, 용의자가 이 중에 있는가, 만일 그렇다면 누구인가?

이 절차에 신호탐지 이론을 적용하면서 수사관은 목격자가 반응하는 방식에 영향을 주는 라인업 과정의 특성에 관심을 가진다. 여기에는 제시 방식, 지시, 내용, 행동적 영향 같은 변인들이 포함된다(Wells & Olson, 2003). 동시 라인업에는, 범인에 대한 기억과 가장 유사한 라인업 구성원을 선택하는 **상대적 판단**(relative judgement) 책략의 위험이 있다(Lindsay, 1999). 이 책략은 범인이 라인업에 있다면 잘 작동하지만, 그런 경우가 아니라면 오경보로 이끌 수 있다. 그러나 라인업 구성원들을 순차적으로 보여주고 목격자가 각 사람에 대해서 판단을 내리도록 하는 절차를 적용하면 목격자가 무고한 라인업 구성원을 지목할 가능성이 훨씬 낮아진다는 사실을 보여주었다. 즉, 좀 더 보수적인 기준을 권장하게 된다(Lindsay & Wells, 1985; Steblay et al., 2001). $\beta$에서 이동을 반영하듯이, 순차적인 라인업은 또한 전반적인 민감도에서 차이 없이 적중률을 낮춘다(Gronlund et al., 2009; Meissner et al., 2005).

간단한 지시가 목격자들이 반응하는 방식에 영향을 줄 수 있다(Wells & Olson, 2003). 예를 들면, 용의자가 라인업에 **없을** 수도 있다고 목격자에게 간단하게 알려주기만 해도 오경보 또는 신원 오인을 줄일 수 있고(Malpass & Devine, 1981) 전반적인 민감도가 올라감을 보여주었다. 범인 부재 라인업에서 오경보 감소는 상당히 큰 것으로 증명되어 왔으며(42%), 범인 존재 라인업에서 정확한 확인의 감소가 있다고 하더라도, 그 정도는 미미하다(2%) (Steblay, 1997). 그 결과로 미 법무부는 법 집행을 위한 지침서에 이러한 지시를 추가하였다 (Technical Working Group for Eyewitness Evidence, 1999).

목격자가 지목을 마치고 난 후, 수사관들은 라인업에서 용의자를 골랐다고 목격자에게 말하는 것이 일반적이다. 행동적 영향의 이러한 유형은 명백하게 목격자에게 영향을 주는데, 목격자들은 라인업 행정관이 자신들이 용의자를 골랐다고 하는 말을 들으면 자신의 판단을 더욱 확신하는 경향이 있다. Wells와 Bradfield(1998)는 확인 후 제안*이 목격자들로 하여금 범인을 제대로 확인했다는 '잘못된 확실성'을 갖게 한다는 것을 발견하였다. 진짜 범인이 라인업에 없었던 때조차 판단의 정확성에 대한 과잉 확신에 낮은 $\beta$가 만든 오경보가 동반되었다. 이런 상황이 가진 문제는 목격자가 재판정에서 자신들이 그 범인을 확인했다고 믿고 있는 것처럼 보인다는 것과 목격자의 증언에 대한 더 큰 자신감으로 인해 배심원들도 더 쉽게 설득된다는 것이다(Wells & Bradfield, 1998). 이러한 결과를 감안해서 Wells와 Olson(2003)은 라인업은 어느 라인업 구성원이 용의자인지를 모르는 사람에 의해 절차가 진행되어야 한다고 제안하였다. 확신이 재인 기억의 민감도와 상관이 있는지 여부에 대한 이슈는 중요하다. 그러나 목격자 증언에서 이 이슈는 해결되지 않은 채 남아 있다(Brewer & Wells, 2006). 정확성과 확신의 상관은 0보다는 훨씬 크지만 1.0에는 한참 못 미친다 (Brewer & Wells, 2011). 모든 종류의 판단에서 확신(그리고 과잉확신)의 핵심 이슈는 제8장에서 자세하게 논의될 것이다.

## 5.3 경보와 경고 시스템

신호탐지 이론은 경고 또는 경보 시스템 설계에 확실하게 응용된다. 경보 시스템이란, 항공관제사에게 수직 충돌 근접성이 500피트 이하가 되는 것 또는 건물 내부 온도가 40℃ 이상인 것과 같은, 어떤 '위험 변인'이 기준 수준에 접근할 때 사람의 주의를 끌도록 설계된 자동화의 한 가지 형태이다. 그림 2.7 상단에서 보는 바와 같이, 이것은 경고 시스템 그 자체와 사람-시스템 조합의 두 가지 수준에서 신호탐지 이슈를 제시한다(Botzer et al., 2010; Hollands & Neyedli, 2011; Parasuraman, 1987; Sorkin & Woods, 1985).

경보 시스템 또는 '자동화된 진단기'를 고려할 때, 핵심적인 설계 결정은 역 또는 반응

---

* 역주 : 자신들이 용의자를 골랐다고 하는 라인업 행정관의 말

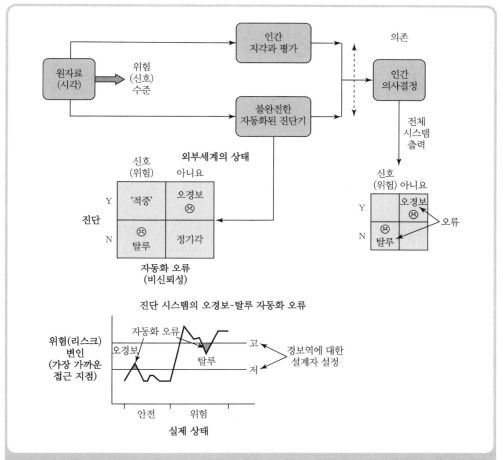

**그림 2.7** 신호탐지 이론과 경고 신호. 상단에는 경보 시스템 단독으로 나타나는 SDT 행렬(왼쪽)과 경보 정보와 원자료 지각에 있어서의 인간의 편향 판단이라는 맥락에서 두 가지 오류 유형이 있다. 하단에는, 낮은 역(낮은 $\beta$) 또는 높은 역(높은 $\beta$)을 오르락내리락하고 그 결과로 두 유형의 오류가 생기는 위험변인이 있다. 항공관제에서 공중 충돌로 예측되는 위험이 위험변인이다.

기준($\beta$)을 설정하는 방식에 있다. 그림 2.7 하단에서 보는 바와 같이, 위험 신호라는 시간에 따라 변동하는 '원자료'(예 : 건물 내부의 열과 미립자 또는 연기의 결합 수준)를 받아서, 반응 기준은 어떤 범위의 값에 설정될 수 있다. 만일 $\beta$가 높게 설정되면 위험 상태 내의 무선 변동성이 때때로 탈루를 야기할 수도 있다. 만일 $\beta$가 낮게 설정되면, 바로 그 동일한 무선 변동성이 안전 상태 내에서도 때때로 오경보를 발생시킬 수 있다. '자동화 오류'라는 두 가지 사상을 그림의 하단에서 묘사하고 있다.

대부분의 경고 시스템은 낮은 $\beta$ 역으로 설정되어 있는데, 앞서 최적 $\beta$를 설명하는 맥락에서 설명한 바와 같이, 탈루의 비용이 전형적으로 오경보의 비용보다 훨씬 크기 때문이다

(화재 경보가 잘못 발생된 상황과 실제로 화재가 발생했는데 경보가 울리지 않는 상황을 고려해 보라). 그러나 위험한 사상의 기저율은 전형적으로 아주 낮고[$P$(신호)<<<1.0], (탈루 비용에 근거해서) 최적으로 높은 $\beta$를 설정함으로써 발생되는 높은 기대 비용 때문에 전형적으로 설계자들은 오경보를 줄이는 데 적합한 수준으로까지 완전히 위쪽으로 경보 시스템 $\beta$를 조정하지는 않는다. 그러므로 (탈루를 방지하도록) $\beta$ 설정을 낮게 하면 필연적으로 매우 높은 오경보율이 된다(Parasuraman, Hancock, & Olofinboba, 1997).

의료전문가(Xiao, Seagull, et al., 2004) 또는 핵발전소 조작자처럼 여러 다양한 독립 시스템으로부터 경고를 작업자가 받을 때 이러한 문제가 증폭된다. Kesting, Miller, Lockhart (1988)는 전형적인 수술실에서 대부분이 '오경보'인 경보가 매 4.5분마다 울린다고 추정하였다.

이러한 상황은, 그림 2.7의 좌측 상단에서 볼 수 있듯이, 우리가 어떤 환경에서 자동화가 그 결정을 만드는 바로 그 동일한 '원자료'를 사람이 접근해야 할 때 꽤나 더 복잡해진다 (Parasuraman, 1987; Getty, Swets, et al., 1995; Wang, Jamieson, & Hollands, 2009). 사람만이 그 경보에 접근할 수 있을 때, 그 경보가 오경보라고 해도 사람은 그것을 따르는 것 외에 달리 선택이 없다. 그러나 사람이 원자료를 병렬적으로 처리할 수 있을 때, 높은 오경보율은 두 가지 중요한 부정적 결과를 가질 수 있는데(Dixon, McCarley, & Wickens, 2007), 특히 다중 과제 환경에서 경고가 최대의 잠재적 이득을 지닌 것으로 밝혀졌을 때 그렇다 (Parasuraman et al., 1997; Wickens & Dixon, 2007). 첫 번째로, 빈번한 오경보는 현재 공동으로 진행 중인 과제에 대한 빈번한 중단을 강요하는데, 이는 사람이 원자료를 대조 검토하거나, 그 경고가 정말로 오경고인지 확인하거나, 또는 일부 사례에서는 '불발 사건'이라고 공지해야 하는 불필요한 조치를 취하기 위해서 생긴다. 두 번째는 더 심각한데, 과도한 **오경보 경고**(alarm false alarms) 후에 사람들은 "늑대가 나타났다!" 증후군을 발달시킬 수도 있는데(Breznitz, 1983; Sorkin, 1989), (사실일 수도 있는 것들을 조금 포함해서) 경고에 늦게 반응을 하거나 아예 무시하거나 한다. 공식적으로 이것이 인간으로 하여금 경고 시스템의 극도로 낮은 $\beta$를 보상하기 위해서 자신의 $\beta$를 위쪽으로 올려 조정하도록 만든다. 우리는 이 사안을 자동화에 대한 신뢰에 관해 논의하는 제12장에서 다룰 것이다.

한 가지 예로, 2001년에 괌의 항공관제사는 너무 많은 오경고를 발생시킨다는 이유로 **최소 안전고도 경보**(minimum safe altitude warning, MSAW)를 꺼버렸다. "늑대가 나타났다!" 경험을 되풀이한 끝에 내린 조치였다. 그 결과 관제사는 민간 항공기가 낮은 고도로 하강하는 것을 탐지하지 못했다. 비행기가 활주로에 도달하지 못하고 산과 충돌했고 100명의 사상자를 낳았다. 다른 예로 2002년 AARC 공동위원회(2002)는 의료 산소호흡기 문제로 발생한 사고(죽음 또는 의식불명)의 22%가 근본적인 원인으로 경고에 반응을 안 하거나 늦게 반응을 한 것이라고 진술하는 보고서를 발행했다. 여기서 또다시 과도한 오경보율이 많은 사상들을 무시하는 사태로 이끌었다.

오경보로 인해 발생하는 불신의 문제를 다루는 데 몇 가지 잠재적인 해결책이 제공될 수 있다.

1. **다중 경고 수준을 사용**: 경보 시스템이 위험 상태의 가능성에 따른 셋 이상의 등급 수준을 발급하는 가능성 경보(Sorkin, Kantowitz & Kantowitz, 1993; Neyedli, Hollands, & Jamieson, 2011; St Johns & Manes, 2002; Wickens & Colcombe, 2007 참조)가 사용될 수 있다. 이는 먼저 기술한 퍼지 SDT에서 드러난 과정과 유사한데, 경보는 세상의 상태에 관한 자신의 '확신'을 신호한다. 이 기법은 많은 경보 오류를 (그것들이 발생했을 때) 나쁜 것으로 간주하지 않는다는 장점을 가진다. 그러므로 이런 오류들은 조작자가 경보를 불신하거나 무시하게 할 가능성을 적게 만든다.

2. **자동화된 $\beta$를 약간 올리기**: 때때로 자동화 시스템의 $\beta$ 수준은 (사람이 병행해서 이런 원자료에 접근하고 감독할 수 있는 때에는) 안전을 심각하게 위협하지 않고도 약간 올릴 수 있다.

3. **사람을 순환 시스템 안에 유지하기**: 경보 역을 올리는 것이 성공적이기 위해서는, 충돌 경고 시스템이 동일한 일을 하더라도 항공관제사가 잠재적 충돌을 대비하는 레이더 화면을 모니터링하는 것과 마찬가지로 인간 관찰자가 경고 시스템과 병행해서 원자료를 쉽게 감독할 수 있도록 하는 것이 중요하다.

4. **오경보 경고에 대한 조작자의 이해를 향상시키기**: 특히 사상들이 매우 낮은 기저율을 가지지만 탈루에 대한 비용이 매우 높게 결합된 환경에서 높은 오경보율의 통계적인 필요성을 조작자가 이해하도록 훈련시킨다(Parasuraman, Hancock, & Olofinboba, 1997). 많은 예측 경고에 대하여 조작자는 대부분의 오경보는 '나쁜' 자동화 실패를 나타내는 것이 아니라 경고 시스템이 탈루를 방지하기 위하여 역을 낮춰놓은 경우를 나타내는 것이라는 지도를 받을 수 있다. 조작자가 원자료에 대한 접근을 가지고 있는 사례에서, 조작자는 경고 시스템을 조작자 자신의 판단을 강화해 줄 수 있는 시스템으로 간주할 수 있다. 실제로 Wickens, Rice와 그의 동료들(2009)은 충돌 경고 기구를 사용하는 항공관제사가 보여주는 "늑대가 나타났다!" 효과에 대한 증거를 발견하지 못했으며, 그러한 강화가 원인이라고 제안하였다.

## 6. 경계

SDT의 가장 흔한 응용 중 하나가 경계 패러다임이다. 가장 초기의 실험실 연구는 Mackworth(1948)가 수행한 것인데, 그는 제2차 세계대전 레이더 조작자들이 적 잠수함 출현을 의미하는 신호를 놓치는 이유를 파악하려고 노력하고 있었다. 그의 실험에서 레이더 과제를 모사하는 것으로, 관찰자는 시계판 주위를 작은 도약을 하면서 움직이는 시곗바늘을 감독했다. 이것은 **비표적 사상**(non-target event)이다. 때때로 시곗바늘은 비표적 사상 때 보이는 도약

각도보다 두 배를 움직이는 이중 도약[**표적 사상**(target event)]을 한다. Mackworth는 시간이 지남에 따라 표적 사상 신호를 탐지하는 조작자의 능력이 감소함을 발견했는데, 이 발견은 그 이후에도 여러 번 반복 검증되었다.

경계 패러다임에서 조작자는 장기간 신호탐지를 요청받는데[**감시**(watch)라고 함], 신호는 간헐적이고, 예측 불가능하며, 아주 드물고, 게다가 보통은 현저성도 떨어진 상태로 나타난다. 이러한 예로는 휴대 수화물을 X선으로 검색하는 공항 보안검사관, 그리고 제품(철판, 회로판) 라인에서 드물게 등장하는 결함 있거나 흠이 있는 제품을 탐지하고 제거하는 품질 관리 검사관 등을 들 수가 있다.

두 가지 일반적 결론이 경계 상황에서의 조작자 수행 분석으로부터 드러난다. 첫째, **경계 수준**(vigilance level)으로 알려진 경계 수행의 안정된 상태 수준은 바람직한 수준보다는 낮은 수준임을 보여준다. 둘째, 경계 수준은 감시의 처음 30분 내외 동안 급격히 감소한다. 이 현상은 실험적으로 수도 없이 반복 검증되었으며, 산업 제품 품질검사관에게서도 관찰되었다(Harris & Chaney, 1969; Parasuraman, 1986). 시간에 따른 경계 수준의 이러한 감소는 **경계 감소**(vigilance decrement)라고 알려졌다.

## 6.1 경계 수행의 측정

경계 수준과 경계 감소에 영향을 주는 요인들에 대한 수많은 조사연구가 지난 50년간 다양한 패러다임 속에서 실험적 변인들을 사용하여 수행되었다. 경계 연구에 대한 모든 실험 결과를 완벽하게 나열하는 것은 이 장의 범위를 벗어나는 것이다(Davies & Parasuraman, 1982; Parasuraman, 1986; See et al., 1995; Warm, 1984; Warm & Dember, 1998). SDT의 용어로 본다면, 경계 감소는 민감도가 감소하거나(Mackworth & Taylor, 1963) 또는 기준이 좀 더 보수적으로 이동한 결과로 인해 발생될 수 있는데(Broadbent & Gregory, 1965) 어느 쪽인지는 과제와 실험 상황에 달렸다.

민감도에 대한 여러 영향들은 다음과 같다.

1. 표적 **신호 강도**(signal strength)가 낮아짐에 따라 민감도가 감소하고 민감도 감소율은 높아지는데, 이는 표적의 강도나 지속시간이 감소하거나 또는 비표적 사상과 더욱 유사하게 만들 경우에 발생한다(Mackworth & Taylor, 1963; Teichner, 1974).
2. 표적 신호가 나타나는 시간 또는 장소에 대한 **불확실성**(uncertainty)이 있을 때 민감도는 감소한다. 신호들 사이에 긴 시간 간격이 있을 때 불확실성은 특히 더 크다(Mackworth & Taylor, 1963; Warm et al., 1992).
3. 비표적 사상이 정의되어 있는 (제품) 점검 과제에서 작업 벨트 속도를 높이는 (제품) 점검 상황과 같이 **사상 비율**(event rate)이 증가할 때 민감도 수준은 감소하고 경계 감소는 증가한다(Baddeley & Colquhoun, 1969; See et al, 1995). 이 방법은 비표적 사상

에 대한 표적 사상의 비율을 일정하게 유지하는 것임을 주목하여야 한다. 그러므로 사상 발생 비율과 표적 확률과 혼동해서는 안 된다.

4. 민감도 수준은 표적과 비표적을 한 번에 하나씩 보는 **연속 과제**(successive task)보다는 둘을 한꺼번에 볼 수 있는 **동시 과제**(simultaneous task)에서 높다(Parasuraman, 1979). 사상 비율과 공간적 불확실성은 과제 유형과 상호작용하고 이러한 요인들은 동시 과제보다는 연속 과제에서 더 큰 정도로 수행을 악화시킨다(Warm & Dember, 1998).

또한 편향에서의 변화가 발생하며, 좀 더 현저한 결과들은 다음과 같다.

1. 비록 굼뜬 $\beta$는 명백하지만(Baddeley & Colquhoun, 1969; See et al., 2007), **표적 확률**(target probability)이 반응 편향에 영향을 주는데 확률이 높으면 $\beta$를 감소시키고(높은 적중과 오경보), 확률이 낮으면 $\beta$를 증가시킨다(더 많은 탈루와 정기각)(Loeb & Binford, 1968; See et al., 1997; Wolfe, Horowitz, et al., 2007). 비표적 사상이 표적 사상들 사이에 더 밀집되어 분포해 있다면 표적 확률이 감소할 수 있음을 주목하라.

2. 비록 득실의 효과가 확률을 조작하는 것(Maddox, 2002; Davies & Parasurman, 1982 참조)보다 덜 일관적이고 덜 효과적이라고 해도, **득실**(payoffs)은 신호탐지 과제에서 반응 편향에 영향을 준다(예 : Davenport, 1968; See et al., 1997). 이는 앞에서 기술된 바 있는(그림 2.4), 신호가 좀 더 빈번하게 나타나는 비경계 신호탐지에서의 확률 조작과 득실 조작의 상대적인 효과와는 대조적이다.

## 6.2 경계 이론들

전통적으로, 경계 감소는 각성의 감소로 인해 발생한다고 간주되었다(예 : Frankmann & Adams, 1962). 이 견해는 경계 과제의 반복적이고 단조로운 특성이 각성 정도를 유지하는 데 필요한 신경 활동을 억압한다고 본다. **각성 이론**(arousal theory)은 장기적으로 사상 발생이 낮은 환경에서는 기준이 일정하게 머무는 반면에, '증거 변인' $X$가 축소된다고 가정한다(Welford, 1968). 이것을 그림 2.8에 설명해 놓았다. 이 축소는 각성이 감소함에 따라 신경 활동(신호와 잡음 모두)이 감소하면서 생긴다. 그러한 효과는 표준 점수로 표현되는 두 분포의 분리 정도를 일정한 수준(일정한 $d'$)으로 유지하는 반면에, 적중과 오경보 비율을 둘 다 감소시킨다는 점이 그림 2.8에 드러나 있다.

대조적으로 **지속적 요구 이론**(sustained demand theory)은 경계 과제가 관찰자의 정보처리 자원에 지속적인 요구를 부과하고, 과제는 각성을 감소시키기보다는 오히려 각성과 스트레스를 증가시키며, 자원들에 대한 이러한 공급은 시간이 지나는 동안 (지속적으로) 유지되기가 힘들다고 제안한다(Warm, Parasuraman, & Matthews, 2008). 이 이론은 일련의 광범위한 뇌 영상과 신경생리학적 측정들의 뒷받침을 받으면서 최근에 관심을 견인해 왔다(제11장 참조). 경계 과제의 지속적인 주의 요구는 오래전부터 인식되어 왔다. Broadbent

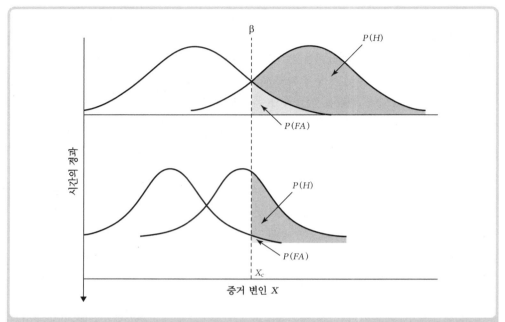

**그림 2.8** 각성 이론의 도해. 주시 중 각성은 시간이 경과되면서 감소하는데, SDT 분포는 $X_c$에 비례해서 압축된다. 따라서 P(H)와 P(FA)는 감소되고 좀 더 보수적인 기준이 사용된다는 최종적인 결과로 귀결된다.

(1971)는 Mackworth(1948)의 과제에서 시곗바늘에 초점을 맞추거나 또는 표적 신호를 어떻게든 탐지하기에는 지속적 주의가 필요하다고 주장했다. 실제로도, 경계 과제는 **지속적 주의**(sustained attention) 과제라고 종종 언급된다(Parasuraman, 1979).

좀 더 최근에는 연구자들이 작업기억에 대한 지속적 부하를 부과하는 경계 과제(예 : 연속적 과제에서 표적 신호가 어떠한지 또는 소리가 어떠한지를 회상하도록 하는 것)가 처리 자원의 지속적 공급을 요구한다는 결론을 내렸다(Deaton & Parasuraman, 1988; Parasuraman, 1979). 정신적 작업부하의 평정(제11장 참조)은 경계 과제의 작업부하가 일반적으로 매우 높다는 것, 그리고 주관적 작업부하에서의 시간에 따른 증가가 경계 감소에 동반된다는 것을 분명하게 보여주었다(Warm, Dember, & Hancock, 1996). 자원 요구적인 경계 과제의 본질에 대한 한 단계 더 깊은 함의는 동시 진행 과제로부터 상호 간섭받기 쉽다는 것이다. 예를 들면, Caggiano와 Parasuraman(2004)은 경계 과제와 부차적 과제가 둘 다 공간적 작업기억 자원을 끌어낼 때 더 큰 경계 감소가 관찰되었다는 것을 증명하였다. 정신 자원의 개념은 제10장에서 더 논의될 것이다.

그러므로 더 많은 처리 자원을 요구하는 상황은 경계 감소를 낳는다(예 : 표적이 탐지되기 어려울 때, 표적이 나타날 때와 장소에 대한 불확실성이 있을 때, 사상 발생 비율이 빠를 때, 관찰자가 표적이 어떠한지 또는 소리가 어떠한지를 기억해야만 할 때, 표적이 친숙하지

않을 때). 관찰자가 거의 노력하지 않고 표적을 자동적으로 탐지해 내는 경우, 민감도 수준
이 높고 경계 감소가 제거된다는 발견은 지속적 요구 이론과 일관성이 있는 것인데, 왜냐하
면 자동 처리의 특성이 자원 요구를 거의 하지 않는 것이기 때문이다(Schneider & Shiffrin,
1977).

때때로 경계 감소는 지속적 요구 이론이 예측하는 민감도 감소라기보다 기준 이동에 기
인한 것이거나 아니면 둘 다에 기인한 것이라고 증명될 수 있다. Baker(1961)가 제안한 **기
대 이론**(expectancy theory)은 표적 사상에 대하여 지각된 발생 빈도(그러므로, 기대)의 감소
에 대응한 반응 기준의 상향 조정이 경계 감소의 원인이라고 제안한다. 이에 맞춰서, 기대
이론은 기준 이동을 다음과 같이 설명한다. 관찰자는 신호 빈도의 주관적 지각 $P_s$(S)에 근거
하여 $\beta$를 설정한다고 가정된다. 신호의 현저성이 낮은 많은 경계 상황에서, 최적 감독 책략
을 사용하더라도 관찰자가 모든 신호에 주의를 주고 탐지해 낸다는 것은 불가능하다(Moray
& Inagaki, 2000). 그렇게 되면 만일 신호가 어떤 이유로 인해 탈루되었을 경우, 피험자는
신호가 덜 발생되었다고 믿기 때문에 주관적 확률 $P_s$(S)가 감소한다. 이러한 감소로 인해
또다시 $\beta$의 상향 조정이 야기되며, 이는 탈루의 가능성을 증가시킨다. 결과로 생긴 탈루
비율의 증가는 $P_s$(S)를 더 감소시키는 식으로, Broadbent(1971)가 악순환 가설이라고 명명
한 현상이 발생한다. 악순환은 $\beta$의 상승 회오리를 이끌고 P(H)의 하강 소용돌이를 일으킨
다. 이러한 행동이 $\beta$를 무한대로, 적중률을 무한소로 이끌 수도 있으나 실제로는 안정적이
지만 높은 값으로 기준이 유지되도록 작용하는 다른 요인이 있다.

신호 확률이 낮아졌을 때, 이것은 신호에 대한 기대를 감소시키는 데 기여하고 따라서
$\beta$를 증가시켜야만 한다(Wolfe, Horowitz, et al., 2007). 득실도 유사한 효과를 가질 수 있지
만 덜 확연하다. 악순환은 초창기에 탈루된 신호에 의존해서 시작되기 때문에 앞에서 언급
한 바와 같이 민감도를 감소시키는 종류의 변인들(짧고, 낮은 강도의 신호들)은 또한 경계
에서도 기대 효과를 증가시켜야만 한다는 것이 합리적이다.

### 6.3 경계 손실 대응 기법

많은 경계 상황에서, (경계) 수행은 민감도 이동 그리고 반응 편향 이동 사이의 어떤 조합을
반영한다. 경계 이론처럼 이들 개선 기법들은 민감도를 향상시키는 것, 그리고 좀 더 최적
의 (전형적으로는 더 낮은) 방향으로 반응 기준을 이동시키는 것으로 범주화될 수 있다.

### 6.3.1 민감도를 증가시키는 것

경계 과제에서 민감도를 향상시키는 여러 기법들이 있다.

1. **표적 보기들을 제시(기억 부담을 감소시킴)** : 지속적 요구 이론이 논리적으로 함의하는 바
   는 신호 특징에 대한 피험자의 기억을 돕거나 향상시키는 기법은 어떤 것이든 민감도

감소를 줄이고 전반적인 민감도의 수준을 높게 유지시킨다는 것이다. 따라서 표적에 대한 '표준' 표상이 가용하다면 분명히 도움이 된다. 예를 들면, Kelly(1955)는 품질관리 조작자가 이상적인 표적 자극을 영상으로 볼 수 있었을 때 탐지 수행이 크게 증가한다는 보고를 하였다. 더 나아가, 기대가 야기하는 $\beta$ 증가의 감소를 돕는 기법은 또한 민감도에서의 손실과 대항하게 한다. 다음 부분에 기술하는 오신호의 도입은 기억을 새롭게 하여 민감도를 향상시킬 수 있다.

Childs(1976)는 표적 자극들이 어떤 것이 아니라고 하는 것보다 표적 자극들이 어떤 것이라고 상세하게 들은 경우에 수행의 향상이 있음을 관찰하였다. 점검자들이 정상적인 것들에 대한 단순한 표상보다는 가능한 결함의 시각적 표상에 접근할 수 있어야만 한다는 것이 여기에서 함의하는 바다.

2. **표적 현저성의 증가** : 비록 구체적인 기법은 신호의 본질에 달려 있지만 인위적으로 신호를 향상시키는 다양한 기법 적용이 가능하다. 물론 그런 기법의 사소한 예는 단순하게 각 사상을 특징짓는 에너지를 증폭시키는 것이다(예 : 명도, 또는 음량 증가). 그러나 이러한 접근은 신호만큼이나 잡음도 크게 만들고, 그럼으로써 전반적인 신호 대 잡음 비율을 변화시키는 데 아무런 역할을 하지 못한다. 더 기발한 해결책은 신호와 비신호에 차별적으로 영향을 주는 절차를 이용하는 것이다. 예를 들면, Drury 등(2001)은 입체경을 사용하여 표준적인 판과 결함 있는 판을 동시에 보여주는 양안 경쟁 기법을 성공적으로 사용하였다. 두 이미지가 유사한 넓은 영역을 포함할 때, 두 이미지는 하나로 보이고 서로 다른 이미지의 영역은 어른거리게 보인다. 그러므로 어른거리는 영역이 잠재적 결함을 나타낸다. Liuzzo와 Drury(1978)는 '깜박임'이라고 알려진 유사한 신호 향상 기법을 발전시켰는데, 2개의 항목(알려진 좋은 원형과 검사될 품목)에 대한 연속적인 이미지를 단일 장소에 빠르게 그리고 교대로 투영시키는 것이다. 만일 그 품목이 오기능을 가지고 있다면(예 : 회로에 끊어진 부분이 존재함) 이미지가 교대로 제시될 때 끊어진 부위가 아주 현저하게 깜박이게 될 것이다. 다른 접근은 어떤 사상들을 다른 감각 양상으로 변환시키는 것이다(예 : 청각 신호를 시각 화면에 더한다). 이 기법은 신호가 동시에 두 가지 양상으로 제시되는 경우에 발생하는 중복 이득의 장점을 이용하는 것이다(예 : Doll & Hanna, 1989).

3. **사상 발생 비율의 변동** : Saito(1972)가 유리병 검사관을 대상으로 한 연구에서 밝혔듯이 분당 300병에서 200병 이하로 검사 비율을 줄이면 검사 효율성이 현저하게 향상되었다. 검사관에게 사상 발생 비율을 통제할 수 있게 만들어주는 것도 효과적이다. Scerbo, Greenwald, Sawin(1993)은 관찰자에게 그러한 통제력을 부여하면 민감도가 향상되고 민감도 감소는 줄어든다는 것을 증명하였다.

4. **관찰자 훈련** : 디스플레이 조작을 통한 신호의 향상과 밀접하게 관련된 기법은 조작자 훈련을 강조하는 것이다. Fisk와 Schneider(1981)는 민감도 감소의 크기는 표적 요소에

일관되고 반복적으로 반응하도록 피험자(subject)를 훈련함으로써 크게 감소시킬 수 있다는 것을 예시하였다. 자극의 **자동적 처리**(automatic processing)를 발전시키는 기법 (제6장에서 좀 더 기술될 것임)은 시끌시끌한 군중 속에서도 자신의 이름은 쉽게 들리는 것처럼 표적 자극이 줄이어 등장하는 사상들 속에서 '튀어나오게' 만드는 경향이 있다. Fisk와 Schneider는 핵심적 자극들이 일관되게 표적 자극으로 제시돼야 한다는 것, 그리고 훈련 기간 동안 표적의 확률은 높아야 한다는 것을 지적했다.

## 6.3.2 반응 기준에서의 자리 이동

다음 방법들은 최적 수준으로 기준을 이동시키는 데 매우 유용할 수 있다.

1. 지시 : 점검자는 오류의 상대적 비용이 명확하게 이해되어 있지 않으면 그 내용을 적합하게 이해하고 있지 못할지도 모른다. 예를 들면, 품질관리에서 결함 있는 부품의 확률이 낮기 때문에 높은 기준을 유지하는 것이 비용 면에서 더 효율적일 때도 품질 검사관은 더 많은 결함을 찾아내는 것이 더 좋다고 믿으며, 잘못해서 괜찮은 부품을 반려하는 것에 대해서는 염려하지 않을 수 있다. 때때로 공장이나 회사의 정책으로 된 간단한 지시가 있으면 $\beta$를 적합한 수준으로 조정할 수도 있다. 그러므로 공항 보안 검색에서 탈루의 심각성에 대하여 (검사대에서 밀수되는 무기를 탐지하는 데 실패) 강조를 많이 하면 (오경보의 수가 증가하여 생기는 비용을 지불하면서) 탈루의 수가 상당히 감소한다.

2. 결과에 대한 지식 : 가능한 상황에서는 진짜 $P(S)$에 대한 정밀한 추정이 되도록 **결과에 대한 지식**(knowledge of results, KR)이 제공되어야만 한다(Mackworth, 1950). 결과에 대한 지식은 잡음이 낮은 상황에서 가장 효과적인 것처럼 보인다(Becker, Warm, Dember, & Hancock, 1995). 특히 Wolfe와 그의 동료들(2007)은 수화물의 생생한 공항 보안 X선 이미지를 사용하였을 때, 오신호(다음 참조)의 도입으로 일시적으로 높아진 신호율에 연합시킨 피드백은 $\beta$를 이동시키고, 그로써 더 낮은 수준으로 반응 기준을 유지시키는 효과적인 방법이었음을 발견하였다.

3. 오신호 : Baker(1961)와 Wilkinson(1964)은 오신호를 도입하면 $\beta$를 낮게 유지할 수 있다고 주장해 왔다. 오신호의 도입은 (주관적인 신호 확률) $P_s(S)$를 상승시킬 것이다. 더 나아가 만일 오신호가 실제 신호와 물리적으로 유사하다면 기억 속의 표준을 갱신시킴으로써 (먼저 논의한 바와 같이) 이 절차는 과제의 지속적인 요구를 감소시켜 민감도를 향상시키고 민감도 감소를 줄인다. 예를 들면, 품질관리 검사관에게 적용된 바와 같이 일정한 수의 사전 정의된 결함 제품을 검사대에 놓을 수 있다. 이것들에 '표시'를 해두면 비록 검사관이 탈루시켰다고 하더라도 여전히 나중에 제거할 수 있다. 검사 흐름 속에서 이것들이 존재하면 더 높은 $P_s(S)$를 보장할 수 있고, 따라서 그렇지

않은 경우에 관찰되는 것보다 더 낮은 $\beta$를 보장할 수 있다. 그러나 이 기법은 검사관이 탐지 이후에 취하는 행동이 안정된 시스템에 바람직하지 않은 결과를 가져올 위험이 있다. 만일 오경고가 화학처리 제어 공장에 도입되어 조작자가 전체 공장을 불필요하게 중단시키는 경우가 극단적인 예일 것이다.

4. 신뢰 수준 : 조작자가 다양한 신뢰 수준으로 신호 사상을 보고하도록 하면 경계 감소가 줄어든다(Broadbent & Gregory, 1965; Rizy, 1972). 이것은 가능성 경고 기법과 같은 것이고, 이 장의 앞에서 기술한 바 있는 퍼지 SDT 분석을 흔쾌히 받아들이는 것이다. 만일 조작자가 각 사상을 표적 또는 비표적으로 분류하기보다, '표적', '불확실', 또는 '비표적'(또는 좀 더 광범위한 반응 옵션)이라고 말할 수 있다면 관찰자는 '비표적'이라고 덜 빈번하게 말할 것이기 때문에 $\beta$는 급격하게 증가하지 않게 되며, 신호 (발생) 빈도에 대한 주관적 지각인 $P_s$(S)도 급격하게 감소하지 않는다.

### 6.3.3 다른 기법들

감소에 대항하는 다른 기법들은 좀 더 직접적으로 각성과 피로에 초점을 맞추고 있다. Parasuraman(1986)은 휴식 기간이 혜택을 주는 효과를 가질 수 있다고 언급하였다. 생각건대, 휴식 기간은 경계 상황의 지속적 요구를 중단시킨다. 흥미로운 것은 명상 훈련(Shamatha training)을 하면 그런 훈련이 없었던 통제 집단에 비해 상대적으로 경계 과제에서 민감도가 향상되고 경계 감소가 줄어드는 것을 보여주었다(MacLean et al., 2010). 명상이 장시간 집중하는 능력을 향상시켜 관찰자가 경계 과제의 지속적 요구를 맞추도록 도와주는 것으로 보인다. Atchley와 Chan(2011)은 장시간의 모의 운전 상황 동안 운전자에게 주기적으로 언어 과제를 하도록 하면(그럼으로써 자신의 각성 수준이 올라간다), 경계 감소가 줄어들 수 있음을 발견하였다. 유사한 발견이 모의 미래 항공관제('NextGen') 연구에서 보고되었는데, 여기서는 관제사의 개입 없이 비행체들이 서로 거리를 유지하였다. 관찰자에게 어떤 비행체가 제한된 비행 항로(flow corridor) 안으로 들어오면 분명하게 인지하고 있다는 표시를 하라고 요구함으로써 과제 관여를 증대시키면 가끔씩 비행체 스스로 만드는 거리 유지의 실패를 탐지하는 데 경계 감소가 줄어들었다.

### 6.4 경계 : 실험실 안팎에서

실험실에서의 경계 실험은 과할 정도로 수행되었고 풍부한 실험 자료를 가져왔다. 그러나 실험실 환경 안에서 실제 세계 시스템의 역학을 잡아낸다는 것은 도전적이다. 실험실 과제에서는 실제 세계에 존재하는 좀 더 복잡한 자극에 비해서 위치와 형태가 알려진 꽤 단순한 자극을 채택해 왔다. 예를 들면, 핵발전소의 감독자는 비정상적 상황의 발생이 경보기의 어떤 조합으로 신호될지 정확히 알고 있지 못하지만, 정면에 보이는 역치 근처의 빛 하나가 그 신호일 가능성은 희박하다. 실험실과 실제 경계 상황 간에는 신호 빈도에서의 차이도 존재한다. 실험실에서 신호 비율은 한 시간당 하나에서부터 많게는 3~4분에 하나까지 범위에 있기 때문에 너무 낮아서 감소를 보여주기 힘들고, 공장 검사에서 결함 (발생) 빈도보다도 훨씬 낮지만 (고장이 주 또는 월 주기로 발생하는) 믿을 만한 비행기, 화학 공장, 자동화 시스템의 수행에서 관찰되는 비율보다는 엄청나게 훨씬 높다. 주의 포착의 맥락에서 제3장에서 논의될 신호 빈도의 이러한 차이는 잘 정의된 과제를 수행하고 오로지 수행만을 책임지는 실험실의 참가자 그리고 탈루와 오경보가 초래하는 커다란 비용에 의해 잠재적으로 영향을 받는 (동기의 수준과 상충되는 다른 활동을 대면해야 하는) 실시간 시스템 조작자 사이에 존재하는 동기적 요인 차이와 틀림없이 상호작용할 것이다.

좀 더 현실적인 경계 상황은 경계 감소를 낳기 더 쉽다고 제안하는 증거가 일부 있다. Donald(2008)는 경계가 요구되는 실제 세계 직업(예 : 폐쇄 회로 TV 감시 조작자)은 복잡한 (어수선한) 자연적 상황 속에서 (똑똑 분리된 방식이 아니라) 연속적인 방식으로 매우 다양한 신호 유형을 탐지하는 것에 관여한다고 언급했다. 예를 들면, 감시 조작자는 수많은 카메라의 출력을 감독하고 거리, 열차 승강장, 공장 작업장을 각각 보여주는 다양한 카메라와 장면들 사이의 관계를 이해해야만 한다(Donald, 2008). 경계에서의 지속적 요구 이론과 실험적 증거들은 이 같은 좀 더 복잡한 작업 조건은 단순한 자극을 사용하는 실험실 실험보다 경계 감소를 낳을 가능성이 더 높을 것이라는 점을 말해준다. Donald는 또한 이러한 과제를 수행하는 효과적인 **상황인식**(situational awareness)에 대한 요구, 특히 미래 상태를 고려하고 예측하는 능력을 언급하였다. 우리는 제7장에서 상황인식의 개념으로 다시 돌아갈 것이다.

그러므로 실험실에서 알아낸 경계 수행에 영향을 미치는 변인들은 (비록 효과의 크기가 줄어들거나 또는 늘어날 수도 있지만) 실제 세계에서의 탐지 수행에 영향을 미칠 것이다. 자동화 시스템(Parasuraman & Riley, 1997), 운전(St John & Risser, 2009), 숙련된 일반 항공 조종사(Wiggins, 2010)에 대한 연구를 포함한 항공(Molloy & Parasuraman, 1996; Ruffle-Smith, 1979), 항공 교통 통제(Pop et al., 2012), 그리고 NORAD(북미대공방위사령부) 비행 감시(Pigeau et al., 1995) 같은 실제 환경 또는 상당히 높은 수준의 모의 환경에서 자료가 수집되어 왔고 경계 현상이 관찰되어 왔다. 또한 최근 연구는 옮겨놓기 위해 잡으려고 총에 손을 뻗거나 또는 머리카락 건조기에 손을 뻗는 것같이 좀 더 비위협적인 행위를 담고 있는 역동적인 비디오 장면 중에서 (총을 쏠 목적으로 잡으려고 총에 손을 뻗는) 위협적 행위를 탐지하도록 요청받은 관찰자가 보이는 경계 감소의 증거를 발견하였다(Parasuraman et al., 2009). 경계 효과는 실험실 바깥의 여러 상황에서 신뢰할 만하게 발생한다는 것은 명백하다.

# 7. 절대 판단

사람이 신호를 탐지할 때, 감각 증거의 연속선에 걸쳐서 두 가지 단순한 대안 선택을 한다. 신호 에너지가 낮다면 수행은 형편없을지도 모른다. 그러나 인간이 **절대 판단**(absolute judgement)이라고 불리는 과제, 즉 감각 연속선에 걸쳐서 다양한 수준의 셋 이상의 자극을 확인하거나 분류해야만 하는 경우, (SDT와는 대조적으로) 수준들 간 충분한 물리적 차이가 있음에도 불구하고 수행이 상대적으로 형편없다는 것이 발견된다. 그러한 과제는 경고음의 높이를 재인하는 것, 여러 수준의 명도 또는 색상을 구별하는 것, 청량음료 제조법 비율에 따른 단맛 정도를 비교하는 것을 포함할 수도 있을 것이다.

탐지와 마찬가지로 절대 판단은 인간이 자극에서 반응으로 정보를 전달하는 과제의 한 가지 예이다. 절대 판단 수행의 많은 능력은 정보를 묘사하고 수량화하는 형식 언어를 이해하는 데 의존하기 때문에, 우리는 이러한 언어에 대한 간단한 소개를 아래에 한다. 좀 더 자세한 내용은 이 장의 마지막에 있는 **정보 이론**(information theory)에 관한 보충 설명에 담았다.

## 7.1 정보의 수량화

어느 때나 자극이 무엇이 될 것인지에 대한 약간의 불확실성이 존재한다면 정보는 자극 또는 사상 내에서 잠재적으로 가용하다. 자극 사상이 전달하는 정보가 얼마만한 양이 될지는 부분적으로 그 맥락에서 일어날 수 있는 가능한 사상의 수에 달려 있다. 만일 동일한 자극이 매 시행마다 일어난다면 그러한 발생은 아무런 정보를 전달하지 않는다. 이와는 대조적으로 만일 2개 이상의 자극 사상이 발생한다면 이 사상들 중 하나가 발생했을 경우, 그것이 전달하는 정보의 양은 **비트**(binomial digits, bits)로 표현하면 단순하게 밑수를 2로 하는 가능한 사상 개수의 대수 값과 같다. 예를 들어, 만일 네 가지 사상이 발생할 가능성이 있으면 그중 한 사상이 일어날 때 $\log_2 4 = 2$비트이므로 우리는 2비트의 정보를 얻는다. 따라서 자극에 있는 정보의 양, $H_s$는 2비트라고 말한다. 만일 단 2개의 대안이 있다면 그중 하나가 발생해서 전달하는 정보는 $H_s = \log_2 2 = 1$비트이다. 완벽하게 확실한 사상이나 예측 가능한 사상은 0비트를 전달한다($\log_2 1 = 0$).

인간 수행에서 $H_T$로 지정된 양, 즉 인간 조작자가 반응해서 전달하는 양에 대한 우리의 관심은 자극 속에 있는 정보의 양에 대한 관심보다 크다. 정보 전달 계산을 위한 공식 사용법은 보충 설명에서 기술하겠지만, 직관적인 표현은 여기에 하겠다. 확실하게 표현해서, 만일 가상의 조작자가 4개의 대안이 있는 세트에서 나오는 하나의 자극이 출현할 때마다 정확하게 반응을 한다면 2비트의 정보가 전달된다. 만일 조작자가 자극을 무시하고 무작위로 반응한다면 0비트의 정보가 전달된다. 만일 조작자가 일부 오류를 한다면 수행은 두 극단 사이에 있다. 그러므로 대안 자극의 개수, 그러므로 입력($H_s$)에 있는 정보의 양은 조작자가 전달할 수 있는 정보의 최대량에 대한 상한 경계를 결정한다($H_T \leq H_S$). $H_T$이 $H_S$보다 작은 양의 정도($H_S - H_T$)가 정보 손실($H_{loss}$)이다.

## 7.2 단일 차원

양모 품질 검사를 하는 사람이 주어진 견본을 여러 품질 수준 중 하나로 범주화해야만 할 때처럼, 절대 판단 과제에서 사람은 반드시 감각 연속선상에서 자극의 수준을 확인하거나 또는 '이름표'를 붙여줘야 한다. 절대 판단에 관한 우리의 논의는 먼저 자극이 오직 하나의 단일 차원에서만 변화할 때 수행을 기술하겠다. 그다음에 동시에 지각되는 둘 이상의 물리적 차원상의 절대 판단을 살펴보고, 이러한 발견들이 디스플레이 부호화(display coding)의 원칙에 대해 가지는 함의를 논의하겠다.

### 7.2.1 실험적 결과들

전형적인 절대 판단 실험에서 자극 연속선(예 : 음높이, 빛 강도, 결 거칠기)과 그 연속선상에 있는 별도의 수준 몇 개(예 : 상이한 주파수의 4개의 음)가 선택된다. 이러한 자극들은 한 번에 하나씩 피험자에게 무작위로 제시되며, 피험자는 각각을 서로 다른 반응과 연합시키도록 요청을 받는다. 예를 들면, 네 가지 음은 A, B, C, D로 불릴 수 있다. 각 반응이 제시된 자극과 짝이 되는 정도를 평가할 수 있다. 4개의 분별되는 자극(2비트)이 제시되는 경우에 전달($H_T$)은 보통 2비트로 완벽하다. 그런데 자극 세트가 확대되고, 5, 6, 7 또는 그 이상의 비연속적 자극 수준에 따라 추가 자료가 모이고, $H_T$는 이 장의 보충 설명 부분에서 기술된 절차를 사용하여 매 경우마다 계산된다. 전형적으로 결과들은 약 5~6개의 자극이 사용될 때 오류가 나타나기 시작하고, 오류율은 자극의 수가 더 증가할수록 증가한다. 더 큰 자극 집합이 자극의 크기에 관한 정보를 전달하는 피험자의 용량을 어느 정도 줄인다. 이는 피험자가 최대 **채널 용량**(channel capacity)이 있음을 제안한다(Miller, 1956).

그림 2.9는 전달된 실제 정보($H_T$)를 절대 판단 자극 대안의 개수, $H_S$의 함수로 보여준다. 45도 각도의 기울기 점선은 완벽한 정보 전달을 가리키고, 오류가 발생($H_T < H_S$)하기 시작하는 영역에서 함수가 '평평해'진다. 평평한 부분의 수준 또는 함수의 점근선은 조작자의 채널 용량을 가리키는데, 2~3비트 사이(4~8개 사이의 자극 수준)의 어딘가에 있다. George Miller(1956)는 고전이 된 논문 *The Magical Number Seven Plus or Minus Two*에서 몇 개의 상이한 감각 연속선들(예 : 음고, 음량, 짠 정도, 지시 바늘 위치, 정사각형 내의 점들, 선의 휘어짐, 선의 길이, 선의 기울기, 색상)에서 얻은 점근 수준(약 7)의 유사성을 지적하였다. 이 한계는 한 자극 연속선에서 다른 자극 연속선으로 약간의 변동이 있다. 즉, 미각의 짠 정도에 대해서는 2비트 이하이고, 선분상에서의 위치 또는 무지개 척도상의 색상 판단은 약 3.4비트이다. 게다가 절대 판단은 또한 **활 효과**(bow effect)의 대상이 된다(Luce et al., 1982). 이 효과는 범위의 중간에 위치한 자극들은 극단에 있는 자극들에 비해서 일반적으로

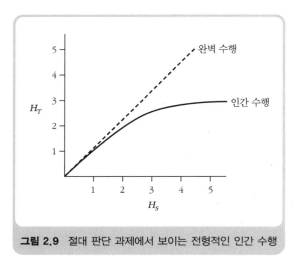

**그림 2.9** 절대 판단 과제에서 보이는 전형적인 인간 수행

정확성이 더 떨어지는 수준에서 확인된다는 것이다. 이 한계는 감각적인 것이 아닌데, 왜냐하면 감각들은 자극을 수천 가지 수준으로 변별할 수 있기 때문이다(예 : 1,800개의 음고)(Mowbray & Gebhard, 1961). 제한된 폭이란 것이 자극에 대한 지각자의 작업기억의 정확성을 반영한다는 것이 여기서의 함의이다(Siegel & Siegel, 1972). 예를 들면, 이것은 그 음 높이는 '무엇처럼 들린다'를 기억하는 것이다.

우리의 제한된 폭에는 약간의 융통성이 있다. 우리가 좋은 절대 판단이라고 예시한 감각 연속선은 실제 세계 경험에서 그러한 판단이 비교적 자주 발생하는(따라서 더 잘 학습한) 것들이다. 예를 들면, 선분 위의 위치 판단은 눈금자상의 길이가 된다. 절대 판단에서의 높은 수행은 산업현장 과제에서 구체적인 감각 연속선에 대한 전문가적인 경험과 상관이 있는 것처럼 보이고(Welford, 1968), 능숙한 음악가와 절대 음감의 주목할 만한 연합이 예로 설명될 수 있다(Shepard, 1982; Takeuchi & Hulse, 1993).

절대 판단 과제의 수행을 모형으로 만들려는 많은 시도는 신호탐지 이론과 유사하며(Brown, Marley et al., 2008; Petrov & Anderson, 2005), 자극 확률이 2개 이상인 상황에 신호탐지 이론의 요소들을 적용하려고 한다. 이러한 접근에서, 각 자극은 감각 연속선을 따라 '지각적 효과'의 분포를 만든 것으로 가정된다(Thurstone, 1927; Torgerson, 1958). 관찰자는 단순한 신호탐지 상황에서 사용되는 하나의 기준 대신에 한 집합의 결정 기준을 사용하여 연속선을 반응 영역으로 분할한다. 이런 분포들의 변동성은 자극의 수와 함께 증가하며, 이로써 각 자극을 절대적으로 확인하기가 더욱 힘들게 된다고 제시되었다. 그러한 모형들은 또한 활 효과(중간 자극들에 대한 더 큰 변동성)에 대한 설명도 한다는 것이 증명되었다.

### 7.2.2 응용

절대 판단에 대한 연구로부터 얻은 결론은 자극을 물리적 연속선상의 수준들로 순서를 매기거나 분류하라고 조작자에게 요구하는 어떤 과제의 수행과도 연관이 되며, 특히 제품의 가격을 매기거나 광고(예 : 과일의 품질)하기 위해 또는 각각 다른 용도(예 : 강철 또는 유리의 품질)를 위해 다양한 수준으로 분류해야 하는 산업 검사 과제와 관련 있다. 절대 판단 패러다임에서 얻은 자료는 기대될 수 있는 수행 한계의 종류를 나타내고, 훈련에서의 잠재적인 역할을 제안한다. 활 효과는 검사 정확성이 극단의 자극에 대해 더 우세할 것이라고 제시한다. 수행을 향상시키는 한 가지 잠재적인 방법은 다른 검사자로 하여금 논의가 되는 차원을 상이한 수준으로 분류하도록 하는 것일 수 있다. 이는 각 검사관이 상이한 극단 자극 범주를 만들게 하고, 따라서 절대 판단 수행에서 우세한 상황에서 '극단들'을 더 많이 만들어낸다. 자극 차원의 수준이 어떤 특정한 의미를 지니고, 조작자는 그 의미를 판단해야만 하는 상황인 부호화(coding)의 이슈와 동등하게 절대 판단 자료가 관련이 있다. 예를 들면, 컴퓨터 화면은 아주 폭넓은 범위의 색상을 나타낼 수 있으며(예 : 168만 개의 수준), 소프트웨어 설계자는 변인들을 부호화하는 데 가용한 범위를 아주 크게 사용하려는 유혹을 때때로 받는다. 그러나 우리가 봤듯이, 사람이 약 7개 수준이 넘는 색상을 정확하게 분류해내지 못하는 것은 명백하다. 그러므로 절대적인 의미에서 색상 부호화가 해석되는 것이 중요하다면, 수많은 색상은 정확하게 판단되지 못할 것이다(제4장 참조).

많은 사례에서 과제의 수행에서 중요한 어떤 물리적 또는 개념적 연속선이 표시하고자 하는 감각 연속선에서의 변동을 표시하기 위해 부호화될 수 있다. 예를 들면, 소켓 렌치의 크기를 색상으로 부호화해 놓으면, 수치로 표시된 크기를 읽을 수 없는 경우에도 쉽게 구분할 수 있다(Pond, 1979). 단체에서 인사 단위의 위계적 수준 또는 특정 환경에서 보안 수준 같은 좀 더 개념적인 차원은 몇 개의 상이한 수준으로 부호화될 수도 있다. 물론 다양한 수준을 파악하기 위해서 문자 또는 숫자를 사용하는 것이 가능하지만, 가시성이 낮고, 시각적으로 매우 어수선하고, 스트레스 수준이 높은 조건에서 이것들이 정확하게 읽히지 않을 수도 있다. 예를 들어 에너지 관리 시스템의 경우, 전력 시스템에 있는 연속적인 전압 수준은 색상 부호로 표현된 여러 등고선 수준으로 분류될 수 있다(Overbye, Wiegmann, Rich, & Sun, 2002). Overbye와 그의 동료들은 그런 등고선이 (수치 부호와 비교해서) 전압 위반을 더 빨리 탐지할 수 있도록 했음을 증명하였다. 오류 없이 채택될 수 있는 개념적 범주의 수에 대한 기본적인 자료는 그러한 비언어 디스플레이 부호들의 개발과 높은 연관성이 있다.

마지막으로, Moses와 Maisano, Bersh(1979)는 어떤 개념적 연속성도 주어진 물리적 차원으로 임의로 배정되어서는 안 된다고 경고하였다. 그것은 그 연속선의 의미와 **호환 가능**(compatible)해야만 한다. 표시 공존 가능성의 사안은 뒤의 2개 장에서 좀 더 논의가 될 것이다.

## 7.3 다차원 판단

만일 절대 판단에 대한 우리의 한계가 심각하여, 상당한 훈련을 통해서만 극복될 수 있다면 우리는 어떻게 환경 속에서 그렇게 쉽게 자극들을 재인할 수 있는가? 주요한 이유는 우리 재인의 대부분이 단일 차원에 걸쳐 있는 수준들보다는 둘 이상의 자극 차원에 대한 어떤 조합의 확인을 근거로 이루어진다는 것이다. 자극들이 둘 또는 그 이상의 차원에서 동시에 변동할 때, 우리는 직교 차원과 **상관 차원**(correlated dimension) 사이의 중요한 구분을 한다. 한 자극을 구성하는 차원들이 직교적일 때, 한 차원에 있는 자극의 수준은 다른 차원과 독립적으로 어떤 값도 가질 수 있다. 예를 들면, 사람의 머리카락 색깔과 체중과의 관계가 그렇다. 차원들 간의 상관이 있을 때는 한 차원에서의 수준이 다른 차원에서의 수준에 제약을 가한다. 예를 들면, 신장과 체중과의 관계가 그렇다. 키 큰 사람은 키 작은 사람보다 체중이 더 나가는 경향이 있기 때문이다.

### 7.3.1 직교 차원

다차원 자극이 절대 판단에서 전달되는 정보의 전체량을 증가시킨다는 사실은 반복적으로 예시되어 왔다(Garner, 1974). Egeth와 Pachella(1969)는 선분상에서 단지 10개 수준의 점 위치를 정확하게 분류할 수 있음을 증명하였다(3.4비트의 정보). 그러나 두 선분이 정사각형으로 결합이 되고, 따라서 피험자는 정사각형 내에 있는 점의 공간적 위치를 분류해야 하는데, 피험자는 57개 수준을 정확하게 분류할 수 있다(5.8비트). 그러나 이러한 향상이 두 차원에 따라 채널 용량이 완벽하게 가산된 결과는 아니라는 것을 주목하라. 만일 각 차원에 따른 처리가 독립적이고 서로 영향을 받지 않는다면 전달된 정보의 예측된 양은 3.4+3.4=6.8비트이거나 정사각형 내에서 약 100개의 위치(10×10)가 될 것이다. Egeth와 Pachella의 결과는, 상대방 차원에 따라 정보를 전달하라는 요구 때문에 각 차원에 따라 전달된 정보의 손실이 일부 발생하고 있음을 보여주고 있다.

2차원을 다룬 보기를 넘어서, Pollack과 Ficks(1954)는 청각 자극의 6개 차원을 직교적으로 결합하였다(예 : 음량, 음고). 각 연속적 차원이 추가됨에 따라 피험자는 전달된 총 정보량의 측면에서 계속적으로 이득을 얻은 것으로 보였지만, 차원당 전달된 정보에는 손실이 있었다. 이러한 관련성은 그림 2.10a에 나타나 있는데, 전달된 최대 용량이 7비트이다. 절대 음감을 가진 사람이 그렇지 않은 사람보다 음 높이를 분류하는 데 우월한 이유는 각 단일 연속상에서 더 나은 변별력이 있기 때문이 아니다. 오히려 절대 음감을 가진 사람은 적어도 두 가지 차원(옥타브의 음고와 옥타브 내의 음 값)에 따라 판단을 한다. 그들은 대다수의 사람들이 단일 차원으로 취급하는 자극으로부터 다중 차원 자극을 만들어낸다(Shiffrin & Nosofsky, 1994; Takeuchi & Hulse, 1993).

### 7.3.2 상관 차원

이전 논의와 그림 2.10a에서 보여주는 자료에 따르면, 자극 차원을 직교 결합하면 전달되는 정보에서 손실이 발생된다. 그러나 지적된 바와 같이, 차원들은 상관된 또는 반복적인 방식으로 결합될 수 있다. 예를 들면, 신호등이 조명되는 위치와 색상은 반복되는 차원이다. 신호등에서 맨 왼쪽 불이 켜지면, 이는 항상 빨간불이다.

이러한 경우에 자극의 정보, $H_S$는 더 이상 모든 차원들에 대한 $H_S$의 합이 아닌데, 이 합은 두 차원상의 수준들 사이의 중복에 의해 줄어들기 때문이다. (미국) 신호등의 경우에서 차원들 사이의 상관이 1.0이며, 그런 경우에는 $H_S$의 합이 어느 한 차원의 $H_S$와 동일하다(왜냐하면 다른 차원이 완벽하게 중복적이기 때문이다). 만일 여러 차원이 있고 그 차원들 사

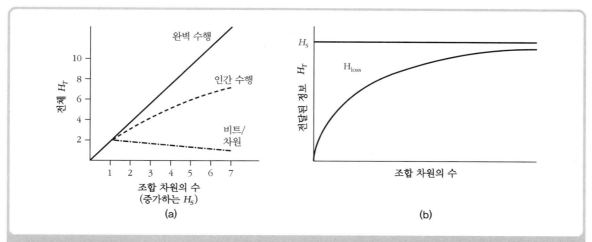

**그림 2.10** 다차원 청각 자극의 절대 판단에서 보이는 인간 수행. (a) 직교 차원. 차원이 덧붙여질수록 총 정보가 더 많이 전달되지만 차원당 전달되는 정보는 적어진다. (b) 상관 차원. 차원이 덧붙여질수록 채널의 안전성은 향상되지만 $H_S$는 전달될 수 있는 정보의 양을 제한한다.

이에 완벽하게 상관이 있다면, 모든 차원을 대상으로 얻은 $H_S$는 (어떤 차원이든 상관없이) 한 차원에서 얻은 $H_S$와 동일하다. 모든 차원을 결합해서 얻은 가능한 최댓값 $H_S$가 직교 결합의 경우에서 얻을 수 있는 값보다 작게 되는 것은 명백하다. $H_T$는 이 값보다 클 수 없다. 그러므로 $H_T$는 $H_S$에 의해 제한을 받는다(한 채널은 자극 안에 담겨 있는 정보보다 더 많은 정보를 전달할 수 없다).

Eriksen과 Hake(1955)는 점진적으로 더 많은 차원을 중복적으로 결합을 하면 주어진 $H_S$의 값에 대하여 발생된 정보 손실($H_S - H_T$)은 그 차원들을 직교 결합한 경우에서 발생하는 정보 손실보다 훨씬 적고, 전달된 정보($H_T$)도 어느 단일 차원만을 통한 것보다 크다는 것을 발견하였다. 그림 2.10b에 그래프로 나타낸 바와 같이 $H_S$는 상관된 차원을 통해 전달된 정보의 한계를 나타내며, 반복된 또는 상관된 차원의 수가 증가하면서 $H_T$는 그 한계에 접근하고 정보 손실은 최소가 된다.

상관 값은 0에서 1.0 사이의 범위에 있다는 것을 언급해야만 한다.* 그러한 상관은 자극 재료에 있는 자연적 변동에서 생기는 것일 수도 있다(예 : 사람들의 키와 몸무게, 또는 직물 견본의 색상과 명도). 대안으로, (우리가 예로 든 신호등처럼) 설계자가 인위적으로 부가한 제약의 결과일 수도 있는데 이 경우에는 대체로 상관이 완전한 중복을 의미하는 1.0이 된다. 다른 예로는, '테러분자 공격의 격상된 또는 심각한 위험'을 나타내는 노란색과 같이 특정한 수준에 색상 또는 숫자 부호를 부여해서 위협 수준을 전하는 데 사용되는 다양한

---

* 역주 : 상관 값은 −1.00에서 1.00의 범위를 갖지만, 이 장의 맥락에서 음의 범위인 부적 상관은 제외되었다.

보안 또는 위험주의보 시스템[예 : 국토안전주의보 시스템 그리고 방위 준비 태세(DEFCON)]
이 포함된다. 색상과 숫자 부호는 다양한 위협 수준 이름과 완벽하게 상관이 있는데, 이는
특정한 위협 수준이 정확하게 전달될 가능성을 최대로 만드는 데 도움이 된다.

요약하면, 우리는 다차원 자극에 대한 절대 판단에서 직교 그리고 상관 차원이 두 가지
상이한 목적을 달성하는 것을 볼 수 있었다. 직교 차원은 채널의 **효율성**인 $H_T$를 극대화시킨
다. 그리고 상관된 차원은 $H_{loss}$를 극소화시키는데, 즉 채널의 안전을 극대화한다. 예를 들
면, 인구통계학 지도의 설계자는 각 차원을 직교시키면서 지각적 차원(예 : 색상, 크기, 형
태 등)의 수를 증가시킴으로써 사용자에게 전하는 정보의 양을 증대시킬 수 있다. 여기서의
관건은 이렇게 하면 각 추가된 차원당 전달된 정보가 (각 차원에서 더 많은 오류가 발생하
기 때문에) 점점 더 줄어든다. 안전을 극대화하기 위해 (즉, 정보가 일관되고 효과적으로
전달됨을 확실히 하기 위해) 각 차원이 전달하는 정보가 완벽하게 상관이 있음을 확실히
함으로써 정보를 중복적으로 부호화할 필요가 있다. 새로운 차원들은 $H_S$를 증가시키지 않
기 때문에 전달될 수 있는 정보의 총량에 대한 제한이 있다는 것이 여기서의 관건이다.

때때로 설계자는 다양한 목적을 위해 사용자가 직접 부호화를 정할 수 있게 해준다. 예를
들면, 스마트폰 설계자는 여러 다양한 알림 설정을 사용할 수도 있다. 한 설정에서는 새로
운 이메일 또는 문자메시지가 왔을 때, 벨소리, 진동, 그리고 깜박이는 빨간 불빛이 동시에
신호를 준다. 신호가 발생했을 때 이것을 사용자가 탐지할 가능성을 최대로 한다(채널의
안전을 최대로 만든다). 그러나 알림 소리는 주의를 산만하게 하고 타인을 성가시게 할 수
있기 때문에 스마트폰 제조업체는 전형적으로 신호의 유형이 메시지의 유형을 나타내는 데
사용되는 다른 설정을 제공한다(예 : 수신 전화가 올 때만 소리가 들리고, 이메일 또는 문자
메시지를 나타낼 때는 진동 또는 불빛이 사용된다). 신호가 나타났을 때, 더 많은 정보가
전달된다[사용자는 메시지가 있고 또한 무슨 유형의 메시지(음성 또는 문자)인지를 전달받
는다]. 그러나 메시지 유형당 하나의 부호만이 있기 때문에 사용자가 그 메시지를 놓칠 가
능성이 있다(예 : 진동을 느끼지 못하거나 불빛을 보지 못한다). 소리와 진동의 두 차원이
중복적으로 사용되는 경우보다 직교 차원인 경우에 정보가 덜 안전하게 전달된다.

### 7.3.3 차원 관계 : 통합과 분리

직교와 상관은 짝이 된 차원 사이의 관계를 지칭한다. 다중 차원 자극이 전달하는 **정보의
특성**을 지칭하는 것이지, 자극의 **물리적 형태**를 가리키는 것은 아니다. 그러나 그 두 차원의
물리적 관계의 본질 또한 중요하다.

특히 Garner(1974)는 물리적 차원의 **통합된**(integral) 쌍과 **분리된**(separable) 쌍이라는 중
요한 구분을 하였다. 사람들이 자극을 분류할 때, 통합된 쌍과 분리된 쌍을 상당히 차별적
으로 분류한다. 통합된 쌍과 분리된 쌍에 대한 인간 수행의 차별적인 함의를 드러내기 위해
서 피험자들로 하여금 한 벌의 자극들에 대하여 한 가지 차원의 상이한 수준으로 분류하도

록 하는 실험을 수행하였다[**Garner 분류 과제**(Garner sort task)]. 통제 조건에서 참가자들은 한 차원이 일정하게 유지되는 동안 다른 변동 차원에서만 분류한다. 예를 들면, 직사각형 가로 길이가 일정할 때 세로 길이만을 근거로 분류하는 것이다. **직교 조건**(orthogonal condition)에서는 참가자들은 다른 차원에서의 변동은 무시하면서 한 변동 차원에 대해서만 분류한다. 그러므로 그림 2.11a에서 보듯이, (비록 직사각형의 가로가 과제와 무관하고, 따라서 무시되어야 함에도 불구하고) 직사각형 가로 길이가 변하기 때문에 참가자들은 직사각형 세로 길이에 대해서만 분류를 하고

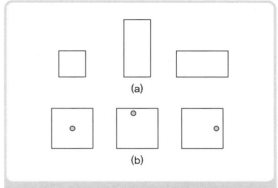

**그림 2.11** 통합 차원과 분리 차원의 예. (a) 통합 차원 : 직사각형의 가로와 세로, (b) 분리 차원 : 점의 위치

있다. 마지막으로, **상관 (중복) 조건**[correlated (redundant) condition]에서는 이 2개의 차원이 완벽하게 상관이 있다. 가로와 세로가 같이 변하는 직사각형에 대한 분류가 그 예일 것이다. 피험자에게는 차원들 중 하나(예 : 높이)에 대해서만 판단하라고 지시한다. 그러나 세로가 긴 직사각형은 항상 가로도 더 길고, 세로가 짧은 직사각형은 항상 가로도 짧다.

Garner와 Felfoldy(1970)가 수행한 실험에서 (앞에서 설명한 것처럼 직사각형 가로, 세로에 대한 분류 과제를 수행하였을 때) 직교 조건에서의 수행은 통제 조건에 비해서 상대적으로 손상되었음이 드러났다. 이 효과는 그 이후 **Garner 간섭**(Garner interference)이라는 별칭을 얻었다. 그러나 상관 조건에 대한 수행은 통제 조건보다 더 좋았다. 어떤 사람은 이 결과를 초점 주의의 실패 탓으로 돌릴 수도 있다(제3장 참조). 간섭 효과 그리고 촉진 효과는 **통합 차원**(integral dimension)의 전형적인 특징이다. 대조적으로, 그림 2.11b에서처럼 수평, 수직 위치가 변하는 점 위치 자극을 분류할 경우, 수행은 중복에 의한 도움은 거의 없고 무관 차원의 직교 변동에 의해 받는 방해도 거의 없다. 이런 결과는 점의 수직, 수평 위치가 **분리 차원**(separable dimension)임을 제안한다. 수행을 각 차원의 여러 수준이 사용되었을 때는 정확성으로 측정한다든지(즉, $H_T$), 또는 각 차원의 오직 두 수준만이 사용되고 정확성이 거의 완벽할 때는 속도로 측정한다든지에 상관없이, 통합 차원과 분리 차원 사이의 이러한 차이가 관찰되었다. 표 2.2는 Garner의 분류 방법을 써서 파악한 대로 차원의 통합, 분리 쌍의 예를 나열하였다.

표 2.2가 보여주듯이, 소리의 차원에 관한 판단은 일반적으로 통합적이다. 음고(소리가 높은가 또는 낮은가)는 음량과, 그리고 음색(예 : 같은 악보를 연주하는 피아노와 기타를 구분하게 해주는 소리의 질)과 통합적 관계이다. 그리고 음색 자체는 세 가지 중요한 차원을 가지고 있다고 증명되었는데, 그 모두가 서로 통합적임이 증명되었다(Caclin, Giard, et al,. 2007). 마지막으로, 음고와 위치(청자로부터 거리)가 통합적 관계임을 증명하는 좋은 증거가 있다(Dyson & Quinlan, 2010; Mondor, 1998).

**표 2.2** 통합 차원과 분리 차원의 짝

| 통합 차원 | | 분리 차원 | |
| --- | --- | --- | --- |
| 직사각형의 세로 | 직사각형의 가로 | 수직 위치 | 수평 위치 |
| 밝기 | 채도(색) | 크기(영역) | 채도(색) |
| 색상 | 채도(색) | 크기(영역) | 밝기 |
| 음고 | 음색 | 모양 | 채도(색) |
| 음고 | 음량 | 모양(글자모양) | 색 |
| 음색 차원 | | 기간 | 위치 |
| 음고 | 위치 | 방위(각도) | 크기 |
| | | 공간 위치 | 시간 순서 |
| 얼굴 세부특징 | 세부특징 간의 간격 | 얼굴 세부특징 (눈, 코, 입 등) | |

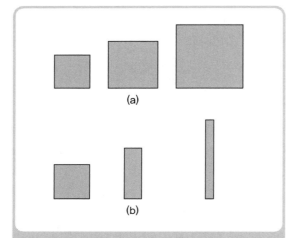

**그림 2.12** 직사각형의 가로와 세로가 형상 차원이 되는 예. (a) 가로와 세로가 정적 상관이 있다, (b) 가로와 세로가 부적 상관이 있고, 구별되는 모양(출현특징)을 만든다.

### 7.3.4 형상 차원

차원들의 일부 쌍들의 경우에는 한 차원의 어떤 수준이 다른 차원의 어떤 수준과 쌍이 되는지가 문제가 된다. 그 보기가 그림 2.12a에 있다. 직사각형의 가로와 세로 길이가 정적 상관이 되면 모양은 일정하고 크기가 다른 직사각형을 만든다. 이 경우는 차원들이 부적 상관이 있어서(그림 2.12b) 상이한 크기의 사각형을 만드는 경우만큼 분류 수행이 좋지는 않다(Lockhead & King, 1977; Weintraub, 1971). 특정한 수준을 짝지었을 때 차이가 발생하는, 차원의 짝을 **형상**(configural, 形狀)(Wickens & Carswell, 1995; Carswell & Wickens, 1996)이라고 말한다. 그러므로 직사각형의 가로, 세로가 형태의 출현 세부특징을 낳도록 형상(形象)한다. 이러한 **출현특징**(emergent feature), 또는 출현 세부특징은 다음 장에서 논의될 대상 디스플레이에 대한 주요한 함의를 갖는다.

### 7.3.5 요약

다차원 절대 판단의 실용적 함의를 논의하기 전에 개념들을 간략하게 요약하고자 한다. 한 세트의 자극에 의해 전달되는 정보는 동시에 여러 차원에서 독립적으로 변동할 수도 있다. 만일 인간 조작자가 이 모든 차원을 분류하라고 요청받는다면, 오직 한 차원에서 자극이 변동하는 것보다 더 많은 전체 정보가 전달될 수 있지만 차원당 전달된 정보는 더 적을 것이다($H_{loss}$는 증가한다). 자극 차원들에 의해 전달된 정보는 상관이 있을 수도 있고, 이는 정보 전달의 속도와 정확성에서 중복 이득을 낳을 것이다.

특정한 지각적 또는 부호화 차원 사이의 관계 또한 중요하다. 만일 두 차원이 통합적 관계가 있고 둘 다 변하면, 그중 하나의 차원만을 분리해서 판단하기가 어렵다. 그러나 만일 다른 차원이 어떤 차원과 같이 변하면 그 차원 자극을 판단하는 것이 더 쉬워진다. 분리 차원의 경우, 한 차원에서의 변동은 다른 차원에 대한 판단에 거의 영향을 미치지 못한다. 마지막으로 자극 차원의 수준을 조합하는 방식이 중요한데, 왜냐하면 그것들이 새로운 출현특징을 만들도록 형상할 수 있기 때문이다.

### 7.3.6 다차원적 절대 판단의 함의

단일 차원에서와 같이 다차원적 절대 판단은 분류 과제와 부호 해석 과제 모두에 적용된다. 인간요인 공학자 그리고 시스템 설계자가 거의 통제하지 못하는 물리적 형태를 지닌 자연물 자극 또는 공산물 자극을 분류하라고 조작자에게 요구하는 직업들이 있다. 예로는 직물 검사(Mursalin et al., 2008), 유리병 검사(Carrasco et al., 2010), 또는 용접 품질 검사(Liao, 2003)가 있다.

산업 검사관은 어떤 차원(예 : 매끈매끈함)에 따른 범주들로 분류를 할 필요가 있다. 일반적으로 만일 자극들이 분류와 연관 있는 차원에 덧붙여서 어떤 다른 차원을 따라 변동하고 그 두 차원이 통합 차원이라면, 분류의 질적 수준은 더 나빠질 것이다. 예를 들어, 만일 검사관이 강판 표면에 있는 볼록한 부분이나 깨진 부분이 있는지 찾는 중이고 강판은 매끈함뿐만 아니라 반짝임 정도에서도 변동한다면 형편없는 분류가 될 수 있을 것이다. 이와는 대조적으로, 만일 특정한 지각적 차원이 자연물 자극에서 공변하는 것으로 밝혀졌다면 (예 : 거친 결을 가진 직물은 또한 더 어두운 색상이다) 이러한 연합을 찾도록 검사관을 훈련시키거나 권장할 수 있고, 차원들이 공변하는 특성의 혜택을 볼 수 있으며, 이는 점검 과정을 빠르게 만들 것이다.

부호화 과제에서 조작자는 시스템 설계자가 화면에 만들어놓은 인위적인 기호를 접하게 되는데, 이 기호들은 둘 이상의 정보 차원의 수준을 나타내는 것으로 해석된다. 부호화 차원들이 분리된 관계라고 증명된다면 한 차원에서의 변동은 다른 차원의 지각에 영향을 미치지 않는다는 것을 함의한다.

대조적으로, 부호화 차원들이 통합된 관계라고 증명된다면 이는 어떤 종류의 단점(그리고 어떤 종류의 장점)을 제공할 것이다. 이제 각 차원을 분리해서 살펴보기가 어렵게 된다. 그러나 만일 두 차원이 연관이 있다면 그러한 공변화를 탐지하고 반응하는 것이 더 쉬워지게 된다. 예를 들면, 청각적 디스플레이, 단서 또는 경고를 사용하는 데 관심이 있는 설계자는 소리 차원의 통합적 특성, 그리고 한 차원(예 : 높은 음 또는 낮은 음)의 수준에 대한 확인 결정이 다른 차원(예 : 음량)에서의 변동에 의해 영향을 받는다는 것을 자각할 필요가 있다. 조종석에 청각적 경고를 설계하는 사람은 비행기가 비행 중일 때, 활주 중일 때, 멈춰 있을 때에 따라 상이한 음량 수준을 사용할 필요가 있을지 모른다. 음량 수준에서 이러한 변화는 다양한 경고 유형을 부호화하는 데 사용되는 음고의 변별성에 영향을 줄 것이다. 음고가 단일 장소에서 비교되는 것보다 다양한 공간적 위치에 걸쳐서 비교가 되는 경우에 또한 음고 범주화는 나빠질 수 있다. 그러나 공간상에 소리를 '놓는' 3차원(3D) 오디오는 다른 장점이 있는데, 이는 제3장에서 논의될 것이다.

시각 영역에서, Rothrock과 그의 동료들(2006)은 건축에 사용되는 강철 아이빔(I-beam)의 단면을 보여주는 디스플레이를 만드는 데 가로, 세로의 통합 차원이 사용될 수 있음을 보여 주었다. 이 차원들이 통합적이고, 과제는 그 비율의 값(강철 아이빔을 사용해서 지지하는 다양한 무게에 최적인 다양한 모양)을 최적화하는 것이기 때문에 그들은 차원들을 공간적으로 묘사한 디스플레이가 각 차원들을 별개로 보여주는 디스플레이보다 훨씬 더 효과적임을 발견하였다. 이와는 반대로, Hollands(2003)는 개별적 차원에 대한 판단이 필요할 때, 같이 변화하는 두 영역에서 한 영역을 계산해 낼 필요가 있는 것(중첩 막대 그래프)보다 각도와 영역을 독립적으로 판단할 수 있는 디스플레이 배열(파이 그래프)을 사용하는 것이 더 좋음을 보여주었다.

디스플레이 설계자는 또한 디스플레이에서 묘사되는 변인들 사이의 자연적인 관계에 대해서도 민감해야만 한다. 예를 들면, 높은 고도(高度)는 전형적으로 초목이 적은 것과 관련이 있기 때문에 전자 지도 설계자는 그 관계를 표현하는 통합 차원들을 사용할 수 있다. 실제로 많은 지형도(地形圖)는 낮은 고도와 높은 고도에 각각 다른 색상(고동색 대 녹색)을 사용하고, 또한 낮은 고도는 지도에서 더 어두운 영역이 되는 경향이 있다. 여기서 색상은 고도를 부호화하는 데 사용되었지만, 또한 명도가 낮은 고도에서 초목(그리고 물)의 존재, 높은 고도에서는 상대적으로 이들의 부재가 반영된다. 이런 자연적 상관관계가 통합 차원(색상과 명도)의 선택에 반영된다. 이런 사안은 제5장의 정보 시각화의 맥락에서 다시 살펴본다.

만일 어떤 특정한 변인에 대한 정보 손실을 피하는 것이 핵심적이거나, 또는 조망이나 공청 조건이 나빠졌다면 완전한 중복이 디스플레이 부호에 대한 정답이다. 그러므로 경보 조건을 나타내기 위해서 청각적 경고 시스템은 경보의 심각성을 나타내는 음고와 경적의 음량을 공변시킬 수 있다. 이러한 차원들은 어떤 음고는 반드시 어떤 수준의 음량이 있어야 하기 때문에 통합적이다.

만일 차원들이 통합적이라면 중복 이득은 아마도 더 클 것이지만 분리 차원에서도 중복 이득이 실현된다. 예를 들면, Kopala(1979)는 형태와 색상 차원을 어느 한 차원에서 단독으로 제시할 때보다 차원들을 중복적으로 제시할 때, 표시된 표적의 위협 수준과 관련된 정보를 공군 조종사들이 더 잘 부호화할 수 있음을 발견하였다. 또한 정지등은 변속 상황에서 단순하게 놓칠 수 없는 핵심적인 안전 정보인 중복적 부호화의 좋은 예이다. 신호등에서 등의 위치는 색상과 완전하게 상관이 있다.

다차원적 절대 판단에서 통합-분리 구분의 마지막 응용은 Jacob과 그의 동료들(1994)이 입증해 주었다. 그들은 지각 차원들 사이의 관계가 컴퓨터에서 그래픽 상호작용 과제를 위한 제어 입력 도구의 선택에 영향을 준다는 것을 보여주었다. 분리된 제어 도구는 움직임을 도시 구획 패턴으로 제한을 주고, 따라서 움직임은 한 번에 한 차원을 따라서 발생한다.* 통합 도구로는 움직임이 한 번에 다중 차원(유클리드 기하 공간)을 따라서 움직일 수 있다. Jacob과 그의 동료들은 차원들이 통합적일 때(위치와 크기)는 통합적 제어 도구(3D Polhemus tracker)가 우수하지만, 자극 차원이 분리적일 때(위치와 색상)는 분리적 (제어) 도구(방식 전환을 위한 단추 누르기가 있는 마우스)가 우수함을 발견하였다. 우리는 제9장에서 지각과 행위 사이의 관계를 더 살펴볼 것이다.

우리는 이 책 전체를 통하여, 특히 제3장에서 시각 주의, 제4장에서 공간 디스플레이를 살피면서 통합 차원과 분리 차원 사이를 구분하는 가치를 계속 보게 될 것이다. 이를 통해 우리는 이러한 구분이 디스플레이와 인터페이스 설계를 위한 중요한 원칙에 내재된 것임을 알게 될 것이다.

## 8. 다음 장과의 관계

이 장에서 우리는 어떻게 사람이 자극들을 한 차원상의 두 수준으로, 한 차원상의 여러 수준으로, 그리고 여러 차원의 여러 수준으로 범주화하는지를 살펴보았다. 이러한 과제들을 논의하는 초기 과정에서 우리는 신호탐지가 불확실 상황하에서 의사결정의 확률적 요소에 의해 특징짓는 것임을 보았다. 이러한 특징은 의사결정의 좀 더 복잡한 형태를 논의하는 제8장에서 좀 더 자세하게 논의될 것이다. 다차원적 절대 판단을 다루면서 우리는 차원들이 결합되면서 더 많은 정보가 전달될 수 있으며, 실제로 우리가 세상에서 맞닥뜨리고 분류하는 대부분의 패턴들이 다차원임을 보았다. 우리는 제4, 5, 6장에서 형태 재인에서 이러한 요소들을 논의하고, 제6장에서는 교수 설계에서 등장하는 다중 중복 단서의 통합에 관해, 제8장에서는 의사결정에서 등장하는 다중 중복 단서의 통합에 관해 논의할 것이다. 마지막으로 앞에 제시한 7.3절의 맥락에서, 인간 조작자가 2차원 (이상의) 자극에 속해 있는 모든 차원을 따라 정보를 전달할 때 차원들 사이에 **주의를 분산**해야 함은 명백하다. 조작자들에게 한 차원만을 처리하고 다른 차원상의 변화는 무시하라고 요청하면 그들은 **초점 주의**를 유지한다. 분산 주의와 초점 주의의 개념들은 다음 장에서 차원들뿐만 아니라 세상의 사상과 대상에 대한 주의라는 이슈와의 좀 더 넓은 연관성을 다루면서 훨씬 더 자세히 고려될 것이다.

SDT에 관해 끝으로 한 가지 덧붙일 말은 우리는 이 책의 주제들을 다루어 나아가면서

---

* 가로든 세로든 한 번에 어느 한 방향으로만 움직이게 됨. 맨해튼 기하

SDT 개념으로 돌아올 거라는 것이다. SDT는 주의가 포함된 광범위한 탐지 과제에 성공적으로 응용되었으며, 또한 SDT 개념은 과제들을 동시에 수행할 때 주의를 시분할하는 방식에 대한 영향력을 가지는, 주의에 관한 실행제어를 가하는 방법에까지 확장된다(Logan, 2004). 이러한 (인지적 과제와 명백한 연관성이 있는) 주제들은 각각 제3장과 제10장에서 좀 더 자세하게 논의될 것이다. 그러므로 SDT에서 특징지은 민감성과 편향의 개념은 단순한 신호와 잡음 탐지를 훨씬 넘어서 확장되고 있으며 (후에 논의가 되겠지만) 광범위한 인지적 과제들에 두루두루 걸쳐서 폭넓게 응용되고 있는 중이다.

## 보충 : 정보 이론

### S.1 정보의 수량화

신호탐지 이론에 대한 논의는 우리가 최초로 정보 전달자로서의 인간 조작자를 만난 것이다. 한 사상(신호)은 환경 속에서 발생한다. 인간은 그것을 지각하고 이 정보를 반응으로 전달한다. 실제로 인간 수행 이론의 상당히 많은 부분이 정보 전달이라는 개념을 중심으로 삼는다. 인간 조작자가 변하는 환경 사상을 지각하거나 또는 지각된 그 사상에 구체적으로 반응하는 어느 상황에서도 조작자는 정보를 부호화하거나 전달하고 있다. 자동차 운전자는 교통신호로부터, 다른 차량으로부터, 계기판으로부터, 그리고 차량 장착(in-vehicle) 지도 디스플레이로부터 오는 시각 신호를 처리하고, 뿐만 아니라 청각 신호(예 : 트럭 경적 소리)도 처리해야만 한다. 공학심리학에서의 근본적인 논점은 어떻게 이러한 정보의 흐름을 수량화하고 따라서 인간 조작자가 직면하고 있는 다양한 과제들을 어떻게 비교할 수 있을까 하는 것이다. 정보 이론은 광범위하게 다양한 과제들에 따른 인간 수행을 비교하는 측정의 기준을 제공한다.

자극이 무엇이 될 것인지에 대한 불확실성이 존재한다면 언제든 자극 사상에는 정보가 있을 가능성이 있다. 자극이 전달하는 정보가 얼마나 될지는 부분적으로 그 맥락에서 일어날 수 있는 가능한 사상의 수에 달려 있다. 만일 동일한 사상이 매 시행마다 발생한다면, 그러한 발생은 아무런 정보를 전달하지 않는다. 만일 두 자극(사상)이 동등한 비율로 발생한다면, 그중 한 사상이 발생할 때 그 사상이 전달하는 정보의 양은 비트로 표현되는데, 이것은 간단하게 밑수를 2로 하는 이 수의 대수와 같다. 예를 들면, 두 사상의 경우 $\log_2 2 = 1$비트이다. 만일 4개의 가짓수가 있다면 그중의 하나가 발생함으로써 전달되는 정보는 $\log_2 4 = 2$비트가 된다.

형식적으로 정보는 **불확실성의 축소**라고 정의된다(Shannon & Weaver, 1949). 그 사상이 발생하기 전에 당신은 세계의 상태에 대해서 (그 사상이 발생한 후보다는) 덜 확신하고 있다(더 많은 불확실성을 소유하고 있다). 그 사상이 발생할 때 (만일 그 사상이 완전히 예상된 것이 아니라면) 당신에게 정보를 전달한 것이다. "오늘 아침 미국에 테러리스트의 공격이 있었다."는 발표는 상당히 많은 양의 정보를 전달하고 있다. 아마도 세계에 대한 당신의 지식과 이해는 이 발표를 듣기 전보다 들은 후에 상당히 달라져 있을 것이다. 다른 한편으로 "태양이 오늘 아침 떠올랐다."는 진술은 이 사상이 발생하기 전에 그 사상을 충분히 예상할 수 있었기 때문에 정보를 거의 전달하지 않는다. 정보 이론은 형식적으로 어떤 진술, 자극 또는 사상이 전달하는 정보의 양을 수량화한다. 이러한 수량화는 3개의 변인에 의해 영향을 받는다.

1. 일어날 수 있는 가능한 사상의 수, $N$
2. 이 사상들의 확률
3. 그 사상들이 발생하는 계열적 제약 또는 맥락

우리는 이제 이 세 변인 각각이 어떻게 한 사상이 전달하는 정보의 양에 영향을 주는지에 대하여 논의할 것이다.

### S.1.1 사상들의 수

(정보를 전달하는) 한 사상이 발생하기 전에, 한 개인은 세상의 어떤 측면에 관한 불확실성으로 특징지어지는 어떤 상태의 지식을 소유하고 있다. 그 사상이 발생한 다음에 그 불확실성은 보통 줄어들게 된다. 그 사상에 의해서 줄어든 불확실성의 양은 불확실성을 줄이기 위해서 물어봐야만 하는 참-거짓 질문의 평균적인 최소 개수로 정의된다. 예를 들어, 2016년 미국 대통령선거 후에, 'Trump 승리'라는 발표가 전달한 정보는 1비트인데, 왜냐하면 ('Trump가 승리했느냐?' – '참' 또는 'Clinton이 승리했느냐?' – '거짓') 딱 하나의 참-거짓 질문에 대한 답으로 이전의 불확실성을 줄이는 데 충분하기 때문이다. 다른 한편으로, 만일 4명의 주요 후보가 있었고 모두 백악관을 향해 뛰었다면 불확실성을 제거하기 위한 2개의 질문이 답변될 필요가 있었을 것이다. 이 경우에, 한 질문 Q1은 "승자는 혁신당(보수당)에서 나왔습니까?"가 될 것이다. 이 질문이 답해진 후에, 두 번째 질문 Q2는 "승자는 좀 더 보수적(또는 혁신적)인 사람이었습니까?"가 될 것이다. 그러므로 만일 당신이 단순하게 승자가 누구라고 듣는다면, 그 서술은 형식적으로 2비트의 정보를 전달한 것이다. 이러한 질문 물어보기 절차는 모든 대안이 발생할 가능성이 동등하다고 가정한다. 그러므로 형식적으로 모든 대안이 발생할 가능성이 동등할 때, 한 사상 $H_S$가 전달하는 정보는 비트 단위로는 다음과 같은 식으로 표현될 수 있다.

$$H_S = \log_2 N \tag{2.5}$$

여기서 $N$은 대안의 수이다.

정보 이론은 최소한의 질문 수에 근거하고, 따라서 최단시간 안에 해결책에 도달하기 때문에 최적 수행이라는 특질이 있다. 명백하게 인간 수행은 종종 최적은 아니다(그림 2.4에 있는 자료를 고려해 보라). 그러나 인간 수행과 최적 값 사이에 존재하는 이러한 차이가 우리로 하여금 인간이 정보를 처리하는 방식을 우리가 더 명확하게 이해할 수 있게 해준다.

### S.1.2 확률

사실 실제 세계의 사상들은 항상 동등한 빈도 또는 가능성으로 발생하지는 않는다. 당신이 애리조나 사막에 살고 있다면 "오늘은 맑겠습니다."라는 말보다는 "오늘은 비가 내리겠습니다."라는 말이 훨씬 더 많은 정보를 전달할 것이다. 세상의 상태에 대한 당신의 확실성은 맑을 것이란 것을 앎으로써 별로 바뀔 것이 없지만 비가 온다는 낮은 확률의 사상이 나타나리라고 들음으로써 상당히 많이 변화한다(불확실성이 감소된다). 4명의 대선 후보자들에 대한 예에서, 좌파 노동당이나 혁신당 후보가 이겼다고 알게 되는 것보다 원래 우세했던 후보가 이겼다고 알게 되는 것으로부터 얻는 정보가 더 적다. 정보의 확률적인 요소는 희귀한 사상이 더 많은 비트를 전달하게 만듦으로써 수량화된다. 이는 공식 2.5를 다시 고쳐 쓰면 되는데, 사상 $i$가 전달하는 정보는 다음과 같다.

$$H_S = \log_2 (1/P_i) \tag{2.6}$$

여기서 $P_i$는 사상 $i$가 발생할 확률이다. 이 공식에 따르면, 낮은 확률을 가진 사상은 $H$를 크게 만든다. 만일 $N$개의 사상이 발생할 확률이 동일하다면, 각 사상은 $1/N$의 확률로 발생할 것이다. 이 경우에 공식 2.5와 2.6은 동일하다.

지적한 바와 같이, 정보 이론은 최적 행동을 위한 방안에 근거하고 있다. 이러한 최적 결과는 참-거짓 질문을 물어보는 순서의 관점에서 방안이 나올 수 있다. 만일 어떤 사상이 다른 사상보다 더 일반적이거나 또는 예상 가능하다면, 우리는 일반적인 사상에 관한 질문을 먼저 해야 할 것이다. 4명의 대선 후보 예에서, 우리는 Obama와 McCain이 이길 확률이 가장 높다고 가정하여, "Obama가 승자냐?" 또는 "McCain이 승자냐?"라고 먼저 질문함으로써 최선의 방안을 택하게 된다(평균적으로 최소한의 질문을 사용한다). 대신에 최초의 질문을 "무소속이 승자입니까?" 또는 "소수당 후보가 승자입니까?"라고 묻는다면, 우리는 명백하게 질문을 '허비'하는 셈이 되는데, 왜냐하면 그 대답은 '아니요'일 가능성이 높고, 우리가 가진 불확실성은 아주 작은 정도만 줄어들 것이다.

확률이 알려진 단일 사상이 전달하는 정보는 공식 2.6으로 얻는다. 그러나 심리학자들은 다양한 확률을 지닌 일련의 사상들이 시간이 지나면서 발생하고 그로 인해 전달되는 평균 정보를 측정하는 데 종종 더 관심이 있다. 예를 들면, 계기판에 나타나는 일련의 경고 불빛 또는 일련의 통신 명령 같은 것이다. 이 경우 전달되는 평균 정보는 다음과 같이 계산된다.

$$H_{ave} = \sum_{i=1}^{n} P_i [\log_2(1/P_i)] \tag{2.7}$$

이 공식에서, 대괄호 안에 있는 수치는 공식 2.6에 있는 사상당 정보이다. 이 값은 이제 그 사상의 확률에 의해 가중치를 준다. 그리고 이 가중치 정보 값은 모든 사상에 대해 합해진다. 따라서 낮은 (확률의) 정보 사상이 빈번하면 이 평균에 비중 있게 기여하는 반면, 높은 (확률의) 정보 사상이 희귀하면 그렇지 못하다. 만일 사상들이 발생할 가능성이 같다면 이 공식은 공식 2.5로 환원된다.

공식 2.7의 중요한 특성 하나는 만일 사상들이 발생할 확률이 같지 않다면, 이 경우의 $H_{ave}$은 바로 그 사상들이 발생할 가능성이 동일한 경우에 계산되는 값보다 항상 작게 될 것이다. 예를 들어, 확률이 0.5, 0.25, 0.125, 0.125인 4개의 사상 A, B, C, D가 있다고 하자. 그러한 일련의 사상들에서 각 사상들이 전달하는 평균 정보의 계산은 다음과 같이 진행된다.

| 사상 | A | B | C | D | |
|---|---|---|---|---|---|
| $P_i$ | 0.5 | 0.25 | 0.125 | 0.125 | |
| $\dfrac{1}{P_i}$ | 2 | 4 | 8 | 8 | |
| $\log_2 \dfrac{1}{P_i}$ | 1 | 2 | 3 | 3 | |
| $\sum P_i \left( \log_2 \dfrac{1}{P_i} \right)$ | 0.5 + | 0.5 + | 0.375 + | 0.375 | = 1.75비트 |

이 값은 네 사상의 발생 확률이 동일한 경우에 사용되는 공식 2.5에서 도출된 값인 $\log_2 4 = 2$비트보다 작다. 간략히 말하면 (비록 낮은 확률 사상은 그것들이 덜 빈번하게 발생하기 때문에 더 많은 정보를 전달한다고 하지만) 낮은 확률 사상은 덜 빈번하게 발생한다는 사실로 인하여 그것들의 높은 정보 내용이 평균에 덜 기여하게 된다.

### S.1.3 계열적 제약 그리고 맥락

앞선 논의에서, 확률은 사상들의 장기간 빈도 또는 **안정 상태** 기대를 반영하는 데 사용되어 왔다. 그러나 사상의 단기간 순서 또는 일시적(transient) 기대를 반영하는, 정보의 세 번째 기여 요소가 있다. 특정한 사상은 절대적 빈도의 측면에서 드물게 발생할지도 모른다. 그러나 특정한 맥락이 주어진 경우에 그것은 기대를 높일 수 있으며, 따라서 그 발생은 그 맥락에서 아주 적은 정보를 전달하게 된다. 애리조나 강우의 사례에서, 우리는 강우의 절대 확률이 낮음을 보았다. 그러나 만일 우리가 캘리포니아로부터 (애리조나 방향인) 동쪽으로 움직이는 커다란 강우전선이 있다고 들었다면, 이 정보가 주어졌기에 강우에 대한 우리의 기대는 더 높아질 것이다. 즉, 정보는 그것이 나타나는 맥락에 의해 감소될 수 있다. 다른 예로써, 알파벳 철자 'u'는 아주 일반적인 것은 아니며, 그러므로 그것이 발생했을 경우 정상적으로는 상당한 양의 정보를 전달한다. 그러나 'q'가 앞서서 나오는 맥락에서는 거의 완전히 예측 가능하고, 따라서 이러한 맥락에서 이 정보 내용은 거의 0비트에 가깝다.

일련의 사상에서 **계열적 제약**(sequential constraint)이 맥락 정보를 자주 제공한다. 예를 들면, 일련의 사상, ABABABABAB에서 $P(A) = P(B) = 0.5$이다. 그러므로 공식 2.7에 따르면 각 사상은 1비트의 정보를 전달한다. 그러나 이 순열에서 다음에 나올 철자는 거의 확실하게 A이다. 그러므로 사상 확률의 변화가 동일 확률의 사례에서 정보를 줄이는 것과 같은 방식으로 계열적 제약은 정보를 줄인다. 공식적으로 맥락이 주어졌을 때, 한 사상에 의해 제공된 정보는 공식 2.6과 같은 방식으로 계산되는데, 한 가지 예외가 사상의 절대적 확률 $P_i$가 이제는 **조건부 확률**(contingent probability) $P_i \mid X$(맥락 $X$가 주어졌을 때 사상 $i$의 확률)로 대치되는 것이다.

### S.1.4 중복

요약하면, 3개의 변인이 일련의 사상이 전달할 수 있는 정보의 양에 영향을 준다. 모든 사상의 발생 확률이 동일할 경우, 가능한 사상의 수 $N$은 최대 수의 비트에 대한 상위 경계를 정한다. 사상 확률을 동등하지 않게 만들고, 계열적 제약을 증가시키는 것은 둘 다 이러한 최댓값에서 정보를 감소시킨다. **중복**(redundancy)이란 용어는 형식적으로 정보에 있는 이러한 잠재적 손실을 명확하게 밝힌다. 그러므로 예를 들면, 영어는 두 가지 요인 때문에 아주 중복적이다. 모든 철자는 동등한 확률이 아니고(e vs. x), qu, ed, th, nt 같은 일반적인 2자1음에서 발견되는 것과 같은 계열적 제약이 불확실성을 감소시킨다.

공식으로, 자극 세트의 **퍼센트 중복**(percent redundancy)은 다음 공식에 의해서 수량화된다.

$$\% \ 중복 = \left(1 - \frac{H_{ave}}{H_{max}}\right) \times 100 \tag{2.8}$$

여기서 $H_{ave}$는 3개의 변인을 모두 고려에 넣었을 때 전달되는 실제의 평균 정보이고(알파벳에서 각 철자당 대략 1.5비트), $H_{max}$는 모두가 동등하게 가능한 경우, $N$ 대안들에 의해 전달되는 최대로 가능한 정보이다(알파벳에서는 $\log_2 26 = 4.7$비트). 그러므로 영어의 중복은 $(1 - 1.5/4.7) \times 100 = 68\%$이다. Wh-t th-s sug-est- is t-at ma-y of t-e le-ter ar- not ne-ess-ry fo- com-reh-nsi-n. 그러나 제6장에서 강조될 예정인 핵심을 강조하면, 이러한 사실은 많은 상황에서 중복의 가치를 무효화시키지는 않는다. 우리는 경계를 논의하면서 지각적 판단이 힘들 때 중복 이득이 수행을 향상시킬 수 있다는 것을 보았다. 우리는 또한 절대 판단 과제에서 중복 이득의 가치를 보았다.

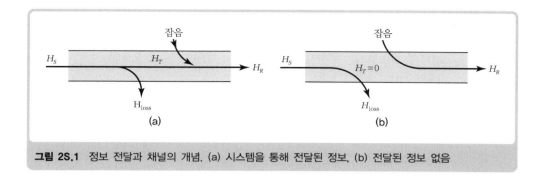

**그림 2S.1** 정보 전달과 채널의 개념. (a) 시스템을 통해 전달된 정보, (b) 전달된 정보 없음

## S.2 이산(離散) 신호의 정보 전달

많은 인간 수행 이론에서 연구자들은 얼마나 많은 정보가 조작자에게 제시되는가에 관심을 가질 뿐 아니라 얼마나 많은 정보가 자극에서 반응으로 전달되는가 하는 채널 용량, 그리고 얼마나 빨리 전달되는가 하는 **대역폭**(bandwidth)에도 관심을 가지고 있다. 이러한 개념을 사용하여 인간 존재는 때때로 그림 2S.1에 나온 예와 같이 정보 채널로 표현된다. 필기한 노트를 타자치는 사람을 생각해 보자. 첫째로 정보는 자극(페이지에 쓴 노트)에 제시된다. 자극 정보의 이러한 값 $H_S$는 다양한 철자의 확률들과 계열적 제약을 고려하여, 기술된 절차를 사용해 계산될 수 있다. 둘째로 키보드상의 각 반응은 사상이고, 따라서 같은 방식으로 반응 정보 $H_R$을 계산할 수 있다. 마지막으로 그 쪽에 각 철자들이 키보드에 적절하게 타자되었는지를 알아본다. 즉, 그 정보가 충실하게 전달되었는가($H_T$)? 만일 그렇지 않다면, 여기에는 두 가지 유형의 잘못이 있다. 첫째로 자극에 있는 정보가 손실될 수 있는데($H_L$) 이는 어떤 철자가 타자되지 않은 경우이다. 둘째로 철자들이 원문대로 타자되어 있지 못한 경우이다. 이것은 **잡음**(noise)이라고 간주된다. 그림 2S.1a는 이러한 5개의 정보 측정치 간의 관계를 그림으로 보여주고 있다. $H_S$과 $H_R$이 높은 값을 갖지만, $H_T$가 0에 가까운 값을 갖는 것이 이론적으로 가능하다는 것을 주목하라. 그림 2S.1b에 나타난 대로, 만일 타자수가 인쇄된 본문을 완전히 무시하고 자신의 메시지를 창조해 내는 경우에 이러한 결과가 발생한다.

우리는 이제 좀 더 복잡한 타자 과제보다는 사지 강제 선택 과제(4AFC)의 맥락에서 $H_T$를 계산할 것이다. 이 4AFC 과제에서 피험자는 네 가지 가능한 사상을 직면하게 되고(예 : 4개의 깜빡이는 불), 이 사상들은 모두 동일 확률로 나타나며, 각 사상에 대응된 반응(4개의 단추 중 하나를 누른다)을 해야만 한다.

양적 측정치 $H_T$를 도출할 때, 이상적인 정보 전달자의 경우는 $H_S = H_T = H_R$이라는 것을 깨닫고 있는 것이 중요하다. 예를 들면, 반응시간 과제의 최적 수행에서 각 자극(동일 확률이면 정보의 2비트를 전달한다)은 처리되어야만 하고($H_S = 2$비트), 적합한 반응을 촉발시켜야 한다($H_R = 2$비트). 우리가 본 바와 같이, 정보 전달 체계에서 이 같은 이상적인 상태는

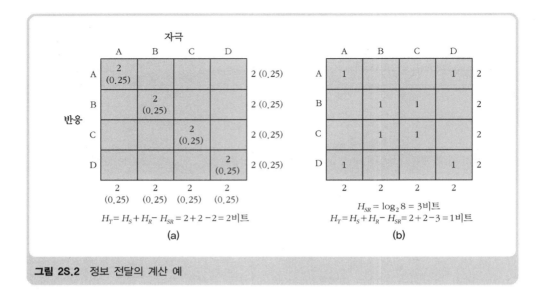

**그림 2S.2** 정보 전달의 계산 예

되기가 드문데, 왜냐하면 얼버무리기와 잡음이 발생하기 때문이다.

$H_T$의 계산은 그림 2S.2에 제시된 바와 같이 자극-반응 행렬을 구성하고, 각종 수치를 세 쌍의 확률로 변환하여 진행한다. 세 쌍의 확률은 각각 하단 외곽 열에 있는 사상의 확률, 우측 행에 보이는 반응의 확률, 그리고 (칸 안에 있는) 자극-반응 짝의 확률이다. 이들 중 마지막 값들은 기재항이 있는 각 칸들에 속할 확률인데, 각 칸은 특정한 자극과 특정한 반응을 결합해서 정의된 것이다. 그림 2S.2a에 4개의 기재 사항이 있는 칸들이 있는데, 각 기재항마다 $P=0.25$이다. 각 확률은 공식 2.7에 의해 독립적으로 정보 측정치로 변환될 수 있다.

일단 $H_S$, $H_R$ 그리고 $H_{SR}$이 계산되면, 공식

$$H_T = H_S + H_R - H_{SR} \tag{2.9}$$

는 전달된 정보를 계산할 수 있게 해준다. 공식의 원리는 다음과 같다. 변인 $H_S$는 주어진 사상의 집합에 대하여 가능한 전달을 최대로 형성하고, 따라서 공식에 정적으로 기여한다. 비슷하게 $H_R$도 정적으로 기여한다. 그러나 그림 2S.2에 묘사된 것과 같이 사상들이 반응들과 일관성 있게 짝지지 않은, 상황에 대비하기 위해서 행렬 내에 분산 또는 체제화의 부족에 대한 측정치 $H_{SR}$를 뺀다. 만일 각 자극에 오직 한 반응만이 있다면(그림 2S.2a), 행렬에서 기재항은 행과 열에서의 기재항과 같아야 한다. 이 경우 $H_S=H_R=H_{SR}$이 되는데, 이는 $H_S=H_T$임을 뜻한다. 그러나 만일 행렬 내에 더 큰 분산이 있다면 $H_{SR}$내에 더 많은 비트가 있게 된다. 그림 2S.2b는 동등한 확률을 가진 8개의 자극-반응 짝이 있는, 또는 $H_{SR}$에서 3비트의 정보를 가진 것이다. 그러므로 $H_{SR} > H_S$이고, $H_T=1$인데, 자극이 가진 정보인 2비

트보다 작다. 이들 6개 수량들 간의 관계는 그림 2S.3
의 벤다이어그램으로 요약됐다.

　종종 연구자는 비트로 표시된 수량 $H_T$보다 비트/초
(bit/second)로 표현되는 **정보 전달률**(information trans-
mission rate)에 관심을 가지고 있다. 이 비율을 찾기
위해, 각 전달에 필요한 평균 시간을 따라[평균 **반응
시간**(reaction time, RT)] 일련의 자극 사상을 모두 모
아서 $H_T$를 계산한다. 그러면 비율 $H_T$/RT는 의사소통
시스템의 대역폭에 대한 측정을 도출해 내는 데 쓰인
다. 이는 유용한 계량 값인데, 왜냐하면 속도와 정확
성 둘 다를 고려함으로써 처리 효율성을 나타내고, 과
제들에 걸쳐 효율성 비교가 가능하기 때문이다. 예를 들면, 처리 효율성에 대한 측정치들은
타자 치기, 과제 감독 등에 대하여 얻을 수 있고 대역폭도 비교될 수 있다. 우리는 반응의
속도와 정확성 사이의 관계를 제9장에서 기술하겠다.

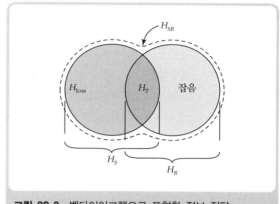

**그림 2S.3** 벤다이어그램으로 표현한 정보 전달

## S.3 결론

결론적으로 정보 이론은 분명한 이점이 있다는 점이 언급되어야 한다. 정보 이론은 여러
과제들에 걸쳐 일반화될 수 있는, 속도와 정확성에 대한 단일의 통합된 측정치를 제공한다.
이 장의 앞부분에서 보았듯이, 절대 판단에서의 수행을 이해하는 유용한 방법을 비트 측정
치가 제공한다. 더욱이 정보 이론은 인간 인지를 특징짓는 유용한 어림법을 제공한다. 즉,
인간은 (정보) 순환 고리 내에서 정보 전달자라는 사실과, 우리는 지각하고 사고하고 결정
하고 행동함으로써 불확실성을 감소시키는 데 기여하고 있다는 사실이다.

　그럼에도 불구하고 정보 이론을 인간 정보처리에 적용할 때 제한점도 있다(Laming, 2001;
Luce, 2003; Wickens, 1984). 컴퓨터 네트워크와는 달리, 인간은 이론이 가정하듯이 정보의
순차적인 비트를 독립적으로 처리하지 않는다. 어떻게 가능한 반응 대안의 수가 반응시간
에 영향을 주는지를 살펴보는 제9장에서, (정보 이론은 그렇게 영향을 주면 안 된다고 하지
만) 자극 반복과 연습 같은 비정보적인 요인이 반응시간에 영향을 주는 것을 보게 될 것이
다. 더욱이 관찰자가 (신호탐지 또는 경계 과제에서의 예처럼) 길고 연속적이고 반복적인
판단을 수행할 때, 관찰자는 정보 이론이 제안하듯이 자극 확률에 근거하여 고정된 기준을
설정하기보다는 시행마다 자신의 오류 유형들이 거의 동일하도록 (확률 대응) 균형을 맞추
려고 시도하고 있는 것처럼 보인다(Laming, 2001, 2010). 그림 2.4에 있는 '굼뜬 $\beta$' 자료가
이런 패턴을 보여준다. 다른 말로 하면, 인간 수행을 제한하는 채널의 용량 제한이라기보다
는 인간 자신들이 최적의 방식보다는 자신의 수행을 제한하는 상이한 방식으로 정보를 처
리한다는 것이 더 적합하다.

더욱이 $H_T$는 반응이 일관되게 사상과 관련이 있는지 여부만을 측정할 뿐이지 **올바르게** 관련이 있는지 여부를 측정하지는 않으며, 그 측정치는 오류의 크기를 고려하고 있지 않다. 때때로 커다란 오류가 더 심각할 수 있는데 자극과 반응 척도가 연속선상에 놓여 있을 때 그렇다(예 : 바람이 심한 도로에서 차를 몰기, 움직이는 표적을 추적하기). 정보 이론은 그러한 연속 과제에 적응할 수가 있으며, Wickens(1992)는 이를 실행하는 방법을 기술하였다. 그러나 한 가지 대안은 상관계수를 사용하거나 또는 제9장에서 기술하려고 하는 시간에 따라 (발행한) 오류를 통합하는 어떤 측정치를 사용하는 것이다. $H_T$, 그리고 $d'$ 측정치와 정확 비율에 대한 $H_T$의 관계에 관한 심도 있는 논의는 Wickens(1984)를 참고할 수 있다.

## 부록 : $d'$과 $\beta$의 계산

SDT 파라미터 중 어느 것이든 계산하려고 하면 $P(H)$와 $P(FA)$라는 두 가지 값이 필요하다. 민감도를 계산하려면 $P(H)$와 $P(FA)$에 대응되는 $z$-점수를 계산할 필요가 있다. 특정한 $z$-점수에 대한 표준 정상 곡선의 면적을 계산할 때, 통계 과목에서 이와 유사한 작업을 했다는 기억이 날 것이다. 여기서는 확률(기준의 오른쪽에 있는 곡선 아래의 영역)을 $z$-점수로 변환하는, 반대의 과정이다. 민감도는 다음과 같이 정의된다.

$$d' = z(H) - z(FA)$$

표 A1은 $P(H)$와 $P(FA)$의 일부 조합에 대한 $d'$ 값을 보여준다.

$P = .5$일 때, $z = 0$; $P > .5$일 때, $z$는 양수, 다른 경우는 $z$는 음수이다. 대부분의 상황에서 $P(H)$는 .5보다 훨씬 크고 $P(FA)$는 .5보다 훨씬 작으므로, $z(FA)$는 음수가 될 것이고 음의

**표 A.1** $d'$값의 예

| | $d'$ 일부 값 | | | | | |
|---|---|---|---|---|---|---|
| | $P$(오경보) | | | | | |
| $P$(적중) | 0.01 | 0.02 | 0.05 | 0.10 | 0.20 | 0.30 |
| 0.51 | 2.34 | 2.08 | 1.66 | 1.30 | 0.86 | 0.55 |
| 0.60 | 2.58 | 2.30 | 1.90 | 1.54 | 1.10 | 0.78 |
| 0.70 | 2.84 | 2.58 | 2.16 | 1.80 | 1.36 | 1.05 |
| 0.80 | 3.16 | 2.89 | 2.48 | 2.12 | 1.68 | 1.36 |
| 0.90 | 3.60 | 3.33 | 2.92 | 2.56 | 2.12 | 1.80 |
| 0.95 | 3.96 | 3.69 | 3.28 | 2.92 | 2.48 | 2.16 |
| 0.99 | 4.64 | 4.37 | 3.96 | 3.60 | 3.16 | 2.84 |

신호탐지와 인간 관찰자의 재인(부록 1, 표 1) by J. A. Swets, 1969, New York: Wiley. 책에 실린 값의 일부 Copyright 1969 by John Wiley & Sons, Inc. 허락받고 게재함.

부호가 두 번이므로, (위의 식에서) 2개의 $z$값을 더하면 된다는 의미이다.

$\beta$와 관련된 것들을 계산하는 것은 약간 더 복잡하다. 첫째, (이 책에서 설명한 $X_c$와 유사한) $C$값을 계산한다. 공식은 다음과 같다.

$$C = -0.5(z(FA) + z(H))$$

$P(FA) = P(M)$(중립)일 때, $z(FA) = z(1-H)$, $z(FA) + z(H) = 0$, 그리고 $C = 0$임을 주목하라. $P(FA) > P(M)$(진보)일 때, $z(FA) > z(1-H)$, 그리고 $C < 0$이다. $P(FA) < P(M)$(보수)일 때, $z(FA) < z(1-H)$, 그리고 $C > 0$이다.

이제 $C$를 계산했으므로 $\beta$를 계산하는 것은 상당히 간단하다.

$$\ln(\beta) = C \ d'$$

이것이 뜻하는 것은 다음과 같다.

$$\beta = \exp(C \ d')$$

핵심적으로 $C$와 $d'$의 곱을 계산하고, 그(자연 대수를 써서 얻은) 값에 역대수를 취해 $\beta$값을 얻는다.

$P(H)$와 $P(FA)$의 조합으로 SDT 파라미터를 계산할 수 있는 웹페이지가 있다. 구글로 찾아보라!

## 핵심 용어

각성 이론(arousal theory)

감시(watch)

결과에 대한 지식(knowledge of results, KR)

경계 감소(vigilance decrement)

경계 수준(vigilance level)

계열적 제약(sequential constraint)

굼뜬 $\beta$(sluggish beta)

기대 이론(expectancy theory)

기대가치(expected value)

대역폭(bandwidth)

동시 과제(simultaneous task)

득실(payoffs)

등민감도 곡선(isosensitivity curve)

민감도(sensitivity)

반응 기준(response criterion)

반응 편향(response bias)

반응시간(reaction time, RT)

베타($\beta$)

부적 대각선(negative diagonal)

분리 차원(separable dimension)

분리된(separable)

불확실성(uncertainty)

비트(binomial digits, bits)

비표적 사상(non-target event)

사상 비율(event rate)

사상 함수(mapping function)

상관 (중복) 조건[correlated (redundant) condition]

상관 차원(correlated dimension)

상대적 판단(relative judgement)

상황인식(situational awareness)

수용자 조작 특성(receiver operating characteristic, ROC)

식별(identification)

신뢰 수준(confidence level)

신호 강도(signal strength)

신호탐지(signal detection)

연속 과제(successive task)

오경보(false alarm)

오경보 경고(alarm false alarms)

오경보율(false alarm rate)

자동적 처리(automatic processing)

잡음(noise)

적중(hit)

적중률(hit rate)

절대 판단(absolute judgement)

정기각(correct rejection)

정보 이론(information theory)

정보 전달률(information transmission rate)

정적 대각선(positive diagonal)

조건부 확률(contingent probability)

중복(redundancy)

지속적 요구 이론(sustained demand theory)

지속적 주의(sustained attention)

직교 조건(orthogonal condition)

질병 유병률(disease prevalence)

채널 용량(channel capacity)

최소 안전고도 경보(minimum safe altitude warning, MSAW)

최적 $\beta$(optimal beta)

출현특징(emergent feature)

탈루(miss)

통합 차원(integral dimension)

퍼센트 중복(percent redundancy)

퍼지 SDT(fuzzy SDT)

표적 사상(target event)

표적 확률(target probability)

형상(configural)

호환 가능(compatible)

활 효과(bow effect)

Garner 간섭(Garner interference)

Garner 분류 과제(Garner sort task)

ROC 곡선(ROC curve)

# 03 지각과 디스플레이 공간에서의 주의

## 1. 개관

운전은 사람의 주의 능력에 도전하는 기술이다. 미국에서 매년 자동차 사고로 죽은 약 4만 명 중 절반 이상이 부분적으로 주의 산만으로 인한 것이라고 추정된다(Lee et al., 2009). 즉, 주의 실패이다. 운전자는 안전 운전에 가장 관련 깊은 것을 **선택**(select)하기 위해, 도로에 그리고 차 안에 주의를 넓게 펼쳐야 한다. 환경의 어떤 특징들은 주의를 포착하고 대상들(예 : 경고등 혹은 표지판)로 유용하게 주의를 안내할 수 있다. 반면에 환경 속의 다른 특징들은 무심코 우리 주의를 포착하고 원치 않는 무관한 특징들로 주의를 이끌어서 목전의 과제에 대한 초점 주의를 방해한다(예 : 뒷좌석에서 다투는 아이들로 인한 주의 산만).

운전자는 또한 여러 정보 출처들 사이에 주의를 **분할**(divide)해야 한다. 예를 들어, 내비게이션 장치에서 나오는 방향 전환 지시에 주의를 하는 운전자는 교통상황을 주시하고, 차로를 지키고 속도를 유지하면서 고속도로에서 갈림길에 대한 관련 지형지물을 의식하고 있어야 한다. 끝으로 운전자는 밤에 텅 빈 고속도로를 몇 시간째 운전할 때처럼 때때로 오랜 기간 동안 주의를 **유지**(경계, vigilance)해야 한다.

물론 주의의 이런 결정적 측면들[선택하기, 초점에 두기(focusing), 분할하기 및 유지하기]은 작업 공간 안팎에서, 삶의 거의 모든 측면에서 결정적이다(Johnson & Proctor, 2004; Kramer Wiegmann & Kirlik, 2007; Wickens & McCarley, 2008). 숙련된 농구 선수는 패스하기 위해 둘러싸여 있지 않은 팀원을 선택하고, 같은 팀원과 밀착한 수비수들 사이에 주의를 분할하고, 적대적인 군중들로 인한 원치 않는 주의 산만을 피해야 한다. 주의는 또한 여러 작업 공간 디스플레이를 디자인하는 데에 중요하다. 앞장에서, 우리는 경보의 주의 포착 속성, 작업 공간에서 지속 주의의 어려움에 대해 논의했는데, 이를 보상할 수 있도록 경보는 디자인되어야 한다. 디스플레이는 복잡한 시스템의 많은 요소들에 걸쳐서, 초점 주의를 방해하는 잡동사니(clutter)를 만들어내지 않으면서, 분할 주의를 지원하도록 디자인될 수 있다.

손전등(flashlight) 비유를 쓰면, **선택 주의**(selective attention)는 주의가 손전등 불빛인 것처럼 외부 및 내부 환경의 여러 부분들을 차례대로 조명(선택)하면서 시간에 걸쳐 전개된다. **초점 주의**(focused attention)는 원치 않는 요소들로부터 주의 산만을 방지할 만큼 충분히 좁은 불빛의 폭으로 서술될 수 있다. **분할 주의**(divided attention)도 불빛의 폭을 정의하는데, 반대의 의미이다. 불빛은 둘 혹은 그 이상의 원하는 정보 채널을 수용할 수 있을 만큼 충분히 넓어야 한다. 때때로 우리가 불빛 안의 정보에 너무 집중되어 있을 때, 그 바깥의 다른 중요한 정보를 알아차리지 못한다. 이것이 주의 협소화(narrowing)의 이슈이다. 물론, 경계 과제에 필요한 **지속 주의**(sustained attention)는 오랜 시간 동안 조명을 유지하는 손전등 배터리에 비유될 수 있을 것이다.

이 책의 인간 정보처리 틀과 일관적이게, 우리는 주의를 두 장으로 나누어 다룬다. 여기에서 우리는 감각과 지각에서의, 즉 정보처리 초기 단계들의 주의에 초점을 맞춘다. 우리는 선택 주의, 초점 주의 및 감각 정보 채널들 간의 분할 주의를 다룬다. 제10장에서 정보처리 모형의 모든 단계들을 논의한 후에, 우리는 여러 단계들이 과제들 간 분할 주의, 즉 **다중 작업**(multi-tasking)을 위해 어떻게 활용되는가를 다룬다.

이 장은 공학적 디자인이 어떻게 주의를 안내할 수 있는지를 고려하기 전에 먼저 시각적 선택 주의의 세 가지 중요한 과제, 즉 감독 주시, 알아차리기, 탐색에 주목한다. 그다음 출처들 간의 분할된 시각 주의를 돕거나 방해할 수 있는 특성들을 고려한다. 끝으로 우리는 다른 감각 양상들, 특히 청각에 대한 주의를 다룬다.

## 2. 선택 주의

선택적인 시각 주의는 다음의 여섯 가지 과제 유형들 중 어느 하나가 시각적 작업 공간에 걸쳐서 전개됨에 따라 개입할 수 있다. 그것들은 다음과 같다.

1. **일반적인 정향 및 장면 주사**(general orientation and scene scanning) : 그림을 볼 때 (Yarbus, 1967) 혹은 인터넷을 하는 동안 새 웹 페이지를 만났을 때(Cockburn & McKenzie, 2001) 일어나는 것과 비슷하다.

2. **감독 제어**(supervisory control) : 어떤 동적 변인들이 범위 안에 있는지를 확인하고 만일 그렇지 않으면 그것들을 돌이키기 위해 어떤 형태의 수동 제어(제5장 참조)를 하는 조종사, 차 운전자, 또는 마취과 의사의 주사 경로를 설명할 수 있을 것이다. 이 과제는 매우 목표 지향적이다.

3. **알아차리기**(noticing) : 다소 예기치 않은 사건들을 주시하기(monitoring)와 특히 그것에 반응하기를 포함한다. (그런 사건들에는 감독 제어 과제에서 제어되어야 하는 변수들의 변화가 없다.)

4. 탐색(searching) : 특정한, 보통 사전에 정의된 표적에 대한 탐색.

5. 읽기(reading)

6. 확인하기(confirming) : 어떤 제어 행위가 일어났는지에 대한 확인(예 : 처리 피드백).

많은 과제들은 앞에 언급한 몇 가지의 혼성이라는 것이 명백하다. 예를 들면, 장비를 조작하거나 그래프를 읽거나 혹은 지도를 해석할 때 지시를 따르는 것은 종종 탐색과 읽기의 어떤 조합을 필요로 한다. 첫 번째 과제에서 다소 어설프게 정의된 과제 목표와 다섯 번째 과제의 매우 구체적인 처리 측면을 고려해서, 우리는 그것들을 이 장에서 다루지 않을 것이다. 읽기는 제6장에서 광범하게 다루어질 것이며, 피드백 확인은 제9장에서 취급될 것이다. 여기에서 우리의 초점은 감독 제어, 알아차리기, 탐색하기라는 세 과제에서 안구 운동을 통한 선택적인 시각 주의의 역할을 이해하는 것이다.

## 2.1 감독 제어 : SEEV 모형

감독 제어에서 시각 주의의 역할을 이해하기 위해서는 우선 **관심 영역**(area of interest, AOI)이란 개념을 정의할 필요가 있다. AOI는 특정한 과제 관련 정보를 발견할 수 있는 **물리적 장소**이다. 차의 속도계나 수술실에서 환자의 수술 부위를 예로 들 수 있다. 그것은 안구 운동이 한 AOI에 대한 응시 대 다른 곳에 대한 응시를 믿음직스럽게 구별할 수 있을 정도로 충분히 넓다. 전면 유리를 통해 보고 있는 장면이 차로 유지와 위험 주시 과제 모두에 동시에 이바지할 수 있듯이 단일 AOI가 하나 이상의 과제에 이바지할 수 있다는 것이 중요하다(Wickens & Horrey, 2009). 이와 상응하게 주어진 과제는 하나 이상의 AOI에 의해 수행될 수 있는데, 마치 속도 주시가 전면 유리 밖의 장면(제4장에서 논의되는 도로의 광학 흐름 장)과 속도계에 의해 수행되는 경우이다. 최대 주사 속도는 대략 초당 세 번의 응시 혹은 안구 **체류**(dwell)인데, 그래서 이 경우에 AOI에 대한 체류시간은 대략 1/3초가 될 것이다. 그러나 체류시간은 (가끔 더 짧을 수도 있지만) AOI가 많은 정보 혹은 지각하기 어려운 정보를 포함하고 있을 때 종종 훨씬 더 길어질 것이다(예 : 낮은 조명에서 지도를 볼 때 체류시간은 몇 초가 걸릴 것이다).

감독 제어에서의 시각 주의에 대한 연구는 시각 작업 공간에서, 주어진 시간에 눈이 어디를 볼지를(어떤 AOI가 주의되고 있는지를) 결정하는 4개의 요인들, 즉 현저성, 노력, 기대, 가치를 일반적으로 확인했다(Moray, 1986 : Wickens & McCarley, 2008; Wickens, Goh, et al., 2003).

**현저성**(salience)(현출성)은 AOI가 배경(혹은 다른 AOI들)으로부터 그 크기, 색, 강도 혹은 대비에 의해 두드러지는 정도를 말한다. 현저한 AOI는 비행기에서 고도계 주변의 불빛이 깜박거리는 경우(Wickens, 2012; Wickens et al., 2003), 혹은 웹 페이지의 주의를 산만하게 하는 광고(Simola et al., 2011)의 경우처럼 주의를 끈다.

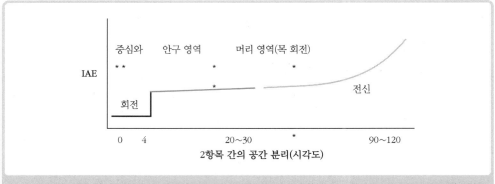

**그림 3.1** 두 AOI 간의 시각도 분리의 함수로서 본 정보 접근 노력(information access effort, IAE). 점들 쌍 간의 분리는 시각도의 차이를 나타낸다.

**노력**(effort)은 한 AOI에서 다른 AOI로 주의를 움직이는 비용이다. 안구 운동은 '싸지만' '무료'는 아니다. 즉, 우리가 작업 공간 주변에 눈을 주사하는 노력을 늘 의식하고 있지는 않을지라도 광범한 주사(scan)는 피로를 불러일으킨다. 헤드업(head-up) 디스플레이가 차에 설치되는 것은 (부분적으로) 이런 이유 때문인데, 즉 이 장의 뒤에서 논의하듯이 계기판과 그 너머의 세상 사이를 주사하는 양을 줄이는 것이다. 게다가 이중과제 부하가 노력을 요구하며, 그래서 주사의 전반적인 폭과 분포를 줄인다는 것을 알고 있다(Recartes & Nunes, 2000). 중요하게도 주사의 노력 비용은 AOI들 간의 공간적 분리와 정비례하지 않으며, 그 대신 그림 3.1에 보이듯이 삼분(세 부분) 패턴을 보인다. 왼쪽에 보이는 (중심와 시각 내의 두 AOI에 대해) 주의는 안구 운동 없이 움직일 수 있다. 가운데 대략 시각도 20 이하로 떨어진 경우, 주사는 안구 운동만을 필요로 한다[시각 주사의 '안구 영역(eye field)'](Sanders & Houtmans, 1985). 순수한 안구 운동은 노력이 거의 들지 않는다. 어떤 중요한 노력 비용은 주사를 시작하는 데서 발생하며 더 긴 주사에 더 많은 비용이 들지 않는다. 그림 3.1의 오른쪽 부분의 경우, 머리 운동(목 회전)이 새 AOI를 초점에 들게 하기 위해 필요하다. 이것이 소위 '머리 영역(head field)'이다. 머리 영역 내의 더 긴 움직임은 (안구 영역과 달리) 점진적으로 더 큰 노력을 부과한다. 마지막으로 머리 회전으로도 그다음의 AOI에 주의할 수 없게 되는 지점(대략 90도)이 있다. (차로 변경 전에 차의 사각지대를 점검하는 경우를 생각해 보라.) 여기에 부분적인 또는 충분한 신체 회전이 필요하다. 우리의 노력 보존 경향성(제10장 참조)을 고려하면, 사람들은 목 회전 그리고 특히 신체 움직임이 필요한 거리를 주사하는 것을 점점 더 싫어할 것이다(그림 3.1 함수에서 오른쪽).

**기대**(expectancy). 우리는 많은 '행위'가 있는 곳을 더 많이 보는 경향이 있다. 돌풍이 있는 날 굽어진 도로에서 운전할 때 차선에, 혹은 교통량이 많은 곳에서 다른 차의 위치에 어떻게 주의 집중해야 하는지를 생각해 보라. 그런 상황에서 우리는 이들 장소를 보는데 왜냐하면 변화, 즉 우리 자신의 운전 행동에 영향을 줄 수 있는 변화가 자주 발생할 것으로 기대하기 때문이다. 보통 더 많은 일들이 변하면 우리는 그것들이 변할 것으로 더 많이 기대한다. 실제 변화는 측정될 수 있고 종종 대역폭(bandwidth, 단위시간당 변화 수)으로 표현되는 환경의 물리적 속성이다. 환경 역학에 대한 잘 발달된 **심적 모형**(mental model)은 시각적 표집을 주도하는 기대의 형태로 대역폭을 표상할 것이다(Senders, 1964, 1980). 제12장에서 매우 믿음직한 자동화를 주시하는 데에 조작원이 가끔 보이는 실패, 즉 '안주(complacency)'로 알려진 현상을 논의한다. 이 경향성은 믿음직한 자동화 실패의 매우 낮은 빈도, 그리고 그 결과로 인한 이런 자동화 사건들의 낮은 기대에 의해 중개된다(Moray & Inagake, 2000). 그러나 기대가 보통 대역폭에 의해 주도되지만, 기대는 또한 특정한 **맥락적 단서들**에 의해 주도될 수도 있는데, 충돌 경보에 보통은 낮은 대역폭 영역으로 주의를 돌리는 경우이다(예 : 바람 없는 날에 직선 도로를 달리는 동안, 당신이 라디오를 틀자 충돌 경보가 울리면 당신은 재빨리 위를 쳐다본다).

**가치**(value)는 정보의 유용성(중요성)으로 서술될 수 있다(즉, 과제에 대한 AOI의 관련성이며, 과제의 상대적 중요성에 의해 비중이 주어진다). 전방의 도로에서 볼 수 있는 임박한 충돌을 탐지하는 것이 중요하므로, 도로(전면 유리)의 AOI는 교통량이 거의 없는 직선 고속도로에조차(낮은 기대) 귀중하다. 대조적으로, 가치는 낮지만 기대는 높은 경우가 있다. 많은 광고판이 있는 고속도로를 운전하는 경우를 생각해 보라. 도로 주변에 대한 주사의 가치는 낮지만, 번쩍거리는 광고판에 대한 기대(대역폭)는 높다. 가치는 긍정적으로 정의되거나(과제에 대한 시각 정보의 가치 혹은 관련성), 혹은 부정적으로(예 : 방향전환 신호를 놓치는 비용) 정의될 수 있다.

현저성과 노력은 선택주의의 '상향적' 영향으로 묶일 수 있는데 그 영향은 물리적 환경 측정치들(예 : 각각 한 AOI에서 빛의 강도 그리고 AOI들 간의 시각도)로 객관적으로 특징지을 수 있다. 대조적으로 기대와 가치는 '하향적' 영향이라고 말하는데, 환경 변화 및 과제 순위에 대한 감독자의 심적 모형 내에 구현되어 있다. 더구나 후자의 2개가 결합된다면, 이들은 제8장에서 논의된 의사결정에 대한 최적화 모형과 밀접하게 대응하면서 AOI의 '기대된 가치(expected value)'를 정의한다고 할 수 있다. 우리는 다음에서 이 대응 관계를 서술할 것이다.

함께 보면, 4개의 요인들은 SEEV(Salience, Effort, Expectancy, Value)(Wickens, 2012; Wickens Hooey et al., 2009; Steelman-Allen, McCarley, & Wickens, 2011)라 불리는 가산적 주사 모형으로 결합된다. 이 모형의 기초는 공학에서 나온 최적 시각 주사 모형(Senders, 1964, 1980; Carbonell, Ward, & Senders, 1968; Sheridan, 1970; Moray, 1986), 그리고 현저성(Itti & Koch, 2000) 및 시각 주의(Bundesen, 1990)에 대한 심리학적 모형에 공통으로 기반을 두고 있다. 이 모형은 운전(Horrey, Wickens, & Consalus, 2006), 비행(Wickens, Goh, et al., 2003), 병원 수술실(Koh, Park, et al., 2011)과 같은 환경에서 시각 주사 패턴을 잘 예측하는 것으로 알

려졌다.

**SEEV 모형**(SEEV model)은 주의 분포뿐만 아니라 특정한 주사 경로를 예측함으로써 **무시**
**기간**(periods of neglect)도 예측한다. 즉, SEEV는 고가치의 AOI가 주의되지 않는 시간의 분
포를 예측한다. 이것은 AOI들이 낮은 대역폭을 가지고 있거나 그것이 작업 공간의 말초 부
위로 위임되기(그래서 거기에 주의하는 데에 높은 노력이 든다) 때문에 일어날 수 있다. 이
시각 주의의 무시는 다음에 논의할 변화맹의 주요한 예측인자이며, 아래로 눈길을 주는 기
간을 예측하는 것과 관련하여 차량 내(in-vehicle) 기술에 대해 안전상 중요한 함축점을 가
지고 있다(Horrey & Wickens, 2007; Wickens & Horrey, 2009; 제10장도 참조).

조합하면, SEEV 변수들은 또한 최적 디스플레이 배치(layout)를 위한 지침을 제공한다
(Wickens, Vincow, et al., 1997). 더 가치 있는 AOI들은 현저하게 되어야 하며, (노력을 결정
하는) AOI들 간의 거리는 사용 빈도(대역폭)에 반비례하도록 되어야 한다. 최적 배치에 세
번째로 관련 있는 영향은 **순차적 사용의 빈도**(frequency of sequential use)(한 쌍의 AOI들의
통합 속성)이다. 즉, 순차적으로 사용되어야 하는 디스플레이들은 서로 가까이 놓여야 한
다. 이 생각은 (다음 3.5절에 논의될) **근접 부합성 원리**(proximity compatibility principle)라
고 불리는 유용한 디스플레이 디자인의 원칙으로 통합된다.

조작원들이 감독하고 제어하기 위해 주사하는 동안, 그들은 무단횡단하는 보행자, 장비의
고장, 미묘한 기상 악화 등 예기치 않은 사건들을 알아차리고 반응할 준비를 해야 한다. 사
람들은 예기치 않은 것을 알아차리는 것과 같은 이런 과제에 매우 어설프며, 우리는 2개의
절에서 이런 결핍을 다룰 것이다. 첫째 절은 변화를 탐지하는 데의 실패에 초점을 맞추며,
둘째 절은 좀 더 최적적인 관점에서 그것을 다루며, **주의 포착**(attentional capture)의 실패들
보다 성공에 대한 모형을 만든다.

## 2.2 알아차리기와 주의 포착

### 2.2.1 실패 : 변화맹

일반적으로 인간 지각 시스템은 환경의 변화에 예민하다. 변화와 연관된 자연스러운 시각
적 순간변화(transients)(예 : 출현, 깜박임, 움직임)는 탐지하기 쉽다. 이 같은 속성들은 시각적
경고의 디자인에 흔히 활용된다. 그러나 이것은 항상 그렇지는 않다. 환경의 변화가 주목되
지 않는 상황들이 있는데 이런 상황을 묘사하기 위해 **변화맹**(change blindness)이라는 용어
가 사용된다. 실험실에서 변화맹은 눈 깜박임(O'Regan, Deubel, et al., 2000), 블랭크 스크린
(Rensink, 2002), 장면을 차폐하는 물체(Simons & Levin, 1998), 혹은 변화 지점으로부터 벗
어나는 안구 도약(Stelzer & Wickens, 2006)과 같은 어떤 형태의 방해가 수반할 때 보통 입
증된다. 이것들은 보통 변화를 현저하게 만드는 자연스러운 시각적 순간변화를 차폐한다.

실험실 밖에서 변화맹은 운전자가 도로표지의 변화를 알아차리지 못하는 것(Martens,

2011), 혹은 조종사가 비행 모드 표시 불빛의 변화를 알아차리지 못하는 것(Sarter, Mumaw, & Wickens, 2007)과 관련해서 관찰되어 왔다. 2008년에 브라질 상공에서 두 비행기의 공중 충돌은 한 조종사가 자기 비행기의 위치를 알리는 시스템이 꺼져 있다는 것을 알리는 디스플레이 변화를 알아차리지 못한 탓으로 부분적으로 돌려졌다(Wickens, 2009). 변화맹은 얼굴을 보고 대화하는 동안에도 일어날 수 있다. Simon과 Levin의 고전적 연구(1998)에서, 면접자는 대학 캠퍼스에서 행인과 대화를 시작했다. 나무 문을 나르는 한 쌍의 일꾼이 면접자와 아무 의심을 하지 않는 실험참가자 사이를 지나갈 때 면접자는 몰래 다른 면접자로 대체되었다. 참가자들 중 대략 절반이 이를 알아차리지 못하고 완전히 낯선 사람과의 대화를 계속했다!

변화들이 탐지될 가능성을 낮추는 여러 요인들이 있다는 것을 연구들이 보여주었다. 이 발견들을 아래에 요약한다(Rensink, 2002 참조).

1. 변화맹은 과제 부하가 높을 때 그리고 주의가 요구되는 현재 과제[예 : 운전 중에 전화 통화를 할 때(McCarley, Vais, et al., 2004; Lee Lee & Boyle, 2007), 재미있는 3D 디스플레이를 가지고 비행할 때(Wickens, Hooey, et al., 2009)] 작업기억의 중앙집행기가 요구되는 과제(Fougnie & Marois, 2007)에 몰입하고 있을 때 더 일어나기 쉽다.

2. 변화맹은 변화하는 자극물이 더 현저할 때 덜 일어난다. 예를 들어, 휘도 대조에서 증가가 있는 변화(예 : 불이 켜지는 경고등)는 그렇지 않은 것들(예 : '작동'에서 '중지'로의 단어 변화 또는 100에서 000으로의 숫자 변화)(Yantis, 1993)보다 더 잘 알아차릴 수 있다.

3. 변화의 탐지 가능성은 현재의 응시점부터 사건이 주변으로 벗어난 **이심성**(eccentricity)의 함수이다. 다른 말로 하면, 변화 위치와 중심 간의 시각도가 더 클수록 변화가 탐지될 가능성은 더 낮다(Steelman, McCarley, & Wickens, 2011; Wickens, Hooey et al., 2009; Nikolic, Orr, & Sarter, 2004).

4. 변화맹은 변화하는 요소가 시야 안에 있을 때('동적 변화')보다 완전히 시야 밖에 있을 때('완료된 변화') 훨씬 더 일어나기 쉽다(Rensink, 2002). Simon과 Levin이 사용한 차폐하는 문이 완료된 변화의 특징이다. 다른 말로 하면, 기억에 기초한 변화는 지각에 기초한 변화보다 탐지하기가 더 어렵다.

5. 변화맹은 사건들이 일어날 **법**하고 그래서 기대된다면 덜 일어난다. Wickens, Hooey 등(2009)은 실제적 비행 시뮬레이션에서 누락된 변화가 소위 '희귀한(black swan)' 사건들이었을 때 그 비율이 40% 정도로 꽤 높다는 것을 발견했다.

6. 끝으로, 변화 시점에 변화 위치에 응시가 있는지와 관계없이, 사건 전후에 거기에 더 많은 주의가 초점화되는 정도만큼 탐지가 더 잘 된다(Beck, Peterson, & Angelone, 2007; Martens, 2011)

실제적 관점에서 보면, 차를 운전하거나 비행기를 모는 것과 같이 주의를 요구하는 과제를 수행하는 동안 아주 잘 보이지만 예기치 않은 사건들을 알아차리는 데에서 우리의 무능력은 안전에 대해 명백히 함축하는 바가 있다. 이것은 우리가 종종 우리 자신의 낮은 수행을 망각하고 있고, 우리가 환경의 변화를 탐지할 수 있는 정도를 과대평가한다는 것을 고려할 때 특히 사실이다. Levin, Momen 등(2000)은 이런 과신의 표시(제8장에서 더 상세히 논의될 주제)를 **변화맹의 무지**(change blindness blindness)라고 불렀다.

변화맹과 싸우기 위해, 공학심리학자들은 위험한 상황을 신호하는 더 중요한 변화들(즉, 경고)의 현저성을 높이는 것을 분명히 옹호해야 한다. Martens(2011)는 운전자들이 도로표지의 변화를 알아차릴 가능성을 높이기 위해, 새 표지와 구 표지 간의 차이가 가능한 한 명백하게 하고 이런 단서들이 이전의 상황과는 분명히 구별될 수 있게 하는 것이 중요하다고 주장한다. 특정한 곳에서 어떤 사건을 볼 기대는 훈련을 통해 증가될 수 있다(Richards, Hannon, & Derakshan, 2010).

## 2.2.2 알아차리기 모형 : N-SEEV 모형

안전이 필수적인 디스플레이를 디자인하기 위해서 그리고 과중한 시각 환경에 놓인 조작원들을 위해서 변화맹의 중요성을 고려한 계산론적 모형이 개발되었다. 이것은 알아차림을 향상시키거나 저하시키는(즉, 예기치 않은 사건에 대한 변화맹의 크기를 조절하는) 변인들을 식별하고 양화한다. 이것이 N-SEEV 모형(Noticing-SEEV)(Wickens, Hooey, et al., 2009; Steelman-Allen McCarley & Wickens, 2011; Wickens, 2012)이다. SEEV 모형은 주사가 일어나는 시각 환경에 적용되기 때문에, 2.1절에서 논의된 감독 제어에 대한 SEEV 모형은 변화가 일어나는 시각 맥락을 묘사한다. 다음에 우리는 SEEV에 의해 예측되는 진행 중인 주사 경로라는 맥락 내에서 **알아차려져야 할 사건**(to-be-noticed-event, TBNE)에서 N(noticeability)(알아차림)에 영향을 주는 요인들을 확인할 것이다.

SEEV는 눈이 각 AOI에 얼마나 많은 시간을 쓸 것인지(예 : 운전에서 50%는 도로 전방에, 30%는 도로표지에, 그리고 20%는 고개를 숙여서 보는 아래쪽에)를 계산한다. 그다음에 TBNE의 위치로부터 이들 위치 각각의 **이심성**을 판정한다. 예를 들어, 고개를 숙여서 보는 아래쪽 30도에 있는 한 TBNE 경고 불빛의 점등은 도로로부터 약 30도의 이심성을 가지고 있다. 주변부 이심성의 경우 탐지 가능성의 손실을 정의하는 잘 알려진 함수(McKee & Nakayama, 1983; Mayeur, Bremond, & Bastien, 2008)를 고려하면, 우리는 TBNE의 탐지 가능성이 이 세 이심성들(도로, 도로표지, 고개를 숙여서 보는 아래쪽)이 각 이심성과 연합된 AOI들이 주의를 받는 시간의 비율에 의해 가중된 함수일 것이라는 예측을 할 수 있다.

이심성 그 자체를 넘어서, 알아차림에 대한 이심성 함수에 영향을 주는 3개의 추가 요인들이 있다(Steelman-Allen McCarley & Wickens., 2011; Wickens, 2012). 이것들은 다음과 같다.

- 사건의 **기대**(expectancy) : 매우 흔치 않은, 낮은 빈도 혹은 '블랙 스완' 사건들에 대한 탐지 가능성은 매우 낮으며, 이것들이 꽤 중요하고 주변부에서 멀리 떨어져 있지 않을 때에도 그렇다(Wickens, Hooey, et al., 2009).

- 사건의 **현저성**(salience) : 대조, 색, 동적 속성들(예 : 점멸, 움직임)(Simola Kuisma et al., 2011)과 관련된, 계산론적 시각(Itti & Koch, 2000; Steelman et al., 2011)으로부터 도출되는 함수에 의해 객관적으로 특징지어질 수 있다.

- 두 가지 영향들을 결합하는 것만으로, 현저성은 기대에 기초한 어떤 지각적 속성들에 '조율되어' 있을 수 있다(Folk Remington & Johnston, 1992; Most & Astur, 2007). 예를 들어 (앞의 엔진 문제 맥락에서) 조종사는 정상 조건 경우보다 빨간불 점등을 알아차리는 데 더 조율될 수 있다(여기에서도 SEEV는 엔진 정보를 포함하는 AOI를 표집하는 데 더 높은 기대를 예측할 것이다). 차 운전자들은 그들 자신이 오토바이 운전자이기도 하다면 오토바이 운전자를 더 잘 알아차리기 쉽다(Roge, Douissenbekov & Vienne, 2012).

이런 요인들은 SEEV에서 꾸준한 상태 주사(감독 제어)를 주도하는 것과 비슷한 반면, 알아차림에서 단일 주사를 주도하는 데에서는 독특하다. 그래서 N에서 요인들은 공간적 **채널**들보다 시간적 **사건**들에 분명히 연결되어 있다. 이런 요인들에 기초한 계산으로부터 N-SEEV는 TBNE가 일어날 때와 (종종 의식적인 알아차림에 상응하는 응시인) 그 위치에 대한 최초의 응시 간의 지연을 예측할 수 있다. 그런 예측들은 비행기 조종석이라는 실제 세계 환경에서 정확한 것으로 인정된다(Wickens Hooey et al., 2009).

### 2.2.3 무주의맹

우리가 차 열쇠를 바로 보고 있을 때(즉, 이심성이 0일 때) 그것들을 알아차리지 못하는 일은 잘 일어나지 않을 것으로 보이지만, 실제로 그렇지 않다는 것을 시사하는 연구의 증거가 점차 증가하고 있다. 다른 말로 하면, 보고는 있지만 알아보는 데에는 실패할 수 있다는 말이다. 그 예기치 않은 사건이 몇 초 동안 충분히 볼 수 있는 크고, 흔치 않고, 동적인 물체일 때에도 그렇다. 이런 주의 실패는 **무주의맹**(inattentional blindness)(Mack & Rock, 1998)이라고 알려져 있는데 (변화맹의 하위 집합으로서) 극단적으로 혁신적인 접근을 사용하는, 확장 중인 연구들의 주제가 되어 왔다. 예를 들어, Simons와 Chabris(1999)는 참가자들에게 농구를 하는 연기자들의 비디오를 보고 그들 사이에 패스의 수를 세도록(감독 제어와 비슷한 일차 과제) 요구했다. 비디오에서 고릴라 복장으로 차려 입은 다른 연기자가 그 장면을 가로질러 걸어가다가 잠깐 멈추어서 자기 가슴을 치고, 그 장면에서 빠져나갔다. 놀랍게도, 시행 중 절반 이상의 관찰자들이 고릴라를 알아차리지 못했다!

무주의맹은 이렇게 관찰자가 무엇인가를 직접 보고 있을 때 그것을 알아차리지 못하는 것이다. 변화 지점의 1도 이내를 보고 있을 때조차, 참가자들이 다른 과제에 몰입해 있다면 그들의 40% 이상이 디스플레이 변화를 알아차리지 못한다(O'Regan et al., 2000).

Simons와 Chabris(1999)는 무주의맹의 수준은 일차 과제의 어려움과 예기치 않은 사건과 일차 과제 간의 시각적 유사성의 정도 모두와 관련이 있다고 주장했다. 우리는 이 요인들 각각을 차례대로 다룬다.

농구공을 패스하는 시뮬레이션에서 전문적 농구 선수들은 고릴라를 더 잘 알아차리기 쉬웠다(Memmert, 2006). 패스를 추적하는 데 그들의 높은 전문성은 일차 과제를 더 쉽게 만들었다. 마찬가지로, Seegmiller, Watson, Strayer(2011)는 더 큰 작업기억 용량을 가진 사람들이 감소된 용량을 가진 사람들(36%)보다 고릴라를 보았다고 더 잘 보고한다(67%)는 것을 발견했다. 제7장에서 논의할 것이지만, 작업기억의 주요 기능들 중 하나는 주의 제어, 즉 간섭 정보가 있는 데에서 과제 목표를 능동적 상태로 유지하는 능력이다(Kane & Engle, 2002). 그래서 더 큰 작업기억 용량을 가진 사람들은 연구의 일차적 목표(패스 수 헤아리기)를 더 잘 유지할 수 있고 충분한 잔여 주의 제어를 가지고 있어서 예기치 않은 사건(고릴라)에 대해 자발적으로 환경을 주시할 수 있다(Seegmiller et al., 2011).

그래서 일차 과제는 더 큰 영역 전문성 또는 더 큰 주의 자원을 가진 사람들에게 더 쉬워진다(Fougnie & Marois, 2007). 대조적으로 주의 용량이 줄어들 때, 무주의맹의 위험은 더 커진다. 예를 들어, 취한 사람은 말짱한 사람들보다 무주의맹을 보여주기가 더 쉽다(Clifasefi, Takarangi, & Bergman, 2006). 걷기만 하는 사람들과 비교했을 때, 걷는 동안 휴대폰으로 전화하는 사람들에게 비슷한 효과가 주목되었다(Hyman et al., 2010). 이 효과들은 일차 과제의 수행을 충분히 유지하는 데에 필요한 주의 용량이 감소하여 다른 곳에 쓸 용량이 거의 없는 탓으로 돌려질 수 있으며(제10장 참조), 예기치 않은 사건들이 알아차려질 가능성을 더 낮게 한다.

둘째 요인(시각 유사성 정도)과 관련해서, 참가자들은 농구 선수들이 (고릴라와 같은 색인) 검은색 셔츠를 입고 있었을 때 고릴라를 더 잘 알아차리기 쉬웠다(Simons & Chabris, 1999). 일차 과제와 예기치 않은 사건 간에 공유되는 (검은 유인원 모양) 단서에 초점을 두는 과제 전략을 채택하는 것은 다른 곳에 지향될 수 있는 주의 용량을 해방하고, 그렇게 하면서 고릴라를 알아차릴 가능성을 높인다. 무주의맹은 그래서 하향 혹은 전략적 처리의 영향을 받는다. Rattan과 Eberhardt(2010)는 예기치 않은 사건이 사회적으로 의미 있는 개념(예 : 인종주의)과 관련될 때 무주의맹이 감소된다는 것을 보여주었다.

2개의 관련 현상인 변화맹과 무주의맹에 관한 개관으로부터, 주의가 없이는 높은 중요성을 가진 시각 정보조차 의식적 지각에 도달하지 못할 수 있다는 것이 분명하다.

## 2.3 시각 검색

시각 검색은 검색 장(영역)을 가로질러 선택 주의를 이동시키면서 눈으로 어떤 것, 즉 표적을 찾는 것이다. 검색 과제에서 표적은 보통 미리 정의되는데, 이것은 알아차리기 과제와 구별되는 것이다. 검색은 일상 행동(차 열쇠를 찾기)에 흔할 뿐만 아니라, 많은 특정한 과제의 핵심 성분이기도 하다. 마찬가지로, 인간요인 연구자들은 운전(Ho, Scialfa, Caird, & Graw, 2001; Mourant & Rockwell, 1972), 지도 판독(Yeh & Wickens, 2001; Beck, Lohrenz, & Trafton, 2010), 의료 이미지 해석(Kundel & LaFollette, 1972), 메뉴 검색(Fisher, Coury, et al., 1989), 수화물 X선 검색하기(McCarley, Vais, et al., 2004; McCarley, 2009), 인간-컴퓨터 상호작용(Fleetwood & Byrne, 2006; Fisher & Tan, 1989; Ling & Van Schaik, 2004), 산업적 검사(Drury, 1990, 1990, 2006), 사진 해석(Leachtenauer, 1978), 항공 구조(airborne rescue) (Stager & Angus, 1978), 스포츠(Williams & Davids, 1999) 등을 포함하는 여러 영역들에 걸쳐서 그리고 집중적으로 연구했다. 영국에서 발생한 치명적인 열차 사고(래드브로크 그로브 열차 사고)는 감독자가 교통 디스플레이를 검색하면서 어느 열차가 충돌 경보가 울리게 하고 있는지를 식별하는 데 걸린 상당한 시간에 의해 부분적으로 초래되었다.

많은 인지심리학자들은 검색 과제를 써서 시각 정보처리와 지각적 표상의 기본 속성들을 조사했다(Treisman & Gelade, 1980; Wolfe, 2007). 그래서 연구자들은 시각 검색에 관한 광범위하게 응용된 지식을 수집했을 뿐만 아니라 그 지식을 강력한 이론적 기초 위에 근거하게 하였다.

시각 검색은 그 검색을 수행하는 데 쓰이는 안구 운동의 순서와 밀접하게 관련되어 있다. 우리는 원하는 선택지를 찾기 위해 전화기의 청각적 메뉴를 거쳐서 검색할 때처럼 다른 감각 양상들에서의 검색에 대해서도 이야기할 수 있다(Commarford et al., 2008). 그러나 시각 검색은 보통 검색 영역에 걸쳐 다소 체계적으로 눈을 움직임으로써 수행된다. 연속적인 안구 운동의 응시점 중앙 간의 거리는 **유용한 시야**(useful field of view, UFOV)의 지름을 정의하는 데에 쓰인다. UFOV는 그 안에서 표적이 존재한다면 탐지될 수 있고 그렇지 않다면 비표적이 식별될 수 있는 시각도로 정의된다. 조심스럽고 체계적인 시각 검색은 UFOV를 가진 검색 영역을 '완전히 덮을' 것이다. 희미한 표적을 찾는 산업 검사원이나 방사선 전문의가 그다음 후보의 위치를 정하자마자 그것이 표적(신호)인지 혹은 방해자극(noise)인지를 결정할 때처럼, 시각 검색은 신호탐지의 사전 작업(precursor)이 될 수 있다(Drury, 1975, 1990, 2006).

우리는 시각 검색의 여러 중요한 측면을 포착하는 간단한 모형을 제시하는데, 그것은 **순차적 자기종료적 검색**(serial self-terminating search, SSTS) 모형(Sternberg, 1966)이라 불리며 Neisser(1963)의 자료에 기반을 두고 있다. 그다음 우리는 이 모형이 지난 50년에 걸쳐서 어떻게 다듬어져 왔으며 적격하게 되었는지를 보여주고 검색을 더 쉽게 또는 더 어렵게 만드는 특성들을 식별하는 기저선으로 이 모형을 사용할 것이다.

### 2.3.1 순차적 자기종료적 검색(SSTS) 모형

시각 검색에서 사람은 검색 영역 내에서 **방해자극들**(distractors) 혹은 비표적들 가운데 표적(여기서는 'K'라고 하자)을 찾는다. 표적 위치는 사람에게 알려져 있지 않고 검색할 때마다 달라지며, 우리는 그 사람이 검색 영역에서 찾는 순서에 대해 아무것도 가정하지 않는다. 그림 3.2의 아래에 보이듯이, 검색 영역들의 크기는 달라질 수 있다. 그림에서 (검색)세트 크기 *N*은 4, 8, 12이다. 표적이 발견되면, 검색은 '자기(스스로)종료'되며(남아 있는 항목들은 검사되지 않는다) 그 사람은 '예'로 반응한다. 만일 전체 배열이 검색된 후에도 표적이 발견되지 않으면, 그 반응은 '아니요'이다. 각 경우에, 전체 검색시간이 기록된다. 그림 3.2의 위에 있는 그래프는 SSTS 모형에 의해 예측되는 전형적인 결과를 묘사한다(Sternberg, 1966). 표적이 있을 때(실선), 검색시간(ST)은 N의 선형 함수이다. 이 선을 묘사하는 함수는

$$ST = a_p + bN/2$$

이다. 여기에서 $\underline{b}$는 각 비표적 항목을 검사하고 그것이 표적이 아니라고 결정하는 시간이다. 검색시간 bN은 2로 나누어지는데, 반복된 여러 시행들에 걸쳐 평균적으로 보면 표적이 검색 영역의 중간쯤에 발견될 것이기 때문이다. 상수 $a_p$의 절편은 표적이 있을 때 반응에서 남아 있는 비검색 성분을 나타낸다. 그림에서 끊어진 선은 표적 K가 없을 때(그림 3.2에서 가장 오른쪽에 있는 12개 항목의 배열을 보라) 예측되는 ST를 묘사한다. 이런 시행들의 경우, ST=$a_a$+bN이다($a_a$는 표적이 없을 때의 절편). 2로 나누기가 없는데, 표적이 없다고 결론을 내리기 전에 모든 항목들이 검색되어야 하기 때문이다. 절편 $a_a$는 $a_p$보다 더 길 것인데 표적을 찾지 못하면 검색자가 이중 체크할 수도 있기 때문이다.

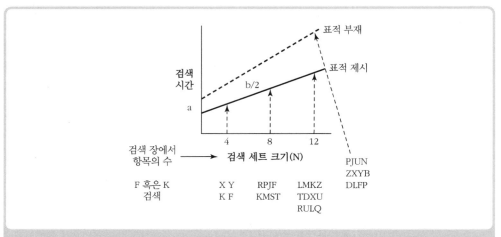

**그림 3.2** 검색 세트 크기의 함수로 본 검색시간으로, 순차적 자기종결적 검색 모형(Sternberg, 1966; Neisser, 1963 참조)에 의해 예측된다. 여러 검색 장들이 그림의 아래에 나타나 있다.

마지막으로 디스플레이의 항목들이 예측될 만한 순서로 검색된다고 가정할 수 있는 특정한 경우에(예 : 이름 목록에서 일어날 법하듯이) SSTS 모형은 또한 **계열 순서 효과**를 예측하는데, 이것은 목록의 앞쪽 위치에 있는 표적들의 경우 나중 위치의 것들보다 검색시간이 비례적으로 더 짧아진다는 것이다(Neisser, 1963; Nunes, Wickens, & Yin, 2006).

SSTS 모형의 등식은 실제적 환경[예 : 항공관제(Nunes, Wickens, & Yin, 2006; Remington, Johnston, et al., 2000), 잡동사니(cluttered) 지도 검색(Yeh & Wickens, 2001; Beck, Lohrenz, & Trafton, 2010)]에서 검색시간을 상당히 잘 묘사하는 것으로 입증되어 왔다. 그러나 검색속도와 정확도의 여러 변산을 설명할 수 있는 예외와 정교화가 있다. 이들을 다음에서 상세히 살펴보자.

### 2.3.2 SSTS의 요건 : 상향 요인들

a. 검색이 항상 자기종료적인 것은 아니다. 때때로 몇 개의 표적이 출현하고 모두가 발견되어야 한다(예 : 결절을 찾기 위해 X선 영상을 검사하는 것)(Barclay, Vicarey, et al., 2006; Swets, 1998). 이런 경우에, **망라적 검색**(exhaustive search)이 일어난다(즉, 검색영역의 모든 항목들이 조사된다). 순차적 망라적 검색 함수는 그림 3.2의 표적 부재 함수(끊어진 선)와 닮을 것이다. 그러나 함수의 절편 $a_a$는 위치하고 있는 표적의 수에 비례해서 증가하는데, 각각의 정적 식별이 어떤 내현적 또는 외현적 반응과 연관될 것이기 때문이다.

b. 검색이 항상 순차적이지는 않다. 이것은 아마 가장 중요한 요건(세부사항)이며 SSTS 모형에서 벗어난 것이다. 표적이 어떤 차원의 한 현저한 수준으로 정의될 때 **병행 검색**(parallel search)이 보통 일어난다(Treisman, 1986; Treisman & Gelade, 1980). 예를 들면, 그림 3.2에서 검색 과제는 표적 낱자가 빨강으로 독특하게 칠해졌다면 항목들의 수에 의해 거의 영향을 받지 않을 것이다. 그래서 병행 검색은 그림 3.2의 맥락에서 계수 $b$가 0에 가까워지는 '편평한 기울기'를 낳는다. 이것은 때때로 **표적 돌출**(target popout)이라 지칭되는데, 이 독특하게 채색된 표적이 검색 영역에서 '돌출하는' 것처럼 보이기 때문이다. 이 매우 효율적인 검색은 유색(color) 강조하기의 이득을 분명히 보여준다. 안구 운동은 수행 자료와 상관성을 보이는데, 순차 처리보다 병행 처리에서 더 큰 검색 효율성을 보인다(Williams et al., 1997). 몇 가지 시각 검색 모형(Treisman & Gelade, 1980; Wolfe, 1994, 2007)은 이런 종류의 병행 검색이 **전주의적**(preattentive, 주의 자원을 거의 필요로 하지 않음)이며 전 시야에 걸쳐 수행될 수 있는 반면, 순차 검색은 주의 자원을 필요로 하며 시야의 제한된 부분(즉, UFOV)에만 수행될 수 있다고 주장한다.

부연하자면, 청각적 전화 메뉴는 항상 순차적으로 검색되어야 한다는 것이 주목되어야 한다. 그 효율성을 더 떨어뜨리는 것은 항목당 처리시간($b$), 즉 기계가 각 옵션을 말하는 데 드는 시간이 항상 길어진다는 것이다.

c. 순차 검색에서 항목당 시간($b$)은 표적이 특징들의 **접합**으로 정의될 때 증가한다(예 : 색깔과 모양의 경우, 많은 수의 여러 색깔의 문자들 중에서 빨간 X)(Treisman, 1986). 이런 상황을 **접합 검색**(conjunction search)이라 한다.

d. 순차 검색은 표적이 방해자극들(검색 영역에 있는 비표적 항목들)과 변별되기 어려울 때 더 잘 일어난다(Geisler & Chou, 1995). Nagy와 Sanchez(1992)는 표적과 방해자극 간의 휘도(luminance)나 색 차이가 작을 때 검색시간은 방해자극의 수와 더불어 증가하였지만(순차적), 그 차이가 클 때에는 검색시간이 증가하지 않았다(병행적)는 것을 발견했다. 표적이 더 잘 변별될 수 있어서 더 효율적인 검색이 가능할 때 더 큰 UFOV가 생긴다.

e. 검색은 방해자극들이 이질적일 때보다 **동질적일**(즉, 모두 동일한) 때 더 쉽다(Duncan & Humphreys, 1989). 예를 들어 BJRKITRG 배열보다 LLLLKLLL 배열에서 K를 검색하는 것이 더 쉽다.

f. 표적이 특징이 없는 것으로 정의되는 대신 어떤 특징을 가진 것으로 정의될 때 검색이 더 쉽다. 예를 들어, Treisman & Souther(1985)는 실험참가자가 'O'들[OOOOOOQOO] 가운데에서 'Q'를 찾을 때에는 병행 처리가 일어났지만, 'Q'들[QQQQQOQQQ] 가운데에서 'O'를 찾을 때에는 순차 처리가 일어났다는 것을 보여주었다. 전자의 경우, Q에 있는 막대는 표적에 있는 특징이다. 후자의 경우 표적은 특징의 부재이다. 이런 효과는 제2장의 경계 상황에서 언급된 '표적 출현(target-present)' 이득과 비슷하다(Schoenfeld & Scerbo, 1997).

g. 요소들이 주사가 거의 필요 없을 정도로 밀접하게 배치되어 있는지, 아니면 넓게 퍼져 있는지는 별로 중요하지 않다(Drury & Clement, 1978; Teichner & Mocharnuk, 1979). 넓게 퍼져 있음으로 필요한 주사의 증가는 검색시간을 약간 길게 한다. 그러나 비표적 요소들의 고밀도(즉, 잡동사니) 항목들이 함께 밀집되어 있을 때 역시 검색시간을 증가시킨다. 그래서 주사 거리와 시각적 잡동사니는 표적 분포가 변함에 따라 서로 교환(상쇄)된다.

h. 여러 표적 유형들 중 하나를 검색하는 것은 단 하나의 표적 유형을 검색하는 것보다 일반적으로 더 느리다(Craig, 1981). 그림 3.2에서 한 예는 'K나 F를 검색'하는 것이다. 그러나 표적들의 집합이 **단일 공통 특징**(single common feature)에 의해 변별될 수 있을 때 예외가 생긴다. 예를 들어, 지시가 'L이나 T를 검색하는 것'이었다면, OUSLXUSO 배열에서 사람들은 표적 문자들이 수직선을 갖는 유일한 문자들이라는 것을 알 수 있는데, 이는 효율적인 검색으로 이어진다(Neisser, Novick, & Lazar, 1964). 그래서 산업적 검사에서 모든 결함에 공통되는 특징들에 집중하도록 훈련된 조작원들의 경우 어떤 이점을 예측할 수 있다.

i. 표적 검색에서 광범한 훈련의 역할은 때때로 수행이 **자동화**(automaticity)의 수준에 이르게 할 수 있는데, 이때 검색시간은 표적의 수에 영향을 받지 않으며 그러므로 짐작컨대 병행적으로 수행된다(Fisk, Oransky, & Skedsvold, 1988; Schneider & Shiffrin, 1977). 일반적으로 말해서 자동화는 반복 시행에 걸쳐 표적이 일관적으로 표적으로 처리되고[**일관 대응**(consistent mapping)] 결코 비표적 자극물로 등장하지 않을 때 일어난다(Schneider & Shiffrin, 1977). 이것은 표적이 때때로 비표적으로 나타나는 **변동 대응**(varied mapping)과 대비된다. 우리는 자동화의 개념을 제6장에서 독서와 관련지어, 그리고 제7장에서 훈련과 관련지어, 제10장에서 다시 시간공유(time-sharing)와 관련지어 논의할 것이다.

## 2.3.3 안내된 검색과 하향 요인들

지금까지 우리는 '상향적' 방식으로 검색에 영향을 주는 검색 영역의 특징들을 강조해 왔다. 그러나 **안내된 검색**(guided search)이란 개념은 지난 20년 동안 Wolfe(1994, 2007; Wolfe & Horowitz, 2004)에 의해 개발되어 온 모형에서 구체화된 것인데, 하향적 요인들이 그럴 법한 표적 후보들로 시각 주의를 안내함으로써 검색 효율성에 어떻게 영향을 주는지를 보여준다. 예를 들어, 한 사람이 크고 빨간 표적을 찾기 위해 잡동사니들이 있는 지도를 주사하고 있는데 큰 요소들은 단지 몇 개 있고, 빨간 것은 많이 있다고 가정하자. 이런 **접합 검색**은 순차적일 것이라는 점을 고려하면, 먼저 검색 항목을 모든 큰 것들로 좁히고(병행 검색), 그다음 빨간 것을 찾아 이렇게 크게 축소된 빨간 것들의 하위 집합을 검색하는 것이 (다른 방식으로 하는 것보다) 그럴듯하다. 그래서 검색은 효율성을 높이기 위해 하향 방식으로 특정 특징들에 '조절될(tuned)' 수 있다(Most & Astur, 2007).

검색이 조절될 수 있는 (아마도 가장 현저한) 특징은 표적의 공간적 위치이다. 구조화된 그리고 구조화되지 않은 검색 영역 모두에서 사람들은 표적이 어디에서 발견되기 쉬운지를 배울 수 있고 그 영역을 우선 검색한다. 예를 들어, 숙련된 방사선 전문의들은 종양이나 골절을 찾을 때 비정상적이기 쉬운 위치들을 우선 검사하지만, 초보자들은 그렇지 않다(Kundel & LaFollette, 1972). 전문적 운전자들은 초보자들보다 어디에서 위험이 나타날 것인지를 검색하는 데 더 뛰어나다(Pradham et al., 2006). 목록이나 컴퓨터 메뉴와 같은 구조화된 검색 영역들을 만들 때(Lee & MacGregor, 1985), 디자이너들은 가장 많이 찾는 메뉴 항목들을 목록의 위에 배치할 것이다. 그림 3.2에 보이는 SSTS 모형은 만일 그렇게 된다면 전반적인 검색시간의 감소를 예측한다(목록 위치가 더 앞에 오면 더 짧은 검색시간이 얻어지기 때문이다).

SSTS 모형을 컴퓨터 메뉴의 검색에 응용할 때, 우리는 스크린 내의 항목들을 찾는 시간과 더불어 메뉴 페이지들 혹은 스크린 간 **전환**에 요구되는 시간도 설명해야 한다. Lee와 MacGregor(1985)는 내포된 다수준 메뉴에서 표적 항목을 찾는 데 걸리는 시간을 읽기 속도와 컴퓨터 반응 속도의 함수로 예측하는 계산론적 모형을 개발하였다. 그들의 모형은 메뉴당 최적인 단어 수가 절대 판단(제2장) 및 작업기억(제7장)의 한계와 비슷하게 대략 7±2라고 예측한다. 그들의 모형과 자료는 제9장에서 서술된 다른 것들과 일관적이며 짧은 메뉴들로 된 여러 내포 수준을 가진 것(즉, 좁고 깊은 메뉴 구조들은 보통 문제의 소지가 있다)의 비용을 강조한다.

### 2.3.4 유용한 시야

UFOV의 크기는 검색 수행에 영향을 주는데 그것이 관찰자가 얼마나 신중하게 검색 영역을 조사해야 하는지를 결정하기 때문이다. 큰 UFOV는 관찰자가 이미지에서 더 큰 부분을 쉽게 보고 처리할 수 있게 하며 더 적은 수의 안구 운동들이 전 영역을 덮는 데 요구될 것이라는 것을 분명히 한다(Kraiss & Knäeuper, 1982). 이에 따라, UFOV의 크기는 사진 해독자(Leachtenauer, 1978), 산업 검사원(Gramopadhye et al., 2002), 노인 운전자(Owsley et al., 1998)에게서 검색 효율성과 상관된다.

UFOV의 크기와 검색 수행 간의 관계성 때문에 UFOV를 확장하는 훈련을 통해 검색 효율성을 높이는 것이 가능하다는 제안이 생겨났다. Gramopadhye 등(2002)은 UFOV 크기를 증가시키도록 디자인된 훈련 프로토콜이 모의 산업 검사 과제에 정적 전이를 낳는다는 것을 발견했다. UFOV를 확장하는 훈련도 노인들에게서 운전 수행을 향상시킬 수 있을 것이다(Roenker et al., 2003).

### 2.3.5 검색 정확성

앞에서 검색시간에 영향을 주는 기제들에 초점을 맞추었다. 똑같이 중요한 것이 검색 정확도를 결정하는 과정들이다. 시각 검색에서 속도와 정확도 간의 상당한 교환(trade off)이 있다는 것은 놀라운 일이 아니다(Drury, 1996). 즉, 정확한 검색은 느린 경향이 있고 빠른 검색은 오류, 흔히 누락(출현한 표적을 찾지 못하는 것)을 낳는 경향이 있다(제2장 참조). 그러나 (제9장에서 반응시간과 관련하여 논의할 것이지만) 검색을 늦추는 많은 요인들(예 : 표적-방해자극 간의 높은 유사성)도 오류를 낳는 경향이 있다.

검색에서 누락 오류는 보통 두 가지 부류에 속한다. 첫째, 비록 표적이 응시되지 않는 것보다 응시된다면 그것이 발견될 가능성이 더 높지만, 그것이 주사하는 UFOV 안에 들어올 때조차 흔히 간과되는 X선 이상 징후나 잘 위장된 가방 속 무기처럼 표적의 경우에도 누락 오류는 흔하다(Kundel & Nodine, 1978; McCarley et al., 2004; McCarley, 2009). 이것이 앞에서 서술된 무주의맹 현상이다. 응시된 표적들에 대한 누락률은 30~70%로 높다(Wickens & McCarley, 2008).

둘째, 많은 검색들이 검색이 종료되기 전에 검색 영역을 UFOV로 충분히 (모든 영역을 응시했다고 장담할 정도로) 덮지(포괄하지) 않는데, 이것은 누락률을 한층 더 높인다. 이것은 검색자의 '멈추기 정책(stopping policy)'을 서술한다. 적절한 멈추기 정책의 중요성은 결장경 검사에 대한 연구에 의해 예증된다. Barclay, Vicari 등(2006)은 어떤 손상도 탐지되지 않은 시행들에 대해 폴립 탐지율과 검색시간 간의 강한 상관관계($r=.90$)를 발견했다. 즉, '폴립 없음' 판단에 도달하는 데에 평균적으로 더 오랜 시간을 들이는, 더 보수적인 멈추기 정책을 채택한 내과의사가 더 일찍 검색을 종료한 의사들보다 더 높은 (성공적인) 폴립 탐지율을 보였다(Barclay et al., 2006).

어떤 요인들이 성급한 멈추기 전략을 낳는가? 한편으로 사람들은 가장 그럴싸한 영역들이 검색된 후 멈출 수도 있고, 그럴싸하지 않은 영역들에서 표적을 찾지 못할 수도 있다(Theeuwes, 1996). 다른 한편으로, 표적이 있다는 기대가 아직 표적을 찾지 못한 검색을 얼마나 오래 지속할 것인지에 강력한 영향을 미친다(Wolfe, Horowitz, & Kenner, 2005; Wolfe, Horowitz, et al., 2007). 만일 기대가 낮으면, 공간이 UFOV로 충분히 덮이기 전에 조기 멈춤의 가능성이 더 높다. Wolfe 등(2005)은 표적 빈도가 50%에서 1%로 감소함에 따라 누락률이 7%에서 30%로 증가했는데, 어떤 면에서 신호탐지 이론(SDT)에서 기대 주도적인 베타 설정을 생각나게 한다. 이런 결과는 우연적인 모의 표적들의 도입(Wilkinson, 1964)이 (진정한 위협을 드물게 맞닥뜨리게 되는) 공항 수화물 검색과 같은 과제에서 표적 탐지율을 높일 것이라는 것을 함축한다. 항공안전 당국은 사실 그런 방법을 쓰기 시작했다. SDT가 검색에 어떻게 응용되는지에 대한 다른 예증으로서, 누락률에 대한 낮은 기대에 의해 부과되는 비용은 표적이 매우 높은 가치가 있는 것으로 알려진다면 상쇄될 수 있다(Chun & Wolfe, 1996; Drury & Chi, 1995). 이것은 제2장에서 서술된 SDT의 보수(payoff) 개념과 유사하다.

## 2.4 잡동사니

검색은 **잡동사니**(clutter), 즉 선택 및 초점 주의를 방해하는 것과 밀접하게 관련되어 있고, 주관적으로(Kaber et al., 2011) 혹은 다음의 네 요인들 중 어느 하나 혹은 모두를 양화할 수 있는 계량치(metrics)들에 의해 객관적으로 측정될 수 있다. 우리는 잡동사니의 출처에 따라 이것들을 명명한다.

- **다수성 잡동사니**(numerosity clutter)(그림 3.2에서 $N$)는 SSTS 모형이 예측하듯이, 선택 주의를 방해한다.
- **근접성 잡동사니**(proximity clutter) 혹은 **판독 잡동사니**(readout clutter)는 주의 초점을 방해한다. 잠정적인 표적 또는 비표적의 위치가 파악되면, 대략 시각도 1도 내의 인접한 방해자극들은 추가적인 판독이나 검사를 늦춘다(Broadbent, 1982). 이것은 부분적 차폐를 낳는 0의 간격이 있다면 특히 사실이다. 최소한의 간격은 (헤드업 디스플레이 혹은 데이터베이스 오버레이에서 발견되듯이) 소형화된 휴대용(hand-held) 디스플레이에서 혹은 디스플레이 중첩표시(overlay)에서 더 일어날 법하다(Kroft & Wickens,

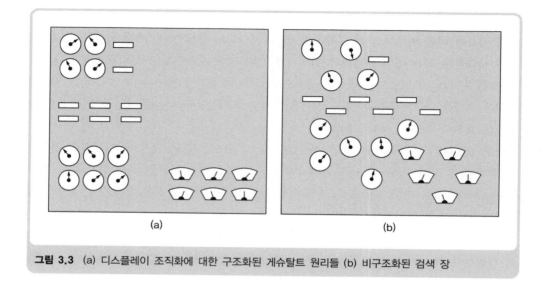

**그림 3.3** (a) 디스플레이 조직화에 대한 구조화된 게슈탈트 원리들 (b) 비구조화된 검색 장

2003; Beck et al., 2010). 다수성 및 판독 잡동사니는 각각 **전역 밀도**(global density) 및 **국지 밀도 잡동사니**(local density clutter)로 지칭되어 왔다(Tullis, 1988; Beck et al., 2010; Wickens, Vincow, et al., 1997 참조).

- **비조직적인 잡동사니**(disorganizational clutter)는 '구조화되지' 않은 검색 영역에서 방해자극들의 무선적인 위치를 말한다. 구조화된 그리고 비구조화된 검색 영역의 예는 그림 3.3의 왼쪽 및 오른쪽 패널에서 각각 보인다.
- **이질적인 잡동사니**(heterogeneous clutter)는 앞에서 본, 시각 검색에 방해가 되는(색, 모양 혹은 크기 같은) 비표적 배경 특징들의 이질성을 지칭한다.

이 모든 잡동사니 요인들은 지도의 사용에서 명백한데, 그 디자인은 제5장에서 더 자세히 논의한다. 여러 연구자들은 (시각 검색시간을 예측하는 잡동사니 모형을 만들기 위해) 개별 요인들을 양화하거나(Yeh & Wickens, 2001), 아니면 요인들을 조합하는 계량치(metrics)를 개발했다(Beck, Lohrenz, & Trafton, 2010; Rosenholtz, Li, & Nakano, 2007). 우리는 잡동사니 논제를 제5장에서 지도에 대한 논의에서 더 깊이 다룬다.

## 2.5 주의 지향하기와 안내하기

변화맹을 논의할 때, 우리가 환경에서 중요한 사건들을 어떻게 간과할 수 있는지를 보았다. 또한 N-SEEV의 논의에서, 환경에서 현저한 사건들이 어떻게 주의를 포착할 수 있는지를 보았다. 이 두 현상들을 함께 연결하면, 우리는 디자이너가 부과한 사건들이 공간적 환경에서 결정적인 사건들로 어떻게 주의를 안내(guide)할 수 있는지를 감정할 수 있다. 여기에는 항공 관제관이 혼잡한 디스플레이에서 2개의 갈등적인 비행기의 위치로 주의를 돌리게 하는 경고(Remington Johnston et al., 2001), 운전자의 주의를 도로로 돌리는 차의 충돌 경보 (Victor, 2011), 또는 군인으로 하여금 가능한 적의 위치로 주의를 돌리게 해주는 헤드 마운티드(head-mounted) 디스플레이의 경고(Yeh et al., 2003)가 포함될 수 있다. 앞에서 서술한 비극적인 래드브로크 그로브 열차 사고는 잡동사니투성이 신호기(cluttered signaller)의 디스플레이에 주의 안내 장치(attention guidance)가 장착되었다면 그리고 그 장치가 충돌이 생기려는 위치를 보여주었다면 방지되었을 것이다.

주의 안내는 보통 어떤 형태의 자동화에 의해 수행되는데, 여기에서 지적인 행위자는 인간이 결정적 사건의 위치에 대해 정보를 제공받아야 한다고 가정한다(제12장 참조). 그러나 자동화는 잘못될 수 있다. 우리가 앞 장에서 논의했듯이, 사용자에게 무엇인가가 잘못되었다고 알려주는 경고는 종종 맞지 않다. 그래서 주의 안내가 맞을 때 그 이득은 무엇이며 그것이 잘못될 때 그 비용은 무엇인가?

시각 주의 안내의 비용과 이득을 이해하기 위한 배경은 주의 단서 제공(attention cueing)에 대해 수행된 일련의 연구에 의해 제공된다(예 : Posner & Snyder, 1978; Posner, 1986). 그런 실험에서 사람들은 시야에서 예측할 수 없는 장소에 위치한 단일한 **강제적인 자극물** (imperative stimulus)에 반응하도록 요구받는다. 강제적인 자극물 전에, 사람들은 어디에서 그것이 나타나기 쉬운 것인지에 관해 단서를 받았다. 단서의 두 특징들이 중요한데, 위치와 신뢰도이다. 우리는 다음 두 절에서 차례대로 이들 각각을 다룬다.

## 2.5.1 단서 위치

**중추 단서**(central cue)는 응시 초점 근처에 위치하고 종종 강제적 자극물의 방향을 가리키는 화살표로 표시된다. 통제된 실험실 연구에서 중추 단서는 보통 화면의 중앙에 '응시 화살표(fixation cross)'에 놓일 것이다. **말초 단서**(peripheral cue)는 보통 강제적 자극물의 위치에 놓으며 중심와에서 떨어져 있고 막대나 깜박임의 형태를 취하곤 한다.

많은 실험에 걸쳐서, 연구자들은 이 두 유형의 단서 간의 중요한 차이를 식별해 왔다 (Posner, 1986; Egeth & Yantis, 1997; Muller & Rabbitt, 1989). 중추 단서(예 : 가리키는 화살표)는 더 인지적으로 주도된다. 그것은 처리에 다소 더 긴 시간이 걸리며, 그래서 주의를 인도하고 강제적 자극물에 대한 반응을 짧게 하기 위해서는 조금 더 일찍 나타날 필요가 있다. 중추 단서는 맞을 때에는 언급된 이득을 내지만 틀릴 때에는 비용을 치르며, 중추 단서가 단지 우연적인 정확도만을 제공할 때에는 그 이득과 비용은 상당히 제거된다.

대조적으로 말초 단서는 더 지각적으로 주도되며 사람을 단서 위치로 지향하게 하는 데에 자동적이다. 그것은 더 빨리 작용하고, 중요한 것은 그것의 일반적 타당도가 0일(즉, 여러 시행에 걸쳐서 정확도가 우연적일) 때조차 그것이 맞는 위치를 가리키는 시행들에 대해서는 강제적 자극물에 대한 반응에서 어떤 이득을 계속 제공할 것이라는 것이다. 보통, 말초 단서에 대한 반응은 더 정확한 경향이 있다(Cheal & Lyon, 1991).

말초 및 중추 단서 제공 간의 구별은 주의 인도가 실험실 밖에서 채택될 때 꽤 관련이 깊다(예 : 잠재적으로 충돌 가능한 비행기에 대해 조종사의 주의를 인도하기 또는 잠재적인 보행자 위험에 대해 운전자가 살펴보도록 하기). 여기에서 중추 단서는 전형적인 응시 초점 (예 : 고속도로에서의 내다보는 전방 시야) 또는 헤드 마운티드 디스플레이의 중앙(제5장 참조)에 놓일 것이다. 말초 단서에는 어떤 비용이 있다. 첫째, 말초 단서는 그것이 시각적 주변부로 너무 멀리 벗어나 있다면(예 : 약 90도 이상), 그것이 아무리 강해도(커도, 밝아도) 보이지 않을 수 있다. 그리고 그것은 분명히 단일 개시(onset)보다 다중 개시(깜박임)를 쓰는 것과 같이 현저하게 되어야 한다(Wickens & Rose, 2001). 둘째로 잠재적 실제 세계 표적 (예 : 충돌 가능한 비행기) 위에 중첩된 말초 단서는 강하게 만들어져서 그것이 현저하지 않은 표적을 차폐해서는 안 된다(Yeh, Merlo, et al., 2003). 이런 차폐는 그 정체를 확인하기 위해 표적을 식별하거나 해석하는 것이 필요하다면 특히 중요한 문제이다. 예를 들어, 군사적 표적물의 말초 단서가 우호적인 차량과 공격하거나 회피해야 할 적을 구별하는 특징들을 차폐하는 것을 상상해 보라. 차폐는 중추 단서 제공(화살표)으로 일어나지 않는데, 정의상 화살표는 표적과 분리되어 있을 것이기 때문이다. 그러나 중추 단서는 표적 위치를 가리키는 데에 덜 정확하고(Yeh, Wickens, & Seagull, 1999) 더 의식적인 처리를 필요로 한다.

### 2.5.2 단서 신뢰도

어떤 상황에서 단서는 100%로 믿을 만할(항상 사건의 맞는 위치를 가리킬) 수 있다. 다른 경우에는 불완전하거나 신뢰할 만하지 않은데, 100% 미만의 정확도를 가진다. 불완전하게 신뢰할 만한 단서 제공은 우연적인 수준으로 낮은 타당도를 가질 수 있다.

신뢰할 만하지 않은 단서 제공에서 자동화가 맞는 경우(예 : 90%)와 자동화가 틀린(예 : 10%) 경우를 구별하는 것이 필요한데, 그 둘은 명백히 그 인도를 따르는 인간에게 다른 함축점을 가지고 있기 때문이다. 이 영역에서 일반적 연구(Yeh et al., 1999, 2003; Yeh & Wickens, 2001)는 **주의 단서 제공**(attentional cueing)(Posner & Snyder, 1978, Jonides, 1980; Egeth & Yantis, 1997; Rabbit, 1989; Posner, 1986; Posner, Nissen, & Ogden, 1978)에 관한 더 기초적인 연구를 쫓아서 몇 가지 결론을 내린다.

- 단서가 100%로 신뢰할 만할 때, 그것은 100% 미만으로 신뢰할 만할 때보다 더 큰 이득을 주는데, 후자의 경우 단서 제공 자동화가 맞는 경우에도 그렇다.
- 단서가 틀릴 때 명백한 불이익이 생기는데, 사람은 먼저 단서를 보고 그다음 아무것도 찾지 못하면(혹은 아마도 틀린 표적을 확인하게 되면) 단서의 도움 없이 다른 곳을 본다.
- 단서 제공이 불완전하면, 그것이 맞을 때의 이득과 그것이 **틀릴 때의 비용**은 신뢰도가 100%로 증가함에 따라 증가한다. 이 증가는 자동화 과신 혹은 **자동화 안주**(automation

complacency)(제12장에서 더 깊이 논의된다)라는 현상이다.

- 공간적 단서 제공의 증가된 신뢰도와 연관되는 것이 우리가 **주의 협소화**(attentional narrowing) 혹은 **주의 터널화**(attentional tunneling)라고 부를 현상이다. 즉, 단서가 중요한 표적의 위치를 더 정확하게 가리킬수록 관찰자는 공간의 다른 영역을 조사할 가능성이 더 낮다. 비록 다른 영역들이 때때로 자동화가 인지하지 못하는 결정적 정보를 포함하고 있을 때조차도. 이것은 Yeh 등(1999, 2001b, 2003)이 군인들을 대상으로 수행한 표적 단서 제공 연구들에서 입증되었다. 장면이 다른 곳에 더 위험한 표적과 더불어 단서를 준 표적이 출현했을 때, 군인들은 그런 위험이 출현할 수 있다는 것을 알고 있음에도 불구하고 전자를 놓치기 쉬웠다. 우리는 제10장에서 다중 작업에 대한 논의에서 주의 터널화의 문제를 다시 다룬다.

- 단서가 맞을 때 단서 제공의 이득을 보이는 단서 특성은 단서가 틀릴 때 그 비용을 증폭시킨다. 예를 들어, 더 정확한 것으로 알려진 말초 단서 제공은 중추 단서 제공과 비교해서 주의 협소화의 정도를 증폭시킨다(Yeh Wickens & Seagull, 1999). 그래서 휴대용 디스플레이에서 단서 제공에 관해서 보면 가상환경 안의 단서 제공도 그렇다 (Yeh et al., 2003; Yeh & Wickens, 2001b).

- 단서 제공을 통한 주의 인도는 탐색해야 할 목록과 메뉴의 디자인에서 **부각시키기** (highlighting) 논제와 밀접하게 관련된다. 여기에도 역시, 검색 영역에 있는 항목들의 하위 집합에 대한 부각시키기는 사용자에게 더 중요하다고 추측되는 것인데, 때때로 잘못되어 있으며(그 타당도와 역상관인 비율로) 이런 경우에 검색을 저하시킨다(Fisher & Tan, 1989; Fisher et al., 1989).

주의 인도의 비용과 이득의 교환(관계)은 자동화된 인도에 한정된 경우 이상의 여러 상황들에서 관찰된다. 특히 흥미로운 예는 목격자 증언에서 '**무기 효과**(weapons effect)'이다 (Hope & Wright, 2007). 여기에서 잘 알려진 현상은 명백한 무기(예 : 총)를 가지고 범죄가 저질러졌을 때, 목격자들은 용의자를 재인하는 데에 훨씬 덜 능숙하다는 것이다. 시야에서 현저한 무기의 출현이 주의를 포착하고, 말초 단서와 같은 무기에 주의를 인도하고, 용의자의 얼굴 특징과 같은 중요한 정보로부터 주의를 빼앗는다. 우리는 또한 불완전하게 신뢰할 만한 자동화에서 신뢰를 위해 핵심적인 것이 단서 신뢰도라는 점을 보게 될 것인데, 이는 제12장에서 논의될 것이다.

## 3. 병행 처리와 분할 주의

### 3.1 전주의적 처리와 지각 조직화

많은 심리학자들이 다중 요소 세계에 대한 지각 처리가 2개의 주요한 단계들로 되어 있다고 주장해 왔다. **전주의적**(preattentive) 단계는 시각 세계를 대상들과 대상들의 집합으로 자동적으로 조직하고(Li et al., 2002), **선택 주의**는 후속적인 정교화를 위해 전주의적 배열 내의 어떤 대상에 주어진다(Kahneman, 1973; Neisser, 1967). 이 두 과정들은 그림 1.3에 제시된 정보처리 모형에서 각각 단기 감각 기억과 지각과 연관된다. 그래서 형(figure)과 배경(background)의 구별은 전주의적이다. 역시 그림 3.3a에 나타난 디스플레이에 있는 유사한 항목들을 함께 집단화하는 것도 그렇다. 게슈탈트 심리학자들(예 : Wertheimer)은 자극물들이 디스플레이에서 전주의적으로 함께 집단화되도록 하는 여러 개의 기본 원칙들을 식별하였다(예 : 근접, 유사, 공통 운명, 좋은 연속, 폐쇄)(Palmer, 1992 참조). 이 원칙들에 따라 구성된 디스플레이들은 높은 **중복성**(redundancy)(Garner, 1974)을 가지고 있다. 즉, 한 항목이 디스플레이에서 어디에 있는가에 대한 지식은 다른 디스플레이 항목의 위치에 대해 정확한 추측을 가능하게 하는데, 이는 그림 3.3b에 보이는 조직화되지 않은 배치에서 더 어렵다. (우리가 정보 채널의 보안을 최대화하기 위해 중복적 정보의 유용성을 논의한 제2장으로 돌아가 생각해 보라.) 조직화된 디스플레이의 모든 항목들이 함께 처리되어 조직화를 드러내는 것이 틀림없으므로, 전주의적 처리는 때때로 **전역 처리**(global processing) 혹은 **전체적 처리**(holistic processing)라고 불리는데, 이는 디스플레이 내의 단일 대상에 대한 국지(local) 처리와 대비된다.

전역 및 국지 처리라는 개념은 제2장에서 다차원적 판단을 다룰 때 논의한 **출현특징**(emergent feature)과 밀접하게 관련되어 있다. 출현특징은 각각 분리되어 제시될 때에는 명백하지 않은 자극물(혹은 디스플레이) 집단의 전역 속성이다. 그림 3.4에 보이는 비행기 엔진 다이얼의 두 세트를 생각해 보자. 두 엔진 비행기의 경우 엔진 다이얼은 그림 3.4a의 것과 비슷한 배치(layout)로 배열되어 있다. 왼쪽 및 오른쪽 엔진을 위한 다이얼은 8개의 엔진 변수들 각각에 대해 함께 짝지어 있다. 다이얼 판독이 정상적 한계 안에 있는지를 점검하는 데 흔한 전략은 정확한 값을 판독하는 것보다 특정한 위치로부터의 이탈을 탐지하는 것이다. 그림 3.4a의 경우에, 정상적 작동 위치는 다이얼의 각 쌍에 따라 다르다. 그러나 모든 다이얼을 정상 값이 12시 위치에 있도록(그림 3.4b) 회전시킴으로써 다이얼의 수직 정렬은 출현특징들(네 줄의 지침들이 수직 방향이라는 것) 때문에 이탈한 것의 탐지를 더 신속하게 한다.

전역 혹은 전체적 처리는 전주의적이고 자동적인 경향이 있기 때문에 조작원이 다요소 디스플레이를 처리할 때 주의의 요구를 감소시킬 수 있다. 그러나 이런 절약은 두 조건에서만 실현된다. 첫째, 게슈탈트 원칙(예 : 근접, 대칭) 혹은 중복성과 같은 관련 정보 원칙은 집단화나 출현특징들을 낳는 데 사용되어야 한다. 둘째, 디스플레이 판에 있는 여러 요소들의 공간 근접으로 형성되는 조직화는 그것들이 나타내는 물리 시스템 그리고 그것들에 대한 사용자의 정신 표상과 **부합**할 수 있어야 한다. 그래서 예를 들면, 그림 3.4에서 패널 내의 다이얼 열의 배치는 비행기 엔진들의 물리적 배치와 짝지어지지 않는다. 그 대신 왼쪽

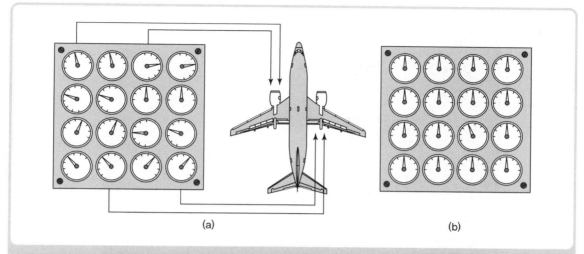

**그림 3.4** 비행기 엔진 다이얼에서 국지(a) 및 전역(b) 지각. 지침이 (a)에서 정상 위치를 가리키는지의 판정은 각 다이얼에 대한 개별 조사를 필요로 한다. (b)에서 다이얼들은 정상 상태가 똑바로 선 상태가 되도록 회전되어 있다. 이런 배치는 지침들의 각 줄이 출현특징(일련의 수직선)을 낳는다는 것을 뜻한다. 수직에서 벗어나는 것은 이런 배치에서 쉽게 탐지된다. 화살표들은 비행기 엔진에 대한 디스플레이 열의 대응을 가리킨다(본문에 더 깊은 논의가 있다).

두 열은 왼쪽 및 오른쪽 엔진을 위한 일차 계기들이며, 오른쪽 두 열은 이차적 계기들을 포함한다. 우리는 제4장에서 그런 공간적 디스플레이 부합성을 더 자세히 논의할 것이다. Banbury, Selcon과 McCrerie(1997)는 이런 종류의 엔진 패널 배열에 대해 점검 판독 오류가 네 배나 증가하는 것을 발견했는데, 이는 왼쪽 측면에 1차 및 2차 **왼쪽** 엔진 다이얼 모두를, **오른쪽** 측면에 오른쪽 엔진 다이얼을 집단화시킨 재디자인된 패널과 비교된다. 우리는 이 장의 뒤에서 디스플레이와 과제 요건들 간의 부합성과 관련되는 원칙들을 다룰 것이다.

## 3.2 공간적 근접성

2개의 기본적인 이론들이 시각 주의의 초기 연구를 지배했다. **공간 기반 주의 이론**(space-based attention theory)(Eriksen & Eriksen, 1974; Posner, 1980)은 주의의 기본 차원이 탐조등 비유에서처럼 공간의 시각도라고 주장한다. 대조적으로 **대상 기반 주의 이론**(object-based attention theory)(Kahneman & Treisman, 1984; Scholl, 2001)은 우리가 공간 영역이 아니라 대상에 주의를 할당한다고 주장한다. 다음에서 논의하듯이, 두 관점은 타당하고 서로 배타적이지 않다.

앞에서 주목했듯이, 우리는 주의의 공간적 본질을 특징적으로 말하기 위해 탐조등 비유를 사용할 수 있다. 시각 정보를 공간에서 서로 가까이 (탐조등 내에) 놓는 것은 정보의 병행 처리를 지원할 (그러므로 분할 주의를 도울) 것이다. 이것은 디스플레이 디자이너가 활용할 수 있는, 인간 주의에 대한 유용한 특성이다. 예를 들어, **헤드업 디스플레이**(head-

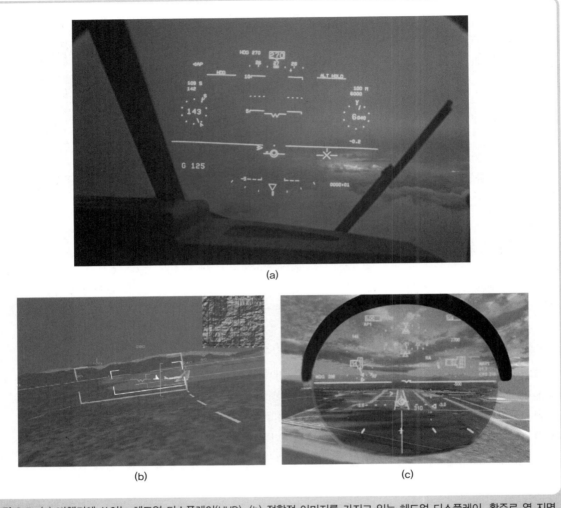

(a)

(b)                                          (c)

**그림 3.5** (a) 비행기에 쓰이는 헤드업 디스플레이(HUD). (b) 적합적 이미지를 가지고 있는 헤드업 디스플레이. 활주로 옆 지면에 있는 비행기를 유의하라. (c) 적합적 이미지를 가지고 있는 헤드업 디스플레이(활주로 중첩)

출처 : (3.5a) Richard Baker/Corbis.

up display, HUD)는 조종석의 전면 유리창 위에, 그림 3.5a에 보이듯이 **전방 시야**(forward field of view, FFOV)에 중첩되도록 핵심 계기 값들을 배치한다(Wickens, Ververs, & Fadden, 2004; Fadden Ververs & Wickens, 1998, 2001). 비슷한 디스플레이들이 자동차에도 도입되어 왔다(Liu & Wen, 2004). HUD 이미지는 종종 특수하게 디자인되어 사용자는 HUD 이미지에서 FFOV로 전환할 때 조절할(가까이에서 멀리로 시각 초점을 바꿀) 필요가 없다. 그러므로 HUD는 정보 출처를 FFOV에 공간적으로 아주 근접하게 배치한다. 조종석 혹은 대시보드의 고개를 숙여서 보는(head-down) 표준 계기와 비교해서, 이것은 장면에서 사건들이 탐지될 가능성을 높인다는 이점이 있다. 정보를 함께 놓는 것은 시각 주사(scanning)의 필요를 줄인다. 여러 연구들은 같은 정보의 고개를 숙여서 보는 제시와 비교해서 HUD의 이득을 보여주었다(Charissis et al., 2009; Fadden, Ververs, & Wickens, 1998, 2001; Liu & Wen, 2004; Wickens & Long, 1995). 그래서 HUD는 장면과 상징론(symbology)의 병행 처리를 촉진한다.

그러나 어떤 과제는 HUD의 비용을 보여주었다(Fadden et al., 1998, 2001; Fischer, Haines, & Price, 1980; Hagen et al., 2007; Jarmasz et al., 2005; Wickens & Long, 1995; Zheng et al., 2007). 예를 들어, Wickens와 Long은 활주로를 가로지르는 비행기와 같은 예기치 않은 장애물이 판독 잡동사니 때문에, 고개 숙여 보는 형상(configuration)보다 HUD의 경우에 더 열등하게 탐지되었다는 것을 발견했다. 비행기는 그림 3.5b에서 '밖으로 움직일(move out)' 태세인 것으로 보일 수 있다. 우리가 앞에서 보았듯이, 정보 출처들을 함께 놓는 것이 반드시 그 둘이 처리될 것을 보장하지는 않는다(무주의맹과 고릴라와 농구 선수들을 기억하라). 이런 외현적 모순은 관찰자의 기대에 달려 있다. 우리는 관찰자가 중첩된 배경에서 사건들을 기대할 때, 즉 그것들이 일어날 가능성이 높을 때(고기대) HUD 포맷의 이점들을 보기 쉽다. 그러나 HUD 포맷은 예기치 않은 자극물(저기대)의 탐지에 대한 수행을 손상시킬 수 있다. 정보를 서로 가까이 놓는 것은 간섭, 즉 **초점 주의 붕괴**를 일으킬 수 있다.

2절에서 **근접** 혹은 **판독 잡동사니**로 예시된, 밀접한 공간 근접에 대한 초점 주의 실패에 관한 발견들은 긴밀하게 제어된 실험실 과제에서 조사되어 왔는데, 그것은 '측면 자극 패러다임(flanker paradigm)'이다(Eriksen & Eriksen, 1974). 여기에서, 문자 'R'이 나타나면 오른손으로, 문자 'L'이 나타나면 왼손으로 반응하는 신속 반응 과제를 상상해 보라. 기저선인 단일 문자 반응시간(RT)과 비교해서, 표적 문자가 **무관한** 낱자들에 의해 측면에 놓일 때(예 : [N R S] 혹은 [S L K]), 중앙 표적에 대한 반응시간(RT)은 이 **지각 경쟁**(perceptual competition)에 의해 늦추어진다. 모든 문자들은 탐조등 빛줄기 안에 떨어진다. 그러나 유관한 문자가 **부합하지 않게 대응되는** 문자(예 : [R L R] 혹은 [L R L])에 의해 측면에 놓일 때, 과제 관련 중앙 문자에 대한 RT는 더 큰 정도로 늦추어졌다. 이것은 **반응 경합**(response conflict)이라 불리는데, 지각 경쟁과 반응 경합은 측면 자극들이 중앙 문자 쪽으로 점진적으로 더 가까이 움직일수록 증가한다.

대조적으로, 측면 자극들이 중앙 표적과 **동일**할 때(예 : L L L), **중복성 이득**(redundancy gain)이 있는데, 이것은 단일 문자 혹은 무관한 측면 자극들을 가진 통제 조건보다 RT가 더 빠른 것이다. 반응 경합과 중복성 이득은 동전의 양면이다. 두 지각 채널이 서로 가까이 있다면 그것들은 함께 처리될 것이다(초점 주의의 실패). 그러면 행동에 대해 함축하는 바에 따라 그것들은 손상을 일으키거나 촉진을 일으킬 것이다.

실험실 밖의 디스플레이에서, 디스플레이 잡동사니가 증가함에 따라 지각 경쟁과 중복성 이득 효과를 볼 가능성이 높아지는데, 가장 큰 효과는 근접성이 대략 시각도 1도 미만일 때이다(Broadbent, 1982). 그러나 측면 자극들은 2~3도까지도 여전히 효과를 가질 수 있다 (Murphy & Eriksen, 1987). Mori와 Hayashi(1995)는 컴퓨터 디스플레이의 한 창에서 수행된 과제가 말초적인 창들의 수에 의해 영향을 받았다는 것을 보여주었는데, 이는 간섭이 더 큰 거리에 걸쳐서 일어날 수 있다는 것을 시사한다. 그러나 측면 자극 효과들은 표적 위치 에 관한 단서를 관찰자들에게 줌으로써 크게 감소될 수 있다(Yantis & Johnston, 1990). 디스 플레이 디자인 관점에서 볼 때 특정 디스플레이 요소에 대한 초점 주의가 요구되면 (알고 있다면) 기대되는 자극 위치에 대한 단서 제공은 수행에 대한 디스플레이 잡동사니의 해로 운 효과를 감소시킨다.

밀접한 공간 근접이 주의 초점화를 방해할 수 있듯이, 공간적 분리도 역시 2개의 시각 출처 간의 분할 주의를 방해할 수 있다(Wickens, Dixon, & Seppelt, 2002; Wickens, 1993). 공간 분리에 대한 이 분할 주의 비용은 선형적인 것처럼 보이지 않으며, 그 대신 그림 3.1에 보이는 공간적 거리 함수를 따른다.

디스플레이 디자이너는 이런 주의 효과를 이용할 수 있다. 사용자가 여러 디스플레이 요 소들 간에 주의를 분할할 필요가 있는 한, 요소들 간의 거리를 줄이는 것은 (그것을 늘리는 것이 수행을 저하시키는 것과 똑같이) 수행을 향상시킬 것이다. 그러나 그림 3.1의 비선형 함수는 때때로 디스플레이 디자이너가 디스플레이 요소들을 약 1도 아래로 더 밀접하게 옮 김으로써 (심각한 지각 경쟁 없이) 분할 주의를 향상시킬 수 있다는 것을 시사한다.

주의 탐조등에서 거리의 역할은 세 번째 차원인 깊이로 곧장 번역될 수 있다. XY 평면에 서 중첩하여 같은 입체적 깊이 면에 보이는 물체들은 초점 주의에 대한 도전이 되는 반면, 입체시에 의해 그것들을 입체 깊이에서 분리시키는 것은 하나에 더 쉽게 초점을 맞추고 다 른 것을 여과하는 것을 가능하게 한다(Chau & Yeh, 1995; Theeuwes, Atchley, & Kramer, 1998). 예를 들어, 레이더 스크린에 있는 공중 및 지상 물체들은 다른 깊이에서 표시되어 항공 관제관이 불가피하게 산만한 독특한 지상 표적으로부터 공중 표적을 구별하는 것을 도울 수 있다. 그래서 깊이에서 정보 출처들을 분리시키는 것은 초점 주의의 실패 가능성을 줄인다. 우리는 주의에서 깊이 지각의 역할을 제4장과 제5장에서 더 상세히 다룰 것이다.

### 3.3 대상 기반 근접성

공간에서 함께 움직이는 디스플레이 요소들이 그것들의 병행 처리를 돕고 초점 주의에 의 간섭 가능성을 높일 것이라는 것을 보아왔다. 디스플레이 요소들이 하나의 단일 자극 대상으로 결합된다면 어떻게 될까? 이는 대상 기반 주의에 대한 연구의 초점이었다(Scholl, 2002). 이 현상에 대한 고전적인 실험실 시범은 **스트룹 효과**(Stroop effect)(Stroop, 1935; MacLeod, 1992)라고 불린다. 스트룹 과제에서 참가자는 일단의 자극물에서 잉크 색을 보고 하도록 요청받는다. 통제 조건에서 참가자는 한 줄의 4개의 X(XXXX)를 제시받는다. 각 줄 은 다른 잉크 색이며, 참가자는 각 줄의 잉크 색을 보고해야 한다. 이것은 측면 자극 과제에

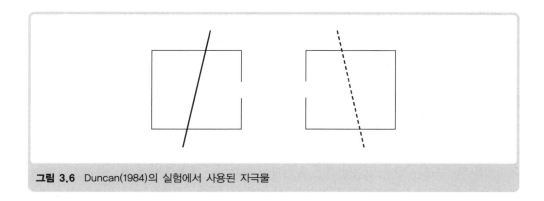

**그림 3.6** Duncan(1984)의 실험에서 사용된 자극물

서 단일 문자 통제 조건과 유사하다. 핵심적 **반응 경합** 조건에서 자극물은 색 이름인데, 일치하지 않는 잉크로 인쇄되어 있다(예 : **파랑**이라는 단어가 **빨간** 잉크로 인쇄되어 있다). 그 결과는 극적이다. 잉크 색을 보고하는 것은 통제 조건과 비교해서 느리고 오류를 범하기 쉽다. 참가자들이 오류를 범할 때, 그들은 잉크 색을 보고하는 대신 단어를 읽는다. 단어와 잉크 사이의 **반응 경합**이 처리를 느리게 한다. 측면 자극 패러다임과 비슷하게 무관한 정보가 맞는 반응의 생성을 간섭한다. 그러나 차이점은 스트룹 효과에서 유관한 그리고 무관한 정보가 같은 자극 대상의 부분이라는 것이다.

이 효과는 단어와 잉크 색에 한정되지 않는다. 유사한 예가 화살표의 (위 혹은 아래를 가리키는) 방향을, 그리고 자극판에서 (높은 혹은 낮은) 위치를 판단할 때(Clark & Brownell, 1975), '왼쪽' 혹은 '오른쪽'이라는 단어들이 자극판의 왼쪽 아니면 오른쪽에 있는지를 말할 때(Rogers, 1979), 그리고 숫자를 나타내는 데 쓰인 숫자들의 크기가 변할 때 어떤 수가 큰지 혹은 작은지를 분류할 때(Algom et al., 1996) 생긴다.

스트룹 효과는 초점 및 분할 주의 모두에 영향을 줄 수 있는 것이 공간 외에도 다른 차원이 있다는 것을 시사하는 많은 증거의 한 부분이다. 이것은 요소 B가 요소 A와 같은 대상에 속하는지 아닌지의 문제이다. 만일 B가 무시되어야 하고 같은 대상에 속한다면, B가 별개의 대상에 속하는 경우와 비교해서 A의 처리는 방해받을 것이다.

초점 주의의 경우 스트룹 효과라는 큰 비용과 대조적으로, Duncan(1984)은 분할 주의의 경우 같은 대상에 속하는 것의 이득을 예증하였다. 그는 그림 3.6에 보이는 자극물들을 사용했다. 한 대상은 상자였으며, 다른 대상은 선이었다. 상자는 크거나 작았으며, 한 측면 혹은 다른 측면에 틈이 있었다. 선은 끊긴 선이거나 실선이었으며, 왼쪽 아니면 오른쪽으로 기울어져 있었다. Duncan은 두 속성에 대한 판단(분할 주의)이 두 속성들이 같은 대상에 속할 때(예 : 상자 크기와 틈의 측면), 각 속성이 각 대상에 속할 때(예 : 상자 크기와 선 방향)보다 더 좋았다는 것을 발견했다. 중요한 것은 시각 주사의 양(공간적 분리)은 두 조건에서 동등했다는 점이다. Kahneman과 Treisman(1984)은 우리가 앞에서 논의한 그런 증거들을 통합하여 **주의의 대상파일 이론**(object file theory of attention)을 주장하였다. 이 이론은 지각 처리는 단일 대상의 특징들 내에서는 병행적이지만 대상들 간에는 순차적이라고 가정한다.

## 3.4 대상 기반 주의의 응용

미국 대법관 Potter Stewart는 포르노그라피를 정의하기 어려운 것으로 묘사했지만, 당신은 그것을 보면 안다. 대상에 관해서도 같은 말을 할 수 있다. 한 대상을 특징짓는 세 가지 특징들은 (1) 부분들 간의 연결성 혹은 둘러싸는 윤곽, (2) 장면의 다른 요소들과 비교해서 그 부분들이 보이는 운동의 견고성, (3) 친숙성이다. 어느 것도 진정한 정의 특징은 아니지만 대상이 이 특징 중 더 많은 것을 가지면 그것은 더 대상같이 될 것이다. 우리는 2개의 예를 고찰하는데, **적합적 상징론**(conformal symbology)과 **대상 디스플레이**(object display)이다.

앞에서 우리는 헤드업 디스플레이가 착륙 중 항공기 위치의 제어를 향상시킬 수 있음을 보여준 Wickens와 Long(1995)의 연구를 언급하였다. 중요한 것은, 이 결과는 HUD 상징론이 **적합적**(conformal)일 때에만 일어났다. 즉, HUD 대상들의 위치가 바깥 장면에서 관련된 물체들의 위치와 상응할 때이다. 예를 들어, 그림 3.5c에서 HUD 활주로는 물리적 활주로 위에 중첩되어 있었고, 비행기가 방향을 바꿀 때마다 정렬을 유지하기 위해 디스플레이상에서 움직였다. 어떤 의미에서 이것은 일종의 **증강현실**(augmented reality)(제5장에서 상세히 논의됨)인데, 실재의 활주로 장면이 컴퓨터가 생성한 이미지들에 의해 증강되기 때문이다. Wickens와 Long의 결과는 앞에서 논의한 대상 기반 주의 이론들과 일관적이다. 적합적 상징론을 사용하여 중첩된 두 성분들(실제 활주로와 HUD 활주로)은 주의 시스템에 하나의 대상으로 취급되고, 비행기가 공중에서 움직이거나 회전할 때(Jarmasz, Herdman, & Johannsdottir, 2005), 공통 운명(common fate)이라는 게슈탈트 원리를 고수한다. 우리는 제5장에서 증강현실 디스플레이를 고찰할 때 이런 생각을 더 상세히 논의할 것이다. 적합적 이미지들로 해서 디스플레이와 그 너머 세계 간에 병행 처리가 향상되며, 그림 3.5a의 비적합적 이미지와 비교해서, 주의 초점에 실패를 일으키는 잡동사니 문제가 해결된다.

디자이너들은 다차원 대상 디스플레이를 만들어내는 데 대상 특징들에 대한 병행 처리를 최대한 활용하였다(Barnett & Wickens, 1988, Hughes & MacRae, 1994). 이러한 디스플레이들에서 여러 정보 출처들은 단일 대상의 자극 차원들로 부호화된다. 그림 3.7은 몇 개의 예들을 보여준다. 그림 3.7a는 웨스팅하우스가 디자인한 핵발전소 원자로를 위한 안전 변수 디스플레이를 보여주는데, 여기에서 8개의 핵심 변수들의 값은 디스플레이의 중앙에서 밖으로 뻗어나가는 상상적인 '살(spokes)'의 길이로 표시되고, 선분 조각들은 연결되어 다각형을 이룬다(Woods, Wise, & Hanes, 1981). 대상의 모양은 특정한 시스템 상태를 나타낸다. 그것이 모든 측면에서 대칭적일 때 그것은 '정상 상황'을 가리킨다. 게다가 다각형에서 비대칭적인 형상 각각은 특정한 유형의 시스템 문제를 가리킨다. 그래서 우리는 이 장의 앞에

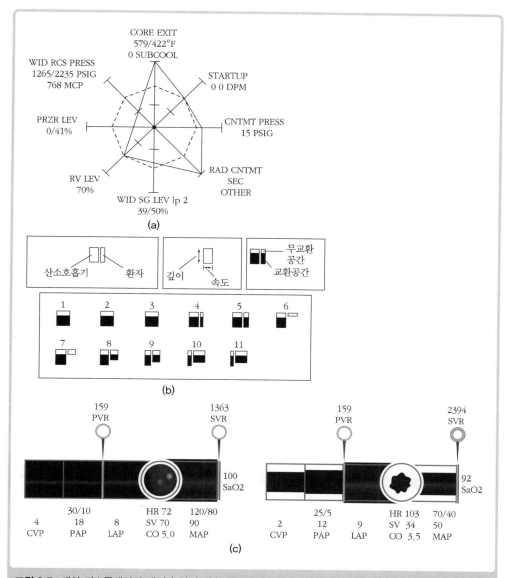

**그림 3.7** 대상 디스플레이의 예. (a) 안전 변수 디스플레이, (b) 산소 교환에 대한 의료 디스플레이, (c) 마취를 위한 그래프식의 심혈관 디스플레이

출처 : Human Factors : The journal of the Human Factors Society by Human Factors Society : Human Factors Society of America. 저작권 정산소를 통해 책/학술지의 재출판 형태로 Human Factors and Ergonomics Society의 복제 허가 받음.

서 정의했듯이(그리고 제2장에서 우리가 다차원 절대 판단에 대해 논의했을 때), 다각형의 모양이 대상의 출현특징이라고 말할 수 있다.

　대상 디스플레이의 다른 예는 (이번에는 의료적 응용에 관한 것인데) 그림 3.7b에 보인다 (Cole, 1986). 사각형 디스플레이는 환자와 산소호흡기 간의 산소 교환을 나타낸다. 한 직사각형은 산소호흡기를, 다른 것은 환자를 나타낸다. 폭은 호흡률을 나타내고, 높이는 호흡의 깊이를 나타낸다(매 호흡마다 공급되는 산소의 양). 그래서 직사각형의 크기(면적)는 주시되어야 할 핵심 변인인, 교환된 산소의 총량을 가리킨다. (직사각형의 면적＝폭×높이이듯이) 산소 양＝속도×깊이이기 때문에 이것은 사실이다. 게다가 환자의 숨쉬는 방식(얕고 짧은 헐떡거림 대 느리고 깊은 숨쉬기)이 직사각형의 **모양**(두 번째 출현특징)으로부터 신속하게 판정될 수 있다. 교환된 산소 총량과 숨쉬기 방식을 판정하는 것은 정보 통합을 요구하는 두 과제이다. 각각은 숨쉬는 속도와 깊이 간에 주의의 분할에 의존하는데, 그것은 크기와 모양이라는 출현특징들을 조사함으로써 쉽게 파악될 수 있다. 그런 직사각형 디스플레이들이 꽤 효과적인 것으로 밝혀졌다(Barnett & Wickens, 1988).

그림 3.7c는 마취(환자)를 위한 심장 혈관의 그래픽 대상 디스플레이의 예를 보여준다(Drews & Westenskow, 2006). 이 디스플레이는 심혈관 시스템에 대한 마취과 의사의 심적 모형을 기초로 구성되었다. 그림의 왼쪽은 정상 값을 보이는 데 반해, 그림 오른쪽의 비대칭적인 모양은 심근의 국소 빈혈(심장발작 배후의 병리적 상태)을 가리킨다. 비대칭성 외에도, 오른쪽에 보이는 작고 울퉁불퉁한 심장 모양은 국소 빈혈과 더불어 발생하는 감소된 심장 출력을 가리키는 출현특징이다.

대상 디스플레이 개념은 텍스트에도 마찬가지로 적용될 수 있다. 그래픽 디자이너가 디스플레이 위에 텍스트를 놓을 때, 그 내용이 그것이 식별하는 대상과 연관되어 있다는 것을 분명히 하는 여러 기법들이 있다(예 : 공간 근접, 화살표, 유사한 색깔). 요소들 간의 연관성을 보증하는 궁극적 방법은 여러 요소들을 같은 대상의 부분으로 만드는 것이다. 하나의 영리한 (그리고 예술적인) 예로, 그림 3.8에 보이는 지도를 보라. 이것은 거리 그 자체를 나타내기 위해 단어(거리 이름)를 사용한다.

우리는 여기에서 어떤 패턴을 보기 시작한다. **디스플레이 표상**(display representation)의 선택과 특정한 집합의 과제 요구[**과제 표상**(task representation)이라고 부를 수 있다](Smith, Bennett, & Stone, 2006; Zhang & Norman, 1994) 간의 관계이다. 다음으로 우리는 디스플레이의 디자인과 과제 요건들 간의 **과제 부합성**(task compatibility)에 대해 말할 수 있다. 이것은 그림 3.9에서 예시된다. 다음 절에서 우리는 디스플레이 디자인의 원칙이란 형태로 이 부합성의 정확한 본질을 구체화한다.

## 3.5 근접 부합성 원리(PCP)

그림 3.10은 방금 논의했던 것의 한 가지 핵심적 함축을 요약해 준다. 그림의 아래에서, 디스플레이상에(혹은 자연 환경에서) 두 (혹은 그 이상의) 요소들이 서로 '멀리' 있거나 '가까이' 있을 수 있는데, 가까이 있음은 공간 근접성(원)이나 같은 대상에 속함('대상성', 사각형)에 의해 정의될 수 있다. 이 구별은 그래프의 $x$축을 형성한다. $y$축에 성능(수행)을 도표로 그렸다. 수행의 질은 위로 올라갈수록 향상된다(디스플레이 디자이너로서 당신은 그래프의

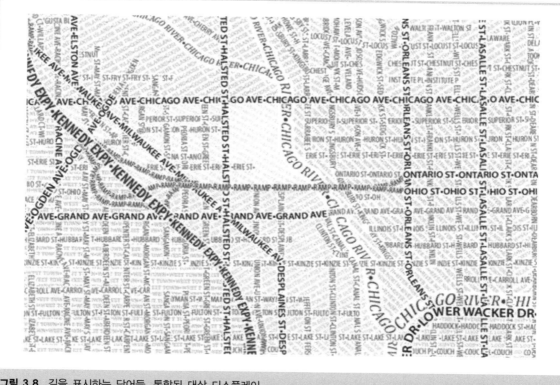

**그림 3.8** 길을 표시하는 단어들. 통합된 대상 디스플레이
출처 : "Chicago Typographic Map" by Axis Maps.

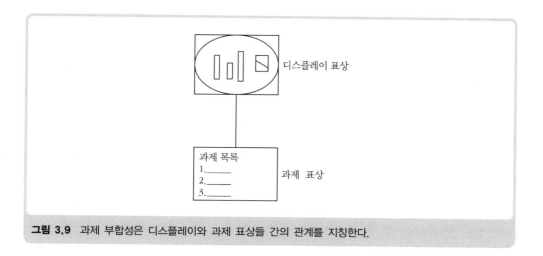

**그림 3.9** 과제 부합성은 디스플레이와 과제 표상들 간의 관계를 지칭한다.

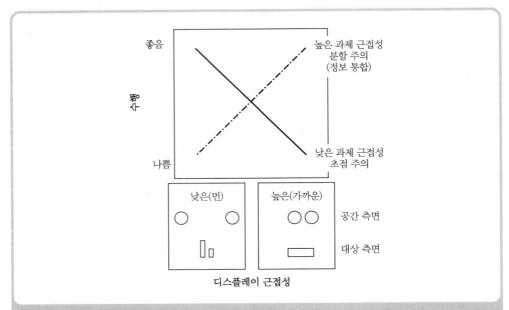

**그림 3.10** 근접 부합성 원리의 예시. 그림 상단의 그래프는 디스플레이와 과제 근접성의 함수로 수행을 보여준다. 그림의 아래 부분은 디스플레이 근접성을 조작하는 두 가지, 즉 거리 혹은 대상성으로 하는 방식을 보여준다.

위쪽에서 작업하기를 원한다). 그래프의 오른쪽에 요소들 간의 분할 주의를, 아니면 다른 것을 무시하면서 한 요소에 대한 초점 주의를 요구하는 과제를 나타내는 선들에 대한 2개의 명칭이 있다. 첫째(분할 주의) 과제는 높은 **과제 근접성**(task proximity) 혹은 심적 근접성을 가지고 있다고 말하는데, 여러 요소들이 요구되고 주의는 그들 간에 분할되어야 하기 때문이다. 둘째는 낮은 과제 근접성을 가지고 있는데 단지 한 요소만이 요구되며 다른 것들은 별개로 유지되거나 초점 주의에 의해 여과되어야 하기 때문이다. 높은 과제 근접성(분할 주의 과제)의 경우, 수행은 디스플레이 근접성이 증가하면서(끊어진 선) **향상**하는 경향이 있다. 낮은 과제 근접성(초점 주의)의 경우, 수행은 디스플레이 근접성이 증가하면서(실선) **저하**될 것이다. 그림 3.10에 그려진 단순한 상호작용은 근접 부합성 원리(PCP) (Wickens & Carswell, 1995, 2012)의 핵심 아이디어를 전달한다. 이 원리는 뒤에서 디스플레이 근접성 및 과제 근접성이라는 두 개념과 관련하여 상당히 더 상술될 것이다.

특히 두 유형의 분할 주의 과제를 구별하는 것이 중요하다. 첫째는 심적 **정보 통합**(information integration)을 필요로 하는데, 주의는 여러 요소들 간에 분할되어야 하지만, 그 둘은 단일과제(인지 혹은 운동 반응)에 대응되며, 그래서 그 결합된 함축은 심적으로 통합되어야 한다. 둘째는 **이중과제 처리**(dual task processing)로, 각 디스플레이 요소는 별개의 반응 및 목적과 연관되어 있는데 휴대폰으로 전화하기와 도로에서 차의 방향을 유지하기가

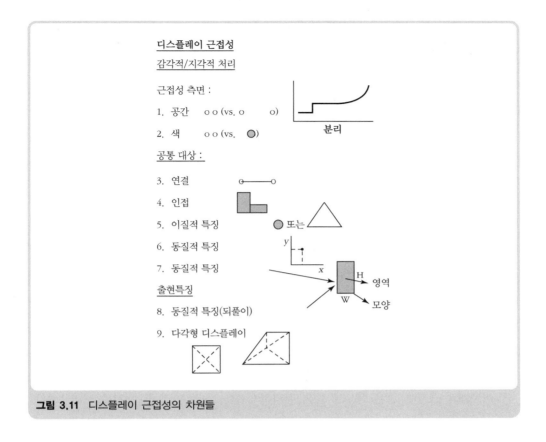

**그림 3.11** 디스플레이 근접성의 차원들

그 예이다. PCP는 (초점 주의 과제와 달리) **정보 통합** 과제에서 수행을 설명하도록 디자인되었지만 이중과제 수행에 대해서는 아니다. 이중과제 맥락에서 분할 주의는 제10장에서 논의될 것이다.

그림 3.11은 디스플레이 근접성을 조작할 수 있는 여러 방법을 보여준다. 이것은 공간 및 대상 기반 주의라는 두 가지 일차적 범주들을 정교하게 만든 것이다. 각 방법은 그림 3.11의 다른 행으로 표시된다. 이 방법들은 대략 3개의 집단으로 분류될 수 있는데, 감각/지각 유사성, 공통 대상, 출현특징이다. 우리는 그림에서 행 번호로 식별되어 있는, 이것들을 다음에 서술한다.

### 3.5.1 감각적/지각적 유사성

1. **공간에서 밀접한 근접(혹은 공간적 인접성)**(Ginn, 2006) : 지금까지 논의했듯이, 공간 기반 근접은 한 위치에서 다른 위치로 주의(특히 눈의) 이동에 요구되는 노력과 크게 관련되어 있다. 한 예는 그림과 그 그림을 가리키는 본문을 같은 페이지에 두려는 책 디자이너의 목표인데, 이것은 독자가 그림을 찾기 위해 페이지를 넘길 것을 요구하는

것과 반대되는 것이다. 그림에 접근하는 데 요구되는 주의 자원은 본문에서 정보를 유지하는 데 요구되는 자원과 경쟁한다(Liu & Wickens, 1992). 다른 예는 같은 본문 영역 내에 제품과 위험 정보를 함께 놓는 것인데, 경고의 응종(compliance)을 높이는 디자인이다(Frantz, 1994).

2. **색에서의 밀접한 근접** : 두 물체가 같은 색을 가지고 있을 때, 그것들은 비슷하게 처리되는 경향이 있다(Yeh & Wickens, 2001a). 잡동사니가 되었을 뻔한 시야에서도 비슷하게 채색된 일단의 대상들을 심적으로 통합하는 것은 비교적 쉬우며(Wickens, Alexander, et al., 2004), 그리고 그것들 간에 주의를 분할하는 것도 쉽다. 예를 들어, 이런 식의 색 사용은 항공 관제관들에게 도움이 되는 것으로 주장되어 왔다. 두 가지 같은 색 기법들이 정보 통합에 도움을 주기 위해 채택될 수 있다. 첫째, 주어진 **고도**에서 나는 모든 비행기는 같은 색으로 나타날 수 있는데(Remington, Johnston, et al., 2001), 잠재적인 충돌 위협을 나타내는 비행기들을 심적으로 통합하는 것을 쉽게 한다. 둘째, **충돌 궤도**(conflict trajectory)에 있는 한 쌍의 비행기는 빨갛게 표시될 수 있는데, 관제관이 그 쌍을 알아차리고 그것들의 공통 궤도를 이해하는 것, 즉 통합 과제를 더 쉽게 할 수 있도록 한다. 두 개념들은 항공관제 디스플레이의 디자인에 사용되어 왔다. 색으로 연결하기는 Meortl 등(2002)에 의해 채택되었는데, 그들의 디자인 개념은 관제관들이 비행기의 공간 위치를 비행기의 정체와 비행 변수들과 (공간적으로 분리된 표에서 2개의 표상을 같은 색으로 함께 점멸하게 함으로써) 연결 짓는 것을 도와주었다.

### 3.5.2 공통 대상

3. **연결** : 2개의 공간적으로 떨어진 대상들은 단일 대상을 만드는 선으로 인지적으로 연결될 수 있다(그림 3.4 참조). 주의는 그 선을 따라 비교적 자동적으로 끌리는 것처럼 보인다(Jolicoeur & Ingleton, 1991). 그래서 앞에서 묘사한 항공관제 충돌 디스플레이에서 2개의 충돌 가능 비행기들은 같은 색일 뿐만 아니라 선으로 결합되어 있다. 다른 예로서, 인쇄된 문장이 기기 설명에서 그려진 그림과 **연결**되어 있을 때 도움이 된다. 예를 들면, 특정한 조절기를 어떻게 조작할지에 대한 본문(문장) 지시들은 장치에서 그 위치에 있는 조절기의 그림과 선으로 연결되어 있다(Tindall-Ford, Chandler, & Sweller, 1997, 제6장 참조). 이런 추가적 연결로 인한 잡동사니는 연결하는 선들에 대해, 여전히 잘 보이도록 하는 범위에서 저하된 대비를 쓰거나 끊어진 선 혹은 점선을 씀으로써 최소화될 수 있다(Wickens, Alexander, et al., 2004).

4. **인접**(abutment) : 두 대상의 윤곽이 닿게 하거나 '인접'하게 하는 것은 그것들이 계속 별개의 물체들로 보이게 하면서도 그것들의 통합을 향상시킬 수 있다. 그림 3.11은 막대 그래프에서 막대들이 인접되어 단일 물체를 만들면, **공선**(co-linearity)이라는 출현 특징이 매우 현저하며 상부를 가로지르는 선의 분리에 의해 공선의 부재가 신호될 수

있다는 것을 보여준다. 이것은 **버니어 시력**(vernier acuity)이라 불리는 감각 특징인데, 이에 대해 사람은 매우 예민하다(McKee & Nakayama, 1983).

5. 이질적 특징들 : 그림 3.11의 5번 행은 크기, 밝기, 모양이라는 세 가지 **이질적 특징**(heterogeneous feature)에 의해 생성되는 2개의 대상을 보여준다. 우리는 이런 특징들을 이질적이라 하는데, 그것들이 서로 다른 **지각 분석기**(perceptual analyzer) 혹은 채널에서 비교적 독립적으로 처리되기 때문이다(Treisman, 1986). 이질적 특징들은 동질적 차원들보다 분리 차원들이 되기가 더 쉽다(제2장 참조). 이질적 차원은 인구통계학 지도에서 도시의 특징들을 나타내는 데 종종 쓰인다(예 : 상징 크기, 색, 모양은 인구, 정치 성향, 평균 수입을 나타낸다)(제5장 참조). 스트룹 과제에서 쓰인 자극물들은 의미적 차원 및 색 차원을 가진 이질적 대상들이다.

6과 7. 동질적 특징들 : 6번 및 7번 행은 2개의 **동질적 특징**의 대상을 보여주는데, 각 대상은 수평 및 수직 측정치에 의해 정의된다. 그래프 위에서 한 점의 XY 위치(6번)와 직사각형의 폭과 높이(7번)가 그렇다. 이것들이 동질적이라 불리는 이유는 공간적 거리에 대한 단일 지각 분석기가 둘을 정의하기 때문이다. 단일 항목의 두 측면을 나타내기를 원하는 디스플레이 디자이너는 이질적인 혹은 동질적인 특징들을 쓸지 말지를 알아야 할 필요가 있다. 그 답은 요구되는 통합(과제 근접성)의 종류와 정도에 달려 있는 것으로 보인다(Wickens & Carswell, 1995; Carswell & Wickens, 1996). 제2장에서 보았듯이, 통합 차원들에서 한 차원을 여과하고 다른 차원만을 처리하는 것은 더 힘들어진다. 동질적인 특징들은 그런 통합 차원들과 비슷하다.

만일 사용자가 불(Bool) 논리 조작에서 항목의 두 측면을 동시에 고려해야 한다면(예 : 어떤 도시가 인구가 많고 또한 정치적으로 보수적인가?), 이질적인 특징의 대상은 이상적인 선택인데 그것들이 두 차원에 대한 병행 처리를 가능하게 만들기 때문이다(Lappin, 1967). 정말로, 이질적인 대상 특징들은 여러 대상을 포함하는 공간에서(예 : 많은 도시를 보여주는 지도) 많은 정보를 나타내는 매우 경제적인 방법인데, 단일 대상의 모든 속성들이 병행 처리될 수 있으며 그 처리는 여러 분석기들 간에 분할될 수 있기 때문이다. 그래서 이질적 특징들은 디스플레이 잡동사니에 대한 좋은 감쇠기(reducer)이다. 이질적 특징 대상들은 또한 중복성 이득을 지원하는데(제2장 및 이 장의 앞에서 논의되었다), 모든 특징들은 공통 반응으로 이어진다. 예를 들어, 색(빨강)과 모양(8각형), 단어 의미('정지')를 가진 정지 표지는 세 가지 중복적인 이질적 특징들을 단일 대상의 부분으로 가지고 있다.

그 대신에 통합 목표가 산술적 또는 비교적인 것이라면 이질적 특징들은 더 이상 같은 이득을 주지 못하는데, 각 특징이 독특한 '지각적 통화(perceptual currency)'로 표현되고 그것은 쉽게 비교되거나 결합될 수 없기 때문이다. 예를 들어, 실제 속도와 희망 속도의 차이(오차)를 산술적으로 계산하기 위해 둘을 비교하고자 하는 비행기 조종사는 하나는 공간적으로 다른 것은 색 부호로 표현되는 것을 바라지 않는다. 그 대신, 아마 2개의 연결된 막대 그래프의 높이처럼(4번 행) 둘 다 공간적인 것이 더 좋을 것이다. 많은 통합 과제는 심적 곱셈을 필요로 하는데, 예컨대 어떤 조작의 속도(예 : 이동 속도)는 조작의 기간 또는 경과 시간과 곱해져 총량 값을 낳는다(예 : 이동 거리). 동질적인 특징들은 총량 측정치를 더 잘 나타내며[이것은 직사각형의 높이와 폭(7번 행)의 경우 특히 사실인데] 직사각형 디스프레이의 면적은 두 변인의 곱과 똑같다(Barnett & Wickens, 1988; 그림 3.7b도 참조). 사용자는 숫자들을 곱할 필요가 없는데 직사각형의 크기가 쉽게 지각되기 때문이다.

### 3.5.3 출현특징

8. **동질적인 특징(되풀이)** : 디스플레이 디자인에 유용하기 위해서 출현특징들은 통합될 필요가 있는 값들에 대응되어야 한다(Bennett & Flach, 1992). 그림 3.7에 묘사된 환자의 호흡을 감시하는 의료 디스플레이의 모양은 하나의 예가 된다(Cole, 1986; Drews & Westenskow, 2006).

중요한 것은 연구(및 직관)가 출현특징이 대상 디스플레이에 의해서만 생성될 필요는 없다는 것을 암시한다는 것이다(Sanderson, Flach et al., 1989). 그림 3.12는 2개의 막대 그래프(별개의 대상)의 예를 보여준다. 각각이 탱크에서 액체의 희망 및 실제 온도를 나타내며, 사용자는 두 (희망 및 실제) 온도가 같은지를 판정하는 통합 과제를 수행해야 한다고 가정하자. 왼쪽에서 시스템이 정상적으로 작동하는지를 지각하는 것은 쉽다. 두 막대의 높이가 같기 때문이다. 오른쪽에서, 같은 통합 판단은 더 어려워 보인다. 그 이유는? 두 막대를 공통 기저선에 정렬하는 것은 왼쪽에서 출현특징을 낳으므로, 상부가 정렬될 때 그것은 동등함을 신호한다. 자가 상부를 가로질러 편평하게 놓여 있다고 (끊어진 선으로 보이듯이) 상상할 수 있다. 같은 식으로, 그림 3.4b에서 엔진의 눈금들이 공통의 방향을 가지는 것은 "모든 것이 좋다."를 신호하는 출현특징(평행하는 수직성)을 제공한다.

다른 중요한 출현특징은 한 그래프에서 두 대상을 연결하는 선의 기울기이다. 예를 들어, 그림 3.13에 있는 그래프를 보라. 왼쪽에서, 막대들이 다른 높이를 가지고 있다는 것을 판정

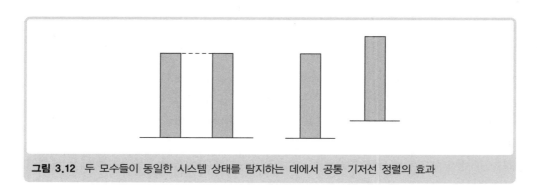

**그림 3.12** 두 모수들이 동일한 시스템 상태를 탐지하는 데에서 공통 기저선 정렬의 효과

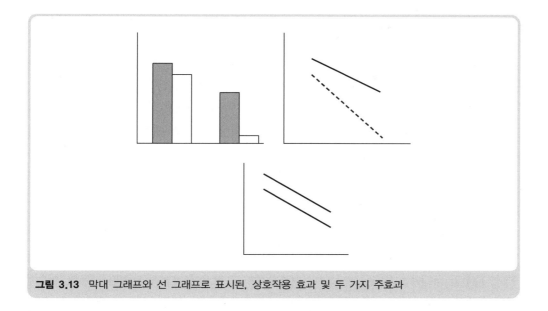

**그림 3.13** 막대 그래프와 선 그래프로 표시된, 상호작용 효과 및 두 가지 주효과

하기는 쉬우며, 4개의 평균을 조사하면 상호작용이 있는지를 가리켜줄 것이다. 그러나 같은 자료 점들이 오른쪽처럼 선으로 연결될 때 상호작용의 출현은 (그것이 값들을 잇는 선의 기울기로 명시적으로 표현된다는 것을 고려할 때) 더 현저하다. 기울기들이 다르다는 사실은 이제 두 선 사이의 각이라는 출현특징에 의해 시각적으로 표현된다. 두 변인들이 가산적 (additive)일 때 (그림의 아래에서 보이듯이) 두 선이 평행하는 측면은 출현특징이 된다. 우리는 그래프 정보의 지각을 다음 장에서 훨씬 더 자세히 서술할 것이다.

9. **다각형 디스플레이와 대칭성** : 디스플레이 디자인에서 종종 생성될 수 있고 활용될 수 있는 마지막 출현특징은 대상 혹은 대상들의 형상에 있는 **대칭성**(symmetry)이다. 시각 주의는 대칭과 그 부재에 매우 예민하며(Garner, 1974; Palmer, 1999; Pomerantz & Pristach, 1989), 대칭적 형상이 핵심적으로 중요한 디스플레이 상태에 직접 대응될 수 있다면, 잘 인지된 출현특징 디스플레이가 얻어질 수 있을 것이다. 자주 언급되는 예는 다각형 또는 대상 디스플레이인데(Beringer & Chrisman, 1995, Gurushanthaiah, Weinger, & Englund, 1995; Hughes & MacRae, 1994; Peebles, 2008; Woods, Wise, & Hanes, 1981), 그림 3.7a 및 그림 3.11의 9번에 보인다. 여기에서 4개의 시스템 변수들의 정상 작동 수준은 4면체의 각 변(혹은 중심에서 뻗은 4개의 반지름의 길이)의 고정된 (그리고 일정한) 길이에 의해 표시된다. 4개 모두가 이런 정상 수준에 있을 때 (9번의 왼쪽 그림과 같이) 완벽한 정사각형이 생긴다. 정사각형은 수직 및 수평으로 대칭적이며 정사각형으로 쉽게 지각된다. 어떤 변인이 정상성에서 벗어날 때, 대칭은 깨어지고 그 이탈은 오른쪽 그림에서 보이듯이 명백하다.

정보 통합에 관한 논의를 마치면서, 우리는 출현 (동질적인) 특징의 대상 디스플레이의 두 가지 중요한 측면을 주목한다. 첫째, 그런 디스플레이의 생성은 디자이너의 측면에서 상당한 창의성을 필요로 할 것이다(혹자는 그것이 과학적인 만큼 예술적이라 말할 것이다). 앞에서 묘사한 제약을 고려하더라도, 보통 선택 가능한 많은 디스플레이 형상들이 가능하다.

둘째 측면은 명백해서 독자들이 이미 주목했을 수 있다. 디스플레이 사용자가 출현적 통합 양에는 관심을 갖지 않지만, 특정한 기저 차원의 정확한 값(예 : 환자의 호흡 속도)에 주의 집중할 필요가 있다고 상상해 보자. 이 초점 주의 과제가 대상 표시에 의해 손상될 것인가? 다른 말로 하면, 밀접한 근접은 항상 초점 주의를 손상시키는가? 우리는 다음 절에서 이 주제를 고려한다.

### 3.5.4 초점 주의의 비용 : 공짜 점심이 있는가?

PCP는 그림 3.10에 묘사되었듯이, 디스플레이와 과제 근접성 간의 상호작용이 있다고 주장한다. 순수한 형태로, 그것은 더 긴밀한 디스플레이 근접성이 어떻게 달성되든 통합 과제에서의 수행을 향상시키고, 초점 주의 과제에서의 수행을 붕괴시킬 것이라고 예측한다. 초점 주의에서 긴밀한 과제 근접성의 부적 효과(또는 감소된 이득)는 스트룹 과제 및 중첩 (판독) 잡동사니 모두에서 보이듯이 잘 입증되어 있다(Wickens & Carswell, 1995). 비록 이 효과는 통합에 대한 긴밀한 디스플레이 근접성의 이득과 비교해서 그 크기가 보통 더 작지만 말이다(Bennett & Flach, 2010).

그러나 통합을 도와주는 더 긴밀한 디스플레이 근접성이 초점 주의를 손상시키지 않는 어떤 상황이 있다. 앞에서 주목했듯이, 초점 주의에의 비용은 공간 분리가 시각도 약 1도 이하로 떨어질 때 보통 출현한다(그리고 그다음 중첩이 일어날 때 증폭된다). 그러나 분할 주의에 대한 증가된 간격의 비용은 1도 이상의 넓은 시각도에 걸쳐서 비교적 단조함수 관계(monotonic)이다(그림 3.1 참조). 그래서 간격을 20도에서 2도로 줄이는 것은 보통 통합을 도와주지만 초점 주의를 손상시키지는 않는다. 마찬가지로, 잡동사니 디스플레이에서 두 항목을 같은 색(혹은 강도)으로 표시하는 것은 어떤 항목에서도 초점 주의를 손상시키지 않을 것이다(그리고 그 쌍이 독특한 색이면 검색 수행을 도와줄 것이다)(Wickens, Alexander, et al., 2004). 더욱이 한 선 그래프에서 두 점을 잇는 선을 쓰는 것(그림 3.11의 3번 참조)은 사용자가 값들 간의 어떤 차이를 탐지(통합 과제)하는 것을 도와줄 출현특징(선 기울기)을 낳을 것이다. 그러나 이 연결은 X축에서 선의 위치를 외삽하는 것과 같은 초점 주의 과제를 (막대 그래프와 비교해서) 방해하지 않을 것이다.

요약하면, 만일 근접성이 조심스럽게 사용된다면 때때로 공짜(적어도 값싼 것이라도) 점심이 있다. 일단의 초점 및 통합 과제를 지원하고자 하는 디자이너는 여러 근접성 계량치에 대한 조심스러운 선택을 써서 두 과제를 지원한다. 우리는 제4장에서 그래프 디자인을 논의할 때 이 요점들 중 몇 개를 재고할 것이다.

# 4. 청각 양상에서의 주의

청각 양상(auditory modality)은 주의와 관련하여 세 가지 중요 측면에서 시각 양상과 다르다. 첫째, 청각은 어떤 방향의 입력도 취할 수 있으며, 그래서 선택 주의의 지표로서 시각 주사와 유사한 것이 없다(즉, '귀알(earball)'이 없다). 우리는 소리는 **무지향성**(omnidirectional)이라 말한다. 둘째, 청각 감각 양상은 거의 항상 어둠 속에서도, 자고 있을 동안에도 정보를 받을 수용력이 있다. '귀깜박임(earblink)'이 없다. 셋째, 대부분의 청각 입력은 일시적이다. 한 단어 혹은 음조가 들리고 나서 그것은 끝나는데, 이와 달리 대부분의 시각 정보는 계속적으로 가용되는 경향이 있다. 그래서 청각 처리의 전주의적 특성(자극물이 사라지기 전에 '붙잡아두기' 위해 요구되는 특성)은 시각보다 청각에서 더 결정적이다. 제1장에서 간략히 논의되었듯이 (이것을 결정적으로 지원하기 위해) 단기 청각 기억은 단기 시각 기억보다 더 길다.

시각 주의에 관해서 발견했듯이, 일상생활에서 우리가 듣는 것의 모든 측면에 주의를 집중하는 것은 불가능하므로 우리는 제한된 수의 청각 사건들에 주의를 **분할**하거나(예 : 여러 의사소통 채널에 동시에 귀 기울이는 조작원), 아니면 다른 것을 무시하려고 하는 동안 하나의 특정 청각 사건에 **선택적으로** 주의를 주려고(예 : 한 의사소통 채널에 귀 기울이고 다른 것을 무시하는 조작원) 한다. 청각 채널의 전방위적 본질은 [우리는 귀를 닫거나 우리 귀알(earball)을 움직일 수 없다] 청각 경고의 디자인에 활용될 수 있다. 청각 채널을 통해 제시되는 경고는 (조작원이 다른 일에 몰입해 있을지라도) 조작원의 주의를 끄는 좋은 기회를 가질 수 있다. 그러나 청각 주의는 아무런 관련성이나 중요성이 없는 소리에 의해 포착될 수도 있는데, 우리가 번잡한 개방형 사무실에서 소음에 의해 주의가 분산될 때가 그런 경우이다(Banbury, Macken, et al., 2001).

## 4.1 청각적 분할 주의

2명의 화자가 동시에 말하는 것을 들으며 그들의 문장에서 핵심어를 식별하려고 하는 상황을 생각해 보라. 이것은 어려운 과제이지만, 2개의 목소리가 다른 공간 위치에 있을 때, 혹은 두 목소리가 다른 기본 주파수를 가지고 있을 때(예 : 남자와 여자 목소리)에는 더 쉬워진다(Humes, Lee, & Coughlin, 2006). 우리는 시각적으로 중첩된 판독(overlay-readout) 잡동사니(2.4절)에 의해 생성되는 것과 비슷한 혼동을 피한다.

여러 청각 흐름에 동시에 주의하는 어려움을 고려하면, 우리는 종종 그것들 사이를 **전환**(switching)하는 전략을 쓴다. 청각 주의의 일반 모형(Norman, 1968; Keele, 1972 참조)은 주의 받지 않은 채널의 청각 입력은 3~6초 동안 전주의적인 단기 청각 기억에 남아 있다고 주장한다(제7장 참조). 이 기억의 일시적 내용은 주의의 의식적 전환이 일어나면 조사될 수 있다. 그래서 만약 누군가가 당신에게 말하는 동안 당신의 주의가 방황한다 할지라도, 다시 주의를 전환하여 그 사람이 말했던 마지막 몇 단어를 '듣는' 것이 가능하다. 그 단어들이 말해졌을 때 당신이 그들에게 주의하지 않았을지라도 그렇다.

주의 받지 않은 채널에서의 정보는 장기기억과 접촉할 수도 있다. 즉, 주의 받지 않은 채널의 단어들은 단지 무의미한 소리의 '덩어리'가 아니라, 그 의미가 전주의적 수준에서 분석된다. 만일 주의 받지 않은 내용이 충분히 적절하다면 그것은 종종 주의의 초점이 될 것이다(즉, 주의 받지 않은 채널로 주의가 전환될 것이다). 예를 들어, 큰 소리는 우리 주의를 거의 항상 붙잡는데, 그것은 처리해야 할지 모를 급박한 환경적 변화를 신호하기 때문이다. 우리 자신의 이름도 지속된 관련성이 있으며, 그래서 우리가 다른 화자의 말을 듣고 있을 때라도 자기 이름이 말해지면 우리는 그것에 때때로 주의를 돌릴 것이다(Moray, 1959; Wood & Cowan, 1995). 그래서 현재 주의 초점인 주제와 의미적으로 관련된 재료도 또한 그렇다(Treisman, 1964a).

디자이너는 더 중요하고 덜 유해한 경고를 디자인하기 위해 주의를 맥락적으로 유관한 재료로 돌리는 이런 경향성을 활용할 수 있다. 비록 큰 소리는 그 자체에 주의를 끌지만, 그것들은 성가시고 놀라게 할 수 있으며, 그 강도는 스트레스를 증가시켜 열악한 정보처리를 낳는다(Wiese & Lee, 2004; 제11장 참조). 만일 조종사가 비행기를 착륙시키고 있다면 착륙과 관련된 조작들에 대해 큰 경고 신호들을 하는 것은 필요하지 않을 것이다. 자신의 이름에 대해서는 낮은 주의 역을 가지고 있기 때문에 조작원의 이름이 먼저 나오는 개인화된 경고는 음량이 높지 않아도 주의를 끌 수 있다. 이런 주의를 붙잡는 (그러나 더 중요한) 청각 경보는 **약화기**(attensors)라 불려왔다(Hawkins & Orlady, 1993; Sarter, 2009).

시각 주의에 관한 논의에서 긴밀한 근접이 (특히 대상성으로 정의되었을 때) 정보 통합 과제에서 필요한 성공적인 주의 분할을 지원하는 데 핵심적이었다는 것을 보았다. 또한 (분할 주의의 성공을 가능하게 했던) 근접성에 대한 동일한 조작들이 초점 주의의 실패에 책임이 있다는 것도 보았다. 청각에도 이와 비슷한 조작과 관찰들이 있다. 우리는 '**청각 대상**(auditory object)'을 여러 차원을 가진 소리(혹은 일련의 소리)로 정의한다. 이 청각 차원은 시각 대상의 차원처럼 병행 처리라는 동일한 이익을 누리는 것처럼 보인다. 예를 들면, 우리는 노래의 가사와 멜로디 모두에(Gordon, Schön, et al., 2010), 또한 말의 의미와 음성의 변화 모두에 주의할 수 있다. 제2장에서 우리는 소리의 기본 차원들(음고, 음량, 음색)이 어떻게 통합 차원들인지를 논의했다. 제6장에서 서술된 '이어콘(earcons)'과 같은 청각 경보는 이런 통합적 차원의 병행 처리를 활용하여, 지각된 위급성과 같은 추가적 의미를 전달하기 위해 디자인되어 왔다(Edworthy & Loxley, 1990; Hellier et al., 2002; Marshall Lee & Austria, 2001; Wiese & Lee, 2004).

### 4.2 청각 주의의 초점화

청각적 초점 주의는 모든 다른 것을 배제하면서 청각 정보의 한 출처에 대한 주의를 필요로

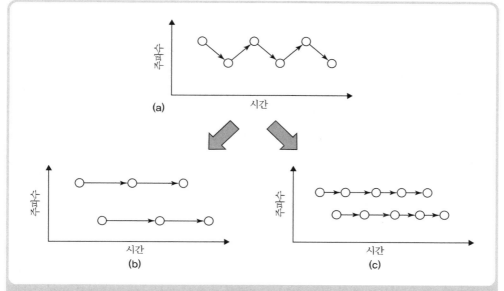

**그림 3.14** 청각 흐름 현상의 예시. 두 교대하는 소리들 간의 작은 음고 차는 한 소리 흐름으로의 융합을 낳는 반면에(a), 더 큰 음고 차이(b) 혹은 더 빠른 제시(c)는 2개의 지각적으로 구별되는 흐름으로의 분열을 낳는다.

한다. 예를 들어, 라디오 조작원은 방에서 벌어지는 대화와 배경 소음을 무시하면서 단일 메시지에 집중해야 한다.

　우리는 유사한 위치들에서조차 청각 메시지들에 선택적으로 주의할 수 있다. **칵테일파티 효과**(cocktail party effect)는 시끄러운 파티에서 한 화자에만 주의하고 유사한 공간 위치에서 오는 다른 대화를 여과하는 능력을 가리킨다. 물리적 용어로, 소리는 분화되지 않은 압력 변화들의 뒤죽박죽이다. 반면에 지각적 용어로 보면 그것은 비교적 안정되고 독특한 청각 대상의 흐름들로 조직된다(Bregman, 1990 참조). **청각 흐름**(auditory streaming)이라는 개념은 우리가 어떻게 소리의 물리적 특성들을 써서 주의를 선택적으로 집중하는지를 설명해 준다. 예를 들어, 그러한 한 특성은 음고이다. 같은 성인일 때보다 서로 다른 성일 때(그래서 서로 다른 음고를 가지고 있으면) 두 목소리에 주의하는 것이 더 쉽다(Treisman, 1964b). 우리는 한 오케스트라 내에 연주되는 서로 다른 악기들을 선택적으로 들을 때 청각 흐름을 경험한다. 우리는 이것을 (우리 귀에 도달하는 소리 압력 변화의 물리적 복잡성에도 불구하고) 쉽게 할 수 있다.

　지각적으로 독특한 청각 대상들로 소리를 조직화하는 것은 여러 요인들에 의해 중개되는데, 여기에는 음고, 음색, 공간적 위치, 때맞춤(timing)이 포함된다(Jones et al., 1999). 예를 들어, 그림 3.14a에서 우리는 작은 음고 분리를 가진 2개의 음을, 교대하는 소리를 가진 하나의 응집적인 **흐름**으로 지각한다. 만일 우리가 그 음들의 음고 간격을 점차 증가시키면 어떤 지점에서 교대하는 단일 흐름이 반복하는 소리를 가진 2개의 구별되는 흐름으로 **분열** (fission)되는 것을 지각할 것이다(그림 3.14b). 마찬가지로 음들의 제시 속도를 증가시키면, 우리는 또한 단일한 교대하는 흐름이 2개의 구별되는 흐름으로 분열되는 것을 지각할 것이다(그림 3.14c). 청각 흐름이란 현상은 **다성음악**(polyphony)이란 방법으로 고전음악에서 수세기 동안 활용되어 왔다. 즉, 동시에 연주되는 둘 혹은 그 이상의 멜로디 목소리의 생성이 그것이다. (음악에서 주의 역할에 대한 개관은 Bregman, 1990 참조.)

시각에서 병행 처리를 촉진시키기 위해 밀접한 근접을 사용하는 것은 주의 집중(초점 주의)의 능력을 붕괴시키기 때문에 양날을 가진 칼과 같다는 것을 보았다. 청각 양상에서 역시 두 메시지가 같은 공간적 위치에서 나오는 것처럼 보일 때 한 채널에 대한 초점 주의가 붕괴된다는 것을 발견했다. 예를 들어, **일원**(monaural) 청취에서 두 메시지는 동일한 상대 강도로 두 귀에 헤드폰으로 제시되었다. 이것은 바로 앞에 있는 두 스피커 모두에 직접 귀를 기울일 때 경험하는 것과 유사하다. **이원**(dichotic)(입체) 청취에서 헤드폰은 왼쪽 귀에 한 메시지를, 오른쪽 귀에는 다른 메시지를 들려준다. 여기에서 당신은 각 귀에서 한 음성을 듣는다. 여러 연구는 원치 않는 채널을 여과하는 우리 능력이란 측면에서 일원 청취에 비해 이원 청취가 큰 이득이 있음을 보여주었다(Egan, Carterette, & Thwing, 1954; Humes, Lee & Coughlin, 2006; Treisman, 1964b).

눈을 어떤 위치로 움직임으로써 시각 시스템은 그 위치의 정보에 선택적으로 주의하고 다른 정보원들을 무시할 수 있다. 비록 (청각 양상은 눈알처럼 움직일 수 있는) '귀알'이 없지만, **3D 오디오**(3D audio) 기술(제4장에서 더 논의된다)은 (시각 주의가 눈알의 움직임 없이 지향될 수 있는 것처럼) 단서 제공에 의해 청각 주의를 지향시킬 수 있다. 우리가 소리의 공간 위치를 판정하는 데 사용하는 단서들을 흉내 냄으로써, 전통적인 입체 헤드폰을 통해서도 3D 오디오는 완전한 360도(전 범위) 공간에 청각 단서를 보내는 데 사용될 수 있는 것으로 보인다. 그래서 우리는 공간적 오디오를 써서 조종사(혹은 자동차 운전자)의 주의를 돌려서 환경에서 관심 있는 표적을 식별하는 데 도움을 줄 수 있다. 응용 장면에서, 청각 양상을 통한 주의의 단서 제공은 여러 이득을 준다. 이 이득에는 여러 시각 정보 출처들에 대한 대안적 채널의 사용과, 완전한 360도 공간 안의 어디든 단서를 제시할 수 있는 능력이 포함된다. 게다가 (시각 단서 제공과 달리) 주의 전환을 하는 데 필요한 시간은 단서까지의 거리에 따라 달라지지 않는다(Mondor & Zatorre, 1995).

주의 지향 외에도, 디스플레이 디자이너는 청각 흐름을 만드는 데 이런 다양한 효과의 이득을 이용할 수 있다. 예를 들어, 한 라디오 네트워크를 각 귀에 제시함으로써, 그리고 두 귀에 똑같은 강도로 제시된 (그러므로 머리의 중간에서 나오는 것처럼 보이는) 셋째(네트워크)를 제시함으로써, 라디오 조작원은 일원 제시(즉, 모든 소리가 중앙 채널로만 제시되는 것)와 비교해서 모든 세 네트워크를 더 잘 주시(monitor)할 수 있다. 이 경우, 그 세 라디오 네트워크의 공간적 분리는 3개의 구별되는(왼쪽, 오른쪽, 중앙) 청각 흐름의 형성을 촉진한다. 이것은 조작원이 한 네트워크를 선택하고 다른 것을 무시하는 것을 더 쉽게 할 것이다. 음고 차이와 같이, 청각 흐름의 형성을 촉진하는 다른 요인들도 각 흐름을 지각적으로 한층 더 독특하게 만드는 데 활용될 수 있다. 그래서 비행기 조종사에게 여러 가지 독특한 오디오 채널들(부조종사, 항공관제, 인접 비행기의 메시지)이 가용할 것이다. 이것은 조종사와 관련해서 그들의 실제 위치에 제시될 수 있을 것이다. 자신의 비행기에서 나오는 동조화된 음성 경고도 적당한 위치에 놓일 수 있다(예 : 왼쪽 엔진 고장 경고는 왼쪽에서 그리고 뒤에서 나오는 것으로 들릴 수 있다). 게다가 단일 단어의 우선성이 낮은 경고는 채널들을 가로질러 왼쪽에서 오른쪽으로 이동하는 것처럼 제시될 수 있는데[예 : '객실 더움(cabin hot)' 경고를 만들기 위해 '객'-'실' '더움'을 제시], 이는 이해 가능성을 유지하면서 주의 산만을 줄이는 수단이다(Banbury et al., 2003).

## 4.3 교차 양상 주의

4절은 지금까지 한 감각 양상(modality) 내에서 주의에 국한하여 집중적으로 다루었다. 그러나 많은 실생활 상황에서 우리는 여러 양상에 걸쳐 병행하는 입력들에 직면한다. 우리가 운전하는 동안 다른 동승자가 우리에게 언어적인 지시를 내릴 때나 항공기를 착륙시키는 조종사가 시각 환경을 주시할 때 핵심 속도에 관한 부조종사의 음성 메시지에 귀를 기울이고 방향타(rudder) 조절기의 흔들림으로부터 신체감각 및 운동감각적 피드백을 얻는 것을 생각해 보라. 제6장에서 논의할 것이지만, 우리는 웹사이트를 방문하거나 컴퓨터 기반 훈련에 몰입할 때 글이나 그림을 보면서 동시에 오디오 정보를 들을 수 있다. 제5장에서 논의될 것이지만, 가상환경의 구성은 종종 시각, 청각, 촉각 정보의 적절한 통합을 필요로 한다. 다중 양상을 사용하는 것의 이점들도 있다. 제6장 및 제10장에서 논의할 것이지만, 여러 양상들에 걸쳐 표적을 중복적으로 부호화하는 것(예 : 시각 경고는 청각적 '삐' 음과 결합하는 것)은 처리 정확도를 높인다(Wickens, Prinet, et al., 2011).

시각, 청각 주의 및 자기수용감각적(proprioceptive) 주의조차 공통적인 공간 처리에서 이끌어지는 것으로 입증되어 왔다. 한 지각적 양상에서 한 위치에 대한 주의적 단서 제공은 다른 감각 양상에 있는 표적들에 대한 반응시간의 감소를 낳는 것으로 입증되어 왔다(Driver & Spence, 2004; Spence, McDonald, & Driver, 2004; 제4장의 교차 감각 양상 연결에 대한 논의 참조). 예를 들어, 운전하면서 표적 단어들에 대한 말소리 흐름을 주시하도록 요구받는 상황에서 말소리가 운전자 앞에서 (시각 주의의 초점 근처에서) 제시되었을 때가 말소리가 운전자의 측면에 제시되었을 때와 비교해서 주시 수행이 더 좋았다(Spence & Read, 2003). 비슷한 효과가 시각 및 자기수용감각 주의에서, 그리고 청각 및 자기수용감각 주의에서 관찰되어 왔다(개관은 Sarter, 2007 참조). 결정적으로, 청각, 시각, 자기수용감각 주의 간의 연결은 강제적인(즉, 의식적 통제를 넘어선) 것처럼 보인다. 이것은 왜 청각 자극물이 경고에 그렇게 유용한지, 즉 그것이 청각 주의를 소환할 뿐 아니라 조작원의 시각 주의에도 단서를 주는지를 설명하는 데 도움을 준다.

그러나 다른 감각 양상을 통해 조작원의 주의를 포착하는 것은 양날을 가진 칼이다. **무관 소리 효과**(irrelevant sound effect)에 관한 최근 연구는 비교적 복잡한 심적 과제를 수행하는 동안 사람을 주의 산만하게 할 수 있는 (즉, 초점 주의가 실패하게 하는) 과제와 소리 요인들을 식별하는 데에 집중하였다(개관은 Banbury et al., 2001; Beaman, 2005 참조). 보통 작업기억(제7장에서 논의)은 무관한 소리에 의해 간섭받기 쉬운 것처럼 보인다. 특히 가장 영향을 받는 것은 항목 순서의 유지(예 : 전화번호에서 숫자들의 순서를 기억하는 것)이다(Jones, Hughes, & Macken, 2010). 산문 암기나 암산과 같은 순서의 유지를 필요로 하는 과제에서 무관한 소리의 이런 파괴적인 효과는 60%나 되는 것으로 밝혀졌다(Banbury & Berry, 1998; Szalma & Hancock, 2011는 메타분석을 제공한다). 모든 것을 고려해 볼 때, 음향적 변화가 주요한 파괴적 요인이라는 것을 암시하는 증거가 있다(Jones, 1999). 특히 정보를 순서대로 유지하는 데에(Banbury et al., 2001; Beaman, 2005) 작업기억(제7장 참조)에 의존하는 심적 활동들에 파괴적이다. 예를 들어, 소리, 톤(tone), 말소리 발화는 그것들이 시간에 걸쳐 주목할 만한 음향 변화를 보일 때 가장 파괴적이다(Jones & Macken, 2003). Tremblay와 Jones(2001)는 또한 이런 유형의 무관한 소리는 순서적 정보의 처리에 특히 파괴적이었다는 것을 발견하였다. (시각 기반이든 청각 기반이든) 언어 과제는 무관한 말소리에 의해 붕괴되었으며, 시각-공간 과제도 그렇게 되었다. 함께 생각해 보면, 이들 결과는 기억에 있는 항목들의 순서를 손상되지 않게 유지하는 데 필요한 활동들은 (우리가 그것을 무시하려 하고 그것들이 다른 감각 양상을 통해 작업기억에 접근한다 하더라도) 특히 무관한 소리를 변화시킴으로써 생기는 간섭에 취약하다는 것을 시사한다. 이런 발견은 응용 장면에서 소음 경감에 대해 함축하는 바가 있다.

무관한 소리 효과에 대한 기초 연구는 수행에 미치는 배경 소음의 효과를 조사하는 데로 확장되었는데, 예컨대 사무실에서(Banbury & Berry, 1998; 2005), 비행기 조종실(flight deck)에서(Banbury et al., 1998; Hodgetts et al., 2005), 교실에서(Stansfeld, Berglund, et al., 2005; Dockrell & Shield, 2006), 계단식 강당에서(Shelton, Elliott, et al., 2009; End et al., 2010), 텔레비전 앞에서 숙제를 할 경우에까지(Pool, Koolstra, & van der Voort, 2003) 적용되었다. 이런 연구의 결과는 놀랍다. 배경 소음은 여러 산업 및 교육 장면에 걸쳐서 인지 활동에 대한 수행을 상당히 손상시킨다. 예를 들어, 개인 사무실에서 개방형 사무실로 이동한 사무실 근로자들은 주의 산만의 증가, 집중 곤란의 증가, 배경 소음에 기인한 작업 수행 손실의 두 배 증가 등을 보고하였다(Kaarlela-Tuomaala, Helenius, et al., 2009). 교육 장면에서, 비행기 소음에 대한 장기 노출은 아이들의 독해 능력에 손상을 주는 것으로 밝혀졌다(Stansfeld, Berglund, et al., 2005). 아이들은 특히 청각 주의 산만에 취약한데, 어린 아이들은 더 취약하다(Elliott, 2002). 불행히도, 배경 소리에 대한 장기 노출로도 그 파괴적 효과는 줄지 않는다. 만일 습관화가 일어난다면, 비교적 짧은 기간의 정숙(quiet)은 소리에 대한 신속한 탈습관화를 유발할 수 있다(Banbury & Berry, 1997).

다행히도 청각 주의 및 무관한 소리 효과에 대한 이해는 산업 환경, 개방형 사무실, 학교에서 근로자의 생산성에 대한 배경 소음의 영향을 줄이는 정책과 개입을 만드는 것을 도울 수 있다. 소리 수준을 단순히 줄이는 것만으로는 충분하지 않은데, 배경 소음은 조용할 때 조차 파괴적일 수 있기 때문이다(Tremblay & Jones, 1999). 오히려 연구들은 소리의 파괴적 효과의 주요 결정인자인 변동성(variability)을 줄이는 것이 (특히 기억 순서의 유지를 필요로 하는 과제에서) 가장 유망한 전략인 것처럼 보인다고 시사한다. 이것은 소리 변동성을 최소화하는 작업 공간의 음향적 처리를 통해 달성될 수 있다. 예를 들어, 배경 말소리의 분절에 필요한 단서들을 부분적으로 차폐하는 연속적인 백색 소음은 인지 수행에 대한 파괴를 줄이는 것으로 밝혀졌다(Venetjoki, Kaarlela-Tuomaala, et al., 2006).

비록 연주음악은 백색 소음과 같은 개선 효과를 보이지 않지만, 참가자들은 사무실 환경에서 연속 소음보다 음악을 선호할 것이라고 보고한다(Schlittmeier & Hellbrück, 2009). 이것은 흔한 현상의 예이다. 사용자들은 때때로 수행 관점에서 그들에게 반드시 가장 좋지는 않은 것을 원한다(Andre & Wickens, 1995). 과제가 순서의 유지를 요구하는 경우에, 연주음악은 어느 정도의 붕괴를 유발하는 것으로 입증되었다(Salamé & Baddeley, 1989). 그러나 (독해같이) 이런 처리에 덜 의존하는 과제의 경우에, 연주음악은 파괴적이지 않다(Martin, Wogalter & Forlano, 1988). 배경 소리에 의한 붕괴가 일어나는 상황들은 과제와 과제 환경을 재디자인하기 전에 인간요인 공학자에 의해 충분히 이해될 필요가 있다. 과제의 인지적 요건들에 대한 분석은 그것이 순서의 유지를 위해 작업기억의 처리에 의존하고, 그다음 차례로 배경 소리에 의한 붕괴에 대한 과제의 취약성을 나타내는 정도를 드러내야 한다.

배경 소리의 음향적 변동성을 줄이는 (그리고 그렇게 함으로써 인지 수행에 대한 해로운 영향을 줄이는) 다른 잠재적 방법은 천장이나 칸막이에 소리 흡수 물질을 설치하는 것이다. 이것은 소리의 명료도를 줄이거나(Schlittmeier, Hellbrück, et al., 2008), 소리의 반향 시간을 변화시키는 효과가 있다(Perham, Banbury, & Jones, 2007). 그러나 작업 공간에서 소리의 음향적 처리는 디자이너가 경쟁적인 목표에 어떻게 직면하게 되는지를 보여준다. 한편으로, 연속 소음을 차폐하거나 혹은 작업 공간의 음향적 처리에 의해서 배경 소리의 해로운 영향을 줄일 필요가 있다. 다른 한편으로 (제6장에서 논의할 것이지만) 작업 공간 내에서 좋은 말소리 의사소통과 명료도를 보존할 필요도 있다. 명백하게, 타협이 필요한데 좋은 말소리 의사소통과 좋은 말소리 사생활(privacy)은 단일한 물리 환경에서 공존하기가 어렵기 때문이다.

## 5. 다음 장과의 관계

이 장에서 우리는 환경에 대한 여과기로서 주의를 묘사하였다. 때때로 여과기는 좁아져서 무관한 청각 혹은 시각 입력을 줄이고, 때때로 이 여과기는 통합 및 다중 과제에서 환경 정보의 병행 흐름들을 취하기 위해 넓어진다. 여과기의 효과적인 폭은 감각 한계(예 : 중심와 시각), 과제 요구, 자극 채널들 간의 차이점과 유사성, 인간 조작자의 전략과 이해에 따라 달라진다. 그러면 재료(내용)가 주의의 여과기를 통과할 때 무슨 일이 생기는가? 제2장에서 재료는 단순한 예-아니요로 분류(신호탐지)되거나 연속체상의 한 수준으로 범주화(절대 판단)될 수 있다. 그러나 종종 재료에 대해 더 정교하고 복합적인 해석이 주어진다. 이 해석은 다음 몇 장들의 주제이다.

　제4장에서 우리는 주의된 정보에 대한 정확한 해석의 가능성을 최대화하도록 의도된 공간적 디스플레이 디자인에 대한 인지 기반 원리를 제시한다. 제5장에서 우리는 항행과 공간적 상호작용 과제에서 정보 전달, 그리고 제6장에서 언어 이해를 위한 정보 전달을 가장 비중 있게 다룬다. 마지막으로 제10장에서, 우리는 다중 작업의 맥락에서 주의 개념을 다시 다룬다.

# 핵심 용어

강제적인 자극물(imperative stimulus)

공간 기반 주의 이론(space-based attention theory)

과제 근접성(task proximity)

과제 부합성(task compatibility)

과제 표상(task representation)

관심 영역(area of interest, AOI)

국지 밀도 잡동사니(local density clutter)

근접 부합성 원리(proximity compatibility principle)

근접성 잡동사니(proximity clutter)

노력(effort)

다성음악(polyphony)

다수성 잡동사니(numerosity clutter)

다중 작업(multi-tasking)

대상 기반 주의 이론(object-based attention theory)

대상 디스플레이(object display)

디스플레이 표상(display representation)

말초 단서(peripheral cue)

망라적 검색(exhaustive search)

무관 소리 효과(irrelevant sound effect)

무기 효과(weapons effect)

무시 기간(periods of neglect)

무주의맹(inattentional blindness)

무지향성(omnidirectional)

반응 경합(response conflict)

방해자극들(distractors)

버니어 시력(vernier acuity)

변동 대응(varied mapping)

변화맹(change blindness)

변화맹의 무지(change blindness blindness)

병행 검색(parallel search)

부각시키기(highlighting)

분할 주의(divided attention)

비조직적인 잡동사니(disorganizational clutter)

선택 주의(selective attention)

순차적 사용의 빈도(frequency of sequential use)

순차적 자기종료적 검색(serial self-terminating search, SSTS)

스트룹 효과(Stroop effect)

심적 모형(mental model)

안내된 검색(guided search)

유용한 시야(useful field of view, UFOV)

이원(dichotic)

이중과제 처리(dual task processing)

이질적 특징(heterogeneous feature)

이질적인 잡동사니(heterogeneous clutter)

일관 대응(consistent mapping)

일원(monaural)

자동화(automaticity)

자동화 안주(automation complacency)

잡동사니(clutter)

적합적(conformal)

적합적 상징론(conformal symbology)

전방 시야(forward field of view, FFOV)

전역 밀도 잡동사니(global density clutter)

전역 처리(global processing)

전주의적(preattentive)

전체적 처리(holistic processing)

접합 검색(conjunction search)

정보 통합(information integration)

주의 단서 제공(attentional cueing)

주의 터널화(attentional tunneling)

주의 포착(attentional capture)

주의 협소화(attentional narrowing)

주의의 대상파일 이론(object file theory of attention)

중복성(redundancy)

중복성 이득(redundancy gain)

중추 단서(central cue)

증강현실(augmented reality)

지각 경쟁(perceptual competition)

지각 분석기(perceptual analyzer)

지속 주의(sustained attention)

청각 대상(auditory object)

청각 흐름(auditory streaming)

체류(dwell)

초점 주의(focused attention)

출현특징(emergent feature)

칵테일파티 효과(cocktail party effect)

판독 잡동사니(readout clutter)

표적 돌출(target popout)

현저성, 현출성(salience)

헤드업 디스플레이(head-up display, HUD)

SEEV 모형(SEEV model)

3D 오디오(3D audio)

# 04 공간 디스플레이

차를 운전할 때, 전면 창을 통해 보이는 장면으로부터 세상의 다른 물체들의 깊이와 위치에 대한 정보를 얻는다. 마찬가지로, 막대 그래프나 속도계를 살펴볼 때 공간적 배열로부터 세상의 상태에 대한 정보를 얻는다. 대상들의 크기나 그 사이의 거리는 유관한 정보를 주고받기 위해 사용된다. 그런 공간적 판단에서 인간 수행은 거리, 범위, 깊이에 대한 정확한 판단에 좌우된다. 그런 공간적 관계를 지각하고 이해하는 우리 능력이 이 장의 초점이다.

일반적으로 말해서, 큰 공간적 혹은 물리적 차이는 작은 차이들보다 더 중요하다. 그래프나 아날로그 계측기를 읽는(판독하는) 경우를 생각해 보라. 위치상의 작은 차이는 배후 차원에서의 작은 차이를 반영한다. 이와 대조적으로, 계수형 계측기나 단어를 읽는 경우를 고려해 보라. 계수형 계측기의 경우 **물리적 표상**이란 면에서 예컨대, 79999와 80000 간의 공간적 차이는 중요하다. 즉, 모든 숫자가 바뀌었다. 그러나 이 두 값 간의 **의미상** 차이는 작다. 아날로그 디스플레이는 그것이 나타내는 차원의 내재적 속성들의 일부를 보존한다. 이런 의미에서 그것은 물리적 대응물에 대한 아날로그이다.

이 장에서는 다양한 공간적 디스플레이를 고려한다. 우선 그래프의 지각과 이해를 논의한다. 그 다음 계측기나 다이얼과 같은 흔한 디스플레이의 디자인을 고려할 때 운동의 역할을 언급한다. 그러면서, 묘사된 차원과 디스플레이 요소 간의 **부합성**(compatibility)의 중요성을 논의한다. 우리는 정태적 및 동태적 의미에서 부합성을 고려한다. 물론 공간은 **3차원적(3D)**이다. 3D 환경에 대한 지각은 우리가 그 속을 통과하면서 그 구조에 대해 얻는 정보에 의해 결정된다. 그래서 우리는 운동을 통해 얻을 수 있는 여러 유형의 정보와 디스플레이 디자인에서 그것이 함축하는 바를 논의한다. 우리는 또한 깊이 및 거리의 지각적 판단에도 관심이 있다. 우리는 실제 세계 환경의 지각에서, 그리고 2D 디스플레이 표면에 3D 공간을 표시하기 위해 그런 판단의 함축점들을 논의한다. 다른 감각 양상들을 사용하는 공간 디스플레이들에 대한 간단한 논의를 하면서 이 장을 끝맺을 것이다. 제5장에서 실재 및 가상 환경에서의 항행(navigation) 및 상호작용을 살펴보면서 이 주제들의 일부를 확장할 것이다.

## 1. 그래프 지각

이 책에서 논의된 많은 디스플레이들과 달리, 우리들 대부분은 한두 번쯤은 그래프를 디자인할 것이다. 그 과정에서 축에 변인을 할당하고 상징들을 이용하여 변인들을 부호화하는 것과 같이, 그래프 유형에 관해 결정을 내려야 한다. 이 때문에 그래프가 디스플레이 디자인을 논의하는 좋은 출발점이 된다. 우리는 **그래프**를 여러 개의 자료 점을 사용하여 수치적인 아날로그 자료를 종이에 혹은 전자적으로 표시하는 것으로 정의한다. 일부 일상적인 예들, 즉 막대 그래프, 선 그래프, 파이 차트가 그림 4.1에 나타나 있다. 그래프와 아날로그 디스플레이의 구별은 최근에는 정보 시각화의 발달로 불분명하게 되었는데, 여기에서 그래프는 예컨대 한 형식에서 다른 형식으로 동적으로 바뀔 수 있다(Heer & Robertson, 2007; 제5장 참조). 그러나 한 가지 남아 있는 차이는 그래프에서 자료는 보통 사용자가 그것들을 보는 동안 바뀌지 않는 반면, 정보 디스플레이에서 보이는 자료는 사용자가 과제를 수행하고 그 결과를 모니터하는 동안 실시간으로 바뀔 수 있다는 것이다.

자료에 대한 그래프 표시의 역사는 Playfair(1786)의 선구적 업적에로 소급되는데, 그는 수량 자료를 표현하는 데에 아날로그 표상(예 : 막대 그래프, 파이 차트)의 위력을 처음 깨달았다. 공간적 판단의 경우(예 : 어떤 변수가 더 빨리 감소하는가?)에 수행은 표보다 그래프를 가지고 할 때 더 좋다(Kirschenbaum & Arruda, 1994; Vessey, 1991). 앞에서 언급했듯이, 공간적 판단에서 값들 간의 큰 차이는 작은 차이보다 더 중요하다. 그러므로 그래프와 같은 아날로그 표시가 디지털 디스플레이보다 공간적 판단에 더 효과적이라는 것은 놀라운 일이 아니다. 대조적으로 정확한 값을 읽는 것은 숫자로 된 표에서 보통 더 잘 된다(Lalomia,

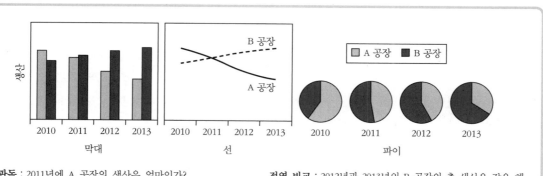

**점 판독** : 2011년에 A 공장의 생산은 얼마인가?
**국지 비교** : B 공장의 생산은 2012년 혹은 2013년 중 어느 쪽에서 더 컸는가?

**전역 비교** : 2012년과 2013년의 B 공장의 총 생산은 같은 해 A 공장의 총 생산보다 더 적었는가?
**종합 판단** : A 공장의 생산은 2014년에 어떻게 될 것인가? A 공장의 생산은 증가하는가 감소하는가?

**그림 4.1** 막대 그래프, 선 그래프 및 일단의 파이 차트의 예. 각 그래프 유형은 같은 자료를 묘사하는데, 4년에 걸친 A와 B 공장의 생산량이다. 각 그래프로 수행될 수 있는 네 가지 그래프 판독 과제들도 묘사되어 있다.

Coovert, & Salas, 1992; Meyer, Shinar, & Leiser, 1997; Vessey, 1991).

제1장에서, 우리는 인간 정보처리 모형을 소개했다. 그래프의 처리를 고찰할 때, 우리는 일차적으로 그 모형에서 보이는 지각, 주의, 작업기억 단계를 살펴본다. 장기기억은 또한 묘사되는 자료 혹은 배후의 그래프 형식과의 친숙성에 영향을 미치는 역할을 할 것이다. 이것들은 제3장의 SEEV 모형에서 묘사된 시각 정보 표집에 대한 상향 및 하향 영향들과 본질적으로 같다. 현저성과 노력은 지각, 주의, 작업기억 단계에 의해 일차적으로 영향을 받는다. 기대와 가치는 작업기억과 장기기억 과정에 의해 일차적으로 영향을 받는다. 일반적으로, 우리는 덜 효과적인 과제-그래프 조합이 핵심 과제 변수들이 쉽게 지각되는 기하적인 특성을 사용하여 표시되도록 하는 것보다 더 긴 정신 조작 계열을 필요로 한다는 것을 보게 될 것이다.

## 1.1 그래프 지침

여기에서 그래프를 구성하는 데 5개의 일반적 지침(guideline)을 제시한다. 그다음 각 지침에 대한 증거를 논의한다. 추가적인 지침들은 Gillan, Wickens, Hollands, Carswell(1998)에서 볼 수 있다.

1. **과제를 고려하라.** 여러 유형의 그래프의 상대적 효과는 과제에 달려 있다. 그래프 디자이너는 과제 요구에 상응하는 그래프 형식을 선택해야 한다.
2. **정신 조작의 수를 최소화하라.** 그래프 디자이너는 적절한 그래프 유형(예 : 막대 그래프, 파이 차트)을 선택하고 그래프 내에 정보들을 적절하게 배열함으로써 조작의 수를 줄여야 한다.
3. **편중 없이 판단되는 물리적 차원들을 사용하라.** 지각적 착각들, 어떤 지각 연속체의 판단에서의 편중, 깊이의 오판 등이 판단에서의 오류를 낳을 수 있다.
4. **자료-잉크의 비율을 높게 유지하라.** 실제 자료 점을 묘사하지 않는 잉크 양을 낮은 수준으로 하라.
5. **여러 그래프들을 일관성 있게 부호화하라.** 한 세트 내의 그래프들은 일관적인 방식으로 디자인되어야 한다.

## 1.2 과제 의존성과 근접 부합성 원리

사람들이 그래프로 수행하는 많은 수의 과제들이 있다. 편리한 분류법이 그림 4.1의 아래에 있다(Carswell, 1992a). **점 판독**(point reading)에서 관찰자는 단일한 그래프 요소의 값을 추정한다. **국지 비교**(local comparison)의 경우에, 관찰자는 그래프에 직접 표시된 두 값들을 비교한다. **전역 비교**(global comparison)에서 관찰자는 그래프에 나타난 다른 수량들로부터 유도되어야 하는 수량들을 비교한다. 마지막으로 **종합 판단**의 경우에, 관찰자는 모든 자료

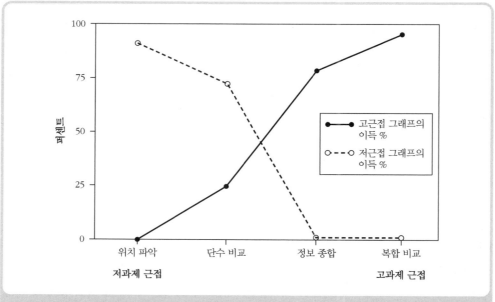

**그림 4.2** 과제 유형(왼쪽은 초점 과제, 오른쪽은 통합 과제)의 함수로서 대상 디스플레이의 이점(실선) 혹은 단점(점선)을 보여주는 연구들의 비율. 그림은 근접 부합성의 원리를 보여준다.

출처 : History and applications of perceptual integrality theory and the proximity compatibility hypothesis. University of Illinois Technical Report ARL88-2/AHEL-88-1 Technical Memorandum 8-88.

점들을 고려할 필요가 있으며, 일반적이고 통합적인 판단을 한다.

　제3장에서 우리는 디스플레이에 있는 여러 정보원들의 배치 및 과제 요구 간의 부합성 개념을 소개하였다. 이 디스플레이-인지 부합성은 **근접 부합성 원리**(proximity compatibility principle, PCP)(Wickens & Carswell, 1995)에 의해 부분적으로 정의될 수 있음을 보았다. 정보 통합을 요구하는 과제는 더 통합적이고, 대상처럼 보이는(objectlike) 디스플레이를 사용하여 더 잘 수행된다. PCP는 또한 Carswell(1992a)이 수행한 **메타분석**(meta-analysis)에 의해 드러나듯이, 그래프에도 적용된다. 이 메타분석은 여러 그래프 형식들이 비교된 연구의 결과들을 통합하였다. 통합된 형식(예 : 선 그래프)은 더 분리적 형식(예 : 막대 그래프 혹은 일단의 파이 차트)과 비교되었는데, 그림 4.1에 보인다. 각 연구는 과제 요구에 따라 앞에서 서술된 네 가지 과제 범주 중 하나로 분류되었는데, 이들은 과제 근접성의 연속체로 정의된다. 그래서 이 연속체는 과제 수행에 모든 변인들의 통합이 필요한 정도를 나타낸다(제3장, 3.5절과 그림 3.9 참조). 그림 4.2는 각 범주에서 (분리적 형식보다) 통합된 그래프들에서 더 좋은 수행을 보인 연구들, 그리고 그 반대의 효과를 보인 연구들의 비율을 보여준다. 이 그림은 과제가 더 많은 통합을 요구함에 따라 통합된 그래프의 이점이 증가함을 보여준다. (앞에서 언급된) 표와 그래프의 상대적 효과성의 비교는 또한 이런 방식으로 고찰될 수 있다. 즉, 표는 그래프와 비교해서 점 판독(초점 주의)에 매우 효과적이지만 통합적 판단에

는 덜 효과적이다(Speier, 2006; Vessey, 1991).

그림 4.1에 있는 그래프를 사용하여, 근접 부합성 원리의 특수한 예로서 다음 질문을 고려해 보라. 두 공장 간 성장 속도는 얼마나 다른가? 선 그래프의 각 대상(선)은 **출현특징**(즉, 기울기)을 낳는데, 이것은 직접 지각될 수 있으며 과제(경향 추정)에 직접 대응된다. 대조적으로 파이 차트는 같은 자료를 묘사하지만, 어떤 단일 대상도 성장률을 나타내지 않는다. 비율은 몇 년에 걸쳐 개별적 조각들의 비교에 의해 추리되어야 한다. 그러나 특정한 비율값의 판단은 선 그래프와 비교해서 똑같이 또는 더 잘 수행된다.

PCP는 또한 그래프에 자료를 어떻게 이름 붙이는가 하는 질문에도 적용된다. 그림 4.1의 선 그래프를 살펴보고, 공장 A의 생산이 2010년에서 2011년 사이에 증가했는지를 스스로 질문해 보라. 이 과제를 수행하기 위해, 당신은 공장 A를 나타내는 선을 먼저 확인해야 한다. 이것은 아주 어렵지는 않은데 이름표가 그 선들에 아주 가까이 붙어 있기 때문이다. 대조적으로, 당신이 막대 그래프나 파이 차트를 보면, 당신은 그래프 범례(legend)를 찾아서 어느 음영 수준이 어느 공장에 할당된 것인지를 판단하고, 그래프를 다시 살펴볼 때 그 코딩을 기억해야 할 필요가 있다. 몇 가지 추가적인 정신 조작들이 필요하다. 그래서 일반적으로 추천하는 것은 이름표는 그 참조체 가까이에 놓여야 한다는 것이다(Gillan, et al., 1998).

그래프가 여러 변수들을 보여줄 때, 직접적인 이름표는 덜 그럴듯하다. 이 경우, 만일 범례에서 변수들의 순서가 (위에서 아래 순으로) 그래프 내의 순서와 상응한다면 (즉, 그래프와 범례가 공간적으로 부합한다면) 도움이 될 것이다. Huestegge와 Philipp(2011)은 참가자들의 안구 운동이 측정되는 한 실험에서 그런 부합성의 효과를 조사했다. 참가자들은 서술적인 문장(예 : "보통, 사람들은 TV보다 컴퓨터 앞에서 더 많은 시간을 보낸다.")과 그다음에 그래프를 제시받았는데, 그들의 과제는 그래프에 보이는 자료가 그 진술과 일치하는지를 판단하는 것이었다. 연구자들은 그래프와 범례가 공간적으로 부합하면 그 판단에 더 적은 시간이 걸린다는 것을 발견하였다.

## 1.3 검색, 부호화, 비교 등 정신 조작의 수 최소화

그래프 판독자가 과제를 완수하기 위해 그래프를 조사할 때, 일련의 지각적, 인지적 조작들이 수행된다. 여러 그래프 지각 모형들이 **검색**(search)(제3장에서 묘사되었듯이 시각 검색이라는 주의 과정에서 도출되는), 뒤이어 변인들의 **부호화**(encoding), 그리고 마지막으로 지각된 요소들을 작업기억에 저장되어 있는 값들과 **비교**(comparison)라는 일반 과정을 가정한다(Casner, 1991; Gillan, 1995, 2009; Gillan & Lewis, 1994; Hollands & Spence, 1992, 1998, 2001; Lohse, 1993; Peebles & Cheng, 2003; Pinker, 1990). 각 조작은 시간이 걸리며, 어떤 확률의 오류(error)가 있을 것으로 가정된다. 더 많은 조작은 그래프 해석에 더 많은 시간이 걸릴 것이고, 오류 가능성을 증가시킬 것이다.

간단한 예를 생각해 보자. Hollands와 Spence(1998)는 파이 차트 내에 묘사된 조각의 수는 비율을 판단하는 반응시간에 아무 효과도 없는 반면, 막대 그래프 내에 보이는 막대의 수를 증가시키는 것은 그런 효과가 있다는 것을 발견하였다. 그래프 판독자는 막대 그래프 내의 전체를 추정할 필요가 있는데, 왜냐하면 어떤 단일 대상도 그것을 나타내지 않기 때문이다. 이 추정치를 결정하기 위해서는 정신적으로 막대들을 합산하는 것이 필요하다. 더 많은 막대가 있으면 더 많은 합산 조작을 해야 하며 더 많은 시간이 과제 수행에 걸릴 것이다. (오류도 또한 막대와 더불어 증가한다.) 대조적으로 파이 차트에서 전체 파이는 전체를 나타내므로 합산 조작이 필요가 없다.

특정한 과제-그래프 조합을 가지고 이런 유형의 연구들을 여럿 수행함으로써, 연구자들은 일반적인 그래프 지각 모형들을 만들려고 해왔다. 예를 들어, Gillan(2009)은 과제가 막대 그래프, 선 그래프, 파이 차트, 및 별(대상) 차트를 사용해서, 단순 비교, 혹은 차이 값의 추정, 합, 비율, 혹은 평균을 요구할 때 적용되는 특정한 세트의 산술적 및 지각적 조작 [(perceptual operation) 혹은 **심적 조작**(mental operation)]을 제안했다. Gillan은 이 모형의 예측에 대한 많은 경험적 검증들의 결과를 요약했다. 한 번 입증되면, 이 일반 모형은 특정한 판단을 위해 요구되는 시간(혹은 오류 가능성)에 대한 특정한 예측을 하는 데 사용될 수 있다.

시각 주사(scanning) 행동은 심적 조작들의 순서에 관한 좋은 측정치를 제공한다. 그래프 판독에 관한 계산론적 모형은 심적 혹은 시각 주사 조작들의 순서에 기초하여 개발되어 왔다(Chandrasekaran & Lele, 2010; Peebles & Cheng, 2003). 이 모형의 형식적인 측면도 인간 수행을 어떤 최적 수준에 비교하는 데에 도움이 된다. 예를 들어, Peebles와 Cheng은 참가자들이 과제를 수행할 때 어떤 그래프 지점들을 불필요하게 재방문한 (즉, 비최적적인 주사 패턴을 보이는) 것을 발견했다. 사용자들이 그래프를 주사하면서 그들은 이전에 그래프에서 접근했던 정보를 잊은 것처럼 보일 것이다(어떤 값을 적절히 부호화하는 데에서의 실패). 다시 디자인된 그래프는 이런 문제를 피할 수 있을 것이다.

많은 일상적 상황에서, 그래프 판독자의 과제는 단순히 "이 그래프가 무엇을 말하지?"라고 묻는 것일 것이다. 즉, 그래프의 메시지를 전체로서 종합하는 것이다. 그런 통합 과제는 단계적으로 수행되는 것으로 입증되어 왔다(Carpenter & Shah, 1998; Ratwani, Trafton, & Boehm-Davis, 2008). 특히, 안구 운동과 언어적 프로토콜은 사람들이 그래프를 청크(chunk) 혹은 시각적 무리(cluster)(예 : 그림 4.1의 막대 그래프에서 밝은 막대와 어두운 막대)로 분리한다는 것을 가리킨다. 안구 운동은 종종 무리들 간의 경계, 즉 다음 단계에서 비교될 수 있는 여러 부분들로 그래프를 분리하는 경계에 초점을 두어 왔다. 이런 비교의 결과는 종종 그래프의 메시지를 인지적으로 통합하는 것으로 이어진다(예 : 공장 B의 생산 이득은 점점 더 커지고 있다). 그런 처리는 시각적 무리들이 쉽게 구별될 수 있도록(예 : 제2장에서 논의된, 컬러 코딩 혹은 음영을 사용함) 보장함으로써 도움을 받을 수 있지만, 그래프는 독특하게 부호화된 변수들을 너무 많이 가짐으로써 너무 많은 시각적 무리들의 형성을 조장해서는 안 된다(Ratwani et al., 2008).

요약하면, 그래프 디자이너는 항상 먼저 적절한 그래프 유형을 선택하고, 그다음 그래프 내의 정보를 적절하게 배치함으로써 조작들의 수를 줄이도록 애써야 한다. PCP 용어로 말하면, 조작의 수를 줄이는 것은 정보 접근 비용을 줄인다. 여러 모형들이 이 일을 어떻게 할 것인가를 가르쳐준다.

## 1.4 그래프 판독의 편중

특정한 상황에서, 그래프에서 정보를 추출할 때 사람들이 하는 판단은 편중될 수 있다 (Gillan, et al., 1998). 즉, 사람은 참 값에 비교해서 (그래프의) 수량을 체계적으로 과대평가 (혹은 과소평가)하는 경향이 있다. 일부 편중들은 우리의 지각 감각을 왜곡시키는 착시와 관련되어 있다. 예컨대, 그림 4.3a에 보이는 **Porgendorf 착시**(Porgendorf illusion)를 볼 때 사람은 기울어진 선들을 수평선 쪽으로 '편평하게' 본다. 동일한 착시가 선 그래프에서 선의 기울기를 편평하게 하는 경향이 있는데, 이 점이 그림 4.3b의 화살표에 의해 표시되어 있다. 그래서 축에서 떨어져 있는 한 점(예 : 그림에서 보이는 선의 오른쪽에 있는 점)은 과소 추정되는 경향이 있을 것이다(그림 4.3b)(Poulton, 1985). Poulton은 이 착시는 각 변에 눈금이 매겨진 축이 제공되면 크게 감소되는 것을 발견했다(그림 4.3c). 그래프 안에 배치되는 격자선들도 이 편중을 줄이는 데에 도움이 될 것이다(Amer, 2005).

그래프 편중의 두 번째 예는 다른 기울기를 가진 두 선들 간의 **차이**를 비교할 때 생긴다 (Cleveland & McGill, 1984). 그림 4.4에 있는 두 곡선들 간의 수직 차이는 왼쪽에서 실제로 더 작다. 그러나 지각적으로 보면 그 차이가 오른쪽에서 더 작아 보이는데, y축상의 차이 판단이 (수직상의 분리가 아니라) 두 곡선 간의 시각적 분리(혹은 유클리드 거리)에 의해 편중되어 있기 때문이다. 한 가지 해결책은 그 차이를 직접 그리는 것이다(그림 4.4의 아래).

다른 편중들은 면적과 부피를 판단할 때에 생기는 지각적 한계에서 비롯되는데, 면적과

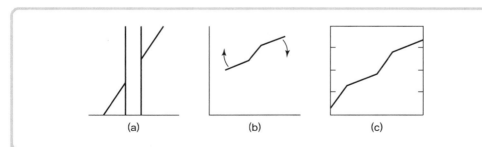

**그림 4.3** (a) Porgendorf 착시 : 2개의 사선이 실제로 연결된다. (b) Porgendorf 착시 때문에 '휘어져' 보이기 쉬운 선 그래프. (c) 양 변에 눈금표시를 하여 Porgendorf 착시를 '탈편중시킴(debiasing)'.
출처 : E.C.Pouton, 'Geometric Illusions in Reading Graphs.' *Perception & Psychophysics*, 37(1985), 543. Reprinted with permission of Psychonomic Society, Inc.의 허락을 받아 인용

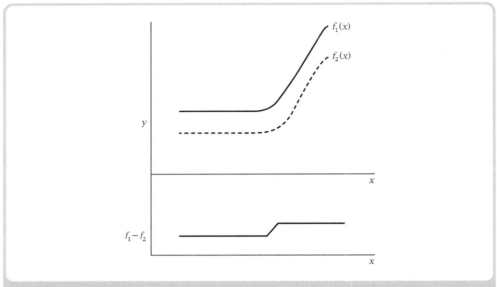

**그림 4.4** 기울기가 변화하는 $f_1(x)$와 $f_2(x)$의 그래프 쌍에서 차이의 지각에 생기는 편중. 아래 곡선은 실제의 차이인 $f_1(x) - f_2(x)$를 그래프로 표시하는 것인데, 왼쪽보다 오른쪽에서 (그 값이) 더 크다.

부피는 그래프에서 양을 나타내기 위해 흔히 사용된다. 부피는 3차원 그래프 형식의 사용이 늘면서 특히 널리 사용되고 있다(Carswell, Frankenberger, & Bernhard, 1991; Siegrist, 1996; Spence, 2004). Cleveland와 McGill(1984, 1985, 1986)은 자신들이 수행한 일단의 실험들에 기초해서, 그래프에서 두 양에 대한 비교 판단을 하는 능력은 그림 4.5에서 보이는 순으로 점진적으로 떨어진다고 주장하였다. 가장 좋은 비교 판단은 같은 기준선에 맞추어진 두 직선 척도를 평가할 때이다. (우리는 제3장에서 막대들을 같은 기저선에 맞추는 것이 어떻게 기울기라는 출현특징을 만들어내는지를 고찰할 때 비슷한 점을 지적했다.) 가장 열등한 판단은 둘의 면적, 부피, 색 조각을 비교할 때 일어난다. 그림 4.5에 보이는 Cleveland와 McGill의 순위는 그래프 디자이너에게 유용한 틀을 제공하며, 국지적 비교와 점 판독과 같은 초점 과제에 대한 PCP의 예측들과 상응한다(Carswell, 1992b).

그림 4.5의 순위들은 **지각 연속체**(perceptual continua)(자극물의 유형)를 판단할 때 관찰된 편중들과 관련된다. 사람들이 여러 크기의 대상들에 숫자를 부여하여 그 크기를 추정할 때[Stevens, 1957에 의해 개발된 **크기 추정**(magnitude estimation)법] 그들은 특정한 편중을 보인다. 면적이나 부피와 같은 어떤 연속체들은 **반응 압축**(response compression)을 낳는다. 즉, 물리적 크기상에 일정한 증가가 더해질 때마다 지각된 크기는 점점 덜 증가하게 된다. 채도와 같은 다른 자극물들은 **반응 팽창**(response expansion)을 보이는 경향이 있다. 즉, 물리적 크기상에 일정한 증가가 더해질 때마다 지각된 크기에서 점점 더 큰 증가가 유발된다. 길이는 편중이 거의 없이 판단되는 경향이 있었다. Stevens(1957, 1975)는 물리적 크기와 지

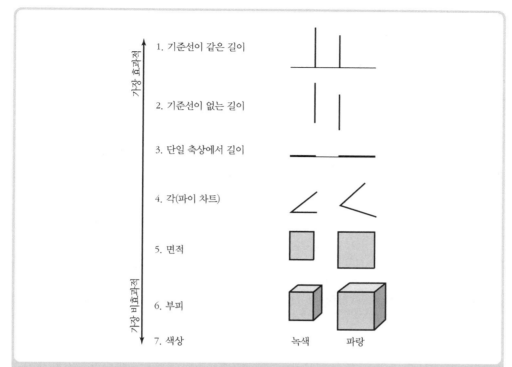

**그림 4.5** 수량을 비교하기 위해 제시되는 일곱 가지 그래프 표시 방식. 그래프는 가장 효과적인 것(상단)부터 가장 비효과적인 것(하단)의 순으로 배열되어 있다.

각적 크기 간의 관계는 **Stevens 법칙**(Stevens' law)이라 불리는 지수 함수로 표현될 수 있음을 발견하였다. 여기에서 지수는 반응 압축 혹은 팽창의 양을 나타낸다. 지수가 1보다 작으면 반응 압축이 일어나고 지수가 1보다 크면 반응 팽창이 일어나며 지수가 1과 같으면 어떤 편중도 일어나지 않는다. 그래서 그래프에 나타난 면적과 부피에 대한 추정은 반응 압축이 일어나기 쉬워서, 큰 면적 그리고 특히 부피는 과소평가되는 경향이 있을 것이다. 일반적으로 Stevens의 지수가 1과 다른 면적, 부피, 채도, 다른 지각 연속체를 사용하는 것은 그래프에서 피해야 할 것이다.

더욱이 Stevens 법칙이 묘사하는 편중은 비율의 판단(예 : B에 대한 A의 비율이 얼마인가?)과 같이 여러 양이 개입되는 더 복합적인 판단에 영향을 주는 듯 보인다(Holland & Dyre, 2000). 그림 4.6a에 나타난 것처럼, 파이의 두 조각에 해당하도록 수평선을 두 부분으로 나누도록 요구받았다고 하자. 비율을 묘사하는 그래프(예 : 파이 차트, 쌓아진 막대 그래프)를 판단할 때, 사람들은 주기적 편중 패턴을 보이는 경향이 있다(예 : 0에서 0.25 사이에는 과대추정, 0.25에서 0.50 사이에는 과소추정, 0.50에서 0.75 사이에는 과대추정, 그리고 0.75에서 1 사이에는 과소추정). 주기적 패턴의 '진폭'은 Stevens 지수에 의해 결정되며(그림

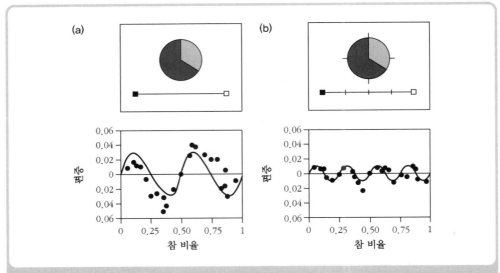

**그림 4.6** 그래프의 판단에서 주기적 편중의 패턴들. (a) 파이 차트에서 참 비율의 함수로 본 편중. (b) 눈금 표시가 추가되었을 때 참 비율의 함수로 본 편중. 편중 패턴이 2 주기에서 4 주기로 변화하고 전반적 오류가 감소된다. 곡선 함수는 Stevens 법칙에서 도출되는 주기적 파워 모형의 예측을 보여준다(Hollands & Dyre, 2000).

에 있는 파이 차트의 경우 추정된 지수는 1보다 작다), 패턴의 '주파수'는 사용할 수 있는 눈금 표시(tickmark)의 수에 의해 결정된다(그림 4.6 상단에 있는 두 판을 비교하라). 눈금 표시가 그래프에 더해질 때 그림 4.6b에 보이듯, 편중 주파수는 두 배가 되며 오류를 줄인다. 중간에 있는 참조점(눈금 표시)은 관찰자가 그래프를 성분들로 나눌 때 사용되고, 이것은 Stevens 지수는 일정함에도 오류가 감소하는 유익한 부수 효과를 가진다.

　요약하자면, 그래프에서 비교 판단을 할 때의 편중은 다음 방법으로 감소될 수 있다. (1) Stevens 지수가 1과 다른 연속체를 사용하지 않는 것, 그리고/또는 (2) 참조점들을 사용할 수 있게 하는 것(예 : 눈금 표시를 더하는 것)이다.

## 1.5 자료-잉크 비율

앞에서 주목했듯이, 그래프 판독자들은 당연히 가용한 그래프 요소들을 주사하거나 검색한다. 이것은 판독자가 그래프 유형에 친숙하지 않거나 다른 이유로 숙련되지 않았을 때 특히 사실이다(Peebles & Cheng, 2003). 제3장에서 불필요한 시각 요소들(무리)은 시각 검색을 늦출 것이라는 것을 배웠다. 그래프에서 시각 요소들의 수가 클수록 요구되는 주사들의 수도 커진다. 그래프 디자이너들은 그러므로 정보를 전달하지 않는 그런 가외적인 그래프 요소들을 제거하려고 노력해야 한다(Wang, 2011). 영향력이 있는 책에서 Tufte(2001)는 그래프에서 자료를 묘사하기 위해 사용된 잉크와 불필요한 비자료 잉크를 구별하였다. 그는 **자**

**료-잉크 비율**(data-ink ratio) 원리를 주장했는데, 이것은 자료 점들을 묘사하지 않는 잉크의 양은 최소화되어야 한다는 것이다(Tufte, 2001).

이 원리와 일관적이게, 그래프 요소들을 수정하는 기법들이 개발되어 판단의 정확성을 희생하지 않고도 같은 양의 공간에 더 많은 자료들이 묘사될 수 있다(Heer, Kong, & Agrawala, 2009). 자료-잉크 비율이 더 높을수록(즉, 자료와 연결되는 잉크가 더 많고 불필요한 잉크가 더 적을수록) 다양한 판단을 내리는 데 드는 시간은 더 빠르고 정확도는 더 높다(Gillan & Richman, 1994). 게다가 통합 과제(즉, 전역적 비교, 종합 판단)는 초점화된 과제보다 자료-잉크 비율에 의해 더 크게 영향을 받는 것으로 보인다. Gillan과 Richman의 결과는 또한 회화적 배경(예 : 전형적인 USA Today 스타일의 그래프에서처럼, 재무 자료를 묘사하는 막대 그래프 뒤의 은행 그림)의 사용이 더 통합된 판단의 경우에 특히 해롭다는 것을 시사한다. 마찬가지로 Renshaw, Finlay 등(2004)은 2D 선 그래프를 3D 리본 그래프(선들이 비스듬한 각도에서 보이는 리본으로 표시된다)와 비교했으며, 2D 형식에서의 수행 이득을 발견했는데 이것은 훨씬 더 높은 자료-잉크 비율을 갖고 있었다. Ratwani 등(2008)은 무관한 이름표들이 추가적인 응시를 요구하며 이해 시간을 증가시킨다는 것을 발견했다. 즉, 이름표들이 제거되었을 때 추가적 응시와 시간 불이익이 제거되었다. 그래서 높은 자료-잉크 비율이 주의 산만(초점 주의의 실패)을 줄임으로써 특히 통합 과제에서 그래프가 더 효과적이게 하며, 비자료 잉크는 그래프에서 제거되어야 한다는 것을 제안하는 상당한 증거가 있다. 사람들이 더 많은 비자료 잉크를 갖는 그래프를 선호하는 것처럼 보이는 것을 고려할 때 이 점을 기억하는 것은 특히 중요하다(Inbar, Tractinsky, & Meyer, 2007).

그러나 자료-잉크 비율을 최소화한다는 개념은 너무 멀리 나갈 수 있다(Carswell, 1992b; Wickens, Lee, Liu, & Gordon-Becker, 2004). 선 그래프 내의 점들을 잇는 선은 비자료 잉크를 나타낸다(자료는 점들로 충분히 표시된다). 그러나 선의 제거는 항상 좋은 생각은 아닌데 (제3장 그리고 그림 4.1과 4.2에서 보았듯이) 선의 기울기는 **출현특징**으로서 이바지한다. 비자료 잉크의 제한된 사용은 사용자가 그래프 요소들을 해석하는 것을 돕는 데에 유용할 수 있다(Gillan & Sorensen, 2009). 만일 비자료 심상이 그래프의 내용에 연결되어 있다면 그것은 그래프가 더 눈에 띄게 하고 그래서 더 잘 기억될 수 있게 하는 데에 효과적일 수 있다(Bateman et al., 2010). 일반적으로 비자료 잉크는 회피되어야 하지만, 만일 신중하게 사용된다면 어떤 비자료 잉크는 그래프 이해를 도와줄 수 있다.

## 1.6 다중 그래프

이전 논의는 단일 그래프의 이상적인, 부합되는 속성들에 초점을 두었다. 똑같이 중요한 논제가 결합 혹은 다중 그래프의 제시에 대해 있는데, 이것들은 관련된 자료 집합들을 보여주는 것이다(예 : 한 그래프는 남성의 경우 몇 가지 질병의 유행을 보여주고, 다른 그래프는 여성의 경우를 보여준다). 이것은 상호작용적 디스플레이 혹은 정보 시각화 상황과 유사한

데, 여기에서 자료는 충분히 복합적이어서 그 상호 연관성을 이해하기 위해 여러 형식들 (format) 혹은 여러 창으로 보아야 한다(Chen et al., 2007). 여기에서 그래프 디자이너는 각 그래프 자체의 최적화와 더불어 계속적으로 보이는 그래프 형식들 간의 관계에 관심을 두어야 한다. 4개의 구체적인 관심사들이 식별될 수 있다.

1. **변인의 부호화**(coding variable) : Shah와 Carpenter(1995)는 부호화된 변인(다른 선)에 대한 우리의 정신 표상이 질적이거나 명목적인 반면, 그래프의 $X$축에 놓인 변인에 대한 표상은 양적 계량적 항목이라는 것을 보여주었다. 이것은 다중 그래프 구성을 위해 두 가지 함축을 갖는다. (1) 계량적 변인들이 $X$축에 놓이도록 그래프를 만들어라. (2) 만일 모든 변인들이 질적이라면 가장 중요한 차이가 $X$축을 따라 각 선상의 두(혹은 그 이상의) 점에 의해 표시되는 변인들로 부호화되도록 그래프를 만들어라. 이 방식에서는 변인의 효과가 구성된 그래프의 출현특징, 즉 기울기에 의해 직접 표현된다. 기울기의 차이(즉, 두 선 간의 각)는 제3장에서 주목했듯이 출현특징으로 이바지한다.

2. **일관성**(consistency) : 동일한 자료가 다른 방식으로 그림으로 표시될 때, 그래프 간에 일관성을 유지하는 것이 중요하다(Gillan, et al., 1998). 예를 들어, 한 그래프에서 선의 유형(예 : 끊어진 선 대 점선)에 의해 부호화된 변인은 가능하면 모든 그래프에서 동일한 물리적 구별에 의해 부호화되어야 한다. 그런 일관성이 불필요하게 위반되면 판독자는 한 그래프에서 다른 그래프로 전환하는 데에 더 큰 인지적 노력(즉, 더 많은 심적 조작)을 기울여야 할 것이다. 높은 일관성은 눈이 그래프 사이를 이동할 때 좋은 **시각 타성**(visual momentum)을 낳는다(Woods, 1984). 이 개념은 다음 장에서 고찰될 것이다.

3. **차이 부각시키기**(Highlighting difference) : 관련 자료가 여러 그래프에서 제시될 때, 그래프 간의 변화, (특히 범례에서든 혹은 상징 그 자체들에서든) 강조하는 것이 결정적이게 된다. 예를 들어, 동일한 변인 X의 함수로서 여러 Y 변인을 제시하는 일련의 그래프는 Y 명칭을 부각시켜야 한다. 이 시스템은 (다른 그래프를 읽는 데 필요한 심적으로 단일한 변경이 두드러지게 표시되는 한) 동일한 인지적 갖춤새가 그래프 간에 이전되도록 한다. 변화된 요소를 찾는 데에 필요한 시간 및 노력 소모적 시각 검색은 최소화되어(Gillan, et al., 1998) 정보 접근 비용을 줄인다.

4. **짧고 독특한 범례**(Short distinct legend) : 유사한 그래프의 범례들은 독특한 특징들을 부각시켜야 하며, 여러 줄로 된 동일하게 보이는 범례들의 중간이나 마지막에 거의 감추어진 하나의 단어로 그 특징들을 파묻어두어서는 안 된다.

결론적으로 그래프는 비교적 단순한 정적 디스플레이이고 보통 사람에 의해 해석될 수 있도록 의도되었지만 고려해야 할 많은 중요한 디자인 이슈들이 있다. 다음 절 및 다음 장에서 상호작용적 정보 디스플레이를 고려할 때 많은 유사점들을 보게 될 것인데, 같은 디지털 혹은 아날로그 표상들이 종종 사용되기 때문이다. 아날로그 표상은 기하적이고 공간적인 요소들이 변인들의 값을 나타내기 위해 비슷한 방식으로 사용되는 식으로, 종종 비슷한 형식들을 택한다. 그래서 (근접 부합성 원리와 일관성과 같이) 포괄적인 원리들은 그런 디스플레이를 고찰할 때 다시 나타날 것이다. 그러나 정보 디스플레이의 경우 상황은 동적이고, 자료는 실시간적이거나 거의 실시간에 가까우며 조작원은 종종 디스플레이에서 묘사되고 있는 변인들의 일부를 조절할 수 있는 위치에 있다(혹은 변인들을 통제하는 것이 '감독하는 자동화'이다). 이것은 제3장에서 서술된 **감독 제어**(supervisory control) 과제였다. 그런 변인들의 제어는 종종 중요한 훈련 혹은 경험(예 : 핵발전소 제어, 비행기 조종)을 필요로 한다. 대조적으로 그래프는 흔히 보통 사람에 의해 해석될 수 있게 디자인된다. 그래서 우리의 정보처리 모형(그림 1.1)으로 보면, (제어 행동 이후) 환경으로부터의 피드백의 사용은 중요한 역할을 한다. 디스플레이는 직관적인 방식으로 맞는 변인들을 나타내어 행위에 유용한 안내를 제공할 필요가 있다(Bennett & Flach, 2011). 우리는 다음 절에서 이 주제들을 고려한다.

## 2. 다이얼, 미터기, 지시계 : 디스플레이 부합성

인간 조작원들이 제어하는 많은 동적 시스템들은 시스템 일부의 순간적 상태를 나타내기 위해 다이얼, 미터, 혹은 다른 변화하는 요소들을 써서 동적 아날로그 형식으로 정보를 제시한다. 다이얼과 미터기도 조작원의 **심적 모형**(mental model)과 부합하는 것이 중요하다. 심적 모형은 (제7장에서 상세히 다룰 개념인데) 시스템을 이해하고 미래의 행동을 예측하고 그 행위를 제어하는 데 기초가 된다(Gentner & Stevens, 1983; Moray, 1998; Park & Gittelman, 1995; St-Cyr & Burns, 2001). 결과적으로 그림 4.7에 나타난 바와 같이 디스플레이 인터페이스를 디자인할 때 고려해야 할 세 수준의 표상들이 있다. (1) 물리적 시스템 그 자체, (2) 사용자의 심적 모형, (3) 이 둘 간의 인터페이스로, 그 위에서 시스템의 변화가 조작원에게 제시되고, 제어 행위와 결정의 기초를 형성하는 데 도움이 되는 디스플레이 표면이다. 이세 표상들 간의 **부합성**(compatibility)을 높은 수준으로 유지하는 것이 중요하다.

이런 부합성을 달성하기 위해서는 인터페이스의 속성들이 물리 시스템의 역학(dynamics)을 정확하게 반영하는 것이 우선 중요한데, 이 상응성은 **생태학적 부합성**(ecological compatibility)이라 불린다(Vincente, 1990, 1997). 이것은 조작원의 심적 모형이 물리 시스템의 역학에 더 잘 상응하도록 도와줄 것이다(St-Cyr & Burns, 2001; Vicente, 1997). 그런 상응성은 (제7장에서 논의되는 좋은 조작원 훈련에 의해서뿐만 아니라) 핵심적인 물리적 변수들이 효과적이고 직관적인 방식으로 보여주는 디스플레이에 의해 도움을 받을 것이다. 둘째로, 디스플레이 부합성은 그 구조와 조직이 사용자의 심적 모형에 부합하는 디스플레이 표상에 의해 달성된다.

복잡 시스템에서 자동화의 사용이 증가하는 것을 고려하면(제12장에서 논의됨), 물리적

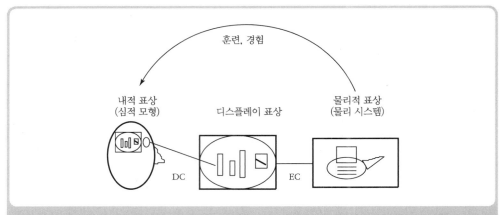

**그림 4.7** 물리 시스템의 표상. 두 가지 유형의 부합성이 묘사되어 있는데, 물리 시스템과 디스플레이 간의 부합성(생태학적 부합성 : EC) 및 디스플레이와 사용자의 심적 모형 간의 부합성(디스플레이 부합성 : DC)이다. 그림은 또한 심적 표상에 대한 물리적 표상의 영향에 대한 훈련의 중요성을 부각시키고 있다.

표상은 물리적 작업을 수행하는 시스템뿐만 아니라 그 과정을 제어하는 어떠한 자동화된 시스템도 포함한다. 그래서 예를 들어, 비행기의 물리 시스템은 방향타, 엔진, 승강타, 보조 날개(aileron)뿐만 아니라 그런 비행기 성분들을 제어하는 데 사용되는 자동화된 시스템도 포함한다. 시스템에 문제가 생긴다면 적절한 인식을 유지하기 위해 심적 모형이 자동화된 시스템을 정확하게 반영하는 것이 중요하다. 예를 들어, Sarter(2008)는 보잉 B737 및 에어버스 A320의 비행조종실(flight deck) 자동화에 대한 조종사의 심적 모형에서의 갭과 오해가 그 조종사들이 저지른 오류의 원인이 되었다는 것을 지적했다. 뉴욕 주, 버팔로 근처에서 일어난 Colgan Air Flight 3407과 같은 최근의 비행기 사고들(Sorensen, 2011)은 적어도 부분적으로 비행기가 제어되지 않을 때 자동화가 무엇을 하고 있었는지에 대한 조종사의 이해 부족의 탓으로 돌려질 수 있다.

조종사의 부합성을 고려할 때, 아날로그/연속형(analog or continuous) 시스템과 디지털/이산형(digital or discrete) 시스템을 구별하는 것이 중요하다. 일반적으로 아날로그 시스템은 그 행동이 물리학의 법칙에 의해 지배되며 따라서 시간상에서 연속적으로 변하는 시스템들이다(예 : 항공기, 차량, 에너지 보존 과정의 제어). 물리학은 **생태학**(ecology)을 정의하고, 그래서 생태학적 부합성이 중요하게 된다. 아날로그 시스템을 고려할 때, 디스플레이 부합성의 정적 및 동적 성분들을 구별하는 것이 중요하다.

## 2.1 정적 성분 : 회화적 실재

**회화적 실재의 원리**(principle of pictorial realism, PPR)(Roscoe, 1968)에는 두 부분이 있다. 첫째 부분은 다음과 같이 정의될 수 있다. 만일 한 변인의 물리적 표상이 아날로그라면 그 디스플레이 표상도 아날로그여야 한다는 것이다(Roscoe, 1968). 비행기 고도의 표상이 전형적인 예이다. 물리적으로 고도는 아날로그(연속적) 양이며 고도의 큰 변화가 작은 변화보다 더 중요하다. 개념적으로 조종사는 고도를 아날로그로 표상하기 쉽다. 그러므로 부합성을 달성하기 위해 고도 디스플레이(즉, 고도계)는 디지털이기보다는 아날로그 형식(예 : 고도 의 변화를 나타내기 위해 디스플레이에서 위치가 변하는 바늘)이어야 한다. 상징적 디지털 정보를 아날로그적 개념 표상으로 변형시키는 것은 별도의 인지적 처리 단계를 부가하고, 이것은 더 긴 응시, 더 긴 처리시간 혹은 더 높은 오류 가능성을 초래할 것이다(Grether, 1949).

고도나 연속적으로 변하는 다른 양들을 아날로그로 혹은 디지털로 표상하는 것의 선택에 다른 요인들도 영향을 미친다. 종종 과제 요구에 의해 요구되는 것인데, 사용자의 행동적 반응의 본질이 중요하다. Miller와 Penningroth(1997)는 참가자들이 아날로그와 디지털 시계 를 읽고 시간을 다른 방식으로 보고하게 했다. 그들이 시간을 정확한 수로 읽도록(예 : 2 : 40 → '두 시 사십 분') 읽도록 요청받았을 때 디지털 형식이 더 우수한 것으로 나타났다. 반면에, 정시가 되기 전의 분을 말함으로써(예 : 2 : 40 → 이십 분 전 세 시) 어떤 한계로부 터 그 변인의 거리를 한눈에 추정할 필요는 아날로그 형식이 더 유리하였다. 마찬가지로, 한 변인의 크기를 지각하는 것은 그것이 빨리 변하거나 변화율 혹은 사건 발생 정보를 판정 하는 것일 때 아날로그 표상이 유리하였다(Proctor & Van Zandt, 2008; Schwartz & Howell, 1985). 전자 디스플레이의 융통성을 고려할 때, 단일 디스플레이 내에 두 가지 형식을 쓰는 것은 흔한 일이다. 이것은 다중 과제의 요구에 부응한다. 예를 들어 일반적으로 아날로그 표상은 친숙하지 않은 환경에서 길 찾는 동안 헤드 마운티드 디스플레이를 쓰는 병사에게 이동 방향(heading)을 나타내는 데에는 효과적이다(Kumagai & Massel, 2005). 이것은 회화 적 실재의 원리를 따른다. 그럼에도 불구하고, 디스플레이가 경유점에 대한 특정한 이동 방향을 디지털로 추가적으로 보여줌으로써 이동 방향을 다른 병사에게 언어적으로 소통하 는 병사를 돕는 것이 유용할 것이다.

내적 표상이 아날로그적이기 쉬운 여러 변인들이 있다(예 : 온도, 압력, 속도, 힘, 방향). 게다가 어떤 개념 차원은 여러 수준을 가진 순서화된 양의 특성을 가지고 있다(예 : 위험 혹은 준비 상태의 정도). 이것들도 또한 아날로그 표상으로부터 득을 볼 것이다.

PPR의 둘째 부분은 디스플레이 표상의 **방향** 및 **모양**도 심적 (및 물리적) 표상에 부합하여 야 한다는 것이다. 방향의 위반(높은 고도를 디스플레이의 아래에 표시하고 낮은 고도를 위에 표시하는 고도계)을 생각해 보라. 이것은 여전히 아날로그 표상이긴 하지만 고도에 대한 우리의 심적 모형은 물리적 변인 그 자체를 흉내 낸다. 높은 고도는 위에 있고 낮은 고도는 아래에 있다. 그러므로 고도계는 높은 고도를 눈금의 위에, 낮은 고도는 아래에 제 시해야 한다. 유사하게, 높은 온도는 디스플레이에서 더 높이 놓여야 하며, 낮은 온도는 더 낮게 놓여야 한다.

디스플레이 부합성은 원형 고도계(지침식이든 다이얼식이든)가 고도라는 수직 및 직선형 개념을 표시할 때 **모양**이란 측면에서 위반될 수도 있다(Grether, 1949). PPR이 또한 단일한 연속적인 변인을 별개의 부분들로 나눔으로써 위반된다. Grether는 조작원이 단일 지침으로부터 고도 정보를 추출하는 것보다 3개의 동심원적 지침들(각각 100, 1,000 및 10,000 피트 단위들을 표시하는)로부터 고도 정보를 추출하는 데 더 많은 어려움이 있다고 보고하였다. 요약하면 디스플레이로 표시된 양은 그것에 대한 조작원의 심적 모형에 상응해야 하며, 심적 모형은 다시 물리 세계의 특성들을 반영해야 한다. 정적 부합성 개념이 (전문가 시스템의 결정 논리 혹은 회로 다이어그램같이 내재적으로 아날로그적이지 않지만) 순서가 있는 공간적 성분을 가지는 시스템에도 적용될 수 있다.

PPR에서 회화적 실재론에 대해 말할 때 우리가 디스플레이에서 실재론을 맹목적으로 받아들일 것을 주장하는, 즉 실재론이 항상 좋은 것이라고 가정하는 것이 아니라는 것을 이해하는 것이 중요하다. Smallman과 St John(2005; Hegarty, Smallman, & Stull, 2012)은 실재적인 정보 디스플레이에서 이런 잘못된 신념을 **소박한 실재론**(naïve realism)이라 이름 붙였다. Smallman과 Cook(2010)은 사용자에게 사진 같은 3차원적인 지표면 모형을, 같은 지표에 대한 덜 실재적인 지형(topographical) 지도와 함께 보여주었다. 참가자들은 그 모형들을 지형 지도보다 더 실재적으로 평가했고, 또한 그들이 더 실재적인 디스플레이에서 더 잘할 것이라고 생각했다. 그러나 참가자들은 더 실재적인 지표 모형들에서 더 못한 수행을 보였는데, 더 증가된 실재론이란 과제 관련 정보와 더불어 무관한 자료가 보였다는 것을 뜻하기 때문이다. 사용자는 추가적인 자료로부터 과제 관련 정보를 추출하는 (다른 식으로 말하면, 비관련 자료를 여과하는) 추가적인 인지적 노력의 부담에 직면한다. 대조적으로, 여기에서 우리는 디스플레이 표상은 사용자가 과제를 수행할 때 사용자의 심적 모형과 부합해야 한다고 주장하고 있다. 아날로그 시스템에서 어떤 특정한 과제는 다른 변수들이 관련되지 않는 한 어떤 변수들이 주목되어야 한다고 요구할 것이다. PPR은 이 핵심 변수들에 대한 아날로그 표상을 옹호하지만 소박한 실재론은 모든 영역의 변수들이 (현재 과제 활동에 관련되지 않는 것조차도) 명백히 표시되어야 할 것이라고 주장한다.

## 2.2 색 부호화

디스플레이 부합성의 동적 측면에 대한 논의로 넘어가기 전에, 디스플레이 부합성의 다른 정적 형식, 즉 디스플레이 디자인에서 **색**(color)의 역할을 고려하는 것이 중요하다. 제2장에서 절대 판단이란 면에서, 제3장에서 시각 검색과 근접 부합성 원리란 면에서 색 부호화를 논의했으며, 정보 시각화(제5장)에서 그 역할을 논의할 때 색 부호화를 다시 고찰할 것이다. 여기에서 디스플레이 디자인에 실재적인 함축을 가진 색의 몇 가지 특성들을 요약하면 다음과 같다.

- 독특한 색은 단조로운 배경으로부터 두드러지며 (우리가 시각 검색에서 보았듯이) 표적에 대한 신속한 병행 검색도 가능하게 한다(Christ, 1975).

- **색상**(color hue)은 **범주적 또는 질적** 정보를 부호화하는 데에 유용하다(예 : 우호적 및 적대적 힘을 나타내기 위해 지도에 표시하는 파랑 및 빨강 상징). 그러나 다른 감각 연속체처럼 색은 절대 판단의 한계에 놓인다(제2장 참조). 그래서 시스템 디자이너는 대개 한 디스플레이에서 7개 이상의 색을 써서는 안 된다(Carter & Cahill, 1979; Flavell & Heath, 1992). 주변 조명이 변하는 조건에서(예 : 조종석 혹은 휴대용 디스플레이) 절대 판단 수행은 마찬가지로 손상을 입을 것이며(Stokes et al., 1990), 7개보다 더 적은 색 수준들이 강력히 추천된다.
- 색상은 한 디스플레이 내에서 대상들의 범주를 분리하는 데에(Yamani & McCarley, 2010), 이산적인 상태 변화를 나타내는 데에(Smith & Thomas, 1964; Van Laar & Deshe, 2007) 효과적이다.
- 어떤 색상들은 한 인구집단 내에 잘 확립된 상징적 의미를 가지고 있다(예 : 빨강은 종종 위험 혹은 정지를 가리키는 데 쓰이고, 초록 신호는 안전 혹은 진행을 가리키는 데 쓰인다). 이것들은 때때로 문화에 걸쳐 달라지기 때문에(Courtney, 1986), 그런 부호화는 종종 **인구집단 고정관념**(population stereotype)이라 언급되는데, 제9장에서 더 논의된다. 부호화 수준들은 인구집단 고정관념과 갈등적이어서는 안 된다(예 : '진행' 또는 '안전'에 빨강을 쓰는 것).
- 색상은 자연스러운 순서를 낳지 않는다(즉, 그 자체로 아날로그 디스플레이가 가능한 방식으로 '가장'에서 '최소' 순으로)(Merwin, Vincow, & Wickens, 1994). 빨강은 초록 보다 '더 많거나', '더 적게' 지각되지 않는다. 그래서 색상은 **상대 판단**(relative judgment) 또는 **비교**(comparison) 과제에 효과적이지 않다. 이런 과제에서 사용자는 어떤 값이 더 큰지 혹은 더 작은지를 결정하는 것과 같이 연속 또는 순서적인 척도상에서 값들을 비교하는데, 이것은 물론 아날로그 변인들의 표상에 중요하다. **채도**(color saturation) 는 이런 목적에 더 효과적이다(Bertin, 1983; Kaufmann & Glavin, 1990). 순서화된 **밝기** (brightness) 척도도 색상 변화에 기반을 둔 척도들보다 상대적 판단 과제에 더 효과적 인 것으로 드러났다(Breslow, Trafton, & Ratwani, 2009; Spence & Efendov, 2001; Spence, Kutlesa, & Rose, 1999).

색상과 밝기의 신중한 조합이 식별 및 비교 과제들 모두에 효과적일 수 있다는 것을 주장 하는 증거가 있다. 예를 들면, Spence 등(1999)은 밝기가 색상과 함께 변하는 순서화된 색상 척도가 밝기 변화 단독의 경우보다 더 정확한 비교 판단을 낳았다는 것을 보여주었다. 모틀 리(Motley)라고 불리는 알고리듬이 색상 및 밝기 모두에서 변하는 색상 척도를 만들기 위해 개발되었다(Breslow, Trafton, et al., 2010). 이 저자들은 식별 및 상대 비교 과제 모두가 모 틀리의 순서에 의해 잘 수행되었다는 것을 보여주었다. 그래서 디스플레이 요소들을 영리 하게 조합하고 선택함으로써 여러 목적들에 잘 이바지하는 디스플레이를 디자인하는 것이

가능하다. 다음 절에서 디스플레이 운동을 논의할 때 이 **혼성 디스플레이**(hybrid display) 개념으로 돌아올 것이다.

## 2.3 디스플레이 운동의 부합성

만약 운동이 물리 시스템 그 자체에서 일어난다면, 그 상황에 대한 적절한 심적 모형을 만들기 위해 (정적 디스플레이를 사용하는 것보다는) 디스플레이 운동을 써서 그 운동을 표시하는 것이 유용할 것이다(Park & Gittelman, 1995). 그러나 디스플레이와 심적 모형 간 방향의 부합성도 그 이상으로 중요하다. Roscoe(1968) 및 Roscoe, Corl과 Jensen(1981)은 **운동부분의 원리**(principle of the moving part, PMP)를 제안하였는데, 이것은 디스플레이에서 지시계의 운동 방향은 그 변인에 대한 조작원의 심적 모형에서의 운동 방향과 부합하여야 한다는 것이다. 수은 온도계의 경우에 이 원칙은 전형적으로 고수되는데, 수은주 높이에서의 상승이 온도의 상승을 가리키기 때문이다. 그러나 PMP와 PPR이 반대로 작동하여 이것 아니면 저것이 위반되어야 하는 상황이 있다.

이 위반의 예가 고도계로 보이는 그림 4.8에 나타나 있다. **움직이는 지침 디스플레이**(moving-pointer display)(그림 4.8a)에서 두 원리, 즉 운동 부분 및 회화적 실재는 충족된다. 높은 고도는 상단에 있으며, 고도의 증가는 디스플레이에서 움직이는 요소의 상향 운동으로 표시된다. 그러나 이 단순한 배치는 작은 범위의 고도만을 보여줄 수 있으며, 운동이 거의 보이지 않을 정도로 아주 압축된 척도를 필요로 한다. 한 가지 해결책은 고정된 지침을 쓰고, 관련된 부분만을 보여주기 위해 필요하다면 디스플레이 척도를 움직이는 것이다 [**움직이는 척도 디스플레이**(moving-scale display)(그림 4.8b와 c)]. 만약 움직이는 척도가

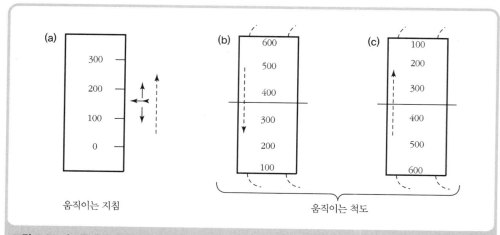

**그림 4.8** 디스플레이 운동. (a) 움직이는 지침 고도계. (b와 c) 움직이는 척도 혹은 고정된 지침 고도계. 끊어진 선 화살표는 고도의 증가를 가리킬 때 디스플레이 운동의 방향을 나타낸다.

PPR을 따르도록 디자인되었다면, 높은 고도들은 디스플레이의 상단에 있어야 한다(그림 4.8b). 그러나 이렇게 되면 고도의 증가를 가리키기 위해 척도가 아래로 움직여야 하는데, 이것은 PMP를 위반하는 것이다. 만약 PMP를 따르기 위해 명칭이 역으로 배치된다면(그림 4.8c) 이 변화는 방향을 역전시키고 높은 고도를 밑에 표시함으로써, PPR을 위반한다. 두 움직이는 척도 디스플레이의 단점은 변인이 빨리 변화할 때 숫자 그 자체가 움직이기 때문에 척도 값을 읽기가 어려워진다는 것이다.

여기에서 한 가지 해결책은 혼성(hybrid) 척도를 채택하는 것이다. 지침은 그림 4.8a처럼 움직이지만 척도의 제한된 부분만이 노출된다. 지침이 창의 상부나 하부에 가까이 가면 척도는 반대방향으로 더 천천히 움직여서 지침을 창의 가운데로 다시 돌려놓고, 척도에서 더 새롭고 더 유관한 영역을 보여준다. 그래서 지침은 더 눈에 띄는 비행기의 운동에 대응해서 고빈도로 움직이고, 척도는 필요한 만큼 저빈도로 움직인다. 이 방법으로 두 원리들, 즉 회화적 실재와 운동 부분의 원리가 충족된다. (제3장에서 서술된) 헤드업 디스플레이는 종종 이런 수단을 써서 고도를 표시한다.

혹은 전통적인 비행기 고도 표시기(혹은 인공적인 수평 디스플레이)를 살펴보자. 이것들은 공중에서 비행기의 방향(비행기의 고도는 roll, pitch, yaw를 포함하는데, 여기에서는 비행기 날개가 왼쪽으로 혹은 오른쪽으로 기울 때의 roll에만 집중할 것이다)을 보여준다. 여기에서 안정적인 비행기는 움직이는 수평선에 상대해서 위치한다(그림 4.9a 참조). 이것은 조종사가 비행기 창을 통해 보는 것과 비슷해 보이며[이 때문에 이것은 가끔 **안에서 밖으로 보는 디스플레이**(inside-out display)라고 지칭된다], 그러므로 PPR에 순응한다. 그러나 비행기가 회전할 때(roll 혹은 bank), 움직이는 것은 비행기가 아니라 수평선이다. 이것은 PMP를 위반하는데, 조종사는 세상을 안정된 것으로 지각하고 비행기가 그 속을 움직이는 것으로 지각하기 때문이다(Johnson & Roscoe, 1972). 게다가 수평선은 비행기에 대해 반대방향으로 회전할 것이므로 혼동과 갈등적인 반응을 초래한다(Roscoe, 2004). 비행기가 움직이고 수평선이 정지되도록 디스플레이를 구성하는 것[**밖에서 안으로 보는 디스플레이**(outside-in display)]은 반대의 문제를 낳는다. 이것은 PPR을 위반하는데, 그려진 정적 그림(수평적인 수평선, 기울어진 비행기)이 조종사가 창을 통해 지각하는 것(기울어진 수평선, 수평적인 비행기)과 갈등적이기 때문이다.

**빈도 분리 디스플레이**(frequency separation display)라는 혼성 디스플레이(그림 4.9c)(Lintern, Roscoe, & Sivier, 1990)는 혼성 고도 척도처럼 두 세계의 최선의 것을 포착하여 두 원리를 다른 방식으로 따른다. (roll 또는 bank를 제어하는) 보조날개의 빠른 운동은 비행기 상징이 제어하는 것과 같은 방향으로 움직이도록(roll) 할 것인데, PMP를 따른다. 그러나 비교적 지속되는 roll 또는 수평으로 되돌아가는 느린 roll 이후에 수평선은 새 방향으로 회전하여, 비행기 상징은 그것과 더불어 회전하면서 수평으로 돌아간다. 따라서 조종사가 전방을 볼 때 보는 것과 맞는 '그림'으로 복구한다. 이것은 PPR을 따른다. 그래서 빠른 운동은 PMP를

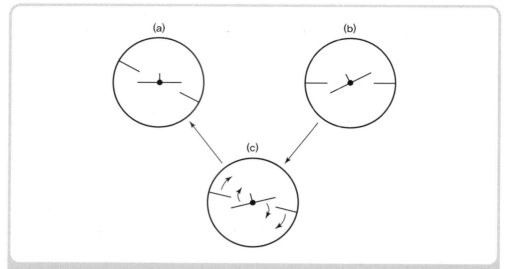

**그림 4.9** 항공기의 비행 자세 디스플레이. (a) 안에서 밖으로 보는 디스플레이, (b) 밖에서 안으로 보는 디스플레이, (c) 빈도 분리 디스플레이. 모든 디스플레이는 항공기가 왼쪽으로 기울어져 있음을 보여준다. 안정 상태로 돌아가는 저빈도 회전은 (c)에서 화살표로 표시된다.

따르는 반면, 더 느린 '안정된 상태'는 PPR을 따른다. 숙련된 조종사들이 한 평가는 단일 원리를 따르는 디스플레이에 대해 빈도 분리 디스플레이가 성공적임을 보여주었다(Beringer, Williges, & Roscoe, 1975; Ince, Williges, & Roscoe, 1975; Roscoe & Williges, 1975). 그래서 빈도 분리 디스플레이는 더 일반적 원칙을 예시한다. 때때로 영리한 디자인은 두 가지 표면적으로 모순적인 원리를 고수하지만 효과적인 결과를 낳는 시스템을 만들어낼 수 있다.

다른 유형의 빈도 분리 디스플레이는 **목 매인 디스플레이**(tethered display)라고 불린다 (Wickens & Prevett, 1995). 사용자가 3차원 세계에서 가상적인 아바타를 제어하는 게임 환경을 생각해 보자. 그런 환경에서 아바타 위쪽 뒤에 있는 시점을 취하며 그것에 연결되어 있는 일은 꽤 흔한데, 그래서 아바타가 움직일 때 그 시점도 '목 매인' 방식으로 그것과 함께 움직인다. 유사한 기술의 사용이 원격 차량 제어에서 탐구되고 있다(Hollands & Lamb, 2011; Wang & Milgram, 2009). Wang과 Milgram은 동적 속성들을 가진 가상적 목줄(tether)을 개발했는데, 아바타의 움직임 이후에 카메라의 보는 위치에 대한 점진적인 조정이 이루어진다. 중요한 것은 (앞에서 묘사한 2개의 혼성 장치처럼) 목줄이 처음에는 (제어 운동이 먼저 같은 방향으로 아바타의 운동에 영향을 주면서) 안에서 밖으로 보는 디스플레이처럼 작동하다가, 다음에는 주변 장면의 보상적인 운동이 일어나도록(바깥에서 안으로 보는 디스플레이로) 구성될 수 있다는 것이다. 이런 빈도 분리 원리에 기반을 둔 동적 목줄은 휘어진 터널을 통과하는 가상적인 비행기의 운동을 제어하는 데 경직된(rigid) 목줄(안에서 밖으로 보는 디스플레이와 비슷한 것)보다 더 우수한 것으로 Wang과 Milgram에 의해 입증되었다.

## 2.4 디스플레이 통합과 생태학적 인터페이스 디자인

회화적 실재의 원리는 디스플레이 배열이 그것들이 나타내는 물리적 성분들의 배열과 공간적으로 부합하거나 일치해야 함을 시사하는데, 이는 그림 4.7에 예시되어 있다. 그러나 제3장에서 논의되었듯이, 디스플레이의 정보가 그 정보를 정신적으로 통합하는 조작원의 필요에 부합하도록 (근접 부합성 원리처럼) 통합하는 다른 방법들이 있다(Wickens & Carswell, 1995). 또한 많은 창의적 디자인 해결책들은 디스플레이 요소들이 출현특징들을 낳도록 형상화할 수 있는데, 요소들이 조작원의 과제와 유관한 어떤 결정적 방식으로 변화할 때이다. 이런 형상화가 표상되는 자연적인 물리 시스템의 제약들을 반영하는 방식으로 될 때, 그 결과로 얻어지는 디스플레이들은 **생태학적 인터페이스**(ecological interface)라고 불리며(Vincente & Rasmussen, 1992; Vicente, 2002), **생태학적 부합성**을 따른다. 이 절에서 우리는 그런 인터페이스에 초점을 둘 것이다.

생태학적 인터페이스 디자인의 원리에 기반을 둔 인터페이스들이 다양한 작업 영역에서 개발되고 평가되어 왔다. 여기에는 핵처리 제어(Burns et al., 2008, Burns & Hajdukiewicz, 2004), 석유화학 시스템(Jamieson, 2007), 의료적 마취(Jungk, Thull, Hoeft, & Rau, 2001), 반도체 생산(Upton & Doherty, 2007), 군사 명령 및 제어(Bennett, Posey, & Shattuck, 2008), 그리고 자유 비행에서 비행기의 분리(Van Dam, Mulder, & van Paassen, 2008) 등이 포함된다. 생태학적 디스플레이의 핵심 특징 중 하나는 그것이 어떤 과정의 결과인데, 그 과정에서 작업 영역이 그 물리적 형태(예 : 파이프와 밸브)로 분석될 뿐만 아니라 기능이란 측면(무엇이 시스템의 목적인가)에서도, 그리고 추상적 수준(무엇이 시스템의 물리학인가)에서 분석된다는 점이다. 조작원이 고려할 필요가 있는 핵심 변인들은 이 **작업 영역 분석**(work domain analysis)을 통해 인간요인 디자이너에게 명백하게 된다(Burns & Hajdukiewicz, 2004; Vicente, 1999).

예를 들어, 핵처리 제어 맥락에서 Burns 등(2008)은 생태학적 디스플레이를 전통적 디스플레이와 비교하였다. 전통적 디스플레이는 장치(터빈, 밸브, 파이프)를 각각의 처리 값(압력 값, 밸브 위치)의 수치 형태로 보여주었다. 대조적으로 생태학적 디스플레이는 양 흐름 균형(mass flow balance) 같은 중요한 개념적 변인들을 디스플레이의 출현특징들에 대응시켰다. 예를 들어, 그림 4.10a에 보이는 것처럼, 2개의 막대가 두 가지 액체의 양을 나타내기 위해 사용되었다. 1개의 선이 막대들 사이에 그려졌는데, 선의 중심은 구분선(hatch)에 의해 표시되었다. 목수의 수평계에 있는 거품과 같이 작동하는 거품이 선 위에 놓여 있었다. 만일 두 양이 똑같으면 그 거품은 구획 표시에서 발견된다. 만일 왼쪽의 양이 오른쪽보다 더 작으면 거품은 구획 표시로부터 오른쪽으로 움직였고, 그 반대의 경우도 마찬가지였다(Lau et al., 2008). 게다가 선의 기울기라는 출현특징은 양의 균형을 나타냈으며, 그래서 한 하위 시스템의 출력량이 펌프된 총량과 같을 때 그 선은 수평이었으며, 만일 일단의 밸브에 대한 흐름 균형이 결정적인 값보다 더 크거나 작았을 때에는 그 선은 그 불균형에 비례하는 각도

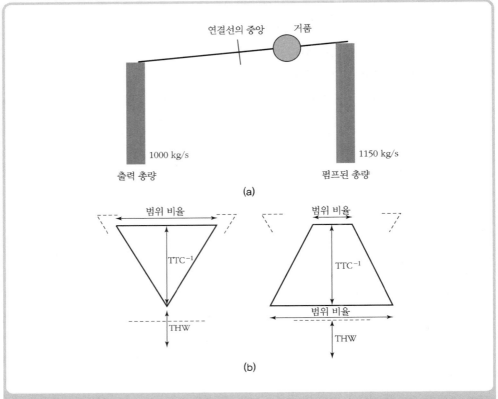

**그림 4.10** 생태학적 디자인의 예. (a) Carpenter의 수평 디스플레이(Lau et al., 2008). 두 막대가 동일하지 않을 때 (아마 그럴 것이지만) 물방울은 구분선(hatch) 표시로부터 멀리 이동함으로써 가운데를 벗어난다. (b) 적응적 크루즈 제어 디스플레이(Seppelt & Lee, 2007). 왼쪽에 있는 삼각형의 양보 모양은 운전자가 제동해야 한다는 것을 가리키며, 오른쪽의 사다리꼴은 안전한 추종 거리를 가리킨다. TTC=충돌 예상시간. THW=전방 시간(앞 차와의 거리를 자신의 차 속도로 나눈 것).

로 왼쪽 혹은 오른쪽으로 기울어졌다. Burns 등은 예기치 않은 시스템 실패를 탐지하는 데에 생태학적 디스플레이가 전통적 디스플레이보다 더 효과적이라는 것을 보여주었다.

다른 예로서, Seppelt와 Lee(2007)는 적응적 순항 제어(adaptive cruise control, ACC)를 위한 생태학적 인터페이스를 개발했다. 이 시스템들은 운전자의 차와 앞 차와의 거리를 일정하게 유지하기 위해 브레이크나 연료 밸브(throttle)를 조절한다. ACC 시스템은 제동과 감지(sensor)의 제한이 있는데, 이것은 운전자가 어떤 상황에서 개입해야(즉, 브레이크를 밟아야) 한다는 것을 뜻한다. Seppelt와 Lee에 의해 개발된 디스플레이는 운전자가 주시하고 제어해야 하는 물리적 변인들을 디스플레이의 어떤 특성들에 대응시켰다. 물리적 변인들에는 두 차의 속도 차이, (운전자의 차의 속도에 따라 척도로 표시된) 차간거리, 그리고 충돌 예상시간(이 장의 뒤에서 논의할 것이다)이 포함되었다. 그들이 사용한 특정한 대응관계는 상황이 잠재적으로 위험한지 아닌지에 따라 디스플레이의 모양이 변한다는 것을 의미했다.

만일 운전자의 차가 앞 차에 너무 빨리 접근하면 (양보 표지와 같은) 삼각형 모양이 생겨났다. 만일 앞 차가 운전자의 차보다 더 빨리 이동 중이면 디스플레이는 그 대신 사다리꼴로 (전방의 빈 도로로) 보였는데, 그림 4.10에 보이는 바와 같다. 그래서 모양이란 출현특징이 적절하게 뒤따르는 거리를 보장하기 위해 자동장치와 함께 일하는 운전자의 과제에 직접 대응되었다. Sppelt와 Lee는 이런 생태학적 디스플레이를 가지는 것이 비오는 상황 및 혼잡한 상황 모두에서 (디스플레이가 없는 조건과 비교해서) 운전자로 하여금 맞는 추종 거리를 유지하는 데 도움이 되었다는 것을 보여주었다.

생태학적인 부합성 원리에 기초해서 가장 효과적인 디스플레이를 어떻게 만들어낼 것인가에 대해 상당한 노력이 투입되었다. 생태학적인 인터페이스 디자인(EID)은 디스플레이에 대한 일반 지침들을 제공하는 가운데 그 지침을 충족할 수 있는 여러 디스플레이 옵션이 종종 있다. Vicente(2002)는 EID의 이점은 기능적 형태의 세부사항들에서 찾을 수 있을 뿐 아니라 중요한 기능적 정보가 조작원의 인지 활동을 지원하기 위해 획득 가능하다는 데 있다고 주장했다. Jessa와 Burns(2007)는 세 가지 다른 디스플레이 판독 활동, 즉 목표 수준 판정, 방향의 변화 판정, 비율의 해석에서 특정한 생태학적 디스플레이 옵션들을 평가했다. 그들은 목표 값 지시의 경우에는 황소 눈 모양(굵은 원이 더 큰 빈 원 안의 가운데 놓여 있는 대상 디스플레이)이 가장 효과적이었고, 방향 변화의 경우에는 영을 표시하는 수직선의 양쪽에 값을 보여주는 디스플레이가 가장 효과적이었으며, 양(quantities) 간의 비를 묘사하는 데에는 막대 그래프(여기에서 더 작은 값은 일단의 더 큰 값들의 비로 표시되었다)가 가장 효과적이었다는 것을 발견했다.

Jessa와 Burns(2007)는 생태학적 디스플레이의 효과성은 수행되는 판단 과제에 의해 결정된다는 것을 보여주었다. 즉, 통합 과제(예 : 다양한 변인들에 대해 전반적 상태 혹은 비를 판정하기)는 그런 값들을 단일 대상으로 통합한 디스플레이에 의해 가장 잘 수행되었으며, 초점 과제(여러 개별 변인들이 영보다 큰지 작은지를 판정하기)는 개별적인 형식에서 가장 잘 수행되었다. 이런 결과들은 근접 부합성 원리와 일관적이다.

디스플레이 디자인에 대한 근접 부합성의 중요성과 과제 표상(Zhang & Norman, 1994)의 형태를 고려해서, 우리는 근접 부합성을 마찬가지로 통합하기 위해 그림 4.7을 수정하였는데, 그림 4.11에 보이는 바와 같다. 그림 4.11에 보이는 부합성 원리의 집합(즉, 디스플레이, 생태학적, 근접 부합성 등)은 함께 입증된 디스플레이 지침들의 세트를 제시하는데, 이것은 디스플레이 디자인의 공학심리학에서 가장 강력한 틀 중 하나이다. 제5장에서 정보 시각화, 제6, 7, 9장에서 디스플레이 양식, 제9장에서 운동 반응을 다룰 때, 부합성을 다시 살펴볼 것이다. 이러한 다양한 측면에서 부합하는 디스플레이는 부합하지 않는 것들보다 정상 조건들에서 더 빠르게 그리고 더 정확하게 읽힌다. 더 중요한 것은, 그것의 이점들이 스트레스 상황에서 증가한다는 것이다(제11장 참조). 그림 4.11의 네 가지 표상들은 성공적인 시스템에서 긴밀하게 엮여 있다. 이런 일치성은 세 가지 유형의 디스플레이 부합성이 충족될

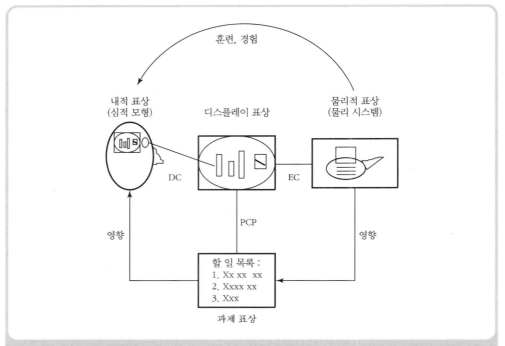

**그림 4.11** 이 그림은 과제 표상을 추가해서 그림 4.7을 증강한 것이다. 근접 부합성 원리(PCP)는 디스플레이 표상이 과제 표상과 부합적이어야 한다고 말한다. 그림은 또한 물리 시스템이 과제 표상에 영향을 주고, 그것이 다시 사용자의 심적 모형에 영향을 준다고 제안한다.

때 가장 일어나기 쉽다.

## 3. 3차원 : 자체운동, 깊이, 거리

### 3.1 직접 및 간접 지각

이전 논의의 대부분은 2차원(2D) 디스플레이에 초점을 두었다. 그러나 세 번째의 깊이 차원이 표시되는 상황이 있는데, 3차원(3D) 장면의 대상이 디스플레이 면과 수직인 축을 따라 관찰자로부터 여러 거리에 있는 것으로 표시되는 경우이다. 이 디스플레이들은 유클리드 공간의 세 차원들을 표현하고자 하는데, 이것이 이 절의 초점이다. 이런 디스플레이는 두 가지 일반적 목적 중 하나를 위해 개발될 수 있다. 첫째, 디스플레이에 표시된 세 차원들은 물리적 공간의 세 공간 차원들을 표시할 수 있는데, 이를 테면 비행 경로에서 조종사를 안내하기 위해서 혹은 위험 물질을 다루는 로봇 팔의 3차원 궤도를 계획하기 위해 어떤 디스플레이가 구성될 때이다. 둘째, 디스플레이는 또 다른 (거리가 아닌) 수량을 표현하기 위해 셋째(깊이) 차원을 사용할 수 있다. 이런 사용 예들은, 앞에서(제5장도 참조) 논의했듯이,

**표 4.1** 두 지각 시스템

| 직접 지각 | 간접 지각 |
|---|---|
| 비교적 자동적 | 인지적 추론 |
| 자체운동(관찰자에 밀접한) | 대상 지각(모든 거리) |
| 주변적(말초적) 시각 | 초점(중심와) 시각 |
| 배측 경로 | 복측 경로 |
| 생태학적 | 정보처리 |

많은 3차원적 그래픽 패키지(소프트웨어)에서 발견된다.

심리학자들은 3D 공간을 지각하는 데 질적으로 다른 2개의 시스템이 있다는 데에 대해 대략적인 합의에 도달했다(DeLucia, 2008). 표 4.1에 보이듯이, 이 시스템들은 다른 이름, 기능, 뇌에서의 경로를 가지고 있다(Goodale & Milner, 2005; Patterson, 2007). 공학심리학자들에게 중요한 것은 그것들이 또한 디자인과 다중 작업에 다른 함축점들을 가지고 있다는 것이다(제10장 참조).

우리는 우선 **직접 지각**(direct perception)을 위한 시스템을 서술한다. 다소 자동적으로 작동하고 우리가 3D 세상 속을 움직일 때 인접한 물체나 표면을 지각하기 위해 디자인된 이 과정은 **자체운동**(egomotion)이라 불린다. 이것은 때때로 **주변 시각**(ambient vision)을 특징짓기 위해 언급되며(Leibowitz, 1988; Previc, 1998, 2002), 그 시각 수용기들은 시야(및 망막)의 전체에 걸쳐서, 중심와 및 주변부 모두에 다소 동등하게 분포되어 있다. 이것은 피질로 가는 **배측 시각 경로**(dorsal visual pathway)를 택한다. 자체운동에서 그 조작은 고등한 인지적 추론에 크게 의존하지 않으며, 그 속성들은 시각 이미지의 동적 기하학에 의해 잘 표현된다. 환경에서 직접 지각의 이런 근거 때문에, 이것은 **생태학적 심리학**(ecological psychology)과 밀접하게 관련되어 있다(Gibson, 1979; Warren, 2004).

대조적으로 **간접 지각**(indirect perception)을 위한 시스템은 추론과 고등 수준의 인지에 훨씬 더 의존적이다. 이 시스템은 더 명시적이고 정교한 깊이와 물체 거리의 판단에 유용한데, 관찰자로부터 비교적 멀리 떨어져 있는 물체들에도 해당한다. 예를 들어 이 시스템은 멀리 떨어진 2개의 비행기들 중 어느 것이 지상의 관찰자에게 더 가까운지 혹은 비행기 중 하나가 어디를 향하는지를 판단하는 데 사용될 수 있을 것이다. 그것은 **초점 시각**(focal vision)(흔히 중심와 시각)을 사용하고, **복측 시각 경로**(ventral visual pathway)를 사용하는데, 이는 주변(혹은 말초) 시각과 반대이다(Previc, 1998, 2000, 2004; Previc & Ercoline, 2007). 고차 인지의 사용 때문에 간접적 3D 지각은 깊이 및 거리 추론을 하기 위해, 하향(top-down) 처리와 기대에 부담을 지운다. 이것은 직접 지각에 사용되는 비교적 자동적인 처리와 대조가 된다. 그래서 간접 지각은 직접 지각보다 주의 자원(제10장 참조)에 더 큰 요구를 한다.

3D 환경의 지각을 고려할 때, 직접 및 간접이라는 두 유형의 지각은 중요하다. 이 장의 나머지를 조직하기 위해, 우선 직접 지각과 자체운동, 그리고 차 제어에서 그것의 함축에 초점을 맞출 것이다. 그다음 공간 디스플레이의 디자인을 위해 간접 지각과 정교한 지각적 판단의 중요성을 고찰한다.

## 3.2 자체운동의 지각 : 주변부 3D

환경 속에서 이동하면서 (비행기에 타서든, 자동차를 이용하든, 혹은 발로 걷든) 우리가 움직이는 방향과 속도에 대한 우리의 판단은 중심와 시각 영역에만 있는 것이 아니라 시야에 걸쳐서 분포되어 있는 정보에 의존한다(Geisler, 2007; Schaudt, Caufield, & Dyre, 2002). 그래서 좋은 운전자는 일차적으로 고속도로의 중심에서 멀리 아래로(far down) 응시를 하면서도 말초 시각에 보이는 고속도로 옆의 결의 흐름을 효과적으로 사용한다. 그 결과 공학심리학자들은 관습적인 비행기 내비게이션 계기(그림 4.9에 보이는 비행기 자세 디스플레이 표시기 같은 것)들은 자체운동을 제어하는 데에 충분히 효과적이지 않다고 주장해 왔는데, 그것들은 중심와 시각으로 제한되어 있기 때문이다. 정말로, 비행 정보에 대한 조종사의 지각은 말초 디스플레이에 의해 증강될 수 있다는 것이 입증되어 왔다. 한 예는 **Malcolm 수평선 디스플레이**(Malcolm horizon display)인데, 이것은 레이저 프로젝션을 사용해서 조종사의 시야를 통틀어 모든 방향으로 가시적인 수평선을 뻗는 것이다(Comstock et al., 2003; Malcolm, 1984). Comstock 등은 Malcolm 디스플레이를 쓸 때에 그렇지 않을 때보다 자세 제어가 훨씬 더 정확하다는 것을 보여주었다.

전통적인 비행기 계기판의 두 번째 문제는 조종사가 좋은 위치 및 운동감각을 얻기 위해 필요한 정보가 몇 개의 별개의 계기들(그림 4.12)에 포함되어 있다는 것인데, 이것들은 그다음에 정신적으로 통합되어야 한다. 이 통합 문제에 대한 한 가지 해결책은 앞장에서 간단히 서술된 통합된 3D 디스플레이의 개발을 통해 달성된다. 다른 해결책은 생태학적 디스플레이의 디자인에 있는데, 이것은 사람들이 환경 속에서 자신의 운동을 지각하기 위해 자연스럽게 사용하는 시각 단서들, 즉 자체운동을 지원할 직접 지각의 단서들을 활용하는 것이다 (Bulkley et al., 2009; Gibson, 1979; Larish & Flach, 1990; Warren et al., 2001). 증강현실 (augmented reality) 디스플레이(제5장 참조)는 주변부 장면에 광학적 결을 제공할 수 있다 (Schaudt et al., 2002). 사실, (F-35 합동 타격 전투기와 같은) 5세대 전투기의 조종석은 그런 단서들을 사용하고 조종사가 헤드 마운티드 디스플레이를 써서 '바닥을 통과해서' 감지기의 이미지들을 볼 수 있게 한다(http://en.wikipedia.org/wiki/Lockheed_Martin_F-35_Lightning_II, 2011).

우리가 외부 환경을 통과해 갈 때 환경으로부터 어떤 정보가 제공되는가? Gibson(1979)은 시각 시스템이 자체운동의 제어를 지원하기 위해 탐지할 수 있는 일단의 환경적 속성을 확인했다. 이 속성은 때때로 **광학적 불변성**(optical invariants)이라 불리는데 그것은 눈(혹은

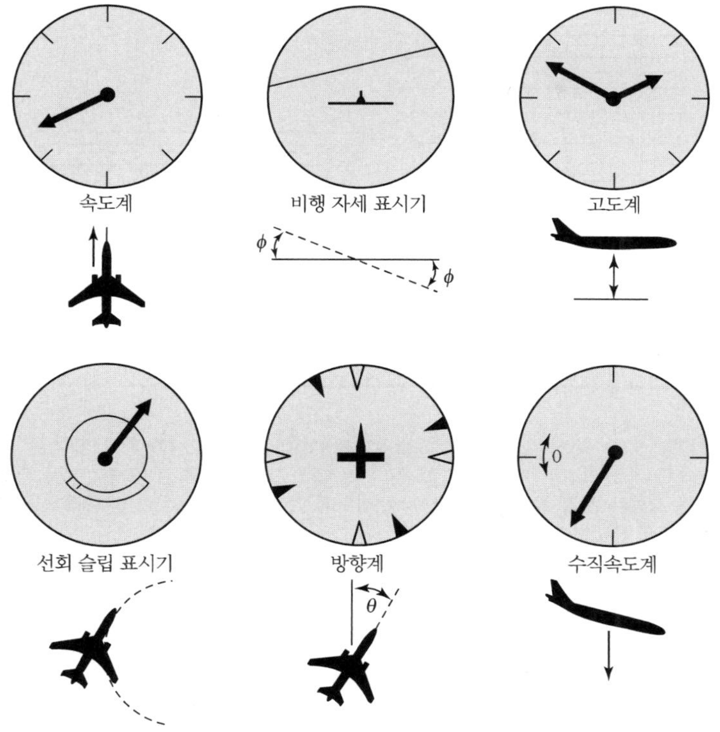

**그림 4.12** 전통적인 비행기 계기판

어떤 표면)에 도달하는 빛 광선의 속성을 나타내고, (관찰자가 걷든, 운전하든, 또는 비행하든 관계없이) 그의 위치와 이동방향(heading)에 대해 불변적인, 즉 변하지 않는 관계성을 가지고 있기 때문이다. 아마 각 불변성을 여러 시각 환경에 걸쳐 들어맞는 하나의 수학적 함수로 생각하는 것이 유용할 것이다. Gibson(1979)은 여러 개의 불변성을 확인했는데, 6개가 다음에 서술되어 있다.

1. **결 기울기(압축)** : 결(texture)이 있는 표면의 **압축**(compression)은 장면의 여러 부분들이 관찰자로부터 떨어진 상대적 거리를 가리킨다. 압축에서의 변화는, (그림 4.13의 왼쪽 및 오른쪽 패널을 비교할 때 명백하듯이) 고도의 변화 혹은 관찰자가 그 표면을 보고 있는 각도나 경사의 변화를 신호한다.
2. **끼인각** : 평행하는 후퇴하는 선들은 선들 사이의 각, 즉 **끼인각**(splay)에 의해 주어진 고도의 변화를 신호한다. 이것은 다시 그림 4.13의 두 패널을 대조함으로써 알 수 있다. 조종사가 고도를 제어하는 것을 도와주는 데에 끼인각과 압축의 가치가 있음을 실험

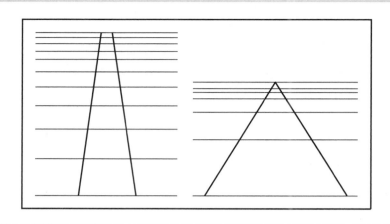

**그림 4.13** 끼인각과 압축. 끼인각은 2개의 후퇴하는 선들 사이의 각으로 정의된다. 압축은 앞(아래)에서 뒤(위) 사이의 수평선들이 분리되는 기울기로 정의된다. 왼쪽 그림에서, 지각은 아래로 보는 장들보다 더 높이 위에 있는 것이다. 오른쪽 그림에서, 지각자는 낮은 고도에 있고 전방으로 본다. 끼인각과 압축이 고도에 따라 어떻게 변하는지를 유의하라.

적 증거가 입증해 왔다(Flach et al., 1992; Flach et al., 1997; Gray et al., 2008). 이런 단서들은 자연적인 '생태학적' 방식으로 고도를 제시하며, 이 단서들이 직접 지각에 의해 자동적으로 처리되며 주의 자원이 다른 과제에 활용될 수 있도록 한다는 증거가 있다(Weinstein & Wickens, 1992). 고도 변화의 지각은 비행기 조종사가 착륙의 최종 단계를 개시하는 데에 특히 중요하다. 조종사는 고도를 결정하는 데 활주로의 끼인각을 사용한다(Palmisano et al., 2008).

3. **광학 흐름** : **광학 흐름**(optical flow)은 우리가 세상 속을 움직일 때 시각 장면에 걸쳐(그리고 그 결과로 망막을 가로지르는) 점들의 상대 속도를 말한다. 이 속도는 그림 4.14의 화살표들에 의해 표시된다. **확장 점**(expansion point)은 어떤 흐름도 없지만 그곳으로부터 모든 흐름이 방사하는 곳이며, 이것은 순간적으로 향하고 있는 방향을 가리킨다(Warren, 2004).

   광학 흐름은 이동 방향의 지각에 중요한 단서이다(Dyre & Anderson, 1997). 관찰자들은 광학 흐름이 장면에서 얻을 수 있는 유일한 단서인 경우에도 이동 방향을 정확하게 판정할 수 있다(Warren & Hannon, 1990). 조종사에게 확장 점은 결정적인데, 만일 이것이 수평선 아래면 그 위치는 수정을 하지 않으면 지상과의 충돌을 예언하기 때문이다. 게다가 확장 점으로부터 위로, 아래로, 왼쪽으로, 오른쪽으로 멀어지는 흐름의 **상대적 비율**은 운동 경로에 상대적으로 표면의 **경사**(slant)에 관한 좋은 단서가 된다. 모든 방향으로 똑같은 비율의 흐름은 표면으로 똑바로 향하는 것을 가리키는데, 낙하산을 탄 사람이 지상으로 똑바로 내려올 때 보게 될 것이다. 그림 4.14에서 보듯이

**그림 4.14** 광학 흐름. 화살표는 조종사가 지상에 접근할 때 지각할 법한, 시야를 가로지르는 결의 순간 속도를 가리킨다.

비행기가 지표와 각을 이루고 있는데, 광학 흐름이 확장 점 위보다 그 아래에서 더 크기 때문이다. 끝으로, 확장의 비율은 표면과의 거리에 대한 신호가 된다.

더 큰 광학 결 밀도(즉, 장면에서 움직이는 더 많은 점들, 더 자세한 시각적 세부사항)는 보통 이동 방향에 대한 제어를 더 좋게 한다(Li & Chen, 2010; Warren et al., 2001). 그래서 만일 시각 환경이 광학 흐름이란 면에서 저하되면 이동 방향의 지각은 영향을 받을 것이다. Kim 등(2010; Palmisano et al., 2008도 참조)은 시뮬레이터 속의 조종사가 지표면의 결이 좋은 광학적 흐름을 제공할 때 낮보다 밤 조건에서 착륙하는 동안 더 큰 활공각 제어의 오류를 범했다는 것을 보여주었다.

밤에 특징이 없는 지표면 위로 비행기를 착륙시킬 때(예 : 수면, 어두컴컴한 영역, 혹은 눈 위로 착륙할 때), **검은 구멍 착각**(black hole illusion)(Gibb, 2007; Kraft, 1978)이라 불리는 상황이 일어날 수 있는데, 이때 조종사는 그가 실제보다 더 높이 날고 있다고 생각하고 너무 빨리 하강해서 충돌하거나 활주로 앞에 너무 빨리 착륙하게 된다. 시뮬레이션 작업을 통해, Kraft는 접근하는 지표면에 (밝은 표면이나 주간에 보일 수 있어서 전역적인 광 흐름을 제공하는) 정상적인 결 기울기가 없을 때, 조종사들은 부적절하게 고도를 낮추곤 해서 위험할 정도로 낮은 궤도 비행으로 지상 충돌을 초래했다는 것을 발견했다. 착륙 중 발생하는 몇 개의 비행 사고들은 직접 혹은 간접으로 이 착각에 의해 유발되어 왔다(Gibb, 2007). 한 가지 해결책은 헤드업 디스플레이(혹은 제3장에서 더 자세히 서술한 HUD)에 가상적 이미지들을 써서 결을 제공하는 것이다.

HUD에 광 흐름을 써서 가상적 속도 표시기를 (시야의) 주변부에 놓은 것은 관습적인 조종석 디스플레이보다 속도나 고도를 제어하는 데에 더 효과적인 것으로 입증되어 왔다(Bulkley et al., 2009; Schaudt et al., 2002).

눈 속에서(혹은 우박이나 폭우 속에서) 운전할 때 일어나는 일을 생각해 보라. 환경에서 두 가지 패턴의 광 흐름이 있다. 하나는 길을 따라 가는 차의 운동에 의해 만들어지는 것이며, 다른 하나는 눈에 의해 만들어지는 것이다(둘 다 바람과 중력에 의해 만들어진다). 운전자의 과제는 첫째 광 흐름 장에 주의를 주고 둘째를 무시하는 것이다. 그러나 이것은 겉으로 보이는 것보다 더 어려운 일인데, 특히 길가에 대한 가시성이 제한된 폭설이 내리는 조건에서 그렇다. 시뮬레이터에서의 연구들은 운전자는 길과 주변의 지상 결에 의해 정의되는 것보다 눈의 확장 점을 향해 움직이는 경향이 있다는 것을 보여주었다. 시뮬레이션 속 길의 가시성을 높이는 것은 운전자가 경로를 유지하는 것을 도와주는 것으로 드러났다(Dyre & Lew, 2005; Lew et al., 2006). 폭설 조건에 영향을 받는 도로에 같은 효과를 내기 위해 증가된 조명, 페인트 칠, 혹은 신호들이 사용될 수 있을 것이다.

4. **충돌 예상시간**(time-to-contact, tau) : 타우(tau)는 관찰자 혹은 물체의 속도가 일정하다고 가정할 때 관찰자가 물체와 접촉하게 될 때까지 남아 있는 시간을 말한다(DeLucia, 2007; Grosz, Rysdyk, et al., 1995; Lee, 1976). 이것은 물체의 확장에서 변화의 비율이라 생각될 수 있다. 물체의 크기와 거리는 애매한 반면(우리는 멀리 떨어진 큰 물체 혹은 비교적 가까이 있는 작은 물체를 보는 것일 수 있다), 충돌(contact)까지 남아 있는 시간은 시각 장면에 있는 동적 정보에 의해 분명히 명시된다.

관찰자가 타우에 예민하다는 것과 멈추거나 공을 잡거나 혹은 회피 행동을 하기 위해 그것을 사용할 수 있다는 것은 분명하다(Schiff & Oldak, 1990). 그러나 타우는 다른 요인들, 즉 물체가 친숙한 크기인지, 그것들이 부분적으로 가려졌는지, 혹은 물체가 시야에서 얼마나 높이 있는지 등에 의해서도 영향을 받는다(DeLucia, 2004, 2005; DeLucia et al., 2003). 이 연구들은 간접 지각이 직접적으로 지각되는 불변성의 효과를 조절할 수 있다는 것을 시사한다. 다음 절에서 후방 추돌에 대한 고차 인지 과정의 영향을 고려할 때 이 생각을 다시 검토할 것이다.

5. **전역 광학 흐름** : 관찰자를 지나가는 광학 결의 흐름의 전체 비율(Larish & Flach, 1990)은 지면 위의 관찰자의 속도와 지면으로부터의 높이 모두에 의해 결정된다. 그래서 **전역 광학 흐름**(global optical flow)은 우리가 더 빨리 이동할 때 그리고 또한 우리가 지면에 더 가까이 이동할 때 증가할 것이다.

속도에 대한 우리의 주관적인 지각은 전역 광학 흐름에 의해 크게 결정된다(Dyre, 1997). 인간 지각에서 잠재적인 편중이 일어나는데 지각된 속도는 (실제 속도는 같을지라도) 높이 또는 고도가 감소하면서 증가하는 것처럼 보일 수 있기 때문이다. 예를 들어, 우리는 큰 세단이나 버스에서보다 스포츠카에서 더 빨리 이동하는 것처럼 느끼는데, 부분적으로는 스포츠카가 지면에 더 가까이 있기 때문이다. 보잉 747이 처음 도입되었을 때, 조종사들은 종종 비행기를 너무 빨리 이동시켜 가끔 활주로로 진입하거나 벗어날 때 랜딩 기어에 손상을 일으키곤 했다. 이런 오류의 이유는 전역 광학 흐름으로 보면 간단하다. 747의 조종석은 다른 제트 비행기의 조종석보다 활주로로부터 약 두 배나 높이 떨어져 있었다. 같은 활주로 이동 속도에서 전역 광학 흐름은 절반 정도의 빠르기였다. 조종사들은 이전 경험을 통해 확립된 적당한 이동 속도의 지각에 걸맞은 전역 광학 흐름을 얻기 위해 가속했던 것이다. 그 결과 그들은 정말로 안전하지 않은 속도에 이르렀다(Owen & Warren, 1987). 비슷한 효과들이 시뮬레이션을 통해 발견되었다. 관찰자들은 고도 변화에, 마치 속도의 변화가 있는 것처럼 반응한다(Wotring et al., 2008). 관찰자들은 주의를 다른 데 돌리라고 요구받았을 때조차(예 : 수평선 위의 비행기를 스캔하라고)(Adamic et al., 2010) 속도를 제어할 때 지면의 전역 광학 흐름에 더 민감한 경향이 있다.

6. **모서리 비율** : **모서리 비율**(edge rate)은 단위시간당 관찰자의 시야를 가로질러 가는 모서리들 혹은 불연속성들의 수라고 정의될 수 있다. 모서리 비율이 증가할 때(결이 조밀할 때), 이동하는 사람은 더 빠른 속도를 지각한다. 전역 광학 흐름과 모서리 비율은 보통 상관되어 있지만, 모서리 비율은 결 밀도의 체계적 변화가 있을 때(예 : 비행할 때 드문드문 있는 나무들이 짙은 숲으로 변할 때) 영향을 받는 반면, 전역 광학 흐름은 그렇지 않다. 전역 광학 흐름과 모서리 비율은 자체운동의 지각에 가산적으로 기여한다(Bennett et al., 2006; Dyre, 1997).

　　모서리 비율 단서는 Denton(1980)에 의해 잘 연구되었는데, 그는 과도한 속도로 회전교차로(로터리)에 접근하는 영국의 자동차 운전자들에 관심을 가졌다. 그의 해결책은, 회전교차로와의 거리가 줄어드는 동안 도로표시들 간의 간격을 점차적으로 그리고 연속적으로 줄이는 것이었다. 적절하게 늦추지 못하는 운전자는 모서리 비율이 증가하는 것으로 볼 것이다. 차가 가속되는 것으로 믿고, 운전자는 더 적절한 수준의 제동 또는 감속을 시킴으로써 그것을 보상할 것이다. Denton의 해결책은 스코틀랜드의 특히 위험한 회전교차로의 접근로에 적용되었다. 도로표시의 도입 이후에 평균적인 접근 속도가 더 느려졌을 뿐 아니라 치명적인 사고의 비율도 또한 줄었다.

　　표 4.2는 광학적 불변성의 목록을 요약한다. 앞에서 주목했듯이, 그런 불변성은 더 짧은 거리에서(약 30m 이하)(DeLucia, 2008) 매우 중요하다는 증거가 증가하고 있다. 그림 4.14를 주의 깊게 살펴본다면, 관찰자에게 가까운 점들이 멀리 있는 점들보다 망막을 가로질러 더 먼 거리를 이동한다는 것이 명백하다. 더 짧은 거리에서, 깊이 정보는 행위(우리가 환경과 어떻게 상호작용할지)에 대한 함축성을 가지고 있다. 이미 논의했듯이, 이것은 차량 제

**표 4.2** 광학 불변성과 그 각각이 자체운동에 대해 가리키는 것의 목록

| 광학 불변성 | 자체운동에 대해 가리키는 것 |
|---|---|
| 결 | 거리, 고도 |
| 끼인각 | 고도 |
| 광학 흐름 | 이동 방향(경사) |
| 전역 광학 흐름 | 속도(비율) |
| 모서리 비율 | 속도(비율) |
| 타우 | 접촉 |

어에서 함축성이 있다. 이것은 또한 가상환경(블랙홀 효과와 관련해서 논의되었던)의 디자인에도 함축성이 있다. 중요한 함축성은 불변성의 탐지가 가능하기 위해서는 장면에서 충분한 광학 결이 있을 필요가 있다는 것이다. 더 먼 거리에서는 간접 지각이 깊이를 해석하는 데에 더 중요하게 된다. 이것이 다음 절의 주제이다.

### 3.3 깊이와 3차원 구조의 판단과 해석 : 초점적 3D

공간의 3차원(3D) 구조를 이해하기 위해 상대적 깊이 혹은 거리를 정확하게 판단할 수 있는 것이 중요하다. 깊이와 거리의 정확한 지각은 여러 3차원 지각적인 **깊이 단서**(depth cue)의 조작을 통해 달성된다. 우리는 이 단서들 각각을 간단히 서술할 것이다. 이 단서들에 대해 더 자세한 것을 원하는 독자는 Goldstein(2010)과 같은 입문적인 지각 교재를 참조하라. 어떤 단서들은 우리가 지각하는 물체나 세상의 특성들이며 다른 것들은 우리 자신의 시각 시스템의 속성들이다. 우리는 이것들을 각각 **대상중심적 단서**(object-centered cue) 그리고 **관찰자중심적 단서**(observer-centered cue)라고 부른다.

#### 3.3.1 대상중심 단서들

대상중심 단서는 종종 **회화적 단서**(pictorial cue)라고도 불리는데, 이는 화가들이 깊이감을 주기 위해 그림에 사용하는 단서들이기 때문이다. 그림 4.15는 다음에 나오는 단서들 중 8개를 통합하는 3D 장면을 보여준다.

1. **직선 조망**(linear perspective) : 2개의 수렴하는 선을 볼 때 우리는 그 선들이 깊이에서 멀어지는 2개의 평행선이라고 가정한다(도로). 이 단서는 끼인각(splay)과 유사하다.
2. **차폐**(occlusion) : 한 대상의 윤곽이 다른 대상의 윤곽을 가릴 때, 우리는 가려진 대상이 더 멀리 있다고 가정한다(오른쪽 앞 건물이 그 뒤 건물의 일부를 가린다).
3. **평면에서의 높이(상대적 높이)**[height in the plane(relative height)] : 우리가 보통 대상들을 위에서 조망한다. 그럴 때 시야에서 더 높이 있는 대상들이 더 멀리 있다고 가정한다(두 트럭을 비교하라).

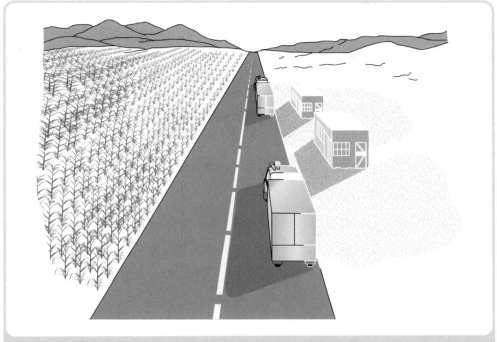

**그림 4.15** 이 그림은 본문에서 서술되었듯이, 대상중심 깊이 단서들을 가지고 있다.

4. **빛과 그림자**(light and shadow) : 대상들이 한 방향으로부터 빛을 받을 때, 그 방향, 3차원적 모양, 거리에 대한 어떤 단서들을 제공하는 그림자가 보통 생긴다(건물과 트럭들). 비록 그림에서 보이지 않지만, 조명된 표면은 반사하는 물체(대상)의 깊이를 가리키는 반사도를 낳을 수 있다.

5. **상대적(친숙한) 크기**[relative(familiar) size] : 두 대상이 실제로 같은 크기인 것으로 알려져 있다면, 더 작은 시각(망막에서 더 작은 영역)을 차지하는 것은 더 멀리 떨어져 있는 것으로 가정된다(두 트럭을 비교하라).

6. **결 기울기**(textural gradients) : 불변성을 논의할 때 주목했듯이, 결이 있는 한 표면에서 알갱이는 거리가 멀수록 더 세밀해진다(왼쪽의 들판과 도로의 중앙선).

7. **근접 휘도 공변성**(proximity-luminance covariance) : 대상들과 선들이 우리에게 가까울수록 보통 더 밝다. 거리 증가에 따라 조도와 강도의 감소는 거리가 멀어짐을 신호한다(도로 선들).

8. **대기 조망**(aerial perspective) : 더 멀리 있는 대상들은 종종 '더 흐릿하고' 덜 명확하게 보이는 경향이 있다(옥수수 밭).

9. **운동 시차**(motion parallax) : 우리는 운동 정보를 사용하여 장면 속의 여러 물체들의 거리를 판단한다. 예를 들어, 우리가 움직이는 기차에서 창밖으로 내다볼 때, 우리에

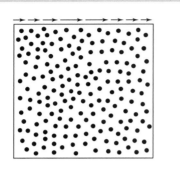

**그림 4.16** 운동 속에서의 구조 회복을 보이는 잠정적 자극물. 만약 점의 수평 운동이 그림 상단의 속도 벡터들에 비례한다면, 편평한 표면이 3차원적인 회전하는 원통으로 지각될 것이다.

게 가까이 있는 대상들은 더 멀리 있는 대상들보다 더 큰 상대적 운동을 보여준다. 그러므로 우리 지각 시스템은 우리와의 거리가 운동의 정도에 반비례한다고 가정한다.

10. **운동 속의 구조**(structure through motion) : 운동은 대상의 3차원 모양에 대한 단서가 될 수 있다. 예를 들어, 그림 4.16에서 점들의 구름은 3차원적으로 보이지 않는다. 그러나 이 점들이 회전하는 원통 위의 광점이라면, 그것들은 가장자리 근처에서는 천천히 움직이고 중앙에서는 빨리 움직이는 운동 패턴을 보여줄 것인데, 이것은 회전하는 3차원 원통이라는 명확한 해석을 불러일으킨다(Braunstein, 1990).

### 3.3.2 관찰자중심 단서들

깊이에 대한 다음 세 정보원들은 인간 시각 시스템의 특성들의 기능들이다.

1. **양안 부등(입체시)**[binocular disparity(stereopsis)] : 공간적으로 약간 다른 지점에 놓여 있는, 두 눈에 의해 수용되는 상들은 같지 않다. 여러 거리에 있는 대상들은 망막에서 불일치한 점들의 쌍을 자극한다. 부등의 정도는 물체 거리와 역으로 상관되어 있는데, 이것은 거리 판단의 기초를 제공한다. 입체 영화나 TV[3.6절에서 자세히 논의되는 **입체적 디스플레이**(stereoscopic display)]는 여러 인위적 방법을 써서 이 원리에 기초하여 각 눈에 서로 다른 정보를 제공한다.

2. **수렴**(convergence) : 대상들이 관찰자 가까이로 옴에 따라 대상에 초점을 맞추기 위해 요구되는 '사팔뜨기' 눈 패턴은 두 눈에서 세부에 민감한 중심와로 이미지를 가져온다. 눈 근육에서 뇌로 가는 자기수용감각(proprioceptive) 메세지가 수렴의 정도, 곧 대상의 거리를 알려준다.

3. **조절**(accommodation) : 조절은 수렴처럼 눈 근육에 의해 뇌에 주어지는 단서이다. 근육은 상이 망막 위에 초점을 맞추도록 수정체(lens)의 모양을 조절한다. 조절의 양이 눈으로부터 대상의 대략적인 거리를 가리킨다.

### 3.3.3 단서 효과성에 대한 거리의 효과

모든 단서들이 여러 거리에서 똑같이 효과적이지는 않으며 그 효과성은 그림 4.17에 보이듯이 관찰하는 거리에 달려 있다. 이 그림은 깊이 연속체를 세 영역으로 분리하였는데, 그것은 **개인 공간**(personal space), **행위 공간**(action space) 및 **조망 공간**(vista space)이다. 어떤

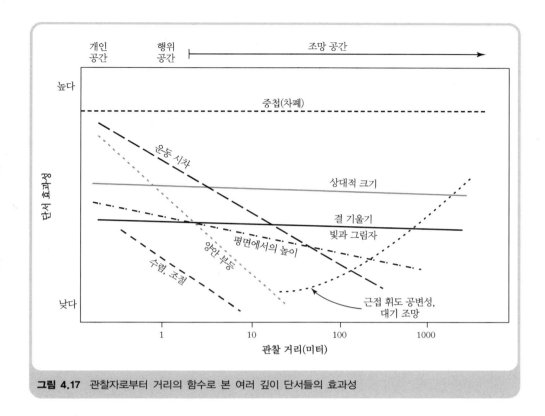

**그림 4.17** 관찰자로부터 거리의 함수로 본 여러 깊이 단서들의 효과성

단서들은, 예를 들어 차폐와 상대적 크기는 거리에 관계없이 효과적이다. 다른 공간에서는 다른 단서들이 더 효과적인 경향이 있다. 예를 들면, 조절과 수렴은 개인 공간 내에서만 작동하며, 개인적 및 행위 공간(30m 미만) 안에서는 운동 시차와 양안 부등이 깊이에 중요한 단서들이다. 그러나 거리가 증가하면서 이 단서들의 효과성은 감소하는 반면, 상대적 크기와 대기 조망과 같은 회화적 단서들이 더 중요하게 되는데, 그림 4.17에 예시되어 있다.

그림에 묘사된 범위는 자연 조망 상황에 기초한 것이다. 인공적인 디스플레이에서는 여러 거리에서 단서들이 더 혹은 덜 효과적이게 만드는 것이 가능하다. 예를 들어, 입체 디스플레이는 수마일 떨어진 대상들에 대해 거리 차를 인위적으로 표시할 수 있다(Allison, Gilliam, & Vecellio, 2009). 더구나 단서들 간의 상호작용이 있다. 입체시와 같은 단서가 먼 거리에서는 일차적 역할을 하지 않지만, 그것의 출현은 시각 수행을 향상시키고, 먼 거리에서 가용한 단안 단서들을 인증하는 것처럼 보인다(Allison et al., 2009).

## 3.4 3D 관찰에서의 착각

다른 방식으로 보면, 그림 4.15와 4.17은 사람들이 자연스러운 조망 환경에서 깊이와 거리를 판단하기 위해 쓰는 여러 깊이 단서들을 묘사한다. 보통, 다중의 중복적인 단서들이 활

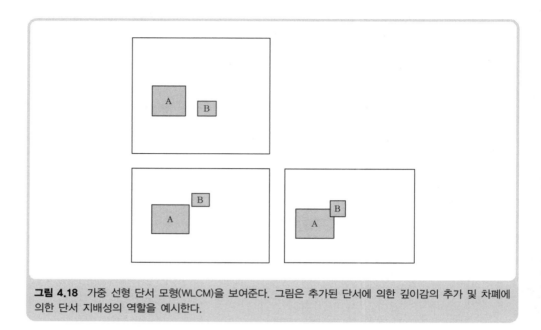

**그림 4.18** 가중 선형 단서 모형(WLCM)을 보여준다. 그림은 추가된 단서에 의한 깊이감의 추가 및 차폐에 의한 단서 지배성의 역할을 예시한다.

용 가능하므로 강력한 3차원감을 제공한다. 일반적으로, 더 많은 단서들이 활용 가능할수록 조망 축을 따라 생기는 깊이감은 더 강력하다(Domini et al., 2011; Wickens, Todd, & Seidler, 1989). 그러나 깊이와 거리의 착각이 있다. 깊이 판단이 성공할 때와 실패할 때를 이해하기 위해 그 단서들이 뇌에서 어떻게 통합되는가를 고려하는 것이 중요한데, 통합은 **가중 선형 단서 모형**(weighted linear cue model, WLCM)(Bruno & Cutting, 1988; Ichikawa & Saida, 1996; Knill, 2007; Young, Landy, & Maloney, 1993)으로 잘 설명된다. 이 모형은 본질적으로 단서들이 깊이 정보를 전달하는 데 그 신뢰성과 정밀성에서 다양하며, 3D 환경과의 경험을 통해(단기 및 장기 모두)(Westheimer, 2011), 사람들은 더 신뢰할 만하고 그 결과 더 지배적인 단서들에 더 많은 가중치를 주는 것을 배운다고 말한다. 이런 관점에서, 깊이 지각에 대한 연구는 특히 3개의 단서들이 **지배적**이고 강력한 경향이 있다는 것을 보여 주었는데, 그것은 **상대적 운동**(relative motion), **입체시**(stereopsis), **차폐**(occlusion)이다(Wickens et al., 1989). 그것들은 WLCM에서 높은 가중치를 가지고 있다.

가중(weighting)과 **단서 지배성**(cue dominance)의 효과를 예증하기 위해, 그림 4.18(왼쪽 위)에서 2개의 물체 A와 B를 생각해 보자. A와 B가 실제로 같은 크기라고 가정하자. 단 하나의 단서가 나타나 있는데 그것은 상대적 크기이며, B가 더 멀리 떨어져 있는 것을 시사한다(그러나 그것이 얼마나 멀리 있는지에 대한 표시는 전혀 없다). 그림 4.18 왼쪽 아래에서 평면에 높이라는 단서가 더해지고, 깊이/거리감은 더 강하다. 이제 그림 4.18 오른쪽 아래를 보자. 그림 4.18 왼쪽 아래 그림과 동일한 위치와 크기가 사용되지만, 이제 B의 가까운 윤곽이 A의 윤곽을 **차폐**하고, B가 더 가까이 있다는 것을 명확히 나타내준다. 차폐의 높은 지배성이 여기에서 입증된다(차폐는 평면에서의 높이와 상대적 크기를 이긴다).

자연스러운 세상에서 그림 4.17에 쓰인 단서들의 중요성은 안전이 위태로운 상황에서 발견된다. 이것은 단서들이 **불충분하거나 착오를 불러일으킬** 때 발생한다. 우리는 이 상황들 각각을 차례대로 논의할 것이다.

깊이 정보가 사라질 때, 강력한 깊이감을 제공하는 지각 정보가 불충분하다(우리는 깊이 장면이 **결핍되었다**고 말한다). 그런 경우에, 그림 4.18 위 그림처럼 뇌는 과거 경험과 기대에 기초해서 깊이 차이가 무엇에 바탕을 두어야 하는가에 대한 가설을 부과할 수 있다(Enns & Lleras, 2008; Gregory, 1997; Palmer, 1999). 예를 들어, 그림 4.15에서 우리는 시야에 있는 두 트럭이 실제로 같은 크기라고 가설을 세우고(즉, '가정하고') 그러므로 더 작은 크기의 망막 상(image)을 가진 것이 더 멀리 떨어져 있다고 본다. 이런 가설들과 가정들은 비교적 자동적이고 무의식적이다. 다른 예는, 광학 흐름의 맥락에서(Gibb, 2007; Gillingham & Previc, 1993) 앞에서 서술한 블랙홀 착각이다. 조종사가 어둡고 특징이 없는 지표면 위로 비행할 때 조종석으로부터 활주로까지의 거리에 대한 단서가 별로 없으며, 조종사는 비행기가 너무 높이 있다는 그래서 공격적인 하강으로 이어지게 하는 가설을 세운다.

깊이 단서가 가용할 때조차 종종 **착오적**일 수 있다. 그런 단서에 바탕을 둔 가설들은 단지 평범한 **잘못**인 것으로 끝날 것이다. 한 예는 왜 작은 차들이 큰 차들보다 고속도로에서 더 자주 추돌당하는 경향이 있는지에 대한 Eberts와 MacMillan(1985)의 평가에 의해 주어진다. 저자들은 다음과 같은 내용에 대한 가설을 세우고 시뮬레이션 실험으로 검증하였다. 뒤에 있는 운전자는 안전한 전방 거리를 유지하기 위해, 보통 차에서 기대되는 크기와 비교한 앞 차의 **상대적 크기**에 부분적으로 기초해서 간격을 판단한다. 평균보다 더 작은 차는 기대되는 정상 거리와 비교해서 더 멀리 떨어져 있는 것으로 지각된다. 그다음 뒤따르는 차는 너무 가까이 감으로써 전방 거리를 안전하지 않은 정도로(너무 가까워서 작은 차가 갑자기 멈추기라도 하면 충돌을 피할 수 없을 정도로) 줄여서 부적절하게 교정할 것이다. 왜 기대되는 것보다 더 작은 활주로(종종 가설 활주로)에 착륙하는 조종사들이 빨리 그리고 경착륙을 해서 때때로 활주로의 끝을 벗어나게 되는지에 대해 비슷한 설명을 할 수 있다(Gillingham, 1993; O'Hare & Roscoe, 1983).

### 3.5 3D 디스플레이

3D 지각의 이해, 그리고 깊이 단서들을 어떻게 조합하여 강력한 깊이감을 제공할 것인가는 3D 디스플레이의 디자인에, 특히 실제 공간의 깊이와 거리를 나타내기 위해 그림 4.15에 있는 3D 단서들 중 어떤 것 혹은 모두를 사용하는 디스플레이의 디자인에 중요하다. 그런 디스플레이의 선택은 앞에서 논의했듯이 물론 회화적 실재의 원리에 의해 영향을 받는다(Roscoe, 1968). 그 결과로 3D 디스플레이는 실제 공간을 나타내는 데에 매우 효과적인 형식이 될 수 있으며, 그런 성공 스토리를 먼저 논의할 것이다. 그러나 앞에서 논의했듯이,

PPR(회화적 실재의 원리)은 소박한 실재론과 같지 않은데, 소박한 실재론은 3D 공간의 3D 디스플레이가 더 '실재적'이기 때문에 그것이 공간적인 과제에 언제나 더 효과적일 것이라고 하는, 흔히 가지는 믿음이다(Smallman & Cook, 2010; Smallman & St. John, 2005). 사람들은 3D가 가장 효과적인 과제 수행을 지원하지 않을 때조차 '3D'를 좋아하고 원한다. 그래서 우리는 이 절에서 3D 디스플레이의 단점들도 고려할 것이다.

### 3.5.1 실재 공간의 3D 디스플레이

그런 3D 디스플레이의 한 예는 소위 하늘에 있는 3D 고속도로(highway in the sky, HITS) 디스플레이인데, 조종사가 명령받은 하늘 속을 통과하는 경로와 그 안에서의 실제 위치를 보여주는 것이다(그림 4.19)(Haskell & Wickens, 1993; Jensen, 1978; Prinzel & Wickens, 2009). 비행 명령 경로의 깊이 성분을 신호하는 데서 상대적 크기와 직선 조망의 역할은 (그림 4.19b에서 같은 정보에 대한 '세 평면'의 제시에서 부족한 점이 드러나듯이) 그림 4.19a에서 명백하게 드러난다. 그림 4.19c는 상업용 항공기의 새로운 형태(version)에서 발견되는 디스플레이의 예를 제시한다. 이 개념에 대한 몇 가지 평가는 분리된 세 평면 디스플레이보다 더 효과적인 것으로 입증되었다(Prinzel & Wickens, 2008). 근접 부합성 원리의 맥락 안에서 보면, 비행기를 조종하는 것은 모든 세 축에 걸쳐서 운동의 통합을 분명히 요구하기 때문에 그 이득은 납득될 수 있다. 그러므로 그런 통합 과제는 통합된 디스플레이에 의해 가장 잘 지원된다(Haskell & Wickens, 1993).

비행 이외의 영역에서, 3D 모양, 위치, 궤적의 평가처럼 모든 세 축의 공간에 걸쳐서 통합이 필요한 과제에서 3D 디스플레이는 또한 우수한 것으로 입증되었다. 여기에는 로봇공학(robotics), 산업 및 건축 디자인(Liu, Zhang, & Chaffin, 1997), 의료 영상처리(Hu & Multhaner, 2007), 지표 레이아웃(Hollands, Pavlovic, et al., 2008; St. John, Cowen, et al., 2001; Wickens, Thomas, & Young, 2002)이 포함될 것이다. 예를 들어, Hu와 Multhaner는 레지던트 의사들이 2D CT 이미지를 판독할 때보다 흉부에 대한 3D 디스플레이를 사용할 때 폐종양을 제거할지 말지를 더 잘 판정할 수 있었다는 것을 발견했다. 지면의 레이아웃이나 3D 물체의 일반 모양을 판단하는 것과 같이 모양 이해를 필요로 하는 과제는 실재적인 3D 조망 디스플레이를 가지고 할 때 가장 잘 수행된다. 그림 4.20에서 당신이 점 B에서 점 A를 볼 수 있는지 질문을 받으면, 당신은 보통 평면 관점 지형지도(왼쪽)보다 실재적으로 그림자가 진, 3D 조망 관점 디스플레이(오른쪽)를 가지고 이 일을 더 잘할 수 있을 것이다(Hollands et al., 2008; St John et al., 2001).

그러나 3D 디스플레이는 이에 대응하는 2D 공면(co-planar) 혹은 세 평면 디스플레이들보다 항상 더 좋은 것은 아니다(Wickens, 2000a, 2000b). 그림 4.21에 도식적으로 표시된 항공 교통 디스플레이를 생각해 보자. 이 디스플레이들은 항공관제 터미널에서 혹은 조종석의 교통 정보 디스플레이(CDTI)로서 사용될 수 있는데, 이것은 차세대의 비행기에 도입

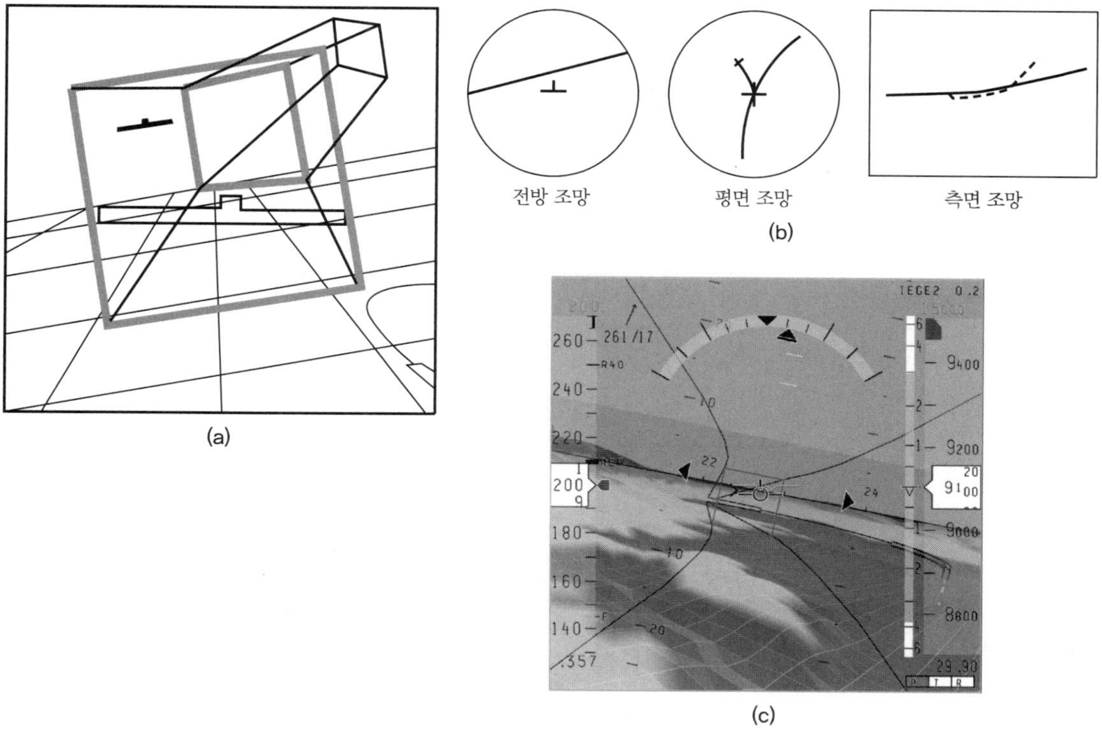

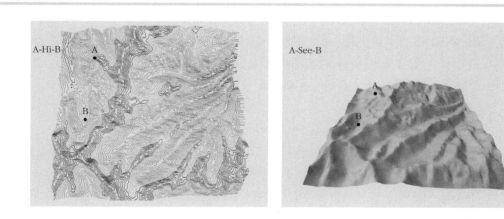

전방 조망    평면 조망    측면 조망

(b)

(a)

(c)

**그림 4.19** (a) 하늘의 고속도로(HITS) 디스플레이. (b) 같은 정보의 세 평면 표상. (c) 조작 중인 HITS 디스플레이(Erik Theunissen의 이미지 제공)

A-Hi-B     A-See-B

**그림 4.20** 2D 지형 지도와 같은 지표에 대한 3D 조망 표현

출처 : 2012 Her Majesty the Queen in Right of Canada, as represented by the Minister of National Defense

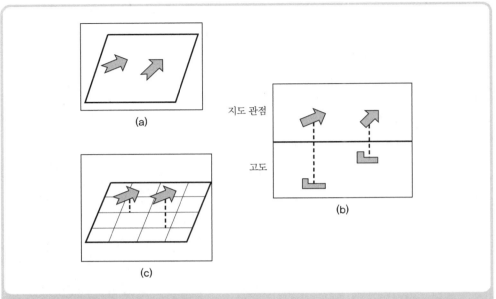

**그림 4.21** 충돌이 가능한 두 비행기의 3D 공간에서 상대적 위치를 보여주는, 교통 충돌 디스플레이의 세 가지 표상. (a) 3D, (b) 공면, (c) 인공 틀을 쓴 3D

되고 있다(Alexander, Merwin, & Wickens, 2005; Thomas & Wickens, 2007). 그림 4.21(a)는 3D 교통 표상을 보여준다. 그림 4.21(b)는 같은 정보를 공면 형식으로 보여주는데, 두 비행기의 지도상 위치는 위쪽 패널(X-Y)에, 두 비행기의 수직적 표상은 아래쪽 패널(Z-Y)에 보인다. 여기에서 연구는 비행 공간의 3D 표상이 항공 관제사들의 경우에 더 열등하며(May, Campbell, & Wickens, 1996; Wickens, Miller, & Tham, 1996), 조종사의 경우에 열등하거나 (Wickens, Liang, et al., 1996) 더 낫지는 않다(Alexander, Wickens, & Merwin, 2005; Thomas & Wickens, 2007)는 것을 보여주었다. 실험 과제들은 관제사들 혹은 조종사들에게 비행기 쌍들의 근접성 혹은 충돌 위험에 대한 판단을 하게 했다. 그런 열등성은 (a) 비행 공간은 3차원적이므로 3D 디스플레이는 회화적 실재의 원칙을 따르며, (b) 충돌 위험의 판단은 통합 과제의 하나로 생각될 수 있고 3D 디스플레이는 모든 세 차원 값을 공간상 하나의 단일한 위치에 분명히 통합한다는 사실에도 불구하고 관찰된다.

그림 4.21에서 3D ATC 디스플레이의 열등성에 대한 이유는 명백하다. 세 공간 차원들이 2D 관찰 표면으로 접혔다는 것을 고려할 때 두 비행기의 위치는 원래부터 애매하다(McGreevy & Ellis, 1986). 공면 디스플레이에서 가산된 복합성에도 불구하고 애매성은 제거되며, 아래의 고도 분리는 물론 XY 거리(지도에서, 일직선으로 바로 위)를 정밀하게 판단하는 것이 가능하다. 게다가 항공 관제사들에게 공면 이득의 강도는 관제사들이 분리를 판단할 때 실제로 통합 과제를 수행하지 않는다는 사실과 관련된다. 오히려, 그들은 분리를 두 단계의 판

단으로 더 생각한다. XY(지도) 분리, 고도 분리는 별개로 판단된다. 그래서 관제사들의 일은 실제로 초점 주의 과제이다. 다른 영역의 연구도 (3D 디스플레이에서는 애매한) 초점 주의를 요구하는 축상의 정밀한 판단에서 3D 디스플레이의 열등성을 확증하였다 (Hollands et al., 1998, 2008; Liu, Zhang, & Chaffin, 1997; Wickens, Thomas, & Young, 2000).

우리는 **시선 애매성**(line of sight ambiguity)(LOS 애매성)이란 개념을 그림 4.22를 써서 여기에 꺼낼 것이다. 그림의 위에서 우리는 어떤 부피의 공간, 그리고 오른쪽에서 왼쪽으로 이 부피를 보는 관찰자의 안구를 표시한다. 공간에는 세 가지 다른 문자 물체들이 있는데, 모두 서로서로 대략 비슷한 거리에 있지만 A는 C와 B보다 관찰자로부터 더 멀리 떨어져 있다. 이것이 진정한 3D 기하학이다. 이제 관찰자가 이 디스플레이를 볼 때(아래 패널) 실제로 무엇을 볼 것인지를 고려해 보자. 여기에서 A와 B는 C와의 거리와 비교할 때 서로 매우 가까이 있는 것처럼 보이는데, 이것은 3D상의 실재와는 분명히 동떨어진 것이다. 이제

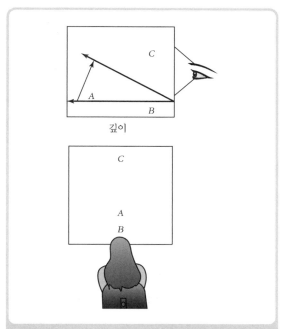

**그림 4.22** 위 : 오른쪽에 있는 관찰자에 의해 보이는, 세 물체, A, B, C가 관찰 축을 따라 있는 상대적 깊이를 보여준다. 아래 : 관찰 스크린 위의 이미지들의 상대적 위치를 (전경에 표시된) 관찰자에게 보이듯이 묘사한다.

문자들이 실제로 같은 크기라고 가정하고, 관찰자가 상대적 크기 단서를 사용한다고 가정하자. 그러면 B와 비교해서 약간 더 작은 A를 보면, 관찰자는 A가 깊이 혹은 거리 축을 따라 정말로 더 멀리 떨어져 있다는 것을 깨달을 수 있을 것이다. 그러나 얼마나 더 멀리 떨어져 있는가? 판단하기가 불가능한데, 거기에는 관찰자의 관점에서 A와 B의 동일한 상대적 위치를 낳을 수 있는 많은 (정말로, 무한한 수의) A 위치가 깊이 축과 수직 축상에 있기 때문이다.

앞에서 논의한 WLCM 모형으로부터 명백해지듯이, 이 LOS 애매성 문제에 대한 해결책의 일부는 이미지에 더 많은 깊이 단서들을 제공하는 것이다. 이것이 도움이 되지만, 3D 장면이 사진 또는 컴퓨터 모니터를 가지고 할 때처럼 편평한 표면에 묘사될 때, 추가적인 깊이 단서들의 이득은 **편평성 단서**(flatness cues)에 의해 다소 약화된다(Domini et al., 2011; Young et al., 1993). 여기에서 관찰 환경의 어떤 특징들(예 : 디스플레이 프레임, 스크린에서의 반사도)은 관찰자에게 이것이 정말로 2D 이미지라는 것을 아주 분명히 알려준다. 이런 인식은 지각된 깊이 평면을 (깊이 단서들이 감소됨에 따라 시선상의 한 면으로부터 관찰 스크린에 대해 점진적으로 더 평행하는 다른 면으로) 지각적으로 '재방향설정'하는 방식이다. 이것은 그림 4.22(위)에 있는 각을 이루는 두 화살표에 의해 표시된다. 깊이 단서가 전

혀 없다면 관찰자들은 모든 물체들이 편평한 수직 표면상에 수직으로 배치된 것으로 지각할 것이다. 편평성에 대한 단서들의 현저한 역할은 그런 단서들이 제거될 때 드러난다. 관찰자들이 스크린 경계들을 더 이상 볼 수 없거나, 가상현실 시뮬레이터에서 이미지를 볼 때처럼 반사도가 최소화될 때 깊이감은 훨씬 더 강렬해지는데, 이것은 다음 장에서 다룬다.

3D 디스플레이에는 두 번째의 대가도 있는데 LOS 애매성과 밀접히 관련되지만 동일하지는 않은 것으로, 깊이 축상의 압축이다. 그런 압축은 그림 4.22(위)에서 쉽게 볼 수 있다. 여기에서 A와 B 사이의 거리는 스크린에서 보이듯이(예 : 픽셀 혹은 시각도에서) B와 C 사이의 거리(와 비교해서 압축된 것)보다 훨씬 더 적다. AB 거리가 충분히 식역(threshold)보다 높더라도 그 압축은 차이 판단에서 해상도를 여전히 저하시킬 것이며(Stelzer & Wickens, 2006), 동적 디스플레이의 경우에 변화(운동) 및 변화의 변화(증가 혹은 감소 비율)가 지각적으로 해결될 수 있는 범위를 축소할 것이다. 앞 차가 속도를 낮출 때처럼 운전에서 전방 거리의 손실을 탐지하는 어려움에 책임이 있는 것은 물론 깊이상에서 운동에 대한 낮은 해상도이다. 마찬가지로 DeLucia와 Griswold(2011)는 시뮬레이션으로 수행된 복강경 수술에서 여러 카메라 시점을 사용할 때 압축의 문제를 보여주었다. 참가자들이 카메라 시점을 사용할 때 그리고 그 장면이 복강경 프로브(probe)의 운동 궤적에 평행일 때 수행이 나빴다.

### 3.5.2 합성 공간의 3D 디스플레이

3D 디스플레이는 실재 공간뿐만 아니라 개념 공간을 나타내는 데에도 사용될 수 있다. 이 경우, 세 공간 차원 X, Y, Z는 개념적 변인들을 나타내기 위해 사용된다. 예들에는 3D 산포도, 그림 4.23에 보이는 것과 같은 3D 그래프, 다음 장에서 서술할 많은 3D 데이터 시각화가 있다. 그런 상황에서 동일한 LOS 애매성과 압축의 한계가 단일 축상의 초점 주의 과제에 적용되는 한, 수행에서의 그 결과는 거리 혹은 크기에 대한 정밀한 계량 판단이 요구되지 않는다면 그렇게 심각하지 않을 수도 있다. 여기에서 3D 표상의 대상 통합의 질이 다른 대가를 능가하는 이점을 제공할 수 있다. 예를 들어, 3D 표면의 복잡한 모양이 이해될 필요가 있을 때 3D 산포도 디스플레이는 분리된 2D 산포도들보다 우수한 것으로 입증되어 왔다(Kumar & Benbasat, 2004; Wickens, Merwin, & Lin, 1994). 그러나 정밀한 판단이 요구될 때, 3D 형식의 대가는 명백해진다. 예를 들어, 그림 4.23(a)에 보이는 3D 그래프에서 막대 2개의 상대적 높이를 판단하도록 요구받았을 때 이것을 정확하게 하기는 어렵고, 모사(simulation)된 깊이 면에서 막대들 간의 거리와 더불어 오류도 증가한다(Hollands et al., 2002).

### 3.5.3 3D 디스플레이 해결책 : 깊이 향상 및 애매성 해소하기

3D 애매성에 대한 몇 가지 대책이 제안될 수 있다. 첫째, WLCM은 더 많은 깊이 정보가 사용될수록 더 좋다고 주장하는데, 이것은 그 수를 다양하게 한 연구에 의해 분명히 지지된

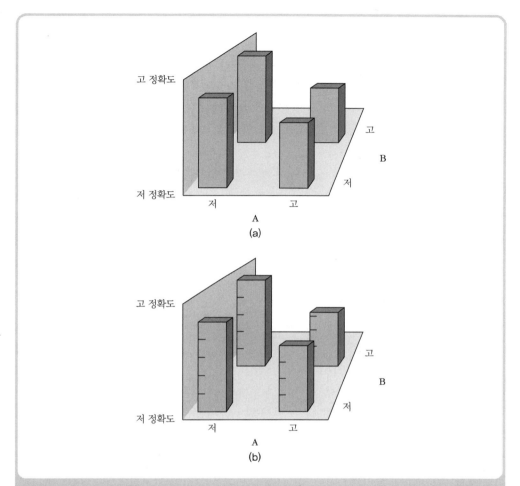

**그림 4.23** (a) 3차원 그래프에서 생성된 지각적 왜곡. 왼쪽에 있는 두 막대는 같은 높이지만 깊이 지각으로 인해 더 멀리 있는 막대가 더 크게 보인다. 오른쪽에 있는 뒤쪽 막대는 가까운 막대보다 더 작으나, 조망 단서는 양자가 같아 보이도록 한다. 이런 비교를 위해 막대기를 재어보는 것도 좋다. (b) 같은 막대들이 눈금 표시를 추가해서 제시된다. 이제 왼쪽의 두 막대가 같은 크기이며, 오른쪽에서 앞에 있는 막대가 뒤에 있는 막대보다 사실상 더 크다는 것이 분명하다.

다(예 : Ware & Mitchell, 2008; Sollenberger & Milgram, 1993). 게다가 차폐, 입체시, 운동 시차의 특히 강력한 영향을 고려할 때, 이것들은 가능할 때는 언제나 통합되어야 한다. 입체성(stereo)은 다음 절에서 자세히 논의될 것이며, 운동 시차는 (인형의 집같이)(Thomas & Wickens, 2007) 속이 들여다보이는 실제 3D 덩어리를 기울이듯이 관찰자가 디스플레이로 표시된 전체 덩어리(volume)를 '움직이고' '기울임'으로써 활용될 수 있을 것이다. 편평성 단서들은 주변 조명을 희미하게 (디스플레이 표면으로부터 반사를 제거) 함으로써 디스플레이 틀을 덜 보이게 하거나, 혹은 다음 장에 서술되듯이 몰입적인 VR 기술을 사용함으로써 감소될 수 있을 것이다.

둘째로, 인위적인 틀이 더해질 수 있다. 그림 4.23b의 막대에 새겨진 눈금(tickmark)들은 범위(이 경우에는 높이)의 판단을 돕는 틀을 제공한다. 또한 덩어리의 3D 직교축(측면의 세로축 및 수직)을 따라 차이가 어떻게 정확하게 변하는지를 강조하는 어떤 틀이든 도움이 될 것이다. 예를 들어, (이제 그림 4.21c를 참조해 보면) 표면에 격자선을 놓거나 수직 '기둥' 위에 비행기들을 놓은 것은 그것들의 3D 위치를 분명히 하는 데에 도움이 될 것이다 (Ellis, McGreevy, & Hitchcock, 1987).

끝으로, 신중한 과제 분석(task analysis)이 필수적이다. 제5장에서 논의하듯이, 디스플레이에 표시된 정보를 기초로 어떤 종류의 인지 및 운동 판단이 내려져야 하는가? 공간에 대한 단지 전체적인 판단 혹은 일반적인 인상이 요구된다면(Wickens & Prevett, 1995)[이것을 **전역 상황인식**(global situation awareness)이라 부르자], 3D 디스플레이는 우수할 것이다. 그러나 하나 혹은 그 이상의 축상에서 정밀한 판단이 요구된다면, 공면 디스플레이가 고려되어야 한다. 혹은 3D 디스플레이는 인공적인 틀로 증강되어야 한다. 효과적인 디자인은 사용자에 의해 요구되는 과제 수행에 영향을 주는 원칙들의 균형을 제공해야 한다.

### 3.6 입체시 디스플레이

앞에서 언급했듯이, 입체시는 3D 깊이 지각에서 세 가지 지배적인 단서들 중 하나이다. 정말로 많은 사람들이 입체성(stereo)이 '3D'의 바로 그 정의적 측면이라고 생각한다. 우리는 이런 단순화된 분류에 저항하는데, 운동 단서들이 한 눈을 감을 때에도(즉, 입체성이 없이) 강력한 깊이감을 제공하기 때문이며, 정말로 단안 관찰도 10개의 대상중심적 단서들로부터 3D 성질의 풍부함에서 강력한 감을 제공할 수 있기 때문이다. 그럼에도 불구하고 입체성 단서의 중요성과 그것을 인공적으로 생성하는 데 필요한 기술을 고려해서, 우리는 몇 가지 세부사항을 여기에 제공한다.

입체시(stereopsis)는 두 눈에 약간 다른 이미지를 제시한다(Patterson, 2007; Westheimer, 2011). 이것을 인위적으로 하는 여러 방법이 있다. 한 방법은 연속적으로 빨리(예 : 120Hz로) 열고 닫으며 모니터에 보이는 이미지와 동기화되는 광학 셔터를 가진 안경을 쓰는 것이다. 다른 방법은, 한 렌즈는 수평적으로 편광된 유리이고 다른 것은 수직적으로 편광된 유리인 편광 안경을 쓰는 것이다. 디스플레이 표면은 각각 상응하는 편광성을 가진 두 이미지들을 묘사한다. 이것이 3D 영화에서 사용되는 가장 흔한 방법이다. 다른 색으로 된 렌즈를 사용하는 것도 비슷한 원리에서 작동하지만, 장면에서 지각될 수 있는 색감을 저하시키는 대가가 있다. 아마 당신은 3D 책갈피, 카드 또는 마우스 패드를 보았을 테고, 여기에서 입체시는 특정한 관찰 각도에서 시뮬레이션이 된다. 이것은 왼쪽 눈 혹은 오른쪽 눈으로 빛의 방향을 제어하도록 정렬된 특수한 렌즈를 갖는 **렌티큘러**(lenticular) 인쇄 기법을 사용한다. 홀로그래픽(holographic) 및 입체성(volumetric) 디스플레이에서 이미지는 진정으로 3D이며,

양안 시차는 디스플레이에서 나오는 빛의 방향과 다른 경우에 유지된다(Patterson, 2007). 그러나 이 최근 방법들은 만들기가 어려우며 상당한 계산력을 필요로 하고, 그 결과 입체시 방법과 비교해서 널리 쓰이지 않는다.

앞에서 본 것처럼 부등의 정도는 깊이에 대한 직접적이고 명확한 단서를 제공하며, 경쟁 관계에 놓인 대부분의 다른 단서들보다 지배적이다. 비교 평가의 결과는 일반적으로 입체 시가 수행을 향상시킨다는 것을 보여준다(Getty & Green, 2007; Muhlbach, Bocker, & Prussog, 1995; Sollenberger & Milgram, 1993; Tsirlin et al., 2008; Van Beurden et al., 2009; Ware & Mitchell, 2008; Wickens, Merwin, & Lin, 1994). 입체시는 짧은 관찰 거리에서 그것의 높은 효용성을 고려할 때 사지 운동의 제어에도 중요해 보인다. 예를 들어, Servos 등(1992)은 목표물을 붙잡는 운동은 단안 관찰과 비교해서 양안 관찰에서 더 빠르다는 것을 보여주었다. 제3장에서 우리는 시각 검색과 주의에 디스플레이 잡동사니의 영향에 대해 이야기했다. 입체시는 디스플레이에 보이는 정보를 여과하는 방법으로 사용될 수 있다. Kooi(2011)는 관찰자들이 입체시를 이용해서 묘사된 깊이를 기초로 시각 장면을 쉽게 분리할 수 있다는 것을 보였는데, 입체시는 디스플레이 잡동사니를 줄이는 순수 효과가 있다.

의료인들 사이에 진단, 치료 전 계획, 최소 침습 수술, 의료 훈련 등 여러 목적에서 3D 입체 디스플레이의 사용에 큰 관심이 있다(Van Beurden et al., 2009). 보통, 입체(stereo)의 이득은 가시성이 떨어질 때, 높은 수준의 장면 복잡성이 있을 때, 그리고 단안 깊이 단서들이 별로 없을 때 가장 크다. 의료 영상처리 시스템(예 : 초음파, X선)에서 한 가지 특정한 문제는 투명하고 반투명한 표면이 흔하며 2D 디스플레이에 그것을 묘사하는 것은 혼란스러울 수 있다는 것이다. 예를 들어, 어느 물체가 앞에 있는지를 분간하기 어려울 수 있다(Tsirlin et al., 2008). 그래서 예를 들면, Getty와 Green(2007)은 가슴 영상처리에서 오경보(잘못된 발병 판단)와 누락(잘못된 정상 판단)을 모두 줄이면서, 탐지율에서 입체성의 이득을 분명히 보여주었다.

수술 전 계획하기에서 거리, 양, 각도의 정밀한 분석은 매우 중요하다(Van Beurden et al., 2009). 악성 종양을 치료하기 위해 교차하는 여러 방사선을 시각화하는 것이 한 예가 된다. 다시 말하면, 입체시는 분명한 이점을 보인다. 예를 들어 방사선 치료에서 최적 경로를 결정하는 것은 단안시 이미지보다 입체시 이미지를 사용할 때 더 잘 수행된다(Hubbold et al., 1997). 최소 침습(복강경) 수술에서 입체시의 이점은 더 복잡한 환경에서, 더 복잡한 과제에서, 그리고 숙련되지 않은 사용자에게서 최대인 것처럼 보인다(Falk et al., 2001; Votanopoulos et al., 2008). 의학적 응용 외에도, 입체시 디스플레이는 개인 공간에서 정밀한 사지 위치조정 및 상대위치 해석이 필요한 다른 영역들에서도 마찬가지로 유용할 것이다.

요약하면, 입체시 디스플레이는 상대적 위치 판단의 정밀성을 증가시키는 효과적인 방법을 제공하는 것처럼 보인다. 깊이의 애매성을 줄임으로써 그 디스플레이들은 3D 디스플레이에서 관찰되는 일부 문제들을 줄인다. 그러나 입체시 디스플레이에는 분명히 제한점이 있다. 첫째, 앞에서 언급했듯이 그것들은 보통 전문화된 착용기구(eyewear)를 필요로 하는데, 이것은 이미지의 강도와 공간 해상도의 저하를 낳는다(McKee et al., 1990; Smallman & Cook, 2010). 둘째, 모든 사람이 정확하게 입체시 단서를 사용할 수 있는 것은 아니다. 셋째, 더 풍부한 집합의 단안 회화적 단서들이 가용할 때(결 기울기를 포함해서), 입체시의 이득이 사라질 수 있다(Kim et al., 1987; Ware & Mitchell, 2008). 디스플레이 디자이너는 3차원 입체시 디스플레이에서 더해진 비용을 특정한 과제 맥락에서 그것이 제공하는 수행 이득과 견줘보아야 한다.

## 4. 공간적 오디오와 촉감적 디스플레이

지금까지 이 장에서 우리는 공간 정보를 묘사하는 데에 시각 디스플레이의 사용에 대해 집중해 왔다. 아마 이것은 놀랍지 않을 것인데, 왜냐하면 우리가 제11장에서 심적 자원에 대해 논의할 때 보게 되듯이 시각적인 것과 공간적인 것 사이에는 자연스러운 대응이 있기 때문이다. 그러나 공간 정보를 의사소통하는 데에 청각적 양상(modality)을 쓰는 것도 분명히 가능하다. 일상적인 예는 스테레오 헤드폰의 사용이며, 여기에서 한 악기는 왼쪽 채널에 놓이고 다른 것은 오른쪽 채널에 놓인다. 촉감적(tactile) 디스플레이도 내재적으로 공간적인 성분을 가지고 있다. 이 절에서 우리는 3D 공간적 오디오 기술과 촉감적 디스플레이의 사용을 간단히 다룬다.

제10장에서 우리는 과도한 시각 작업부하의 효과를 완화시키기 위해 대안 채널을 통해 조작원에게 정보를 제시하는 데에 청각적 디스플레이를 사용하는 문제를 논의할 것이다. 최근 컴퓨팅 기술의 발달 중 가장 눈에 띄는 것은 **머리와 관련된 전이 함수**(head-related transfer function) 여과 기법의 형태인데, 평범한 스테레오 헤드폰을 가지고 3D 공간의 특정 위치에서 발생하는 것처럼 보이는 소리를 청자에게 제시하는 것을 가능하게 해준다. 보통의 청취 조건에서 우리는 단일 귀로부터 얻어지는 단서[**단이 단서**(monaural cue)]를 사용해서, 그리고 두 귀에서 받는 단서[**양이 단서**(binaural cue)]를 비교함으로써 소리의 공간 위치를 추정한다. 시각 깊이 단서들의 조합과 비슷하게, 단이 및 양이 단서들은 소리의 위치를 판정하는 데에 조합적으로 사용된다. 수평면과 같이 가장 단순한 경우를 고려할 때, 청각 시스템은 소리가 각 귀에 도달할 때의 강도와 때맞춤(timing) 모두에서의 차이를 사용할 수 있다. 그래서 왼쪽 측면에서 접근하는 소리 파형은 그것이 오른쪽 귀에 도달할 때보다 왼쪽 귀에 더 일찍 도달할 것이고 더 큰 진폭을 가질 것이다(더 큰 소리가 날 것이다). 그래서 이것은 양이 단서이다. 수직 평면에서는 귓바퀴의 모양에 의해 결정되는 단이 스펙트럼 단서들이 사용된다(Bremen, van Wanrooij, & Van Opstal, 2010). 소리의 정밀한 수직 위치는 결정하기가 더 어렵다. 비록 그것이 소리의 음향적 맥락에 의해 중개되긴 하지만(Getzmann, 2003). 3D 오디오 기술을 쓰는 소비자 제품들이 청각 환경의 3D 측면을 재생할 수 있는

것은, 그리고 3D 청각적 경계 시스템이 청자가 전통적인 스테레오 헤드폰을 쓰고 있음에도 소리를 공간상의 특정 위치에 투사할 수 있는 것은 그런 단서들의 조합적 사용을 통해서다.

3D 오디오 기술을 비행에 적용하는 것은 목표물 탐지와 획득 같은 어떤 범위의 과제들에 대한 수행을 향상시키고 작업부하를 줄이는 측면에서 볼 때 상당한 성공을 거두었다(Nelson, Bolia, & Tripp, 2001). 예를 들어 교통 경보(Traffic Advisory Warning)에 대한 반응시간은 3D 오디오 단서들이 활용 가능할 때 25%나 감소되었다(Simpson Brungart et al., 2004). 우리는 크고 분명한 소리에 시각적으로 주의하려는 자연적인 경향을 가지고 있는데, 이것은 **정향 반응**(orientation reflex)이라 알려진 현상으로서(Perrott, Saberi, Brown, & Strybel, 1990), 시각 검색시간의 상당한 감소와 머리 운동 효율성의 개량 및 효과적인 검색 영역으로 이어진다. 3D 청각 디스플레이는 이 반사를 이용할 수 있다. 그런 경고 효과들은 정적 및 움직이는 표적 모두를 가리지 않으며, 비교적 짧은 훈련 기간을 필요로 하며(McIntire, Havig, et al., 2010), 지속되는 높은 가속력(중력 또는 G)의 효과(Nelson, Bolia, & Tripp, 2001)에 저항적이며, 오디오 메시지 자체의 명료도도 증가시킬 수 있다(Carlander, Kindström, & Eriksson, 2005). 공간적 오디오 단서들이 시각 검색 속도를 향상시키는 데에 사용될 수 있다(Pavlovic, Keillor et al., 2009). 청각 단서의 위치는 정밀해야 하는데, 특히 수평 평면에 위치하는 표적의 경우에 그렇다. 표적과 소리 단서 간 4도의 오차조차도 상당히 더 긴 검색 시간을 초래한다(Bertolotti & Strybel, 2011).

공간적 오디오에 대한 한 가지 이득은 그것이 말보다 인지 부하에 더 저항적이라는 것이다. Klatzky, Morrison 등(2006)은 시각 경로를 따라 눈을 가린 참가자들을 인도했다. 다음 경유 지점의 방위각(azimuth) 방향에 관해 가상적 소리 또는 공간적 언어를 사용해서 정보가 참가자에게 제공되었다. 동시에, 참가자들은 인지 과제를 수행해야 했다(N-back 과제, 제7장에서 서술될 것이다). 이 과제는 참가자들이 단서들을 이용해서 경유 지점 사이를 이동하려고 할 때 참가자들에게 인지 부하를 낳았다. 참가자들은 공간적 언어보다 가상적 소리를 사용해서 이동할 때 더 좋은 수행을 보였다.

지난 10년간 **촉감적 디스플레이**(tactile display)가 개발되어 촉감적 작동기(actuator)를 사용해서 조작원들에게 공간 정보를 제시해 왔다. 촉감적 디스플레이는 시각적 공간적 주의를 지향하고, 시각적으로 저하된 조건에서 공간적 인식을 향상시키는 데에 도움이 된다(Hale, Stanney, & Malone, 2009). 3D 청각적 디스플레이처럼 촉감적 디스플레이는 정향 반응을 활용한다. 촉감적 디스플레이는 시각 및 전정기관 단서들이 없거나 착오를 불러일으킬 때 비행 환경에서 공간적 방향상실(disorientation)을 줄일 수 있다(McGrath, Estrada et al., 2004). 촉감적 디스플레이는 장애물 회피를 향상시키는 것(Lam, Mulder, & van Paassen, 2007), 무인 항공기 조작원들의 표적 획득을 촉진시키는 것(Gunn et al., 2005), 체공하는 동안 헬리콥터 조종사들에게 이동 정보를 제공하는 것(van Veen & van Erp, 2003), 비행 혼란 회복(aircraft upset recovery)을 촉진시키는 것(Wickens, Small et al., 2008)으로 입증되어 왔다. 3D 오디오처럼 촉감적 디스플레이는 또한 지속적인 높은 G 포스의 효과에도 저항적이다(van Erp et al., 2007).

촉감적 디스플레이를 기존의 시각 및 청각 디스플레이와 통합하는 것은 디자이너에게 많은 도전거리를 제공한다. 한 가지 결정은 특히 촉감적 단서가 (장애물의 위치와 같은) **상태**(status) 정보를 제공해야 하는지 아니면 (장애물을 피하라고 조작원에게 말하는) **명령**(command) 정보를 제공해야 하는지와 관련된다. Salzer Oran-Gilad 등(2011)은 조종석에서 사용되는 촉감적 디스플레이의 경우 명령 디스플레이가 상태 디스플레이보다 선호된다는 것을 발견했다. 관련된 주제(제2장 정보 이론의 맥락에서 그리고 제6장 의사소통 맥락에서 논의된)는 수행을 향상시키기 위한 중복성(redundancy)의 사용이다. 많은 연구들이 같은 정보를 다른 감각 양상들을 통해 동시에 제시하는 것의 이득을 보여주었다(개관은 Wickens, Prinett, et al., 2011 참조). 우리는 제6장에서 의사소통을 논의할 때 이 주제들 중 많은 것을 다시 고찰할 것이다.

요약하면, 우리는 청각적 및 촉감적 디스플레이가 활용 가능한 시각 정보와 잘 조정된다면 공간적 정보를 조작원에게 제시하는 데 유용한 방법을 제공한다는 것을 알 수 있다.

## 5. 다음 장과의 관계

이 장은 공간적 혹은 아날로그 디스플레이의 디자인과 관련된 논제들을 서술하였다. 그래프에 대한 논의로부터 시작하여 그래프가 더 효과적이도록 만드는 몇 요인들을 언급하였다. 그다음에 미터기나 다이얼 같은 아날로그 디스플레이들을 살펴보았으며 디스플레이와 인지 영역 간의 부합성 개념을 강조하였다. 그리고 두 가지 유형의 지각(직접 및 간접)을 소개한 다음 각각이 3D 공간에 대한 우리 이해에 어떻게 기여하는지를 고찰하였다. 첫째, 우리는 자체운동에 관한 정보를 제공하는 3차원 환경의 특성들과 이것이 항행을 어떻게 안내하는지를 고찰하였다. 그다음 우리는 우리가 어떻게 깊이와 3차원 구조를 판단하고 해석하는지를 살펴보았고 3D 디스플레이가 정보를 효과적으로 전달하기 위해 어떻게 최선으로 디자인되어야 할 것인지를 논의하였다. 마지막으로 다른 감각 양상을 사용하는 공간적 디스플레이를 간단히 고찰하였다. 다음 장에서, 역시 공간적인 상호작용적 디스플레이에 초점을 둘 것이며, 그래서 그 장은 여기에서 논의된 여러 주제들의 자연스러운 연속을 이루게 된다. 특히 3D 디스플레이에 대한 논의를 구축하고 상술한다. 우리는 제7장에서 공간적 작업기억을, 제7장과 제9장 각각에서 디스플레이와 작업기억, 그리고 반응 사이의 부합성을 논의할 때 비슷한 주제들을 다룰 것이다. 그러나 잘 알고 있듯이, 공간 정보는 사람을 포함하여 다른 시스템들과의 상호작용에서 부분적인 역할만을 한다. 제6장에서 이 상호작용에서 구화(verbal) 및 언어 정보의 상보적인 역할을 논의할 것이다.

# 핵심 용어

가중 선형 단서 모형(weighted linear cue model, WLCM)

간접 지각(indirect perception)

검은 구멍 착각(black hole illusion)

결 기울기(textural gradients)

관찰자중심적 단서(observer-centered cue)

광학 흐름(optical flow)

광학적 불변성(optical invariants)

근접 부합성 원리(proximity compatibility principle, PCP)

근접 휘도 공변성(proximity-luminance covariance)

끼인각(splay)

단서 지배성(cue dominance)

단이 단서(monaural cue)

대기 조망(aerial perspective)

대상중심적 단서(object-centered cue)

말콤 수평선 디스플레이(Malcolm horizon display)

머리와 관련된 전이 함수(head-related transfer function)

메타분석(meta-analysis)

모서리 비율(edge rate)

목 매인 디스플레이(tethered display)

밖에서 안으로 보는 디스플레이(outside-in display)

반응 압축(response compression)

반응 팽창(response expansion)

밝기(brightness)

배측 시각 경로(dorsal visual pathway)

복측 시각 경로(ventral visual pathway)

비교(comparison)

빈도 분리 디스플레이(frequency separation display)

빛과 그림자(light and shadow)

상대 판단(relative judgment)

상대적(친숙한) 크기[relative(familiar) size]

색(color)

색상(color hue)

생태학적 부합성(ecological compatibility)

생태학적 인터페이스(ecological interface)

생태학적 심리학(ecological psychology)

소박한 실재론(naïve realism)

수렴(convergence)

시각 타성(visual momentum)

시선 애매성(line of sight ambiguity)

심적 모형(mental model)

심적 조작(mental operation)

안에서 밖으로 보는 디스플레이(inside-out display)

압축(compression)

양안 부등(입체시)[binocular disparity(stereopsis)]

양이 단서(binaural cue)

운동 부분의 원리(principle of the moving part, PMP)

운동 속의 구조(structure through motion)

운동 시차(motion parallax)

움직이는 지침 디스플레이(moving-pointer display)

움직이는 척도 디스플레이(moving-scale display)

인구집단 고정관념(population stereotype)

입체적 디스플레이(stereoscopic display)]

자료-잉크 비율(data-ink ratio)

자체운동(egomotion)

작업 영역 분석(work domain analysis)

전역 광학 흐름(global optical flow)

전역 상황인식(global situation awareness)

정향 반응(orientation reflex)

조절(accommodation)

주변 시각(ambient vision)

지각 연속체(perceptual continua)

직선 조망(linear perspective)

직접 지각(direct perception)

차폐(occlusion)

채도(color saturation)

초점 시각(focal vision)

촉감적 디스플레이(tactile display)

크기 추정(magnitude estimation)

편평성 단서(flatness cues)

평면에서의 높이(상대적 높이)[height in the plane (relative height)]

혼성 디스플레이(hybrid display)

확장 점(expansion point)

회화적 단서(pictorial cue)

회화적 실재의 원리(principle of pictorial realism, PPR)

Porgendorf 착시(Porgendorf illusion)

Stevens 법칙(Stevens law)

# 05 공간 인지, 항행, 수동 제어

어느 아름다운 아침, 한 등산가가 산 정상에 오른 후 다음 목적지로 가기 위해 산등성이를 내려가고 있었다. 내리막 산등성이는 나무로 가득 찬 계곡과 연결되어 있었고, 이 계곡을 지나야 자신의 다음 목적지에 도달할 수 있었다. 정오 무렵에는 날씨가 맑았기 때문에 북쪽으로 향하고 있는 그의 경로가 어느 방향을 향하고 있는지 충분히 알 수 있었다. 오후 1시쯤에는 수목 한계선 아래까지 내려왔는데, 이때 해가 구름에 가렸고 뜻밖에도 소지하고 있던 GPS 장비에 고장이 발생했다. GPS 장비를 대신할 나침반을 갖고 있지 않았기 때문에 안내 책자를 살펴보았는데 여기에는 개울을 지나기 전에 오른쪽으로 돌아가야 한다고 되어 있었다. 하지만 개울이 눈에 보이지 않았다. 더구나 나무들 사이로 자신이 내려왔던 산등성이를 찾기 위해 위를 올려다보았지만 산이 구름에 가려 보이지 않았고, 안내 책자에 표시된 산꼭대기들 중에서 산 정상이 어떤 것인지도 알 수 없었다. 나무 사이를 헤치고 나와 겨우 흙길에 도착하여 그 길로 쭉 내려가고자 하였으나 평평한 숲속에서 내려가는 방향이 어느 쪽인지 알 수 없었다.

앞장에서는 대부분 아날로그 디스플레이와 공간 디스플레이에 대해 다루었다. 이러한 디스플레이들은 그래프 선분의 기울기나 디스플레이 포인터의 위치 등과 같이 연속적 차이를 보여주는 데 유용한 것들이다. 이 장에서도 공간 정보의 연속적 표상과 관련된 문제들을 고려하겠지만, 공간 속에서의 위치와 **움직임**의 맥락에서 다루고자 한다(Shah & Miyake, 2005; Taylor, Brunye, & Taylor, 2008). 그러한 움직임은 빌딩 안에서 걷는다거나 숲속 길을 따라 걷는다거나 혹은 산을 등반하는 것과 같이 직접적인 것일 수도 있고, 자전거나 자동차를 제어하거나 심지어 가상현실 속에서 '가상적 관점(virtual viewpoint)'을 제어하는 것과 같이 간접적일 수도 있다.

직접적이든 아니면 간접적이든 공간 속에서의 움직임에는 전형적으로 정보처리의 네 가지 주요 단계 중 일부 혹은 전부가 요구된다.

1. 현재 위치를 파악하거나 목표지점을 찾기 위해서는 장면 혹은 지도 등을 **지각**하고 이에 주의를 기울여야 한다.

2. 움직이고 있는 공간에 대해 수시로 이해하고 있어야 하는데, 이 과정은 공간적 작업기억(제7장)에 많이 의존한다. 예를 들어, 내가 바라보고 있는 방향 중에서 북쪽은 어디인지 혹은 가장 가까운 출구가 어디에 있는지 알고 있어야 한다.

3. 어떤 과제 특정적인 목표들을 달성하기 위해 어느 방향으로 가야 하는지 선택해야 하는데, 이러한 선택은 두 번째 단계에서 표상되는 공간 인식(spatial awareness)에 종종 의존한다.

4. 그러한 선택은 단순하고 자동화된 자연스러운 방법(예 : 걷기)이나 상당히 복잡한 방법(예 : 3차원 공간 속에서의 대형 항공기나 잠수함 조종)을 통해 실행되어야 한다.

이러한 맥락 안에서 이 장의 각 절에서는 몇 가지의 관련된 개념을 다룰 것이다. 먼저 공간에 대한 인지적 표상, 특히 공간적 사고에서의 **참조틀**(frame-of-reference) 개념(Wickens, 1999; Wickens, Vincow, & Yeh, 2005)이 갖는 중요성에 대해 기술하고자 한다. 이때 이러한 공간적 표상에 따라 달라지는 몇 가지의 중요한 과제 범주를 기술할 것이다. 그 다음에는 공간적 과제의 수행을 지원하기 위해 설계된 인간공학적 도구에 대해 지도 설계, 혼잡도와 참조틀의 문제, 그리고 3차원 지도에 초점을 맞추어 설명하고자 한다. 여기에서는 공간적 표상과 밀접하게 관련이 있는 영역 중 하나인 정보 시각화(information visualization)와 시각타성(visual momentum)에 대해 기술할 것이다. 그 다음 절에서는 네 번째 단계에 해당하는 **추적**(tracking)과 **수동 제어**(manual control) 과제의 실행에 초점을 맞추고 이를 중점적으로 다룰 것이다. 여기에서의 일차적 초점은 차량 제어이다. 마지막 절에서는 가상현실(virtual reality)과 증강현실(augmented reality)에서의 인간 수행과 관련된 문제를 다룰 것이다.

# 1. 참조틀

본격적으로 논의하기 전에 3차원 공간 정보가 표상되는 네 가지 방식과 공간 속에서 이루어지는 세 가지 과제 유형의 조합으로 구성되는 행렬표(그림 5.1)를 먼저 생각해 보자. 3차원 정보는 동일 평면 형태로, 자기중심적 관점으로, 세상중심적 관점으로, 혹은 언어적으로 표상될 수 있다. 그리고 이에 따른 공간 속에서의 과제는 이동, 이해, 정확한 판단이 포함된다. 이 장의 첫 번째 절에서는 이 행렬표의 각 조합에 해당되는 내용을 '채워가면서' 설명할 것이다. 그리고 공간 속에서의 과제와는 상관없이 참조틀의 몇 가지 **변환**(transformation)이 필요하다는 것을 알 수 있을 것인데, 이에 대해서는 그 다음에 설명할 것이다.

## 1.1 공간의 인지적 표상

공간은 일반적으로 X, Y, Z로 표시되는 유클리드 차원으로 표상될 수 있다. 그러나 이러한 공간 차원들은 두 가지의 서로 다른 참조틀 즉, 자기참조틀과 세상참조틀 중 하나를 통해 좀 더 구체적으로 나타내질 수 있다. 인간중심적 혹은 **자기참조틀**(egocentric, ego-referenced

| 과제 | 공면적 | 세상중심적 | 자기중심적 | 언어적 |
|---|---|---|---|---|
| 항행 | | | | |
| 이해 | | | | |
| 정확 판단 | | | | |

*디스플레이 참조틀*

**그림 5.1** 공간 과제 X 디스플레이 행렬표

frame) 안에서 세 가지의 공간 차원들에는 좌우(left-right), 전후(front-back), 상하(up-down) 차원이 포함될 것이다(Franklin & Tversky, 1990; Previc, 1998). 이와는 달리 환경참조틀 (allocentric frame)이라고도 불리는 **세상참조틀**(exocentric, world-referenced frame) 안에서 공간 차원들은 동서(east-west), 북남(north-south), (앞에서와 마찬가지로) 상하(up-down) 차원들로 나타내어질 것이다. 물론 이 외에도 다른 참조틀들이 많이 있을 수 있다. 예를 들어, 실제 관찰자의 전방 혹은 북쪽이 아니더라도 방의 앞쪽과 뒤쪽이 어디인지 구분할 수 있고, 사람의 머리 혹은 몸통의 방향과 일치하지 않게 배열된 3축 제어장치의 참조틀 (Chan & Hoffman, 2010)도 구분할 수 있다.

틀(특히 자기참조틀)이 갖는 일반적 특징 중 하나는 끝부분(endpoint)의 현저성(salience) 혹은 표시하기(marking)의 정도이다. 예를 들어, 하늘과 땅 사이의 구분뿐만 아니라 중력 (force of gravity)을 나타낼 때는 분명한 생태학적 구분이 있다. 또한 사물(예 : 위험요소)이 분명하게 보이는 앞부분과 그렇지 않은 뒷부분 사이에도 분명한 구분이 있다. 이와는 달리 왼쪽과 오른쪽 사이에는 두 방향을 완전하게 차별화할 수 있는 표시가 분명하지 않을 수 있기 때문에 이 두 가지 방향을 혼동할 가능성이 더 많다(Previc, 1998). 축(axis)의 지각적 현저성이 갖는 이러한 차이는 몇 가지 근본적인 생물학적 기초를 갖고 있는 것으로 보인다.

### 1.2 2차원 심적 회전에서의 참조틀 변환

몇 개의 참조틀을 적절하게 정렬하는 것은 인간 수행에 도움을 줄 수 있다. 예를 들어, 북쪽 이 앞쪽을 향하고 있으면 지도를 보면서 쉽게 항행할 수 있다. 그러나 참조틀이 정렬되어 있지 않으면 과제 수행을 위해 참조틀을 변환해야 할 필요가 생긴다. **참조틀 변환**(frame of reference transformation, FORT)은 시간이 요구되고, 에러를 범할 가능성을 높이며, 인지적 부담을 증가시킨다(Pavlovic, Keillor, et al., 2008; Wickens, 1999; Wickens, Keller, & Small,

2010). 참조틀 변환은 인간 수행에 영향을 미치기 때문에 우리는 이에 대해 자세하게 다룰 것이다. 그림 5.1에 제시된 과제들 중에서 먼저 항행 과제부터 고려해 보자.

참조틀 변환 중에서 우리에게 가장 익숙한 것 중의 하나가 심적 회전(mental rotation)이다(Shepard & Cooper, 1982; Aretz, 1991; Gugerty & Brooks, 2004; Stannsky, Wilcox, & Dubrowski, 2010). 원래 심적 회전에 대한 연구에서는 사람들에게 2차원 혹은 3차원 공간에 제시된 회전된 낱자(혹은 기하학적 대상)가 똑바로 선 표적 낱자(혹은 형태)와 동일한 것인지의 여부를 결정하도록 하였다(Shepard & Cooper, 1982). 좀 더 최근의 연구에서는 지도 사용의 맥락에서 심적 회전에 대해 검토한다(Crundall, Crundall, et al., 2011; Williams Hutchinson & Wickens, 1996; Wickens, Vincow, & Yeh, 2005). 우리는 먼저 현재 위치에서 목적지까지 이동하는 항행 과제 혹은 이동 과제의 맥락에서 참조틀 변환을 기술하고자 한다. 예를 들어 위쪽이 북쪽으로 되어 있는 일반적인 지도를 보면서 남쪽으로 운전하는 운전자는 어려움을 경험할 수 있다. 왜냐하면 회전 방향을 결정하거나 이정표가 어느 방향에 있는지 적절하게 파악하기 위해서 그 운전자는 지도에 표시된 대상과 전방의 장면이 서로 일치될 수 있도록 원래의 지도를 남쪽이 위쪽이 되도록 심적으로 회전해야 하기 때문이다. 물론 원래의 지도를 단순히 돌려서 볼 수도 있을 것이다. 그러나 이 경우 지도의 글자나 기호들은 뒤집혀 보이기 때문에 이것도 추가적인 인지적 부담을 초래한다. 이러한 문제에 대해서는 뒤에 다시 논의할 것이다. 2차원 심적 회전은 운전자가 어느 방향으로 회전해야 할 것인지 결정하는 것과 같은 불연속적 인지 의사결정에 도움을 줄 수도 있고, 지상에서 무선으로 항공기를 조작하는 경우와 같이 제어하는 사람의 연속적 수동 제어에도 영향을 미칠 수 있다는 것을 염두에 두는 것이 중요하다.

2차원 심적 회전이 갖는 부담을 나타내는 일반적 함수가 그림 5.2에 제시되어 있다. Y축(부담)은 어떤 변인이 측정되는지에 따라 시간, 에러 가능성, 혹은 정신적 작업부하 등으로 나타낼 수 있다. 그림은 X축에 따라 네 가지의 '영역(region)'으로 나누어질 수 있다. 심적

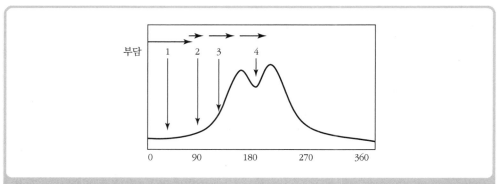

**그림 5.2** 회전 각도에 따른 2차원 심적 회전의 부담. 그림에서 숫자로 표시된 4개의 영역에 대한 내용은 본문에 기술되어 있다.

회전이 작은 경우나 각도의 부정합(misalignment)이 작은 경우에는 부담이 작고 회전 각도가 90도에 이르기까지는 크게 증가하지 않는다. 그림에서 두 번째 영역에 해당하는 부분이 중요한데, 여기에서는 전방을 주시할 때 보이는 왼쪽이 지도에서는 더 이상 왼쪽이 아니기 때문이다. 그와 같은 모호성은 심적 회전의 필요성을 증가시킨다. 90도 이상의 각도(영역 3)에서는 지도의 왼쪽이 세상에서는 오른쪽에 해당하는 비부합성(incompatibility)이 존재한다. 이에 대해서는 제9장에서 자세하게 다룰 것이다. 비록 정확하게 정렬된 경우보다 부담이 상대적으로 더 크기는 하지만 부정합이 180도에 접근함에 따라 흥미롭게도 정상 부분에서는 일시적인 부담 감소가 나타난다. 그리고 완전한 부정합의 경우에는 단일 공간-심적 회전 기제가 예측하는 것만큼의 부담은 주지 않는다(Gugerty & Brooks, 2004; Macedo et al., 1998; Aretz, 1991). 이러한 상대적 이점은 우리가 종종 '왼쪽이 오른쪽'이라고 말하는 방략을 통해 얻어지는 것으로 보인다(Cizarre, 2007). 그다음 180도보다 큰 부정합 각도에서 곡선은 이전 각도에서 보인 것과 비교적 대칭적인 형태가 되어 0의 값으로 되돌아간다. 이 그림이 시사하는 바는 분명해 보인다. 즉, 항상 북쪽이 위쪽으로 표시되는 북-상 고정형 지도(north-up map)에 비해 이동하는 방향에 맞추어 전방이 위쪽으로 표시되는 회전형 지도(track-up map 혹은 heading-up map)가 일반적으로 인간 수행에 도움을 준다는 것이다. 회전형 지도를 사용하면 2차원 참조틀 변환에 따른 부담은 최소화된다. 전자 지도로 구현된 회전형 지도의 경우에는 지도는 회전하더라도 지도상의 텍스트 방향은 똑바로 선 상태로 제공하는 것이 일반적이기 때문에 텍스트에 대한 가독성도 유지할 수 있다. 쇼핑몰이나 공원, 공항 혹은 도시 환경에서 사람들의 항행을 돕기 위해 종종 사용되는 이른바 '당신의 현위치(you are here, YAH)' 지도(Levine, 1983)(그림 5.3)의 경우에는 이것을 설치하기 전에 적절한 방향으로 미리 지도를 회전시켜 제작함으로서 이러한 배열 합치성(congruence of alignment)을 얻을 수 있을 것이다.

여기에서 회전형 지도 디스플레이가 가질 수 있는 세 가지 잠재적인 문제점들에 대해 언급하는 것이 적절할 것 같다. 첫째, 예를 들어 구불구불한 길이 많은 도시를 지날 때와 같이 지도가 계속 회전된다면 지도상의 방위와 실제 방위 사이의 일관성이 결여되어 사용자는 환경에 대한 정신모형을 형성하기가 더욱 어려워진다(이것은 그림 5.1에 제시된 과제 유형 중 '이해'에 해당한다). 실제로 연구들은 회전되는 지도가 주어진 경우 조작자들의 환경 재구성 능력(예 : 자신이 경험한 환경을 지도로 다시 그려보는 것)이 더 낮았다는 것을 보여주었다(Aretz, 1991; Munzer, Zimmer, & Baus, 2012; Williams, Hutchinson, & Wickens 1996; Wickens, Liang et al., 1996). 따라서 회전하는 지도는 그림 5.1에 제시된 이해(understanding) 과제의 수행을 방해할 수 있다.

둘째, 심적 회전 능력에서는 개인차가 크기 때문에(Gugerty & Brooks, 2004; Carlson, 2010; Hegarty & Waller, 2005; Crundall Crundall et al., 2011), 어떤 사람들은 오히려 북-상 고정형 지도를 사용하여 항행하는 것을 더 편안하게 여기고 부담을 더 적게 경험한다. 또한 일부

**그림 5.3** '당신의 현위치(You-are-here, YAH)' 지도. 전방으로 보이는 방향이 지도의 방향과 일치하는 것에 주목하라. 몇몇 YAH 지도는 이러한 규칙을 따르지 않고 제작되기도 한다. 또한 시각적으로 현저한 이정표들이 지도에서 부각되어 있다는 점도 주목하라. 이에 대해서는 시각 타성(visual momentum) 부분에서 기술할 것이다.

조종사들은 북쪽 방향으로 갈 때 전자 지도보다는 전통적인 종이 지도를 보면서 항행하는 것을 더 선호하기도 한다(Williams, Hutchinson, & Wickens, 1996). 셋째, 일시적으로 동일한 참조틀을 사용하지 않는 사람들 사이에서 의사소통이 요구될 경우 자기참조적 언어보다는 세상참조적 언어(예 : 동서남북)가 좀 더 일반적이고 모호하지 않게 의사소통할 수 있도록 해준다(van der Kleij & Brake, 2010). 예를 들어, 소방용 항공기가 진화용 소방수를 투하하기 위해 특정 방향으로 비행하는데 다른 항공기에 탑승한 지휘관으로부터 지시를 받는 경우가 이에 해당할 수 있을 것이다. 이러한 이유 때문에 잘 설계된 전자 지도에서는 (대부분의 경우 북-상 방향으로 되어 있는) 고정형 지도 모드를 선택할 수 있게 되어 있다.

### 1.3 3차원 심적 회전 : 일반적 참조틀 변환 모형

인간은 자주 3차원 공간을 항행해야 한다. 그림 5.2는 지도에 대한 일종의 비선형적 회전 함수(non-linear rotation function)를 예시하고 있는데, 이것은 일반적으로 2차원 수평 평면(동서남북)에 따라 존재하는 정보를 표상한다. 그러나 항공기의 3차원 궤적을 항행하는 조

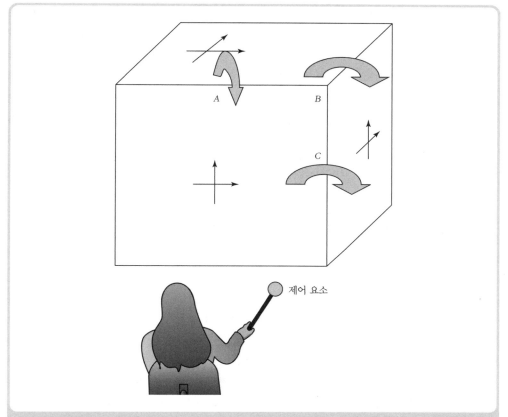

**그림 5.4** 참조틀 변환의 3차원적 표상. 그림에서는 전방에 있는 인간 제어자의 관점에 대한 3개의 각 평면 (앞쪽으로 보이는 전방 평면, 위에서 보이는 수평 평면, 측면에서 보이는 수직 평면)에서의 2차원 운동(가는 직선 화살표)을 묘사하고 있다. 곡선으로 된 화살표는 3개 평면 사이의 직교적 변환을 나타낸다. 이러한 변환이 갖는 어려움은 본문에 기술되어 있다.

종사(Wickens & Prevett, 1995), 복잡한 복층 건물 안에 있는 쇼핑객이나 방문객(Carlson, 2009), 혹은 꾸불꾸불한 혈관을 치료하기 위해 가느다란 기구를 이용하여 내시경 수술을 하는 의사(Stansky, Wilcox, & Dubrowski 2010; Zhang & Cao, 2010)를 생각해 보면 알 수 있듯이, 3차원 공간에서도 좀 더 복잡한 공간적 이해와 항행이 요구되는 경우가 자주 있다. 그러한 경우 참조틀 변환은 3개의 독립적인 2차원 평면 사이에서 일어나야 하는데(예 : 그림 5.4에서 곡선 화살표로 표시되어 있는 것), 이것은 부가적인 부담을 초래한다. 서로 90도를 이루고 있는 평면들 사이에서의 변환은 어느 정도 부담을 초래한다. 예를 들어 무인 탐사선을 위쪽으로 이동시키기 위해 제어장치를 앞으로 밀어야 하는지 아니면 이와 반대로 당겨야 하는지 판단해야 할 것이다. 이러한 문제에 대해서는 제9장의 제어장치-디스플레이 부합성(control-display compatibility) 부분에서 좀 더 자세하게 다룰 것이다.

더구나 사용자가 이미지들을 서로 비교하고자 할 때는 수행에 대한 부담이 더 분명해진다. 예를 들어 등고선 지도 혹은 위성 지도와 앞쪽으로 펼쳐진 장면을 서로 비교하는 경우를 생각해 보자. 지도에서 보이는 것과 앞쪽으로 펼쳐진 장면이 합치하는지를 판단하기 위해서 관찰자는 지도를 90도 위쪽으로 회전한 후 지도에서 보이는 것과 앞쪽 장면이 어떻게 대응하는지 마음속으로 그려보아야 한다. 즉, '내가 보고 있는 것이 내가 보아야 하는 것'인지 확인해야 한다. 이러한 환경 장면의 위쪽으로의 심적 회전(혹은 지도의 앞쪽으로의 심적 회전)(그림 5.4의 회전 A)도 시간과 에러의 부담을 초래한다(Hickox & Wickens, 1999; Aretz & Wickens, 1992). 이 문제에 대한 한 가지 좋은 해결책은 그림 5.3의 당신의 현위치 지도에서 보이는 것처럼 45도의 조망 각도를 채택하는 것이다(Hickox & Wickens, 1999). 이 방법은 '신의 눈으로 본 지도'가 갖는 바람직한 위상기하학적 특징(예 : 도로들이 어디로 향하고 있는지, 혹은 거리를 어떻게 판단할 것인지)을 여전히 유지하면서 앞쪽으로의 심적 회전 정도를 줄여주는 이점이 있다. 그와 같은 조망은 지도로 제시된 정보가 환경 속에서 얻을 수 있는 정보(예 : YAH 지도, 전자 지도)와 비교되어야 하는 상황에서 매우 적합한 것으로 보인다. 이러한 조망이 갖는 추가적인 이점은 지도에 표시된 이미지와 대상들이 위에서 아래 방향으로 지도로 나타내어질 때보다 실제 세상에서 보이는 것(즉, 전방 시각장)과 더 닮아 보인다는 것이다.

앞쪽으로의 심적 회전(그림 5.4A)(등고선 지도가 3차원으로 보이게 하는 것)은 어느 정도의 부담을 초래하는데, 90도 변화에서 모든 평면 쌍들이 동일한 어려움을 주는 것은 아닌 것으로 밝혀졌다. 90도 변환의 경우 전방 평면과 수평 평면 사이의 변환('전방 장면을 세운 후 위에서 보는 것')이 전방 평면과 수직 평면(그림 5.4B) 혹은 수평 평면과 수직 평면(그림 5.4C) 사이의 변환에 비해 상대적으로 부담이 덜하다는 것이 일반적인 결과이다(Chan & Hoffman, 2010; Delucia & Griswold, 2011). 이러한 차이를 가져오는 한 가지 이유는 좌우를 변환하는 것에서의 어려움 때문인데, 앞에서 기술한 바와 같이 이러한 어려움은 부분적으로는 측면 차원 축의 '표시'가 부족하기 때문이다(Franklin & Tversky, 1990). 특히 전방 평면과 수평 평면 사이의 좀 더 쉬운 대응(회전 A)에서는 좌-우 축이 항상 일관적으로 유지된다. 즉, 수직으로 되어 있는 장면을 앞쪽에서 보든 아니면 수평으로 되어 있는 장면을 위쪽에서 아래쪽으로 내려 보든 상관없이 왼쪽은 왼쪽이고 오른쪽은 오른쪽이다. 그 결과 YAH 지도가 수직으로 제시되어 지면이 수평으로 보인다 하더라도 우리는 이 지도를 사용하는 데 거의 어려움을 경험하지 않는다. 그러나 이러한 일관성은 회전 B나 C의 경우에는 존재하지 않는다(Wickens, Vincow, & Yeh, 2005).

마지막으로, 그림 5.5에 제시된 중다 참조틀 변환에서의 어려움을 살펴보자. 조종사는 비행기의 앞창을 통해 제시되는 전방의 장면(좌측 상단)을 보면서 비행하고 있지만 이 장면과 북-상 2차원 지도(좌측 하단)상에서의 추정된 위치를 서로 비교해야 한다. 오른쪽 2개의 그림은 현재 위치가 자신이 있어야 하는 위치가 맞는지 판단하는 데 필요한 2개의 변환을 예

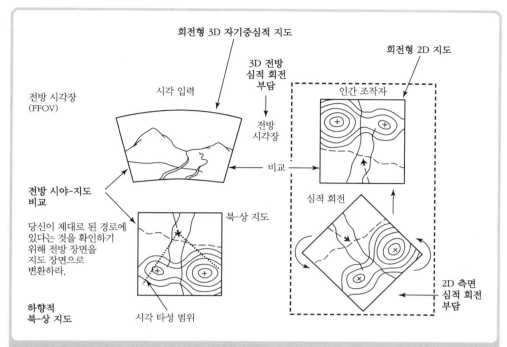

**그림 5.5** 이중 지도에 대한 예시와 지도를 서로 비교하는 데 도움이 되는 시각 타성. 그림에서 좌측 상단에 있는 디스플레이는 회전형 자기중심적 3차원 지도를 나타내는데 이것은 현대의 일부 항공기에서 사용하고 있는 합성 시계 디스플레이(synthetic-vision-system display)에서 볼 수 있는 것으로 실제 세상을 모사하고 있다. 좌측 하단에 있는 것은 2차원 북-상 지도로 여기에는 남쪽으로 항행하는 항공기가 예시되어 있다. 오른쪽 상자 안에 있는 것은 2개의 참조틀 변환 즉, 지도의 상하를 뒤바꾸는 심적 회전과 왼쪽으로 약간 각도를 변경하는 심적 회전을 예시하고 있다. 이를 통해 조종사는 2개의 장면을 서로 비교할 수 있게 된다. 2차원 북-상 지도에 표시된 점선은 회전형 3차원 자기중심적 지도에서 보이는 시각장의 범위를 나타내는 것으로 이 범위에서 시각 타성이 주어진다.

시하고 있다. 왼쪽 하단에 제시된 시각 타성에 대해서는 다음에 설명할 것이다.

## 1.4 2차원 혹은 3차원

'3차원' 혹은 조망 디스플레이에 대해서는 제4장에서 논의한 바 있다. 앞쪽으로 항행하면서 참조틀을 변환해야 하는 어려움을 해결하는 방법은 '하늘의 고속도로'(제4장의 그림 4.19)과 같은 3차원의 전방 장면 디스플레이나 3차원의 '당신의 현위치' 지도(그림 5.3)에서 찾아볼 수 있다. 3차원 지도의 이점들에도 불구하고 이들은 두 가지의 문제를 갖고 있다. 이러한 문제에 대해 기술하기 전에 우리가 먼저 고려해야 하는 측면은 3차원 디스플레이에서의 자기중심적 관점과 세상중심적 관점의 구분이다(Hollands & Lamb, 2011; Wickens & Prevett, 1995). 전자의 경우, 만일 제시되는 3차원 환경 속으로 관찰자가 '몰입되었다면' 디스플레이의 관점은 관찰자가 눈으로 보는 것과 동일하다[**몰입형 관점**(immersed view)]. 그림 4.19에 제시된 하늘의 고속도로가 여기에 해당하는 한 가지 예이다. 후자의 경우에는 그림 5.3의 당신의 현위치 지도와 같이 관찰자는 자신의 위치[예를 들어, 디스플레이 안에 있는 자신의 **아바타**(avatar)의 위치를 디스플레이의 위로부터 그리고 앞쪽을 향해 볼 수 있다.

몰입형 관점이 갖는 **열쇠구멍**(keyhole) 속성 때문에 3차원 공간을 이동하면서 이것을 이해하는 것은 상당한 방해를 받을 수 있다(Woods, 1984). 이것이 첫 번째 문제이다. 좀 더 일반적으로 말하면, 전방의 이동 경로를 강조하는 것은 이동이나 항행에는 도움이 되겠지만 3차원 공간에 대한 이해를 방해할 수 있다는 것이다. 좁은 시각장을 제공하는 3차원 자기중심적 디스플레이는 전방에 있지 않는 정보를 (보여주기보다는) 감출 것이다. 지각적 초점이 좁아지면 주의 초점도 좁아지게 한다. 만일 주의가 전방에 있는 것에 주어진다면 옆, 위, 아래, 뒤에 있는 대상이나 이정표를 고려하는 데 사용될 수 있는 주의는 매우 적어진다(Wickens, Thomas, & Young, 2000; Wickens, 1999; Olmos, Wickens, & Chudy, 2000). 보이지 않는 것은 쉽게 이해되지 못한다. 따라서 몰입형 3차원 디스플레이의 자기중심성은 앞에서 논의된 2차원 지도의 회전이 그러했던 것과 유사한 방식으로 3차원 공간에 대한 이해 과제의 수행을 저하시킨다.

3차원 자기중심적 관점에 의해 발생하는 공간의 이해 부족은 그림 5.1에 제시된 네 번째 항행 정보인 언어적 노선 목록 조건에서 더 심각해진다. 언어적 **노선 목록**(route list)은 여행자에게 단순히 언제, 어디서, 어느 방향으로 회전해야 하는지 알려주는 일종의 명령 디스플레이이다. 예를 들어 스마트폰으로 사용할 수 있는 운전자용 길안내 앱이 운전자에게 목적지까지 가는 경로를 회전 지점별로 알려주는 것이다. 앞으로 어떻게 해야 하는지를 강조한 결과, 전방 경로에 제시되지 않는 이정표나 특징들에 대해서는 주의가 벗어나게 된다(Bartram, 1980). 두 번째의 문제는 **시선 모호성**(line of sight ambiguity)이다. 이에 대해서는 앞장에서 이미 기술된 바 있다(그림 4.21과 4.22 참조). 3차원 공간에 있는 대상들의 위치와 움직임은 이들이 평평한 관찰 표면 위에 제시될 때, 그리고 시선을 따라 이들의 위치 차이가 높은 수준으로 **압축되어**(compressed) 보여질 때 **모호해진다**. 이러한 문제는 3차원 세상중심적 디스플레이 경우에 더 두드러지는데, 왜냐하면 대상들의 위치가 모호할 뿐만 아니라 관찰자인 당신(혹은 공간 판단의 근거가 되는 당신의 아바타)의 위치도 모호하기 때문이다(Wickens & Prevett, 1995; Wickens, 1999; Wickens, Vincow, & Yeh, 2005).

이러한 문제들에도 불구하고 3차원 세상중심적 디스플레이는 두 가지의 분명한 이점을 갖고 있다. 3차원 세상중심적 디스플레이는 (1) 공면 디스플레이와는 달리 보여지는 대상들이 실제 세상에 존재하는 것과 유사하게 제시되고, (2) 3차원 몰입형 디스플레이와는 달리 당신을 둘러싼 공간을 더 넓게 볼 수 있기 때문에 바람직하지 않은 열쇠구멍 효과를 줄여주는 반면 **전역 상황인식**(global situation awareness)(지면의 배치 상태를 이해하는 능력, 제7장 참조)을 더 증가시켜 준다(Wickens, Thomas, & Young, 2000).

그림 5.6은 그림 5.1을 완성한 것인데, 이것은 과제와 참조틀의 조합에 대해 요구되는 상

| 과제 | 디스플레이 참조틀 | | | |
|---|---|---|---|---|
| | 2차원 공면 | 3차원 세상중심적 | 3차원 몰입형 | 언어적 노선 목록 |
| 항행 | 이정표 비교 − | | 이정표 비교+ | 이정표 비교 − |
| 이해 | 넓은 시각장 + <br> 이정표 비교 − | 넓은 시각장 + <br> 이정표 비교 − | 열쇠구멍 − <br> 이정표 비교+ | |
| 정확 판단 | 선형 거리+ | 이중적 시선 모호성 − | 시선 모호성 − | |

**그림 5.6** 과제와 디스플레이 참조틀 조합에 따른 이득/비용 행렬표

이한 정보처리 기제의 장점과 단점을 나타내주고 있다(Wickens, 1999). 표 안에 있는 각 칸은 네 가지의 관점(참조틀)이 좌측에 제시된 과제들의 수행에 더 적합한지(+) 아니면 그렇지 않은지(−) 보여주고 있다. 예를 들어 항행 과제를 수행할 때 2차원 지도의 경우 이정표를 나타내기 위해 사용되는 상징이나 아이콘들이(이러한 것들은 어디서 회전해야 하는지 결정하는 데 유용하다) 실제 세상에서의 대응물과 닮지 않았다는 점에서 부담을 부과한다. 반면 3차원 세상중심적 디스플레이의 경우에는 이러한 부담이 감소한다. 그리고 3차원 몰입형 디스플레이의 경우에는 이정표 비교(세상과 지도를 비교하는 것)에서의 이점이 관찰된다.

전역 상황인식을 유지하고 세상에 대한 정신모형(때로 항행 계획을 지원하는 기능들)을 개발하는 데 요구되는 이해 과제에서는 두 가지 특성이 영향을 미친다. 하나는 앞에서 언급하였던 이정표 유사성이고, 다른 하나는 넓은 배열의 가시성이다. 넓은 배열의 가시성은 이동 경로를 벗어난 지도 세부사항들의 상대적/절대적 위치를 이해하는 데 필요하다. 이 두 가지 특성은 + 혹은 −로 표시되고 있는데, 특히 여기에서 3차원 몰입형 디스플레이의 경우에는 열쇠구멍 현상에 의한 불리함이 크다는 것을 보여주고 있다. 세 번째 과제인 정확한 판단 과제에 대한 분석에서 가장 중요한 특징은 선형 거리 지각에서의 용이성이다. 평면(혹은 공면) 지도는 지도/디스플레이의 모든 영역에 적용되는 일관적 척도를 갖고 있다. 3차원 디스플레이처럼 만일 이러한 특성이 없다면 모호함이 발생한다. 세상중심적 3차원 디스플레이의 경우에는 개인의 위치와 다른 요소들의 위치를 판단하는 것에서 모두 이러한 모호함이 발생하기 때문에 이중으로 불리함을 갖는다.

## 1.5 참조틀 문제에 대한 해결책

하나의 과제만을 수행할 때는 대부분의 경우 최적의 관점 혹은 최적의 참조틀을 선택하는 것이 가능하다. 그러나 여러 과제들이 동시에 수행되어야 하는 경우가 자주 있다. 예를 들어 어떤 운전자는 낯선 곳을 운전하면서 이와 동시에 길을 잘못 들거나 안내를 잘못 받아

길을 잃지 않기 위해 여행하고 있는 지역도 이해하고 있어야 한다. 이에 대한 해결책으로 두 가지를 제시하고자 하는데, 하나는 설계를 통한 해결책이고 다른 하나는 훈련 기반 해결책이다.

### 1.5.1 설계 : 중다 지도

분명한 해결책 중의 하나는 동시에 관찰 가능한 것이든 아니면 연속적으로 접근할 수 있는 것(예 : 북쪽이 위쪽에 제시되는 고정형 북-상 지도와 향하고 있는 방향이 위쪽에 제시되는 회전형 지도를 각각 선택할 수 있는 전자 지도)이든 2개(혹은 그 이상)의 상이한 지도를 제공하는 것이다. 그리고 지도, 디스플레이 혹은 시야에 나타난 지역이 다른 지역과 어떻게 관련되어 있는지 보여줄 수 있는 시각 타성 기술이 적용될 수 있다면 이러한 해결책의 효과성은 더 향상될 수 있다(Aretz, 1991; Bennett & Flach, 2012, Woods, 1984; Hochberg & Brooks, 1978). 이 문제에 대해서는 이 장이 후반부에서 좀 더 상세하게 다루겠지만 여기에서는 간단한 예시를 먼저 들어보고자 한다. 그림 5.5에 제시된 상황을 고려해 보라. 먼저 실제 세상을 바라보는 것이 아니라 3차원 세상중심적 합성 지도[이것은 **합성 시계 디스플레이**(synthetic-vision-system display)라고도 알려져 있다](Prinzel & Wickens, 2008; Alexander, Wickens, & Hardy, 2005)를 보고 있다고 가정해 보자. 이것은 이동 방향을 안내받는 데 도움이 될 것이다(만일 그림 4.19에 제시된 것 같은 하늘의 고속도로 디스플레이와 결합된다면 더욱 그렇다). 2차원 지도는 계획과 이해, 관제소와의 의사소통에는 도움이 되겠지만, 중다 지도가 사용된다면 계획, 이해, 의사소통뿐만 아니라 경로 안내에 대한 도움도 받을 수 있을 것이다. 이제 몰입형 디스플레이를 생각해 보자. 그리고 그림 5.5의 좌측 하단에 제시된 것과 같이 이 디스플레이의 시각장이 평면지도상의 시각 타성 범위로 제시된다고 가정해 보자. 이 경우에서는 전방 시점 디스플레이에 제시된 지형이 2차원 지도 시점에서는 어떻게 표상되어 있는지 항행자가 금방 알 수 있게 해준다. 제3장에서 논의된 근접 부합성 원리의 관점에서 보면 시각장에 표상된 공통 요소는 항행자가 두 가지의 정보 원천을 통합하는 데 도움을 준다. 또한 이것은 항행자가 두 디스플레이의 공통 요소들에 대해 선택주의를 원활하게 기울일 수 있도록 한다. 그와 같은 시각 타성 도구가 존재할 경우 북-상 지도를 사용하여 비행하는 상황에서는 수행에 이점이 있다는 것이 증명되었다(Aretz, 1991; Olmos, Liang, & Wickens, 1997).

### 1.5.2 훈련 : 항행 지식의 단계

순수한 처리 속도(심적 회전에서의 유연성)(Stanzky, Wilcox, & Dubrowski, 2010)와 일반적 방략 접근 모두에서 공간/인지 기술의 다양한 측면들이 훈련될 수 있다는 증거들이 많이 보고되고 있다. 여기에서 중요한 요소는 개인이 특정 지역(도시, 산악지역, 이웃, 복잡한 3차원 빌딩)을 학습함으로써 형성되는 지리적 지식의 획득 과정이다.

연구자들은 환경에 대한 친숙성 증가에 따른 지식 획득에는 세 가지의 일반적 단계가 있다는 것을 알아냈다. 공간 지식의 모든 형태를 획득하는 것은 항행 유연성과 이해를 최적화하는 데 도움이 된다(Thorndyke & Hayes-Roth, 1982).

1. **이정표 지식**(landmark knowledge)은 일반적으로 처음에 획득되는 것으로 현저한 주요 이정표(빌딩의 아트리움, 독특한 동상, 도시 속의 강 등)에 대해 높은 수준의 시각적 표상을 형성하는 것이 특징이다.

2. **경로 지식**(route knowledge)은 한 지점에서 다른 지점으로 어떻게 도달하는지 알고 있는 것이다. 이 지식은 "교회에서 우회전한다."와 같이 특정한 항행 결정에서 언어적으로 자주 표상된다. 따라서 경로 지식은 이정표의 상대적 위치에 대한 정보를 서로 연결 짓는다고 할 수 있다.

3. **조망 지식**(survey knowledge) 혹은 '심적 지도(mental map)'는 지역에 대한 정확한 이해를 재구성하는 능력을 반영한다. "그 동상의 북쪽에 있는 도로는 무엇입니까?" 혹은 "X에서부터 Y까지의 거리는 얼마나 됩니까?"와 같은 공간적 질문에 답하는 것도 (이미 지나온 경로상에 있는 것들에 대한 질문이 아닌 경우) 조망 지식의 한 형태로 여겨진다. 조망 지식은 길을 잃었거나 방향을 상실한 여행자에게 도움을 줄 수 있지만 (여행자가 경로를 벗어나 있을 가능성이 높다는 점을 감안하면) 이 경우 경로 지식은 별로 도움이 되지 못한다.

연구들은 경로 지식과 조망 지식을 획득하는 방식이 약간 다르다는 것을 시사한다. 경로 지식을 획득하는 가장 직접적인 방식은 실제 세상이나 가상적 표상(이 장의 후반부에서 다룰 가상현실 환경)에서의 **항행 연습**(navigational practice)이다. 이와는 달리 조망 지식의 가장 직접적인 방식은 지도를 열심히 배우는 것이다. 그러나 이 두 가지 유형의 훈련에는 비대칭성이 존재한다. 즉, 많은 항행 연습의 결과 능숙한 조망 지식이 습득될 수는 있지만 지도를 열심히 배운다 하더라도 이를 통해서는 항행자의 전방 3차원 시점으로부터 획득되는 시각적 이정표들은 확인할 수 없기 때문에 경로 지식을 발달시키는 데는 그렇게 도움이 되지 않을 수 있기 때문이다(Williams, Hutchinson, & Wickens 1996; Thorndyke & Hayes-Roth, 1982).

진보된 수준의 지리적 지식 즉, 경로 지식과 조망 지식의 획득 방식은 선형적이거나 순차적이지는 않다는 것을 인식하는 것이 중요하다. 두 가지 지식은 동시에 발달될 수 있다. 또한 Montello(2005)가 시사하였듯이, 항행 경험과 함께 증가하는 것은 지식 유형에서의 질적 변화보다는 양적 속성에서의 정확성 증가이다. Liben(2009)도 공간 지식에서의 정확성 증가가 경험을 통해 획득되는 공간 환경 학습의 전형적 특징이라고 지적하였다.

## 2. 지도 설계

앞절에서 우리는 지도가 어떻게 사용되는지에 기초하여 지도 설계에 영향을 미치는 여러 가지 요인들에 대해 논의한 바 있다. 여기에서는 우리의 논의가 갖는 몇 가지 중요한 시사점들을 요약한 다음, 두 가지의 추가적 고려 사항들과 함께 이것에 대해 좀 더 자세하게 기술할 것이다.

### 2.1 2차원 지도 설계

항행에 사용되는 2차원 지도는 이동 방향이나 방위에 따라 회전해야 하지만 (공간 이해의 향상을 위해) 고정형 지도(북-상 지도)를 선택할 수 있는 옵션도 갖고 있어야 한다.

- 전방-상 지도(heading-up map)는 (자동차에 설치된 내비게이션 장치와 같이) 상황에 따라 회전할 수 있도록 역동적으로 구현할 수도 있고, (YAH 지도와 같이) 적절한 방향으로 배치하는 것으로도 구현할 수 있다. 그와 같은 설계는 지도와 전방 관찰 사이의 합치성을 향상시킬 것이고, 회전 방향의 결정이 시각화된 지도 정보와 공간적으로 부합하는지 분명히 알 수 있도록 해줄 것이다.
- 만일 상대적으로 정확한 수직 정보가 중요하다면(예 : 산악 지도, 항공 지도, 건축이나 건설 청사진 등에서) 일련의 공면 2차원 관찰이 유용하다(예 : 수직 정보가 선형으로, 그리고 압축하지 않게 제시되는 것).

### 2.2 3차원 지도 설계

이에 대한 가이드라인은 제4장뿐만 아니라 그림 5.6에서 이미 제시된 바 있지만, 과제 수행에 지도 시점(map viewpoint)이 최적이 되도록 하기 위해서는 2개의 지도를 만드는 것을 고려해 볼 필요가 있다. 2개의 지도(혹은 관찰)를 결합하는 것에는 그림 5.5(5절도 참조)를 기술하면서 논의하였던 시각 타성 원리의 적용이 도움이 될 것이다.

### 2.3 지도의 축척

지도의 축척이란 지도에 표상된 세상의 실제 거리와 지도 표면에 표상된 거리의 비율이다. 예를 들어, 1 : 1,000 축척은 지도에서의 1m가 실제 세상에서는 1,000m에 해당된다는 것을 나타낸다. 비율의 두 번째 숫자가 작다면(예 : 1 : 10), 이것은 '대축척(large scale)' 혹은 '줌인(zoomed in)' 지도에 해당한다. 만일 두 번째 숫자가 크다면(예 : 1 : 100,000), 이것은 '소축척(small scale)' 혹은 '줌아웃(zoomed out)' 지도이다. 3차원 지도에서 축척은 **기하학적 시각장**(geometric field of view, GFOV)으로 정의되는데, 여기에는 카메라의 렌즈 형태나 줌 기능과 같은 각도와 거리(축척) 요소가 포함된다(Hollands & Lamb, 2011).

- 최상의 지도 축적은 수행하는 과제에 따라 달라지는데, 일반적으로 소축척일수록 (지도를 한 번만 보고도 여러 세부특징들에 대한 상대적 위치를 이해할 수 있기 때문에) 공간을 전역적으로 이해하는 데 더 도움이 되는 반면, 대축척일수록 (이동 경로를 따라 존재하는 세부사항들이 더 잘 표상되어질 수 있기 때문에) 항행에 더 많은 도움이 된다. 특히 소축척은 세상중심적 지도에, 대축척은 자기중심적 3차원 디스플레이에 각각 대응된다는 점에 주목하라.
- 3차원 디스플레이에서 큰 GFOV는 일반적으로 전역 이해를 지원하는 반면 열쇠구멍 현상은 감소시킨다(Alexander, Wickens, & Hardy, 2005). 그러나 더 작은 GFOV는 전방 경로에 있는 이정표들에 대한 가시성을 확대하거나 향상시킴으로써 항행과 이동에도 도움이 될 수 것이다. 또한 더 작은 GFOV는 스크린상에 더 적은 수의 이정표와 대상들을 표시하기(즉, 덜 '압축되어 있다') 때문에 일반적으로 혼잡도를 줄여준다(혼잡도 문제에 대해서는 다음 절에서 논의할 것이다).

## 2.4 지도 탐색에서 혼잡도의 영향

### 2.4.1 지도 혼잡도의 원인

혼잡도(clutter)에 대해서는 선택 주의(시각 탐색)와 초점 주의(혼잡 정보 판독)를 방해하는 요인으로 제3장에서 어느 정도 자세하게 다룬 바 있다. 지도를 사용하는 상황에서 혼잡도는 중요한 영향을 미친다. 지도를 사용하는 경우에는 어떤 항목을 탐색하기 이전에 먼저 찾은 항목의 속성에 대해 좀 더 집중적인 판독이 이루어지는 것이 일반적이다. 혼잡도는 앞에서 논의하였던 지도의 축척이나 압축 문제와도 관련된다. 여기에서 우리는 제3장에서 소개하였던 혼잡도의 두 가지 형태에 대한 논의에 집중하고자 한다.

- 지도 설계에서 탐색 혼잡도 혹은 다수성(numerosity) 혼잡도는 두 가지 요인에 의해 발생한다.
  1. **더 많은 정보 추가** : 디스플레이 설계자들은 디스플레이상에 제시된 대상들에 대해 더 많은 상황 정보를 제공하고자 할 것이다. 예를 들어, 항공관제에서 각 항공기에 대한 디지털 자료 인식 표지를 포함시키는 것이 때로 바람직할 때가 있다. 제3장에서 기술되었던 이질적 특징 대상 디스플레이(heterogeneous-featured object displays)는 혼잡도를 증가시키지 않으면서 정보를 증가시킬 수 있는 하나의 방법을 제공한다.
  2. **축척** : 3차원 디스플레이의 GFOV를 증가시키거나 2차원 디스플레이의 지도 축척을 감소시키는 것은 탐색 과제에서의 자극 세트 크기(즉, 자극의 수)를 증가시킨다.
- 초점 주의를 어렵게 할 수 있는 근접성 혹은 판독 혼잡도(readout clutter)는 다음과 같은 세 가지의 요인들에 의해 증가한다.

1. **항목 수의 증가** : 항목 수를 증가시키거나 축척을 감소시키거나 혹은 GFOV를 증가
   시키는 것은 항목들을 서로 '뭉치게' 만들고, 목표 항목으로부터 1도의 시각도 범위
   안에 간섭 항목들이 포함되도록 하여 목표 항목에 대한 초점 주의를 방해한다.

2. **디스플레이 소형화**(스크린 크기가 작은 휴대용 디스플레이와 같은)도 같은 효과를
   가질 것이다(Stelzer & Wickens, 2006; Yeh, Merlo, et al., 2003). (디스플레이 소형화
   에 따라 텍스트의 크기도 작아진다면 이것은 시각 해상도도 감소시켜 혼잡도 증가
   와는 별개로 지도 판독을 어렵게 한다.)

3. **데이터베이스 중첩**(Kroft & Wickens, 2003) : 이것은 매우 복잡한 효과를 갖는데 이에
   대해서는 아래에서 자세하게 기술하고자 한다.

### 2.4.2 데이터베이스 중첩

데이터베이스 중첩(data base overlay)에 대한 한 가지 예시를 위해 그림 5.7의 두 이미지를
서로 비교해 보자. 이것은 조종사를 위한 통합형 위험요소 디스플레이(Kroft & Wickens,
2003)이다. 오른쪽 이미지의 왼쪽에는 해당 지역의 항공기들과 각 항공기의 항로를 나타내
는 지도가 제시되어 있고, 오른쪽에는 지형과 날씨에 대한 지도가 제시되어 있다. 왼쪽 이
미지는 이 두 가지 지도가 하나의 통합적 디스플레이로 중첩되어 제시되고 있는 것을 보여
준다. 왼쪽 이미지의 경우 중첩 혼잡도가 발생한다는 것은 매우 분명하다. 이 이미지에 나
타나 있는 지형적 특성 때문에 교통 상황에 대한 정보를 판독하기가 어렵다. 데이터베이스
를 분리시킨 오른쪽 이미지는 이 문제를 해결하고 있다.

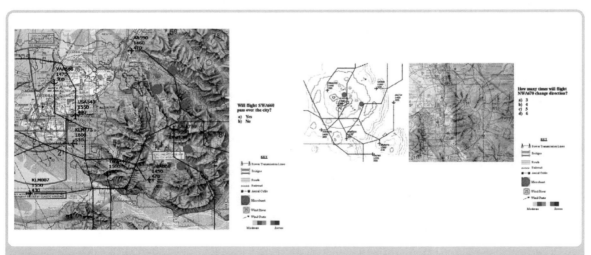

**그림 5.7** 왼쪽 : 데이터베이스 중첩으로 인해 혼잡도가 증가된 지도. 오른쪽 : 왼쪽 지도에 대한 또 다른 버전의 지도로 지형 데
이터베이스로부터 항로 데이터베이스를 분리시킴으로써 탈혼잡화되었다. 오른쪽에 제시된 2개의 지도는 동일한 크기의 디스플
레이 스크린에 모두 제시되어야 하기 때문에 왼쪽 지도에 비해 크기가 반으로 줄어 제시되어 있다.

그러나 왼쪽과 오른쪽 이미지의 물리적 크기가 동일하다면 오른쪽 이미지에 제시된 것과 같이 디스플레이를 분리하는 것은 두 가지의 문제를 야기한다.

1. 분리형 지도는 통합형 지도에 비해 크기도 작고 해상도도 낮기 때문에 가독성(legibility) 문제를 가져온다.
2. 두 가지의 데이터베이스를 통합하여 판단해야 하는 경우라면 중첩된 혹은 공간적으로 더 근접한 정보들이 제3장에서 언급되었던 근접 부합성 원리에 더 부합된다. 오른쪽 이미지와 같은 분리형 디스플레이는 "다른 항공기와 지면과의 충돌을 동시에 피할 수 있는 안전한 경로로 어떻게 비행할 수 있을까?"와 같은 통합적 판단을 더 어렵게 한다 (Kroft & Wickens, 2003).

## 2.4.3 혼잡도 해결책

그래프 설계에서 차트 정크(chart junk)와 관련된 문제들을 살펴보았듯이(제4장), 하나의 지도 안에 너무 많은 내용(예 : 가외 정보)을 집어넣지 않는 것이 중요하다. 그러나 여기에서는 이러한 단순한 권고사항을 넘어 지도 혼잡도에 대한 좀 더 정교한 해결책들을 제시하고 자 한다. 혼잡도 부담을 두 가지로 범주화하고 이에 대한 혼잡도 해결책들을 차례로 언급하고 자 한다.

- 탐색 혼잡도 혹은 다수성 혼잡도 문제를 해결하기 위해 **부각하기**(highlighting) 기법이 사용될 수 있다. 부각하기는 자료의 서로 다른 측면을 분리하기 위해 전주의적 세부특징의 차이를 사용하는 것이다. 이에 대한 한 가지 사례는 항공관제 디스플레이에서 사용되는 것에서 찾아볼 수 있는데, 여기에서는 고도가 높은 항공기와 낮은 항공기가 각각 수준 2의 불연속적 범주로 채색되어 코딩된다. 이 경우 비록 색채 부각하기가 좀 더 효과적이기는 하지만 색채 부각하기와 강도 부각하기 모두가 성공적으로 적용 될 수 있다(Yeh & Wickens, 2001a; Wickens, Alexander, et al., 2004; Nunes, Wickens, & Yin, 2006; Remington et al., 2001). 만일 어떤 표적이 하나의 특정 코딩 범주로 표시 된다는 것이 알려져 있다면 그 범주가 먼저 탐색될 수 있다. 그리고 다른 범주로부터 탐색하고자 하는 범주를 차별화시키는 세부특징이 전주의적으로 처리되는 것이라면 (Treisman, 1986, 1988)(제3장 참조), 표적이 되는(즉, 부각된) 범주의 수가 제한되기 때 문에 다른 요소들은 전혀 제시되지 않은 것과 같은 상태에서 표적 범주가 탐색될 수 있도록 해준다. 심지어 형태(shape)의 몇몇 측면들도 전주의적 여과기로 작용할 수 있 다. 예를 들어, 그림 5.7의 오른쪽에서는 '선 형태(항로)'와 '반점 형태(날씨 패턴)' 사 이의 차이를 쉽게 알아볼 수 있다(Yeh & Wickens, 2001a).
- 지도 혼잡도 부담에서의 두 가지 측면(즉, 판독 혼잡도와 탐색 혼잡도)은 '탈혼잡화 (decluttering)' 도구로 해결될 수 있는데, 이 경우 키를 한두 번 누름으로써 미리 설정

된 데이터베이스(판독 혼잡도)나 일단의 요소(탐색 혼잡도)의 세부특징을 '숨길' 수 있다. 탐색이나 판독에 대한 탈혼잡화의 이점이 분명하기는 하지만 이러한 이점은 키를 적절하게 사용해야 얻을 수 있는 것이다. 즉, 이러한 이점은 요구되는 시간(그리고 추가된 작업부하)의 증가에 의해 상쇄될 수 있고, 이것은 탈혼잡화 기술이 갖는 전체 이점의 크기를 어떻게든 감소시키는 효과를 갖기 때문이다(Kroft & Wickens, 2003; Yeh & Wickens, 2001a). 게다가 순차적 디스플레이(sequential displays)(예 : 두 데이터베이스를 껐다 켰다 하면서 번갈아 보는 것)은 종종 작업기억에서의 부담을 초래한다. 만일 디스플레이의 내용을 서로 비교해야 한다면 근접 부합성 원리에 위배되는 추가적 비용도 발생한다. 더구나 역동적 지도에서 역동적 요소들이 감춰진다면 이러한 변화들은 탐지되지 못할 것인데, 이것은 변화맹의 전형적 특징인 이른바 "눈에서 멀어지면 마음에서도 멀어진다." 현상 중 하나이고, 역동적 지도 사용에서의 위험이 초래되는 경우가 된다(제3장)(Wickens, Alexander, et al., 2005b). 마지막으로, 어떤 사람에게 별로 필요없는 정보가 다른 사람에게는 유용한 정보가 될 수 있다는 점에도 주의해야 한다. 하나의 디스플레이를 여러 사람들이 공유하여 사용할 경우라면 이러한 특성은 탈혼잡 도구 설계에서 중요하게 다루어져야 하는 주요 문제가 된다.

## 3. 환경 설계

도시 환경과 병원이나 역과 같은 대형 공공건물의 설계는 지도의 설계, 특히 복잡한 빌딩 안에 있다는 것을 보여주는 3차원 몰입형 디스플레이의 설계와 많은 공통점이 있다. 그와 같은 설계는 종종 문제를 겪기도 하는데 왜냐하면 항행과 이해에 효과적인 설계를 하고자 하는 목적이 창조적 건축가의 미학적 추구와 때로 조화를 이루지 못할 수도 있기 때문이다 (Carlson, Holscher, et al., 2010). 제4장에서 우리는 사용자의 정신모형과 디스플레이 표상 사이의 부합성에 대해 기술한 바 있다. 다음에서는 3차원 환경에 대한 사람들의 정신모형에 포함된 세 가지 중요한 특성들이 무엇인지 열거하고자 한다. 정신모형의 이러한 세 가지 특성들은 3차원 환경의 세부특징을 설계할 때 중요하게 고려하여야 하는 측면들이다.

- **정준 방향**(canonical orientation) : 사람들은 대부분의 경우 3차원 환경에 대한 **정준 방향** 혹은 선호 방향을 갖고 있다. 예를 들어 어떤 빌딩의 입구로 가기 위해 어느 방향으로 가고자 하는지 혹은 전망대에서 도시의 경관을 살펴보기 위해 어느 쪽을 보고자 하는지 등이다(Sholl, 1987). 그러나 사람들이 자주 항행한 환경이라 할지라도 정준 방향은 북-상 방향일 가능성이 높다(Frankenstein, Mohler, et al., 2012).
- **이정표 현저성**(landmark prominence) : 환경 학습의 많은 부분은 크기나 독특성 때문에 주변으로부터 드러나 보이는 현저한 이정표에 의해 강화되거나 촉진된다. 이러한

'기준점들(anchors)'은 항행 수행과 이정표 지식의 획득을 촉진한다. 그러나 현저성만으로는 충분한 것은 아니고 여러 이정표들이 동일하거나 매우 유사한 경우라면 이정표를 사용하는 것은 오히려 해롭거나 혼동을 야기할 수 있다. 이 점에 대해서는 다음에서 논의할 것이다.

- **사방위 규준화**(rectilinear normalization) : 사람들은 이 장의 초반부에서 참조틀 변환에 대한 이론의 한 부분으로 논의되었던 직각의 '3차원 격자' 형태로 공간에 대해 생각하고 추리하는 경향이 있다. 예를 들어, 방향이 동서남북을 향하여 배열되어 있을 경우 방향에 대한 판단이 더 빠르게 이루어지고(Maki, Maki, & Marsh, 1977), 사람들은 그들의 정신모형 안에서 굽은 도로나 강과 같이 굽어져 있는 지리적 세부특징들을 '직선화'하는 경향이 있다(Milgram & Jodelet, 1976). 또한 사람들은 비스듬한(비직교적인) 각도의 교차로를 직교하는 교차로로 기억하는 경향이 있다(Chase & Chi, 1979). 이러한 배열 경향은 매우 강력하여 많은 보스턴 시내 거주자와 노동자들은 보스턴 코먼(비대칭적인 오각형의 공원)을 다섯 번째의 변을 생략한 채 정상적인 직사각형 형태로 재구성하여 기억하였다. 사방위 규준화의 또 다른 예는 상대적 방향에 대한 공간적 추리에서도 나타난다. 사람들에게 시애틀과 몬트리올의 위치에 대해 판단하도록 요구하면 사람들은 종종 몬트리올이 더 북쪽에 위치하고 있다고 보고한다(그러나 실제로는 시애틀이 더 북쪽에 위치한다). 사람들의 추리는 다음과 같은 단순한 격자형 논리에 기초한다. '몬트리올은 캐나다에 있다. 시애틀은 미국에 있다. 캐나다는 미국의 북쪽이다. 따라서 몬트리올은 시애틀의 북쪽이다.'

  이러한 범주적인 위상 추리(topological reasoning)는 정확한 공간적/아날로그적 추리에 비해 인간 인지 성장의 초기에 발달하는 좀 더 '원시적' 추리라고 여겨진다는 것에 주목할 필요가 있다(Liben, 2009). 우리는 (제7장에서) 사람들이 다양한 유형의 의미 지식을 어떻게 저장하는지 살펴볼 때 이와 유사한 패턴을 다시 볼 수 있을 것이다.

이 세 가지의 특성은 바람직한 환경 설계에 대한 몇 가지 원리들에 영향을 미친다. 실용적 용어로 말하면 이러한 특성들은 빌딩 인테리어 설계에 즉각적으로 적용될 수 있는데, 왜냐하면 도시와는 달리 단일한 팀으로 구성된 건축 도급업자와 건축가가 바람직한 인지적 세부특징들을 도맡아 구현할 수 있기 때문이다(Carlson, Holscher, et al., 2010 참조).

- **이정표 현저성과 변별 가능성**(landmark prominence and discriminability) : 앞에서도 언급하였듯이 3차원 환경은 너무 많지 않은(너무 많다면 이정표들은 각각이 갖고 있는 독특성을 상실할 것이다), 그렇다고 너무 적지도 않은 수의 이정표를 포함하고 있어야 한다. 이상적으로, 이정표는 환경 속에 있는 대부분의 장소에서 볼 수 있어야 한다. 또한 이정표는 어떤 형태로든, 심지어 공통적 기능을 공유하고 있는 것들(예 : 각 층의 계단 통로 옆에 있는 휴게 공간)이 같은 시각적 세부특징들을 함께 갖고 있다 하더라

도 서로 구분이 가능해야 한다. 이에 추가하여 이정표 창출을 위한 세 가지의 권고사항을 기술하면 다음과 같다.

1. 어떤 지역의 한 빌딩 안에서 이정표들을 관찰할 수 있는 유리창들은 이점을 갖고 있는데, 이것은 몇 개의 독특한 방향으로 경관(예 : 산, 고원, 물줄기 등)을 바라볼 수 있게 한다.

2. 이정표는 YAH 지도에 특히 가치가 있다.

3. 어떤 이정표를 다른 이정표로부터 관찰할 수 있는 '상호 가시성(intervisibility)'은 상당한 이점이 있다(Carlson, Holscher, et al., 2010).

- **방향의 일관성**(consistency of orientation) : 사람들은 일관성을 기대한다. 다층 빌딩의 층들에 걸친 일관성에 대해서는 특히 그러한데, 예를 들어 어떤 박물관의 방문객들은 각 층의 방향이 북쪽에 대해 약간씩 비스듬하게 변경되었을 때 많은 어려움을 겪었다 (Carlson, Holscher, et al., 2010; Holscher et al., 2011).

- **요소의 일관성**(consistency of elements)(혹은 3차원 구조의 일관성) : 이것은 획일성과는 다른 것이다. 기능적으로 중요한 **차**이는 환경 속 세부특징들의 현저한 차이에 의해 식별될 수 있어야 한다. 앞에서 기술한 바와 같이 이것은 이정표의 외형을 달리하거나 어떤 빌딩의 좌우측을 각기 다른 색으로 도색하는 것과 같이 독특한 세부특징들을 사용함으로써 가능해질 것이다.

- **사방위 규준화의 일관성**(consistency of rectilinear normalization) : 이것은 내적으로 (예 : 직각 모퉁이나 직각의 4방향 교차로를 설계함으로써) 혹은 외적으로(예 : 주변 도로의 외부 격자에 일치하는 방향으로 빌딩의 세부특징 방향을 배열함으로써) 달성될 수 있다.

- 설계의 기능성이 방문객의 과제와 부합하는 것이 중요하다(Carlson, Holscher, et al., 2010). 이것에 맞지 않는 한 가지 예는 조망 지식을 촉진하는 빌딩의 세부특징이 항행에 중요한 경로 지식을 항상 촉진시키는 것은 아닌 경우이다. 어떤 빌딩의 3차원적 배치가 중앙 로비로부터 관찰 가능하거나 이해 가능하더라도(좋은 조망 지식), 계단 통로의 위치에 대한 표시가 전혀 없거나 혹은 모든 층들에 걸쳐 눈에 보이는 에스컬레이터에 쉽게 접근할 수 없다면 항행은 방해를 받을 것이다.

- 지리 지식에서의 개인차에 맞추어야 한다. 박물관이나 병원을 방문하는 대부분의 방문객들은 불과 몇 회 정도 그곳을 방문하였을 것이고 이에 따라 최소한의 경로 지식 혹은 노선 지식을 갖고 있을 것이다. 따라서 이들은 일관성과 같은 세부특징의 도움을 받아야 할 것이다. 이러한 요구는 어떤 사무실 빌딩에서 장기간 근무한 사람들에게는 해당되지 않는다.

결론적으로, 일관성이나 혼동 가능성과 같은 개념들의 관점에서 보면 환경 설계에서의 바람직한 인지인체공학 혹은 작업장과 디스플레이 배치 설계에서의 바람직한 인간공학 사이에 공통점이 있다는 것이 흥미롭다. 소규모와 대규모 공간에서의 인지는 많은 공통점을 갖고 있다.

# 4. 정보 시각화

정보 시각화와 관련된 주제는 앞장에서 논의되었던 그래프와 3차원 디스플레이의 주제들과, 바로 앞에서 논의하였던 항행과 지도의 주제들을 여러 가지 방식으로 통합한다. 그래프의 내용들은 직접적으로 활용 가능한데, 왜냐하면 자료를 시각화하는 사람의 과제는 일반적으로 일단의 자료들(일반적으로 숫자들)을 통합하거나 이것을 이해하는 것이기 때문이다. 그래프와는 대조적으로 시각화에서의 자료량은 대개의 경우 매우 방대하여 전형적인 그래프에서의 4~20개에 이르는 데이터포인트의 빈도를 훨씬 초과한다. 시각화는 이메일 사용자들 사이의 수억 개가 넘는 접속, 3차원 환경의 수천 개에 이르는 온도와 습도 측정값, 혹은 수백만 개의 별들이 발산하는 빛과 운동에 대한 자료 등으로 구성될 수 있을 것이다. 물론 그래프와 시각화 영역 사이에 분명한 이분법적 구분이 있는 것은 아니다. 특히 항공관제, 처리 제어, 재난 관리, 전장 관리(battlefield management) 상황과 같은 복잡 시스템(complex system)의 관리자들은 자료를 찾아내고 자료로부터 통찰을 얻어내는 데 시각화 기법의 도움을 받을 수 있을 것이다.

시각화되는 자료들이 전형적으로 공간적 구조를 갖고 있고(예 : 3차원적 날씨 패턴 정보 혹은 우주 속 별들의 공간적 분포 등), 또한 어떠한 공간적 맥락 안에서 표상될 수 있다는 점(예 : 자료들이 3개의 변인들에 걸쳐 서로 어떻게 관련되는지 나타내는 입체적 산포도나 자료들의 멀거나 가까움, 혹은 자료 사이의 위계와 같은 상호 관계를 나타내기 위해 노드로 연결한 망구조 혹은 위계적 구조의 입체적 도식)을 감안하면 항행이나 공간 인지와 관련된 주제들이 여기에서도 적용될 수 있을 것이다. 마찬가지로 시각화된 정보의 공간은 너무 크기 때문에 마치 낯선 도시나 산을 여행하는 것과 유사하게 '탐색'되어야 하는 경우가 종종 있는데, 이것도 항행과 공간 인지에서 다루었던 이동, 방향, 길 잃음과 같은 주제들이 적용될 수 있다는 것을 시사한다.

## 4.1 시각화에서의 과제들

Vincow와 Wickens(1998), McCormick과 Wickens(1998)는 대규모 데이터베이스를 시각화하고자 하는 사람들이 수행해야 하는 과제들을 3개의 큰 범주로 구분하였다.

1. **탐색 과제**(search tasks)는 대형 컴퓨터 안에서 하나의 파일을 찾아내는 것과 같이 데이터베이스 안에서 특정한 실체를 찾아내는 것을 포함한다.
2. **비교 과제**(comparison tasks)는 어떤 지역의 오염원 농도가 시간에 걸쳐 어떻게 변화되

는지 알아보는 것과 같이 실체들의 소규모 집합에 대한 통합이나 비교를 포함한다.

3. **통찰**(insight)(North, 2006; Robertson, Czerwinski, et al., 2009; Borwn & Gallimore, 1995) 혹은 '의미 부여'(sensemaking)(Klein, Moon, & Hoffman, 2006)는 이전에는 알려지지 않았던 자료들 사이의 관계를 발견하기 위해 자료들을 면밀하게 살펴보는 것을 말한다. 이러한 과제는 과학적 시각화(Card, Mackinlay, & Schneiderman, 1999)에서 매우 중요하다. 통찰 과제를 모형화하거나 평가하는 것은 어려운 일이기는 하지만 이것을 수행하는 데 시각화가 가장 많이 사용되는 것은 분명하다.

두 번째와 세 번째 과제 범주는 정보에 대한 통합을 요구하는 것들이기 때문에 제3장과 제4장에서 다루었던 근접 부합성 원리가 여기에 다시 적용된다(Robertson, Czerwinski, et al., 2009).

## 4.2 시각화 원리

복잡 시스템 디스플레이에 대한 연구들(Smith, Bennett, & Stone, 2006), 이 분야에 종사하는 주요 개발자들의 창조적 사고에 대한 연구들(Tufte, 2001; Robertson, Czerwinski, et al., 2009; North, 2006; Card, Mackinlay, & Shneiderman, 1999; Ware, 2005), 그리고 시각화에 대한 몇몇 경험적 연구들(Chen & Czerwisnski, 2000; Shneiderman & Plaisant, 2005)을 통합함으로써 일단의 인간공학적 원리들과 시각화 도구 설계에서의 어려움이 무엇인지 찾아낼수 있다. 우리는 다음 몇 개의 절을 통해 이들에 대해 상세하게 다룰 것이다.

### 4.2.1 차원들의 부합적 도표화(매핑)

제2장과 제4장에서 논의하였듯이, 정보를 시각화할 경우 어떤 개념적 차원들은 다른 차원들에 비해 좀 더 자연스럽고 부합적으로 나타내질 수 있다. 자료들은 질적이거나 서열화되어 있거나 혹은 양적인 형태를 갖는다(Stevens, 1946). 디스플레이를 설계하기 위해서는 이러한 다양한 형태의 자료를 가장 적합한 **시각적 변인들**을 사용하여 상이한 방식으로 표상하여야 한다(Bertin, 1983; Upton & Doherty, 2007). 예를 들어, 밝기(brightness)나 결(texture)은 색상에 비해 '더' 혹은 '덜'이 어떤 수준인지 더 분명하기 때문에 연속적 변인들과 좀 더 부합적으로 대응된다(Bertin, 1983; Merwin & Wickens, 1993). 색상의 경우는 색채 스펙트럼의 끝부분이 어느 정도로 '더' 혹은 '덜'을 의미하는지 분명하지 않다. 즉, 색상은 양적이라기보다는 질적 속성이다. 또한 사람들은 색상에 대해 강한 스테레오타입을 갖고 있다(Spence & Efendov, 2001; Merwin, Wickens, & Vincow, 1994). 그럼에도 불구하고 디스플레이에서 상이한 범주를 구분하기 위해 설계자들은 형태나 색상을 사용할 수도 있을 것이다. 시각 탐색 연구(제3장)를 통해 살펴보았듯이, 동일한 색을 갖고 있는 대상들은 공간적으로 서로 분리되어 있는 경우라 할지라도 같은 범주로 연합되는 경향이 있다. 더구나 독특한

| 시각 변인 | | | 자료 유형(자료 표상) | | |
|---|---|---|---|---|---|
| | | | 질적 | 서열 | 양적 |
| 공간 (X, Y) | X→ | Y↑ | Yes | Yes | Yes |
| 크기 | ◼ | ◾ | Yes | Yes | Yes |
| 밝기 | ◼ | ▦ | Yes | Yes | Yes |
| 결 | ◼ | ▦ | Yes | Yes | |
| 색상 | ◼ | ▨ | Yes | | |
| 방향 | ⊘ | ⊘ | Yes | | |
| 형태 | ◼ | ◯ | Yes | | |

**그림 5.8** 자료 표상과 디스플레이 표상 사이의 관계. 'Yes'는 좋은 디스플레이라는 것을 의미한다.
출처 : Bertin(1983) 자료를 수정하여 재구성함.

색상은 드러나 보인다. 마찬가지로 나타내고자 하는 공간 차원을 디스플레이에서의 공간 차원과의 일치라는 방식으로 표상함으로써 지리적 영역에 대해 시각화(예 : 오염 지도)하는 것이 최상의 방법인데 이것은 공간과 공간도 서로 부합적으로 대응시킬 수 있다는 것을 의미한다.

그림 5.8은 2차원 디스플레이 공간에 값들을 표시하는 데 사용되는 시각 변인(visual variable)과 자료 유형을 연결 짓는 방식을 도식화한 것이다. 상이한 명명 범주를 집단화하거나 연합시키기 위해서는 모든 시각 변인들이 사용될 수 있는 반면, 서열 자료는 이보다 더 적은 수의 시각적 변인들이 사용될 수 있고, 양적 변인들에 대해서는 단지 두 가지의 시각 변인들(즉, 크기와 밝기)만이 사용될 수 있다.

시각화는 3개 혹은 그 이상의 개념적 차원을 포함하고 있기 때문에 3차원의 유클리드 공간 디스플레이를 선택하는 것은 자연스러운 일이다. 그러나 앞에서(Wickens, Merwin, & Lin, 1994), 그리고 제4장에서 기술하였던 3차원 시선 모호성 문제에 대해서는 주의해야 한다. 또 다른 중요한 개념은 시간이다. 공간과 마찬가지로 시간도 왼쪽(과거)으로부터 오른쪽(미래)으로 배열함으로써 디스플레이 차원에 부합적으로 나타낼 수 있다. 애니메이션을 이용하면 시간을 좀 더 직접적으로 디스플레이에 나타낼 수 있는 경우도 종종 있는데 (Robertson, Czerwinski et al., 2009), 이 경우 시간은 실시간으로 변화하거나 혹은 슬라이더를 움직여 시간을 앞으로 혹은 뒤로 '진행시킬' 수 있다. 이 방식은 다음에서 논의된다.

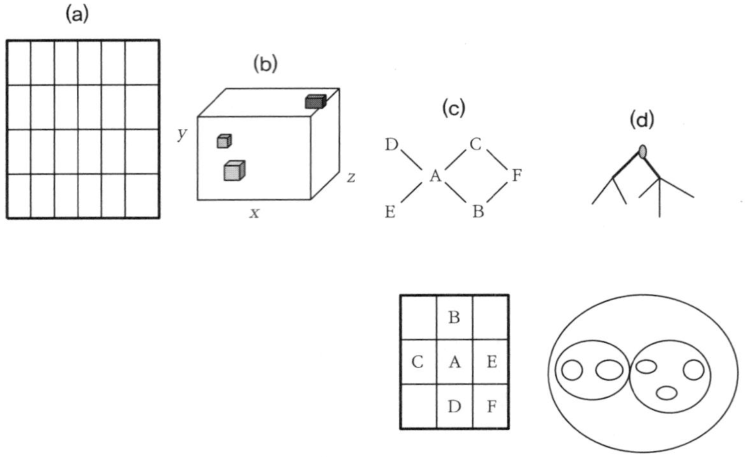

**그림 5.9** 정보 시각화를 위한 데이터베이스 구조의 네 가지 범주. (a) 표 자료, (b) 차원(지도) 자료, (c) 링크 형태(위)나 표 형태(아래)로 제시된 망 자료, (d) 링크 형태(위)나 벤다이어그램 형태(아래)로 제시된 위계 자료. 망 자료(c)에서 항목 A와 속성을 전혀 공유하지 않는 항목 F는 2개의 링크를 거쳐야 항목 A와 연결된다. 즉, 두 항목은 서로 멀다.

## 4.2.2 자료 구조의 부합적 도표화(매핑)

그림 5.9에 제시된 것(Durding, Becker, & Gould, 1977)과 같이 자료 유형뿐만 아니라 자료 구조의 네 가지 주요 범주도 서로 구분할 수 있다. **표 자료**(tabular data)(그림 5.9a)는 스프레드시트의 예에서 볼 수 있는 것처럼 행과 열에 걸쳐 범주적 속성을 갖는다. **차원 자료**(dimensional data)(그림 5.9b)는 많은 그래프에서 볼 수 있는 것으로 축들은 연속적 비율 혹은 최소한 서열 척도를 갖는 경향이 있다. 차원 자료는 3차원 온도 지도와 같은 지도도 포함한다. **망 자료**(network data)(그림 5.9c)는 누가 누구에게 연락하고 있는지를 나타내는 의사소통 다이어그램과 같이 링크로 연결된 노드들로 구성되어 있다. 마지막으로 **위계 자료**(hierarchical data)(그림 5.9d)는 적은 수의 고차 수준 노드가 많은 수의 저차 수준 노드로 연결되는 것과 같이 위계적 구조로 분명하게 나타낼 수 있는 망 자료 형태를 갖는다.

어떤 유형의 디스플레이 체제는 다른 것들에 비해 이러한 자료 부류들을 좀 더 부합적으로 나타낼 수 있다. 예를 들어, 망 자료는 표 형식에 억지로 맞추어 넣는 것보다는 시각적 노드와 링크를 통해 나타내는 것(그림 5.9c의 위 그림과 같이 낱자들을 선분으로 연결하는 것)이 더 바람직할 것이다. 그러나 망 자료에 대해 좀 더 많은 통찰을 얻는 데 표 형식으로 검토하는 것이 도움을 주는 경우도 있다. 예를 들어, 하나의 노드는 표 한 칸을, 그리고 인접한 칸들은 서로 연결되어 있는 것으로 생각하는 것인데, 이에 대한 것은 그림 5.9(c) 아래에 보이고 있다. 그림 5.9(d)도 위계적 자료를 표상하는 두 가지 다른 방식을 보여주고 있다.

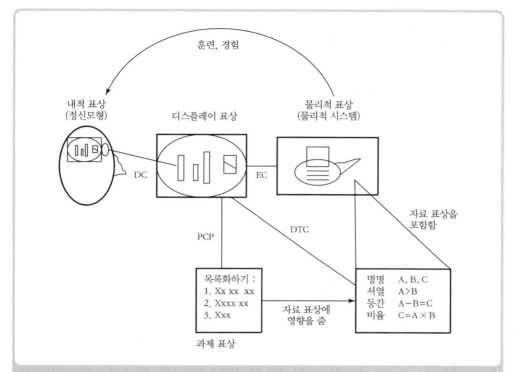

**그림 5.10** 자료 유형 부합성. 제4장에 제시된 그림들에 자료 표상(오른쪽 아래)을 더했고, 이것을 디스플레이 표상과 연결지었다. 자료 표상 사이의 대응이 좋을 경우 자료 유형 부합성(data type compatibility, DTC)이 있다고 말한다. PCP＝근접 부합성 원리(proximity compatibility principle). DC＝디스플레이 부합성(display compatibility). EC＝생태학적 부합성(ecological compatibility).

　요약하면, 이러한 생각들은 디스플레이 설계자들이 중요하게 고려해야 하는 한 가지 추가적인 부합성 유형을 반영하는데, 그것은 바로 자료 유형 부합성(data type compatibility, DTC)이다. DTC는 디스플레이 표상과 시각화되는 자료 특성 사이의 부합성을 나타낸다. 우리는 제4장에서 사용한 그림에 새로운 자료 표상 상자를 더하여 나타낸 후 이것을 사용자의 내적 표상(정신모형)과 연결하였다(그림 5.10). 또한 자료 표상은 물리적 표상 혹은 과제 표상을 포함하는 다른 표상들에 의해서도 영향을 받을 수 있다는 것도 제시하였다(이것은 그림 5.10에서 링크들로 표시되어 있다).

　물론, 표상되어야 하는 변인들은 반드시 특정 차원으로만 나타내야 한다는 절대적인 기준은 없고, 경우에 따라서는 자료를 살펴보는 대안적 방법으로 차원들을 서로 **바꿔가면서** 자료를 표상한다면 오히려 자료에 대한 더 많은 통찰을 얻을 수도 있다. 이에 대한 고전적인 사례가 그림 5.11에 제시된 것과 같은 **평행 좌표 그래프**(parallel coordinate graph)(Inselberg, 1999)이다. 그림 상단의 3차원 그래프에서 3차원 자료 값은 전통적인 유클리드 공간(왼쪽)으로 나타내어질 수도 있고, 아니면 3개의 평행 축을 따라 축에 해당하는 자료점(datapoint)

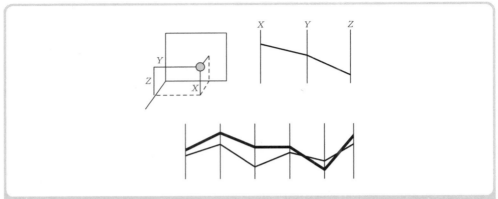

**그림 5.11** 평행 좌표 그래프들. 위 왼쪽에는 3차원 공간 그래프에 있는 하나의 자료점이 보이고 있다. 위 오른쪽에는 동일한 자료점이 3개의 평행 축을 가로지르는 선으로 제시되어 있다. 하단에는 평행 좌표 형태를 통해 6차원 데이터베이스로부터 두 '자료점들'이 제시되어 있다.
출처 : Inselberg, 1999에 기초함.

을 선분으로 연결한 평행 좌표 그래프를 사용하여 나타내어질 수도 있을 것이다. 이 두 가지 표상 방법에서는 두 가지 특징 즉, 공간상에서의 단일 위치와 '프로파일'이 나타난다. 그림 아래쪽은 각 자료점을 나타내기 위한 차원의 수가 3차원(이것은 유클리드 공간에서 쉽게 표상될 수 있다)보다 더 많아질 때, 그리고 2개의 자료점들이 표상될 때 평행 좌표 그래프가 가질 수 있는 잠재적 이점이 무엇인지 보여주고 있다. 여기에서 두 자료점들에 대한 6개 차원의 값들이 쉽게 시각화될 수 있고, 이 프로파일 사이의 유사성이 쉽게 지각될 수 있다. 즉, 두 프로파일들은 6차원 공간에서 서로 근접해 있다. 표상의 유연성이 갖는 중요성은 이전 장에서 상이한 참조틀로 구성된 이중 지도의 중요성, 그리고 다음에 살펴볼 시각 타성의 원리와 관련이 있다.

### 4.2.3 중다 조망

시각화 연구 영역에서 중다 조망(multiple views)은 이점이 많고, 일반적으로 세상참조틀을 이용한 전역 조망(줌아웃된 것)과 하나 이상의 국지 조망(줌인된 것)이 모두 포함되어야 한다는 것에 동의가 이루어져 있다. 그와 같은 동의는 시각화 도구 설계에서의 최상의 접근은 사용자들로 하여금 '처음에는 개관하고, 그다음에는 확대/여과한 후, 마지막으로 필요할 때는 언제나 세부적으로 살펴볼 수 있도록 하는 것[이것을 요청 세부사항(details on demand)이라고 한다]'이라는 Shneiderman과 Plaisant(2005)의 조언과 일치하는 것이다. 다음 절에서 이러한 중요한 순서에 대해 좀 더 자세히 살펴볼 것이지만 여기에서는 초기의 전역적 개관이 자료 구조를 이해하는 데 공간적 안정성을 제공(Robertson, Czerwinski et al., 2009)할 뿐만 아니라 순차적으로 검토되는 국소 조망의 **맥락**(context)에 대해서도 알 수 있게 해준다

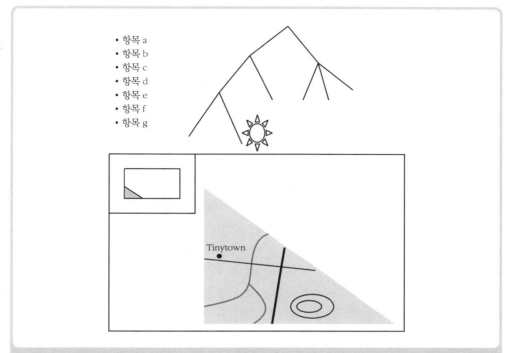

**그림 5.12** 시각 타성에 대한 두 가지 예시. 위 : 오른쪽의 반짝거리는 별표는 전체 메뉴에 대한 전역 조망을 설정하는 맥락 안에 표시된 것으로, 왼쪽의 국소 조망에서 보이는 특정 항목이 어디에 위치해 있는지 알려준다. 아래 : 왼쪽 상단에 있는 작은 지도에는 오른쪽에 제시된 삼각형 형태의 지역에 대한 국소 조망의 맥락을 표시하고 있다.

는 것에 먼저 주목하고자 한다. 즉, 대축척 지도와 같이 이러한 안정적 맥락은 사용자가 자료 안에서 '길을 잃는 것'을 방지해 준다.

초기 개관이 매우 바람직한 것과 같이(North, 2006) 시각화의 그 다음 단계(확대와 여과)(Risden, Czerwinski, Mayer, & Cook, 2000)에서도 이러한 맥락 디스플레이를 제공하는 것이 이점을 갖는다. 이 경우, 앞에서 논의했던 **열쇠구멍 현상**(keyhole phenomenon)(이것은 예를 들어 목록을 스크롤할 때 흔히 나타난다)을 방지하는 데 도움이 될 것이다(Robertson, Czerwinski, et al., 2009). 연속적인 맥락 인식의 일부는 대축척 조망을 파지하고 있음으로써 얻을 수 있는데, 이것은 이 장의 앞에서 논의했던 이중 지도의 경우와 유사하다. 그림 5.12의 두 가지 사례가 보여주는 것과 같이 확대하기와 탐색이 국소 조망 안에서 이루어질 때 현재 위치를 소축척 세상참조 조망에서 부각시킴으로써 시각 타성이 유지될 수 있다.

맥락을 보존하고 '길 잃음'을 방지하는 또 다른 방법은 **어안시 조망**(fisheye view)을 사용하는 것이다(Furnas, 1986; Sarkar & Brown, 1994). 어안시 조망은 관심이 있는 특정 항목에 대해서는 매우 상세하게 확장하여 표시해 주는 반면 관심 항목으로부터의 거리가 멀어지는 항목들에 대해서는 거리가 증가함에 따라 점진적으로 정보를 적게 제공하는 방식이다. 어안시 조망은 다양한 과제 수행 상황에서 효과적으로 사용될 수 있는 표상 방식인 것으로 보인다[예 : 네크워크 속에서 최상 경로 추정하기(Hollands, Carey, et al., 1989), 항공기 보수/유지 자료 나타내기(Mitta & Gunning, 1993), Java 소스코드 보이기(Jakobsen & Hornbaek, 2006), 작은 스크린의 모바일 폰에 웹 페이지 크기 맞추기(Gutwin & Fedak, 2004)].

### 4.2.4 상호작용

맥락이 도움을 주는지의 여부를 떠나 데이터베이스를 '확대 혹은 축소'하여 살펴보는 경우와 같이 사용자들은 때로 데이터베이스의 상이한 부분들로 '이동'하거나 '방문'한다. 그와 같은 이동은 다양한 방법을 통해 이루어질 수 있다. **직접 이동**(direct travel)은 조이스틱이나 다른 제어장치를 이용하여 데이터베이스 속을 '날아다니는' 것으로 우리가 이 장의 후반부 (6절)에서 다룰 추적 과제(tracking task)와 매우 유사하다. 이와는 대조적으로 **간접 이동** (indirect travel)은 가리키기-클릭하기(point-and-click) 방식을 통해 이루어지는데, 이 방식에서는 연결된 팝업창으로 '요청 세부사항(details on demand)'을 제공하기 위해 목표로 하고 있는 데이터베이스 영역이 확장된다. 어느 접근이 더 우세하다고 결론지을 만한 경험적 연구는 거의 없다(North, 2006). 그러나 너무 많은 상호작용을 제공하는 것에는 위험이 따른다. 3차원 공간 속을 '날아다니는' 것은 인간에게는 자연스러운 기술이 아니고 3개의 이동 축이 3개의 관찰 방향 축에 더해짐으로써 발생하는 6축 제어 문제는 더 복잡해질(그리고 아마도 더 불안정적이 될) 수 있다. 6절에서 논의되겠지만 그와 같은 과제가 안정성을 갖기 위해서는 제어 이득(control gain)이 너무 높거나(이것은 목표에 도달할 때 과다조정을 유발한다) 너무 낮아서는(이동에서의 긴 지연을 가져온다) 안 된다. 이러한 이유 때문에 3개(혹은 그 이상)의 차원을 갖는 데이터베이스가 관련될 때는 불연속적 가리키기-클릭하기 시스템이 때로 장점을 갖는다.

성공적이라고 밝혀진 단순한 상호작용 형태 중 하나는 '브러싱(brushing)'이다(Becker & Cleveland, 1987). 이때는 데이터베이스의 한 차원이 한꺼번에 '이동'한다. 예를 들어, 그림 5.13(위)은 가상적인 '사각형' 지역의 오염 지도를 보여주고 있다. 이것은 두 공간 차원들이 색상(오염 유형)과 채도(발생 강도)로 증강되었다(augmented)는 점에서 4차원 데이터베이스이다. 다섯 번째 차원은 시간 차원이다. 이것은 슬라이더가 연대표를 따라 움직이는 '브러싱' 상호작용이라 할 수 있다. 슬라이더가 움직이면 해당 연도의 오염 유형과 강도에 따라 특정 지역의 색이 달라진다. 따라서 슬라이더의 선형적 움직임이 갖는 제약에 의해 슬라이더가 한 번에 한 차원에서만 이동하기 때문에 시간 축에 따라 3차원으로 이동할 때 발생할 수 있는 공간적 방향상실 문제나 제어 문제를 방지하는 데 도움이 될 것이다.

세 번째 상호작용 유형은 조망을 재배열하거나 축을 재대응시키는 것이다(North, 2006). 예를 들어 (우리가 이미 살펴보았듯이) 때로 형태의 조망에 따라 통찰이 달라질 수 있기 때문에 그래프를 전통적 형식에서 평행 좌표 그래프 형식으로 재구조화하기도 한다.

마지막으로, 대개의 경우 Shneiderman과 Plaisant(2006)가 제안했던 행위 계열(action sequence) 중 '여과' 측면의 상호작용이 요구되는 경우가 많다. '여과하기'에는 자료에 대한 Boolean형 검색(예 : "이산화탄소 오염만 제시하라.")을 통해 정제된 자료를 얻는 것, 혹은 이 장의 앞부분에서 논의하였던 탈혼잡 기법을 사용하는 것 등이 포함된다.

## 4.2.5 근접 부합성

이 절의 첫 부분에서 언급하였듯이 비교 과제와 통찰 과제는 모두 데이터베이스의 여러 부분에 걸쳐 정보를 통합하는 것을 포함한다. 그와 같은 통합은 비교되어야 하는 세부특징들(공간 혹은 대상)을 서로 묶는 디스플레이 근접성(display proximity)에 의해 향상될 수 있다(Robertson, Czerwinski, et al., 2009; Liu & Wickens, 1992b). 그러나 시각화에서는 자료의 어떤 측면이 비교되고 통합되어야 하는지 항상 미리 알 수 있는 것은 아니다. 만일 시각화 도구 설계자들이 그것을 미리 알 수 있다면 이미 통찰이 이루어졌다고 할 수 있지 않겠는가! 그러나 통합을 위해 무엇이 요구되는지 알 수 없더라도 디스플레이 근접성을 통해 통합을 향상시킬 수 있는 방법들이 있다.

첫째, 모든 유형의 3차원 그래프 혹은 데이터베이스에 있는 중다 자료점들에 대해 '그물망(mesh)'을 이용하여 서로 연결할 수 있는데, 이를 통해 자료의 전반적 추세를 통합적으로 확인할 수 있다(Liu & Wickens, 1992). 즉, 그물망은 추세를 확인하기 위해 2차원 선 그래프에서 자료점들을 연결하는 것과 유사한 방식으로 작동하여 제4장에서 논의된 출현특징을 만들어낸다.

둘째, 우리가 중다 조망의 중요성에 대해 강조하였듯이, 사용자들이 조망들에 걸쳐 공간적으로 분리되어 있는 요소들에 대한 내적 표상을 통합해야 하는 경우가 종종 있다. 물리적 세부특징들이 이러한 정신적 통합에 기여할 수 있을 것이다. 제3장에서(3.5절) 우리는 공통색을 사용함으로써 이러한 목적을 달성할 수 있음을 살펴본 바 있다. 또 다른 예로 상이한 공간 위치가 동시에 함께 변화되는 것도 통합을 향상시키는데, 왜냐하면 시각 체계가 그러한 변화에 매우 민감하기 때문이다(Meortl et al., 2012). 이것은 그림 5.13의 하단에 있는 두 이미지를 통해 예시할 수 있는데, 이 이미지들은 위의 이미지들과 동일한 지역에 대한 자료를 표시하고 있지만 여기에서는 여러 **질병**(색상)들의 발생 빈도(채도)에 대한 자료를 제시하고 있다. 이제 시간 슬라이더를 한 번만 움직여도 시간에 걸친 오염(상단의 두 이미지)과 질병(하단의 두 이미지) 사이의 잠재적 상호 관련성을 나타낼 수 있고, 이를 통해 이 두 가지 변인 사이의 인과관계에 대해서도 추론할 수 있게 된다. 예를 들어, 슬라이더를 움직임에 따라 동일한 지역(북동쪽)에서 보이는 두 변인의 발생 강도 증가가 두 지도 모두에서 보여질 수 있다.

마지막으로, 앞에서 공통 요소 설정에 대해 언급한 대로 어떤 전역 조망(디스플레이)과

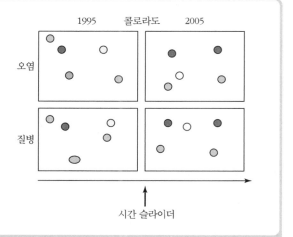

**시간 슬라이더와 근접 부합성**

시간 슬라이더는 시간을 앞으로 당긴다 (여기에서는 1995년과 2005년에 해당하는 자료가 표시되어 있다). 시간이 앞으로 당겨짐에 따라 오염 발생과 질병 발생에 대한 표시 영역이 모두 변화된다. 4개의 자료 모두에서 최대 발생 빈도 지역을 가장 진하게 표시하였는데, 이 표시는 두 지도(오염 지도, 질병 지도)에 걸친 자료의 통합을 용이하게 하여 자료 사이의 인과관계를 추론할 수 있도록 해준다(북동쪽에서 두 변인에서의 증가가 있음에 주목하라).

**그림 5.13** 시각화 상호작용성과 근접 부합성에 대한 예시. 왼쪽과 오른쪽은 10년의 시간 간격에 따른 오염과 질병 발생 빈도 자료를 나타내고 있는데, 연도별 자료는 시간을 '브러싱'하는 상호작용적 슬라이더에 의해 변화된다. 오염 유형과 이에 따른 질병 발생 강도를 서로 비교함으로써 두 변인 사이의 근접 부합성을 얻을 수 있다. 슬라이더를 한 번 움직이면 연도에 따라 색상과 채도가 동시에 변하기 때문에 두 변인에서의 상관된 변화도 알 수 있게 된다.

국소 조망(디스플레이) 모두 공통적 세부특징을 공유할 경우 이것은 두 디스플레이를 인지적으로 연결시킬 것이다. 이것은 근접 부합성과 시각 타성을 모두 보여주는 것이다.

### 4.2.6 애니메이션

Robertson, Czerwinski 등(2009)에 좀 더 상세하게 기술되어 있지만 애니메이션의 역할이 성공적인지의 여부에 대해서는 엇갈린 결과들이 보고되고 있다. (이것은 제4장에서 기술한 바와 같은 역동적 자동차 디스플레이에서 제공되는 움직임의 긍정적 역할과는 대비되는 것이다). 한편으로는, 운동 자체를 애니메이션으로 보여주는 것(예 : 흐르는 강)이 방향과 길이만으로도 대부분의 필요한 정보를 전달해 주는 단순한 화살표에 비해 더 효과적이라는 것을 지지하는 증거가 거의 없다(Tversky, Morrison, & Betrancourt, 2002). 교습 프로그램에서 애니메이션을 사용하는 것이 효과적인지에 대해서도 이러한 부정적 결과들이 보고되었다(Mayer, 2009)(제7장 참조). 그러나 다른 한편으로 애니메이션은 관점을 전환하는 데 도움을 줄 수 있고(이것은 다음 절에서 논의된다), 앞에서 기술하였던 브러싱과 같은 방법으로 얻어지는 상호작용적 애니메이션은 매우 많은 도움이 된다. 이러한 맥락에서 본다면 시간 축을 따라 변하는 상호작용적 애니메이션은 단일 차원 이동과 유사하다.

# 5. 시각 타성

앞절에서 살펴보았듯이, 사람들은 실제 세계든 아니면 합성된 정보든 큰 공간 속을 항행할 때는 방향을 상실하게 된다. **시각 타성**(visual momentum)이라는 개념은 사용자가 동일한 시스템의 상이한 측면들 혹은 데이터베이스를 포함하고 있는 중다 디스플레이를 사용할 때 인지적으로 길을 잃는 문제에 대한 공학적 해결책을 나타낸다(Watts-Perotti & Woods, 1999; Woods, 1984; Woods, Patterson, & Roth, 2002; Bennett & Flach, 2012). 이 개념은 원래 영화 편집자들이 사용한 기법을 응용한 것인데, 연속해서 서로 다른 필름의 장면들을 보았을 때 이들 사이에는 어떤 관련이 있는지를 이해하도록 도와주는 기법이다(Hochberg & Brooks, 1978; Wise & Debons, 1987). 시각 타성을 가상공간에서의 연속적인 장면들(예 : 서로 관련이 있는 2개의 지도들)을 보여주는 데 적용하든, 아니면 개념적 공간에서의 연속적 속성들(예 : 처리 제어 공장에서 서로 관련이 있는 요소들, 메뉴나 데이터베이스에서의 노드들, 자료의 그래프 표상 등)을 시각화하기 위해 적용하든 시각 타성은 다음과 같은 네 가지의 기본적 가이드라인에 따라 만들어진다.

1. **일관적인 표상**(consistent representation)**을 사용하라.** 앞에서 그래프에 대해 논의할 때 언급하였던 것처럼(제4장) 디스플레이 요소들을 바꾸어야 하는 분명한 이유가 없다면 이들에 대한 표상은 디스플레이들에 걸쳐 일관적으로 유지되어야 한다. 그러나 새로운 자료나 혹은 이미 살펴본 자료를 새롭게 표상해야 하는 경우에는 디스플레이에 이러한 변화를 부각시켜 주는 특징과, 이전 데이터와 새로운 데이터의 관계를 나타내주는 특징이 포함되어야 한다. 다음의 세 가지 가이드라인들은 이것을 어떻게 할 수 있는지를 제시해 준다.

2. **점진적 전이**(graceful transition)**를 사용하라.** 시간에 따라 표상에서의 변화가 발생할 경우 갑작스럽고 불연속적인 변화는 사용자를 혼란에 빠뜨릴 수 있다. 예를 들어 전자지도의 경우 넓은 지역을 보여주는 소축척 지도에서 특정 지점을 자세하게 보여주는 대축척 지도로 전이될 때 만일 이러한 변화가 빠르기는 하지만 연속적으로 이루어진다면, 혹은 최소한 몇 개의 중간적 형태의 프레임들이 제시될 수 있다면 사람들은 인지적으로 덜 당황하게 될 것이다. 애니메이션을 사용하는 두 가지 사례에는 선택된 웹 페이지가 점차적으로 확대되도록 보여지거나(Bederson et al., 1998) 혹은 선택된 디렉터리의 노드가 사용자에게 좀 더 근접할 수 있도록 망상형 자료가 회전하도록 하는 것(Robertson, Card, & Mackinlay, 1993)이 포함될 수 있다. 3차원 공간에서 관점들(viewpoints) 사이의 전환을 애니메이션해 주는 것도 도움이 된다. Hollands, Pavlovic 등(2008)은 동일한 지역에 대한 2차원 표상과 3차원 표상 사이의 전환이 갑작스럽게 이루어지는 경우에 비해 이들 사이의 전환이 부드럽게 이루어지는 경우에 공간에 대

한 의사결정이 더 좋아진다는 것을 발견하였다. 이와 유사하게 Keillor, Trinh 등(2007)도 지형에 대한 두 가지 과제 관련 관점이 불연속적으로 전환되는 것에 비해 부드럽게 바뀌는 것이 더 바람직하다는 것을 관찰하였다.

3. **기준 정보 표식(anchor)을 부각하라.** 기준 정보 표식이란 일단의 디스플레이들에서 변하지 않는 어떤 특징이라 할 수 있는데, 기준 정보 표식 자체와 그 위치는 여러 디스플레이들에 걸쳐 다른 것들에 비해 현저하게 부각된다. 예를 들어, 여러 방향 정보를 연속적으로 살펴보아야 하는 비행 자세 디스플레이에서 수직(혹은 수평) 방향에 대한 표식은 항상 부각되어 제시된다. 또한 사용자의 진행방향에 따라 (진행방향이 항상 앞쪽-위쪽으로 제시되도록) 회전하는 전자 지도의 경우에는 실제의 북쪽 방향과 현재의 진행 방향 모두가 현저하고 일관적인 색 부호로 부각될 수 있다(Andre, Wickens, 1991). Aretz(1991)와 Olmos, Liang, Wickens(1997)은 일상적으로 우리가 사용하는 지도(즉, 북쪽이 항상 위쪽에 제시되고 위에서 아래로 내려다보는 형태의 지도) 위에 전방 시각장까지의 각도를 부각하여 보여줌으로써 기준 정보 표식의 개념을 성공적으로 적용하기도 하였다(그림 5.5). 복잡한 화학적 혹은 전기적 처리와 관련된 요소들을 검사하기 위해 제시되는 디스플레이에서는 입력과 출력과 같은 인과적 흐름의 방향을 현저하게 부각시켜 주어야 한다. '당신의 현위치' 지도(그림 5.3)에 현저하게 부각된 어떤 이정표도 유용한 기준정보 표식으로 사용된다.

　기준정보 표식과 관련된 또 다른 설계 원리는 시간에 걸쳐 디스플레이들이 연속적으로 제시되는 경우 각각의 새로운 디스플레이 프레임은 이전의 프레임과 **중복되는** 영역 혹은 세부특징을 포함해야 하고[예 : 컴퓨터 메뉴 항행에서(Tang, 2001)], 이러한 공통적 내용들은 현저하게 부각해야 한다는 것이다(여기에서도 색을 사용하면 정보를 효과적으로 부각시킬 수 있을 것이다). 시각 타성을 위한 기준 정보 표식은 팀들 사이의 공유된 참조점을 부각시킴으로써 상이한 디스플레이를 사용하여 작업하는 팀들에게도 유용하다(van der Kleij & Brake, 2010).

4. **연속적인 세상 지도를 제공하라**(display continuos world maps). 세상에 대해 연속적으로 관찰 가능한 지도라는 것은 1.5.1절(그림 5.12 참조)에서 맥락 설정 이중 지도 설계에서 논의한 것과 같이 항상 하나의 고정된 관점으로 제시되는 지도를 말한다. 이러한 지도에서는 활성화되어 있는 디스플레이에 현재 제시되어 있는 지역의 위치가 부각되어 나타난다. 이것은 미국지질조사국(U.S. Geological Survey)이 도입한 지형 지도의 매우 독특한 특징이다. 이러한 유형의 지도에서는 몇 개의 디스플레이에 걸쳐 동일한 주(state)에 대한 지도가 왼쪽 상단 구석에 제시되고, 그 안에 작은 사각형을 이용하여 부각시키고자 하는 특정 지역이 표시된다.

# 6. 추적, 이동, 연속 수동 제어

이 장에서는 두 절에 걸쳐 항행에서의 인지적 측면과 대규모 공간 데이터베이스 이해에서의 지각적/인지적 측면에 대해 논의하였다. 두 경우 모두에서 물리적 혹은 가상적 이동은 필수 요소이다. 이 절에서 우리는 운전, 비행, 3차원으로 시각화된 데이터베이스 탐색, 가상 세계 항행(제7장), 내시경 수술에서 혈관을 따라 탐침을 이동시키는 것을 포함하는 다양한 영역에서 그러한 이동이 갖고 있는 지각-운동적 요소에 대해 기술하고자 한다. 이러한 과제들은 모두 과제의 목표(표적)를 추구하고 이와 동시에 환경 속의 방해요소들을 회피하거나 교란을 보정해 가면서 어느 방향으로 이동해야 하는지에 대해 간헐적으로 의사결정한다는 특징을 갖는다. 때에 따라 그러한 의사결정은 단순한 선형적 궤적에 따라 매우 주기적으로 이루어질 수 있다. 예를 들어, 마우스를 이용하여 원고를 편집하고 있다면 편집하고자 하는 단어 위로 커서를 주기적으로(그리고 직선으로) 이동하기만 하면 된다. 그러나 바람이 심하게 부는 날 구불구불한 도로를 운전하는 것과 같이 제어 결정이 거의 연속적으로 이루어져야 하는 경우도 있다.

이 두 가지 사례는 수동 제어(manual control)를 나타내기 위해 사용되는 **추적 과제**(tracking task)의 두 가지 서로 다른 형태를 예시하고 있다(Jagacinski & Flach, 2003; Wickens, 1986; Wickens & Hollands, 2000). 추적 과제에서는 **제어장치**(control device)(마우스 혹은 스티어링 휠)가 **시스템 출력**(system output)을 조정하기 위해 사용된다. 시스템 출력은 **표적**(target) (컴퓨터 스크린상의 표적 단어) 혹은 차선 중앙의 차량 위치 등)에 도달하기 위해 시간에 걸쳐 공간에서 움직이는 '**커서**(cursor)'(컴퓨터 스크린상의 깜박이는 표시, 혹은 시각적으로 관찰 가능한 자동차의 진행방향 등)로 표시된다. 다른 말로 하면 추적 과제의 목표는 표적과 커서(시스템 출력) 사이의 **에러**(error)를 감소시키는 것이다. 인간 조작자, 제어장치, 제어되고 있는 시스템, 그리고 현재의 시스템 상태(그리고 조작자의 행위의 결과)를 조작자가 볼 수 있도록 해주는 디스플레이(실제 세상이거나 인공적 디스플레이)를 서로 연결하고 있는 루프(loop)를 하나 상상해 보자. 인간 조작자가 지속적으로 시스템 출력을 감시하고 제공된 피드백에 반응하여 조절한다면 이것을 **폐쇄루프 추적**(closed-loop tracking)이라고 부른다.

이 과정에서는 몇 가지 이유로 에러가 발생하기 때문에 궤적을 변화시키는 결정을 해야 한다. 첫 번째 이유는 표적이 움직일 수 있기 때문이다. 예를 들어, 운전하면서 왼쪽으로 혹은 오른쪽으로 굽은 도로를 만나는 경우이다. 두 번째 이유는 **외란 입력**(disturbance)에 의해 원했던 궤적으로부터 커서가 이탈하기 때문이다. 예를 들어, 마우스를 사용하다가 표적 단어를 지나치는 경우나 돌풍이 불어 차량의 진행방향이 원래 목표로 했던 것으로부터 이탈하는 경우이다. 아래에서 자세히 기술하겠지만 제어장치 움직임과 커서 움직임[**시스템 역동**(system dynamics)] 사이의 관계는 추적 시스템의 복잡성에 따라 많이 달라진다. 마우스의 움직임에 따라 커서가 움직이는 방식은 전형적으로 매우 직접적이지만 차선 안에서 차량의 위치가 바뀌는 것은 좀 더 복잡한 방식으로 이루어지고, 조종사의 조종간 움직임과 상공에 떠 있는 항공기의 3차원 공간 속에서의 위치 변화는 이보다 훨씬 더 복잡하게 이루어진다.

## 6.1 고정 표적 추적

편집하고자 하는 스크린상 단어의 위치와 같이 표적이 공간 속에 고정되어 있을 경우 표적까지 커서가 움직이는 것은 인간 수행에 대해 잘 정립된 법칙 중 하나인 **Fitts의 법칙**(Fitts's Law)(Fitts, 1954; Card, English, & Burr, 1978)을 따른다. 이 법칙에 따르면 운동시간(movement time)은 표적까지의 이동 거리와 표적 선택의 정확성(작은 표적일수록 더 큰 정확성이 요구된다) 모두에 의해 결정된다. 구체적으로, 운동시간과 **난이도 지수**(Index of Difficulty, ID) 사이에는 선형적 관계가 있다. 난이도 지수는 다음과 같이 정의된다.

$$ID = Log_2(2A/w)$$

여기에서 $A$는 운동의 크기(운동 거리)이고 $w$는 표적의 너비이다. 이 법칙은 크기가 다른 컴퓨터 스크린상의 '버튼들'로 마우스를 이동하는 데 소요되는 시간에서의 차이나, 크기와 거리가 다른 페달들로 발을 이동할 때 소요되는 시간에서의 차이 등을 예측하는 데 효과적으로 적용될 수 있다(Drury, 1975). 운동 정확성에 대한 좀 더 많은 내용은 제9장에 제시하였다(Peacock, 2009도 참조).

## 6.2 이동 표적 추적

운전할 때 전방의 도로가 굽은 경우, 내시경 수술 중에 혈관이 휘어진 경우, 항공기의 진행 방향이 바뀌는 경우, 혹은 미식축구에서 와이드리시버(쿼터백이 패스하고자 하는 선수)가 계속 움직이는 경우와 같이 시간에 따라 변화되는 표적을 추적해야 하는 상황은 많이 있다. Fitts의 법칙은 이렇게 표적이 움직이는 경우에도 적용될 수 있지만, 그와 같은 과제를 수행할 때 인간 수행에서의 난이도에 영향을 주는 추가적 요인들이 있다. 다음 절에서는 그와 같은 요인들에 대해 예시와 함께 논의하고자 한다.

## 6.3 무엇이 추적 과제를 어렵게 하는가?

1. **대역폭**(bandwidth) : 추적 과제에서 표적 움직임의 주파수* 증가와 이에 따른 궤적 의

---

* 역주 : 여기에서 주파수는 'frequency'를 번역한 것이다. 독자들에 따라서는 'frequency'라는 단어가 '빈도' 혹은 '횟수'라는 의미로 더 쉽게 해석될 것이다. 그러나 '주파수'라는 용어를 사용한 이유는 특정 반응을 위한 의사결정이 단순히 '몇 번' 발생할 수 있는가보다는, '주어진 시간 안에 몇 번 발생할 수 있는가'의 의미에 더 적합하기 때문이다. 대개 주파수는 1초를 기준으로 이 안에 발생하는 사건이나 신호(의사결정)의 빈도를 Hz 단위로 표시한다.

사결정 주파수의 증가는 대개의 경우 추적 에러(표적과 커서 사이의 전체 편차)를 증가시킨다. 이것은 추적 입력(tracking input)의 **대역폭**이라고 알려져 있다. 예를 들어, 굴곡이 많은 도로를 운전할 때 운전속도를 높이면 대역폭도 증가한다. 추적 과제에서 대역폭은 추적 입력의 초당 최대 변화 빈도(cycles)를 측정하여 Hz로 나타낸다.

2. **이득**(gain) : 추적 과제에서 이득은 제어장치 움직임에 대한 커서 움직임(시스템 출력)의 비율로 정의된다. 터치스크린을 사용하는 경우 손가락은 제어장치이면서 커서이기 때문에 이 경우 이득은 1이다. 컴퓨터 스크린상에서 커서를 제어하기 위해 사용하는 마우스의 이득은 여러 수준으로 설정할 수 있지만 1에서 3 사이의 이득이 최적 값으로 추천된다(Baber, 1997). 스포츠카 스티어링 휠의 이득은 전형적으로 높게 설정되어 있어 스티어링 휠을 아주 조금만 돌려도 자동차의 회전각을 크게 얻을 수 있다. 이와는 대조적으로 대형 트럭의 경우에는 스티어링 휠 이득이 더 작게 설정되어 있다. 이득과 추적 난이도 사이의 관계는 U자형 관계인데, 이득이 너무 낮거나 너무 높으면 부정적 결과를 가져온다(Wickens, 1986). 이득이 너무 낮으면 제어 역동에 노력이 많이 요구되어 커서의 위치(즉, 시스템 출력 값)를 변화시키기 위해서는 제어장치를 많이 움직여야 한다(자동차의 스티어링 휠을 많이 돌렸음에도 불구하고 자동차의 진행 방향에 거의 변화가 없는 경우를 상상해 보라). 이와는 대조적으로 이득이 너무 높으면 제어 시스템이 너무 민감해지게 된다(자동차의 스티어링 휠을 아주 조금 돌렸을 뿐인데 차량의 진행방향이 너무 많이 바뀌는 경우를 상상해 보라). 또한 고이득 시스템은 불안정적(unstable)이 되어 표적에 접근할 때 과다조정(overshoot)을 발생시킬 가능성이 높다. 특히 고이득은 시간 지연 혹은 시스템 지체와도 관련이 있는데, 이에 대해서는 다음에 기술되어 있다.

3. **시스템 지체**(system lag) : 제어 시스템에서 **지체**(lag)란 제어장치 움직임과 이에 따라 반응하는 커서 움직임 사이의 지연(delay)을 말한다. 지체의 원천은 두 가지로, 전달 지체와 제어 차수이다.

- 전달 지체(transmission lag)는 제어장치로부터의 신호가 커서에 도달할 때까지 지연이 있을 때 발생한다. 극단적인 한 가지 사례는 지구 통제센터에서 월면차(lunar vehicle)를 통제하는 것이다. 통제센터에서 조향 제어장치를 돌리면 월면차가 회전을 시작하기 전까지는 몇 초간의 지연이 발생하고, 통제센터의 조작자가 그 움직임을 확인할 수 있을 때까지는 이러한 지연 시간의 두 배가 걸린다. 운전할 때도 전달 지체를 경험할 수 있다. 우리가 선행 차량과 일정한 차간거리를 유지하고자 차량의 액셀러레이터를 밟으면 차량이 실제 앞으로 가속하기까지는 전달 지체가 발생한다.

- **제어 차수**(control order) : 그림 5.14에 제시되어 있듯이 제어 차수는 제어장치 위치의 직접적인 변화에 대해 시스템이 반응하는 방식을 일컫는다. 마우스와 같이 **0차 제어**(zero order) 혹은 위치 제어(position control)의 경우 제어장치 위치에서의 변

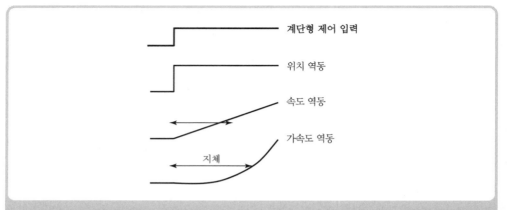

**그림 5.14** 추적 과제에서의 제어 역동과 제어 차수. 여기에는 시간에 따라 변하는 네 가지의 그래프를 보여주고 있다. 가장 윗부분에서 제어장치의 위치가 갑자기 변한다(입력이 주어진다). 두 번째는 위치 제어장치 입력에 의한 출력에서의 변화를 나타내는데 이것은 0차 제어 역동(위치 역동)이다(여기에서의 이득은 대략 1.8 정도이다). 세 번째는 입력에 의한 속도 역동(1차 제어)에서의 변화이다. 네 번째는 가속도 역동(2차 제어)에서의 변화이다. 2개의 화살표들은 시스템 출력 변화에서의 지체를 보여주고 있는데, 제어 차수가 증가할수록 이러한 지체는 더 증가한다.

화는 시스템 출력 값의 변화를 가져온다. 키보드의 커서 키들과 같은 **1차 제어**(first order) 혹은 속도 제어(velocity control)의 경우 제어장치의 위치 변화는 커서에서의 일정한 속도를 만들어낸다. 자동차의 스티어링 휠 위치와 자동차 **진행방향** 사이의 관계도 1차 제어 차수인데, 스티어링 휠의 위치를 중심으로부터 벗어나도록 하여 일정하게 각도를 유지하고 있으면 이것은 자동차가 원호를 그리며 주행할 때 자동차 진행방향에서 (곡률로 정의된) 일정한 비율로 변화를 만들어내기 때문이다. 스티어링 휠을 돌리는 각도를 크게 할수록 더 급한 회전이 만들어진다. **2차 제어**(second order) 혹은 가속도 제어(acceleration control)는 예를 들어, 자동차 스티어링 휠의 위치와 자동차의 차선 내 **횡적 위치** 사이의 관계에서 찾아볼 수 있는데, 이 경우 제어장치 위치의 일정한 변화는 시간에 걸쳐 시스템 출력 값에서의 가속도(변화율에서의 증가)를 생성한다. 그림 5.14에서 보이듯이, 제어 차수가 증가할수록 제어장치 입력과 시스템 출력(커서) 사이에 지체가 증가한다.

지체의 원천(전달 지체, 제어 차수 혹은 이 두 가지 모두)이 무엇이든 지체가 길어질수록[이러한 경우를 굼뜨다(sluggish)고 표현한다] 미래에 시스템 상태가 어떠할지 예측해야 하는 인지적 부담이 커지기 때문에 제어하기가 더 어려워진다(Wickens, 1986). 특히 지체가 너무 길 경우에는 폐쇄루프 추적 과제가 불가능해진다. 초보자에게는 그러한 시스템을 제어하는 것은 불가능하지는 않더라도 매우 어려운 일이다. 그러나 전문가들은 이러한 경우에 **개방루프 추적**(open loop tracking)을 할 수 있을 것이다. 즉, 전문가들이 에러를 지각하면 이들은 에러를 제거하기 위해 필요한 제어의 양이 얼마나 되는지 미리 알고 있고 이에 따라 확신을 가지고 올바른 방식으로 제어를 할 것이다. 따라서 전문가들에게는 폐쇄루프 제어에서 요구되는 것과 같은 지연된 에러 피드백에 대한 지속적 정보 수집이 요구되지 않을 수 있다.

4. **불안정성**(instability) : 종합하면, 이득과 지체가 모두 **시스템 안정성**(system stability)(혹은 이와는 반대로 시스템 불안정성)을 결정한다. 만일 시스템의 이득이 높을 뿐만 아니라 지체도 길다면 조작자는 자신이 에러를 줄이기 위해 제어한 것에 의해 큰 시스템(커서) 변화가 초래되는 것을 '너무 늦게' 알 수 있을 것이고 이 때문에 과다조정을 야기한다. 일단 과다조정을 알아차렸다면 조작자는 반대방향으로 수정을 가할 것이지만 이때 다시 지연이 반대방향으로 과다조정을 야기하여 결국은 목표했던 표적 값 주변에서 요동(oscillation)을 초래한다. 이득이 높고 지체가 긴 항공기의 경우 이러한 유형의 행동은 때로 **조종사 유발 요동**(pilot-induced oscillation)이라고 불리는 것에서 관찰된다. 우리는 **적응형 자동화**(adaptive automation)에 대해 논의하는 제12장에서 이러한 형태의 불안정성을 다시 기술할 것이다.

5. **예측**(prediction) : 어떤 추적 시스템들은 물리적 혹은 열역학적 속성 때문에 필연적으로 긴 지체를 가질 수 있다. 이것은 에너지 혹은 화학처리의 경우에 발생한다. 인간 조작자가 물질이 담겨 있는 어떤 큰 통에 열을 가하면(제어 입력) 온도에서의 변화(시스템 출력)가 관찰되기까지는 긴 지체가 있을 것이다. 지체가 있을 경우 안정적으로 추적하고 과다조정을 피하기 위해 조작자는 미리 에러를 **예상**(anticipation)하고 이를 교정함으로서 (지체 이후의) 원하는 시점에서 그러한 교정이 시스템 출력에 반영되기를 바랄 것이다. 따라서 우리는 가능한 방법을 모두 사용하여 미래의 입력에 대해 예상하거나 예측해야 한다. 역동 시스템에서 지체가 길어질수록 예상의 필요성은 증가한다. 안타깝게도 타이타닉호의 선장이 경험하였겠지만 대형 선박을 조종하는 경우에는 키를 돌리는 것과 배의 항로가 바뀌는 것 사이에 몇 분의 지체가 있기 마련이다(van Breda, 1999).

미래의 입력이든 아니면 미래의 시스템 출력이든 정신적으로 예측하는 것은 어려운 일이다. 사람들(특히 초보자들)은 예측을 잘하지 못하기 때문에 예측을 해야 하는 경우에는 높은 수준의 정신적 작업부하가 부과된다(Wickens, 1986; Wickens, Gempler, & Morphew, 1999). 따라서 추적 시스템과 관련하여 매우 가치 있는 것 중 하나는 **예측 디스플레이**(predictor display)를 개발하는 것이라 할 수 있다. 예측 디스플레이는 자동화를 통해 미래의 표적 값과 미래의 시스템 출력(커서의 위치)에 대해 추론하고, 이것을 시간 축에 따라 그래프로 보여주는 것이다. 그림 5.15는 이에 대한 두 가지 사례를 예시하고 있다(Wickens, 1986; van Breda, 1999; Roth & Woods, 1992). 물론 그러한 예측의 정도는 자동화의 신뢰도에 따라 달라지는데, 대부분의 경우 예측의 신뢰도는 **예측 범위**(span of prediction) 혹은

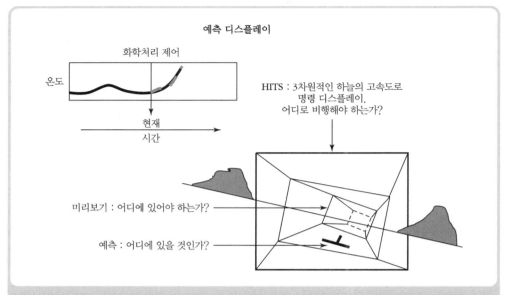

**그림 5.15** 예측 디스플레이. 위 : 처리 제어에서 용광로에 열을 가할 때 온도에 대한 전형적인 예측 디스플
레이. 아래 : 제4장에서 논의된 '하늘의 고속도로(highway in the sky, HITS)' 예측 디스플레이. 터널은 항공
기가 어디로 비행해야 하는지에 대한 미리보기(preview)이다. 검은색의 작은 항공기 모양의 표시는 앞으로
5초 후에 항공기가 어디에 있을 것인지에 대한 3차원(조망) 예측자이다. 따라서 예측 범위 혹은 미리보기 시
간은 5초이다.

**미리보기 시간**(look-ahead time)이 증가함에 따라 감소한다(Wickens, 1986; Xu, Wickens, &
Rantanen, 2007). 우리는 제7장(상황인식의 수준 3)과 제8장(예측 추론)에서 인간이 갖는 예
측 능력에서의 한계에 대해 좀 더 자세하게 다룰 것이다.

## 6.4 다축 추적과 제어

추적 과제는 정보처리를 요구한다. 따라서 동시에 추적해야 하는 변인들의 수를 두 배로
증가시키면 정신적 작업부하를 증가시키고 간섭을 야기한다는 것은 놀라운 것이 아니다(제
10장 참조). 실제 세계에서 다축 추적(multi-axis tracking)의 예는 많이 있다. 혼잡한 고속도
로를 운전하는 운전자는 횡적으로(차선유지) 그리고 동시에 종적으로(선행 차량과의 상대
적 차간거리 추적) 추적 과제를 수행해야 한다. 시각화에 대해 논의하면서 정보 공간을 '날
아다니기' 위해 몇 개의 자유도(degrees of freedom)가 주어졌을 때 나타나는 다축 추적의
어려움에 대해 언급한 바 있다.

　단일 실체(single entity)의 단일 축 이상을 제어하는 것은 어려운 일이겠지만 이러한 어려
움은 축의 수에 따라 선형적으로 증가하는 것은 아니다. 예를 들어, 텍스트의 한 줄(단일
축)을 따라 마우스를 움직이는 것보다 페이지 전체에 걸쳐 2개의 축으로 마우스를 움직이는
것이 더 어렵다고 할 수는 없다. 그러나 **중다 실체**(multiple entities)를 제어하는 것은 (다축

제어와는 대조적으로) 무인 이동체(unmanned vehicle, UV)와 같은 단일 실체를 제어하는 것보다 더 어렵다(Dixon, Wickens, & Chang, 2005). 중다 실체 제어의 경우 실체의 수가 많아짐에 따라 제어의 어려움은 급속하게 증가한다(Cummings & Guerlaine, 2007). 제어 어려움에서의 이러한 증가는 중다의 로봇이나 자동차 혹은 항공기 제어에서 매우 분명하게 드러난다(Cummings, Bruni, & Mitchell, 2010; Nehme et al., 2010; Dixon, Wickens, & Chang, 2005). 각 실체에 대한 연속 제어(continuous control) 혹은 연속 추적도 매우 어렵다.

이러한 문제를 해결하기 위하여 다양한 형태의 자동화가 사용된다. 이 경우 인간 조작자는 연속적 제어에 관여하기보다는 자동화된 처리(과정)들을 감독하거나 관리한다(Sheridan & Parasuraman, 2006). 로봇이나 무인 이동체 자동화는 직선이나 순환적인 원형의 경로를 추적하거나 교란 입력을 자동적으로 교정하는 것과 같은 단순한 작업에 관여할 수 있다. 자동화 시스템을 관리하기 위해서는 3차원 공간에서 다양한 실체들의 위치를 보여주는 디스플레이가 필요하다. 이에 대해서는 제12장에서 좀 더 논의할 것이다.

인간 인지의 다른 측면과 마찬가지로 중다의 무인 이동체에 대한 제어와 감독을 위해서는 전역적 지각(전체 무인 이동체에 대한 인식)과 함께 특정 무인 이동체가 제공하는 관점(viewpoint)과 이것의 제어 요구에 대한 국소적 지각이 모두 지원되어야 한다(Hunn, 2006). 더구나 시스템의 수가 많아짐에 따라 각각의 제어에 대한 부담이 급격하게 증가한다. 현재 제어되고 있는 무인 운송수단을 제외한 나머지 운송수단들은 스스로 작동하게 하는 대신 주의를 기울이지 않는 계열적 제어 방식에 대한 한 가지 대안은 **집단 제어**(collective control)이다. 예를 들어 한 가지 제안된 방법에서 제어자는 일단의 무인 이동체를 가상적으로 '묶어서(lasso)' 하나의 집단(cohort)으로 제어하는 것이다(Micire, 2010; *http://www.youtube.com/watch?v=HSOziHgQedA* 참조). 각각의 로봇(무인 이동체)으로부터 주어지는 개별적 국소 장면은 전역적 시점의 디스플레이에 중첩적으로 제시되어, 두 가지의 시점을 서로 연결 지을 수 있게 된다(Micire, 2010). 이것은 앞에서 기술한 시각 타성의 원리를 따른 것이다.

## 7. 가상환경과 증강현실

### 7.1 가상환경의 특징

**가상환경**(virtual environment, VE) 혹은 **가상현실**(virtual reality, VR)은 사용자로 하여금 실제 있는 지점이 아닌 다른 특정 지점에 있는 것 같은 경험을 제공하는 컴퓨터 생성 환경(computer-generated environment)이라 정의할 수 있다. 전형적으로, 이것은 중다 감각(시각, 청각, 촉각)을 경험할 수 있도록 해주는데, 입체적으로 시각 정보를 제공하는 경우가 많다. 더 중요한 점은 가상환경이 사용자에 의해 **상호작용적으로** 경험되고 조작될 수 있다는 점이다(Stanney & Zyda, 2002). 이것은 컴퓨터가 만들어낸 이미지로 구성된 영화를 보는 것과는 다른 것이다. 많은 비디오 게임은 VR 기술을 채택하고 있다. 가상현실과 관련된 기술인 **증강현실**(augmented reality, AR)은 투명한 헤드 마운티드 디스플레이(head-mounted display, HMD)를 통해 실제 세상의 대상이나 환경 위에 모사된 이미지를 중첩시켜 보여준다. 예를 들어, 건설 근로자는 AR 장치를 착용하고 실제 건설현장에 구현될 배관이나 전선의 연결과 같은 인프라스트럭처 계획을 미리 볼 수 있다(Schall et al., 2009).

우리는 제3장에서 헤드업 디스플레이에 대해, 제4장에서 3차원 디스플레이에 대해, 그리고 이 장에서 참조틀, 시각화 및 추적 과제에 대해 논의한 바 있다. 이러한 모든 개념들이 가상환경과 증강현실의 설계에 적용된다. 이 절에서 우리는 VR과 AR 환경에 초점을 맞추어 이들이 다양한 영역에 걸쳐 어떻게 개발되고 적용되는지에 대해 살펴볼 것이다. 앞으로 다시 언급되겠지만 VR과 AR 환경은 매우 많은 유용성과 잠재력을 갖고 있다. VR과 AR은 많은 영역[예 : 훈련, 원격 실재감(telepresence) 혹은 원격 조작(teleoperation)]에서 이미 큰 변화를 가져왔고, VE와 AR 요소들을 인터넷 게임환경(예 : Second Life)이나 지도 계획 도구(예 : Google Earth) 등을 포함한 일상적 활용 영역에 구현시키는 것과 같은 기술적 개발이 활발하게 진행되고 있다.

가상환경에 대해 논의하기 위해서는 **실재감**(presence)이라는 용어에 대해서도 논의해 보아야 한다(Sheridan, 1996). 실재감은 가상환경과 상호작용하고 있는 사용자들이 가상환경에 존재하고 있다고 스스로 얼마나 확신하는지의 정도를 의미한다. 때로 **몰입**(immersion)이라는 용어가 사용되기도 한다. 이 개념은 우리가 매우 재미있는 영화를 볼 때 우리가 극장 안에 있다는 것을 순간적으로 잊어버린 채 완전히 영화에 몰입하여 영화 속의 어떤 상황에 푹 빠져 있다고 느끼는 경험과 매우 유사하다고 할 수 있다. 그러나 가상환경 몰입을 경험했던 사람들은 나중에 실제로 자신들이 그 가상환경 속에 있는 느낌이 있었다고 보고하는 반면, 영화를 보았던 사람들은 (영화 속 상황이 아닌) 단지 극장에 앉아 있었다고 보고하는 경향이 있다(Slater & Usoh, 1994).

가상환경은 여러 세부특징들의 복합체라 할 수 있다(Sherman & Craig, 2003; Furness & Barfield, 1995; Wickens & Baker, 1995). 일반적으로 각각의 세부특징들이 더해짐에 따라 가상환경이 실제 환경처럼 느껴지는 정도(따라서 실재감의 정도)가 더 증가한다. 가상환경의 일곱 가지 전형적인 세부특징들에는 다음과 같은 것들이 포함된다.

1. **3차원 조망** : 공간은 3차원이기 때문에 이 특징을 갖고 있는 디스플레이 표상은 2차원 표상보다는 훨씬 더 현실감 있게 보여진다. 예를 들어 어떤 주택에 대한 3차원 모델이 하나만 주어지더라도 이것은 몇 개의 2차원 도면을 모아놓은 것에 비해 훨씬 더 현실감 있는 조망을 제공해 준다. 3차원성은 3차원 안경을 통해 입체시에 대한 강력한 깊이 단서를 제공함으로써 향상될 수 있다.

2. **역동성** : 우리는 시간을 연속적인 변인으로 경험하기 때문에 움직임이 없는 몇 장의 정적 이미지들보다는 비디오나 영화를 볼 때 훨씬 더 현실감이 있다고 느낀다. 제4장

에서 논의하였듯이 이미지의 움직임으로 얻어지는 **상대적 운동**(relative motion) 단서는 3차원에 대한 두 번째로 강력한 깊이 단서이다. 가상환경 디스플레이는 사용자들이 실시간적이고 역동적으로 가상환경에서 발생한 사상들(events)들을 관찰할 수 있도록 (그리고 제어할 수 있도록) 해준다.

3. **폐쇄루프 상호작용** : 실제 세계에서 대상에 대해 우리가 어떤 행위를 취할 때는 행위의 개시부터 실제적인 운동의 발생까지 거의 시간이 걸리지 않는 것이 일반적이다. 따라서 가상세계도 시간의 지체가 없도록 제어 입력(예 : 손이나 마우스 혹은 조이스틱의 움직임)에 대해 즉각적으로 반응해야 한다.

4. **자기중심적 참조틀** : 이 장의 1.4절에서 논의하였듯이 자기중심적 참조틀은 사용자에 의해 제어되고 있는 관점(즉, 전방 시각장)으로부터 세상의 이미지들을 제공해 준다.

5. **머리 혹은 손 움직임 추적** : 많은 VE 시스템들은 **헤드 마운티드 디스플레이**(head-mounted display, HMD)와 운동 센서를 통합적으로 사용하고 있다. 실제 세계에서 머리 움직임에서의 변화가 시각 장면에서의 변화를 가져오는 것과 동일한 방식으로 헤드 마운티드 디스플레이는 머리의 움직임에 따라 가상환경에 대한 관점도 변경될 수 있도록 해준다. 전체 3차원 장면은 헤드 마운티드 디스플레이 혹은 마치 가상환경 속에 들어가 있는 것처럼 해주는 **몰입형 투영 디스플레이**(computer automatic virtual environment, CAVE)(이것은 몇 개의 디스플레이 표면으로 구성된다)를 통해 제공될 수 있다.

6. **중다 양상 상호작용** : 실제 세계와 상호작용할 때 우리는 어떤 자극을 단순히 보는 것이 아니다. 아침에 자명종이 울릴 때 어떤 일들이 발생하는지 상상해 보라. 자명종 소리로 그것이 어디에 있는지 알 수 있고, 그것에 손을 뻗어 집어 올리기도 하고(이를 통해 그것의 무게, 형태, 질감을 느낄 수 있다), 버튼 한두 개를 누를 수도 있다(이렇게 해서 다시 잠을 잘 수 있다!). 가상환경이 실재감을 주기 위해서는 이러한 유형의 중다 양상적 경험을 제공하는 것이 필요하다. 이것은 (1) 3차원적 입체음 제시 기법을 이용한 청각 피드백(Kapralos et al., 2008), (2) 햅틱 글러브(haptic gloves)나 힘-반향 조이스틱(force-reflecting joystick)(Biggs & Srinivasan, 2002; Vicentini & Botturi, 2009)을 이용한 자기수용감각(proprioceptive), 운동(kinesthetic), 힘(force), 혹은 촉각(tactile) 피드백, 그리고 (3) 특수화된 로봇 조작기를 통해 제공할 수 있다(Taati, Tahmasebi, & Hashtrudi-Zaad, 2008).

7. **대상과 대리자** : 가상환경은 조작할 수 있는 대상을 포함하고 있다. 이러한 대상에 적용되는 물리적 특성은 가상환경이 갖고 있는 몇 가지 변인들로 정의된다. 또한 가상환경은 모사된 인간(simulated human) 혹은 **대리자**(agent)도 포함하는데, 이들은 어떤 과제 맥락에서 인간이 보일 수 있는 행동의 일부를 대리적으로 보여준다. 예를 들어, 이들은 항공모함 갑판에서 일하는 착륙 신호 장교를 훈련하기 위한 가상환경에서 마치 헬리콥터 조종사처럼 행동한다(Cain, Magee, & Kersten, 2011).

VR의 이러한 세부특징들은 운송수단 훈련 시뮬레이터(특히, 실제 세상을 모사한 그래픽을 제공하는)에 적용되어 왔는데, 이러한 시뮬레이터들 중 많은 시뮬레이터들은 실제로 가상현실의 사례들이라고 여겨질 수 있다. 그리고 비행 시뮬레이터 설계에서 제기되었던 문제들과 해결책들이 VR 설계에도 적용되었다.

가상적 대상의 역동적 운동 그리고 이들과의 상호작용은 실재감을 만들어내는 데 매우 중요한 요인으로 여겨지고 있다(Lee, 2004; Sadowski & Stanney, 2002). Lee는 "사람들은 매개된 혹은 모사된 대상을 마치 실제 세상의 대상인 것처럼 반응한다."(p.499)고 주장하였다. 이러한 관점에서 본다면 기대하는 방식으로 행위하는 대상이나 대리자는 실재감을 줄 가능성이 높다. 높은 이미지 충실도(fidelity)는 때로 꼭 필요한 것은 아니다. 제4장에서 기술한 개념으로 보면 실재감은 해상도와 지각적 판단보다는 실제적인 행위와 자체운동(egomotion)에 따라 달라질 수 있다. 사회적 상호작용(social interaction)도 역할을 할 수 있다. 따라서 사용자가 다른 사용자나 대리자와 상호작용과 의사소통을 할 수 있는 환경은 비록 회화적 현실감(pictorial realism)은 떨어지더라도 몰입감이 높을 수 있다(Sadowski & Stanney, 2002).

앞에서 언급한 모든 세부특징을 포함하려면 VE 시스템이 비싸질 수 있다. 더 많은 요소를 추가하는 것은 초기 비용, 구현 비용(정교한 시스템일수록 구성하기가 더 어렵다), 유지 비용, 그리고 실험과 시연에서의 에러 취약성을 증가시킨다. 수행되어야 하는 과제에서 인간의 수행이 향상될 수 있다는 측면에서는 어느 정도의 추가 비용이 정당화될 수 있지만 단지 실재감을 높인다는 측면에서는 전혀 그렇지 않다.

## 7.2 가상환경의 사용

가상환경은 다양한 영역에서 유용한 것으로 밝혀졌다. 응용 영역에 대한 개관은 Stone(2002), 그리고 Sherman과 Craig(2003)에서 제공되고 있다. 예를 들어, VE는 매우 효과적인 훈련 도구이다(실제 환경에서는 비용이 많이 들거나 위험한 과제에 대한 훈련의 경우에는 특히 더 그렇다). VE는 (사용자 자신에 의한 것이든 아니면 다른 사람에 의한 것이든) 잘못된 행위가 매우 심각한 결과를 초래할 수 있는 실제 환경에서의 수행에 대비하기 위해 보다 '우호적인' 환경에서 그러한 행위들을 미리 그리고 반복적으로 연습할 수 있도록 한다는 측면에서도 유용한 도구라 할 수 있다(Wickens & Baker, 1995). 가상환경 훈련의 몇 가지 사례에는 수술 시뮬레이션(Vicentini & Botturi, 2009), 용접(Stone, Watts, et al., 2011), 항공관제(Ellis, 2006), 우주선 조작(Grunwald & Ellis, 1993), 자유낙하에서 낙하산 펼치기(Hogue et al., 2001), 혹은 위험한 임무 수행에 앞서 미리 비행 연습을 하는 것(Bird, 1993; Williams, Wickens, & Hutchinson, 1994) 등이 포함된다. 뒤에서는 훈련과 교육, 3차원 공간에 대한 온라인 이해, 치료적 응용, 사회적 응용, 그리고 유비쿼터스 컴퓨팅 등 VE가 활용되는 다섯 가지의 구체적 응용 영역에 대해 고려하고자 한다.

### 7.2.1 훈련 응용

실제 세상을 모사한 가상환경을 탐색하는 것은 일반적으로 이점이 있는 것으로 보인다 (Darken & Peterson, 2002). 그와 같은 훈련은 **군사적 임무 계획**이나 정찰에 유용할 수 있다. 예를 들어, 거대한 고층 빌딩을 모사한 가상환경에서 훈련한 효과는 실제 빌딩에서의 수행 으로 잘 전이된다(Wilson, Foreman, & Tlauka, 1997). 그와 같은 연구 결과들을 요약한 후 Darken와 Peterson은 지도를 이용하여 짧은 시간 동안 훈련하는 것이 VE를 통한 훈련에 비 해 더 효과적이라고 결론지었다. 그러나 지도는 어느 수준까지만 유용한 것이고 충분한 훈 련시간이 주어진다면(대략 30분 이상) VE에 추가되는 정보는 지도에 비해 더 높은 수준의 수행을 이끌 수 있다.

최근 들어, **수술 과정을 훈련**하기 위해 가상환경 혹은 합성환경(synthetic environment)을 사용하는 것에 대해 많은 관심이 주어졌다(Johnson, Guediri, et al., 2011). 환자의 건강이 위태로운 경우 수술 훈련에 사용되는 합성환경에 신체의 촉각적 속성이 적절하게 모사되는 것이 중요하다. **촉지각**(haptic perception)이란 대상의 표면에 손가락을 주의 깊게 움직여 대상의 형태를 탐지할 수 있는 능력을 말한다. 예를 들어, Sowerby 등(2010)은 중이(middle ear) 수술에 대한 정교한 상호작용적 시뮬레이션을 만들기 위해 고막으로부터의 힘 피드백 을 모형화하였다. 이와 유사하게 Misra, Ramesh와 Okamura(2008)는 수술도구와 신체조직의 상호작용을 제대로 나타내기 위해서는 수술도구와 수술방법(변형, 천공, 절제 등)의 속성뿐 만 아니라 간, 신장 혹은 방광을 포함하는 다양한 장기의 벽(organ walls)이 갖는 탄력 혹은 마찰 속성의 중요성을 강조하였다.

가상환경에서의 훈련은 실제 세상에서의 훈련에 비해 **덜 위험**할 뿐만 아니라 일반적으로 **비용도 덜 든다.** 예를 들어, 실제 상공에서의 비행 훈련(혹은 바다에서의 선박 조종 훈련)은 연료나 인건비 등이 요구되지만 가상환경이라면 이러한 것들은 절감될 수 있다(Orlansky et al., 1997). 훈련을 목적으로 가상환경을 사용하는 것에 대해서는 제7장에서 좀 더 자세하 게 논의할 것이다.

훈련과 밀접한 관련이 있는 **e-러닝**(electronic learning) 기술(Clark & Kwinn, 2007)은 다른 학생들과 함께 교실에 있지 않은 학생들에게 강력한 학습 경험을 제공하는 것을 목표로 한 다. 이러한 학습 환경을 좀 더 강력하게 만들 수 있는 한 가지 방법은 가상적인 교실 속으로 학생들을 몰입시키는 것이다. 이를 위해서는 개념 설명을 위한 상호작용적 교습, 학생이나 교습자들이 모두 주석을 기입할 수 있는 화이트보드, 가상 학습에 참여한 학생들의 이름이 목록화된 학생용 윈도, 학생들이 중다 선택 문제에 답하기 위해 사용할 수 있는 버튼, 학생 들이 서로 이야기를 주고받을 수 있는 채팅 혹은 직접 문자 보내기 공간 등이 포함될 수 있다. 이러한 가상 교실의 세부특징들이 추구하는 목표는 다양한 참여자들을 분리시키는 물리적 거리를 없애는 것이다.

### 7.2.2 온라인 이해

가상환경은 또한 온라인 이해 과제에도 유용하게 사용될 수 있는데(Wickens & Baker, 1995), 실제로 과학적 시각화를 이해를 위한 하나의 과정으로 밀접하게 연결 짓는 도구가 바로 VR이다(이 장의 4절 참조). 온라인 이해(online comprehension)를 위해 가상환경을 사용하는 것은 사용자들이 환경의 구조에 대한 통찰을 얻는 데 도움을 주기 위해서이다. 이것은 대규모 데이터베이스의 구조에 대한 통찰을 제공하는 시각화 도구에 대해 앞에서 제시했던 것과 유사하다. 온라인 이해는 사용자가 직접 실제 환경을 탐색할 수 없다는 점에서 공간 항행과는 다른 것이다. 전형적으로 통찰은 상호작용이 발생할 때 얻어진다. 예를 들어, 어느 과학자에게 균열된 세라믹 조성물의 원자 구조를 보여줌으로써 이에 대한 이해를 도울 수 있을 것이다(Nakano et al., 2001). 가상환경을 사용한다면 **나노로봇**(nanorobot)을 설계하는 엔지니어는 로봇의 분자 구조에 대해 더 향상된 이해를 할 수 있을 것이고, 촉각 피드백은 나노로봇이 다른 미세한 대상에 접근할 때 발생하는 접착력을 나타내는 데 사용될 수 있을 것이다(Sharma et al., 2005). 가상 로봇은 수술 계획을 위해 사용되는 귀의 달팽이관에 대한 3차원 이미지를 탐색하는 데 유용하다는 것이 밝혀졌다(Ferrarini, 2008). **몰입 저널리즘**(immersive journalism)이라는 개념도 온라인 이해의 또 다른 형태인데 이것은 사용자들로 하여금 뉴스에 소개된 사건이나 상황에 대해 직접 경험할 수 있도록 해준다(de la Peña et al., 2010).

### 7.2.3 치료적 응용

가상환경은 불안이나 공포증을 갖고 있는 환자들을 가상적으로 구현된 혐오적 상황에 노출시킴으로써 치료적 효과를 얻기 위한 목적으로도 사용되어 왔다. 예를 들어, 고소공포증을 갖고 있는 환자를 가상의 절벽 꼭대기 혹은 가상의 높은 플랫폼 위에 위치시킬 수 있는데(Juan & Perez, 2009), 이러한 상황에 환자들이 반복적으로 노출되면 혐오적 상황에 대해 환자들이 궁극적으로 둔감화 혹은 습관화되는 효과가 있다. Emmelkamp 등(2002)은 실제 세계 환경(예 : 쇼핑몰, 화재 대피용 비상계단)의 가상 버전을 만들었다. 이들은 실제 세계에 대한 노출과 가상환경에 대한 노출이 갖는 효과를 비교하였는데, 가상 노출도 실제 세계에 대한 노출만큼 광장공포증 환자의 불안이나 회피를 줄이는 데 효과적이었음을 발견하였다.

 이러한 치료가 효과를 발휘하기 위해서는 가상적인 혐오 상황이 실제로 환자의 불안 반응을 일으킬 수 있어야 한다. 어떻게 보면 이것은 실재감의 한 유형이다. 즉, 환자가 실제로 그 상황이 강렬하다고 느끼는가? Juan과 Perez는 몰입형 투영 디스플레이(CAVE)가 헤드 마운티드 디스플레이보다 실재감을 더 높이고 공포증을 갖고 있지 않은 사용자의 불안을 유발하는 데 더 효과적임을 발견하였다. 가상환경은 비행공포증(Rothbaum et al., 2006)이나 9.11테러(Difede et al., 2007)와 베트남전 참전 군인들(Krijn et al., 2004)의 외상 후 스트레스와 같은 장애들을 치료하기 위한 목적으로도 활용되었다. 가상환경은 뇌졸중 환자의 재활을 위해서도 활용되었고 어느 정도의 성공도 거두었다. 예를 들어, Jack 등(2001)은 (오른손을 움직이는 데 어려움을 겪고 있는) 만성 뇌졸중 환자들에게 (예 : 환자의 손 운동에 따라 안개 낀 화면 속에 숨겨진 멋진 풍경이 나타나도록 되어 있는) 가상환경을 보면서 반복적으로 손 운동을 시도해 보도록 지시하였다. 객관적 측정치들은 이러한 훈련 동안 유의한 향상이 있었고, 잘 움직이지 못했던 손을 사용해야 하는 실제 세상에서의 과제(예 : 옷의 단추 채우기) 수행으로도 이 효과가 잘 전이된다는 것을 보여주었다.

## 7.2.4 사회적 응용 : 게임, 중다 대리자 환경, 협력 네트워킹

게임환경과 가상환경 사이의 구분은 점차 모호해지고 있다. 게임환경은 가상환경의 많은 속성을 갖고 있고, 이것이 서로 망으로 연결될 때는 사회환경(즉, 여러 사용자들이 동일한 가상 세계에서 동시에 서로 혹은 다른 가상적 대리자들과 상호작용하는 환경)도 된다. 이것은 강력하고 몰입적인 게임 경험을 만들어낸다. 가상적 게임 환경에서 사용자들은 다른 인간 사용자들을 가상적 대리자와는 다르게 취급한다. Second Life를 이용한 연구들에서 사용자들은 가상적 대리자보다는 다른 사용자의 아바타의 행동을 모방하면서 이들의 영향을 더 많이 받고 더 따르는 경향을 보였다(Harris et al., 2009). 따라서 중다의 사용자들이 동일한 VE를 공유하는 것은 다양한 지역에 있는 사람들을 공유 공간으로 '가상적으로 이동시키는' 한 가지 방법이 된다. 중다 플레이어 게임환경에서도 그렇듯이 아바타들은 가상환경에서 개별적 사용자들을 나타내는 데 사용될 수 있고, 실시간으로 게임의 캐릭터 엔진을 결합시키는 지능형 대리자 혹은 가상적 인간도 나타낼 수 있다(Gillies & Spanlang, 2010). 아바타나 대리자는 사용자의 항행에 영향을 미칠 수 있다. 예를 들어, 이들은 3차원 가상환경을 통해 초보 사용자들을 안내할 수 있다(de Araujo et al., 2010). 이들은 또한 사용자가 정신적 혹은 신체적 자원(노력)을 할당하는 데도 영향을 미칠 수 있다. 예를 들어, 시뮬레이터를 이용한 노 젓기 훈련에서 가상의 경쟁자는 피훈련자의 수행에 영향을 주었다(Wellner et al., 2010).

협력 네트워킹은 **원격 실재감**(telepresence)을 제공하는 것이 목표이다. 원격 실재감은 우리가 의사소통하고 있는 멀리 떨어져 있는 사람이 우리와 함께 '같은 방'에 있는 것처럼 지각하는 것이다(Kirk, Sellen, & Cao, 2010). 작업 장면에서 사용된 비디오 기술은 저항을 받은 반면 Skype(인터넷을 통해 무료로 통화할 수 있는 프로그램)와 같이 광범위하게 사용될 수 있는 시스템은 매우 인기가 높다. 이러한 차이를 가져온 이유는 의사소통 목적이 서로 다르기 때문인 것 같다(Kirk et al., 2010). 예를 들어, 작업 관련 의사소통은 대개 주제중심적이기 때문에 사람들 사이의 논의는 주로 문서의 내용을 중심으로 이루어진다. 그러나 비디오 기술은 내용보다는 주로 '카메라 앞에서 이야기하는 누군가(talking heads)'를 보여준다. 이와는 대조적으로, Skype와 같은 시스템은 작업 내용에 대한 것보다는 전형적으로

서로 알고 있는 사람들(예 : 가족 구성원) 사이의 개인적 의사소통에 많이 사용되고 있고, 사람들 사이의 '친밀함'을 매개하는 역할을 한다. 여기에서의 핵심은 원격 실재감의 본질은 상호작용(과제 요구)의 본질에 따라 달라진다는 것이다.

### 7.2.5 유비쿼터스 컴퓨팅

**유비쿼터스 컴퓨팅**(ubiquitous computing)이란 일상생활의 환경, 활동 혹은 사물 등을 통해 컴퓨터를 활용할 수 있는 것을 말한다. VR의 많은 측면들이 유비쿼터스 컴퓨팅과 관련되어 있다. 예를 들어, 최근의 한 가지 새로운 기술(*Microsoft Surface*)(Dietz & Eidelson, 2009)을 사용하면 공유하고 있는 테이블탑 디스플레이(tabletop display)를 통해 가상의 대상들을 선택한 후 한 전자기기에서 다른 전자기기로 이것을 전송할 수 있다. 이와 유사하게 어떤 사람의 카메라가 테이블탑 위에 놓이면 그 속에 들어 있는 사진들이 테이블탑 디스플레이를 통해 나타난다. 다른 사람은 그 사진을 끌어당겨(drag) 자신의 스마트폰으로 옮길 수 있다. 지도도 테이블탑상에 제시할 수 있는데, 사용자는 원하는 극장의 위치를 선택하고, 티켓을 구매한 후 그것을 자신의 스마트폰으로 끌어당겨 저장할 수 있다. 식당에서 친구들과 저녁 식사를 함께 할 때도 테이블탑상에서 자신이 주문한 음식을 선택한 후 테이블탑에 올려놓은 신용카드 쪽으로 끌어당기면 음식 값을 나누어 지불할 수 있다.(Dietz & Eidelson, 2009; Microsoft Surface video on *http://www.youtube.com/watch?v=6VfpVYYQzHs&feature= related* 참조). 어떤 측면에서 보면 이것은 VR과 AR을 결합시킨 것으로 생각할 수 있는데, 왜냐하면 실제 세상의 대상들(카메라, 스마트폰, 신용카드)이 실제로 테이블탑 표면에 놓여 있고, 이들이 서로 혹은 테이블탑상의 가상적 이미지와 가상적 방식으로 연결되기 때문이다. 따라서 우리는 이제 증강현실(AR)에 대해 논의할 차례가 되었다.

### 7.3 증강현실

증강현실(augmented reality, AR)은 실제 세계를 가상적 세계로 대체하기보다는 이것을 증보한다(Azuma, 2001). 증강현실과 가상현실을 그림 5.16(Milgram & Colquhoun, 1999)에 제시된 **가상성 잣대**(virtual ruler)의 연속선상에 놓여 있는 것이라 생각할 수 있다. 실제 환경(예 : 당신의 침실)은 가장 왼쪽에, 반면 완전한 가상환경(예 : 당신의 침대에 대한 가상적 모델)은 가장 오른쪽에 제시되어 있다. 증강현실(예 : 당신이 어떤 장치를 착용하고 실제 당신의 침실을 살펴볼 때 그 장치를 통해 열쇠의 위치를 가리키고 있는 화살표와 같은 증강된 정보가 함께 중첩되어 제공되는 것)은 이 잣대의 왼쪽에 제시되어 있고, Milgram과 Colquhoun이 **증강가상**(augmented virtuality)(예 : 침실에 비치는 자연 조명의 양에 따라 가상 침대의 조명도 갱신되는 것)이라고 부른 것은 오른쪽에 제시되어 있다. 따라서 이 연속선은 서로 다른 유형의 **혼합현실**(mixed reality, MR)을 나타내는 것이라 할 수 있다.

　AR 상황에서는 사용자가 수동 과제들을 직접 수행하는 도중 헤드 마운티드 디스플레이의

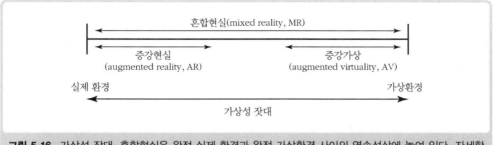

**그림 5.16** 가상성 잣대. 혼합현실은 완전 실제 환경과 완전 가상환경 사이의 연속선상에 놓여 있다. 자세한 내용은 본문을 보라.
출처 : Milgram과 Colquhoun(1999)의 원래 그림을 수정하여 제시함.

투명 유리를 통해 실제 세상에 대한 이미지가 직접 제시될 뿐만 아니라 같은 디스플레이 표면에 합성된 이미지 정보들도 함께 제시된다. 헤드 마운티드 디스플레이가 이동수단의 움직임이 아닌 머리의 움직임에 의해 이미지가 바뀐다는 점만 제외하면 이것은 합치적 이미지(conformal imagery)를 제공하는 헤드업 디스플레이(제3장)와 다르지 않다(Wickens, Ververs, & Fadden, 2004). 예를 들어, Henderson과 Feiner(2009)는 병력 수송 장갑차 안에서 정비공이 헤드 마운티드 디스플레이를 착용하고 보수작업을 수행할 수 있도록 한 일종의 광학적 AR 시스템에 대해 기술한 바 있다. 정비공은 이 디스플레이 너머로 포탑을 직접 관찰할 수 있었다. 그리고 이와 함께 부품의 명칭과 과제 완수에 필요한 가상적 작업도구나 대상(예 : 소켓 렌치나 볼트)의 올바른 위치에 대한 이미지도 디스플레이 표면에 제공되었다.

주의의 관점에서 보면(제3장) AR은 근접 부합성 원리를 충실하게 따른다고 할 수 있다. 즉, 이것은 디스플레이에 제시된 정보와 실제 세계에 있는 정보의 통합을 용이하게 하는데, 이러한 디스플레이 근접성은 정보가 동일 위치에 제시된다는 것(중첩)과 머리가 움직일 때 대상들도 같이 움직인다는 것 모두에 의해 얻어진다. 이러한 점들에 비추어 AR은 동일한 정보를 제공하는 경우라도 손에 들고 사용하는 헤드다운 디스플레이에 비해 더 우수한 것으로 밝혀졌다(Yeh, Merlo, et al., 2003). 그러나 HUD와 마찬가지로 AR의 중첩된 이미지들은 혼잡성을 야기할 수 있고, 이로 인해 AR 디스플레이에서 제공하지 않는 세상 속의 현저하지 않은 정보에 대한 처리를 방해하는 단점도 갖고 있다(Yeh, Merlo, et al., 2003).

증강현실에서는 가상적 장면에 새로운 이미지를 추가할 수 있을 뿐만 아니라 실제 세계의 대상들을 제거하거나 대치하는 데도 사용할 수 있다. 예를 들어, Avery 등(2009)은 사용자들이 (방 안에 장착된 카메라가 제공하는 이미지를 사용하여) 벽을 통해 방 안을 볼 수 있게 하는 'X선 시각 시스템'에 대해 기술하였다. 여기에서 이미지는 벽돌 벽을 나타내기 위해 제시되었다. 그러나 벽돌 자체를 반투명으로 하였기 때문에 사용자들은 벽돌 벽 뒤에 있는 방 안을 볼 수 있었다. Avery 등은 방의 이미지가 반투명 벽돌 벽과 함께 제시되면 방이 벽 뒤가 아닌 벽 앞에 있는 것처럼 보인다는 것을 발견하였다(이것은 AR 시스템에서

**그림 5.17** 증강현실 'X선 시각 시스템'의 한 이미지. 왼쪽 : 초기 프로토타입 버전. (벽 뒤에 있는 카메라로부터 주어지는) 이미지가 벽 앞에서 볼 때 어떻게 보이는지에 주목하라. 오른쪽 : 여기에서는 이미지가 벽 모서리 뒤에 있는 것으로 제대로 보인다.
출처 : IEEE Virtual Reality 2009 Proceedings(pp.79~82)(reprinted, with permission).

자주 나타나는 문제이기도 하다). 이 문제를 해결하기 위해 Avery 등은 전경에 있는 대상의 모서리 부분(이 경우 가상적 벽돌의 모르타르 부분)만 불투명하게 만들었다. 그 결과, 방 안의 대상들이 벽돌 뒤에 있는 것으로 보였고, 5.17에 제시된 바와 같이 이 대상들은 단지 벽돌의 모서리 부분에 의해서만 가려지게 되었다. 제4장에서 기술하듯이 차폐(occlusion)는 깊이감을 제공하는 강력한 단서 중 하나인데, 여기에서도 이것이 유용하게 사용될 수 있음을 알 수 있다. 이와 유사한 기술이 환자의 장기나 자동차의 엔진 블록을 시각화하기 위해 개발되었다(Kalkofen et al., 2009).

몇몇 AR 활용에서는 사용자들이 실재감을 경험할 수 있도록 하기 위해 촉각적 혹은 자기수용감각적 피드백(proprioceptive feedback)을 제공하는 것이 매우 중요하다. Jeon과 Choi (2009)는 시각 차원과 촉각 차원의 2차원으로 구성된 가상성 잣대 연속선을 확장하였다(그림 5.18 참조). 이를 통해 가상성(virtuality) 혹은 현실성(reality)의 정도를 시각과 촉각 모두에 대해 다양화할 수 있다. AR을 원격 수술과 같은 원격 조작에 적용하고자 할 때 AR 적용이 효과적이기 위해서는 떨어진 장소에서 사용자가 보이는 행위에 기초하여 합성된 촉각 자극을 제공할 필요가 있을 것이다. 그와 같은 피드백이 제공되지 않는다면 힘을 많이 주어 수술해야 해야 하는 단계에서 의사는 수술도구를 부러뜨리거나 봉합사를 엉키게 하거나 혹은 조직 표면에 구멍을 낼 수도 있을 것이다.

증강현실은 다양한 영역에서 활용될 잠재력이 매우 크다. 특히 증강현실은 실제 세상의 정보와 가상환경의 정보를 통합하여 과제를 수행해야 하는 경우에 가장 유용할 것으로 보인다. 두 가지 정보의 통합이라는 관점에서 본다면 증강현실 디스플레이는 근접 부합성 원리를 충실히 따르는 통합적 디스플레이라 할 수 있다. AR의 유용성이 극대화될 수 있도록

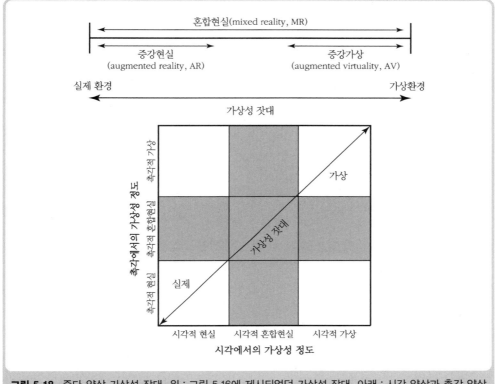

**그림 5.18** 중다 양상 가상성 잣대. 위 : 그림 5.16에 제시되었던 가상성 잣대. 아래 : 시각 양상과 촉각 양상을 분리시킨 2차원 표상. 회색 부분은 혼합현실을 나타낸다.

하기 위해서는 과제 수행에 꼭 필요한 정보들이 서로 통합될 수 있도록 하면서 과제 지향적인 관점에서 개발되어야 할 것이다.

### 7.3.1 가상현실과 증강현실의 문제들

가상현실과 증강현실이 자기중심적 참조틀과 역동적이고 3차원적인 특징을 통해 몰입감을 높임으로써 여러 가지 이점을 제공할 수 있지만 그렇다고 단점이 없는 것은 아니다. 이들이 갖는 문제를 다섯 가지의 측면에서 기술하면 다음과 같다.

1. 비용 : 대규모 시설에 설치한 완전 몰입형 시뮬레이터(예 : 구동 플랫폼 비행 시뮬레이터와 CAVE 환경)는 아직도 매우 비싸고, 이러한 비용을 정당화하기 위해서는 특정 활용 영역에서 그와 같은 환경들이 얼마나 이점이 있는지에 대해 철저하게 고려해 보아야 할 것이다. 대규모 시뮬레이터가 비싼 시스템이기는 하지만 그렇다고 이것이 항상 필요한 것은 아니고, 저비용 하드웨어로도 강력한 실재감을 지원해 줄 수 있는 경우도 많다. 따라서 설계자는 대규모 시뮬레이션이 요구하는 비용과 '데스크탑형 가상현실

(desktop VR)*과 비교한 이것의 잠재적 이점 사이에서 균형을 이루기 위한 선택에 직면하게 된다.

2. **지체** : 시스템 잠재기 혹은 지체는 VE와 AR 환경 모두에서 문제가 된다. 헤드 마운티드 디스플레이를 사용하는 경우 머리의 위치 변화(머리 추적)에 따라 관점(viewpoint)도 전환되어야 한다. 이러한 전환이 지연되면 머리의 위치와 시각적 방향에서 불일치가 발생한다(Ellis et al., 2004). AR 시스템에서 지체가 있으면 실제 세계로부터의 피드백과 가상현실 요소로부터의 피드백 사이에 괴리가 발생하고, 이로 인한 시각적 불안정성이 수행을 저하시킨다. 약간의 지체만으로도 큰 부정적 효과가 발생할 수 있는데, 머리의 움직임이 빈번하고 신속하게 이루어질 경우에는 10~20ms의 지체로도 수행을 저하시키기에는 충분하다(Ellis et al., 2004). 나아가, 지체는 실재감(Snow & Williges, 1997)과 중다 사용자 협력 환경에서의 효과성(Jay et al., 2007)을 저하시킨다. 지체가 더 길어질 경우(예 : 원격 조작 환경) 현재의 행위를 실행하는 데 필요한 이전의 행위에 대한 피드백을 제대로 받지 못하기 때문에 수행이 저하될 수 있다. (관찰자들이 이전 행위에 대한 피드백을 제대로 받지 못한다는 것은 사용하고 있는 시스템이 폐쇄루프에서 개방루프가 되도록 한다는 것을 의미한다).

　가상환경에서 움직이고 있는 이미지들을 단순화함으로써 지체를 감소시킬 수 있다. 제4장에서 직접 환경(immediate environment)과의 상호작용에 대한 논의에서 살펴보았듯이 이미지가 고해상도를 갖는 것보다 운동을 정확하게 구현하는 것이 더 중요하다[또 다른 사례는 제4장에서 기술하였던 '소박한 실재론'이다(Smallman & Cook, 2011)].

　마지막으로, 의사소통 지연에 의해 발생하는 지체는 말하는 중간에 상대방이 끼어들 가능성을 높이기 때문에 대화에 부정적인 영향을 미치는 것으로 밝혀졌다(Geelhoed et al., 2009).

3. **편파와 왜곡** : 가상환경의 관찰은 지각에서의 편파와 왜곡을 가져올 수 있다. 이러한 편파와 왜곡 문제는 일반적으로 시각장이 좁은 범위로 제한되기 때문에(특히 헤드 마운티드 디스플레이는 시각장이 좁은 경우가 많다) 발생한다. 예를 들어, 평평한 표면은 관찰자로부터 경각장이 올라가는 오르막 표면으로 보이고(Wickens & Baker, 1995; Perrone, 1993), 내리막 표면의 경사는 실제보다 더 작게 보여진다(Li & Durgin, 2009). 이것은 가상환경에서 높이(위-아래)에 대한 판단은 방위에 대한 판단(즉, 지평면에서의 각도 판단)보다 더 저조한 경향이 있기 때문일 것이다(Barfield, Hendrix, & Bjorneseth, 1995). 가상환경에서는 깊이감이 과소 추정되는 것으로 보이고(Witmer & Kline, 1998), 가상공간은 실제보다 더 작게 경험된다(Durgin & Li, 2010; Willemsen et al., 2009). 헤드 마운티드 디스플레이를 사용하는 경우 **오목 일그러짐**(pincushion distortion)(공간

---

* 역주 : 촉각 센서들이나 머리 방향 추적 장치, 혹은 헤드 마운티드 디스플레이 등이 필요하지 않는 가상환경

이 디스플레이의 끝 부분에서 늘려지거나 압축되는 것)을 피할 수 있도록 주의해야 한다(Kuhl et al., 2009). 그와 같은 왜곡은 헤드 마운티드 디스플레이를 사용하여 입체를 관찰할 때 깊이 지각에서의 저하를 가져온다. 그러나 이러한 문제는 적합한 교정을 통해 해결될 수도 있다(Durgin & Li, 2010).

4. **길 잃음과 방향상실** : 가상환경이 크다면 사용자들은 (실제 공간과 마찬가지로) 그러한 가상공간 속에서 길을 잃거나 방향을 상실할 수 있고, 이 때문에 지도와 같은 항행 보조도구가 필요하게 된다. Luo 등(2010)은 층별 안내지도를 사용하여 여러 층으로 된 가상 지하철 역을 항행하는 사용자는 이러한 지도 없이 항행한 사용자에 비해 더 좋은 항행 수행을 보인다는 것을 발견하였다. 그러나 이러한 해결책이 갖는 문제는 그러한 지도를 읽기 위해서는 높은 수준의 해상도가 요구된다는 점이다. 헤드 마운티드 디스플레이를 통해서는 높은 수준의 해상도를 얻기가 어렵다. 군인들을 대상으로 수행된 길 찾기 연구는 낮은 수준의 해상도를 갖는 헤드 마운티드 디스플레이를 통해 이정표와 함께 움직이는 나침반을 제공하는 것이 일반적 지도에 비해 수행에 더 바람직한 결과를 가져온다는 것을 보여주었다(Bos & Tack, 2005).

5. **사이버 멀미** : 이 장의 앞에서 차량 시뮬레이터 설계와 관련하여 살펴보았듯이 가상환경에서의 운동 멀미[motion sickness, 가상환경에서는 종종 **사이버 멀미**(cybersickness)라고 불린다]는 또 다른 문제가 될 수 있다. 가상환경 연구에서는 메스꺼움, 어지러움 혹은 방향상실과 같은 운동 멀미 때문에 실험참가자들이 도중에 실험을 중단하는 경우가 흔하다(예 : Ehrlich & Kolasinski, 1998; Ehrlich, Singer, & Allen, 1998). 사이버멀미는 디스플레이 지체(Ellis et al., 2004)나 머리 움직임과 디스플레이 움직임 사이의 **이득 불일치**(gain mismatch)(예 : 머리 움직임의 각도와 디스플레이의 각도 변화가 같지 않은 경우)에 종종 발생한다(Draper, 1998). 사이버 멀미는 관찰자의 응시 방향이 관찰자의 이동 방향과 일치하는 경우에 감소하는 것으로 보인다(Ehrlich et al., 1998).

이러한 문제들에도 불구하고 가상현실과 증강현실의 잠재력은 매우 크다. 이 책의 다음 판이 출판될 때 쯤이면 지금 남아 있는 몇 가지 도전적 문제들이 해결될 가능성이 매우 높다. 가상적 요소들이 더욱 활발하게 사용될 것이고, 이동 환경에 대한 AR 기술 적용을 통해 제공되는 가상적 대상들은 우리의 직장이나 일상생활 모두에서 실제 세계와 가상 세계를 점점 더 가깝게 이어줄 것이다. 공학심리학에서의 더 큰 도전거리는 인간의 요구에 부응하도록 기술들을 설계하는 것, 자료들을 적합한 방식으로 제시하는 것, 그리고 디스플레이 표상이 과제 요구, 사용자의 심적 표상, 작업 영역의 생태학, 그리고 사용자의 제어 행위 형태에 부합하도록 하는 것 등이 될 것이다.

## 8. 다음 장과의 관계

제5장에서는 기본적으로 공간적 속성을 갖고 있는 (그러나 전적으로 공간적 속성만 갖고 있는 것은 아닌) 많은 정보를 통합하고 제어할 때 인간의 수행이 어떠한 방식으로 이루어지는지 이해하기 위해 지각에서의 주의(제3장)와 시각 디스플레이 설계(제4장)와 관련된 포괄적 내용들을 좀 더 통합적이고 면밀하게 검토하였다. 여기에서 우리는 항행 과제, 공간 인식, 자료 시각화와 수동 제어, 그리고 가상현실과 증강현실에 대해 고려하였다.

　　다음 장에서는 단어, 언어 및 의사소통을 포함하는 언어적(linguistic) 정보에 대해 살펴보고자 한다. 우리는 어떻게 사람들이 상징, 의미 그리고 절차를 이해하는지 고려할 것이다. 그리고 다시 한 번 작업기억에 대해 논의할 것인데, 여기에서는 언어적 작업기억에 초점을 맞출 것이다. 작업기억과 인지의 개념에 대해서는 제7장에서 깊이 있게 다룰 것이다.

## 핵심 용어

가상성 잣대(virtual ruler)

가상현실(virtual reality, VR)

가상환경(virtual environment, VE)

개방루프 추적(open loop tracking)

경로 지식(route knowledge)

기하학적 시각장(geometric field of view, GFOV)

나노로봇(nanorobot)

난이도 지수(Index of Difficulty, ID)

노선 목록(route list)

대리자(agent)

대역폭(bandwidth)

몰입(immersion)

몰입 저널리즘(immersive journalism)

몰입형 관점(immersed view)

몰입형 투영 디스플레이(computer automatic virtual environment, CAVE)

미리보기 시간(look-ahead time)

방향의 일관성(consistency of orientation)

부각하기(highlighting)

불안정성(instability)

불안정적(unstable)

사방위 규준화(rectilinear normalization)

사방위 규준화의 일관성(consistency of rectilinear normalization)

사이버 멀미(cybersickness)

세상참조틀(exocentric, world-referenced frame)

수동 제어(manual control)

시각 타성(visual momentum)

시선 모호성(line of sight ambiguity)

시스템 안정성(system stability)

시스템 역동(system dynamics)

시스템 지체(system lag)

시스템 출력(system output)

실재감(presence)

아바타(avatar)

어안시 조망(fisheye view)

에러(error)

열쇠구멍(keyhole)

열쇠구멍 현상(keyhole phenomenon)

예측(prediction)

예측 디스플레이(predictor display)

예측 범위(span of prediction)

오목 일그러짐(pincushion distortion)

외란 입력(disturbance)

요소의 일관성(consistency of elements)

원격실재감(telepresence)

유비쿼터스 컴퓨팅(ubiquitous computing)

이득(gain)

이득 불일치(gain mismatch)

이정표 지식(landmark knowledge)

이정표 현저성과 변별 가능성(landmark prominence and discriminability)

이정표 현저성(landmark prominence)

이해(understanding)

자기참조틀(egocentric, ego-referenced frame)

적응형 자동화(adaptive automation)

전역 상황인식(global situation awareness)

정준 방향(canonical orientation)

제어 차수(control order)

제어장치(control device)

조망 지식(survey knowledge)

조종사 유발 요동(pilot-induced oscillation)

증강가상(augmented virtuality)

증강현실(augmented reality, AR)

지체(lag)

참조틀(frame-of-reference)

참조틀 변환(frame of reference transformation, FORT)

촉지각(haptic perception)

추적(tracking)

커서(cursor)

평행 좌표 그래프(parallel coordinate graph)

폐쇄루프 추적(closed-loop tracking)

표적(target)

합성 시계 디스플레이(synthetic-vision-system display)

헤드 마운티드 디스플레이(head-mounted display, HMD)

혼합현실(mixed reality, MR)

e-러닝(electronic learning)

Fitts의 법칙(Fitts's Law)

0차 제어(zero order)

1차 제어(first order)

2차 제어(second order)

# 06 언어와 의사소통

## 1. 개관

인간-기계 시스템이 얼마나 원활하고 효율적으로 작용하느냐의 문제는 지시문을 읽거나 레이블을 파악하려 하거나 동료들끼리 정보를 교환해야 할 때 등 어느 때건 글말이나 소리 언어를 얼마나 효율적으로 처리하느냐에 달려 있다. 모든 소통이 언어에 의존하는 것은 아니고, (중요한 정보가 몸짓이나 비언어적 수단에 의해 전달될 수 있고) 모든 지시가 언어적일 필요는 없으며, 기호나 아이콘이 때로 도움을 줄 수도 있다. 언어와 상징 표상의 역할이 이 장에서 다룰 여러 내용의 기본적인 연결 고리가 된다. 낱자이건 단어이건 아이콘이건 모두 그 자체를 넘어서는 어떤 것을 나타내는 것이다.

우리가 지시문이나 메시지를 이해할 수 없었던 경우를 기억해 내기는 어렵지 않다. 의미가 확실치 않은 용어나 축약들이 사용되는 경우가 있으며, 긴 지시문에서 각 단어들의 뜻은 알겠지만 그것들이 어떻게 연결되는지가 확실치 않은 경우가 있기 때문에 이해하는 데 상당한 정신적 부담을 강요받기도 한다.

이 장에서 우리는 우선 인쇄된 언어라고 할 수 있는 낱자(혹은 철자), 단어, 문장의 지각 과정을 살펴보겠다. 우리는 이 단위들이 어떻게 위계적, 자동적으로 처리되며 이들 지각 과정에서의 맥락과 중복(redundancy)의 역할을 살펴볼 것이다. 인쇄된 형태나 부호의 디자인에 대한 적용을 고려한 후, 그림이나 아이콘 상징의 재인 과정에 관여하는 유사한 원리들을 논의하겠다. 또한 지시문, 절차, 경고 등을 납득하는 데 관여하는 인지적 요인들을 설명하고 어떤 지침들이 준수되어야 하는지를 고려하겠다. 소리 언어의 지각 과정을 논의한 후, 여러 사람이 관여하는 시스템에서의 소리말 의사소통 과정에 관한 논의로 결론을 맺을 것이다.

## 2. 인쇄물 지각

### 2.1 단어 지각의 단계

인쇄물의 지각은 기본적으로 위계적이다. 우리가 한 문장을 읽고 그 의미를 이해할 때(하나의 범주적 반응), 우리는 우선 그 문장의 단어들을 분석해야 한다. 각 단어는 개별 낱자의 지각에 의존하고, 각 낱자는 요소적인 세부특징의 집합(선, 각도 및 곡선)이라고 할 수 있다. 이러한 위계적인 관계가 Neisser(1967)에서 따온 그림 6.1에 제시되어 있다. 대부분의 시각 단어 재인 모형은 '세부특징 처리'로 보통 기술되는 단계에서 시작을 하는데, 세부특징의 활성화가 낱자들의 활성화와 이것이 다시 단어를 활성화하는 것으로 생각한다. Lindsay와 Norman(1972)이 발전시킨 낱자 재인의 고전적인 '팬더모니엄(pandemonium)' 상향 처리 이론에서는 각 낱자들에 포함된 특정한 세부특징들에 대응하는 디몬(demon)들이 위계적으로 활성화된다고 여긴다. 말하자면, 단어의 지각 과정에서 세부특징 단위, 낱자 단위, 단어 단위를 언급할 수 있다. 어떤 수준에서건 한 특정한 단위는 그에 대응하는 자극이 물리적으로 초점 시각에 주어지면 활성화될 것이고, 지각자는 그 주어진 자극을 반복적으로 경험할 수 있을 것이다.

우리는 위계의 각 수준에 있는 단위에 대한 증거와 하위 단위의 반복적인 조합 경험을 통해 상위 수준의 단위를 통합하는 과정에서의 학습과 경험의 역할을 살펴보겠다. 그리고 우리의 기대가 지각 처리를 인도하는 방식인 '하향(top-down)' 처리를 살펴보겠다. 시지각 재인의 이론적인 원리를 기술한 후, 그것이 시스템 디자인에 주는 시사점을 설명하겠다.

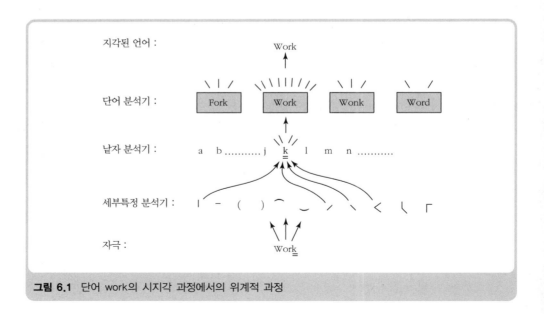

**그림 6.1** 단어 work의 시지각 과정에서의 위계적 과정

### 2.1.1 하나의 단위로서의 세부특징 : 시각 탐색

낱자를 구성하는 세부특징은 수직선, 사선, 각과 다른 방향성을 갖는 곡선으로 표시할 수 있으며 그림 6.1 아랫부분에 있다. 낱자 재인에서의 세부특징의 중요성은 제3장에서 다룬 Neisser, Novick 및 Lazar(1964)에 의해 개발된 시각 탐색 과제에서 명확하게 드러난다. 유사한 세부특징을 공유한 비표적 낱자들(예 : N, M, X) 가운데에서 한 표적 낱자(예 : K)를 탐색할 경우 시간이 늦어지고, 확실히 구별되는 낱자들(예 : O, S, U) 중에서 찾을 경우는 시간이 느려지지 않음을 이들 연구자는 확인시켜 주었다. Lanthier 등(2009)은 낱자의 꼭짓점을 제거하는 것이 낱자의 중간 부분을 생략하는 것보다 낱자 확인에서 더 치명적임을 발견했는데, 이는 전자가 서로 다른 세부특징들 간의 정보를 포함하고 있는 데 반해 후자는 단일 세부특징에 관한 정보를 갖고 있기 때문이다.

### 2.1.2 하나의 단위로서의 낱자 : 자동 처리 과정

하나의 낱자가 단순히 세부특징의 묶음이 아니라는 강한 증거가 있다. LaBerge(1973)는 피험자들이 주의를 다른 곳에 돌리고도 b와 d 같은 낱자를 전주의적 혹은 **자동적으로** 처리할 수 있음을 실험을 통해 밝혔다. 반면에 1와 ↓과 같은 기호는 더 복잡한 세부특징으로 이루어졌다고는 할 수 없지만 과거 경험으로 볼 때 친숙한 것이 아니기에, 이를 처리하기 위해서는 초점 주의가 필요한 것으로 나타났다. 자동성의 개념(주의 자원을 요구하지 않는 처리)이 인간의 기술 수행을 이해하는 핵심이 된다. 우리는 훈련을 다루는 제7장과 주의를 논의하는 제10장에서 이 개념을 다시 만나게 될 것이다. 여기서는 언어 처리 과정에서의 자동성의 발달에 초점을 두겠다.

무엇이 우리가 낱자나 다른 친숙한 상징을 처리할 때 사용하는 자동성을 만들어내는 것일까? 친숙성이나 집중적인 지각 경험이 필요하다. 그러나 Schneider와 Shiffrin(1977)에 요약되어 있는 연구는 경험만으로는 충분하지 않음을 보여주며, 기호들이 같은 반응과 **일관성** 있게 대응되어야만 한다고 제안한다. 한 낱자(혹은 기호)가 때로는 적절하고 때로는 그렇지 않은 비일관적인 반응에서는 같은 수의 대응에도 불구하고 자동성을 발달시킬 가능성이 적다. 우리가 제2장에서 보았듯이 자동적 처리는 경계 수준이 감소해도 저항할 수 있는 종류의 신호를 만들어낼 수 있는 것이다(Schneider & Fisk, 1984).

후속 연구는 자동성이 일관성을 통해 발달될 수 있는 범주화 과정의 목록으로까지 확대되었다. 예를 들어, Schneider와 Fisk(1984)는 얼마나 일관성 있게 하나의 범주(차량과 같은)의 구성원으로 반응했느냐가 (비록 그 범주 성원을 전에 자주 본 적이 없는 경우에도) 하나의 범주 성원의 자동적 처리의 속성(즉, 빠르고 전주의적인 처리)으로 나타난다는 것을 보여주었다.

### 2.1.3 단위로서의 단어 : 단어 모양

세부특징들의 친숙한 공동 출현으로 인해 낱자들이 지각 단위가 될 수 있다는 증거를 제공한 LaBerge(1973)의 실험처럼, 친숙한 단어도 단위로서 직접 지각될 수 있다는 증거가 있다. 그래서 the와 같은 친숙한 단어 내에서, 긴 선분이 위로 향하는 낱자(h, b), 아래로 향하는 낱자(p, g) 그리고 중간 줄 낱자(e, r)의 형태는 비록 각 낱자들이 읽을 수 없을 정도로 훼손되었다 할지라도 the로서 재인되며, 범주화될 수 있는 전체적인 모양을 형성한다. Broadbent와 Broadbent(1977, 1980)는 단어 모양에 관한 대략적인 분석을 담당하는 공간 빈도 분석 기제를 제안하고 있다.

단어 모양에 근거한 분석은 앞에서 기술한 세부특징 분석보다 더 총체적이다. 단어 모양의 역할은 하나의 단위로 처리될 가능성이 높은 and와 the와 같이 자주 사용되는 단어의 경우에서(특히, 교정 실수 분석에서) 잘 나타난다(Haber & Schindler, 1981; Healy, 1976). Haber와 Schindler는 피험자에게 문단을 읽으면서 이해하는 동시에 교정하도록 요구하였다. 그들은 빈도가 높지만 단어 길이가 짧은 기능 단어(the와 and)에서 틀린 낱자를 탐지하는 것이 어렵다는 것을 발견하였다. 이들 단어에서 한 낱자가 같은 특징(긴 선분이 위로, 긴 선분이 아래로, 중간 줄)을 가진 낱자로 대치되어 동일한 단어 모양을 유지하고 있으면, 이러한 변화가 쉽게 눈에 띄지 않는데, 바로 이 현상으로 단어 모양의 역할을 알 수 있다. 예를 들면, and 대신에 anl로 쓰는 경우이다. 만약 모든 단어가 낱자별로 분석된다면 짧은 단어에서나 긴 단어에서나 이러한 실수를 찾아낼 때 발생하는 혼동의 정도가 동일해야 한다. 그러나 Haber와 Schindler의 연구에서는 그렇지가 않았다.

나이 증가는 단위화에 영향을 줄 수 있다. Allen과 동료들은 노인들(평균 70세)이 젊은이(평균 연령 24세)에 비해 단어를 처리할 때, 큰 처리 단위를 사용하는 편향이 있다는 것을 발견하였다(Allen, Groth et al., 2002). 이는 나이에 따른 일반적인 인지 기능 저하의 효과를 상쇄하기 위해 더 효율적인 전략을 사용하는 것 때문이라고 여겨진다.

### 2.2 하향 처리 : 맥락과 중복

그림 6.1에 제시된 시스템에서 '하위 수준' 단위(세부특징과 낱자)는 '상위 수준'의 단위(낱자와 단어)로 향한다. 물론 우리가 본 것처럼, 때로 상위 수준 단위들이 단위화되고 결과적으로 자동성이 초래되면 하위 수준의 단위들을 거치지 않을 수도 있다. 이 과정을 '**상향 처리**(bottom-up)' 또는 **자료주도형 처리**(data-driven processing)라 한다. 하지만 우리 지각의 상당한 부분이 '**하향 처리**(top-down)' 또는 맥락주도형(context-driven) 방식으로 처리된다는 뚜렷한 증거가 있다(Lindsay & Norman, 1972). 보다 구체적으로 말하자면, 독서 과정에서 앞서 무엇이 나타났는가에 관한 맥락이 있으면 무엇이 다음 단어일 것인가에 관한 가설이 형성된다. 또한 세부특징에서 낱자로 향하는 상향 처리가 완료되기도 전에, 이 맥락이 우리의 지각 기제로 하여금 그 단어 내의 특정 낱자의 특성을 '추측'하도록 한다. 그래서

'Move the lever to the rxxxx'라는 중의적인 문장은 쉽게 중의성을 벗어날 수 있는데, 그 모양이나 세부특징 때문이 아니라 주변 맥락이 몇 가지 대안을 제시하고(예 : *right* 혹은 *left*), 그중 첫 낱자의 세부특징(r)이 'right'를 제외한 다른 대안들을 제외시키기 때문이다.

마찬가지 방식으로 하향 처리는 낱자 재인에서도 작용한다. 읽기에 상당한 도움을 주는 이런 종류의 하향 처리는 맥락으로 하여금 어떤 간격을 메우도록 하지 말아야 하는 교정 작업에서 오히려 방해가 될 것임에 틀림없다. 적절한 교정을 위해서는 모든 단어들이 완전히 낱자 수준에서 분석되어야만 한다.

하향 처리의 기본 특성과 지식에 기초한 기대의 바탕에 관해서는 제2장의 신호탐지 이론, 중복성과 정보에 대한 논의에서 이미 다루어졌다. 실제로 하향 처리는 어떤 세부특징이나 낱자 혹은 단어들이 주변에 있는 세부특징, 낱자, 단어, 문장들에 의해 예측될 수 있다는 언어가 지닌 맥락적 제약들 때문에 가능한 것이다(또는 효율적인 것이다). 언어 또는 부호의 중복이 감소하면 하향 처리가 상향 처리에 비해 형태 재인에 미치는 영향은 감소된다. 감각 자극의 질에 의해 지배되는 자료주도적 상향 처리에 비해 중복과 지식에 의해 유도되는 맥락주도적 하향 처리의 득실 관계(trade-off)는 Tulving, Mandler 및 Baumal(1964)의 연구에서 잘 입증되었다.

중복 외에도, 하향 처리 혹은 학습에 기초한 처리의 두 번째 형태가 있는데, 한 단어 내의 낱자들이 서로의 분석을 촉진하여 단어 안에 제시된 낱자가 그 낱자 하나만 제시될 때보다 더 빨리 처리되는 현상이 그 예가 된다. 이 **단어 우위성 효과**(word superiority effect)(Reicher, 1969)가 독서 과정에 대한 모형(Rumelhart & McClelland, 1986)과 공학심리학에 주는 시사점은 명확하다. 한 단어 내에 있는 낱자들은 같은 길이를 지닌 서로 관련 없는 낱자들보다 더 빨리 처리된다. 친숙한 낱자 계열(즉, 단어) 안에서의 처리 단위들(즉, 낱자) 간 상호 촉진은 바로 자동성을 만들어내는 특성 중 하나라고 할 수 있다.

이러한 단어 우위성 효과는 정도는 작지만 친숙한 약자를 사용하는 데도 나타나는데 (Laszlo & Federmeier, 2007) 친숙하지 않은 비단어열에 비해 약자들이 더 잘 재인된다. 비슷하게 Eichstaedt(2002)는 특정한 범주의 단어에 대한 사전 경험이 그 범주에 속하는 다른 단어들의 시각적 재인을 촉진한다는 것을 발견했다. 그는 매킨토시 사용자들에게 매킨토시라는 단어를 잠깐 보여주어 미리 활성화시키면 매킨토시 관련 단어(예 : Sad Mac)를 윈도 관련 단어(예 : Ctrl, Alt, Del)에 비해 더 빠르게 재인할 수 있다는 것을 발견하였다. 비슷하게, 윈도 사용자들에게는 윈도 관련 단어가 매킨토시 단어에 비해 더 빠르게 재인되었다. 디자인에 의해서 의도적으로 사용하는 범주를 사전 활성화시킴에 의해(예 : 원래의 검색 단어를 핵심어를 사용해 웹 검색 결과를 분류하는 것처럼) 정보처리를 최적화할 수 있다는 것이 응용적인 시사점이라고 할 수 있다.

지금까지 기술한 단어 지각의 분석 패턴은 모든 수준에서 하향 처리와 상향 처리가 서로 상호작용하는 방식에 의해 지속적으로 진행된다는 관찰에 의해 가장 잘 요약될 것이다

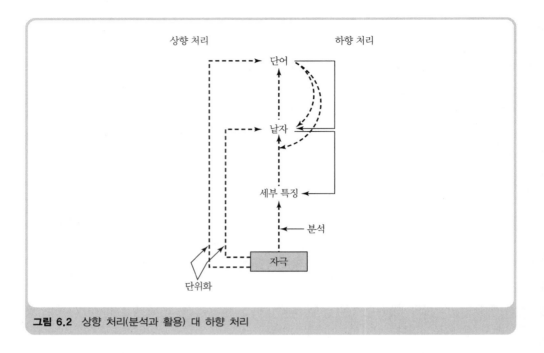

**그림 6.2** 상향 처리(분석과 활용) 대 하향 처리

(Navon, 1977; Neisser, 1967; Rumelhart, 1977). 감각 자료가 여러 대안을 제안하고, 이들이 다시 여러 감각 자료를 해석하는 데 도움을 주는 맥락으로 작용한다. 이러한 상호작용이 그림 6.3에 도식적으로 나타나 있다. 세부특징에서부터 낱자를 거쳐 단어에 이르는 상향 처리순서는 그림의 가운데 위로 향하는 화살표로 표시되었다. 왼쪽에 있는 점선은 이런 단위들의 반복된 처리 결과로서, 낱자와 흔히 쓰이는 단어 수준에서 자동적 단위화가 일어날 것을 나타낸다. 세부특징, 낱자, 맥락을 이용할 수 없는 경우에도 단위화를 통해 단어 모양만으로 희미하게 쓰여진 단어를 식별할 수 있게 된다(Broadbent & Broadbent, 1980). 단위화가 계열적인 상향 처리 연결을 필수적으로 대치하거나 건너뛰게 하는 것은 아니며, 병행적으로 작용할 수 있다. 그림 6.3의 오른쪽에 표시한 것은 두 가지 형태의 하향 처리로, 맥락과 중복을 통해 대안들을 줄이는 방식(실선)과 하위 수준 분석 속도를 실제로 촉진하는 방식(점선)이 있다.

## 2.3 읽기 : 단어에서 문장까지

이전의 분석은 단어 재인에 초점을 맞추었다. 그러나 단순한 레이블을 읽게 되는 경우를 제외하고 대부분의 응용 장면에서의 단어 재인은 문장에 포함된 단어의 열을 읽는 것과 같이 맥락이 있다. 우리는 이미 문장이 단어 재인의 하향 처리를 지원하는 상위 수준의 맥락으로 작용할 것이라는 점을 언급하였다. 보통의 독서 과정에서 문장은 인쇄된 페이지를 따라 시각적으로 주사(scanning)하며 처리된다. 주사는 일련의 안구 고정(fixations)으로 나타나며, 제3장에서 논의한 분절적 **도약**(saccadic) 안구 운동이 포함된다. 읽기에서 평균 고정 시간은 225~250ms이며, 도약의 길이는 영어 독자의 경우 7~9 낱자 범위이다. 회귀(도약이 전 방향으로 일어나는)는 숙달된 독자의 경우 10~15% 정도 일어난다. 어려운 텍스트는 고정시간이 길어지고 도약이 짧으며 회귀가 더 빈번하다(Rayner, 2009).

각 고정 동안 고정된 단어 내에 있는 철자들에 대해 어느 정도의 병렬처리가 이루어진다. 단독으로 제시된 단어의 의미는 최소 200ms 정도의 짧은 고정시간 동안에 파악될 수 있는 반면에, 연속적인 읽기에서의 고정시간은 이보다 더 길게 나타나기도 한다(Just & Carpenter, 1980; McConkie, 1983). 이렇게 고정시간이 증가하는 것은 단어의 의미를 현재의 문장 맥락에 통합하거나 더 어려운 단어를 처리하기 위해, 그리고 다음 도약 지점을 결정하기 위해 필요한 정보를 고정 단어 오른쪽에 있는 단어로부터 뽑아내기 위한 것이다. 고정시간이나 한 줄에서 나타나는 고정 빈도는 텍스트의 난이도에 따라 아주 다양하다(McConkie, 1983). 빈도와 예측도가 낮은 단어는 고정시간과 빈도가 높게 나타난다(개관은 Rayner와 Jushasz, 2004 참조). 이 생각은 보통 구체적이고 처리하기 쉬운 명사, 동사, 부사 같은 내용어가 문장에서 내용어 간의 문법적인 관계를 나타내는 단어들과 비교해 고정시간과 회귀가 덜 일어난다는 발견에 의해 지지를 받는다(Schmauder, Morris, & Poynor, 2000).

비슷하게 고정된 단어에 선행하는 단어들에서도 인지 과정이 관찰된다. McConkie와 그의 동료들(McConkie, 1983 참조)은 다른 종류의 정보가 중심와 주변 다른 지점에서 처리된다는 것을 발견했다. 다음 고정 지점으로의 도약을 지시하기 위한 목적으로 많게는 10에서 14 낱자까지, 고정하고 있는 낱자의 오른쪽으로 단어 경계에 관련된 전체적인 특성들이 지각된다. 단어 모양에 대한 부분적인 처리는 고정하고 있는 낱자에서 더 가까운 위치에서 일어난다. 그러나 개별 낱자는 대략적으로 10개(왼쪽으로 4개와 오른쪽으로 6개)의 낱자들을 포함하는 고정 범위 내에서 처리된다. Rahner와 Jushasz(2004)는 읽기에서 약 30%의 단어에 직접적인 고정이 일어나지 않는다는 것을 발견했다. 비록 이 단어들은 건너뛰지만 (대뇌에 의해서는 처리된다) 짧은 단어는 더 자주 건너뛰며 높은 예측이나 빈도의 단어도 마찬가지이다. 즉, 건너뛰어도 충분할 정도의 깊은 수준인 의미가 처리되는 것이다.

그러나 문장 내의 단어들이 순차적 혹은 병렬적으로 처리되는 정도는 의문으로 남아 있으며, 진행 중인 연구 영역이다(Starr & Rayner, 2004). 최근 Reichle, Liversedge 등(2009)은 읽기 과정에서 여러 단어들을 병렬적으로 처리하는 것이 불가능하다고 주장한다. 일화적인 예에서 알 수 있듯이, 각 단어를 '소리 내어 말하는' 우리 자신의 내적 목소리는 병렬 모형이 주장하는 것처럼 순서를 지키지 않으면서 말하는 것이 거의 불가능하다. 이는 읽기 과정에서 **음성**(phonetics)이 중요한 역할을 한다는 것을 보여주며, 이 음성(내적 발화)은 외적 발화와 마찬가지로 순차적이어야 한다.

읽기 과정에 관여하는 시각 처리 못지않게 중요한 것은 텍스트 이해에서의 인지 과정이다. 이는 여러 문장에 걸쳐 여러 **명제**의 집합을 통합하는 과정이라고 할 수 있다(Kintsch

& Van Dijk, 1978). 예를 들어 'turn the top switch to on' 문장은 2개의 명제(스위치를 켠다, 스위치가 상단에 있다)로 구성된다. 우리가 다음 장에서 논의할 작업기억의 제한으로 인해 사람들은 한 문장에서 다음 문장으로 이동할 때 보통 4개 정도의 명제만을 유지할 수 있다. 이를 통해 앞선 문장이 새로 접하는 정보의 해석을 도와주는 것이다. 이러한 제약은 5절에서 논의할 것처럼, 지시문의 가독성에 중요한 시사를 주는 특징이라고 할 수 있다.

## 3. 단위화와 하향 처리의 응용

하향 처리와 상향 처리를 구분하는(비록 두 요인이 모두 동시에 작용하는 것이지만) 그림 6.2를 다시 살펴보면, 두 가지 주된 차원이 어느 하나의 상대적인 중요성의 바탕이 된다. 첫째는 맥락이나 중복에 대한 감각의 질로 상향 처리와 하향 처리의 득실 관계로 나타난다. 두 번째 대비는 상향 처리에서 위계적 분석의 상위 수준의 단위화에 의한 상대적인 기여이다. 이러한 기여는 친숙성이나 하위 수준 단위의 일관된 대응에 의해 결정된다. 이 두 차원은 형태 재인의 적용에 관한 추후 논의에 중요한 틀이 될 것이다.

인쇄된 글의 재인에 대한 연구는 경고 신호를 표시하거나 시스템의 유지보수나 사용을 위한 설명서를 읽어야 하는 상황과 같은 시스템 설계에 적용 가능하다. 이런 상황은 이 장의 후반부에 논의될 것이다. 또한 컴퓨터 디스플레이에서 언어 정보를 획득하는 경우에도 적용될 수 있다. 이러한 디스플레이에서의 정보 제시는 과도한 인지 부담 없이 정확하고 재빨리 읽을 수 있는 방식으로 디자인되어야 한다. 게다가 중요한 항목 정보(예 : 자신의 고유 식별 코드, 중요한 진단 정보 또는 경고 정보)는 의식적 처리의 필요성을 최소화하며 자동적으로 재인되도록 해야 한다. 이 단락에서는 앞서 기술한 형태 재인의 두 가지 차원과 동일선상에 있는, 두 가지 부류의 광범위한 실용적인 시사점을 가진 연구를 검토하겠다. 즉, 단위화에 초점을 두는 적용과 상향 처리와 하향 처리 간의 득실 관계에 관련된 적용이다.

### 3.1 단위화

자동 처리는 응용 장면에서 활용할 수 있는 여러 장점들, 즉 빠르고 병렬적이며 거의 인지적 노력이 없어도 되고 높은 작업부하 환경에서도 작동하며 피로나 스트레스의 부정적 효과도 견뎌낼 수 있다(Schneider & Chein, 2003). 우리가 본 것처럼 훈련과 반복, 특히 일관되며 지속적인 반복은 자동처리가 일어나게 한다.

어떤 훈련은 평생 경험의 결과(예 : 낱자의 재인)이며 평생에 걸친 학습의 결과로 발달된 자동 처리를 재학습하는 것이 가능하다. Dulaney와 Marks(2007)는 어떤 자동 처리는 재학습될 수 있는데 이 효과가 관찰되려면 1만 번 이상의 훈련 시행이 필요하다는 것을 발견했다. 응용적인 측면에서 이 발견은 과도하게 학습된 능력이나 경향성을 조작자에게 '재학습' 하도록 하는 게 어려울 것이라는 점을 보여주는 것이다. 반면 LaBerge(1973), Schneider와

Shiffrin(1977)은 아주 중요한 표적 자극에 대한 자동적 처리 상태는 비교적 짧은 연습 기간 동안 발달될 수 있음을 보여주었다.

이런 결과는 어떤 과제 환경을 분석할 때, 나타나면 늘 가장 먼저 처리해야 하는 중요한 신호(반드시 언어적일 필요는 없다)를 찾아내는 것이 중요하다는 것을 시사한다. 의료 종사자들에게는 즉각적인 조치를 해야 하는 환자의 증상이 그 예가 될 것이고, 항공관제사에게는 두 비행기가 충돌할 수 있는 비행 방향이 그 예가 될 것이다. 훈련 방식(training regimes)으로 그러한 신호에 대한 자동 처리를 발달시켜야 할 것이다. 이 훈련에서는 조작자에게 결정적인 신호와 그 외 다른 신호를 섞어서 제시하면서 결정적 신호에 대해서 항상 일정한 반응을 하도록 한다(Schneider, 1985, Rogers, Rousseau, & Fisk, 1999; 제7장도 참조).

이런 점에서 보면 자극의 물리적 강도를 단순히 증가시키기보다는 자동 처리를 발달시킴으로써 결정적인 정보에 주의를 기울이게 하는 것이 좋을 것이다. 첫째로, 제2장의 경보에 관한 논의에서 살펴보았지만, 강하거나 밝은 자극은 오히려 산만하거나 짜증나게 해서 요구되는 반응을 잘 나오지 않도록 할 수 있다. 둘째로, 물리적으로 강한 자극은 주변에 있는 모두에게 영향을 준다. 하지만 자동 처리로 만들어지는 주관적으로 강한 자극은 경보를 다루어야 하는 사람에게만 경보한다는 의미에서 '개별화'시킬 수 있는 것이다.

지각 처리 과정의 어떤 수준에서든 디스플레이된 자극이 기억에 있는 시각적 표상 단위와 가장 부합되는 물리적 형태로 제시될 때 재인의 정확성과 속도가 증가할 것이란 점은 명확하다. 예를 들어, 전형적인 낱자와 숫자의 기억 단위는 수평선과 수직선뿐만 아니라 각과 곡선의 세부특징을 보유하고 있다. 따라서 이러한 '자연스런' 낱자가 수평 획과 수직 획이 직각으로만 만나도록 구성된 낱자보다 더 쉽게 재인될 것이다. 이는 직각의 획들로만 만들어진 숫자와 여러 각도의 획과 굽은 획을 포함한 숫자를 비교하는 재인 연구에서 확증되었다(Ellis & Hill, 1978; Plath, 1970). 이러한 이점은 시간 제약이 중요한 상황에서 잘 나타나는데, 짧은 노출 상황에서 더욱 뚜렷하였다.

비슷한 논리가 텍스트에서의 소문자 사용에도 적용된다. 소문자는 훨씬 다양한 낱자 모양을 포함하므로 단어 모양도 훨씬 다양해지고, 따라서 전체 단어 모양의 분석에서 이 정보가 단서로 사용될 가능성이 높다. Tinker(1955)는 피험자들이 모두 대문자로 된 문장보다 대소문자가 혼합된 문장을 더 잘 읽는다는 것을 발견하였다. 그러나 대문자에 대한 소문자의 우세는 단지 인쇄된 문장에만 국한되는 것 같다. 단독으로 제시된 단어를 재인하는 경우, 소문자보다 대문자가 더 잘 처리되었다(Vartabedian, 1972). 이런 발견은 한두 단어만 사용하는 디스플레이 명명에는 대문자를 사용하고(Grether & Baker, 1972), 긴 글에서는 소문자를 사용하는 것이 좋을 것이라는 시사를 준다.

최근에는 대문자와 소문자가 약품 이름을 붙이는 데 함께 사용된다. '대문자 대비(Tall Man)'와 같은 표기 방식이 1990년대부터 비슷한 약 이름이 혼동되지 않고 차이를 돋보이게 하려고 개발되었다(예 : cefUROXime와 cefTAZIDime에서처럼). Darker, Gerret 등(2011)은 이 표기 방식이 소문자만 사용하는 표기 방식에 비해 더 효율적인지를 조사하였는데, 그 결과 이러한 표기 방식이 약 이름의 지각을 증가시켰다는 것을 관찰하였다. 그러나 대문자와 이 표기 방식과는 차이가 없었다. Vartabedian의 유사한 연구에서도, 이 표기 방식의 이점이 크기가 크고 대문자가 잘 보이기 때문이지, 약 이름의 단어 모양이 독특하기(즉, 단위화) 때문은 아닌 것으로 나타났다.

Van Overschelde와 Healy(2005)는 빈칸이 쓰여진 단어의 지각에서 중요한 단서인지를 검토하였는데, 특히 단어 안의 낱자를 분리하는 빈칸과 텍스트의 줄 간 간격의 효과를 살펴보았다. 낱자 간의 공간을 증가시키면 단어의 단위화를 방해하는 것으로 읽기 과정을 지연시키나 단어 안의 낱자 확인은 증가시킨다. 텍스트의 줄 간 간격을 늘리면 읽기를 빠르게 할 뿐만 아니라 개별 낱자와 단어의 확인을 증가시켰다(Paterson & Jordan, 2010 참조). 이 후자의 발견이 주는 교육적인 시사점은 중요한데, 아이들의 읽기를 쉽게 하기 위해서는 아이들 책의 줄 간격을 늘려야 한다는 것을 보여준다.

이러한 이득은 문자와 숫자가 섞여 있을 때처럼 서로 관련이 없는 자료를 처리하는 경우에는 고차적인 시각 '청크(chunk, 군집)'를 사용하는 데도 나타날 수 있다(제7장 참조). Klemmer(1969)는 무관련 자료를 약호화하는 경우에는 최적 크기의 청크가 있다고 주장하였다. 이 실험에서는 피험자로 하여금 숫자열을 가능한 한 빨리 키보드로 입력하도록 하였는데, 이러한 과제에서 숫자들이 3~4개의 길이의 덩이로 나뉘어질 때가 입력이 가장 빨랐다. 집단이 더 작아지거나 커지면 속도가 감소하였다. 자료 입력 과제를 사용하여 Fendrich와 Arengo(2004)는 열의 길이와 반복 모두에서 융통성 있는 청킹(chunking)의 전략에 대한 증거를 발견했다. 이들 실험에서 피험자들은 키보드 입력을 계획할 때 열의 길이를 평가하며, 길이와 열 안에 있는 숫자의 반복 모두를 써서 입력하는 경향성이 있었다. 이 발견은 번호판, 식별 코드, 키보드로 입력하는 데이터 등 다양한 종류의 디스플레이된 자료 형식을 결정하는 데 중요한 함의를 지닌다.

단위화의 결과로 전체 단어는 축약이나 약자보다 더 빨리 지각되며 더 잘 이해된다. 따라서 공간이 절대적으로 부족할 때를 제외하고는 약자 대신 원래 단어를 사용하는 것이 좋다(Norman, 1981). 이러한 지침은 특정한 단어가 어떻게 축약되어야 하는지에 관해 사람마다 서로 다른 생각을 갖고 있다는 점에 기초하는 것이다(Landaur, 1995). 글자 몇 개를 더 쓰는 대가는 더 잘 이해되고 더 적은 실수를 하는 이득에 의해 분명히 보상될 수 있다. 약자가 사용될 경우 Norman(1995)은, 최소한 비교적 일관성 있는 약자를 만드는 원리를 사용해야 하고(예 : 모든 약자는 길이가 동일할 것), 약자가 사용자에게 가능한 한 논리적이고 의미가 있도록 만들어야 한다고 제안하였다.

Moses와 Ehrenreich(1981)는 약자를 사용하는 기법을 자세하고도 폭넓게 요약하면서, 가장 중요한 원리는 약자를 구성할 때 일관된(consistent) 규칙을 사용하는 것이라고 결론 내렸다. 그들은 단어의 첫 낱자들을 제시하는 절단형의 약자는 단어 내의 낱자들이 제거되는 축약형 약자보다 더 잘 처리된다는 것을 발견하였다. 예를 들어, *reinforcement*의 경우 *rnfnt* 보다는 *reinf*로 축약되는 것이 더 나을 것이다. 읽기 과정에 관한 우리의 논의에서 보면 이러한 결과를 이해할 수 있는데, 절단이 단위화된 낱자열 중 최소한의 일부를 보존하는 것이기 때문이다. Ehrenreich(1982)는 어떤 약자 생성 규칙을 사용하든 규칙에 따르는 약자가 조작하는 사람이 가장 좋은 약자라고 여기는 것을 채택하는 사용자 생성 방식보다 더 낫다고 결론 내렸다.

　규칙에 기초한 일관성의 유사한 효과를 컴퓨터 사용에서의 개인 주소의 표준화에도 적용할 수 있다. 예를 들어, 성의 첫 낱자에서 일곱 번째 낱자까지 절단된(축약된 것이 아닌) 형태로 일관되게 사용하면 된다. 송신자도 모르는 중간 이름의 첫 자를 쓰거나 연결선(−)이나 밑줄(_)을 사용하는 것은 어떤 정보도 주지 않으며 오히려 혼란과 불확실성만을 늘어나게 한다. Rau와 Salvendy(2001)는 이것과 다른 발견에 기초해 장소, 조직 등 더 잘 기억하도록 이메일 주소를 디자인하는 몇 가지 원리를 개발하였다.

## 3.2 맥락-자료의 득실 관계

하향 처리와 상향 처리의 구분은 텍스트 디스플레이나 부호 시스템의 설계에 중요하다. 한 예로, 공간이 매우 제한된 디스플레이(예 : 손에 들고 다니는 디스플레이)에 메시지가 제시될 때와 같은 경우에는 상향 처리와 하향 처리 간의 득실 관계가 디자인에서 고려사항이 된다. 특정한 디스플레이를 보는 조건(높은 스트레스나 진동)이 주어졌을 때, 지각된 메시지의 감각 정보의 질은 최적이 아닐 수 있다. 디자인을 어떻게 할 것인가의 선택이 그림 6.3에 제시되어 있다. 첫째, 글자를 크게 제시하면 상향 처리 감각 정보의 질을 증가시키는 이점이 있으나 스크린에서 동시에 볼 수 있는 단어 수가 제한된다(그래서 하향 처리를 제한한다). 둘째, 작은 글씨로 더 많은 단어를 제시하면 상향 처리는 희생되는 반면 하향 처리가 향상된다. 이 두 요인들의 상대적인 기여를 평가하면 적절한 글씨의 크기가 결정될 것이다. 만일 텍스트에 중복성을 더 많이 주고자 한다면 텍스트의 글씨는 더 작아질 것이다. 그러나 디스플레이가 낱자와 숫자의 무선적 순서 혹은 예측 불가능한 순서로 구성된 문자열을 포함하고 있다면 하향 처리의 기회는 거의 없을 것이다. 이 경우에는 소수의 문자를 더 크게 제시하고 것이 요구된다.

　예를 들어, 농구 경기에 관한 짧은 기사에서 공간이 제한되어 있다면 점수를 나타내는 부분은 크게 키우고(점수를 추측할 수 있는 맥락이 없는 것이기에), 맥락이 있는 기사 내용은 크기를 줄이는(폰트 크기를 줄여) 게 좋을 것이다. 비슷하게 전화번호 목록에서는 이름의 크기는 줄이고, 이름에 있는 전화번호 숫자나 덜 친숙한 이메일(예 : Smith, E. 4456-2874, esmith@XXX.edu)은 크기를 늘리는 게 좋을 것이다. 디스플레이나 시각적 질이 떨어질 때는 큰 크기가 좋다. 시스템 설계자는 자료주도와 맥락주도 처리의 득실 관계에 영향을 끼치는 요인을 잘 알아 최적의 득실 관계 지점을 선택해야 한다.

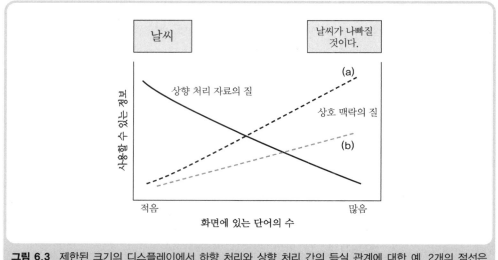

**그림 6.3** 제한된 크기의 디스플레이에서 하향 처리와 상향 처리 간의 득실 관계에 대한 예. 2개의 점선은 서로 다른 양의 맥락 중복을 나타낸다. (a) 높은 맥락의 인쇄 문자, (b) 낮은 맥락의 단어열

마지막으로, 하향 처리는 메시지의 어휘들을 제한하는 단순한 기법을 통해 크게 촉진되기도 한다. 고려해야 할 가능한 대안들이 적은 경우에는 하향 처리에 의한 가설을 만드는 것(즉, 읽기 힘든 단어를 추측하는 것)이 더 효율적이다.

## 3.3 부호 설계 : 경제성 대 안전성

자주 접하게 되는 메시지(따라서 정보 내용이 적은)는 감각 정보가 다소 부족하더라도 효율적으로 전달될 수 있다는 점이 하향 처리와 상향 처리 간의 득실 관계를 보여준다. 우리는 이미 신호탐지 이론(제2장)에서 $d'$와 $\beta$ 간의 상보적인 관계에서 이러한 득실의 한 가지 예를 살펴보았다. 신호가 빈번해지면 정보를 더 적게 제공하기에 $\beta$가 낮아지고 낮은 민감도 수준에서 탐지될 것이다(즉, 더 적은 증거와 낮은 $d'$). 인간 수행에서 득실은 *Shannon-Fano* 원리(Sheriden & Ferrell, 1974)라 불리는, 최적의 부호 설계에 대한 수학적인 공식과 아주 잘 일치한다. Shannon-Fano 원리에 따르면, 짧은 숫자나 낱자열, 기호 문자열을 통해 긴 아이디어를 전달하는 부호 체계나 메시지 시스템을 설계하는 경우, 가장 효율적 혹은 경제적인 부호는 물리적 메시지의 길이가 메시지의 정보 내용과 비례할 때 만들어진다. 만약 모든 메시지의 길이가 동일하다면 이 원리에 위배되는 것이다. 따라서 높은 확률, 낮은 정보량의 메시지는 짧아야 하고 낮은 확률의 메시지는 길어야 한다.

모든 자연 언어가 대체적으로 Shannon-Fano 원리를 따른다는 사실은 흥미로운 것이다. 자주 사용하는 단어(*a, of, the*)는 짧고, 가끔씩 사용하는 단어는 긴 경향이 있다. 이 관계를 **Zipf의 법칙**(Zipf's law)이라 한다(Ellis & Hitchcock, 1986). 이러한 방식으로 부호를 사용하면 빈번한 신호를 예측하려는 자연스런 경향이 강화되고, 신호를 재인하는 데도 감각적 증거를 덜 요구하게 된다는 점에서 인간 수행의 발견과 일치한다. 말하자면 높은 확률의 메시지는 짧아야 하고 낮은 확률의 메시지는 길어야 한다. 예를 들어, 엔진 상태를 나타내기 위해 설계된 효율적인 부호에서 일반적으로 예측되는 정상적인 작동은 N(한 단위)으로 표시되고 반면에 다소 덜 기대되는 낮은 확률의 과열 조건은 *HOT*(세 단위)로 표시되어야만 할 것이다.

Rau와 Salvendy(2001)는 이메일 주소 설계를 위한 가이드를 위해 Shannon-Fano 원리의 활용을 모색하고 있다. 기억하기 쉽고 의미 있는 이메일 주소를 만들어내기 위해 이들은 지리 정보에 대한 추천을 하는데, 나라 이름은 짧아야 하고 시나 주(더 많은 정보를 제공하는)는 더 길어야 한다. 예를 들어 나라 이름과 비슷한 길이인 전화번호 지역부호(3개의 숫자)는 ZIP 부호(5개의 숫자)와 같이 더 길어야 한다. 더구나 조직의 정보에서 조직은 짧아야 하고 과와 같은 부서는 더 길어야 한다. Bailey(1989)는 유용한 부호 설계를 위한 여러 가지 속성들을 잘 요약하고 있다.

정보 이론의 맥락에서 보면, 부호나 메시지 시스템을 설계할 때 효율성 외에도 반드시 고려해야 하는 두 번째 중요한 요인이 있다. 즉, **안전성**(security)이다. 안전성 요인은 인간공학에서 흔히 접할 수 있는 득실 교환을 다시 한 번 보여준다. Shannon-Fano 원리는 최대 처리 **효율성**을 획득하려는 원리로서, 지각 처리의 편향과 부합된다. 그러나 비교적 정보 내용이 낮은 고빈도(그래서 짧은) 메시지가 실제로 매우 **중요한** 경우도 있다. 그러므로 이러한 메시지는 매우 높은 수준의 안전성으로 지각되어야 한다. 이 경우는 자료의 질이 높아야 하고, 제2장에서 논의한 중복을 첨가하여야 하므로 경제성의 원리는 지켜지지 않는다. Wickens, Prinett 등(2011)은 중복적인 텍스트나 발화가 정확성을 증가시키지만 속도(효율성)를 감소시키는 것을 발견하였다. 중복에 의한 안정성의 이득은 만약 감각 처리가 질이 낮다면 특히 증가되어야 한다.

중복은 같은 정보를 전달하는 여러 개의 독립적인 부호 요소들을 제시하면 얻어진다. 음성 의사소통의 경우, *a, b, c* 대신 *alpha, bravo, charlie*를 사용하는 의사소통-부호 알파벳 이용은 안전성을 위해 중복을 사용하는 뚜렷한 한 가지 예이다. 각 발성에서 둘째 음절은 첫 음절에 중복적인 정보를 전달한다. 알파벳이 사용되는 맥락에서 절대적인 안전성(정보 상실이 없는 의사소통)이 요구되는 경우, 이러한 중복성은 도움이 된다. 제2장에서 살펴본 정보 전달의 최대화와 정보 상실의 최소화 간 득실이 바로 부호 설계에서 효율성과 안전성 간의 득실 관계에서도 그대로 나타난다는 것을 알 수 있다. 조건에 따라서는 경제성을 독립적으로 취급하여 Shannon-Fano 원리를 견지하는 것이 효율적일 수도 있고, 중복을 강조하는 것이 더 안전할 수 있다.

## 4. 사물 재인

### 4.1 하향 처리와 상향 처리

단어 지각에 관련된 상향 처리와 하향 처리의 조합은 일상적인 사물 지각에서도 나타난다. 예를 들어, 낱자가 부분적으로는 세부특징 분석을 통해 지각되는 것처럼, Biderman(1987)은 인간이 단순 기하학적 입체(예 : 원기둥과 원추형)로 구성된 소수의 기본 세부특징들을 조합해서 사물을 재인한다고 제안하였다. 그 예가 그림 6.4에 있다. Biederman의 이론에 따르면, 3차원 그래픽 디스플레이 설계자는 극단적인 세부사항을 쓰지 않고도 쉽게 재인할 수 있는 대상을 연출해 냄으로써 이러한 기본 세부특징의 장점을 최대한 살릴 수 있다. 이 작

| 지온 | 모서리<br>S=직선<br>C=곡선 | 대칭성<br>RR=점/면 대칭<br>R=면 대칭<br>A=비대칭 | 크기<br>C=일정<br>E=확장<br>EC=확장/수축 | 축<br>S=직선<br>C=곡선 |
|---|---|---|---|---|
| 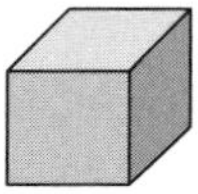 | S | RR | C | S |
| 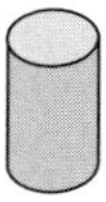 | C | RR | C | S |
| 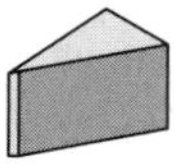 | S | R | E | S |
| 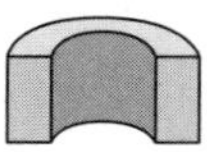 | S | RR | C | C |
| 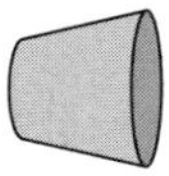 | C | RR | E | S |
| 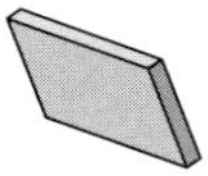 | S | R | C | S |

**그림 6.4** 대상 재인에서 사용된 기하학적인 원시적 세부특징, 즉 '지온(geon)'. 오른쪽에는 각 지온과 리스트에 있는 다른 것과 구별되는 속성 또는 차원을 제시하였다.

업은 낮은 수준의 세부특징을 통합하는 통계치에서 실제 세상에 있는 장면을 확인하는 기계 지각의 영역까지 확장되고 있다(Oliva & Torralba, 2007).

사물 재인에서 하향 처리는 단어 재인에서와 마찬가지로 중요하다. 운전하며 교통표지판을 해석하는 것처럼 우리가 일상생활에서 수행하는 사물 재인 과정은 복잡하지만, 우리의 경험은 대뇌가 이 문제를 아주 효율적이며 거의 노력을 들이지도 않고 해결한다는 것을 보여준다. 상향 처리에 의한 사물 재인은 빛의 작은 변화, 그림자의 출현, 겹침, 반사 등에 의해 문제가 일어날 수 있고 거의 불가능할 수도 있다. 이런 점에서 하향 처리는 복잡한 장면에서의 사물 재인에 결정적인 역할을 한다. 최근 연구는 우리가 하향, 상향 처리를 함께 섞어 채택한다고 제안한다. 하향 처리가 시각적 장면에 관한 예측과 지침을 갖는 데 사용되고, 상향 처리 정보가 이러한 예측을 부정하거나 확증하는 데 사용되며, 이것이 다시 예측을 정교화하는 데 사용되는 것이다(Kveraga, Ghuman, & Bar, 2007). 이것은 '주도하는 뇌(proactive brain)'라는 개념, 즉 뇌가 계속적으로 예측을 생성하고 이것이 지각과 인지를 촉진한다는 생각(Bar, 2007)으로, 제7장의 상황인식이라는 주제에서 탐색할 것이다.

시각적 장면에 대해 예측을 생성하는 하향 처리의 영향을 고려한다면, 친숙한 맥락에서 사물을 제대로 재인하지 않고도 그것의 위치를 파악할 수 있다는 것은 놀라운 일이 아니다 (Oliva & Torralba, 2007). 시각 장면에서의 사물 간의 맥락 관련성은 물리적(다른 사물과의 내적 관련성)일 수 있고, 의미적(소화전은 잘 정의된 방향과 크기를 갖고 있다는)일 수 있으며, 두 가지 모두가 시각 장면에서의 사물 재인에 영향을 준다. 시각 장면에서의 사물 간의 맥락 관계의 강도는 변할 수 있는데, 예를 들어 접시는 식탁에 있어야 하며 바닥에 있어서는 안 된다(강아지를 위한 경우를 제외하고). 그러므로 사물 재인의 정확성은 맥락과 사물 간의 관계성의 강도의 함수가 되어야 한다(Oliva & Torralba, 2007).

Biederman, Mezzanotte 등(1981)은 피험자에게 대상 사물을 적절하거나 혹은 그렇지 않은 맥락에서 제시하고 그 사물을 재인하도록 하였는데, 적절성은 사물에 대한 몇 가지 기대되는 속성(예 : 그 물체는 무언가에 지지를 받아야만 하거나, 주어진 배경에서 볼 때 물체의 크기는 어느 정도일 것이라는)으로 정의되었다. 연구자들은 대상이 맥락에 적합할 때, 중심와에서 3도 이상 떨어진 주변 시각에서도 대상은 잘 탐지된다는 것을 발견하였다. 반면 맥락에 적절하지 않을 때는 시각이 고정점에서 멀리 떨어질수록 수행은 급속히 감소하였다.

## 4.2 그림과 아이콘

그림을 단어만큼 빨리 재인할 수 있다는 사실은 친숙한 개념을 표시하는 데 그림 기호나 아이콘을 적용할 수 있다는 점을 나타낸다. 교통표지와 공중 건물에서 사용되는 기호는 단어를 표현하거나 대치하기 위해 사용되는 그림의 친숙한 예이다. 마찬가지로, 아이콘은 컴퓨터 디스플레이의 표준이 되고 있고(그림 6.5), 이들이 단어에 비해 신속한 처리를 가능하게 한다는 것이 입증되었다(Camacho, Steiner & Berson, 1990).

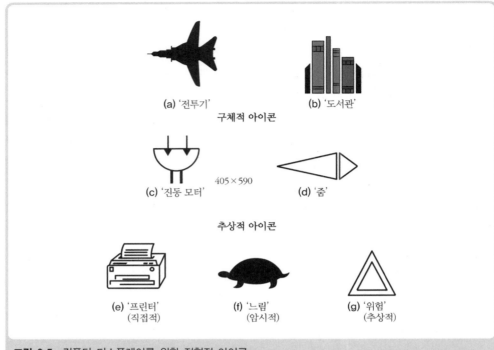

**(a) '전투기'**　　　　　　　　　　　　**(b) '도서관'**

**구체적 아이콘**

**(c) '진동 모터'**　　405×590　　**(d) '줌'**

**추상적 아이콘**

**(e) '프린터'**　　　　**(f) '느림'**　　　　**(g) '위험'**
(직접적)　　　　　(암시적)　　　　(추상적)

**그림 6.5** 컴퓨터 디스플레이를 위한 전형적 아이콘

출처 : Isherwood, S. J., McDougall, S. J. P., and Curry, M. B. (2007). Icon Identification in Context: The Changing Role of Icon Characteristics With User Experience. Human Factors, 49(3), 465–476.

아이콘은 우리의 사전 지식을 사용하여 아이콘의 의미를 학습할 수 있는 능력에 의존하여 사물, 개념, 기능 등을 표상하려고 하는데(Isherwood, 2009), 이는 아이들이 언어를 배우는 방식과 유사하다(McDougall, Forsythe, et al., 2009). 특정한 적용을 위한 아이콘 세트를 디자인할 때, 각 아이콘의 의미가 명확한 것이 중요하며(즉각적으로 명확하지 않으면 의미가 신속하게 학습될 수 있어야 하고), 그 세트에 있는 아이콘들이 서로 혼동이 되지 않아야 한다. 다양한 연령, 문화, 사전 지식을 가진 사용자에 걸쳐 일관성 있는 아이콘의 해석을 확보한다는 것은 인간요인 공학도들에게는 상당한 도전이다. 그렇기에 아이콘의 사용을 결정하는 데 중요한 요인을 찾기 위해서는 많은 연구가 수행되어야 한다. Isherwood, McDougal 및 Curry(2007)는 아이콘의 구체성, 시각적 복잡성, 의미적 거리, 친숙성 등의 효과를 아이콘 확인 과제를 통해 조사했다.

아이콘의 **구체성**은 실제 사물이나 사람을 묘사하는 정도와 관련되며(그림 6.5a와 6.5b), 선과 화살표를 사용하는 추상적 묘사와 대비된다(그림 6.5c와 6.5d). 직관적으로 우리는 구체성이 아이콘의 사용성을 결정하는 가장 중요한 요인이라고 기대할 수 있다. 이는 비록 아이콘이 친숙하지 않을 때는 사실이지만, 사용자가 아이콘에 대한 경험이 많아지면 시간에 걸쳐 그 효과가 줄어든다(Isherwood et al., 2007). 그러나 사용자의 경험에 따른 구체성의 감소 효과는 모바일 폰 아이콘의 경우 발견되지 않는데(Schröder & Ziefle, 2008), 이들이 사용한 아이콘의 크기는 Isherwood 등이 사용한 아이콘에 비해 대략 1/3 크기였다. 우리가 이미 논의했듯이, 이것은 설계 과정에서 포괄적인 사용성 검사가 중요하다는 것을 강조하는 것이다. 즉, 컴퓨터에 기반한 적용에서 사용한 아이콘 세트가 작은 시각 각도에서 결정적인 세부사항이 흐려지는 모바일 응용으로는 전이되지 않을 수 있다.

아이콘의 시각적 복잡성은 아이콘의 세부 혹은 복잡함의 정도와 관련된다. 그림 6.5b는 아주 높은 정도의 시각적 복잡성이 있으나, 그림 6.5d는 그렇지 않다. 비록 실제 생활용품에 대한 더욱 자세한 묘사가 사용자로 하여금 실제 세상 지식에 더 잘 근접하게 해 의미를 쉽게 파악하게 하지만, 연구는 상당한 훈련 후에도 복잡성이 시각적 탐색을 증가시킨다는 것을 보여준다(McDougall, Curry, & de Bruijn, 2000). 더구나 아이콘의 변별 세부특징의 복잡성은 손에 지니는 작은 디스플레이에서는 식별을 어렵게 할 것이다. 아이콘이 제시되는 배경도 고려해야 하며, 일반적으로 아이콘과 배경 간의 높은 대비율이 탐색시간을 빠르게 한다(Huang, 2008).

의미적 거리는 아이콘과 그 의미 간의 가까운 정도를 말하는 것으로, 그림 6.5e는 직접적이며 밀접하게 짝지어진 관계를 보여주고, 그림 6.5f는 아이콘에서 의미가 추론되어야 하는 관계, 그림 6.5g는 아이콘과 의미가 임의적인 관계여서 학습이 필요하다는 것을 보여준다. 이처럼 의미적 거리는 새로운 아이콘의 사용성 결정에 중요하며, 특히 아이콘-의미 관련성이 만들어져야 하는 경우에 더욱 그렇다(Isherwood et al., 2007).

친숙성은 아이콘 자체에 대한 그리고 아이콘이 묘사하는 대상에 대한 경험 모두에 의해 정의될 수 있다. 사용자는 그림 6.5b(책)에 대해서는 친숙하지만 '도서관'이라는 의미에 대해서는 친숙하지 않을 수 있다. 친숙성도 의미적 거리 못지않게 아이콘 사용성의 중요한 요인이지만 그 효과는 지속적이며, 이는 장기기억 표상에 일반적으로 쉽게 접근한다는 발견에 기인한다(Isherwood et al., 2007).

이러한 발견들은 드물게 접하는 아이콘 디자인에서는 구체성이 중요한 고려사항인 반면 의미적 거리와 친숙성은 자주 사용하는 아이콘 설계에서 고려되어야 한다는 것을 시사한다. 이러한 구분은 노인을 위한 아이콘 설계에서 특히 더 중요하다(Schröder & Ziefle, 2008). 비록 낮은 구체성과 낮은 친숙성 그리고 높은 의미적 거리는 아이콘 처리를 어렵게 하지만, 특히 후자의 두 가지가 노인들의 아이콘 처리를 어렵게 한다.

아이콘의 사용성에 대한 미적 아름다움의 효과도 조사되었는데, McDougall, Reppa 등 (2009)은 복잡한 아이콘의 경우, 지각된 미적 매력이 탐색시간에 이득이 되는 효과를 보고하였다. 말하자면, 시각적 복잡성의 해로운 영향이 더 심미적인 아이콘의 사용으로 감소될 수 있다는 것이다. 이러한 종류의 관련성과 보상 관계를 인간요인 공학도들은 늘 직면하게 된다.

## 4.3 소리와 이어콘

인쇄된 단어에 대해 소리 단어와 같은 청각적인 유추가 가능하듯이, 시각적인 아이콘에 대해서도 친숙한 대상과 사건에 대한 소리에서 청각적인 유추가 가능하다. 말소리나 말소리가 아닌 청각적 알림 설계는 발전소, 비행기 조종 계기판, 자동차 등에서 잘 정립되어 있다(Noyes, Hellier, & Edworthy, 1996; Marshall, Lee, & Austria, 2007). 더 최근에는 모바일 기기가 많이 사용되면서 청각적인 알림 사용도 제한된 디스플레이의 한계를 줄이기 위해 비슷하게 많이 사용되고 있다. 이러한 청각적인 알림 기능은 시각 과정이 과제의 어떤 측면에 몰입되어 사용되고 있을 때 특히 값어치가 있다(제11장 참조).

이어콘은 강도, 고저, 음색을 다양하게 변화시키며 조합해서 구조화될 수 있는 추상적 음악 소리를 말한다. 그렇기에, 이어콘은 어떤 기능이나 대상도 표현할 수 있는 융통성을 갖는다. 이어콘은 메뉴 범주에 있는 각 항목들과 같이 서로 관련된 위계를 표현하기 위해 가족 구성원처럼 디자인될 수도 있다. 물론 융통성의 문제는 시각적인 대응물과 마찬가지로 이어콘과 그것의 의미 간의 관련성을 암기해야만 할 것이다(Garzonis, Jones, et al., 2009). 더구나, 이어콘들이 동시에 제시되는 경우 비록 제한적인 개수라고 하더라도 각 알림에 대한 정확한 확인은 감소한다(McGookin & Brewster, 2004).

청각적인 아이콘은 이어콘과 달리 청각적 비유를 통해 의미와 관련시킨다. 파일 삭제에 동반되는 부서지는 소리(즉, 휴지통으로 보내는)를 이에 대한 한 가지 예로 들 수 있다. 하지만 복사하기와 같은 추상적인 개념에 대한 청각적 비유는 더 찾기 어렵다. 공학심리학적인 측면에서 또 다른 한계는 청각적 비유가 (타이어 미끄러지는 청각적 아이콘을 차량 충돌 경고음으로 사용할 때처럼) 실제 환경과 혼동이 될 수 있다는 것이다.

Garzonis와 동료들(2009)은 이어콘과 청각적 아이콘이 모바일 기기에서 사용될 때의 상대적 효율성을, 직관성, 학습 용이성, 사용자 선호 등에서 비교하였다. 이들은 청각적 아이콘이 이어콘보다 이 네 가지에서 모두 다 나은 수행을 보인다는 것을 발견했다. 모바일 기기에서의 청각적 아이콘의 디자인 결과의 시사점은 시각 아이콘 분야에서의 결과와 아주 유사하다. 일상적으로 쉽게 찾을 수 있고 거의 훈련이 필요하지 않다면 (특히 거의 접할 기회가 없는 알림 기능에는) 청각적인 아이콘이 사용되어야 한다. 더 추상적인 소리가 요구되는 적용에서는 이어콘 집합의 학습 용이성은 집합 내의 2개 이상의 이어콘이 유사한 시간적 패턴을 사용하지 말고 소리의 범위를 증가시켜야 한다는 것을 연구가 보여준다(Edworthy, Hellier, et al., 2011).

목소리 디스플레이가 수십 년 동안 사용되어 왔지만, 최근에는 이 기술이 말소리와 청각적 아이콘을 같이 사용하는 하이브리드, 즉 스피어콘(spearcon)에 집중하고 있다(Walker & Kogan, 2009). 스피어콘은 메뉴 항목에 대한 말소리 구절을 고저와 관련된 변화 없이 빠르게 하여(지속시간이 약 250ms가 되도록) 만들어지는데 이렇게 하면 정상적인 말소리보다 더 짧은 시간 안에 그 의미를 뽑아내게 한다. 소리가 축약된 것이기에 스피어콘은 완전한 이해가 안 될 수도 있다. 하지만 스피어콘과 의미를 관련시키는 데는 짧은 학습 시간만 필요하다고 한다(Walker & Kogan, 2009). 스피어콘은 시각장애를 가진 사용자들에게는 텍스트 메뉴 항목을 대체할 수 있을 정도로 위계적 청각 메뉴에 성공적으로 사용되었다고 하며(Sodnik, Jakus, & Tomazic, 2011), 모바일 장치에서 신속한 탐색 메뉴 찾기(Jeon & Walker, 2009)와 수학 자료를 언어적으로 제시할 때(Bates & Fitzpatrick, 2010)에도 사용되었다고 한다.

## 5. 이해

소리든 인쇄물이든 간에 단어들은 문장을 이루고 이 문장의 주된 기능은 받아들이는 사람에게 메시지, 즉 의미를 전달하는 것이다. 지금까지 우리는 개별 기호(상징), 단어, 단어 조합에서 의미가 어떻게 추출되는지를 살펴보았다. 이 절에서는 이들의 물리적 표상은 고려하지 않고, 이해의 용이성에 영향을 미치는 단어 자체의 속성들(Broadbent, 1977)을 살펴보겠다. 이 절에서는 지시문의 쉬운 이해 정도에 초점을 두겠다. 여기서 논의할 여러 원리는 다음 장에서 다룰 작업기억에서의 부호화와 저장의 용이함에도 적절하다고 할 수 있다. 사실 지시문의 이해와 기억 저장과의 경계는 모호하다고 할 수 있다.

### 5.1 지시문

좋은 지시문은 지시를 참고할 때 잘 따를 수 있어야 할 뿐만 아니라 쉽게 암기할 수 있어야 (그래서 기억하기도 쉬워야) 하고, 심지어는 시각 텍스트에서 눈을 잠시 떼었을 때나 무엇을 해야 할지에 대한 말소리에 주의가 흐려졌을 때도 그래야 한다.

지시문이나 절차 설명서는 이에 대한 이해가 얼마나 쉬우냐에 있어 상당히 차이가 나며, 이는 물론 사회에서 아주 중요한 것이라고 할 수 있다. Laskowski와 Redish(2006)는 미국에서 전형적인 투표 요령 지시문에서조차도 디자인의 기본적인 원리들이 지켜지지 않음을 발견했다. 몇 가지 예가 그림 6.6에 제시되었다. 미국 정부는 최근 신용카드 정보와 같은 소비자 문건의 '작은 인쇄'를 반드시 단순화해야 한다는 법률을 통과시켰다.

이해하기 어려운 장황한 구절은 법률적 문건과 지시문에서도 발견된다. 배심원들을 위한 지시문은 난해한 문장 구조, 복잡하고 혼란스러운 법률 용어, 중의적인 해석이 가능한 단어들을 포함한다고 종종 비난을 받아왔다. 놀랍게도, 지시문에 대한 배심원의 이해 수준은 거의 우연 수준에 가깝다고 한다(Miles & Cottle, 2011). 캘리포니아에서 더 이해가 쉬운 지시문을 쓰는 작업의 책임자 중 한 사람이었던 Peter Tiesrma의 예를 살펴보자.

"다시 기억해 내기의 실패는 아주 통상적인 경험이며, 순진하게 잘못 기억해 내기는 드문 일이 아니다."

---

**좋지 못한 지시문**                                              **좋은 지시문**

행위 이전에 행위 결과에 대한 내용을 먼저 제시하라.

| |
|---|---|
| • 투표가 완료되지 않음.<br>• 몇 항목을 선택 안 했을 수 있음<br>• 투표 완료를 위해 '확인' 혹은 '투표' 버튼을 누르시오.<br>• 주의 : 일단 '확인' 버튼을 누른 후에는 달리 투표하기 위해 이전 단계로 되돌아갈 수 없음.<br>• 달리 투표하려면 '투표로 되돌아가기' 버튼을 누르시오. | • 투표가 완료되지 않음.<br>• 몇 항목을 선택 안 했을 수 있음.<br>• 주의 : 일단 '확인' 버튼을 누른 후에는 달리 투표하기 위해 이전 단계로 되돌아갈 수 없음.<br>• 달리 투표하려면 '투표로 되돌아가기' 버튼을 누르시오.<br>• 투표를 마쳤으면 '확인' 버튼을 누르시오. |

행위 이전에 행위의 이유에 대한 내용을 먼저 제시하라.

후보자 이름 왼쪽에 있는 작은 타원을                        후보자를 선택하려면, 후보자 이름 왼쪽에 있는
검은색으로 칠함으로써 후보자를 선택하시오.                     작은 원을 검은색으로 칠하세요.

친숙하고 흔히 사용되는 단어를 사용하되, 기술적 전문용어는 사용하지 마라.

"전자 투표기가 활성화되었음."                              "지금부터 투표 시작하세요."
"투표 진행을 위해 선행 방향으로 페이지를 항행하세요."              "다음 페이지로 넘어가세요."
"…에 적임이라고 되는 후보를…"                             "당신이 바라는 후보를…"

논리적 순서로 지시문을 구성하라.

| **투표 요령** | **투표 요령** |
|---|---|
| 1. 투표하기 위해서는 당신이 투표하기 바라는 후보자의 이름 옆에 있는 작은 타원을 완전하게 검은색으로 칠하세요 (●).<br>2. 투표용지에 잘못 표시했을 때는 지우려고 하지 말고 새로운 투표용지로 교환해 달라고 하세요.<br>3. 연필을 사용하세요.<br>4. 이름을 기입하려면 점선 왼쪽에 있는 타원에 표시해야 하고(●), 이 목적을 위해 제공된 점선 위에 완전한 이름을 적으세요. | 1. 연필을 사용하세요.<br>2. 투표하기 위해서는 당신이 투표하고자 하는 후보 이름 옆에 있는 타원을 완전하게 검은색으로 칠하세요(●).<br>3. 이름을 기입하려면 점선 왼쪽에 있는 타원에 표시한 후(●), 점선 위에 이름을 적으세요.<br>4. 투표용지에 잘못 표시했을 때는 지우지 마세요. 새로운 용지로 교환해 달라고 하세요. |

**그림 6.6** 1998~2004년에 미국에서 투표방법 지시를 위해 사용된 투표용지의 좋은 지시문과 좋지 못한 지시문들의 사례
출처 : Adapted from Laskowski, S. J. and J. Redish(2006).

---

그는 배심원에게 단순한 용어로 설명하는 다시 쓰기를 다음과 같이 제안했다.

"사람들은 종종 잊어버리거나 실제 일어나지 않은 것도 일어났다고 완전히 믿는다."

이 다시 쓰기 예에서처럼, 이해하기 쉬운 지시나 절차를 쓰는 데는, Tiersma(2006)가 제안한 것과 비슷한 몇 가지의 명확하고 상식적인 원리를 따르면 충분하다.

1. 청중을 염두에 두어라.
2. 적절한 양식과 수준을 채택하라.
3. 논리적인 체제를 사용하라. 예로, 다른 내용의 요점(혹은 취해야 할 절차 단계)은 한꺼

번에 제시하지 말고 여기서 한 것처럼, 숫자나 물리적으로 구분하여 제시하라.

4. 가능한 한 구체적이어야 한다.

5. 필요할 때 대명사를 사용하라. 대부분의 청중들에게는 거만하게 여겨지는 '나', '당신'을 법률가들은 사용하길 기피한다. 하지만 '그것', '이것'과 같은 다의적인 대명사는 텍스트의 아주 앞에 제시한 명사를 지칭하는 경우 혼란을 야기할 수 있다(Bailey, 1989).

6. 명사 대신 동사를 사용하려고 노력하라. 예로, 배심원들에게 '고려 요망(take into consideration)' 대신에 '이것을 고려하십시오(consider something)'라고 요구하는 것이 낫다.

7. 문법 구조는 단순하고 직설적이어야 하며, 일상적인 어순(주어-동사-목적어)을 사용하고 수동형은 피하라.

이러한 지침으로 배심원에 대한 지시를 수정한 것은 어느 정도 성공적이어서 여러 연구가 배심원의 이해를 증가시켰다는 것을 보여주었다. 이해하기 쉬운 절차 설명이나 지시문을 작성할 때에는 여러 **가독성 공식**(readability formula)을 참조하면 도움이 될 것이다(Bailey, 1989). 이 공식들은 특정 교육 수준의 독자층이 얼마나 정확하게 글을 이해할 수 있는가를 양적으로 평가하기 위해 평균 단어 길이, 문장 길이 같은 요인들을 고려한다.

하지만 이렇게 단어나 문장 수준에서만 지시문을 단순화하는 것을 특히 건강 관련 문헌 영역에서 일하는 사람들은 비판한다(Zarcadoolas, 2010). 대신 텍스트의 기능이나 전체적인 언어학적 구조에도 초점을 둔 노력을 기울여 텍스트를 더욱 이해하기 쉽게 만들어야 한다는 것이다. 예로, 기능어(직접적으로 의미를 추가하지 않는 단어들)의 비율을 줄이는 것이 문헌에 있는 내용들이 서로 가까이 위치해 쉽게 합쳐질 수 있게 만든다(Leroy, Helmreich et al., 2008). 더구나 독자들의 인지적 활동(Crossley, Greenfield, & McNamara, 2008)과 시각적인 도움이 지시문에 동반되어야 한다(Friedman & Hoffman-Goetz, 2006). 배심원에 대한 지시로 돌아가 Miles와 Cottle(2011)은 배심원의 사적인 경험과 법률적 개념이나 절차를 비유를 사용하여 연결하면 이해가 훨씬 증가된다고 주장한다. 예로, '합리적인 가능성'을 유리판에 던진 공으로 비유하여, 유리가 깨질 가능성을 테니스공은 '가능성'으로, 쇠공은 '거의 확실한', 야구공은 '합리적인 가능성'으로 연결시킬 수 있다고 설명한다(Brewer, Harvey, & Semmler, 2004).

법률과 건강 관련 문헌에 관한 발견들을 함께 고려하면, 지시를 단어나 문장 수준에서 단순화하는 것이 지시문을 이해하기 쉽게 만드는 것을 보장하지는 못한다고 할 수 있다. 대신, 독자들을 더 깊은 의미 수준에까지 연결시키는 것이 텍스트를 이해하기 쉽게 만들 가능성이 크다.

이 지침들이 유용하고 필수적이기는 하지만, 이들은 이해 과정의 여러 다른 인지심리학과 정보처리 분야에서 다루어지는 기본 원리와 직접 관련되어 있는 중요한 특징들을 고려하지 않는다. 다음 단락에서는 맥락, 명령 대 상태 정보, 언어적 요인, 작업기억, 그림의 역할 등 네 가지 범주에 관해 살펴보겠다.

## 5.2 맥락

이해 과정에서 맥락의 주된 역할은 사람들로 하여금 의도된 방식으로 자료를 약호화하도록 영향을 끼치는 것이다. 이러한 하향 처리 영향을, 제2장에서 두 가지 다른 방식으로 고려했다. 즉, 하나는 반응 편향을 일으키는 확률의 영향이며 다른 하나는 정보에 대한 맥락의 영향이다. 더욱이 맥락은 나중에 나오는 세부적인 언어 정보들을 걸 수 있는 틀을 제공해야 한다. Bransford와 Johnson(1972)은 장면을 묘사한 그림이나 주제를 나타내는 제목과 같은 맥락이 이해에 미칠 수 있는 극적인 효과를 입증하였다. 실험에서 피험자는 특정 장면이나 활동(예 : 옷을 세탁하는 절차)을 기술한 일련의 문장을 읽었다. 그 후 문장의 이해 정도를 평정하고 난 뒤 문장을 회상하였다. 문장을 보기 전에 이해를 돕는 맥락을 제공받은 피험자는 이해 수준과 회상이 크게 향상되었다. 여기서 맥락은 장면을 묘사한 그림이나 활동에 관한 단순한 제목으로 제공되었다. 맥락을 제공받지 못한 피험자의 경우에는 자료를 조직화하거나 저장할 수단이 없었고 따라서 수행도 저조하였다.

그러나 맥락이 회상이나 이해에 도움을 주려면 언어 자료가 제시되고 나서가 아니라 제시되기 전에 주어져야 한다(Bower, Clark et al., 1969; Laskowski & Redish, 2006; 그림 6.6 참조). 좋은 파일링 시스템처럼, 맥락은 사전에 설정되어 있으면 이해와 인출을 위해 자료를 체계화할 수 있다.

## 5.3 명령 대 상태

시간이 결정적으로 중요한 종류의 지시문을 전달할 때 생기는 또 다른 문제는 상태 및 명령 정보를 구분시켜야 한다는 점이다. 위험을 나타내는 아이콘이나 언어적 진술("속도가 너무 빠르다")과 같은 현재의 **상태**(status)에 관해 조작자에게 디스플레이로 알려주어야 하는가, 아니면 수행해야 할 행위("속도를 낮춰라")에 대한 **명령**(command)을 표시해야 하는가?

이 의문의 두 측면에 대해서는 여러 주장이 가능하여 연구 결과들이 일치하지 않는다. 예를 들어, 조종사가 비정상적인 비행 자세를 수정하도록 도와주는 비행 경로 디스플레이를 설계할 경우에 Taylor와 Selcon(1990)은 원상태로 되돌아오기 위해 어느 방향으로 비행해야 하는지를 조종사에게 알려주는 디스플레이가 비행기의 현상태를 보여주는 디스플레이보다 더 효율적임을 발견하였다. 비슷한 과제에서 Wickens, Self 등(2007)은 명령 아이콘이 상태 표시보다 비행 통제 실수와 교정을 실시하는 시간 모두를 줄인다는 것을 발견했다. 그러나 Barnett(1990)은 의사결정 보조 과제에서 상태와 명령(실제는 절차를 추천하는) 디스플레이 간에 수행 차이가 없음을 관찰하였다. 유사하게, Sauer, Wastell과 Schmeink(2008)는 중앙난방장치를 다룰 때 명령과 상태 디스플레이가 주관적인 사용성 판단과 수행에서 차이가 없음을 발견하였다. 마지막으로, Crocoll과 Coury(1990), Sarter와 Schroeder(2001)는 상태 디스플레이가 일반적으로 더 낮다는 결과를 얻었는데, 특히 의사결정 보조 과제에서 정보가 별로 신뢰롭지 못할 때(자동화된 의사결정 보조 장치) 그렇다고 한다.

그럼 이런 연구들에서 어떤 결론을 내릴 수 있을까? 첫째, 스트레스가 높고 시간이 제한된 조건하에서는 명령 디스플레이가 상태 디스플레이보다 더 바람직한데, 왜냐하면 후자는 현재 어떤 상황이 벌어지고 있는가에서 무슨 일을 수행해야만 할 것인가로 넘어가는 추가적인 인지 단계를 필요로 하기 때문이다. 둘째, 시간 제한이 그다지 크지 않고 상태나 명령 정보의 근원을 완전히 신뢰할 수 없다면 이 지침은 수정되어야 한다. 왜냐하면 명령 디스플레이는 일종의 자동화 형태이기 때문이며 이러한 특성은 제12장에서 언급할 불완전한 자동화 문제와도 관련된다.

마지막으로, 인간 수행의 여러 경우에 자주 제기되는 것처럼 상태와 명령 정보를 둘 다 제시하는 **중복**(redundancy) 디스플레이를 사용하는 것이다. 이것이 현재 판매 중인 비행기에 도입되고 있는 운항 경고 및 충돌 회피 시스템(Traffic Alert and Collision Avoidance System, TCAS)에서 사용하는 방식이다. 명령 디스플레이가 조종사에게 충돌을 피하기 위해 무엇을 해야 하는지를("당겨라.") 제시하는 동시에, 상태 디스플레이는 위협이 되는 비행기의 상대적인 위치를 보여준다(Wickens, 2003). 하지만 이런 종류의 중복은 무엇이 상태이고 무엇이 명령인지를 **혼동**하지 않도록 구별할 수 있는 방식으로 제시되어야 할 것이다. 예를 들어 TCAS 시스템에서, 음성 명령이 그림으로 된 상태와 쉽게 구별된다. 구별이 안 된다면, 공간적 방향을 포함하는 정보일 때 명령("왼쪽으로 돌려라.")과 상태("당신은 왼쪽에 있다.")를 혼동해서 큰 재난을 일으키게 될 것이다.

## 5.4 언어적 요인

### 5.4.1 부정어

부정어를 포함하는 문장은 그렇지 않은 문장보다 판단하는 데 더 많은 시간이 필요하다. 그래서 가능하다면 지시문은 부정적인 진술("전원을 끄지 않았는지 확인하라.")보다 긍정적인 진술(즉, "전원을 껐는지 확인하라.")을 사용해야 한다. 부정어를 피해야 하는 또 다른 이유는, 긴급상황 또는 명확하지 않은 상태에서 지시를 읽거나 듣는다면 부정을 나타내는 어휘('not')를 놓칠 수도 있고, 때때로 잊어버릴 수도 있기 때문이다. 부정 표현을 피해야 한다는 결론은 응용 상황에서도 확인되었다. Newsome과 Hocherlin(1989)는 컴퓨터 조작 지시에서 이러한 이득을 관찰했다. 고속도로 교통 통제 표시에서도, 언어적("No left turn.") 혹은 기호로 표시된 금지 신호가 허용 표시("Right turn only.")보다 더 이해하기 힘들다는 것이 실험으로 확인되었다(Dewar, 1976; Whitaker & Stacey, 1981). 적어 넣는 양식을 만드는 경우에서 보더라도, "여러분의 보험 번호를 모르더라도 이 양식을 제출하는 것을 지체하지 마시오."와 같은 부정 구문이 "여러분이 보험 번호를 모르더라도 일단 제출하십시오."라는 긍정 구문보다 이해가 어려웠다(Wright & barnard, 1975).

### 5.4.2 단서의 부재

사람들은 일반적으로 기대한 것이 나타나지 않는 경우보다, 기대하지 않은 것이 출현하는 것을 더 쉽게 알아차린다. 단서가 없을 때 정보를 끄집어내야 하는 경우에 야기되는 위험이, 지시문에서 부정어를 피하라는 제안과 다소 관련이 있다. Fowler(1980)는 캘리포니아주의 팜 스프링에 있는 공항 근처에서 일어난 비행기 추락사에 대한 분석에서 이 점을 지적하였다. 즉, 그는 조종실의 공항 차트에서 R 표식이 **없다**는 것이 그 공항에 레이더 시설이 없다는 것을 나타내는 유일한 정보였음을 지적하였다. 공항 레이더는 조종사가 의존하는 것이며, 레이더가 없다는 사실은 매우 중요한 정보이기 때문에, 기호로 이 정보의 존재를 나타내기보다는 눈에 잘 띄는 기호의 **존재**를 통해 이 정보의 부재에 주의를 기울이도록 하는 것이 훨씬 더 논리적이라고 Fowler는 주장하였다. 일반적으로 기호나 상징은 어떤 기대되는 환경 조건과 연관시키기보다는 조작자가 **알 필요가** 있는 정보와 연합되어야 한다.

중요한 정보는 디스플레이된 상징 표기의 **존재**에 의해 전달되어야 한다는 가이드라인은 좀 더 기본적인 주의 연구와 관련이 있다. 제3장에서 언급한 것처럼, 변화는 디스플레이된 상징 표기의 **시작**으로 표시될 때(불빛 혹은 텍스트의 출현, 즉 새로운 상태의 존재)가 같은 표기의 종결(새로운 상태의 부재)로 표시될 경우보다 더 잘 알아차려졌다(Yantis, 1993).

### 5.4.3 일치성과 순서 역전

흔히 지시문은 일련의 순차적인 사건들을 전달하기 위해 쓰인다. 이 순서는 종종 시간 영역에서 일어난다(절차 X 다음에 절차 Y가 따라온다). 지시문이 순서의 의미를 전달하고자 할 때, 그 지시문에 있는 요소들이 바람직한 사건의 순서와 일치하는 것이 중요하다(DeSota, London, & Handel, 1965). 이런 결과는 절차 지시문이 "B 전에 A를 하시오."보다는 "A를 한 다음 B를 하시오."로 표현되어야 함을 지적해 준다. 왜냐하면 후자는 사건의 실제 순서와 인쇄된 문장 순서 간의 일치성을 유지하고 있기 때문이다(Bailey, 1989). 예를 들어, "불이 들어오면, 그 부품을 작동하시오(If the light is on, start the component)"라는 절차 지시가 "부품을 작동하시오, 불이 켜지면(Start the component if the light is on)" 대신 쓰여야 한다. 일치성은 작업기억의 부담을 줄여주는데 여기서는 간단히 다루고 제7장의 작업기억 부분에서 자세히 다루겠다.

## 5.5 작업기억 부담

잘못 쓰여진 지시문의 특징은 불필요하게 작업기억의 부담을 증가시키는 구조를 포함하고 있는 것으로, 정보를 텍스트에서 형성된 의미에 포함시키거나 사용할 때까지 유지해야 한다. 단순한 예로, 앞 문단에서의 불일치 지시("Start component if the light is on")에서 사용자들은 'start component'라는 명제를 'light-on'이라는 다음 말을 만날 때까지 작업기억에 유지해야 한다.

이 장의 앞에서 소개하였듯이, Kintsch와 Van Dijk(1978)가 제안한 문장 이해 모형은 여러 문장을 통해 전달되어 형성되는 스크립트나 도식 속으로 새로운 정보를 통합시키기 위해 작업기억 속에서 유지되고 장기기억으로부터 인출되어야 하는 **명제**의 수가 몇 개인지의 측면에서 그러한 이해를 설명한다. 한편으로 많은 명제는 작업기억의 부담을 증가시킬 것이고 그로 인해 이해를 어렵게 한다. 다른 측면에서, 텍스트 이해 과정에서 작업기억의 용량이 대략 4개의 명제라는 Kintsch 모형의 가정을 받아들인다면, 하나의 명제를 해석하기 위해 4개를 넘어 앞서 접했던 명제의 의미가 필요하다면, 이는 현재 작업기억에 없는 정보를 재입장(reinstatement)시켜야 하게 될 것이므로, 다시 읽거나(글인 경우) 혹은 시간이 걸리는 기억 탐색을 해야만 한다. 앞선 예를 사용하자면, 지시가 어떤 상황에서는 여러 다른 관련 명제를 필요로 하기에 "불이 켜지면 콤포넌트를 시작하세요."라는 명제를 재입장시켜야만 할 것이다.

## 6. 멀티미디어 지시문

우리는 지시문이나 다른 정보를 제시하는 상황에서의 글과 그림의 역할에 대해 기술해 왔다. 음성 합성 기술은 지시를 제시하는 두 수단에 목소리를 첨부할 수 있도록 한다. 인간 정보처리의 약점과 강점을 고려하면서, 지시를 제공하는 3개의 매체 사용에 대한 세 가지 중요한 지침, 즉 **최적의 매체**, **중복의 이득**, **실제성** 등과 관련하여 논의하고자 한다. 좀 더 정교한 교육 자료 작성에서의 멀티미디어의 역할은 제7장에서 다루며 중다과제 수행의 시사점은 제10장에서 다룬다.

### 6.1 최적의 매체

글이나 그림은 각각의 상대적인 강점에 맞춰 재단되어야 한다. 그림 혹은 그래프는 아날로그적인 공간 관계와 복잡한 공간 패턴을 가장 잘 전달할 수 있다. 언어적 자료(인쇄물이든 텍스트든)는 더 추상적인 정보를 가장 잘 전달할 수 있다[공간 혹은 아이콘 요소가 강하지 않은 행위 동사(예 : '읽다' 혹은 '따르다')를 포함하여]. 긴 언어 정보는 청각(소리말)보다는 시각적(글)이어야 하는데, 소리말 이해는 작업기억 부담이 크며 시각 정보는 더 지속적이기 때문이다. 개인의 인지적 강점에 따라 거기에 맞는 매체를 사용하는 것이 이득이 된다는 몇몇 증거가 있기는 하지만(예 : 공간 능력이 뛰어난 사람에게 공간적 그래프를 제공하는 것), 이러한 효과의 강도는 그리 크지 않은 것으로 나타난다(Yallow, 1980; Landaur, 1995; Pashler et al., 2008). 그러므로 학습자가 단어나 그림을 어떻게 학습하는가의 이해를 바탕으로 자료나 과제의 함수로 최적의 매체를 선택하는 것이 나을 것이다(Mayer, 2012).

## 6.2 중복과 보완성

각 매체를 개별적으로 고려하기보다는 매체의 쌍을 조합하여 사용해 각각의 특별한 장점과 중복과 보완성의 이점을 최대화하는 것이 더 좋은 디자인 지침이 될 것이다. 서로 다른 채널이 같은 정보를 제공하는 진정한 의미의 중복과, 두 채널이 같은 정보가 아닌 보완적으로 사용되는(즉, 그림과 단어를 통합하거나 혹은 지시에서 비디오와 이야기를 통합하듯이) 보완성은 구별된다.

비디오와 오디오의 중복 제시에 관한 많은 연구는 제7장(중다 매체 학습)과 제10장(중다 매체 수행)에서 다룬다. 여기서 우리는 일반적인 요점, 즉 조종사 운항 통제를 텍스트와 소리 지시를 동시에 제시하는 것과 같은 텍스트와 단어의 중복 제시가 메시지 내용 이해의 정확도를 높이지만, 처리해야 될 정보가 두 배이기에 처리시간을 지연시킨다는 점을 강조하겠다. 이 발견은 제2장(정보 이론)에서의 설명과 일치한다.

지시에서 이러한 조합 매체를 사용하는 것에 대한 역사적인 평가는 주로 그림(그래픽)과 텍스트의 사용에서 이루어져 왔다. 3개의 연구가 그림-글 보완성의 이점을 지적하는데, 특히 이는 여러 다른 양식으로 상대적인 강점을 강조한 경우에도 나타났다.

Booher(1975)는 한 장치를 작동하기 위해 일련의 절차를 완전 학습한 피험자들을 평가하였다. 조합의 두 가지는 **중복적**이었는데, 한 부호를 강조하고 다른 부호는 보충적인 단서로서 제공되었다. 다른 두 조합은 **연관적**이었는데, 강조되지 않은 양식이 강조된 양식에 중복적이지 않고 단지 관련된 정보를 제공한 것이었다. Booher는 최악의 수행을 인쇄된 지시문에서, 최고의 수행을 그림 강조/보완적인 인쇄 형태에서 발견했다. 비록 이 조건에서 그림이 주된 효과를 발휘한 것이지만 보완적인 인쇄 글이, 그림만 있는 조건에서 뽑아낼 수 없는 유용한 정보를 제공한 것이라고 할 수 있다.

Schmidt와 Kysor(1987)는 항공 승객의 안전 카드의 이해를 25개 주요 항공사에서 표집하여 연구하였다. 그들이 찾아낸 것은 주로 단어만 사용한 카드가 가장 잘못 이해되었고, 대부분 도형으로 이루어진 것이 더 나았으며, 최고는 도형에 단어가 통합된 양식이라는 것이었다. 이 저자들은 화살표를 주의 집중과 주의 방향의 장치로 사용하면 통합을 촉진할 수 있다고 기술하고 있다.

세 번째 연구로, Stone과 Gluck(1980)은 모형을 조립하는 데 있어서의 피험자의 수행을 그림 혹은 글 지시, 그리고 두 가지를 모두 제시하는 완전히 중복적인 조건에서 비교하였다. Booher(1975)와 마찬가지로 이들도 중복 조건에서 최고 수행이 나온다는 것을 발견하였다. 연구자들은 또한 이 중복 조건에서 안구의 고정을 모니터링하였는데, 그림의 다섯 배에 해당하는 고정시간이 글에 소요되는 것을 발견하였다. 이 발견은 Booher와 Stone, Gluck이 내린 결론과 일치하는 것으로, 즉 그림이 전반적인 맥락 혹은 '틀'로 작용하며, 여기에 단어들이 지시나 절차의 세부사항을 채워넣는 데 사용될 수 있다는 것을 보여주었다 (Mayer, 2001 참조). 맥락의 중요성은 이미 이 장의 앞에서 강조한 바 있다.

다음 장에서 배울 것처럼, 1~2초의 짧은 지연도 작업기억에 유지하는 정보의 질을 방해하고 높은 인지 부담을 일으켜 이해를 간섭할 수 있다. Sweller와 동료들(Sweller & Chandler, 1994; Sweller, Chandler et al., 1990; Tindall-Ford, Chandler, & Sweller, 1997)이 개발한 지시문의 **인지 부담**(cognitive load) 이론에서 도출된 지침은 글과 그림이 가능한 한 근접해서(순서로 연결되는 것이 아니라) 통합되는 것이 중요하다고 제안한다. 그렇게 함으로써, 적절한 그림이 나오기까지 텍스트 정보를 작업기억에 유지하거나, 혹은 반대로 적절한 텍스트 정보가 나오기까지 그래프 정보를 유지해야 하는 필요를 줄일 수 있다. Mayer와 Johnson (2008)은 텍스트가 짧을 때, 텍스트가 이야기의 핵심 포인트를 강조할 때, 텍스트가 기술하고 있는 그림에 가까이 있을 때 보완성이 학습을 지원한다고 제안한다. 이런 조건에서 불필요한 인지처리가 최소화된다.

텍스트의 위치가 대응하는 그림 가까이 위치해야 한다는 후자의 지침은 **공간적 근접성** (spatial contiguity)의 원리와 일치하며(Mayer, 출판 중; Johnson & Mayer, 2012), 제3장 (Wickens & Carswell, 1995)에서 논의한 근접 양립성 원리의 특수한 사례이다. 예를 들어, Tindall-Ford 등은 그림 6.7a에 있는 분리된 양식의 지시문 이해가 그림 6.7b에 있는 통합 양식의 이해보다 나쁘다는 것을 발견하였다. Jang, Schunn과 Nokes(2011)는 공간적으로 분산된 지시문으로 인해 여러 정보원이 나란히 위치하게 되면 인지 부담도 줄이고 과제 수행도 증가한다는 것을 발견했다. 비슷하게, Holsanova, Holmberg와 Holmqvist(2009)는 한 페이지에서 물리적인 거리를 줄이기 위해 텍스트와 그림을 통합하면 텍스트와 사례 그림의 대응성을 찾기 쉽고 이 두 정보를 정신적으로 통합하는 것이 쉽다는 것을 발견했다. 마지막으로, 이러한 여분의 처리를 줄이기 위해서 Mayer(출판 중)는 소리 텍스트와 대응하는 그림이 **시간적 근접 원리**(temporal contiguity principle)에 따라 동일한 시간상에 제시될 것을 제안한다.

물론 언어 정보는 글뿐만 아니라 청각적으로 제시될 수 있다(즉, 지시 비디오의 사운드 트랙으로). 여러 연구가 글-그림 조합에 비해 청각-그림 조합이 장점이 있음을 제안하고 있으며(Tindall-Ford, et al., 1997; Wetzel, et al., 1994; Nugent, 1987; Mayer, 출판 중), 이 장점 역시 인지 부담과 관련될 수 있으며, 청각 채널의 처리 요구가 줄어 시각 채널의 용량을 자유롭게(그림을 더 처리할 수 있게)하기 때문이다(Mayer, 출판 중).

당연하지만, 언어 정보를 청각 형태로 제공하려는 노력은 그 양식의 제한점을 민감하게 고려해야 한다. 청각 형태는 지속적이지 않기에, 길고 어려운 자료의 경우에 제시해서는 안 되며, 그림 6.7b에서의 화살표가 나타내는 것처럼, 그림 혹은 그래프와 관련된 청각 제시가 그 그림들과 확실히 연결되는가를 명확히 해야 한다.

요약하면 다음과 같다.

1. 그림과 단어는 보완적인 이득에 기여할 수 있는 다른 강점이 있다(즉, 그림은 공간적

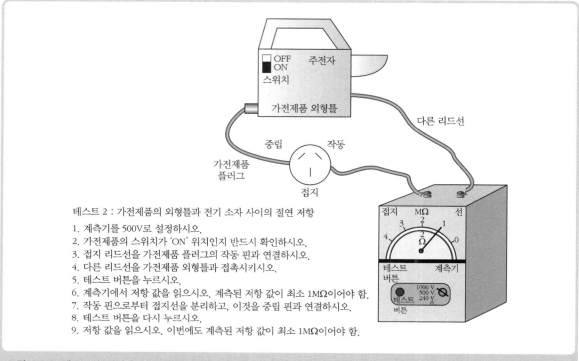

**그림 6.7a** 텍스트와 시각 그림이 떨어져 있는 예

출처 : S. Tindall-Ford, P. Chandler, & J. Sweller, "When Two Sensory Modes Are Better Than One," Journal of Experimental Psychology: Applied, 3(4)(1997), pp. 257-287. Reprinted by permission.

관계와 구체적인 대상을 나타낼 때, 단어는 추상적 개념과 행위 동사를 전달할 때).

2. 이러한 보완이 효과적이기 위해서는 단어와 그림을 **결합**시켜야 한다. 시각적 텍스트인 경우에는 이것과 그림을 공간적으로 근접시키거나 혹은 서로 선으로 연결함으로써 쉽게 달성할 수 있다. 그러나 음성인 경우 이것은 다소 어려운 문제이다. 왜냐하면 그림을 검토하고 있다는 것을 알아야 그 시점에서 음성을 제공할 수 있기 때문이다.

3. 그러나 소리는 시각적 그림(텍스트의 경우보다 더)과 동시 처리하는 데 더 용이하며, 소리 메시지가 짧으면 특히 이점이 있고, 그림과 시간 조율이 용이하다. 예로 사용자가 그림을 보여줄 때의 클릭이 소리 내용을 활성화시키는 것을 들 수 있다.

4. 지시에서 서로 다른 양상을 사용할 때 동시에 수행해야 하는 과제 환경 속에서의 활동을 고려해야 한다. 가시성이 떨어지거나 눈으로 그림 외의 것을 볼 필요가 있는 경우는 청각(말소리) 제시가 유리하지만, 시끄럽거나 의사소통이 필요한 환경에서는 시각(텍스트) 제시가 낫다.

5. 환경 조건과 과제 맥락이 불확실한 경우는 텍스트와 목소리(또는 보완적인 그림)의 중복이 바람직하다.

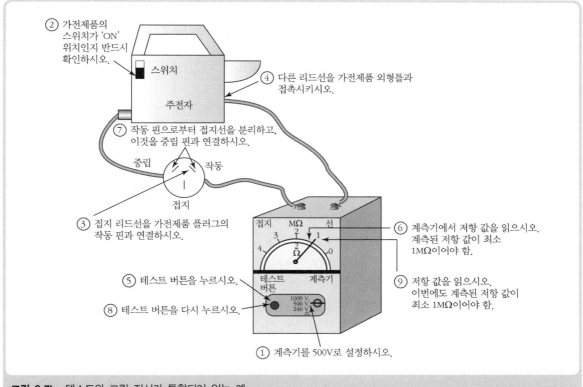

② 가전제품의 스위치가 'ON' 위치인지 반드시 확인하시오.

스위치

④ 다른 리드선을 가전제품 외형틀과 접촉시키시오.

주전자

⑦ 작동 핀으로부터 접지선을 분리하고, 이것을 중립 핀과 연결하시오.

중립     작동

접지

③ 접지 리드선을 가전제품 플러그의 작동 핀과 연결하시오.

접지  MΩ  선

⑥ 계측기에서 저항 값을 읽으시오. 계측된 저항 값이 최소 1MΩ이어야 함.

⑤ 테스트 버튼을 누르시오.

테스트 버튼   계측기

⑨ 저항 값을 읽으시오. 이번에도 계측된 저항 값이 최소 1MΩ이어야 함.

⑧ 테스트 버튼을 다시 누르시오.

1000 V
500 V
240 Ω

① 계측기를 500V로 설정하시오.

**그림 6.7b** 텍스트와 그림 지시가 통합되어 있는 예

출처 : S. Tindall-Ford, P. Chandler, & J. Sweller, "When Two Sensory Modes Are Better Than One," Journal of Experimental Psychology: Applied, 3(4)(1997), pp. 257–287. Reprinted by permission.

## 6.3 그림 재료의 현실성

그림이나 그래프가 지시문의 효율성에 기여를 한다면, 그 그래프들이 얼마나 현실적이어야 할까? 연구들이 합의하는 결론은 더 실제적이라고 해서 더 낫지는 않다는 것이다(Spencer, 1988; Wetzel, et al., 1994). 단순한 선으로 그린 그림이, 세부적인 것을 포함하는 자세한 미술 작품보다 더 낫지는 않지만 효율성에 있어서는 그것 못지않은 것으로 밝혀졌으며 (Dwyer, 1967). 그림(Schmidt & Kysor, 1987)도 자세함이 이해에 필수적이지 않음을 보였다. 이는 앞에서 논의한 아이콘의 실제성에 관한 발견과 일치한다.

　복잡하고 역동적인 정보를 성공적으로 전달하기 위해서는 더 실제적인 애니메이션이 사용되지만(Kühl, Scheiter, et al., 2011), 연구들은 애니메이션도 정적인 그림처럼 학습의 효율성에서 실패할 수 있다는 것을 보여주었다. Amadieu, Mariné과 Laimay(2011)는 애니메이션의 핵심 포인트로 학습자의 주의를 이끌어주는 단서를 사용하지 않는 한 애니메이션은 가외적인 인지 부담을 발생시킨다는 것을 발견했다. 그렇기 때문에 디자이너는 애니메이션

모델 혹은 정적인 시각화 중 어느 것이 자료 학습에 더 적절한지를 신중하게 고려해야 한다 (지침에 관한 개관은 Wouters, Paas, & van Merriënboer, 2008 참조). 이 발견은 제7장의 불필요한 시뮬레이터 현실성 논의와 맥을 같이 한다.

## 7. 제품에 대한 경고

제품에 대한 경고를 어떻게 효율적으로 디자인할 것이냐의 문제와 관련된 이해의 연구가 인간요인 연구자들에게는 가장 중요한 주제라고 할 수 있으며(최근 개관은 Wogalter & Laughery, 2006 참조) 여기에는 약품 처방전에 포함된 주의사항 라벨도 포함된다. 제품 제조자는 소비자에게 제품 사용과 관련된 위험에 대한 적절한 경고를 제공해야 하며 어떻게 관련된 위험을 피할 수 있는가 하는 지시문을 제공해야 한다. 하지만 지난 20년간 경고 제시 결함을 주장하는 고소가 지수 함수적으로 증가하고 있다(Dutcher, 2006; 의료 서비스에서 약물 부작용 사례에 대한 개관은 Morrow, North & Wickens, 2006 참조). 그래서 제조사와 제약회사는 법적 책임 소송과 관련된 비용을 피하기 위해 제품에 대한 경고를 증가시키고 있다. 그러다 보니, "접기 전에 아이를 제거하시오."라는 식의 우스꽝스러운 라벨을 유모차에 붙이는 결과를 초래하기도 한다(Dutcher, 2006). 하지만 이 주제에 관한 엄청난 연구에도 불구하고 일반인을 대상으로 하는 안전에 대한 사고 자료나 실제 생활에서의 측정은 수행되고 있지 않으며(Ayres, 2006), 경고 과정의 모든 측면에 대한 총체적인 방식의 연구도 수행되고 있지 않다(Mayer, Boron, et al., 2007).

경고에 대한 기존의 기준은 네 가지 부분을 포함해야 한다는 것인데, 단일 단어(예 : 주의, 경고, 위험), 위험에 대한 진술(예 : 독성 물질), 지시 진술(예 : 제품 사용 시 인공호흡기 사용), 결과 진술(예 : 흡입하면 사망에 이를 수 있음)이 그것들이다. 인간공학의 관점에서 보면 제품 경고의 목표는 사용자로 하여금 경고에 따르게 만드는 것이고, 그로 인해 제품을 안전하게 사용하고 안전하지 못한 행동을 피하게 하는 것이다. 그러나 그러한 지시에 따르게 하려면, 최소한 네 가지 정보처리적인 행위가 성공적으로 수행되어야만 한다(Wickens, Lee et al., 2004). 이 단계에서 어느 것이라도 붕괴되면 궁극적인 준수가 안 되는 것이다.

첫째로, 경고를 우선 **알아채야만** 하며, 이 행위는 제3장에서 논의한 인간의 주의 과정의 기본 특성에 의존한다. 청각 경고가 시각적인 것보다 더 알아채기 쉬우며(Wogalter, Godfrey et al., 1987), 시각 경고가 사용될 때는 시각 주의를 확실히 끌 수 있도록 하는 어떤 디자인 원리를 사용해야 한다. 시각 경고는 사용자가 그 제품을 사용할 때 필수적으로 수행해야 하는 행위를 하면서 '직면할 수' 있는 위치에 있어야 한다. 예를 들어, 경고는 '전원을 넣는' 스위치에 가까워야 한다. Edworthy, Hellier 등(2004)은 적절한 위치(따로 떨어져 있는 주의 표시가 아니라)에 있는 경고 라벨이 준수를 증가시킨다는 것을 발견했다. Williams와 Noyes (2007)는 개인이 위험 상황에 직면했을 때 경고를 제시하는 '스마트 경고'의 사용을 제안한다. 구체적인 사용자와 상황에 맞춘 경고가 경고에 대한 습관화와 민감화를 줄일 수 있다 (Wogalter & Conzola, 2002).

두 번째로, 경고는 **읽혀야만** 한다. 작은 약병의 한 면에 있는 경고를 읽어보려 한 사람이라면 깨닫듯이, 글씨가 너무 작고 지나칠 정도의 혼란스러운 여러 가지 경고에 의해 가독성이 장애를 받는다. 우리는 약 라벨에 큰 글씨를 사용하도록 한 FDA의 권고를 이미 논의했었다. 비슷한 맥락에서, Morrow, Weiner 등(2007)은 만성 심장질환자 약품에서 큰 글자 크기(12, 14포인트와 8, 10포인트)와 적은 정보를 제공하는 것이 건강 관련 이해가 낮은 환자들에게 부분적으로 더 잘 받아들여진다는 것을 발견했다. 주어진 건강에 대한 이해도가 약 복용에 대한 준수를 예측할 수 있기에, 어떻게 복용 지시를 제시하느냐 하는 미묘한 차이가 개인의 안녕에 큰 영향을 끼칠 수 있다. Smith와 Wogalter(2010)는 5분간 사용자 설명과 동반된 제품 자체에 대한 경고 라벨을 함께 제시하였더니 경고 라벨에 대한 행동적 준수가 증가하는 것을 발견했다. 비록 제품 라벨이 모든 경고를 포함하고 있지 않았지만, 이것이 사용자 설명서를 읽고 앞서 배웠던 정보에 대한 단서 역할로 작용한 것이다.

세 번째로, 경고는 **이해되어야** 한다. 앞선 페이지에서 논의한 이해와 관련된 모든 내용이 여기에서는 중요하다. 우리가 논의했던 것처럼, 단순한 문장을 사용해야 하고, 텍스트와 그림 형태가 지시문의 가독성과 이해를 증가시킨다. Morrow와 동료들은 만성 심장환자 지시문에서 단순한 언어를 사용하고 환자가 약 복용을 어떻게 개념화하는가의 정보를 조직화하여(즉, 복용할 약 구별하기, 약 복용하기, 가능한 결과) 가독성을 높이는 방법을 사용하였다. 우리가 언급한 바와 같이, 결과는 이 방식이 약품에 대한 이해가 낮은 환자들에게 표준적인 지시문보다 더 선호되었다고 하며, 특히 약 복용 스케줄 같은 필수 준수사항 학습에 좋았다고 한다.

Smith와 Wogalter(2010)는 구체적이지 않은 위험을 기술하는 일반적인 경고는 독자들에게 무엇을 할지를 구체적으로 알려주는 ANSI 방식의 경고보다 준수율이 낮다는 것을 발견했다. 비슷하게, Edworthy, Hellier 등(2004)은 확률적인 형태로 제시하는 안전 정보(예 : 장갑과 마스크를 착용하지 않은 사람에게는 해로울 수 있다)가 비확률적인 방식의 지시(예 : 장갑과 마스크를 착용해야 한다)보다 덜 효과적이라는 것을 발견했다. 전자는 부정어를 사용한 정적인 디스플레이며, 후자는 단순 긍정 명령 디스플레이라는 차이도 있다. 더구나 인칭대명사(예 : 당신이 해야 할…)는 아주 효율적이다. 가독성 있는 텍스트와 통합적 그림의 효율적인 사용이 피해야 할 행동과 위험을 다룰 때뿐만 아니라 심각한 결과에 관한 정보를 제공하여 따르도록 만드는 데(Zeitlin, 1994) 있어서도 중요하다. 비슷하게, Taylor와 Bower(2004)는 왜 지시를 따르지 않으면 부정적인 결과(즉, 과정-원인 정보)를 초래할 수 있는지에 관한 설명을 포함하는 제품 지시문이 행동적 준수를 증가시킬 수 있다는 것을 발견했다.

다른 핵심적인 주제는 심각성의 **범위 설정**(calibration)인데, 이는 '위험', '경고', '주의'의 세 단어로 비교적 정확히 전달되며, 영어 사용자들에게는 위험 부담이 점진적으로 낮아지는 것으로 이해된다(Wogalter & Silver, 1995). 비슷하게, Munoz, Chebat과 Suissa(2010)는 경고의 위협 수준이 도박 위험 경고를 받아들이는 데 영향을 끼친다는 것을 발견했다. "과도한 도박이 강한 실망을 일으키고 자살 생각으로 몰아갈 수 있다"는 강한 경고문이 "과도한 도박을 경계하세요."라는 약한 진술보다 더 효율적이다. 심각성은 신호 단어, 색깔(빨강-주황-검정-파랑-초록 : 이 순서로 위험성의 수준이 낮아진다는 것을 의미한), 글자 크기(Braun & Silver, 1995), 그림(담뱃갑에 있는 건강 경고 같은)(Kees, Burton, et al, 2006) 혹은 심지어 정보의 원천(의학 정보와 같은)(Munoz et al., 2010) 등의 속성에 의해 중복적으로 부호화될 수도 있다.

네 번째로, 유감스럽게도(그리고 때로는 비극적으로), 잘 이해하도록 만들어진 경고조차도 사람들이 잘 따를 것이라는 것을 보장하지 못하며(Zeitlin, 1994) 심지어는 전문 사용자(Edworthy, Hellier, et al., 2004)에게조차도 그렇다. 제8장에서 다시 논의할 것처럼, 경고 준수 선택(혹은 안전하지 못한 방식으로 행위하기로 결정하게 되는 것)은 준수하지 않는 데서 생기는 위험과 **준수 비용**(cost of compliance) 간의 균형, 즉 준수의 대가에 기초한 결정 과정으로 분석될 수 있다. 이 비용은 안전조치를 취함으로 인한 시간, 불편함, 정신적·신체적인 노력으로, 이 결정 과정은 제8장에서 자세히 다루겠는데, 안전한 행동을 유인하기 위해서는 대가를 줄이는 게 결정적으로 중요하다는 것을 이해하게 될 것이다.

제품 경고 디자인은 인간요인 공학도들에게는 많은 도전거리를 제시한다. 한편으론 제품에 관한 너무 많은 지시가 아예 사용자로 하여금 읽지 않게 만든다. 다른 한편으로는 너무 적은 정보는 제품을 안전하게 사용하기에 충분하지 않기에 제조사에 법적인 고소의 가능성을 열어놓는다(Taylor & Bower, 2004). 효율적인 제품 경고를 위해서 인간공학자는 위험, 관련된 상황, 경고 디자인 원리, 목표가 되는 사용자의 중요 특징들을 알고 있어야 한다(Wogalter & Conzola, 2002).

## 8. 소리말 지각

1977년 카나리아 군도의 테네리페 공항에서 비극적인 사건이 일어났다. 이륙하기 위해 속도를 내고 있던 KLM Royal Dutch Airlines 747점보제트기가 같은 활주로에서 활주하던 Pan American 747과 충돌하였다. 538명이 사망한 이 사고는 부분적으로는 나쁜 시야 조건 때문에 발생하였지만 보다 중요한 원인은 이륙하기 위해 활주로가 비어 있는지에 관해서 KLM 조종사와 항공관제소 간에 혼동이 발생했다는 점이었다. Pan Am 비행기가 여전히 활주로에 있다는 사실을 알고 있는 항공관제소는 활주로가 비어 있지 않다는 것을 분명히 하였다. 그러나 KLM 조종사는 그것을 잘못 이해하고 있었고 기상 조건 악화로 활주로가 폐쇄되기 전에 이륙하기 위해 조급해졌으며, 이륙 허가가 난 것으로 지각하였다. 앞서 기술했던 것처럼, 이러한 의사소통의 실패는 정적이고 단축된(cliped) 메시지에 기인한 완전하지 못한 청각 정보의 전달(즉, 결핍된 자료의 질과 열악한 상향 처리)과 충분하지 못한 메시지 중복성 모두에 의해 발생했고, 이 때문에 맥락과 하향 처리에 의해 이러한 열악한 정보 전달이 보완되지 못했다. Hawkins(1993)가 자세히 기술하였고 스페인 운송통신부(1978)에 의해 잘 문서화된 이 재난은, 공학심리학에서 소리말 의사소통의 역할이 얼마나 중요한가에 관심을 가지도록 만들었다. 공학심리학의 적용에 있어, 점점 더 정교해지고 있는 청각 디스플레이를 사용한 합성 말의 재인이나 팀 활동에서의 말의 재인에도 마찬가지로 관심을 두어야 한다. 후자의 적용, 특히 의사소통 대화도 인간-컴퓨터 상호작용에서 많이 연구되고 있다.

인간의 소리말 지각은 이 장 처음에 기술했던 인쇄물 지각과 유사하지만 뚜렷하게 대비되는 부분들도 많이 있다. 읽기와 마찬가지로 소리말 지각은 상향 처리식의 위계 처리와 하향 처리식의 맥락 처리 모두를 포함한다. 읽기가 세부특징에서 낱자를 거쳐 단어를 처리하는 과정을 거치듯이 소리말 지각의 단위들은 음소(phonemes)에서 음절(syllables)을 거쳐 단어(words)가 된다. 반면에 읽기와는 대조적으로 소리말의 물리적 단위는 인쇄물의 물리적 단위만큼 서로 쉽게 분리되어 있지 않다. 대신에 마치 인쇄물과 대비되는 필기체처럼 소리말의 물리적 신호는 연속적 혹은 아날로그 형식이다. 이 지각 체계는 연속적인 소리말 파형을 단절적인 소리말 지각 단위로 변환하기 위해 일종의 아날로그에서 디지털로의 전환을 수행해야 한다. 이 단위가 형성되는 방식과 그것들의 물리적 자극과의 관계를 이해하기 위해, 먼저 소리말이 어떻게 표상되는가를 이해하는 것이 필요하다. 우리는 연속적인 아날로그 신호의 시간과 빈도 간의 차이를 고려할 것이다.

## 8.1 소리말의 표상

소리말 자극은 물리적으로 고막에 도달하는 공기 압력의 연속적인 변화나 진동이며 그림 6.8a에 도식적으로 표현되어 있다. 시간에 따라 변하는 어떤 신호와 마찬가지로 소리말 자극은 Fourier 분석의 원리를 사용하여 서로 다른 주파수와 진폭을 지닌 별개의 사인파(sine wave) 요소로 분석할 수 있다. 그림 6.8b는 그림 6.8a에 있는 신호를 Fourier 분석한 것이다. 그림 6.8b에 있는 3개의 사인파 요소를 첫 자극의 세 가지 **세부특징**으로 개념화할 수 있다. 자극을 좀 더 경제적으로 묘사하는 방법은 그림 6.8c에 있는 **스펙트럼 표상**(spectra representation)이다. 여기서 주파수 값(초당 사이클 수 또는 Hertz)은 X축에 나타나 있고, 특정 주파수에서 진동의 평균 폭 또는 폭의 제곱은 Y축에 표시되어 있다. 그래서 그림 6.8a에 있는 원래의 연속적인 파형이 그림 6.8c에서는 매우 경제적으로 3개의 점만으로 표상된다.

발화된 소리말의 주파수 내용은 일정하게 남아 있는 것이 아니라 시간이 지남에 따라 매우 빠르고 체계적으로 변화하기 때문에, 그림 6.8c에서 보여준 주파수와 진폭의 표상은 시간이라는 세 번째 차원을 포함해야 한다. 이는 그림 6.8d에서처럼 **음성주파분석 형태**(speech spectrograph)로 나타낼 수 있다. 여기서 추가된 시간 차원은 X축이다. 그림 6.8c의 파워

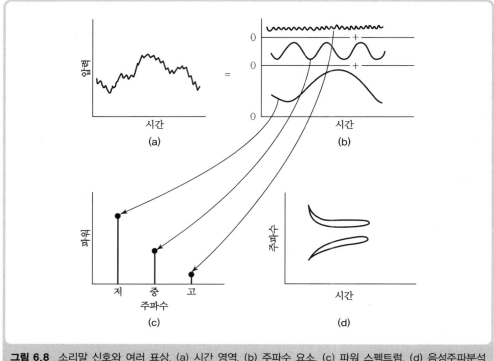

**그림 6.8** 소리말 신호와 여러 표상. (a) 시간 영역, (b) 주파수 요소, (c) 파워 스펙트럼, (d) 음성주파분석 형태

스펙트럼 X축에 있던 주파수가 Y축이 되고, 세 번째 차원인 진폭은 그래프의 넓이로 표상된다. 그림 6.8d를 살펴보면 하나의 음은 높은 피치와 낮은 강도로 시작하여 점차 피치가 감소하는 동안 진폭이 증가해서 안정 상태에 도달한다. 동시에 낮은 피치의 음은 피치와 진폭이 증가하여 더 높고 큰 수준에서 안정된다. 사실 이 자극은 *da*음을 발음하는 음성주파분석 형태를 나타낸다. 이러한 2개의 독립된 음을 **포먼트**(formant)라 한다.

## 8.2 소리말 지각의 단위

### 8.2.1 음소

읽기의 낱자 단위와 여러 면에서 대응되는 음소는 소리말의 기본 단위를 나타내는데, 왜냐하면 한 단어에서 음소가 바뀌면 의미(또는 비단어로)가 변하기 때문이다. 그래서 38개의 영어 음소들은 대략적으로 알파벳의 낱자와 장모음과 단모음의 구분 그리고 *th*와 *sh*와 같은 발음 표상을 합한 것에 일치된다. 낱자 *s*와 연음 *c*(ceiling의 발음에서)는 하나의 음소로 표기된다. 비록 소리말의 언어적 분석에서 음소가 인쇄된 낱자와 대응되지만, 실제 지각에서는 음소가 낱자와 상당히 다르다는 것이 의미 있다. 이는 음소의 물리적 형태가 표현되는 맥락에 매우 의존한다는 것이다[**불변성 문제**(invariance problem)]. *kid*에서 음소 *k*의 음성주파분석 형태는 *lick*에서의 *k*와는 상당히 다르다(시각적으로는 *k*가 두 단어에서 동일하지만). 또한 자음 음소의 물리적 음성주파분석 형태는 뒤에 따라오는 모음에 따라 달라진다.

## 8.2.2 음절

일반적으로 2개 이상의 음소가 결합하여 소리말 지각의 기본 단위인 **음절**(syllable)을 만들어낸다. 이러한 정의는 비록 뒤따르는 모음(V)이 선행하는 자음(C)의 물리적 형태를 결정하는 것처럼 보일지라도, 음절 단위(CV)는 물리적 형태에서 비교적 불변적이라는 점과 일치하는 것이다. 사실 음절은 바로 이러한 불변성을 지닌 가장 작은 단위이며(Huggins, 1964), 사람들이 소리말 지각에서 의존하는 것이다(Neisser, 1967).

## 8.2.3 단어

비록 단어가 의미를 표현하는 최소의 인지적 혹은 의미적 단위일지라도 음소와 마찬가지로 단어 역시 대응하는 물리적 소리음을 갖고 있지 않다. (실제로 형태소는 단어보다 더 작은 인지 단위로, un- 또는 -ing와 같은 접두사, 접미사와 어간으로 구성된다.) 이와 같은 대응되는 물리적 속성이 없다는 것이 바로 **분절 문제**(segmentation problem)를 규정하는 것이다(Neisser, 1967). 연속적인 소리말을 음성주파분석 형태로 보면 구별할 수 있는 멈춤이나 틈이 있다. 그러나 이런 물리적인 틈들은 우리가 주관적으로 들은 것처럼 느끼게 되는 단어의 경계와 거의 대응되지 않는다. 예를 들어, 4개의 단어로 된 구 "She uses st*and*ard oil."에 대한 음성주파분석 형태는 *로 표시된 2개의 물리적 휴지를 보이는데, 이는 우리가 주관적으로 느끼는 3개의 단어 경계의 틈과는 일치하지 않는다. 이 분절 문제는 순수 상향 처리식 처리로 작동하는 자동적인 소리말 재인 시스템이 직면하게 될 어려움을 잘 보여주는 것이다. 만약 소리말이 연속적이라면, 어떤 단어라는 것을 알지 못하는 상태에서 의미적 분석을 위해 단어들을 분리하는 경계를 찾아낸다는 것이 이러한 재인 시스템으로서는 거의 불가능하다고 할 수 있다.

## 8.3 소리말의 하향 처리

지금까지 제시한 기술에서는 소리말의 상향 처리 분석을 강조했다. 하지만 소리말 지각 과정에서 하향 처리는 독서 과정에서와 마찬가지로 필수적이다. 읽기 과정과 대비되는 소리말 지각의 두 가지 특성(즉, 불변성 문제와 분절 문제)은 소리말에서 하나의 물리적 단위의 의미를 분석하는 것(상향 처리)을 상당히 어렵게 만드는데, 이는 그 단위가 무엇인가에 관한 어떤 사전 가설이 없다면 더욱 그렇다. 문제를 더욱 어렵게 만드는 것은 청각 메시지가 일련의 순서로 입력되며 곧 사라진다는 것으로, 이는 물리적 자극에 대한 상향 처리가 자세히 그리고 충분한 시간을 갖고 이루어지지 못하게 한다. 즉, 글의 앞부분을 다시 볼 수 있는 것과 같이 쉽게, 앞에 제시된 소리말 단어를 다시 처리할 수는 없는 것이다. 그러므로 이러한 제약이 하향 처리에 더 많이 의존하도록 강요하는 것이다.

소리말 지각에서의 하향 처리 또는 맥락의존적 처리에 관한 증거는 아주 많다. 한 실험에서, Miller와 Isard(1963)는 명확하게 들을 수 없는 단어들을 (1) 무작위 단어 목록('loses poetry spots total wasted'), (2) 통사론적(문법적) 구조에 의해서 맥락이 제공되지만 의미적 내용을 지니지 않은 목록('sloppy poetry leaves nuclear minutes'), (3) 의미적이며 통사적 맥락을 지닌 목록('A witness signed the official documents') 안에 제시하고 그 재인을 비교하였다. 그리고 이 세 종류의 목록은 여러 수준의 차폐(masking) 소음이 있는 조건에서 제시되었다. Miller와 Isard의 자료는 Tulving, Mandler 및 Baumal(1964)의 인쇄된 글말 재인에서 관찰된 것과 동일한 신호자극의 질과 하향 처리 맥락 간의 득실 관계를 보여주었다. 문법적 제약이나 의미적 제약이 없어 맥락의 정보가 약한 경우에는 신호의 강도가 더 커야만 같은 수준의 수행을 얻을 수 있는 것이다(Zekveld, Heslenfelda, et al., 2006).

나이 많은 성인들은 어려운 환경에서는 듣기에 더 어려움을 경험하는데, 소통이 이루어지는 맥락에 관한 지식과 같은 보상적인 하향 처리를 동원하여 그 어려움을 극복한다. 이 결과는 듣기라는 자동적인 처리 과정이 듣기 조건이나 과제 요구가 어려워질 때 더 노력을 기울여야 하는 통제 과정으로 바뀐다는 것을 시사한다(Pichora-Fuller, 2008). 이중 언어 사용자들은 잡음이 존재할 때, 제3언어보다는 자신의 모국어를 더 지각할 수 있다는 사실은 하향 처리의 의미 처리 기여가 모국어 처리에서만 일어난다는 것을 시사한다(Golestani, Rosen & Scott, 2009).

소리말 지각이 인쇄된 글의 지각과 유사한 방식으로 처리되는 것은 확실하지만, 지각적 집단화, 어휘 분절, 지각 학습 및 범주 지각과 같은 상향 처리와 상위 수준의 언어 지식이 매우 복잡하고 순환적인 방식으로 결합되어 일어난다(Davis and Johnsrude, 2007). 음향적 세부특징과 음절 수준에서의 하위 수준의 분석 장치는 상향 처리로 처리되는 동안, 의미적 수준과 통사론적 수준에서 제공된 맥락이 가설을 생성하고, 실제로 특정 소리말의 음이 무엇일 것인가에 관한 가설을 생성할 것이다. 연속적인 소리말의 단어 경계에서 듣게 되는 주관적인 틈새는 현저한 지식주도적 하향 처리 역할의 증거이다.

이 틈은 물리적 자극에는 제시되어 있는 것이 아니기에, 각 단어가 언제 끝나고 다음 단어가 언제 시작하는지를 결정하는 하향 처리로부터 기인한 것이다. 흥미롭게도 하향 처리가 소리말 재인에 끼치는 영향은 합성 소리말을 들을 때는 덜 확실하다고 한다. 맥락이 단어 확인의 정확성을 증가시키는 것은 자연어의 경우 모든 사람에게서 나타나지만, Roring, Hines와 Charness(2007)는 합성 소리말에 의해 제공되는 맥락은 나이 든 성인에서 수행을 증가시키지 않았고 젊거나 중년의 성인에게서도 같은 정도의 수행이 나타난다는 것을 관찰하였다. 이러한 발견의 중요한 시사점은 자연어와 거의 유사한 정도로 합성 소리말의 자연스러움을 증가시켜야만 나이 든 성인에게 진정한 의미에서 유용할 수 있다는 것이다. 반면,

합성 소리말을 사용할 필요가 있는 시스템은 단어를 개별적으로 제시하지 말고, 가능한 한 중요한 단어나 구를 사용하여 풍부한 맥락을 제공해야 한다.

## 8.4 음성 재인 연구의 응용

소리말 지각에 대한 연구와 이론은 두 가지 응용 범주에 중요하게 적용된다. 첫째로, 인간이 어떻게 소리말을 지각하며, 재인에서 어떻게 맥락주도적인 하향 처리가 채택되는가에 관한 이해가 동일한 과제를 처리하는 소리말 재인 시스템을 설계하는 데 도움을 준다(Scharenborg, 2007). 이러한 시스템은 손이 바쁘거나 쓸 수 없을 때(손으로 사용해야 하는 기기) 혹은 손동작을 지시해 줄 수 있는 시각적 피드백 없이 반응을 해야 하는 상황에서 아주 바람직하다. 우리가 제9, 10장에서 논의할 것처럼, 이것은 자판에서의 타이핑을 대신하거나 심지어는 치료 도구가 될 수 있을 것이다(Hailpern, Karahalios, et al., 2009).

두 번째의 주요 적용으로는 여러 종류의 왜곡이(테네리페 사고의 원인) 소리말 이해에 미치는 영향을 측정하고 예측하는 것이다. 공장과 같은 시끄러운 환경에서 생기는 왜곡은 소리말 신호에 대해 외재적이다. 혹은 음파가 어떤 방식으로 변형되었을 때는 왜곡이 소리말 신호에 내재적인데, 이는 컴퓨터 생성 청각 디스플레이에서의 합성된 말이거나 말 소통의 채널이 왜곡되어 있는 경우이다. 다음에 소리말 왜곡의 부정적 효과를 어떻게 나타낼 수 있는지를 기술하고, 가능한 교정 기술을 찾아내겠다.

앞에서 살펴보았듯이 자연적인 소리말은 다양한 범위의 주파수에 걸쳐 분포된 여러 음소들이 각기 다른 진폭대를 형성함으로써 전달된다. 그래서 서로 다른 주파수에서 '전형적인' 소리말에 의해 생성된 파워 분포의 스펙트럼을 구성하는 것이 가능하다. 소리말 이해에 대한 소음의 효과는 분명히 관련된 소음 스펙트럼에 달려 있다. 소리말 스펙트럼과 동일한 주파수를 가지는 소음은 더 큰 파워를 가지고 있지만 소리말보다 더 좁은 주파수의 범위를 차지하는 소음보다 이해를 더 방해할 것이다.

공학도들은 소리말 이해에서 배경 소음의 효과를 예측하는 데 관심을 가지고 있다. **명료도 지수**(articulation index, AI)(Kryter, 1972)는 소리말 주파수 범위를 밴드로 분할하고 각 밴드 내에서 음력(speech power)과 소음력(noise power)의 비율을 계산하는 것이다. 이 비율은 소리말에서 주어진 주파수 밴드의 상대적인 기여에 따라 가중되고, 가중된 비는 명료도 지수를 산출하기 위해 합산된다. 하지만 듣기(hearing)가 이해(comprehension)와 동일한 것은 아니다. 상향 처리와 하향 처리에 대해 우리가 논의한 것처럼, AI는 단지 상향 처리에서의 자극의 질을 측정하는 것과 같다. 특정한 AI가 여러 수준의 이해 정도를 만들어낼 수 있는데, 이는 자료에 있는 정보의 내용이나 이용 가능한 정보의 중복, 그리고 청자가 사용하는 하향 처리의 정도에 따라 달라지는 것이다.

이런 요인들을 감안하기 위해, **소리말 이해도**(speech intelligibility)라는 측정치를 쓰는데, 이는 스펙트럼을 분명도에 동등하게 기여하는 20 밴드로 나누고 각 밴드의 신호-잡음 비율

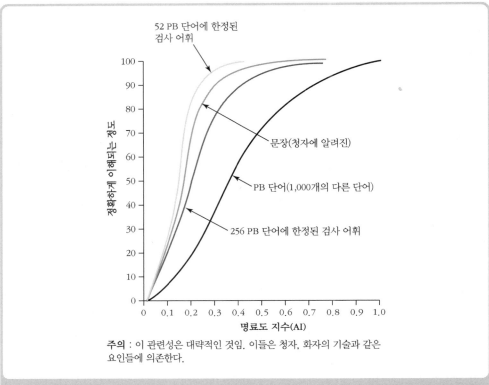

**그림 6.9** 음운적으로 균형화된(PB) 단어와 문장으로 이루어진 여러 종류의 소리말 검사 자료의 이해도 (intelligibility)와 명료도 지수와의 관계

출처 : K.D.Kryter, 'Speech Communications,' in Human Engineering Guide to System Design, ed. H.P. Van Cott and R.G. Kinkade(Washington, DC: U.S. Government Printing Office).

의 가중치를 준 평균을 추정한다(ANSI, 1997). 당연히 어떤 특정한 신호 대 소음의 비율(신호의 질을 규정하는 것이고 따라서 명료도 지수)에 대해서도, 이해도는 자극 재료의 정보 내용 혹은 중복성의 함수로 달라진다. 제한된 어휘는 제한되지 않은 어휘보다 이해도가 더 높고, 단어는 무의미 음절보다 이해도가 높다. 또한 고빈도 단어는 저빈도 단어보다, 그리고 문장의 맥락은 맥락이 없는 경우보다 이해도가 높다(잡음 속에서의 소리말 이해도 측정에 관한 최근의 진전은 Ma, Hu, & Loizou, 2009 참조). 소리말 이해에 대한 이 효과는 그림 6.9에 제시되어 있는데, 인쇄글에 관한 자료와 유사한 결과를 보여준다.

우리가 이미 논의한 것처럼, 신호의 질에 있어서의 제한은 하향 처리를 증가시켜 보완할 수 있다는 점을 깨닫는 것이 중요하다. 즉, 실제로(혹은 완벽하게) 듣지 않고서도 메시지의 내용을 '추측할' 수 있도록 만들면 된다. 이는 소음이 많은 환경에서는 특정한 내용을 전달하기 위한 메시지 종류의 수를 제한(즉, 표준화된 정해진 어휘만을 사용)하거나, 중복되는 '전달(carrier)' 문장을 제공함으로써 가능해진다. 후자의 방식은 단일 알파벳 낱자(a, b, c)에 관한 정보를 전달하기 위해 커뮤니케이션 부호 알파벳(alpha, bravo, charlie 등)과 같은 중복 전달 음절을 사용하는 것과 유사하다. 만약 항공관제실에서 KLM 조종사에게 높은 수준의 중복 메시지를 전달했다면 성급한 이륙을 중지시켰을 것이며 따라서 사고도 피할 수 있었을 것이다.

## 8.5 의사소통

의사소통에는 형식적인 실험뿐만 아니라 직관을 통해서도 단어와 문장을 단순히 이해하는 것 이상의 것이 있음을 알 수 있다. 예를 들어, 빈도, 반복, 속도 같은 소리말 자체의 특징이 소리말 내용의 지각된 급박함에 영향을 끼치는데, 이는 소리말 경고 디자인에서 사용되고 있는 현상이다(Hellier, Edworthy, et al., 2002). 특히 신호의 질이 좋지 않을 때 화자를 면대면으로 볼 수 있다는 것이 소통을 증가시킨다(Olson, Olson, & Meader, 1995).

### 8.5.1 비언어적 의사소통

두 가지 방식의 언어 소통(면대면 의사소통과 음성만 사용하는 의사소통) 간의 차이는 네 가지의 가능한 원인이 있다. 이 모든 원인들이 정보 교환의 효율성에 영향을 준다.

1. 입을 시각화하기 : 화자의 입 움직임과 단어를 발음하는 모양을 보는 것은 유용한 중복 단서인데, 특히 음성의 질이 좋지 않을 때 그 틈을 메울 수 있다. 이러한 독순술(lipreading)은 청각 장애인들에게 매우 중요하며 자신의 소리말 지각을 이해하는 데 있어 특히 컴퓨터 매개 소통에서 아바타의 사용이 증가하고 있기에 중요하다. Gong과 Nass(2007)는 컴퓨터로 만든 사람 얼굴 모양과 짝지은 사람 목소리의 영향을 검사했다. 얼굴과 소리가 맞아떨어지지 않으면 더 부정적인 태도, 감소된 신뢰와 더 긴 처리 시간을 초래했다고 한다.

2. 비언어적 단서 : 화자를 볼 수 있다는 사실은 전통적인 청각 채널(예 : 전화선)을 통해 볼 수 없는 끄덕임(인정의 표시)이나 곤혹스런 표정 등과 같은 안면 단서뿐만 아니라 가리킴이나 제스처 등의 부가적인 정보 전달을 가능하도록 한다. 인터넷 기반 3차원 가상공간이나 사용자를 나타내는 아바타 등 때문에, 사용자와 이러한 환경 간의 상호작용에서 비언어적 단서에 관한 관심이 새로워지고 있다. Antonijevic(2008)은 Second Life라는 가상공간에서 제스처, 자세, 얼굴 표정 같은 비언어적 소통의 역할을 검토하였는데, 이들 단서가 사용자와 가상세계와의 상호작용을 증가시킨다는 것을 발견하였다.

3. 탈모호성 : 청자가 메시지를 잘못 해석한 경우에 보여주는 당혹스런 모습이나 혹은 여타의 단서들을 화자가 알아챌 수 있기 때문에, 이러한 가외의 비언어적 단서들이 메시지의 모호성을 해결할 수 있게 해준다. 비언어적 단서와 탈모호성이 합쳐져 면대면

대화가 더 융통성 있으며 덜 공식적이게 만드는 것이라고 할 수 있다. 청각에만 의존하고 시각적 피드백이 없는 경우에 전체적인 단어 수가 많아지고, 대화의 '주고받기(turn taking)' 빈도가 늘어나는 것이 바로 이러한 차이를 반영하는 것이다(Boyle, Anderson, et al., 1994; Olson, Olson, et al., 1995).

4. **행위에 관한 공유된 지식** : 착륙할 때의 항공 관계자들의 작업에서 잘 나타나듯이 협응적인 팀 수행에서는 팀 구성원들이 수행하는(또는 수행하는 데 실패하는) 행위를 단지 지켜보는 것만으로도, 비록 이것들이 음성 의사소통의 내용과 직접 관련이 없다고 할지라도 많은 정보들이 교환되고 공유되는 것이다(Segal, 1995). 예를 들어, 한 조종사가 자동 조종장치를 켜는 것을 본 동료 조종사는 결과적으로 다른 마음가짐을 갖게 될 것이다. 다른 동료가 무엇을 보고 있고, 손을 뻗어 무엇을 조작하고 있는가에 관한 공유된 지식이 팀의 원활한 기능 수행에 지대한 기여를 하는 것이다(Shaffer, Heady, & White, 1988). 우리는 이 장의 후반에서 이런 종류의 공유된 자각을 지원하기 위해 디자인된 훈련을 논의할 때 이 이득을 다시 다루겠다.

이러한 공유된 지식이 의사소통을 촉진하게 되는 정도에 따라, 작업 공간의 물리적 배치에 있어서의 변화가 팀 수행에 영향을 줄 수 있다. 예를 들어, 비행 통제장치를 비행사의 앞에서 옆으로 재배치하는 것[최신의 비행기에서 사용되는 소위 말하는 **측면 통제기**(side-stick controller)]은 주조종사와 부조종사 간의 통제 행위에 대한 공유 지식을 줄이는데, 왜냐하면 한 사람의 활동을 다른 사람이 쉽게 볼 수 없기 때문이다(Segal, 1995). 이와는 반대로, 조종실 중앙의 서로 공유할 수 있는 위치에 엔진추력 레버를 둘 경우 (부분적으로는) 레버와의 신체적 접촉을 통해 두 조종사 모두 어느 조종사가 (그리고 언제) 레버를 제어하고 있는지에 대한 이해를 형성하고 공유할 수 있다(Nevile, 2002). 공간적으로 분포되어 있는 다이얼과 키들을 중앙집중식 CRT 디스플레이와 코딩(chording) 키보드로 대치하는 최근의 기술적 진보 또한 동료들이 볼 수 있는 머리와 손 움직임의 정도를 감소시키는 것이기에 행위에 대한 지식을 공유하지 못하도록 한다고 할 수 있다(Wiener, 1989).

## 8.5.2 비디오 매개 의사소통

목소리에 수반하여 원격 비디오를 제공하는 것은 청각에만 의존하는 것에 비해 면대면 의사소통이 갖는 현저한 이득을 얻게 해줄 것이라는 제안이 나왔다. Wheatley와 Basapur (2009)는 면대면 의사소통, 텔레비전 기반 비디오 전화(머리에서 허리까지 보여주는), 컴퓨터 기반 웹캠(머리와 어깨까지만 보이는)의 사용자 경험을 비교하였다. 두 번째의 경험은 첫 번째와 아주 유사한 것으로 판단되었는데 컴퓨터 기반 웹캠의 경험은 현저히 떨어지는 것으로 판단되었다. 머리에서 허리까지의 넓은 시야가 더 많은 비언어적 표현을 가능하게 하여 풍요로운 소통 경험을 제공하는 것으로, 이는 비디오 기반 시스템의 응시와 상체 단서

가 면대면 대화만큼 효율적이라는 것을 확인한 Nguyen과 Canny(2009)의 연구 결과에서 반
복되었다.

네트워크와 텔레커뮤니케이션의 최근 발달이 팀원들이 면대면이 아닌 컴퓨터 매개 소통
을 통한 작업을 증가시키고 있다. Credé와 Sniezek(2003)은 집단의 의사결정이 결정의 질,
집단 자신감, 집단의 결정에 대한 개인의 관여라는 측면에서 면대면과 유사하다는 것을 발
견했는데, 면대면의 집단 미팅이 집단 결정에 대한 개인의 관여 수준에서는 더 높았다.
Nguyen과 Canny(2007)는 팀 구성원들의 공간적인 자리 배치를 적절히 나타내지 못하는 비
디오 토론 시스템은 팀의 신뢰 형성에 부정적인 영향을 끼친다는 것을 발견했다. 비디오
매개 의사소통은 서열 상태에 관한 정보를 막는 것이기에 팀의 서열 구조에 영향을 끼칠
수 있다(Driskell, Radkte, & Salas, 2003).

면대면 의사소통에 아주 근접한다고 하더라도, 원격 작업자와의 비디오 매개 의사소통을
도입할 때 인간요인 공학도는 다른 요인들도 고려해야 한다. 원격 작업은 직업적인 고립을
초래하고 그렇기에 작업 수행에 부정적인 효과를 일으키고(Golden, Viega, & Dino, 2008),
공동 작업자와의 관계에 악영향을 끼친다(흥미롭게도 감독자와는 그렇지 않다)(Gajendren
& Harrison, 2007).

## 8.6 승무원 자원 관리와 팀 상황인식

1970년대에 있었던 일련의 비행기 사고는 직접적으로 의사소통의 실패로 귀인할 수 있다
(Foushee, 1984). 실제로 한 예를 카나리아 군도에서의 두 대형 비행기의 충돌에서 볼 수
있다. 다른 예는 부기장이 연료가 떨어지고 있다는 것을 알았으면서도 주기장에게 강하게
말하지 못한 것이다. 이러한 주장의 결핍이 연료 고갈에 따른 충돌 상황을 만들었다.

이 당시 심리학자들의 조언에 따라, 민간 항공사들은 이러한 팀 간의 사회적 소통 행동이
붕괴될 수 있다는 것에 충분한 주의를 기울이지 못했다는 것을 깨달았고(Foushee, 1984;
Helmreich, & Merritt, 1998) **승무원 자원 관리**(crew resource management, CRM)라는 개념을
채택하는데, 이는 주된 구성요소로 비언어적 의사소통을 강조한다. 여기서는 '권위의 경사'
를 줄이는 것을 포함하는데, 신참이 뭔가 잘못되고 있다는 것을 알면서도 고참에게 강하게
말하지 못하는 것이다. 피드백을 강조하고 모호성을 피함으로 인해 시스템 수행의 효율성
과 카나리아 군도 참사로 이끈 문제의 근원에 강한 영향을 끼칠 수 있다.

이 프로그램은 비행 조종실에서 어쩔 수 없이 일어날 수밖에 없는 인간 의사소통의 붕괴
를 막은 아주 중요한 조치로 받아들여진다. CRM은 넓게는 팀의 자원을 관리하는 것을 의미
하는데, 개인을 포함하고 팀의 출현적 행동(개인을 넘어서는)에 더 큰 강조를 한다. CRM
과정에서는 비기계적 기술, 즉 의사소통, 브리핑, 보완 행동, 상호 수행 모니터링, 팀 지도
력, 과제 관련 자기주장, 팀 적응도 등을 훈련에서 강조한다.

팀 의사소통 측면에서 Helmreich와 동료들(Foushee & Helmreich, 1988; Sexton & Helmreich,

2000)은 말을 적게 하고 짧은 단어를 사용하며 1인칭(우리, 우리의, 우리를) 언어를 사용하는 비행사들은 소통이 나아지지만(즉, 더 효율적이고 실수를 덜하지만), 많은 단어를 사용하는(여섯 낱자 이상) 비행사들에게는 오히려 의사소통이 줄어든다는 것을 발견하였다. 더구나 더 주장적이고 덜 자신 없게 말하는 비행사들에게(경험이나 서열에 관계없이) 더 효율적이라는 것을 발견하였다.

CRM 훈련 프로그램은 성공적이었는데, 이것은 시스템 안전에 인간공학이 중요한 기여를 한다는 것을 시사한다. 이러한 프로그램의 비행 안정에 대한 효과는 문헌에 잘 나타나 있고(Diehl, 1991), 최근의 메타분석은 대상자의 지식, 특히 태도와 행동에서 긍정적인 영향이 있음을 보여주지만(O'Conner, Campbell, et al., 2008) 과정을 시행하고 그 효과를 평가하는 데는 어려움이 있다고 한다(Salas, Wilson, et al., 2006). CRM 원리의 성공적인 적용은 US Airway 1549편이 라과디아 공항 이륙 후 거위와 충돌하여 엔진이 멈췄던 경우에서 볼 수 있다. 엔진의 작동 없이 비행사들은 허드슨 강에 비상 착륙하는 것이 필요하다고 결정했다. 전문가 비행사 덕분에 155명의 승객이 생존할 수 있었다. 사고 분석을 통해, CRM과 관련한 비기계적 기술이 성공적인 결과를 만들어내는 데 동등하게(그 이상은 아니지만) 기여했다는 것을 증명했다(Eisen & Savel, 2009).

이러한 비행에서의 성공 때문에, 항공 관련 CRM 프로그램의 교훈이 병원 집중 치료(Eisen & Savel, 2009), 마취(Flin, Fletcher, et al., 2003), 수술(Helmreich, 2000), 핵발전 통제 센터(Harrington & Kello, 1991), 내륙 원유 시설(Flin, 1997)에 적용하려는 시도가 일어나는 것은 전혀 놀라운 일이 아니다. 특히 수술실에서의 의사와 간호사같이 권위가 전자에서 후자로 흘러가는 것은 1960년대 조종간에서의 주기장과 부기장의 관계와 같이 전자의 실수를 알면서도 후자가 강하게 말하지 못하는 상황과 평행을 이룬다고 할 수 있다.

의사소통에 더해 현 CRM 개념의 중요한 부분은 공유된 상황인식이라는 개념이다(Salas, Wilson, et al., 2006). 공유된 혹은 **팀 상황**인식(team situation awareness, TSA)이 과거 10년간 큰 관심을 받았다. 우리는 상황인식과 이를 획득하고 유지하는 인지적 요인을 제7장에서 논의할 것인데, 팀워크와 팀 훈련을 증진하기 위해 최근 변화된 측면만을 간단히 다루겠다.

TSA는 지각, 이해, 투사와 같은 인지 과정과, 상황과 팀 동료에 관한 공유된 이해를 지원하기 위한 추가적이며 독특한 의사소통과 협응 활동을 포함한다(Endsley, 1995). 이러한 공유된 이해는 팀 환경의 구조가 바뀔 때, 팀이 이를 지각하고 새로운 행동을 찾고 이용하도록 만든다. 말하자면, TSA는 팀의 환경이나 팀 자체의 변화에 직면하여 팀 역동적으로 자체 조직화를 하도록 허락해, 새롭게 작업하는 방법을 찾게 한다(Cooke & Gorman, 2006).

TSA는 단순히 구성원의 SA의 합이 아니며(Gorman, Cooke, & Winner, 2006), 추가적인 팀 관련 과정을 획득하고 유지해야 한다(예 : 협응, 정보 공유, 정보 상호 점검). 이 팀 관련 과정은 특히 팀이 한 장소에 없을 때(Garbis & Artman, 2004), 공유된 도구에 의해 충분히 지원받지 못할 때 중요하다(Bolstad & Endsley, 2000).

이 절 시작에서 논의했던 것처럼, 사회적, 조직체 요인들이 TSA에 영향을 끼치며(Endsley & Jones, 2001), CRM이 다루고자 하는 요인이다. CRM 소통 훈련과 마찬가지로, TSA 훈련이 성공적이라는 강력한 증거가 있다. 예로, 여러 비행사와 연구소들이 함께 만든 유럽 컨소시엄은 TSA와 위협 관리를 위한 포괄적인 훈련 해결책을 개발했는데, 이는 전면적인 시뮬레이터 프로그램을 통해 진행되었다(Hörmann, Banbury et al., 2004). 연구는 이 훈련 프로그램이 비행 종사자의 수행에 효율적이라는 것을 보여주었는데, 특히 위협 회피, 브리핑(상황 인식 공유), 착륙 단계에서의 방해 관리에 긍정적인 영향이 있었다. 이 훈련은 또한 비행 종사자들이 자신이나 타인의 상황인식의 상실에 주의를 기울여 그 지식에 맞게 행동하도록 만들었다. SA의 상실 단서는 막연한 혼동, 해결되지 않은 불확실성, 단일과제에 대한 고착, 과거 사건에 대한 안주(ESSAI, 2001)를 포함한다. 다시 한 번 의사소통에서의 비언어적 단서의 중요성을 볼 수 있다.

요약하면, 의사소통에 대한 연구는 전체 중다 조작원 팀의 수행이 개개인의 수행의 합보다 더 크다는 것을 분명히 제시해 준다. 이 결론은 저조한 팀워크 때문에 기대를 충족시키지 못하는 슈퍼스타들로 이루어진 운동 팀을 지켜본 사람에게는 그다지 놀랍지 않은 것이다. 이 데이터는 제1장에서 소개한 주제 중 하나를 재차 강조해 준다. 단일 조작원을 위한 효율적인 정보 디스플레이나 통제 설계는 필요조건이기는 하나, 효율적인 인간 수행을 위한 충분조건은 아닌 것이다.

# 9. 다음 장과의 관계 : 지각과 기억

앞장에서는 지각에서의 공간적 · 언어적 과정이라는 주제를 다뤘다. 그러나 이 과정들을 기억과 따로 떼어놓기는 아주 어렵다. 밀접한 관련에는 네 가지 이유가 있다.

1. 지각 범주화는 우리가 보았듯이, 하향 처리에서 나타나는 기대에 의해 이끌어진다. 기대는 최근의 경험(작업기억에 활성화되어 있는 내용)과 영구적인 혹은 장기기억의 내용에 기초한다. 실제로 지각 범주화 규칙은 자극에 대한 반복적인 노출만으로 형성된다. 범주를 형성하기 위해서는 이 노출들이 기억되어야 한다.
2. 비행이나 이해 같은 지각이 자동적이 아닌 많은 과제에서는 지각 범주화는 작업기억의 활동과 함께 어우러져 일어나야 한다.
3. 지각하는 부호를 공간적 범주화와 언어 범주화로 구분하는 이분법은 작업기억의 두 가지 부호화와 직접적인 유사성을 가진다.
4. 한 장치를 어떻게 사용하는지를 배우는 것처럼, 지시문을 통한 한 번의 지시와 이 과정을 장기적으로 학습하는 것의 구분은 불분명하다. 작업기억에 유지하며 절차를 수행해 보는(최초로) 것과 학습에는 비슷한 변인이 영향을 끼치며, 두 과정이 유사한 방식으로 영향을 받는다.

5. 지각, 이해, 납득 과정은 새로운 정보를 장기기억에 영구적으로 저장하기 위한, 즉 학습과 훈련에 필요한 선행 조건이다.

다음 장에서는 기억과 학습을 자세히 다룬다.

## 핵심 용어

가독성 공식(readability formula)

공간적 근접성(spatial contiguity)

단어 우위성 효과(word superiority effect)

명료도 지수(articulation index, AI)

분절 문제(segmentation problem)

불변성 문제(invariance problem)

상향 처리(bottom-up)

소리말 이해도(speech intelligibility)

승무원 자원 관리(crew resource management, CRM)

시간적 근접 원리(temporal contiguity principle)

음성(phonetics)

인지 부담(cognitive load)

자료주도형 처리(data-driven processing)

준수 비용(cost of compliance)

팀 상황인식(team situation awareness, TSA)

포먼트(formant)

하향 처리(top-down)

speech intelligibility index(SII)

Zipf의 법칙(Zipf's law)

# 07 기억과 훈련

## 1. 개관

기억 실패는 흔히 우리를 괴롭힌다. 기억 실패는 우리가 방금 쳐다보았던 전화번호를 잊어버리는 것처럼 단순하고 사소한 것일 수도 있고, 혹은 문서처리 응용프로그램의 작동 절차를 잊어버리는 것과 같이 복잡한 것일 수도 있다. 조작원은 체크리스트에서 결정적인 항목의 수행을 망각하거나(Degani & Wiener, 1990), 관제사가 조종사에게 내린 '일시적인' 명령을 잊어버릴 수도 있다(Danaher, 1980). 1915년 스코틀랜드 퀸틴실 역의 철도원은 열차를 사용 중인 철로로 이동시켜서 2개의 진입하는 열차가 같은 철로를 쓰도록 했다는 것을 잊었다. 그 결과로 인한 충돌에서 200명이 넘는 사람들이 죽었다(Rolt, 1978; Reason, 2008). 1996년 공항의 램프 담당자들이 ValuJet DC-9의 화물 박스 내용물을 점검하는 것을 잊었는데, 안에는 뚜껑이 열린 산소 제너레이터가 들어 있었다(기술자들 역시 안전 뚜껑을 닫는 것을 잊었다). 비행 중에 이 제너레이터 중 하나가 작동해서 불이 났고 비행기는 에버글레이즈에 떨어져 100명 이상이 사망했다(Langewiesche, 1998).

컴퓨터로 정보를 찾을 때 우리는 한 화면에서 정보를 입력하는 동안 요구되는 정보는 다른 화면에서 찾아야 한다는 것을 깨닫는다. 그래서 우리가 화면 사이를 왔다 갔다 하는 동안 정보를 기억해야 하는데, 이 때문에 오류 가능성이 생긴다. 차에서 전방을 응시할 때조차도, 방금 거울을 쳐다보았을 때 인접 차로에 있는 차를 보았다는 것을 잊고, 그 차 바로 앞으로 차를 들이댈 수 있다.

분명히 인간 기억의 성공이나 실패는 시스템의 유용성과 안전성에 중요한 영향을 미칠 수 있다. 제1장에서 언급한 대로 **기억**(memory)이란 정보의 저장이라 할 수 있다. 이 장에서, 우리는 지속기간이 서로 다른 2개의 다른 저장 체계, 즉 **작업기억**(working memory)과 **장기기억**(long-term memory)에 초점을 맞출 것이다. 작업기억은 새로운 정보(새 전화번호)를 사용(버튼 누르기)할 때까지 그것을 유지하기 위해 사용하는 일시적이고, 주의를 요구하는 저장고다. 또한 우리는 여러 정신 표상을 조사, 평가, 변형, 비교하기 위한 일종의 의식

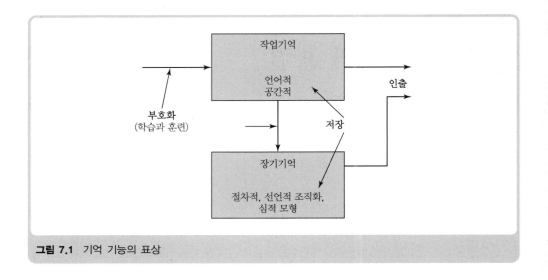

**그림 7.1** 기억 기능의 표상

적 '작업대(workbench)'로서 작업기억을 사용하기도 한다. 예를 들어 우리는 암산을 하거나, 다른 방식 대신 이런 방식으로 일을 계획한다면 어떻게 될 것인지를 정신적으로 모의 실험하는 데에 작업기억을 사용한다. 마지막으로 작업기억은, 우리가 새로운 정보를 기억 내에서 좀 더 영구적인 상태로 만들기까지, 즉 우리가 정보를 장기기억에 부호화할 때까지 그 정보를 유지하는 데 사용된다. 장기기억은 세상에 관한 사실과 일을 어떻게 하는지에 관한 저장고다.

이 두 기억 수준(시스템)은 그림 7.1에 있는 3단계 표상의 맥락 내에서 고찰될 수 있다. 첫 번째 단계인 **부호화**(encoding)는 어떤 것들을 기억시스템으로 집어넣는 과정을 나타낸다. 부호화는 그림에 나타나 있는 것처럼 두 가지 형식을 가질 수 있는데, 하나는 작업기억에 부호화하는 것이고, 다른 하나는 정보를 작업기억에서 장기기억으로 옮기는(전이) 것이다. 우리는 후자의 정보 전이를 가리키기 위해 **학습**(learning) 혹은 **훈련**(training)이라는 용어를 쓴다. 학습은 전이가 일어나는 여러 방식을 말하는 반면, 훈련은 학습의 효율성을 최대화하기 위해 디자이너와 교사들이 사용하는 명백하고도 의도적인 기법을 가리킨다. 우리의 관심사는 주로 훈련에 관한 것이다.

두 번째 단계인 **저장**(storage)은 정보가 2개의 기억 체계에 유지되거나 표상되는 **방식**을 말한다. 그 방식을 묘사하기 위해 쓰는 용어들은 작업기억의 경우 여러 가지인데, 우리는 공간적 대 언어적 부호를 강조할 것이며, 반면에 장기기억에 대해서는 선언적 및 절차적 지식, 일화들, 그리고 심적 모형들을 강조할 것이다. 저장은 또한 인출이 일어나기 전, 저장 기간에 의해 그리고 저장하는 동안 일어나는 인지 활동에 의해 특징지어진다.

세 번째 단계인 **인출**(retrieval)은 기억에서 내용을 성공적으로 끄집어내는 능력을 지칭한다. 여기에서 우리는 성공적인 인출과 인출 실패, 즉 **망각**(forgetting)의 다양한 원인들을 대비시킬 것이다. 정보들을 단순히 인출할 수 없는 경우가 있다. 다른 경우에는 기억하고 있는 절차의 단계들이 뒤죽박죽될 때처럼 부정확하게 인출된다.

이 장에서, 우리는 먼저 작업기억의 속성, 즉 공간적 및 언어적 표상 및 제한된 용량을 설명할 것이다. 그리고 청킹의 개념을 논의하면서 작업기억의 제한된 용량으로 일을 처리하는 데 이것이 어떻게 도움을 주는지를 논의하겠다. 청킹은 한 영역에서의 전문성과 관련이 있기 때문에 자연스럽게 전문성에 관한 논의로 나아가게 될 것이다. 전문성이 작업기억과 어떻게 상호작용하여 소위 **숙련된 기억**(skilled memory)을 만들어내는지, 작업기억이 **상황인식**(situation awareness), **계획**(planning) 및 **문제해결**(problem solving) 과제에 어떻게 관여하는지를 논의할 것이다. 마지막으로 장기기억에 관해 설명할 것인데, 특히 훈련에 관한 논의를 통해 부호화 문제에 초점을 두겠다. 한 영역에서 획득된 기술이나 지식이 다른 영역에 전이되는 **훈련의 전이**(transfer of training)를 특히 강조할 것이다. 그리고 우리는 장기기억에서 지식 표상이 묘사되는 여러 방식을 논의하고, 장기기억에서 일어나는 인출과 망각에 대한 논의로 결론을 맺을 것이다.

## 2. 작업기억

작업기억은 보통 세 가지 구성성분 혹은 하위 시스템을 가지는 것으로 정의된다(Baddeley, 1986, 1995). **음운 저장고**(phonological store)는 언어적 형태의 정보, 보통 단어와 말소리를 표상한다. 정보는 **음운 고리**(phonological loop)를 써서 이런 단어들과 말소리를 목소리로 혹은 입속말로(subvocally) 조음함으로써 시연될 수 있다. 반면 **시공간 그림판**(visuospatial sketchpad)은 종종 시각적 심상에서 전형적으로 보이는, 아날로그적인, 공간적 형태의 정보를 표상한다(Logie, 1995). 이들 구성성분은 각기 특별한 형태, 즉 **부호**(code)로 정보를 저장한다. 제4장과 제5장에서 논의한 공간적, 동적 디스플레이의 사용은 보통 시공간 그림판의 활동을 필요로 하는 반면, 제6장의 주제인, 언어 처리의 대부분은 음운 저장고가 관련된다.

Baddeley의 모형에서 세 번째 구성성분은 **중앙집행기**(central executive)인데, 이것은 작업기억의 활동을 통제하고 다른 하위 시스템에 주의 자원을 할당하고, 주의 산만을 이겨내는 데 쓰인다. 반응 선택과 시간공유에서 실행제어라는 주제는 제9장과 제11장에서도 논의될 것이다. 더 최근에 Baddeley와 동료들은 이 모형에 네 번째 성분, 즉 **일화 버퍼**(episodic buffer)를 추가했다(Baddeley, 2007). 이 성분은 작업기억의 여러 성분들이 서로[예 : 여러 지각 특징들을 **결합**(binding)하여 하나의 지각 대상, 장면 혹은 일화를 구성하기)(Karlsen, Allen, et al., 2010 참조)], 그리고 지각과 장기기억의 정보(Badeley, Hitch, et al., 2009)와 함께 상호작용할 수 있는, 일시적이고 수동적인 저장고를 제공한다. 이 버퍼는 의식적 인식을 통해 접근될 수 있다.

Baddeley와 동료들의 연구(Baddeley, 1986, 1995, 2007; Baddeley & Hitch, 1974; Logie,

1995, 2011도 참조)는, 작업기억 내에 조작되는 재료의 종류(공간적-시각적 또는 언어적-음성적) 및 그 각각이 사용하는 별개의 처리 자원이란 점에서, 이 이분법의 이해에 근본적인 기여를 하였다. 일반적으로 말해서, 우리는 두 형식의 작업기억을 가지고 있는 듯 보인다. 각각은 질적으로 다른 종류의 정보(공간적 및 시각적 대 일시적, 언어적 및 음운적)를 처리하거나 보유하는 데 사용된다.

작업기억의 용량을 측정한다고 생각된 여러[읽기 폭(span), 조작 폭, 계산 폭] 과제들은 여러 실제 세계의 과제들, 예컨대 독해(RC) 및 청해(LC), 학업 수행, 다중 작업, 언어 이해, 지시를 따르는 능력, 어휘 학습, 노트하기, 작문, 추리, 컴퓨터 프로그램 작성 배우기, 복잡한 비행 결정 내리기 등에서의 수행을 예측하는 것으로 밝혀졌다(Miyake, Friedman, et al., 2000; Engle, 2001; Kane & Engle, 2002; Logie, 2011; Causse, Dehaise, & Pastor, 2011). 작업기억 폭은 또한 나이와 더불어 감소하는 것으로 밝혀졌다. Taylor 등(2005)은 나이 많은 조종사들이 연령에 따른 작업기억 폭의 감소로 인해 항공관제 메시지를 기억하고 수행하는 데 덜 정확하다는 것을 발견하였다.

작업기억은 또한 윤리적 통제에도 한 역할을 한다. Moore, Clark, Kane(2008)은 참가자들에게 그들이 다른 사람들을 구하기 위해 한 사람을 죽이는 것이 윤리적으로 얼마나 수용가능할 것인지를 판단하도록 했다. 그들은 가해의 개인적 또는 비개인적 본질, 행위자에 주어진 이득, 그리고 희생자의 죽음의 불가피성이란 면에서 판단을 조작하였다. 그 결과는 작업기억 용량이 더 높은 참가자들은 희생자의 죽음이 불가피할 때에만 살인을 용납하는 경향이 더 많다는 것을 보여주었다. Moore와 동료들은 이 효과는 **작업기억 용량**(working memory capacity)이 선택적으로 관여하고 자발적인 더 큰 추리 시스템의 한 부분이라는 것을 보여준다고 주장하였다.

그러므로 작업기억은 광범한 인지 과제에 대단히 중요한 기본적인 주의 통제 역량을 반영한다고 생각된다(Kane, Bleckley, et al., 2001). 특히, 작업기억 시스템의 중앙집행기(혹은 통제된 주의) 성분은 실제로는 저장 그 자체에 대한 것이 아니라, 오히려 간섭과 주의 산만(Engle, 2002)에 직면하여 통제되고, 유지되는 주의의 용량에 더 많이 관련된다. 예를 들어, McVay와 Kane(2009)은 집중이 안 되어 눈앞의 과제를 무시하는 마음의 경향성은 작업기억 용량과 부적으로 상관된다는 것을 발견했다. 그들은 이 과제 무시 실패는 주의 통제의 일시적 실패에 부분적으로 기인한다고 주장한다.

여러 작업기억 성분들 사이에 내려진 구분의 실제적 함축점은 세 가지 다른 현상들로 우선 주어진다. (1) 그림판과 음운 저장고는 서로 독립적인 것으로 보이고, 따라서 서로 다른 종류의 동시 (수행되는) 활동으로 인한 간섭에 취약한데, 이것은 동시에 수행되는 과제들에 시사점을 준다. (2) 중앙집행기의 통제와 관리 활동도 간섭을 받을 수 있으며 이것도 동시적 과제 수행에 시사를 준다. (3) 디스플레이 양식과 부호의 관련성은 청각적 대 시각적, 언어적 대 공간적 디스플레이에 시사를 준다. 우리는 이들 시사점을 차례대로 논의하겠다.

## 2.1 작업기억 간섭

### 2.1.1 부호 간섭

작업기억의 언어적-음운적 부호와 시각적-공간적 부호는 경쟁적이라기보다는 더 협동적으로 기능하는 것 같다. Posner(1978)는 어떤 종류의 재료(예 : 흔한 물체의 그림)에 둘 다 병행적으로 활성화될 수 있다고 주장하였다. Johannsdottir와 Herdman(2010)은 작업기억의 두 하위 시스템 모두가 주변 차량의 위치를 기억하는 데 중요한 역할을 한다는 것을 발견하였다. 특히, 시공간 부호는 전방 시야에 위치한 도로 위 차량을 부호화하는 데에 쓰이는 반면, 음운적 부호는 후방 시야에 위치한 차량들을 부호화하는 데 쓰인다(시야에 계속 있지 않은 상징들과 물체들에 관한 정보를 유지하기 위해)(Baddeley, Chincotta, & Adlam, 2001). 이런 협동이 함축하는 한 가지는 두 가지 부호가 동일한 제한된 처리 자원 혹은 주의를 얻기 위해 경쟁하지 않는다는 것이다. 즉, 두 과제가 작업기억의 서로 다른 부호를 사용한다면 이들 과제들은 공통의 부호를 공유할 때보다 더 효율적으로 시간공유될 것인데, 이것은 제10장에서 더 자세히 논의될 주제다.

이 분야에서 일반적인 발견은, 제10장에서 더 많이 요약될 것이지만, 언어적 작업기억의 언어적/순차적 특성들이, 동시에 수행되는 공간 과제들보다 동시적인 언어 과제들에 의해 더 잘 방해받는다는 것이다(Vergauwe, Barrouillet, & Camos, 2010). 그리고 공간적 작업기억은 동시적인 언어적 과제보다 공간적 과제에 의해 더 잘 방해받는다. 게다가 무관한 환경 입력조차 이런 차별적 방해 영향을 미친다. 예를 들어 작업장의 배경 음악을 생각해 보라. Salamé와 Baddeley(1989) 및 Martin, Wogalter와 Forlano(1988)는 가사가 있는 음악은 언어적 작업기억 과제를 방해하는 반면 가사가 없는 유사한 음악은 그렇지 않다는 것을 발견했다(Martin et al., 1988).

제3장에서 논의했듯이, Tremblay와 Jones(2001)는 말은 무관할 (즉, 무시해야 할) 때조차, 특히 순차적인 정보의 처리에 방해적이라는 것을 발견했다. 언어적 과제(시각적 아니면 청각에 기초한)는 무관한 말에 의해 방해받았으나, 시각적-공간적 과제도 그러하였다. 제3장의 초점 주의에 대한 청각적 침입에 대한 논의와 유사하게, 작업기억에서 (항목들 그 자체뿐만 아니라) 항목의 순서 조작을 요구하는 활동들은 동시적인 활동들에 의한 간섭에 특히 취약하다. 비록 우리가 그것들을 무시하려고 하더라도 그리고 우리가 다른 감각양식을 통해 작업기억에 접근하더라도 말이다.

그래서 시사점은 과제의 작업기억 요구는 신중하게 분석되어야 하며, 가능하다면, 무관한 **환경 정보**(예 : 말소리, 산만하게 하는 시각 자극들)와 유관한 **동시 과제들**(예 : 공간적인 운전 혹은 말로 하는 언어적인 말)은 부호 간섭을 증폭시킬 것이며, 따라서 최소화되어야 한다.

### 2.1.2 중앙집행기에서의 간섭

이 두 하위 시스템(시각적-공간적 그림판과 음운 고리)이 모두 부호 또는 자원 특정적인 간섭에 취약한 반면, 중앙집행기는 더 고등한 일반 요구를 가진 동시적 과제 활동에 의해 더 방해받는다. 이 과제들은 더 자동화된 처리들보다 통제된 처리를 써서 수행되는 것들이다(Baddeley, 1996; 제10장 참조). Baddeley는 한 가지 순수한 중앙집행기 과제는 무선 생성 과제(예 : 피험자는 무선적인 순서의 날자를 타자한다)라고 주장하였다. 이 과제는 많은 훈련을 받은 후에도 주의를 요구한다. Baddeley는 무선 생성이 한 특정 의미 범주(예 : 동물 혹은 과일)에 속하는 예를 가능한 한 많이 산출하도록 하는 범주 생성 과제에 의해 간섭받는다는 것을 보여주었다. 하지만 무선 생성 과제는 조음 억제에 의해(예 : 1에서 6까지의 수를 반복해서 세기) 간섭받지 않았는데, 이는 아마도 숫자 세기 과제가 언어적 작업기억(특히 음운 고리)에서 수행될 수 있기 때문일 것이다.

시공간 그림판에 관해서, Bruyer와 Scailquin(1998)은 (중앙집행기 자원을 요구하는) 무선 생성 과제가 (시공간 그림판의 내용물에 대한 중앙집행기 조작인) 심적 회전 과제를 수행하는 피험자의 능력에 간섭을 일으키지만, 이미지(순수한 시공간 그림판)를 수동적으로 유지해야 하는 과제에는 간섭을 일으키지 않는다는 것을 발견하였다. 끝으로, 여기에서 주목할 것은, 기능적으로 보면, 실제 세계 과제에서 음성적 고리 또는 시각적 공간적 그림판의 사용은 항상 중앙집행기와 결합되어 있다는 점이다. 그래서 다음에 우리가 간단히 언어적 또는 공간적 작업기억이라 가리킬 때에도, 그 말은 각각에 대한 중앙집행기의 자원 소모적인 기여가 있음을 가정하는 말이다.

### 2.2 작업기억, 중앙집행기, 실행제어

작업기억은 4개의 성분들, 즉 두 하위 시스템과 일화 버퍼, 그리고 중앙집행기로 구성된다. Baddeley는 다음과 같은 중앙집행기의 네 가지 기능을 제안했다. (1) 장기기억에 있는 정보를 임시로 유지하고 조작하기, (2) 장기기억으로부터의 인출 전략을 변경하기, (3) 다중 과제의 수행을 조정하기, (4) 자극에 선택적으로 주의하기 등이다. 이들 중 처음 2개는 기억과 직접적으로 관련된다. 세 번째는 예컨대 2개의 숫자를 암산으로 곱하기할 때 곱셈 조작을 수행하는 동안 중간합을 작업기억에 유지해야 하는 것처럼 간접적으로 작업기억과 관련되는 것으로 보일 수 있다. 다중 작업, 주의 통제, 작업 관리 간의 연결에 관해서는 제10장과 제11장에서 더 많은 것을 보게 될 것이다. 네 번째는 제3장에서 논의된, 일종의 주의 통제를 포함한다. 이 네 가지 모두는 노력을 요구하는 다른 조작들이 즉, 자동적인 처리가 아니라 통제된 처리를 요구하는 인지 조작이 진행 중인 동안 재료가 보유되어야 할 때, 과제에 대한 작업기억 용량과 관련된다.

작업기억 성분들의 하나로서 중앙집행기의 역할, 그리고 **실행제어**(executive control)(Banich, 2009)의 역할은 밀접하게 관련되어 있지만 동일하지는 않다. 첫째, 실행제어 기능

은 특히 전전두 피질에 있는(Banich, 2009) 특정한 뇌 영역과 명백히 관련되어 있지만 중앙
집행기는 해부적으로 덜 명시되어 있다. 둘째, 실행제어 기능은 중앙집행기가 그런 것처럼
작업기억 기능과 밀접하게 연결되어 있지 않다. 예를 들어, 실행제어는 더 잘 발달된 실행
제어가 스트룹 간섭이나 다른 주의 산만을 더 잘 억제할 수 있는 스트룹 과제(제3장)와 같
은 초점 주의 과제뿐만 아니라, 작업기억을 필요로 하지 않는 순차적인 과제 전환(Miyake,
Friedman, et al., 2000; 제9장과 제10장 참조)에 개입할 수 있다. 특히 Miyake, Friedman 등
은 과제 전환의 개인차와 (스트룹 과제의 경우처럼) 지배적인 반응의 억제 간에, 그리고 작
업기억 용량의 개인차 간에 어떤 관계도 발견하지 못했다는 것이 주목할 만하다.

이런 구별에도 불구하고, 여전히 (작업기억의 사령관으로서) 중앙집행기와 실행제어라는
두 개념 간에는 많은 공통점이 있으며, 둘 다 실험실 밖의 복잡한 과제에 작동하는 것으로
발견되어 왔다는 것은 분명하다.

## 2.3 작업기억 부호에 맞게 디스플레이하기

제4장에서 디스플레이 부합성의 일반 논점들을 논의하였다. Wickens, Sandry 및 Vidulich
(1983)는 과제에 의해 쓰이는 작업기억 부호에 대한 디스플레이 포맷의 연관성을 가장 잘
처방하는 **자극/중앙 처리/반응 부합성**(stimulus/central-processing/response compatability)의
원리를 설명하였다. 이 S-C-R 부합성 원리에서 S(자극)는 디스플레이 양식(시각과 청각)을
가리키고, C(중앙 처리)는 2개의 가능한 중앙 처리 부호(언어적 및 공간적)를 가리키고, R
(반응)은 2개의 가능한 반응 양식(손 움직임과 목소리)을 가리킨다. 이 절에서는 자극(디스
플레이)과 중앙 처리 혹은 인지 부호 간의 최적의 대응에 대해 논의하겠다. 자극과 반응의
부합성(*S-R* 부합성)은 제9장에서 다룰 것이다.

그림 7.2는 부호(언어적, 공간적)와 양식(시각, 청각)에 의해 규정되는 정보 디스플레이의
네 가지 다른 포맷을 보여주고 있다. 기억 부호에 대한 포맷의 할당이 임의적이어서는 안
된다는 것을 실험 자료가 보여준다. 그림 7.2에서 그늘진 칸은 부호와 양식의 최적 조합을
나타낸다. 공간적 정보, 예를 들어 사물이 어디에 있는지를 알기 위한 지도의 경우에는 시
각적 공간적 포맷이 더 좋은 포맷이다. 공간적 관계가 아주 복잡할 때에는 단어들(말이든
글이든)을 능숙하게 처리하기 어렵다.

반면 언어적 작업기억을 요구하는 과제들은 말소리로 더 쉽게 다루어질 수 있으며, 특히
언어적 재료가 짧은 시간 동안만 제공되는 경우에 그렇다(Wickens, Sandry, & Vidulich,
1983). 이것은 **반향 기억**(echoic memory)(3~4초 동안 청각 정보를 보유하는 단기 감각 저
장고)이 **영사 기억**(iconic memory)(반향 기억과 유사한 시각적 저장고)보다 느리게 소멸되
고, 말소리가 음운적 저장고에 강제적으로 접근하게 하며, 말소리가 시연에서 사용되는 발
성과 더 잘 부합할 수 있기 때문이다. 이러한 지침은 짧은 순서의 언어적 재료가 시각적으
로 제시될 때보다 청각적으로 제시될 때 짧은 기간 동안 더 잘 파지된다는 것을 보여주는

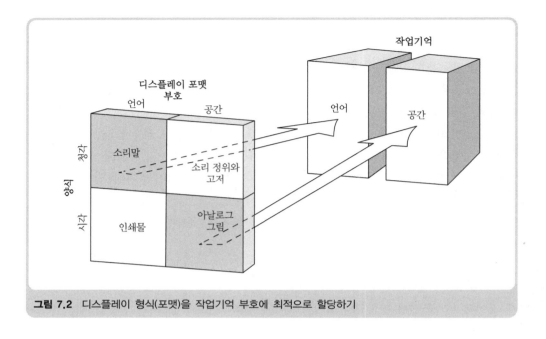

**그림 7.2** 디스플레이 형식(포맷)을 작업기억 부호에 최적으로 할당하기

실험실 연구로 지지된다(Nilsson, Ohlsson, & Ronnberg, 1977).

이러한 관찰은 언어적 재료가 일시적인 저장을 목적으로 제시될 때(예 : 비행기 조종사에게 제시하는 항행 정보, 또는 의사에게 제시하는 진단 검사 결과) 상당한 실용적인 중요성을 갖는다. 그런 정보는 청각 채널로 제시될 때(음성이나 소리 합성을 통해) 단기기억에서 손실될 가능성이 낮을 것이다. 그러나 메시지가 비교적 (즉, 4~5개의 무관한 단어 혹은 철자보다 더) 길 때는 청각 제시는 한층 덜 효과적인데, 그것은 시간에 따른 작업기억의 쇠퇴 때문으로, 다음에 논의된다. 이 경우에, 메시지를 물리적으로 지속하게 만드는 것이 필요한데, 최적의 포맷은 청각적 전달이 중복적인 시각 정보(Helleberg & Wickens, 2003; 제6장 참조)에 의해 '반향되는(echoed)' 것이거나, 적어도 사용자의 간단한 요청에 의해 반복될 수 있는 것이리라.

## 2.4 작업기억의 한계 : 지속기간과 용량

### 2.4.1 지속기간

1950년대 후반에 Brown(1959) 및 Peterson과 Peterson(1959)의 실험들은 비슷한 기법을 써서 작업기억의 지속기간을 결정하였다. 작업기억에 있는 정보는 시연되지 않는다면 얼마나 지속할 것인가? *Brown-Peterson* 패러다임에서, 피험자들은 3개의 무작위 철자들을 짧은 시간 동안 기억하라고 요구받았다. 피험자가 철자를 시연하는 것을 막기 위해서, 그들은 기억해야 할 항목 직후에 제시된 지정된 숫자로부터 3씩 적은 숫자들을 큰 소리로 거꾸로 세도

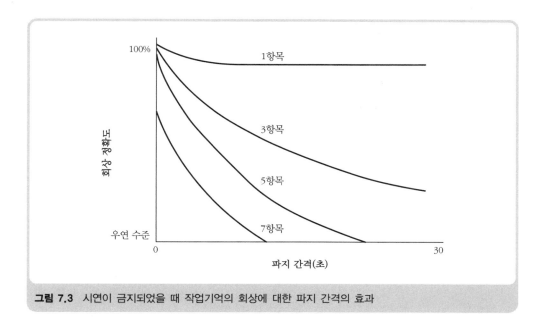

**그림 7.3** 시연이 금지되었을 때 작업기억의 회상에 대한 파지 간격의 효과

록 요구받았다. 이것은 가끔 '끼우개 과제(filler task)'라고 불린다. 회상 단서를 들으면, 피험자는 숫자 세기를 그만두고 적절한 항목(철자들)을 인출하려 한다. 연구자들은 이런 방법을 통해 시연이 방해되었을 때 단지 20초 후에 파지가 거의 영에 가깝게 떨어졌음을 발견하였다. 이런 쇠퇴 함수가 그림 7.3의 세 항목 곡선으로 도식화되어 나타나 있다.

단기기억의 일시적(transient) 특성은 Brown-Peterson 패러다임을 변형한 수많은 과제에서 계속 입증되어 왔다. 여러 추정치들은 보통 계속적인 시연이 없으면, 10~15초가 지나면 정보가 거의 파지되지 못한다는 것을 시사한다. 시공간 정보도 비슷한 쇠퇴를 보인다. 항행 정보(Loftus, Dark, Williams, 1979)나 레이다 관제사가 사용하는 정보(Moray, 1986)의 경우에도 그림 7.3과 비슷한 쇠퇴 함수가 관찰되었다. 정말로 우리 기억이 시간에 걸쳐서 가차 없이 쇠퇴한다는 이 개념은 작업기억의 최근 모형에서 중요한 부분이다(Barrouillet, Bernardin, & Camos, 2004; Burgess & Hitch, 2006). 그러나 Lewandowsky, Overauer, Brown(2009)은 쇠퇴는 순전히 시간의 함수는 아니며, 오히려 쇠퇴는 끼우개 과제와 기억에 있는 재료 모두를 포함하는 여러 요인들에 의한 간섭과 관련이 있다는 점을 경고한다. 요약하면, 이들 발견들은 (작업기억의) 일시성이 공간적 및 언어적 작업기억 모두에 적용되며, 방해 과제 때문에 기억해야 할 정보가 시연될 수 없는 여러 작업 영역에서는 심각한 문제를 제기한다는 것을 보여준다.

이미 지적되었듯이, 이러한 기억 실패 문제에 대한 분명한 해결책은 더 오래 지속하는 시각 디스플레이, 예를 들어 조종사가 항공관제사로부터 받는 메시지를 **시각적으로 반복**(visual echo)함으로써 최초의 순간적 (시각적이든 청각적이든) 자극을 증강시키는 것이다.

흥미롭게도 지상과 공중 간의 의사소통에서 최근의 경향은 디지털 **데이터링크**(data link)라는 문자 전용 디스플레이로 그런 의사소통을 직접 제시하고, 전통적인 라디오 의사소통을 건너뛰는 것이다(Kerns, 1999; 제6장 참조). 이제 논점은 이 시각 디스플레이 그 자체가 청각적인 합성음으로 반향(되풀이)되는 식으로 중복적인 제시가 사용되어야 하느냐다(제6장 참조).

### 2.4.2 용량

작업기억은 그 **용량**(보유할 수 있는 정보의 양)에도 제한이 있으며, 이 제한은 시간과 상호작용한다. 그림 7.3의 한 항목 및 다섯 항목 곡선은 Brown-Peterson 패러다임에서 각각 1개 및 5개로 된 문자 항목에 의해 만들어질 법한 쇠퇴 함수를 나타낸다(Melton, 1963). 더 많은 항목이 작업기억에 보관될수록 더 빠른 쇠퇴가 관찰된다는 것은 놀라운 일이 아닌데, 주로 시연 그 자체(조음 루프에 의한 내현적인 말)가 즉시적이지 않기 때문이다. 더 많은 항목이 음운 저장고에서 시연되어야 한다면, 각 항목의 순차적인 시연 간의 지연은 더 길어질 것이다. 이러한 지연은 주어진 항목이 시연 순번에서 또 시연되기 전에 최소한의 인출 역치 아래로 쇠퇴할 가능성을 증가시킨다. 실제로 시연 속도는, 여러 항목을 말하는 데 걸리는 시간(더 긴 → 더 짧은)이나 개인차에 의해 결정되는데, 이것은 작업기억의 용량에 직접 영향을 미치는 것 같다(Baddeley, 1986, 1990). 속도가 빠를수록 용량은 커진다. 예를 들어, 중국어로 말한 숫자 단어는 영어로 된 숫자 단어보다 더 짧고, 대응하는 웨일스어 단어들은 더 길다. 중국어 및 웨일스어 단어들을 시연하는 데 필요한 시간의 차이는, 영어와 비교해서, (더 짧은) 중국어 단어(Hoosain & Salili, 1988)의 경우 폭의 증가(9.9개 숫자)를 일으키고, (더 긴) 웨일스어 단어(Ellis & Hennelly, 1980)의 경우에는 폭의 감소(5.8개 숫자)를 일으킨다.

그림 7.3의 일곱 항목 곡선처럼, 항목들이 제시된 직후 항목들의 시연에 충분한 주의가 주어지는 경우에도, 여러 항목들을 성공적으로 회상할 수 없는 제한적인 경우가 있다. 이런 한계 숫자를 때때로 **기억 폭**(memory span)이라고 한다. 이미 논의했듯이, 작업기억 폭은 어떤 형태의 인지처리(예 : 문장 읽기 혹은 간단한 산수)를, 문장의 마지막 단어, 산수의 합, 또는 무관한 단어들의 기억과 결합하여(Turner & Engle, 1989) 요구함으로써 측정된다. 기억 폭은 간단히 말해, 정확하게 회상될 수 있는 항목들의 최대 수이다.

앞의 제2장에서 절대 판단의 맥락에서 논의한 고전적인 논문에서 George Miller(1956)는 기억 폭의 한계를 '신비의 수 7 더하기 또는 빼기 2'(그의 논문의 제목)라고 이름 붙였다. 그래서 주의가 시연에 충분히 주어질 때 작업기억의 최대 용량은 5개와 9개 항목 사이에 있다. 그러나 후속 연구들은 이 추정치를 3개(Broadbent, 1975), 또는 4개(Cowan, 2001)로 낮추었다. 기억 폭은 소위 'N-back' 과제, 즉 무선 순서의 문자들, 숫자들, 또는 단어들을 듣고, N개 항목 전에 들은 것으로 대답해야 하는 과제에서 특히 제한적인 것으로 보인다. 게다가 이 절의 앞에서 논의했듯이, 여러 항목들을 말할 때 걸리는 시간은 작업기억의 용량에 직접 영향을 주는 듯 보인다(Baddeley, 1986, 1990).

'7±2'의 한계를 너무 곧이곧대로 받아들여서는 안 되지만(혹은 예컨대 5±2로 재설정될 수도 있지만), 이것은 시스템 설계에 중요한 지침을 제공한다. 시각적으로나 청각적으로 정보를 제시할 때 5~9개 항목의 한계를 침범하는 과제는 피해야 한다. 청각적 정보의 경우에, 조종사에게 발신된 항행 정보의 문자열 길이를 고려할 수 있다. 예를 들어, "비행고도가 180에 이르면 방향을 155로 돌리고 속도를 240노트로 바꾸시오."라는 메시지는 그 한계에 근접하거나 한계를 넘는 것이다. 혹은 컴퓨터의 메뉴로부터 선택하는 옵션의 수를 생각해 보라. 최상의 선택을 위해 모든 대안들이 동시에 비교되어야 한다면 그 수가 작업기억의 한계를 넘지 않는 경우에 선택이 더 쉬울 것이다(Mayhew, 1992).

## 2.4.3 청킹

지금까지 우리는 작업기억의 한 '항목'을, Brown-Peterson 패러다임에서는 1개의 문자로 명확하게 규정하면서도, 대략적으로 얘기해 왔다. 그러나 Miller(1956)는 작업기억의 용량이 7±2 청크 정보라고 주장하였다. **청크**(chunk)란 피험자의 장기기억에서 연합에 의해 밀접하게 묶여 있는 일단의 인접한 자극 단위들로 정의될 수 있다. 그래서 7개의 세 낱자 단어는 비록 21개의 낱자로 구성되어 있더라도 작업기억의 용량에 해당되는데, 왜냐하면 세 낱자열(*cat, dog* 등)은 각각 반복적으로 함께 경험되기 때문에 피험자에게 친숙한 순서이며 장기기억에 함께 저장되어 있기 때문이다. 그러므로 21개의 낱자는 7개의 청크로 정의된다. 게다가 만약 7개의 단어가 친숙한 순서로 결합되고 단위들을 결합하는 규칙이 장기기억에 저장되어 있다면("London is the largest city in England"), 전체 문자열은 단지 하나의 청크가 되는 것이다.

따라서 그림 7.3에 있는 여러 개의 쇠퇴 곡선은 1, 3, 5 혹은 8개의 비관련 낱자의 열, 단어, 친숙한 구절 모두에 똑같이 잘 들어맞는다(비록 친숙한 구절과 같이, 더 복잡한 상위 차원의 청크에 대한 작업기억 용량은 다소 감소하지만). 각각의 경우 각 청크 내의 항목들은 장기기억에서 연합이라는 접착제에 의해 서로 결합되어 있다. 이것은 Baddeley의 작업기억 모형에서 일화 버퍼 성분에서 일어나는 과정이다(Baddeley, Hitch, & Allen, 2009). 하위 수준의 요소를 의미적으로 연합하여, 정보를 재부호화하는 것이 바로 **청킹**(chunking)이며, 이것은 작업기억에 정보를 유지하는 귀중한 기법이다(이것은 숙련 기억과 전문성에서 더 정교하게 다룰 개념이다).

청킹은 기억해야 할 재료의 특성으로 인해 방해를 받을 수도 있고, 도움을 받을 수도 있다. 시스템 디자이너는 청킹을 촉진하는 부호를 만듦으로써 이 차이를 활용해야 한다. 미국의 여러 주에서 차주가 번호를 지정하는 자동차 번호판은 473-HOG 같은 단어를 포함하는데, 이는 이 원리를 이용하는 전략이다. 영업용 전화번호도 종종 숫자 대신 친숙한 알파벳 열을 사용한다("263-HELP를 누르세요"). 보통 낱자들이 숫자보다 더 나은 청크를 만드는데,

이는 가능한 순차적 연합들의 수가 더 많고 유의미성이 더 높기 때문이다.

청킹은 **분해**(parsing), 즉 가능한 청크를 물리적으로 분리함으로써 촉진될 수 있다. 4149283141865라는 순서는 아마도 4 1492 8 314 1865['for Columbus ate pie at Appomattox (버지니아 주에 있는 도시)'처럼 5개의 청크가 눈에 띄게 분해하는 것보다 더 어렵게 부호화될 것이다. 상상력이 풍부한 독자들에게는 이 다섯 청크가 단일한 시각 이미지로 차례대로 '청크'될 것이다. Loftus, Dark, Williams(1979)는 항공관제 정보에 대한 조종사의 기억을 연구하였는데, 4개의 숫자 코드가 4개의 숫자(2 7 8 4)로 제시될 때보다 2개의 청크(27 84)로 분해될 때 더 잘 파지된다는 것을 관찰하였다. Bower와 Springston(1970)은 친숙한 약어를 포함하는 일련의 낱자들을 제시하고, 약어들이 휴지로 분리되면(FBI JFK TV) 그렇지 않은 경우보다 기억이 더 좋다는 것을 발견했다. 마지막으로 Wickelgren(1964)은 전화번호의 회상은 숫자들이 세 숫자들의 청크로 집단화되면 최적이라는 것을 발견했다. 이와 같은 결과들은 부호에 사용되는 어떤 임의의 문자숫자(alphanumeric)열에서 집단화의 최적 크기는 3~4개라고 하는 일반적인 권고로 이어진다(Bailey, 1989).

## 3. 간섭과 혼동

시간 경과와 용량 과부하에 의해 생긴 망각 외에도 기억해야 할 재료(material to be remembered, MTBR)는 다른 때에 학습한 정보로부터의 **간섭**(interference)을 통해 작업기억에서 상실된다. 사실, 이전 기억들로부터의 간섭의 효과를 처리하는 것이 작업기억 내의 실행제어의 주요 기능들 중 하나다(Anderson, 2003), 그리고 그런 간섭은 파지와 망각이 작업기억에서 일어나든 장기기억에서 일어나든 유사하게 작동한다. 두 기억 모두에서, 간섭을 일으키는 재료의 제시와 MTBR 간의 시간 순서란 측면에서 두 가지 종류의 간섭을 구별하는 것이 중요하다.

그림 7.4는 조작원이 어떤 활동을 하고 있고, MTBR이 주어지고, 어떤 추가적인 활동을 수행하고, 마침내 MTBR을 인출하거나 '버리는' 동안의 시간 순서를 묘사하고 있다. **순행 간섭**(proactive interference, PI)은 MTBR을 부호화하기 전에 관여한 활동이 인출을 방해할 때 일어난다(Keppel & Underwood, 1962; Jonides & Nee, 2006). 예를 들어 사전에 범인 식별용 얼굴(mugshot)에 노출되면 그 이후의 용의자 식별 절차(lineup)에서 목격의 정확성이 떨어진다(Deffenbacher, Bornstein, & Penrod, 2006). 순행 간섭 효과는, 조작원이 거의 빈틈이 없이 일련의 기억 과제들을 처리해야 할 때(예 : 항공관제사)(Hopkin, 1980), 다른 과제를 처리하고 있을 때(Kane & Engle, 2000), 그리고 작업기억 용량이 낮은 사람들의 경우에 (Kane & Engle, 2000; Whitney, Arnett, et al., 2001) 특히 분명해진다. 조종사와 항공관제사의 언어적 재료의 특성을 사용하여 Loftus, Dark 및 Williams(1979)는 앞선 의사 교환에서 제시된 재료가 후속 의사 교환에서 기억을 더 이상 방해하지 않으려면 적어도 10초의 지연

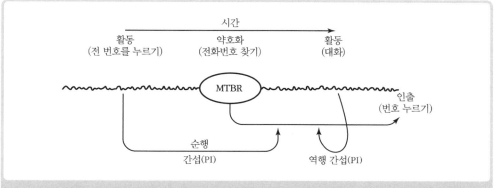

**그림 7.4** 기억해야 할 재료(MTBR)의 망각에 대한 RI와 PI의 효과. 전화번호를 누르는 것은 다음 전화번호의 기억에 PI를 낳을 것이다. 두 번째 번호를 살펴본 후에 대화를 하는 것은 RI를 낳을 것이다.

이 필요하다는 것을 발견하였다.

순행 간섭이 이전의 학습 혹은 활동의 결과로 발생하는 반면, **역행 간섭**(retroactive inter-ference, RI)은 '시간상에서 거꾸로' 간섭을 일으키는 새 학습 또는 활동의 결과로 발생한다. 예를 들어, 새 전화번호를 한동안 사용한 후에, 우리는 수년 동안 사용한 것일지라도 전의 전화번호를 기억하기가 힘들다는 것을 깨닫는다. 앞에서 기술한 Brown-Peterson 패러다임도 수 세기의 끼우개 과제로부터 생기는 작업기억에서의 역행 간섭을 보여주었다. 많은 연구들이, 언어 정보에 대한 기억(기억할 단어의 목록)은 다른 언어 정보의 연속 제시에 의해 간섭된다는 것을 보여주었다(McGeoch, 1936; 개관은 Anderson, 2003 참조).

역행 간섭은 용의자 식별절차에서 범죄 용의자의 식별에서도 관찰되어 왔다(제2장). 표적 인물이 범인 식별용 얼굴에 포함되지 않을 때 그리고 범인 식별용 얼굴 중 누구도 후속 식별 절차에 나타나지 않을 때 표적의 식별이 손상될 수 있다(Davies, Shepherd, & Ellis, 1979). Hole(1996)은 기억해야 할 공간 정보가 다른 공간 정보의 후속 제시에 의해 간섭받을 수 있다는 것을 보여주었다. 정말로 이 결과들은 2.1.1절에서 논의했던 두 동시 과제 간에 나타나는 간섭과 유사해 보이는데, 차이는 여기에서는 두 활동이 다른 시점에 일어난다는 것 뿐이다. 동시 간섭처럼 역행 간섭은 두 정보 출처가 서로 다른 작업기억 구성성분을 사용하도록 부호화되면 줄어들거나 제거될 수 있다(Haelbig, Mecklinger, et al., 1998).

작업기억에 있는 항목들은 부호에서의 유사성만이 아니라 내용의 유사성 때문에 동시에 유지되는 다른 항목과 혼동되기 때문에 때때로 망각된다. 직관적으로 볼 때, 항목들이 서로 유사하면 이런 혼동이 어떻게 일어나기 쉬운지를 이해할 수 있다. 항공관제사가 유사한 식별 코드(AI3404, AI3402, AI3401)를 갖고 있는 여러 비행기들을 다루어야 할 때 코드의 유사성 때문에 생긴 간섭이 관제사가 작업기억에서 개개의 항공기들을 따로 유지하는 것을 어렵게 한다(Fowler, 1980). 관제사는 어떤 순서화된 연속체(예 : 도착 예정 시간 혹은 공중에서의 위치)에 따라 개별 항공기의 정체를 작업기억에 유지해야 한다.

유사성은 또한, MTBR이 후속 또는 사전에 접하는 재료와 더 많이 혼동됨에 따라 그것들이 그 재료와 더 많은 특징들을 공유하기 때문에 역행 및 순행 간섭의 정도를 증가시킨다. 예를 들어, 문자 부호 뒤에 숫자 부호를 놓는 것(HTR 4728)이 273 4728과 같은 순서보다 더 잘 파지되는 이유는 4개의 숫자열의 회상에 영향을 주는 데에서 3개의 문자들(첫 번째 경우)의 PI가 3개의 숫자들(두 번째 경우)의 PI보다 감소하기 때문이다.

공간과 공간적 동일성 대 공간적 차이 또한 기억에서 혼동과 간섭에 강한 영향을 준다. 예를 들어, 3개의 시스템 속성의 변화를 추적하기 위한 2개의 디스플레이 레이아웃을 생각해 보라(예 : 4개의 로봇 또는 무인 차량의 위치와 상태, 제5장 참조). 한 레이아웃에서는 감시 중인 식별된 무인장치를 위해 변수의 변화를 신호로 표시하는 단일 창이 있다. 다른 레이아웃에서는 4개의 다른 (공간적으로 분리된) 창이 있다. 첫째 레이아웃이 공간 면에서 더 경제적이다. 그러나 Hess, Detweiler, Ellis(1999; Hess & Detweiler, 1996)의 연구는 공간적으로 분산된 디스플레이가 공간적 혼동(장소 이름)의 출처를 제거하거나 그리고/또는 식별에서 중요한 위치 출처를 만들어냄으로써, 이 추적 과제에서 기억을 향상시킨다는 것을 나타낸다. 이 장의 후반부에서 논의하겠지만, 이것은 무인장치 선단의 동적인 상태에 대한 상황인식을 향상시킬 것이다. 각 상태에 따라 독특한 색깔 사용과 같은, 차이를 일으키는 다른 출처들은 이 공간적 구별의 이점을 더 향상시킬 수 있다.

시스템 설계에서 기억 간섭과 혼동이 주는 시사점은 다섯 가지다. 코딩 시스템을 설계할 때 설계자는 (1) 유사하게 소리 나는 청크들로 된 긴 열의 부호를 만들지 말아야 하며, (2) 다른 정보 출처에 대해 다른 부호(언어적 대 공간적)를 사용해야 하고, (3) 저장 동안이나 그 전후의 간격들에 동일한 부호(공간적 혹은 언어적), 특히 저장된 정보와 같은 재료(예 : 모두 숫자)를 사용하는 불필요한 활동이 없도록 해야 하고, (4) 속성들에 대해서는 다른 척도 혹은 척도 명칭을 쓰고, 혹은 주시(monitor)되어야 하는 물체에 대해서는 개별적이고 독특한 공간 위치를 써야 하고, (5) 새로운 시스템 설계에서 **작업기억 분석**(working memory analysis)은 더 일반적인 과제 분석의 필수적 성분으로서 조작원이 몇 초 정도의 일정 기간 동안 시각적으로 확인하지 않고도 정보를 유지할 필요가 있는 상황인지를 판정할 필요가 있다.

작업기억에 대한 논의를 마치면서, 우리는 어떤 실제 세계 시스템에서는 최근 정보는 디스플레이에서 계속 획득 가능하고 기억될 필요가 없다는 것을 주목한다. 예를 들어, 항공관제사는 유관 항공기의 상태가 지속적으로 보이게 하여 기억 자료 대신 지각적 자료에 기초해 반응할 수 있다. 그러나 앞에서 논의한 원리들이 이러한 시스템에도 계속 적용되어야 한다. 제6장에서 논의했던 것처럼 효율적으로 갱신되는 기억은 하향 처리를 통해 지각 과정을 쉽게 만들고, 디스플레이(즉, 스캔하기)에 대한 지각을 계속하지 못할 때 조작자의 부담을 덜어준다. 더구나 시스템이 고장 나면 디스플레이 정보는 사라질 수 있는데, 항공관제에서는 사소한 사건이 아니다. 이 경우에 정확한 작업기억은 단지 유용한 정도가 아니라 필수적이다.

# 4. 전문성과 기억

앞절에서 우리는 가능하면 항상 재료를 더 큰 청크로 묶음으로써 작업기억의 용량과 소멸의 한계를 어떻게 감소시킬 수 있는가를 논의했다. 효과적으로 더 큰 청크로 묶으면 장기기억에 저장된 정보를 활용하게 될 것이라는 점은 명백하다. 이 절에서는 우선 전문성을 살펴보고, 이것을 청킹 개념과 관련지어 보겠다. 그리고 나서 숙련된 기억 그리고 장기 작업기억의 개념을 기술할 것인데, 이것이 작업기억과 장기 지식 사이의 관계에 관한 이론적인 이해를 제공할 것이다.

## 4.1 전문성

정의에 따르면, 전문성이란 기억과 학습 둘 다에 밀접하게 연결되어 있다. 학습과 훈련을 통해서 전문가는 자기 분야에 관해 초보자들이 기억하지 못하는 것들을 기억하고 있다. 그 기억이 과제에 관한 사실과 같이 명시적이거나, 장비를 사용하는 데 필요한 **절차적인 기술** (procedural skill)과 같이 암묵적인지는 중요하지 않다. 전문성이 분야에 제한적이라는 것에는 일반적으로 동의한다(Cellier, Eyrolle, & Mariné, 1997). 즉, 전문가가 된다는 것은 일반적인 수행 이점을 제공하는 것이 아니라 어떤 구체적인 분야에서의 이점을 제공하는 것이다 (예 : 스포츠, 게임, 특수한 직업). Cellier 등은 전문성의 일반 특징을 다음과 같이 열거하고 있다.

1. 전문성은 한 분야에서의 연습과 훈련을 통해 획득된다.
2. 전문성은 측정할 수 있는 수행 이점을 제공한다.
3. 전문성은 포괄적이라기보다는 전문화된 지식을 포함한다.

전문성을 정의하려는 시도 자체가 일이다. 실제로 누가 전문가인지를 파악하려는 것은 훨씬 더 어렵다. 동료 추천, 확대된 분야 경험, 그리고 높은 수준의 훈련과 교육 모두가 전문성의 높은 수준을 나타낼 것이라고 가정할 수도 있다. 그러나 Ericsson과 Ward(2007)는 경험이 덜한 동료들과 비교해서 소위 전문가라고 불리는 사람들의 수행이 믿을 만하게 뛰어나지는 않음을 발견했다. 의학 분야에서 최근 개관을 인용하면서, 그들은 교육과 임상 경험이 종종 처치 결과의 질과 관련이 없으며, 꾸준한 훈련이 없으면 수행이 실제로 낮아질 수 있다고 주장한다. (제8장에서 우리는 의사결정과 예측 분야의 전문가와 관련해서 유사한 발견을 제시하였다.) 이러한 마지막 지적은 중요하다. 높은 수준의 전문성은 단순히 경험이나 타고난 '재능' 또는 능력을 통해서 얻어지지 않는다. 오히려 수년간의 강도 높고 찬찬한 연습의 결과라는 것이다(Ericsson, 2006; Gobet, 2005).

전문가가 되면 필연적인 혜택이 있다. 전문지식의 분야를 규정하는 과제를 **내재적**(intrinsic) 과제라고 부르며(예 : 체스 게임하기), 전문지식의 분야에서 중심적이지 않은 과제를 **인위적 과제**(contrived task)라고 부른다(예 : 게임 후 체스 판에 있던 말을 회상하는 것)(Vicente & Wang, 1998). 그러한 과제들은 초보자나 전문가 모두에게 참신하기 때문에, 바로 이러한 인위적 과제가 연구자들에게 높은 수준의 전문지식에 포함된 기억 구조를 검사할 수 있는 도구를 제공한다. 예를 들면, 체스 고수는 말들의 위치를 기억하려고 신중하게 연습할 것 같지는 않지만, 그럼에도 불구하고 체스 하수들보다 말들의 위치를 훨씬 더 잘 회상해 낸다(Chase & Simon, 1973). 인위적 과제에서 보이는 전문가의 성공은 여러 분야에서 공통적으로 나타난다. 그러한 분야의 예를 들자면, 처리제어(Vicente, 1992), 항공(Wiggins & O'Hare, 1995), 간호(Hampton, 1994) 등이다. Vicente(1992)는 전문가들이 가상적인 열수력 처리장치의 상태를, 처리 변수가 정상적으로 작용할 때와 고장 났을 때(내재적 과제) 모두 더 잘 회상하였고, 전문가들은 처리 변수가 무작위로 변하는 경우에서도(인위적 과제) 초보자보다 더 잘 수행함을 보여주었다.

따라서 비록 전문성이 기술의 한 분야에 특정적인 경향이 있지만, 훈련 시에 제공받은 정보 또는 직접 경험한 정보보다는 더 일반적이다. 우리는 다음 절에서 전문성이 어떻게 청킹 사용을 촉진하는지를 논의하겠다. 그러고 나서, 전문가의 증가된 수행에 내재된 기제를 구체화하는 이론적 틀을 기술하겠다. 제8장에서는 의사결정에서의 전문성을 다룰 것이다.

## 4.2 전문성과 청킹

전문가 기억에 관한 좀 더 역사가 있는 모형 중 하나는 Chase와 Simon(1973)의 청킹 이론인데, 이것은 장기기억의 정보가 의미 있는 방식으로 집단화될 수 있으며, **청크**라는 단일 지각 단위로 부호화된다고 가정한다(2.4.3절 참조). 좀 더 최근에 Gobet과 Clarkson(2004)은 청킹 모형을 개선해서 **형판 이론**(template theory)을 제안했는데, 빈번하게 맞닥뜨린 청크는 정보를 장기기억으로 좀 더 빠르게 부호화시킬 수 있는 좀 더 높은 수준의 구조(형판)로 발전된다는 것이다. 청킹 이론을 이렇게 개선하면 체스 말의 위치에 대한 제시와 회상 사이에서 간섭하는 자극들의 상대적으로 작은 효과가 설명된다(Charness, 1976). 전문가는 말의 위치를 장기기억으로 빠르게 부호화시킬 수 있는 반면에 초보자는 간섭에 더 영향받기 쉬운 작업기억에 의존해야만 한다.

청킹 전략은 전문성을 통해 획득될 수 있다. Chase와 Ericsson(1981)은 육상선수의 기억 폭을 검사하여, 이들이 육상기록에 기초한 집단화 원리를 사용하고 있음을 발견하였다. 유사한 방식으로, 우리는 자동차 번호판에 있는 숫자와 문자를 우리가 친숙한 분야에 있는 부호들을 사용하여 집단화할 수 있다. 실제로, 다양한 분야에 있는 전문가 행동에 대한 여러 연구들에서 얻은 결론은 전문가들이 관련된 자극 재료들을 가장 낮은 수준의 단위가 아니라 청크라는 측면에서 지각하고 작업기억에 저장할 수 있다는 것이다. 그러한 분야로는 컴퓨터 프로그래밍(Barfield, 1997; Vessey, 1985; Ye & Salvendy, 1994), 체스(Chase & Simon, 1973; deGroot, 1965; Gobet, 1998), 계획 세우기(Ward & Allport, 1997), 의학(Patel & Groen, 1991), 항공관제(Seamster, Redding, et al., 1993) 그리고 비행(Sohn & Doane, 2004)을 들 수 있다.

Barfield(1997)는 전체 컴퓨터 프로그램 명령문들이 실행 가능한 순서로 되어 있거나(1), 일부 실행 가능한 명령어 청크들이 무선으로 구성되거나(2), 혹은 전체 명령문들이 무선으로 구성된(3), 짧은 프로그램을 초보자와 전문 프로그래머들에게 제시하는 연구를 수행하였다. 프로그램을 검토하는 동안 이들의 안구 운동을 추적하였다. 전문 프로그래머는 프로그램이 순서대로(1) 혹은 실행 가능한 청크들이 무선으로(2) 제시되었을 경우, 한 번 훑어볼 때마다 초보자보다 더 많은 수의 줄을 부호화하였는데 무선적인 줄(3)로 제시한 경우는 그렇지 않았다. 나중에 프로그램을 회상하라고 했을 때에도 프로그램 전문가는 제대로 된 수행 순서 조건(1)과 무선 청크 조건(2)에서 더 많은 줄의 조직화된 코드를 회상해 냈으며, 무선 줄 조건(3)에서는 그렇지 않았다. 전문 프로그래머가 조직화된 코드에서 더 많은 수의 프로그램 줄을 부호화할 수 있다는 것은 초보자들이 하듯 프로그램의 각 줄이 아니라 청크 단위로 작업기억에 부호화했다는 것을 제안하는 것이다. Ye와 Salvendy(1994) 그리고 Vessey (1985)도 비슷한 결과를 발견했는데, 두 연구자 모두 청킹 능력과 프로그램의 전문성 사이의 관계를 발견했다. 이에 더해서, Ye와 Salvendy는 초보자의 청크는 전문가의 청크보다 크기가 더 작은 경향이 있음을 발견했다.

## 4.3 숙련된 기억과 장기 작업기억

이 페이지에 있는 글을 읽고 있는 여러분 자신을 생각해 보자. 이 과제를 잘 수행하려면, 여러분은 상당한 양의 정보 접근을 유지해야 한다. 예를 들어, 앞 문장에서 언급한 '이 과제'가 무엇을 의미하는지를 이해하기 위해서는 첫 번째 문장에 대한 어떤 지식을 유지하고 있어야 한다. 여러분은 이 장을 쭉 읽어가면서 지금의 주제와 앞에 나온 주제를 통합하기 위해 이전 문단으로부터 얻은 정보를 유지해야 한다. 우리가 비록 이런 방식이라고 간주하지는 않더라도, 덩이글(text) 읽기는 숙련된 활동이고 수년간의 훈련을 필요로 한다. 명백하게도 이런 숙련된 과제 수행에는 작업기억이 관여되어 있을 것인데, 작업기억에 관한 전통적인 청킹에 기반을 두고 있는 견해로는 설명할 수 없는 숙련된 과제 수행에 관한 두 가지 측면이 있다. 첫째는 숙련된 활동이 수행에 거의 영향을 끼치지 않으면서 중단될 수 있고 후에 복귀될 수 있다는 것이다(Ericsson & Kintsch, 1995). 만약 작업기억이 정보를 일시적으로만 저장한다면 어떻게 이러한 결과를 설명하겠는가?

둘째는 숙련된 과제의 수행은 상당한 양의 정보에 신속하게 접근하는 것이 요구된다는 것이다. 그러나 우리는 작업기억에 유지할 수 있는 정보의 양에 철저한 제한이 있음을 알고 있으며, 따라서 숙련된 수행은 제한된 용량이라는 개념 자체를 거역하는 것이 된다. 그러한 정보는 장기기억에서 인출되지만, 이 정보에 대한 접근은 장기기억에 있는 정보를 인출하는 통상적인 인출 시간(보통 몇 초)보다 훨씬 빠른 것처럼 보인다고 주장할 수도 있다(Ericsson & Kintsch, 1995).

이러한 이유로 Ericsson과 Kintsch(1995)는 장기기억에 저장된 것을 능숙하게 사용하도록 하는 다른 기제가 작업기억에 포함되어 있다고 제안한다. 그들은 이 기제를 **장기 작업기억** (long-term working memory, LT-WM)이라 칭한다. LT-WM에 있는 정보는 안정 상태이지만 작업기억에서 **일시적으로 활성화된** 인출 단서를 통해 접근될 수 있다. LT-WM은 작업기억의 수초보다 더 긴 일정 시간이 있다. 저녁식사 주문을 고객과 연합시키는 기억에 의존하고 있는 웨이터가 작업기억만을 사용한다면 파국을 맞이하게 될 것이다(Ericsson & Polson, 1988). 이제 고객의 주문 정보의 소멸은 분명히 전형적인 LTM의 정보 저장 시간인 (최소한) 수 시간 정도보다는 짧다. 그러므로 여기서 LT-WM이 사용된다.

일시적으로 활성화된 LT-WM의 인출 단서는 앞에서 논의된, 고수준의 형판이 장기기억으로의 **빠른** 부호화를 지원하는 인출 구조를 제공한다고 상정하는 청킹에 관한 Gobet과 Clarkson의 형판 이론과 연결된다. 사람들이 영역특수적인 기술을 획득하면서, 역으로 바로 그 특정한 숙련된 활동을 위한 작업기억을 확장시켜 줄 수 있는 인출 구조를 획득하게 된다. 이러한 인출 구조로 인하여 전문가는 기억해야 할 정보를 작업기억보다는 LT-WM에 놓는 것이 가능하다. 이로써 전문가가 기억 과제와 동시에 다른(언어 또는 공간) 과제를 수행할 때 간섭이 적게 발생하는 이유가 설명될 수 있다. 아마도 이것은 전문가가 과제와 관련된 정보를 LT-WM(또는 형판)의 인출 구조에 저장하기 때문일 것이다. 만일 그 정보가 전문가의 작업기억에만 저장되었다면, 다른 과제가 그것을 간섭해야만 한다(Ericsson & Kintsch, 1995). 이러한 인출 구조들은 특정한 기술 분야들(의학 진단, 식사 손님 시중, 암산)에서 획득된다는 것을 주목하라. 작업기억의 일반적인 용량에서의 향상은 아니며, 내과 전문의, 웨이터, 암산 전문가도 대부분의 다른 상황에서는 보통의 수행 수준으로 줄어든다(Ericsson & Kintsch, 1995).

LT-WM을 지원하는 인출 구조의 한 예로, Ericsson과 Polson(1988)이 연구한 JC라는 웨이터가 사용한 방법이 있다. JC는 음식 범주에 있는 모든 항목들을(예 : 전분 요리) 좌석의 위치 형태에 연결시켰다. 예를 들어, 좌석을 돌며 JC는 밥, 감자튀김, 감자튀김, 밥처럼 역순의 형태로 기억하기도 했다(Ericsson과 Kintsch, 1995). 이러한 인출 구조가 통상적인 암기법의 바탕이 되며(Wenger & Payne, 1995), 비행기의 중요도가 항공관제사의 비행 날짜에 대한 기억에 영향을 끼친다는 결과를 설명할 수 있다. 구체적으로 Groulund, Ohrt 등(1998)은 도착 비행 정보가 제시되면 항공관제사들이 이를 중요도에 따라 분류하고, 이 분류를 추후 회상에 사용함을 발견하였다.

# 5. 일상 기억

다음 절에서 우리는 우리의 일상 업무에서 아주 흔히 있는 과제들, 예를 들면, 특정한 시간에 맞춰 약을 복용해야 함을 기억하는 것, 또는 특정한 주제에 관해서는 어떤 친구에게 문의해야 하는지를 아는 것의 수행을 뒷받침하는 기억 현상에 대한 최근의 연구를 둘러볼 것이다. 첫 번째로 우리는 미래에 특정한 과제를 해야 함을 우리가 어떻게 기억할 수 있는지를 (그리고 왜 때때로 우리가 잊게 되는지를) 논의하려고 한다. 이러한 **미래 기억**(prospective memory) 과제는 일상사(쓰레기를 대문 밖에 내놓아야 하는 것을 기억하는 것)부터 중요한 것(약을 복용하는 것을 기억하는 것)까지 범위가 크다. 두 번째로 우리는 공유된 경험들이 종종 집단으로 이런 경험들을 부호화하고, 저장하고, 인출하게 되는지를 논의하려고 한다. 그러한 **교류 기억**(transactive memory) 체계는 우리로 하여금 다른 방식이라면 우리에게 가용하지 않았을 정보의 위치를 찾아내고 인출할 수 있게 해준다.

## 5.1 미래 기억

우리는 모두 매일 미래의 어떤 시점에 어떤 특정한 행위를 수행하려는 의도를 형성하려고 시도하고, 그리고 종종 실패한다. '기억할 것을 기억'하려는 이러한 노력들은 우리의 사회, 가정, 그리고 직장생활에 배어들어 있고, 이러한 의도들을 기억하지 못한다는 것의 함의는 끔찍할 수도 있고(예 : 어머니 생신 때 전화하는 것을 잊는 것) 또는 삶을 위협하기까지 한다(착륙 시기에 가까워지면 착륙 기어를 사용해야 함을 기억해야 하는데, 이것에 실패한 조종사). 이러한 현상의 근저에 내재된 주의와 기억 과정의 역할은 미래 기억(PM)이라는 제목하에 수행된 많은 연구들의 주제였다(Einstein & McDaniel, 1996; Dismukes, 2010).

회고 기억에서 기대되는 것처럼, 일반적으로 연구는 의도의 형성과 행동을 해야 하는 시점 사이의 지연이 크면 클수록, PM 수행에서 감소가 더 크다는 점이 연구에서 밝혀졌다(개관은 Martin, Brown, & Hicks, 2011 참조). 유사하게, McBride, Beckner, 그리고 Abney(2011)는 상대적으로 짧은 지연(20분 미만)임에도 불구하고 지연 초기의 몇 분 동안 PM 수행의 감퇴가 있는데, 의도된 미래 행위와 무관한 과제를 하고 있을 경우에 특히 그렇다는 것을 보여주었다.

그러나 만일 우리가 의도된 미래 행위와 **연관된** 과제에 종사하고 있다면, PM 수행의 감퇴가 거의 없거나 전혀 없음이 관찰되었다(McDaniel, Einstein, et al., 2004). 이러한 발견은 우리가 어떤 것을 해야 함을 기억할 가능성은, 만일 그 어떤 것이 지금 하고 있는 것과 관련되어 있다면 더 높다는 것을 제안한다. 예를 들면, 비행기의 착륙 기어를 내리는 것을 잊은 조종사, 또는 비행기를 빈 활주로에 배치시키는 것을 잊은 항공관제사에게 있어서 자발적 회복은 과제들 사이의 관련성 정도의 함수가 될 것이다. 달리 말하면, 비행기를 조종하고 있거나 통제하고 있는 것으로는 충분하지 않다. 과제가 관련 있으려면, 실제로 기어를 내리는 통제, 또는 관제사에게는 그 특정한 비행기가 관여되어 있는 조작이 포함되어야만 한다. 실제로 과제들이 관련된다는 구체적인 사례에서 살펴보면, 지연이 길수록 환경 속의 단서가 의도를 떠오르게 하거나 우리가 의도를 자발적으로 되뇌게 할 가능성이 점점 더 높아진다(Martin et al., 2011). 예를 들면, Hicks, Marsh, 그리고 Russell(2000)은 5분 지연과 비교해서 15분 지연에서 PM 수행이 실제로 **증가했음**을 발견하였다. 요약하면, 현재의 과제가 생각나게 하는 것으로 작용할 수 있기 때문에 그 과제가 의도와 관련되어 있을 때 지연에 따른 타격은 덜하다(또는 오히려 도움을 받는다).

동기는 또한 행동하려는 의도가 기억될 것인지 여부에 영향을 주는 것으로 밝혀졌다(Kliegel, Martin, et al., 2004). 예를 들면, 우리는 도서관 대출 도서의 반환을 기억하는 것에 비해 어머니 생일에 어머니께 전화를 해야 하는 것을 기억할 가능성이 더 높다. Penningroth, Scott, 그리고 Freuen(2011)은 PM 과제의 지각된 중요성에 대한 사회적 의무의 효과와 기여를 조사하였다. 연구자들은 참가자들이 사회적이라고 평정한 PM 과제가 더 중요하다고 평정하였다. 덧붙여 사회적 PM 과제는 비사회적 과제보다 더 기억되기가 쉬웠다. 마지막으로 12시간 동안 깨어 있기보다는 잠을 잔 경우에 12시간 전에 형성한 의도의 행위에 대한 미래 기억이 향상된다고 밝혀졌다(Scullin & McDaniel, 2010).

아무리 최선의 노력을 해도, 여전히 우리는 때때로 미래의 행동에 대한 의도를 기억하지 못한다. 결과적으로 우리는 종종 기억할 확률을 증진시킬 인지적 책략을 의도적 또는 비의도적으로 채택한다. 우리는 종종 우리가 행동하려는 의도를 작동하는 데 환경 내의 단서를 사용한다. 예를 들면, 만일 거리에서 쓰레기 수거 트럭을 보았고 그날이 쓰레기를 수거하는 날이라면, 이러한 단서는 우리가 쓰레기를 내다놓아야 함을 강력하게 상기시켜 주는 것이 된다. Knight, Meeks 등(2011)은 만일 단서가 맥락이 없다(즉, 그 쓰레기 수거 트럭을 다른 날 보거나, 주차장에 주차된 트럭을 본다)고 하더라도 그러한 단서들은 매우 효과적임을 발견했다. Einstein 그리고 McDaniel(1990)은 다른 비관련 단서와 상대적으로 비교해서 관련 단서가 (특출하게) 두드러지는 정도가 미래 기억에 긍정적인 영향이 있음을 밝혔다. 예를 들면, 흔치 않은 말 또는 드문 사건(맥락이 아닌 상황에서 쓰레기 수거 트럭을 보는 것)은 더 나은 단서가 된다. 우리가 제3장에서 살펴봤듯이, 특출한 항목은 우리의 현재 그리고 미래 행위들에 대한 항목의 중요성에 대한 평가를 낳는 우리의 주의를 부지불식간에 포획하는 것처럼 보인다. 단서와 의도된 행위 사이의 관계가 강하면 PM이 증진된다고 McDaniel과 동료들(2004)이 밝혔다. McDaniel 등은 일단 단서와 의도 사이에 강한 연합이 형성되면, 추후에 그 단서를 접할 때 연관된 의도가 자동적으로 인출되고, 여기에는 노력이 거의 또는 전혀 필요하지 않다고 주장한다.

한동안 동일한 약을 복용한 후라면, 판매대에 있는 친숙한 모양의 약병은 약을 복용해야 함을 강력하게 상기시킨다. 단서와 관련된 의도 사이에 그렇게 강한 연합이 있는 PM에 대한 영향은 미래 의도의 망각을 방지하려는 좀 더 강력한 전략의 의도[소위 **이행 의도**

(implementation intention)]의 효과성의 기저를 이룬다(Gollwitzer, 1999). 이러한 전략은 행동하려는 의도의 두 가지 중요한 구성요소인, 의도된 행위 그 자체(즉, '어떤 것')와 의도가 실행되는 미래의 상황(즉, '어디서' 그리고 '언제')을 절충한다. 이러한 전략은 'X 상황에서, Y를 할 것이다'라는 형태의 언어적 연합으로 발전하면서 스스로 명확해진다. McFarland와 Glisky(2011)는 이행 의도 형성하기와 이행 상황 상상하기 둘 다 PM을 향상시킨다는 것을 밝혔는데, 두 행위가 같이 작동하기도 하고 행위 단독으로도 작동하기도 한다.

'이행 의도 형성하기' 또는 '미래의 특정한 상황하에서 의도된 행위를 실행하는 우리를 상상하기'라는 간단한 행위를 통해서 우리의 PM 수행이 크게 향상된다는 것을 이러한 발견들이 밝혔다. 우리는 또한 단서들이 맥락과는 무관하게 보일 때에도 환경 내에 있는 단서들은 자발적으로 의도를 촉발할 수 있음을 보았다. 우리는 종종 의도가 형성되는 동시기에 환경에 현저한 단서를 의도적으로 도입함으로써 이것을 촉진시키려고 종종 노력한다. 예를 들면, 수거 하루 전에 대문 앞에 쓰레기통을 내다놓음으로써 "만일 대문 앞에 있는 쓰레기통을 본다면, 나는 쓰레기를 밖에 내놓을 것이다."라는 의도가 우리가 다음 날 아침 집을 나서려고 할 때 촉발된다.

때때로 우리는 단순하게, 지금 하는 것이 적합하지 않기 때문에 미래에 그 과제를 할 것을 기억하려고 미래 기억을 사용한다("아침 10시에 약 복용을 기억해야 하기 때문에 아침 9시인 지금은 복용해서는 안 된다"). 그러나 다른 과제로 인하여 **방해받고**, 방해한 과제가 완결된 후에야 방해받은 과제가 재개될 수 있기 때문에 평소에는 지연이 있다. **방해 관리**(interruption management)라는 이러한 특정한 주제는 중다과제의 일부로서 제10장에서 광범위하게 논의될 것이다. 그러나 방해된 과제의 재개에서 PM의 역할에 주목하는 것이 필수적이며, 실제로 방해 관리와 PM은 매우 가까운 사촌관계다(Dismukes, 2010).

요약하면, 우리는 사용자에게 지원을 제공하는 것의 중요성을 보았고, 특히 의료, 비행, 항공관제같이 PM 실패가 비용이 크거나 중대한 결과가 있는 작업 상황에서 그렇다. 다행히도 인간공학자에게는 '기억할 것을 기억하는 것'의 가능성을 증대시킬 수 있는 훈련 또는 접속장치 설계를 위한 몇 개의 전략이 있는 것처럼 보인다. 예를 들면, 포스트잇을 모방한 전자 버전이 여러 탁상용이나 모바일용 컴퓨팅 플랫폼으로 구현되었다(방해 관리와 관련된 기술적 해결책은 제10장에 있다).

## 5.2 교류 기억

우리가 여태까지 살펴보았듯이, 기억에 대한 연구는 크게 보면 개인이 지식을 부호화, 저장, 인출하는 방식에 초점을 두었다. 그러나 실생활에서 우리는 종종 우리의 가족, 친구, 동료의 기억으로 우리의 제한된 기억을 보충한다(Wegner, Giuliano, & Hertel, 1985). 우리가 제6장(조종실에서 팀 상황인식의 맥락)에서 보았고, 이 장의 후반부(공동 문제해결의 맥락)에서 논의할 예정인데, 팀의 효과성은 팀 구성원 간 정보와 지식의 효율적인 공유에 달려 있다. 이러한 정보와 지식의 공유는 두 가지 구성요소, 즉 각 개인이 저장한 지식과 각 개인이 소유하고 있는 지식이 어떤 지식인지를 아는 것(메타기억)을 절충하는 **교류 기억 체계**(transactive memory system, TMS)의 면에서 기술될 수 있다. TMS는 집단 구성원에게 집단 내에서 접근할 수 있는 지식에 관한 정보를 제공한다. 그리고 그렇게 하면서 정보가 접근될 수 있는 속도뿐만 아니라 자신들이 마음대로 이용할 수 있는 정보의 양이 상당히 증가된다. 집단 내에 '누가 무엇을 아는지'에 대한 공유된 인식이라는 개념은 이미 팀 상황인식이라는 맥락 내에서 제6장에서 논의되었다(Gorman, Cooke, & Winner, 2006; Cannon-Bowers & Salas, 2001).

잘 형성된 교류 기억을 가진 집단의 혜택은 실험실(Liang, Moreland, & Argote, 1995) 그리고 현장 상황(Michinov & Michinov, 2009)에서 연구되었다. 연구는 잘 형성된 TMS를 소유한 집단은 그렇지 못한 집단보다 더 잘 수행한다는 것을 보여주었다. TMS는 세 가지 차원을 절충하고 있는데 세 차원이란 집단 구성원이 전체적으로 맡고 있는 전문지식의 **전문화**, 집단의 구성원들 사이의 **조화**, 그리고 주어진 과제에서 각 집단 구성원의 전문지식의 **신뢰성**이다(Liang, Moreland, & Argote, 1995; Lewis, 2003).

좀 더 최근에 Michinov와 Michinov(2009)는 이들 세 가지 차원과 작은 학습 집단에서 공부하는 학생들의 학업 수행 사이의 관계를 조사하였다. 학생들은 학기 동안 일련의 집단 학습 과제를 마치고 과정의 말미에 교류 기억에 관한 자기보고 설문지를 제출했다. 연구는 집단 내 조화와 신뢰도에 근거한 학습 과제 수행 그리고 교류 기억의 자기보고 측정 사이에 유의미한 정적 관계를 보여주었다. 덧붙여 학습 수행은 집단 내에서 전문분야를 개발하는 구성원의 함수로서 증가하였다. 이러한 결과는 시간이 지남에 따라 구성원들은 갈수록 전문지식을 쌓고, 그렇게 함으로써 집합적으로 수행이 향상됨을 제안하였다. 집단 내에서 과제를 수행하기 위하여 팀 구성원들은 배정된 과제를 수행하는 개인적 노력을 조직화하고, 이러한 조화는 그들의 전반적인 수행에 긍정적인 영향을 주었다.

전문화의 혜택은 또한 집단이 정보를 부호화, 인출하라고 요청받았을 때 명백하다. 집단 내 교류 기억의 수준은 이렇게 하는 데 얼마나 성공적인지를 결정하게 된다. 교류 기억이 거의 없거나 전혀 없는 집단의 경우, 한 번에 회상하지 못하는 둘 이상의 사람들은 혼자서 회상했을 때와 비교해서 새로운 항목을 더 이상 내놓지 못한다. **공동 억제**(collaborative inhibition)(Weldon & Bellinger, 1997)라는 현상은 다른 집단 구성원의 회상된 항목을 듣는 것을 통한 인출 전략의 붕괴와 관련이 있는 것처럼 보인다(Dahlström, Danielsson, et al., 2011). TMS가 형성된 집단에서 공동 억제는 줄어드는데, 각 구성원은 자신의 전문분야에 관련된 정보의 부호화, 저장, 인출을 책임지고 있기 때문이다. Dahlström, Danielsson과 그 동료들은 비중복적인 방식으로 집단 구성원 사이에 분배시킴으로써 전문화 수준이 높으면 집단이 더 많은 정보를 회상할 수 있다고 주장한다. 공동 억제는 또한 (낯선 이와 비교해서) 친구 집단에서, (초보자와 비교해서) 전문가 집단에서 줄어든다.

Michinov와 Michinov(2009)는 가족 구성원 또는 가까운 친구 또는 어떤 학기 동안 과목을 같이 작업하는 스터디 그룹 내 TMS의 개발은 같이 살거나 일하면서 보낸 시간의 양에 관한 함수라고 제안한다. 그러나 단순하게 시간 문제를 넘어서, 명백한 훈련은 또한 도움이 되는 것처럼 보인다. 아주 짧은 기간 동안 특정한 과제 또는 목표를 공략하는 목적으로 기민한 프로젝트 집단을 형성하는 조직들의 최근의 경향을 보면 이것은 특히 시기적절성의 문제다.

그러므로 집단 수행은 집단 구성원들이 팀 능력 훈련을 받는 경우(Prichard, Bizo, & Stratford, 2011), 같이 작업하도록 훈련받는 경우(Liang, Moreland, & Argote, 1995)가 모두 각 팀 구성원의 각각의 기술에 관한 정보를 받는 경우(Moreland & Myaskovsky, 2000)라면 실제로 향상될 수 있다. 교류 기억의 차원과 직접적으로 관련된 주제(동의하는 역할, 분배하는 작업, 협조 등)를 포함하는 팀 기술 훈련은 팀 구성원이 보고하는 작업부하량을 낮추고, 공동 과제에 대한 팀 수행을 향상시키는 것으로 밝혀졌다(Prichard, Bizo, & Stratford, 2011). Liang, Moreland, 그리고 Argote(1995)는 라디오를 조립하는 과제에 대하여 팀 구성원을 개인별로 또는 집단으로 훈련시키는 효과를 조사하였다. 그들은 함께 훈련받은 팀의 구성원은 조립 과제의 상이한 측면을 회상하고(즉, 전문화), 다른 사람의 전문지식을 신뢰하고(즉, 신뢰성), 팀 내에서 활동들을 협력할 가능성이 높았다고 밝혔다. 그들은 TMS가 이렇게 향상됨으로써 팀이 조립 절차에 관해 더 많이 회상할 수 있으며, 더 나은 제품을 만든다고 주장한다. 동일한 라디오 조립 과제를 사용하여, Moreland와 Myaskovsky(2000)는 팀의 개인이 개인별로 훈련을 받는다 하더라도 팀으로 같이 작업하기 전에 다른 사람의 수행에 관한 피드백을 받으면 유사한 효과가 있음을 발견하였다.

팀 수행은 또한 개인에게 다른 팀들과 작업할 기회를 제공하면 향상될 수 있다. Gorman과 Cooke(2011)은 기존의 무인 항공기 수행 팀을 단기간(3~6주) 또는 장기간(10~13주) 동안 해체하고 팀을 재구성한 후에 의사소통과 수행에 미치는 효과를 조사하였다. 10~13주 해체 후에 팀 구성원을 섞은 경우, 과제에 대한 지식의 공유가 증대하고 의사소통도 향상되었는데, 결과적으로 이것은 해체하지 않고 그대로 유지된 팀과 비교해서 더 높은 수행을 보여주었다. 팀 구성원이 다른 개인들과 상호작용하는 경험을 할 기회를 제공받으면 팀 학습과 수행이 지원된다는 것이 그들의 결과다. 그렇게 함으로써 팀 구성원은 팀 내에서 자신의 구체적인 역할을 지원할 수 있도록 팀의 TMS 내에서 자신들의 지식 구조를 더 개선할 수 있으며(이 사례에서는 조종사, 항법사, 또는 사진사), 이것은 결과적으로 좀 더 조화로운 시스템의 전문화된 지식을 팀 내에 제공한다.

집단 내에서 효과적으로 작업하는 법을 배우는 것은 우리의 직업 생활에서 중요한 측면이며, 우리가 보아왔듯이 우리의 전문지식의 한계(우리가 무엇을 아는지를 아는 것)는 그것의 중요한 측면이다. 다음 절에서 역동적 환경에 대한 기억의 가장 중요한 적용 중 하나인 상황인식을 살펴보면서 이 개념을 탐색해 볼 것이다.

## 6. 상황인식

인간요인에 대한 연구에서 가장 만연한 주제 중 하나는 상황인식(SA)의 개념이다(Endsley, 1995a; Endsley & Garland, 2001; Banbury & Tremblay, 2004; Durso & Sethumadhavan, 2008; Tenney & Pew, 2007). 실제로 과거 15년 이상 동안 이 개념은 공학심리학자들의 상당한 관심을 받아왔는데(Wickens, 2008), 이는 상황인식을 지원하는 디스플레이를 디자인하는 데 적절할 뿐만 아니라, 상황인식을 하지 못해 생기는 재난과 사고의 원인을 이해하는 데도 적절하기 때문이다. 아마도 가장 대중적인 SA의 정의는 Endsley의 정의, 즉 환경에서 핵심적 요소들의 **지각**, 핵심적 요소들의 **이해**, 그리고 미래에 이들 상태의 **추정**(Endsley, 1988)이다. 또는 Tenney와 Pew(2007)가 인용한 바 있는 "뭔데? 그래서 어떻게 됐다고? 지금은 어떤데?"이다.

항공관제사, 조종사, 외과 의사, 핵발전소 관리기사, 그리고 군 지휘관을 포함하는 광범위한, 역동적이고 안전이 핵심적인 직업에서 SA의 좋은 수준을 가지는 것은 효율적인 과제 수행에 핵심적이다(Endsley, 1995a; Durso & Gronlund, 1999). 갑자기 맞닥뜨린 사소한 문제조차 서서히 전개되어 온 상황을 관리기사가 완전히 이해하지 못하면 아주 빠르게 재앙으로 커질 수 있다. 예를 들면, Air France Flight 447은 대서양 3만 8,000피트 상공에서 발생한 엔진 고장으로 탑승했던 228명 전원이 사고로 죽었다. 조종실 음성 기록에 대한 초기 분석에 따르면, 감당할 수 있어야만 했던 위급상황을 진단하고 대응하면서 승무원이 혼동에 휩싸였었다(Sorensen, 2011).

연구자들은 성공적인 과제 수행에 대해 SA를 지니고 있는 것의 중요성에 동의할 준비가 되어 있다. 그러나 그들은 SA가 실제로 무엇인지, 어떻게 우리가 획득하는지, 그리고 왜 때때로 그것을 잃어버리는지에 대해서는 덜 확신을 가지고 있다(Rousseau, Tremblay, & Breton, 2004). SA에 대한 연구는 많은 다양한 관점을 가져왔다(개관은 Durso & Sethumadhavan, 2008 참조). 예를 들면, Endsley(1995a)는 **지식 상태**(또는 산물)로서의 SA 그리고 그런 상태를 성취하는 데 사용되는 인지 절차를 구분하는데, 그러한 절차는 종종 **상황 평가**(situation assessment)라고 참조된다. 우리는 특정한 결정을 지지하는 정보를 획득하는 의도적인 과정을 논의하는 제8장에서 상황 평가를 다시 취급하게 될 것이다. 혼동을 피하기 위해서, 비행 조종이나 운전 같은 시간이 핵심적이고 역동적인 환경에서 상황인식을 획득하고 유지하는 **계속 진행 중인** 과정과 의사결정에서 일회적인 상황 평가 사이를 구분하는 것이 중요하다. 좋은 계속 진행 중인 SA가 있으면 빠르고 정확한 상황 평가를 하는 것이 촉진되고, 앞의 연속 진행 중인 과정은 결정을 지원할 때 호출된다.

Rousseau와 동료들(2004)은 또한 SA 상태와 대응되는 정신적 표상의 산출을 지원하는 인지적 과정들의 집합에 관련된 **조작자 초점** 접근(operator-focused), 그리고 과제 환경(사상, 대상, 타인, 그리고 과제 환경이 절충하는 이것들의 상호작용)이 SA를 결정하는 것으로 보는 **상황 초점**(situation-focused) 접근을 구분한다(Pew, 2000; Flach, Mulder, & van Paassen et al., 2004; Patrick & James, 2004).

이 책의 초점이 심리학적 이론을 시스템 설계에 응용하는 것에 있기 때문에 우리는 조작자 초점 관점에서 SA를 이해하려고 착수된 연구를 개관하는 데 전념할 것이다. 그러나 조작자(즉, 인지적 능력과 한계) 그리고 상황(즉, 환경, 시스템, 목표, 다른 승무원) 둘 다에 대한 이해가 시스템 설계에 본질적이라는 것을 인지하고 있다. 예를 들면, SA의 원천은 인간과 비인간적인 행위자(즉, 디스플레이) 둘 다에 의해 분산되어 있고 유지될 수 있다. 그러므로 분산 인지 관점에서 조작자는 모든 정보를 상세하게 기억할 필요가 없다. 정보가 필요할 때 참조하기만 하면 된다(Garbis & Artman, 2004; Stanton, Salmon, et al., 2010; Sorenson, Stanton, et al., 2011).

제1장에서 기술된 것처럼 정보처리 체제는 SA, 특히 주의와 기억 같은 과정을 획득하고 유지하는 우리의 능력에 내재된 인지적 과정들을 확인하려는 여러 시도들을 지지해 왔다(Endsley, 1995a, 2004; Adams, Tenney & Pew, 1995; Banbury, Croft, et al., 2004). 제3장에서 우리는 어떻게 우리가 환경 내에 있는 다중 대상들을 감시하는 우리의 주의를 집중하거나 분산시킬 수 있는지, 그리고 어떻게 우리가 주의를 두지 않는 자극이 우리의 주의를 포획하거나 놓치게 되는지를 논의하였다(즉, 엔진 소리가 아주 사소하게 변화해도 조종사는 엔진 상태 계기판을 즉각적으로 살피게 된다)(Endsley, 1995a). 우리는 제10장과 제11장에서 우리가 제한된 주의 용량을 가지고 있다는 것과 우리의 주의에 대한 요구가 과다할 때 그 결과로 과제 수행이 나빠지는 것을 논의할 것이다. 그러므로 우리의 주의 용량과 주의 산만에 영향받기 쉬운 민감성의 한계가 SA에 있어서의 중요한 한계가 된다. 복합적이고 역동적인 환경은 조작자의 용량을 빠르게 넘어버리고, 결국은 SA의 정보 과부하와 손실을 낳게 된다(SA 획득에 영향을 주는 요인들의 범위에 관한 논의는 Banbury, Dudfield, et al., 2007 참조).

## 6.1 상황인식에서 작업기억과 전문지식

SA와 작업기억의 연계는 직접적이다. 전개되는 어떤 상황에 대한 현재의 자각의 대부분은 작업기억에 머무른다. 일단 지각이 되면, 정보는 그것으로부터 상황에 대한 이해를 발전시키기 위해서 작업기억에 유지해야 한다(Durso & Gronlund, 1999; Endsley, 1995a). 실제로, 많은 연구자들은 처리를 위해 정보를 유효하게 유지하는 것을 핵심적으로 보고 있는데, 항공관제(Gronlund, Ohrt, et al., 1998; O'Brien & O'Hare, 2007), 운전(Gugerty & Tirre, 2000; Johannsdottir & Herdman, 2010), 비행조종(Carretta, Perry, & Ree, 1996; Sohn & Doane, 2004; Sulistyawati, Wickens, & Chui, 2011), 공정 제어(Gonzalez & Wimisberg, 2007), 그리고 다른 다양한 실제 세계 과제(Endsley, 1995)를 들 수 있다. 시간에 따른 디스플레이 또는 시스템 조건에 대한 효과적인 감시는 이런 정보의 시간적 순서가 작업기억에 온전하게 유지되어야 함을 필요로 한다(Banbury, Fricker, et al., 2003).

작업기억이 SA를 성공적으로 획득하고 유지하는 중요한 결정요인이라는 생각은 수많은 경험적 연구로 지지를 받았다. 예를 들면, Carretta, Perry 등(1996)은 언어적, 공간적 작업기억은 미공군의 SA 종합평가지에 대한 31개의 감독관/동료 평정에서 좋은 예언자임을 발견하였다. Gugerty와 동료들은 작업기억이 운전 과제에서 SA 측정과 관련되어 있음을 발견하였다(Gugerty & Tirre, 2000; Gugerty, Brooks, & Treadaway, 2004). Durso, Bleckley, 그리고 Dattel(2006)은 참가자가 공간 정보에 대한 작업기억이 더 크면 항공관제 과제에서 오류가 더 적음을 발견하였다. Durso와 Gronlund(1999)는 작업기억과 SA 사이의 관계는 정보의 저장보다 정보의 처리에 더 기인한다고 주장한다(Baddeley & Hitch, 1974; 제2절 참조).

다른 인지적 과정들처럼 SA를 유지하는 능력은 영역의 전문지식에 따라 향상된다. 이것이 발전하는 방식을 설명하면서, (우리가 이 장의 앞에서 다룬 것처럼) Durso와 Gronlund는 전문가는 작업기억에 덜 의존하고 LT-WM에 더 의존한다고 제안한다(4.3절 참조)(Ericsson & Kintsch, 1995). 작업기억에 있는 포인터들이 장기기억에 저장된 정보를 활성화시키는데, 이는 상황 정보의 빠르고 효율적인 저장과 인출을 촉진시킨다. 그러나 초보자의 사례에서, 또는 상황이 적절하게 새로울 때는 이러한 LT-WM 구조가 떠맡을 수 없고 순수 작업기억에 심하게 의존하는 실시간 계산 과정이 필요하게 된다(Endsley, 1997). 예를 들면, Chase와 Simon(1973)의 체스 연구와 유사한 상황 회상 과제에서 Sohn과 Doane(2003, 2004)은 공간적·언어적 기억 폭(예 : 기억 능력) 그리고 재구성된 가능한 조종간 배치와 불가능한 조종간 배치에서의 수행(예 : 기억 기술)은 조종간 편성의 미래 상태를 예측하는 수행(예 : SA)과 연관되어 있음을 밝혔다. 그러나 이 효과는 참가자의 전문지식 수준의 함수였다. 작업기억 용량은 초보 조종사에게 핵심적인 반면, 기억 기술은 전문 조종사에게 더 중요했다. Sohn과 Doane은 두 기억 기제(기억 능력과 기억 기술)가 복합 과제 수행에서 중요한 역할을 한다고 주장한다. 즉, 높은 LT-WM 기술을 지닌 전문가는 LT-WM 구조가 아직 발달하지 못한 초보자와 비교해서 복합 과제 수행 동안 작업기억 용량에 덜 의존한다. 유사하게 Gonzalez와 Wimisberg(2007)는 SA와 작업기억 사이의 관계는 공정 제어 과제에서 전문지식의 함수로서 감소됨을 밝혔다.

## 6.2 SA의 수준과 기대

앞에서 언급한 바와 같이 Endsley는 SA는 지각(알아차리기), 이해, 전망(기대)의 세 가지 수준이 있다고 제안하였다. 크게는 이러한 세 가지 수준은 이 책의 체계 내에 수용될 수 있다. 첫 번째로 **지각**은 제3장(선택 주의와 알아차리기)과 제6장(지각의 기본)에서 논의된 소재와 직접적으로 연관된다. 역동적인 세계에서 역동적 변화들이 **탐지**되지 않는다면 그리고 기본적인 지각적 해석이 주어진다면 변화에 대한 자각이 없는 것이 가능하다. 그러므로 항공관제사는 먼저 두 비행기가 같은 고도에 있다는 것을 알아차리고, 궁극적으로 두 비행기가 충돌할 잠재성을 자각해야만 한다. St John과 Smallman(2008a)은 변화맹과 SA 사이의 직접적 연계를 강조한다.

두 번째 수준에서 상황에 대한 이해 또는 진단은 정보의 통합 그리고 무엇이 일어날 것인가에 대한 고차 수준의 추론을 요구한다. 다음 장에서 우리는 의사결정에 대한 전조로서 진단, 추론, 그리고 상황 평가에 있는 이러한 인지적 과정에 대해 많은 시간을 부여할 것이다. 이 과정은 작업기억을 집중적으로 필요로 하지만, 우리가 언급했듯이 또한 LT-WM을 불러일으킨다. 우리의 항공관제 사례에서 관제사는 두 비행기가 고도가 같은 상황에서 궤적이 하나로 뭉치게 되는 것을 지금 알아차리고, 그리고 두 비행기가 잠재적인 충돌 경로에 있음을 이해한다.

세 번째 수준은 **기대**(anticipation), 전망, 또는 예측이다. 관제사는 이제 두 비행기의 가장 가까운 경로까지 시간이 얼마나 남아 있는지 전망을 내리고, 그러한 최소로 허용 가능한 한계 내에서 향후에 두 비행기가 서로 떨어질 수 있는지 여부를 평가해야만 한다. 이러한 전망은 어렵고, 사람들은 전망을 잘 해내지 못하고, 전망에 대한 연구도 불충분하지만, 아마도 전망이 SA의 가장 핵심적인 요소다. 그러나 우리가 수준 3을 기술하기 전에 우리는 SA의 세 수준 모두가 전조 반응임을 언급해야 한다. 즉, SA 구성 개념은 일반적으로 제8장의 절반과 제9장에서 논의된 **결정 선택**과 **행위 선택**의 주제를 언급하고 있지 않다. 그러므로 SA가 무엇인지 설명하는 것이 핵심적인 것처럼 SA가 아닌 것이 무엇인지를 설명하는 것 또한 중요하다.

인간 수행에서 수준 3의 SA의 핵심적인 중요성은 비행기 또는 발전소에서 있을 법한 엔진의 비정상성의 진행 또는 초기 산불의 역동적인 특성 같은 **역동적으로 진행하는** 상황에서 SA가 가장 관련 있다는 사실로 강조된다. 그러한 상황에 사람이 개입할 필요가 있을 때, 교정적인 행동은 즉각 효과적으로 달성될 수 없다는 것은 단순한 사실이다. 예를 들면, 위기의 원인을 이해하기도 전에 타이타닉호를 빙산으로부터 멀어지게 뱃머리를 돌리는 데, 항공관제사가 비행기를 잠재적 충돌로부터 비행기를 돌리도록 하는 데, 수술실에서 마취과 의사가 악화되고 있는 환자에 관한 정보를 모두 수집하는 데도 시간이 필요하다. 제5장에서 우리는 이러한 시간 지연을 시스템 역동에 적용할 때는 **시스템 지연**(system lag)이라고 참조하였고, 우리는 이러한 추정된 미래 시스템을 명백하게 표시함으로써 예측적인 디스플레이가 얼마나 유용한지를 보았다. 제8장에서 우리는 좀 더 장기적인 예측이라는 인지적 도전을 기술할 것이다.

여기서 우리는 SA에서 변화가 즉각적인(예 : 이러한 변화를 알아차리거나 또는 이해되는 순간) 행위로 효과적으로 다뤄질 수 없다는 사실을 가정하면, 사람이 이러한 변화를 **예측**할 수 있고, 상황이 위기 상태(타이타닉호)에 도달하기 전에 행동을 취할 수 있다는 것이 극히 중요하게 된다는 점을 강조한다. 우리는 또한 있을 법한 위기를 대비하기 위하여 SA가 효과적인 일상 수행을 위해서 대부분의 시간 동안 요구되지는 않는다고 하더라도 조작자가 항상 예측할 수 있어야 하는 것(수준 3의 SA를 유지하는 것)이 중요하다는 것을 강조한다 (Wickens, 2000). 결국에 전형적으로 조작자는 위기 상황을 예측하지는 못하지만, 그럼에도 불구하고 그것에 준비되어 있어야 한다. 그러한 준비는 부분적으로 수준 3 SA의 계속적인 유지에 의해 이뤄진다.

그러면 어떻게 수준 3의 SA가 성취되는가? 적어도 상호 배타적이지는 않은 5개의 기제가 제안되었다. 첫째, 기대는 가장 우선적으로 관련이 있는 지표, 전형적으로는 환경 속에 있는 정보의 출처에 신중하게 주의를 집중함으로써 성취될 수 있다. 예를 들면, 어떤 경제 지표는 다른 것보다 경제(역동 시스템)에서 장래 동향에 대한 더 타당한 지표다. 그리고 항 공기에서 수직 속도 계기판은 고도계 그 자체보다 수준 3의 고도 인식의 더 나은 출처다 (Bellenkes, Wickens, & Kramer, 1997). 때때로 이런 초점은 수준계보다 단일 계기판의 변화 의 비율 또는 가속계에 주의를 주는 것이 단순하게 포함될 수도 있다(Yin, Wickens, et al., 2011). 여기서 다시 어떤 계기판에 주의를 주는 것이 더 또는 덜 중요한지 아는 기술과 경험 이 필요하다(Bellenkes, Wickens, & Kramer, 1997; Sohn & Doane, 2004; Jackson, Chapman, & Kramer, 2009).

둘째, 우리가 다음 장에서 논의하듯이, 어떤 전문가는 미래를 예측하고자 '정신적 시뮬레 이션'을 이용하고, 자신의 마음에 문자 그대로 작용하는 있을 법한 시나리오에 대한 작업기 억을 사용하여 무엇이 일어날 수 있는지를 예측한다(Klein & Crandall, 1995).

셋째, Endsley는 고차 수준의 SA(이해와 기대 둘 다) 획득은 이전 경험과 '형태 맞추기'의 과정을 통해서 성취될 수 있다고 주장한다(Endsley, 1995a, 2000). 장기기억 구조(즉, 정신모 형)는 현재의 SA를 구성하기 위해서 활용된다(Endsley, 2000). 조작자는 정신모형으로 시스 템의 목적과 형태, 시스템 기능과 관찰된 시스템 상태에 대한 설명, 그리고 미래 상태의 예측을 생성할 수 있다(Rouse & Morris, 1985). 유사하게 Durso와 Gronlund(1999)는 상황 모형은 다른 것들 사이에서 가까운 미래로 예측을 가능하게 하는 LT-WM의 일시적인 예시 화라고 주장한다. 예를 들면, 정수 공장 같은 곳의 산업 통제 과정에 대한 정확한 정신적 표상은 가설적인 오류 또는 조작자 착수 행위의 결과에 대해 정신적 시뮬레이션을 하는 것 을 가능하게 해준다.

넷째, Banbury, Croft 등(2004)은 최근에 선택 주의(제3장 참조) 그리고 작업기억과 연합 된 수많은 현상을 설명하는 데 사용되어 온 Jones(1993)의 **인지적 흐름**(cognitive streaming) 체계는 또한 SA에 유용한 통찰, 특히 기대와 연관된 통찰을 제공할 수도 있다고 주장했다. 인지적 흐름의 핵심 개념은 어떤 유형의 사건이 다른 사건의 발생에 따라서 일어날 가능성 인, 전이 확률의 개념이다. Banbury, Croft 등은 전이 확률의 사용이 우리가 기대할 수 있도 록 하는 기제라고 주장한다. 예를 들면, 익숙한 교차로에 접근하는 자동차가 가진 전이 정 보는 어떤 자동차가 특정한 행동을 보인다는 전이 확률로 이끈다(즉, 중앙 차로에서 오른쪽 차로로 차선을 바꾼 후에 자동차는 교차로에서 우회전을 할 가능성이 높다). 낮은 전이 확률을 가진 대상은 우리가 앞에서 논의한 바와 같이(즉, 항공기 역량의 이전 경험 그리고 가능한 동작) 장기기억 구조로부터 '형태 맞추기'를 통해 전이 확률을 대상에 접합시킴으로써 좀 더 순조롭게 이해되고 기대될 수 있다.

다섯째, 인지적 능력의 차이는 분명하게 역할을 한다. 전투기 조종사의 다양한 SA 수준을 연구한 Sulistyawati, Wickens, Poon(2011)은 장래를 짐작해서 추정하도록 하는 인지적 추론이 더 나은 수준 3의 SA를 지닌 사람들을 예측하는 데 중요하지만, 더 나은 수준 2의 SA에 대해서는 아니라고 밝혔는데, 후자는 공간 능력으로 더 잘 예측되었다.

마지막으로, 우리는 여기서 미래를 예측하는 것의 중요성을 강조한 반면에 수준 3의 SA를 유지해 온 인간 조작자에 대한 다음 요구는 예측된 미래 상황을 다루는 행위를 선택하는 것이다. 계획이라는 이런 핵심적인 주제는 7절에서 자세하게 논의될 것이다.

## 6.3 SA의 측정과 인식의 역할

최근에 정치인이 발언한 기억할 만한 말 중 하나는 전 미국 국방장관, Donald Rumsfeld가 2006년 NATO 기자회견에서 한 것이다. "알려진 아는 것들이 있다. 이것들은 우리가 안다는 것을 우리가 아는 것이다. 알려진 모르는 것들이 있다. 이것은 우리가 모른다는 것을 우리가 아는 것이다. 그러나 또한 모르는 모르는 것들이 있다. 우리가 모른다는 것을 우리가 모르는 것이다." Rumsfeld가 SA 측정의 개념과 친숙하지 않다고 하더라도 그는 우리가 어떻게 하려고 하는지를 묘사하는 꽤 괜찮은 일을 했다.

SA 측정의 많은 비율이 조작자의 의식 지식에 접근하려고 설계되어 왔다(최근의 개관은 Salmon, Stanton, et al., 2006 참조). 예를 들면, 상황인식 전체평가기법(SAGAT)(Endsley, 1995b)은 Endsley의 SA 세 수준 모두에 걸쳐 SA를 평가하는 한 세트의 기억 기반 질문으로 구성되어 있다. SAGAT에서 조사 중인 과제의 시뮬레이션에서 '정지' 상태 동안 질문을 제시한다. 이 '정지' 동안 모든 디스플레이는 빈 상태가 되고, 조작자는 정지된 시점에서 상황에 대한 자신의 기억에 근거해서 각 질문에 답하도록 되어 있다.

SAGAT 기법이 종종 사용되는 반면, 제11장의 작업부하 맥락에서 좀 더 논의될, **침입**(intrusiveness)의 문제인, SA를 측정하고 있는 바로 그 과제의 수행에 대하여 어느 정도의 혼란이 부과된다. 앞에서 보았듯이, SA는 작업기억에 의존하며, 작업기억은 채우기 과제 같은 방해에 꽤 영향을 쉽게 받는다. 더욱이 우리는 SAGAT가 전문가와 초보자 사이의 SA를 구분하는 데 사용될 때 일부 혼입을 기대하기도 하는데, 우리가 보듯이 전문가는 작업기억에 덜 의존하고, 4.3절에서 보았듯이 중단에 덜 방해받는 시스템인 LT-WM에 더 의존한다. 이러한 차별적 효과와 일관되게 McGowan과 Banbury(2004)는 SA의 중단 기반 측정은 실제로 시뮬레이션된 운전 검사 동안 도로 위험물에 대한 젊은 운전자의 기대를 감소시킴을 발견했다.

SAGAT와 대조적으로 **상황 제시 평가측정**(the situation present assessment measure, SPAM)

(Durso & Dattel, 2004)은 상황이 현재 남아 있고, 과제 수행을 계속하는 동안 조작자에게 질문을 제시한다. SPAM은 또한 조작자의 반응시간과 정확성을 측정하는데, 이 둘은 SA를 추론하는 데 사용된다. 우리가 이미 다룬 바 있지만, SPAM은 분산된 인지 관점을 취한다 (즉, 조작자는 모든 정보를 기억할 필요는 없다. 대신 요청되는 대로 정보를 참고하기만 하면 된다). 질문에 반응하는 RT에 근거해서 조작자의 SA에 내재된 과정에 관해 추론을 할 수 있다. 예를 들면, 질문에 대한 빠른 반응은 지식이 활발한 기억에 유지되고 있음을 가리킨다. 반면에 느린 반응은 조작자가 과제 환경 내에 있는 인공물(artifacts)로부터 정보를 가져올 필요가 있음을 가리키는 것이다.

이 시점까지 우리는 조작자가 의식적으로 성공적인 과제 수행을 요구하는 관련된 지식을 인식하는 작업기억의 관점에서 SA를 다루고 있다. '모르는 모르는 것들' 그리고 '모르는 아는 것들'에 관한 Rumsfeld의 말로 되돌아가자. 사람들이 '모르는 것을 모르는' 사례가 분명히 있다. 그러므로 전투기 조종사(Sulistyawati et al., 2011), 군인(Matthews, Eid, et al., 2011), 그리고 군 지휘관(Rousseau, Tremblay, et al., 2010)은 종종 자신들이 탐사에 근거한 또는 관찰자에 근거한 측정 기법을 사용하여 평가된 것보다 더 좋은 SA를 가지고 있다고 믿는다. 그러한 모르는 것의 예는 자신의 꼬리에 적기가 붙은 것을 모르는 조종사가 그럼에도 불구하고 좋은 SA를 보고하는 것이다(이 주제는 제8장에서 과잉확신의 용어로 접근할 것이다). 그러나 '모르는 아는 것들'의 사례에서, 탐사에 근거한 또는 관찰자에 근거한 기법들을 사용해서 순조롭게 측정될 수 있는, 진정으로 좋은 수준의 SA를 소유한 전문가는 분명하거나 또는 언어화 가능한 방식으로 그것을 말할 수 없을 수 있다는 것도 또한 가능하다.

실제로 많은 연구자들이 SA는 간단하게 조작자가 인식하는 순간적인 지식 또는 상황에 관한 의식의 어떤 언어적 보고가 아니라고 주장한다(Smith & Hancock, 1995; Rousseau, Tremblay, et al., 2004). 오히려 SA를 획득하고 유지하는 과정은 또한 내포되는 요소를 포함하고 있는데(Durso & Sethumadhavan, 2008), 바로 그 본질에 의해 요소들을 의식 내성에 접근 불가능하게 한다. (개관은 Croft, Banbury, et al., 2004 참조) 의식적 '인식'에 대한 강조가 SA 측정의 발달에 반영된다는 것을 고려해 볼 때 이것은 문제가 있다. 현재 사용 중인 많은 비율의 측정은 조작자의 명시적인 의식 지식에 접근하고자 설계해 왔다(Croft, Banbury, et al., 2004).

실제로 Croft 등(2004)은 SA 측정은 반드시 정보의 암시적인, 비의식적 획득을 정보의 명시적인 회상(SAGAT) 또는 인출(SPAM)보다는 더 잘 설명해야만 한다고 주장한다. 상황인식의 **암시적 수행 근거 측정**(implicit performance-based measure)은 본질적으로 일상의 수행 흐름에 비정상이거나 또는 기대하지 않은 사건을 부가한다. 만일 SA가 높다면, 이 사건은 능숙하게 다뤄질 것이다. 만일 SA가 낮다면, 그렇지 못할 것이다. 예를 들면, 운전에서 앞선 차량이 갑자기 멈추면 추돌을 피하기 위해서 얼버무리는 행위가 요구된다. 뒤에 있는 차량에서 빈약한 SA를 가진 사람은 추돌을 피하기 위해서 인접한 차선으로 방향을 틀어버릴 수도 있지만, 사각지대에 있는 다른 차에 돌진할 수도 있다. 그런 차량 흐름에서 좋은 SA를 가진 사람은 공격적으로 브레이크를 밟는다. 그런데도 그러한 SA는 의식적인 인식에 근거할 필요는 없다.

결론적으로 이 절에서 논의된 연구들은 우리의 환경에서 핵심적인 요소의 SA를 획득하고 유지하는 우리의 능력을 뒷받침하는 인지적 과정을 분리하고 이해하는 시도에 관한 개관을 제공하고 있다. 그러한 이해는 실질적인 가치가 있는데, 훈련 프로그램이 개발될 수 있는 경우(개관은 Endsley, 2004 참조), SA를 지원하는 디스플레이가 설계될 수 있는 경우(St John & Smallman, 2008a)(제4장과 제5장 참조), 그리고 자동화가 종종 SA를 저하시키는 방식(제12장에서 논의된다)에서 그렇다.

## 7. 계획하기와 문제해결

계획하기(planning)와 문제해결(problem solving)의 개념은 서로 연관되어 있다. 계획은 문제해결을 위한 일종의 방략으로 볼 수 있다. 일반적으로, 계획하기와 문제해결은 모두 작업기억의 중앙 처리 하위 시스템으로부터 자원을 가져와 사용하는 것으로 여겨진다(Baddeley, 1993; Allport, 1993도 참조). 따라서 작업기억이 갖는 한계가 계획하기와 문제해결에 영향을 줄 것이고, 작업기억의 부담이 증가하는 상황에서는 계획하기 수행이 저조할 것이라는 것도 기대할 수 있을 것이다. 그리고 실제로도 그렇다고 알려져 왔다(Ward & Allport, 1997).

그러나 계획하기와 문제해결은 동의어가 아니다. 상황인식의 관점에서 말한다면 문제해결은 수준 2(이해)의 문제들과 더 많이 관련되는 반면, 계획하기는 수준 3(예측)과 더 많이 관련되어 있다. 다시 말해 문제해결은 짧은 시간 안에 현재 상황은 무엇이고 또 이것이 직접적으로 의미하는 것이 무엇인지 이해할 것을 요구하는 데 비해, 계획하기는 좀 더 긴 시간에 걸쳐 비교적 일반적인 방략을 수립하는 것이다. 이 두 가지 개념이 갖는 유사성에 기초하여 우리는 이 두 가지 개념을 전반적으로는 함께 다루겠지만 각각을 세부적으로 다루어야 하는 경우라면 각각을 구분하여 기술하고자 한다.

개인이 문제를 해결하고자 시도하는 것은 개미가 해변의 모래를 가로질러 집을 찾아 가는 것에 비유할 수 있다고 말해져 왔다(Simon, 1981). 해변에서 개미의 경로는 개미의 목표뿐만 아니라 해변의 특성(파도가 만든 언덕, 모래가 말라 있는 정도)에 의해서도 결정될 것이다. 이러한 비유에 기초한다면 인간의 계획하기는 조작자의 목표뿐만 아니라 환경적 제약들에 의해서도 결정될 것이다. 교통 혼잡을 피하기 위해 선택한 경로가 얼마나 성공적이었는지는 교통량, 날씨, 다른 운전자들이 선택한 경로, 사고 가능성 등과 같은 환경적 제약들에 의해 특히 더 많이 결정된다. 실제로, 비행 계획의 맥락에서 Casner(1994)는 조종사의 문제해결 행동에서의 변산성 중 거의 반 정도는 환경적 특성에 의해 결정된다는 것을 발견하였다.

무엇이 계획하기 과제를 어렵게 만드는 것일까? 첫째, 제약의 수가 적은 반면 선택지가 많을수록 계획하기에서의 어려움이 증가한다. Ward와 Allport(1997)는 실험참가자들에게 5개의 원반으로 구성된 '하노이탑' 문제를 풀도록 하였다. 이 과제는 3개의 수직 막대 중 하나에서 다른 막대로 가능한 한 적은 수의 이동으로 원반들을 옮기는 것이다. 이 연구자들은 이 과제에 대한 계획적 해결책의 준비 시간은 주요 단계에서 경합적 선택 대안들이 몇 개인지에 의해 달라진다는 것을 발견하였다. 둘째, 선택 사양들이 거의 동일한 선호도를 가질 때에도 계획하기에서의 어려움이 증가한다. 그 결과, 문제해결자들은 어떤 선택을 해야 하는지 머뭇거리게 되고 이것이 계획하기에서의 시간을 증가시키는 원인이 된다. 이러한 결과는 Layton, Smith 및 McCoy(1994; Anderson, 1993도 참조)가 수행한 비행 중 계획 수립에 대한 연구에서도 관찰되었다.

인간 문제해결자는 **만족**(satisfice)하는 경향이 있다. 즉, 절대적으로 최선의 계획이라는 보장 없이 현재 상태에서 최선인 계획을 선택한다(Anderson, 1991; O'Hara & Payne, 1998; Simon, 1990). 그 이유는 문제 공간을 지속적으로 탐색하는 것에서 **부담**이 증가하기 때문이다(Simon, 1978). 따라서 현재의 계획에 대해 기대되는 향상에 비해 추가적인 계획을 생성하기 위해 요구되는 인지적 부담이 더 적다고 판단될 때까지만 가능한 계획들이 생성되는 것이다.

사람들이 계획하기 과정에 관여하고 있을 때 이들은 **편의적 계획하기**(opportunistic planning)라고 불리는 방략을 보인다. 이것은 문제해결에서 사용되는 만족화(satisficing)와 유사한 것이다. Vinze 등(1993)은 현실 세계에서의 계획하기 과제(예 : 회계, 생산 계획 등)를 수행하는 관리자들을 연구한 후 관리자들이 특정 시점에서 가장 유망한 대안을 선택하는 경향이 있음을 발견하였다. 편의적 계획하기가 종종 성공적이기는 하지만 이것은 최적이지 못한 해결책을 이끌 수도 있다. 예를 들어, Layton 등(1994)은 비행 계획에 관여하는 조종사들이 경로 선택에서의 각 단계는 정확하게 해결하지만(즉, 주어진 단계에서 확실하게 최선인 방략을 따랐다) 전반적으로는 최적이지 못한 경로를 산출하는 사례에 대해 기술한 바 있다. 따라서 인지적 부담을 줄여주는 장점을 갖고 있는 편의적 계획하기는 전반적으로는 최적이지 못한 국소적 해결책을 이끌 수 있다.

계획하기는 종종 외부 디스플레이의 맥락 안에서 이루어지는 경우도 있는데(Casner, 1994; O'Hara & Payne, 1998; Payne, 1991; Moertl, Canning, et al., 2002), 디스플레이 설계 방식에 따라 환경적 제약이 달라질 수 있기 때문에 상이한 해결책에 이르게 한다(O'Hara & Payne, 1998). 디스플레이는 종이 한 장에 기입된 메모처럼 단순한 것일 수도 있고, 대규모 복합 시스템의 한 부분(예 : 비행 계획에 사용되는 역동적인 그래픽 지도 디스플레이)(Layton, Smith, & McCoy, 1994)이 될 수도 있다. 컴퓨터 인터페이스의 설계는 인간 문제해결자들이 어떤 계획을 선택할지에 대해 제약을 부과하는 것으로 알려졌다(O'Hara & Payne, 1998). 몇몇 경우에, 계획하기는 사용자의 개념적 모델과 외부 디스플레이 표상(상황 모델) 사이의 비교로 나타내지기도 한다. 따라서 그와 같은 비교를 가능하게 한다는 점에서 보면 특정 디스플레이 표상은 어느 정도의 유용성이 있다. 지휘 및 통제에서 작전 계획하기에 대한 CECA[비판적 분석(Critique), 탐구(Explore), 비교(Compare), 조정(Adapt)] 모델(Bryant, 2003) 은 지휘관의 정신모형을 나타내기 위해 그와 같은 아이디어를 사용한다. 군사 지휘관은 전형적으로 어떤 유형의 외부 디스플레이를 통해 표상되는 상황 모델과 비교하여 하나의 해결책을 타당화하여야 한다. 외부 표상이 그러한 비교를 촉진시킬수록 좀 더 효과적인 계획이 가능해진다. 외부 디스플레이 표상은 문제해결을 도울 수 있지만(Moertl et al., 2002), 다른 경우에는 오히려 방해가 되기도 한다. 예를 들어, Zhang과 Norman(1994)은 하노이탑 문제에 대한 특정 디스플레이 표상이 문제해결의 질에 영향을 미칠 수 있음을 발견하였다. 문제 공간의 서열적 측면에 대해 서열 부호화(예 : 작은 원반은 큰 원반 위에만 놓여질 수 있다)를 사용하는 그래픽 방법은 명명 부호화(예 : 각각의 원반을 나타내기 위해 특정 색채나 형태를 할당하는 것)를 사용하는 방법에 비해 더 성공적이었다. 서열적 외부 표상은 인지 부하를 줄여주는 반면, 명명 부호화를 사용할 경우 사용자는 작업기억 안에서 서열적 관계를 유지하고 있어야 했다. 그러나 단지 회화적 표상을 제공하는 것만으로 반드시 도움이 되는 것은 아니다. Berends와 van Lieshout(2009)는 예시들이 산술 문장제(arithmetic word problem) 해결에 도움이 되는지 검토하였다. 이 연구자들은 관련이 없거나 중복적인 정보 원천을 포함하고 있는 예시들은 문제해결 수행을 돕지 못한다는 것을 발견하였다. 이러한 예시들은 문제해결 과정을 돕기보다는 오히려 인지 부담을 증가시키는 것으로 보였다.

**이동하는** 세일즈맨 문제에 대해 들어본 적이 있을 것이다. 이 문제에서의 목표는 일련의 지점들을 모두 통과하는 가장 짧은 경로를 찾아내는 것이다. 예를 들어, 세일즈맨은 자신의 경로상에 위치한 일련의 도시들을 모두 방문해야 한다. 지점들의 수가 증가할수록 가능한 경로의 수도 급격하게 많아지지 때문에 경로를 모두 망라하여 그중에서 가장 짧은 경로를 찾아내는 것은 그럴듯한 방법이 아니다(MacGregor, Chronicle, & Ormerod, 2004). 그럼에도 불구하고 인간들은 훈련을 받지 않고도 **컴퓨터에 비해 더 짧은 시간 안에 좀 더 최적으로 이 문제를 해결하였다**(MacGregor, 2010)!

인간은 이러한 문제를 해결하는 데 왜 그렇게 우수한 것일까? 문제가 표상되는 방법(제4 장에서 기술한 용어를 기초로 한다면 디스플레이 표상)이 핵심이라는 것이 밝혀졌다. 즉, 지점들을 지도 위에 배치하는 것과 같은 시각적 표상이 필요하다. 이렇게 하면 인간은 **볼록 껍질**(convex hull)이라고 불리는 배열 순서를 자연스럽게 추출할 수 있다. 볼록 껍질을 통해 지리적 공간(예 : 경계 지점들)(MacGregor & Ormerod, 1996)을 토대로 고무줄을 늘려 연결하는 방식을 사용하여 방문해야 하는 도시들을 모두 포함시키면 직관적으로 쉽게 살펴볼 수 있는 시각화가 가능하다. 인간은 또한 그들의 해결책 안에 포함된 경로들이 서로 교차하지 않도록 할 수 있다(van Rooij, Stege, & Schachtman, 2003). 사람들에게 그래픽 지도 형태 대신에 도시 사이의 거리가 적힌 표를 보여주면 수행은 훨씬 더 저조해진다(Garling, 1989).

제4장에서 논의한 것과 같이, 과제 표상은 같더라도 디스플레이 표상이 다르다면 이것은 인간 수행에 큰 영향을 미친다. 제5장에서는 복잡한 시각화 지원에서 디스플레이 유형이 갖는 중요성에 대해 논의한 바 있다.

아직 검증된 것은 아니지만, 좀 더 일반적인 시사점은 매우 복잡한 문제들도 제대로 된 디스플레이 형태로 주어진다면 연산법적 접근에 비해 인간에 의해 더 빠르게 해결될 수 있다는 것이다. 이러한 시사점은 (제12장에서 논의된 바와 같이 인간 혹은 기계에 과제를 할당할지의 여부를 결정하는) 과제 할당 과정에서는 중요한 측면이다. 인간 의사결정자는 **어림법**(heuristics)을 사용한다. 어림법은 완전하거나 최적의 해결책을 보장하지는 않지만 대부분의 경우 빠르고 정확한 해결 방략이다. 이동하는 세일즈맨 문제는 인간 문제해결자가 자연스럽게 채택하는 어림법의 유용성을 보여주고 있다. 우리는 제8장에서 의사결정에 대해 논의할 때 어림법을 다시 다룰 것이다.

명료한 시각화와 외부 표상을 사용하는 것은 **팀 문제해결**에도 도움을 줄 수 있다는 것이 밝혀졌다(Smith, Bennett, & Stone, 2006). Dong과 Hayes(2011)는 팀들에게 (로봇 팔 설계와 같은) 공학적 설계 문제를 해결하도록 요구하였는데, 이 문제의 핵심적 요소는 불확실성이었다. 팀은 최상의 설계 후보를 확인하는 데 필요한 충분한 정보를 갖고 있는지의 여부를 평가해야 했다. 연구 결과, 불확실성에 대한 시각적 묘사가 팀의 문제해결에 도움이 된다는 것이 밝혀졌다. 이와 유사하게, Rosen, Salas 등(2009)은 팀을 위한 외부 표상의 가치에 대해 논의하면서, 고품질의 외부 표상이 팀 구성원들의 정보 교환 요구를 감소시킬 수 있다고 제안하였다. Rosen 등은 이러한 이점을 **목수의 지그**(carpenter's jig)(원래의 치수로 제작한 부품의 실물 모형)에 비유하였다. 지그를 사용할 경우 목수들의 인지적 부담을 줄일 수 있다(Kirsh, 1995, Rosen 등에서 재인용). 정확한 치수에 대한 목수의 지식이 지그로 옮겨진 것이다. 마찬가지로 어떤 인지 영역에 대해 효과적인 외부 표상을 갖고 있다면 팀의 구성원들이 그 표상(용어나 개념 등을 포함하여)을 공유할 수 있게 되어 팀 구성원들의 인지 부담을 줄일 수 있다.

팀 구성원들에 대한 훈련이나 경험을 달리하는 것도 이들이 취한 문제해결 접근법에 영향을 미친다. Canham, Wiley 및 Mayer(2011)는 2명의 팀 구성원이 동일한 훈련을 받은 경우[**동질 쌍**(homogeneous pairs)]에는 상이한 훈련을 받은 집단[**이질 쌍**(heterogeneous pairs)]에 비해 표준 문제들은 더 정확하게 수행하는 경향이 있지만, 새로운 전이 문제에 대해서는 상대적으로 더 취약하다는 것을 발견하였다. 제6장에서 교습 중복성에 대해 논의하였듯이 상보성(complementarity)은 도움이 된다. 동질 쌍은 낮은 수준의 세부사항들에 대해 의사소통하면서 더 많은 시간을 할애한 반면 이질 쌍은 해결책을 개발하는 데 더 많은 시간을 보냈다. 비인간 파트너(자동화 시스템)와 작업할 때도 이와 유사한 장단점이 있는 것으로 밝혀졌다. 중다의 해결책이 존재할 경우 비인간 파트너와 함께 작업하는 것이 유용하지만 문제 공간에 대한 문제해결책의 탐색과 의사결정에서의 불확실성에 대한 고려는 감소한다

(Layton, Smith, & McCoy, 1994). 이러한 문제들의 일부에 대해서는 복합 시스템과 자동화를 다루는 제12장에서 좀 더 논의될 것이다.

요약하면, 사람들은 상당히 우수한 문제해결자이고, 효과적인 디스플레이의 도움을 받을 수 있다면 더욱 그렇다. 그러나 인간은 완전함과는 거리가 멀기 때문에, 제12장에서 논의된 것과 같이 잘 설계된 자동화가 이러한 노력에서 효과적인 도움을 줄 수 있을 것이다. 또한 다음 장에서는 진단과 고장 처리(trouble shooting)의 맥락 안에서 인간의 불완전함에 대한 많은 측면들을 다시 다룰 것이다.

## 8. 훈련

공학심리학에서 기억 훈련과 학습은 긴밀하게 연관되어 있다. 우리는 환경(예 : 작업장)에 대한 많은 정보를 자연스럽게 학습한다. 잘 학습되어져야 하는 과제나 기술이 있으면, 그것들은 명료하게 훈련될 수 있고, 일반적으로 훈련이 잘 된 후에는 기억에서 사라질 가능성도 적다.

이 절에서 우리는 **훈련 전이**, 즉 한 맥락에서 학습된 지식이 새로운 재료의 학습을 어떻게 촉진시키는지, 그리고 수행에서의 그러한 향상을 어떻게 측정할 것인지에 대해 먼저 집중할 것이다. 그다음, 훈련의 측면뿐만 아니라 망각에 대한 저항 측면 모두에서 다양한 훈련 기법과 이들의 효과성에 대해 고려할 것이다.

### 8.1 훈련 전이

정보는 공식적 교실 학습, 연습, 현장 직무 훈련, 원리와 이론에 초점을 맞추기 등 다양한 방법으로 학습될 수 있다. 새로운 훈련 절차나 훈련 장치를 개발하는 공학심리학자들은 다음의 문제들에 관심을 갖고 있다. 어떤 절차(혹은 장치)가 (1) 가장 짧은 시간 안에 최상의 학습을 제공하는가, (2) 가장 오래 파지될 수 있게 하는가(잘 망각되지 않는가), 그리고 (3) 가장 저렴한가. 이러한 기준들 모두는 **훈련 효율성**(training efficiency) 즉, 최소의 비용으로 최대의 훈련 효과를 얻는 문제와 직결된다.

기술 획득에서 가장 중요한 요인 중 하나는 새로운 기술 혹은 새로운 환경에서의 기술 학습에 이전에 배웠던 것을 얼마나 이용할 수 있는가 하는 것이다. 이것은 훈련 전이 (transfer of training)라고 불린다(Salas, Wilson, et al., 2006; Singley & Andersen, 1989). 예를 들어, 운전 시뮬레이터를 통해 학습한 운전 기술이 실제 도로에서의 운전 수행으로 전이될 수 있는가? 혹은 어떤 문서편집기에 대한 학습이 다른 문서편집기를 학습하는 데 얼마나 도움이(혹은 방해가) 되는가? 대개의 경우, 훈련 전이 측정치들은 여러 유형의 훈련 방략들이 갖는 효과성을 평가하는 데 사용된다. 이에 대해서는 이 장의 뒤에서 논의될 것이다 (*Acta Psychologica*, 1989; Healy & Bourne, 2012).

### 8.1.1 전이 측정

전이를 측정하는 방법들은 많이 있지만, 가장 전형적인 방법이 그림 7.5에 예시되어 있다. 맨 위에 있는 조건은 정상적인 상황에서 목표 과제를 학습한 **통제 집단**(control group)을 나타낸다. 그림을 보면 이 집단은 특정 시간이 지난 후(예 : 여기서는 10시간) 어떤 만족스러운 수행 준거 수준에 도달하였다. 이제 여러분이 목표 과제 학습에 요구되는 시간을 단축시킬 목적으로 새로운 훈련 기법 혹은 방략을 제안하였다고 가정해 보자. 그리고 전이 집단(transfer group)은 이 새로운 훈련 기법으로 어느 정도 연습하고 나서 목표 과제를 수행하도록 했다고 하자. 두 번째 조건은 전이 집단이 4시간 동안 새로운 기법으로 훈련받았고 통제 집단보다 훈련 시간을 **절약**(saving)하여 2시간 더 빨리 목표 과제를 학습하였다는 것을 보여주고 있다. 따라서 이 새로운 기법이 어느 정도의 정보를 제공하였고, 목표 과제를 효과적

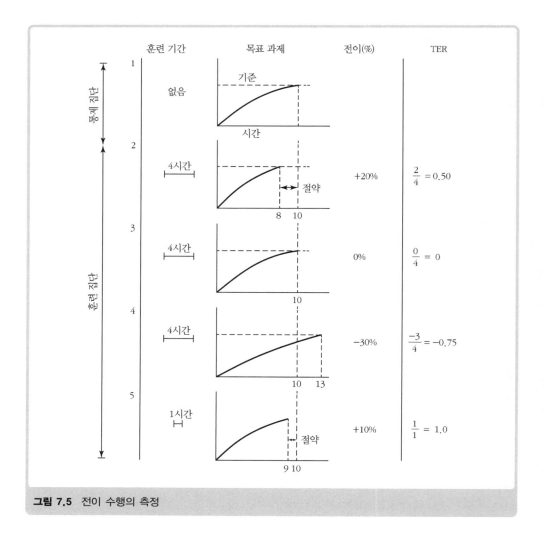

**그림 7.5** 전이 수행의 측정

으로 수행(혹은 학습)할 수 있도록 목표 과제로 이월되었다는 것을 알 수 있다. 절약이 있었기 때문에 이때는 전이가 **정적**(positive)이라고 말한다. 세 번째 조건에서는, 두 번째의 새로운 훈련 기법이 목표 과제 학습에 거의 효과가 없다는 것을 보여준다(즉, 절약도 0이고 전이도 없었다). 네 번째 조건에서는 세 번째 훈련 기법이 사용되었는데, 이 조건에서는 목표 과제 학습이 오히려 **억제**(inhibited)되었다는 것을 알 수 있다. 다시 말해 훈련을 받지 말아야 목표 과제를 더 **빨리** 학습하는 것이다! 이러한 경우, 전이가 **부적**(negative)이라고 말한다.

초기 몇 번에 걸친 전이 시행 동안에 전이 집단이 보인 수행과 통제 집단이 보인 수행의 비율을 계산하는 것이 가장 단순한 전이 측정치이기는 하지만, 이것은 이전 훈련에 의해 얻을 수 있었던 전이 과제에 대한 학습 속도에서의 이점을 충분히 설명해 주지 못한다. 따라서 전이를 나타내기 위해 흔히 사용되는 공식은 통제 집단의 학습 시간에 대한 비율로서 절약의 양을 계산하는 것이다.

$$\text{전이율}(\%) = \frac{(\text{통제 시간} - \text{전이 시간})}{\text{통제 시간}} \times 100 = \frac{\text{절약}}{\text{통제 시간}} \times 100 \qquad (7.1)$$

세 가지 훈련 조건에 대한 전이율의 계산 결과가 그림 7.5에 제시되어 있다.

일반적으로 정적 전이가 바람직하기는 하다. 그러나 전이가 효과적이라고 하기 위해서 정적 전이가 얼마나 있어야 하는지는 항상 분명한 것은 아니다. 한 가지 예로 그림 7.5의 두 번째 조건에서 보여지는 가상적 자료를 살펴보자. 그리고 운전 시뮬레이터가 실제 도로에서의 훈련보다 20%의 정적 전이를 가져오도록 개발되었다고 가정하자. 즉, 운전 시뮬레이터를 사용하는 학습자는 처음부터 도로에서 모든 훈련을 받는 학습자보다 도로 연수를 20% 더 적게 받고도 도로에서 만족스런 수행에 도달할 수가 있다. 이는 바람직한 것으로 보인다. 그러나 20%의 전이를 얻기 위해서(즉, 2시간의 절약) 운전 시뮬레이터 집단은 운전 시뮬레이터에서 4시간을 보내야 한다. 따라서 실제적으로는 통제 집단이 소비한 10시간과 비교해 볼 때 운전 시뮬레이터 집단은 훈련 전체에 12시간을 소비한 것이 된다. 결국, 운전 시뮬레이터는 비록 전이가 정적이기는 하지만 훈련 시간이란 관점에서 본다면 실제 차량을 이용한 운전 훈련보다 덜 **효율적**(efficient)이다.

이러한 상대적인 효율성은 **전이 효과 비율**(transfer effectiveness ratio, TER)로 나타내진다(Povenmire & Roscoe, 1973).

$$\text{TER} = \frac{\text{절약한 양}}{\text{훈련 프로그램에서 전이 집단이 보낸 시간}} \qquad (7.2)$$

이 공식을 보면, 만일 훈련 프로그램에서 보낸 시간의 양(분모)이 절약한 양(분자)과 같다면 TER＝1이다. 그림 7.5의 세 집단(2, 3, 4 조건) 모두의 경우처럼 전이 집단의 전체 훈련(목표 과제에 대한 훈련과 연습)이 통제 집단보다 비효율적이라면, TER은 1보다 작을 것이

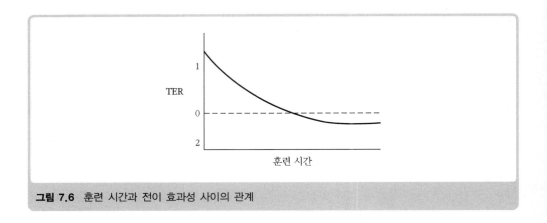

**그림 7.6** 훈련 시간과 전이 효과성 사이의 관계

다(예 : 두 번째 조건에서 TER = .50이었다). 훈련이 효율적일수록 TER은 1보다 커진다. 그러나 실험적인 훈련 프로그램의 TER이 1보다 작다고 이것의 가치가 없다는 것은 아니다. 두 가지 이유 때문에 그러한 프로그램의 장점을 가질 수 있다. 하나는 이것이 더 안전한 훈련 방법일 수 있기 때문이고(예 : 실제 도로보다 시뮬레이터로 운전하는 것이 더 안전하다), 다른 하나는 (2) 가격이 저렴할 수 있기 때문이다. 실제로, 어떤 회사가 특정 훈련 프로그램 혹은 장치에 투자할지의 여부를 결정할 때 중요하게 고려해야 하는 요인이 바로 **훈련 비용 비율**(training cost ratio, TCR)(Provenmire & Roscoe, 1973)이다.

$$TCR = \frac{\text{목표 환경에서의 훈련 비용(단위시간당)}}{\text{훈련 프로그램에서의 훈련 비용(단위시간당)}} \tag{7.3}$$

간단히 말해, 훈련 장치가 저렴할수록 TER이 더 낮아질 수 있다. 한 훈련 프로그램의 비용 효과성(cost-effectiveness)은 TER과 TCR을 서로 곱한 값으로 평가될 수 있다. 만일 TER × TCR이 1보다 크면 그 프로그램은 비용 효과적이라고 할 수 있다. 만일 이 값이 1보다 작다면 비용 효과적이지 않다. 그러나 어떤 프로그램이 비용 효과적이지 않다고 하더라도, 안전에 대한 고려가 중요한 요인이 될 수도 있다.

훈련 시간이 증가함에 따라 훈련 장치의 효율성은 종종 감소된다. 그림 7.5의 두 번째 조건에서 보면, 4시간의 훈련이 실시된 후 0.5의 TER을 얻었다. 그러나 다섯 번째 조건을 보면, 동일한 장치가 단지 1시간만 사용되었다. 비록 이 경우 절약은 두 번째 조건의 절반인 1시간이지만, 훈련 시간은 75% 감소되었고, 따라서 TER은 1.0이다. 이에 대한 일반적 결과가 그림 7.6에 제시되어 있다. 훈련 시간이 길어질수록 TER이 감소하기는 하지만, 아주 짧은 훈련 시간이라 할지라도 대개의 경우 TER은 1보다 크다(Povenmire & Roscoe, 1973). 언제 훈련을 중단하고 목표 과제로 전이가 시작되어야 하는지의 시점은 부분적으로 TCR에 달려 있다. 실제로 TER × TCR = 1인 시점을 넘어서면 훈련 프로그램이 더 이상 비용 효과적이지 않음을 뜻한다. 그러나 앞에서 언급한 바와 같이, 어떤 훈련 프로그램에 대한 훈련 시간이 길다 하더라도(따라서 비용 효과적이지 못하다) 안전의 측면에서 보면 이것은 여전히 효과적인 것일 수 있다.

어떤 요인들이 정적 전이(positive transfer), 부적 전이(negative transfer), 혹은 제로 전이(zero transfer)를 가져오는 것일까? 일반적으로, 정적 전이는 훈련 프로그램과 목표 과제가 유사할 때 발생한다(비록 예외가 있기는 하지만, 실제로 훈련 프로그램과 목표 과제가 동일하다면 대개의 경우 최대의 정적 전이가 발생한다). 훈련 과제와 목표 과제가 매우 다르면 전형적으로 제로 전이가 발생한다. 예를 들어, 타자 학습은 수영이나 자동차 운전 학습에 전혀 도움이 되지 않는다. 특히 부적 전이는 과제의 지각 측면과 반응 측면이 서로 관련되는 일련의 독특한 상황에서 일어나는데, 이것에 대해서는 다음에 기술된다. 우리는 먼저 목표 과제와 훈련 장치 사이의 유사성, 즉 **훈련 시스템 충실도**(training system fidelity)를 살펴볼 것이다. 그 다음 이전 과제와 새로운 과제 사이의 부적 전이에 대해 고려할 것이다.

## 8.1.2 훈련 시스템 충실도

최대의 정적 전이는 일반적으로 어떤 과제의 모든 요소가 목표 과제와 동일할 때 발생한다고 기술한 바 있다. 이것은 훈련 시뮬레이터가 실제 세계와 가능한 한 유사해야 한다는 것을 의미하는가? 사실, 이 질문에 대한 대답은 많은 이유 때문에 '아니요'인데(Schneider, 1985), 이 대답은 제4장에서 논의되었던 **소박한 실재론**(naïve realism)의 개념을 다시 생각나게 한다(Smallman & St. John, 2008b). 첫째, 현실에 근접한 시뮬레이터는 매우 고가일 뿐만 아니라 비록 현실감을 더했다고 하더라도 이것 때문에 TER이 증가하는 것은 아닐 수 있기 때문이다(Hawkins & Orlady, 1993). Druckman과 Bjork(1994)는 여러 연구를 개관한 이후, 실제 장치나 현실감 높은 시뮬레이터는 값싼 카드보드로 만든 실물 모형이나 그림에 비해 훈련에서 갖는 장점이 거의 없다고 주장하였다. 둘째, 시뮬레이터가 목표 환경과 완전하게 일치하지 않는 한, 높은 유사성은 비부합적인 반응 경향성이나 전략을 이끌어냄으로써 오히려 해로울 수 있다. 예를 들어, 비행 시뮬레이터가 움직임을 제공해 준다 하더라도 이것이 항공기의 실제 운동에 접근하지 못한다면, 그러한 비행 시뮬레이터를 통해 정적 전이가 발생할 수 있다는 증거는 없다(Burki-Cohen et al., 2011, Hawkins & Orlady, 1993). 마지막으로, 만일 높은 현실감 때문에 복잡성이 증가한다면, 이것은 피훈련자의 작업부하를 증가시키고 학습해야 하는 기술에 주의를 기울이지 못하게 하여 학습이 억제될 수도 있다(Druckman & Bjork, 1994).

연구자들은 훈련에서 전체적인 충실도 대신 훈련의 어떤 부분이 목표 과제와 유사해야 하는지 이해해야 한다고 강조한다(Druckman & Bjork, 1994; Holding, 1987; Singley & Andersen, 1989). 예를 들어, 절차의 수행 순서에 대한 훈련 시뮬레이터는 충실도가 낮더라도 만일 단계의 순서가 부합한다면 여전히 효율적일 수 있다(Hawkins & Orlady, 1993). 때로 훈련 상황이 피상적인 수준에서조차도 전이 상황과 유사할 필요가 없다. Gopher, Weil 및 Bareket(1994)은 두 집단의 공군 사관생도에게 Space Fortess 게임(이것은 작업기억 자원과 통제된 주의를 요구하는 복잡한 비디오 게임의 일종이다)을 훈련시켰다. 비록 이 게임은 실제 전투기의 비행과는 표면적 유사성이 거의 없었음에도 불구하고 이 비디오 게임을 통해 학습된 포괄적인 주의 기술은 정적 전이를 보였다.

제5장에서 자세하게 논의되었듯이, 많은 물리적 시뮬레이터에 비해 훨씬 저렴하면서도 적당한 수준의 충실도를 통해 훈련 상황의 상당 부분을 모사할 수 있는 가상현실 훈련장치에 많은 관심이 주어지고 있다. 이러한 훈련장치의 TER은 1.0보다 작을 수 있지만 TCR은 1.0보다 훨씬 클 수 있는 것이다.

요약하면, 최대의 유사성이 최대의 전이를 낳는다는 견해와는 달리, 완전한 충실도에서 어느 정도 벗어난 훈련 시스템도 전이에 부정적인 영향을 미치지는 않는다고 할 수 있다. 나아가, 완전한 충실도에서 벗어난 훈련 시스템이라 하더라도 핵심적 과제요소, 처리 요구, 그리고 과제 관련 시각 요소 등에 피훈련자가 주의를 집중시킬 수 있도록 한다면 이것은 실제로 전이를 향상시킬 수 있다.

### 8.1.3 부적 전이

새로운 기술과 다양한 시스템 설계들이 계속 등장하고 있고, 이에 따라 조작자가 시스템들 사이를 전환해 가며 수행해야 한다는 점을 고려하면 부적 전이는 중요한 문제다. 한 상황에서 획득된 기술이 다른 상황에서의 수행을 방해하는 것은 무엇 때문인가? 이러한 분야(Holding, 1976)의 연구들은 부적 전이의 핵심적 조건은 **처리 단계**(stages of processing)와 관련이 있음을 보여준다. 2개의 상황이 서로 매우 유사(혹은 동일)한 자극 요소를 갖고 있는 반면, 반응 혹은 방략 요소들이 상이하다면 부적 전이가 발생한다. 특히, 새로운 반응과 이전 반응들이 서로 부합하지 않는다면(예 : 이 두 가지 반응이 동시에 수행될 수 없다면) 부적 전이의 발생 가능성은 더 높아진다. 자극 요소와 반응 요소 사이의 유사성과 이에 따른 전이의 가능한 결과가 표 7.1에 제시되어 있다.

실제 세계에서의 많은 과제들은 다양한 요소들에서 전이가 발생하는데, 이러한 전이의

**표 7.1** 이전 과제와 새로운 과제 사이의 관계

| 자극 요소 | 반응 요소 | 전이 |
|:---:|:---:|:---:|
| 동일 | 동일 | + + |
| 동일 | 차이 | − |
|  | (부합하지 않음) | − − |
| 차이 | 동일 | + |
| 차이 | 차이 | 0 |

대부분은 정적 전이다. 그러나 설계자들은 특정 항공기를 조종하던 조종사에게 이와 유사한 다른 항공기를 조종하라고 요구하는 경우와 같이 비부합적인 반응이나 부적절한 방략을 포함하고 있는 훈련과 전이(혹은 이전 과제와 새로운 과제) 사이의 **차이**에 주목하여야 한다 (Lyell & Wickens, 2005). 예를 들어, 화면의 배치는 동일하지만 특정 편집 명령을 수행하는 데 각기 다른 키를 눌러야 하는 두 가지 문서편집기를 생각해 보자. 이 경우 비록 전반적인 전이 자체는 정적일 수 있다 하더라도 첫 번째 시스템에서 많은 훈련을 통해 획득된 높은 기술 수준은 두 번째 시스템(이 시스템의 외형은 첫 번째 시스템과 동일하지만 반응은 상이하다)으로의 전이를 억제할 것이다.

두 시스템을 번갈아가며 사용해야 하는 조작자에게도 부적 전이는 문제가 된다. 같은 기능을 수행하기 위해 모두 레버를 움직여야 하는 두 가지 서로 다른 제어판을 생각해 보자. 같은 기능을 수행하기 위해 한 제어판에서는 레버를 올려야 하고 다른 제어판에서는 내려야 한다. 조작자가 한 제어판에서 다른 제어판으로 이동할 경우 **일관적**(consistent) S-R 대응에서의 결여 때문에 부적 전이를 피할 수 없다(Andre & Wickens, 1992; 제9장 참조). 설계자들은 새로운 문서편집기를 도입하거나 혹은 조작 절차를 변화시키고자 하는 경우처럼 다양한 맥락에서 발생할 수 있는 에러에 대해 신경을 써야 한다. 민간 항공사는 조종사가 완전히 새로운 훈련을 받지 않고도 조종할 수 있는(전이할 수 있는) 비행기의 유형이 몇 가지나 되는지 관심을 갖고 있다(Braune, 1989). 경비행기의 경우에는 제어장치 배치의 표준화가 부족하다는 점도 심각한 부적 전이의 문제를 가져올 수 있다.

때로는 상이한 두 시스템이 정적 전이를 가져올 수도 있다. 표 7.1에 제시되어 있는 것과 같이, 두 시스템이 디스플레이 특징에서는 차이가 있더라도 만일 반응 요소들이 동일하다면 정적 전이가 수반될 수 있다. 예를 들어, 두 대의 자동차가 서로 상이한 대시보드를 갖고 있더라도, 제어장치들의 배치와 작동 방식이 동일하다면 높은 정적 전이가 있을 것이다. 마찬가지로 표 7.1은 두 시스템의 반응이 서로 상이하고 부합하지 않은 경우에도 디스플레이의 차이를 **증가**시킴으로써 부적 전이의 양을 감소시킬 수 있음을 보여준다. 예를 들어, 어떤 조작자가 서로 부합하지 않은 방향으로 2개의 제어 레버를 제어해야 한다 하더라도 두 레버의 **외양**(appearance)이 (시각적 자극 요소와 촉각적 자극 요소 모두에서) 각각 매우 독특하다면 문제를 거의 경험하지 않을 것이다.

## 8.2 훈련 기법과 방략

### 8.2.1 인지 부하 이론

복잡한 기술에 대한 훈련의 전이를 최대화할 수 있다는 것을 보여준 훈련 기법과 방략은 매우 다양하다(Healy & Bourne, 2012; *Acta Psychologica,* 1989; Wickens, Hutchinson, et al., 2011). 이러한 방략들은 구현 비용, 전반적 효과성, 그리고 방략의 효과성을 결정짓는 다른 변인들에서 많은 차이가 있다. 이러한 기법들은 **인지 부하 이론**(cognitive load theory, CLT) (Sweller, 1999; Paas, Renkl, & Sweller, 2003; Mayer, 2005, 2009, 2012, 2011; Mayer & Moreno, 2003; Paas & van Gog, 2009)의 맥락에서 이해될 수 있다. 여기에서는 인지 부하 이론의 이론적 틀에 대해 먼저 기술한 후, 다양한 방략 중 몇 개에 대해 각각 논의하고자 한다.

인지 부하 이론에 따르면 학습자의 주의 부담 혹은 정신적 작업부하는 3개의 독특한 요소들로 구분이 가능하다.

- **내재 부하**(intrinsic load)는 학습되어지는 과제에 의해 부과된 정신적 작업부하를 나타낸다. 예를 들어, 항공기 조종을 배우는 것은 자동차 운전을 배우는 것보다 더 복잡한데, 왜냐하면 항공기의 경우는 움직이거나 회전하는 축의 수가 많을 뿐만 아니라, 이러한 축들은 서로 복잡하게 결합되어(예 : 관계적 복잡성) 있기 때문이다(Halford Wilson & Baker, 1996). 작업기억도 관련이 있다. 어떤 과제의 내재적 부하가 높을수록 과제를 수행하는 것 자체만으로도 자원이 더 많이 요구되는데 원래 자원은 제한적이기 때문에 그 과제를 학습하기 위해 사용할 수 있는 자원이 더 적어진다. 정신적 작업부하에 대해서는 제10장과 제11장에서 좀 더 자세하게 다루어질 것이다.
- **본유 부하**(germane load)는 과제 자체를 학습하는 데 필요한 자원 요구를 나타낸다. 내재적 부하와 본유적 부하는 서로 구분하기 어려운 것이기는 하지만(Kalyuga, 2011) 항상 그러한 것은 아니다. 비행 훈련생이 평소에는 쉽게 이루어졌던 직선 항로 비행이 어느 날 제대로 되지 않아 애를 먹고 있다고 가정해 보자. 이런 경우는 한 번도 생각해 보지 못했기 때문에 그 훈련생은 직선 항로를 유지하기 위해서는 비행 축들 사이의 핵심적인 관련성과 미래 상황에 대해 예측하여 비행기를 제어해야 할 필요성을 모두 새로 배워야 할 것이다. 훈련 동안의 어떤 경우에는 과제를 완전하게 수행하고자 애쓰기보다는(즉, 내재적 부하에 대해 최대의 자원을 할당하는 것보다는), 과제를 제대로 수행하기 위해 필요한 관련성과 방략에 대해 생각하고, 이해하며, 반복하기 위해(즉, 학습하기 위해) 수행의 질을 약간 희생시키는 것이 더 나을 때가 있다. 간단히 말해, 학습 동안의 완전한 수행이 반드시 최적 학습으로 이어지는 것은 아닌 것이다(Bjork, 1999).
- **외재 부하**(extraneous load)는 앞의 두 가지 부하와 관련이 없는 자원 부담에 대한 것이다. 이것은 일종의 방해 요소이기 때문에 수행과 학습 모두를 억제하면서 내재 부하 및 본유 부하와 경합하게 된다. 이에 대한 예로 열악하게 설계된 인터페이스, 컴퓨터 기반 학습 환경에서의 기술적 어려움(Sitzman, Ely, et al., 2010), 학습자가 학습 매뉴얼에 제시된 두문자어의 의미를 훈련받아야 할 시스템의 스크린에 찾아보아야 하는 것, 그리고 심지어 관련 없는 정보, 농담, 혹은 이야기 때문에 학습자가 산만해지는 것(Mayer, Griffeth, et al., 2008) 등이 포함될 수 있다.

　이러한 세 가지 부하 혹은 자원 경쟁이 존재할 경우에 훈련 방략을 통해 외재 부하를 최소화하고 내재 부하가 너무 높아지는 것을 방지함으로써(예 : 학습 동안에 과제를 변경하는 것을 통해) 충분히 많은 자원이 본유 부하에 할당될 수 있도록 해야 한다. 비록 이러한 전반적 '상위 방략'이 직관적으로 타당하고 간단한 것으로 보이기는 하지만 어떤 방략들은 이것이 제대로 적용되지 않는다면 오히려 외재 부하가 불가피하다는 것, 그리고 어떤 방략들은 인지 부하 이론의 관점에서는 해결될 수 없는 방식으로 학습을 방해하여(우리는 이것을 '파생 효과'라고 부른다) 새로운 방략의 이점을 상쇄한다는 것 때문에 복잡한 문제가 될 수 있다(Wickens, Hutchins, & Carolan, et al., 2012a). 다음에서는 몇 가지 훈련 방략의 성공적 실행 방안과 조절 요인에 대해 기술하면서 어떤 경우에 이러한 요인들이 파생 효과를 줄일 수 있는지 살펴볼 것이다.

## 8.2.2 훈련 지원과 에러 방지 : 내재 부하 줄이기

몇몇 연구자들은 '훈련 휠(training wheels)'(Carroll, 1992; Catrambone & Carroll, 1987), **풀이 예**(worked examples)(Paas & van Gog, 2009; van Gog & Rummel, 2010), 혹은 '**스캐폴딩** (scaffolding)'(Pea, 2004) 등과 같이 다양한 명칭으로 알려진 훈련 방략들을 검토한 바 있다. 이러한 훈련 방략들은 피훈련자들을 올바른 기술 수행으로 유도하기는 하지만 학습이 진척됨에 따라 점차적으로 제거된다. 그와 같은 유도는 학습자들이 학습하면서 '다음에 무엇을 어떻게 해야 하는지' 항상 생각하거나 결정하지 않아도 되기 때문에 내재 부하를 확실하게 줄여줄 수 있다. 더구나 그와 같은 지원은 '아주 나쁜' 에러(예 : 문서편집 시스템을 배우면서 '지우기' 키를 누른다거나 혹은 어떤 아동이 훈련 휠을 통해 자전거 타는 법을 배우다 넘어져 무릎이 심하게 까지는 것)를 범함으로써 발생할 수 있는 '호된 벌'이나 불쾌감 그리고 때로는 시간 낭비와 같은 부정적인 결과도 피할 수 있게 해준다. 에러를 범함으로써 발생하는 이러한 부정적인 결과들은 분명 외재 부하의 중요한 원천이 된다. 한 통합분석 결과는 앞에서 언급된 에러 방지 기법들은 일반적으로 매우 효과적이어서 훈련 전이에 대략 50%의 이점을 가져다준다는 것을 보여주었다. 예를 들어, 첫 번째 전이 시행에서 통제 집단에 비해 50%가 더 나은 수행을 가져왔다(Wickens, Hutchins, et al., 2011).

　그러나 몇 가지 주의해야 할 점이 있다. 예를 들어, 많은 환경에서 학습자가 에러를 범하는 것(그러나 너무 많지 않은 에러)은 경우에 따라 권장할 만한 것일 뿐만 아니라 필수적인 것이기도 하다. 왜냐하면 이러한 파생 효과를 통해 에러 재인이나 교정 과정 자체가 학습될 수 있기 때문이다(Keith & Fresese, 2008). 이러한 입장은 바람직하지 않은 행동이 완전하게 '봉쇄'되는 경우에 비해 그렇지 않은 경우, 그리고 바람직한 행동을 단순히 추천해 주거나 혹은 유도되는 경우에 훈련 휠 기법이 더 효과적이었음을 보여주는 연구 결과에 의해 지지되었다(Wickens, Hutchins, et al., 2011).

### 8.2.3 과제 단순화 : 내재 부하 줄이기

훈련 휠이 본질적으로 수행 실패를 방지하는 일종의 '클러치'를 제공하지만 이러한 목적을 달성할 수 있는 또 다른 방법은 과제를 좀 더 단순화하는 것과 같이 과제 자체를 변경하는 것이다. 이를 통해 훈련 초기에 내재 부하를 줄이고 본유 부하에 좀 더 많은 자원이 가용하도록 하면서도, 표적(전이) 과제의 최고 난이도 수준에까지 학습과 자동화가 진행될 수 있도록 난이도를 점차적으로 높일 수 있다(Wightman & Lintern, 1989). 더 중요한 것은 그러한 점진적인 난이도의 증가는 모든 학습자에 대해 같은 방식으로 이루어질 수도 있고, 특정 시점에서 개별 학습자의 기술 발달 수준에 맞게 **적응적으로** 실행될 수 있다는 점이다. 후자의 경우를 **적응형 훈련**(adaptive training)이라고 부른다(Mane, Gopher & Donchin, 1989).

한 통합분석 결과에 따르면 과제를 단순화한 후 난이도를 점차적으로 증가시키는 것은 난이도가 고정된 훈련에 비해 손해도 이득도 없지만 몇 가지 변인들이 이러한 효과의 부재에 영향을 미친다는 것을 보여주고 있다(Wickens, Hutchins, et al., 2012b). 특히, 단순화된 훈련으로부터 복잡한 전이 과제로 난이도를 **적응적으로** 증가시킬 경우에는 정적 전이가 발생하지만, 모든 피훈련자에 대해 동일한 수준으로 난이도를 증가시킬 경우에는 약간의 부적 전이가 관찰되었다. 이러한 부적 전이의 원인은 파생 효과일 가능성이 높다. 많은 경우, 단순화된 훈련에는 최고 난이도 수준의 목표 과제에서 선택된 다양한 난이도 수준의 기술들이 포함될 것이다. 예를 들어, 만일 목표 과제가 고차의 지체 시스템을 추적하는 것이라면(제5장 참조), 초기의 단순화된 과제에는 시스템 지체가 포함되지 않도록 함으로써 피훈련자들이 모든 에러 신호에 대해 신속하게 반응할 수 있게 훈련할 수 있을 것이다. 그러나 이러한 기술은 미래에 발생할 수 있는 에러에 대해 더 느리게, 그리고 더 우연한 예측에 기초하여 반응해야 하는 고차의 지체 시스템에는 부적으로 전이된다(Naylor & Briggs, 1962).

### 8.2.4 부분 과제 훈련 : 내재 부하 줄이기

복잡하고 여러 부분으로 구성된 과제는 그것을 부분별로 나누어 개별적으로 훈련한 다음 다시 통합한다면 그 과제에 대한 내재 부하를 줄일 수 있다. 예를 들어, 어려운 악보의 경우 왼손에 해당하는 부분과 오른손에 해당하는 부분을 개별적으로 연습한 다음 이 두 부분을 합하는 방식이다. 또 다른 방법은 두 손을 모두 사용하여 연습하기는 하지만 가장 어려운 부분을 먼저 연습한 다음 나머지 쉬운 부분들과 합하는 것이다. 이 두 가지 기법을 각각 (과제에 따른) **세분화**(fractionation)와 (시간에 따른) **분절화**(segmentation)라고 부른다 (Wightman & Lintern, 1985). 이러한 구분은 중요한데, 왜냐하면 (동시에 수행하여야 하는 과제를 부분적으로 연습한) 세분화의 경우 일반적으로 부적 전이가 발생하는데, 이 조건으로 훈련받은 피훈련자들은 통제 집단에 비해 대략 20%의 손실을 보인다. 반면 (전체 과제에서 부분들을 시간적 순서를 달리하여 연습한) 분절화의 경우는 전이에서 손실이나 이득을 보이지 않는다(Wickens, Hutchins, et al., 2012b). 세분화에서 손실이 발생하는 이유는 또 다른 파생 효과와 관련되어 있는데, 그것은 2개의 동시 과제들이 전체 과제로의 전이 시행에서 조합되어야 할 때 요구되는 **시간공유 기술**(time sharing skill)이다(Damos & Wickens, 1980). 이에 대해서는 제10장에서 심층적으로 논의된다. 만일 부분 과제 훈련 집단이 훈련 기간 동안 이 기술을 연습할 기회가 없다면 비록 이들이 훈련 기간 동안 내재 부하가 감소되는 이점을 경험한다 하더라도 전이 시행에서는 불이익을 경험할 것이다. 다행히 세분화 기법을 변형한 다른 기법을 통해 이러한 손실을 줄일 뿐만 아니라 실질적으로 이득도 얻을 수 있다. 이것은 **우선순위 변경 훈련**(variable priority training)이라는 개념인데(Gopher, Weil, & Seigel, 1989), 이 기법에서 부분들은 항상 함께 연습되지만 훈련이 진행됨에 따라 각각의 부분에 대해 강조의 수준이 달라진다.

## 8.2.5 능동 학습 : 본유 부하 증가시키기

다른 대상(다른 사람이건 아니면 기계이건)이 선택하는 것을 목격하는 경우에 비해 자신이 능동적으로 선택할 때 사람들은 그러한 선택에 대한 정보를 파지할 가능성이 더 높다. 이러한 이점은 **생성 효과**(generation effect)(Slamecka & Graf, 1978)라고 알려져 있는데, 이 개념에 대해서는 제12장에서 자동화에 대해 논의할 때 다시 다룰 것이다. 이것을 훈련 장면에 적용하면 아주 단순하게 **능동 학습**(active learning)이 **수동 학습**(passive learning)에 비해 더 성공적이라는 것을 시사한다. 능동적 선택은 본유 부하와 관련된다. 이와 관련된 다른 예는 **기계적 되뇌기**(rote rehearsal)와 **의미적 되뇌기**(semantic rehearsal) 사이의 구분인데, 이에 대해서는 Craik와 Lockhart(1972)가 각각 얕은 처리(shallow processing)와 깊은 처리(deep processing)로 연결 지어 설명하기도 하였다. 후자는 되뇌기 혹은 학습하고자 하는 개념의 의미에 대해 좀 더 적극적으로 고려하고 일화 버퍼(episodic buffer)를 경유하여 작업기억과 장기기억을 관련짓는 것이다. 반면 전자는 단지 발성 루프(articulatory loop)에 있는 음운적 소리(phonetic sound)에만 주의를 기울인다. 깊은 처리는 좀 더 많은 노력이 요구되지만 이러한 노력은 본유 부하에 생산적으로 투여된다.

능동 학습이 이점을 갖는다는 것을 보여준 예들은 많이 있다. 통합분석 결과들은 능동 학습이 전이에서는 약간의 이점은 있다는 것을 보여주었다(Kraiger & Jordan, 2007; Keith & Frese, 2008; Wickens, Hutchins et al., 2011, Carolan, Hutchins & Wickens, 2012). 좀 더 구체적으로 살펴보면, 능동 학습이 갖는 이점의 예는 경로 학습에서 먼저 찾아볼 수 있다. 자신이 직접 경로를 운전(혹은 비행)하고 회전 지점에서 회전해야 할 방향을 직접 결정하는 경우가 단순히 수동적으로 옆 좌석에 있는 경우에 비해 이점이 더 있었다. 학습 방략에 대한 연구들에서도 능동 학습의 이점들이 발견된다. 예를 들어, **모의시험을 치르는 것**(Roediger & Karpicke, 2006, Roediger Agarwal et al., 2011), 학습재료에 관한 질문에 대답하는 것(지식 인출 연습)(Karpicke, 2012, Weinstein, McDermott & Roediger, 2010), 학습재료를 암송하는 것(McDaniel, Howard & Einstein, 2009), 혹은 컴퓨터 기반 학습에서 학습자로 하여금 학습해야 할 재료를 직접 선택하게 하거나 피드백 과정을 직접 결정할 수 있도록 하는 것 (Kraiger & Jerden, 2007, Wickens, Hutchins et al., 2011) 등이다.

그러나 여기에서도 파생 효과가 능동적 선택의 이점을 약화시키거나 상쇄시킬 수 있다. 특히, 적절한 유도 없이 학습자에게 너무 많은 선택권이나 설명을 제공하는 것은 학습자로 하여금 좋지 못한 선택을 하게 할 수 있다. 즉, 학습자는 궁극적으로 획득해야 할 지식이나 기술과는 전혀 관련이 없는 학습재료에 몰입되거나 매우 복잡한 데이터베이스 속에서는 '길을 잃을 수' 있는데, 이것은 외재 부하를 추가하는 것이다. 어떤 형태의 유도와 함께 학습자가 통제할 수 있도록 하는 방략의 이점이 학습자가 전적으로 통제함으로써 갖는 이점(이 것은 기껏해야 매우 미약할 뿐이다)보다 유의하게 더 크다(Wickens et al., 2011). 앞의 8.2.2에서 기술하였던 것처럼 일방적 지시가 아닌 유도가 도움이 된다. 그리고 훈련 동안에 무엇을 하지 말아야 하는지 유도하는 것은 엄격한 통제에 비해 더 효과적이고 부적절한 행위를 막아준다.

### 8.2.6 멀티미디어 교습 : 외재 부하 줄이기

멀티미디어 교습은 전형적으로 음성, 텍스트 및 그림(혹은 애니메이션/비디오)(Mayer, 2005, 2009, 2012)의 조합을 포함한다. 멀티미디어 중복 제시가 갖는 이점에 대해서는 제6장에서 좀 더 자세하게 다루어져 있다. 학습과 기술 획득을 목적으로 하는 멀티미디어 교습의 이점은 잘 타당화된 Paivio(1971, 1986)의 **이중 부호화 원리**(dual coding principle)와, 학습재료가 두뇌에서 중다의 상이한 표상을 갖게 된다면 파지가 더 잘 된다(그리고 인출될 가능성이 더 높다)는 생각에 기반을 두고 있다. 특히 이중 부호화 이론은 동일한 학습재료를 회화적 (공간적) 표상과 언어적 표상 모두를 통해 제공할 때의 이점을 잘 설명한다. 그러나 다른 원리나 훈련 방략과 마찬가지로 멀티미디어 사용도 간혹 발생하는 파생 효과의 부정적 측면을 고려하여 신중하게 고려되고 적용되어야 한다. 다음에 기술되어 있듯이, 이러한 부정적 효과는 일반적으로 외재 부하를 야기하는 주의 요인들(attentional factors)로 설명된다. 다음의 내용들은 Mayer의 연구(2009, 2012; Mayer & Moreno, 2002)에서 뽑은 몇 가지 원리들인데 이러한 원리들은 제3장, 제6장 및 제10장에서 논의된 주의 현상과 밀접하게 관련되어 있다.

1. **양상 조합** : 제6장에서 기술되었듯이, 일반적 결론 중 하나는 말소리(청각적)를 통해 단어와 함께 제시되는 그림(혹은 비디오)은 텍스트와 함께 제시되는 그림에 비해 더 효과적이라는 것이다(Tindall-Ford, Chandler & Sweller, 1997). 때로 '분리된 주의 효과 (split attention effect)'라고 불리는 이러한 이점은 제10장에서 논의된 중다자원 이론에 기초하고 있다. 두 공간적 위치 사이에 시각적 주의를 분산시키는 것(혹은 주사하는 것)의 **외재 부하**는 시각-시각 학습 조건에 부과된다. 그러나 시각-청각 학습 조건이라

면 이것을 줄일 수 있다.

2. **시간적 인접성** : 말소리와 그림(특히 비디오)이 함께 제시되는 경우에는 관찰되는 이미지 혹은 그림과 말소리가 시간적으로 밀접하게 연결되는 것이 중요하다. 그러한 합치성(contiguity)이 없다면 두 번째 정보가 도달할 때까지 첫 번째 정보를 파지하고 있어야 하는 작업기억 부하는 **외재 부하**의 확실한 원천이다.

3. **공간적 인접성 혹은 연결 짓기** : 만일 이중의 시각 경로를 사용하고자 한다면(예 : 교과서와 같이 음성 제공이 불가하다면), 우리가 제3장에서 근접 부합성 원리에 대해 논의한 것처럼, 텍스트는 관련된 그림 옆에 제시되어야 한다(Johnson & Mayer, 2012). 그리고 텍스트와 그림이 각각 다른 페이지에 제시되어서는 안 되는데, 왜냐하면 서로 다른 페이지에 제시될 경우 시각 탐색이나 페이지를 넘기는 것에 의해 **외재 부하**가 만들어지기 때문이다. 가능하다면 시각적 연결 짓기가 지켜져야 한다(제3장과 제6장).

4. **부각하기** : 제3장에서 논의된 것처럼, 교습 내용에서 핵심적이고 중요한 세부사항을 부각시켜 주면 이것은 주의를 끌게 해주는 이점을 제공해 준다.

5. **비관련 재료 여과하기** : 몇몇 연구들은 내용과 관련 없는 재료들은 일종의 **외재 부하**의 원천이 되어 학습해야 할 내용으로부터 주의를 다른 곳으로 돌리게 할 수 있다는 것을 보여주었다. 이것은 분명한 사실이기는 하지만 어떤 학습 환경에서는 학습자의 흥미나 '관여'를 이끌어낼 목적으로 내용과 관련 없는 재료를 추가하기도 한다. 이러한 것들에는(예 : 강의실에서 강의자가 학생들의 주의를 끌기 위해 사용하는) 농담, (학습내용과 거의 관련 없는) 재미있는 에피소드(Mayer, Griffeth, et al., 2008), 심지어 컴퓨터 기반 학습의 경우 애니메이션(Mayer, Hegarty, et al., 2005) 등이 포함될 수 있다. 이러한 학습자의 관여(제10장도 참조)가 학습자로 하여금 **본유 부하**에 대해 더 많은 자원을 투여하도록 한다면 학습에서는 당연히 효과적인 방법이라 할 수 있다. 그러나 이것이 학습에 도움이 되기보다는 흥미를 끄는 것에 그친다면 이것은 오히려 또 다른 형태의 **외재 부하**가 될 것이다.

## 8.2.7 피드백

피드백을 제공한다는 것 자체가 학습 방략의 일부인 것은 아니지만 훈련 환경에서는 중요한 속성이다. 피드백이 어떻게 주어지는지에 따라 피드백은 외재 부하의 원천이 될 수 있고 본유 부하의 원천이 될 수 있다. 기술 수행에 대해 피드백을 제공하는 것과 관련하여 피드백을 언제 제공할 것인지 즉, 피드백의 타이밍은 매우 핵심적인 문제이다. 피드백 타이밍은 3개의 범주로 나누어질 수 있다. **동시 피드백**(concurrent feedback)은 기술이 수행되고 있는 동안에 제공된다. **즉시 피드백**(temporally adjacent feedback)은 기술이 수행된 이후 즉각적으로 제공된다. 그리고 **지연 피드백**(delayed feedback)은 몇 초 사이의 시간 간격 안에 제공되는데, 경우에 따라서는 며칠, 몇 주, 심지어 몇 개월 이후에 제공되기도 한다. 8.2.6절에서 기술한, 시간적 합치성이 부족한 경우의 문제들과 마찬가지로 지연 피드백은 기억 실패에 매우 취약하다. 학습자는 피드백을 제공받아야 하는 기술 수행에 대해 자신이 무엇을 했는 지(혹은 무엇을 하지 않았는지) 전혀 회상하지 못할 수 있다.

이와는 대조적으로, 특히 동시 피드백이 수행과 관련된 일차적 정보의 양상(modality)과 동일한 지각적 양상으로 제공될 경우에는, 지각적 **이중과제 간섭**(dual task interference)을 야 기할 것이다(심지어 학습자가 수행하는 기술에 너무 몰입되어 있는 경우라면 피드백이 전 혀 처리되지 못할 수도 있을 것이다). 그리고 수행과 피드백 모두 혹은 둘 중 하나가 인지적 으로 얼마나 부담되는지에 따라 동시 피드백은 인지적 이중과제 간섭을 만들어낼 수 있다. 그와 같은 간섭은 분명히 외재 부하의 주요 원천 중 하나다. 만일 피드백을 다른 양상을 통해 제공하거나 혹은 과제의 한 부분으로 통합하는 방식으로 제공하여도(제10장 참조) 이 러한 간섭을 피할 수 없다면, 이에 대한 대안으로 즉시 피드백을 선택할 수 있다. 이를 통해 기억 실패와 이중과제 간섭으로 발생할 수 있는 파생 효과를 줄일 수 있다.

### 8.2.8 연습과 과잉학습

'연습이 완전함을 만든다'는 표현이 우리 모두에게 매우 친숙한 것이지만, 얼마나 많이 연습 해야 하는가의 문제는 항상 분명한 것이 아니다. 일반적으로 기술은 며칠, 몇 달, 심지어 몇 년간의 연습 후에도 계속 향상된다(Proctor & Dutta, 1995; Healy & Bourne, 2012). 연습 에 따른 수행 향상을 수행 정확성의 측면에서 본다면 어떤 기술들은 매우 빠르게 향상된다 고 할 수도 있다. 예를 들어, 타이핑하기나 간단한 도구의 사용법 등은 비교적 적은 연습 시행만으로도 에러가 없는 수행 수준에 이른다. 그러나 수행의 또 다른 두 가지 특성은 수 행에서의 에러가 제거된 뒤에도 오랜 시간에 걸쳐 향상된다. 즉, 수행 속도는 연습 시행 수 의 로그 값에 비례하여 점진적으로 증가되고(Anderson, 1981), **주의 혹은 자원 요구**는 계속 감소하여 기술이 자동화된 방식으로 수행될 수 있도록 한다(Fisk, Ackerman & Schneider, 1987; Schneider, 1985). 이 장의 후반부에 논의된 것처럼 과잉학습도 기술의 망각률을 감소 시킨다. 따라서 수행이 한두 번 에러 없이 수행되었다고 해서 훈련을 중지하는 것은 기술 발달에서 중요하게 다루어야 할 자동성 측면을 무시하는 것이 될 수 있다.

로그 함수의 추세를 따르는 수행 속도에서의 미미한 증가나 주의 요구에서의 감소에 비 해 학습에서는 에러를 범하는 것의 여부가 훨씬 더 **현저하게** 경험된다. 따라서 언제 학습을 종결할지 학습자에게 완전히 위임한다면 학습자가 에러를 범하지 않을 경우 이것이 갖는 높은 현저성 때문에 학습자는 기술에 완전히 숙달되었다는 과잉확신("이것 봐, 내가 안 틀 리고 완전하게 했잖아. 이제 훈련 끝이다.")을 갖게 될 것이다(Bjork, 1999).

앞에서는 과제가 자동화되는 것에서 과잉학습이 갖는 중요성에 대해 기술한 바 있다. 물 론 운전이나 문서편집기 사용과 같이 다음 날 곧바로 시행할 수 있는 기술에 대한 훈련의 경우 그와 같은 과잉학습은 이후의 수행에서도 발생할 것이다. 그러나 예를 들어 **긴급 반응**

절차(emergency response procedures)와 관련된 기술의 경우에는 매일 사용될 수 있는 것이 아니기 때문에 그러한 기술의 파지는 과잉학습을 통해 더 많은 이점을 가질 수 있을 것이다 (Logan & Klapp, 1991).

## 8.2.9 전문성 효과

인지 부하 이론에 대한 가장 강력한 시험대 중 하나는 훈련 방략에서의 **전문성 효과**(expertise effect)라고 불리는 것이다(Kalyuga, Chandler & Sweller, 1998; Paas & van Gog, 2009; Pollack et al., 2002; van Merriënboer et al., 2006; Rey & Buchwald, 2010). 간략하게 말하면, 이것은 어떤 과제에 대해 경험이 많은 학습자는 (초심자에 비해) **부하 경감 훈련 방략**에서는 이점을 덜 얻거나 손실을 더 많이 받는다는 것, 혹은 능동 학습의 **본유 부하 증가 방략**으로부터는 더 많은 이점을 얻는다는 것을 의미한다(Wickens Hutchins et al., 2012a).

인지 부하 이론의 관점에서 이 효과를 표현하자면 경험이 많은 학습자에게는 숙달되어야 하는 과제가 본유 부하를 덜 부과한다는 것이다. 따라서 본유 부하에 사용할 수 있는 자원을 이미 충분히 갖고 있는 경험 많은 학습자에게는 본유 부하에서 사용될 수 있는 자원을 더 증가시키기 위해 설계된 추가적 단순화 기법들(예 : 난이도 낮추기, 에러 방지, 혹은 부분으로 나누어 학습하기 등)은 전혀 필요하지 않다. 실제로, 본유 부하를 위해 추가적인 자원을 필요로 하지 않는 전문가들에게 그와 같은 기법들은 이 장의 앞에서 기술하였던 파생 효과(예 : 단순화로 부적절한 방략을 발달시키거나, 부분 과제 훈련에서 시간공유 기술 학습에 실패하는 것 등)를 더 증폭시킬 뿐일 것이다. 따라서 좀 더 가용한 자원을 보유하고 있는 경험 많은 사람들은 능동적 선택에 의해 추가된 본유 부하로부터 더 많은 이점을 얻을 수 있다.

경험이 많은 학습자와 경험이 적은 학습자에게 방략들이 줄 수 있는 이점(혹은 손실)의 차이는 매우 크지만, **질적으로 다른 인지 능력**(예 : 공간 능력 대 언어 능력)을 갖고 있는 학습자들에 대해 어떤 훈련이 상대적으로 더 효과적인지를 검토한 연구들 사이에는 일관적 결과들이 거의 없다는 점에 주목해야 한다. 피훈련자의 인지 능력에서의 질적 차이에 따라 상대적으로 더 효과적인 훈련 기법이 있을 경우 이것을 **적성 X 처치 상호작용**(aptitude X treatment interaction)이라고 부른다(Pashler et al., 2008; 제6장 참조).

## 8.2.10 연습 분산

연습 회기가 시간에 걸쳐 어떻게 분산되는지에는 훈련 효과성이 중요한 영향을 미친다. 일반적으로, 연습을 여러 회기로 분산시키는 것이 한꺼번에 몰아서 하는 것에 비해 기술 획득에 더 효과적이고(Cepeda, Pashler, et al., 2006; Donovan & Radosevich, 1999; Healy & Bourne, 2012), 훈련 회기 사이의 간격을 길게 할수록 파지 기간도 더 길어진다(Cepeda et al., 2006). 복잡한 과제를 훈련할 때는 과제 요소들을 먼저 훈련해야 할 필요가 종종 있다.

그렇다면 어떤 순서로 이러한 요소들을 훈련할 것인지가 문제가 된다. 운동 학습 기술 (motor learning skill)은 구획으로 나누어 훈련하는 경우에 비해 무선적으로 훈련할 경우 기술 획득까지의 시간은 더 길어지지만, 기술의 파지는 무선적으로 훈련을 실시할 경우가 더 우수하다. 확장 연습(extended practice)의 경우 AAABBBCCC보다는 ABCABCABC와 같은 구획 반복 계획(blocked-repeated schedule)이 최상의 기술 획득과 파지를 가져온다(Gane & Catrombone, 2011).

### 8.2.11 훈련-전이 해리

앞에서는 **훈련/학습** 자체보다는 전이에 대한 훈련 방략의 효과만을 주로 다루었다. 이 두 가지를 분리한 이유는 의도적인 것이었는데, 왜냐하면 훈련을 좀 더 쉽게 하는 몇 가지 변인들이 반드시 전이 효과성도 높이는 것은 아닐 뿐만 아니라, 실제로는 오히려 파생 효과를 통해 이것을 더 떨어뜨릴 수도 있기 때문이다(Schmidt & Bjork, 1992). 이러한 특성에 대해서는 부분 과제 훈련과 훈련 휠(만일 유도가 신중하게 제거되지 않는다면)의 경우에서 이미 살펴본 바 있다. 이것을 **훈련-전이 해리**(training-transfer dissociation) 현상이라고 부른다.

그러나 이러한 해리 현상은 훈련 방략의 장점이 훈련 수행이 아닌 전이에 기초하여 고려되어야 한다는 사실을 넘어 훨씬 더 중요한 시사점을 갖고 있다. 특히 Bjork(1999)는 사람들이 학습, 훈련 그리고 연습에서의 용이성을 학습의 질이나 효과성과 동일한 것으로 직관적으로 평가하고 있음에 주목하였다. 즉, 사람들은 만일 학습이 쉬우면 그것은 효과적이고, 따라서 학습된 것에 대한 기억은 강하게 남을 것이라고 잘못 생각한다는 것이다. 이것은 착각이다. 이러한 어림법(즉, 학습 용이성=학습의 질)을 사용하는 사람들은 자신이 해야 할 것보다 더 적게 공부하거나, 쉽지만 부적절한 훈련 기법을 선택하거나(예 : 훈련 휠에만 의존하거나 혹은 연습 결과에 대한 확인 없이 그저 읽기만 하는 것 등), 혹은 자신의 지식 혹은 기술 획득에 대해 과잉확신을 보인다. 과잉확신에 대한 일반적 현상은 다음 장에서 논의될 것이다.

이러한 상위 인지적 착각은 훈련 방략과 연습 시간에 대한 자기 선택의 범위를 넘는 시사점도 갖고 있다. 만일 어떤 특정한 훈련 장치나 방략이 훈련 기간 동안 수행에 바람직한 영향을 주었다는 이유로(그리고 외재 부하를 만들어낼 수 있는 다른 흥미 있는 측면들이 있다는 이유로) 학습자가 그것을 선호한다면, 이러한 긍정적인 감정은 교습자와 그러한 것들이 사용되는 환경 모두에 대해 긍정적으로 반영될 것이다. 그러한 훈련 방략(혹은 이것에 기초한 교습서나 시뮬레이션 장치 등)을 판매하는 사람들은 학습자(피훈련자)의 이러한 긍정적 태도 때문에 경제적 이득을 볼 수도 있을 것이다. 그러나 Bjork는 훈련 방략의 효과성은 전이 측면에서 평가되어야 한다고 주장하였다. 훈련에서의 수행이나 즐거움 자체는 전이와는 거의 관련성이 없거나, 심지어 부적으로 상관될 수도 있기 때문이다.

# 9. 장기기억 : 표상, 체제화 및 인출

## 9.1 지식 표상

학습과 훈련을 통해 정보가 일단 장기기억 속으로 약호화되어 들어가면 그 표상은 다양한
형태를 갖게 된다. 어떤 지식은 **절차적**(무엇을 하는 방법)이고, 또 다른 지식은 **선언적**(사실
에 대한 지식)이다. 절차적 지식(procedural knowledge)은 때로 암묵적이라고도 하는데, 그
이유는 이 지식을 갖고 있는 사람들(대개의 경우 전문가)은 이것을 언어적으로 표현하지는
못하지만 그들의 행위에 이것이 내포되어 있기 때문이다(Reder, 1996). (이에 대해서는 6.3
절에서 상황인식 측정치를 고려할 때 논의되었다). 따라서 절차적 지식은 때에 따라 **암묵기
억**(implicit memory)이라고도 불린다. 선언적 지식은 2개의 범주로 나눌 수 있다. 하나는 단
어의 의미와 같은 사실이나 개념에 대한 일반적 지식[**의미기억**(semantic memory)]이고, 다
른 하나는 개인이 생활 속에서 경험한 특정 사건에 대한 기억[**일화기억**(episodic memory)]이
다. 특히 후자의 경우는 목격자 증언에서 중요하다. 이러한 세 가지의 장기기억 체계(암묵
기억, 의미기억 및 일화기억)가 뇌 속에서 독립적으로 존재하고 있다는 것을 시사하는 좋은
증거들이 있다(Poldrack & Packard, 2003; Tulving & Schacter, 1990). 다음의 세 절에 걸쳐
(1) 지식 표상, (2) 기억 인출과 망각, (3) 기술 파지에 대해 다루고자 한다. 이 주제들은
대체적으로 의미기억 체계, 일화기억 체계, 암묵기억 체계와 각각 대응된다.

  인간의 지식은 불완전하고 모호하다(Cohen, 2008). 우리가 알고 있는 대부분은 구체적
수치로 표현된 경도와 같은 절대 지식(absolute knowledge)이라기보다는 "독일은 프랑스의
동쪽에 있다." 같은 관계 지식(relational knowledge)의 형태를 갖는다(Nickerson, 1977). 이
것으로도 일상적 생활에서의 요구에 충분히 부응할 수 있고, 대부분의 상황에서는 부정확
한 추정치만으로도 충분하다. 전통적으로 우리는 우리의 불완전한 관계 가정을 타당화하고
확인하기 위해 외부 환경을 사용한다. 우리는 필요하다면 정확한 정보를 사용하기 위해 그
정보를 기록한다(예 : 종이에 적어둔다). 정보기술은 우리가 의미기억의 부족함을 경험할
때 적절한 형태로 절대 지식을 제공하는 경우 가장 가치가 있다.

  장기기억은 단지 정보의 수동적 저장이 아니다. **기반 인지**(grounded cognition) 접근으로
부터 얻어진 증거들은 기억의 능동적이고 지각적인 특징을 강조한다(Barsalou, 2008). 다시
말해, 우리가 개념적으로 생각할 때는 장기기억 속의 개념들(예 : 색상, 크기, 형태, 공간적
관계 등)과 관련된 감각 영역이 활성화된다. 따라서 장기기억 지식(예 : 내 자전거가 어떻게
작동하는가?)을 사용할 때 우리는 종종 이와 관련된 감각과 운동 요소들을 머릿속으로 시뮬
레이션해 본다(예 : 자전거의 기어를 시각화해 보고, 페달이 어떻게 돌아가는지 상상해 보
며, 특정 기어가 얼마나 강한 저항력을 생성하는지 기억한다). 이러한 시뮬레이션은 상이한
상황들의 평균적 상태를 나타낼 수 있고, 이것은 추상적 예측(예 : 이 기어 제어장치를 사용
한다면 상단 기어로 전환하기 위해 장치를 앞으로 밀면 된다)을 검증해 보는 데 사용될 수

있다. 이것은 제4장에서 간략하게 논의하였던 정신모형의 개념과 유사한데, 정신모형에 대해서는 바로 뒤에서 좀 더 자세하게 다룰 것이다.

공학심리학의 관점에서 본다면 지식이 장기기억에 표상되고 체제화되는 방식은 중요한데, 왜냐하면 인터페이스 설계와 실제 세계 작업 영역에서의 과제 설계와 조직화에 이것이 시사점을 갖고 있기 때문이다. 우리는 그와 같은 영역에서 특정한 문제의 해결에 우리가 관계 지식을 어떻게 사용하는지 고려할 것이다. 여기에서는 그러한 영역에 포함된 요소들에 대한 정신모형의 개념이 중요한 주제가 될 것이다. 또한 어떤 주제 관련 전문가(subject-matter expert)로부터 영역에 대한 지식을 어떻게 추출하여 어떤 형태로 표상할 수 있을지도 중요하게 고려되어야 한다. 이러한 과정을 **지식 추출**(knowledge elicitation)이라고 부른다. 그러한 표상은 인터페이스를 설계하거나 작업장 체제화에 대한 권고를 제시할 때 유용할 것이다. 우리는 이러한 응용 측면들을 염두에 두면서 세 가지의 하위 주제, 즉 기억 속에서의 **지식 체제화**, **정신모형**의 개념, 그리고 장기지식 **표상 방법**의 관점에서 지식 표상에 대해 고려할 것이다.

### 9.1.1 지식 체제화

우리는 정보가 사실들의 무선적인 집합으로 장기기억에 저장되어 있지 않다는 것을 오래 전부터 알고 있다. 이와는 반대로 장기기억 속의 정보는 특정한 구조와 체제를 갖고 있고, 이것에 기반하여 각 항목들이 서로 연합되어 있다. 특히, 조작자로 하여금 특정 영역에 대한 자신의 지식을 사용하도록 설계된 시스템이 그 조작자의 지식 체계와 합치하는 특징을 갖고 있다면 훨씬 더 잘 활용될 수 있을 것이다. 개념적 지식은 위계적으로 구성되어 있다는 증거도 많이 있는데, 예를 들어, 우리는 다양한 유형의 정보를 각각의 사례별로 저장하기보다는 좀 더 넓은 범위의 개념들로 저장한다(Collins & Quillian, 1969). 어떤 영역에 대해 특정한 전문성을 갖게 되면 이것은 그러한 위계에 영향을 미친다. 공학심리학 교과서의 색인에 대해 고려해 보자. '시각 디스플레이 설계'와 관련된 정보를 찾기 위해 심리학도는 페이지 위에 적힌 제목 중에서 '지각, 시각'을 먼저 찾으려 하겠지만 공학도는 '디스플레이 설계'라고 적힌 제목을 먼저 찾으려 할 것이다. 다양한 사용자들을 위해서 책의 색인은 비교적 폭넓고 중복적으로, 그리고 정보 항목은 여러 범주에서 찾아질 수 있도록 해야 한다(Bailey, 1989; Roske-Hofstrand & Paap, 1986).

이러한 관점에서 본다면 구글과 같은 인터넷 검색 엔진은 상당한 수준의 유연성을 갖고 있다고 할 수 있다. 사용자는 자신이 원하는 어떤 유형의 개념 용어도 탐색할 수 있기 때문이다. 사실, 이러한 '임의 접근(random access)'은 정보를 전자 저장장치로 저장하는 것이 갖는 큰 이점 중 하나라 할 수 있다. 그러나 비어 있는 검색창은 정보가 어떻게 체제화될 수 있고 또 어떻게 체제화되어야 하는지에 대한 아무런 단서도 제공하지 않는다. 인터넷상에서 도메인이 일련의 연동 정보들을 완전하게 제공해 준다면 아마도 가장 최상의 접근이

될 수 있을 것이다. 제공될 수 있는 정보가 제한될수록(예 : 응용 프로그램에서 사용할 수 있는 명령어들) 인터페이스 설계자는 좀 더 체제화된 형태를 통해 사용자에게 도움을 주고자 할 것이다.

메뉴 체계의 설계가 이러한 예가 될 수 있는데, 전형적으로 일련의 명령어들이 하나의 응응 프로그램 안에서 사용될 수 있는 형태로 표상된다. 메뉴 체계에 의해 정의되지 않는 범주나 구조는 이에 대한 사용자의 정신적 체제와 대응하지 못할 수 있고, 특정 항목에 대한 계열적 탐색 시간을 많이 요구하게 되어 사용자들을 짜증나게 할 수 있다. 다시 말해, 사용자는 목록에 있는 첫 번째 항목부터 시작하여 표적 항목에 도달할 때까지 밑으로 쭉 훑어보거나, 전화를 통해 음성 메뉴 중에서 하나를 선택하고자 할 경우에는 썩 만족스럽지 못한 옵션을 선택할 때까지라도 항목들을 하나씩 들어보아야 하는 것이다. Seidler와 Wickens(1992)는 주관적으로 관련 있는 메뉴들이 메뉴 체계에서 좀 더 근접해 있는 경우가 메뉴 항목들이 무선적으로 배열된 경우에 비해 메뉴를 더 빠르게 탐색하게 한다는 것을 보여주었다. 이와 유사한 결과가 다른 연구에서도 얻어졌다(Durding, Becker & Gould, 1977; Roske-Hofstrand & Paap, 1986). 따라서 정보를 체제화된 구조를 통해 제시하고자 할 경우에는 전형적 사용자의 정신 표상을 이해하는 것이 중요하다.

사용자가 데이터베이스(영역 지식) 속에 저장된 정보에 대해 더 많은 지식을 얻을수록 정보에 어떻게 접근할 수 있을지에 대해 더 유연해진다(Hollands & Merikle, 1987; Salterio, 1996; Smelcer & Walker, 1993). 예를 들어, Hollands와 Merikle은 실험참가자들에게 특정 정의를 제공해 주고 메뉴의 위계적 구조 속에서 그것에 해당하는 용어를 찾아보도록 요구하였다. 전문가는 메뉴가 알파벳 순서로 체제화되었건 아니면 의미적으로 체제화되었건 두 조건 모두에서 유사한 수준으로 효과적으로 탐색을 하였지만, 초심자들은 의미적 체제화 조건에서 더 우수한 수행을 보였다. 따라서 전문가의 의미기억에 대응하는 방식으로 체제화된 정보는 상이한 체제화 구조를 사용할 때에도 유연성을 발휘할 수 있다.

때에 따라 전문성과 연합된 지식은 정보 제공 방식과 서로 간섭을 일으킬 수 있다(Kalyuga & Renkl, 2010). 우리가 이 장의 앞에서 교습재료 설계에 대해 살펴보았듯이, 학습 기간 동안 인지 부하를 줄여주는 방법은 초심자가 새로운 개념을 학습하는 데 도움이 되는데 그 정도는 전문가에 비해 더 크다. 특정 사례가 지식 구조와 밀접하게 관련되는 경우와 같이, 중다의 중복적 원천(예 : 텍스트와 도표)(Kalyuga, Chandler, et al., 2001)을 통해 지식을 접근해야 할 때는 전문가가 얻는 이점이 오히려 줄어들고 실제로도 손실을 경험할 수도 있다. 따라서 인터페이스 설계자들은 지식이 칼의 양날이라는 것을 이해하는 것이 중요하다. 즉, (체제화된 구조의 경우와 같이) 사용자들이 좀 더 유연하게 사용할 수 있도록 해야 할 때도 있지만, (중복적 교습재료의 경우와 같이) 사용자들의 유연성을 제한해야 할 때도 있는 것이다.

### 9.1.2 정신모형

**정신모형**(mental model)은 시스템에 대한 사용자의 이해를 반영하는 정신적 구조라고 정의된다(Carroll & Olson, 1987). 따라서 이것은 시스템이 어떻게 반응할 것인지에 대한 기대의 원천이다. 정신모형은 사용자가 어떤 행위를 실제로 선택하기 이전에 그 행위를 마음 속으로 충분히 시도해 보거나 시뮬레이션해 볼 수 있도록 해주는 시스템에 관한 지식이라고도 할 수 있다(Moray, 1999). 정신모형은 사용자에 의해 자발적으로 만들어질 수도 있고, 훈련을 통해 신중하게 형성되고 구조화될 수도 있다.

정신모형은 물리적 시스템에 대한 경험을 통해 시간이 흐르면서 발달된다(Moray, 1999). 이것은 필연적으로 불완전하기 때문에 부정확할 수 있다. 따라서 어떤 영역에서의 복잡성은 단순화된다. 특정한 물리적 시스템에 대해 다양한 정신모형이 기능하기 때문에 정신모형의 유형이나 추상화 수준(예 : 일반적인지 아니면 구체적인지)의 정도에서 다를 수 있다. 따라서 예를 들면, 우리는 자동차에 대해 정신모형을 하나만 갖고 있는 것이 아니다. 우리는 자동차의 전기 시스템이 어떻게 작동하는지에 대한 정신모형(예 : 엔진이 돌아갈 때는 배터리가 충전된다), 혹은 자동차의 조명 시스템이나 구동 전동기에 대한 좀 더 구체적인 정신모형도 갖고 있을 수 있다. 상이한 정신모형은 상이한 맥락에서 적용된다. 예를 들어, 자동차의 시동이 걸리지 않으면 운전자는 배터리가 구동 전동기에 전력을 공급한다는 것을 기억해 내고 아마도 배터리가 방전되었을 것이라는 가설을 생각할 것이다. 본질적으로 사용자는 어떤 주어진 맥락에서 주어진 순간에 가장 유용한 정신모형을 선택한다. 전문가는 초심자에 비해 일반적으로 정교화되고 정확한 더 많은 정신모형을 갖고 있다.

전문가는 또한 초심자에 비해 정신모형 사용에서의 유연성이 더 크다. 초심자에 비해 전문가에게는 물리적 시스템에 대한 다양한 정신모형들 사이의 전환이 더 쉽다. Williams, Hollan 및 Stevens(1983)에 의해 수행된 한 사례 연구에서 전문가들은 열 교환기에 대해 추리할 때 정신모형들을 전환한다는 것이 관찰되었다. Williams 등은 다양한 정신모형을 사용하는 것과 이들 사이의 전환 능력이 인간의 추리 과정에서 핵심적인 것이라고 주장하였다. 전문가들은 또한 초심자에 비해 스트레스 상황에서 자신의 방략적 접근을 조절하는 능력이 일반적으로 더 뛰어나다. 가장 적합한 접근을 찾기 위해 정신모형을 전환하는 것은 전문성과 관련된 방략적 우수성을 보여주는 일종의 징표라 할 수 있다.

제4장에서, 그리고 이 장의 문제해결 부분에서 기술하였듯이, 디스플레이 표상의 세부특징들, 좀 더 일반적으로 말하면 인간-기계 인터페이스의 세부특징들은 정신모형의 발달과 사용에 영향을 미친다. 예를 들어, Sanderson(1990)은 물리적 위상(topology)과 추리 사이의 상호작용, 다시 말해 물리적 배치의 변화에 따라 동일한 문제라 하여도 해결에서의 난이도가 달라진다는 것을 발견하였다. 더구나 Moray(1999)의 주장에 따르면, 좋은 디스플레이가 기여하는 것 중의 하나는 바로 정신모형의 선택을 향상시킨다는 점이다. 생태학적 디스플레이 설계는 디스플레이 표상과 전문가 정신모형 사이의 부합성에 기초한다. 즉, 제4장에서

논의된 것과 같이, 정신모형은 시스템의 기본적 특성과 잘 대응되어야 한다(제4장).

6.2절에서 논의된 것처럼, 정신모형은 예측에 사용될 수 있다. 사용자들은 물리적 시스템에 대한 환경적 입력을 지각하고, 그러한 입력에 기초하여 시스템의 역동에 대한 정신모형을 '돌려본 후' 시스템 출력을 예측하는데, 이러한 예측은 그다음의 실제 입력에 대한 시스템 반응으로 확증된다. 그러나 정신모형은 때로 부정확한데, 부정확한 정신모형이 적용될 경우 수행은 붕괴되고 에러가 발생한다(Doane, Pellegrino, & Klatzky, 1990). 따라서 한 시스템에서 작동하고 있는 인과적 구조와 원리(시스템과 이것의 가시적인 디스플레이 및 제어장치를 조작하는 데 사용되는 절차에 기저하는 원리)에 대한 명시적 훈련을 통해 정확한 정신모형을 형성하는 것이 바람직할 것이다. 정신모형을 이용한 훈련이 갖는 이점을 밝힌 증거가 있다(Fein, Olson, & Olson, 1993; Taatgen, Huss, et al., 2008).

그러나 소비재나 일상의 가전제품에 대해서는 일반적으로 명시적 훈련이 쉽지 않다(이러한 제품들은 공식적 훈련 없이도 사용할 수 있어야 한다는 가정하에 그렇다). 사람들은 냉장고나 난로와 같은 일상적 가전제품에 대해서는 잘못된 정신모형을 갖고 있는 경우가 종종 있다. Norman(1992)은 비록 그와 같은 제품들에 대한 정신모형이 에러를 포함하고 있더라도 몇몇 경우에 비교적 정확하게 사용될 수 있다는 것을 보여주었다(즉, 정신모형은 때에 따라 충분히 정확하다). 정확한 정신모형을 형성하는 데 도움을 주는 한 가지는 **가시도**(visibility)라는 개념이다(Norman, 1992). 어떤 장치를 한 번만 보더라도 즉각적으로 그것의 상태와 그것으로 가능한 행위들을 알 수 있다면 그 장치는 가시성을 갖고 있다고 할 수 있다. 가시성이 있을 경우 조작자의 행위와 시스템 상태 변화 사이의 관계가 곧바로 파악된다(그렇기 때문에 쉽게 학습할 수 있다). 가시성의 개념은 사용자 행위와 시스템 반응 사이에 포함된 변인들을 보여주는 시스템의 능력을 일컫기도 한다. 예를 들어, 만일 어떤 자동 온도조절장치가 순간온도뿐만 아니라 열을 높이거나 낮추고 있는 상태를 보여줄 수 있다면 그것은 좋은 가시성을 갖고 있는 것이다. 높은 수준의 자동화를 사용할 경우에는 가시도가 감소할 수 있다(이에 대해서는 제12장에서 좀 더 논의된다).

요약하면, 훈련을 통해서든 설계를 통해서든 어떤 장치의 작동에 대한 정확한 정신모형이 사용자에게 제공되면, 수행은 좋아질 것이다. 잘못된 정신모형은 어떤 경우에 에러를 가져올 가능성이 높다. 장치의 가시도는 사용자가 정확한 정신모형을 형성하는 데 도움을 줄 수 있다. 올바른 정신모형이 갖는 주요 장점은 이것이 사용자로 하여금 아직 검증되지 않은 상황에 대해 미리 정확하게 예측할 수 있게 해준다는 점이다. 이것은 시스템이 큰 것이든 아니면 작은 것이든 공통적으로 적용되는 특성이다.

### 9.1.3 장기 지식 표상방법

공학심리학자들은 때로 전문가의 지식이 어떻게 체제화되어 있는지 알기를 원한다. 이러한 정보는 훈련 프로그램을 설계하거나 인터페이스를 설계할 때 유용하게 사용될 수 있을 것이다. 이러한 목적을 위해 사용될 수 있는 **지식 추출 기법**들은 다양하다(Cooke, 1994). 이러한 기법 중 일부를 다음에 제시하였다.

1. **척도화 기법**(scaling technique)은 특정 영역에서의 개념들이 서로 어떻게 관련되는지를 보여준다. 주로 전문가들이 개념 쌍 사이의 유사성에 대해 평정한다(Kraiger, Salas & Cannon-Bowers, 1995 또는 Rowe, Cooke, Hall, & Halgren, 1996 참조).

2. **언어 보고 분석법**(protocol analysis) : 전문가들이 어떤 시스템에 대한 전형적인 과제들을 수행하면서 그들의 수행에 대해 생각하고 있는 내용을 소리내어 말한다[**소리내어 생각하기 기법**(think aloud technique)]. 그들의 행동은 비디오로 기록되거나 과정 추적 기록법(process tracing methods)을 사용하여 부호화한다(Cooke, 1994). 다음의 관찰법과 마찬가지로 이 방법도 과제의 관찰 가능한 측면을 강조한다.

3. 주제 관련 전문가와의 **면접**(Interview) 혹은 자기보고법.

4. 작업환경에서의 전문가 **관찰**(observation).

5. **구조화된 지식 추출**(structured knowledge elicitation) : 이 기법은 전형적으로 인지 과제 분석의 한 부분인데, 전문가의 경험에서 특정 경험에 대한 해석을 토대로 체제화된다.

6. **문서 분석 기법**(document analysis techniques) : 전통적인 문서 분석 기법은 어떤 작업 영역에서 사용되는 매뉴얼이나 작업 절차서에 대한 개관을 포함한다. 이것은 비록 사용자가 갖고 있는 장기 지식 자체를 명시적으로 표상한 것은 아니지만 그와 같은 문서들은 사용자가 상호작용하는 [사용자 **작업 영역**(work domain)에서의] 물리적 시스템과 사회적 시스템에 의해 부과된 제약들을 종종 표상한다. 제4장에서 논의된 바와 같이 이러한 물리적 표상은 사용자의 정신적 표상(장기 지식과 정신모형)에 영향을 미친다.

이러한 기법들이 가치가 있기는 하지만, 우리는 불완전하고 부정확한 전문가 자기보고법보다는 인지 과제 분석에 기초하고 있는 구조화된 지식 추출 기법이 교습재료를 산출하는 데 더 도움이 된다는 것에 주목하고자 한다(Feldon, 2007). 구조화된 지식 추출 기법은 '만약에 …라면' 형태의 질문을 포함하여 시간, 내용의 깊이와 풍부함, 그리고 넓이의 관점에서 전문가의 경험을 정교화하는 데 사용될 수 있는 다양한 질문 방법들을 포함하고 있다(Hoffman, Crandall, & Shadbolt, 1998; Schraagen, Chipman, & Shute, 2000). 비구조화된 면접을 통해 얻어진 자기보고 자료의 문제는 앞에서 언급한 선언적 기억과 절차적 기억 사이의 구분과 관련이 있다. 즉, 자기보고 절차의 타당도는 전문가들이 그들의 해당 지식에 대해 직접적이고 의식적으로 접근할 수 있을 것이라는 가정에 기초하고 있다. 그러나 일단 지각적 혹은 절차적 기술이 획득된 이후에는 그 기술을 어떻게 수행하였는지 설명하기 어렵다(Cooke, 1994). 간단히 말해, 전문가는 절차적 지식에 대해 정확하게 내성할(introspect) 수 없다. 구조화된 면접은 이 문제를 해결하기 위해 일련의 탐색 질문과 문의 질문을 제시한다(Crandall, Klein, et al., 1994; Hoffman, 1995; Randel, Pugh, & Reed, 1996; Schraagen,

Chipman, & Shalin, 2000).

일단 사용자의 지식이 획득되었다면 그다음에 이것은 어떻게 표상되는가? 훈련과 관련하여 특히 성공적이었던 한 가지 기법은 **개념 그래프 분석**(conceptual graph analysis, CGA) (Gordon, Schmierer, & Gill, 1993)이다. 이 방법은 시스템에 대한 사용자의 지식을 나타내기 위해 노드(node)와 링크(link)를 사용한다. Gordon 등은 공학적 동력학의 한 주제에 대한 텍스트를 개발하는 데 CGA를 사용하였다. 먼저, 전문가에 의해 작성된 문서를 개념적 그래프로 구성하였다. 이러한 구성이 완료된 이후 그래프를 표준적인 텍스트 형태로 전환하였다. 이러한 지식 기반 텍스트를 이용하여 공부한 학생들은 원래의 텍스트를 이용한 학생들에 비해 동력학 문제들을 더 많이 해결하였다.

대용량의 텍스트 말뭉치(corpus)가 의미기억에 대한 계산모형을 통해 자동적으로 분류됨에 따라 문서 분석 기법은 점차 전산화되었고(Griffiths, Steyvers, & Tenenbaum, 2007; Landauer & Dumais, 1997), 이를 통해 얻어진 분류 자료들은 역동적인 3차원 시각화를 사용하여 표상되었다(Kwantes, 2005). 이에 따라 이 기법은 계산 지식의 표상에 많이 응용되고 있다. 즉, 이러한 표상은 의미론적 데이터베이스의 인터페이스가 될 수 있는 것이다. 예를 들어, 군사정보 분석가는 특정 영역에서의 주요 사건을 신속하게 확인하기 위해 (수천 장으로 된 정보 보고서를 일일이 읽어보기보다는) 시각화 도구와 상호작용할 수 있을 것이다(그림 7.7).

마지막으로, **온톨로지**(ontology)라는 개념에 대해 고려해야 한다. 컴퓨터과학에서 온 이 용어는 특정 영역에 '존재하는 것'에 대한 체계적 분류를 나타낸다. 온톨로지 안에서 특정 영역의 모든 개념들과 그러한 개념들 사이의 관계가 공식적으로 정의된다(Brewster & O'Hara, 2007). 예를 들어, 항공관제 온톨로지는 항공기의 유형, 다양한 유형의 유무선 통신 장비, 혹은 직업 등급에 대한 대상 부류들이 포함될 수 있을 것이다. 어떤 유형의 항공기는 특정 센서 혹은 특정 통신장비를 갖고 있을 수도 있고 그렇지 않을 수도 있을 것이다. 이러한 관계적 정보도 온톨로지상에 나타내어질 수 있다. 우리의 선언적 지식이 본질적으로 불완전하다는 것을 고려하면 우리의 장기기억이 온톨로지의 형태로 잘 모형화될 수 있을 것으로는 생각되지 않는다. 그러나 이 개념은 특정 작업 영역에 존재하는 것들을 객관적으로 표상하는 데 유용하고, 그 영역에서의 인터페이스 설계 혹은 지능형 시스템의 설계를 위한 지식을 표상하는 데 공식적으로 사용될 수 있는 방법을 제공해 준다(Brewster & O'Hara, 2007).

## 9.2 기억 인출과 망각

어떤 사실이나 기술에 대해 학습한다 하더라도 그것이 장기기억에 저장되어 필요할 때마다 인출된다는 보장은 없다. 따라서 공학심리학자들은 기억 실패의 두 가지 원천에 대해 관심을 가져야 한다. 기억 에러는 인간 수행에서의 실패를 가져올 수 있다. 또한 기억해 내야

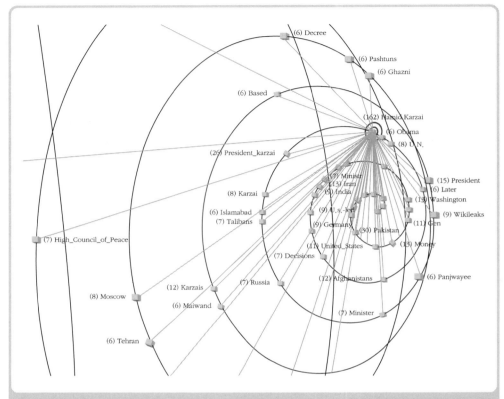

**그림 7.7** 아프가니스탄에서의 내란 활동과 관련된 개념들의 다차원 표상. 이 표상은 첩보 정보의 대용량 텍스트 말뭉치에서 동시에 등장하는 개념들에 기초하고 있다. 이 자료는 Defence Research and Development Canada에서 인용함.

할 정보와 장기기억 속에 저장된 다른 정보 사이에서의 유사성도 기억 실패의 또 다른 요인이다. 부적 전이에 대한 논의에서 살펴본 바와 같이, 한 문서편집기에 대해 학습한 일련의 절차들과 다른 문서편집기에 대한 일련의 절차들이 기억 속에서 서로 혼동될 수 있는데, 2개의 시스템이 갖고 있는 속성들이 동일하다면 특히 더 그렇다. 마지막으로, 단순히 시간이 경과하는 것도 기억 실패를 야기한다. 우리는 가장 최근에 발생한 것을 가장 잘 기억하는데, 이것은 의사결정에서의 정보 통합에 대해 다루면서(제8장) 논의된 중요한 현상이다. 그와 같은 기억 실패에 대해 더 잘 이해하기 위해서는 인출의 두 가지 형태 즉, 회상과 재인을 구분하는 것이 필요하다.

### 9.2.1 회상과 재인

**회상**(recall)은 기억 속에 저장되어 있는 정보를 산출하는 것을 말한다. 예를 들어, 당신은 머릿속에 미리 쇼핑 목록을 만들어놓은 다음 실제 쇼핑할 때 그 목록을 기억하고자 할 수 있다. 특정 의도를 회상해 내기 위한 미래 기억 촉진 방법들을 포함하여, 회상은 많은 단서들과 연합된다(제8장 참조). 쇼핑 가기 전에 같은 일기장 2개를 구매하겠다고 스스로에게 말한다고 가정해 보자. 만일 당신이 실제 쇼핑할 때 일기장 판매대 앞에서 이 단서를 회상한다면, 구매하고자 하였던 2개의 일기장 중에서 하나만 구매하는 일을 줄여줄 것이다. **재인**(recognition)은 당신이 이전에 보았던(혹은 들었던) 것인지, 아니면 그렇지 않은 것인지의 여부에 따라 항목을 분류하는 것이다. (제2장의 목격자 증언 부분에 '재인'이라는 단어가 있었다는 것을 재인할 수도 있을 것이다). 쇼핑몰에서 만난 친구를 재인할 수(알아볼 수) 있고, 목격자는 피의자가 범죄의 가해자라는 것을 재인할 수도 있다. 전형적으로 재인은 '예-아니요' 판단의 형태를 취한다. 그러나 이 방법 대신에 슈퍼마켓에서 만난 사람이 자신의 친구인지, 혹은 피의자가 범죄를 저질렀는지에 대한 자신의 재인을 얼마나 **확신**하는지 물을 수도 있다.

회상과 재인 사이의 중요한 차이점은 기억으로부터 항목을 인출해야 하는지의 여부에 있다. 회상 과제에서는 항목을 인출해야 한다. 단서 회상(cued-recall)에서는 그 항목에 대한 인출을 돕기 위해 어떤 단서가 제공된다. 재인 과제에서는 그 항목을 경험한 적이 있는지의 여부만을 결정하면 된다(즉, 인출이 요구되지 않는다). 이것이 일화기억을 평가하는 방법의 전부다. 일반적으로, 재인은 회상에 비해 더 쉽고(Cabeza, Craik, et al., 1997), 단서 회상은 그 중간쯤 된다. 다시 말해, 재인이 가장 민감한 측정치다. 어떤 것을 전혀 회상하지 못할 수 있지만 일단 보거나 들은 것은 친숙한 것으로 재인할 수 있는 경우가 종종 있다.

재인과 회상의 대비는 컴퓨터 소프트웨어 디자인에서 명확해진다. 컴퓨터 초보자가 단서 없이 사용 절차를 **회상**하는 것은 어려운 일이다. 회상 실패는 Linux(Soegaard, 2010)나 스크립팅 언어(scripting languages)와 같은 명령어 기반 인터페이스에 대해 좌절감을 경험하도록 하는 원인이었다. 어떤 단서를 제공하는 것은 명령어 사용을 훨씬 더 쉽게 해주기는 하지만, 메뉴를 통하여 원하는 옵션을 재인하여 클릭만 하면 되는 방식을 통해 재인 기억을 지원해 주는 것이 가장 쉽게 사용하도록 하는 방법이다. Norman(1992)의 용어를 빌면, 회상은 '머릿속 지식(knowledge in the head)'을 요구하는 데 반해 재인은 '세상 속 지식(knowledge in the world)'에 의존하기만 하면 된다.

초보자는 명령어 메뉴 방식을 더 선호하는데, 특정한 명령을 재인할 때까지 목록을 오르내리면서 스크롤하기만 하면 되기 때문이다. 반면에, 이러한 방식의 메뉴 선택은 전문가에게는 오히려 짜증을 일으킬 수도 있다. 이러한 문제를 해결하기 위해 최근 대부분의 소프트웨어에서는 몇 개의 키(키보드 단축키)만 눌러 특정 명령어와 동일한 기능을 수행할 수 있도록 하고 있다. 따라서 전문 사용자는 키의 몇 가지 순서나 조합을 회상하여 빠르게 명령어를 실행할 수 있고, 만일 이것을 회상하지 못할 경우에는 재인에 의지할 수도 있다(Grossman, Dragicevic, & Balakrishnan, 2007; Ryu & Monk, 2009). 예를 들어, MS Word의 경우 ⟨alt⟩ ⟨o⟩ ⟨f⟩ ⟨b⟩ 순서로 키를 입력하는 것은 아래첨자 텍스트를 타이핑하기 위한 것인데, 이 순서를 모르거나 잊어버렸을 때는 메뉴 옵션에서 이 명령을 탐색하면 되는 것이다. 이러한 아이디어에 기초하여 인간-컴퓨터 상호작용 모델들은 인터페이스 설계에서 중요한 정신적 과정들로서 회상과 재인을 함께 고려한다(Ryu & Monk, 2009). 예를 들어, 어떤 인터페이스는 시스템을 특정한 상태로 바꾸기 위해 사용자로 하여금 명령을 회상하여 입력하도록 하기도 하지만(이것은 덜 효과적이다), 디스플레이에 아이콘을 제공하여 이러한 명령들을 재인할 수 있도록 한다(물론 이것은 더 효과적이기는 하지만 신중하게 제시되지 않을 경우 디스플레이 혼잡성을 야기할 수도 있다)(제3장과 제5장 참조).

제2장에서 살펴보았듯이, 재인은 신호탐지 이론의 맥락에서도 살펴볼 수 있다. 즉, 사람들의 재인은 신호를 '보았다'는 반응에 해당하는 '예 혹은 친숙함' 반응과 신호를 '보지 못했다'는 반응에 해당하는 '아니요 혹은 친숙하지 않음' 반응으로도 확인할 수 있다. 이것을 재인 이론에 적용한 연구 결과에 따르면 반응 기준이 관대하게 될수록(즉, 더 많은 '예' 혹은 '친숙' 반응) 민감도는 실제적으로 감소한다. 이러한 경향이 관찰되는 이유는 신호자극(이전에 제시되었던 자극, 혹은 친숙한 자극)의 분포가 방해자극(새로 제시된 자극 혹은 친숙하지 않은 자극) 분포에 비해 더 큰 변산성을 갖는 경향이 있기 때문이다(Wixted, 2007). 따라서 재인의 맥락에서 민감도를 최대화하기 위해서는 높은(보수적인) 반응 기준을 유지하는 것이 중요하다. 이것은 목격자 증언의 경우와 같이 민감도가 우선적으로 고려되어야 하는 경우에는 매우 중요하다.

재인에서 일관성은 매우 중요하다. 예를 들어, 최근의 선택에 따라 위치가 변화되는 역동적 메뉴는 사용자들의 수행을 느리게 할 수 있는데, 왜냐하면 흔히 찾던 메뉴가 기대하였던 위치에 제시되지 않을 수도 있기 때문이다(Mitchell & Shneiderman, 1989). 탐색 엔진을 제시할 때 일관성을 유지하는 것도 중요하다. Teevan(2008)은 사람들이 이전에 탐색하였던 결과 목록의 내용을 거의 명시적으로 회상하지 못하지만 이전에 한 번 보았던 목록은 종종 재인할 수 있다는 것을 발견하였다. 결과 목록이 변화되었다고 사용자들이 믿을 경우, 이들은 이전 목록의 내용을 다시 사용하는 데 어려움을 경험하고, 자신이 찾고자 했던 것을 발견할 가능성도 낮아진다. 더 중요한 점은, 결과 목록이 이전에 보았던 것과는 다른 것이라 할지라도 사용자들은 이전에 보았다고 생각하고 잘못 재인한다는 점이다. 따라서 인간 사용자들은 목록을 이전에 보았던 것이라고 판단하는 데 관대한(낮은) 반응 기준을 갖고 있는 것으로 보인다. 방금 앞에서 살펴보았듯이, 재인 이론에 따르면 관대한 반응 기준은 낮은 민감도와 연합되어 있다. 이것이 주는 시사점 중 하나는 결과 목록 계열의 순서에서 일관성을 유지하는 것이 일반적으로 탐색 수행을 높일 수 있다는 것이다.

전문성이 갖는 이점 중 하나는 전문가의 경우 더 쉽게 특정 상황을 확인할 수 있다는 점이다. 예를 들어, 경험이 많은 소방관은 다른 층에서 발생한 화재의 유형을 탐지할 수 있다. 특정 상황을 특징짓는 일련의 가용한 단서들이 재인되는데, 이것은 다음 장에서 논의되는 의사결정에도 시사점을 갖는다. 우리가 단순히 직관을 통해 생각한 것이 이전에 경험한 상황을 실제로 재인한 것이라고 생각할 수도 있을 것이다(Seligman & Kahana, 2009). 전문가가 특정 상황에 대해 어떻게 반응해야 하는지에 대한 단서들을 알고 있다 하더라도 전문가에게는 특정 상황을 명시적으로 회상하고 그것의 특징들을 기술하는 것이 어려울 수 있다. 실제로 경험적 연구들은 사람들이 항목들을 명시적으로 기억하지 못하더라도 그것에 대해 '알고 있고' 또한 '친숙한' 것이 가능하다는 것을 보여주었다(Cohen, Rotello, & Macmillan, 2008). 실험참가자들에게 어떤 것에 대해 명시적으로 기억하고 있는 것인지 아니면 친숙한 것인지[기억하기-알기 패러다임(remember-know paradigm)] 말해보라고 지시한 연구에서는 다른 반응에는 영향을 주지 않으면서 각 유형의 반응에만 독립적으로 영향을 주는 것이 가능하다는 것을 보여주었다(Gardiner & Richardson-Klavehn, 2000). 다시 말해, 친숙성은 명시적 기억하기와 독립적이다. 이러한 유형의 친숙성 처리는 우리의 많은 일상적 행동의 근간이 되고, 앞에서 언급한 소방관과 같이 신속한 의사결정이 요구되는 스트레스가 높은 상황에서의 수행에 기저하고 있을 가능성이 높다.

많은 일상적 상황에서 외부 세계에 존재하는 정보는 장기기억으로부터 절차적 단계를 회상하는 데 도움이 되는 **인출 단서**(retrieval cue)들을 제공한다. 그러한 단서가 없다면 망각이 발생한다. 예를 들어, 내가 자동차에 주유를 한다고 가정해 보자. 인출 단서가 없다면 자동차 주유구를 열기 전에 연료의 종류를 선택하는 것과 같은 수행 절차에서의 에러를 자주 범할 수 있을 것이다. 이와는 대조적으로 수행 절차들을 제어장치 옆에 (1), (2), (3)과 같은 번호와 함께 인쇄해 놓는다면 이것은 일종의 인출 단서의 순서를 제공해 줄 수 있기 때문에 에러의 가능성을 낮추어줄 것이다. 민간 항공의 영역에서 **체크리스트**(checklist)는 비행 수행 중에 발생할 수 있는 에러를 최소화하기 위해 사용되는 주된 방법이 되었다. 체크리스트는 조종사가 수행하여야 하는 활동의 계열적 정보를 활성화시키는 인출 단서를 제공함으로써 에러를 줄일 수 있는 것이다(Degani & Wiener, 1990; Reason, 1990).

특정한 과제 구조 혹은 인터페이스 설계에서 인출 단서를 제공해 주는 것의 이점은 매우 많다. 이러한 단서들은 에러의 일종인 **행위 실수**(제9장) 문제를 해결해 줄 수 있는 것으로 보인다. 인출 단서는 수행의 절차들이 고정된 순서로 이루어져야 하는 경우에 특히 더 많은 이점이 있는데, 이를 통해 수행의 순서가 흐트러지는 것을 방지할 수 있다. 또한, 제10장에서 방해 관리에 대해 다룰 때 자세하게 논의할 것인데, 행위의 계열 속에 포함된 인출 단서들은 사람들이 방해를 받았을 때 계열의 어느 지점에서 작업하고 있었는지 생각나게 해줄 수 있기 때문에 지속되는 작업 속으로 부드럽게 되돌아가게 할 수 있다. Loft, Smith 및 Bhaskara(2009)는 인출 단서가 정규적인 작업으로부터의 이탈이 요구될 때 가장 효과적이라는 것을 발견하였다. 한 연구에서 항공관제 시뮬레이션 수행을 진행하고 있던 사용자들은 자신의 관제 영역으로 진입하는 표적 항공기를 수용하고자 할 때 특정 반응 키를 누르도록 요구받았다. 이 경우 항상 가용하였던 기억 보조도구들은 효과가 없었으나 동일한 정보가 적시에 제시되는 것은 특정 반응 키를 누를 가능성을 높여주었다. 인출 단서는 실제로 또 다른 이점도 제공한다. 즉, 다른 관련 연합들은 잊도록 해주어[**인출 유도 망각**(retrieval-induced forgetting Coman)](Manier, & Hirst, 2009), 사용자가 체크리스트에 따라 수행하면서 미래의 행위와 관련 없는 단서들을 연합할 가능성을 줄여주는 것이다.

## 9.2.2 사건 기억

제2장에서는 목격자 증언에서 재인 기억에 영향을 주는 몇 가지 편향들에 대해 기술한 바 있다. 단순한 예-아니요 재인을 넘어, 우리는 사람들에게 발생한 상황(예 : 사건들의 계열을 말로 서술해 주는 것)에 대해 회상하거나 기술하도록 했을 때 이러한 일화기억이 얼마나 정확한지 더 관심을 가질 수 있다. 이러한 경우는 법정에서의 목격자(Loftus, 2005), 혹은 산업사고 이후 조사 과정에서 질문을 받는 시스템 조작자에게 발생할 수 있는 상황이다. 이러한 **사건 기억**(event memory)에는 두 가지의 편파가 발생하는데, 하나는 그 사건에 대한 지식의 상실(망각)이고, 다른 하나는 사건 당시에는 발생하지 않았던 새로운 정보를 포함시키는 경향이다. 따라서 사건에 대한 어떤 세부사항들은 실제로는 발생한 것이 아님에도 불구하고 목격자는 세상이 돌아가는 이치에 맞는 내용이 되도록 하기 위해 그 사건에 그것을 '끼워 넣을' 가능성이 높다. 하향 처리(제6장)가 사건에 대한 개인의 기억에 영향을 미친다. 실제로, 특정 사건에 대해 세부사항을 대체하거나 증강시키는 것은 특정 영역에 대한 지식을 풍부하게 갖고 있는 전문가의 특징이기도 하다(Lewandowsky, Little, & Kalish, 2007).

초기 사건에 뒤이어 발생하는 사건들은 초기 사건에 대한 개인의 기억 속으로 흡수될 수 있다(Loftus, 1979; Wells & Loftus, 1984). 목격자들은 이것을 자각하지 못하기 때문에 자신의 기억 정확성에 대해 과잉확신하는 경향이 있다. 한 연구에서 Okado와 Stark(2005)는 실험참가자들에게 한 남성이 어떤 소녀의 지갑을 훔치는 장면의 비디오를 단계적으로 보여주었다. 일부 실험참가자들에게는 그 사건에 대한 부정확 정보("사건 도중에 소녀는 팔을 다쳤다.")를 제공하였다. 그다음 모든 실험참가자들에게 원래 사건에 대해 기술해 보도록 하였다. 그 결과, 사건을 본 이후에 부정확 정보를 제공받은 많은 실험참가자들은 원래의 사건에 부정확 정보(소녀가 팔을 다치는 것)가 포함되어 있었다고 주장하였다. Loftus(2005)는 이러한 결과를 **부정확 정보 효과**(misinformation effect)라고 불렀다. 실제로, Loftus, Coan 및 Pickrell(1996)은 사건 이후의 정보가 존재하는 기억을 변화시킬 뿐만 아니라, 실제 발생하지 않은 사건에 대한 기억도 만들어질 수 있음을 보여주었다. 실험참가자들의 생활 속에서 발생하였던 다른 사건에 대한 일련의 이야기 속에 쇼핑몰에서 길을 잃어버린 내용을 포함한 경우, 많은 실험참가자들은 자신이 실제 쇼핑몰에서 길을 잃어버린 적이 없더라도 그러한 적이 있었다고 주장하였다.

DNA 검사 기법은 실제로 범행을 저지르지 않은 사람들이 유죄 판결을 받았다는 것을 보여주었다(Wargo, 2011). 이러한 사건의 대부분은 목격자의 증언이 포함되어 있었고, 이것이 재판 과정 중에 주요 증거로 여겨졌다(Scheck, Neufeld, & Dwyer, 2003; Wright & Loftus,

2005). 사람들의 증언이 재판이나 사고조사 과정에서는 필수적인 정보 원천으로 남아 있기 때문에, 판사나 조사반은 (1) 사건 이후에 발생한 정보들이 그 사건에 대한 기억 속으로 통합될 수 있다는 것과, (2) 사람들은 실제 발생하지 않은 일을 회상할 수도 있다는 점에 주의를 기울여야 할 것이다.

## 9.3 기술 파지

많은 작업 상황에서 조작자는 자신이 학습한 특정 기술을 수행해야 하는 경우가 빈번하다. 이러한 **절차적 기억**은 특정 일화에 대한 회상(혹은 재인)과는 다른 것이다. 대부분의 경우, 절차에 대한 숙련된 기술은 정확하고 별 노력이 들지 않는다. 예를 들어, 우리는 자전거를 며칠, 몇 주, 심지어 몇 년간 타지 않았더라도 자전거를 어떻게 타는지 망각하지는 않는다. 그러나 때에 따라 기술을 망각하는 것은 심각한 문제가 될 수 있는데, 처음에 기술을 완전하게 학습하지 않았거나 그것을 연습할 기회를 충분하게 갖지 못한 경우(예 : 응급처치 절차)에는 특히 더 그렇다. 상업용 항공사들은 조종사들이 충분하게 연습하지 못한 기술(예 : 긴급상황으로부터 정상 상황으로의 회복)(8.2.7절 참조)을 망각하는 것에 대해 심각하게 우려하고 있고, 이에 따라 6개월마다 재훈련을 실시하고 있다. 의사들도 복강경 수술에 대한 시뮬레이터 훈련을 받은 지 반년 이후에 그 기술의 파지 여부를 평가받으며, 그들의 수술 기술이 확실하게 유지되도록 하기 위한 유지 훈련(maintenance training)도 시행되고 있다 (Stefanidis, Korndorffer, et al., 2005, 2006).

공학심리학자들은 조작자들이 얼마나 자주 재훈련을 받아야 하는지 파악하기 위해 어떤 기술이 얼마나 빠르게 망각되는지 예측할 수 있는 방법을 알고 있어야 한다. 숙련된 기술이 얼마나 잘 기억되는지 결정하는 데는 다음의 세 가지 요인이 중요하다.

1. **기술 유형**(skill type) : 기술의 유형에 따라 기술의 파지 기간도 다르다(Adams & Hufford, 1962; Arthur, Bennett, et al., 1998; Rose, 1989). 운전, 비행, 그리고 대부분의 스포츠 기술과 같은 연속 반응을 포함하는 **지각-운동 기술**(perceptual-motor skill)은 매우 긴 시간에도 거의 망각되지 않는다. 이와는 대조적으로 문서편집기 사용법과 같이 불연속 단계의 계열적 수행이 요구되는 **인지 기술**(cognitive skill)은 훨씬 더 빨리 망각된다. 이러한 기술의 구분은 앞절에서 기술된 절차적 기억과 **선언적 기억**(declarative memory)을 서로 구분하는 것과 유사한데, 지각-운동 기술은 절차적 기억에 저장되어 있는 반면, 인지 기술은 선언적 기억에 저장되어 있다. 인지 기술의 경우 하나의 과정에 포함되어 있는 연속적 단계 사이의 연결을 주로 망각한다. 이른바 **디지털 기술** (digital skill)(전략적 명령 및 제어 시스템에서 작업할 때 필요한 기술)은 인지 기술의 일종이고 망각되기 쉬운데, 이것은 군조직의 입장에서는 우려되는 상황이다(Adams, Webb, et al., 2003; Goodwin, 2006).

　　따라서 여기에서의 문제는 어떻게 하면 인지 기술이 망각되지 않도록 할 것인지에 대한 것이다. 망각은 앞에서 언급한 체크리스트와 같은 몇 가지의 인출 단서를 통해 어느 정도 해결 가능할 것이다. 연습에서의 일관성은 인지 기술을 유지하는 데 중요한 데, 이를 통해 자동성(Schneider, 1985)을 획득할 수 있다. Raskin(2000)은 인터페이스 설계에서 일관성의 중요성을 강조하였다. 여러 소프트웨어에 걸쳐 동일한 기능을 수 행하는 데 단일한 키 입력 계열이 사용된다면(즉, 이 경우 기능에 대한 일관적 대응이 있다.) 이러한 계열은 자동화된다. 이와 유사하게 연습을 통해 재인 기반 인터페이스 로부터 회상 기반 인터페이스로 이행될 수 있게 보조해 주는 응용 프로그램도 절차적 기술의 발달과 유지에 일반적으로 매우 효과적이다. Zhai, Kristensson 등(2012; Zhai, 2008도 참조)은 Shapewriter라고 불리는 응용 프로그램을 개발하였다. 이 프로그램을 통해 아이폰 사용자들은 QWERTY 키보드상에서의 키 입력 순서에 따라 어떤 형태를 그려볼 수 있다. 예를 들어, 'the' 또는 'and'를 타이핑하는 것을 상상해 보고 낱자의 배열에 따라 각각 어떤 형태가 그려지는지 생각해 보라. 따라서 형태와 연합된 손의 일관적 움직임이 텍스트를 입력할 때마다 암묵적으로 학습되어, 본질적으로는 인지 기술이 지각-운동 기술로 전환되도록 한다.

2. **연습 순서**(sequence of practice) : 많은 복잡한 과제들은 절차적 요소와 선언적 요소 모두를 포함한 상이한 유형의 과제 요소들을 포함하고 있다. Clawson, Healy 등(2001) 은 절차적 요소(지각-운동 요소)와 선언적 요소(인지 요소)가 모두 포함되어 있는 과 제의 경우 절차적 요소를 먼저 훈련하는 것이 더 좋다는 것을 보여주었다. 이런 경우 기술 파지의 정도가 더 크다. 그 이유는 아마도 지각-운동 기술이 갖고 있는 좀 더 강인한(robust) 속성이 인지적 요소 안에서 일종의 '기준점(anchor)'으로 작용하기 때 문인 것으로 보인다.

3. **개인차** : 빠르게 학습하는 사람은 느리게 학습하는 사람에 비해 더 우수한 파지를 보 이는 경향이 있다. Rose(1989)는 이러한 차이가 청킹 기술과 관련이 있을 것이라고 제 안하였다. 앞에서 살펴보았듯이 더 나은 청킹은 더 빠른 기술 획득뿐만 아니라 장기기 억에서 더 효과적/효율적인 저장으로 이끈다. 더 큰 작업기억 용량은 학습 기간 동안 피드백을 활용하는 능력을 향상시킬 수 있다는 것이 밝혀졌다(Kelley & McLaughlin, 2008).

## 10. 다음 장과의 관계

이 장에서 우리는 언어적 작업기억과 공간적 작업기억 사이의 구분, 그리고 장기기억에 대 해 자세하게 논의하였다. 각각의 기억들은 서로 다른 속성과 서로 다른 표상 부호를 갖고 있기는 하지만, 모든 기억들은 약호화, 저장 및 인출의 단계로 나타내질 수 있다. 이러한 각 단계에서의 실패는 망각을 초래하는데, 이것은 인간-시스템 상호작용 붕괴의 핵심적인 요소다. 시스템과 과제 설계를 위한 기법, 그리고 기억 저장(훈련)을 촉진하기 위한 절차들이 논의되었다.

다음 장에서는 그림 1.1에 제시된 정보처리 모형과 연결지어 의사결정에 대해 논의하고자 한다. 여기에서는 의사결정 대안 선택을 포함한 정보처리의 선행적 흐름을 통해 의사결정 과정에 대해 기술할 것이다. 의사결정에 대해 다룰 때에는 세 가지의 측면에서 기억과 학습에 대한 이해에 기초해야 한다. 첫째, 많은 의사결정들은 작업기억에 막중한 부하를 초래한다. 이러한 부하 때문에 사람들은 정신적 지름길 혹은 **어림법**을 종종 사용하는데, 이 것은 의사결정에서의 체계적 편파를 가져온다. 둘째, 어떤 의사결정은 장기기억과 경험의 영향을 받는다. 우리는 특정 상황에서 동일한 의사결정을 하였고, 또한 그러한 의사결정이 성공적이었다는 기억에 의존하여 어떤 행위를 선택한다. 마지막으로, 우리는 의사결정이 어느 정도 독특한 특성을 갖고 있다는 것을 배우게 될 것인데, 이 때문에 의사결정에서의 학습과 경험이 다른 기술과는 상이한 양상으로 이루어질 수 있다.

## 핵심 용어

간섭(interference)

개념 그래프 분석(conceptual graph analysis)

결합(binding)

계획(planning)

공동 억제(collaborative inhibition)

교류 기억(transactive memory)

기반 인지(grounded cognition)

기술 유형(skill type)

기억(memory)

기억 폭(memory span)

기억하기-알기 패러다임(remember-know paradigm)

내재 부하(intrinsic load)

능동 학습(active learning)

데이터링크(data link)

디지털 기술(digital skill)

만족(satisfice)

문제해결(problem solving)

미래 기억(prospective memory)

반향 기억(echoic memory)

방해 관리(interruption management)

본유 부하(germane load)

부정확 정보 효과(misinformation effect)

부호화(encoding)

분절화(segmentation)

분해(parsing)

사건 기억(event memory)

상황인식(situation awareness)

상황 제시 평가측정(the situation present assessment measure, SPAM)

상황 평가(situation assessment)

생성 효과(generation effect)

선언적 기억(declarative memory)

세분화(fractionation)

소리내어 생각하기 기법(think aloud technique)

수동 학습(passive learning)

숙련된 기억(skilled memory)

순행 간섭(proactive interference, PI)

스캐폴딩(scaffolding)

시각적으로 반복(visual echo)

시간공유 기술(time sharing skill)

시공간 그림판(visuo-spatial sketchpad)

시스템 지연(system lag)

실행제어(executive control)

암묵기억(implicit memory)

암시적 수행 근거 측정(implicit performance-based measure)

역행 간섭(retroactive interference, RI)

연습 순서(sequence of practice)

영사 기억(iconic memory)

온톨로지(ontology)

외재 부하(extraneous load)

우선순위 변경 훈련(variable priority training)

음운 고리(phonological loop)

음운 저장고(phonological store)

의미기억(semantic memory)

이중 부호화 원리(dual coding principle)

이행 의도(implementation intention)

인위적 과제(contrived task)

인지 기술(cognitive skill)

인지 부하 이론(cognitive load theory, CLT)

인지적 흐름(cognitive streaming)

인출(retrieval)

인출 단서(retrieval cue)

인출 유도 망각(retrieval-induced forgetting)

일화 버퍼(episodic buffer)

일화기억(episodic memory)

자극/중앙 처리/반응 부합성(stimulus/central-processing/response compatability)

작업 영역(work domain)

작업기억(working memory)

작업기억 분석(working memory analysis)

작업기억 용량(working memory capacity)

장기 작업기억(long-term working memory, LT-WM)

장기기억(long-term memory)

재인(recognition)

저장(storage)

적성 X 처치 상호작용(aptitude X treatment interaction)

적응형 훈련(adaptive training)

전문성 효과(expertise effect)

전이 효과 비율(transfer effectiveness ratio, TER)

절차적인 기술(procedural skill)

정신모형(mental model)

중앙집행기(central executive)

지각-운동 기술(perceptual-motor skill)

지식 추출(knowledge elicitation)

청크(chunk)

청킹(chunking)

체크리스트(checklist)

침입(intrusiveness)

편의적 계획하기(opportunistic planning)

풀이 예(worked examples)

학습(learning)

형판 이론(template theory)

회상(recall)

훈련(training)

훈련 비용 비율(training cost ratio)

훈련 시스템 충실도(training system fidelity)

훈련의 전이(transfer of training)

훈련-전이 해리(training-transfer dissociation)

## 1. 도입

로렌은 어렸을 때부터 산에 오르기를 좋아했고, 스무 살이 된 지금은 기량이 뛰어난 등반 전문가가 되었다. 그녀는 히말라야 북쪽의 고봉을 오르고자 작은 원정대를 조직하기로 결정하였다. 원정 비용을 마련하기 위해 신용대출로 많은 돈을 빌렸고, 이제 어느 산을 공략할지를 결정할 시기가 되었다. 등정거리, 해발고도, 난이도, 등정 역사, 풍광, 기상 변동, 가용한 정보 등 너무나 많은 고려사항들이 있었다. 최종적으로 휴리스틱-리 산을 선택하였다. 등정 대원들을 선발하는 문제도 똑같이 힘들었다. 인원은 어떻게, 얼마나, 누구를 선발해야 하나? 자신이 믿을 수 있는 친구와 등반 평판이 뛰어난 사람 중 누구를 택해야 하나? 그리고 유머, 강인함, 조직력 중 어떤 능력을 가진 친구를 택해야 하나?

긴 여정 끝에 드디어 산 입구에 도착하였지만, 추가로 해야 할 결정에 직면하였다. 어떤 등반 경로를 택할 것인가? 더 높은 장소에 캠프를 차리는 것이 필요할지, 아니면 24시간 내에 정상을 단번에 정복할지에 따라, 어떤 장비를 얼마나 가지고 갈 것인가? 그리고 기상 예보는 어떠한가? 불행히도 비가 내리고 구름이 껴서 베이스캠프에서 3일 동안 기다린 끝에 드디어 날이 개기 시작했다.

출발 하루 전, 불확실하기는 하지만 로렌은 날씨가 더 좋아질 것이라는 예보를 믿고, 다음 날 새벽 1시에 출발을 진행하기로 결정하였다. 산을 향하는 길에 새벽은 어둡고, 구름은 하늘 대부분을 뒤덮은 상태였다. 그렇지만 서쪽 하늘에 맑은 하늘이 틈을 보이는 것을 보고, 희망을 가지고 등정을 계속하였다. 그러나 하늘이 보여준 틈은 더 이상 커지지 않았다.

등정을 이끌면서 산에 높이 오르자, 로렌은 자신 앞에 놓인 또 다른 선택을 마주했다. 왼쪽으로 방향을 바꿔 가파르지만 단단한 암벽으로 된 산마루 길을 택할지, 지난 며칠 동안 좋지 않은 날씨로 눈이 새로 덮였지만 쉬워 보이는 눈 덮인 경사로로 계속 진행할지를 결정해야 했다. 대원들은 지쳐 있었고, 바위가 가팔라 보이는 반면에 눈은 괜찮아 보였다. 와이오밍에서 발생한 암벽등반 추락 사고를 떠올리고는, 로렌은 눈 덮인 경로를 택했다. 그 선택은 거의 재난으로 막을 내릴 뻔했다. 마지막 등정 대원이 경사로 끝에 다다를 즈음, 발밑에 있던 눈 더미가 무너져 내리기 시작했지만 바로 위에 있었던 확보자(belayer)가 재빠르게 그 대원이 미끄러져 내려가기 전에 잡을 수 있었다.

경사로가 끝나는 지점에서 대원들은 하늘을 바라보았고, 자신들이 기대하고 있었던 하늘의 틈은 열리기는커녕 그 뒤에 험악한 구름대가 발달하고 있는 것을 목격하게 되었다. 정상은 산마루를 따라 약 800m 정도에 있었고, 로렌은 "이제 거의 다 왔어. 지금 계속 나아간다는 것이 위험하기도 해. 하지만 정상은 이제 그리 멀지 않았어. 우리가 여기에 얼마나 많은 것을 쏟았는데, 지금 여기서 되돌아가게 되면 그 실패를 감당할 수 없어."라고 말하면서 대원들을 재촉하였다. 대원들은 "만일 우리가 지금 발길을 되돌리면 우리는 충분히 안전하게 돌아갈 수 있다. 그러나 계속 진행한다면, 우리가 정상에 도달할 때까지 날씨가 허락될 수 있다는 가능성이 여전히 남아 있다."라고 즉각적으로 고려사항을 되짚었다. 대원들은 짧게 논의하였고, 좀 더 안전한 행동을 취해 하산하기로 결정하였다. 안전하게 하산하는 중에도 로렌은 여전히 만족스럽지 못했다. 날씨는 더 나빠지지 않았고, 그녀는 "만일 그냥 했다면…"이라고 중얼거릴 뿐이었다.

인간의 오류가 포함된 많은 사고는 조작자의 잘못된 의사결정에 기인한다고 할 수 있다. 발사 당시의 추운 온도로 이음새가 파괴되어 결국 폭발하게 된 우주 왕복선 챌린저호를 발사하기로 한 결정이 한 예이며, 비행 중이던 미확인 항공기에 미사일을 발사하기로 한 미국 군함 Vincennes의 승무원의 결정이 또 다른 예이다. 그 항공기는 공격태세를 갖춘 적기가 아니라 실제로는 이란의 민간 여객기였던 것으로 밝혀졌다(U.S. Navy, 1988). 그러나 이와는 반대되는 비극적인 결정이 바로 1년 전에 지중해 영역을 항해하던 미국 군함 Stark호에서 일어났다. 공격태세를 갖추고 미사일을 발사한 적기를 향해 **발포하지 않았고**, 그 결과 배의 승무원들이 여러 명 희생된 것이다. 물론 이러한 의사결정들은 그 불행하고 비극적인 결과 때문에 널리 알려진 것이다.

비슷하게 우리도 우리의 개인적인 결정에서 잘못된 결정을 (낙제한 수강 과목 선택이나 잘못된 투자, 로렌이 택한 눈 덮인 경로와 같은) 더 잘 회상한다. 하지만 빈도로 보자면, 우리의 삶에서는 그리 특출하지는 않지만 올바른 결정들이 훨씬 더 많다. 이 장에서는 이 두 종류의 의사결정에 내재된 과정을 살펴본다. 그리고 바람직한 결과의 가능성을 증가시킬 수 있는 선택과 정보의 특징, 또는 선택을 어렵게 하고 원하지 않는 결과가 생길 가능성을 더 크게 만들기 쉽게 하는 선택과 정보의 특징을 살펴볼 것이다.

## 2. 의사결정의 분류와 특징

정보처리 관점에서 보자면, 의사결정이란 정보와 반응 사이의 다-대-소 대응(mapping)으로 나타난다고 볼 수 있다. 즉, 대개 많은 정보를 지각하고 평가하여 하나의 선택을 하는 것이다. 다음은 몇 가지 중요한 특징들이다.

- **불확실성** : 의사결정의 중요한 특징은 결과의 **불확실성**(uncertainty) 정도이다. 이러한 불확실성은 우리가 사는 세상이 일반적으로 세상의 어떤 특징이 작용하거나 충족되면 하나의 선택으로 어떤 성과가 생기고 그렇지 않다면 다른 성과가 생기는 확률적 본질을 가지고 있기 때문이다. 만일 일어날 수는 있지만 확실하지 않은 어떤 결과가 유쾌하지 못하거나 대가를 요구하는 것이라면, 우리는 이 불확실한 결정을 **위험**(risk)이 포함되어 있다고 말한다. 두 가지의 자동차 중 하나를 선택할 때, 만약 제품의 질에 관한 사전 조사를 했다면 일반적으로 위험은 적을 것인데, 이는 어느 것을 구매할지에 따른 가능한 결과가 미리 알려져 있기 때문이다. 한편 불확실한 기상 조건에서 비행을 계속할 것인가에 관한 조종사의 결정에는 위험이 높은데, 이는 기상 조건이 안전 운항에 어떤 영향을 끼칠 것인가를 미리 예측하기가 어렵기 때문이다.

- **시간** : 시간은 의사결정 과정에서 적어도 두 가지 중요한 역할을 한다. 첫째, 우리가 물건을 고를 때 하듯 단번에(one shot) 하는 결정과, 확신이 가지 않는 질병을 치료할 때의 의사결정처럼, 즉 검사하고 치료하고 다시 세부 검사와 계속적인 처치 방법을 선택하는 경우의 결정을 대비시킬 수 있을 것이다. 두 번째로, **시간 압력**(time pressure)은 결정 과정의 성격에 지대한 영향을 끼친다(Svenson & Maule, 1993).

- **친숙성과 전문성** : 의사결정은 여러 가지 방식으로 경험에 의해 변한다(Lipshitz & Cohen, 2005; Montgomery Lipshitz & Brenner, 2005; Weiss & Shanteau, 2003). 추후에 논의하게 되는데, 전문가는 종종 결정 문제를 직관적으로 살펴볼 수 있으며 옳은 선택을 거의 즉각적으로 택할 수 있는 반면에, 초보자는 그 문제를 오랫동안 숙고하고도 그릇된 선택을 내리기도 한다. 이런 구분은 (비록 동일하지는 않다 하더라도) 전체적인(holistic) 결정 유형과 분석적인(analytic) 결정 유형(Hammond et al., 1987), 또는 결정 제1 시스템(좀 더 전체적임)과 결정 제2 시스템(좀 더 분석적임) 사이의 구분에 대한 연구(Evans, 2007; Kahneman & Klein, 2009; Kahneman, 2003; Sloman, 2002)와 유사하다. 실제로 이 두 시스템은 상이한 두뇌 구조에 의존하는 것처럼 보인다(Leher, 2010). 간략하게 설명하면, 제1 시스템은 비교적 자동적이며 별다른 노력 없이 작동하는데, '능숙한 전문가'를 반영한다. 따라서 특정 영역에서 친숙성을 의사결정자가 확보하면서 명백하게 능숙해진다. 제2 시스템은 좀 더 분석적이고 신중한데, 일반적으로 숙고할 때 작업기억 용량에 심하게 의존한다. 제2 시스템은 제1 시스템이 만든 빠르고 직관적인 결정을 감시하고, 교차 점검한다는 점에서 두 시스템은 자주 상호작용한다. 나중에 살펴보겠지만, 두 시스템은 또한 의사결정 분석과 연구의 두 학파인, **자연주의적 의사결정**(naturalistic decision making)(Zsambok & Klein, 1997, 고급 기술과 전문가 : 제1 시스템) 그리고 의사결정에 대한 **어림법/편향**(heuristics/biases)(제2 시스템; Kahneman

& Klein, 2009)과 다소간 연합되어 있다.

- **의사결정 연구의 부류** : 앞에서 언급한 몇몇 특징들이 의사결정 연구를 세 가지 주요 부류로 구분하는 데 커다란 역할을 한다. **합리적**(rational) 혹은 **규범적인 의사결정 연구**(normative decision making)(Edward, 1987)에서는 사람들이 어떤 최적의 토대, 예를 들어 이득을 최대화하거나 또는 손실을 최소화할 수 있는 토대에 근거해 결정을 해야만 하는지에 초점을 맞추어왔다. 여기서 최적의 처방과는 다르게 사람들이 내리는 의사결정에 어떤 괴리가 있는지에 초점을 맞추는 노력들을 해왔다. 우리는 이러한 결정의 단순한 예를 제2장에서 언급한 신호탐지 결정에서의 최적 반응 기준(optimal beta)의 설정이라는 맥락에서 이미 살펴보았으며, 다음에 나오는 6절에서 더 자세히 논의하겠다.

  의사결정에 대한 **인지적**(cognitive) 혹은 **정보처리**(information processing) 접근은 인간의 주의, 작업기억, 전략 선택에 있는 한계를 반영하는 종류의 편향과 과정들에 보다 직접적으로 관심을 둘 뿐만 아니라, **어림법**이라고 알려진, 대부분의 경우 잘 적용되지만 바람직하지 못한 결과를 내놓을 수도 있는 공통된 결정 방식에도 초점을 두고 있다(Kahneman, Slovic, & Tversky, 1982; Herbert, 2010; Hogarth, 1987; Gilovich, Griffin, & Kahneman, 2002; Kahneman & Klein, 2009). 최적의 선택 그 자체에서의 괴리보다는 인간 정보처리 체계로서 인간의 구조와 한계라는 측면에서 그러한 편향의 **원인**(cause)의 이해에 더 중점을 두고 있다. 마지막으로, 자연주의적 의사결정(Kahneman & Klein, 2009; Mosier & Fischer, 2010; Zsambok & Klein, 1997, 8절 참조)에서는 (실험실 밖의) 자연스러운 상황에서 사람들(보통은 전문가들)이 어떻게 결정을 하는가에 더 큰 중점을 두는데, 이런 상황은 전문가들은 어떤 영역에 관한 전문성을 갖고 있는 상황이며, 의사결정에 대한 실험실 연구에서는 나타나지 않는 (시간에 따른 변화, 시간제한, 다중 단서가 포함되는) 복잡성의 여러 측면이 결정에 담겨 있는 상황이다(Mosier & Fischer, 2010).

## 3. 의사결정 과정에 관한 정보처리 모형

그림 8.1은 제1장에서 제시했던 정보처리를 일부 요소(예 : 감각처리, 반응 수행)를 덜 강조하면서 정교화시켜서, 의사결정에 관여하는 정보처리 구성요소의 모형 하나를 보여주고 있다.

  그림 왼쪽에서 시작하면, 의사결정자는 우선 환경으로부터 **단서**(cues) 혹은 정보를 찾는다. 하지만 (형태 재인과는 다르게) 의사결정 과정에서 이러한 단서들이 종종 불확실성의 '모호한 아지랑이(fuzzy haze)' 속에서 처리되므로, 따라서 애매하거나 틀리게 해석될 수 있음을 언급한 바 있다. 우리가 소개한 이야기에서 로렌은 계속 전진할 것인지를 결정하는데,

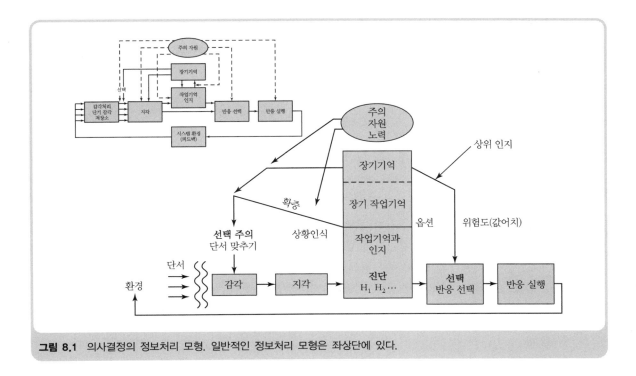

**그림 8.1** 의사결정의 정보처리 모형. 일반적인 정보처리 모형은 좌상단에 있다.

모호하면서도 불확실한 기상 예보를 감안해야 했다. 등반 경로에 대한 **선택 주의**가 (지각된 가치가 높은) 어떤 단서를 처리하고 어떤 단서를 걸러내야 할지를 결정하는 의사결정에 결정적인 역할을 한다. 그러한 선별은 과거 경험(장기기억)에 근거하고 있으며, 노력 또는 주의 자원을 필요로 한다.

그렇게 선택되고 지각된 단서들이 이제 이해, 자각, 또는 결정자가 직면한 '상황'의 평가에 대한 기반을 형성하는데(제7장 참조), 이는 때로는 **진단**(diagnosis)이라 불리는 과정이다 (Rasmussen & Rouse, 1981). 여기서 의사결정자는 결정이 근거를 두어야만 하는 세상의 현재와 미래의 상태에 관한 가설을 제공한다. 예를 들면, 의사는 치료를 결정하기 전에 환자의 상태를 진단해야 하고, 학생들은 수업을 신청하기 전에 강사의 자질을 평가하기를 원한다. 이러한 진단 또는 평가는 두 가지 출처로부터 제공된 정보에 근거하는데, 하나는 선택 주의에 의해 걸러진 외부 단서(상향 처리)이며 다른 하나는 장기기억이다. 후자는 의사결정자에게 시스템의 상태에 관한 여러 가능한 가설(즉, 가능한 질병 및 그에 연관된 증상과 치료에 관한 의사의 지식), 그리고 각 상태가 사실일 수도 있는 기대나 가능성(하향 처리)에 대한 추정을 제공해 준다. 의사결정을 다른 정보처리의 여러 측면과 구분 짓는 것은 선택의 기반이 되는 진단 혹은 상황 평가가 종종 부정확하다는 것이다. 이는 단서 자체가 불확실하고, 가능한 상태에 대한 대응이 애매하기 때문이거나 혹은 선택 주의(제3장)와 작업기억(제7장)과 관련된 의사결정자의 인지처리 과정에서의 취약성 때문이다.

처음 가설을 확증이나 부정하기 위해 다시 정보를 찾도록 촉발한다는 의미에서 많은 진단은 **반복적**(iterative)이라고 할 수 있다. 시스템의 고장을 고치는 과정은 가능한 가정을 확증하거나 부정하기 위해서 종종 반복적인 검사 과정을 촉발시킨다(Hunt & Rouse, 1981). 이 특징이 단서 여과(filtering)에 대한 중요한 피드백 고리를 정의하며, 이는 그림 8.1에서 '확증'이라고 이름 붙여져 있다. 단서 찾기와 상황 평가의 전체 과정은 '전위' 결정 과정이라고 명명돼 왔다(Mosier & Fischer, 2010).

단서 찾기와 상황 평가의 전위 단계에 이어서, 의사결정에서 세 번째 주된 단계가 '후위' 의사결정이라고 기술되는 행위의 **선택**(choice)이다(Mosier & Fischer, 2010). 의사결정자는 장기기억으로부터 가능한 행동 경로나 결정 선택사항의 세트를 만들어낸다. 그러나 만약 세상의 상태에 관한 진단이 불확실하면(대부분의 결정 과정이 그런 것처럼), 여러 다른 선택이 만드는 가능한 결과가 위험을 규정한다. 위험에 대한 고려는 다음과 같은 두 가지 양에 대한 명시적이거나 묵시적인 평가를 요구한다. (1) 상이한 성과가 나올 수 있는 **가능성** 또는 확률, (2) 이러한 성과가 '좋다' 또는 '나쁘다'는 가치. 이것은 신호탐지 이론에서 정해진 결정이 다른 결과(적중, 오경보, 탈루, 정기각)에 부가된 확률과 가치(비용과 이득) 둘 다에 의존한다는 제2장의 논의와 직접적으로 비교된다. 그러므로 의사는 환자의 정체가 불분명한 이상 증세에 대해 어떤 처치(아무것도 안 하든, 약을 쓰든, 수술을 하든)를 추천할 것인지를 결정하기 전에 아마도 여러 성과의 가치와 비용을 고려할 것이다.

전위 과정과 후위 과정 사이를 전반적으로 구분하는 것은 의사결정 실패를 이해하는 데 중요하다(Hoffman et al., 1998). 예를 들면, 잘 진단된 상황에 직면해서 부적합한(예 : 너무 위험성이 높은) 선택으로 인해 의사결정이 실패로 드러나는 상황과 비교해서, 빈약한 정보와 상황 평가 때문에 의사결정이 실패로 드러나는 상황에 매우 상이한 해결책을 처방으로 적용할 수도 있다(Wiegmann, Goh & O'Hare, 2002).

우리의 모형을 특징짓는 세 가지 추가 구성요소가 있다. 첫째, 의사결정의 많은 구성요소가 **노력 또는 자원**을 필요로 한다(제10장 참조). 때때로 사람들은 작업기억에 많은 대안을 유지할 필요가 없는 진단적 책략을 선택하는 것처럼, 노력을 유지하는 데 필요한 노력 요구 정도를 줄일 수 있는 결정 책략을 선택한다. 실제로 그러한 노력을 절약하는 선택은 나중에 논의하는 많은 어림법들의 기초를 이룬다.

둘째, **상위 인지**(meta-cognition)의 역할이 그림에 표현되어 있다(Reder, 1996). 제7절에서 더 논의할 예정인 이런 과정(자기 자신의 지식, 노력, 사고 과정에 대한 자각과 지식)은 상황 평가와 밀접하게 연결된 것이고(이런 사례에서 '상황'에는 결정이 진화되는 과정이 포함된다), 의사결정의 전반적인 질에 중요한 영향을 주는 것으로 판명된 것이다. 사람은 자신의 의사결정 과정의 한계를 스스로 깨닫고 있는가? 의사결정자는 좋은 결정을 내리는 데 필요한 모든 정보를 지니고 있지 않으며 따라서 더 찾아야 한다는 것을 알고 있는가?

마지막으로, 그림 8.1의 밑에 있는 주요 피드백 루프는 의사결정의 반복적인 본질을 핵심적으로 설명하고 있다. 첫째, 결정 성과의 피드백이 때때로 앞에서 언급한 문제해결에서 묘사한 것처럼 진단을 개선하는 데 도움이 되도록 사용된다. 둘째, 상위 인지적 평가는 정보를 좀 더 찾도록 만든다. 셋째, 배운다는 의미에서는 피드백이 의사결정의 질을 증가시키는 데(즉, 실수로부터 배우는 데) 사용될 수도 있을 것이다. (비록 종종 지연되기는 하지만) 이러한 피드백은 결정자가 자신의 내적인 결정 규칙이나 위험에 대한 평가를 수정하게 만들기 위해서 궁극적으로 장기기억에서 처리될 수도 있을 것이다(제8장 참조). 즉, 의사결정 기술을 학습하는 것이다.

# 4. 무엇이 '좋은' 결정인가?

앞절에서는 단서 지각, 선택 주의, 작업기억과 같은 의사결정에 관여하는 여러 정보 처리 구성 성분을 강조하였다. 앞장에서 우리는 많은 이러한 구성 성분을 자세히 논의했으며, 작업기억의 제한된 용량과 같은, 모든 성분의 강점뿐만 아니라 제한점까지도 개괄하였다. 그래서 결정 과정이 '완전'하거나 '최적'의 수행에 못 미칠 수도 있다는 것은 놀랄 만한 것이 아니다. 실수가 생긴다. 그리고 동시에, 무엇이 진정으로 '좋은' 결정이냐의 개념도 증명하기 쉽지 않다(Kahneman & Klein, 2009; Lipshitz, 1997; Shanteau, 1992). 속도와 정확성이 수행의 질을 명확히 규정하는 다른 인간 수행 측면과 대비되는 것이다. 실제로, 적어도 세 가지 정도가 '좋은' 결정 과정의 특징으로 제시돼 왔지만, 그 모두가 서로 완전히 조화를 이룬 것은 아니다.

첫째, 초기 의사결정 연구에서 규범적 연구 학파는 '황금 기준'으로 결정의 **기댓값**(expected value)을 제시하였다. 즉, 여러 번의 반복을 거듭하면 최적의 결정은 최댓값을 만들어낼 것이다(Edwards, 1987; 6.1절 참조). 하지만 기댓값의 정의는 어떤 선택이 가져오는 여러 가능한 성과들에 보편적으로 동의할 수 있는 값을 할당하는 데 달려 있다. 값들은 종종 사적이기에 이런 작업을 착수하기 힘들게 한다. 비록 값에 대한 동의가 이루어진다고 하더라도 결정을 여러 번 반복하고 모든 단서들에 대한 가중치를 매길 수 있는 충분한 시간이 있는 경우에는 최적일 수도 있는 선택이 단 한 번의 선택에 있어서는 최적이 아닐 수 있다. 특히 그러한 결정이 모든 가능한 결과를 고려하고 상황을 충분히 진단할 시간이 없는 시간의 압력하에 이루어지는 경우에 그럴 수 있다(Zsambok & Klein, 1997). 더구나 한 번만 하는 결정 상황에서 의사결정자는 여러 번 행한 결정의 성과를 장기간 동안 평균을 구해서만 확인될 수 있는 장기적인 이득을 최대화하기보다는 최대의 가능한 손실을 최소화하는 데 더 치중할 수 있다.

둘째, '좋은' 결정은 '좋은' 성과를 내는 것이고, 나쁜 결정은 나쁜 성과를 내는 것이라고 말할 수도 있다. 챌린저호를 발사하기로 한 결정, USS Vincennes호가 이란 비행기를 향해 포탄을 발사한 것, 산사태가 유발된 눈 덮인 경사로를 오르기로 한 로렌의 결정, 나중에 무죄로 판명된 용의자를 유죄 판정한 배심원의 결정 등이 후자의 예다. 하지만 단서들이 불확실한 확률적인 세상에서 '나쁜' 결정이라고 이름 붙일 수 있는 것은 모든 것이 분명해진 사후에야 겨우 가능하다. 모든 것이 밝혀진 다음에 USS Vincennes호 사례를 고려해 보면, 그 배에 탑승했던 의사결정자는 역시 1년 전 USS Stark호에 접근해 오는 비행기에 발사를 하지 않아 결국 Stark호에 있던 인명이 희생되는 '나쁜' 결정으로 판명 났던 결정을 떠올렸음이 틀림없다(Klein, 1996). 성과가 밝혀진 다음에 어떤 결정이 좋다, 나쁘다고 이름 붙이는 경향은 때때로 **사후 인지 편향**(hindsight bias)이라고 불린다.

결정의 질에 관한 세 번째 접근은 전문성의 개념에 기초한다(Zsambok & Klein, 1997; Kahneman & Klein, 2009; Brehmer, 1981; Shanteau, 1992; 제7장 참조). 다른 분야(예 : 서양장기, 물리학)의 전문가가 '좋은' 수행도 하고 때로는 예외적인 수행도 하는 것으로 알려져 있다. 그러면 의사결정자에게도 같은 수행이 없으리라는 법이 없다. 여기서 문제는 의사결정 과정에 대한 여러 가지 분석을 해보면 어떤 영역에서는 전문가가 초보자보다 늘 더 나은 결정을 하는 것은 아니라고 밝혀진다는 것이다(Brehmer, 1981; Dawes, 1979; Garling, 2009; Kahneman & Klein, 2009; Shanteau, 1992; Taleb, 2007; Tetlock, 2005; Serfaty, MacMillan, et al., 1997; 8절 참조). 우리의 두 번째 기준에 따르면 실제로 여러 '나쁜' 결정을 고도의 훈련을 받은 전문가들이 내렸었다.

여기서 우리는 앞에서 기술된 세 가지 특징이 모두 수렴되는 정도가 되면 나쁜 결정으로부터 좋은 결정을 구별하는 것이 훨씬 쉬워질 것이라는 입장을 취한다. 하지만 세 가지 특징들이 수렴하지 않는다면, 그러한 변별은 종종 무위로 돌아갈 것이며, 따라서 여러 가지 다양한 환경적, 정보적 특징들이 결정 과정의 성과와 처리 조작의 본질에 영향을 끼치는 양적인 방식들을 단순하게 살펴보는 것이 좀 더 적절하다. 이것이 바로 그림 8.1에 보인 체제이며, 앞으로 어떻게 내용을 다룰 것인지를 담고 있다. 우선 사람들이 진단에 내포된 증거들을 모으고 평가하는 방법(전위 : 5절)을 살피고, 그다음에 이 평가를 행위 선택에 사용하는 방법(후위 : 6절)을, 그리고 노력과 상위 인지의 명시적 역할을 다루겠다.

## 5. 의사결정에서의 진단과 상황 평가

정확한 상황 평가는 좋은 의사결정을 위해 (충분하지는 않더라도) 필요하다. 앞에서 언급된 여러 가지 기준에 따라 좋은 의사결정자인 조종사라도 좀 더 빠르게 선택을 하고 실행을 하지만 실제로는 상황 또는 결정 문제를 이해하는 데 더 오래 걸린다(Orasanu & Fischer, 1997). 그림 8.1에서 보여준 것처럼, 우리는 다음과 같은 네 가지의 정보처리 구성 성분을 구분할 수 있는데, 각각은 한계가 있으며 평가와 진단의 질에 영향을 미칠 수 있다. 단서를 추정하는 **지각**의 역할, 단서들이 제공하는 정보를 선택하고 통합하는 데 있어서의 **주의**의 역할, 가능한 가설이나 신념을 형성하는 배경 지식을 제공하는 데 있어서의 **장기기억**의 역할, 그리고 새로 도달하는 정보에 근거해서 신념이나 가설을 수정하고 갱신하는 '작업대'로 서 **작업기억**의 역할이 네 가지 성분이다.

## 5.1 단서들에 대한 추정 : 지각

대체적으로 사람은 일련의 관찰로부터 평균과 분산에 대한 비교적 정확한 추정을 한다 (Sniezek, 1980; Wickens & Hollands, 2000). 그러나 비율, 전망, 무작위성이라는 환경에 대한 다른 세 가지 특징을 지각하고 추정하는 데 체계적인 편향이 관찰되어 왔다.

### 5.1.1 비율

비율과 관련해서, 한 세트의 이분적인 관찰을 지각하는 경우(예 : 검사 라인에서 불량과 정상 부품을 골라내는 것; 제2장 참조), 사람들은 그 비율 값이 척도의 중간 범위(즉, 0.05에서 0.95 사이) 내에 있기만 하면 상당히 정확하게 그 비율을 추정한다. 하지만 더 극단적인 비율인 경우, 사람들의 추정은 극단의 0과 1.0에서 멀어지는 방향으로 편향되는, 보수적 (conservative)인 경향을 보인다(Varey, Mellers, & Birnbaum, 1990). 이러한 편향은 내재된 보수적 경향('never'라고 결코 말하지 말 것)이거나, 또는 대안으로 더 빈번한 사건들의 바다에서 특출하게 떨어져 있는 단일 사건(정의상 빈번하지 않은 사건)의 **현저함** 혹은 영향, 즉 현출성이 더 커서 비롯된다고 볼 수도 있을 것이다. 예를 들어, 99개의 정상적인 부품을 보고 있다가 불량품 하나를 찾아내는 것은, 100번째에도 역시 정상적인 부품을 보는 것보다 훨씬 더 우리의 의식에 영향을 줄 것이다. 이렇게 충격이 크면, 불량 상태가 현저하지 않은 데다 불량 부품이 드물어서 처음에는 우리가 이를 탐지할 가능성이 낮다고 하더라도, 우리는 그 후에 불량품의 **상대적인** 빈도를 과대평가하게 될 수 있다(제3장 참조).

그러나 이러한 과대 추정 편향에도 아주 드문 사건(예 : 너무 가깝게 따라가서 뒤에서 추돌하는 사고)의 빈도에 대한 추정이 설명이라기보다는 개인적인 경험에 근거하고 있을 경우에 예외가 발생한다(Hertwig & Erev, 2009). 여기서는 사건에 대한 개인의 경험 표본이 불충분하고, 따라서 문제가 되는 사건을 실제로 경험한 적이 없고 과소 추정이 관찰된다. 즉, 그 사건이 자신들에게는 단순히 일어날 성싶지 않기보다는 불가능한 것처럼 행동할 수도 있다. 이러한 발견은 6절에서 우리가 논의하는 안전에 대한 중요한 함의를 지닌다.

(앞에서처럼 경험과 대비되어) 설명으로부터 드문 사건의 빈도를 과대 추정하는 경향성은 선택 행동에 중요한 시사를 준다. 예를 들면, 사람들은 (당첨) 사건의 확률이 1/1,000 또는 1/10,000이건 별로 행동의 차이를 보이지 않는데, 이는 후자의 확률을 암묵적으로 과대 추정한다는 것이다. 제2장에서 우리는 이 경향성이 '굼뜬 $\beta$'에서 분명하게 나타났던 것처럼 반응 기준의 설정에 어떻게 영향을 끼칠 수 있을지를 보았다. 이 장의 후반에서 우리는 이것이 어떻게 위험한 의사결정 과정에 영향을 끼치는가를 볼 것이다.

### 5.1.2 예측

예측과 관련해서, 사람들은 **비선형적인 경향을 외삽**(extrapolating non-linear trends)하는 데 항상 효과적이지는 못하다. 그림 8.2에 보인 것처럼 사람들은 자료 끝부분에 접하는 외삽한 선이 좀 더 직선이 되는 방향으로 추정하는 편향을 종종 보인다(Waganaar & Sagaria, 1975; Wickens, 1992). 이것은 추적해야 하는 시스템의 역동적인 행동을 예측하는 데 사람들이 직면한 도전에 비유되는데, 이는 제5장에서 논의한 바 있다. 그러므로 예를 들면, 기하급수적인 증가라는 과거의 추세 자료에 근거하여 어떤 과정의 미래 온도를 예측하는 경우에 사람들은 미래 값을 과소 추정할 가능성이 높게 될 것이다. 비율 추정의 편향과 마찬가지로 이는 통계적인 자료가 제시하는 것보다 덜 극단적으로 양을 추론함으로써 '보수적'이라고 간주될 수 있다. 그러나 이러한 예측은 정의에 의하면 일종의 추론이고, 따라서 외삽에서의 보수적인 편향은 과거 경험에 근거한 미래 추론이라는 근거에서 설명되는 것이 가능할 수 있다. 대부분의 기하급수적으로 증가하는 양은 결국 증가의 비율이 낮아지게 만드는 자기 수정적 기제에 도달하게 된다는 추론이 바로 이것이다. 예를 들어, 기하급수적인 인구의 증가는 증가율을 낮추는 (질병을 통한) 자연적 수단 혹은(예 : 산아 제한이라는) 인위적 수단에 직면한다. 따라서 이러한 경험으로 형성된 장기기억으로 인하여 의사결정자가 급격하게 증가하는 양도 결국 증가율이 둔화될 것이라고 정확한 **추론**을 하게 된다.

동시에 다른 연구에 따르면 사람들(예 : 주식 시황 분석가)은 때때로 그림 8.2처럼 기하급

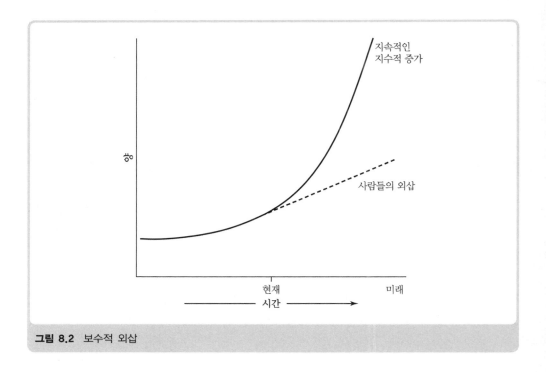

**그림 8.2** 보수적 외삽

수적으로 증가하지 않는 양을 과도하게 위험하거나 극단적으로 예측하는데(De Bondt & Thaler, 2002), 결국 투자(즉, 선택) 행동에서 과잉 반응한다. 실제로 그들은 더 긴 장래에 대한 낮은 신뢰성을 폄하하고, 장기 예측을 할 때 더 심해지는 경향이 있다(De Bondt & Thaler, 2002, 제5장 참조). 마지막으로 (우리가 7.2절에서 논의할 예정인데) 사람들은 미래를 계획하는 데 항상 효과적이지는 않다.

### 5.1.3 무작위성

사람들은 상황 내에서 무작위성 지각을 (또는 이해를) 잘 하지 못한다(Tversky & Kahneman, 1971). 이는 동전 던지기 또는 도박에서 잃고 따는, 일련의 양분 사건을 관찰하면서 (또는 대응하면서) 보이는 **도박사의 오류**(gambler's fallacy)로 가장 잘 설명된다. 사람들은 '무작위'라는 것이 두 가지 성과가 번갈아가면서 나오게 된다는 강력한 편향을 함의한다고 생각하는 경향이 있다. 앞면(H)과 뒷면(T)의 무작위 순열을 만들 때, 사람들은 HHH 또는 TTTT 같은 순열 만들기를 피하려는 경향이 있는데, 실상은 똑같은 사건 3~4개가 연이어 나오는 순열은 다른 어떤 순열이 나올 가능성과 전혀 다르지 않다. 특별히 사람들이 일련의 양분 사건을 목격할 때, 한 사건(예 : 잃기)을 연속해서 관찰하면 할수록 다음에는 다른 사건(따기)일 것이라고 더욱더 기대하게 된다. 무작위 과정에서 각 사상은 이전 사상과는 독립적이라는 사실에도 불구하고 이러한 경향은 맞다. 네 번의 앞면이 나온 후에 뒷면이 나올 확률은 여전히 50%이지, 사람들의 기대가 제안하는 것처럼 그보다 높지가 않다.

　무작위 사상들에 대한 지각에서의 이러한 편향은 농구에서 '뜨거운 손(hot hand)' 효과에서 명확하게 보인다(Gilvich, Vallone, & Tversky, 2002). 여기서 많은 선수들과 감독들은 어떤 선수가 만든 몇 개의 연속(보통은 외곽) 득점 후에 그가 '손이 뜨거워지기' 시작했고, (종종 동료에게 공을 패스하기보다는) 계속 슈팅을 해야 한다고 확신한다. 하지만 신중한 통계 분석에 따르면 그러한 연속 득점의 가능성은 동전 던지기에서 네 번의 앞면이 나오는 가능성보다 더 낫지도 않다고 한다. 다음 슈팅은 선수가 보여준 장기적인 득점 확률보다 더 크지 않은 성공 확률을 보인다. 실제로 만일 그런 연속 득점으로 인해 상대방이 더욱더 공격적으로 '뜨거운 손' 선수를 방어한다면, 다음 슈팅이 성공할 가능성은 줄어들게 된다.

　무작위성에 대한 지각이 빈약한 것은 또한 사람들이 무작위 분포의 꼬리 부분에 의거하여 발생하는 공정한 구성요소인 분포의 특이점을 지각하기를 거부하는 것을 반영한다. 사람들은 특이점을 중요한 경향으로 해석한다. 사람들은 자신들이 지각하는 것이 체계적인 경향이 있음을 찾아낸다. 그러므로 사람들은 실상은 무작위로 조직된 것뿐인 자료에서 '패턴'을 종종 본다.

　앞서 논의한, 양에 대한 지각적 추정에서의 편향은 중요한 디자인 메시지를 품고 있다. 가능하다면, 시스템은 사람들로 하여금 파라미터의 양을 추정하거나 추론하게 만들기보다는 개별적인 관찰에서 추정된 파라미터를 직접적으로 표시해야만 한다. 이러한 파라미터를 제시하는 형태(예 : 디지털 혹은 그래프)는 이 책의 앞 장에서 논의했던 주제이며, 이는 의사결정의 디스플레이에 대한 중요한 함의를 갖는데, 이번 장의 마지막에서 다루겠다.

## 5.2 증거의 축적. 선택 주의 : 단서 구하기와 가설 형성

그림 8.3에서 보듯이, 우리는 의사결정의 진단 단계를 그림 하단 가까이에 표시된 것처럼 세상에 관한 진실한(또는 예측된) 상태를 담고 있는 일련의 단서, 증상, 여러 정보의 출처를 의사결정자가 받게 되는 과정으로 나타낼 수 있다. 오른쪽 상단에 보인 여러 대안 가설 중 하나에 있는 인지적인 신념에 영향을 주는데 이러한 단서들을 사용하려는 목적으로 이런 단서들의 일부 또는 전부에 주의를 기울인다. 많은 경우에 우리는 이를 2개의 가설, $H_1$과 $H_2$ 사이의 '신념 척도'로 표현할 수 있다. 그러므로 우리는 종양을 양성 또는 악성으로 진단 내리는 의사, 날씨가 쾌청할까 비가 올까를 예측하는 (비행, 하이킹, 소풍) 기획자, 어떤 회사의 주식이 오를지 내릴지를 예측하는 투자 중개인, 또는 이라크에 대량 살상 무기가 있을지 없을지를 진단하는 정보 요원을 생각해 볼 수 있다(Isakoff & Corn, 2006).

가설과 잠재적으로 관계가 있는 각 단서는 다음의 세 가지 중요한 특성으로 또한 특징지을 수 있다.

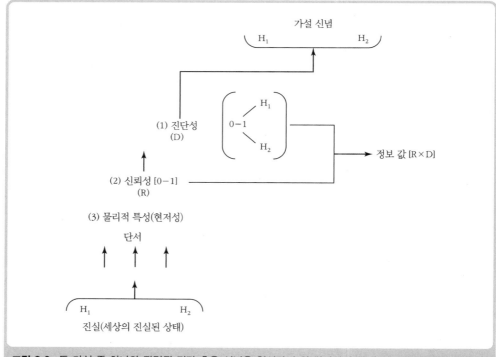

**그림 8.3** 두 가설 중 하나와 관련된 진단 혹은 신념을 형성하기 위해(밑에서 위로) 정보를 통합하는 과정에 대한 표기

1. **단서 진단성**(diagnosticity)이란, 공식적으로 하나의 단서가 하나 혹은 다른 가설에 대해 얼마나 많은 증거를 제공하느냐 하는 것을 지칭한다. 만약 비가 내리는 것을 본다면, 이는 비가 올 것이라는 100%의 진단 단서이다. 반면 '비 올 가능성 50%'란 예보는 강우에 대해서는 전혀 진단적이라고 할 수 없다. 지평선에 깔린 어두운 구름이 상대적으로는 진단적이라고 할 수 있지만(예 : 75%) 완전하지는 않다. 어떤 단서의 진단성은 변별 값(높고 낮음)과 양극성(polarity, 즉, 그 단서가 어떤 가설을 선호하는가)으로 표현될 수 있다.

2. **단서 신뢰성**(cue reliability) 혹은 **신빙성**(credibility)은 물리적 단서를 믿을 수 있는 정도를 지칭한다. 이 특징은 진단성과는 독립적이다. 그러므로 범죄의 목격자가 범주적으로는 '용의자가 저지른 것'이라고 진술할 수도 있지만(높은 진단성), 만일 그 목격자가 상습적인 거짓말쟁이라면 그의 진술 신뢰성은 낮다. 일괄적으로 진단성과 신뢰성 모두 0에서 1.0 사이의 척도상에서 표현될 수 있으며, 둘의 곱은 한 단서의 **정보가**(information value)를 반영할 수 있다. 만약 의사결정자가 정보가가 1인 단서($d = 1.0 \times r = 1.0$)에 주의를 기울이면, 그 단일 단서는 실수 없는 진단을 하는 데 필요한 전부가 된다. 하지만 대부분의 진단 문제는 정보가가 1보다 작은 단서들이 있으며, 따라서 단서들이 **갈등**을 일으키는 상황을 만들어낼 수 있다(법정에서 변호사와 검사가 신청한 서로 상반되는 증인을 고려해 보라).

3. 단서를 눈에 띄게 혹은 **현저하게** 만드는 단서의 **물리적 특성**은 단서가 받는 선택 주의와 후속 처리와 관련돼서도 중요하다.

세상의 실제 상태와 상관이 있는 신념을 형성하기 위해 어떻게 복수의 단서들이 결합해야만 할까? 여기서 우리는 네 가지의 정보처리 조작을 살펴볼 수 있는데, 이들 중 세 가지는 앞선 장에서 다루었던 지각에 관한 논의와 유사하다. 첫째, **선택 주의**가 여러 다른 단서들을 처리하도록 배분되어야 하며, 이상적으로는 이들이 가진 정보가에 따라 가중이 다르게 주어질 것이다. 둘째로, 원래의 지각 정보인 단서가는 **통합**되어야만 하는데, 이는 형태 재인에서의 지각적 세부특징에 대한 **상향 처리**와 대응된다. 셋째로, 기대나 사전 신념은 한 가설 또는 신념을 다른 것에 비해 선호하게 만드는 편향 역할을 할 수도 있는데, 이는 지각적 형태 재인이나 신호탐지에서 장기기억에 저장된 기대가 **하향적으로** 영향을 끼치는 것과 대응된다(제6장과 제2장). 넷째로, 지각 형태 재인에 대응되지 않는 조작은 최초에 형성된 신념에 대한 순환적인 **검사**와 **재검사**인데, 선택의 기반인 최종 신념을 확보하게 된다.

한 단서의 정보가를 결정하는 데 있어 신뢰성과 진단성의 역할을 입증하면서, 우리는 복수의 단서들을 기반으로 한 가설에 대한 최적의 신념 정도를 형성한다는 입장을 취한다.

다양한 감각 채널에 따라 전형적으로 상이한 시기에 전달되거나 그리고/또는 상이한 장소에 위치하는 복수의 단서들에 주의를 기울이고 통합하는 과정은 인간의 선택 주의에 대한 주요한 도전거리를 제안하고, 따라서 다음에 논의하는 것과 같이 네 가지 중요한 취약성의 출처가 될 수 있다.

### 5.2.1 정보 단서의 결핍

결정자들은 종종 정확한 결정을 내리기 위해 필요한 모든 정보를 가질 수가 없다. 장치가 고장 났다고 시설과 직원이 알려주지 않았다면 고장 난 장치 부품을 작동시키려는 조작자의 판단이 비난받을 수는 없다. 그러나 동시에 그가 알아야 할 핵심적인 정보가 없는 상태에서 결정을 내렸다면 때때로 의사결정자는 비난을 받을 수도 있다. 그러나 앞선 장에서 우리가 학습한 바로는, 이러한 과정을 좌절시키는 것은 현재의 단서는 **지각**될 수 있는 데 반하여 부재 단서의 존재를 인식하는 것은 **기억**에 의존하며, 따라서 종종 오류가 생기기 쉬운 과정이라는 사실이다. 좋은 의사결정자가 가진 자질 한 가지는 자신들이 무엇을 모르고 있는가(결핍된 단서)를 잘 자각하고 있으며, 확고한 결정을 내리기 전에 그런 단서들을 계속해서 찾는다는 것이다(Orasanu & Fischer, 1997). 그러므로 행사 기획자는 가장 최근의 기상 정보를 얻으려 시도하고 그것에 의존할 것이며, 가용한 예보가 오래된 경우에는 가장 최근의 자료로 기상 진단을 내릴 수 있을 때까지 결정을 연기할 수도 있다.

### 5.2.2 너무 많은 단서들 : 정보 과잉

이미 언급한 것처럼 어떤 단서의 정보가가 1.0으로 알려져 있으면(신뢰도와 진단성이 모두 1.0인 경우) 다른 정보를 찾을 필요가 없다. 그러나 이는 드문 경우이며, 따라서 효율적인 진단은 복수의 단서를 통합하는 것에 의존하게 된다. 그러나 이것은 제3장에서 논의한 바와 같은 선택 주의라는 도전을 제기한다. 중요한 고장을 직면한 상황에서 핵발전소를 감독하는 조작자는 불이 들어와 있거나 번쩍이는, 말 그대로 수백 개의 표시 장치를 마주하고 있을 것이다(Rubenstein & Mason, 1979). 그렇다면 조작자는 오작동의 본질을 진단하려고 노력하면서 어떤 것에 우선적으로 주의를 기울여야 하겠는가?

여러 가지 다양한 정보 출처가 가용하고 각각 완전하지는 않은 정보가가 있을 때, 정확한 진단을 내릴 가능성은 더 많은 단서를 고려하면 증가할 수 있다. 하지만 실질적으로 출처의 수가 2개 이상이 되어버리면, 사람들은 비례적으로 더 낮고 정확한 진단을 내리기 위해 더 많은 정보를 이용하지는 않는다(Allen, 1982; Dawes, 1979; Dawes & Corrigan, 1974; Lehrer, 2009; Malhotra, 1982; Schroeder & Benbassat, 1975). 예를 들어, Oskamp(1965)는 더 많은 정보가 정신과 의사에게 제공되었을 때, 자신의 임상적 진단에 대한 자신감은 늘어났지만 판단의 정확성은 그렇지 않다는 것을 관찰하였다. Allen(1982)은 기상 예보관에게서도 동일한 관찰을 하였다. 인간의 주의와 작업기억의 한계가 너무나 커서 조작자들은 몇 개 이상의 정보 출처의 진단적 영향을 동시에 고려하면서 통합하는 것을 쉽게 할 수가 없다. 실제로 Wright(1974)는 시간적인 압력하에 있는 경우, 적은 정보가 주어졌을 때보다 많은 정보가 주어졌을 때 오히려 의사결정 수행이 저하됨을 발견하였다.

이러한 한계에도 불구하고 사람들은 그들이 소화할 수 있는 것보다 더 많은 정보를 구하는 불행한 경향이 있다. 예를 들면, 지휘관이나 관리자들은 '모든 사실'을 요구하곤 한다 (Samet, Weltman, & Davis, 1976). 의학 영상 영역에서 Jarvic 등(2003)은 질이 낮은 X레이 사진만이 가용했던 시절에 권했던 비율과 비교했을 때 MRI의 출현과 더불어 외과의사들이 수많은 불필요한 척추 수술을 권유하기 시작하였다는 것을 언급하였다. MRI가 제공하는 엄청난 양의 정보가 향상된 진단으로 이끌지 않고, 명백하게 질을 저하시키고 있었다(Lehrer, 2009).

더 많은 정보가 결정 과정을 낮게 만드는 것은 아니라는 발견을 설명하기 위해, 우리는 의사결정자가 정보 단서를 처리하는 데 선택적 여과 전략을 채택한다는 것을 가정해야만 한다. 초기에 단서가 거의 제공되지 않을 때는 이 전략이 불필요하다. 그러나 여러 가지 정보 출처가 가용한 경우에는 여과 과정이 요구되며, 정보의 통합에 가용한 시간(혹은 다른 자원)과 경쟁해야 한다. 그러므로 더 많은 정보가 더 시간 소모적인 여과 과정으로 이끌어, 결과적으로 결정의 질을 희생시킨다.

### 5.2.3 단서들은 현저성에서 차이가 있다.

우리가 제3장에서 SEEV 모형에 대하여 논의한 것처럼 단서의 현저성(단서가 주의를 끄는 특성 혹은 처리의 용이함)이 단서에 대해 주의를 주는 정도와 정보 통합에서의 가중 정도에 영향을 끼칠 수 있다(Payne, 1980). 예를 들어 큰 소리, 밝은 빛, 밑줄 치거나 강조된 정보, 강도나 운동의 갑작스런 시작, 시각 디스플레이의 전면이나 상단에서의 위치 등이 모두 현저한 자극 특성의 예이며, 더 큰 가중치를 받게 될 가능성이 높고, 특히 시간 압력이 있는 상황에서 더 그렇다(Wallsten & Barton, 1982). 부정적이고, 즐겁지 않은 정보는 긍정적인 정보보다 의사결정에 영향을 주는 데 더 현저한 것으로 판명되었다(Yechiam, 2012).

이러한 발견은 우리가 어떤 진단 상황이건 간에 가장 밝게 깜빡이는 불빛 또는 제일 큰 미터기는 가장 가운데 위치한다거나 또는 가장 신속한 변화는 조작자가 다른 것에 비해 진단적 정보 내용을 처리하도록 할 것이라는 기대를 가질 수 있게 한다 : **현저성 편향**(salience bias). 목격자로부터 증언을 통합할 때 가장 잘 주의를 끄는 것은 가장 목소리가 크거나 똑똑하게 발음되는 것일 수 있다. 그러므로 시스템 디자이너는 다음과 같은 사항을 깨닫는 것이 중요하다. 진단 과정 중에 현저성은 단순히 오동작을 **탐지**하는 것이 아니라 진단을 내리는 데 단서의 정보가와 직접적으로 관련되어야 하기 때문에 경고의 목적(즉, 높은 현저성)이 반드시 진단의 목적과 병립하는 것은 아니라는 점이다.

'과잉 처리(overprocessing)'를 야기하는 현저성과 대비되어, 수식 계산을 요구하거나 혼동되는 언어를 포함하고 있기 때문에 해석이나 통합이 어렵거나 노력을 기울여야 하는 정보들은 무시되거나 적어도 가중치가 과하게 낮아질 것이라는 점을 시사하는 연구들도 있다

(Bettman, Johnson, & Payne, 1990; Johnson, Payne, & Bettman, 1988). 예를 들어, Stone, Yates와 Parker(1997)는 위험 정보를 디지털 양식으로 제시하는 것이 막대 모양으로 각 막대의 숫자가 위험의 정도를 보여주는 아날로그 방식으로 제시할 때보다 적절하지 않게 처리됨을 발견하였다.

낮은 현저성의 극단적인 사례가 **단서의 부재**(absence of a cue)와 관련이 있다. 어떤 가설은 보이는 것뿐만 아니라 보이지 않는 것에 근거해서 신뢰성을 얻을 수 있는 상황이 종종 있다. 예를 들어, 컴퓨터나 자동차 문제를 해결하는 사람들은 관찰되지 않는 증상에 기초해 오류의 가설적인 원인을 제거해 나갈 수 있다. 하지만 의학(Balla, 1980)이나 논리적 고장 처리(troubleshooting)와 같은 분야에서 진단을 하는 경우에 사람들은 단서의 부재를 이용하는 데 상대적으로 능숙하지 않다(Hunt & Rouse, 1981). 단서의 부재는 5.2.1에서 기술된 결핍된 단서와는 전혀 동일하지 않은데, 어떤 것이 관찰되지 않는다(단서의 부재)는 사실은 엄청난 양의 진단적 정보를 제공할 수 있기 때문이다. 단지 사람들이 그 정보를 아주 잘 사용하지 않는다는 것이다.

단서 현저성이 단서 처리의 효과에 영향을 미친다는 관찰은 결정 문제와 관련된 물리적 형태 또는 정보의 배열이 결정 과정들의 본질에 영향을 줄 수 있다는 좀 더 일반적인 관찰의 일부이다(Smith, Bennett & Stone, 2006). 이 주제는 7절에서 논의할 것이다. 그리고 복잡한 시스템의 비정상 상태를 진단하는데, 현저한 돌출 세부특징을 사용하는 생태학적 인터페이스 디스플레이의 이점과 관련성이 있다(Burns & Hajjckkk, 2008, 제4장 참조).

### 5.2.4 처리된 단서는 정보가에 따라 차별적으로 가중되지 않는다.

사람들은 더 큰 현저성이 있는 단서를 과잉 처리하는 경향이 있는 반면에 또한 사람들이 더 큰 가치가 있는 정보에 비해 더 낮은 정보 가치가 있는 정보를 과잉 처리하는 경향이 있다는 좋은 증거가 있다(Koehler, Brenner, & Griffin, 2002). 즉, 사람들은 단서의 진단성이나 신뢰도에 의해 결정되는 단서의 정보가에 근거하여 단서에 주어진 가중 정도를 효과적으로 조정하지 못한다. 대신 그들은 모든 단서들이 동일한 가치가 있는 것처럼 취급하는 경향이 있다(Cavenaugh, Spooner, & Samet, 1973; Schum, 1975). 그러므로 이러한 **무엇처럼 어림법**(as-if heuristic)은 정보를 통합할 때 차별적인 가중을 고려할 때 필요한 인지적인 노력을 줄인다. 우리가 나중에 논의할 다른 어림법처럼 일반적으로 진단에 해를 가하지 않는 어림법이다(Dawes, 1979). 그러나 특히 낮은 가치 단서가 어쩌다가 매우 현저한 경우와 같이 어떤 특정한 조건에서 이것을 사용하면 그릇된 진단을 내릴 수도 있다.

Kahneman과 Tversky(1973)는 통계 이론에 관한 훈련을 잘 받은 사람들조차도 '직관적인' 예측을 할 때 덜 신뢰하는 정보 출처에 가중을 낮게 주지 못한다는 것을 보여주었다. 그림 8.4에 어떤 예측 변인이 가진 최적의 진단적 가중을 피험자의 예측 수행에서 추론되는 가중과 대비시켜 놓았다. 최적으로 정보를 추출하고 또는 어떤 단서에 얼마만큼의 가중을 두느

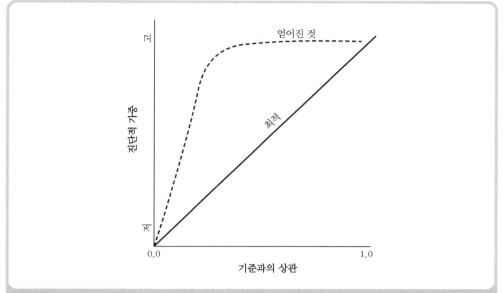

**그림 8.4** 무엇처럼 어림법의 예시. 단서의 타당도가 최적일 때와 예언에서 실제 얻어진 단서에 대한 가중의 관계를 함수로 나타내고 있다.

냐는 어떤 변인과 기준과의 상관이라는 선형적인 함수 관계에 따라 변동해야만 한다. 실제로는 그림에 표시된 것처럼 가중은 거의 '실무율(all or none)'적인 방식으로 변하고 있다.

정보 가치에서 차이를 줄이는 무엇처럼 어림법의 많은 예를 확인할 수 있다. 한 가지 예로, Griffin과 Tversky(1992)는 평가자들이 추천서에 기초해 응모자에 대한 인상을 형성하는 과정에서 추천서의 논조나 적극적으로 추천한 정도(**현저한** 특징)에 출처(추천서를 쓴 사람)의 신뢰도나 진실성보다 더 가중을 주는 것을 발견했다. Koehler, Brenner, 그리고 Griffin(2002)은 사람들이 예측을 할 때, 증거의 질이 낮을 때는 증거에 과잉 의존하고, 증거의 질이 높을 때는 과소 의존하는 식으로, 일반적으로 증거의 질에서 차이를 고려하기를 무시한다는 것을 발견하였다. Rossi와 Madden(1979)은 훈련받은 간호사들조차 내과 전문의를 호출할 것이냐의 결정을 하는 데 있어, 증상의 진단성 정도의 영향이 없음을 발견하였다. 이러한 결정은 단지 관찰한 전체 증상들의 수에만 기초하였다.

완전하지 못한 유익한 정보가 관찰자에서 다른 관찰자로 전달되는 경우에 특별히 위험한 상황이 발생할 수 있다. 완전한 신뢰도나 진단성이 부족하다는 사실이 정보가 전달되면서 사라지고, 처음에는 불확실했던 것이 나중에는 확신으로 마감될 수 있다. 예를 들면, 이란 항공기를 격추한 USS Vincennes의 사고에서처럼, 레이더에 포착된 대상의 정체가 불분명한 상태는 비행기가 나타났다는 사실이 명령 계통을 밟아가면서 사라져버렸다(U.S. Navy, 1988)는 느낌이 있다.

　자료의 제한이 정보 통합 시에 무시되어 신뢰가 없어진 자료의 다른 잠재적인 원인은 추론을 끄집어내는 데 사용된 자료의 표집 크기가 작을 때 발생된다. 10명의 사람에 근거한 투표자 선호도 여론조사는 100명에서 나온 결과보다 훨씬 신뢰할 수 없다. 2개의 여론조사에서 나온 결과로 가설에 대한 증거를 비교하는 과정에서 사람들은 이러한 차이를 무시하는 경향이 있다(Fishhoff & Bar-Hillel, 1984; Tversky & Kahneman, 1971, 1974). 그림 8.3의 맥락에서 신뢰도와 연관된 정보는 그 정보의 실제적인 진단적 내용보다 인지에 덜 **접근 가능하고** 따라서 무시된다고 이야기될 수 있다(Kahneman, 2003).

　(최적의 가중을 위한) 예측 타당도와 단서의 신뢰도 차이에 둔감한 것은 사람들로 하여금 상이한 정보가를 갖고 있는 복수의 단서를 포함하는 예언이나 진단 과제를 수행하는 과제에서 잘 못하게 만든다. 실제로 많은 증거들이(Dawes & Corrigan, 1974; Dawes, Faust, & Meehl, 1989; Kanehman & Tversky, 1973; Kleinmuntz, 1990; Meehl, 1954) 기계와 비교해서 사람들이 상대적으로 저조한 직관적 혹은 임상적 예측치를 내놓는다고 시사하고 있다. 이 연구들에서는 피험자에게 어떤 특정한 사례가 가진 수많은 속성에 관한 정보를 제공한다. 속성들은 가중에 있어 다양하며, 피험자는 주어진 사례에서 어떤 기준 변인에 대해서 예측하도록 요청을 받는다(예 : 프로그램의 성공 가능성 또는 환자의 진단). 단서 진단성의 양극 (즉, 높은 시험 점수가 높은 기준 점수를 예언할 것이다)만을 알고, 모든 변인에 동일한 가중치가 있다고 가정한 아주 조잡한 통계 체계와 비교해서도, 사람들은 상대적으로 저조한 예측을 한다. 이러한 관찰로 인하여 Dawes, Faust, 및 Meehl(1989)은 예측할 때 사람들이 할 수 있는 역할은 적절한 예언 변인들을 찾고, 이들을 어떻게 측정하고 코드화시키며, 기준과 비교해서 이들이 어떤 방향의 관련성을 가질 것인가를 확인하는 것이라고 주장한다. 그리고 이 시점에서 어떻게 정보를 통합하고 기준치를 이끌어낼지를 컴퓨터에 기초한 통계 분석이 전적으로 맡아야 한다(Fischhoff, 2002).

　왜 사람들이 진단과 예측에서 '무엇처럼 어림법'을 예시하는 것일까? 이 어림법은 아마도 인지적 단순화 또는 노력 보존의 한 보기처럼 보이는데, 여기서 의사결정자는 마치 모든 자료 출처가 동일한 신뢰도를 갖고 있는 것처럼 취급함으로써 작업기억에 부과된 부담을 줄인다. 따라서 사람들은 차별적인 가중을 피하거나 가장 정확한 진단을 시행하는 데 필요한 여러 단서 값들을 곱하는 암산을 피한다. 사람들에게 단서 신뢰도에서의 차이를 추정하라고 직접적으로 요청하면, 그렇게 할 수는 있다. 그러나 이 추정이 작업기억을 사용하는 더 큰 정신적인 총체의 일부로 사용되어야만 할 때, 그 값들은 이런 간편화 방식을 통해서 왜곡된다.

## 5.3 진단에서의 기대 : 장기기억의 역할

단서들이 통합될 때 그러한 통합은 (단서 상관 그리고 기대와 관련된) 두 가지 중요한 측면에서 (과거 경험에 근거하고 있는) 장기기억에 의해 영향을 받는다. 각각은 자신만의 고유한 어림법을 생성한다.

## 5.3.1 대표성

**대표성 어림법**(representativeness heuristic)(Kahneman & Frederick, 2002; Tversky & Kahneman, 1974)의 토대는 진단적 상태에 대한 단서들이 종종 서로 상관이 있다는 것이다. 그러므로 예를 들면, 나쁜 날씨는 구름과 저기압으로 진단된다. 독감은 메스꺼움, 열, 몸살로 진단된다. 이러한 단서들 또는 증상들 사이의 상관은 완벽하지 않을지도 모른다. 따라서 이상적인 '전형성' (모든 단서가 존재함) 그리고 각 실제 세계 '사례'에서 실질적인 표현 사이에 차이가 존재한다. 어떤 단서는 없거나 약할 수도 있으며, 일부 부차적인 단서가 있을 가능성도 있다. 진단을 내릴 때, 사람들은 과거 경험에서 배운, 그리고 장기기억에 저장된 몇 가지 가능한 증상 패턴 중 하나와 대비해서 관찰된 사례 패턴을 짝 맞춤하는 경향이 있다. 만일 짝 맞춤이 있으면, 그 진단이 선택된다. 우리가 8절에서 보듯이 이것은 능숙한 의사결정 또는 시각 형태 재인에 있어서 전형적인 행동이다(제6장).

사람들이 특정한 가설 또는 진단이 실제 관찰될 가능성, 확률, 또는 **기저율**(base rate)을 적합하게 고려하지 않고 대표성의 전략을 사용하는 경향이 있다는 것만 제외하면, 이 간편법을 따르는 것은 잘못이 없다(Koehler et al., 2002). 예를 들어, 내과의사가 한 환자에게서 X라는 질병의 전형적인 증상 다섯 가지 중 4개를 관찰하고, Y라는 질환의 다섯 가지 증상 중 3개를 관찰한 경우, 실제로는 X라는 질환이 Y에 비해 전체 인구에서 아주 드물게 발생하는 질환인 경우에도 대표성 어림법에 따라 이 환자를 X라는 질환으로 진단할 수 있다.

앞에서 논의한 바 있는, 단서에 차별적으로 가중을 주는 것에 대한 실패와 유사한 방식에서, Christenssen-Szalanski와 Bushyhead(1981)는 의사들이 진단 결정을 할 때 어떤 질환의 **유병률**(prevalence rate)(기저율)을 충분히 자각하고 있지 않다는 것을 관찰하였다. Balla (1980, 1982)도 의대생과 선임 내과의사들에게 가상적인 환자들에 대한 진단을 쭉 해보도록 했을 때 사전 확률 정보를 제한적으로만 사용한다는 것을 확인하였다. 더구나 제2장에서 기술한, 신호의 빈도 정보에 따라 의사결정의 기준을 맞추지 않는, 신호 확률에 대한 반응의 굼뜬 $\beta$ 조절은 또한 기저율 정보를 고려하지 못하는 실패의 예라고 할 수 있다. 따라서 5.1.1절에서 기술된 바 있는, 비율의 차이에 대해 상대적으로 무감각한 것도 있다.

대표성은 의사결정에서 현저성 또는 **접근성**(accessibility)의 효과가 왜곡되는 또 다른 보기를 반영한다고 생각할 수도 있다(Kahneman & Frederick, 2002; Kahneman, 2003). 증상은 현저하고, 접근 가능하고, 눈에 보인다. 반면에 확률은 추상적이고, 정신적이고, 따라서 지각 가능한 증상의 패턴과 경쟁 상태에 있을 때 '무시되는' 것처럼 보인다. Griffin과 Tversky (1992)가 말한 것처럼, "사람들은 증거의 (좀 더 추상적인) 신뢰도에 주의를 주기보다는 증거의 현저하고, 대표적인 강점(예 : 두 평균의 차이, 또는 지원자에 관해 편지에 담긴 묘사의 호의)에 더 주의를 준다."

대표성 어림법이 널리 퍼져 있다고 해서 사람들이 진단을 내리고자 할 때, 확률이나 기저율을 송두리째 무시한다는 것을 의미하는 것은 아니다.

이는 과거 경험과 물리적인 증거를 근거로 해서 가장 그럴듯한 가설을 파악하고자 물리적 유사성과 확률 두 가지를 통합하는 경우에 전형적인 가설에 대한 물리적 유사성이 확률적인 고려보다 두드러지는 특징이 된다는 것을 의미할 뿐이다(Griffin & Tversky, 1992). 반면에 만일 물리적 증거 자체가 모호하면(또는 빠져 있으면) 사람들은 확률을 사용할 것이다. 사람들은 마음속으로 사실일 확률이 가장 큰 가설로 진단 내릴 가능성이 높다(Fischhoff & Bar-Hillel, 1984). 하지만 이 확률에 대한 정신적인 표상 또한 불완전한데, 이는 증거 고려에서 두 번째의 중요한 어림법인 **가용성 어림법**(availability heuristic)에 반영되어 있다.

## 5.3.2 가용성 어림법

가용성은 '어떤 가설의 예 또는 그 가설 자체가 마음속에 떠오를 수 있는 용이성'을 가리키며(Tversky & Kahneman, 1974; Schwarz & Vaughn, 2002), 앞에서 간략하게 논의한 접근가능성이라는 구성 개념과 밀접한 관련이 있다(Kahneman, 2003; Kahneman & Frederick, 2002). 이러한 어림법은 세상에서 더 자주 경험되는 사건이나 상황은 일반적으로 더 쉽게 회상된다는 점에서 사전 확률의 근사치를 계산하는 편리한 수단으로 이용될 수 있다. 그러므로 사람들은 전형적으로 좀 더 가용한 가설을 즐겨 사용한다.

불행히도, 절대 빈도 또는 사전 확률과는 상당히 무관할 수도 있는 다른 요인들이 가설의 가용성에 강하게 영향을 미친다. 장기기억(제7장)의 논의에서 지적했듯이, 신근성(recency)이 그러한 요인 중 하나이다. 기계 고장을 진단하려는 조작자가 최근에 실제 상황이나 훈련에서 또는 작동 매뉴얼로 막 배운 내용에서 본 어떤 가능한 원인을 맞닥뜨리고 있다고 하자. 이러한 신근성 요인은 특정 가설이나 원인을 기억 인출에 좀 더 가용한 것으로 만들고, 따라서 그 가설이 가장 먼저 검토될 것이다. 최근에 와이오밍에서 발생한 암벽 추락 사고를 떠올린 로렌은 암벽 루트가 더 위험하다고 진단을 내리게 되었다.

또한 가용성은 가설 단순성(simplicity)에 의해 영향을 받을 수도 있다. 예를 들어, 기억에서 표상되기 쉬운 가설(예 : 한 부분에서만 생긴 고장)은 작업기억에 좀 더 많은 부담을 요구하는 가설(예 : 두 군데 이상에서 복합적으로 생긴 고장)보다 더 쉽게 즐겨 사용될 것이다. 가용성에 영향을 미치는 또 다른 요인은 그 사건에 대한 과거 경험의 기억에서 발생하는 정교화이다. 예를 들면, 응급실 서비스 지령실 근무자의 작업에 대한 모의실험에서, Fontenelle(1983)은 지령실 근무자에게 더 자세하게 기술된 긴급 상황들이 더 빈번하게 발생했던 것처럼 회상됨을 발견했다.

가용성과 접근성은 **속성 바꿔치기**(attribute substitution) 현상과 밀접한 관련이 있다 (Kahneman, 2003). 자원이 부족한 경우, 분석적(2유형) 시스템이 채택한, 노력이 더 많이 요구되는 기제를 대신하여 직관적(1유형) 결정 시스템이 고도로 접근 가능한 기제로서 대체된다. 그러므로 유사성, 평균, 변화 등과 같은 고도로 접근 가능한 속성은 좀 더 추상적이며 접근 가능성은 덜하지만 종종 최적의 (확률에 의해 영향받는) 가능성 그리고 절대량과 같은 속성과 대비된다(그리고 종종 대체된다). 간단한 예로, 사람이 도박에서 선택을 내릴 때 그들은 자주 두 선택의 기댓값보다는 두 선택 중에서 따거나 잃는 확률에 의해 심하게 영향을 받는다(이 주제는 이 장의 후반부에서 논의될 것이다). 확률은 0과 1 사이에 값이 정해져 있고, 쉽게 접근 가능하며, 확률 사이를 비교하거나 구별 가능하다(Slovic, Finucane, et al., 2002).

흥미롭게도, 대표성(자료의 패턴) 그리고 가용성(가성의 빈도를 추정하기)은 최적의 의사결정에 대한 **베이지안**(Bayesian) 접근에서 함께 통합되는 두 가지 소재이다(Edwards, Lindman, & Savage, 1963). 이 접근에서 자료가 주어진 각 가설의 실제 확률을 추정하기 위하여 사전 확률을 P(자료 패턴/가설)로 곱한다. 인간 인지에서 가용성과 대표성 사이의 상호작용은 우리가 신호탐지 판단에서 살펴본 것처럼, 이러한 과정과 거의 가깝다. 그러나 대조적으로 오로지 p값 또는 p(자료/가설)에만 초점을 두는 고전적 통계는 사전 확률(가능성)을 고려하지 않는다. 대표성과 가용성을 살펴봄으로써 알 수 있었듯이, '직관적 통계학자'로서 인간은 두 가지를 다 고려하지만, 어림법적으로 고려한다.

## 5.4 시간 경과에 따른 신념의 변화

이미 언급한 바와 같이, 많은 진단은 짧은 '한 방(one short)'의 형태 분류가 아니라 초기의 잠정적인 가설을 만들고 이를 확증 혹은 부정할 증거를 찾아가면서 오히려 시간에 걸쳐 일어난다. 실제로 대부분의 고장 수리는 이런 방식으로 이루어지는데, '진정한' 상태를 확인하기 위한 노력으로 여러 검사가 수행되고 새로운 단서 또는 증거를 제공하기 위해서 구체적으로 설계된다. 형사 재판에서 배심원들도 또한 용의자의 유죄 여부에 대한 최초의 가설 혹은 신념의 정도를 형성할 수도 있지만, 그러나 추가 증거가 제시됨에 따라 이러한 신념이 바뀌는 것을 알게 된다. 과학자는 가설을 형성하고 실험을 설계하고 후속 자료를 사용하여 가설에 대한 자신들의 신념을 강화시키거나 약화시킨다(보통은 전자)(5.4.2절 참조). 시간에 걸쳐 신념들을 정제하는 과정에서 우리는 때때로 '진실'이라는 가장 정확한 추정치에 불리하게 작용할 수 있는 거점 어림법 그리고 확증 편향이라는 두 가지 중요한 특징을 확인할 수 있다. 이 장의 후반부에 우리는 또한 어떻게 과잉확신이 이런 두 가지 영향을 증폭시키는지를 보여줄 것이다.

### 5.4.1 거점 어림법

**거점 어림법**(anchoring heuristic)은 가설과 관련된 단서 또는 신념과 관련된 정보 출처가 시간 경과에 따라 도착할 때, 마치 우리가 그 가설에 '정신적인 닻'을 내리고 다른 대안으로 쉽사리 옮겨가지 않는 것처럼 어떻게 최초에 선택된 가설이 선호되는 경향이 있는지를 설명한다(Einhorn & Hogarth, 1982; Chapman & Johnson, 2002; Joslyn et al., 2011; Kahneman & Tversky, 1973; Mosier, Sethi, et al., 2007). 만일 증거 a가 가설 A를 뒷받침하고, 증거 b가 가설 B를 뒷받침한다면, $a \rightarrow b$ 순서로 증거를 받으면 가설 A를 선호하는 방향으로 이끌리고, $b \rightarrow a$ 순서로 증거를 받으면 가설 B를 선호하는 방향으로 이끌린다. 그러한 경향은 "첫인상이 오래간다."는 일반적인 관찰과 일관성이 있다.

거점 어림법의 한 가지 명확한 함의는 다른 가설보다 어떤 가설에 보이는 신념의 강도는 상이할 것이며, 증거를 받는 순서에 따라 바뀌기까지 할 수도 있다는 것이다(Adelman et al., 1996; Hogarth & Einhorn, 1992; Ricchiute, 1998). Allen(1982)은 강수 확률에 대한 기상 자료를 기상 예보관이 연구하는 상황에서 그런 역전 사례를 관찰하였다. Einhorn과 Hogarth (1982)는 사람들이 어떤 사건에 관한 특정한 가설을 지지하거나 흠집을 내는 증거를 듣는 상황(예 : 배심원들이 용의자의 유죄 또는 무죄에 대한 상이한 증거의 일부를 듣는 상황)에서 유사한 역전 사례를 살펴봤다(Ruva & McElvoy, 2008; Kahneman & Klein, 2009).

거점은 기억에서의 일종의 **초두성**(primacy)을 나타내는 것인 반면에(제7장 참조), 가장 최근에 마주한 단서 집합이 일시적으로 진단에 대한 강력한 가중을 가진다는 점에서 단서 통합에서 때때로 **신근성**(recency) 효과가 있다는 것이 언급되어야만 한다(Rieskamp, 2006). 그러므로 배심원에게 최후의 변론을 하면서 '두 번째의 기회를 노리는(goes second)' 변호사는 유죄 여부를 판단하는 데 있어 바로 이러한 방향의 편향된 상태로 머물러 있도록 하는 것도 무리가 아니다(Davis, 1984).

실제로 Hogarth와 Einhorn(1992)이 수행한 연구들에 대한 주의 깊은 검토와 실험 프로그램을 통해서 진단을 위해 정보를 통합하는 경우에 몇 가지 요인들이 초두성(닻 내리기) 대비 신근성이 나타나는 정도를 누그러뜨리는 경향이 있다는 것이 밝혀졌다. 예를 들어, 정보 출처가 비교적 단순하고(예 : 지능을 보고하는 한 장의 문서보다 수치 단서), 정보 통합 과정이 여러 증거 자료를 각각 검토하면서 신념을 수정하는 경우보다는 모든 증거를 다 검토한 후 신념에 대한 단일 판단을 하는 경우에 초두성이 우세하다. 하지만 정보 출처가 더 복잡하여 각 출처를 고려한 후 명시적으로 신념을 새롭게 세워야 하는 경우에는 신근성이 더 나타난다.

이런 분석에 복잡성을 더한다면, 많은 역동적인 상황에서 표본으로 얻은 정보의 단편들이 시간 경과에 따라 신뢰성이 감소하는 경우에 신근성이 사실은 더 최적으로 작용한다(닻 내리기는 덜 그렇다)는 옹호론도 펼칠 수 있다. 그러므로 일련의 환자 건강 상태 보고서에서 제일 먼저 보게 되는, 아마도 몇 시간 전에 작성된 보고서는 다소간 감가해야만 한다. 그런데도 사람들은 여전히 신근성과 닻 내리기를 보이면서, 시간이 흘렀으면 적당히 감가해야 하는데 그렇게 하지 못하고 있다(Wickerns, Ketels, et al., 2010).

초두성 그리고 신근성 중 어떤 것이 관찰될 것이냐의 문제에서, 의사결정을 지원하기 위한 통합된 그래픽 디스플레이(Bettman, Payne, & Staelin, 1986; Cook & Smallman, 2008;

MacGregor & Slovic, 1986; 제12장 참조) 또는 비교하려는 여러 제품의 단위/가격 정보를 동시에 제시하는 화면(Russo, 1977)과 같은 획기적인 방식을 지지하면서, 연구자들은 가능하면 동시에 가용한 증거들은 하나하나 순서대로가 아닌 동시에 제시되어야만 한다는 논거로 납득이 가는 정당성을 입증해 왔다(Einhorn & Hogarth, 1981). 동시적 구성 방식이 적용되면 동시적인 처리가 발생할 것이라고 보장할 수는 없는데, 이는 주의 폭이나 조작자 자신의 처리 전략에 의존하기 때문이다. 그러나 최소한 이것은 조작자로 하여금 주의 능력이 허용한다면 정보를 병행적으로 다룰 수 있게 하거나, 그렇지 않다고 하더라도 여러 정보 출처를 번갈아 보고, 재검토하게 하는 선택을 주는 것이다. 이런 방식으로 한 정보 출처가 다른 것에 비해 자동적인 초두성(혹은 신근성) 효과를 갖게 하지는 않는다.

### 5.4.2 확증 편향

가설이나 신념에 담겨 있는 증거는 수동적으로 그냥 받을 수도, 능동적으로 탐색될 수도 있다. **확증 편향**(confirmation bias)이란 여러 상황에서 관찰되는데 사람들이 잠정적으로 보유한 가설이나 신념을 **확증**하는 단서를 찾고, 반대되는 결론이나 신념을 지지하는 단서들을 찾지 않는(혹은 깎아내리는) 경향성을 말한다. 5.1절에서 제시한 체계 내에서 진단에 전혀 도움이 되지 않는 정보인 애매한 단서들은 호감이 가는 신념을 지지하는 방식으로 해석하게 된다(Cook & Smallman, 2008; Einhorn & Hogarth, 1978; Herbert, 2010; Mope, Memon, & George, 2004; Mynatt, Doherty, & Tweney, 1977; Nickerson, 1998; Schustack & Sternberg, 1981). 이러한 편향은 조작자가 초기에 형성된 가설과 불일치 또는 반대되는 정보를 부호화하거나 처리하는 데 실패하는 일종의 '인지적 터널 시각(cognitive tunnel vision)'을 만들게 되는데, 처음 닻을 내린 거점을 더욱 강력하게 견지한다.

페르시아 만에서 있었던 USS Vincennes호 사건의 조사에서 확증 편향이 개입되었음이 드러났다. 레이더 시스템 조작자들은 처음부터 접근하는 항공기가 적이라고 가정했으며, 그 비행기가 취한 중립적인 비행 자세에 관해 레이더 시스템이 제공한 반대의 (결국에는 옳은 것으로 판명이 난) 증거를 해석하지 않았다(U.S. Navy, 1988). 스리마일 섬 핵발전소 사건에 대한 분석 역시 조작자가 반응기의 높은 수위에 대한 잘못된 가설로 자신들의 믿음을 확인하는 확증 편향을 보여주었다(Rubenstein & Mason, 1979).

Arkes와 Harkness(1980)에 의한 한 연구는 확증 편향이 유도하는 기억의 선택 편향을 예시하고 있다. 이들은 임상적인 비정상(실험 1)이나 수력학 체계(실험 2)에 관련된 여러 증상들을 피험자에게 제공하였다. Arkes와 Harkness는 만약 피험자가 한 가설을 가지고 있거나 긍정적인 진단을 한 경우, 관찰한 증상 중 이 진단과 일치하는 것들은 잘 기억했지만 불일치하는 것들은 쉽게 망각하는 것을 발견하였다. 더욱이 진단과 일치하지만 실제로는 보이지 않았던 증상들도 관찰한 것으로 잘못 보고하였다. Mosier, Skitka 등(1998)은 일치하는 단서들의 잘못된 기억에 관한 유사한 관찰을 항공 오류 진단 연구에서 했다.

확증 편향에 대한 포괄적인 개관 보고서에서 Nickerson(1998)은 불확증적인 증거를 찾지 않는 이유 여러 개를 확인하였다.

1. 사람들은 부정적 정보보다 긍정적 정보를(Clark & Chase, 1972; 제6장 참조), 그리고 정보의 부재(만일 있었다면 당신의 믿음을 지지하는 단서의 부재)보다 정보의 존재(당신이 이미 믿고 있는 것을 지지하는, 존재하는 단서)를 처리하는 데에 인지적 어려움을 덜 겪는데, 이는 또한 인지적 노력을 반영한다. 이전 가설을 버리고 새로운 가설을 재형성하는, 즉 가설들을 바꾸는 데 요구되는 과정은 이전 가설과 일치하는 정보를 계속하여 얻는 것보다 더 많은 인지적 노력이 요구된다(Einhorn & Hogarth, 1981). 어떤 '사고의 비용(cost of thinking)(Shugan, 1980)', 그리고 조작자들이 가진, 특히 어떤 압박하에 있을 때 한정된 인지적 자원들에 대해 지나친 작업부하를 부과하는 고장 수리 전략을 회피하려는 경향(Rasmussen, 1981)을 고려하면, 조작자들이 신구(新舊)의 두 가지 가설을 동시에 품고 있다고 하더라도, '선택된 가설'을 수용하는 것이 대부분의 증거와 일관성이 있는(즉, 진실에 가까운) 한, 새로운 가설을 형성하는 고통을 감내하기보다는 이전 가설을 유지하려는 경향이 있게 된다.

2. 믿고 싶은 욕망과 관련된 동기 요인이 있다. 사람들이 증거의 **일관성**에 두는 높은 가치로 인해 사람들은 하나 또는 다른 신념을 지지하는 모든 (또는 대부분의) 증거들을 살펴보지만, 지지하려는 신념은 보통 최초에 형성된 신념이다.

3. 사람들이 그 가설 자체의 진실보다는 최초에 호감이 간 가설에서부터 따라 나온 논리적인 **행위 선택**(choice of action)에 더 초점을 두고 있을 때 두 번째 동기 요인이 발생한다(Bastardi, Uhlman, & Ross, 2011). 우리가 다음에 보게 되듯이, 불확실한 세상에서 이러한 선택들로부터 흘러나올 수 있는 긍정적 그리고 부정적 성과의 가능성을 고려할 때 선택은 선천적으로 가치로 가득하다. 로렌은 선택의 결과가 정상 등정과 원정의 성공이기 때문에 기상이 쾌적해질 것이라고 믿는 쪽으로 기울어졌다. 이런 이유로 사람들은 만일 신념이 참일 경우 선택의 성과가 덜 부정적이고 더 긍정적인 선택을 지지하는 신념을 계속 지키는 쪽으로 기울어지는 것일지도 모른다. Nickerson이 언급했듯이, "진실을 찾는 전략을 사용하면 (부당성을 증명하려고 노력하면) 지각된 위험을 받아들이는 것이 요구된다. 생존은 진실 찾기보다 우선권을 얻을 가능성이 높다." 종종 어떤 이의 신념이 그르다는 것을 알아내는 것은 난처한 것일 수 있다.

4. 일부 사례에서 조작자가 진단을 근거로 택한 행위의 성과에 영향을 주는 것이 가능하기도 한데, 이렇게 되면 진단이 옳다는 그들의 신념은 증대된다. 이것은 '자기충족적 예언(self-fulfilling prophecy)'이라는 개념이다(Einhorn & Hogarth, 1978). 이것은 어떤 어린이가 '재능이 있다'고 진단한 선생님이 그 어린이에게 충분한 기회와 동기를 부여할 것이고, 따라서 높은 학업 수행이 거의 보장될 것이라고 설명한다. 이 예언은 또한

어떤 이론이 옳다고 믿는 과학자는 이제 확증적인 증거를 낳을 수 있는 가능성이 가장 높은 실험을 설계하고 수행할 것이라는 점을 설명한다.

쟁점은 어떻게 분석가가 동시에 대안 가설을 생각하고, 부당성을 입증하는 증거를 찾거나 최소한 그런 증거가 나왔을 때 주의를 기울이도록 할 것인지, 짧게 말하자면 인지적 터널을 타파하도록 할 것인지이다. 이것은 고장 수리가 필요한 시스템의 설계자에게 중요한 도전거리를 제시한다.

마지막으로 확증 편향 그리고 닻 내리기의 두 가지 맥락에서 두 가지의 왜곡된 영향을 증폭시키는 **과잉확신 편향**(overconfidence bias)의 은밀하게 퍼지는 역할을 언급한다. 이 편향은 나중에 7.2절에서 자세하게 논의될 것이지만, 지금으로서는 우리가 사람들이 자신들의 현존하는 신념 안에 있을 권한을 가진 것보다 더 자신 있는 정도가 되고, 그러면 그들은 이러한 신념들이 틀릴 수도 있다는 증거를 찾을 가능성이 더욱 작아지게 되는데, 일종의 악순환 또는 '더할 나위 없이 나쁜 상황'을 만들어내는 중이다. 이라크가 대량 살상 무기를 소유하고 있다는 확신 속에서 이러한 시나리오가 펼쳐져서, 결국은 이라크 전쟁을 이끌어 냈다.

### 5.4.3 의사결정 피로

시간에 걸쳐 의사결정에 미치는 세 번째 영향은 **의사결정 피로**(decision fatigue)라고 알려져 있다(Tierney, 2011). 의사결정을 반복적으로 하게 되면, 종종 정확성과 분석에 투자하는 노력이 줄어들게 될 수 있다. 이러한 현상은 Danzigera, Levav와 Pesso(2011)가 수행한 가석방 심의위원회의 의사결정에 대한 분석에서 극적으로 예시되었는데, 그들은 가석방을 허락하는 확률이 아침 일찍은 75%였는데, 그날 늦게 대략적으로 25%까지 떨어지는 것을 관찰하였다. 단순하게 말하자면, 가석방을 인정하지 않는 '노력을 가볍게 만드는' (핵심적으로 결정하지 않기로 결정하는) 불이행 전략이 지배하기 시작해서, 신중한 의사결정 분석을 하는 데 요구되는 노력 또는 인지적 자원이 시간이 지남에 따라 대폭 감소되었다.

## 5.5 편향과 어림법이 진단에 주는 시사점

앞절이 진단가로서의 인간의 정확성에 대해 '진실'과는 동떨어진 신념을 강요하는 편향과 어림법으로 가득하다는, 상당히 비관적인 모습을 보여주었는지도 모르겠다. 비록 그러한 괴리가 종종 관찰되고, 기록들은 부정확한 진단의 예들로 가득 차 있지만(예 : 후에 잘못됐던 것으로 알려진 배심원의 판결, 스리마일 섬, USS Vincennes, 오진), 인간이 단지 '편향 덩어리'라는 견해를 적용하려면 몇 가지 자격 요건이 필요하다.

첫째로, 앞에서 언급했다시피 신속하게 작업을 해야만 하고 모든 가능한 가설과 모든 증상을 고려할 시간 또는 정신적인 노력을 투자할 수 없는 의사결정자에게 어림법 중 많은 것들은 고도로 적응적이다(Payne, Bettman, & Johnson, 1933). 실제로 사람들이 너무나도 자주 정확하게 어림법을 사용하는데, 왜냐하면 대부분의 경우에 어림법들은 옳거나, 아니면 최소한 만족스러운 결과를 진짜로 제공하기 때문이다(Gigerenzer et al, 2002; Gigorenza, 2002). 그것이 맞는 경우보다 틀리는 경우가 더 많다면 (뒤에 나올 8절의 설명을 본다 하더라도) 사람들은 결국 어림법들을 버릴 것이다. 둘째로, 결정 상황이 제시한 시간 제약하에서는 종종 어림법이 제공하는 지름길을 사용하는 것이 필수적이라고 할 수 있다. 예를 들면, 소방지휘관은 행위 선택에 지연이 있으면 인명의 손실이 초래될 수 있는, 시간이 결정적인 상황에서는 대표성 어림법의 신속함에 의존해야 한다. 그리고 확증 편향도 때론 매우 유용하며 적응적인 정보 수집 방식을 제공할 수 있다(Klayman & Ha, 1987).

마지막으로, 앞에서 언급한 모든 편향과 어림법에 대해서 이를 조정하거나 완전히 제거할 수 있는 여러 조건들을 살펴본 여러 의사결정 연구가 있다. 예측에서의 과잉확신은 기상학자가 제시한 예측에 의해 제거될 수 있다(Murphy & Winkler, 1984)[많은 다른 분야의 전문가가 제시한 예측에 의해서는 제거가 되지 않는다(Shanteau, 1992; 8절 참조)]. 거점(닻내리기)은 단서의 특성들에 의해 줄거나 제거될 수 있다(Hogarth & Einhorn, 1992). 그리고 진단 평가에 있어서의 과잉확신의 양은 상황과 사람에 따라 커다란 차이가 있다(Paese & Sniezek, 1991). 이 책의 관점으로 볼 때 가장 핵심적인 것은 이러한 종류의 편향에 대한 분석을 하면, 이들이 심각한 영향을 끼치거나 안전에 문제가 되는 상황에서 진단을 하게 될 때 부정적인 영향을 줄일 수 있는 훈련, 절차, 설계의 개선을 제안할 수 있게 된다는 것이다. 이러한 교정에 관해서는 이 장의 마지막 절에서 논의하겠다.

## 6. 행위 선택

지금까지 우리는 의사결정에 관한 논의를 세상의 상태에 관한 추정, 진단 또는 상황 평가와 관련된 한 묶음의 과정들에 집중해 왔다. 이 과정들은 효과적인 의사결정을 유지하기 위해 필요하지만 충분하지는 않다. 그림 8.1에 표현된 것처럼, 의사결정의 산출은 어떤 행위의 선택이 포함돼야만 한다. 이런 점에서, 상황 평가와 행위 선택의 이분법은, 제2장에서 다뤘던 신호탐지 이론에서 (신호의 가능성으로 표시하는) 증거 변인과 (증거 변인을 양자택일의 선택으로 변형시키는) 반응 기준 사이의 이분법과 유사하다. 등반 책임자인 로렌은 암반 코스와 설원 코스 사이의 난이도와 안전성을 평가하고 나서, 설원 코스로 가는 행위를 택한다.

진단과 관련이 없지만 신호탐지 이론에서는 명확하게 표현됐던, 이러한 선택의 중요한 특징 중 하나는 다른 가능한 성과들에 대해 의사결정자가 부여하는 **가치**(value)이다. 다음에서 우리는 결정을 내리기 위해 사람들이 가치와 확률에 관한 정보를 어떻게 결합'해야만' 하는지, 그리고 실제로는 어떻게 하는지를 살펴볼 것인데, 이는 마치 신호탐지 이론에 대해

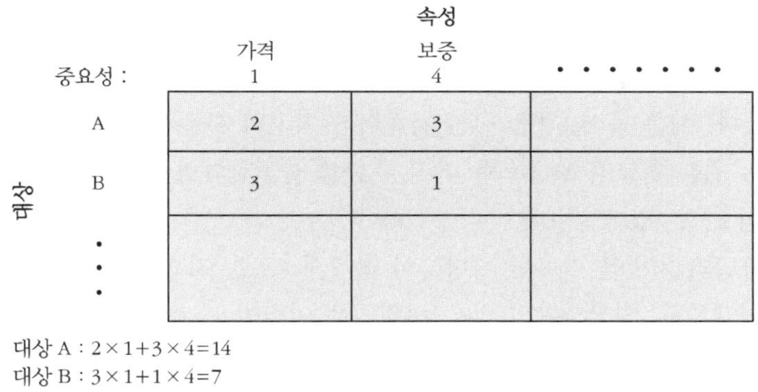

**그림 8.5** 확실성하의 선택. 밑에 있는 계산은 단지 두 대상 간의 선택에 기초하는데, 행과 열을 늘리면 여러 대상과 속성을 갖고 있는 경우에도 일반화할 수 있는 절차이다.

우리가 한 논의에서, 신호가 출현했는지의 여부를 결정하기 위한 베타($\beta$)를 설정하는 과정에서 사람들이 어떻게 가치와 확률에 관한 정보를 결합하는지를 살펴보았던 것과 유사하다. 우리는 우선 가치만을 고려하는 결정의 성격에 대해 논의한다. 그리고 나서 불확실성하에서의 의사결정을 검토할 때 가치와 확률을 결합하면서 추가되는 복잡성을 고려하겠다.

## 6.1 확실한 선택

우리가 어떤 상품을 살 것인가를 선택할 때 또는 원정대 구성을 위해 로렌이 팀원을 선택할 때, 그 선택은 종종 그림 8.5처럼 개념화할 수 있는데, 여기서는 한 무리의 가능한 **대상들**(objects)(예 : 제품들)이 비교되며, 각각은 **속성**(attributes)이 변한다. 예를 들어, 사고자 하는 여러 종류의 PC들이 가격, 활용성 정도, 보수정비 가능성, 보증기간 등과 같은 속성에서 다양하다. 소비자의 전반적인 만족을 최대로 만드는 선택을 하는데, 의사결정자는 다음과 같은 단계를 수행해야만 한다.

1. 각 속성의 **중요성**(importance)을 서열로 매긴다(높은 점수가 높은 중요성). 그림 8.5에서는 왼쪽 속성(가격)이 가장 덜 중요해서 1점을, 그 다음 속성(보증)은 4점을 배정하는 식으로 쭉 표시되어 있다.
2. 속성 각각에 대한 개별 대상의 **가치**(value)를 평가한다(높은 점수가 높은 가치). 예를 들어, 가장 가격이 낮고 보증 조건이 가장 좋은 것에 가장 높은 점수를 준다.
3. 그림 하단에 있는 것처럼, 대상 각각에 대해 (가치×중요도) 곱의 합을 평가한다.
4. 곱의 합이 가장 큰 대상을 구매하기로 선택한다. 계산으로 나왔듯이, 그림 8.5의 예에서는 최종 선택이 대상 A가 된다.

이러한 결정 과정은 **보상적**(compensatory) 결정 과정이라고 알려져 있는데, 어떤 제품이 가장 중요한 속성에서 낮다고 하더라도(비용이 가장 중요하다면, 비싼 컴퓨터) 덜 중요한 다른 속성들에서 높은 가치로 이러한 결점이 보상될 수 있게 되면 여전히 선택될 수 있으므로 그렇게 불린다. 예를 들어, 가장 비싼 컴퓨터가 최고의 사용자 인터페이스, 최상의 믿을 만한 유지보수 기록, 최고의 보증으로 타의 추종을 불허한다면 이러한 강점들이 가격에서의 약점을 보상할 수 있다.

이 보상적 방법의 처방을 따르면 사람들이 장기적으로는 자신의 계산된 가치를 가장 충족시킬 수도 있겠지만, 일상생활의 많은 선택들은 어림법 또는 다른 지름길을 따르는, 훨씬 덜 체계적인 방법을 통해 이루어진다(Leher, 2010). 예를 들면, **만족화**(satisficing) 규칙(Simon, 1995)은 결정자가 최선의 선택을 위한 정신적인 노동을 거치기보다는 "그 정도면 충분하다(good enough)."고 하는 것이다. 그리고 시간 압력이 있을 경우, 종종 실제 세계의 자연주의적 의사결정에서 채용되는 전략이 된다(Klein, 1989, 1997; Mosier & Fischer, 2010).

대상과 속성의 수가 아주 클 때 사람들이 종종 채택하는 더 체계적인 어림법은 **속성별 제거법**(elimination by aspects, EBA)(Tversky, 1972)으로 알려져 있다. 예를 들어, 가장 중요한 속성을 선택한 다음, 이 속성(측면)에서 상위 몇 개 안에 들지 못하는 제품은 고려에서 제외시킨 뒤에 남아 있는 몇 안 되는 제품들끼리 더 많은 측면에서 비교함으로써 남은 제품들을 평가하는 것이다. 어림법으로서 이 기법은 모든 대상에 대해서 모든 속성을 비교해야 할 필요가 있다는 인지적 부담을 쉽게 덜어줄 수 있다. 더구나 이는 보통 만족스러운 결과라고 판명이 나고, 다만 대상이 가장 중요한 속성에서는 하위에 속해 제거되지만, 다른 모든 속성들에서는 거의 상위에 속한 경우에는 만족스러운 선택이 되는 데 실패한다. 당연하게도, EBA 어림법은 사람들이 의사결정 피로로 인하여 노력 고갈을 겪는 동안, 점차 시간이 흐르면서 압도적으로 우세해지기 시작한다(Tierney, 2011).

## 6.2 불확실성하에서의 선택 : 기대 가치 모형

앞절에서 논의했던 선택의 귀결이 비교적 잘 알려진 선택들과는 다르게, 미래의 귀결에 대한 불확실성에 직면하여 많은 의사결정들이 이루어진다. 그러한 불확실성은 우리가 세상의 현재 상태를 모르기 때문에 생길 수도 있다. 예를 들어, 내과의사는 특정한 처치를 선택하면서도 진단에 대해 확신이 없을 수 있다. 로렌은 눈 덮인 경로의 눈사태 조건에 확신이 없었다. 다른 종류의 불확실성은 미래는 확신을 가지고 미리 얘기할 수 있는 대상이 아니기 때문에 생길 수도 있다. 증권 중개인은 투자 결정을 내리기 전에 미래 시장의 힘을 정확하게 예측하는 데 분명히 취약하다(De Bondt & Thaler, 2002; Kahneman & Klein, 2009; Taleb, 2007).

실제로 우리는 불확실성하에서 이루어지는 결정을 그림 8.6에 보이는 것처럼 나타낼 수 있다. 가능한 세상의 상태들(A, B, C, …)을 행렬의 상단에 표기하는데, 상태들 각각은 추정

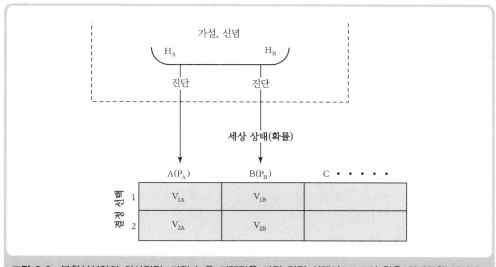

**그림 8.6** 불확실성하의 의사결정. 가장 높은 기댓값을 가진 결정 선택이 V×P의 합을 최대화할 것이다.

된 확률 혹은 가능성과 연결해 놓는다. 그리고 가능한 의사결정 선택권들(1, 2, …)은 각 행을 따라 나열시킨다. 그림 8.6에 있는 표시는 앞에서 살펴봤던 다른 세 가지 분석을 그대로 반복한 것이다. 첫째로, 세상의 상태에 관해 추정된 확률은 그림 8.3에 표현된 것처럼, 둘 이상의 가설 중 하나에 있는 신념의 정도로부터 '넘겨진(passed on)' 것으로 간주될 수 있으며, 이제 그림 8.6의 상단에 있다. 둘째로, 불확실성하의 선택 행렬은 그림 8.5에 있는 **확실성하의 선택** 행렬과 유사한 형식을 공유하고 있으며, 실제로 최적의 선택을 위한 계산 방식은 두 행렬 간에 유사하다. 셋째로, 행렬은 사실상 세상의 상태가 두 가지, 그리고 선택이 두 가지가 있는, 제2장에서 논의된 신호탐지 이론의 의사결정 행렬과 직접적으로 아주 유사하다. 그러나 이번 장의 맥락에서는 두 가지 이상의 세상 상태와 두 가지 이상의 선택 권이 있을 수도 있다.

여러분이 기억하듯이, 신호탐지 이론에 대한 논의에서 핵심적인 측면은 공식 안에서 최적의 베타($\beta$)를 설정하는 것이다. 이 공식은 두 가지 세상 상태의 확률, 그리고 네 가지의 접합 사상으로부터 전망되는 세상의 상이한 상태에서 **성과 비용과 가치**(outcome costs and values)라는 두 가지에 의해 결정된다. 그림 8.6에서는 이러한 비용과 가치가 각 세상 상태에 있는 결정 선택권 각각의 귀결과 연합된 성과의 가치(V)로 표시되어 있다. 가치 V는 양수(+)이거나 음수(−)일 수 있다. 예를 들어, 원자력 발전소의 운행 정지에 대한 비용과 이득을 생각해 본다면, 다음과 같은 두 가지 상태를 가정하게 된다. 즉, 아무 잘못된 것이 없지만 발전소를 재가동하고 일시적인 전력 상실을 겪어야 하는 엄청난 비용 손실을 입게 되든지, 아니면 발전소에 고장이 확대되고 있는데 계속 가동하면 중대한 피해를 입을 수 있는 상태이다.

불확실성하의 의사결정을 분석하는 데 있어서, 신호탐지 이론에 있는 것과 완전히 동일한 절차가 어떤 선택의 기대 가치를 최대화하기 위해서 적용될 수 있는데, 필요한 조건은 세상의 상이한 상태에 관한 확률을 추정할 수 있고, 또한 행렬의 상이한 칸 안에 가치를 부여할 수 있으면 된다(상태가 두 가지 혹은 결과가 두 가지 이상 있을 경우는 네 칸 이상일 수 있다). 최적의 선택이 제안될 수 있는 과정에는 그림 8.5의 맥락에서 논의됐던 것과 유사한, 다음의 계산 방식이 포함된다.

1. 세상의 상태 각각에 관한 확률($P_s$)에 각 칸의 성과 가치($V_{XY}$)를 곱하고, '좋은' 결과에 대해서는 양(+)의 값을, '나쁜' 결과에 대해서는 음(−)의 값을 부여한다.
2. 이러한 [확률×가치]의 곱은 모든 선택권에 대해 합산되고, 따라서 각 선택권에 따른 기대 가치가 산출된다.
3. 가장 큰 기대 가치를 갖는 결정 방안을 선택한다.

최종적으로 선택을 정하게 되는 여러 번의 기회를 통해서 이러한 선택이 반복적으로 채택되는 정도, 그리고 기대 가치가 객관적이고 알려져 있는 정도까지는 이 알고리듬이 아주 장기적으로 수익을 최대한 제공할 것이다. 예를 들면, 이런 알고리듬은 이러한 조건들이 충족되는 도박 장면에 적용하면 잘 들어맞을 수 있다. 도박 카지노가 자신들이 얻는 이득을 보장해 주는 데(그러므로 도박장 손님들의 궁극의 기대 가치가 손실이 되도록 보장해 주는 데) 사용하는 알고리듬이 실제로 바로 이런 것이다.

기대 가치의 최대화는 명확하고 단순하며 객관적인 반면, 불확실성하의 대부분의 인간결정에 적용할 경우에는 상황을 복잡하게 만드는 여러 요인들이 있다. 첫째, 장기적인 안목으로 보면 사람들이 (승부에서) 따는 상금을 최대화하기를 (또는 기대 손실을 최소화하기를) 원한다는 것이 사례의 전부일 필요는 없다. 예를 들어, 그들은 최대의 손실을 최소화하기를 원할 수도 있다(즉, 파멸적인 부정적 성과 가치를 가져오는 선택을 피하는 것). 사람들이 화재 보험을 구매하는 이유, 즉 구매의 기대 가치가 궁극적으로 부적(−)임에도 불구하고 '구매하지 않음'이란 결정 선택을 피하는 이유가 바로 이것이다[만약 이것이 소비자에게 정적(+)이라면, 보험 회사는 곧 망하게 될 것이다!]. 둘째로, 많은 결정에 있어 여러 다양한 성과들에 돈과 같은 객관적인 가치를 부여하기는 쉽지 않다. 딱 들어맞는 사례가 안전에 관한 결정인데, 그 결과는 부상이나 고통 혹은 사망이 되기도 한다. 셋째로, 다음 절에서 논의할 것처럼 비용과 가치에 대한 사람들의 주관적인 추정이 객관적인 가치(즉, 돈)와 선형적으로 관련되어 있지 않다. 넷째로, 사람들의 확률 추정은 장기적인 비용과 이득을 형성하는 객관적인 확률들을 항상 따르지는 않는다는 것이다.

이런 이탈들에 대해서는 나중에 좀 더 상세하게 논의하겠지만, 그림 8.6에 기대 가치를 최대화하는 선택으로부터 이렇게 많은 이탈이 있음에도 불구하고, 최적 베타($\beta$)처럼 이런 처방은 다양한 인간 이탈의 원인들을 평가할 수 있는 기준점을 세운다는 사실(Kahneman,

1991), 그리고 인간이 불확실성 혹은 위험하에서 의사결정하는 빈도가 높다는 사실을 감안하면, 기대 가치 선택의 최적 처방을 이해한다는 것은 여전히 중요하다. 몇 가지 예를 들면 다음과 같다.

- 회사로서 비용이 많이 드는 안전 프로그램을 채택해야 할까, 아니면 공장이 점검을 받지 않을 것이고 사고가 일어나지도 않을 것이라는 도박을 해야 할까?
- 결코 고장이 나지 않을 가능성이 높음에도 불구하고 여러분이 새로운 컴퓨터 시스템에 대한 품질보증 기간을 연장해야 할까?
- 로렌은 암반 경로보다 설원 경로를 택해야 할까?
- 비행사는 날씨가 나쁜데 비행을 계속해야 할까, 회항해야 할까?
- 여기서는 시험에 나오지 않을 것이라고 도박을 하면서, 학생은 책 한 부분을 완전히 빼고 읽지 않을 것인가?

위의 모든 것들은 확률과 가치가 알려져 있다면 그림 8.6의 절차가 적용될 수 있는 모험적인 의사결정의 예들이다. 이제 우리는 사람들이 이탈 또는 기대 가치 모형과 맞지 않는 선택을 하는 이유에 관해 탐구한다.

## 6.3 불확실한 선택에서의 편향과 어림법

선택이 2개의 모험적인 성과 사이에서 이루어지건 아니면 하나는 위험이고 다른 하나는 '확실한' 것(즉, 성과가 확실하게 알려진 선택권) 사이에서 이루어지건 간에, 의사결정 연구자들은 기대 가치 이론이 처방한 최적의 수익에서 선택이 벗어나게 되는 수많은 방식을 밝혀 왔다. 진단 어림법에서와 같이, 이러한 이탈된 선택들은 반드시 '나쁜' 것이 아니며, 실제로 일부 이런 선택들은 어떤 상황에서 최적인 것도 있다. 주관적인 가치와 확률 지각에 대한 영향의 강도를 조정하는 변인들을 이해하면, 의사결정을 향상시키는 역할을 하는 중요한 지침을 얻을 수 있다. 위험에 대해 터놓고 고려하는 것을 완전히 건너뛰는 직접적 인출과 관련된 어림법 또는 질러가기를 다음에서 먼저 살펴본다. 그리고 나서, 가치와 확률에 대한 인간 지각의 영향이라는 형태를 살펴보는데, 이는 **전망 이론**(prospect theory)으로 알려져 있는 선택 이론에 포함되어 있는 것이다(Kahneman & Tversky, 1984).

### 6.3.1 직접적 인출

우리가 2절에서 언급했던 것처럼, 많은 숙련된 결정은 위험(확률과 가치)에 주어지는 의식적인 사고 없이 이루어진다. 행위의 선택이 때로는 단지 과거 경험에 의해 실시될 수 있다. 만약 조건들이 이전 경험에서 마주쳤던 것들과 유사하고, 그리고 어떤 행위가 이전 사례에 잘 먹혀들었다면, 그 행위는 또다시 만족스러운 성과를 가져올 것이라는 확신을 가지고 현재 사례에서도 선택될지 모른다. 바로 이런 직접적 인출 전략이 다음에 논의될 자연주의적 의사결정에 대한 전형적인 특징이다. 뿐만 아니라, 조작적 조건화의 전형적인 특징이기도 하다. 소방 작업 상황과 같은 스트레스가 높은 실제 상황에 놓인 의사결정자에 대한 실제 연구에서 이러한 의사결정 전략이 널리 퍼져 있다는 것이 드러났다(Klein, 1997; Klein et al., 1996). 활동 분야가 의사결정자에게 익숙하고, 세상 상태에 관한 진단이 분명하고 모호하지 않기만 하면, 비교를 통한 대안들의 위험 정도를 명시적으로 고려할 필요는 없다. 때때로 그러한 접근은 **정신적 모의진행**(mental simulation)과 결합하기도 하는데, 이는 선택으로 인한 기대되는 귀결들이 만족스러운 성과를 가져오는지를 확인하기 위해서 마음속에서 모의진행을 해보는 것이다. 재인이 의사결정을 점화시키는 것과 마찬가지로, 이러한 직접적 인출 전략이 사실상 친숙한 분야에서, 그리고 시간 압박이 큰 경우에 상당히 적응적이라는 주장이 제기될 수 있다(Svenson & Maule, 1993).

## 6.3.2 가치와 비용의 왜곡

우리가 언급했던 것처럼, 경제의 틀 안에서 대부분의 인간 의사결정을 분석하고 기본 통화로서 돈이나 객관적인 가치를 사용하는 어떤 함수를 최적화하려는 것 위에 기대 가치 이론이 기초하고 있다. 그러나 실제로 사람들이 결정하는 방식을 보면, 사람들은 돈을 값어치의 선형적 함수로서 간주하지 않는다. 대신에, 인간은 기대 가치보다는 기대 **유용성**(utility)을 최대화하려고 노력한다고 가정하면 인간의 결정 과정을 더 잘 이해할 수 있다(Edwards, 1987). 여기서 유용성이란 여러 다양한 기대된 성과에 대한 **주관적인 가치**이다. 이러한 맥락 안에서, **손실 혐오**(loss aversion)라는 중요한 원리에 따르면 사람들은 어떤 주어진 양의 가치 이득에 환호하기(유용성에서 증가)보다 동일한 양의 가치 손실을 더 염려한다(유용성에서 더 큰 손실)는 사실이 구체적으로 명시되고 있다(Garling, 1989; McGraw et al., 2010). 이러한 차이는 의사결정의 전망 이론을 이루는 중요한 구성 성분의 하나로서 명쾌하게 제시되어 있는데, 이 이론은 Kahneman과 Tversky(1984)가 제안했으며, 그림 8.7에 객관적인 가치는 X축에, 주관적인 유용성은 Y축에 연결시켜 놓았다. 그래프의 오른쪽은(돈 또는 다른 가치 있는 항목을 받는) 유용성 이득의 함수를 나타낸다. 그래프의 왼쪽은 손실의 함수가 나타낸다. 이 곡선의 어떤 특징이 인간 의사결정의 일반적인 경향성 일부를 잘 설명하고 있다.

함수에서 양의 부분(이득) 그리고 음의 부분(손실)에 있는 기울기의 현저한 차이가 손실 혐오를 나타내고 있다. 주어진 양에 대한 잠재적인 손실은 더 큰 주관적인 귀결을 가지는 것으로 지각되고, 따라서 의사결정 행동에서 동일한 양의 이득이 발휘하는 영향의 정도보다 더 큰 영향을 발휘한다. 이러한 차이를 분명하게 보여주는 예로, 당신이 1,000원을 얻거나 잃을 확률이 각각 50%인 도박 제안을 거부할 것인가 수용할 것인가 사이에서 선택을 해야 한다고 가정해 보자. 대부분의 사람들은 전형적으로 이러한 제안을 거절하는데, 왜냐하면 1,000원 이득을 긍정적으로 여기는 것보다 잠재적인 1,000원 손해를 훨씬 더 부정적으

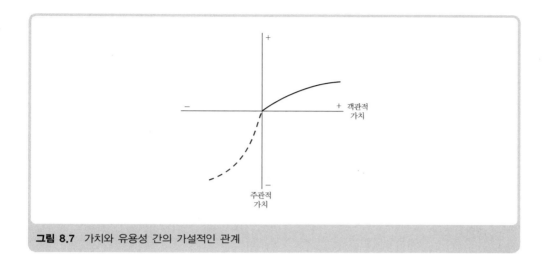

**그림 8.7** 가치와 유용성 간의 가설적인 관계

로 여기기 때문이다. 결과적으로, 도박의 기대 유용성(그림 8.6에 나타나 있듯이, 성과의 확률에 유용성을 곱한 값을 합한 것)은 손실이다. 손실 혐오의 다른 사례는 '**보유 효과**(endowment effect)'라고 부르는 것인데, 사람들은 물건을 사기 위해 지불하려는 가격(이득의 효용성)(Garling, 1989)보다 물건을 팔 때 더 높은 가격을 책정한다(물건을 잃게 된다. 그리고 그 가격은 손실의 효용성이다). 손실과 이득 사이에 존재하는 현저한 비대칭성은 서로 다른 뇌의 영역 내에서 작동하는 것을 반영하는 것처럼 보인다(Lehrer, 2009).

손실 혐오가 일관성 있게 발견되지는 않는다는 사실, 그리고 손실에 더 큰 충격이 있다는 것은 때때로, 손실이 예상된다는 정보로 인하여 더 큰 주의가 주어지고, 각성을 일으켰기 때문이라고 설명될 수 있다는 사실을 언급하는 것이 중요하다(Yechiam & Hoffman, 2012).

그림 8.7에 있는 함수의 두 번째 특성은 양의 부분, 음의 부분 모두 곡선 끝이 0에서 멀어지면서 수평으로 굽어 있다는 것인데, 이는 둘 다 원점에서 멀어질수록 가치에서의 변화량은 동등해도 유용성에서는 점차적으로 변화가 더 작아지고 있다는 것을 의미한다. 이런 속성은 직관적인 의미가 있다. 이미 10만 원을 가지고 있을 때 1만 원을 얻는 것보다 아무것도 가지지 않았을 때 생긴 1만 원의 이득이 더 가치가 있는 것이다. 이와 유사하게, 이미 10만 원을 잃은 상태에서 1만 원을 추가로 잃는 것보다 1만 원을 최초에 잃었을 때 훨씬 많이 잃은 것으로 생각한다. 그러므로 이러한 속성은 지각된 가치에 적용된 Weber의 정신물리학 법칙을 정확하게 포착한 것이다.

### 6.3.3 시차 할인

가치와 유용성 사이의 차이는 또한 **시차 할인**(temporal discounting)으로 알려진 현상에서도 반영된다. 여기서 사람들은 종종, 같거나 더 큰 장기간 이득을 가져오는 선택권을 위해서 단기간 이득을 지연(지연된 효용성)하기보다는 단기간 이득을 최대화(즉각적인 긍정적 경험)하는 의사결정 또는 선택을 한다. 이러한 행동은 시간이 경과되면서 이러한 이득이 할인되어 간다는 암묵적인 믿음을 반영한다(Mischel, Shoda & Rodriguez, 1989). 그런 행동은 즉각적인 목표를 얻기 위해(단기적 이득)(Garling, 1989) 수중에 돈이 들어올 때까지 목표의 수납을 미루기보다는 신용대출하는 것의 매력을 설명하는 것처럼 보인다. 시차 할인은 실질적으로 사람들 사이에 차이가 있는 것처럼 보인다(Ersner-Herschfield et al., 2009). 물론 성과를 지연하는 것에 대한 기대 효용성의 무게를 낮추는 좋은 타당한 이유들이 있을 수도 있는데, 특히 현재 또는 즉각적 미래보다 대개 미래가 불확실하고, 확실한 예측이 덜 되기 때문이다(제5장과 제7장의 예측에 대한 논의 참조). 만일 미래 이득의 확률이 현재 이득의 확률보다 작다면, 이러한 차이는 미래 이득의 더 큰 효용성을 상쇄한다.

### 6.3.4 확률 지각

우리는 앞에서 인간의 확률 지각은 늘 정확하게 환산되지는 않는다고 적어도 세 번은 언급했다. 제2장에서 논의한 '굼뜬 $\beta$' 현상, 그리고 이 장에서 논의한 대표성 어림법이 각각 탐지와 진단에서 확률 영향의 비중을 낮추려는 경향을 설명했다. 그리고 비율 판단에 있는 편향을 5.1.1절에서 소개했다. 전망 이론에 있는 이러한 편향과 일관성 있게, Kahneman과 Tversky(1984)는 그림 8.8에 보이는 바와 같이, 실제(객관적인) 확률을 주관적인 확률(후자의 확률이 모험적 의사결정으로 이끈다고 추측된다)에 관련시키는 함수를 제안했다.

이 함수의 네 가지 상이한 측면은 모험적 선택을 이해하는 데 결정적이다. 첫째는 5.1.1절에서 언급된 바 있는 아주 드문 사건에 대한 확률이 종종 과대평가되는 방식으로, 기대치를 최대화하는 결정 전략으로부터 일어나는 두 가지 중요한 이탈을 잘 설명할 수 있다. 두 가지 이탈이란 (1) 왜 사람들이 보험을 사는가(아마도 일어나지 않을 사고나 재난으로 인한 모험적인 손실에 우선해서 보험 비용이라는 확실한 돈의 손실을 선택하는 것), (2) 왜 사람들이 도박을 하는가(이겨야만 돈을 딸 수 있는 모험적인 이득을 위해 돈을 갖고 있는 확실한 이득을 희생하는 것)이다. 두 경우 모두에서 모험적인 사상은 아주 드문 것이며(보험이 재난을 복구해 주고 복권이 당첨되는), 그러므로 그림 8.8에 있는 것처럼 이들 사상의 확률들이 주관적으로 과대평가된다는 것이 해명이다. 도박에서 이기는 상상은 보험을 구매했을 때 재난의 확률이 크게 부각되는 것처럼 크게 다가온다. 주관적인 기대 가치 의사결정 함수에 더 크게 추정된 확률이 입력되면, 객관적으로 일어날 성싶지 않은 성과를 기대하는 의사결정 선택이 만들어질 가능성이 더 높다.

그러나 5.1.1절에서 논의했듯이, 우리는 주관적인 확률이 설명보다 경험으로부터 일차적으로 이끌어낸 것이라면, 아주 드문 사상들의 확률은 과소추정될 수도 있다는 것, 그리고 문제로 삼고 있는 사상은 바로 그 희소성 때문에 결코 개인이 경험할 수 없다는 것(Hertwig & Erev, 2009)을 강조해서 언급한다. 그림 8.8의 맨 왼쪽의 실선이 단절되어 있는데, 이러한 두 번째 측면을 반영한다.

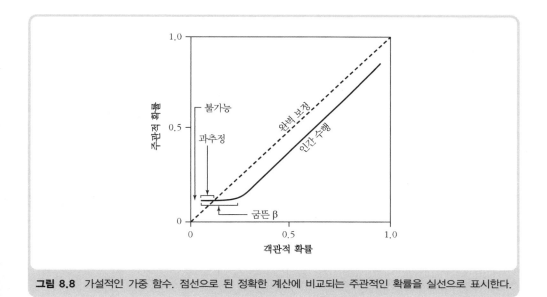

**그림 8.8** 가설적인 가중 함수. 점선으로 된 정확한 계산에 비교되는 주관적인 확률을 실선으로 표시한다.

　세 번째 특징은 확률이 낮은 함수의 끝부분에서 함수의 기울기가 상대적으로 (1.0보다) 더 낮다는 것이다. 이러한 '평평한 기울기(flat slope)'는 '굼뜬 $\beta$'에 내재된 확률 변화에 대해 줄어든 민감도에다가 5.3.2절에서 논의한 대표성 어림법과 기저율의 무시라는 특징을 나타낸다.

　그림 8.8에 있는 함수의 네 번째 특징은 전 범위에 걸쳐(앞에서 논의한 아주 드문 사건의 경우를 제외하고), 지각된 확률이 실제 확률보다 작다는 사실이다. 한 사람의 의사결정에 영향을 끼치는 지각된 확률이 실제 확률보다 작다면, 하나는 모험적이고 하나는 확실한, 긍정적인 성과를 가진 두 가지 선택권 중 하나를 고를 경우에, 긍정적이며 모험적인 성과와 관련된 확률은 과소추정될 것이고, 이것이 원인으로 작용하여 모험적인 선택권의 기대 이득이 과소추정되게 마련이다. 따라서 이로 인한 편향은 확실한 것을 선택하는 쪽이 될 것이다. 부정적인 성과들 사이에서 선택하는 경우에는 모험적인 부정적 성과의 확률이 역시 낮게 보이게 마련이고, 그에 따라 이런 선택의 기대되는 **손실**이 과소추정되게 마련이다. 그리하여 이제 모험적인 손실은 확실한 손실에 우선하여 선택될 가능성이 높아진다고 할 수 있다. 선택에서 매우 중요한 효과 또는 편향을 설명해 줄 수 있는, **틀 짜기 효과**(framing effect) 또는 틀 짜기 편향이라고 칭하는 것(Garling, 1989; Kahneman & Tversky, 1984; Mellers, Schwartz, & Cooke, 1998; Munichor, Arev, & Lotern, 2006)이 바로 네 번째 특성이다. 지금부터 상세하게 설명하고자 한다.

### 6.3.5 틀 짜기 효과

가장 단순한 형태로 틀 짜기 효과는 성과와 대상에 대한 기술을 어떻게 틀로 짜놓았는가의 함수에 따라서 그것들에 대한 사람의 선호가 어떻게 변화하는지를 설명한다(Tversky & Kahneman, 1981). 예를 들어, 다음과 같은 두 가지 묘사가 제품을 동일하게 설명한다고 하더라도, 동일한 (떡갈비용) 갈아놓은 고기 제품은 20% 지방이라고 표현해 놓았을 때보다 80% 살코기라고 표현해 놓았을 때 더 매력적으로 보이게 마련이다. 사람들은 부정보다는 긍정적인 틀을 쳐놓은 후자의 표현이 담겨 있는 소고기를 다른 고기보다 우선해서 선택할 가능성이 매우 높게 된다. 좀 더 진지한 경우로, 심각하게 아픈 환자의 치료를 고려하고 있는 의사가 98% 생존 가능성 또는 2% 사망 가능성이라고 기입된 처치 성과를 들고 있다고 하자. 두 선택권은 또다시 동일한 확률적 성과를 표현하고 있다. 그러나 능숙한 의료진은 2%의 부정적 틀로 기입된 경우보다 전자의 긍정적 틀로 기입된 경우에 더 그 처치를 (예 : 아무 처치도 하지 않는 선택권에 우선해서) 선택할 경향이 있게 마련이다(McNeil, Pauker, et al., 1982).

위의 보기에서 (모험적이고 확률적인 성과를 가지고 있는) 처치를 사용하기로 하는 결정, 그리고 결과가 분명할 수도 있는 아무것도 하지 않기로 하는 결정, 두 가지를 고려했다. 실제로 틀 짜기 효과는 모험적인 것과 확실한 것 사이의 선택에 직면했을 때 사람들이 보이는 선호를 설명한다. 우리들 대부분이 이런 저런 때에 마주하게 되는 고전적인 사례는, 우리가 시간(혹은 비용)이 소요되는 안전 절차(확실한 손실)를 고수할 것인가, 또는 그 절차를 회피하는 위험을 수용할 것(과속하기, 빨간 불에 지나가기, 보안경을 착용하지 않는 것)인가를 선택하는 경우인데, 그렇게 하여 (안전 절차가 설계된 목적대로 막고자 한 예기치 않은 사고를 피하게 된) 향상된 안전으로부터 우리가 기대하는 혜택이 **준수의 비용**(cost of compliance)에 못 미치기 때문이다. 그림 8.8에서 이끌어낸 틀 짜기 효과는 부정적인 것들(모험적인 것과 확실한 것) 사이의 선택에서 나타나는 모험 추구 편향, 그리고 긍정적인 것들(모험적인 것과 확실한 것) 사이의 선택에서 나타나는 모험 혐오 편향을 모두 설명한다(Munichor, Arev, & Lotern, 2006; Simonsohn, 2009).

좀 더 단순한 보기를 들어보면, 확실히 1,000원을 딸 수 있는 경우(위험 없음), 그리고 2,000원을 따거나 하나도 따지 못할 가능성이 50대 50인 경우(모험적임) 사이의 선택이 주어진다면, 우리가 앞에서 살펴본 바와 같이 사람들은 전형적으로 확실한 선택권을 고른다. 사람들은 "돈을 갖고 튀어라(take the money and run)." 하는 경향이 있다. 하지만 '딸(winning)'이라는 단어가 '**잃을**(losing)'로 대치됐다고 가정하면, 이제는 선택이 손실들 사이에서 이루어진다. 이러한 선택은 소위 회피-회피 갈등을 불러오는 것으로, 앞에서 서술된 안전 결정의 특징인데 이런 경우 사람들은 모험적인 선택권을 고르는 경향이 있다. 손실들 사이의 선택에서는 모험적인 것을 선택하게 된다.

이러한 지각된 손실과 이득 간의 차이가 갖는 중요성은, 어떤 주어진 가치의 변화(혹은 기대 가치)가 의사결정을 위한 중립점 혹은 **준거 틀**(frame of reference)이라고 간주되는 것에 의존하여, 종종 손실에서 변화 혹은 이득에서 변화로도 간주될 수 있다는 사실이다. 그렇기 때문에 틀 짜기 효과라는 제목을 붙인 것이다. 우리가 맨 처음 이 장을 시작하면서 봤듯이, 로렌은 손실 사이의 선택으로 정상을 포기하는 그녀 자신의 결정을 보았다. 그녀의 동료는 점잖게 이것을 이득 사이의 선택으로 고쳐 말했고, 이로 인해 그녀는 자신의 결정 우선순위를 뒤집었다. 다른 사례를 들어보면, 감세는 '세금을 전혀 내지 않는다'라는 중립점에서 보면 손실의 감소로 지각되지만, '작년만큼 세금을 내는 것'이라는 중립점에서 보면 긍정적인 이득이 된다(Tversky & Kahneman, 1981). Puto, Patton, King(1985), 그리고 Schurr(1987)는 이런 종류의 편향은 전형적인 실험실 피험자의 행동을 설명했던 만큼 적절하게 가설적인 투자 결정이 주어졌을 때 전문 구매자의 행동을 설명했다고 언급하였다. McNeil, Pauker 등(1982)은 이런 편향이 좀 더 안정된 치료와 좀 더 모험적인 치료 사이에 의사가 하는 선택들의 특징을 나타냈다는 것을 발견하였다.

공학 장면에서 틀 짜기 효과는 대규모 산업 공정에서 **잠재적으로** 악영향을 미칠 수 있는 고장을 진단한 후에 두 가지 행동 방침 중 하나를 선택해야 하는 공정 제어 관리사를 가정해 보면 설명될 수 있다. 추가 진단 검사를 진행하는 동안 공장을 계속 가동하거나 또는 가동을 즉시 중단한다. 첫 번째 행위는 1.0보다는 훨씬 적은 가능성이 있지만, 매우 큰 재정적인 손실(설비에 심각한 피해)을 일으킬 수 있다. 두 번째 행위는 거의 확실하지만, 정도는 덜한 상당한 손실(재가동 비용 또는 생산시간에 타격 입음)을 낳게 한다. 틀 짜기 효과에 따르면, 여기서 선택이 이런 방식으로 틀이 형성되어 손실 사이의 선택이 되어버리는 경우에 조작자는 (두 행위의 기대 효용성이 비슷하다고 지각하는 한) 낮은 모험의 선택 방안(가동 중지)에 우선하여 높은 모험의 선택 방안(계속 가동)을 고르게 될 경향이 있을 것이다. 다른 한편으로, 조작자의 지각이 회사의 이윤(이득)이라는 틀에 근거하고 있을 때, 첫 번째 모험적인 대안은 아무 이상이 없다면 최대의 이윤을 얻는 것이고, 사고가 일어난다면 이윤이 상당히 감소하게 된다는 확률 혼합으로 지각할 것이다. 두 번째 조치는 확실하게 큰(최대는 아니지만) 이윤으로 지각될 것이다. 이러한 긍정적인 틀 안에서는, 선택은 두 번째 확실한 것이 있는 대안인 '공장 가동을 멈추는 것'으로 편향될 것이다.

틀 짜기 효과는 또한 **매몰 비용 편향**(sunk cost bias)을 설명하는 데 사용될 수 있다(Arkes & Blumer, 1985; Bazerman, 1998; Molden & Hui, 2011). 여기서 만약 우리가 형편없는 투자로 나쁜 결정을 했고, 이미 상당히 많은 손실을 보았다고 한다면 투자를 계속하기보다 '손을 털고' 손실을 줄일 것인지의 선택에 직면하게 되는데, 사람들은 (기대되는 손실을 줄이는) 철수하는 것이 자신의 경제적 이익을 도모하는 상황임에도 불구하고, 보통 ('손해를 만회하려다 거듭 손해를 보는') 투자를 계속하게 될 가능성이 높다. 합리적으로는 이전의 투자 이력이 미래의 결정에 들어가서는 안 된다. 그런데도 그렇게 된다. 똑같은 선택에 직면한, 하지만 초기 투자 결정에 책임이 없는 (유용성을 잃지 않은) 사람은 손실을 줄이고 투자 중단(틀림없는 손실)을 선택하는 쪽으로 확실히 기울 것이다. 우리는 산 정상을 향해 계속 나아간다는 로렌의 초기 결정이 이런 상황을 어떻게 설명했었는지를 알 수 있다.

틀 짜기 맥락 내에서 매몰 비용 편향에 대한 해석은 명확하다. 앞선 결정이 형편없었던 투자자에게 틀림없는 손실(손 털기)과 (나쁜 투자가 앞으로 좋게 변할지도 모르지만, 더욱 나빠지는 상황이 계속될 가능성이 높은) 모험적인 손실 사이의 선택이 주어진다. 같은 상황에 처음 직면하지만 나쁜 결정으로 자신의 유용성이 감소되지 않은 신입자에게는 '확실한 것'이라는 선택권은 손실도 이득도 아니다. 이런 이유로 선택은 제로 유용성과 기대되는 손실 사이에 있다. 투자 중지를 선택하는 편향으로 아주 쉽게 이끌리는 상황이다.

## 6.4 안전하게 행동하도록 하는 결정

틀 짜기 현상은 사회에서 사람들이 고르는 폭넓은 다양한 모험적인 선택들에 적용된다. 우리가 언급했듯이, 일상적인 선택 중 하나가 특정한 안전조치를 준수하는지 여부이다. 안전벨트의 착용, 안전모 또는 보호장비의 착용, 작업장에서 어떤 다른 행동 등을 예로 들 수 있다. 확실한 '준수의 비용'은 좀 더 모험적인 행동에서 기대되는 부정적인 유용성에 견주어 언제나 명시적으로, 혹은 묵시적으로 비교된다. 그러한 선택을 하는 데 있어서는 (성과가 부정적으로 간주되는 한 모험적인 행동이 더 자주 선택될 수도 있다는) 틀 짜기 효과의 영향뿐만 아니라, 5.3절에서 논의된 세상 상태에 관한 진단에 영향을 미치는 두 가지 연관된 어림법(가용성과 대표성)을 염두에 두는 것이 중요하다.

안전하지 않은 행동의 다양한 부정적 귀결들에 대한 지각된 빈도는 이러한 귀결들이 직접적으로 경험되거나 설명을 통해 학습된 것이라면 실제 빈도(객관적으로 위험)가 아니라 기억에서 그 현저성에 의존할 것이라는 것을 가용성 어림법이 지적하고 있다. 둘이 서로 일치하지 않을 때 위험이 심각하게 과소추정될 수 있다. 대표성 어림법 그리고 기저율 무시하기는 우리가 재난적인 귀결의 확률에 아주 민감하지 못할지도 모른다는 점을 제안한다. 그리고 실제로 Young, Wogalter, 그리고 Brelsford(1992)는 위험요소의 확률보다는 그 위험요소의 지각된 **심각성**(severity)이 위험 추정에 더 큰 영향이 있다는 것을 발견하였다. 마지막으로, 미래에만 지각될 가능성이 있는 지각된 심각성과 확률은 둘 다 그 선택을 (지금) 하는 데 있어 **추상적인**(abstract) 경험들이 될 것이라는 점이 바로 이런 사례이다. 시차 할인이 제안하듯이(6.3.3절 참조), 그것들의 기대된 비용은 감소될 수도 있다. 대조적으로, 준수의 비용은 직접적으로 얽혀 있으며, 바로 현재의 경험을 부과하는데(예 : 안전장비 착용의 불편함 또는 안전 절차를 따르느라 생기는 애로점), 그 경험은 **접근 가능성**이 아주 높다 (Kahneman & Frederick, 2002). 이러한 분석은 위험 완화 노력은 그 사고의 지각된 부정적 위험을 증가시키기보다는 준수의 비용을 경감시키는 쪽으로 강하게 연관되어 있어야만 한다고 제안한다.

사람들은 안전하지 않게 행동하도록 하는 '확실한 것 대 위험(sure-thing versus risk)' 사이의 선택뿐만 아니라 예를 들어, 교통수단 선택하는 데, 먹을 음식을 고르는 데, 또는 날씨 변화에 민감한 방식으로 행동할 것인지를 판단하는 데 본인이 지각한 위험 정도와 견줘봄 으로써 일상의 안전 결정들이 모험적으로 될 수 있는 여지를 남겨둔다(Dotta, 2011). 그런 행동을 분석할 때, 사람들의 상대적인 위험에 대한 지각과 실제 위험의 정확한 측정(예 : 사 망률로 정의할 수 있는) 사이에 있는 상당한 괴리를 깨닫는 것이 중요하다. 예를 들어, 집에 서 추락 사고로 떨어져 죽을 확률이 비행기 추락 사고로 죽을 확률보다 훨씬 크다. 그러나 이런 위험에 대한 사람들의 지각은 종종 역전되어 있다(Combs & Slovic, 1979).

최소한 세 가지 요인이, 사망 확률과 연합된 실제 '객관적인' 가치보다 높게 위험에 관한 추정치를 높인다는 사실에 대한 이유가 될 수 있는 것처럼 보인다. 첫째로, 뉴스 매체 같은 홍보는 어떤 위험을 다른 것보다 기억이 더 잘 나게 만드는 경향이 있다(Combs & Slovic, 1979). 그래서 비행기 추락 사고라든지 테러리스트들의 폭탄 테러같이 잘 홍보된 사건에 대해서 높은 위험으로 지각한다는 것을 관찰할 수 있다. 둘째로, 사람들의 위험에 대한 지 각은 '두려움 요인(dread factors)'(통제할 수 없는, 대재난적인 귀결, 피할 수 없는)이라고 설명되는 것에 의해 상승된다. 셋째로, 지각되는 위험은 '미지의' 요인에 의해 과장되는데, 이는 유전자 조작이나 여러 측면의 자동화 등과 같은 신기술에 동반되는 위험을 특징짓는 다(Slovic, 1987).

정책 결정자들은 대중들이 지각하는 위험에 미치는 이러한 요인들의 영향을 고려하는 것 이 중요하다. 그러나 부족한 자원 할당에 대한 이러한 선택들의 귀결을 생각하여, 위험 속 에서 선택을 하는 모든 사람들에게도 똑같은 정도로 중요하다(Keeney, 1988). 예를 들면, 객관적인 위험은 작지만 (그러나 지각되는 위험성은 큰) 한 가지 특정한 위험을 줄여보겠다 고 엄청난 돈을 할당하는 선택은 우려에 대한 주관적인 지각은 더 작지만 객관적으로 훨씬 더 큰 위험을 경감시키는 데 쓸 재원을 떼어놓게 하는 비용을 치르고 만들어진 것일 수 있다.

모험적인 행동을 경감시키는 중요한 방식은 부정적 사상의 부정적 귀결들이 심각함에도 불구하고, 그 부정적 사상의 확률이 아주 드물고 따라서 결코 개인적으로 경험하지 못하기 때문에 생기는 경우에 '점잖은 확인 알림'을 주는 것이다(Hertwig & Erev, 2009). 이 기법은 안전 예방책에 주의를 기울이지 않는 것과 같은 위험 생산 **행동**에 대하여 사소한 처벌인 점잖은 확인 알림을 부과하는데, 드물지만 심각한 귀결들보다는 이런 경고를 훨씬 더 자주 **경험**하게 될 것이다. 그러한 기법은 병원에서 안전 준수 행동을 더 이끌어내는 데 효과적인 것으로 증명이 되었다.

결론적으로, 우리는 위험 지각과 모험 추구가 부정적 성과의 틀 짜기 외에도 다수의 다른 요인들에 의해 영향받는다는 것을 언급했다. 예를 들면, 시간 스트레스는 모험 추구를 더 유도하는 것처럼 보인다(Chandler & Ponin, 2012). 그리고 Figner와 Weber(2011)는 모험 추 구에 영향을 주는 다른 맥락적인 요인들과 개인차 요인들을 논의했다.

## 7. 노력과 상위 인지

지금까지 의사결정에 대한 우리의 논의는 인간 인지를 제외하고, 문제 구조, 위험, 가치, 확률 등 의사결정의 외부에 있는 추진 동인에 대부분 초점이 맞춰졌다. 그러나 그림 8.1에 보이는 대로, 의사결정자 자신에서 나온 결정 과정에 대한 두 가지 결정적인 입력인 노력과 상위 인지가 있다. 상위 인지는 이전 장에서 논의되었고, 노력은 제10장에서 논의되겠지만, 이들 두 가지는 상호 관련되어 있기 때문에 우리는 이 두 가지를 한꺼번에 바로 이어서 논의하겠다.

### 7.1 노력

결정 피로에 대한 논의에서, 우리는 유효한 의사결정을 내리기 위해서 종종 노력을 필요로 한다고 강조하였다. 자원의존적인 작업기억은 선택권을 진단하고 평가하는 데 필요하다. 의사결정 내리기는 동시 진행 중인 과제와 이러한 자원을 놓고 경쟁해야 하며(Sarno & Wickens, 1995; 제10장 참조), 지속적인 의사결정 내리기는 그런 공동 자원 또는 인지적 노력을 고갈시킨다. 실제로 반복적인 의사결정 내리기는 다른 측면의 삶에 자기 통제력을 행사하는 데 요구되는 노력과 경합한다(예 : 유혹에 저항하는 것)(Tierney, 2011). 놀랄 것 없이, 다양한 의사결정 전략들은 노력 요구가 각각 다르다(Bettman, Johnson, & Payne, 1990; Johnson & Payne, 1985; Payne, Bettman, & Johnson, 1993). 특히 속성별 제거법 또는 대표성 같은 어림법은 각각 좀 더 정확하고, 완전한 보상적 노력 모형(6.1절) 또는 기저율 고려(5.4.1절)라는 노력의 아류 형태라고 간주될 수 있다.

　이러한 두 가지 부류의 의사결정 책략의 요구되는 노력 그리고 관찰되는 정확성은 그림 8.9에 도식으로 반영해 놓았는데, 이는 실제로 제10장에서 논의될 **수행-자원 함수**(performance-resource function)의 개념을 미리 보는 것이다. 이런 맥락 내에서 노력 그 자체는 보존되어야 할 소중한 자원으로 간주될 수 있다. 예를 들면, 더 많은 자원이 투자될수록, 속성별 제거 어림법 그리고 보상적 알고리즘에 따른 수행은 둘 다 향상될 것이다. 그러나 자원의 작은 투자로는 의사결정하기의 '효율성'(투자된 자원당 정확성)은 어림법에 따른 것보다 크게 될 것이다. 그리고 더 큰 효율성은 시간 또는 자원이 부족한 경우에 더 최적인 것으로 간주될 수 있다. 시간 압력은 노력 보존에 더 큰 할증료를 내야 한다. 그러므로 비행기가 산의 경사면을 향하거나 또는 연료가 바닥이 나고 있을 때 무엇을 해야 할지를 결정하는 데 망설이는 조종사는 최적 상태가 아니라고 간주되는 것이 확실하다(Orasanu & Fischer, 1997). Payne, Bettman, 그리고 Johnson(1993)이 개발한 결정 전략의 **수반성 모형**(contingent model)은 가용한 시간(자원)을 조건으로 하여 어떻게 다양한 전략들이 선택되게 되는지를 예측한다.

　노력과 정확성 요구에 기초한 결정 전략 선택의 이러한 수반성의 다른 중요한 보기는, 한

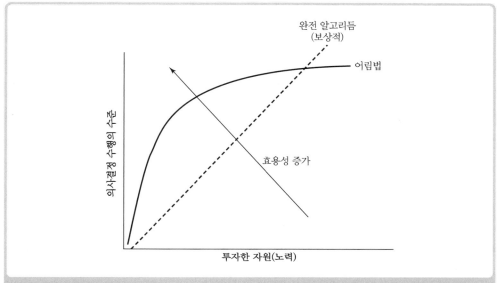

**그림 8.9** 의사결정에서 노력, 수행 그리고 어림법. 이 그림은 어림법(실선)과 알고리듬(점선)을 적용한 의사결정 과정에 더 투자된 노력의 함수로서 의사결정 수행의 향상을 보여준다.

단계 높은 정보 접근이 필요한 노력이 전제될 때 진단을 중단할지 또는 (종종 확증적인) 증거를 더 찾을지 여부의 선택에 있다(제3장 2.1절에서 논의된 탐색 중단 참조). 예를 들면, 일군의 특정한 연구 발견들을 이 책에서 일반 원리로 포함시킬 것인지의 여부를 결정하는 데 있어, 책의 저자들은 도서관에 가서 그 연구 결과에 관한 더 많은 정보들을 찾아보는 노력과 시간을 투자할 가치가 있는지 여부에 대한 결정을 내린다. 더 많은 정보를 찾는 것에 대한 지각된 이득은 무엇이 되겠는가(MacGregor, Fischhoff, & Blackshaw, 1987)? 이미 인간 수행의 상태에 대한 적절한 진단을 내렸고, 논의가 되고 있는 원리를 이 장의 한 부분에 포함시켰다고 저자로서 지금 얼마나 자신하고 있는가?

물론 전략을 선택하는 데 있어서의 정확성과 노력 사이의 교환은 항상 이러한 변인들의 실제 수준에 근거하지는 않으며 **기대되는** 정확성과 노력에 근거하고 있다(Fennema & Kleinmuntz, 1995; Seagull, Xiao, & Plasters, 2004). 그런 점에서 사람들은 정확성과 노력의 기대를, 성취된 실제 정확성과 경험한 노력에 연결시킬 때, 완벽한 (눈금을 서로 맞춰) 환산을 하지는 않는다(Fennema & Kleinmuntz, 1995).

## 7.2 상위 인지 그리고 (과잉)확신

기대되는 노력과 정확성, 그리고 결정 전략의 의식적인 선택에 관한 사안은 의사결정에서 상위 인지의 중요한 역할에 대해서도 고민하게 한다. 의사결정자가 자신의 진단과 선택의 정확성에 대해 아는 (생각하는) 것은 무엇인가? 이러한 기대가 전략 선택, 그리고 (우리가

5.4.3절에서 논의한 가석방 심의위원회 사례에서처럼 전혀 결정을 내리지 않는 선택을 포함해서) 후속의 의사결정 행동에 어떻게 영향을 주는가? Kahneman과 Klein(2009)이 언급했듯이, 이것이 바로 1유형 시스템의 좀 더 자동적인 의사결정 행동을 감시하고 검토하고 감사하는 2유형 시스템의 역할이다.

상위 인지에 가장 결정적이고 지속적인 영향 중 하나가 자신의 진단과 판단을 평가하는 데 대한 신뢰인 것으로 드러난다. 그러한 신뢰는 과잉확신 편향에서 나타나는 것처럼, 종종 비현실적으로 높다(Nickerson, 1998). 진단에 있어서, 자신 있는 판단은 좀 더 증거를 찾아보고, 또는 평가가 틀릴지도 모르는 경우를 대비하기보다 곧바로 조치(선택)를 취하는 정도에 영향을 주게 된다. 선택에 있어서, 자신 있는 평가는 (우리가 선택한 조치가 틀릴 수도 있다고 생각하는 정도까지) 대안 조치들을 계획하는 정도에 영향을 주게 된다. 두 가지 경우 모두에 대하여, Griffin과 Tversky(1992)는 "비록 과잉확신이 보편적인 것은 아니더라도 이것은 만연되어 있고 대대적으로 있으며 제거하기가 어렵다."고 선언한 바 있다. 여러 삶의 분야에서 나온 다양한 사례들이 인용될 수도 있다.

● 평균적인 운전자는 자신을 안전 운전자의 상위 25% 내에 든다고 추정한다(Brehmer, 1981). 평균이라는 정의에 따라 신뢰를 환산했을 경우, 이는 50%가 돼야만 한다.

● Fischhoff(1977) 그리고 Fischhoff와 MacGregor(1982)는 사람들에게 미래 사상들(예 : 선거, 운동 경기 우승자)에 대한 예측을 해보라고 요구하였는데, 전형적으로 예측은 (사상이 발생한 다음 평가한 것으로는) 60% 정확한 것으로 판명 났던 반면, 신뢰 평정으로는 예측 정확성이 80%가 더 될 것이라고 제시하였다고 언급했다.

● 그러한 과잉확신은 어떤 분야의 초보자에게만 국한되는 것이 아닌데, Tetlock(2005)은 정치 예상 전문가들에 대한 장기간의 연구를 수행하였으며, 유사한 과잉확신을 관찰하였다. 이는 유사한 예측을 하는 초보자만큼이나 만연되어 있었고 심각하였다.

● 과잉확신(Over Confidence, OC)은 **계획 오류**(planning fallacy)에 잘 인용되어 있다(Buehler, Griffin, & Ross, 2002). 여기서 사람들은 (과제를 제때에 제출하는 것 같은) 개인적 목표를 성취하는 것으로부터 덴버 국제공항 또는 시드니 오페라 하우스 같은 대대적인 공사 프로젝트를 완료하는 것까지 어떤 일을 하는 데 얼마나 오래 걸릴지 예상하는 일에 변함없이 낙관적이다. 실제로, 한 연구에서 84%의 학생들은 자신들이 과제를 제때에 제출할 것이라고 자신감을 표출했는데, 실제로는 겨우 40%의 학생들만이 그렇게 하였다(Buehler et al., 2002).

● 과학자들은 (빛의 속도 같은) 다양한 물리학의 상수에 대한 추정치의 정밀성을 과잉확신하는 것으로 악명이 자자하다.

● Sulistyawati, Wickens, 그리고 Chui(2011)는 자신의 상황인식 평가에서 과잉확신을 더 많이 보인 조종사들일수록 사실은 그러한 평가가 덜 정확하였다는 것을 관찰했다.

우리는 다른 장에서도 OC를 다룬 적이 있다. 제3장에서는 이것이 '변화맹의 무지'(Levin, Momen, et al., 2000) 현상으로 예시됐는데, 이는 사람들이 예기치 않은 사상들을 탐지하는 자신의 능력을 과신하는 것을 설명하고 있다. 제5장에서 우리는 사람들이 밤에 위험물을 탐지하는 능력을 과신하고, 이로써 과속을 하게 된다고 생각하였다(Leibowitz, Post et al., 1982). 제2장과 제7장에서 논의된 목격자 진술에서, 우리는 목격자가 자신의 재인 기억의 정확성을 과잉확신하는 일반적인 경향이 있음을 알게 되었다(Brewer & Wells, 2006; Wells, Lindsay, & Ferguson, 1979). 학습 그 자체에서도 사람들은 학습의 용이성을 (실제 그렇지 않은데) 회상의 용이성에 대한 대리 지표로 역할하게 만드는 경향성이 있는데, 이런 이유로 (시험에서 얼마나 잘하게 될지) 회상의 예상되는 수준의 정확성에 대해 과잉확신하게 된다. 그리고 그것 때문에 공부에 대한 필요를 과소추정한다(Bjork, 1999). 제10장에서 우리는 사람들이 운전하면서 시간 분배하는 능력에 대한 자기신뢰의 맥락에서 OC를 만나게 된다(Horrey, Lesch, & Carabet, 2009).

물론 OC는 아주 명확한 정도까지 개인들과 정황들 사이에 무척 커다란 변동성이 있고, 우리는 중요한 조절 변인들을 다음에 설명한다. 그러나 첫째 우리는 형식적으로 그림 8.10에 나온 대로 **정확성-신뢰 보정 공간**(accuracy-confidence calibration space)의 맥락 내에서 OC를 표현할 수 있다. 신뢰가 (예 : 시험에서 얼마나 잘했다고 생각하는지) 예측된 또는 판단된 정확성으로 표현된다면, 실제 수행과 예측된 수행의 두 가지 변인은 동일한 척도상에 표현될 수 있다. 그리고 완전한 보정을 의미하는 대각선에서 왼쪽 상단 영역이 OC의 영역으로 정의될 수 있다. 더욱이 그림 8.10은 비교적 공통적인 현상을 점선 화살표를 써서 설명하는데, 여기서 정확성을 감소시키는 변인은 신뢰에서도 똑같은 평행적 손실을 만들지 못하고 있다. 그리고 우리는 이 현상이 (위쪽 점선 화살표처럼) 종종, 그러나 (아래쪽 화살표처럼) 예외가 없지는 않게 OC로 이끄는 것을 볼 수 있다. 다소 덜 일반적인 것은 실선 화살표로 표현된 패턴인데, 여기서 정확성에 변화가 아주 조금 생겼는데도 어떤 변인은 신뢰에 영향을 미친다.

연구를 통해 과잉확신을 만들어내는 여러 변인들이 이제 확인되었으며, 특히 다음과 같은 것들이 있다.

1. 진단상의 또는 문제의 난이도 : 이 효과는 다양한 방식으로 기술될 수 있다. 예를 들어, 두 가지 가설이 구분이 덜 되어서 (애매한 단서들이 더 많아서) 진단의 정확성이 감소되지만, 자기신뢰는 그렇지 않다. 그림 8.10에 있는 위쪽 점선 화살표에서 보여주는 패턴을 반복하는 것이다(Fischhoff, 1977; Koehler, Brenner, & Griffin, 2002). 항공 문제에 대한 조종사의 진단을 평가하면서, Mosier 등(2007)은 위쪽 점선 화살표와 평행인 관계를 발견하였다. 많은 불확실성 때문에 정확하게 예측을 내리기 어려운 영역 (증권 중계인, 정치인, 정신 보건)에서 (전문가조차) 과잉확신은 만연되어 있다. 반면

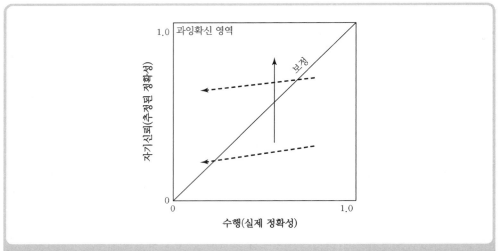

**그림 8.10** 자기 신뢰와 과잉확신이 신뢰도에 따라 움직이는 방식. 본문에 기술된 것처럼 화살표는 의사결정의 정확성과 수행에 미치는 일부 과제 변인의 효과를 나타낸다.

에 날씨 예측 같은 좀 더 예측 가능한 영역에서는 덜하다(Kahneman & Klein, 2009; Taleb, 2007; Tetlock, 2005). (정의에 따르면, 운전이 좀 더 어려운 과제인) 실력이 떨어지는 운전자가 실력이 좋은 운전자보다 더 큰 OC를 보인다(Kidd & Monk, 2009).

2. 증거 신뢰도 : 무엇처럼 어림법(Griffin & Tversky, 1992)에서 보았듯이 사람들은 증거 신뢰도의 차이에 매우 민감하지 않고, 증거의 신뢰도보다 증거의 강도에 의해 더 안내를 받는다. 그러므로 신뢰도와 수행이 하락세(예 : 좀 더 작은 N으로 만든 표본)에 있을 때도, 이런 더 낮은 신뢰도에서 제공한 메시지의 영향에 대한 신뢰는 떨어지지 않는다. 이러한 변화는 모두 위쪽 점선 화살표를 따르는 차이를 반영한다.

3. 그림 8.10의 실선 화살표에 반영되는 패턴에서 사람들이 점진적으로 **상관**이 있는 정보의 출처에 더 의존하게 될 경우, 사람들은 신뢰를 얻게 된다(Kahneman & Klein, 2009). 문제는 정보가 고도로 상관이 있을 때 한 출처에서 오류(비신뢰도)들은 전형적으로 다른 출처에서도 오류가 같이 발생하며(예 : 공통의 실패가 둘 다에 내재되어 있음), 그러므로 신뢰는 비례적으로 증가해서는 안 된다. 예를 들면, 소문으로 들은 증거라는, 동일하고 신뢰할 수 없는 출처에 의존하고 있는 두 사람의 목격자를 떠올려보라.

4. 점진적으로 정보의 더 많은 출처가 (상관이 있건 없건 간에) 진단에서 전형적으로 신뢰를 증가시킬 것이다. 그러나 우리가 5.2.2절에서 논의했듯이, 이것은 종종 진단의 정확성에서 증가로 이끌지는 않는다.

OC에 대한 앞의 논의에서 우리는 신뢰와 정확성에 차별적으로 영향을 줄 수도 있는 조건들에서의 차이를 살펴보았다. 그러나 우리는 사람들 사이의 차이에 관해서도 의문을 가질 수 있다. 수행이 공간의 왼쪽 상단 부분을 차지하는 경향이 있는 어떤 부류의 사람들이 있는 가? 이러한 사안은 법정의 목격자 증언의 정확성에 대한 평가와 특별하게 관련성이 있다 (Hope et al., 2004).

## 8. 의사결정에서 경험 그리고 전문지식

우리가 이 장의 앞부분에서 논의했듯이, 전문가는 (항상은 아니지만) 종종 초보자보다는 더 나은 결정을 내린다. 앞에서 언급한 바와 같이, 이런 현상은 자연주의적 의사결정에 대한 연구에서 잘 표현되어 있다(Kahneman & Klein, 2009; Mosier & Fischer, 2010; Montgomery, Lipshitz, & Brenner, 2005; Zsambok & Klein, 1997). 이런 연구는 의사결정 과정의 두 가지 주요 단계와 연합된 경험 관련 차이들을 붙잡아내고 있다. 전위(front end) 의사결정(진단) 에서, 전문가는 전형적으로 재인 점화 의사결정(recognition primed decision making, RPDM) 의 특징을 드러낸다. 여기서 동일한 세트의 **상관 단서**들에 반복적으로 노출되면 동일한 상 태 평가로 귀착되는데, 제6장에서 논의된 자동적 형태 재인과 거의 동일하게, 전문가는 적합한 상태를 자동적으로 분류할 수 있다. Hammond 등(1987)은 이것을 **전체적인 의사 결정**(holistic decision making)이라고 불렀는데, 의사결정 제1 시스템과 연합된 기능이다 (Kahneman & Klein, 2009). Schriver, Morrow, Wickends, Talleur(2008)는 숙련된 조종사가 초보자보다 비행기 결점 진단에서 상관 단서 활용을 더 잘 할 수 있었음을 발견하였다. 그들 의 결정이 유리한 점은 단서들이 서로 상관이 없을 경우에는 덜 확연했다.

또한 6.3.1절에서 언급했듯이, 후위(back end) 의사결정에서, 전문가는 장기기억에서 선 택의 직접적 인출을 상당히 **빠르게** 할 수 있었다. 전에 잘 기능한 것(RPDS 상황 평가인 경우, 좋은 성과)은 또다시 잘 기능할 것이다. 이 현상은 Schriver 등(2008)의 연구에서 전문 조종사가 정확성을 희생하지 않고 더 **빠른** 반응을 보여줌으로써 관찰되었다. 그리고 우리 가 보아왔듯이, 아직은 DM에서 전문지식이 성공적 역할을 할 것이라고 보장할 수는 없다. 단서들은 서로 상관이 없을지도 모르고, 과잉확신은 상위 인지적 감독을 변화시키기에는 모자랄 수도 있으며, **빠른** 형태 재인 분류는 하나의 따로 떨어져 있는 단서를 간과할 수도 있다.

더욱이 이전부터 우리가 살펴왔듯이 다른 기술에서의 연습처럼 연습이 의사결정을 반드 시 완벽하게 만들지는 못한다. 일부 의사결정 과제에서 전문지식은 특정한 편향 그리고 어 림법에 대한 면역력을 보장해 주지는 않는다(Kahneman & Klein, 2009; Taleb, 2007; Tetlock, 2005). 의사결정자들이 완벽하지도, 때로는 초보자보다 낮지도 않은 이유에 대한 수수께끼 를 푸는 데 일부 도움이 된 것은 언제 전문지식이 연습으로부터 발달하고 언제 그렇지 못한 지를 구분해 주는(표 8.1) 영역들, 그리고 그런 영역들의 특성들에 대하여 Shanteau가 수행 한 철저한 분류이다.

| 표 8.1 Shanteau(1992)에서 인용 | |
|---|---|
| **'좋은' 의사결정 영역** | **'나쁜' 의사결정 영역** |
| 날씨 예보 | 임상심리학자 |
| 체스 고수 | 인사 선발자 |
| 내과의사 | 보호관찰 관리 |
| 영상 분석가 | 주식 중개인 |
| 회계사 | 법원 판사 |
| **영역의 특성** | |
| 역동적 | 정적 |
| 사물에 관한 결정 | 사람에 관한 결정 |
| 반복적 | 덜 예측적 |
| 피드백 있음 | 덜한 피드백 |
| 나눌 수 있는 결정 문제 | 나눌 수 없음 |

특히 Kahneman과 Klein(2009)은 (경험이 도움이 되는) 의사결정에서 전문지식은 단서 상관의 패턴이 상대적으로 강하고, 예측된 상태가 서로 다른지 잘 구별될 수 있는 일기 예보 같은 분야에서만 나타난다는 범위를 강조하였다.

그렇다면 왜 의사결정은 이런 다른 사례에서 경험과 더불어 많이 향상되지 않는가? Einhorn과 Hogarth(1978)는 전형적인 의사결정 과정에서의 피드백의 역할을 언급함으로써 의사결정에서 학습 문제(표 8.1의 오른쪽에 있는 특징)를 이해하는 통찰을 덧붙였다. 제7장에서 언급한 것처럼, 피드백은 거의 어떤 형태의 학습이나 기술 획득에서도 핵심적이다. 하지만 의사결정의 여러 특성은 피드백이 통상적인 지원을 제공하는 것을 방해한다.

1. **피드백**은 확률적 또는 불확실한 세상에서 **종종 모호하다**. 즉, 때때로 결정 과정이 형편 없이 실행되었으나 운 좋게 긍정적인 성과를 가져올 수 있다. 다른 경우에는 의사결정 과정이 모든 최선의 절차를 따랐을 가능성이 있는데 운 나쁘게 부정적인 성과가 일어 날 수 있다. 첫 번째 경우는 긍정적인 강화가 나쁜 절차에 더욱 의존하게 만들고, 두 번째 경우는 나쁜 성과로 현실화된 처벌이 결정에 들어갔었던 효과적인 처리를 없앤다.

2. **피드백은 종종 지연된다.** 투자 또는 의료 처치의 처방에서 나오는 결정들과 같은 많은 결정에서 성과를 일정한 시간 동안 알아차리지 못할 수도 있다. 우리가 제7장에서 언급했던 것처럼, 피드백에 몇 분이 넘는 지연이 있으면 거의 이득이 없다. 의사결정에서 그 이유는 다음과 같다. 피드백이 마침내 도착했을 때는 의사결정자들은 맨 처음에 의사결정을 하는 데 사용했던 과정이나 절차를 잊어버렸을 수도 있다. 그러므로 이러한 과정을 (피드백이 좋다면) 강화하거나 (피드백이 나쁘다면) 고치는 것에 실패하게 되는 것인지 모른다. 더구나 피드백이 지연됨으로 인해서 즉각적으로 피드백이 도착

했을 때보다 그것의 처리에 주의를 덜 기울이고 다른 문제에 주의를 돌리는 것도 무리는 아닐 것이다. 마지막으로, '월요일 아침에 쿼터백 탓하기(Monday morning quarterbacking, 일이 다 끝난 다음에 그 당시에 이러저러하게 했어야 결과가 더 좋았다고 말하거나 비판하는 것)' 혹은 '사후 확신 편향(hindsight bias)'으로 알려진 현상에서, Fischhoff(1977) 그리고 Woods 등(1994)은 성과가 알려진 다음에, 성과에 대한 놀라움을 대단치 않게 생각하는 방향("내 이럴 줄 진작부터 알고 있었지.")으로, 결정이 내려지기 전에 알고 있던 우리의 기억을 개정하는 정도에 대한 증거를 제공하였다. 우리가 (사후 확신에 빠져) 성과에 대해 놀랐다고 생각하지 않는다면, 우리의 결정 과정을 수정할 이유(즉, 성과로부터의 학습)를 덜 예견하게 될 것이다.

3. **피드백은 선택적으로 처리된다.** Einhorn과 Hogarth(1987)는 어떤 프로그램에 응모한 사람들을 합격시킬 것인지 탈락시킬 것인지를 분류하게 하고, 선택된 사람들의 성과에 관련된 피드백으로부터 학습을 하는 의사결정자들의 학습을 살펴보았다(그림 8.11 참조). 의사결정자들이 이런 과정에서 나온 피드백을 처리하는지도 모르기 때문에, 우리는 다음의 사실을 지적한다. 즉, 의사결정자들은 자신들이 합격시킨 사람들에 관한 피드백(합격 후, 성공이냐 실패냐)만이 가용하였고, 자신의 결정 규칙에 의해 탈락시킨 사람들이 만약 합격되었더라면 성공적이었을 것인가에 관해서 거의 알 수 없었다. 더욱이, 확증 편향으로 인하여 사람들은 합격시켰으나 실패한 사람들(따라서 결정 규칙의 타당성이 부당하다는 확증)보다 합격시켰고 또 성공적이었던 사람들(즉, 결정 규칙이 옳았다는 확증)에 주의를 더 집중하는 경향이 있게 된다. 그림 8.11b에 보이는 것처럼, 의사결정자들은 자신들의 규칙에 의해 합격된 사람들에게 추가 지원을 제공할 수도 있는데, 이는 규칙이 옳았음을 더 확증해 주는 결정의 성과에 영향을 준다.

# 9. 의사결정 향상

이 장에서 우리가 다뤄왔던 여러 주제를 개관하면서, 어떤 이는 인간 의사결정이 (성공적인 의사결정에 초점을 두면) 일반적으로 '괜찮다'고 생각하거나, 혹은 (실수에 초점을 두면) '결함이 있다'고 특징지을 수도 있을 것이다. 우리는 인간의 의사결정을 평가하는 이러한 잣대에 대한 확실한 입장을 갖는 데는 관심이 없다. 하지만 우리는 의사결정이 어떤 상황에서는 향상될 수 있다는 증거가 있는 한, 그러한 향상을 지원하는 가능한 방법을 추천하는 것이 공학심리학자의 책무라는 것을 믿고 있다. 우리는 이 절에서 훈련, 절차화, 디스플레이, 자동화와 연관이 있는 네 가지 기법들을 살펴본다.

## 9.1 탈편향 훈련

앞에서 보았듯이, 의사결정 훈련은 의사결정의 질을 향상하는 데 반드시 효과적이거나 효

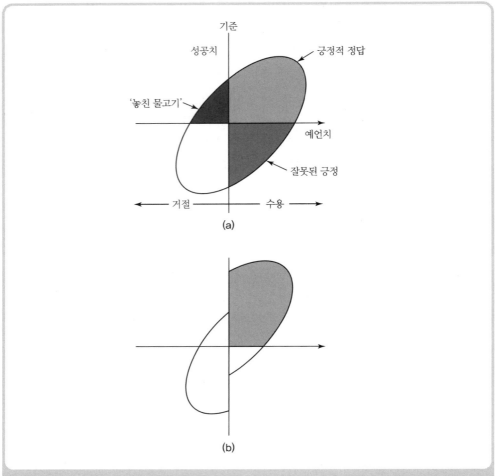

**그림 8.11** (a) 예측에서 보장되지 않은 신뢰의 출처. 의사결정자의 규칙을 반영하는 지원자의 예측된 점수가 X축에 제시된다. 성공의 실제 측정 값은 Y축에 제시된다. (b) 프로그램에 입학 허가를 받은 사람들에 대한 추가 지원의 영향

출처 : H. J. Einhorn and R. M. Hogarth, "Confidence in Judgment: Persistence of the Illusion of Validity," *Psychological Review*, 85(1978). p. 397. Copyright 1978 by the American Psychological Association. 저자의 허락을 받고 각색함.

율적인 방식은 아니다. 대신에 앞에서 논의된 편향 중 많은 것들을 제거하거나 줄이는, **탈편향**(debiasing)이라고 알려진 기법, 즉 좀 더 목표를 (구체적으로) 세운 연습과 지시에 연구가 집중되어 왔다(Fischhoff, 1977, 2002; Larrick, 2006; Lipshitz & Cohen, 2005). 탈편향을 취급한 문헌을 개관하면서, Larrick(2006)은 편향을 회피하기 위해 순수 지시나 충고는 효과적이지 않다고 결론 내렸다. 이에 상응하여, 그는 사람들에게 편향에 관해서 단순히 알려주는 것이 효과적이라는 자그마한 증거를 발견했다. 이것은 이해될 수는 있지만 실천에 옮겨지지는 않는, '자동 동력이 없는 지식(inert knowledge)'을 표상하는 것인지 모른다. 대신

에, 효과적인 기법들은 문제가 되고 있는 특정한 편향의 본질을 알려주는 것뿐만 아니라 구체적인 보기를 제공하고 탈편향 전략을 연습시키는 것에 집중하고 있다(Fong et al., 1991). 다음은 구체적인 성공 사례의 일부이다.

Hunt와 Rouse(1981)는 단서가 없는 상황에서 진단적인 정보를 추출하도록 조작자를 훈련시키는 데 성공했다. 계열적 단서 정보 통합 과제에서 Lopes(1982) 그리고 Wickens, Ketels 등(2010)은 훈련을 통해서 성공적으로 거점 효과를 경감시켰는데, Wickens 등은 참가자들에게 더 오래된 정보의 감소된 신뢰도에 관해 알려주었다(5.5.1절 참조).

확증 편향을 감소시키는 일부 성공 사례가 '반대 경우를 고려하라(Consider the opposite)' 전략을 훈련함으로써 관찰되었다(Mussweiler et al., 2000). 예를 들면, Koriat, Lichtenstein과 Fischhoff(1980), 그리고 Cohen, Freeman, Thompson(1997), 두 연구자 집단은 모두 기상 예보관들에게 자신들의 예보가 옳지 않을 수도 있는 이유들에 대한 생각을 강제로 하도록 하면 예보의 정확성에 대한 과잉확신 편향이 줄어든다는 것을 발견하였다.

예측이나 진단적인 과제에서 좀 더 포괄적이고 즉각적인 피드백을 제공하도록 설계된 종류의 훈련 보조 또한 성공적이다. 그렇게 해서 조작자는 어쩔 수 없이 자신의 규칙이 성공 또는 실패하는 정도에 주의를 두도록 한다. 기상 예보관에게 주어지는 피드백은 예보에 과잉확신하는 경향을 줄이는 데 성공적이라고 앞에서 언급된 바 있다(Murphy & Winkler, 1984). Jenkins와 Ward(1965)는 의사결정자에게 자료를 제공할 때 단순한 적중 확률 대신에 그림 8.11에 나타낸 것 같은 결정의 네 가지 모든 성과를 함께 제공하면, 예측적인 관계의 평가가 향상된다는 것을 예시했다. 선택 과제 또는 진단적인 처치가 처방되는 곳에서는 박스 스코어(각 선수의 실적을 상세히 기록한 시합 결과표)는 자료를 통합하기 위해서 행렬의 칸 안에 가능한 한 많이 유지되어야만 한다(Einhorn & Hogarth, 1978; Goldberg, 1968). Tversky와 Kahneman(1974)은 의사결정자들은 빈도보다는 확률의 면에서 사상들을 부호화하는 법에 대한 교육을 받아야 한다고 제안하였는데, 왜냐하면 확률은 일어났던 사상들뿐만 아니라 일어나지 않은 (부정적인 증거의) 사상들을 본질적으로 설명하기 때문이다.

마지막으로, 탈편향 훈련에 대한 흥미로운 해석으로 Fischhoff(2002)는 모험적 행동(음주, 과속 운전)에 빠지게 되는 청소년들이 만연하는 것을 줄이도록 설계된 일부 훈련 프로그램의 성공을 설명하였다. 여기서 그는 안전 행동이 보급된 정도와 비교해서 실제로 그리 빈번하지는 않은 반면, 그러한 행동은 아주 현저성이 높다는 요점을 지적한다. 우리가 앞에서 언급해 왔듯이, 현저한 그러나 드물게 묘사되는 사상은 빈도에 있어서 과잉추정되기도 한다. 만일 훈련 프로그램이 청소년들이 안전 행동에 참여하는 빈도가 아주 높다고 강조하면, (예 : 안전한 행동을 하는) 후자를 모방하게 만드는 또래 압력 경향이 증대된다.

## 9.2 절차화

탈편향은 종종 직접적으로 자신들이 가진 인지적인 제약의 출처를 이해하는 데 경각심을 집중시키는 훈련의 한 가지 형태인 데 반해, **절차화**(proceduralization)는 의사결정의 질을 향상시키기 위해 따라야만 하는 기술 처방에 대해 단순하게 윤곽을 그려준다(Bazerman, 1998). 이것은 예를 들어, 그림 8.5와 8.6에서 보여준 것과 같은 진단과 선택 이론에 대한 의사결정 분해 단계들을 따르는 처방을 포함할 수도 있다(Larrick, 2006). 이러한 기법은 속성과 가치로 쉽게 분해될 수 있는 특정한 실제 세계 의사결정, 예를 들면, 멕시코시티의 공항 위치를 선정하는 것(Kenny, 1973)이나 또는 해안 개발 정책에 대해 토지 개발자와 환경보호주의자들이 절충안에 도달할 수 있도록 지원하는 것(Gardner & Edwards, 1975)에 성공적으로 적용돼 왔다. 결함 트리 구조 그리고 실패 양식 분석에 대한 형식적 표상(Kirwan & Ainsworth, 1992; Wickens, Lee, et al., 2004)이 의사결정자가 다양한 종류의 시스템 실패의 가능성을 진단하도록 지원하는 절차이다. 회계 감사관에 대한 Ricchiute(1998)의 연구를 통해서 정보처리에서 맞닥뜨릴 수 있는 계열적인 편향을 피할 수 있도록, 부감사관이 축적한 증거를 책으로 엮어서, 결정을 내리는 정감사관에게 제시하는 절차가 추천됐다(5.4절 참조).

탈편향 훈련 그리고 절차화를 통합하는 방법으로, Leher(2010)는 효과적인 의사결정을 위한 다섯 가지 전략을 제안하는 연구를 요약하였다.

1. 간단한 문제는 추론이 요구된다. (1유형 시스템에 반영되는 사람의 '배짱'을 이용하는 것은 이것의 일부분이 될 수도 있지만, 2유형 시스템 분석은 거의 모든 경우에 언제나 도움이 된다.)
2. 지금까지 보지 못한 문제는 추론이 요구된다. 여기에 1유형 시스템이 가용하지 않을 수 있다는 점을 고려하면, 어떻게 이러한 과거의 의사결정이 현재의 복합적 의사결정에 조언을 줄 수도 있는지를 결정하도록 과거의 경험을 분석적으로 조사하는 것은 중요하다.
3. 불확실성을 받아들여라. 항상 경쟁하는 가설을 즐겨라. 항상 스스로에게 자신이 모르는 것이 무엇인지를 되새겨라.
4. 당신은 당신이 알고 있는 것보다 더 많이 알고 있다. 일단 당신이 어떤 분야에서 전문지식을 어느 정도 수준으로 개발해 왔으면, 당신의 감정과 '배짱'을 믿어보는 것이 좋다. 그것들은 어떤 선택은 '괜찮아 보이는' 것 같고 다른 것들은 말썽을 일으킬 것 같다고 제안하는, 머릿속에서 대대적으로 일어나는 병행 중인 과정들을 반영할 수 있다.
5. 생각에 대해 생각하라. 상위 인지에 대한 옹호.

## 9.3 디스플레이

효과적인 디스플레이는 선택적 주의의 배치를 거들어서, 전위 의사결정 과정(단서 통합과 진단)을 지원할 수 있다는 좋은 증거가 있다. 예를 들면, Stone, Yates, Parker(1997)는 위험에 관한 자료를 그림으로 표현하면 숫자나 언어 진술로 표현한 경우보다도 더 잘 보정된 위험 의사결정을 지원한다는 것을 관찰하였다. Schkade와 Kleinmuntz(1994)는 대출 심사자의 결정 과정을 연구하였는데, 다양한 대출 신청자의 특성에 관련된 정보를 구조화하는 형식이 (정보 통합에 요구되는 주의 노력의 양을 최소화한다고 지지하는 방향으로) 판단의 성향에 영향을 준다는 것을 발견하였다. Cook과 Smallman(2008)은 계열적인 순서화를 암묵적으로 제안하는 (따라서 계열 편향을 불러오는) 문장에 기초한 설명과 비교했을 때, 전문적 지능 분석을 보여주는 지능 단서의 통합된 그래픽 디스플레이가 확증 편향을 감소시키는 것을 발견하였다.

제3장에서 언급된 근접 부합성 원리가 효과적인 의사결정에도 연관이 있는데, 진단에서 통합돼야 할 필요가 있는 정보의 출처들은 (계열적이 아니라) 동시에, 그리고 디스플레이는 서로서로 가깝게 배치한 근접 공간에서 가용해야 하며, 그래야만 모든 것들이 최소의 노력으로 접근될 수 있다. 대상 디스플레이의 출현특징도 때때로 진단에서 통합 과정을 촉진할 수 있다(Barnet & Wickens, 1988). 그런 점에서 우리는 또한 제4장에서 전위 의사결정 과정과 대응되는, 처리 제어 결함 관리의 진단 단계에서 생태학적 디스플레이가 전문가들을 돕는 것을 보았다.

### 9.4 자동화와 의사결정 지원 도구들

마지막으로, 자동화 그리고 전문가 시스템은 인간 의사결정을 지원하는 데 대한 전망을 제공해 왔다. 이것은 제12장에서 훨씬 더 자세하게 설명될 것이지만, 여기서 연결점을 제시한다. 그러한 지원은 전위(진단과 상태 평가) 그리고 후위(처치, 선택, 행동 방침 추천) 지원으로 대충 범주화될 수 있다. 이러한 이분법은 의학적 결정 도우미의 두 가지 주요 부류에서 잘 설명되고 있는데(Garg et al., 2005; Morrow, Wickens, & North, 2005), 둘 다 약간의 적절한 성공을 즐기고 있는 분야이다. 우리 또한 여기서 언급하는 점은, 인간은 진단적인 문제에 대한 비중과 단서 가치들을 추정하고 컴퓨터는 이러한 가치들의 통합을 수행하는 방식의 절차들(Dawes & Corrigan, 1974; Fischhoff, 2002)은 인간-자동화 의사결정을 협력적인 것으로 만들려는 시도 속에서 인간과 자동화 사이의 (각자) 기능이 우월한 방식으로 무조건 할당하도록 강요한다는 것이다.

## 10. 결론 그리고 다음 장과의 관계

결론적으로, 우리는 의사결정이 복합적이고 상호작용적이고, (예 : 진단과 선택 둘 다에 있는 과잉확신 같은) 공통의 인지적 정보처리 기제들을 발동시키는 다양한 구성요소들을 지니고 있는 것을 보았다. 이 주제는 주의, 지각, 기억이라는 앞에서 등장한 주제뿐만 아니라 제10장에서 우리가 논의할 제한된 자원이란 주제와 또한 연결이 된다. 이 시점에서 우리의 주의를 좀 더 빠르고 자동적인 종류의, 종종 반응시간의 맥락에서 실험실에서 연구되는 의사결정으로 전환하는 것이 적합하다. 그러므로 제9장에서 우리는 이제 시간 압력이 어느 정도 있는 상황에서 신속한 행위를 선택하고 수행하는 의사결정에 집중할 것이다.

## 핵심 용어

가용성 어림법(availability heuristic)

거점 어림법(anchoring heuristic)

계획 오류(planning fallacy)

과잉확신 편향(overconfidence bias)

규범적인 의사결정 연구(normative decision making)

기댓값(expected value)

기저율(base rate)

단서 신뢰성(cue reliability)

단서 진단성(diagnosticity)

단서의 부재(absence of a cue)

대표성 어림법(representativeness heuristic)

도박사의 오류(gambler's fallacy)

만족화(satisficing)

매몰 비용 편향(sunk cost bias)

무엇처럼 어림법(as-if heuristic)

베이지안(Bayesian)

보유 효과(endowment effect)

불확실성(uncertainty)

비선형적인 경향 외삽(extrapolating non-linear trends)

사후 인지 편향(hindsight bias)

선택(choice)

속성 바꿔치기(attributes substitution)

속성별 제거법(elimination by aspects)

손실 혐오(loss aversion)

수행 자원 함수(performance-resource function)

시차 할인(temporal discounting)

어림법/편향(heuristics/biases)

위험(risk)

유병률(prevalence rate)

유용성(utility)

의사결정 피로(decision fatigue)

자연주의적 의사결정(naturalistic decision making)

전망 이론(prospect theory)

전체적인 의사결정(holistic decision making)

절차화(proceduralization)

접근성(accessibility)

정보가(information value)

정보처리(information processing)

정신적 모의진행(mental simulation)

정확성-신뢰 보정 공간(accuracy-confidence calibration space)

준거 틀(frame of reference)

준수의 비용(cost of compliance)

진단(diagnosis)

초두성(primacy)

탈편향(debiasing)

틀 짜기 효과(framing effect)

행위 선택(choice of action)

현저성 편향(salience bias)

확증 편향(confirmation bias)

# 09 행위의 선택

이 전 장에서 진단 또는 상황 평가에 대한 전위 의사결정 과정들이 논의됐다. 이 과정들은 차례로 행위 선택이라는 후위 과정으로 이어진다. 제8장에서 이러한 선택은 일반적으로 신중하고, 느리며, 또한 그 선택의 성과들에 대한 불확실성에 직면해서 이뤄진다. 그 선택의 정확성에 대해서는 주목을 많이 하였지만, 그 선택이 시행되기까지 얼마나 오래 걸리는지에 대해서는 그리 주목하지 않았다. Rasmussen(1986)이 지식 근거형 행동이라고 묘사했던 것이 대표적이다. 그러나 우리는 특히 자연주의적인 의사결정에서 종종 선택은 상대적으로 좀 더 순식간에 그리고 폭넓게 숙고하지 않고 이뤄진다고 언급했다. 많은 통상적인 의료 결정 또는 항공비행 결정의 특징인, 이런 유형의 선택은 규칙 근거형 행동을 실례로 보여준다. 이것은 "만일 X가 발생한다면, Y도 발생한다."는 조건-결과 규칙들의 위계를 작업기억에 끌어들여서 선택되는 행위이다. 머릿속에서 이러한 규칙들을 유심히 살피고, 규칙과 자극 조건을 비교한 후에 의사결정자가 적합한 행위에 착수한다.

이 장은 **기술 근거형 행동**(skill-based behavior)이라고 알려진, 세 번째 유형의 행동으로 선택되는 행위에 초점을 맞춘다(Rasmussen, 1981). 어떤 자극 또는 사상을 (다중 단서들을 꼼꼼히 살피기보다는) 비교적 빠르게 지각한 후에, 그 세상의 상태에 대한 아주 적은 불확실성을 가지고, (행위의 귀결에 대한 불확실성도 일반적으로 아주 적은) 행위를 빠르게 선택한다. 노란불을 보자마자 자동차 브레이크를 밟는 것, 비상 경고가 울릴 때 장치 일부를 꺼두는 것, 또는 베껴야 할 메시지의 부분을 본(또는 들은) 후에 타자기의 자판을 누르는 것 등이 전형적인 예이다. 제8장 서두의 이야기에 나오는 절벽 등반에서 빠르게 행동했던 확보자(belayer)는 기술 근거형 행동을 보여주는 예이다. 기술 근거형 행동에서 정확성과 오류는 여전히 중요하다. (출발 신호에 대한 기술 근거형 반응에서 부정 출발이라는 오류를 범한 운이 없는 단거리 육상 선수를 생각해 보라.) 그러나 기술 근거형 행위에서 응답시간 (response time, RT)에 더 큰 강조를 두고 있다. 비록 이 장에서는 이 용어 '응답시간'을 많은 응용 연구 장소에서 행위를 특징짓는 좀 더 포괄적인 용어라고 생각하지만, 실험실에서는 종종 '반응시간(reaction time)'이라고 측정한다.

많은 다양한 변인들이 실험실 안팎에서 RT에 영향을 미친다(Pitts & Posner, 1967; Woodworth & Scholsberg, 1965). 가장 중요한 변인 중 하나가 어떤 자극 사건이 일어날 것인지에 대한 불확실성의 정도, 그리고 이에 따른 특정 행위 선택의 정도이다. 출발선상에 있는 단거리 선수에게는 자극(출발을 알리는 총소리)에 관한 불확실성이라든가, 어떤 반응(스타팅 블록을 가능한 한 빠르게 박차고 뛰어나가는 것)을 할 것인지에 대한 선택이란 없다. 다른 한편으로 도로상의 잠재적인 장애물을 조심해야 하는 자동차 운전자에게는 자극의 불확실성과 반응 선택 두 가지 모두가 기다리고 있다. 방해물이 왼쪽에서 나타날 경우 오른쪽으로 핸들을 꺾어야 하고, 오른쪽에서 나타날 경우 왼쪽으로 핸들을 꺾어야 하며, 아마도 정중앙에 나타나면 브레이크를 밟아야 할 것이다. 단거리 경주자의 상황은 **단순 RT**(simple RT) 과제를, 차량 운전자의 상황은 **선택 RT**(choice RT) 과제를 설명하는 사례이다.

단순 RT의 실례들은 실험실 밖에서는 자주 일어나지 않는다. 단거리 육상 선수의 출발, 또는 뭔가 잘못됐을 때 로봇 작동을 멈출 준비를 하면서 위험한 로봇 작업을 감독하고 있는 조작자가 그 예이다. 그러나 단순 RT 과제는 다음과 같은 이유로 중요하다. RT에 영향을 미치는 모든 변인들은 반응 선택에 어떤 방식으로 의존하는 변인과 그렇지 않은 변인, 즉 선택 RT에만 영향을 미치는 변인과 전체 반응시간에 영향을 미치는 변인으로 양분될 수 있다. 단순 RT 과제를 실험실에서 수행할 때는, 두 번째 변인 부류를 더 정확하게 연구할 수 있는데, 반응 속도의 측정이 선택의 수준과 관련된 요인들에 의해 오염되지 않기 때문이다. 따라서 다음에 다루는 주제로, 우리는 선택 과제에만 영향을 미치는 변인들을 논의하기 전에 선택 RT와 단순 RT 모두에 영향을 미치는 변인들을 먼저 살펴볼 것이다.

그리고 두 종류의 변인들을 검토하고 나서, 여러 반응시간이 계열을 이루어 연속해서 이어지는 **계열 RT 과제**(serial RT task)에서 무엇이 발생하는지, 그리고 이 과제가 실험실 밖에서 보이는 모습이 어떠한지를 살펴볼 것이다. 마지막으로 반응에 있어서 인간 오류의 원인을 고심해 볼 것이다.

# 1. 단순 및 선택 RT에 영향을 미치는 변인들

실험실에서 단순 RT는 한 자극이 제시되자마자 한 가지 반응을 하도록 피험자에게 요구함으로써 조사된다. 피험자는 자극 출현에 앞서 경고 신호를 받을 수도, 받지 않을 수도 있다. 4개의 주요 변인, 즉 자극 양상, 자극 강도, 시간적 불확실성, 기대가 이 패러다임에서 반응 속도에 영향을 미친다.

## 1.1 자극 양상

여러 연구자들이 청각 자극에 대한 단순 반응시간이 중심 시야에 제시된 시각 자극보다 약 30~50ms 정도 더 빨랐다고 보고하였다(대략적으로 각각 130ms와 170ms 정도)(Woodworth

& Schlossberg, 1965). 이런 차이는 두 감각 양상 간 감각 처리 속도에서의 차이에 기인한다. 대부분의 실제 세계 설계에서는 전방향성이란 특성 때문에 청각 양상이 단순 경고에 더 선호된다는 사실이 언급되어야만 한다. 즉, 머리가 어디를 향해 있는지 상관없이 동일한 속도로 처리될 수 있다. 그러나 양상들 사이에서 선택할 때 환경과 병행 과제의 본질이 고려되어야만 하며, 이는 제10장에서 논의된다.

## 1.2 자극 강도

단순 RT는 자극 강도가 증가함에 따라 그림 9.1에 보이는 함수처럼 점근선 값을 향해 감소한다. 단순 RT는 어떤 일이 일어났다는 결정 과정의 반응 잠재기를 나타낸다(Fitts & Posner, 1967; Teichner & Krebs, 1972). 이러한 결정은 어떤 기준을 넘을 때까지 감각 채널에서 시간 경과에 따른 증거의 집적에 기초하고 있다.

이런 의미에서 단순 RT는 제2장에서 논의되었던 신호탐지 이론처럼 2단계 과정으로 생각해 볼 수 있다. 자극 증거의 집적 속도는 자극의 강도에 따라 빠를 수도 혹은 느릴 수도 있으며, 피험자의 '설정'에 따라 그 기준은 하향 또는 상향 조정될 수 있다. 단거리 육상 선수의 예에서 만약 군중이 만드는 무작위 소음들이 낮춰놓은 기준을 초과한다면 이 준거는 부정 출발을 하게 할 것이다. 한 번 부정 출발을 하면 주자는 실격될 가능성을 줄이기 위하여 기준을 상향 조정할 것이며, 따라서 두 번째 신호에는 출발이 더 느릴 것이다. 그러므로 이 모형은 단순 RT에서 시간적 불확실성을 불확실성의 유일한 출처라고 본다.

## 1.3 시간적 불확실성

자극이 언제 나타날 것인지에 대한 예언 가능성 정도를 시간적 불확실성이라 한다. 이 시간적 불확실성 요인은 경고 신호와 피험자가 반응해야 하는 **명령 자극**(imperative stimulus) 사이에 발생하는 **경고 간격**(warning interval, WI)을 변화시켜서 조작할 수 있다. 단거리 선수의 경우에는 '제자리에' 그리고 '준비'라는 2개의 경고 신호가 제시된다. 그리고 출발 총성은 명령 자극을 나타낸다. 만약 경고 간격(WI)이 짧고 시행 구획에 걸쳐 그 간격이 일정

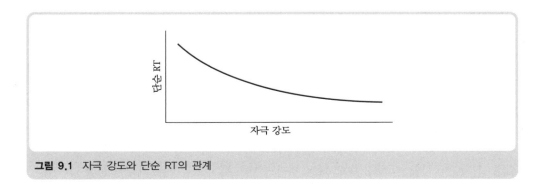

**그림 9.1** 자극 강도와 단순 RT의 관계

하다면 명령 자극은 시간상으로 예언 가능성이 아주 높고, RT는 짧아지게 될 것이다. 실제로 만약 경고 간격이 약 0.5초로 항상 일정하다면 피험자는 예언 가능한 명령 자극과 반응을 동기화해서 단순 RT를 거의 0초에 가깝게 단축시킬 수 있다. 다른 한편으로, 경고 간격이 길거나 또는 가변적이라면 RT는 느려질 것이다(Klemmer, 1957). Warrick 등(1964)은 이틀 반나절까지 되는 경고 간격을 연구했다! 피험자들은 일상적인 타자 업무에 종사하는 비서들이었다. 경우에 따라 타자기에 빨간 불빛이 들어오면, 그들은 자판을 눌러 반응을 해야 했다. 이처럼 변동성이 극단적으로 큰 상황에서조차 단순 RT는 길어봐야 약 700ms 정도였다.

그러므로 시간적 불확실성은 WI의 변동성과 WI의 길이가 증가하면서 발생한다. WI의 변동성이 증가되면 이 불확실성은 환경 속에 있다. WI의 평균 길이가 더 커지면 불확실성은 피험자들 내부의 시기 선택 기제에 있는데, 왜냐하면 피험자들의 시간 간격에 대한 추정의 변동성은 이러한 간격의 평균 기간과 함께 선형적으로 증가하기 때문이다(Fitts & Posner, 1967).

비록 경고 간격은 너무 길면 안 되지만, 준비를 위한 시간이 충분하지 않을 정도로 짧아서도 안 된다. 이러한 특성은 실제 세계의 사례로 설명되는데, 교통신호에서 노란불이 켜 있는 지속시간을 예로 들 수 있다. 이 시간은 운전자가 빨간 신호등이 켜지는 경우 멈춰야 할지 여부를 결정하도록 해주는 준비 기간이라 할 수 있다. 네덜란드에서 수많은 교차로에서의 교통 행동에 대한 연구에서, Van Der Horst(1988)는 많은 교차로의 경고 지속시간(노란 신호등이 켜 있는 시간)이 너무 짧아서 적절한 준비를 할 수 없다는 결론을 내렸다. 2개의 교차로를 선택하여 신호 지속시간을 1초로 늘렸을 때, 1년 동안 빨간 신호등 위반 빈도가 반으로 줄어들었다. 이는 교통 안전에 대하여 함축하는 바가 명확하다. 이와 동시에 Van Der Horst는 과도하게 긴 경고 간격으로 생기는 시간적 불확실성이 있기 때문에 과도하게 긴 경고 간격을 반대하는 경고도 하였다. 차단기를 내리기에 앞서 30초 동안 경고 신호를 주는 도개교에서 발생하는 많은 경고 신호위반의 원인으로 이러한 시간적 불확실성이 기여하고 있다고 언급하였다.

### 1.4 기대

우리는 일정한 경고 간격이 긴 경우에는 짧을 때보다 RT가 짧아지고, 경고 간격이 시행마다 변하면 일정할 때보다 평균 RT가 길어진다는 것을 알았다. 그러나 만일 **변동** 세트 내에서 다양한 경고 간격에 대한 개별 RT들을 살펴본다면, 짧은 WI를 따라 나온 RT는 긴 WI를 따라 나온 RT보다 길다(Darzin, 1961). 이런 차이는 **기대**(expectancy)에 기인한다. 더 오래 기다릴수록 당신은 (기준을 낮춰서) 어떤 행위에 대하여 더 '준비를 한다.' 마침내 신호가 나타나면, 당신은 더 빨리 동작을 취한다. 그러나 (단거리 선수가 출발 신호가 울리기 전 오랜 중단시간이 있은 후에 하게 되는 부정 출발 같은) 오류라는 비용이 있을 수 있다.

RT에 있는 기대와 경고 간격의 역할은 많은 실제 세계 상황에서 대단히 중요하다. 우리가 이미 언급한 대로, 노란 신호등은 빨간 신호등이 켜질 것이라는 경고를 제공하고, 많은 경고성 도로표지판('전방 멈춤')들도 동일한 기능을 제공한다. 교통 행동에 관한 연구에서 Van Der Horst(1988)는 정해진 시간에 따라 작동하는 일반 신호등과 차량 제어 시기 선택 신호등을 비교했다. 후자의 신호등은 차량의 접근을 감지하면 푸른 신호등을 지속시켜 교통 소통을 원활하게 유지한다. 그러나 이러한 신호등은 또한 접근해 오는 운전자에게 푸른 신호가 유지될 것이라는 기대를 증가시킨다. 내재된 기대 원리의 예측과 일관성 있게, Van Der Horst는 차량 제어 시기 선택 신호등이 있는 교차로의 전방에서 진짜 노란 신호등으로 바뀌었을 때, 운전자가 정지하는 데 걸리는 시간이 무려 1초나 증가된다는 것을 발견하였다. 즉, 노란 신호등에 대한 낮은 기대가 정지 반응의 RT를 1초씩이나 증가시킨 것이다.

앞에서 제시된 모든 상황에서는, 비록 명령 자극이 언제 나타날지 기대할 수 없는 경우에도, 사람은 명령 자극(빨간 신호등, 출발 신호)이 실제로 나타날 수 있다는 기대를 하고 있다는 가정 아래서 RT를 측정하였다. 그러나 실제 세계에서는 조작자가 단순히 자극 발생의 증거가 아니라고 생각할 정도로 예기치 않게 나타나는 다른 부류의 사상들이 존재한다. Taleb(2007)은 이런 것들을 '블랙 스완' 사상이라고 기술했다. 여기서 반응시간은 극단적으로 길어지는데, 대략 수초 정도까지 된다(Wickens, Horey, et al., 2009). 그런 '정말 놀라게 만드는' 사상에 대한 반응의 한 가지 예는 전혀 예기치 않은 도로 장애물이 나타났을 때 운전자가 브레이크를 밟는 데 필요한 시간인 '긴급 정지 RT'일 것이다. 그런 RT는 약 2~4초 정도로 추정되었으며, 어떤 사람은 상당히 더 긴 RT를 보였다(Summala, 1981; Dewar, 1993). 더욱이 제2장과 제3장에서 봤듯이, 그런 아주 드문 사상을 나타내는 자극들은 종종 지각적으로 한꺼번에 놓친다.

## 2. 선택 반응시간에 영향을 미치는 변인들

환경적 불확실성에 직면해서 행위들이 선택될 때, 선택 과정 자체와 관련된 일련의 부가적인 변인들이 행위의 속도에 영향을 미친다. 제2장에서 기술된 용어로 보면, 조작자는 자극에서 반응까지 **정보를 전달**(transmitting information)하는 중이다. 이런 특징 때문에 많은 연구자들은 선택 반응시간에 영향을 주는 많은 변인들의 효과를 기술하는 데 정보 이론을 사용하게 되었다.

### 2.1 정보 이론 모형 : Hick-Hyman 법칙

더 복잡한 의사결정이나 선택을 할 경우 반응을 시작하는 데 더 오랜 시간이 걸린다는 것은 직관적으로 인식된다. 한 가지 딱 부러지는 예는 어떤 자극이 일어날 것인가에 대한 불확실성과, 따라서 어떤 행위를 할 것인가에 관한 불확실성이 내재된 선택 RT와 단순 RT 사이의 차이이다. 약 1세기도 넘는 훨씬 이전에 Donders(1869, transcription 1969)는 선택 RT가 단순 RT보다 길다는 것을 예시했다. 불확실성의 양 또는 선택의 정도를 반응시간과 관련시킨 실제 함수를 최초로 제시한 사람은 Merkel(1885)이었다. 그는 반응시간이 자극-반응의 대안들의 수에 대한 부적 가속 함수(negatively accelerating function)라고 하였다. 대안들이 새로 추가되면 RT가 증가되지만, 그 양은 직전의 대안으로 증가된 양보다는 작다.

이 함수의 이론적 중요성은 Hick(1952)과 Hyman(1953)이 (과학사적으로) 동시 개발로 자극 사상의 불확실성을 수량화시키기 위해 정보 이론을 응용하고 있던 1950년대 초에 이르기 전까지는 비교적 알려져 있지 않았다. 가능한 자극의 수, 자극 확률, 그리고 자극 맥락이나 계열적 제약이라는 변인들이 정보 전달에 영향을 준다는 제2장의 내용을 상기해 보라. 이 변인들은 예측 가능한 방식으로 반응시간에 영향을 준다는 것이 Hick과 Hyman에 의해 또한 발견되었다. 우선 이 두 연구자 모두는 선택 반응시간이 그림 9.2a에 나타난 방식으로 **자극 정보**(log$_2$ $N$, 여기서 $N$은 대안들의 수)에 따라 직선적으로 증가한다는 것을 발견하였다. $N$이 두 배가 될 때마다, 또는 다르게 설명하면 자극에 있는 정보가 매번 1비트씩 증가될 때마다 RT는 일정량만큼 증가된다. 그림 9.2a에서 직선 방정식을 자료에 적합시키면, 반응시간은 종종 **Hick-Hyman 법칙**(Hick-Hyman law)이라고 알려진 관계인, RT = a + bH$_s$라는 공식으로 표현될 수 있다. 상수 b는 함수의 기울기(즉, 처리될 자극 정보의 추가 비트로 인해 추가된 처리시간의 양)를 나타낸다. 상수 a는 불확실성 감소와는 관련이 없는 처리 잠재기들의 합을 나타낸다. 예를 들면, 여기에는 자극을 부호화하고 반응을 실행하는 데 걸리는 시간이 포함된다.

Hick-Hyman 법칙이 일반적인 의미에서 타당하다면, 그림 9.2에 있는 함수와 유사한 함수가 제2장에서 기술한 것처럼 다양한 방법으로 정보가 조작될 때에도 얻어질 수 있어야만

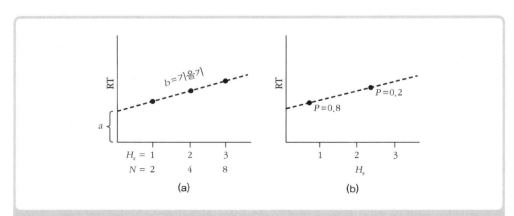

**그림 9.2** 선택 반응시간의 Hick-Hyman 법칙 : $RT = a + bH_1$. (a) 대안들의 수의 함수로서 RT, (b) 2개의 상이한 확률에 대한 RT

한다. Hick(1952)과 Hyman(1953), 두 연구자 모두는 자극-반응 대안들의 수, N을 조작했다. 따라서 그림 9.2a의 가로축(X축)에서 1, 2, 3비트의 정보를 나타내는 점들은 각각 $\log_2 2$, $\log_2 4$, $\log_2 8$ 값으로 바꿀 수 있다. 더욱이 Hyman은 자극 확률과 계열적 기대를 변화시켜서 시행 구획 간에 자극이 전달하는 평균 정보를 조작하였을 때에도 함수는 여전히 직선형임을 보여주었다. 만약 그 확률이 변화되어, N개의 대안이 거의 동등한 확률이 되는 때에, 제2장에서 살펴본 것처럼 정보는 최대이다(예 : 4개의 대안들은 2비트를 산출한다). 확률이 불균형적이라면 **평균** 정보는 감소된다. Hyman은 한 구획의 평균 RT는 정보의 감소에 의해 짧아지고 있는데, 이는 새로운 빠른 RT의 자료 점들이 추가로 발견되어도 여전히 Hick-Hyman 법칙의 함수 일직선상에 놓이는 방식이라는 것을 관찰하였다.

선택 RT는 기대에 의해 강력하게 영향을 (받고, 그다음에 기대는 자극 사상의 확률에 의해 영향을) 받게 된다. 우리가 항상 그렇게 해왔기 때문에 좌회전을 할 기대를 하고 있다면 그 행위를 착수하는 데 빠를 것이고, 좌회전 신호가 갑자기 들어왔을 때는 느릴 것이다. 정보 용어로 표현하면, 기대된 사상은 깜짝 놀라게 하는 사상보다 정보를 덜 담고 있다. 만일 두 가지 사상이 있다면, 기대한 어떤 사상의 발생(예 : 총 80%가 일어나는 사상)은 1비트보다 적게 전달하는 반면에, 깜짝 놀라게 하는 사상은 1비트보다 많이 전달한다. 그러나 만일 우리가 이들 사상 각각에 대하여 RT를 측정한다면, RT 측정치는 여전히 그림 9.2b에 있는 것처럼 Hick-Hyman 법칙이 예측한 직선 위에 직접 떨어질 것이다.

그러므로 Hick-Hyman 법칙은 많은 환경에서 인간은 그림 9.2에 있는 기울기의 역(1/b), 즉 비트/초 단위의 상수로 정의된, 비교적 일정한 **처리** 속도를 가지고 있다는 사실을 잡아내고 있는 것 같다.

## 2.2 속도-정확성 교환

RT 과제에서 그리고 일반적으로 속도가 중시되는 수행에서 사람들은 자주 오류를 범한다. 더구나 사람들은 신속하게 반응하려고 할 때 더 많은 오류를 범하는 경향이 있다. 시간과 오류 간의 상호 의존을 **속도-정확성 교환**(speed-accuracy trade-off, SATO)이라고 한다(Drury, 1994; Fitts, 1966; Pachella, 1974; Wickelgren, 1977). 이전 장에서 우리는 수화물 X선 검사 (McCarley, 2009) 같은 시각 탐색 과제에 있는 속도-정확성 교환을 아주 분명하게 보았는데, 여기서 속도에 대한 압박으로 시각적 표집 과정을 중단하고, 따라서 목표를 놓치게 되는 경우가 있었다. 많은 시각 과제(Drury, 1996), 결정 과제(Mosier et al., 2007; Orasanu & Payne, 2009), 운동 과제(Fitts & Deininger, 1954; 제5장 참조), 교재 훑어보기(Duggan & Payne, 2009), 그리고 스포츠 과제(Bielock et al., 2008)에서뿐만 아니라 일상생활(예 : 과제를 완성하기)에서 확연하게 보이는 식으로, 실제로 SATO는 인간 수행에서 도처에 깔려 있다. 거시적 수준으로 보면, 많은 생산 공장에서 안전과 생산성 사이의 교환으로 생각할 수 있다. 안전은 일반적으로 오류를 방지함으로써 유지되는 반면에 생산성은 전형적으로 작업을 빨리 함으로써 달성된다(Drury, 1996). 그리고 비록 교환이 결코 불가피하지 않음에도 불구하고, 종종 하나에서 다른 것으로 (안전에서 생산량으로 또는 생산량에서 안전으로) 모든 작업의 힘을 옮겨서 더 중점을 두라고 회사 또는 산업체의 지침으로 유도할 수 있다. 다양한 종류의 과제에 걸쳐 SATO가 분명하게 나타나며, Drury(1994)는 어떻게 시각 탐색이 SATO를 가장 강력하게 나타내는 과제인지를 언급하였다.

### 2.2.1 속도-정확성 조작 특성

RT와 오류율은 정보처리의 효율성에 대한 두 가지 차원을 나타낸다. 이 차원들은 신호탐지 이론(제2장)에 있는 적중률과 오경보율의 차원과 어떤 측면에서 유사하다. 더욱이 신호탐지에서 조작자가 반응 기준을 조정할 수 있는 것처럼, 조작자는 또한 상이한 조건하에서 '최적' 수행을 정의하는 다양한 수준에 맞게 속도 대 정확성에 대한 자신들의 설정을 조정할 수 있으며, 이는 앞에 나온 예들로 보여주었다. **속도-정확성 조작 특성**(speed-accuracy operating characteristic, SAOC)은 신호탐지 수행의 수신자 조작 특성(receiver operating characteristic, ROC) 표현과 어떤 의미에서 유사한 RT 수행을 나타내는 함수이다.

전통적으로 SAOC는 두 가지 형태 중 한 가지로 제시될 수 있다. 그림 9.3에서 RT는 X축에 표시되고 Y축에는 정확률(오반응률의 역)에 대한 어떤 측정치가 표시된다(Pachella, 1974). 그림에 표시된 4개의 지점은 속도-정확성의 설정이 이동할 때 네 가지 상이한 시행 구획에서 수집된 평균 정확률과 RT를 나타낸다. 그림으로부터 중간 정도의 속도-정확성 설정의 정보 전달이 가장 효과적인 이유를 쉽게 알 수 있다. 속도를 지나치게 강조하면 정확률은 우연 수준에 머무르게 되고, 아무런 정보도 전달되지 않을 것이다. 반면에 정확성을 지나치게 강조하면 정확률에서의 이득은 거의 없이 RT만 크게 늘어나게 된다. Fitts(1966)와 Rabbitt(1989)는 RT를 사용해서, 그리고 Seibel(1972)은 타자 치기를 채택해서 수행한 연구에서 또한 수행 효율성은 속도-정확성 설정이 중간 수준의 어디쯤일 때 최댓값에 도달한다는 결론이 내려졌다. 더 나아가 이들 연구자는 조작자들이 자신 소유의 기구를 사용하는 경우

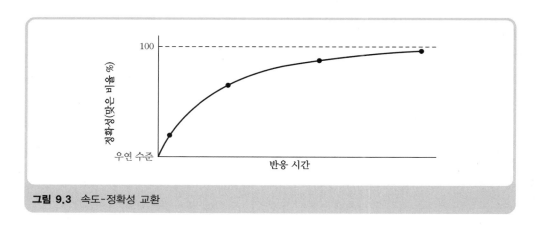

**그림 9.3** 속도-정확성 교환

최대 수행 효율성을 달성할 수 있는 설정 수준을 찾고, 이를 선택한다고 결론지었다(Howell & Kreidler, 1964).

이러한 특성은 타자나 천공 작업 같은 속도가 필요한 과제에서 조작자에게 제공해야만 하는 정확성 지시의 유형과 관련해서 중요한 실용적인 함의를 가지고 있다. 수행 효용성은 속도-정확성 설정의 중간 수준에서 가장 최대가 될 것이다. 효용이 높은 수행을 얻기 위해서 작은 오류율은 참아주는 것이 합리적으로 보이며, 완벽한 수행 또는 0%의 결함을 요구하는 것은 아마도 합리적이지 않을 것이다. 그림 9.3의 속도-정확성 교환을 검토해 보면 그런 이유를 알 수 있다. 조작자에게 어떻게 하든 오류를 하지 말라고 강요하면 어쩔 수 없이 긴 RT가 유발된다.

Pachella(1974)와 Wickelgren(1977)이 실험자들에게 강조한 중요한 경고가 그림 9.3에 함축되어 있다. 그림 9.3의 오른쪽 부분의 기울기가 여기 수준에서는 평편하기 때문에, SAOC가 정확성을 아주 조금 변화(상승)시키기 위해 잠재기에서의 매우 큰 변화를 일으키는 곳이다. 만약 실험자가 피험자들에게 오류를 하지 않도록 지시한다면, 피험자들이 이런 영역에서 조작하라는 것을 강조하게 된다. 그러므로 RT는 매우 가변적일 것이며, 실제 값에 대한 믿을 수 있는 평정은 어려운 일이 될 것이다.

인간요인을 응용하는 관점에서, 속도-정확성 교환의 한 가지 중요한 측면은 무엇이 '최선'인지를 결정하는 데 유용하다는 점이다. 예를 들어, 그림 9.4에 SAOC 선분 A와 B가 두 가지의 자료 입력기기에 대한 조작자의 수행을 보여준다고 생각해 보자. 여기서 정확률은 정확 반응의 승산을 대수로 변환했다(이 변환은 그림 9.3의 곡선을 선형 함수로 만든다)(Pew, 1969). 도표를 살펴보면, 선분 A가 선분 B보다 더 나은 수행을 나타낸다는 것은 의심할 바 없다. 그러나 각 입력기기의 SAOC상에서 오로지 한 수준만 평가하여 (시스템 B에 대한) 1지점의 자료와 (시스템 A에 대한) 2지점의 자료만 얻게 됐다고 생각해 보자. 만약 평가자가 RT만을 (혹은 자료 입력 속도만을) 조사한다면, 그 평가자는 RT가 빠르기 때문에 B가 더 나은 기기라고 결론 내릴 것이다. 만약 교환이 실제로 조작되지 않으면 속도와 정확성 사이에 얼마만큼의 교환이 있는지를 알 수 있는 방법이 없기 때문에, 비록 평가자가 속도와 정확성을 모두 검토하더라도 어느 기기가 우수한지에 대한 결론을 내리기 어려울 것이다. 만약 SAOC를 실제로 만들지 않는다면, 두 시스템의 오류율 또는 잠재기를 서로 같은 수준으로 유지하고, 또한 시스템(그리고 그것의 조작자들)이 가동될 것이라 기대되는 실제 상황과도 같은 수준으로 유지하는 것은 매우 중요하다.

시스템 설계자는 또한 어떤 디자인 세부특징들은 수행을 SAOC 선을 따라서 자동적으로 이동시키는 것처럼 보인다는 점을 인식해야 한다. 예를 들면, 양상들에 모두(문자와 말을 동시에) 중복적 제시를 하면 정확성은 향상되는 것처럼 보이지만, 때때로 처리 속도가 늦어지게 한다(Wickens, Prinet, et al., 2011). 시각적 디스플레이에 더 많은 정보로 더 정밀하게 제시하면 종종 더 정확한 수행으로 이끌 수 있지만(조작자가 정보를 사용한다고 가정할 때)

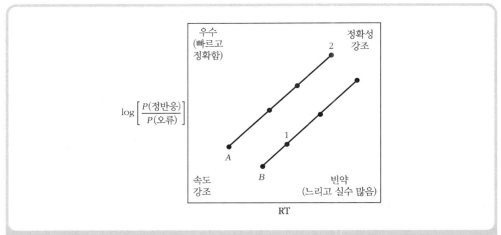

**그림 9.4** 속도-정확성 조작 특성(SAOC). 선분 A와 선분 B는 2개의 다른 SAOC를 나타내고 있다. 1지점과 2지점은 SAOC상에서 반응하는 다른 양식이다.

시간 비용이 더욱 커지게 된다. 예를 들면, 목표 조준 과제에서 오류를 과장해서 표시하면 제5장에서 논의한 것처럼 조준 반응이 길어진다. 터치 화면은 속도 이득이 있지만 정확성의 비용이 있다(Baber, 1997). SAOC 분석을 사용하여 Strayer, Wickens와 Braune(1989)은 노인들이 젊은 사람들보다 반응 면에서는 덜 재빠르지만, 노인들은 또한 더 보수적이고 SAOC의 정확성 부분을 강조하는 수준에서 작업하고 있었음을 보였다.

때때로 긴급상황에서 야기되는 스트레스는 조작자로 하여금 신속하지만 항상 잘 구상하지는 않은 행위를 취하려는 경향을 갖게 하는 속도-정확성 교환을 낳는다. 이런 이유 때문에 핵발전소에서 기기 작동의 규정은 어떤 시스템 결함이 생겼을 때 관리자는 일정 시간 동안 멈춰서 어떤 조작도 하지 않도록 요구하고 있다. 이렇게 함으로써 속도-정확성 교환에서 정확성 설정을 장려한다. 비행과 관련한 의사결정에서, 전문가는 (진단에서) 초보자보다 느리지만 더 정확한 것으로 판명되었다(Orasanu & Strarch, 1994). Orasanu와 Fischer(1997)는 외부 조건과 시간 가용성에 근거해서 속도-정확성 설정을 조정할 때, 좋은 결정을 하는 조종사는 나쁜 결정을 하는 조종사보다 더 효율적이었음을 언급하였다.

속도-정확성 위임(speed-accuracy trade-on, SATON)이라고 묘사될 수 있는, SATO에 대한 중요한 예외가 있다. 예를 들면, 좋은 디자인은 형편없는 디자인보다 더 빠르고 더 정확한 수행을 낳는다(예 : 이 장의 후반부에서 우리가 보게 될 자극-반응 호환성 위배가 있다). Beilock 등(2008)은 스포츠에서 **전문지식 효과**로 반영되는 SATON을 연구하였다. 여기서 (초보자는 아니고) 전문가는 어떤 행위(예 : 골프 퍼팅)에 시간을 덜 주면 더 정확해지기도 한다. 다음 절에서 미시적 교환을 논의할 때 SATON의 예를 더 살펴보겠다.

## 2.2.2 속도-정확성 미시적 교환

SATO가 표현하는 일반적인 상황에 따르면, 속도가 강조되는 조건 혹은 태세는 더 많은 오류를 낳는 경향이 있다고 제안된다. 속도-정확성 관계를 조사하는 다른 방법은, 동일한 시스템(혹은 실험 조건)을 사용하는 시행 구획 내에서 빠른 반응과 느린 반응들에 대한 정확성을 비교하는 것이다. (대안으로 정확 반응과 오류 반응의 평균 RT를 비교할 수 있다). 이러한 비교가 **속도-정확성 미시적 교환**(speed-accuracy micro-trade-off)이다. 이것의 형태는 시행마다 가장 크게 변하는 것이 무엇인지에 달려 있다. 한편으로 기준이 변할 때는 거시적 교환의 전형적 패턴을 낳는다(더 빠른 반응은 더 많은 오류를 낳기 쉽다). 실제로 때때로 기준이 너무 낮을 수 있어서, 반응은 본질적으로 자극이 탐지되자마자 무작위 반응을 해버리는 '재빠른 추측'이 된다(Grattond et al., 1988; Pachella, 1974). 이러한 재빠른 추측의 본질은 보통 가능한 반응 대부분의 본질인 것이다. 반응시간과 정확성 사이의 이러한 정적인 미시적 교환은 RT가 일반적으로 짧고 자극 질이 좋은 경우, 대부분 속도가 필요한 과제들의 특징으로 보인다.

이와는 반대로, Wickens(1984)는 (많은 신호탐지 과제들처럼) 자극 증거가 비교적 약하거나 (많은 결정 과제처럼) 처리가 길고 작업기억에 부담을 부과할 때, 미시적 교환의 정반대 형태가 관찰될 가능성이 더 많아진다고 하였다. 신속한 반응은 더 이상 오류가 더 많지 않으며 오히려 정확할 가능성이 더 높아질 수도 있다. 일반적으로 신호의 질이 좋지 않은 경우, 신호를 분별하는 데 처리 과정이 더 많이 필요하기 때문에 일부 시행에서 반응이 더 길어진다. 그러나 질이 좋지 않기 때문에 오류가 생길 가능성이 더 많아지게 된다. 의사결정 과제가 기억 부담을 부과할 때 처리를 지연시키는 것은 무엇이든 간에 더 큰 (긴) 기억 부담을 가져다줄 것이며, 이는 결정의 질을 더 형편없게 할 것이다. 그래서 미시적 교환의 SATON 형태가 관찰된다. 즉, 오류 반응이 정확 반응보다 더 늦는 경향이 있다.

## 2.3 자극 변별성

RT는 한 세트의 자극이 서로 덜 구별 가능하게 만들어졌을 때 길어진다(Vickers, 1970). Tversky(1977)는 두 자극 간의 유사성이나 차이점을 비교할 때, 자극 내에서 전체 세부특징에 대한 공유 세부특징 비율에 기초해서 판단하는 것이지, 단순히 공유된(혹은 상이한) 세부특징의 절대 숫자에 토대를 두고 판단하는 것이 아니라고 주장하였다. 그러므로 숫자 4와 7은 아주 구분되게 보이지만, 숫자 721834와 721837은 아주 비슷하게 보이는데, 두 경우에서 단지 하나의 숫자가 다르다. 기억에서의 혼란(제6장 참조)과 마찬가지로 RT에서 구별 가능성의 어려움은 제거가 가능한 부분에서 공유된 세부특징과 반복된 세부특징들을 제거하면 줄일 수 있다. 우리는 이것을 제4장 그래프 라벨을 다룬 사례에서 보았다.

## 2.4 반복 효과

여러 연구자들은 일련의 무선 자극에서 자극-반응(S-R) 쌍을 교대로 제시할 때보다 반복하여 제시할 때 두 번째 자극에 대한 RT가 더 빠르다고 언급하였다. 예컨대 만약 자극이 A, B가 지정되어 있을 때, B 다음에 나오는 A보다는 A 다음에 나오는 A에 대한 반응이 더 빠르다(Hyman, 1953). 그러므로 우리는 우편 분류원이 동일한 우편번호가 있는 편지를 연속해서 분류할 때 수행이 점진적으로 빨라지는 것을 볼 수 있다. (S-R 대안의 수) N을 증가시키거나, S-R 호환성을 감소시키거나(다음 부분 참조), 각 반응과 후속 자극 간의 간격을 짧게 하면, 교대 시행보다 반복 시행에서 반응시간이 단축되는 **반복 효과**(repetition effect)가 증가되는 것으로 나타났다(Kornblum, 1973). Bertelson(1965)과 다른 연구자들(Kornblum, 1973)이 수행한 연구에 따르면 자극 반복과 반응 반복 모두에 의해 되풀이되는 자극에 대한 반응이 빨라진다고 하였다.

반복 효과가 관찰되지 않는 두 가지 중요한 상황이 있다. (1) Kornblum(1973)이 요약한 것처럼, 반복 효과는 자극 간의 간격이 길어짐에 따라 감소되며 때때로 **교대 효과**(alternation effect)로 대체될 수 있다(자극 변화 시에 RT가 빨라짐). 이러한 경우에, 제8장에서 논의한 '도박사의 오류'가 상황을 접수하는 것처럼 보인다. 도박사가 계속해서 잃게 되면 '딸 때가 가까워진 것'으로 믿는 것과 마찬가지로, 피험자들은 동일한 종류의 자극이 계속 나타날 것으로 기대하지 않는다. (2) 이 장의 나중에 논의하겠지만, 타자와 같은 일부 베끼기 과제에서 같은 손가락을 빠르게 반복 사용하거나 또는 같은 손에 있는 손가락들을 반복 사용하는 것은 바꿔가며 하는 것보다 더 느릴 것이다(Sternberg, Kroll, & Wright, 1978).

## 2.5 반응 요인들

반응의 두 가지 특징이 RT에 영향을 주는 것으로 보인다. (1) RT는 반응들 간 **혼동 가능성**(confusability)이 증가하면서 늘어난다. 예를 들면, Shulman과 McConkie(1973)는 두 가지 선택 RT는 같은 손의 두 손가락을 쓸 때보다 양손에서 각기 한 손가락씩 사용할 때 더 빨랐는데 그 이유는 같은 손에 있는 손가락들은 서로 변별이 잘 되지 않기 때문이라는 것을 발견하였다. 이와 유사하게, 한 조의 제어장치가 각기 구분되는 모양과 느낌이 있으면 혼동 가능성을 감소시킨다. (2) 반응의 **복잡성**(complexity)으로 반응시간이 길어진다. 예컨대 Klapp과 Irwin(1976)은 음성 반응과 손 반응을 개시하는 시간이 반응의 지속시간과 직접적으로 관계되어 있다는 것을 보여주었다. Sternberg, Kroll 그리고 Wright(1978)는 문자열에 포함된 철자 수가 증가하면, 그 문자열을 타자하는 반응 개시시간도 점진적으로 증가함을 발견하였다.

## 2.6 연습

연습을 하면, RT를 정보에 연계한 Hick-Hyman 법칙 함수의 기울기가 줄어든다(즉, 정보 전달률이 증가한다)는 일관성 있는 결과들이 있다. 사실상, 호환성(다음에서 논의할 것임)과 연습은 이 함수의 기울기에 미치는 영향에서 길항적인 상호 교환이 있는 것으로 보인다. 이 교환은 3개의 연구를 비교하면 잘 예시할 수 있다. Leonard(1959)는 촉각 자극에 대한 손가락 누르기 반응은 호환성이 매우 높아서 기울기 0에 이르기 위해 연습할 필요가 없다는 것을 밝혔다. Davis, Moray와 Treisman(1961)은 들었던 단어를 명명하는 것과 같은 호환성이 약간 낮은 과제에서 기울기 0을 얻기 위해 몇백 번 정도의 시행을 필요로 했다. 마지막으로, Mowbray와 Rhoades(1959)는 약간 더 낮은(여전히 높지만) 호환성을 조사했다. 과제는 피험자가 불빛 가까이 있는 키를 누르는 것이다. 아주 인내심이 강한 한 피험자의 경우 기울기 0에 도달하기 위해 4만 2,000번의 시행을 하였다. 최근의 발견은 비디오 게임에서 훈련과 연습은 전통적으로 실험실 기반 RT 과제에서 있는 (SATO에 있는 정확성을 희생하지 않고) RT의 지각적인 요소를 줄일 수 있다고 한다.

## 2.7 실행제어

속도가 필요한 어떤 반응 과제도 자극이나 사건을 반응 또는 행위와 연합시키는 규칙에 의해 특징지어야만 한다. 컴퓨터에서 프로그램이 주 메모리에 올라오는 데 또는 한 프로그램에서 다른 프로그램으로 전환하는 데 시간이 걸리는 것만큼이나 반응 또는 행위들이 처음에 수행될 때 이러한 규칙이 장전되거나 활성화되기 위한 시간이 얼마간 걸리는 것처럼 보인다. 인간 수행에 있어서 장전되는 이러한 규칙은 제7장과 제11장에서 광범위하게 논의했던 **실행제어**(executive control)의 기능이라고 가정될 수 있는데(Jersild, 1927; Rogers & Monsell, 1995), 이것은 또한 속도-정확성 교환을 이동시키는 것과 같은 기능을 수행한다. 실행제어의 시간 비용을 잘 예시하는 패러다임은 크고 작은 숫자 사이를 구별하기 같은 규칙 하나를 따라서 속도가 필요한 반응을 하다가, 갑자기 홀수와 짝수 구별하기 같은 다른 규칙을 따라서 반응을 하는 것이다(Jersild, 1927; Rogers & Monsell, 1995). 여기에서 바뀐 직후의 첫 반응시간은 차후에 하는 반응시간보다도 더 긴데, 이것은 실행제어에서의 교환 비용을 반영한다. 이 같은 비용은 변환이 기대되지 않을 때 더 커지게 되는 반면(Allport, Styles, & Hsieh, 1994), 때때로 새로운 과제가 기대될 때조차도 여전히 시간이 얼마간 요구된다(Rogers & Monsell, 1995). 제10장에서 이중과제 수행을 논의할 때 과제 변환의 역할을 좀 더 논의할 것이다.

## 2.8 자극-반응 호환성

1989년 6월 영국 상공을 운항하던 민항기 조종사는 엔진 화재를 탐지했지만, 불이 난 엔진 대신 정상적으로 작동하던 엔진을 꺼버리는 실수를 범했다. 결국 불이 난(남아 있던) 엔진마저 추진력을 잃게 되고, 비행기는 엔진이 없는 상태가 되어 추락하고, 많은 희생자를 냈다. 왜 이런 일이 발생했을까? 사고 분석 결과로 디스플레이 제어 관련에서 **자극-반응 호환**

**성**(stimulus-response compatibility)의 위반이 원인이 되는 요인이었음이 드러났다(Flight International, 1990).

우리는 이전 장들에서 이미 호환성의 개념을 살펴보았다. 제3장에서는 디스플레이 요소들과 정보처리 사이의 근접성의 호환성을 논의했다. 그리고 제4장에서는 전시된 요소에 대한 조작자의 정신모형의 정적인 혹은 동적인 속성과 디스플레이 사이의 호환성을 묘사했다. 제5장에서 FORT 변환의 측면에서 호환성을 묘사했다. 지금부터는 디스플레이의 위치 또는 동작, 그리고 조작자의 반응과 관련된 조작자의 위치 또는 동작 사이의 호환성에 관해 논의할 것이다. 우리는 이것을 논의하는 데 상당한 지면을 할애할 것인데, 왜냐하면 이 주제가 역사적으로 공학심리학 연구에서 많이 다루어졌고, 시스템 디자인에 매우 중요하기 때문이다.

제안된 바와 같이, S-R 호환성에는 정적 요소(각각의 디스플레이를 제어하기 위해서 반응 장치를 어디에 위치시켜야 하는가)와 동적 요소(작업장에서 항목들을 제어하기 위해서 반응장치들, 그리고 그와 관련된 동적 디스플레이들은 어떻게 움직여야 하는가)가 있다. 우리는 이것들을 각각 **위치 부합**(locational compatibility)과 **동작 부합**(movement compatibility)이라고 언급한다. 호환성의 대부분은 공간적으로 방향이 있는 행위(예 : 공간상에서 스위치의 위치 또는 공간상에서 스위치의 동작과 연속적인 제어)에 관한 것이지만, 또한 디스플레이와 반응 간 다른 대응으로 특징지을 수도 있다. 대응이 호환되면 될수록 디스플레이의 지각에서 반응으로 가야 하는 정신적 변환에 대한 부담이 적다. 그리고 감각 **양상**(modality)과 디스플레이의 관점에서 보는 호환성도 살펴볼 것이다. 그러나 여러 가지 다양한 형태의 S-R 부합에 공통되는 것은 대응의 중요성이다. 최상의 디스플레이 구성 또는 제어 구성이 오직 하나일 수는 없다. 오히려 각 디스플레이 구성은 특정한 제어 구성에 적합하게 대응될 때에만 호환될 수 있을 것이다.

## 2.8.1 위치 호환성

위치 부합의 기초는 부분적으로는 자극 출처를 향하거나 따라 움직이는 인간의 본능적인 경향성에 있다(Simon, 1969). 이 효과의 우세함을 고려한다면, 호환되는 관계란 제어장치가 관련 디스플레이의 바로 옆에 놓이는 관계이며, 이것을 **병치 원리**(colocation principle)라고 한다. 터치스크린 방식의 CRT 디스플레이는 병치 원리를 적용하여 S-R 호환성을 극대화시킨 디자인의 한 본보기이다(이 개념의 몇 가지 제한점은 제5장 참조). 포인트-앤-클릭(point-and-click)하는 커서는 커서를 손의 직접적인 확장으로 보는 정도에서 어느 정도 간접적으로 도달하고 있다. 그러나 실제 상황에서 많은 시스템이 종종 병치 원리를 지키지 못하는데, 가스레인지의 제어기 위치가 그 예이다(Chapanis & Lindenbaum, 1959; Hoffman & Chan, 2011). 각각의 버너 옆에 병치시킨 제어기(그림 9.5a)는 호환되어 그림 9.5b와 9.5c 같은 스위치 배열로 야기될 수 있는 혼동을 물론 제거해 줄 것이지만, 그림 9.5b와 9.5c가

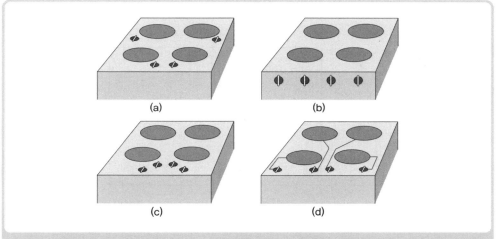

**그림 9.5** 가스레인지 제어기에 대한 가능한 배열. (a) 동일 위치 원칙에 의거한 제어기, (b)와 (c)는 조절기가 덜 부합된 배치를 가지고 있다. (d) 시각적으로 연결시켜 상응성 문제를 해결하는 제어기

가스레인지의 전형적인 형태이다.

불행히도 병치 원리가 항상 달성될 가능성이 있는 것은 아니다. 어떤 시스템 조작자는 자리에 앉은 채, 멀리 떨어진 디스플레이 배열을 손끝으로만 작동시켜야 한다. 전투기를 조종할 경우, 특정 비행 자세에서 발생하는 높은 중력 때문에 전방 장착형 디스플레이와 병치시킨 제어기를 조작하기 위해 팔을 멀리 뻗어 움직이는 것은 불가능하다. 그림 9.5a의 경우에도 요리사는 스위치를 조정하기 위해 작동 중인 다른 뜨거운 버너 위로 손을 뻗어야 하는 경우도 있다. 병치 원리를 지키기 어려울 때 두 가지 중요한 호환성 원리가 **일치**(congruence)와 규칙(rule)이다.

일치라는 일반적인 원리는 제어기의 공간 배열이 디스플레이의 공간 배열과 일치해야 한다는 생각에서 유래되었다. 이 원리는 Fitts와 Seeger(1953)의 연구에 잘 예시되어 있다. 그들은 그림 9.6의 왼쪽에 있는 빛 자극의 세 가지 형태 각각을 위쪽에 표시된 3개의 반응 대응 중 하나(레버를 움직이는 것)에 배정한 다음, RT 수행을 평가했다. 각 경우에 8개의 선택 RT 과제가 부과되었다. 자극 배열 $S_a$에서는 8개의 조명 중 어느 하나를 켤 수 있었다(그리고 $R_a$의 경우 8개의 레버가 각 위치를 차지한다). $S_b$에서는 4개의 단일 조명과 인접 조명의 조합으로 동일한 여덟 가지 위치를 규정할 수 있다. $R_b$에서는 음영으로 그려진 8개 레버위치가 표시되어 있었다. $S_c$에서 8개 자극은 단독 조명 4개와 각 판에서 1개씩 택한 조합으로 만든 4개로 이루어졌다. $R_c$에서 레버는 단독으로 혹은 2개를 동시에 어느 방향으로든 움직일 수 있었다. Fitts와 Seeger는 각 자극 배열에 대한 가장 좋은 수행은 공간적으로 일치하는 반응 배열($S_a$-$R_a$, $S_b$-$R_b$, $S_c$-$R_c$)에서 나타나는 것을 발견했다. 이 같은 이점은 빠른 반응과 높은 정확성으로 나타났다.

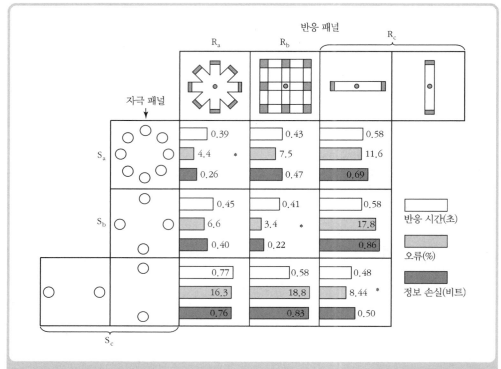

**그림 9.6** 왼쪽의 세 가지 자극 패널은 상단의 세 가지 반응 패널에 각각 배정된다. 자연스러운 양립 배정은 부적 대각선이며 별표(*)로 나타냈다.

출처 : P. M. Fitts and C. M. Seeger, "S-R Compatibility: Spatial Characteristics of Stimulus and Response Codes" Journal of Experimental Psychology, 46(1953), p.203.

그림 9.5c에 나온 가스레인지 상단의 배열도 이런 일치를 이룰 수 있다(Hoffman & Chan, 2011). 그림 9.5의 b와 d의 경우, 직선 배열된 제어기를 사각형 불판 배열(디스플레이)에 일치 대응으로 이끌어낼 방법은 없다는 것에 주목하라. 호환성의 결여를 우회하는 유일한 방법은 그림 9.5d처럼 연결선을 통하는 것이다(Hoffman & Chan, 2011).

일치는 흔히 정렬된 배열의 측면에서 정의된다(예 : 좌-우 혹은 상-하). 앞에서 논의된 영국 상공에서 발생한 1989년 비행기 추락 사고에서, 왼쪽 날개 엔진의 이상 작동을 나타내는 지침계가 조종석의 정중선에서 보면 오른쪽에 있었기 때문에 장소 호환성 위반이 발생했다(그림 3.4 참조).

불일치 시스템을 대응시키기가 왜 어려운가? S-R 호환성 효과를 분석한 Kornblum, Hasbroucq와 Osman(1990)은 자극이 정렬된 순서를 따르는 어떤 차원에 반응 차원을 물리적으로 대응시킬 수 있다면(예 : 자극과 반응 모두 선형 배열인 경우), 그러한 배치에서 어떤 자극이 시작되면 그와 연관된 위치에서 반응하려는 경향성이 자동적으로 활성화된다고 주장하였다. 만약 이것이 올바른 위치가 아니라면 이런 경향성을 억압하고 대신에 정확한 반응 대응을 위한 규칙을 활성화하기 위해 시간 소모적인 처리가 필요하다.

이러한 논의를 보면 자연스럽게 위치 호환성의 두 번째 속성, 즉 일치가 이루어지지 않았을 경우 규칙의 중요성을 살펴볼 필요가 있다(Payne, 1995). 자극 세트를 반응 세트에 대응시키기 위한 단순 규칙들이 가용해야 한다(Kornblum et al., 1990). 이 특징은 Fitts와 Deininger (1954)가 디스플레이의 선형 배열과 제어기의 선형 배열 사이에서 세 가지 종류의 대응을 비교한 연구로 예시될 수 있다. 첫 번째 대응은 일치였다. 두 번째 대응은 가장 왼쪽의 디스플레이가 가장 오른쪽의 제어기와 연결되는 식의 역대응이었다. 세 번째 대응은 디스플레이에 제어기를 순서 없이 배치하였다. 예상한 대로 Fitts와 Deininger는 첫 번째 배열에서 수행이 가장 좋았고, 역으로 대응된 경우는 무작위로 배열된 경우보다는 상당히 우수했다. 역순서의 배열은 단 1개의 규칙으로 대응이 적합했지만, 무작위 대응에는 단순한 규칙이 없었다. Haskell, Wickens와 Sarno(1990)의 연구는 네 가지 직선 디스플레이 배열과 네 가지 제어장치 사이의 대응을 구체화하는 데 필요한 규칙의 수가 RT를 강력하게 예언함을 보여 주었다. Payne(1995)은 다양한 대응들에 대한 추정된 S-R 호환성을 단순히 평가하는 기회를 사용자들에게 주면, 그러한 규칙의 기여 정도가 종종 과소평가되는 것을 지적하였다. 사용자 평정보다 수행이 더 좋은(그리고 나쁜) 인간요인 설계의 더 믿을 만한 지표다.

그러나 일치가 성립되기조차 어려운 경우도 있다. 수직으로 배열된 디스플레이를 제어하기 위해 팔걸이를 따라 일직선으로 배치해야만 하는 스위치들을 생각해 보라. 팔걸이 위의 스위치들을 일치해서 수직 배열로 배치하기는 어렵기(그리고 인체측정학상 잘못된 디자인이기) 때문에 스위치 방향의 축이 디스플레이 방향의 축과 불일치해야만 한다. 그러나 설계자를 안내하는 규칙들이 있다. 이들 규칙은 공간상에서 가장 작은 것부터 큰 순서로 수치를 정렬시키는 대응을 기술하고 있는데, 구체적으로 왼쪽에서 오른쪽으로, 뒤에서 앞으로, (원형 배열에서는) 시계 방향으로, 그리고 드물지만 밑에서 위의 방향으로 움직이면서 증가하는 것으로 한다. 그러므로 좌-우 배열의 제어기를 수직 방향의 디스플레이에 대응시킬 때, 가장 오른쪽 제어기는 가장 위의 디스플레이에 대응시켜야 한다(Weeks & Proctor, 1990).

그러나 불행히도 수직 순서화는 그다지 강력하지 못하다. 한편으로 큰 숫자는 가장 상단의 위치와 부합한다(제5장에서 언급된 바 있음. 또한 전형적인 계산기 숫자판 참조). 다른 한편으로 숫자 순서(1, 2, 3, …)는 영어의 읽기 순서에 따라 위에서 아래로 되어 있다(디지털 전화기의 버튼). 이렇게 서로 갈등적인 전형들을 보면, 제어기(디스플레이)와 일치하지 않는 수직 디스플레이(제어기) 배열이 신중하게 사용되어야만 한다는 것을 알게 되는데, 우리가 동작 호환성을 볼 때 상기될 사안이다(Chan & Hoffman, 2010). 그러나 대응의 잠재적인 모호성을 극복할 수 있는 디자인상의 해결 방안은 그림 9.7에 제시된 것처럼 다른 하나의 배열과 일치하는 방향으로 배열을 약간 비스듬하게 틀어놓는 것이다. 만약 이 사면이 45도 정도로 크게 되면 반응시간은 디스플레이와 제어기 축들이 서로 평행일 때만큼 빨라질 수 있다(Andre, Haskell, & Wickens, 1991). 이는 제5장에서 논의된 바 있듯이 그러한

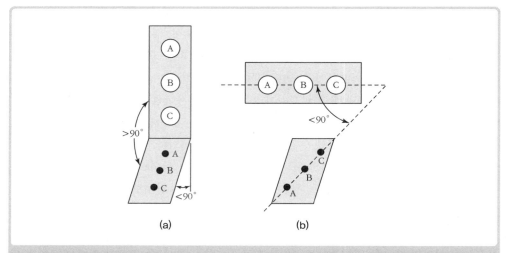

**그림 9.7** 사면을 이용하여 위치 양립의 문제를 해결함. (a) 제어 패널은 약간 아래쪽으로 기울어져 있어서 (90도 각도보다 더 큼), 디스플레이의 배열과 마찬가지로 제어기 A는 B의 위쪽에 그리고 B는 C의 위쪽에 놓이도록 한다. (b) 제어기들이 패널의 왼쪽에서 오른쪽으로 약간의 각을 주어서 디스플레이 배열과 일치하는 좌-우의 순서화가 이루어진다.

정렬의 최소한 FORT 비용을 상기시키는 것이다.

### 2.8.2 동작 호환성

동작 호환성을 개념화하는 가장 좋은 방식은 세상에 있는 어떤 것을 특정한 방향으로 움직이려는 의도를 가진 사용자를 상상해 보는 것이다. 가장 유연하고 자동적으로 이렇게 움직이도록 하려면 제어기를 어떻게 동작시켜야만 하는가? 이 세상에 있는 동작의 대부분은 두 가지 종류 중 하나에 속한다. 공간 동작은 제5장에서 논의되었고, 이는 세상중심적 참조(동-서, 남-북) 또는 자기중심적 참조(좌-우, 전-후, 상-하) 공간 좌표의 측면에서 표상될 수 있다. **개념적 동작**은 위험, 돈, 에너지 같은 양에서의 증진 또는 감소를 포함한다. 이것들은 공간에 직접적으로 대응될 수는 없는 반면, 우리는 전형적으로 '더'를 더 높음으로 간주하고, 따라서 자연스런 또는 호환되는 대응이 존재한다.

　제어기 동작과 제어되는 내용의 동작 간의 호환성에 영향을 주는 다양한 변인들이 있다. 여기에 속하는 것들은 다음과 같다.

1. **대중의 고정관념** : 증가시키려면 제어기를 위로 움직이려는 아주 강한 고정관념이 있다. 다소 약하기는 하지만 여전히 확연한 고정관념은 증가시키려면 오른쪽으로, 제어기가 다이얼이라면 시계 방향으로 움직이는 것이다. 증가시키려고 전방으로 움직이려는 고정관념은 여전히 더 약하기는 하지만, 여전히 존재한다. 그러한 고정관념은 Chan과 그의 동료들이 행한 오랜 역사를 지닌 연구로부터 나왔다(Chan & Chan, 2007a, b,

2008; Chan & Hoffman, 2010, 2011; Hoffman, 1997).

2. **디스플레이 동작의 일치** : 대부분의 동적 제어기는 의도된 방향으로 동작이 성취되었는지를 가리키는 피드백 디스플레이와 연결되어 있고, 되어 있어야만 한다. 대안으로, 많은 추적 과제에서 디스플레이 동작은 보정적인 또는 뒤쫓는 제어 동작이 요구되는 표식(agent)을 제어하는 동작을 신호할 수도 있다(제5장 참조). 제5장에서 FORT와 연관 지어 논의했듯이, 디스플레이가 제어와 일치하는 방향으로 움직일 때 최대 호환성이 성취된다. 예를 들면, 조이스틱 또는 슬라이더처럼 일직선 방향으로 움직이는 선형 제어기는 제어기가 위로 움직이면 표시되는 요소도 위로 움직이는 방식으로 수직 디스플레이와 결합돼야만 한다. 전-후, 좌-우, 또는 순환 제어에서도 이런 흐름의 유사한 일치가 얻어질 수 있다. 자동 선국 시스템의 경우 한 방송 채널에서 다음 방송 채널로 바꾸기 위해 라디오 주파수를 바꾸려면 주파수 튜너를 더 길게 누르도록 만든 것같이 제어기 자체가 공간적으로 움직이지 않는 제어장치의 사례에서는, 디스플레이가 종종 제어기를 위한 대리자 역할을 한다.

3. **부조화 차원들** : 때때로 물리적 제약으로 인해 완전한 일치에 제한이 생긴다. 예를 들면, 역동적인, 진동하는, 또는 지지되지 않는 환경에서 피드백 디스플레이가 선형적이라고 하더라도 회전 방식의 제어기가 선형 제어기보다 더 안정적일 수도 있다. 부조화 차원들에 대한 불이익이 있다. 그러나 부조화가 있을 때도 '증가' 고정관념(앞의 1번)의 강도가 지침으로 역할을 할 수 있다. 예를 들면, 시계 방향으로 제어기를 돌리면 위쪽(또는 오른쪽) 디스플레이 동작이 생겨야 한다(회전식 디스플레이에 대응된 선형 제어기의 경우는 반대임). 이러한 직교 대응의 사례에서, Chan & Hoffman(2010) 그리고 Burgess-Limerick 등(2010)은 수직으로 동작하는 제어장치는(디스플레이가 전-후 또는 좌-우로 움직이는지에 상관없이) 수평으로 움직이는 디스플레이와 잘 대응되지 않는다는 것을 발견했다.

4. **제약 있는 제어장치 대 제약 없는 제어장치** : 제어장치가 단순히 X, Y, Z축을 따라서만 움직이게 제한되어 있거나 '채널화'되어 있을 때, 이것을 한 번에 하나의 축을 따라 제어하는 것은 쉽다. 그러나 제어장치와 디스플레이가 축들의 어느 조합 방향으로도 자유롭게 움직일 때는 그런 순수한 대응은 더 어렵다. 제약 없는 제어장치의 예로, 마우스 패드가 놓인 방향으로 마우스 방향을 정해 놓고, 마우스 커서를 제어하려고 노력해 보라. 제5장에서 나온 심적 회전 함수(그림 5.4)는 안내해 주는 호환성 지도가 된다. 이 그림이 나타내듯이, 제어장치와 디스플레이 움직임 사이에 병행적으로 어떤 공통 매개체를 보존하는 것이 중요하게 되는데, 특히(좌-우) 측면 축의 사례에서 그렇다. 예를 들면, 오른쪽 방향의 제어 동작은 그 동작의 대부분이 상단 방향 또는 전방 방향이라고 하더라도, 어떤 오른쪽 방향의 구성요소를 역시 가지고 있는 디스플레이 동작과 연합되어 있는 식이다. 이는 앞에서 묘사한 것처럼 장소 일치 원리를 고수할 때

비스듬하게 만드는 것과 동일하다.

5. **참조틀 수정** : 세상에 있는 제어되는 요소와 관련해서 디스플레이에서 동작을 분석하면, 제4장에서 논의된 바 있는, 핵심적 구분은 디스플레이가 안정된 디스플레이 틀을 배경으로 움직이는 요소를 묘사하는지 또는 움직이는 틀 안에 안정된 요소를 묘사하는지의 여부이다. 이들 사이의 구분, 그리고 각각의 장점과 비용의 구분은 제4장에서 논의되었다. 동작 호환성의 관점에서, 세상에서 움직이는 것이 무엇이고 그 방향은 제어기와 동일한 방향으로 움직인다는 표상 방식으로, 디스플레이 위에서 움직이는 요소에 대한 일반적인 선호가 있다. 즉, 움직임 부분의 원리는 제어기-디스플레이 운동 방향이 일치되도록 지정한다. 그럼에도 불구하고, 움직이는 세계 또는 안팎이 뒤바뀐 디스플레이를 필요로 하는 때가 있는데, 특히 VR 시스템의 사례 그리고 비행기에서 실감나는 3D 전방 응시 비행 디스플레이의 사례에서처럼 그런 디스플레이가 직접 영상을 표상하도록 설계된 경우를 들 수 있다(제4장 참조).

6. **보상적 상태 디스플레이 대 추적 명령 디스플레이** : 안에서-바깥 그리고 밖에서-안 사이의 구분은 추적하기에서 보상적 디스플레이와 추적 디스플레이 사이의 구분에 밀접하게 관련이 있다. 보정 디스플레이에서 오류 커서의 왼쪽 방향의 움직임이 신호하는 오류의 증가는 제어기의(보정적인) 오른쪽 방향의 움직임을 촉발해야만 한다. 추적 디스플레이에서 따라야 하는 목표의 왼쪽 움직임은 제어기에서 왼쪽 움직임을 촉발해야만 한다. 동작 호환성에 관해 우리가 아는 것에 따르면, 추적 디스플레이는 디스플레이-제어 관련성에서 더 호환성이 높아야만 하는데, 실제로 추적하기에 대한 연구는 이것이 바로 그런 경우임을 제안했다(Roscoe, Corl, & Jesen, 1981; Wickens, 1986). 동일한 방법으로, (위로 움직이는 목표처럼) 오류를 줄이기 위해서 어느 방향으로 움직여야 한다는 방향에 관한 명령을 제공하는 공간 디스플레이는 오류 상태의 상황을 제공하는 디스플레이보다 더 호환성이 있다(Andre, Wickens, & Goldwasser, 1990)(제6장 참조).

7. **Warrick 원리**는 동일 장소 배치를 움직임과 결부시키는데, 디스플레이상의 가장 가깝게 움직이는 요소와 동일한 방향으로 제어기가 움직일 때마다 충족된다. 이것을 그림 9.8c에 예시했는데, 수직 선형 디스플레이의 오른쪽에 회전식 제어기를 위치시키면 Warrick 원리가 충족되고, 왼쪽에 위치하면 위배된다(그림 9.8b). 이 모습은 갈등 원리의 쟁점을 불러낸다. 왼쪽에 제어기를 놓고(그림 9.8b), 방향을 역으로 바꿔서 시계 방향-감소 대응으로 만드는 것의 비용은 무엇이 될까? 그런 환경에서 두 가지 원리가 계속해서 서로 상쇄한다고 예상할 수 있는데, 이제는 운동 방향에 대한 고정관념을 위배하지만 Warrick 원리를 따르고 있다. 물론 이에 대한 지침은 제어기(또는 디스플레이) 배치를 구성해서 모든 원리를 최대화하는 방식(오른쪽)을 택하거나, 적어도 어느 원리도 위배되지 않도록 회전식 다이얼을 선형 눈금자의 아래쪽에 위치시키는 사례가 될 것이다(그림 9.8a).

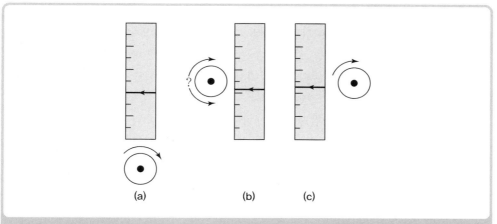

**그림 9.8** 동작 양립 원리를 설명하는 세 가지 제어 디스플레이 형태. 화살표는 디스플레이를 증가시키는 것으로 기대되는 제어기 회전 방향을 나타낸다. (b)는 시계 방향으로의 증가와 동작 근접의 원리가 대립하기 때문에 모호한 디스플레이이다. (c)는 이런 두 가지 개념이 일치되고 있다.

8. **다른 평면에서 움직임** : 우리 논의의 많은 부분이 전면에 있는 디스플레이, 즉 제어장치의 앞에 수직으로 고정시킨 디스플레이를 제어하는 데 초점을 두었다. 그러나 90도 회전된 디스플레이 평면을 가정해 보자(Burgess-Limerick et al., 2010; Chan & Hoffman, 2010). 그런 예로는 탁자 상판 디스플레이 또는 오른쪽, 왼쪽, 천장 면에 고정된 디스플레이(후자는 도킹하려고 우주 정거장을 향해 접근하는 천장 디스플레이를 살펴보는 우주인의 사례일 것이다)(Wickens, Keller, & Small, 2010)가 있다. 제5장에서 논의했듯이, 비록 어떤 대응은 문서로 된 관련 증거가 적더라도, 어떤 제어-디스플레이 호환성이 대응의 용이성에 내재되어 있다. 그러나 특별하게 다음의 경우가 있다.

- 좌-우 일치는 보존되어야만 한다. 그러므로 전면 수직 디스플레이 또는 수평 탁자 상판 디스플레이에서 좌-우 제어를 좌-우 움직임으로 대응시키는 것은 측면(좌-우) 제어 동작들에서 차이가 거의 없다.

- **시야 호환성**(visual field compatibility)은 우세하다(Worringham & Beringer, 1989; Chan & Hoffman, 2010). 여기서 어떤 조작자가 오른쪽 창문과 평행하게 고정된 3D 디스플레이를 보는데, 그가 디스플레이에서 왼쪽으로 움직이고자 하는 요소가 있다고 가정해 보자. 이를 달성하기 위해서 그는 전면에 고정시킨 제어기를 왼쪽으로 움직여야만 하는가?(90도 오른쪽으로 머리를 돌려서 **디스플레이를 볼 때** 제어기의 왼쪽이 디스플레이상의 왼쪽이 됨) 또는 실제 세계에서 그 대상이 움직이는 것이라면 호환성 있는 대응을 만드는 동작으로, 제어장치를 앞으로 움직여야만 하는가? (예 : 이 디스플레이가 오른쪽 창문 밖을 보는, 말 그대로 창이다) 여기서 답은 명백하다. 첫 번째가 시야 호환성을 보존하는 가장 좋은 대응이다(Burgess-Limerick et al., 2010; Chan & Hoffman, 2010). 조작자가 오른쪽을 보면서 디스플레이를 보고 있는 동안, 마치 디스플레이가 몸통과 나란히 정렬되어 있는 것처럼 그는 순간적인 응시의 방향이 아닌 운동 관계를 추론하는 것처럼 보인다.

- 디스플레이를 투과해서 본다. 제5장에서 논의한 대로, 헤드 마운티드 디스플레이를 썼을 때, 축을 벗어난 조망에서 (앞에 기술한 바와 같은) 일부 복잡함이 발생한다. 만일 디스플레이가 디스플레이 창[정각(正角) 디스플레이]너머 저편의 실제 세계 움직임을 묘사하는 것으로 여겨진다면, 호환성 관계가 어떠해야 하는지가 불분명하게 된다(Wickens, Vincow, & Yeh, 2005).

총괄하면, 움직임이 속한 이상적인 참조틀에 미치는 이러한 모든 요인들의 영향은 꽤 복잡할 수 있다. 이 모든 것들의 순수 효과는 일부 확증도 있고 일부 위배되는 증거도 있지만 가중 가산 방식(weighted addictive fashion)으로 작용할 수도 있다고 주장돼 왔다(제4장의 깊이 단서와 유사하다)(Hoffman, 1990; Proctor & Vu, 2006). 명백하게 안전한 설계는 가능한 한 많은 원리를 만족시키려고 노력하는 것이 될 것이다. 제5장에서 논의되었듯이, Wickens, Keller, 그리고 Small(2010)은 FORT(frame of reference transformation)(참조틀 변형) 모형을 개발했다. 이 모형은 주어진 3D 디스플레이-제어 대응 배치를 검사하고, 다양한 위배의 불이익을 통합하고, 전반적 불이익 점수를 반환하는데, 전반적 불이익 점수는 다양한 원리를 위배하는 정도를 집합적으로 기술할 수 있다.

### 2.8.3 변환과 대중의 고정관념

모든 호환성 관계가 공간적으로 정의되는 것은 아니다. 비록 공간적이 아니라 하더라도, 어떤 **변환**을 요구하는 S-R 대응도 호환성을 감소시킬 것이다. 따라서 자극과 반응의 세 쌍 사이의 대응은 1-1, 2-2 그리고 3-3의 대응이 1씩 더해주는 변환을 강요하는 1-2, 2-3 그리고 3-4의 대응보다 더 호환성이 높다. 유사하게, 자극 숫자와 반응 철자(1-A, 2-B, 3-C 등) 간의 관계는 숫자-숫자 또는 철자-철자 대응보다 호환 가능성이 적어진다. 또한 다대일인 어떤 S-R 대응도 일대일 대응보다 호환 가능성이 떨어질 것이다(Norman, 1988; Posner, 1964). 예컨대, 437-HELP 같은 알파벳 전화번호를 입력하는 데 부가되는 인지적 어려움은 전화번호 마지막 자리(H-E-L-P)에서 보이는 철자(자극)와 키(반응)를 3 대 1로 대응시켰기 때문에 발생한다는 것을 생각해 보라. 역설적으로, 제6장에서 우리는 이러한 형태의 전화번호가 기억 부담의 견지에서 더 낫다는 것을 확인하였다. 앞으로 계속해서 보겠지만 인간공학은 항상 그러한 교환을 마주하고 있다.

우리는 앞에서 움직임에 관한 대중의 고정관념을 논의하였는데, 이것은 좀 더 직접적으로 경험과 관련된 대응을 규정한다. 예를 들어, 방 안의 조명과 조명 스위치 움직임 간의 관계를 생각해 보자. 북미에서 호환 관계는 조명을 켜기 위해 스위치를 위로 올리는 것이다. 유럽에서는 부합 관계가 그 반대이다(올리는 것이 끄는 것이다). 이 차이는 미국인과 유럽인 뇌 사이에 존재하는 생물학적 하드웨어상의 어떤 차이와도 명백하게 관련이 없고, 오히려 경험의 기능이다. Smith(1981)는 수많은 언어-도형 관계에서 대중의 고정관념들을 평가했다. 예컨대, 4차선 고속도로에서 '안쪽 차선'이 양쪽에서 볼 때 가장 안쪽의 중앙 차선인지, 바깥쪽의 주행 차선인지 여부를 물었다. Smith는 대중들은 이 범주에서 반반씩 의견이 갈리는 것을 발견했다. 독서 방식에 대한 순서(예 : 영어에서는 왼쪽에서 오른쪽으로 그리고 위에서 아래로 읽는다)에 기초한 어떤 대응도 또한 고정관념화된 것이지만 유태인이나 중국인 독자에게 적용하지는 못한다. 마지막으로, 제4장에서 언급한 것처럼 색상 부호화는 대중의 고정관념에 의해 크게 좌우된다. 예컨대, 붉은색은 위험, 정지 등을 나타낸다.

### 2.8.4 감각 양상 S-R 호환성

자극-반응 호환은 또한 자극과 반응 양상에 의해서 정의된다. Brainard 등(1962)은 만일 자극이 불빛일 때, 선택 RT는 구두 반응보다 손으로 지적하는 것이 더 빠르지만, 자극이 청각으로 제시된 숫자라면 손으로 지적하는 것보다 구두 반응이 더 빠르다는 것을 발견했다. Teichner와 Krebs(1974)는 시각 입력과 청각 입력 그리고 손 반응과 음성 반응으로 정의된 네 가지 S-R 조합이 다음과 같은 순서로 반응시간을 보인다는 결론을 내렸다. 빛에 대한 구두 반응이 가장 느리며, 숫자에 대한 키 누름 반응은 중간 정도의 잠재기를 보이며, 그리고 빛에 대한 키 누름 반응과 숫자에 대한 명명은 가장 빠르다.

Wickens, Sandry, 및 Vidulich(1983), 그리고 Wickens, Vidulich 및 Sandry-Garza(1984)는 이러한 양상에 기초한 S-R 호환성 관계가 과제에 사용된(언어적 또는 공간적) **중앙 처리 부호**(central processing code)에 부분적으로 의존할 것이라고 제안하였다. 실험실이나 모의 항공기에서, 언어 작업기억을 사용하는 과제는 청각 입력과 구두 출력에 의해서 가장 수행이 우수한 반면, 공간 과제는 시각 입력과 손 반응에서 더 잘 수행됨을 발견하였다. 모의 항공기 상황에서, Wickens, Sandry, Vidulich는 동시에 진행되는 비행 과제가 더 어려워질 때 이러한 호환성 효과가 향상됨을 보여주었는데(Vidulich & Wickens, 1986), 이는 호환성이 자원 요구에 영향을 미치는 것을 제안한다.

그러나 제4장과 제6장에서 논의된 것처럼, 언어적 자료를 길게 청각적으로 입력하면 망각할 수 있기 때문에 이 지침들은 단지 자료가 간단할 때에만 유지될 것이다. 더욱이 음성으로 제어할 경우, 유지하고 있는 정보의 시연을 음성 반응이 방해하지 않을 때만 이 지침이 유지될 것이다(Wickens & Liu, 1988). 항공기 조종실이나 컴퓨터 설계 작업장(Baber, Morin, et al., 2011) 같은 다중 과제를 수행하는 환경에서 음성 제어의 특별한 장점은 다음 장에서 더 논의될 것이다.

### 2.8.5 일관성과 훈련

호환성은 일반적으로 시스템 디자인에서 자산으로 간주된다. 그러나 제4장에서 지적한 요점을 되풀이해 보면, 설계자는 제어-디스플레이 관계에서 각각의 호환성을 최적화하려는 노력의 결과로 생기는, 제어-디스플레이 대응 집합에 걸친 **일관성 위반** 가능성도 항상 경계해야 한다. 예컨대, Duncan(1984)은 사람들이 두 과제 모두 호환되지 못할 때보다 한 과제는 호환 대응이 되고 다른 한 과제는 호환되지 못할 때, 두 RT 과제에 반응하는 데 실제로 더 어려운 시간을 갖는다는 것을 발견했다. 환언하면, 두 가지 과제에서 동일한 (그러나 부합되지는 않는) 대응을 가진 일관성이 한 가지 과제에만 있는 호환성의 장점을 능가한다. 따라서 이미 여러 가지 제어-디스플레이 대응이 설치되어 있는 시스템에 다른 기능을 추가할 필요를 느끼는 설계자는 호환성이 있는 추가 장치를 제안할 때 기존에 존재하는 세트(예 : 여러 명령 디스플레이)와 부조화되는지의 여부를 경계해야 한다(Andre & Wickens, 1992).

지금까지 우리는 어떻게 훈련과 경험이 대중의 고정관념의 기저를 형성하는지를 살펴보았다. 훈련은 정확한 정신모형을 형성하기 위해 사용될 수 있다. 또한 훈련이 호환성 있는 대응과 호환성 없는 대응 모두에 있어서 수행을 향상시킨다는 것은 자명하다. 실제로 훈련으로 인한 향상의 속도는 향상의 여지가 더 많기 때문에 호환성이 없는 대응에서 정말로 더 빠르다(Fitts & Seeger, 1953). 그러나 호환성이 없는 대응에 대한 집중적 훈련으로 호환성이 있는 대응을 완전히 따라잡지 못한다. 조작자가 스트레스하에 놓여 있을 때 호환성 없는 대응에서 수행은 호환성 있는 대응의 수행보다 훨씬 퇴행할 것이다(Fuchs, 1962; Loveless, 1963). 그러므로 우리는 "훈련을 통해 문제가 사라질 수 있다."는 주장을 하면서 호환성 없는 디자인을 변명하는 설계자들을 반드시 경계해야 할 것이다.

### 2.8.6 세상에 있는 지식

호환성에 관한 대부분의 논의는 자극과 반응의 대응 또는 디스플레이와 제어기의 대응에 초점을 두었다. 이러한 맥락에서, 좋은 자극-반응 호환성은 어떤 행위를 취해야 할지에 대한 직접적인 시각적 지식을 사용자에게 제공한다고 주장할 수 있다. Norman(1992)은 이것을 '세상에 있는 지식'이라고 언급했는데, 이것은 적합한 반응은 반드시 학습과 경험으로부터 얻어져야만 하는 '두뇌에 있는 지식'과 대비될 수 있다. 그림 9.5a와 그림 9.5d에 있는 가스레인지 상판은 세상에 있는 지식의 예인 반면, 그림 9.5b에 있는 것은 머리에 있는 지식을 필요로 한다.

그러나 세상에 있는 지식의 개념은 단지 사상에 대한 반응이나 사상에 의해 촉발되는 행위들보다는 더 넓은 범위의 행위에 적용된다. 어떤 장비 또는 컴퓨터 접속기를 켜거나 사용할 목적으로 접근할 때, RT 패러다임이 기술한 방식으로 '사상'이 아닌 의도에 반응하고 있는 것이다. 그렇지만 호환성 있는 행위를 지원하는 데 세상에 있는 지식의 중요성은 핵심적

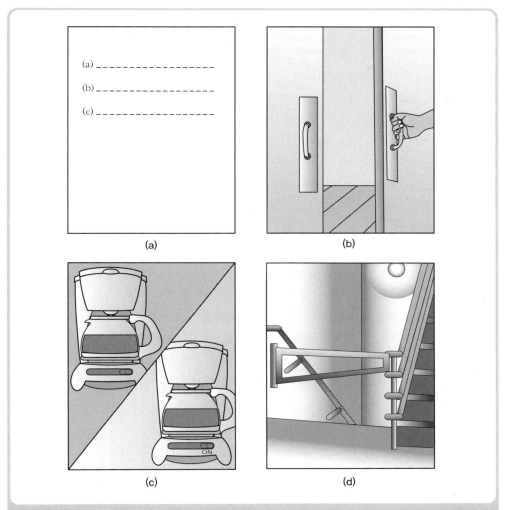

**그림 9.9** (a) 메뉴를 통해 어떤 행위 옵션(세상에 대한 지식)이 있는지를 설명, (b) 잡아서 당길 수 있게 하는 현관 손잡이를 설명, (c) 세상의 지식을 위반하는 예인데, 왜냐하면 윗부분에 제시된 커피 제조기는 어떤 것이 켜는 스위치인지 명확하지 않다. (d) 화재 대피층인 지상층을 지나치지 않도록 막는 차단기

으로 남아 있는데, 특히 처음의 사용자에게 그러하다. 좋은 디자인은 (컴퓨터 화면에 항상 가용한 한 세트의 메뉴 선택 항목처럼) 쉽게 구별될 수 있는, 허용된 행위의 한 세트의 선택을 제공해야만 한다(그림 9.9a). 또는 좋은 디자인이 **권장 선택**(affordance) 또는 강제 기능 (그림 9.9b, 9.9c)이라고 불리는 적합한 행위를 하도록 이끌어줄 뿐만 아니라 부적합한 행위의 '**차단기**'(lockout)'를 제공해야만 한다(그림 9.9d)(Norman, 1988).

## 3. 반응시간의 단계

이 책의 중심 주제는 인간 정보처리와 수행이 일련의 처리 단계들로 개념화될 수 있다는 것이다. 일련의 처리 단계들은 선택적 주의와 감각에서 지각으로, 반응 선택으로, 반응 실행으로 이어지는데, 제1장에서 살핀 바와 같다. 과제 수행에서 어려움과 지연, 그와 더불어 형편없는 시스템 디자인을 위한 처리 방안은 종종 어떤 단계를 대상으로 할 수 있다. 예를 들면, S-R 대응의 문제는 자극 지각의 지연이나 반응 실행에 있는 것이 아니라 지각된 자극 사상에 대한 반응 선택에 있다.

지난 세기, 그리고 그 전의 심리학자들은 이러한 단계들의 실재를 확인하려고 노력해 왔다(Donders, 1869, 1969 번역; Pachella, 1974; Sternberg, 1969). 특히 이들은 세 가지 상이한 기법을 이용하여 각 단계가 수행되는 데 소요된 시간을 확인하거나, 또는 상이한 단계에서 소요되는 처리시간에 영향을 주는 다양한 조작의 효과를 어떻게 정확하게 집어낼 수 있는지를 확인하였다.

**감산법**(subtractive technique)의 예로, 두 가지 상이한 과제에서 한 과제가 다른 과제의 어떤 단계를 분명하게 제거하도록 하는 방식으로 구성하여 얻은 RT들이 비교될 수 있다. 예를 들면, 2개의 반응 중 하나를 선택할 필요가 있는 RT 과제는 'go no-go' 과제와 비교될 수 있는데, 이것은 어떤 자극이 발생한 경우에만 단일 반응을 하고('go'), 다른 자극에는 아무런 행위를 하지 않는 것('no go')이다. 후자의 과제에서 RT가 더 짧은데, (긴 RT에서 짧은 RT를 빼서 생기는) 이러한 차이는 2개의 반응 사이에서 선택하는 데 요구되는 시간(예 : 반응 선택 시간)에 대한 추정치로 간주될 수 있다.

**가산 요인 기법**(additive factors technique)(Sternberg, 1969, 1975)에서, RT에 영향을 주는 2개의 요인(예 : S-R 호환성 그리고 자극 변별성)은 2×2 실험 설계에서 직교적으로 조작된다. 만일 두 요인이 모두 가장 어려운 수준(혼동이 있는 자극에 대한 호환성이 없는 대응)에서 얻은 RT가 단독으로 얻은 각 요인의 효과를 (가산한) 합한 것이라면 두 요인은 서로 다른 단계에 영향을 준다고 가정한다. 즉, 이들의 효과는 가산성이 있다. 이것은 자극 변별성과 S-R 호환성이 더불어 조작되었을 때 관찰된다. 대조적으로, 만일 가장 어려운 조건에서 각 요인 단독으로 예측된 RT보다 더 큰 RT가 얻어진다면(상호작용), 두 요인은 **동일한** 단계에 영향을 주는 것으로 가정된다. 이런 결과는 S-R 호환성이 대안의 개수 N과 더불어 조작되었을 때 발생한다(Wickens & Hollands, 2000).

마지막으로, 연구자는 뇌가 다양한 조작을 수행하는 데 걸리는 시간을 이해하는 데 도움이 되는 사건 유발 뇌 전위라는 **정신생리학적 기법**(psychophysiological technique)을 이용할 수 있다(Coles, 1988; Donchin, 1981; 제11장 참조). 두피 표면에서 기록된 전압 변동의 구성 요소들은, 부분적으로 청지각, 시지각, 행위 선택 같은 조작을 반영한다고 알려진 뇌의 영역 가까이서 이런 변동이 나타나는 덕분에 다양한 정신 조작과 뚜렷하게 연합될 수 있다. RT

과제의 측면들을 더욱 어렵게 만듦으로써 이러한 구성요소들의 잠재기 변화는 내재된 뇌 기능의 처리 속도에서의 변화를 추론하는 데 사용될 수 있다. 예를 들면, S-R 호환성에서 감소는 지각을 반영하는 ERP 구성요소들의 잠재기에는 영향을 주지 않지만, 반응을 반영하는 잠재기에는 영향을 줄 것이다(McCarthy & Donchin, 1979).

종합하면, Wickens와 Hollands(2000)에서 좀 더 상세히 기술된 바 있는, 세 가지 기법에서 얻은 자료들은 제1장에서 묘사된 정보처리 모형과 상당히 일관성이 있다. 그러나 이들 자료는 또한 처리 단계의 구분을 문자 그대로 받아들여서는 안 된다고 제안하고 있다. 외부 사상에 대하여 속도가 요구되는 반응을 할 때, 마치 일반적으로 뇌가 다량의 병렬처리 능력이 있는 것처럼(Meyer & Kieras, 1997; 제3장과 제10장 참조), 연속적인 단계들에서 이뤄지는 처리 사이에 약간의 중첩이 분명하게 있다(McClelland, 1979). 그러나 이 책에서 논의된 다른 모형 그리고 구상처럼, 단계 개념은 유용한 것이다. 단계 개념은 탐지의 민감도와 반응 편향 사이에, 의사결정의 진단과 선택 사이에(제8장), 결정 지원의 진단과 선택 사이(제12장), 시분할의 초기 처리 자원과 후기 처리 자원 사이(제10장) 등 다른 분야에서 만들어놓은 여러 군데의 이분법들과 일관성이 있다. 단계 개념으로 통합하는 가치는, 그것이 완벽하게 정확하다는 측면에 어떤 한계가 있더라도 이를 보상하고도 남는다.

## 4. 계열 반응

지금까지는 주로 RT 과제에서 단지 하나의 개별 행위에 대한 선택을 논의하였다. 그러나 실제 생활에서 많은 과제는 하나의 행위만을 요구하는 것이 아니라 일련의 반복적 행위를 필요로 한다. 타자 또는 조립 라인에서의 작업이 두 가지 예들이다. 단일 RT에 영향을 미치는 요인들은 반드시 반복 수행의 속도에 영향을 미치는 데도 중요하다. 그러나 여러 자극을 순서대로 처리해야 한다는 사실은 순차적인 자극과 반응의 시기 선택과 진행 속도와 관련된 한 세트의 영향들이 추가적으로 작용하도록 만든다.

계열 혹은 반복 반응에 대한 논의에서, 처음에 우리는 2개의 자극이 빠르게 연속으로 제시되는 가장 단순한 사례에 집중한다. 이것은 **심리적 불응기**(psychological refractory period) 패러다임이라고 한다. 다음으로 빠르게 연속되는 계열 RT 과제에서 여러 자극에 대한 반응 시간을 검토할 것이다. 이런 논의들로 인하여 우리는 타자와 같은 베끼기 기술을 분석하게 된다.

### 4.1 심리적 불응기

심리적 불응기 혹은 PRP(Kantowitz, 1974; Meyer & Kieras, 1997; Pashler, 1998; Telford, 1931)는 두 RT 과제가 시간상 가까이 제시되는 상황을 말한다. 두 자극 간의 시간상 분리를 **자극 간 간격**(interstimulus interval, ISI)이라고 한다. ISI가 짧을 때 두 번째 자극에 대한 반응

은 첫 번째 자극을 처리하느라 지연된다는 것이 일반적인 발견이다. 예를 들면, 피험자가 소리($S_1$)를 듣자마자 키($R_1$)를 누르고, 빛($S_2$)을 보자마자 말($R_2$)을 해야 하는 상황을 생각해 보자. 만약 소리가 제시된 후 1/5초 정도 후에 빛이 제시되었다면, 소리에 대한 처리 때문에 빛에 대한 반응($RT_2$)이 느려질 것이다. 그러나 소리에 대한 반응시간인 $RT_1$은 빛에 반응하는 과제로 인한 영향을 전혀 받지 않을 것이다. $S_1$에 대한 반응을 요구하지 않고 $S_2$에만 반응하는 단일과제 통제 조건에서 일반적으로 $RT_2$에 포함된 PRP 지연을 측정한다.

PRP를 가장 그럴듯하게 설명해 주는 모형은 인간을 정보의 **단일 통로 처리기**(single-channel processor)라고 제안하는 모형이다. PRP에 대한 단일 통로 이론은 Craik(1947)가 최초로 제안했으며, 이후 Bertelson(1966), Welford(1976), Kantowitz(1974), Meyer와 Kieras(1997), Pashler(1998) 그리고 Welford(1967)에 의해 표현되고 정교화되었다. 이것은 한 번에 하나의 자극이나 정보만을 처리할 수 있다는 정보처리의 병목으로서 주의를 보는 Broadbent(1958)의 개념과 부합이 된다(제3장 참조). PRP 효과를 설명하는 그림 9.10에서 보듯이, 단일 통로 이론은 $S_1$에 대한 처리가 의사결정/반응 선택 단계의 단일 통로 병목을 일시적으로 '차지'해 버린다고 가정한다. 그러므로 $R_1$이 일어날 때까지(단일 통로가 $S_1$의 처리를 끝낼 때까지), 처리기는 $S_2$의 처리를 시작할 수 없다. 그러므로 두 번째 자극인 $S_2$는 단일 통로 병목이 열릴 때까지 그 '문' 앞에서 대기해야 한다. 이 대기 시간이 $RT_2$를 연장시키는 것이다. $S_2$가 일찍 도착할수록 더 오랫동안 대기해야만 한다. 마치 서비스 제공자(상점 주인)가 가게 문을 열 때까지 대기자가 고정된 길이의 기다리는 줄에 도착하는 것과 비슷하다. 이 관점에 따르면, $S_1$의 처리를 연장시키는 것은 무엇이든 $RT_2$의 PRP 지연을 증가시킬 것이다. 예를 들어, Reynold(1966)의 연구는 만약 $RT_1$의 과제에 단순 반응이 아니라 선택이 포함된다면 $RT_2$에서 PRP 지연이 길어진다는 것을 보여주었다.

정보처리 활동의 순서상 병목은 처리 순서의 말초 감각의 맨 처음($R_1$이 발생할 때까지 눈가리개를 제거하지 않는 것과 같은)에 위치하지는 않을 것으로 보인다. 만약 그런 경우라면 $RT_1$이 완결될 때까지 $S_2$에 대한 어떠한 처리도 시작하지 않을 것이다. 그러나 제6장에서 살펴본 것처럼, 많은 지각이 비교적 **자동적**이다. 그러므로 처리기가 $S_1$에 대한 반응 선택에 완전히 몰두해 있더라도 $S_2$에 대한 기초적인 지각 분석은 진행될 수 있다(Karlin & Kestinbaum, 1968; Keele, 1972; Pashler, 1998). 지각 처리가 끝난 후에만 비로소 $S_2$는 $R_1$이 끝나기를 기다려야만 한다. 이들 관계는 그림 9.10에 있다.

PRP 패러다임에서, 단일과제 기준점을 넘어선 이후에 $RT_2$에서의 지연은 ISI의 감소($S_2$가 더 일찍 도착한다) 그리고 RT의 반응 선택 복잡성의 증가와 더불어 (일대일 근거로) 선형적으로 증가하게 되는데, 왜냐하면 이 두 가지가 대기시간을 증가시키기 때문이라고 우리는 보고 있다. 이런 관계는 그림 9.11에 있다. 단일 통로 병목이 완벽하다(즉, $S_2$ 지각 이후의 처리는 $R_1$이 방출되기 전에는 시작하지 않는다)고 가정하면, ISI와 $RT_2$ 사이의 관계는 그림 9.11에 있는 것과 같이 될 것이다. ISI가 ($RT_1$보다도 훨씬 더) 길 때 $RT_2$는 전혀 지연되지

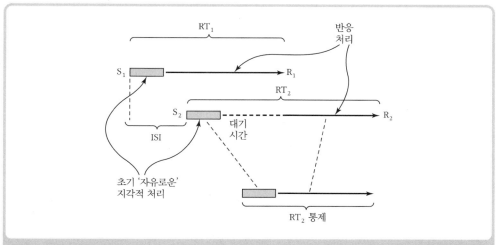

**그림 9.10** 심리적 회복기에 대한 단일 채널 이론의 설명. 이 그림은 RT₁에 관여된 처리에 의하며 RT₂에 부과된 지연(대기시간 : 점선)을 보여주고 있다. 이 대기시간은 단일과제 통제(하단)에서보다 이중과제 상황(상단)에서 RT₂를 만든다.

않는다. ISI가 $RT_1$의 길이 정도까지 짧아질 때 일부 시간적 중첩이 발생되고 $RT_2$는 대기 시간 때문에 연장된다. 이 대기시간은 ISI가 좀 더 단축될수록 선형적으로 증가될 것이다.

그림 9.11에서 보듯이 ISI와 $RT_2$ 간의 관계는 상당히 많은 양의 PRP 자료를 어느 정도 성공적으로 기술한다(Bertelson, 1966; Kantowitz, 1974; Meyer & Kieras 1997; Pashler, 1998). 그러나 지금까지 제시된 일반적 단일 통로 모형에는 세 가지 중요한 단서 조건이 있다.

1. ISI가 아주 짧을 때(약 100ms 이하), 질적으로 다른 처리 순서가 일어난다. 두 반응이 함께 방출되고(집단화) 또한 둘 다 지연된다(Kantowitz, 1974). 이것은 마치 두 자극이 시간적으로 아주 가깝게 함께 일어나서 단일 통로 문이 $S_1$을 여전히 받아들이는 중이라도 $S_2$는 그 문을 통과하는 것과 같다(Kantowitz, 1974; Welford, 1952).
2. 때때로 ISI가 $RT_1$보다 더 클 때조차 $RT_2$가 PRP 지연으로 시달리는 경우도 있다. 즉, $R_1$이 종결된 후에 $S_2$가 제시된 경우이다. 이런 경우의 지연은 피험자가 수행한 $RT_1$의 반응에 대한 피드백을 모니터링할 때 생긴다(Welford, 1967).
3. 제10장에서 더 논의할 예정이지만, 별도의 지각적 자원 그리고 아주 많은 훈련을 사용할 때, 때때로 병목은 전부 회피될 수 있다(Schumacher et al., 2001).

실험실 너머 저 바깥의 실제 세계에서 사람들은 단순한 자극 쌍보다는 신속히 처리해야만 하는 일련의 자극 사상들을 접할 가능성이 더 많다. 이런 상황은 실험실에서 계열적인 RT 패러다임으로 실현될 수 있다. 여기서 일련의 반응시간 시행들은 시간상 서로 아주 가깝게 일어나므로, 단일 통로 이론이 설명하는 방식으로 이전 자극 사상의 처리에 의해서

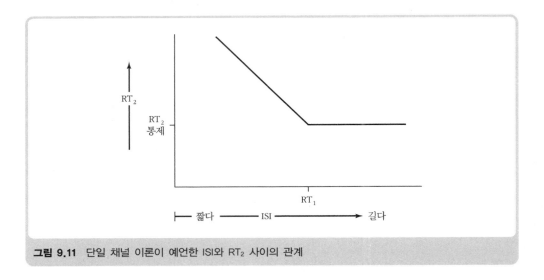

**그림 9.11** 단일 채널 이론이 예언한 ISI와 RT₂ 사이의 관계

각 반응은 영향을 받는다. 많은 요인들이 이 패러다임에서의 수행에 영향을 미치는데, 그런 과제들의 전형적인 예로는 품질 관리 검사로부터 타자하는 일, 생산 라인의 조립 공정, 시창(sight reading)까지 여러 가지가 있다. 많은 이러한 변인들은 이 장의 초반부에서 논의되었다. S-R 호환성, 자극 변별 가능성, 연습 등은 단일 시행 선택 RT에 영향을 미치는 것만큼이나 계열 RT에도 영향을 미친다. 그러나 이들 변인 중 일부는 연속적 자극의 순차적 시기 선택을 형성하는 변인들과 중요한 방식으로 상호작용한다.

## 4.2 결정 복잡성 : 결정 복잡성의 이득

이전에 우리는 선택 RT와 전이된 정보의 양 사이에 선형적 관계(Hick-Hyman 법칙)가 어떻게 인간 조작자의 용량 제한을 반영하는 것으로 보이는가를 설명했다. 비트당 초로 표현되는 이 함수 기울기는 거꾸로 뒤집어, 초당 비트로 표현할 수 있었다. Hick-Hyman 법칙에 대한 초기 해석에 따르면, 초당 비트로 표현된 수치는 인간 처리 시스템의 상한계 또는 **대역폭**(bandwidth)의 추정치를 제공한다고 가정되었다. 결정이 점점 더 복잡해짐에 따라 결정 비율도 비례해서 느려진다.

만약 인간이 실제로 정보처리를 할 때 초당 비트의 측면에서 일정한 고정 대역폭을 정말로 가지고 있다면, 이 한계는 우리가 단위시간당 적은 수의 고비트 결정을 하든, 많은 수의 저비트 결정을 하든 동일하여야 할 것이다. 예를 들면, 만약 초당 1개의 6비트 결정이 우리의 최대 수행이라면, 초당 2개의 3비트 결정이나, 초당 3개의 2비트 결정, 혹은 초당 6개의 1비트 결정을 할 수 있어야 한다. 그러나 실제로는 이런 교환은 유지되는 것 같지 않다. 인간 수행에서 가장 제한적인 한계는 초당 처리될 수 있는 비트의 개수보다 초당 내릴 수 있는 결정의 절대적인 개수와 더 관련되어 있는 것으로 보인다. 사람들은 초당 6개씩 1비트

결정의 형식보다는 초당 1개씩 6비트 결정의 형식으로 전달되는 정보를 더 잘 처리할 수 있다(Alluisi, Muller, & Fitts, 1957; Broadbent, 1971). 그러므로 결정의 빈도와 복잡성이 상호 교환되지는 않는다.

다수의 단순 결정에 우선해서 소수의 복잡한 결정이 갖는 이득은 **결정 복잡성 이득** (decision complexity advantage)이라고 정의되기도 한다. 이러한 발견은 결정 복잡성과는 독립적으로, 다른 처리 단계의 속도를 제한하는 중앙 처리 과정 또는 의사결정 속도에 어떤 기본적인 제한이 있음을 제안한다. 이러한 제한은 가장 단순한 종류의 결정을 할 경우에도 초당 약 2.5개 정도이다(Debecker & Desmedt, 1970). 그러한 한계는 운동 산출이 의사결정 능력을 앞지르는 이유를 잘 설명할 수 있을 것이다. 우리가 빨리 말하는 중에 간혹 끼워 넣는 '어~'나 '음~' 소리는 결정 체계가 적절한 반응을 선택하는 중에 체계의 한계에 의해 느려지는 기간을 운동 체계가 비정보적 반응으로 채워 넣는 예라고 하겠다(Welford, 1976).

결정 복잡성 이득의 가장 일반적인 함의는 다수의 단순 결정보다는 소수의 복잡한 결정을 요구함으로써 정보 전달에서 더 큰 이득이 성취될 수 있다는 점이다. 많은 연구자들은 이것이 합리적인 지침이라고 제안한다. 예를 들면 Deininger, Billigton과 Riesz(1966)는 버튼 식 다이얼을 평가했다. 눌러야 할 철자 개수는 5, 6, 8, 11개였는데, 이들은 각각 22, 13, 7, 그리고 4개의 대안이 있는 어휘 중에서 뽑아낸 것이다(각각 22.5비트임). 다이얼 돌리는 전체 시간은 가장 단위 수가 짧은 경우(철자 5개)에 가장 적게 걸렸으며, 이 경우에 철자 개수당 가장 큰 정보 내용을 전달한다.

다른 예로서, 컴퓨터 메뉴 설계에서 일반적인 지침에 따르면, 사람들은 좁고 깊은 메뉴보다는 넓고 얕은 메뉴가 있는 경우 더 잘 작업한다. 넓고 얕은 메뉴의 경우, 각 선택은 꽤 많은 대안(결정당 정보는 더 크다) 중에서 되지만, 그러나 각 대안에 속한 층은 몇 개 되지 않는다(결정 개수는 적다). 반면 좁고 깊은 메뉴의 경우, 선택은 간단하지만 층이 많아 메뉴의 맨 밑바닥에 도달하기까지 여러 선택을 해야만 한다(Commarford et al., 2008; Shneiderman, 1987).

결정 복잡성의 이득은 또한 컴퓨터에 정보를 입력하는 것과 같은 어떤 자료 입력 과제에 대한 함의도 가지고 있다. 예를 들면, Seibel(1972)은 텍스트에 중복이 더 많아지게 만드는 것(키 누름당 정보가 더 적음)은 어떤 키 반응이 만들어질 수 있는 속도(초당 결정)를 증가시킬 것이지만, 전체 정보 전달 속도(초당 비트)는 감소시킬 것이라는 결론을 내렸다. 이들 자료에 따르면, 각 철자가 평균적으로 제공하는 1.5비트보다 더 많은 정보를 각각의 키가 전달하도록 하면 처리 효율성은 증가될 수 있다(제2장 참조). 한 가지 방법은 별도의 키에 *and*, *ing*, *th*같이, 특정 단어나 흔히 사용되는 철자 순서를 나타내도록 하는 것이다. 이 '신속한 타자'의 기법은 실제로 조작자가 훈련을 조금만 받아도 종래의 타자 방식보다 더 효율적이라는 것이 증명되었다(Seibel, 1963). 그러나 만약 이러한 고정보 단위들이 너무 많다면, 키보드 자체가 중국 문자 타자기의 키보드처럼 과도하게 커질 것이다. 이 경우 키보드 자체

의 크기가 커지면 키의 위치를 찾고 손가락을 한 키에서 다른 키로 옮기는 데 걸리는 시간
이 증가되기 때문에 효율성은 감소할 것이다(제5장 참조). 즉, 반응 실행에서 발생되는 지연
이 반응 선택에서 발생되는 어떤 이득을 상쇄할 것이다.

이러한 운동 제한에 대한 한 가지 해결책은 **코드화**(chording)를 허용하는 것인데, 이는
계열적인 키 누르기가 아닌 동시적인 키 누르기가 요구되는 법정 회의 진행 전사기에서 볼
수 있다(Baber, 1997). 이 접근법은 키의 개수를 비율적으로 증가시키지 않고, 가능한 키
누름의 수를 증가시킬 것이다. 그러므로 다섯 손가락 자판의 경우, 다른 키에는 어떠한 손
가락 동작을 요구하지 않고 $2^5 - 1$, 즉 31개의 코드가 가능하다. 10개의 자판에 열 손가락을
할당할 경우는 $2^{10} - 1$, 즉 1,023이 된다. 결정 복잡성 이득과 일관성 있게, 많은 연구들은
코드화에서 키 누름당 가용한 정보가 많을수록 더 효율적인 정보 전달 수단을 제공할 수
있음을 보여주었다(Conrad & Longman, 1965; Gopher & Raij, 1988; Lockhead & Klemmer,
1959; Seibel, 1963, 1964).

결정 복잡성의 이득을 활용하는 것 외에도, 코드화 키보드는 또한 시각이 다른 지점에
고정된다 할지라도 쉽게 조작될 수 있기 때문에 유용하다. 그러나 코드화 키보드가 지닌
주요 문제점은 때때로 임의적인 손가락 배정을 익히는 데 시간이 오래 걸린다는 것이다
(Richardson, Telson, et al., 1987). 한 가지 해결 방안은 시각 심상을 활용하는 것으로, 코드
화하는 손가락을 철자의 이미지처럼 '보이게 하는' 방식으로 배정하는 것이다. 그러한 코드
화 키보드를 Sidorsky(1974)가 디자인했는데, 그림 9.12에 있는 도식을 따른다. 3개의 손가

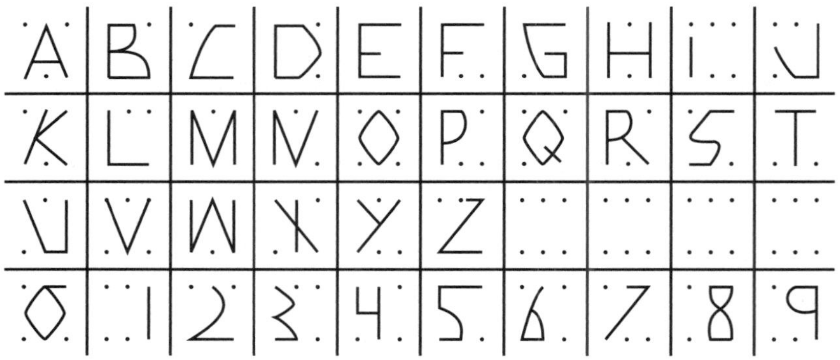

**그림 9.12** Sidorsky가 고안한 철자 모양 키보드는 영미 철자에 대한 누름쇠의 형태를 시각 이미지를 사용
해서 상세화하고 있다. 여기에는 3개의 키가 있으며, 이 중 하나의 키는 반드시 두 번 눌러야 한다. 작은 점
들은 눌러서는 안 되는 키이다. 각 철자의 첫 번째 줄은 첫 번째 키 누름을 나타낸다. 연속적으로 눌러진 키
는 철자의 시각 패턴에 근접하는 운동 패턴을 갖는다.

출처 : C. Sidorsky, Alpha-dot : A New Approach to Direct Computer Entry of Battlefield Data(Arlington, VA : U.S. Army
Research Institute for the Behavioral and Social Sciences, 1974), Figure 1.

락을 이용해서 조작자는 각 철자에 대해 두 번씩 누르는데, 이것은 위 열에서부터 아래 열까지 '칠하기(painting)'를 하는 것이다. 그림에서 점들은 눌러지지 않는 키들이다. 일단 조작자가 특별나게 특유한 철자 모양을 기억하고 나면, 더 이상 학습이 거의 요구되지 않는다. 그리고 Sidorsky는 피험자들이 이러한 철자에 대해 종래의 키보드를 사용하는 것의 60%에서 110% 정도 수준으로 빠르게 칠 수 있음을 발견하였다(Gopher & Raij, 1988 참조). 이러한 코드화 키보드는 단지 한 손만 필요하기 때문에 다른 손으로 제어하는 마우스와 사이좋게 사용할 수 있다.

## 4.3 진행 속도

진행 속도 요인은 조작자가 어떤 한 자극에서 다음 자극으로 진행하는 상황을 규정한다. 진행 속도 계획은 **강제 진행 속도**(force paced)로 유지될 수도 있는데, 조립 생산 라인의 이동 벨트를 따라가는 장비의 움직임이 그 예이다. 여기서 벨트의 속도는 실험실에서 자극 간 간격(ISI)으로 정의되는 것, 또는 진도를 따라가기 위해 반응들이 실행되어야만 하는 속도를 규정한다. 계열적 RT에서 강제 진행 속도의 다른 사례는 연설자의 속도를 맞춰야만 하는 UN 동시통역사(Killian, 2011), 또는 법적 진술을 베끼는 법정 속기사가 있다. 그렇지 않으면, 진행 속도 계획은 **자기 진행 속도**(self paced)로 유지될 수도 있다. 여기서 처리돼야 할 다음 자극은 이전 반응이 수행되고 난 후 일정 시간이 지날 때까지 나타나지 않는다. 이 시간은 **반응 자극 간격**(response-stimulus interval, RSI)이라고 정의된다. 예를 들면, 악보를 처음 보고 바로 연주하는 피아노 음악에서 악보에 있는 음표들이 자극이고, 연주가는 이것들을 자신이 원하는 간격을 가지면서 건반을 눌러서 음악으로 변환시킨다. 강제 진행 속도 계획이나 자기 진행 속도 계획에서 각각 ISI 또는 RSI를 증가시키면 작업 속도가 증가될 수 있다.

전반적인 생산성에 대한 이들 두 계획 사이의 차이를 여러 연구들이 조사를 했지만, 다소 결론에 이르지 못하는 결과를 낳았다(요약을 보려면, Wickens & Hollands, 2000 참조). 그러나 일부 최근의 증거에 따르면, 자기 진행 속도 계획으로 더 큰 자율성을 제공하는 것이 선호될 수 있다고 제안되고 있다(Dempsey et al., 2010). 자기 진행 속도 계획의 장점은 다양한 자극 사상들을 처리하는 시간이 변동적일 때 특히 드러난다(예 : 베껴야 할 단어, 조립되야 할 부품, 검사받아야 할 스크린). 강제 진행 속도 계획에서 그러한 변동성은 만일 2개 이상의 처리가 힘든 항목이 순서대로 들어오면 PRP와 같은 중첩을 부과하거나, 쉬운 항목들이 들어오면 불필요한 양의 '한가한 시간'을 부과한다. ISI를 짧게 하면 전자와 같은 상황이 더 많아지게 되고, 생산성에서 손실이 생긴다. 자기 진행 속도 계획에다 일정하게 잘 선택한 RSI를 유지하면 두 가지 문제를 피할 수 있다.

## 4.4 반응 요인

### 4.4.1 반응 복잡성

반응이 복잡할수록 반응 착수에 더 많은 시간이 소요된다. 계열 RT 과제에서 반응 복잡성이 증가하면 생기는 중요한 귀결 중 하나는 반응을 감시하는 데 더 많은 피드백이 요구된다는 것이다. 심리적 불응기(PRP)에 대한 논의에서 언급된 것처럼, 반응의 실행이나 반응 후의 피드백을 감시하는 것은 때때로 후속 자극 사상에 대한 처리 개시를 지연시킬 것이다(Welford, 1976).

### 4.4.2 반응 피드백

반응으로부터 나온 피드백은 그 피드백이 받아들여지는 감각 양상에 따라 수행에 두 가지 영향을 미칠 수 있다. 먼저 피드백이 반응의 내부적인 부분, 즉 자기 음성의 소리를 지각하는 사례를 생각해 보자. 내부적인 피드백의 지연, 왜곡, 제거는 수행에 본질적인 결함을 일으킬 수 있다(Smith, 1962). 예를 들어, 헤드폰을 통해 큰 소리의 음악을 들어서 자기의 음성을 지각할 수 없는 경우, 또는 자신의 목소리를 지연된 메아리로 듣는 경우에, 사람이 말을 하는 데 생기는 음성 조절의 어려움을 생각해 볼 수 있다. 대다수의 컴퓨터 사용자가 알고 있듯이, 피드백 지연은 인간-컴퓨터 상호작용의 능숙한 흐름에 중요한 영향을 미칠 수 있다(Caldwell, 2009).

키 누름 후에 철자가 화면에 시각적으로 출현하는 것 같은, 외부적인 피드백에 의한 혼란은 덜 심각하다. 이러한 피드백을 지연시키거나 질적으로 저하시키는 경우는 특히 초보 조작자에게 해로울 수 있다(Miller, 1968). 그러나 그 기술에 대한 전문지식이 발달됨에 따라, 그리고 조작자가 옳은 반응이 실행되었는지 여부를 확인하기 위한 피드백에 덜 의존적이 될수록 피드백은 무시될 수 있다. 즉, 피드백의 지연(혹은 제거)으로 생기는 해로운 효과는 저절로 감소된다(Long, 1976).

### 4.4.3 반응 반복

이 장의 초반부에서 우리는 같은 반응이 반복되는 경우는 다른 반응이 뒤따르는 경우보다 더 빠르다는 것을 보았다(Kornblum, 1973). 그러나 타자의 경우처럼 많은 계열 반응 기술에서 정반대의 효과가 나타나는 경향이 있는데, 이런 경우 반응 반복 때문에 반응이 느려진다. 이러한 베끼기 과제에서 전반적인 반응하기 속도는 초당 10회까지 올라가기도 하는데, 초당 2.5회의 반응 정도로 추정되는 연속적 선택 RT의 속도보다 훨씬 빠르기 때문에 이런 효과가 생긴다. 우리는 이런 차이에 대한 이유를 다음에 서술하지만, 반복에 관련해서는 베끼기 속도가 더 빨라지면 한 손가락만 반복적으로 누르는 데 요구되는 근육과 같은 개별 근육의 불응기에 부담을 지우기 시작한다.

## 4.5 미리보기와 베끼기

우리는 계열적 RT 수행의 한계가 대략 초당 2.5회의 결정이라고 언급하였다. 그러나 숙련된 타자수들은 순식간에 초당 15회 이상의 속도로 키 누르기를 수행할 수 있다(Rumelhart & Norman, 1982). 여기서 중요한 차이는 타자, 더 일반적으로는 **베끼기 과제**(transcription task)의 부류(예 : 타자, 큰 소리로 읽기, 음악 시창)가 조작자로 하여금 **미리보기**(preview), **지연**(lag) 그리고 **병렬적 처리**(parallel processing)를 사용할 수 있도록 구조화되어 있는 방식이라는 데 있다. 이것들은 (미리보기가 가용하도록) 한 번에 하나 이상의 자극이 동시에 펼쳐지는 특징이고, 그러므로 조작자가 지각 후에 반응을 지연시킬 수 있게 해준다. 따라서 어떤 순간에 실행된 반응은 반드시 가장 최근에 약호화된 자극과 관련될 필요는 없으나, 순서상으로 보아 이전에 약호화된 자극과 관련될 가능성이 높다. 그러므로 지각과 반응은 병렬적으로 일어난다. 이것을 (미래를 들여다보는) 미리보기라고 말할지, 혹은 (현재 이후에 반응하는) 지연이라고 말할지는 '현재'를 규정하기 위해 채택한 다소 인위적인 준거 틀에 달려 있다.

미리보기는 쓰인 문장을 자판으로 베끼는 동안 누르는 키보다 앞서서 눈이 응시하는 경우를 예로 들 수 있다. 이것의 보수(補數)라고 할 수 있는 베끼기 지연은 몇 초 전에 들었던 연설 문장을 통역하고 있는 UN 동시통역사의 경우를 예로 들 수 있다. 핵심적으로 조작자들은 미리보기와 지연을 사용할 때, 반응으로 아직 실행되지 않았지만 이미 부호화된 자극들에 대하여 작동 중인 '버퍼' 기억을 유지해야만 한다. 이러한 지연은 베끼기에 악영향을 미치지 않는데, 왜냐하면 제7장에서 논의되었던 작업기억에 해를 끼치는 정도의 지연보다 훨씬 짧은 수초 정도에 지나지 않기 때문이다. 더욱이 지연은 베끼기 수행에 다음과 같은 두 가지 혜택을 제공한다.

1. 부호화의 속도(예 : 담화 속도)에서든, 또는 부호화의 어려움(구어의 명확성)에서든 어느 하나의 입력에서 변동성을 감안하는데, 그럼으로써 반응 속도를 늦추지 않고도 버퍼를 채우거나 거의 비울 수 있도록 해준다.
2. 덩이 묶기를 가능하게 해준다. 덩이 묶기는 그 자체가 부호화 속도에서 변동성의 주요 출처이다. 그러므로 글을 베끼는 중에, 만일 한 번에 한 철자씩밖에 볼 수 없다면(미리보기가 없으면 지연도 허락되지 않는다), 철자 a의 등장에서 단어 'a'와 'and'의 첫 철자 'a' 사이가 구분되지 않는다. 미리보기를 함으로써, 그 철자의 등장은 단어라는 단일 묶음이 하나의 개체로 부호화될 수 있도록 하여 (그리고 버퍼에 단일 묶음으로 유지되도록 하여) 베끼기 수행에 혜택이 된다.

변동성과 덩이 묶기를 허락하고 더 부드러운 반응 속도를 가능하게 하는 미리보기의 중요성은 미리보기의 분량을 변화시킨 연구들에서 도출되었다(Hershon & Hillix, 1965; Shaffer, 1973; Shaffer & Hardwick, 1970). 여기에, 추적하기에서 미리보기가 하는 것처럼(제5장), 미리보기를 더 많이 하면 분명히 도움이 되지만 그 혜택은 미리보기가 될 수 있는 개체의 수와 더불어 감소하는데, 타자로 베끼는 중에는 대략 철자 8개가 베끼기 속도에서 최대 이득을 낳는 데 충분하다. 철자 8개는 대다수 단어를 아우르기에는 충분하지만, 단어열에서 일관성 있는 의미론적인 뜻을 추출하는 데는 일반적으로 충분하지 않다. 베끼기에 심각한 의미적 관여를 하지 않아도 되는 상황이 어떻게 능숙한 타자수들이 타자를 하면서도 대화를 하거나 다른 구두 활동을 수행할 수 있게 되는지를 설명해 준다(Shaffer, 1975; 제10장 참조). 베끼기 기술에서 미리보기의 기제와 혜택에 관계된 더 상세한 내용은 Wickens와 Hollands(2000), 그리고 Shaffer(1975)에서 볼 수 있다.

## 5. 인간 오류

인간 수행의 모든 국면에서 오류가 자주 발생한다. 다양한 조사 연구에 따르면, 핵발전소, 처리 통제, 그리고 항공 같은 복잡한 시스템에서 발생하는 주요 사건과 사고의 으뜸가는 원인으로서 인간 오류가 60~90%를 차지한다고 추정되었다(Rouse & Rouse, 1983). Card와 Moran, Newell(1983)은 문서 편집에 종사하고 있는 조작자들이 자신들이 하는 선택의 30% 정도에 실수를 저지르거나 또는 비효율적인 명령어를 선택한다고 추정하고 있다. 잘 운영되는 집중치료실에 대한 한 연구에서, 의사와 간호사들은 환자당 평균 1.7개의 오류를 매일 매일 하고 있다고 추정되었다(Gopher et al., 1989). 의학에서 오류는 대략 연간 9만 8,000건의 사망의 이유가 되는 것으로 추정된다(Kohn et al., 1999). 비록 민간 상업용 비행기의 사고율은 매우 낮지만, 인간 오류에 원인을 돌릴 수 있는 사고의 비율은 기계 실패에 기인하는 것보다 훨씬 높았다. 민영 항공기에서 발생한 모든 사고 중에서 부분적이나마 인간 오류 때문이라고 밝혀진 것은 88%였다(Boeing, 2000).

이러한 통계에도 불구하고, 운영 시스템에서 사람들이 범한 많은 오류들은 오류를 저지른 사람의 무책임한 행위보다 형편없는 시스템 설계 또는 잘못된 조직 구조의 결과라고, 우리가 제1장에서 지적한 요점을 재차 언급하는 것이 중요하다(Norman, 1988; Reason, 1990, 1997, 2008). 더 나아가, 비록 사고 분석을 통해 통계적으로 인간 오류가 사고에 기여하는 원인으로 파악된다고 하더라도, 보통의 경우 그 오류는 시스템에 영향을 주었고 그 방지 체계를 약화시켰던, 아주 길고 복잡한 일련의 붕괴들 중 하나일 뿐이다(Perrow, 1984; Reason, 1997, 2008; Wiegmann & Shappell, 2003).

우리는 인간 수행이 부족하게 될 수 있는 다양한 방식들에 대해 논의해 오면서 다양한 모습들과 형태로 나타나는 인간 오류에 관해 이미 논의했다. 신호탐지에서 탈루와 오경보, 절대 판단에서 실패, 또는 오분류로 이끈 변별, 망각으로 이끄는 작업기억의 실패, 미래 기억 실패, 편향과 어림법에서 비롯된 다양한 '의사결정 오류', 또는 높은 대역 또는 불안정성이 원인인 추적 오류 등이 이 사례에 포함된다. 대부분의 오류는 부적합한 행위로 드러나며, 그러므로 우리의 선택은 이 장에서 이것들을 포괄적으로 취급하는 것이다.

인간 오류에 대한 연구는 중요하고 잘 정의된 학문 분야로 떠올랐다(Norman, 1981; Reason, 1990, 1997; Senders & Moray, 1991; Woods, et al, 1994). 많은 인간요인 현장 종사자들이 운영 시스템에서 생긴 오류는 RT 연구에서 전형적으로 관찰되는 1/10~1/2초의 지연보다 더 중요하고 더 큰 대가를 치러야 하는 것임을 자각해 왔다. 이런 깨달음으로 말미암아 인간 수행 이론가들은 RT에 근거한 설계 지침들로 오류 예측을 일반화할 수 있는 정도를 고려해야만 하게 되었다. 또한 이로 인해 연구자들은 RT 패러다임의 전형적인 속도 압박과 SATO로부터 반드시 기인하지 않는 부류의 오류를 고려하게 되었는데, 예를 들면, 컴퓨터에서 모드 스위치 변환을 잊는 것 또는 와플에 시럽 대신 오렌지 주스를 넣는 것이다.

## 5.1 인간 오류의 범주 : 정보처리 접근

다양한 분류법 또는 범주화가 인간 오류를 특징짓기 위해 제안되었다(Sharit, 2006). 한 가지 예가 저지름 오류(잘못된 일을 하는 것)와 태만 오류(뭔가를 해야만 하는 때에 어떤 것도 하지 않는 것) 사이의 단순한 이분법이다. 이 책의 정보처리 표현과 일치되는 좀 더 정교화된 분류 도식을 그림 9.13에 제시하였으며, 이는 Norman(1981, 1988)과 Reason(1984, 1990, 1997, 2008)이 발전시킨 도식에 바탕을 둔다. 자극 증거에 의해 표현된 세계라는 상태를 직면하고 있는 인간 조작자는 그 증거를 옳게 해석할 수도, 그렇지 않을 수도 있고, 따라서 조작자는 주어진 해석을 근거로 상황을 다루는 정확한 행위를 의도할 수도, 의도하지 않을 수도 있으며, 마지막으로 조작자는 그 의도를 옳게 수행할 수도, 그렇지 않을 수도 있다. 해석 또는 의도 형성의 오류를 **착오**(mistake)라고 부른다. 그러므로 스리마일 섬 핵발전소의 상태에 대한 오진단은 착오의 분명한 예이다. 또한 어떤 접속장치에 있는 단추의 의미를

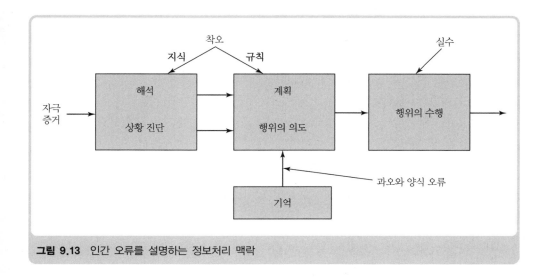

**그림 9.13** 인간 오류를 설명하는 정보처리 맥락

오해(부정확한 사용으로 이끌 수 있는 오해)한 것일 수 있다.

착오와 상당히 다른 것이 **실수**(slip)인데, 여기서 상황에 대한 이해는 올바르고, 올바른 의도가 형성되었지만, 틀린 행위가 우발적으로 착수되는 것이다. 타자수가 틀린 자판을 누르는 것, 운전기사가 전조등 대신에 앞유리 와이퍼를 작동시키는 것, 와플에 시럽 대신 오렌지 주스를 넣는 것 등이 흔한 예다.

그림 9.13에 보인 바와 같이, 어떤 주어진 조작에서 이런 종류의 오류가 어느 하나 또는 둘 다 일어날 가능성이 있다. 다음에 곧이어 Norman(1981, 1988)과 Reason(1990, 1997)의 (훌륭한 읽을거리이자) 좀 더 자세한 도식에서 근거해서, 우리는 더 자세하게 의도와 실행 사이의 구분을 설명하여 제시한다. Reason(2008)은 여기서 설명된 구분보다 더 상세하게 오류 범주들 사이의 구분을 제공한다.

### 5.1.1 착오

착오(올바른 의도를 형성하는 데 있어서의 실패)는 지각과 기억, 인지의 결점에서 생기는 것이다. Reason(1990)은 **지식 기반 착오**(knowledge-based mistake)와 **규칙 기반 착오**(rule-based mistake)를 구분하였다. 지식 기반 착오는 상황을 올바르게 평가하는 데 실패했기 때문에(즉, 맞지 않는 지식) 행위의 맞지 않는 계획에 도달하게 되는, 전위 의사결정에서 생기는 오류다. 부분적으로 그러한 실패는 제6, 7, 8장에서 기술된 바 있는 많은 편향과 인지적 한계의 영향으로 생긴다. 조작자가 의사소통 연락을 잘못 해석하고, 작업기억은 한도를 넘어 과적되고, 모든 대안들을 고려하는 데 실패하고, 확증 편향에 빠져버리기도 하는 식이다. 그것들은 또한 복잡한 정보를 해석하는 지식 또는 전문지식이 불충분하여 생길 수도 있다. 마지막으로, 지식 기반 착오는 종종 표를 명확한 그래픽 판독 형태 대신에 수치 판독 형태로 제시하는 것처럼 부족한 형식으로 제시하거나 또는 부적당한 정보를 제시하는 형편없는 디스플레이 때문에 생겼을 수 있다.

대조적으로, 규칙 기반 착오는 조작자가 자신들의 근거를 좀 더 확신하고 있을 때 발생한다. 그들은 상황을 알고 있거나 또는 알고 있다고 믿고 있고, 그것을 다루기 위한 행위의 규칙이나 계획을 행사한다. 규칙의 선택은 전형적으로 조건-결과('if-then') 논리를 따른다. 환경 조건에 대한 이해(진단)가 규칙의 'if'(전건) 부분과 일치하거나 또는 과거에 성공적으로 사용돼 왔던 규칙이었을 때, 'then'(후건) 부분이 작동된다. 후자는 행위일 수도 있고("만일 컴퓨터가 외장 메모리를 읽는 데 실패하면, 다시 연결하고 재시도한다"), 단순히 진단일 수도 있다("만일 환자가 일군의 증상을 보이면, 그 환자는 특정 질병을 가지고 있다").

왜 규칙이 실패하게 되며, 그럼으로써 착오를 유발하는가? Reason은 좋은 규칙을 촉발하는 'if'(전제) 조건이 실제로는 환경에 부합되지 않을 때, 좋은 규칙이 잘못 적용될 수도 있다고 지적하였다. 규칙에 대한 예외들을 학습함에 따라 이러한 착오가 자주 발생한다. 이 규칙들은 거의 대부분의 경우에 잘 적용되지만, 환경이나 맥락에서 보이는 사소한 차이로 이제는 더 이상 규칙이 적합하지 않음을 나타낸다. 이러한 구분 또는 자격 조건을 간과하거나 그 중요성을 깨닫지 못할 수도 있다. 예를 들면, 비록 당신이 가고자 하는 방향으로 차량을 돌리는 규칙은 보통의 경우에 적합하지만 빙판 위에서 미끄러질 때는 예외가 발생한다. 차량에 대한 통제력을 다시 얻기 위해서 미끄러지는 방향으로 돌리는 것이 이제는 올바른 규칙이다. 그 대신에 규칙 기반 착오는 '나쁜 규칙'이 학습되고 적용될 때 생긴다.

Reason(1990)은 빈도와 강화가 규칙의 선택을 안내한다고 주장하였다. 즉, 과거에 규칙들이 자주 이용되었고, 성공적이었으며 그럼으로써 강화되었다면 그 규칙들은 선택될 것이다. 조작자가 촉발 조건이 시행되고 있으며 그 규칙은 적절하고 정확하다고 믿을수록 규칙 기반 착오가 발생하는 경향이 꽤 분명하게 있다. 그러므로 Reason은 규칙 기반 착오를 '강하지만 틀린' 것으로 묘사하였다.

상황에 적절하지 않은 의도가 규칙 기반 착오와 지식 기반 착오 모두의 특징인 반면, 둘 사이에는 일부 중요한 차이가 있다. 규칙 기반 착오는 확신을 가지고 수행되지만 규칙들이 적용되지 않고, 지식 기반 착오가 발생하기 더 쉬운 상황에서는 조작자는 자신의 수행을 덜 확신하게 된다. 규칙 기반 수준에서보다 지식 기반 수준에서 더 뛰어난 기능을 보이는 반면, 지식 기반 착오는 또한 더 많은 의식적인 노력 그리고 착오를 행할 가능성을 수반해야 한다(Reason, 1990). 왜냐하면 주의, 작업기억, 논리적 추론, 그리고 의사결정의 결핍을 통하여 정보 획득과 통합이 실패할 수 있는 너무나 많은 방식이 있기 때문이다.

### 5.1.2 실수

(진단이 잘못되었기 때문에 또는 행위 선택 규칙이 옳지 않았기 때문에) 의도한 행위가 잘못된 상황인 착오와는 대조적으로, 실수는 옳은 의도가 틀리게 이행되는 오류이다. 일반적인 부류의 실수는 **포착 오류**인데 의도된 행동의 흐름이 유사하고 잘 연습된 통상적인 행동에 의해 '포착(capture)'될 때 생기는 것이다. 그러한 포획은 세 가지 이유로 발생될 수 있다. (1) 의도된 행위 또는 행위 순서는 통상적이고 빈번히 수행된 행위로부터 약간의 이탈을 수반한다. (2) 자극환경 또는 행위 순서 그 자체 중 어느 하나의 일부 특성이 지금은 틀리지만 그러나 좀 더 빈번하게 발생됐던 행위와 밀접하게 관련이 있다. (3) 행위 순서는 비교적 자동화되어 있으며 주의를 받으며 밀접하게 감독되지 않는다. Reason(1990)은 다음과 같이 설득력 있게 말하였다. "주의 깊은 검사 과정이 빠졌을 때, 행동 또는 지각의 구속력은 일부 맥락에 적합한 강력한 습관(행동 도식), 또는 기대된 패턴(재인 도식)에 의해 강탈당할 가능성이 높다."

신문을 읽으면서 와플에 시럽 대신 오렌지 주스를 붓는 것은 실수의 완벽한 예다. 주의는 신문에 초점을 두고 있었기 때문에, 분명하게 그 행위는 의도되지 않았으며 **주의가 주어지지도 않았다**. 마지막으로, 자극(오렌지 주스 병을 만지는 느낌)과 '의도되었고 결국 저지른' 행위인 반응(붓는 것)은 충분히 비슷해서 포착이 일어날 가능성이 높았다. 동일한 내재 원인과 관련돼 있는 좀 더 심각한 유형의 실수는 유사하게 구성되고 가깝게 놓인 2개의 제어기 (예 : 작은 비행기에 장착된 이륙 기어와 착륙 기어) 중 잘못된 것을 작동시킬 때 발생한다. 두 제어기 모두 유사한 외관 느낌과 방향을 가지고 있고, 서로 가깝게 놓여 있으며, 둘 다 비행의 동일한 시기에 관련이 되며(이륙과 착륙), 다른 방향(조종석 외부)에 커다란 주의 요구가 있을 때 조작하게 된다. 혹자는 시스템이 보통 상태에 있을 때는 특정한 방식으로 조작되고 시스템이 다른 상태에 있을 때는 과정 중간에 변화를 수반하는 점검과 스위치 설정의 아주 기다란 절차에서 발생하는 실수를 마음에 떠올릴 수도 있다. 면밀한 주의가 없는 상태에서 표준 행위 절차는 행동의 흐름을 쉽게 포착할 수 있다.

### 5.1.3 과오

실수는 의도된 행동과는 다른, 틀린 행동을 저지르는 것을 나타내는 반면에 과오는 어떤 행동을 수행하는 데 있어서의 완전한 실패를 나타낸다. 과오는 기억의 실패에 직접적으로 연결될 수 있으나, 부족한 의사결정에 전형적인 작업기억 과적과 연관된 지식 기반 착오와는 분명하게 구분된다. 대신에 전형적인 과오는 복사를 마치고 복사기에서 마지막 장을 챙기는 것을 망각하는 것과 같은, 건망증이라고 언급되는 것이고(Reason, 1997), 때때로 **완료 후 오류**(post-completion errors)라고 언급되는 부류의 과오이다(Byrne & Davis, 2006). 우리가 다음 장에서 논의하듯이, 중대한 과오는 절차 순서에서 단계들을 누락하는 것에 수반할 수도 있다. 이런 경우에, 중단은 절차를 멈추게 만드는 것으로 이미 행해졌어야 하는 것보다 한두 단계가 지난 후에, 지금은 누락된 이전 단계에서 다시 시작하든지, 또는 어떤 사례에는 마지막 단계가 전혀 완수되지 않아서 다시 시작해야 한다(Li et al., 2008). 이것은 미래기억의 실패(제7장) 그리고/또는 중단 관리(제10장)를 반영한다.

불행하게도, 일련의 단계들이 완성되어야 하지만 어느 단계 하나가 누락되면 치명적인 상황이 되는, 보수 또는 설치 절차에서의 과오는 너무도 자주 발생한다. 너트를 꽉 죄는 것, 잠금장치 닫기, 또는 보수 절차에서 사용되었던 도구를 제거하는 것 등이 그러한 단계에 해당될 수 있을 것이다. 276건의 비행 중 엔진 정지 원인에 대한 한 조사에서, 지금까지 두 번째로 크게 발생한 원인보다 두 배가 넘게 자주 발생하는 최대 원인이 불완전한 설치 (즉, 어떤 단계가 누락됨)임이 드러났다(Boeing, 2000). 이것은 종종 그 수순에서 마지막 행위였다.

### 5.1.4 양식 오류

양식 오류(mode error)는 실수와 밀접하게 관련되어 있지만, 과오의 기억 실패 특성도 가지고 있다. 양식 오류는 어떤 양식의 (전형적으로 컴퓨터) 조작에서는 매우 적합한 특정 행동이 조작자가 적합한 맥락을 정확하게 기억하지 못했기 때문에 상이하고 부적합한 양식으로 수행될 때 생긴다(Norman, 1988). 교차로에서 변속기가 '후진'으로 되어 있는데 출발하려고 가속기 페달을 밟는 것이 한 사례일 것이다. 양식 오류는 자동운항 제어의 다양한 양식을 가지고 있는, 좀 더 자동화된 조종실에서 중요하다(Wiener, 1988). 만일 조작자가 시스템의 다른 부분의 설정에 따라 아주 상이한 기능을 하는 키들을 다루어야만 한다면, 양식 오류는 또한 인간-컴퓨터 상호작용에서도 매우 중요하다. 간단한 문서 편집기에서조차 숫자들 (예 : 1965)을 입력하려고 한 타자수는 대문자 양식으로 자형 설정을 한 후, 실수로 자형 설정을 원래대로 돌려놓지 않고 놔둔 상태에서 입력하여 !(^%라고 친다. 양식 오류는 컴퓨터 문서 편집에서 일어나는데, 틀린 양식에서 명령어가 실행된 결과로 말미암아 문서의 한 줄을 지우려고 의도한 명령어가 한 장 모두(또는 파일 전체)를 지우게 되는 것이다.

양식 오류는 (조작자가 조작이 어떤 양식에서 있는지를 자각하는 것을 실패하는 상황인) 비교적 자동화된 수행 또는 높은 작업부하와 (그런 양식 혼동이 중대한 귀결로 이어질 수 있는) 부적절하게 구상된 시스템 설계가 서로 결합된 귀결이다. 물론 양식 오류가 발생할 수 있는 이유는 (똑같은) 단일 행위가 적합한 상황과 부적합한 상황 모두에서 수행될 수도 있기 때문이다.

## 5.1.5 오류 범주 간 구분

오류의 다양한 범주는 여러 측면에서 구분될 수 있다. 예를 들면, 이미 지적한 바와 같이 지식 기반 착오는 상황에 대한 상대적으로 낮은 수준의 경험 그리고 과제에 집중된 높은 주의 요구의 경향이 있으며, 반면에 규칙 기반 착오와 실수는 높은 숙련 수준과 연합되어 있다. 실수는 또한 주의가 논의가 되고 있는 문제 또는 과제를 향해 있을 때보다는 다른 곳으로 향해 있을 때 발생할 가능성이 높다(과제가 잘 학습이 되었을 때에만 방향 수정).

한편에는 실수, 그리고 다른 편에는 착오와 과오를 놓았을 때 이들 사이의 가장 중요한 대비 중 하나는 탐지 가능성의 용이함에 있다. 실수를 탐지하는 것은 상대적으로 쉬운데, 이는 전형적으로 사람들이 의식적으로 또는 무의식적으로 자신의 움직임 산출을 감독하고 있으며, 이 산출의 피드백이 (정확하게 설정된 의도에 기초하여) 기대된 피드백과 서로 맞지 않을 때 차이가 자주 탐지되기 때문이다. 타자 오류(보통은 실수)는 매우 쉽게 탐지된다 (Rabbitt & Vyas, 1970). 이와는 대조적으로, 의도 그 자체가 틀렸거나(착오), 한 단계가 누락되었을 때(과오), 오류에 대한 어떤 피드백이 있다고 하더라도 전형적으로 훨씬 늦게 도착하며, 오류도 그때그때 쉽게 탐지될 수 없다. 오류 수정에서 이러한 구분은 명백하게 자료로 지지된다. 모의 핵발전소 사고의 분석에서 Woods(1984)는 실수의 절반은 조작자 자신이 탐지한 반면 어떤 착오는 전혀 알아차려지지 못했음을 발견했다. Reason(1990)은 다른 경험적 연구의 자료를 요약하여 오류 탐지뿐만 아니라 오류 수정의 용이성이 착오보다 실수에서 더 낮다고 결론지었다. 이런 요인은 의도, 규칙, 진단을 재형성하기보다는 행위를 교정하는 더 쉬운 인지적 과정에 부분적으로 연관되어 있다. 그러나 다음에 논의될, 피드백의 가시성 그리고 행위의 가역성과 관련된 시스템 설계 원칙은 실수로부터 얼마나 용이하게 회복할 수 있느냐에 대한 커다란 영향력을 가질 수 있다.

실수와 착오 사이에 많은 차이점을 있는데, 두 주요 범주는 치료에 대한 약간 다른 처방을 가지고 있다고 가정하는 것이 논리적이다. 실수 방지에 가장 강한 주안점을 두는 경우는 S-R 호환성, 그리고 자극과 제어 사이의 유사성 같은 주제를 언급하는 시스템과 과제 설계에 집중해야만 한다. 대조적으로 착오를 방지하는 데는 (정신모형의 정확한 갱신을 지원하는) 효과적인 디스플레이와 관련된 설계 세부특징 그리고 훈련에 좀 더 상대적으로 집중하는 것이 필요하다(Rouse & Morris, 1987).

## 5.2 인간 신뢰도 분석

1979년 스리마일 섬 핵발전소 재난 이후에 인간 오류를 예측할 목적으로, 인간 조작자에게 공학의 신뢰도 분석을 적용시키려는 노력들이 인간요인 연구자 모임을 중심으로 시작됐다(Kirwan & Ainsworth, 1992; Miller & Swain, 1987; Sharit, 2006). 신뢰도가 알려진 구성요소가 직렬 또는 병렬 구성된(그림 9.14), 복잡한 기계적, 또는 전기적 시스템의 신뢰도(고장 확률 또는 고장 사이의 평균 시간)를 상당히 정교한 분석적 기법으로 예측할 수 있다. 예를 들면, 각각의 신뢰도가 0.9(즉, 특정한 기간 동안 고장이 날 확률이 10%)인 2개의 구성요소로 이루어진 시스템을 고려해 보자. 구성요소가 직렬로 연결되어 있다고 가정하면, 만일 어느 하나만 고장이 나도 전 시스템이 고장이 나게 된다(그림 9.14a). 이는 "이러한 연결은 가장 약한 연결 정도만큼만 강하다."는 상황을 기술한다. 시스템이 고장이 나지 않을 확률(두 구성요소가 모두 성공적으로 작동하게 될 확률)은 $0.9 \times 0.9 = 0.81$이다. 이것이 시스템 신뢰도이다. 그러므로 시스템이 고장이 날 확률은 정확하게 $1 - (0.9 \times 0.9) = 1 - 0.81 = 0.19$다. 대조적으로, 두 구성요소가 그림 9.14b와 같이 병렬로(중복적으로) 연결되어 있다면 두 구성요소가 둘 다 고장이 날 경우에만 시스템이 고장이 나며, 시스템 고장의 확률은 $0.1 \times 0.1 = 0.01$이다. 신뢰도는 0.99다.

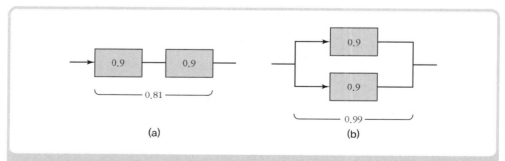

**그림 9.14** (a) 직렬 연결된 두 구성요소. (b) 병렬 연결된 두 구성요소. 상자 안의 숫자는 구성요소의 신뢰도를 나타낸다. 아래의 숫자는 시스템의 신뢰도이다.
오류 확률 = 1.0 − 신뢰도

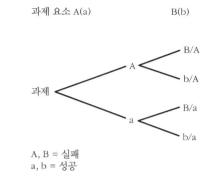

**그림 9.15** 고장 수목 분석. 계열 또는 병렬로 배치된 두 하위 과제의 성공과 실패를 나타낸다. 소문자는 성공 수행을, 대문자는 실패 수행을 가리킨다.

Miller와 Swain이 수행한 인간 오류 비율 예측을 위한 기법(technique for human error rate prediction, THERP)에 대한 연구에는 인간 오류를 예측할 때 기계 신뢰도와 인간 신뢰도 사이에 발생하는 공백을 이어주려는 시도가 있었다(Miller & Swain, 1987; Swain, 1990). THERP는 세 가지 중요한 구성요소를 지닌다.

1. 인간 오류 확률(HEP)은 특정한 과제에서 오류를 저지르는 기회의 수에 대한 (실제로) 발생된 오류 횟수의 비율로 표현한다. 예를 들면, 일상적인 자판 자료 입력의 과제에 대하여 HEP는 1/100이다. 이 값은 실제 인간 수행의 데이터베이스로부터 얻어진 것이다(Sharit, 2006). 그러한 자료가 결여되었을 때는, 비록 전문가의 측정이 심하게 편향될 수 있고 항상 신뢰할 수는 없을지라도 전문가가 대신 추정한다(Reason, 1990).

2. 일련의 절차에 대해 과제 분석이 수행될 때, 그림 9.15에 나타난 것과 같은, 사상 수목 구조 또는 결함 수목 구조를 통해서 작업을 진척시키는 것이 가능하다. 그림에서, 수행된 두 사상(또는 행위)은 A와 B이고 각각은 올바르게 수행될 수 있거나(소문자), 또는 오류가 생길 수 있다(대문자). 보기로는 조작자가 표로부터 값을 읽어야 하고(사상 A) 자판에 그것을 입력하는(사상 B) 경우가 한 예다. 병렬과 계열 구성요소의 논리를 따르고 구성요소의 신뢰도가 정확하게 파악될 수 있다면 조합된 절차가 성공적으로 완료되는 확률, 또는 다른 한편으로 그림의 아래에 나온 대로 절차가 실패하여 오류에 빠질 확률을 추정하는 것이 가능하다.

3. 사상 수목 구조를 구성하는 HEP는 **수행 조성 요인**(performance shaping factor)에 의해 수정될 수 있는데, 이 요인은 어떤 주어진 HEP가 위급상황의 스트레스 또는 전문 기술의 함수로서 얼마나 증가 또는 감소하는지를 예측하는 승수다(Miller & Swain, 1987). 표 9.1은 이러한 두 변인들의 예측된 효과의 예다.

**표 9.1** 일상적인 과제를 수행하는 데 스트레스와 경험을 설명하는 모형

| | 오류 확률의 증가 | 오류 확률의 증가 |
|---|---|---|
| | 숙련자 | 초보자 |
| **스트레스 수준** | | |
| 매우 낮음 | ×2 | ×2 |
| 적당함 | ×1 | ×1 |
| 약간 높음 | ×2 | ×4 |
| 매우 높음 | ×5 | ×10 |

출처 : D. Miller & A. Swain, "Human reliability analysis" in G. Salvendy(Ed) Handbook of Human Factors, NY: John Wiley & Sons, Inc. Reprinted by permission.

인간 신뢰도 분석은 인간 오류에 대한 예측 모형의 개발에 대한 존경받을 만한 시작을 했다. 지지자들은 중대한 인간요인 결함을 확인하는 유용한 도구가 될 수 있다고 주장해 왔다. 더욱이 제1장에서 언급한 바와 같이, 예측된 오류의 증가라는 형식으로 취약한 인간 요인에 대한 증거로 제공되는 엄연한 HEP 수치, 즉 모형으로부터 얻어진 산출을 제공함으로써 설계자가 인간요인의 관심사를 포함할 수 있도록 영향력을 행사하는 효과적인 도구가 될 수 있다(Swain, 1990). 그러나 이러한 잠재적 가치에도 불구하고 인간 신뢰도 분석은 주요한 결점이 몇 개 있는데, 이는 Adams(1982), Reason(1990), 그리고 Dougherty(1990)에 의해 조심스럽게 지적돼 왔다. 간략하게 이 결점들을 간략히 살펴보면 다음과 같다.

### 5.2.1 오류 감독

기계 구성요소들은 고장이 나면 외부 보수나 교체가 필요하다. 하지만 비교적 자동화된 수준에서 작동되는 경우에도 인간은 보통 자신의 수행을 감독하는 역량을 가지고 있다. 결과적으로 이러한 오류, 특히 포착 오류 또는 행위 실수가 궁극적으로 시스템 수행에 영향을 주기 전에 종종 인간은 오류를 교정한다(Rabbitt, 1978). 뜻하지 않게 틀린 스위치를 가동시킨 조작자는 그것을 재빠르게 끄고 어떤 손상이 생기기 전에 올바른 스위치를 가동시킬 수 있을 것이다. 그러므로 인간 오류가 고쳐지지 않고 계속 진행돼서 결국 시스템 오류가 유발되는 확률과 인간 오류의 확률을 연계시키는 것은 어렵다.

### 5.2.2 인간 오류의 비독립성

한 구성요소의 고장 확률은 다른 구성요소의 고장 확률과 독립적이라는 가정은 때로 기계 오류의 분석에서 만들어졌다. 비록 이 가정은 장비를 취급할 때 의문시되기도 하지만(Perrow, 1984), 사람의 경우에는 특히 지지받기 어렵다. 그러한 의존성은 2개의 상반된 방향으로 작용하게 된다. 한편으로, 만일 우리가 어떤 오류를 저지르고 그것을 알아차린다면 그로 인해 우리가 갖게 되는 좌절과 스트레스는 때때로 차후의 오류 가능성을 증가시킨다.

다른 한편으로는, (만약 탐지됐다면) 맨 처음 오류는 차후의 조작에서 조심성과 관리를 증가시켜 나중의 오류를 덜 발생시킬 수 있다. 어떤 사례든 간에, 신뢰도 분석에서 보편적으로 만든 핵심적 가정, 즉 어떤 순간에 오류를 범하는 확률은 먼젓번에 발생한 오류와는 독립적이라는 것을 주장하기는 불가능하다. 신뢰도를 예측하기 위해 사용되는, 인간 오류 확률에 대한 보험 통계의 데이터베이스로는 이러한 의존성이 쉽게 잡아질 수 없다. 왜냐하면 이러한 종속성은 기분, 조심성, 성격, 그리고 다른 독특한 인간 속성들에 의해 결정되기 때문이다(Adams, 1982).

유사한 독립성의 결여는 2명의 인간 '구성요소'로 된 병렬적 조작에서 특성을 나타낼 수 있다. 기계 신뢰도가 분석될 때 2개의 병렬적(또는 중복적) 구성요소의 작동은 독립적이라고 가정된다. 예를 들면, 비행기에서 자동조종장치 3개가 자주 중복 사용되는데, 만일 하나가 고장이 나면 남은 2개가 상호 일치하여 여전히 정확한 길잡이가 입력으로 작용할 것이다. (전력을 완전히 잃는 것 같은 상위의 요소에 의해 모두 영향받지 않는 한) 어떤 자동조종장치도 다른 자동조종장치의 작동에 영향을 미치지 않는다. 그러나 이 독립성은 다중 인간 조작자의 경우에도 유효하다고 말할 수는 없다. 사회적 요인들로 인해 두 조작자가 독립적으로 처리하기보다는 상대적으로 더 합의할 가능성이 높게 되는데, 특히 그중 한 사람이 권위가 더 높은 자리에 있다면 더욱 그러하다(제6장 참조). 그들의 전반적 효과로 인하여 수행이 더 올바르게 잡힐 수도, 또는 덜 올바르게 잡힐 수도 있는데, 이것은 이 책의 범위를 벗어나는 영향에 의존한다.

### 5.2.3 인간 신뢰도와 기계 신뢰도를 통합하기

Adams(1982)는 전체 시스템의 공통 신뢰도 측정치가 되도록, 독립적으로 얻은 인간 오류 자료와 기계 신뢰도 자료를 수학적으로 결합시키는 것을 정당화하는 것은 어렵다고 주장하였다. 여기서 또다시 비독립성 논쟁에 맞닥뜨린다. 한 기계 구성요소가 고장이 생겼을 때 (또는 고장이 났을 가능성이 높다고 지각되었을 때), 이는 아마도 정확하게 명시할 수 없는 방식으로 인간 실패의 확률을 변경할 것이다. 예를 들면, 조작자는 고장이 나지 않을 것이라고 가정된 시스템과 상호작용할 때보다 고장이 날 가능성이 높은 기계 또는 방금 고장이 났었던 구성요소와 상호작용할 때, 훨씬 더 조심하고 착실하고 성실하게 될 가능성이 높다. 우리는 제2장에서 경고를 논의할 때 이러한 교환을 보았고, 제12장에서 자동화 불신을 논의할 때 다시 살펴보게 될 것이다.

Reason(1990)과 Adams(1982) 각각 간명하게 언급했듯이, 여기서 중요한 메시지는 시스템 신뢰도를 추정하기 위해 인간 오류의 보험 통계 자료와 기계 자료를 통합하는 것에는 상당한 도전이 부과된다는 것이다. 인간 수행의 다른 영역과는 달리(특히 제5장의 수동 제어 참조), 인간 수행에 대한 정확한 수학적 모형화가 이뤄진다고 하더라도 전체 시스템 수행에 대한 정확한 예측이 가능할 것처럼 보이지는 않는다. 비록 정확한 인간 신뢰도 분석과 오류 예측이 가져오는 잠재적인 이득이 대단하다고 하더라도 만일 수행에서 발생하는 개인 오류의 사례 연구에 노력을 집중한다면 가장 즉각적인 인간요인의 혜택이 실현될 수 있을 것처럼 보인다(Woods et al., 1994). 이러한 사례 연구들은 오류가 발생되는 원인을 진단하는데, 그리고 교정적인 시스템 변경을 제안하는 데 사용될 수 있다.

## 5.3 조직의 맥락에서 오류들

지금까지의 논의가 오류의 개인 정보처리 원인들에 초점을 맞춰왔지만, 더 넓은 조직의 맥락에서 오류들을 분석하는 것이 필수적인 확장이다(Reason, 1990, 2008). 이러한 접근은 오류 원인들에 관한 분석에서 특히 중요하다(Wiegmann & Shappel, 2003). 여기서 실수와 착오 같은 개인적인 실패뿐만 아니라, (속도 제한을 의도적으로 넘거나, 안전절차를 건너뛰어 버리는 것과 같은) 의도적인 **위반**(violation), 빈약한 훈련, 부족한 관리감독, 강력한 안전제일 문화를 외면하는 회사의 규정과 분위기 또한 확인할 수 있을 것이다(Reason, 2008). 이러한 사안들은 이 책의 범위를 훌쩍 넘어버리는 것이고, 완전하게 다룬 내용을 보고 싶은 독자는 Wiegmann과 Shappel(2003) 그리고 Reason(1997, 2008)을 참고하라.

## 5.4 오류 치료 과정

우리는 이제 오류의 가능성 또는 오류들이 야기할지도 모르는 잠재적 피해를 최소화하는데 제공되는 해결책에 대해 논의하겠다.

### 5.4.1 과제 설계

설계자는 스트레스 상황하에서 작업기억 부하를 심하게 걸거나, 또는 인간의 인지 체계와 잘 들어맞지도 않는 다른 과제를 부과하는 과제들을 수행하는 조작자의 요건이 최소화되도록 노력해야만 한다. 그러한 노력들은 일반적으로 착오의 빈도를 감소시킨다.

### 5.4.2 장비 설계

오류가 유입되는 것을 줄이는 장비 설계 해결책이 몇 가지 있다.

- **지각적 혼동을 최소화하라.** Norman(1988)은 액체 용기와 주입구를 서로 차별적으로 보이게 하여 부동액 주입구에 엔진오일을 넣거나, 배터리 용액 주입구에 부동액을 넣지 않도록 하는 등 자동차에 취해진 주의조치를 설명하였다. 그러한 설계는 중환자실의 환자에게 제공되는 생명유지장치에 서로 다른 액체 투입구와 액체 용기가 동일한 외관을 가지고 있는 상황(오류 발생을 기다리는 중이라고 기술되는 상황)과는 적나라한 대조를 보인다(Bogner, 1995; Gopher et al., 1989). 물론 제어기들 간에, 디스플레이들 간에 변별성을 확인해 줄 수 있는 일련의 설계 해법이 있는데, 이 책의 초기부터 기술되어 왔던 것이다(예 : 구분되는 색과 형태, 공간적 분리, 구분되는 느낌, 그리고 구분

되는 제어 운동).

- 오류 인식에 도움이 되도록 조작자에게 행동의 수행과 시스템의 반응을 보이게 만들어라(Norman, 1988). 실수가 발생되었을 때, 행위의 귀결이 보이지 않으면 실수는 쉽게 탐지되지 않고, 따라서 교정되지 않는다. 그러므로 상태를 바꾸는 스위치와 제어기로부터의 피드백이 명백하고 즉각적으로 눈에 띄어야 한다. 만일 너무 복잡하지 않다면 시스템이 스스로 조작을 실행하는 방식은 드러나 있어야만 한다. 불행히도 공학 설계에서 극단적인 단순성, 경제성, 미학은 반응 피드백과 시스템 조작의 가시성, 즉 오류를 탐지하고 방지하는 데 유용한 가시성을 종종 덮어서 가릴 수 있다.
- 오류의 가능성을 '차단'시키는 제약을 사용하라(Norman, 1988). 때때로 이것들은 번잡하고, 유용성보다 더 많은 골칫거리를 야기한다. 예를 들면, 안전띠가 채워지기 전에는 시동이 걸리지 않는 연동장치 시스템은 너무 불만스러워서 사람들이 시스템을 끊어버린다. 다른 한편으로는 열쇠로 잠가야만 차문이 잠기도록 만든 차량 시스템 같은 것이 효과적인 제약이다. 이 약간의 불편은 열쇠를 안에 둔 채 차문을 잠가버리는 것을 방지한다. 다른 제약은 컴퓨터에서 중요한 파일을 지우는 것과 같은, 중대한 오류를 저지르는 것을 방지하고자 강제로 일련의 행위를 하도록 요구한다.
- 확인 알림을 제공하라. 과오가 일상다반사인 경우, 특히 빠뜨리기 쉽다고 알려진 단계들을 사용자에게 상기시켜 줄 수 있어야 한다. 복사기에 부착된 "마지막 장을 챙기세요."(Reason, 1997)라는 경고가 한 예다. 이것은 복사기 안에 마지막 장을 놔두고 가는 공통적인 과오를 언급하고 있다.
- 다중 양식 시스템을 피하라. 다중 양식 디지털 손목시계처럼, 동일한 행위로 다른 맥락에서 상이한 기능을 달성하는 시스템은 틀림없이 양식 오류를 불러일으킨다. 그것들을 피할 수 없을 때, 설계자는 특출한 시각 단서를 채택하여 가능한 한 가시적으로 양식이 구별되도록 만들어야 한다. 예를 들면, 컴퓨터 시스템에서 연속적으로 깜박이는 불은 특이한 양식이 작동 중이라고 시각적으로 상기시켜 주는 역할을 두드러지게 한다. 공간적 분리가 제어기들을 물리적으로 차별되게 만들 수 있으면, 설계자는 수많은 양식을 새로 만들려는 유혹을 참아내야만 한다.

### 5.4.3 훈련

(우리가 봐왔듯이 비록 훈련이 실수에 미치는 효과가 거의 없긴 하지만) 지식의 부족이 착오의 중요한 원인이기 때문에 훈련을 증가시키면 착오의 빈도가 감소될 것임은 놀랄 일이 아니다. 그러나 제7장에서 언급한 바와 같이, 일부 오류가 훈련 중에 발생하는 것은 적절하다. 만일 조작자가 훈련 중에 발생한 오류를 교정하는 연습을 하지 않았다면, 실제 시스템 조작에서 발생할 수도 있는 오류를 다루는 방법을 알지 못할 것이다.

### 5.4.4 조력과 규칙

조력과 규칙 모두 오류가 있기 쉬운 상황에서 설계자에게 해결책이 될 수 있는데, 이들 중 일부는 분명하게 이치에 맞는다. 예를 들면, 시동 절차를 따르는 장비 조작자, 과오가 생기기 쉬운 단계들의 복잡한 순서를 이행하는 유지보수 인력, 또는 (입원) 수속을 밟는 동안의 의료 인력을 위해서는 절차 점검목록같이 기억에 도움을 주는 조력이 매우 가치가 있을 수 있다(Rouse, Rouse & Hammer, 1982), 만일 규칙들이 적절하게 설명되고 논리적이고 강제 조항이면, 이로써 안전 위반 가능성을 줄일 수 있다. 그러나 만일 핵발전소나 화학공장처럼 복잡한 시스템에 적용된 규칙의 영향은 완벽하게 예상되지 않으므로, 그 자체의 예견되지 못한 문제를 새로 만들어낼 수 있다. Reason(1990)이 묘사했듯이, 인간 오류에 대한 '응급처치' 접근은 상황을 더 악화시키기만 할 수도 있다. 예를 들면, 규칙은 규칙 설계자가 예상하지 못한 방식으로 위기의 시간에 필요한 행동을 불쑥 막아버린다.

### 5.4.5 오류 내성 시스템

비록 인간 오류가 전형적으로 바람직하지 않은 것으로 간주된다고 하더라도, 그것의 긍정적인 측면을 보는 것도 가능하다(Reason, 2008; Senders & Moray, 1991). 신호탐지 이론(제2장)과 의사결정 이론(제8장)을 논의하면서, 우리는 확률적 세상에서 어떤 종류의 오류는 불가피하다는 것, 그리고 공학심리학자들은 상이한 종류의 오류를 제거하는 것만큼이나 통제하는 데에도(탈루 대 오경보) 관심이 있다는 것을 보았다. 2.2절에서 우리는 속도-정확성 교환에 대한 최적 설정이 중간 수준에서 이루어지는데 적은 수의 오류는 아주 없는 것보다 낫다는 것을 알 수 있었다. 제7장에서 우리는 (오류가 반복되지 않는 한) 학습이 일어나기 위해서 오류가 종종 필요함을 보았다.

마지막으로, 제1장에서 논의된 것처럼 오류는 인간 조작자의 가치 있는 유연함과 창조성의 불가피한 아랫면(불리한 면)으로 볼 수 있다. 인간 오류의 불가피하고 때로는 바람직스럽기도 한 특성은 모든 오류는 근절되어야만 한다는 종래의 설계 철학을 어쩔 수 없이 재고하게 만든다(Rasmussen, 1989). 대신에 연구자들과 인간요인 현장 종사자들은 **오류 내성 시스템**(error-tolerant system)의 설계를 주창해 왔다(Norman, 1988; Rouse & Morris, 1987). 예를 들면, 오류에 내성이 있는 설계는 사용자가 분명한 확인 알림("정말로 …하기를 원하십니까?") 없이 불가역적인 행동을 하도록 용인하지 않을 것이다. 컴퓨터에서 파일 삭제 명령은 복구 불가능하게 파일을 바로 지우지 않고 일정 시간 동안(예 : 컴퓨터가 꺼질 때까지 또는 "쓰레기통을 비우시오."라고 사용자가 명령을 내릴 때까지) 다른 장소에 '담아두고' 있다. 그러면 조작자는 실수(이 경우에는 잘못 한 삭제 명령을 내린 것)를 복구할 기회를 가지게 된다(Norman, 1988). 컴퓨터 시스템에서 '되돌리기(undo)' 버튼은 이런 점에서 대단히 가치가 있다.

오류 내성 시스템이라는 개념은 제12장에서 논의될 **적응적 자동화**(adaptive automation)의 개념과 밀접한 연계가 있다. 많은 오류 내성 시스템에서, 자동화된 또는 지능적 행위 주체는 인간 수행을 감독하고, 만일 종종 오류에서 명백한 질적 저하가 감지되면 인간에게 통고하기 위해 개입하거나, 또는 아마도 스스로 통제를 시작해서 오류를 고칠 것이다.

## 6. 다음 장과의 관계

이 책의 이 지점까지 우리는 전형적으로 단일과제에서 정보를 처리하는 다양한 단계들을 모두 다루었다. 이제 제10장에서, 우리는 2개의 동시 진행 과제들이 시간과 자원을 두고 서로 경쟁할 때 일어나는 것, 즉, 다중 작업이란 사안을 논의하려고 한다.

## 핵심 용어

가산 요인 기법(additive factors technique)

감산법(subtractive technique)

강제 진행 속도(force paced)

결정 복잡성 이득(decision complexity advantage)

경고 간격(warning interval)

계열 RT 과제(serial RT task)

교대 효과(alternation effect)

권장 선택(affordance)

규칙 기반 착오(rule-based mistake)

기대(expectancy)

기술 근거형 행동(skill-based behavior)

단순 RT(simple RT)

단일 통로 처리기(single-channel processor)

대역폭(bandwidth)

동작 부합(movement compatibility)

명령 자극(imperative stimulus)

반복 효과(repetition effect)

반응 자극 간격(response-stimulus interval, RSI)

베끼기 과제(transcription task)

병치 원리(colocation principle)

선택 RT(choice RT)

속도-정확성 교환(speed-accuracy trade-off, SATO)

속도-정확성 미시적 교환(speed-accuracy micro-trade-off)

속도-정확성 조작 특성(speed-accuracy operating characteristic)

수행 조성 요인(performance shaping factor)

시야 호환성(visual field compatibility)

실수(slip)

실행제어(executive control)

심리적 불응기(psychological refractory period)

오류 내성 시스템(error-tolerant system)

완료 후 오류(post-completion errors)

위반(violation)

위치 부합(locational compatibility)

일치(congruence)

자극 간 간격(interstimulus interval, ISI)

자극-반응 호환성(stimulus-response compatibility)

자기 진행 속도(self paced)

적응적 자동화(adaptive automation)

정보를 전달(transmitting information)

정신생리학적 기법(psychophysiological technique)

중앙 처리 부호(central processing code)

지식 기반 착오(knowledge-based mistake)

차단기(lockout)

착오(mistake)

코드화(chording)

Hick-Hyman 법칙(Hick-Hyman law)

Warrick 원리(Warrick principal)

중다과제 수행

한 여성이 휴대전화를 이용하여 문자메시지를 보내면서 길을 걷고 있었다. 그녀는 일과 관련된 골치 아픈 문제를 이해하고자 애쓰고 있었는데 약자로 온 메시지는 그 문제에 대한 충분한 설명을 제공하지 못하였다. 교차로에 접어들면서 그녀는 오른쪽을 잠깐 동안 아무 생각 없이 힐끗 쳐다보았지만, 앞쪽에서 빠른 속도로 접근하는 차량을 알아차리지 못했다. 한편, 차 안에 있던 운전자는 핸즈프리 휴대전화를 통해 다른 사람과 통화하는 데 온 신경을 쓰고 있었다. 그 운전자의 눈은 앞을 바라보고 있었지만 자신이 직접 나서야 하는 대형 계약의 큰 손실 문제와 관련된 대화에 그의 마음이 온통 쏠려 있었다. 이 시나리오에서 두 사람 모두는 과부하되어 있었고 사고가 발생하기 전까지는 아무도 상대방을 알아차리지 못했다.

## 1. 개관

중다과제 수행(multitasking)에 대한 연구에서는 각각의 독립적인 과제가 단독으로 수행되는 경우에 비해 일단의 중다과제(대부분의 경우 이중과제 쌍) 속에 포함된 각각의 과제들이 얼마나 잘 수행될 수 있는지 검토한다. 만일 중다과제(이중과제)에서 수행이 저하될 경우 이것을 **이중과제 수행 저하**(dual task decrement)라고 부른다. 이러한 저하가 발생하는 기제는 한 세기 넘게 심리학자들의 주된 관심사였을 뿐만 아니라(James 1890; Titchner, 1908) 최근 들어서는 항공 혹은 육상교통, 병원 집중치료실, 혹은 위기상황 지휘본부나 통제실 등의 영역에서 발생하는 중다과제 과부하(multitask overload)의 원인을 이해하고 이에 대처하는 데 초점이 맞추어지고 있다(Wickens & McCarley, 2008; Johnson & Proctor, 2004).

중다과제 수행은 제3장에서 기술된 바와 같이 정보 채널 사이보다는 **과제**(task) 사이에 주의를 분산시키는 것이라고 할 수 있다. 정보 채널 사이의 주의 분산은 주로 감각과 지각에 초점이 맞추어지는 반면, 과제 사이의 주의 분산은 모든 정보처리 단계, 그리고 모든 유형의 다양한 인지 활동과 반응 활동 사이에서 과제 간섭(task interference)이 발생하는 원

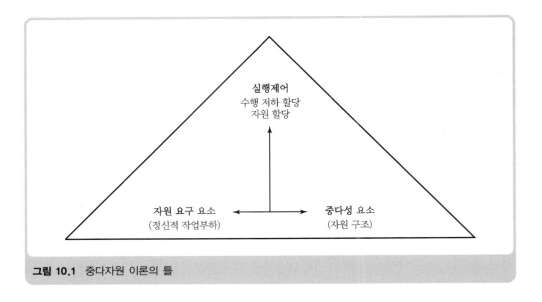

**그림 10.1** 중다자원 이론의 틀

인이 무엇인지 고려된다. 다음에서는 중다과제 능숙성(multitasking proficiency)(혹은 이중 과제 수행 저하), 과제들의 조합 형태, 혹은 사람들 사이에서 관찰되는 변산성(variability)을 설명할 수 있는 인간 수행의 네 가지 기본적 기제에 대해 초점을 맞출 것이다. 이러한 네 가지 기제들은 과제 난이도와 관련된 노력(자원)의 요구, 중다자원 요구에서 두 과제 사이의 유사성, 특정 과제에 대한 상대적 우선성 혹은 상대적 강조, 그리고 중다과제의 각 과제에 포함된 특정 정보와 대응 측면에서의 과제 유사성 등이다. 이 장의 마지막에서는 중다과제 수행에서의 수월함(fluency)이 사람들에 따라 어떻게 다른지 논의할 것이다.

처음 세 가지 기제들 즉, 자원 요구(resource demand), 자원 중다성(resource multiplicity), 그리고 자원 할당(resource allocation)은 그림 10.1에 제시된 **중다자원 이론**(multiple resource theory)(Navon & Gopher, 1979; Wickens, 1984, 2002a, 2008)의 틀 안에서 설명될 수 있는 것들이다. 그림의 좌측 하단에서 과제 간섭은 난이도 혹은 과제의 자원 요구에 의해 결정된다. 직관적으로 보면 우리는 쉬운 두 가지 과제들(예 : 걸으면서 말하기)에 대해서는 성공적으로 시간을 공유할 수 있다. 그러나 하나 혹은 두 과제가 모두 어려워지면(예 : 절벽 위의 좁은 길을 걷거나 말로 복잡한 개념을 설명하는 것), 어느 한 과제의 수행은 저하될 것이다. 이 경우 두 과제는 자원을 얻기 위해 서로 경쟁한다고 표현되는데, 이 때 어느 한 과제(혹은 두 과제 모두)는 단일과제에서 보인 수행 수준을 보일 만큼의 자원을 갖지 못할 수 있다.

그림의 오른쪽 하단에서는 인간이 모든 과제가 동일하게 경쟁하는 단 하나의 정신적 자원을 갖고 있는 것은 아니라는 것을 강조한다. 그보다는 구화 반응과 수동 반응에 각각 사용될 수 있는 중다의 자원이 있다. 그림의 상단에 있는 실행제어에서는 단순히 걸으면서 이야기하는 것에 비해 절벽 위의 좁은 길을 걸으면서 이와 동시에 매듭을 묶는 것과 같은 두 가지의 시각-운동 활동일 경우에 두 과제 사이에 더 많은 방해가 있을 것이다. 두 과제가 동일한 자원을 요구할 때는 각각 다른 자원을 사용하는 경우에 비해 수행이 더 저하될 것이다. 자원 요구와 자원 중다성은 모두 이중과제 수행 저하의 총량을 결정한다. 그러나 이러한 수행 저하가 있을 경우 어느 과제에 대한 수행이 더 많이 저하될까? 혹은 수행 저하의 정도가 두 가지 과제에서 동등하게 나타날까? 최우선적으로 수행해야 하는 과제를 수행하는 도중에 방해가 주어지면 어떤 일이 발생할까? 이차적인 과제를 포기할 것인가, 아니면 방해를 무시해 버릴 것인가? 이러한 결정은 그림의 상단에 제시된 **자원 할당** 요소에 의해 이루어진다. 다음의 세 절을 통해 중다자원 이론에 포함된 이러한 세 가지 요소들에 대해 차례로 논의하고자 한다.

## 2. 노력과 자원 요구

우리는 시각 탐색(Wolfe, Horowitz, & Berman, 2005) 혹은 정보 탐색(Janiszerwinski, 2008; Morgan, Patrick, et al., 2009)을 지속적으로 수행하는 데 요구되는 노력, 시각 주사(예 : SEEV 모델에서 첫 번째 E에 해당하는 것; 제3장 참조)의 범위를 한정하는 것에서의 노력의 역할, 근접 부합성 원리에서 작업기억 노력과 정보 접근 노력 사이의 경쟁(제3장), 최적 연산법(optimal algorithms)에 비해 어림법에서 요구되는 노력이 감소하는 것(혹은 의사결정에서 1유형 처리와 2유형 처리 사이의 비교)(Kahneman & Klein, 2009; 제8장의 그림 8.9 참조), 인지 부하 이론(cognitive load theory)에서 말하는 학습과 교습에 투여되는 노력(Mayer, 2007; Paas Renkle & Sweller, 2003; 제7장) 등 이 책의 여러 부분에서 노력(effort)이라는 개념을 접해 왔다. 여기에서 우리는 이중과제 수행 저하를 예측하거나 설명하는 데 노력이 어떠한 역할을 하는지에 초점을 맞추고자 한다.

　1890년, William James는 다음과 같은 기술을 통해 노력 혹은 난이도의 개념을 처음으로 언급하였다. "한 번에 얼마나 많은 것 혹은 생각에 주의를 기울일 수 있는지 묻는다면 이에 대한 대답은 이렇다. 그것을 할 수 있는 과정이 고도로 습관화되어 있지 않다면 하나 이상에 주의를 기울이는 것이 결코 쉽지 않다는 것이다". 이 문장에서 James는 본질적으로 주의 분산의 용이성을 결정하는 과제 난이도의 연속체를 정의한 것이다. 이후에 분산 주의에 영향을 미치는 '습관화'라는 개념은 '**자동성**(automaticity)'이라고 명명되었다(Fitts & Posner, 1967; Schneider & Shiffrin, 1977).

　상당한 수준의 연습에 의해서든(제7장 참조; Schneider & Shiffrin; 1977; Bahrick & Shelly, 1958), 아니면 매우 단순한 자극-반응 대응(예 : 제9장에서 언급된 단순 반응 과제)에 의해서든 과제들이 자동화되어 최소한의 주의 자원만 요구되고, 현재 수행 중인 과제에 충분한 자원을 사용하여 완벽한 시간공유(수행 저하가 전혀 없는 것)라는 '황금 기준'을 성취할 수 있게 된 과제들의 증거는 매우 많다. 사실, 어떤 상황에서는 고도로 연습된 과제에 더 많은

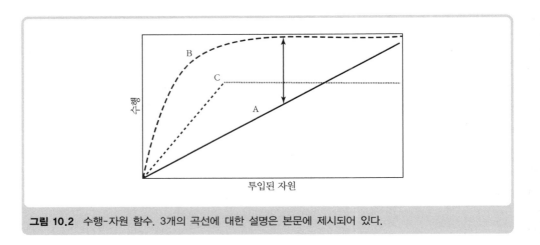

**그림 10.2** 수행-자원 함수. 3개의 곡선에 대한 설명은 본문에 제시되어 있다.

주의가 집중될 경우 오히려 그 과제의 수행이 저하된다는 증거도 있다. 예를 들어, Gray (2004)는 잘 훈련된 운동 선수들(야구 선수들)이 보이는 '숨막힘' 현상을 검토하였는데, 숙련된 타자가 타격하는 것으로 주의를 돌리면 오히려 수행이 저하된다는 것을 발견하였다. 이러한 현상은 초보자에게서는 나타나지 않는 것이다.

자동성이 자원 요구 척도에서 주의 자원이 거의 요구되지 않는 한 극단을 나타내는 반면 이와는 반대로 현재 수행 중인 과제에 방해가 발생하여 주의 자원이 많이 요구되는 경우도 있다. 이러한 경우에는 두 가지 요인이 관련되는데 하나는 경험이나 연습에서의 **부족**이고 다른 하나는 과제 자체가 갖고 있는 고유한 어려움이나 **복잡성**이다(Halford, Baker, et al., 2005; Halford, Wilson, & Phillips, 1998). 제11장에서는 과제에 대한 이러한 인지적 어려움과 **정신적 작업부하**(mental workload)를 표상하고 측정하는 방법들에 대해 논의할 것이다. 여기에서는 난이도를 증가시키거나 자동성을 감소시키면 주어진 과제를 수행하기 위한 **잔여 주의**(residual attention)나 **잔여 자원**(residual resource) 혹은 **예비 용량**(spare capacity)이 부족해지는 측면에 초점을 맞출 것이다.

과제가 요구하는 자원의 양(따라서 과제에 투여된 자원의 양)과 수행 사이의 관련성은 그림 10.2에서 보이는 것과 같은 **수행-자원 함수**(performance-resource function, PRF)를 통해 도식화하여 나타낼 수 있다(Norman & Bobrow, 1975). 이 그림에서 X축은 과제에 투입된 자원을 나타내고 있는데 왼쪽에서 오른쪽으로 갈수록 '더 열심히' 과제를 수행하는 것이라고 생각하면 된다. Y축은 과제에 대한 수행의 정도를 나타내는데 높은 점수일수록 수행을 잘했다는 것(수행 정확성이나 수행 속도 등의 측면에서)을 의미한다. 3개의 곡선이 제시되어 있다. A는 좀 더 어려운 과제(혹은 숙련되지 않은 수행자의 과제)를 나타낸다. 완전한 수행을 위해서는 모든 자원이 요구된다. 이 과제로부터 약간의 자원만 회수하더라도 수행에서의 저하가 발생할 것이다. 과제는 이러한 형태의 선으로 표현되는데 이때의 과제는 완전히 **자원제한적**(resource-limited)이라고 할 수 있다. 점선으로 표시된 곡선(B)은 '훨씬 더 쉬운' 과제 혹은 전문가에 의해 수행된 과제를 나타낸다. 이 과제를 완벽하게 수행하는 데 적은 양의 자원만이 필요하기 때문에 이 과제에 자원을 추가적으로 투여하는 것은 '낭비'라고 할 수 있고, 이 과제와 함께 동시에 수행해야 하는 다른 과제에 대해서는 더 많은 양의 자원이 가용할 것이다. B 과제는 자원제한적이지 않다. 당연한 말이지만 과제에 대한 학습과 연습이 진행됨에 따라 점진적으로 A에서 B로 이동할 것이다.

그림 10.2에서 C는 **자료제한적**(data-limit) 과제의 한 가지 예시인데(Norman & Bobrow, 1975), 자료제한적 과제가 보이는 수행은 자원제한적 과제가 보이는 수행과는 많이 다르다. 자원을 모두 투여하더라도 수행이 완전하게 이루어지지 못하고, (특정 지점부터는) 자원을 좀 더 투여한다 하더라도 수행에서의 향상은 나타나지 않는다. 왜 그럴까? 왜냐하면 과제가 갖고 있는 자료 혹은 정보에 의해 수행의 질이 제한되기 때문이다. 한 가지 예로 당신이 아무리 '귀를 쫑긋 세우고' 듣고자 노력하더라도 역치 이하의 크기로 들리는 희미한 소리는 들을 수 없다. 또 다른 예로 당신이 아무리 '머리를 써서' 이해하려 해도 제대로 배우지 않은 외국어의 빠른 대화 내용은 이해할 수 없을 것이다. 이 두 가지 예시의 경우 어느 정도의 자원을 투여한 후 추가적으로 자원을 투여하는 것은 의미가 없기 때문에 동시에 수행하고 있는 다른 과제의 수행을 위해 잔여 용량을 남겨두는 것이 더 바람직할 것이다.

외국어 사례를 통해서 예시하였듯이 자료제한은 장기기억으로부터의 자료 인출 과제에도 해당된다(Norman & Bobrow, 1975). 예를 들어, 당신이 '알지 못한다는 것을 알고 있는' 단어나 사람의 이름의 인출하고자 노력하는 것은 자료제한적인 과제인 반면, '알고 있다는 것을 알고 있는'(Nelson, 1996) 단어나 사람의 이름을 인출하기 위해 노력을 투여하는 것은 좀 더 자원제한적인 과제가 될 것이다. 당연한 것이지만 특정 과제는 PRF를 따라 자원제한적인 부분과 자료제한적인 부분을 모두 포함하고 있다. 실제로 그림 10.2에 제시된 과제 B의 '완벽 수행 상한(perfect performance ceiling)'은 약 30%의 자원을 투여한 이후 추가적으로 더 자원을 투여해도 수행이 더 이상 향상되지 않는다는 것을 나타낸다는 점에서 보면 자료제한적이라고 할 수 있다.

이중과제 수행에서 자원제한과 자료제한 사이의 구분이 시사하는 바는 그림 10.3에 좀 더 분명하게 예시되어 있는데, 여기에서 두 과제에 대한 자원의 **상대적** 할당은 X축을 따라 표시되어 있다. 이 그림에서 과제 B에 대한 PRF는 그림 10.2에서 제시된 것과 동일하게 표시되어 있지만 과제 A에 대한 PRF는 반대방향으로 표시되어 있음에 주의하라. 따라서 과제 사이의 자원 **할당 정책**(allocation policy)은 X축의 특정한 지점을 통해 나타내어질 수 있다(Wickens, Kramer, et al., 1983). 상대적으로 자원을 어떻게 할당할 것인지는 지시를 통해서도 얼마든지 가능하고(Gopher, Brickner, & Navon, 1982) 실제 환경에서 사람들은 어떻게 자원을 할당할지 자발적으로 결정할 수도 있을 것이다. 그러나 이 장의 도입부에서 소개한 예시에서도 볼 수 있듯이, 이러한 자원 할당 정책이 항상 최적은 아니다. 즉, 이 예시에서

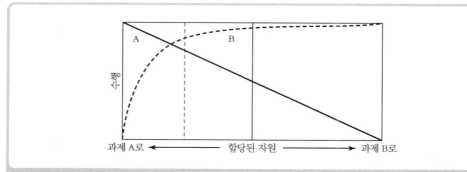

**그림 10.3** 과제 우선성이 달라질 때, 과제 사이에서 자원의 득실 관계를 보여주는 두 가지 시간공유 과제들에 대한 수행-자원 함수

두 사람은 우선성을 낮게 두어야 하는 과제에 너무 몰두하였고, 이 때문에 위험요소를 탐지하는 과제의 수행은 저하되었던 것이다. 그림 10.3에서, 동일한 우선성을 나타내는 가운데 지점(수직 실선)에서 과제 A는 수행의 저하가 발생하는 반면, 과제 B는 수행에서 변화가 없다. 수직 점선으로 표시된 지점은 자원 할당을 동일하게 하지 않은 부분인데, 여기에서는 B에 대한 자원은 줄이는 대신 A에 대한 자원은 증가시킨 것으로 이것은 실제로 완전한 시간 공유에 근접하는 조건을 만들어낸다(Schneider & Fisk, 1982). 4절에서 자원 할당과 관련된 문제를 다시 다룰 것이다.

이중과제 상황에서의 자원 요구와 관련된 개념은 다양한 영역에서 활용되었다. 예를 들어, 제7장에서는 학습에서의 내재적(intrinsic) 혹은 외재적(extrinsic) 부하에 대해 논의한 바있다(Paas & van Gog, 2009). 다른 연구자들은 사상의 상대적 빈도와 같은 어떤 유형의 내용은 자동적으로 학습된다고 주장하였다. 즉, 빈도에 대한 학습은 단일과제 상황만큼 (비록 단일과제 상황에 비해 자원이 부족하다 하더라도) 이중과제 상황에서도 신속하게 이루어진다는 것이다(Hasher & Zacks 1979). Kaplan과 Berman이 수행한 매우 흥미로운 연구(2010)에서는 실행제어에서의 자원 요구가 충동을 통제하는 데 필요한 자기조절에서의 자원 요구와 경쟁한다는 주장이 제기되었다. 따라서 부담이 매우 큰 인지적 과제들은 자기통제를 더 어렵게 한다. 흥미롭게도, 이 연구자들은 푸르고 자연적인 환경이 자기조절과 인지 모두의 자원 요구에 의해 고갈된 자원을 복원시켜 준다는 자료도 제시하였다.

제8장에서 의사결정에 대해 논의하면서 자원 소비를 최소화하기 위해 '자원 경량(resource-lite)'의 어림법이 종종 선택될 수 있음을 시사한 바 있다(Fennema & Kleinmuntz, 1996). 그리고 Gray와 Fu(2002)는 자원 요구를 최소화하기 위해 사용자의 인터페이스 옵션 선택(예 : 불완전한 기억에 의존하거나 정보를 인출하기 위해 키를 누르는 것)이 어떠한 방식으로 이루어지는지 훌륭하게 모형화하였다. Ballard, Hayho 및 Pelz(1995)도 참조하라.

노력으로 자원을 개념화하는 것은 Kahneman(1973)의 저서에 잘 정리되어 있다. 또한 자원(노력) 고갈에 대한 개념은 이것과 신경생리학 사이의 관련성을 면밀하게 이해할 수 있도록 해주었다. 이러한 관련성에 대해서는 다음 장에서 좀 더 논의할 것이다. 여기에서는 두 가지의 또 다른 관련성에 대해 먼저 고려하고자 한다. 첫째, 지속적으로 노력을 기울이는 것은 장기적으로는 대가를 치르게 한다. 우리는 이것을 **지속 주의**(sustained attention)의 한 계와 관련하여 **의사결정 피로**(decision fatigue)(Tierney, 2009; 제8장)와 경계 과제(vigilance task)(Deaton & Parasuraman, 1988; 제2장) 모두에서 이미 살펴본 바 있다. 비록 경계 패러 다임이 일반적인 이중과제 상황을 대표하는 것은 아니지만(실제로, 동시 과제는 때로 경계를 향상시킬 수 있다)(Atchley & Chan, 2011), 시간이 지남에 따라 자원이 감소하는 것으로 (혹은 노력을 투여하고자 하는 동기가 감소하는 것으로) 보이기 때문에 노력 투여와 경계 과제 수행 사이에는 서로 밀접한 관련성이 있을 것이다. 노력을 지속적으로 기울일수록 피로가 축적된다.

두 번째 관련성은 많은 심리학자들의 흥미를 불러일으킨 문제로 자원이 고정되어 있는지 아니면 변하는지에 대한 것이다(Young & Stanton, 2002). 뇌기능의 관점에서 자원이 어떻게 정의되는지에 대해서는 다음 장에서 다룰 것이다. Kahneman(1973)은 이것이 고정된 것은 아니라고 주장하였다. 그는 "어려운 과제보다 쉬운 과제를 열심히 하는 것이 더 어려울 뿐이다"라고 주장하였다. 즉, 과제 요구에 따라 어느 정도의 자원이 필요하기는 하지만 과제 요구 자체를 증가시키는 것은 본질적으로 추가적 자원이 동원되도록 자원을 확대시킨다는 것이다. Young과 Stanton(2002)은 이러한 관점과 일치하는 자료를 제공하였다. 즉, 좀 더 어려운 과제에 대해서는 더 많은 자원이 가용하기 때문에 어려운 과제를 수행할 때 처리가 더욱 효율적으로 이루어진다. 그리고 자원을 확대하는 능력은 사람에 따라 다를 수 있다 (Matthews, Warm, et al., 2011; Matthews & Davies, 2001). 과제 수행에서의 자원에 대해서는 다음 장의 정신적 작업부하 부분 이후에 좀 더 논의할 것이다.

## 3. 중다성

중다과제 수행에 기저하는 정신적 자원이라는 개념을 소개하고 정교화한 Kahneman(1973; Rolfe, 1973 참조)은 그의 저서 마지막 장에서 단일의 **미분화 용량**(undifferentiated capacity) 외에 과제 간섭을 설명할 수 있는 또 다른 요인들이 있음을 인정하기도 하였다. 특히, 그는 (앞의 예시에서 문자메시지를 보내고 있던 보행자의 경우처럼) 동시에 서로 다른 장소에 눈을 고정해야 하는 것과 같은 **구조적 간섭**(structural interference) 혹은 손으로 두 가지의 경쟁적 행위를 동시에 수행해야 하는 것과 같은 운동 간섭에 대해서도 언급하였다. 이 시기에 다른 연구자들(Navon & Gopher, 1979; Kantowitz & Knight, 1976; Navon & Gopher, 1979; Wickens, 1976)은 단일자원보다는 중다자원을 상정하고 이를 정교화하기 시작하였다.

중다자원 이론의 정교화는 몇 가지의 증거들에 기반을 두고 이루어졌다. 특히 몇 개의 실험적 증거들은 좀 더 어려운 과제(예 : 경계 감시)는 좀 더 쉬운 과제(예 : 일정하게 힘을 주는 것)(Wickens, 1976)에 비해 다른 과제(예 : 추적 과제)를 덜 간섭할 수 있다는 것을 보여주었다. 다른 연구자들은 '난이도 둔감성(difficulty insensitivity)'이라는 개념에 초점을 맞추었다. 난이도 둔감성의 예시로는 어느 한 과제에서의 요구를 증가시켜도(즉, 난이도를 증가시켜도) 이와 함께 동시에 수행해야 하는 다른 과제의 수행을 저하시키지 않는 것, 혹은 한 과제에서의 요구를 증가시켜도 자원이 좀 더 풍부한 단일과제 상황에서의 요구 증가량보다 더 많은 자원이 요구되도록 한 과제에 대한 수행을 저하시키지 않는 것(Kantowitz & Knight, 1976; Verguawe, Barrouillet, & Camos, 2010)을 들 수 있다. 물론 이러한 효과는 단일 미분화 자원으로도 예측될 수 있을 것이다. 또한 두 시각 정보를 서로 근접시킴으로써 시각 주사가 필요하지 않도록 하는 것과 같이 명백한 구조적 한계가 제거되는 경우에도 동일한 감각의 자극들에 대한 주의 분산에 비해 상이한 감각(예 : 청각과 시각)의 자극들에 대한 주의 분산이 더 적은 간섭을 보이는 것(Treisman & Davies, 1980)이 관찰되었다. 이와 같은 증거들은 인간이 분리된 자원을 갖고 있다는 생각을 지지한다. 따라서 두 과제가 서로 겹치지 않는 자원을 요구한다면 앞에서 언급된 결과들이 관찰될 수 있을 것이다(Wickens, 1980).

앞에서 언급한 인간 수행에 대한 자료와 뇌 안에서[다양한 감각피질, 2개의 반구, 전두부(anterior region) 대 후두부(posterior regions) 등] 자원의 분리를 밝힐 수 있는 생리학적 자료를 조합하여 Wickens(1980)는 비교적 단순한 3차원(단계, 부호, 양상)의 중다자원 모형(multiple resource model)을 제안하였다. 이후에 네 번째의 차원(시지각에서 초점시와 주변시)(Wickens, 2002a, 2008)도 추가하였다. 두 과제들이 이러한 네 가지의 이분법적 차원에 따라 서로 상이한 자원을 요구할수록 (a) 전반적 시간공유가 향상되고, (b) 한 과제에 대한 난이도 증가가 이와 동시에 수행되어야 하는 다른 과제의 수행을 덜 저하시킬 가능성이 높아진다. 이러한 네 가지 차원들에 대한 기술은 다음에 차례로 제시되어 있다.

### 3.1 단계

지각적 활동이나 인지적 활동(작업기억을 포함하여)에 사용되는 자원은 동일하고, 반응 선택과 반응 실행에서 요구하는 자원과는 기능적으로 분리되어 있는 것으로 보인다(그림 10.4). 이러한 이분법적 구분에 대한 증거는 어떤 반응 과제에서의 난이도 변화(자원 요구의 증가 혹은 감소)가 본질적으로 지각적 혹은 인지적 자원을 요구하는 동시 과제(반응 과제와 함께 수행되는)의 수행에 영향을 미치지 않는다는 것에서 찾을 수 있다. 이와는 반대의 방향에서 지각적-인지적 난이도의 증가는 주로 반응과 관련된 자원을 요구하는 동시 과제에는 많은 영향을 주지 않는다는 증거도 제시되었다(Wickens & Kessel, 1980).

언어의 영역에서 Shallice, McLeod 및 Lewis(1985)는 언어 재인(지각)과 말 산출(반응)을 포함하는 일련의 과제에 대한 이중과제의 수행을 검토한 뒤 이 두 가지 언어 과정에 기저하

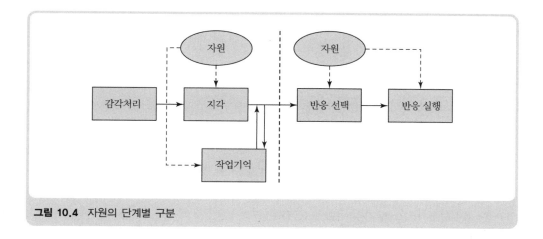

**그림 10.4** 자원의 단계별 구분

는 자원들은 비록 이들이 언어적 자원을 공유하는 것이라 하더라도(다음의 처리부호 부분 참조) 어느 정도는 별개의 것들이라고 결론지었다. 단계 이분법은 상이한 뇌 구조와 연합될 수 있다는 것이 중요하다(제11장 참조). 즉, 말과 운동 활동은 뇌의 전두부[중심구(central sulcus)의 앞쪽] 영역의 통제를 받는 반면, 지각과 언어 이해는 후두부(중심구의 뒤쪽) 영역의 통제를 받는 경향이 있다. 또한 이러한 이분법적 구분은 사건 관련 뇌전위(event-related brain potential)에 대한 생리학적 증거들에 의해 지지를 받고 있다(예 : Isreal, Chesney, et al., 1980; 제11장 참조).

　그림 10.4에 제시되어 있듯이, 중다자원 모형에서의 단계 이분법은 작업기억에서 정보를 저장하고 변환하는 지각 과제와 인지 과제 사이에 상당한 간섭이 있을 것이라고 예측한다(Liu & Wickens, 1992b; Liu, 1996). 이 두 가지 과제들은 정보처리 단계에서는 서로 다른 단계에 해당되기는 하지만 이들은 공통적인 자원의 지원을 받는다. 예를 들어, 시각탐색은 심적 회전과 결합되어 있고, 말소리 이해는 언어적 반복과 결합되어 있는데 이 두 가지는 모두 서로 다른 단계(지각과 인지)에서 작동하는 것이기는 하지만 여전히 공통적 단계에 속한 자원을 놓고 서로 경쟁하기 때문에 이들은 서로 간섭할 것이다. 앞 예시에서의 운전자에게서 볼 수 있듯이 휴대전화를 통한 대화에서의 인지적 처리는 운전 환경에서의 변화(McCarley Vais et al., 2004; Strayer & Drews, 2007)와 혼잡한 도로에서 보행자가 길을 안전하게 건널 수 있는지 알아차리는 것(Neider, McCarley, et al., 2010)을 포함하는 지각적 처리를 방해하는 것이 분명하다. Fougnie와 Marois(2007)는 작업기억에서의 요구가 증가할수록 변화맹도 증가한다는 것을 보여주었다.

　중다자원 이론의 단계 이분법은 제9장에서 논의되었던 반응 선택에서의 병목현상(심리적 불응기)에 대한 증거(Pashler, 1998)에 의해서도 지지받는다. 즉, 반응 선택 단계에 포함되는 두 과제는 공통적인 반응 관련 자원을 두고 맹렬하게 경쟁한다(이에 따라 두 번째 자극에 대한 반응이 지연된다). 그러나 그러한 반응 선택은 지각적 혹은 인지적 처리와 관련된 과제들과는 훨씬 적게 경쟁할 것이다.

## 3.2 처리부호

**처리부호**(processing code) 차원은 아날로그/공간적 처리와 범주/상징(대개의 경우 언어적 혹은 구화적) 처리 사이의 구분을 말한다. 중다과제 연구들(Wickens, 1980 참조)로부터 얻어진 자료들은 공간적 처리와 언어적 처리[혹은 부호(code)]는 지각, 인지 혹은 반응 단계에서 기능하는 것과는 상관없이 별개의 자원을 사용하고, 이러한 분리는 종종 2개의 뇌반구와 연합되어 있다는 것을 나타내고 있다[Polson & Friedman, 1988; Baddeley, 1986, 2002, Logie, 1995; 공간적 작업기억과 언어적 작업기억(혹은 인지적 조작)의 중요한 구분에 대한 경쟁적 견해를 기술하고 있는 제6장과 제7장도 참조].

수동 반응(manual response)이 본질적으로 공간적인 것인 반면(예 : 추적, 조향, 조이스틱 혹은 마우스 조작 등) 구화 반응(vocal response)은 대개의 경우 언어적이라는 것을 가정하면, 공간적 자원과 언어적 자원 사이의 구분을 통해 왜 수동 반응과 구화 반응이 서로 시간 공유를 하면서도 높은 수준의 효율성을 보이는지 설명할 수 있다. 이러한 관점에서 몇몇 연구자들은(Martin, 1989; Tsang & Wickens, 1988; Wickens & Liu, 1988; Wickens, Sandry, & Vidulich, 1983; Sarno & Wickens, 1995; Tsang, 2006) 연속적 수동 추적과 불연속적 언어 과제는 후자가 수동 반응 대신 언어 반응을 사용할 경우 훨씬 더 효율적으로 시간공유된다는 것을 보여주었다. 또한 추적 과제를 수행하지 않는 손을 이용한 불연속 수동 반응은 불연속 언어 반응과는 달리 수동 추적 반응의 연속적 흐름을 방해하는 것으로 보인다(Wickens & Liu, 1988). 키보드 입력(타이핑)은 수동 반응과 언어 반응이 혼합된 반응이라는 것에 주목하라. 즉, 키보드 입력은 언어적 인지(혹은 간단한 글을 보고 입력하는 것이라면 시각적-언어적 입력, 제9장 참조)의 지원을 받는 수동 반응이라고 할 수 있다.

처리부호 구분이 갖는 중요한 실용적 함의는 이것이 언제 구화(혹은 말소리) 반응 혹은 수동 제어를 하는 것이 좋을지 예측할 수 있다는 것이다. 수동 제어는 공간적 작업기억을 과도하게 요구하는 과제 환경(예 : 운전)에서 수행을 방해할 수 있는 반면, 구화 제어는 언어적 자원을 과도하게 요구하는 과제의 수행을 방해할 수 있다(또는 이와는 반대로 자원 할당 정책에 따라 구화 제어가 그러한 과제들에 의해 방해받을 수 있다). 이 문제에 대해서는 뒤에 나오는 5절의 주의 분산 운전 부분에서 좀 더 자세하게 다룰 것이다.

## 3.3 지각 양상

두 청각 채널 혹은 두 시각 채널을 동시에 사용하기보다는 눈과 귀 사이에 주의를 분산시키는 것이 더 바람직하다는 것은 분명하다(Wickens, 1980; Meyer & Keiras, 1997). 즉, 양상 간(cross-modal) 시간공유가 양상 내(intramodal) 시간공유보다 더 좋다. Wickens, Sandry 및 Vidulich(1983)는 실험실에서의 추적 실험과 꽤 복잡한 비행 시뮬레이션 모두에서 양상 간 디스플레이가 양상 내 디스플레이보다 이점이 많음을 발견하였다. 그리고 Wickens, Goh 등(2003)은 비행 시뮬레이션 결과를 다시 한 번 확증하였다. Parks와 Coleman(1990), 그리고 Donmez, Boyle 및 Lee(2006)는 운전자들이 곡선 도로를 주행할 때 청각적 방해요소에 비해 시각적 방해요소에 의해 수행이 더 많이 저하된다는 것을 관찰하였다. 29개의 연구들에 대한 한 통합분석 연구에서는 청각-시각(auditory-visual, AV) 과제(불연속적 과제)와 시각-시각(visual-visual, VV) 과제(연속적 과제)에서의 수행을 비교하였다(Wickens, Prinet, et al., 2011). 그 결과 불연속적 과제의 청각적 제시가 시각적 제시에 비해 약 15%의 이점(반응 속도와 반응 정확성을 통합했을 때)이 있다는 것이 관찰되었다. 이러한 효과에 대해서는 다음의 방해 관리 부분에서 다시 한 번 논의할 것이다.

양상 간 시간공유가 상대적으로 더 유리하다(즉, AV가 AA나 VV보다 좋다)는 앞의 사례들과 같은 결과를 이끌어내는 데 중추적 요인 외에 말초적 요인이 얼마나 영향을 미치는지는 아직 불분명하다. Wickens, Prinet 등(2011)은 2개의 시각 정보를 서로 근접시켰을 경우에도 15%의 이점이 있다는 것을 발견하였는데, 이것은 양상 간 AV의 이점이 전적으로 시각 주사를 제거한 덕분이라는 가능성을 배제하는 것이다. 그러나 시각 주사를 최소화했을 때 양상 간 디스플레이가 항상 더 좋은 시간공유를 가져오지는 않는데(Wickens & Liu, 1988; Horrey & Wickens, 2004; Wickens, Dixon, & Seppelt, 2005; Wickens & Colcombe, 2007), 지속적 시각 과제(이것의 양상이 변화되지 않을 때)인 경우에는 특히 더 그렇다. 청각 우선성과 관련된 문제들에 대해서는 다음의 자원 할당과 과제 방해(4절) 부분에서 다루어질 것이다.

그럼에도 불구하고 대부분의 실제 세계에서 시각 주사는 VV 인터페이스의 경우 많은 불리함을 주기 때문에 마취실(Watson & Sanderson, 2004), 항공기 조종석(Wickens, Goh, et al., 2003) 혹은 컴퓨터 기반 교습실(Mayer, 2007; 2009) 등과 같은 환경에서는 시각 양상으로부터 청각 양상으로 일부 정보 채널을 분담시킴으로써 이중과제 간섭을 줄일 수 있다. 다른 한편으로는 동시적 청각 메시지(AA)는 충분하게 처리되기 어렵기 때문에 두 청각 과제 중 한 과제를 시각적으로 제시함으로써 이것이 갖는 이점을 유지할 수 있을 것이다(즉, AV가 AA보다 좋다)(Rollins & Hendricks, 1980).

정보를 제공하기 위한 청각 경로나 시각 경로뿐만 아니라 최근 들어 촉각 경로에 대한 관심이 높아지고 있다. 예를 들어, 적군의 출현을 알려주기 위해 병사의 어깨 위에 전자 '탭'을 장착하거나 디스플레이상에서 중요한 시각적 정보 변화를 알려주기 위해 조종사의 손목에 진동 부저를 착용하도록 하는 것이다(Sarter, 2007). 이러한 관점에서 본다면 촉각 양상도 또 다른 지각적 자원 경로로 작용할 수 있을 것이다. 즉, VA 과제에서 청각 경로가 그러한 것처럼 촉각 경로도 VT(visual-tactile) 시간공유 상황에서 이와 거의 동일한 이점을 제공할 수 있을 것이다(Lu, Wickens, et al., 2011).

양상에 대해 마무리하기 전에, 합성된 음성이 다시 한 번 텍스트로 인쇄되는 경우와 같이 청각 정보와 시각 정보를 함께 제시하는 **중복적** 정보 제시에 대해 고려해 보는 것이 중요하다. 제6장에서는 교습에서 중다 양상을 사용한 중복 이득의 장점에 대해 논의한 바 있다. 예를 들어, 차량 내비게이션이 음성과 텍스트를 중복적으로 제시하는 것을 고려해 보자. 이 경우 중복 디스플레이는 항행 정보를 정확하게 처리하는 데 이점이 있지만, 운전자가 내비게이션을 통해 제시되는 텍스트 정보를 처리하는 것이 시각적 운전과 경쟁을 해야 하기 때문에 비록 이러한 간섭이 불가피한 것이라 할지라도 지속적인 시각적 추적 과제에는 이점이 적다(그보다는 주의가 청각 양상에 맞추어지도록 하는 것이 더 바람직할 것이다) (Wicken, Prinett, et al., 2011). 중복적 정보 제시가 청각 경로와 시각 경로 모두에 최상의 조건이 될 수 있도록 하기 위해 적절한 주의 할당 방략에 대한 훈련이 제공될 수도 있다 (Wickens & Gosney, 2003).

### 3.4 시각 경로

처리의 청각 양상과 시각 양상 사이의 구분뿐만 아니라, 초점 시각(focal vision)과 **주변 시각** (ambient vision)이라고 불리는 시각 처리에서의 두 가지 측면도 (a) 효율적 시간공유가 가능하고, (b) 질적으로 다른 뇌 구조에 의해 통제되며, (c) 질적으로 다른 정보처리 유형과 연관된다는 점에서 이 두 가지가 별개의 자원을 요구한다는 증거들이 많이 있다(Leibowitz, Post, et al., 1982; Previc, 1998; 2000; Sumaala, Nieminene, & Punto, 1996; Horrey, Wickens, & Consalus, 2006; Wickens & Horrey, 2009). 초점 시각은 대부분의 경우 망막의 **중심와** (foveal) 영역에서 이루어지는 것으로 대상의 세부적 요소, 형태 그리고 대상 재인(예 : 텍스트 읽기, 작은 대상 확인하기) 등의 처리에 요구된다. 이와는 대조적으로 주변 시각은 (전적으로 그러한 것은 아니지만) 주로 망막의 주변시 영역에서 이루어지는 시각을 포함하는데, 이것은 방향과 자체운동(제4장)을 지각하는 데 사용된다. 어떤 우편집배원이 주소를 읽으면서 보도를 성공적으로 걸어갈 수 있기 위해서는 초점 시각과 주변 시각의 병렬적 처리 혹은 그러한 역량을 충분히 활용할 수 있어야 한다. 이것은 마치 우리가 운전할 때 도로표지를 읽거나 내비게이션 디스플레이를 확인하기 위해 잠깐 동안 그것을 보거나, 혹은 도로 한가운데에 있는 위험요소를 확인하는 것(주변 시각)과 동시에 차선 중앙에 위치하여 앞쪽으로 차를 이동시키는 것(초점 시각)(Horrey, Wickens, & Consalus, 2006)과 같다. 항공기 설계자들은 조종사들의 초점 시각이 특정한 계기 정보를 지각하는 것에 의해 과부하되었을 때, 이들에게 주변 시각을 활용하여 안내나 경보 정보를 제공하기 위한 몇 가지 방법들을 고려하였다(Balkly, Dyre, et al., 2009; Nikolic & Sarter, 2001; 제5장 참조).

### 3.5 계산 모형

종합적으로, 중다자원 모형의 4차원은 그림 10.5와 같은 '육면체' 형태로 나타내어질 수 있다. 여기에서 3개의 양상들은 지각적-인지적 단계에 내포되고, 초점-주변 시각의 구분은 시각 양상에 내포되어 있다. 어떤 과제든 육면체 안에서 하나 혹은 그 이상의 자원을 차지하

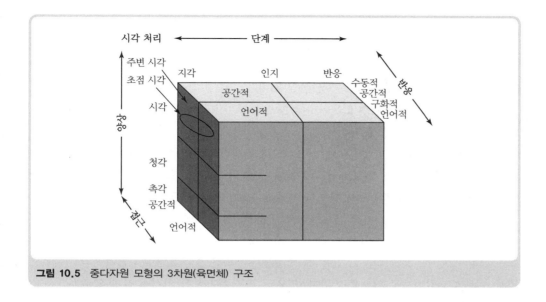

**그림 10.5** 중다자원 모형의 3차원(육면체) 구조

거나, 2개의 과제가 중첩되는 자원을 차지할수록 자원 경쟁 때문에 과제들 사이에서는 서로 간섭이 있을 것이다.

　자원 요구와 자원 갈등의 결합된 영향을 예측하기 위해 계산 모형이 하나 개발되었고 (Sarno & Wickens, 1995; Wickens, 2002a, 2005; Wickens, Bagnall, et al., 2011), 이것은 일반적인 중다과제 자료(Sarno & Wickens, 1995)와 충실도 높은 시뮬레이터를 통한 중다과제 운전 자료를 통해 타당화되었다(Horrey & Wickens 2003). 그림 10.1과 그림 10.5의 맥락 안에서 이 모형을 완전하게 설명하는 것은 이 장의 범위를 넘는 것이기는 하지만, 간단히 말하면 이 모형은 그림의 왼쪽 요소(자원 요구)와 오른쪽 요소(중다자원 갈등)에서 발생하는 손실(cost)을 계산하여 합산한다. 자원 요구 혹은 정신적 작업부하 요소에 대한 계산은 간단하게 할 수 있다(제11장 참조). 자원 갈등에 대한 것은 본질적으로 2개의 과제에 의해 수준이 중첩되는 차원이 몇 개인지를 합산하여 계산된다(예 : 언어적-언어적 차원, 혹은 반응-반응 차원). 중다수행에 대한 또 다른 계산 모형이 Meyer와 Keiras(1997), 그리고 Salvucci 와 Taatgen(2008, 2011)에 의해 제안되었고, 중다자원 구조에 대한 좀 더 정교화된 모형은 Boles, Bursk 등(2007)에 의해 제안되었다.

## 4. 실행제어, 전환 및 자원 관리

노력(자원 요구)과 자원 중다성은 모두 이중과제 수행 저하와 관련되어 있다. 그렇다면 어떻게 이러한 수행 저하를 과제에 따라 할당할 수 있을까? 어떤 과제가 '일차적인' 것이고 보호되어야 하는가? 어떤 과제가 이차적인 것이고 자원 경쟁의 희생양이 되어야 하는가?

이러한 질문들은 그림 10.1의 상단에 제시된 할당 요소와 관련된다. 예를 들어, 운전의 경우 운전 중 휴대전화 사용이나 차량 내 다른 과제들에 주의를 주는 것에 비해 차선유지와 위험 요소 회피 과제에 더 우선권을 주는 것이 일반적이다(그렇게 하지 않는다면 이차적인 과제에서 비롯된 방해에 의해 사고가 더 많아질 것이다)(10.5절 참조). 그러나 운전 중 휴대전화 사용으로 인한 사고에서 볼 수 있듯이 이러한 우선성은 경우에 따라 뒤바뀌기도 한다(Regan, Lee, & Young, 2009).

실제로 이러한 우선성 역전(priority reversal)의 전형적 사례는 1979년에 발생한 어느 항공 사고에서 찾아볼 수 있다. 디트로이트 공항에서 한 여객기가 이륙에 앞서 활주로에서 지상 주행을 하고 있었다. 부조종사는 항공기 이륙에 필요한 충분한 동력을 얻는 데 모든 준비가 완비되었는지를 확인하기 위해 체크리스트를 순차적으로 확인하는 일차적 과제를 진행하고 있었다(비행에서는 항공기의 이륙이 언제나 최우선이다)(Schutte & Trujillo, 1996). 체크리스트의 중간 부분을 확인하고 있을 때 부조종사는 다른 활주로에서 이륙하라는 관제소의 지시 때문에 순간적으로 방해를 받았다. 그리고 부조종사가 이 지시에 따라 활주로를 변경한 후 다시 체크리스트를 확인하는 과정에서 보조날개 설정 항목을 확인하지 않은 채 다음 항목으로 넘어가버렸다. 이륙 과정에서 보조날개가 제대로 설정되지 않으면 비행기는 이륙에 필요한 안정적 양력을 충분하게 받지 못하게 되는데, 보조날개를 제대로 설정하지 않고 이륙을 시도한 결과 이륙이 불완전하게 되었고, 이륙 후 얼마 되지 않아 지상과 충돌하였다. 이 비극적 사고로 인해 100명이 넘는 사망자가 발생하였다(NTSB, 1988). 이 경우 조종사들은 중요하기는 하지만 일차 과제에 비해 덜 중요했던 관제소와의 교신보다 비행기의 안전성 확보를 위해 체크리스트를 순차적으로 확인하고 이에 따라야 하는 일차 과제에 우선성을 두지 않은 것이다.

자원 할당은 등급화된 방식과 실무율적 방식으로 구분하여 나타낼 수 있는데, 이 두 가지 방식은 제7장에서 논의한 **실행제어 체계**(executive control system)의 역할에 의해 달라지는 것으로 보인다(Baddeley, 1983, 1995; Banich, 2009). 등급화된 할당의 관점에서는 그림 10.3에 제시된 2개의 대비되는 PRF와 같이(그리고 방금 위에서 논의한 것과 같이), 이중과제를 수행하는 사람에게 과제 사이에 자원을 역동적으로 조절하여 할당하도록 요구할 수 있을 것이다(Gopher, Brickner, & Navon, 1982; Tsang & Wickens, 1980). 실제로 사람들은 이렇게 할 수 있고, 이것이 바로 이중과제 상황에서 수행의 이득에 따라 어떤 주어진 과제에 대한 PRF가 재구성될 수 있는 방식(즉, 유사한 자원 구조를 갖고 있으면서 함께 수행되어야 하는 동시 과제에 주어졌던 자원이 점차적으로 당면한 과제를 수행하는 것으로 할당되는 것)을 나타내는 것이다. 이렇게 한다고 해서 어떤 과제를 포기하는 것은 아니다. 단지 한 과제가 다른 과제에 비해 우선성을 가질 뿐인데, 이러한 우선성은 지시나 금전적 이득 등을 통해 조작될 수 있다. 더구나 그림 10.5의 맥락에서 과제들이 공통 자원을 공유할수록 과제 사이의 상호 득실 정도가 더 커진다. 제7장에서 살펴보았듯이 이러한 기법은 복잡한 과제를 훈

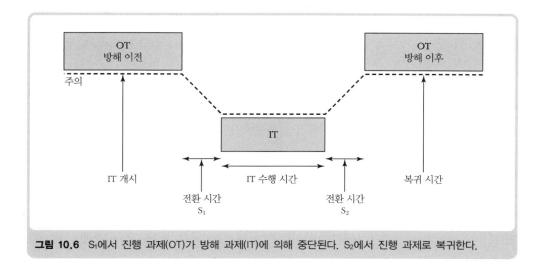

**그림 10.6** S₁에서 진행 과제(OT)가 방해 과제(IT)에 의해 중단된다. S₂에서 진행 과제로 복귀한다.

련하는 효과적인 방법 중 하나이다(Gopher, 2007).

다음에서 우리가 주의 깊게 살펴보고자 하는 자원 할당의 두 번째 방식은 **실무율적 전환**(all-or-none switching)이다. 이것은 **방해 관리**(interruption management)와 **과제 관리**(task management) 패러다임의 맥락에서 다시 검토될 것이다.

이 접근에서 중다과제를 수행하는 사람은 한 과제를 수행하기 위해 다른 과제를 완전히 포기하는 의사결정자로 여겨진다. 예를 들어, 어떤 운전자는 몇 초 동안 완전히 고개를 숙여 내비게이션 장치를 조작하느라 차창 밖으로 시각적 주의를 기울이면서 수행해야 하는 운전 과제를 완전히 무시할 수 있을 것이다. 이 과정을 나타내는 일반적 방식은 그림 10.6에서 보이는 진행 과제 방해 다이어그램이다(Wickens & McCarley, 2008). 진행 과제(ongoing task, OT)는 방해 과제(interrupting task, IT)의 의해 중단되는데 IT가 (일시적으로 혹은 영구적으로) 종료된 이후에 OT로 주의가 되돌아온다. OT는 전형적으로 좀 더 연속적인 과제로 정의되는데 대개의 경우 이것이 높은 우선성을 갖는다. 이상적으로는 주의가 아직 남아 있을 때 OT로 복귀하는 것이다. 그러나 우리가 텍스트의 어떤 단락을 읽는 도중 중단되었을 때(즉, 방해를 받았을 때) 단락의 처음부터 다시 시작하여 끝까지 읽는 경우처럼 때로는 OT로 좀 더 일찍 복귀하는 경우도 있고, 앞에서 소개한 비극적인 디트로이트 항공 사고의 사례와 같이 때로는 더 늦게 복귀하기도 한다.

일반적인 OT-IT-OT 표상은 과제 방해에 대해 최근에 수행된 많은 연구들의 기초가 된다(McFarlane & Latorella, 2002; Trafton & Monk 2007; Altmann & Trafton, 2002; Dismukes, 2010; Grungreiger, Sanderson, & Meyer, 2010). 이것은 OT와 IT 사이의 주의 **전환**에 대한 분석에 초점을 맞추고 있기 때문에, 비록 어떤 과제도 진행 과제 혹은 방해 과제로 지정하여 연구한 것은 아니었지만 거의 100년 전에 이미 시작되었던 불연속 과제 전환에 대한 연구들(Jersild, 1927; Rogers & Monsell, 1995; Monsell, 2003)과도 밀접한 관련이 있다. 이 연구들에서는 비교적 유사한 상태에 있는 과제들 사이의 전환에 초점이 맞추어졌고, 연속적인 진행 과제와는 달리 각 과제는 전환이 이루어지기 이전에 이미 종료된다.

### 4.1 과제 전환

전형적인 불연속 주의 전환 패러다임에서 실험참가자에게 일련의 숫자쌍이 제시되는데, 한 시행에서는 두 숫자의 합이 10보다 큰지 여부를 판단하게 하고 다음 시행에서는 두 숫자가 모두 짝수 혹은 홀수인지의 여부를 판단하게 한다. 이 경우 실험참가자는 연속적 시행에 대한 반응을 위해 자극의 대응 규칙을 '전환'해야 할 것이다. 그다음 이러한 전환 조건에서의 수행(반응시간)이 연속적 시행에 걸쳐 동일한 대응이 적용되는 두 가지 '순수' 조건에서 관찰된 각 과제의 수행과 비교된다. 이러한 방식의 실험 패러다임을 통해 관찰된 결과를 세 가지로 요약하면 다음과 같다.

1. 분명한 '전환 손실(switch cost)'이 있다. 즉, 순수 조건에 비해 혼합 조건의 경우 반응시간이 더 길었다. 비록 이러한 손실은 결정 규칙을 전환하는 것을 포함하는 기초적 실험실 과제에서는 비교적 작을 수 있지만 무인 항공기에 대한 감독과 제어 같은 좀 더 복잡한 시뮬레이션 조건에서는 상당히(예 : 1초 이상의 반응시간 차이) 클 수 있다 (Wickens, Dixon, & Ambinder, 2006). 이와 유사하게, Rubinstein, Meyer와 Evans(2001) 도 과제 복잡성이 증가함에 따라 전환 손실도 증가한다는 것을 발견하였다.

2. 각각의 과제에서 제시되는 자극들에 대해 어떻게 수행해야 하는지를 명료하게 제시할 경우 이러한 손실은 감소한다(Allport, Styles, & Hsieh, 1994). 예를 들어, 앞에서 언급한 두 숫자 과제 사이의 전환에 비해, 홀수-짝수 분류 과제 사이의 전환 혹은 모음-자음 분류 과제 사이의 전환의 경우에는 더 빠른 전환 시간을 보인다. 왜냐하면 후자의 경우 자극 자체(즉, 숫자 혹은 낱자)가 어떤 분류 규칙이 적용되어야 하는지 자동적으로 알려주기 때문이다. 또한 낱자에는 홀수 혹은 짝수라는 속성이 없고, 마찬가지로 숫자에는 자음 혹은 모음이라는 속성이 없기 때문에 이 경우에는 혼동도 없다.

3. 상이한 진행 과제에 대한 결정 규칙을 준비 혹은 '탑재'해야 할 때 어느 정도의 시간이 더 소요되는 것과 마찬가지로 이러한 손실은 전환(예 : 연속적 자극 제시) 사이의 시간 간격이 짧을수록 더 커진다. 그러나 전환 시간이 길어진다고 해도 이러한 손실이 완전히 없어지는 것도 아닌데(Merien, 1996), 왜냐하면 자극-반응 대응에 필요한 정신적 규칙들이 충분하게 '탑재'되기 위해서는 다음 과제에서 요구되는 정보가 물리적으로 제시되어야 하기 때문이다.

직관적으로 혹은 우리가 실제 생활에서 경험한 것과 같이, 활동 사이의 빠른 전환이 손실을 가져온다면 진행 과제에서의 반복적 간섭은 다음 과제의 수행에 손상을 줄 것이다

(Loukopolous Dismukes & Barshi, 2009; Dismukes Berman & Loukopolous, 2010). 지금부터
는 그러한 간섭의 빈도와 본질에 대해 살펴보고, 이에 대한 이해를 통해 중다과제 수행 환
경에서의 설계와 훈련에 대해 어떠한 시사점을 얻을 수 있는지 고려하고자 한다.

## 4.2 방해 관리

작업장에서 간섭의 빈도는 정보기술(Gonzalas & Mark, 2004), 인간-컴퓨터 상호작용(McFarlane
& Latorella, 2002), 항공(Dornheim, 2000; Loukopolous, Dismukes, & Barshi, 2010), 의료
(Wolf, Potter et al., 2006, Grundgeiger et al., 2010; Koh, Park et al., 2011)를 포함하는 특정
영역에서 많이 연구되었다. 그림 10.6의 맥락에서 우리는 OT와 IT 자체 속성의 관점뿐만
아니라 2개의 전환 시점(이것을 각각 $S_1$과 $S_2$로 표기하기로 한다)에서 방해 과제에 영향을
미치는 요인들을 찾아낼 수 있다. 이에 대한 기술은 다음과 같다.

### 4.2.1 $S_1$에서의 OT 속성들

1. **관여** : 다양한 OT에 따라 '**관여**(engagement)'의 정도가 달라질 수 있는데(Horrey Lesch
   & Garabet, 2009; Matthews et al., 2010, Montgomery & Shariefe 2004), 이러한 속성
   때문에 IT가 끼어들거나 전환을 요구하는 것이 어렵게 된다. 제3장에서 살펴보았듯이
   높은 지각적 부담을 갖는 과제들이 그러한 것처럼(Lavie, 2010) 관여 혹은 '**인지적 협
   소화**(cognitive tunneling)'는 변화 탐지에 대해 강한 억제 효과를 갖는다(Wickens &
   Alexander, 2009).

   그러나 여기에 더 중요한 문제는 관여가 갖는 속성을 정확하게 정의하는 것이다
   (Montgomery & Shareafi, 2004). 과제에 대해 **본질적으로 갖고 있는 관심**(inherent interest)
   의 정도가 중요한 속성 중 하나가 될 수 있음은 분명하다. 운전 중 휴대전화 사용의
   간섭과 관련된 연구들을 통합적으로 분석한 Horrey와 Wickens(2006)는 높은 수준의
   작업부하를 요구하지만 별로 관심이 없는 인지적 과제에 비해 관심이 많은 대화가 운
   전을 더 많이 방해한다는 것을 발견하였다. 제7장에서 인지 부하 이론에 대해 논의한
   바와 같이 Mayer 등(2008)은 교습 프로그램의 세부사항에 대한 관심(혹은 관여)이 교
   습의 핵심적 내용을 학습하는 것으로부터 주의를 돌리게 할 수 있음을 지적하였다.
   Wickens와 Alexander(2009)는 강력한 몰입형 3차원 비행 경로 디스플레이(제5장 참조)
   가 조종사들의 관심을 더 끌기 때문에 표준적인 2차원 안내 디스플레이에 비해 불연
   속적인 위험요소를 탐지하는 것을 더 많이 방해(IT)한다고 주장하였다. 복합 시스템에
   서는 오류 관리 과제도 이것이 갖는 높은 인지 요구(Moray & Rotenberg, 1989)와 인지
   적 협소화를 증폭시키는 것과 같은 스트레스의 효과 모두에 의해 조작자의 관여 수준
   을 상당히 높일 수 있다(제11장 참조). Dehais, Causee 및 Tremblay(2011)는 오류 관리
   에서의 인지 주의 협소화를 극복할 수 있는 몇 가지 성공적 기법을 개발하였다.

2. **양상** : 청자가 작업기억으로부터 '연약한' 청각 정보가 상실되지 않도록 그것을 되뇌기(혹은 시연)하고자 한다는(혹은 그렇게 해야만 한다는) 단순한 이유만으로도 청각적 작업기억을 포함하는 OT(예 : 일련의 복잡한 지시사항을 듣는 것)도 청각 과제에 주의를 기울이도록 하고 방해에 대해 저항하도록(Latorella, 1996; Wickens & Colcombe, 2007) 해준다(제7장 참조). 정보 상실을 방지하기 위해 시연해야 하는 요구는 텍스트를 읽는 것과 같은 [다음에서 살펴보겠지만, 비록 시각적 OT가 '위치 표시자(palceholder)'를 요구할 수는 있어도] 비교적 지속적으로 수행되는 시각적 OT에 대해서는 부과되지 않는 특성이다. 그와 같은 편중은 높은 우선성을 갖는 시각적 비행 과제를 왜 청각적 의사소통 과제가 특히 더 많이 방해하는지 설명해 준다(Damos, 1997).

3. **역동성** : 차량 통제나 다른 역동 시스템을 포함하는 OT의 수행자는 그러한 시스템이 일시적으로 불안정적 상태에 처할 경우 간섭에 저항할 수 있을 것이다(그리고 실제로는 저항해야 한다). 예를 들어, 차량이 노변 쪽을 향해 치우칠 때 운전자는 차량이 도로 중앙에 위치하여 차선과 평행하게 달릴 수 있을 때까지 디스플레이를 내려다보는 것을 미루고자 할 것이다. 그와 같은 시스템 불안정성은 체크리스트를 순차적으로 확인하거나 문장을 읽는 OT와 같은 사례에서는 문제가 되지 않는다.

4. **OT 우선성** : 일반적으로, 만일 OT가 높은 우선성을 갖고 있다면 사람들은 IT에 더 저항적이 되어야 한다고(즉, $S_1$을 더 길게 지연하는 것) 말할 수 있다. 이렇게 하는 것이 대부분이지만(Iani & Wickens, 2007), 여기에 위배되는 경우(예 : 주의 분산에 의한 자동차 사고)도 물론 종종 있다. 예를 들어, 조종실에서 조종사들이 보이는 수행을 체계적으로 분석한 결과(Damos, 1997)는 항행을 포함한 우선성 높은 과제가 교신과 같은 우선성이 낮은 과제에 의해 자주 방해받는다는 것을 보여주었다. 앞에서 언급한 바와 같이 최적성으로부터 벗어난 이러한 역전은 양상(즉, 청각적 교신 대 시각적 항행)과 관련이 있는 것으로 보인다. 분명히, 디트로이트 항공 사고는 우선성 최적화로부터의 이탈과 관련되어 있다.

5. **하위 목표 완결**(sugboal completion) : Altmann과 Trafton(2002)은 IT 수행 동안 주의가 IT에 주어졌을 때, OT의 목표 상태에 대한 기억이 쇠퇴하는 것에 기초하여 방해 관리에 대한 이론을 제안하였다. 특히, OT의 하위 목표들이 달성되지 못한 상태에서 방해받는다면 $S_2$ 시점에서 OT로 복귀했을 때에도 이것들을 달성하지 못할 가능성이 높다. 따라서 OT의 특정 하위 목표가 막 완결되었을 때 방해가 발생한다면 그 방해의 효과는 덜 할 것이고(Monk Boehm-Davis & Trafton, 2004; Trafton & Monk, 2007), 사람들은 하위 목표가 완결될 때까지 $S_1$을 미룰 것이다. 예를 들어, 단락을 읽는 도중보다는 다 읽은 이후에 중단된다면(방해가 발생한다면) 이것은 단락 읽기를 덜 방해할 것이다. 하위 목표가 달성된 이후에 방해가 발생하다면 이것의 효과는 약해지지만 실험실을 벗어난 어떤 상황에서는 작업자들이 하위 목표가 달성될 때까지 방해 과제를 미루는

것 같지는 않다. 병원의 집중치료실에서 일하는 간호사들을 대상으로 수행된 한 연구에서 Grundgeiger 등(2010)은 수동 과제와는 달리 텍스트 읽기 과제가 방해받을 때에만 방해 과제가 미루어진다는 것을 발견하였다. 이러한 결과는 사람들이 해야 하는 것과 실제로 하는 것을 구분하는 것이 중요하다는 것을 시사한다. 이에 대해서는 다음에서 논의하고자 한다.

하위 목표 완결과 관련된 연구 결과들이 주는 중요한 시사점 한 가지는 작업자가 하위 목표들 사이의 경계에 있다고 자동화 시스템이 추론하는 경우에만 지능형 인간-컴퓨터 상호작용 시스템이 언제 과제를 중단시킬지의 여부(예 : 대기 중인 이메일을 알려주는 것)를 '결정'할 수 있다는 것이다(Bailey & Konstan, 2006; Dornich, Ververs et al., 2012). 예를 들어, 어떤 작업자가 텍스트를 입력하고 있다면 하나의 단락을 완전하게 입력한 이후 새로운 단락을 입력하기 위한 키가 눌러졌을 때 그것을 중단시킬 수 있을 것이다. 이것은 제12장에서 논의될 **적응형 자동화**(adaptive automation)의 한 가지 형태이다.

6. $S_1$에서의 지연 : 만일 과제가 방해를 받아 도중에 중단되면 주의가 온전하게 그 과제에 다시 주어지기 전까지 사람들은 과제 수행을 지연시킨다. 이러한 지연 동안 두 가지의 적응적 방략을 취할 수 있는 기회가 제공된다. (1) 중단되었던 지점에 대한 반복적 시연(이것은 다시 과제로 복귀하였을 때 목표에 대해 좀 더 지속적으로 기억을 유지할 수 있도록 해준다)과 (2) 중단된 지점에 대해 일종의 물리적 '북마크'를 표시하는 것. 디트로이트 항공 사고의 경우 만일 체크리스트 확인이 방해받기 이전(중단되기 이전)까지 확인되었던 마지막 체크리스트 항목을 전자적 시스템을 통해 밝은 점멸 표시로 둘러싸고 이것이 점멸되도록 제시해 주었다면 과연 어떻게 되었을지 상상해 보자. (지금은 전자식 체크리스트가 필수적으로 이 일을 하고 있다)(Bresley, 1995; Wickens, 2002b).

Dodhia와 Dismukes(2003), 그리고 Trafton, Altmann 등(2003)은 그와 같은 지연은 OT가 $S_2$로 적절한 시점에, 그리고 자연스럽고 원활하게 복귀하도록 해줌으로써 OT의 전반적 수행에 유익하다는 것을 발견하였다. 그리고 Trafton, Altmann 및 Brock(2005)은 현저하고 반짝이는 위치표시자의 이점에 대해 강조한 바 있다. McDaniel과 동료들(2004)은 과제가 중단된 동안 컴퓨터 스크린상에 파란 점을 제시해 주는 것이 OT로의 복귀에 효과적인 단서가 될 수 있음을 발견하였다. 그러나 이들은 그러한 단서가 효과적이기 위해서는 이것이 좀 더 독특하게(현저하게) 보여야 하기 때문에 비교적 빈번하지 않게 사용되어야 한다고 주장하였다. Grundgreiger 등(2010)은 간호사들이 종종 나름대로의 위치표시자를 스스로 만들어 사용한다는 것을 관찰하였다. 예를 들어, 휴대할 수 있는 물리적인 인공물로 OT가 표시되는 경우 $S_2$에서 과제로의 복귀가 더 신속하게 이루어질 수 있었다. St. John과 Smallman(2008)

은 방해 관리의 원활성을 향상시킬 수 있는 또 다른 디스플레이 기술에 대해 기술하였다.

S₁에서 과제 수행에 집중하는 것과 이것을 S₂로 자연스럽게 전이하는 것은 **미래 기억** (prospective memory)(Dismukes & Nowinski, 2007; McDaniel & Einstein, 2007)(제7장에 기술된 바와 같이 미래에 어떤 것을 해야 하는지 기억하는 것)의 역할과 매우 유사하다는 것에 주목해야 한다. 이 경우 미래 기억은 OT로 복귀하는 것에 대한 것인데, Loulopopolus, Dismukes 및 Barshi(2009; Dismukes, 2010)는 과제/방해 관리 연구를 통해 인지의 두 가지 형태 즉, 미래 기억과 주의 전환을 멋있게 통합하였다. 마지막으로, 앞에서 시사되었듯이 S₁(혹은 S₁ 바로 직전)에서의 많은 OT 활동들과 속성들은 S₂로의 복귀 원활성에 영향을 미친다. 그러나 OT에 대한 논의는 이제 '중단하고' IT의 속성에 초점을 맞추기로 하자.

### 4.2.2 S₁에서의 IT 속성들 : 현저성과 양상

S₁에서 가장 중요한 IT 요인은 아마도 IT **현저성**(이에 대해서는 제3장에서 주의 환기와 변화 맹에 대해 논의할 때 언급되었다)일 것이다. 만일 IT 현저성이 높으면, 이것은 빠르고 신뢰할 만한 전환을 가져올 것이다(Trafton, Altmann et al., 2003). 만일 이것의 현저성이 너무 낮으면 전환을 전혀 촉발시키지도 않을뿐더러 인지적 협소화를 가져올 것이다. 촉각적 방해와 청각적 방해 모두는 좀 더 현저하기 때문에 시각적 방해에 비해 약 15% 정도 더 빠르게 주의를 이끈다는 것이 밝혀졌는데(Lu Wickens et al., 2011), OT에 대한 시각적 방해가 OT의 중심적 시각 지점에 비해 주변으로 더 떨어진 지점에서 주어질 경우 특히 더 그러하였다(Wickens Dixon & Seppelt, 2005). 이러한 현상은 때로 **청각 우선성**(auditory preemption) (Wickens & Colcombe, 2007)이라 불리는데, 이것은 청각 과제가 먼저 수행되도록 하는 고유의 주의 할당 편향을 이끌어낸다(Ho Nikolic et al., 2004).

그와 같은 우선성이 발생하는 한 가지 원인은 앞에서 논의된 것과 같이 청각적 언어 정보를 시연하거나 처리하는 데 필요한 인지적 요구와 관련되어 있다(Latorella, 1996; Damos, 1997). 그리고 이것은 왜 합성된 음성 메시지가 동일한 내용의 시각적 텍스트 메시지에 비해 진행 중인 시각적 비행 과제를 더 방해하는지 설명해 준다(Helleberg & Wickens, 2003; Wickens & Colcombe, 2007). 그러나 우선성은 비언어적 방해와 촉각적 방해에도 해당되는데, 이러한 우선성의 측면은 되뇌기를 해야 하는 긴 언어적 재료를 포함하고 있는 청각 과제에 의식적으로 '열중'하고자 하는 것(비록 이것이 일관적으로 나타나는 것이기는 하지만)과는 다른 기제이다. 우리는 이러한 두 번째 기제는 **감각 우선성**(sensory preemption)이라 부를 수 있을 것이다.

이러한 관점에서, 청각 우선성은 OT-IT 조합에서의 분리된 자원이 갖는 이점(10.3절에서 논의했던 AV 이점)을 상쇄시킬 수 있음에 주목하라. 그 결과, 청각적 OT에 사용된 분리된 자원이 시각적 OT를 촉진시키면서도 (청각 우선성이 이러한 이점을 상쇄하여) 청각적 IT는 시각적 OT를 방해할 수도 있을 것이다. 그러나 어찌되었건 시각적 OT가 수행되고 있을 때는 청각적 IT가 우선성과 자원 분할 측면 모두에서 이점이 있기 때문에 시각적 IT에 비해 이점이 있다는 것은 분명해 보인다. 이것은 IT 정보를 (시각적이기보다는) 청각적으로 제시할 경우 시각적 OT에 대한 수행에 거의 영향을 미치지 않는다는 것을 밝힌 연구 결과를 설명해 줄 수 있을 것이다(Wickens, Prinet et al., 2011).

$S_1$에서의 IT가 갖는 속성들에 대해 고려하면서 등장하는 중요한 개념 중 하나는 Woods(1995)가 제안하고 Ho, Nikolic 등(2004)이 평가한 '전주의적 환기(pre-attentive alerting)'다. 이 개념은 IT가 현저하지 않고 방해적이지 않은 형태로 자신의 존재를 등록하면서 수행자가 그 존재를 알게 하되 OT로부터 (IT의 내용을 알리기 위해) 완전한 주의 전환을 요구하지는 않음으로써 OT를 포기하지 않아도 되도록 하는 것을 일컫는다.

높은 수준의 현저성이 $S_1$ 전환이 좀 더 신속하게 이루어지도록 하는 것과 마찬가지로 낮은 수준의 현저성은 그러한 전환을 뒤로 미루게 한다(혹은 전환이 이루어질 가능성을 아예 저하시킨다. 제3장 변화맹 부분 참조). 여기에서 중요하게 고려해야 하는 개념이 **무현저성**(zero salience) IT인데, 이 경우 IT가 개시되는 것의 여부는 완전하게 미래 기억에 달려 있다. 그와 같은 상황은 '세상 속 지식(knowledge in the world)'보다는 '머릿속 지식(knowledge in the head)'(Norman, 1988)에 더 많은 부담을 부과한다. 예를 들어, 다른 과제의 수행에 바쁜 조종사에게 "고도를 확인해야 하는 것을 기억하라."와 같은 과제가 부과되는 것이다. 실제로 무현저성 방해 과제가 주의 전환을 촉발시키지 못한다는 사실은 항공 영역에서 '비행고도 유지 실패(altitude busts)'나 조종사가 전혀 인지하지 못한 상태에서 지상으로 비행하여 발생하는 '지상대응 통제비행(controlled flight into terrain, CFIT)' 사고(Weiner, 1977)가 왜 그렇게 빈번한지에 대한 설명을 제공해 줄 수 있다. 그와 같은 사고는 기본적으로 '비행고도 확인' 과제 수행을 기억하지 못한 것에 기인했을 것이다. 비록 최근의 항공기들에서는 지상근접 경고 시스템 등의 경고에 의해 이러한 과제들이 촉발될 수 있지만, 그것을 완전하게 사용하기에는 그러한 경고가 너무 늦게 주어질 수 있고, 또한 그 자체가 문제가 많은 '오경보 경고'가 되기 쉽다(제2장 참조). 제7장에서 논의한 맥락에서 보면 무현저성 IT는 상황인식의 제1 수준을 유지하는 데 어려움을 줄 수 있다.

### 4.2.3 $S_2$ : OT로의 복귀의 질

IT에 대한 논의 이전에 무엇에 대해 논의하였는지 기억나는가?(힌트를 주자면, OT에 대한 것이었다). 만일 기억이 난다면 당신은 아마도 이 텍스트의 내용을 유연하고 신속하게 받아들인 것이다. Altmann과 Trafton(2002)은 IT 완결 이후에 OT로 복귀하는 데 요구되는 시간을 나타내는 '재개 지체(resumption lag)'에 대해 특히 주목하였다. 이러한 점에서 본다면 재개 지체는 앞에서 논의했던 전환 손실과 아주 가까운 사촌지간쯤 될 것이다. 그러나 복귀 원활성은 재개 지체(시간 측정치)뿐만 아니라 $S_2$ 복귀 후 몇 초 사이에 원치 않는 에러를 회피하는 것, 혹은 IT가 종료되기 이전임에도 불구하고 OT가 시작되어 OT에 투여해야 할 시간을 (IT 때문에) 낭비하는 것(최악의 경우 OT를 중간 시점부터 시작해야 할 수도 있을 것이다), 혹은 디트로이트 항공 사고의 경우처럼 OT가 원래의 복귀 지점보다 뒷부분으로 복귀되는 것 등을 포함한 좀 더 넓은 측면에서도 생각할 수 있을 것이다.

이러한 점에서 본다면, $S_1$에서의 OT와 관련하여 논의했던 몇 가지 요인들이 $S_2$에서도 그 효과를 이어갈 수 있다. 만일 $S_1$에서의 지연을 시연이나 위치표시자 설정과 같은 것으로 활용한다면, $S_1$에서의 지연은 $S_2$ 원활성을 증가시킬 것이다(McDaniel et al., 2004). 또한 OT의 하위 목표가 완결된 이후의 $S_1$은 $S_2$ 원활성을 향상시킬 것이다. 이와는 대조적으로 IT가 갖고 있는 두 가지의 속성이 $S_2$ 복귀를 저하시킬 수 있는데, 그것은 바로 IT의 시간 혹은/그리고 난이도이다(Monk, Trafton, & Boehm-Davis, 2008, Grundgeiger et al., 2010). 목표기억 이론(memory-for-goals theory)(Altman & Trafton, 2002, Trafton & Monk, 2007)의 맥락에서 보면, 긴 IT는 OT의 목표가 쇠퇴하는 시간을 연장시키고, 어려운 IT는 이중과제 간섭으로 인해 목표 시연을 하지 못하도록 막기 때문에 재개 원활성을 방해할 것이다. Kujaala와 Sarimona(2011)는 운전자의 대시보드 위에 제시된 메뉴 구조가 체계화되어 있는 조건에 비해 체계화되지 않은 조건에서 어떻게 메뉴로의 주사 복귀 원활성이 방해를 받는지 주목하였다. 이것은 OT가 메뉴 과제로 설정된 것이라 할 수 있다.

이와 마찬가지의 방식으로 OT 작업장의 **가시도**(visibility)를 흐리게 할 수 있는 IT의 속성도 그것이 빈 컴퓨터 스크린이건(Ratwani & Trafton, 2010) 아니면 OT 작업장으로부터 멀리 떨어져 보는 것(걸어가면서 보는 것처럼)(Grundgeiger et al., 2010)이건 상관없이 복귀 원활성을 방해할 것이다. 실제로, Ratwani와 Trafton(2010)은 방해 관리를 저하시키는 시각-시각 자원 경쟁의 효과를 보여주었다. IT가 고도로 시각적이라면, 이것이 실제로는 OT의 작업면(이 연구의 경우 장비들의 사용 순서가 형상화되어 있는 디스플레이)에 대한 관찰을 방해하지 않더라도, 동일한 IT 정보가 청각적으로 제시되는 경우에 비해 여전히 복귀를 방해한다.

마지막으로, 방해 관리에 영향을 미치는 OT-IT 관계의 또 다른 속성에 대해 주목할 필요가 있는데, 그것은 바로 두 과제의 재료가 갖는 **유사성**(similarity)이다(Gillie & Broadbent, 1989; Cellier & Eyrolle, 1992). 유사성이 높을수록 IT 재료가 OT를 침해하거나 혹은 OT 자료와 혼동을 일으킴으로써 $S_2$에서 OT를 개시하는 것을 지연시켜 결국 방해 관리를 어렵게 한다. 이 문제에 대해서는 제6장에서 좀 더 자세하게 다루어져 있다.

## 4.3 방해 관리에서 과제 관리로

주의 전환에 대한 연구들이 OT-IT의 반복적 순환을 포함하고 있는 것과 같이, 과제 관리와 작업부하 관리에 대한 좀 더 일반적인 주제들은, 다양하고 이질적인 과제들(예 : 서로 간섭하는 과제들에서부터 통제 불가능한 유치원생과 함께 있을 때 '엄청난 주의집중'을 요구하는 과제에 이르기까지)의 결합을 포함한다.

수술실의 간호사가 비교적 짧은 시간 동안 여러 과제를 수행하든, 혹은 다섯 과목을 수강하면서 학기말 레포트를 제출해야 하는 학생이 비교적 긴 시간 동안 여러 과제를 수행하든, 사람들은 어떻게 이러한 중다의 이질적 과제들을 관리할 수 있을까? 사람들은 그러한 과제 관리를 항상 효과적으로 수행하는 것은 아니다(Puffer, 1989). 심지어 항공기 조종석과 같이 고도의 훈련을 받은 상황에서도 예외는 아니다(Funk, 1991; Chao, Madhavan & Funk, 2003; Loukopolous et al., 2009). 모든 과제들의 통합적 수행을 극대화하기 위한 최적 방략이 무엇인지 다루는 대기 이론*(queing theory)과 운용공학**(operations engineering)(Walden & Rouse, 1978, Moray Dessouki et al., 1991)으로부터 얻을 수 있는 좀 더 넓은 관점이 이 질문에 대한 답을 구하는 데 도움이 될 수 있을 것이다. 중다과제 환경에서 한 과제를 완결한 후 다음에 어떤 과제를 수행해야 하는지 결정하는 데 어떤 방략들이 영향을 주는가? 그와 같은 방략에는 다음과 같은 것들이 포함되는 것으로 보인다(Freed, 2000).

- **긴급성** : 긴급한 과제일수록 우선적으로 선택될 것이다. **긴급성**(urgency)이란 과제를 종료하는 데 걸리는 시간과 그것의 기한 사이의 차이로 정의할 수 있다. 이 두 가지 변인 사이의 간격이 짧을수록 긴급성이 커진다.
- **중요성** : 자원 할당을 결정하는 것에서의 과제 중요성이 갖는 역할에 대해 살펴보았듯이, 과제 중요성은 과제 전환을 결정하는 데도 중요한 변인이다(Iani & Wickens, 2007). 과제 중요성과 긴급성은 서로 구분되는데, 전자의 경우가 가치에 기초한다면 후자의 경우는 시간에 기초한다. 과제 중요성은 제3장에서 기술한 시각 주의에 대한 SEEV 모형에서 V 부분과 유사하다.
- **과제 수행 지속시간** : 과제 수행 지속시간(task duration)은 긴급성에 영향을 미칠 수 있지만(기한이 고정되어 있을 경우 긴 과제의 긴급성이 더 크다) 과제 선택에서는 상이한 방식으로 영향을 미친다. 사람들은 주의를 전환하는 데 주저하기 때문에(앞에서 기술한 전환 손실), 긴 시간의 과제가 일단 수행되면 이것은 긴 시간 동안 주의를 차지할 가능성이 높고, 따라서 시간이 짧은 과제에 손실을 가져온다. 이러한 문제를 예상하여 사람들은 "큰 문제를 다루기 전에 작은 것들부터 먼저 해결하자."고 말하곤 한다. 당연한 것이지만, 전환 손실이 클수록 과제의 지속시간, 중요성 혹은 긴급성과는 상관없이 특정 과제에 오래 머무르고자 하는 '과제 관성(task iteria)'이 커진다.

이러한 세 가지 요인들이 과제 전환의 최적성에 영향을 미치지만, 다른 요인 즉, **미리보기**(preview)는 사람들의 최적 과제 선택에 도움을 줄 수 있다(Tulga & Sheridan, 1980). 과제 수행 지속시간이 얼마나 될지 분명하지 않은 경우가 종종 있기 때문에(그리고 이것은 종종 과소추정된다)(제8장의 **계획 편향** 부분 참조), 과제를 언제 수행해야 하는지 뿐만 아니라 수

---

* 역주 : 특정한 목적을 달성하기 위하여 사람들이 시간을 할애하여 기다리는(대기하는) 대기 시스템(예 : 지하철과 같은 교통수단)을 어떻게 효율적으로 설계하고 운용할 수 있는지 연구하는 이론

** 역주 : 수학적/통계적 모형 등을 활용하여 효율적인 의사결정을 돕는 기법을 연구하는 공학 분야

행해야 할 과제의 지속시간을 알려줄 수 있는 계획 기간이 가시적일수록 과제 수행 계획과 과제 선택이 더 우수해질 수 있다. 계획하기를 지원하는 디스플레이의 유용성에 대해서는 제7장의 8절에서 논의된 바 있다.

Freed(2000)가 정리한 이러한 요인들은 사람들이 **어떻게 해야 하는지**에 대한 시사점을 제공해 준다. 그러나 사람들이 실제로 과제 선택을 어떻게 하는지에 대한 연구 자료는 매우 미미한 상태이다. 컴퓨터 최적화 모형과는 대조적으로, 사람들은 (우선성이 서로 다른 과제를 수행하기 위해 적합한 절차를 신중하게 계산하는 것과 같은) 과제 관리에 대한 정교하거나 높은 수준의 적합성을 갖는 계획 방략을 지키지 않는 경향이 있다(Liao & Moray, 1993; Laudeman & Palmer, 1995; Raby & Wickens, 1994). 이러한 인지적 단순화를 사용하는 것은 그와 같은 방략 자체가 높은 수준의 인지적 부하와 자원을 요구하기 때문일 것이다(Tulga & Sheridan, 1980). 결국, 과제 최적화를 위해 가장 필요한 바로 그 시점에서의 방략 적용이 과제 수행과의 경쟁을 초래하기 때문에 그러한 방략들을 적용하는 것 자체가 불리해질 수 있을 것이다.

결론적으로, 과제 계획하기와 관리에 대한 모든 요인들의 총체적 영향을 설명할 수 있는 타당한 모형을 찾는 것은 매우 어려운 것으로 보인다. 어떤 요인들은 SEEV와 같은 주사 모형과 관련성이 있어 보인다. 그러나 시각적 처리만 요구하는 과제의 복잡성 정도는 그 과제가 인간의 사고나 행동과 결합되는 경우에 비해 훨씬 더 단순하다는 것을 금방 알 수 있을 것이다.

## 5. 주의 분산 운전

운전할 때는 휴대전화를 사용하는 것, 동승자와의 대화, CD 삽입, 내비게이션 설정, 햄버거 포장 벗기기, 심지어 백일몽과 같은 내적 방해 등 다양한 범위의 방해를 경험한다(He, Becic et al., 2011, Smilek et al., 2010; Lavie, 2010). 이러한 측면에서 보면 운전은 실제 세계에서 찾을 수 있는 OT-IT의 전형적 사례다. 이러한 상황들은 '주의 분산된 운전자(distracted driver)'가 어떤 운전자인지 정의하는 데도 사용된다(Regan Lee and Young, 2009, Hurts Angell & Perez, 2011; Lee, 2005, Lee & Angell, 2011). 이러한 상황에서 동일한 중요도를 갖는 두 가지의 일차적 진행 과제들을 정의할 수 있는데, 하나는 **차선유지** 및 **차간거리 감시**이고(이러한 것들은 제5장에서 논의한 일종의 추적 과제이고, 이것은 주변 시각과 지각-운동 루프에 강하게 의존한다), 다른 하나는 **위험요소 감시**이다(이것은 제3장에서 논의한 순수 지각 과제이고, 초점 시각과 변화 탐지에 더 많이 의존한다)(Horrey Wickens & Consalus, 2006). 이 두 가지 과제들은 과제 자체가 갖고 있는 연속적 속성뿐만 아니라 안전과 밀접한 관련이 있다는 점에서 '일차적'이라고 여겨지는데, 운전 중에는 이러한 과제들에 대해 주기적인 방해나 교란이 주어진다.

## 5.1 방해의 기제

전통적 이유(뒷좌석에서 다투는 자녀들, 음식물 먹기, 지도 뒤적거리기, 심란함, 도로표지 탐색 등)에 의해서든, 아니면 최근의 기술적 측면(휴대전화 사용, 내비게이션 시스템 조작, 인포테인먼트, 문자메시지 주고받기 등)에 의해서든 주의 분산이 도로교통 안전에서 중요한 요인이라는 것에 대해서는 의심의 여지가 없다. 비록 연구자들에 따라 추정 범위가 큰 차이를 보이고 있기는 하지만 실제로 주의 분산에 의한 사고 비율은 거의 20%에 이른다고 할 수 있다(Gordon, 2009, 2~30%; Lee Young & Regan, 2009, 11~23%; Hurts Angel and Perez, 2010, 10~25%). 주의 분산에 의한 사고 추정치의 범위가 이렇게 다양한 것은 이에 대한 정확한 사고기록이 없기 때문이다. 주의 분산에 의해 사고가 발생하였을 때 이것을 경찰 조사에서 보고할지의 여부가 전적으로 운전자 자신에게 달려 있다는 점은 주의 분산에 의한 사고의 정확한 자료를 얻기 힘들게 하는 원인 중 하나다(Dingus Hanowski & Klauer, 2011). 실제 사고율을 신뢰롭게 얻을 수 있었던 독창적인 현장 연구(운전 시뮬레이션이 아닌)를 통해 Dingus 등(2006)은 충돌사고의 78%와 근접 충돌사고의 68%가 운전자의 부주의 때문에 발생한다고 추정하였다. (이 통계치에는 피로에 의한 부주의 자료도 포함되어 있는데, 피로는 이중과제의 방해요인으로 분류되지 않는다). 운전에서 왜 주의 분산이 발생하는지 이해하기 위해 운전 중다과제의 여러 측면들의 변화를 중다자원 이론에 기초하여 살펴보자.

- **노력과 자원 요구** : Mattes와 Haller(2009)는 시각적 간섭을 배제한 완전한 인지적 과제에서 요구의 수준을 증가시키면 차선변경 과제에서의 에러가 27% 정도 증가된다는 것을 발견하고, 노력의 역할이 중요함을 보여주었다. Salvucci와 Beltowska(2008)는 동시과제에 대한 작업기억의 부담을 증가시키면 위험요소에 대한 브레이크 반응이 지연된다는 것을 관찰하였다.

- **중다자원 구조** : 청각 과제에 비해 시각 과제가 운전에 더 많은 간섭을 일으킨다는 증거는 풍부하다(Dingus, Hanowski & Klauer, 2011, Horrey & Wickens, 2004, Collett Guijillot & Petit, 2010). 이와 유사하게 음성 인터페이스에 비해 수동 인터페이스가 운전을 더 많이 방해하는데(Shutko & Tijerno, 2011, Dingus, Hanowski & Klaur, 2011, Tsimhomi, Smith & Green, 2004), 특히 자료 입력을 위해 수동 인터페이스가 시각적 피드백 처리에 의존해야 하는 경우는 특히 더 그러하였다. Regan, Young, Lee와 Gordon(2009)은 중다자원 요소의 관점에서 다양한 방해 과제들의 효과를 신중하게 분석하였다.

- **자원 할당** : 방해 과제들이 안전 운전을 방해하는 경우 운전자들은 기본적으로 덜 중요한 IT 대신 더 중요한 OT에 대해 우선성을 두고자 한다.

앞에서 기술한 바와 같이 Horrey와 Wickens(2006)는 운전자가 덜 '관여하는'(그러나 종종 수행하기 어려운) 인지적 과제들에 비해 더 관여하는 동시 과제 혹은 방해 과제가 운전 과제를 더 많이 방해한다는 것을 발견하고, 이러한 관여가 안전하게 운전하기 위해 필요한 자원을 빼앗는다고 제안하였다. Horrey Lesch 및 Garabet(2009)는 관여와 운전 사이의 관련성을 좀 더 상세하게 검토하였는데, 관여 과제와 비관여 과제가 유사한 수준으로 운전을 방해하지만 운전자들은 관여 과제에 의한 방해가 오히려 더 작다고 느낀다는 것을 발견하였다. 이러한 결과는 과잉확신이나 상위 인지의 실패를 반영하는 것이다. 과제에 대한 주의의 방향을 추론하기 위해 시각 주사가 분석될 경우 자원 할당과 운전 과제 사이의 연관성을 좀 더 분명하게 살펴볼 수 있다. Wickens와 Horrey(2009)는 차량 내 과제와 도로 감시의 이중과제에 대한 SEEV 시각 주사 모형을 응용하여 위험 노출에 대한 모형을 개발하기도 하였다.

### 5.2 휴대전화 방해

중다자원 이론의 세 가지 요인들(요구, 구조, 할당)이 운전 중 휴대전화 사용에 의한 주의 분산에 대해 제기할 수 있는 몇 가지 질문들의 답을 구하는 데 중요한 역할을 한다. 지금부터는 세 가지의 질문을 통해 이것을 좀 더 깊이 있게 살펴보고자 한다.

1. 운전 중 휴대전화 사용이 운전을 방해하는가? 이 질문에 대해 '그렇다'는 답의 증거는 매우 많다(Collett, Guijillot & Petit, 2010). 이를 기초로 2011년 12월, 미국 교통안전위원회는 운전 중 휴대전화 사용(그리고 문자메시지 주고받기)을 전면 금지했다. Drews와 Strayer(2007)는 역학조사 자료(Redelmeier & Tibshirani, 1997, Violante & Marshall, 1996)에 대한 해석을 기초로 운전 중 휴대전화 사용에 의한 방해의 심각성은 혈중알코올 농도 0.08%의 수준으로 음주운전을 하는 것과 동일한 효과를 갖고, 사망사고로 이르게 할 가능성을 네 배 정도 더 증가시킬 수 있다고 추정하였다. 앞에서도 지적하였듯이, Horrey와 Wickens(2006)의 통합분석 결과는 이중과제 수행 저하가 정확하게 측정될 수 있는 실험들을 통해 볼 때, 실제 운전상황이건 아니면 시뮬레이션 상황이건 상관없이 휴대전화 사용으로 인한 반응시간 증가의 추정치가 대략 1/6초 정도라는 것을 보여주었다. 이후 이어진 통합분석(Caird Willness et al., 2008)은 이 추정치가 약 1/4초라고 보고하였다. Flannagan과 Sayer(2010)는 교통사고의 약 3%가 운전 중 휴대전화 사용과 직접적으로 관련된다고 추정하였다.

   앞에서 제기한 질문에 대해서는 "그렇다. 그러나 다른 주의 분산 요인들도 방해요소로 작용한다."고 대답할 수 있을 것이다. 물론 운전 중 휴대전화 사용이 차 안에서 무엇을 먹는다거나 혹은 어린 아기 때문에 발생하는 주의 분산에 비해 운전자를 더 많이 혹은 더 적게 방해하는지의 여부는 불분명하다. 그러나 이것은 안전 문제와 관련해서는 별로 적절하지 않은 논쟁으로 보인다. 왜냐하면 운전 중 휴대전화 사용이 실제로 사고에 노출될 가능성을 증가시키는 것은 사실이고, 법적 조치를 통해 그러한 노출을 효과적으로 감소시킬 수 있기 때문이다.

2. 그러한 방해의 기제는 무엇인가? 휴대전화 사용에 대한 신중한 과제 분석(Regan, Young, Lee, & Gordon, 2009)을 통해 이것이 갖는 간섭의 정확한 효과를 밝혀낼 수 있다. 실제로 휴대전화 사용은 라디오를 듣는 것과 같은 단순한 청취 과제에 비해 방해의 정도가 훨씬 더 크다는 연구 결과들이 많이 보고되었다. 말하기와 운전에서의 다양한 반응(브레이크 밟기, 조향장치 돌리기 등)이 반응 자원(response resources)을 놓고 서로 경쟁하는 것과 같이, 대화로 인한 인지적 요구는 부담을 증가시킨다.

더구나 휴대전화를 통한 대화는 흥미 있거나, 운전자들이 여기에 몰두하거나 혹은 인지적으로 부담이 될 수도 있다. 즉, 대화의 요지가 무엇인지 파악하고 여기에 맞추어 대화의 흐름을 따라가거나 혹은 다음에 무슨 말을 해야 할지 준비하기 위해서는 작업기억에 부담이 초래된다. 따라서 휴대전화를 통한 대화는 시각적 주시 패턴의 범위를 축소시킬 뿐만 아니라 변화 탐지를 억제하는 등(Vais, McCarley et al., 2004; Strayer & Drews, 2007; Drews & Strayer, 2008)의 효과를 통해 시각적 지각을 간섭할 수 있다(Recarte & Nunes 2000; 이 연구에서는 휴대전화 사용에 따른 인지적 부담을 모사한 과제를 사용하였다)는 것은 별로 놀라운 일이 아니다.

여기에서 흥미로운 문제 중 하나는 운전 중 휴대전화 사용이 왜 동승자와의 대화보다 더 많이 운전과제를 간섭하는지에 대한 것이다(Dingus, Hanowski & Kluaer, 2011, Drews Pasupathi & Strayer, 2008, Gugerty Rikauskus & Brooks, 2004). 이에 대한 한 가지 설명은 운전자와 같은 공간에 위치한 동승자와의 대화와는 달리 멀리 떨어져 휴대전화를 통해 대화하는 사람과는 '**공통기반**(common ground)'이 부족하다는 것이다. 동승자와는 대화를 느리게 혹은 중단함으로써 도로 상황(예 : 혼잡한 도로에서 좌회전하려는 상황)에 따라 지각된 부담의 정도에 맞추어 대화 속도를 조절할 수 있다(그렇게 해야 한다). 즉, 운전자와 동승자는 상황인식을 공유한다. 그러나 휴대전화 대화 상대자는 운전 조건에 대한 그러한 지식을 갖지 못한다. 공통기반을 통한 설명은 자원 할당과도 관련된다. 즉, 운전하기에 바쁜 시점(동승자와의 대화가 중단된 시점)에서 방해가 없다면 모든 자원이 운전에 할당될 수 있을 것이다.

3. 핸즈프리 전화는 핸드헬드 전화에 비해 더 안전한가? 어떤 조건에서는 핸드헬드 전화가 핸즈프리 전화에 비해 더 많은 간섭을 가져온다는 강력한 증거가 있다(Collet Guijillot & Petit, 2010, Dingus Hanowski & Klauer, 2011, Goodman Tijerina et al., 1999). 단순히 전화를 들고 있는 대부분의 시간은 별로 간섭이 없지만(Drews & Strayer, 2009), 상식적으로 보아도 휴대전화를 손에 들고 있으면서 급하게 회전해야 하는 경우에는 간섭을 일으킬 것이다. 더구나 전화번호를 눌러야 하는 경우에는 더 과도한 운동-운동

간섭을 부과할 수 있을 것이고, 번호를 제대로 눌렀는지 확인하는 것은 시각적 처리를 요구하기 때문에 음성으로 전화를 거는 경우에 비해 더 큰 간섭을 가져온다(Hurts, Angell & Perez, 2011; Shutko & Tijerna, 2011). 따라서 핸즈프리 전화와 핸드헬드 전화 사용에서의 차이를 구분하는 것도 중요하지만, 앞에서 기술한 이유 등을 고려해 보면 핸즈프리 전화가 운전에 대한 방해를 완전히 없애주지는 못한다는 것을 인식하는 것이 중요하다(Dingus, Hanowski, & Klauer, 2011 참조). 시각-시각 간섭과 운동-운동 간섭의 주변적 구조 측면을 제거한다 하더라고 병렬처리가 완전하게 이루어질 수 있는 것은 아니다.

물론 이에 대한 다양한 해결책들이 가능하다(Victor, 2011). 가장 확실한 것은 법제화다. 많은 국가에서는 운전 중 핸드헬드 전화 사용을 금지하고 있고, 경우에 따라서는 핸즈프리 전화의 사용도 금지하고 있다. 또 다른 해결책은 차량에서 휴대전화를 '잠그는(lockout)' 것인데, 예를 들어 운전 중에 걸려오는 전화를 아예 차단하거나 혹은 특정한 상황인 경우(예 : 차량이 이동 중이거나 혹은 스마트 자동화 시스템이 위험한 상황을 감지한 경우)(Domez Boyle, Lee & McGehee, 2006)에만 이것이 적용되기도 한다. 제12장에서 논의된 것과 같은 **적응형 자동화**(adaptive automation)의 한 형태로서 지능형 자동화 시스템이 운전자에게 어떤 일이 방해가 된다거나 혹은 운전자가 지나치게 오랜 시간 동안 도로를 주시하지 않는 것(Victor, 2011) 등을 추론할 수 있다면 운전자에게 외부 세상에 대해 경보나 주의 유도 등을 제공하는 것도 효과적인 방법이 될 수 있다. 또한 여러 기능들을 장치에 물리적으로 분리하여 제공하는 것보다는 스티어링 휠 위에 구현한다거나 통합적 디스플레이를 사용하는 것과 같은(Shutko & Tijierno, 2011) 신중한 설계를 통해 운전자의 주의를 분산시킬 수 있는 장치들을 운전의 자연스러운 흐름 속에 통합할 수 있을 것이다. 휴대전화 사용 경험을 통해 방해가 경감될 수 있다는 일부의 혹은 일관적이지 않은 연구 결과들이 있기는 하지만(Collet, Guijillot & Petit 2010, Young, Regan & Lee, 2009), 이 장의 앞부분에서 개관한 바와 같이 효과적인 과제 관리와 방해 관리에 대한 **훈련**을 실시하는 것도 물론 가능한 일이다(Horrey, Lesch, Kramer, & Melton, 2009; Regan, Lee & Young 2009b).

최근에는 운전 중(Hosking, Young & Regan, 2009, Drews, Yazdani et al., 2009)에 혹은 심지어는 자전거를 타는 동안(de Waard, & Schlepers, 2010)에도 문자를 주고받을 수 있는 새로운 기술이 등장하고 있다. 이 경우에는 시각 자원과 운동 자원 사이의 경쟁이 너무 높아 운전 중 휴대전화 사용에 비해 훨씬 더 높은 수준의 방해가 발생할 수 있다는 매우 강력한 증거들이 제시되고 있다(Dingus, Hanowski & Klaur, 2011).

# 6. 과제 유사성, 혼동, 혼선

10.3절에서는, 자원 요구의 유사성이 중다과제 수행의 방해 수준을 증가시킨다는 것에 대해 살펴보았다. 여기에서는 두 과제 사이의 **재료** 유사성뿐만 아니라 처리 **경로** 사이(processing routine)의 유사성 증가가 시간공유의 효율성을 감소시켜 결과적으로 **혼동**(confusion)을 가져올 수 있음에 대해 기술하고자 한다. 예를 들어, Hirst와 Kalmar(1987)는 철자 맞추기 과제와 암산 과제 사이의 시간공유가 두 가지 철자 과제 혹은 두 가지 암산 과제 사이의 시간공유보다 더 쉽다는 것을 발견하였다. Hirst(1986)는 2개의 이원청취 메시지가 갖는 독특한 음향적 특징들은 혼동을 피할 수 있게 함으로써 각각을 별도로 처리할 수 있는 능력을 향상시킬 수 있음을 보여주었다. 제7장에서 논의되었듯이, 이러한 혼동 효과들은 기억에서의 간섭 효과와 밀접하게 관련되어 있다. 실제로, Venturino(1991)는 한 과제의 기억 흔적(memory trace)이 다른 과제의 처리를 간섭할 수 있도록 과제들을 순차적으로 제시하였을 때 이와 유사한 효과를 보여주었다. 그와 같은 유사한 재료들 사이의 유사성 기반 혼동은 앞의 10.4 절에서 기술한 방해 관리에 대한 중요한 문제를 제기한다(Gillie & Broadbent, 1992).

한편으로 보면 이러한 연구 결과들은 중다자원 이론에 기반하는 개념과 유사하기는 하지만(즉, 유사성이 클수록 방해도 크다), 이러한 것들을 그림 10.5(Wickens, 2007b, Vidulich & Tsang, 2007)에서 제시된 단계, 부호, 양상, 시각 채널 등과 같은 의미로 '자원'이라고 부르는 것은 적절하지 않다. 왜냐하면 철자 계열이나 독특한 음향적 특징과 같은 항목들은 중다자원 모형(Wickens, 1984, 2005, 2002a)의 차원들이 갖는 전반적인 이분법적 특성을 거의 공유하고 있지 않기 때문이다(Wickens, 1986, 1991). 그보다, 이런 종류의 간섭은 혼동 또는 Navon(1984; Navon & Miller, 1987)이 **반응 갈등**(outcome conflict)이라고 명명한 기제에 기반하는 것으로 보인다. 어느 과제와 관련된 반응(또는 처리)이 다른 과제를 위한 자극 혹은 인지적 활동에 의해 활성화되면 두 과제 사이에는 혼동 또는 혼선(crosstalk)이 생긴다(Fracker & Wickens, 1989). 물론 이것은 제3장에서 논의된 스트룹 과제에서의 반응 갈등과 밀접한 관련성이 있다. (스트룹 과제에 대해서 제3장에서는 초점 주의에서의 실패를 기술할 때 예시하였으나, 여기에서는 분산 주의 실패에 대한 예시로 기술된다.) 혼동은 제9장에서 논의했던 실수(slip) 혹은 포착 에러(capture error)와 밀접하게 관련되어 있다.

혼란과 혼선은 이중 수동 과제 조건에서도 종종 발생한다(Fracker & Wickens, 1989; Duncan, 1979; Navon & Miller, 1987). 한 손으로 얼굴을 비비면서 동시에 다른 손으로 배를 톡톡 쳐보거나, 한 손으로 4분의 4박자 리듬을, 그리고 다른 손으로는 4분의 3박자 리듬을 치는 것과 같은 '도전적' 과제를 한번 시도해 보라(Klapp, 1979). 어떤 경우에 유사성에 의한 혼동이 과제 방해를 야기하는 것은 분명하지만, 그렇다고 유사성이 항상 존재하거나 항상 과제를 방해하는 중요한 원천이 되는 것은 아니다(Pashler, 1998; Fracker & Wickens, 1989). 그것의 가장 큰 영향은 아마도 조작자가 한 과제를 위해서는 작업기억을, 그리고 다른 과제를 위해서는 능동 처리(이해, 시연, 말하기)를 동시에 요구하는 2개의 언어 과제를 수행해야 할 때, 혹은 공간적으로 부합되지 않는 운동이 요구되는 두 가지의 수동 과제를 수행해야 할 때 발생할 것이다. 제7장에서 논의되었듯이, 전자의 경우에는 작업기억에서의 유사성 기반 혼동이 아마 중요한 역할을 할 것이다.

## 7. 시간공유에서의 개인차

사람들은 시간공유 능력에서 어떠한 차이를 보이는가? 이 장과 제3장에서 기술된 내용에 기초하여 시간공유 능력에서 개인차에 대한 세 가지의 주요 형태, 즉 전문가와 초심자 사이의 차이, 젊은이와 노인 사이의 차이, 그리고 타고난 능력에서의 유전적 차이에 기인한 것으로 보이는 개인차(제11장)에 대해 언급하고자 한다. 이 중에서 첫 번째와 세 번째는 중다과제 요소를 포함하고 있는 작업 영역에서 사람들을 어떻게 훈련하고 선발할 것인지와 직접적으로 관련되어 있다. 두 번째의 개인차 형태는 취약 영역이 어떤 것인지 확인하고, 노인 집단의 주의 취약성을 완충하기 위한 환경 설계를 보조하는 것(Fisk & Rogers, 2007) 모두와 관련되어 있다. 또한 이것은 연령 증가에 따라 급속하게 쇠퇴하는 주의 기술이 무엇인지, 그리고 이것을 해결하기 위한 특수화된 훈련 방안을 어떻게 강구해야 하는지와 같은 문제와도 관련된다.

### 7.1 전문성과 주의

초심자에 비해 전문가가 상당한 수준의 시간공유를 요구하는 과제를 포함하여 많은 복잡한 과제들을 더 능숙하게 수행할 수 있다는 것은 의심의 여지가 없다. 이에 대한 간단한 설명 중 하나는 초심자에 비해 전문가의 경우 과제 요소들에 대한 수행이 좀 더 **자동화되어** (automated) 있기 때문이라는 것이다(제7장). 따라서 전문성을 보이는 기술에 대한 PRF는 그림 10.2의 A보다는 B에 더 가깝고, 이것은 자료제한적 영역을 더 많이 포함하는 함수에 해당한다. 그와 같은 차이는 중다과제 능숙성에서의 전문성을 설명하기 위해 많이 사용되어 왔고(Bahrick & Shelley, 1958; Bahrick Noble & Fitts, 1954; Damos, 1978; Fisk & Schneider, 1982), 이것이 타당한 설명이라는 것에 대해서는 의심의 여지가 없다. 그림 10.2에서 A 곡선과 B 곡선의 형태를 비교할 때, 그와 같은 전문성에서의 차이는 모든 자원이 완전하게 할당될 수 있는 단일과제에서는 나타나지 않는 반면 중다과제 환경에서는 쉽게 나타난다는 것에 주목하는 것이 중요하다.

그러나 만일 단일과제 자동성이 개인차의 유일한 원천이라면 어떻게 될까? 만일 그렇다면 운전이나 비행과 같은 복잡한 중다과제 환경에서의 전문성 발달을 위해서는 모든 부분들에 대해 따로 분리하여 훈련하는 것이 가장 효율적일 것인데, 왜냐하면 부분으로 훈련을 받을 경우 한 번에 학습해야 하는 각각의 부분(과제)에 모든 주의가 할당될 수 있기 때문이다. 이것은 **분절화**(fractionation)를 통한 부분 과제 훈련(part task training)이라고 불리는 훈련의 한 형태이다(Wightman & Lintern, 1985; 제7장 참조). 그러나 제7장에서 개관된 많은 연구 결과들은 이러한 방법이 항상 효율적인 것은 아니고 전체 과제 학습이 대부분의 경우 더 효율적이라는 것을 보여주었다(Wickens, Hutchinson et al., 2012). 그렇다면 전문성 수준에서의 차이를 가져오는 **시간공유 기술**(time-sharing skill)의 형태가 무엇인지 확인해야 할 것이다. 시간공유 기술의 한 가지 형태는 출현특징인데, 이것은 중다과제 전체를 구성하는 각각의 하위 과제에는 포함되어 있지 않지만 모든 하위 과제들을 통합한 경우에 나타나는 특징이다. 아래에서는 연구 결과를 통해 밝혀진 시간공유 기술을 위한 몇 가지 후보 요인들에 대해 기술하고자 한다.

- **시각 주사**(visual scanning) : 중다과제 환경에서 전문가들은 초심자와는 다른 시각 주사 패턴을 보인다는 연구 결과들이 많이 있다(Fisher & Pollatsek, 2007, Pradham et al., 2006, Pradham Fisher & Pollatsek, 2009, Bellenkes, Kramer & Wickens, 1997; Shinar, 2008, Mourant & Rockwell, 1970; Koh, Park et al., 2011). 제3장에서 논의된 주사의 기대 가치 모형(SEEV)에 기초하면, 전문가들은 중요한 정보를 추출하기 위해 각각의 과제와 관련된 정보 원천을 언제 보아야 할지 더 잘 알고 있다고 가정할 수 있을 것이다. 예를 들어, 숙련된 운전자는 차선유지를 위해 도로의 좀 더 먼 곳으로부터 정보를 추출하고(Mourant & Rockwell, 1970), 도로로부터 벗어나 차량 내부를 주사하는데 더 짧은 시간을 소비한다(Phradhan, Divekar et al., 2011). 이와 유사하게 숙련된 조종사들은 좀 더 예측적인 정보를 더 많이 추출한다(Bellenkes, Wickens & Kramer 1997). 전문가들은 중다과제의 맥락 안에서 정보에 대한 좀 더 우수한 정신모형을 갖고 있다고 할 수 있을 것이다.

- **방해 관리**(interruption management) : Koh와 Park 등(2011)은 수술실에서의 중다과제 환경에서 전문가 간호사들은 초보자 간호사들에 비해 중요한 외부이물(foreign-object) 세기 과제에 대한 방해에 더 저항적이라는 것을 보여주었다. 10.4절에서 논의된 바와 같이, 방해 관리에 대한 풍부한 방략을 갖고 있다면 좀 더 나아가 경험이나 훈련을 통해 이러한 방략들이 좀 더 유연하고 적합하게 활용될 수 있는 방법을 학습하는 것도 중요할 것이다(Cade Boehm-Davis et al., 2011, Dismukes, 2010, Hess & Detweiler, 1994).

- **주의 유연성**(attention flexibility) : 앞에서 기술된 두 가지 요인들이 모두 과제 관리와 관련된다는 것을 고려하면, 전문가들은 자원이 요구되는 중요한 과제에 자원을 좀 더 유연하게 할당할 수 있을 것이라고 가정할 수 있을 것이다(Gopher, 1993). 이것은 시간공유 전문성을 어떻게 훈련할 것인지에 대한 연구들에 반영되어 있다. 지금부터는 이에 대해 살펴보기로 하자.

## 7.2 시간공유 기술에서의 전문성 훈련

수행(여기에서는 중다과제 수행)의 특정 측면에서 전문가가 초보자와는 다른 수행을 보인다고 해서 전문성이 발달하는 데 '지름길'이 있다는 것은 아니다. 그러나 어떤 주의 기술이 즉각적으로 훈련될 수 있다는 증거들이 있다. 이를 목록화하면 다음과 같다.

- Shapiro와 Raymond(1989), 그리고 Pradhan과 동료들(Pradhan, Fisher & Pollatsek, 2009; Pradhan, Divekar et al, 2011)은 비디오 게임과 운전의 중다과제 기술 맥락에서 보이는 전문가의 주시 패턴 분석자료에 기초한 시각 주사 훈련의 이점을 보여주었다. 이러한 훈련의 이점은 초보자에게서도 관찰되었다. 이러한 연구들에서는 초보자로 하여금 '좀 더 전문가처럼 주시하도록' 유도하는 다양한 방법을 사용하였는데, 이러한 훈련 프로그램들은 성공적인 정적 전이(positive transfer)를 산출하였다.

- Dismukes와 Nowinski(2007)는 앞에서 논의된 **방해 관리**를 위한 몇 가지 기법들의 훈련 (특히 비행 훈련)이 긍정적 효과를 가져올 수 있음을 관찰하였고, Cade와 Boehm-Davis 등(2008)은 효과적인 방해 관리 기술 훈련에 방해에 대한 반복적 노출이 성공적일 수 있다는 것을 제안하였다.

- 전문성에서의 차이를 감안하면 앞에서 언급한 두 가지의 훈련 프로그램(즉, 부분 과제 훈련과 전체 과제 훈련)은 모두 주의 관리를 포함하고 있다고 할 수 있다. 연구들에 따르면, 주의 우선성을 유연하게 조절하도록 하는 훈련을 통해 훈련 방략이 표적으로 삼고 있는 과제 쌍에 대한 중다과제 수행을 더 우수하게 할 뿐만 아니라(Gopher Brickner & Navon, 1982), 다른 이중과제 조합 조건으로도 정적인 전이가 가능하도록 할 수 있다는 것(Kramer, Larish & Strayer, 1995; Gopher, Weil & Barakeit, 1994)을 보여주었다. 그림 10.3의 맥락에서, 능숙한 중다과제 수행자는 언제 어느 한 과제에 대한 자원이 일시적으로 덜 필요하기 때문에(예 : 그림 10.3에서 자료제한적 영역) 이 과제에 대한 자원을 자원 요구가 더 많은 다른 과제에 할당해야 하는지 알 수 있다(Schneider & Fisk, 1982; Gopher, 1993). 각각의 과제에 대한 자원이 지속적으로 변하는 역동적 환경에서 이렇게 할 수 있는 것은 일종의 일반적 기술인 것으로 보인다(그리고 이러한 일반적 기술은 훈련될 수 있다).

- 이중 언어를 사용하는 아동들에 대한 연구들을 통해 시간공유 기술의 훈련 효과에 대한 간접적 증거들을 얻을 수 있다(Bialystok, Craik et al., 2009). 이중 언어를 사용하는 아동들은 단일 언어를 사용하는 가정에서 성장한 아동들에 비해 **실행제어**에서 좀 더 능숙하고 원하지 않는 입력들을 더 잘 억제하는 것(초점 주의)으로 보인다(제7장 참조). 이들은 이해, 인지, 말하기에서 한 언어로부터 다른 언어로 유연하게 전환할 수 있는 능력을 획득한 것으로 보인다.

- Navarro 등(2003)은 복잡한 장면에서 상이한 요소들(예 : 얼굴) 사이로 시각적 주의를

분산시키도록 하는 게임을 통해(예 : "이 중에서 다른 것들과 닮지 않은 것이 무엇이
지?"라는 질문 등을 통해) 아동들이 좀 더 유연하게 자신의 주의를 관리할 수 있도록
훈련하는 것이 가능하다는 것을 보여주었다. Green과 Bavillier(2003)는 어떤 유형의 비
디오 게임을 통해 가용 시각장이 실제로 확장될 수 있다는 것을 보여주었다. 그와 같
은 가용 시각장의 확장 자체가 반드시 중다과제 수행의 향상으로 전환되는 것은 아니
지만 두 과제들이 근접해 있지 않을 때 두 시각 정보 원천을 처리해야 하는 경우에는
이점을 주는 것이 분명하다.

● 앞에서도 언급하였듯이, 쌍을 이루고 있는 과제에 대한 전체 과제 훈련에서는 어느
  정도 시간공유 기술을 훈련함으로써 최적의 중다과제 수행을 달성할 수 있도록 해야
  한다(Damos & Wickens, 1980). 이러한 훈련이 갖는 이점들은 앞에서 언급한 특정 기술
  들을 학습할 때 분명하게 나타난다. 또한 **과제 사이의 상호작용**(between-task interaction)
  에 영향을 미치는 몇 가지 변인들도 부분 과제 훈련과 비교한 전체 과제 훈련의 상대
  적 가치와 중요성을 더 높일 수 있다(Naylor & Briggs, 1963; Lintern & Wickens, 1991).
  그러한 상호작용은 한 과제에 대한 반응이 다른 과제의 지각된 정보에 직접적으로 영
  향을 미치는 과제 상황의 특징 중 하나다. 예를 들어, 수동 트랜스미션 자동차를 운전
  하는 경우 클러치를 밟는 것과 기어를 변속하는 것을 동시에 수행하는 경우이다. 마찬
  가지로 항공기의 고도와 진행방향을 동시에 제어하는 것이나 기타를 칠 때 한 손으로
  줄을 튕기면서 다른 손으로 코드를 잡는 것 등도 과제들의 상호작용을 보여주는 예시
  가 될 수 있다. 그와 같은 상호 연결 혹은 교차결합(cross coupling)은 각각의 과제를
  따로 연습해서는 학습되지 못한다.

## 7.3 연령과 주의 기술

연령 증가에 따라 시간공유 기술 혹은 분산 주의 기술이 감소한다는 분명한 증거가 있다
(Verhaeghen, Steitz et al., 2003; Sit & Fisk, 1999; Fisk & Rogers, 2007). 한 가지 직접적인
예가 바로 운전하면서 휴대전화를 사용하는 것은 연령 증가에 따라 더 어려워진다는 것이
다(Alm & Nilson, 1999). 여기서 다시 한 번 대략 60대 혹은 70대의 연령대에서 주의 기술의
어떤 요소가 감소하는지 질문할 수 있을 것이다.

● 주의 유연성이 그중 하나일 것이다. Sit과 Fisk(1999), 그리고 Tsang과 Shaner(1998)는
  모두 그림 10.1에 제시된 자원 할당 요소에서 연령에 따른 결함을 관찰하였다. 이러한
  연령 효과는 Kramer, Larish 및 Strayer(1995)의 연구에서도 시사되었는데, 특히 이 연
  구에서는 유연한 자원 할당이 훈련될 수 있고 다른 이중과제에 대한 수행으로 훈련
  효과가 전이될 수 있다는 것도 보여주었다. 이들의 연구에서는 젊은이와 노인들이 실
  험에 참가하였다. 이중과제 수행에서 젊은이들에 비해 노인 실험참가자들의 수행이

더 저조하기는 하였지만 노인 집단도 다양한 우선성 훈련으로부터 이점을 얻을 수 있음이 관찰되었다. 이것은 자원을 우선적으로 할당하는 역량이 노인들에게서 특히 더 부족한 측면이 될 수 있다는 것을 시사하는 결과이다. Bojko, Kramer 및 Peterson(2005)은 앞의 4.1절에서 기술한 과제 전환 패러다임에서 노인 집단의 경우에 전환 손실이 더 크다는 것을 관찰하였다.

- 노인들은 주의 분산에 더 취약하다(Gazzely et al., 2005). 연령에 따라 감소하는 주의 집중 능력 자체는 이중과제 기술에 포함되는 것은 아니지만 노인들의 주의 분산을 크게 하면 이중과제 중 한 과제에 대한 집중 능력이 방해를 받는다. 동시 과제에서 한 과제에 주의를 집중하는 것은 작업기억과 시연을 요구하지만 덜 중요한 다른 과제가 이러한 작업기억과 시연을 방해하기 때문이다. 따라서 연령의 증가에 따라 과제를 선택적으로 여과하는 능력이 저하된다고 할 수 있을 것이다(Barr & Giambra, 1990).

- 앞에서 열거한 요인들은 노인들의 실행제어 능력에서의 저하도 반영하는 것으로 보인다(Banich, 2009, Shallice & Norman, 1986). 노인들은 작업기억과 실행제어를 요구하는 복잡한 과제들에서 저조한 수행을 보인다(de Jong, 2001). 또한 연령 증가에 따라 변화 탐지 능력에서도 저하가 관찰되고(McCarley, Vais et al., 2004), 실행제어와 밀접한 관계가 있는 작업기억 역량도 연령에 따라 감소한다(Dobbs & Rule, 1989). 따라서 연령 증가에 따른 실행제어 능력에서의 저하된 효율성은 매우 다양한 상황에서 관찰된다고 할 수 있다. 그리고 실행제어 능력에서의 저하는 지능에서의 저하와도 관련이 있다. 즉, 장기기억 속의 지식으로 직접 접근할 때 필요한 결정지능[혹은 고정지능(crystallized intelligence)]과는 달리 유연성이 요구되는 유동지능(fluid intelligence)은 연령증가에 따라 감소한다. 사람들 사이의 작업기억과 지능에서의 차이는 다음 장에서 좀 더 자세하게 다룰 것이다.

## 8. 결론 및 다음 장과의 관계

시간공유와 중다과제 수행은 여가활동이건 아니면 작업장이건 우리 사회의 많은 영역에서 이루어진다. 이들은 다양한 기제와 이론들을 통해 기술될 수 있고, 이에 대한 연구들을 조화롭게 통합하면 중다과제 수행의 전체 범위를 예측할 수도 있을 것이다. 그와 같은 이론들은 과제에 대한 다양한 이론들 자체(예 : 각각의 과제에 대한 노력을 요구하는 요인은 무엇인가)뿐만 아니라 두 요소 과제들 사이에서 시간을 공유하는 출현특징들도 받아들이고 포함하여야 한다. 아직까지 이론 검증을 위한 잘 통제된 실험실 연구 결과와 실제 세계에서의 중다과제 수행에 대한 연구 결과 사이에는 큰 괴리가 있다. 그러나 계산 모형의 기여, 중다과제 수행에서의 안전에 대한 관심, 그리고 뇌기능에 대한 이해 등을 통해 이러한 괴리가 점차 좁혀지고 있다.

다른 관점에서 보면 중다과제 수행이 종종 스트레스를 가져오고, 이러한 스트레스는 그 나름대로의 효과를 갖는다는 것에는 의심의 여지가 없을 것이다. 다음 장에서는 스트레스와 관련된 문제들을 다룰 것이다. 여기에서는 정신적 작업부하와 관련된 문제와 결부하여 중다과제 수행에 의한 스트레스를 어떻게 측정하고 예측할 것인지를 강조할 것이다. 마지막으로, 중다과제 수행, 스트레스 그리고 정신적 작업부하의 여러 측면에 대한 통찰들이 뇌 연구를 통해 얻어질 수 있음에 주목하고자 한다. 이러한 관점에서의 뇌 연구를 신경인체공학(neuroergonomics)이라고 부르는데, 여기에서는 과제들 사이의 차이와 사람들 사이의 개인차의 원천이 무엇인지 밝히고자 한다.

# 핵심 용어

가시도(visibility)

감각 우선성(sensory preemption)

공통기반(common ground)

과제 관리(task management)

과제 사이의 상호작용(between-task interaction)

과제 수행 지속시간(task duration)

관여(engagement)

구조적 간섭(structural interference)

긴급성(urgency)

미래기억(prospective memory)

미리보기(preview)

미분화 용량(undifferentiated capacity)

반응 갈등(outcome conflict)

방해 관리(interruption management)

부호(code)

분절화(fractionation)

수행-자원 함수(performance-resource function, PRF)

시각 주사(visual scanning)

시간공유 기술(time-sharing skill)

신경인체공학(neuroergonomics)

실행제어 체계(executive control system)

예비 용량(spare capacity)

유사성(similarity)

이중과제 수행 저하(dual task decrement)

인지적 협소화(cognitive tunneling)

자동성(automaticity)

자료제한적(data-limit)

자원제한적(resource-limited)

잔여 자원(residual resource)

잔여 주의(residual attention)

적응형 자동화(adaptive automation)

정신적 작업부하(mental workload)

주의 유연성(attention flexibility)

중다자원 이론(multiple resource theory)

중심와(foveal)

지속 주의(sustained attention)

처리부호(processing code)

청각 우선성(auditory preemption)

하위 목표 완결(sugboal completion)

할당 정책(allocation policy)

# 11 심적 작업부하, 스트레스, 개인차 : 인지적 및 신경인체공학적 관점

## 1. 도입

한 환자가 긴 수술, 말하자면 한 팀으로 함께 일하는 외과의사, 마취과 전문의, 간호사들을 필요로 하는 심장이식 수술을 받고 있다. 수술 중 어떤 지점에서 환자는 치명적인(생명 위협 상태를 나타낼 수 있는 생명) 바이탈 사인(vital sign)에서의 변화를 보이기 시작한다. 관련된 모든 사람에게 그것은 길고, 심적으로 아주 힘들고, 그리고 스트레스가 많은 경험이다. 책임 외과의사는 적절한 행동 방침을 결정해야 한다. 수술 중 여러 복잡한 외과적 절차를 수행하고 예기치 않은 여러 사건들을 처리하는 것은 외과의사의 주의 용량에 상당한 요구를 부과한다. 최근의 예기치 않은 사건을 적절하게 처리할 수 없을 만큼 외과의사가 경험하는 심적 작업부하는 그 정도로 컸던 것일까? 그 상황의 스트레스가 그 사람의 의사결정 능력을 손상시킬까? 더욱이, 어떤 외과의사는 그의 동료와 달리, 최근의 응급상황을 다루기 위해 충분한 주의 용량을 가지고 있는 이유를 설명할 수 있을까? 다른 외과의사는 그 상황에서 스트레스가 많은 요구에 잘 대처하지 못할 수 있으며, 단호하게 행동하지 않아서 잠재적으로 그 환자를 위험에 빠뜨릴 수 있다. 또 다른 의사는 오랜 수술과 연관되는 피로의 먹잇감이 될 수 있고 잘못된 결정을 내릴 수 있다.

이런 요인들, 즉 높은 심적 작업부하, 스트레스 많은 환경, 그런 요구에 대처할 수 있는 방법에서 사람들 간의 차이가 이 장의 초점이다. 주의는 인간 조작원이 이런 난제들을 직면할 수 있도록 하는 핵심적 인지 능력이다. 이 책의 앞장들에서 우리는 인간 주의의 여러 측면들을 논의했는데, 먼저 제3장의 디스플레이 디자인과 관련해서, 그리고 제10장에서 다중 작업과 관련해서였다. 이 장에서 우리는 **심적 작업부하**(mental workload)에서 주의의 역할을 서술함으로써 주의의 응용 측면에 대한 우리의 조사를 계속한다. 우리가 제10장에서 논의한 이중과제 수행에 대한 이론들과 경험적 발견들의 일부는 작업부하와 관련해서 다시 언급될 것이지만, 이 장에서 우리의 초점은 작업 장면에서 그 측정과 평가라는 더 응용적인 논제들에 주어질 것이다. 스트레스가 작업부하에 대한 중요한 기여인자일 수 있으므로, 우리는 또한 스트레스 연구에 지배적인 이론적 접근과 작업환경에서 스트레스 경감 방법의 일부를 서술할 것이다. 끝으로 사람들은 과제부하에 대한 반응에서 서로 다르기 때문에 개인차는 이 장에서 취급하는 또 다른 주제이다.

이 세 주제들(심적 작업부하, 스트레스, 개인차)에 대한 우리의 취급은 포괄적이지는 않고 선택적인데, 작업장에서 인간 수행의 이해에 대한 함축에 초점을 둔다. 우리는 이 책을 통틀어 지켜왔던 전형적인 인지 접근에서뿐만 아니라 **신경인체공학**(neuroergonomics)의 관점에서도 이들 주제 각각을 조사하는데, 신경인체공학은 인간요인 및 인간공학의 여러 다양한 논제들의 연구에 점차 더 많이 응용되고 있다(Parasuraman & Rizzo, 2007; Parasuraman & Wilson, 2008).

## 2. 신경인체공학 접근

신경인체공학은 작업 장면 및 일상생활 장면에서의 수행과 관련하여 인간 두뇌의 연구로 정의되어 왔다(Parasuraman, 2011). 중심적 전제는 인간요인 및 인지공학의 연구와 실제가 신경과학의 이론들과 결과들을 고려함으로써 풍부하게 될 수 있다는 것이다. 그런 목적은 인간 인지신경과학, 그리고 더 최근에는 사회신경과학에서의 놀랄 만한 성장으로 인해 가능하게 되었다(Gazzaniga, 2009; Cacioppo, 2002). 신경과학에서의 발견은 인간 수행의 이론들을 제약하거나 확장할 수 있다(Poldrack & Wagner, 2004). 신경인체공학은 그러므로 작업 및 자연스러운 장면에서 직면하는 뇌기능과 행동의 이해에 대해, 전통적 신경과학 및 전통적 인간요인 연구에서 가능한 것 이상의 부가 가치를 제공할 수 있다.

인간요인 연구와 실제는 처음에는 제2차 대전 이전의 초기 역사에서 행동주의 전통 안에서 수행되었으며 10년 후 인지심리학의 도래로 정보처리 접근이 채택되었다. 이것은 오늘날까지 유효하며 이 책에서 택한 접근이기도 하다. 그러나 최근까지 인지신경과학의 발견은 전통적인 인간요인 작업 안에서 많은 영향력을 가지지 못했다. 인지신경과학의 몇몇 연구자들은 생태학적 타당성의 중요성을 의식하고 있다(Kingstone et al., 2006 참조). 그러나 그들은 보통 심적 과정의 사용을 필요로 하는 세상의 인공물과 기술을 고려하지 않고 심적 과정을 따로 연구하는 경향이 있다. 신경인체공학은 결정적인 한 걸음을 더 내딛는다. 그것은 인지를 구체화하고 그 자체로 물리 환경에 의해 조성되는 인간 두뇌가 인지, 행동, 인공물의 세계와의 상호 관계성을 충분히 이해하기 위해 환경과의 상호작용 안에서 조사되어야 한다고 가정하는 것이다(Parasuraman, 2003). 인간요인 연구의 진보에 대한 최근 개관은 그 출발점인 행동주의에서부터 정보처리 견해의 채택, 그리고 신경인체공학적 접근에서 정점을 이루는 그 분야의 역사적 변화를 서술한다(Proctor & Vu, 2010).

이 장에서 우리는 인지적 및 신경인체공학적 관점에서 살펴보는 것이 인간요인 연구의 세 영역(심적 작업부하, 수행에 대한 스트레스의 효과, 인지 및 인간 수행에서 개인차)에 대한 이해를 어떻게 향상시킬 수 있는지 논의한다.

## 3. 심적 작업부하

심적 작업부하는 아마 인간요인 연구와 실천에서 가장 널리 들먹이는 개념들 중 하나다 (Bailey & Iqbal, 2008; Loft et al., 2007; Moray, 1979, Parasuraman & Hancock, 2001; Tsang & Wilson, 2006; Wickens, 2008). 시스템 디자이너와 매니저들은 다음과 같은 질문을 할 때 심적 작업부하 논제를 제기한다. 조작원은 얼마나 바쁜가? 조작원이 수행해야 하는 과제들은 얼마나 복잡한가? 이미 수행 중인 과제에 더불어 그리고 그 이상으로 추가적인 다른 과제가 처리될 수 있는가? 조작원이 예기치 않은 사건에 반응할 수 있을 것인가? 조작원이 수행 중인 과제에 대해 어떻게 느끼는가? 이들 질문 각각은 이 장을 시작할 때 묘사한 외과 수술 시나리오에 있는 사람들에 대해 던져질 수 있을 것이다. 심적 작업부하가 기존의 시스템에서 측정될 수 있거나 아니면 아직 만들어지지 않은 시스템을 위해 모형화될 수 있다면, 이 질문에 대한 답이 제시될 수 있을 것이다.

심적 작업부하는, 물리적 작업부하가 근육에 대한 에너지 요구를 특징짓는 것과 똑같은 방식으로 뇌의 제한된 정보처리 용량에 부과되는 과제 요구를 특징짓는다. 제10장에서 논의되었듯이 어떤 자원제한적 시스템에서든, 요구에 대한 가장 유관한 측정치는 가용한 자원들의 공급과 관련해서 구체화된다. 그래서 심적 작업부하와 연관되는 이런 공급-요구 관계성을 개념화하는 맥락은 그림 11.1에 보이는 2개의 함수에 의해 제공된다. X축은 한 과제(혹은 과제 집합)의 증가하는 자원 요구를 단일과제의 요구, 아니면 다중과제 요구(예 : 하나 이상의 무인 차량이나 로봇을 감독하는 요구)를 포괄할 수 있는 방식으로 가리킨다. 우리는 단일 및 다중과제 사례들을 다음에서 구별할 것이다.

Y축은 2개의 함수를 표시한다. 한 '자원 공급' 함수(실선)는 요구가 0(아무것도 하지 않는 것)에서 어떤 수준으로 증가될 때, 조작원은 그런 요구를 처리하기 위해 충분한 공급을 가지고 있어야 된다는 사실을 반영한다. 그러나 제한된 용량 혹은 제한된 자원 시스템으로서 요구가 공급을 초과할 때 더 이상의 자원이 공급될 수 없다. 실선은 편평해진다. 물론 이 수준은 정확하게 설정될 수 없으며, 그러므로 수평화는 점진적이며 급작스럽지 않다. 끊긴 선은 문제의 과제(들)에서의 수행을 나타낸다. 정의상, 공급이 요구를 초과할 때는 거의 언제나 수행은 완벽하게 유지되고, 요구에서의 차이에 의해 변하지 않는다. 요구가 공급과 똑같기만 하면, 더 이상의 요구 증가는 추가적인 수행 저하를 초래할 것이다. 이 두 곡선에서 불연속성 혹은 '무릎(knee)'은 때때로 작업부하의 '빨간 선(red line)'이라 지칭된다(Hart & Wickens, 2010; Rennerman, 2009; Wickens, 2009). 혹은 흐릿한 경계를 고려해서 '빨간 지대(red zone)'라고 한다. 다음에서 서술하듯이 중요한 것은, 빨간 선은 공급 요구 공간을 두 영역으로 나눈다는 것이다. 왼쪽 영역은 '예비 용량(reserve capacity)' 영역이라 불릴 수

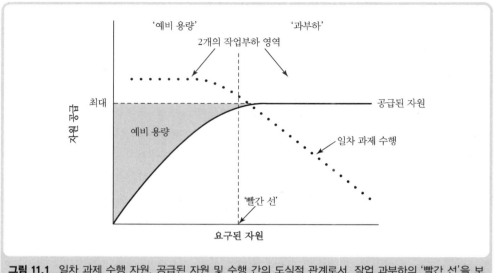

**그림 11.1** 일차 과제 수행 자원, 공급된 자원 및 수행 간의 도식적 관계로서, 작업 과부하의 '빨간 선'을 보여준다.

있다. 오른쪽 영역은 '과부하(overload) 영역'이라 명명될 수 있다. 이 두 영역은 공학심리학자의 관심사에서뿐만 아니라 작업부하 이론, 예측 및 측정에서 서로 다른 함축을 가지고 있다. 우리는 이것들을 다음에서 차례대로 다룬다.

### 3.1 작업 과부하

공학심리학자와 디자이너는 모두 언제 요구가 공급을 초과하고 그 결과로 수행이 떨어질지에 관심이 있는데, 이런 과부하 조건이 발생할 때 여러 개선책을 적용하는 데에도 관심이 있다. 제10장에서 논의했듯이, 이런 수행 저하가 **다중 작업**(multitasking) 과부하로 생길 때, 다중 자원 모형과 같은 모형들은 수행에서 요구 및 그 결과인 저하를 줄일 디자인 혹은 과제 변화를 위한 틀을 제공할 것이다(제10장 그림 10.1 참조). 여기에는 공통 자원보다 별개의 자원을 쓰는 것, 혹은 과제의 자원 요구를 줄이는 것이 포함될 것이다. 자원 요구를 줄이는 방법들의 예에는 작업기억 부하(제7장 참조)를 줄이는 것, 과제의 부분들을 자동화하는 것(제12장에서 논의됨), 과제의 일부를 다른 조작원에게 재할당하는 것 혹은 이전에 동시 과제였던 것이 이제는 순차적으로 수행될 수 있도록 절차를 바꾸는 것 등이 포함된다.

다중 자원 모형은 다중 자원 요구를 낮추기 위해 수행될 수 있는 것을 예측하는 유용한 도구이며, 이 감소는 계산적 모형에 의해 양화될 수 있다(Horrey & Wickens, 2004b; Wickens, 2005). 그러므로 그런 모형들은 여러 디자인 대안들의 **상대적 작업부하**(relative workload)(예 : 작업부하 감소)를 예측하는 데 사용될 수 있다. 다중 자원 모형들은 또한 성분적 과제(그림 10.2 참조)의 **자동화**(automaticity) 개발과 조작원 훈련에 의해 달성될, 수행 저하에서의 감소를 예측할 수 있지만 그런 모형들은 요구를 빨간 선 이하로 옮기기 위해 얼마나 많은 훈련이 요구되는지를 예측할 수 없다. 같은 방식으로, 다중 자원에 관한 계산론적 모형들은 빨간 선(더 많은 요구 증가가 수행을 저하시킬 것이고 요구 저하는 수행을 향상시키지 않을 그 선)에 있는 자원 요구 및 자원 경합의 수준을 아직 예측할 수 없다. 즉, 그런 모형들은 **절대적 작업부하**(absolute workload)를 잘 예측하지 않는다.

요구를 증가시키는 것은 (다중 작업보다) 단일과제의 어려움을 증가시킴으로써도 이뤄질 수 있는데, 예를 들면 작업기억 부하가 증가될 때(제7장 참조) 한 인지 과제의 관계적인 복잡성이 증가하고(Halford, Baker, et al., 2005; Halford, Wilson, & Phillips, 1998), 추적 과제의 대역이 증가하고(예 : 휘어진 길을 따라 점점 더 빠른 속도로 운전하는 것)(제5장 참조) 또는 관제사가 자신의 영역에서 감독해야 할 비행기의 수가 증가하는 것과 같다(Ayaz et al., 2012).

이런 경우들에서, 특정한 변인이 세어질 수 있는데(예 : 각각 청크의 수, 변인 상호작용의 수, 초당 회전 수, 비행기 수), 그것은 상대적 작업부하(많은 것이 더 높다)를 예측하는 데 단도직입적이며, 많은 경우에서 자료는 빨간 선에의 그럴듯한 근사치를 제공해 주었다. 예를 들어, 우리는 작업기억에서의 빨간 선이 대략 7개의 정보 청크라는 것에 주목했다(제7장 참조). 관계적 복합성의 경우 그것은 대략 셋이다(Halford et al., 2005). 추적하기 대역폭의 경우, 그것은 대략 초당 한 주기다(Wickens & Hollands, 2000).

몇 개의 변인이 이런 세기 '상수들'을 조절해서, 빨간 선을 그림 11.1의 X축의 왼쪽 혹은 오른쪽으로 효과적으로 움직일 수 있다. 예를 들어, 항공관제사의 경우에, 비행 공간의 복잡성뿐만 아니라 궤도에서의 불확실성의 정도는 적절하게 감독될 수 있는 비행기의 수에 큰 영향을 미친다(Hilburn, 2004). 비슷한 조절 요인들이 감독될 수 있는 무인 차량의 수에 영향을 준다(Cummings & Nehme, 2010).

단일 또는 다중과제 상황에 채택될 수 있는, 가장 중요한 세기 변인들 중 하나는 시간이다. 단순한 시간선(time-line) 분석은 가용한 시간(time available, TA)에 대한 요구되는 시간(time required, TR)의 비율을 계산한다(Parks & Boucek, 1989). 우리는 다음의 예비 용량의 맥락에서 시간선 분석을 더 논의한다. 더 구체적으로 시간선 분석은 비행기를 착륙시키거나 발전소를 다시 운전하는 것과 같은 일에서 조작원이 전형적인 임무 중에 직면하는 작업부하를 시스템 디자이너가 '파악하는(profile)' 것을 가능하게 해줄 수 있다(Kirwan & Ainsworth, 1992). 단순화되지만 즉각 사용 가능한 버전에서, 작업부하는 가용한 총 시간에 대해 과제수행에 점유되는 시간의 비율에 비례한다고 가정한다. 만일 어떤 사람이 어떤 측정 가능한 과제(들)에 대해 시간 간격의 100%로 바쁘다면, 작업부하는 그 기간 동안 100%이다. 단순 모형에서 이것은 '빨간 선'으로 정의될 수 있다. 그래서 한 임무의 작업부하는 그 기간에 비례하는 길이가 되도록, 여러 활동을 나타내는 선들을 그리는 것으로써 계산될 수 있다. 그림 11.2에 보이는 것처럼 선들의 총 길이는 더해진 다음 총 시간으로 나누어질 것이다

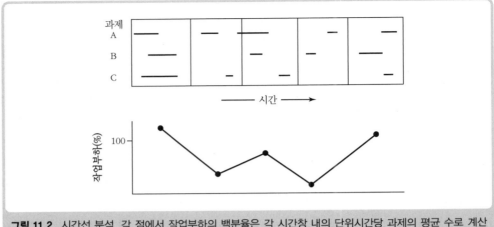

**그림 11.2** 시간선 분석. 각 점에서 작업부하의 백분율은 각 시간창 내의 단위시간당 과제의 평균 수로 계산된다.

(Parks & Boucek, 1989). 이런 식으로 한 팀(예 : 조종사와 부조종사)의 여러 성원들에 의해 직면되거나 혹은 그들을 위해 예측되는 작업부하는 비교될 수 있고, 만일 큰 불균형이 있다면 과제들은 재할당될 수 있다. 게다가 (총)부하가 100%보다 더 크게 계산되는, 작업부하 혹은 작업 과부하의 절정기가 잠재적인 병목으로 식별될 수 있다.

시간선 분석은 과부하 영역(TR/TA>1)과 예비 용량 영역(TR/TA<1) 모두에 똑같이 적용 가능하며, 후자의 경우에 그것은 (만일 여러 과제를 수행하는 데 요구되는 시간을 들여다볼 수 있는 표가 있다면) 작업부하 **예측 모형**(predictive model)에서 사용될 수 있고, 만일 관찰자가 조작원 활동을 (관찰 가능하지 않은 인지 과제를 포함해서) 조심스럽게 기록할 수 있다면, 다음에서 논의되듯이 **작업부하 측정**(workload assessment)에도 똑같이 잘 사용될 수 있다. 100% 수준은 처음에는 빨간 선으로 설정될 수 있지만, Parks와 Boucek(1989)의 관찰은 수행의 오류가 발생하기 시작하는 것은 80% 수준이라는 것을 시사한다.

여기에서 중요한 일반적 요점은 빨간 선 위의 과부하 영역에 있는 단일 및 다중과제 요구에 대해 단순한 수행 측정치들은 작업부하를 측정하는 데 적절하며, 다중과제 수행 혹은 단일과제 세기 변인 모형은 작업부하 증가(수행이 저하한다) 또는 빨간 선 위의 **상대적 작업부하**를 예측할 수 있다는 것이다. 세기 변인들은 빨간 선 위와 아래 모두에서 **절대적 작업부하** 값을 예측하는 데 사용될 수 있지만, 다중과제 간섭 모형은 현재의 성숙 단계에서 쉽게 그렇게 할 수 없다.

## 3.2 예비 용량 영역

요구가 빨간 선 아래에 있을 때, 단일과제 세기 변인들과 다중 자원 모형들은 모두 믿음직한 **상대적 예측**(relative prediction)을 계속 제공할 수 있다(예 : 네 청크는 세 청크보다 더 높은 작업부하를 가질 것이며, 개별 감각 양상 자원은 공통 자원과 비교해서 더 많은 예비 용량을 만들 것이다). 그러나 그림 11.1의 점선 곡선에서 꽤 분명하듯이, 관심 있는(문제의) 과제에서의 수행은 더 이상 작업부하에서의 차이를 측정하는 데 적합하지 않다. (우리는 이 과제를 일차 과제라 지칭한다.) 일차 과제 수행 측정치들은 빨간 선 아래의 자원 요구에서의 차이를 반영하지 못할 뿐 아니라 그런 일차 과제 중 많은 것들이 종종 매우 조악하고 그 수행 측정치에서 실제로 존재하지 않는데 최종 출력은 그것을 지원한 인지의 복잡성에서의 광범한 차이를 반영하지 못할 수 있기 때문이다. 예를 들어, 의사결정 과제는 2개의 출력 중 단지 하나만(맞거나 틀리거나)을 가질 수 있을 것이다(제8장 참조). 그러나 그 결정에 이르기 위해서는 대안 가설들을 고려하고 가능한 결과를 평가하는 데 필요한 상당한 작업기억 활동이 있어야 할 것이다. 이 인지 활동 모두는 심적 작업부하에 대한 상당한 기여 인자이며, 그렇지만 그것에서의 변동성은 의사결정 수행에서의 단순한 맞고 틀림의 측정치에 의해 반영되지 않을 것이다. 다른 예로서, '상황인식을 유지하는' 과제는 높은 수준의 작업부하를 부과할 (그리고 다른 활동을 잠재적으로 간섭할) 수 있지만(Wickens, 2002c), (상황인식이 SAGAT 같은 잠재적으로 침입적인 측정치에 의해 주기적으로 '탐사되지' 않는다면) 이 과제와 관련된 수행의 측정치가 될 수 없을 것이다(제7장 참조).

## 3.3 심적 부하 및 예비 용량 측정치

작업부하 측정에서 일차 과제 수행 측정치들의 부적합성을 해결하기 위해, 공학심리학자들은 작업부하 측정치 도구들의 네 범주를 개발했는데, 모두 직접 혹은 간접으로 예비 용량의 양(예 : 빨간 선에서 왼쪽으로의 거리)을 측정하기 위해 설계되었다. 우리는 이것들 중 셋 즉, 행동, 이차 과제 및 주관적 측정치를 먼저 논의하고, 신경인체공학에 근거를 둔 생리적 측정치를 다소 자세하게 서술할 것이다.

### 3.3.1 행동 측정치

수행이 예비 용량 영역에서 자원 요구의 증가에 따라 변하지 않을 때조차 행동은 종종 변할 것이다. 앞에서 서술한 대로, 만일 행동이 '무엇을 하는 것'으로 가장 단순한 형태로 정의된다면 시간선 분석은 작업부하의 매우 효과적인 측정치로 쓰인다. 많은 수동 제어 과제에서, 제어 활동, 평균 제어 속도, 고빈도 출력(power)은 작업부하의 효과적인 행동 측정치로 쓰일 수 있는데, 이 측정치는 추적 오류(수행)가 일정하게 머물 때조차 과제 요구에 따라 변할 수 있을 것이다.

### 3.3.2 이차 과제

이차 과제는 매우 높은 충실도(fidelity)를 가지고 있다. 만일 조작원이 적절한 수준(예 : 완벽한 수행)에서 일차 과제를 수행하고 있다면, 그/그녀는 동시적인 이차 과제를 어떻게 수행할 수 있는가? 그 과제가 더 잘 수행될 수 있다면, 우리는 더 많은 잔여 용량이 있어 일차 과제에 이어 그 이차 과제에도 활용 가능할 것이라고 추측하고, 일차 과제의 자원 요구를 낮춘다. 예기치 않은 탐사 자극물에 반응하기, 경과시간 추정하기 또는 암산하기와 같이, 다양한 이차 과제들이 여러 상황에서 채택되어 왔는데 이들 중 많은 것이 여러 논문에서 개관되어 왔다(Gopher & Donchin, 1986; Hancock & Meshkati, 1988; Hart & Wickens, 2010; Hendy, Liao, & Milgram, 1997; Moray, 1979, 1988; O'Donnell & Eggemeier, 1986; Tsang & Wilson, 1997; Wierwille & Williges, 1978; Williges & Wierwille, 1979).

　　이차 과제에서 한 주요 문제는 연구자들이 그것에 주어지는 주의 양을 항상 통제할 수는 없다는 것이다. 예를 들어, 어떤 경우에 이차 과제는 그 작업부하가 측정 중인 일차 과제에 침입적(intrusive)이어서 그 수행 수준을 붕괴시킨다. 이상적으로 말하면, 이 수행은 완벽하고 간섭받지 않아야 하거나 적어도 이차 과제로 인한 일차 과제 저하는 비교되는 모든 버전의 일차 과제에 걸쳐서 똑같아야 한다. 그런 붕괴는 측정 그 자체를 편중시킬 수 있다(결국, 여기에서 이차 과제가 받아야 하는 것보다 더 많은 자원을 받는다). 이것은 자로 벌레의 길이를 잴 때 측정 과정에서 자가 벌레에 닿는다면 그로 인해 벌레가 움츠리는 것과 똑같은 식이다. 그 대신에, 그런 침입을 피하기 위해 (특히 운전이나 비행과 같이 고위험 환경에 있는) 조작원은 이차 과제를 완전히 무시하기로 결정하여 아무 측정치도 제공하지 않을 수 있다.

　　이런 문제들에 대해 부분적으로 방어하기 위해, 연구자들은 **내포된 이차 과제**(embedded secondary task)(Raby & Wickens, 1994)의 중요성을 인식해 왔다. 이것은 전체 과제 시나리오의 자연스러운 성분이지만 보통 우선성이 낮은데 이는 이차 과제의 특성이다. 내포된 이차 과제의 예는 (운전자의 작업부하 측정에) 후방 혹은 측면 거울에 주기적인 눈길 주기 혹은 (조종사의 작업부하 측정에) 항공관제사에 주기적인 위치 보고일 것이다. 내포된 이차 과제로서 Metzger와 Parasuraman(2005)은 항공관제사가 비행기가 경유지점에 도착했을 때 비행기의 활주로에 점검 표시를 하는 지연시간을 측정하고 관제사들이 자신의 구역에 제어해야 할 비행기가 더 많을 때 그리고 그들의 작업부하가 증가했을 때 그런 점검을 지연시키거나 **빠뜨린** 것을 발견했다.

### 3.3.3 주관적 측정치

경험된 작업부하의 주관적 척도는 작업부하 측정에서 널리 사용된 기법이다(Hart & Wickens, 2010; Hill et al., 1992; O'Donnell & Eggemier, 1986; Tsang & Vidulich, 2006; Vidulich & Tsang, 1986; Wierwille & Casali, 1983). 이 방법으로 단일 차원 척도를 쓰는 작업자들은 작업부하에 대한 그들의 경험이 무엇인지(혹은 이전의 어떤 기간에 어떠했는지)를 척도 값으로 보고하도록 간단히 요청받는다. Bedford 척도(Bedford scale) 혹은 수정된 Cooper-Harper (Modified Cooper-Harper) 척도(Wierwille & Casali, 1983)와 같이 다양한 척도들이 풍부하다

(개관은 Hart & Wickens, 2010 참조). 이 척도들 중 많은 것은 빨간 선에 대한 언어적 묘사가 어떤 주어진 수준에 실제로 제시될 수 있다는 이점이 있다. 예를 들어, 10점 척도에서 7점 평가는 "어떤 추가적인 과제에 줄 수 있는 어떤 가외의 주의가 가용하지 않다."라고 서술될 수 있을 것이다. 주관적 척도는 그러므로 빨간 선 위 그리고 아래 모두에 있는 넓은 범위의 과제 요구를 효과적으로 처리할 수 있다.

다차원적인 작업부하 척도도 있다(Boles, Bursk, et al., 2007; Hill, Iavecchia, et al., 1992; Reid & Nygren, 1988; Vidulich & Tsang, 1986). 이것들은 마치 물리적 작업부하가 팔, 다리, 또는 손가락에 개별적으로 부과될 수 있듯이, 심적 작업부하가 여러 성분들을 가지고 있다고 가정한다. 이들 중 아마 가장 널리 사용되는 것은 NASA TLX(Task Load Index, 과제부하지표) 척도인데, 이것은 사용자에게 심적 요구, 물리적 요구, 시간 요구(시간 압력), 노력, 좌절 수준 등과 같은 하위 척도상에서 개별적인 주관적 평정을 하도록 요구한다(Hart & Staveland, 1988).

다차원 척도는 다중 평가를 하기 위해 추가되는 시간 요구를 정당화하기 위해 단일 차원 척도와 비교해서 충분한 부가 정보를 항상 제공하지는 않는다. 그러나 질적으로 다른 시스템들('사과와 오렌지')을 한 작업부하 척도에서 비교할 때 종종 그런 질적인 차이는 다른 TLX 하위 척도에서 서로 다른 차이들에 의해 잘 드러날 수 있다. 예를 들면, 내비게이션 기기를 프로그래밍하는 한 절차는 높은 시간 부하(그렇지만 낮은 심적 부하)를 부과할 것인 반면, 그것과 비교되는 다른 것은 그 반대를 보일 수도 있다. TLX의 서술은 희망한다면 단일 척도를 낳기 위해 하위 척도들이 어떻게 결합될 수 있는지에 대한 안내를 제공한다(Hart & Staveland, 1988).

### 3.3.4 작업부하 측정의 목적

중요하게도 작업부하의 모든 척도들은 수행에 근거를 두든, 주관적 혹은 생리적인 것이든 2개의 질적으로 다른 목적을 위해 접근될 수 있다. **오프라인 측정치**(offline measures)는 시스템 평가 중에 접근되며, 디자이너들은 이 측정의 결과를 가지고 작업부하 결핍을 진단하고, 대책을 강구하고, 잔여 용량의 여유를 보존하기 위해 빨간 선 아래로 충분히 멀리 요구를 이동시킬 수 있을 것이다. 대조적으로, 작업부하의 **온라인 측정치**(online measures)는 조작원이 실험실 밖의 조작환경에서 과제를 수행하는 동안 접근되며, 만일 작업부하가 빨간 선을 넘거나 혹은 그것을 향해 증가하고 있다면 그 요구를 감소시키기 위해 **적응적 자동화**(adaptive automation)에서 사용될 수 있다(제12장 참조).

온라인 척도는 작업부하를 추측하기 위해 자동화에 쓸 수 있는 증거들 중 하나의 출처이며, 다른 출처들은 다음 장에서 논의될 것이다. 그러나 우리는 온라인 응용을 위해서 측정(치)의 침입성에 대한 관심의 제고가 있다는 것을 여기에 언급한다. 이차 과제를 수행하거나 주관적 측정치를 주기 위해 탐사 자극에 반응하기만 하는 것과 같은, 일차 과제를 간섭할 수 있는 것은 어떤 것이든 심각한 결과를 낳을 수 있다. 이런 이유에서 공학심리학자들은 작업부하를 지표로 나타내는 데 '수동적'이고 덜 침입적인 신경생리학적인 측정치에 특히 관심을 가져왔다. 이제 우리는 이것들을 다소 자세히 다룬다.

## 3.4 작업부하의 신경인체공학

### 3.4.1 개관

한 세기도 더 전에, 유명한 신경과학자인 Charles Sherrington은 심적 작업은 기본적으로 뇌작업(brain work)이라고 주장했다. 그는 뇌동맥을 통한 피의 움직임은 인지처리의 필요에 의해 신경원에 주어진 요구에 반응하는 것이라고 주장했다. 그런 신경적 요구는 뇌가 활동적인 신경원 영역에 산화된 피를 더 많이 공급함으로써 대처되었다. Sherrington은 그러므로 신경 기능은 뇌 혈류에 반영된다고 주장했는데, 그는 이 혈류를 동물 모형에서 측정할 수 있었다(Roy & Sherrington, 1890). 그는 이 혈류가 원칙적으로 인간 뇌기능의 연구에도 적용될 수 있을 것이라고 주장하였다. 거의 한 세기가 걸려서야 먼저 양전자 방출 단층촬영술(PET) 그리고 그 이후 기능적 자기공명영상법(fMRI)과 더불어 기술적 발전이 인간의 뇌 혈류에 대한 비침입적인 측정을 가능하게 했으며 인간에게서 Sherrington의 가설을 확증하는 기초를 제공하였다. 예컨대 높은 작업기억 부하와 같이 증가된 과제요구와 더불어 전전두엽 피질 영역에서 증가된 뇌 혈류에 관한 fMRI 발견들은 자원들의 신경적 상관물을 가리켜주었다(Parasuraman & Caggiano, 2005; Posner & Tudela, 1997). 더욱이, 다른 fMRI 발견들(Just et al., 2003)은 지각/인지, 언어/공간, 그리고 입력 및 출력 양상-특정적인 처리 간의 구별을 지지해 주었는데, 이것들은 Wickens(1984)의 다중 자원 모형의 성분들이다.

fMRI를 쓰는 인지신경과학 연구는 주의와 인지처리와 연관된 특정한 신경 시스템에 대한 우리 지식을 계속 향상시켜 줄 것이며 그러므로 심적 작업부하 성분들에 대한 이론적인 이해의 향상에 기여할 것이다. 그러나 fMRI는 비싸고, 제한적이고, 비휴대성의 기술이라서 통상적인 사용 혹은 저비용의 실제적 사용에 적합하지 않다. 이렇듯 다양한 다른 신경인체공학적 기법들이 심적 작업부하의 측정을 위해 활용 가능하다. 이런 방법은 세 가지 일반적 분류, 즉 (1) 전기생리학적(electrophysiological), (2) 혈류역학적(hemodynamic), (3) 자율신경적(autonomic) 유형을 따른다. 우리는 다음에서 이 분류 각각에서 이 기법들의 예를 논한다.

### 3.4.2 EEG

뇌전도(electroencephalogram, EEG)는 참가자 머리의 두피에 부착한 전극으로부터 뇌의 전기활동을 기록한다. 여러 EEG 주파수 대역에서 스펙트럼 파워(spectral power)가 작업기억(WM) 부하의 증가와 주의 자원의 요구에 민감한 것으로 밝혀졌다. WM이 이해, 추리 및 다른 인지 과제에서 하는 중요한 역할을 고려할 때(Baddeley, 2003; 제7장도 참조), 많은 연구들은 WM 요구가 변하는 과제에서 EEG의 스펙트럼 구조의 변화를 조사해 왔다.

작업부하가 쉽게 조작될 수 있는 흔한 WM 과제는 'N-back' 과제인데, 여기에서 참가자는 자극물의 연속 흐름을 받고 현재의 자극물에 대해서가 아니라 N개의 자극물 전에 제시된 것에 반응해야 한다. 이 과제는 N=0일 때 시시하며, N=1일 때 비교적 쉽지만, N>1이면 한층 어렵다. WM 요구가 높을 때(예 : N=3) 이런 과제를 잘하기 위해서 참가자는 심적 노력을 계속 기울여야 하고 보통 높은 수준의 작업부하를 보고하며, 뇌의 전두 및 두정 영역에서 증가된 신경 활동을 보인다(Owen et al., 2005). 이 EEG의 스펙트럼 구조는 N-back 과제 수행 동안 부하와 관련된 체계적 조절을 보여준다. 보통, 중앙선(midline) 전두 전극 위치에서 기록될 때, 세타대역($\theta$ band)(4~7Hz)의 EEG 활동은 낮은 부하와 비교해서 높은 WM 부하에서 파워가 증가된다(Gevins & Smith, 2003). 전두 중앙선 세타 증가는 지속적 집중이 필요한 다른 어려운 과제에서 또한 종종 보고되어 왔다(Gevins et al., 1998). 중앙선 전두 세타와 대조적으로, 알파대역(8~12Hz)의 활동은 과제부하와 반비례 관계를 보이는데, 즉 높은 WM 요구가 있으면 감소된다. 시각 주의 및 인지부하와 더불어 관찰되는 EEG 알파의 약화는 EEG의 발견자인 Hans Berger에 의해 1929년 처음 시범된 이후 많은 연구에 의해 입증되어 왔다.

전두 세타 활동(4~7Hz)은 알파 파워(8~12Hz)가 감소하는 동안 증가하는데, 더 많은 자원이 과제에 할당되고 그래서 심적 작업부하에 대한 민감한 측정치를 제공해야 하기 때문이다(Gevins & Smith, 2003). 이 두 주파수 대역에서 스펙트럼 파워는 원래의 EEG로부터, 즉각 활용 가능한 소프트웨어 패키지를 써서 거의 실시간(수초)으로 꽤 쉽게 계산될 수 있다.

EEG 측정치도 조작적 환경을 더 잘 대표하는 더 복잡한 과제에서 조작원의 심적 작업부하를 지표화하는 것으로 밝혀져 왔다. 여기에는 다중 속성 과제 검사집(Multiple Attribute Task Battery)(Gevins & Smith, 2007), 시뮬레이션된 과정 제어(Hockey et al., 2009), 비행 및 항공관제(ATC)와 같은 조작 과제, 그리고 도로 및 철도운송(Brookhuis & De Waard, 1993; Hankins & Wilson, 1998; Lei & Roetting, 2011; Wilson, 2001, 2002)이 포함된다. 예를 들어, Brookings 등(1996)은 공군 관제관의 EEG를 기록하면서, 관제해야 할 비행기의 수 혹은 양과 비행기 혼합(복잡성)이라는 두 차원상에서 시뮬레이션 ATC 과제의 어려움을 변화시켰다. 우반구 전두 및 측두 EEG 세타대역 활동은 작업부하와 더불어 증가하였다. 중앙선 중앙 및 두정 영역은 두 유형의 과제 조작에 대한 작업부하의 증가에 대해서도 세타대역 활동을 보였다. 알파대역 활동은 증가된 과제 복잡성과 더불어 감소하였으나 주시되고 있는 비행기의 수에 따라서는 감소하지 않았다. 그래서 이 EEG 성분들은 심적 작업부하의 여러 측면들에 대해 차별적으로 민감하였다.

EEG는 조작적 장면에서 심적 작업부하를 믿음직스럽게 측정하는 데 사용될 수 있을까?

그렇다. 그러나 어떤 어려움에 따라서 그렇다. 한 가지 문제는 EEG는 그런 환경에서 눈 운동과 근육의 인위효과(artifacts)에 의해 오염될 수 있다는 것이다. 측정 값이 기록되고 저장된 다음 이런 인위효과를 오프라인으로 제거하는 것은 비교적 쉽지만, 인위효과의 온라인 제거는 더 어렵다. 그러나 독립성분 분석(independent components analysis, ICA)과 같은 수리 기법의 최근 발달로 인해 인위효과가 없는 EEG의 측정을 온라인 방식으로 실행하는 것이 가능해졌다(Jung et al., 2000). 조작적 상황에서 인위효과가 없는 EEG의 실시간 측정에 대해 현재 많은 연구와 개발이 진행되고 있다.

### 3.4.3 사건 관련 전위

사건 관련 전위(event-related potentials, ERP)는 특정 감각적, 운동적, 인지적 사건에 대한 뇌의 신경반응을 나타낸다. ERP는 EEG를 측정하고, 특정 자극 혹은 반응 사건과 시간적으로 결합된 EEG 시기를 평균을 내어 계산한다. 현재 ERP는 인지신경과학자의 도구 보관소에서 다소 독특한 위치를 차지하는데, 그것들이 높은 시간 해상도를 갖는 유일한 신경영상화 기법이기 때문이다. 그 해상도는 대략 밀리초(milliseconds)인데, (뇌 혈류역학을 지표화하기 때문에) 내재적으로 느린 PET과 fMRI와 같은 기법과 비교된다. ERP는 연구자들이 밀리초의 정밀도로 인지 과정 배후의 신경 기제의 상대적 때맞춤(timing)을 조사할 필요가 있을 때 언제나 사용된다. 예를 들어, ERP에 의해 제공되는 때맞춤 정보는 주의의 '초기 선택' 견해를 옹호하는 결정적 증거를 제공했는데, 자극 제시 후 약 100ms 이후에 신경 활동에 대한 주의 조절을 보여주는 발견이 있기 때문이다(Hillyard et al., 1998).

한 중요한 ERP 성분의 지연시간, 즉 P300은 표적 식별의 어려움과 더불어 증가하지만, 반응 선택의 어려움의 증가와 더불어서는 증가하지 않는데, 이것은 P300이 반응 선택/실행 단계와 독립적으로 지각처리/범주화 시간에 대한 비교적 순수한 측정치라는 것을 시사한다(Kutas et al., 1977; 제9장 참조). P300 진폭은 또한 표적에 할당되는 주의 자원의 양과 비례한다(Johnson, 1986; Polich, 2003). 그래서 이중과제 상황에서 표적 변별로부터 자원을 전환하는 것은 어떤 것이든 P300 진폭의 감소를 초래할 것이다. Isreal, Chesney 등(1980)은 이런 논리를 써서 이중과제 상황에서 추가된 작업부하 요구의 시간적 소재를 조사했다. 그들은 P300 진폭은 소리 세기인 일차 과제가 시각 추적인 이차 과제와 결합될 때 감소했다는 것을 보여주었다. 그러나 추적 과제의 어려움의 증가는 P300 진폭에서 추가적인 감소를 초래하지 않았다. 그래서 그들은 P300이 지각처리와 자극 범주화와 연관된 처리 자원을 반영하지만, 반응 관련 처리를 반영하지는 않는다고 주장했다(제10장 3.1절 참조). 후속 연구에서 Wickens, Kramer 등(1983)은 자원이 일차 및 이차 과제들 사이에 융통성 있게 할당되었을 때 P300 진폭에서 상보적인 변화를 나타낸다는 것을 보여주었다.

몇몇 연구들은 청각적 P300을 써서 여러 복합 과제의 작업부하 요구를 측정해 왔다. Isreal, Wickens 등(1980)은 항공교통 주시 유형의 과제에서 디스플레이 복잡성에 대한 P300

의 민감도를 보여주었다. Ullsperger 등(2001)은 이차 과제 P300 진폭의 변화를 써서 게이지 주시 과제의 자원 요구의 양과 유형에 관한 추측을 했다. 더 최근의 연구들은 P300을 써서 여러 컴퓨터 시스템을 사용하는 학습의 작업부하 요구를 측정했다. 예를 들어, 하이퍼미디어와 같은 교육 시스템과 관련되는 문제들 중 하나는 그것들이 개별 학습자에게 얼마나 부담되는지를 측정하고, 그래서 제7장에서 논의되었듯이 개인 대 개인 기반으로 그것을 적응시키는 것이다. Schultheis와 Jamieson(2004)은 청각 자극에 대한 P300 진폭이 하이퍼미디어 시스템에서 제시된 글의 어려움에 민감하다는 것을 발견하였다. 그들은 청각 P300 진폭과 읽기 속도와 같은 다른 측정치들이 여러 하이퍼미디어 시스템의 상대적 사용편의성을 평가하는 데 결합될 수 있다고 결론지었다. 운전 측정 영역에서 나온 다른 예로서, Baldwin과 Coyne(2005)은 맑은 조건에서 운전하는 것과 비교해서, 안개로 인한 열악한 가시성에서 시뮬레이션 운전을 할 때의 증가된 어려움에 P300 진폭이 민감하다는 것을 발견했다. 이런 신경인체공학적 측정치의 독특한 가치는 수행 기반 및 주관적 지표들은 가시성 조작에 의해 영향받지 않았다는 발견에 의해 입증된다.*

### 3.4.4 뇌 혈류의 초음파 측정치

EEG와 ERP는 전기생리적인 측정 종류다. PET와 fMRI 외에 두 가지 혈류역학적 측정은 경두개 도플러 초음파검사(transcranial Doppler sonography, TCD)와 근적외선 분광학(near infrared spectroscopy)이다. TCD는 뇌 혈류를 주시하는, 비침입적 방법으로 사용될 수 있는 초음파 기기다. 그러므로 TCD는 fMRI같이 심적 작업이 뇌 작업과 연관되고 그것은 왼쪽 또는 오른쪽 반구에로의 뇌 혈류에 반영된다는 Sherrington의 견해를 조사하는 데 쓰일 수 있는 또 다른 기법을 제공한다. TCD는 동맥 혈류, 보통 중간 뇌동맥(middle cerebral artery, MCA)을 측정하는 작은 2MHz 펄스의 도플러 변환기를 사용한다. 뇌 혈류는 머리의 각 측면에 있는 관자놀이뼈에서 두개(cranial) '창(window)'을 통해 분리될 수 있다(Aaslid, 1986). TCD 변환기의 가벼운 무게와 작은 크기 그리고 머리띠 안에 넣을 수 있는 것은 뇌 혈류 측정을 머리와 몸의 운동을 제한하지 않거나 혹은 방해받지 않도록 한다(Tripp & Warm, 2007).

뇌의 특정 영역이 인지 과정으로 인해 신진대사에서 활동적이 될 때 이산화탄소와 같은 부산물이 증가하고 그 영역을 담당하는 혈관의 팽창을 초래한다. 이것은 다음 차례로 그 영역으로 혈류의 증가를 낳는다. 몇 개의 TCD 연구들은 지각 및 인지 과제의 어려움의 변화가 왼쪽 아니면 오른쪽 반구에서 뇌 혈류의 증가를 동반한다는 것을 보여주었다(개관은 Duschek & Schandry, 2003; Stroobant & Vingerhoets, 2000 참조). Shaw 등(2010)은 시뮬레이션 된 항공 방어 과제에서 TCD를 써서 뇌 혈류의 역학적 변화를 조사했는데, 이 과제에

---

* 역주 : 그래서 P300이 더 좋은 측정치일 것이다.

서 참가자들은 '비행금지 구역'에 접근하는 적 항공기와 교전함으로써 그 구역을 보호해야 했다. 그들은 뇌 혈류가 심적 작업부하의 변화를 이끄는 적의 위협(비행기)의 수의 변화를 밀접하게 따른다는 것을 발견하였다.

### 3.4.5 근적외선 분광학 및 뇌 산화

TCD 기법은, 혈류의 변화에 의해 드러나는, 뇌에서의 산소 활용에 대한 간접적 지표만을 제공한다. 뇌 산화에 대한 더 직접적인 측정치는 '뇌 작업', 즉 인지처리를 위해 소환되는 신경원들의 개입의 또 다른 지표로서 유용할 것이다. 광학 영상처리, 특히 근적외선 분광학 (near infrared spectroscopy, NIRS)은 그런 측정치를 제공한다. NIRS는 보통 머리 앞쪽 위에 놓이는 띠 안에 내장된 몇 가지 출처에 의해 방출되는 근적외선을 사용한다. 그 띠는 또한 빛이 두개골과 뇌를 통과한 다음 빛을 탐지하는 몇 개의 적외선 탐지기를 포함하고 있다. 빛 흡수의 변화는 보통 2개의 파장으로 측정되는데, 전두 피질에서 산화된 그리고 산소가 유리된(deoxygenated) 피의 상대적 변화를 계산하는 데 쓰인다. TCD처럼 왼쪽 및 오른쪽 반구만이 아니라, NIRS는 몇 개의 전두 영역에서 활성화를 측정할 수 있음을 고려할 때 NIRS는 TCD보다 정밀성의 이점이 있다.

fMRI뿐만 아니라 NIRS를 쓰는 이전 연구는 수행되는 과제의 정보처리 요구와 더불어 조직 산화가 증가한다는 것을 보여주었다(Toronov et al., 2001). 더 최근에 Ayaz 등(2012)은 NIRS를 써서 고성능 시뮬레이터에서 항공 교통을 주시하는 숙련된 관제사들에서 뇌 산화를 조사하였다. 조종사들과 관제사의 의사소통은 표준적 목소리 또는 시각적 글인 **데이터링크** (data link)(제7장 참조)를 통해 되었다. Ayaz 등(2012)은 제어되어야 할 비행기의 수가 6에서 12로 또 18로 증가했을 때 뇌 산화에서 체계적인 증가가 있다는 것을 발견하였다. 이런 신경적 변화는 NASA-TLX에 의해 측정되듯이 주관적 작업부하에서도 비슷한 변화를 동반하였다.

### 3.4.6 심박동 수 변동성

자율신경계 측정치는 신경인체공학적 측정치의 세 번째 부류를 이룬다. 이들 중, 심박동 수 변동성은 지속적 연구대상이 되어 왔다. 몇몇 연구자들은 심적 부하의 측정치로서 심박동 수의 변동성 혹은 규칙성과 관련되는 여러 측정치들을 조사해 왔다. 변동성은 일반적으로 작업부하가 증가함에 따라 감소하는 것으로 밝혀졌는데, 특히 대략 10초 간격의 주기를 보이는(0.1Hz) 변동성이 그렇다(Mulder & Mulder, 1981). 이 변동성이 호흡에서 생기는 주기와 특수하게 연관될 때, 이 측정치는 **동부정맥**(sinus arrhythmia)이라 불린다(Backs et al., 2003; Derrick, 1988; Mulder et al., 2003; Sirevaag et al., 1993; Vicente et al., 1987).

심박동 수 변동성은 여러 다양한 난이도 조작에 민감하며, 그러므로 (부정맥의) 진단보다 더 민감한 것으로 보인다. Derrick(1988)은 다중 자원 모형 틀 내에서 여러 조합으로 수행되는 4개의 꽤 다른 과제들로 이 측정치를 조사하였다. 그의 자료는 변동성 측정치가 과제 간 자원 경쟁(그러므로 이중과제 저하 발생)의 양보다 처리 시스템 내의 모든 자원에 부과 된 총 요구를 더 많이 반영했다는 것을 제안했다. Backs 등(2003)은 쉽거나 어려운 곡선 코스를 시뮬레이션 운전하는 동안 세 가지 다른 심박동 수 측정치들을 조사하고, 그것들은 곡선 길의 반지름에 의해 차별적으로 영향을 받는다는 것을 발견하였다. 그들은 이 차별적 인 효과들이 운전의 지각 요구가 중추 및 운동처리 요구로부터 구별될 수 있다는 것을 가리 킨다고 결론지었다.

### 3.4.7 동공 지름

몇몇 연구자들은 동공의 지름이 여러 다양한 인지 활동의 자원 요구들과 꽤 밀접하게 그리 고 정확하게 상관된다는 것을 관찰하였다(Beatty, 1982). 이 활동들에는 암산(Kahneman et al., 1967), 단기기억 부하(Peavler, 1974), 시각 검색(Porter et al., 2007), 항공관제 주시 부하 (Jorna, 1997), 시뮬레이션 운전(Recarte & Nunes, 2003), 그리고 도로상의 운전(Razael & Klette, 2011) 등이 포함된다. 반응성의 이런 다양성은 동공 크기 측정치가 비록 결과적으로 작업부하 요구의 유형에 대해 진단적이지는 않을지라도 아주 민감할 수 있음을 시사한다. 그것은 정보처리 시스템 내의 어디에서든 부과된 요구들을 반영할 것이다. 그러나 주변 조 명의 변화도 주시되어야 하는데 이들도 동공에 영향을 주기 때문이며, 자율신경계와의 연 관성으로 인해 이 측정치는 정서적 각성의 변화로부터 영향받을 수도 있을 것이다.

### 3.4.8 시각 주사, 엔트로피, '최단 이웃 지표'

제3장에서 선택 주의 할당의 측정치로서 시각 주사를 논의했지만 동공 시선의 방향인 시각 주사는 두 가지 다른 방법으로 작업부하 모형화에도 광범하게 기여할 수 있다. 첫째, 이미 언급하였듯이 체류시간은 단일 출처로부터 정보 추출을 위해 요구되는 자원들의 지표로 쓰 일 수 있다. 항공 시뮬레이션 연구에서 Bellenkes 등(1997)은 가장 정보가 풍부한 비행 계기 (인공적인 수평 혹은 인공적인 수평계기, 제3장 참조)에서 체류가 가장 길었으며, 숙련 조종 사보다 초보자의 경우에 체류가 더 길었다는 것을 발견했다. 이는 정보를 추출하는 데 초보 자가 더 큰 작업부하를 가진다는 것을 반영한다. 둘째, 주사는 다중 요소 디스플레이 환경 내에서 작업부하의 출처에 대한 진단적 지표가 될 수 있다. 예를 들어, Bellenkes 등은 인공 적인 수평 디스플레이에 대한 초보자의 긴 체류는 더 빈번한 방문과 연결되어 있으며, 그래 서 그 계기는 시각 주의의 주요한 '함몰지(sink)'가 된다는 것을 발견하였다. 초보자가 다른 계기를 주시하기 위한 시간은 거의 남아 있지 않으며, 그 결과 그들의 수행은 다른 계기들 을 사용하는 과제에서 저하한다. Dinges 등(1987)과 Wikman 등(1998)은 지도, 라디오 버튼 등과 같은 여러 차내 시스템들과 연관되는 작업부하에 의해 유발되는, 차내에서 머리를 숙 이는 시간의 핵심적 측정치로 주사를 사용하였다.

시각 주사의 임의성(randomness) 또는 **엔트로피**(entropy)의 정도를 분석하는 것 또한 심적 작업부하에 관한 잠재적인 정보가 될 수 있다(Ephrath et al., 1980; Harris et al., 1986). 한 가지 견해는 심적 작업부하가 증가하면서, 어떤 디스플레이에서 관심 영역에 대한 한 사람의 시각적 탐험의 패턴은 더 정형화되고 덜 임의적이게 되는데 그들이 디스플레이에서 관련 정보를 포함하는 몇 영역들만 응시하고 그래서 엔트로피가 감소하기 때문이다. 역으로 보면, 심적 작업부하의 감소는 엔트로피를 증가시켜야 한다. Hilburn 등(1997)은 숙련된 항공관제사들의 심적 작업부하와 시각 주사 패턴에 대한 자동화의 효과를 조사할 때 이런 발견을 확증했다. 한 가지 난제는 이런 저런 관련 연구에서 엔트로피 측정치는 보통 정의된 관심 영역 밖에서의 시각 응시는 무시한다는 것이다. 그러나 Di Nocera 등(2007)은 시각 응시의 모든 영역이 분석되어야 한다고 주장하고, 최단 이웃 지표(Nearest Neighbor Index, NNI)라고 불리는 심적 작업부하에 관한 유도된 측정치를 제안했다. 이것은 응시점들의 분포가 임의적이라면 기대할 수 있는 평균거리 대 응시점들 간의 관찰된 평균 최단거리 간의 비율로 정의된다. Di Nocera 등(2007)은 NNI 지표가 순항 비행 동안보다 이륙 및 착륙과 같이 부담되는 비행 조작 단계 동안에는 상당히 더 높다는 것을 발견했는데, 이것은 심적 작업부하의 지표로서 NNI의 효용성을 가리킨다.

### 3.4.9 작업부하의 생리적 측정의 비용과 이득

신경인체공학적 지표들은 행동적 및 주관적 작업부하 측정치들에 대해 두 가지 이점이 있다. (1) 그런 측정치들은 긴 시간에 걸쳐 비교적 연속적인 자료 기록을 제공한다. (2) 그것들은 일차 과제 수행을 침범하지 않는다. 그러나 이 측정치들은 종종 전극 부착을 필요로 해서 어느 정도의 신체적 제약이 부과되며, 그래서 그것들은 신체적 의미에서 실제로 비침범적이지는 않다. 그러나 최신의 안구추적 기기는 참가자에 대한 어떤 기계장치를 필요로 하지 않는데, 적외선 센서가 책상 위에 혹은 주시되고 있는 디스플레이의 측면에 설치될 수 있기 때문이다. 다른 측정치들은 참가자가 어떤 방식으로 맞춰질 것을 요구하는데, 예컨대 EEG 모자 또는 NIRS 머리띠가 그렇다. 이런 제약들은 사용자 수용성에 영향을 줄 것이다.

많은 생리적 측정치들은 보통 시스템 디자이너들이 하고자 하는 추측으로부터 한 걸음 (개념적으로) 떨어져 있기 때문에 추가적인 잠재적 비용을 치른다. 즉, 생리적 수단으로 측정된 작업부하의 차이들은 수행 붕괴가 일어날 것인지를 추측하거나 조작원이 과제에 관해 어떻게 느끼는지를 추측하는 데 사용되어야 한다. 이차적인 측정치들은 전자를 직접 측정하는 반면, 주관적 측정치들은 후자를 측정한다.

공학심리학의 응용에서 작업부하 측정 기법을 선택할 때 고려해야 할 많은 요인들, 비용, 설치의 용이성, 침범성 등이 있다. 이 요인들 중 일부(예 : 비용)는 주관적 측정치와 같은 더 간단한 지표를 선호해서 생리적 측정치의 사용을 배제할 수 있다. 또한 어떤 사람들은 작업 환경에서 생리적 기록을 위해 '전선으로 연결되는' 것을 원하지 않을 수 있으므로, 조작원의 수용이 또 다른 중요 고려요인이다. '건식 전극(dry electrode)', 무선 착용 시스템의 개발과 점진적 소형화가 늘어남에 따라 이런 관심사들 중 일부는 감소하고 있다. 실제적 고려사항들이 생리적 측정의 사용을 배제할 때조차도 신경인체공학적 접근은 이론 개발에 중요할 수 있으며, 이후에 더 민감한 심적 작업부하 측정을 낳을 수 있다(Kramer & Parasuraman, 2007).

## 3.5 작업부하 측정치들 간의 관계성

작업부하의 모든 측정치들이 서로 높은 상관을 보이고 남은 불일치는 무선 오차에 기인한 것이라면, 이 분야의 타당성 연구를 계속할 필요는 거의 없을 것이다. 현장 작업자들은 당면한 작업부하 측정 문제를 위해 어떤 기법이든 방법론적으로 가장 단순하고 가장 믿음직한 기법을 채택할 수 있을 것이다. 일반적으로, 측정치가 유사한 구조를 가지고 난이도가 크게 변하는 과제들에 걸쳐서 측정된다면, 측정치들 간의 높은 상관이 발견될 것이다. 그러나 매우 다른 과제들이 비교될 때에는 상관이 높지 않을 수 있고, 심지어 부적으로 나타날 수도 있다. 예를 들어, Herron(1980)이 수행한 실험을 생각해 보자. 여기에서 표적을 겨냥하는 과제를 지원하기 위해 디자인된 한 혁신적 방법은 원래의 전형적 디자인보다 사용자들이 주관적으로 선호하기는 했지만, 수행에 있어서는 일관적으로 원래보다 더 열등했다. 유사한 해리(dissociation)가 Wierwille과 Casali(1983) 및 Childress 등(1982)에 의해, 그리고 조종석 디스플레이 혁신과 연관된 조종사 작업부하를 측정했던 Murphy 등(1978)에 의해 관찰되었다.

우리가 해리라는 용어를 사용하는 것은, 비교되는 조건들이 여러 작업부하 측정치들에 대해 다른 효과를 가지는 경우를 묘사하기 위해서이다. 주의와 자원 이론을 이해하는 것은 이러한 해리가 일어나는 이유를 해석하는 데 꽤 유용하다. Yeh와 Wickens(1988)는 주관적 측정치는 두 요인, 즉 과제 수행에 투입되어야 하는 노력 및 동시에 수행되어야 하는 과제의 수를 직접 반영한다고 주장했다. 그러나 이 두 요인이 항상 수행에 영향을 주지는 않는다. 시범을 위해서 다음 상황을 고려해 보자.

A. 다른 두 과제가 그림 11.1의 왼쪽 저부하 영역에 있다면, 더 어려운 과제(그리고 그 결과로 더 높은 주관적 작업부하)에 투자되는 더 많은 자원들은 더 좋은 수행을 낳지 않을 것이다.

B. 주관적 측정치들은 종종 자료 제한으로 인한 차이들을 반영하지 못하는데(제10장 그림 10.2 참조), 특히 더 낮은 수준의 자료 제한 때문에 생긴 더 낮은 수준의 수행이 평정을 하는 수행자에게 즉각적으로 명백하지 않을 경우에 그렇다. (그러나 이것이 조작원이 '수행'과 '심적 노력'을 별개로 평정하게 하는 NASA TLX 측정치의 이점임을 주목하라.)

C. 수행-자원 함수의 맥락에서, 만일 두 시스템이 비교되고 그중 하나가 더 많은 노력 투자를 유도한다면 이것은 비록 그 수행이 (추가된 노력 투자에 의해) 향상될 때에도 아마 더 높은 작업부하를 보일 것이다. 이런 해리는 노력 투자가 일시적인 유인 인자들에 의해 유도될 때 나타난다(Vidulich & Wickens, 1986). 그러나 더 좋은(고해상도) 디스플레이 정보가 더 좋은 수행을 달성하기 위해 사용될 수 있을 때 더 큰 노력이 투자되는 것처럼 보인다. 그러므로 추적 과제에서 (확대나 예측을 통해 달성되고 더 정확한 교정을 유도하는) 증폭된 오류 신호와 같은 특징들은 추적 수행을 향상시킬 것이지만 높은 주관적 평정의 작업부하를 대가로 한다(Yeh와 Wickens, 1988).

D. Yeh와 Wickens(1988)는 주관적 작업부하에 대한 매우 강한 영향이 동시에 수행되어야 하는 과제의 수에 의해 행사된다고 결론지었다. 두(혹은 그 이상의) 과제들을 시간공유하는 것에서의 주관적 작업부하는 거의 항상 단일과제로부터의 작업부하보다 더 크다. 수행과 관련한 또 다른 해리의 출처를 여기에서 볼 수 있는데, 단일과제는 꽤 어려울 수 있는 (그리고 그 결과로 나쁜 수행을 낳고) 반면, 이중과제 조합은 그 과제들이 어렵지 않고 별개의 자원들을 사용한다면 높은 수준의 주관적 부하에도 불구하고 아주 좋은 수행을 실제로 낳을 수 있다.

해리의 존재는 종종 시스템 디자이너를 곤경에 처하게 한다. 수행과 작업부하 측정치가 시스템 간의 상대적 이점들과 일치하지 않을 때 어떤 시스템이 선택되어야 하는가? 이전 논의 및 이 장 전체도 이 질문에 확고한 답변을 주지 않는다. 그러나 해리의 원인에 대한 설명과 그 기초를 자원 이론에 두는 것은, 적어도 왜 해리가 일어나며 그래서 왜 한 측정치 혹은 다른 측정치가 특정 상황에서 시스템의 진정한 작업부하에 대한 덜 믿음직한 지표를 제공하는지를 디자이너가 이해하도록 도와줄 것이다.

### 3.6 작업부하의 결과

작업부하의 증가가 '나쁜' 결과를 낳게 되어 있는 것은 아니다. 정말로 여러 환경에서 인간 수행에 대해 부적 함축들을 갖는 것은 지루함, 피로 혹은 수면 부족과 결합되었을 때의 낮은 수준의 작업부하이다(제2장; Huey & Wickens, 1993). 과제 요구를 더하는 것은 때때로 낮은 작업부하 운전 상황에서 수행을 향상시킨다(Atchley & Chan, 2011). 어떤 융통성이 주어진다면, 조작원들은 보통 작업부하가 낮을 때에는 과제들을 추구함으로써, 작업부하가 과도할 때에는 과제들을 포기함으로써 '최적 수준'의 작업부하를 달성하려고 항상적으로 작업한다(Hart & Wickens, 1990). 전략적 과제 관리의 이런 기초는 제10장에서 논의되었다.

이런 과제 관리 논제들을 다시 검토하면서, 작업부하가 과도할 때(앞에 서술된 기법들로 측정될 때 그림 11.1의 저부하 영역에서 과부하 영역으로 빨간 선을 지나갈 때) 조작원들이 조정하는 과제 관리 전략을 이해하는 것의 중요성을 강조해야만 한다. 아주 일반적 수준에서 네 유형의 수정이 가능하다.

- 사람들은 과제의 수행이 저조해지는 것을 허용할 수 있다. 자동차 운전자가 차내의 자동화 시스템을 다루는 작업부하가 증가함에 따라 차로를 왔다 갔다 하는 것처럼.
- 사람들은 더 효율적이고, 자원을 덜 소모하는 방식으로 과제를 수행할 수 있다. 예를 들면, 의사결정에 있어 최적 해법에서 충족성 편법(satisfactory heuristics)으로 전환할 수 있다.
- 사람들은 저순위 과제들의 수행을 제거함으로써 '최적' 방식으로 과제들을 정리할 수 있다. 예를 들어, 높은 작업부하 상황에서 항공관제사는 요청되지 않는 한 기상 정보를 조종사에게 제공하는 것을 중지하고, 항공교통 분리(traffic separation)에만 충분한 주의를 돌릴 수 있다.
- 사람들은 휴대폰 대화 때문에 안전 운전을 포기하는 것처럼(제10장 참조) 수행해야 할 과제를 포기함으로써 최적이지 않은 방식으로 과제를 정리할 수 있다. 불행히도, 자원 할당에 관해 사람들이 언제 이런저런 전략을 채택하는지를 제10장에서 다룬 내용 이상으로 설명할 수 있는 일반 원칙은 알려진 것이 거의 없다. 그러나 제10장에서 논의되었듯이, 훈련은 분명히 도움을 줄 것이다(Orasanu, 1997).

## 4. 스트레스, 생리적 각성, 인간 수행

우리는 모두 인생의 어느 지점에서 스트레스를 경험한다. 스트레스는 보통 수행을 손상시키고, 심하면 행동을 잠재적으로 붕괴시키고 건강에 부정적 결과를 낳을 수 있는, 고양된 정서 상태로 간주된다. 그러나 스트레스가 항상 부정적이지는 않다. 스트레스는 사람들이 잘 수행하도록 동기화하는 열정을 돋우는 힘이 되기 때문이다. 스트레스가 인지와 수행을 손상시키는 조건들과 그렇게 하게 되는 기제를 구별하는 것은 스트레스 연구의 많은 난제들 중 하나이다(Hancock & Desmond, 2001; Matthews et al., 2000).

스트레스라는 주제는 생물, 심리, 사회과학의 여러 다양한 관점에서 연구되어 왔는데, 각 분과는 스트레스를 다른 방식으로 정의하고 그 현상의 다른 측면들을 조사하는 경향이 있다(Cohen et al., 1997). 공학심리학 내에서 전형적인 접근은 소음과 같은 스트레스원(stressor)이 스트레스원이 없는 조건과 비교되고, 수행, 생리, 주관적 느낌에 대한 효과가 측정되는 스트레스 압박 모형(stress-strain model)을 채택하는 것이었다. 단순한 스트레스 압박 모형은 그림 11.3에 보인다. 스트레스원에는 불안과 피로, 좌절, 분노 같은 심리적 요인뿐만 아니라 소음, 진동, 열, 희미한 불빛, 높은 가속도 같은 환경적 영향도 포함된다. 제8장에서 논의된 바와 같이, 낮은 수행에 대한 심한 벌과 같은 조직적 요인들뿐만 아니라 시간 압력(Dougherty & Hunter, 2003; Svenson & Maule, 1993)이 포함되기도 한다. 경로상에서 최소한의 분리가 되지 않는 두 대의 비행기를 '충돌하지 않게' 하기 위해 아주 짧은 시

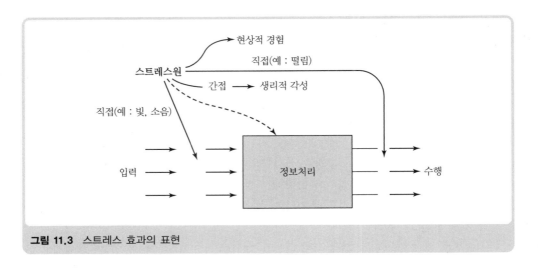

**그림 11.3** 스트레스 효과의 표현

만이 있는 그리고 그런 충돌이 일어날 때 직무해제될 수 있는 항공관제사는 이 두 가지 스트레스를 동시에 받는 환경에서 일한다.

일반적으로, 스트레스원들은 보통 사람에게서 세 가지로 표출된다. (1) 이것들은 현상적 경험을 낳고, 종종 정서적인 혹은 '감정적인' 경험을 낳는다. 예를 들면, 우리는 보통(항상은 아니지만) 스트레스원의 결과로 좌절 또는 각성의 느낌을 보고할 수 있다. (2) 이와 밀접하게 연관되어서 말초신경계의 활동 변화가 종종 관찰 가능하다. 이는 단기간의 변화, 예컨대, 이륙과 착륙 같은 부담스러운 비행기 기동(Hankins & Wilson, 1998)을 하는 동안 조종사, 또는 처리되고 있는 비행기 수의 증가 이후 항공관제관(Wilson & Russell, 2003)의 심박동 수 증가이다. 그 변화는 또한 좀 더 지속적인 효과일 수도 있는데, 그 효과들은 F16에서 시뮬레이션 비행전투 기동(Lieberman et al., 2004) 혹은 실제 전장 사건(Bourne, 1971)을 겪은 후, 소변이나 침에서 측정된 카테콜아민 생성의 변화에 의해 측정된다. 항상 그렇지는 않지만 이 현상적 및 생리적 특성은 종종 연결되어 있다. (3) 스트레스원은 항상 수행을 저하시키지는 않을지라도 정보처리 특성에 영향을 준다.

그림 11.3이 보여주듯이, 이러한 효과들은 인간 수행에 외적 혹은 내적으로 영향을 준다고 특징지어질 수도 있다. 외적 스트레스원은 수용기가 받는 정보의 질, 혹은 운동이나 음성 반응의 정확성에 영향을 주며, 따라서 그 영향과 효과는 더 쉽게 예측될 수 있다 (Wickens et al., 2004). 예를 들어, 진동은 매우 자세한 것을 보는 데 필요한 시각 입력의 질과 운동 통제의 정확성을 감소시킬 것이며, 소음은 청각 입력에 그와 같은 영향을 미칠 것이다. 시간 스트레스는 수행을 저하시키는 방향으로 지각될 수 있는 정보의 양을 간단히 축소할 수도 있다. 수면박탈은 눈을 감는 빈도를 증가시킴으로써 지속적인 시각 작업에 외적인 영향을 미칠 수 있다. 그러나 불안, 공포, 유인 등과 같이 아무 외적 효과가 관찰될 수 없는 다른 스트레스원들은 물론, 소음이나 수면박탈 같은 일부 스트레스원들은 아직까

지 완전히 잘 이해되지 않는 내적 기제를 통해서 정보처리의 효율성에 영향을 주는 것처럼 보인다. 인간요인의 비심리학적 측면보다는 공학심리학과 인간 수행을 강조하기 때문에, 우리는 물리적으로 측정 가능한 외적 효과를 갖는 조명, 추위, 진동 같은 것들보다는 인간 수행에 대하여 내적인 영향을 갖는 그런 스트레스 영향에 논의의 초점을 맞출 것이다.

## 4.1 각성 이론

내적 출처를 고려하든 혹은 외적 출처를 고려하든 간에, 인간 수행에 관한 스트레스의 효과 는 종종 **각성**(arousal) 이론의 맥락에서 설명되어 왔다(Duffy, 1957; Selye, 1976). 각성은 능동적 깨어 있음 혹은 수면과 같은 일반적인 행동 상태로 반영되든, 경계(alertness)나 졸림 같은 주관적 경험에 반영되든 한 개인의 활동 수준을 가리킨다. 그런 변화들은 또한 뇌 활동에서(예 : EEG에서) 그리고 말초신경계, 특히 자율신경계의 교감부에서의 체계적인 변화에 의해 수반된다.

많은 스트레스원들에 대한 양적인 수준을 측정하는 가장 쉬운 방법 중 하나는 각성에 대한 생리적 측정을 통한 것인데, 주로 교감신경계의 활동에 의해 매개된다. 여기에는 심박동수, 동공 크기, 혈액이나 소변에 포함된 카테콜아민 양의 측정치들이 포함된다. 각성에 대한 뇌 측정치들도 EEG 기록을 통해 비교적 쉽게 얻을 수 있다. 예를 들어, 두피의 후두 전극 위치로부터 기록된 EEG 세타 활동의 증가는 떨어진 각성 수준, 그리고 지속된 단조로운 과제에 대한 낮은 수행과 연관된다는 것이 오랫동안 알려져 왔다(O'Hanlon & Beatty, 1997). 또한 fMRI 연구들은 뇌간과 우반구의 광범한 전두-두정 네트워크에서의 활성화가 각성 수준의 변동과 관련이 있다는 것을 입증해 왔다(Sturm & Wilmes, 2001).

이런 심리생리학적인 그리고 신경인체공학적인 측정치들 중 많은 것은 이 장의 앞에서 자원 이론을 다룰 때 논의한 바와 같이 과제에 어려움이 증가되거나 혹은 수행 향상의 목표가 부과될 때처럼 '더 열심히 노력함'과 같은 동기적 변인과 연관되는 각성 또는 노력의 증가를 반영한다(Hockey, 1997; Kahneman, 1973). 불안과 소음 같은 대부분의 스트레스원들은 각성 수준을 증가시킨다고 생각되는 반면, 수면박탈이나 피로 같은 다른 것들은 각성 수준을 낮출 것이다.

## 4.2 Yerkes Dodson 법칙

인간 수행에 관한 각성의 효과는 종종 Yerkes Dodson 법칙(Yerkes & Dodson, 1908) 내에서 해석되어 왔는데, 이것은 스트레스와 수행 간에 뒤집어진 U자 모양의 함수를 가정한다. 이 함수는 여러 강도 수준의 전기 충격을 받는 쥐의 학습 수행에 대한 1990년대의 연구 맥락에서 처음 제안되었다. 이 법칙은 종종 Yerkes와 Dodson에 의해 보고된 쥐와 관련된 원발견들을 참조하지 않은 이차 출처들에 의해 곧 인간 수행과 다른 스트레스원으로 일반화되었다(Hancock & Ganey, 2003의 논의 참조). 이 법칙에 의해 예측되는 수행 효과들의 패턴은

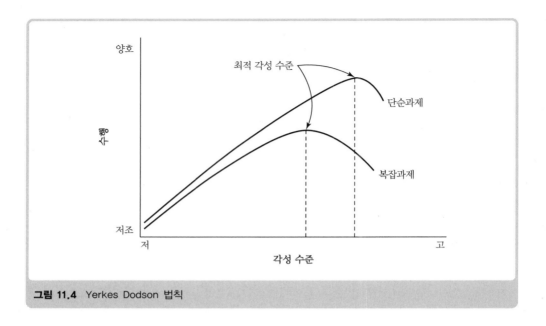

**그림 11.4** Yerkes Dodson 법칙

그림 11.4에 보이며 각성 척도의 낮은 끝부분(낮은 스트레스)에서 각성과 노력 동원의 증가에 의한 스트레스 증가는 수행을 향상시킬 것임을 시사한다. 그러나 높은 수준의 스트레스는 수행을 저하시킬 주의 및 기억 곤란을 낳기 시작할 것이다.

뒤집어진 U 모양 외에도, Yerkes Dodson 법칙의 두 번째 특징은 과제 난이도가 증가하면서 이 함수는 이동한다는 것이다. 곡선의 '무릎' 혹은 각성의 최적 수준은 단순한 과제(또는 전문 조작원)(Kahneman, 1973)보다 좀 더 복잡한 과제(또는 미숙련 조작원)의 경우에 더 낮은 수준에 있다. 이 예측은 좀 더 복잡한 과제는 보통 더 큰 작업기억 부하뿐만 아니라 주의 선택성(표집해야 할 더 많은 단서들)에 대한 더 큰 요구를 필요로 하며, 따라서 높은 각성 수준에서 이러한 과정들의 결핍에 더 취약할 것이라는 가정과 일치한다.

이 직관적인 호소력에도 불구하고, 스트레스와 수행 간의 Yerkes Dodson 법칙과 뒤집어진 U 모양 관계는 수년에 걸쳐 몇 가지 비판을 받아왔다. Hockey(1984)는 많은 결과들이 사후적으로 뒤집어진 U 모양에 들어맞게 될 수 있으며, 특히 스트레스 연구에서 흔히 있는 경우처럼 X축(스트레스)에 관한 독립 측정치들이 획득 가능하지 않으면 그럴 것이기 때문에 이 법칙이 틀렸다고 증명하기가 어렵다고 지적했다. 결과적으로 다른 연구자들은 스트레스/압박 및 뒤집어진 U 모양 모형은 너무 기계적이며, 그래서 스트레스원에 노출될 때 개인들의 적응 및 대처 기법들과 그런 전략들에 의해 영향을 받는 정보처리 성분들을 고려함으로써 보충될 필요가 있다고 주장해 왔다(Hancock & Warm, 1989; Hockey, 1997; Matthews et al., 2000).

## 4.3 스트레스의 교류적 · 인지적 평가 이론

전통적인 각성 이론과 Yerkes Dodson 법칙은, 물체가 무게나 열과 같은 외적 스트레스원에 의해 무리가 가는 것과 똑같은 방식으로, '압박'에 대해 스트레스 자극에 인간이 반응한다고 보는 비교적 수동적 견해를 가정한다. 살아 있지 않은 물체와 달리, 사람은 같은 환경적 스트레스원에 대한 반응에서 서로 다르다. 같은 스트레스원에 대한 같은 사람의 반응조차 다른 시점에서 다를 수 있다. 스트레스에 대한 전통적 각성 이론은 자극주도적인 접근을 취하는 반면, 대조적으로 **교류적 평가**(transactional appraisal) 및 **인지적 평가**(cognitive appraisal) 이론은 스트레스 반응을 사람과 환경 간의 상호작용의 결과로 보며, 특히 환경적 도전에 대한 사람의 평가로 본다. 스트레스에 대한 주요한 교류 이론들 중 하나는 Lazarus 와 Folkman(1984)의 이론이다. 그들은 스트레스 반응이 환경적 사건(위협적인, 도전적이지는 않은, 사소한)과 그 사건을 대처하는 사람의 역량에 대한 인지적 평가를 반영한다고 주장하였다. 사람은 인지적 평가와 대처 능력에서 다르기 때문에, 스트레스는 환경의 속성인 것만이 아니라 사람과 환경의 공통 영향을 반영한다.

교류 이론이 소음이나 불안과 같은 여러 스트레스 출처에 관한 많은 연구 결과들과 잘 들어맞는 반면, Matthews(2001)는 그 이론들이 사람이 스스로 인지하거나 주관적으로 알아차리지 못할 수도 있는 신경적 기능에 대한 효과들을 간과한다고 지적했다. Matthews(2001)는 또한 Lazarus와 Folkman(1984)의 교류 모형이 스트레스 결과로서 객관적 수행 변화에 관해 명백한 예측을 하지 않는다고 주장했다. 그런 결과들은 공학심리학자들의 주된 관심사다. 마찬가지로, Matthews(2001)는 교류적 접근을 확장하여 생물학적 하드웨어(신경 수준), 정보처리(표상 또는 계산론적 수준), 그리고 전반적 인간 목표(적응 수준) 등 여러 수준에서 스트레스 효과들을 설명할 것을 주장했다. Matthews(2001)는 또한 Dundee 스트레스 상태 질문지(Dundee Stress State Questionnaire, DSSQ)를 개발하였는데, 이것은 스트레스 유발 조작 전후에, 참가자에게 실시되어 스트레스원이 정서적 반응 및 인지적 평가에 어떻게 영향을 주었는지를 평가할 수 있다. 예를 들어, Matthews와 Desmond(2001)는 자신들의 다수준 교류 모형과 DSSQ의 사용이 자동차 운전자들에게 스트레스에 대한 포괄적 평가를 제공할 수 있다는 것을 보여주었다.

## 4.4 수행에 대한 스트레스 효과

스트레스가 인간 수행을 어떻게 저하시키는지를 알면 더 스트레스 관용적인 인터페이스의 디자인을 지원하고, 스트레스 감소 기법을 개발하는 데에 도움을 받을 수 있다. 그러나 스트레스 효과를 정확하게 예측할 수 있는 모형을 개발하는 것은 두 가지 이유에서 난제다. 첫째, 예측이 필요한 환경이나 상황(전투 또는 생명이나 건강에 위협적인 수준의 스트레스 하)에 인간 피험자를 두고 통제된 실험을 하는 것은 윤리적으로 곤란하다. 그래서 공학심리학의 여러 영역에서 이용 가능한 인간 수행 자료와 비교해 볼 때, (이 분야에서는) 경험적 자료가 거의 없다. 둘째, 다음에 기술되는 이유로 인하여 스트레스원에 대한 인간 수행 반응은 복잡하고 종종 일관성이 없고, 수많은 인지(예 : 평정), 기술, 성격 변인에 의해 조절되는 것처럼 보이는데, 이것은 일반적인 예측을 도출하는 것을 상당히 힘들게 한다. 여러 스트레스원에 의해 관찰된 효과 패턴을 서술하기 전에 우리는 인간 스트레스 반응 패턴을 추측할 수 있는 자료의 가능한 출처 일부를 살펴보겠다.

첫째로, 오류가 발생되었고 스트레스가 의심의 여지없이 높았던 *USS Vincennes* 사건 또는 스리마일 섬 같은 많은 상황들을 조사하는 것이 가능하다(Orasanu & Fischer, 1997). 그러한 사건들에서 발생된 오류에 스트레스가 원인이었다는 추론을 내릴 수도 있지만, 여전히 인과추론은 항상 애매하다. 스트레스가 오류를 일으켰는가? 아니면 스트레스는 스트레스 받지 않는 상황에서도 마찬가지로 발생할 수 있었던 오류의 한 결과인가? 사람들이 문제의 사고 같은 오류를 범하지 않고, 유사한 스트레스 상황을 얼마나 많이 직면해 왔는가? 실제로 Klein(1996)이 *USS Vincennes* 사고(제8장 참조)에 대해 수행한 면밀한 분석에 따르면, 민간 여객기를 공격하라는 불행한 결정의 원인이 스트레스라는 증거는 비교적 거의 없다.

둘째로, 수행 변화에 관한 통찰을 얻기 위하여 다른 이유로 부과된 스트레스를 이용하려는 일련의 노력들이 있었다. Ursin, Baade와 Levine(1978), 그리고 Simonov 등(1977)은 첫 낙하 실시를 기다리고 있는 낙하병의 수행을 묘사하였다. 고전적 연구에서 Berkun(1964)은 병사들이 타고 있는 비행기가 충돌 위험에 처해 있다고, 혹은 포탄이 자신들 주위에서 폭발하고 있다고, 혹은 폭약이 자신의 동료 병사들 중 한 명을 심각하게 부상시켰다고 믿도록 유도되는 동안에, 그들에게 보험 약정서를 작성하라고 시켰다. 모든 경우에, 피험자들은 그들 또는 그들이 책임져야 한다고 생각하는 누군가가 심각한 생명 위험에 놓여 있다고 믿었으며 그 결과로 인지 수행의 저하를 낳았다.

셋째로, 좀 더 통제된 실험실에서 전기충격의 위험 또는 온도, 소음, 수면박탈, 시간 압력 같은 스트레스원의 효과를 검사한 많은 연구들이 있다. 그러한 연구들은 다음에 논의될 효과 패턴의 일부를 확증한다(Hockey, 1997). 그러나 대부분의 연구는 실험실 조건에서 이루어졌고 따라서 긴급상황(이에 대한 예측이 시스템 디자인에 매우 중요한)에서 위험에 대해 실제로 경험된 스트레스 패턴을 결코 충분히 되풀이할 수 없다는 불가피한 단점을 가지고 있다.

## 4.5 스트레스 성분 효과

앞에서 논의된 여러 유형의 자료로부터 관찰된, 과제 수행에 대한 스트레스의 효과들을 통합하는 가장 좋은 방법 중 하나는 이 책의 앞장에서 논의되어 왔던 여러 정보처리 성분들 혹은 기제에 대한 그것들의 효과를 고려하는 것이다(Hockey, 1997). 그러므로 선택 주의, 작업기억, 또는 반응 선택 같은 처리 성분들에 대한 스트레스원 효과의 본질이 고려되고, 특정한 성분들에 대한 과제 의존성이 고려될 때, 과제 수행의 변화를 예측할 수 있는 기본

틀이 설정된다. 예를 들면, 만일 A 스트레스원이 작업기억에 영향을 주고, 과제 B는 작업기억을 사용하지만 과제 C는 그렇지 않을 때, 우리는 A 스트레스원이 과제 B에는 영향을 주지만 과제 C에는 그렇지 않을 것이라고 예측할 수 있다. 다음 쪽에서 우리는 이러한 성분 효과를 먼저 기술하고 난 후, 스트레스 반응에서 얼마나 많은 변산성이 특정한 인간 조작원이 동원한 적응 전략들과 관련되어 있는지를 논의할 것이다. 그다음 우리는 스트레스 반응이 다른 비스트레스 요소들에 의해 매개될 수 있는 방법들을 서술하고 마지막으로 수행에 대한 부정적 효과가 개선될 수 있는 일부 방법들을 생각해 볼 것이다.

### 4.5.1 선택 주의 : 협소화

제3장에서 논의한 바와 같이, 인간의 선택 주의와 초점 주의에서의 변화는 많은 스트레스 효과들을 중개한다. 이들 중 가장 중요하고 강인한 것 중 하나는 광범한 여러 스트레스원에서 생기는 선택성의 증가 또는 **주의 협소화**(attentional narrowing)인 것처럼 보인다(Kahneman, 1973). 예를 들면, Weltman 등(1971)은 압력실 속에서 60피트 잠수 조건을 경험하고 있는 것처럼 믿게 유도된 참가자들이 그렇게 이야기를 듣지 않은 집단만큼 중추 탐지 과제를 잘 수행하였으나, 말초 탐지 과제에서는 수행 손상을 보였다는 것을 발견하였다. 큰 소음으로 인한 유사한 지각적 협소화 효과들이 Hockey(1970)에 의해 발견되었다.

터널화(tunneling)에 대한 스트레스 효과가 말초 자극물들이 자동적으로 여과되도록 하는, 주의 탐조등(spotlight)의 공간 영역의 축소라고 단순히 정의되지 않는다. 오히려 여과 효과는, 시간 스트레스를 받으며 책을 훑어볼 때처럼 주관적 중요성, 또는 우선성에 의해 정의되는 것처럼 보인다(Duggan & Payne, 2009). 아주 큰 주관적 중요성을 지닌 과제의 수행은 그 처리 과정에서 영향받지 않거나 또는 아마 (각성을 통해서) 향상될 수도 있는 반면에, 낮은 우선성을 지닌 과제들은 걸러진다(Broadbent, 1971). 어떤 의미에서 이러한 종류의 터널화는 적응적이고 최적이기도 하지만, 만일 주의를 받은 채널의 주관적 중요성이 불필요한 것으로 드러나면 바람직하지 않은 효과를 낳을 것이다. 예를 들면, 스리마일 섬 핵발전소 사고가 그런 사례였다. 최초의 고장 이후 높은 스트레스를 받은 조작원들은 수위가 너무 높았다는 자신의 믿음을 지지하는 한 계기에 자신들의 주의를 고정시키고, 반대 가설을 지지한 좀 더 믿음직한 계기에 대한 주의를 여과해 버렸다. 마찬가지로 스트레스가 유발한 터널화는 만일 과제가 많은 정보 채널을 요구할 때보다 더 적은 채널의 처리를 요구한다면 더 적은 효과를 가져야 할 것이다(Edland, 1989).

### 4.5.2 선택 주의 : 산만

많은 스트레스원들은 단순히 주의를 산만하게 하고 따라서 과제에 연관된 처리에서 선택 주의를 다른 곳으로 돌린다. 큰 소음이나 간헐적 소음, 또는 도서관 안의 가까운 옆자리에서 들리는 대화조차도 그러한 주의 산만의 출처가 될 것이다(Baldwin, 2012). 작업장에서

(가족 문제, 재정 문제와 같은) 생활 스트레스 사건들의 검증된 영향도 이러한 문제들을 생각하는 데 주의 산만이나 주의 전환과 관련되며, 직무와 관련된 정보처리를 훼손시킨다.

### 4.5.3 작업기억 손실

Davies와 Parasuraman(1982), 그리고 Wachtel(1968)은 작업기억에 대한 불안 스트레스의 부적 영향을 직접 확인하였다. 군인 피험자가 지각된 위험의 스트레스를 받을 때 Berkun(1964)이 관찰한, 문제해결의 인지적 측면에서 많은 어려움들도 역시 작업기억 용량의 감소 탓으로 돌릴 수 있다. 위험과 불안뿐만 아니라 소음도 작업기억을 저해할 수 있다(Hockey, 1997). 작업기억에 대한 소음의 스트레스 효과는 두 원인 중 어느 하나로부터 생기는 것처럼 보일 수 있다. 첫째, 소음은 제7장에서 논의된 것처럼(Poulton, 1976) 음운고리에서 언어 정보를 시연하는 데 필요한 '내적 언어'를 붕괴시킬 것이라는 것이 분명한데, 시연은 자원제한적 과정이기 때문이다.

둘째, 소음 스트레스나 비소음 스트레스 둘 다 음운 또는 공간 정보의 표상을 저해할 수 있는 방식으로, 이런 내용의 시연에서 주의를 분산 또는 전환시킬 수 있다. 이 두 번째 효과는 공간 작업기억에 대한 소음이나 비소음 스트레스원의 효과(Stokes & Raby, 1989)뿐만 아니라 불안 같은 비소음 스트레스원이 작업기억에 미치는 영향(Berkun, 1964)을 설명할 수 있다. 한 예를 들면, 조종사의 의사결정에 관한 시뮬레이션 연구에서 Wickens, Stokes 등(1993)은 조종사가 성공적으로 의사결정을 하기 위해서 공간 시각화에 의존하는 결정 문제에 대해 소음의 부정적 효과가 꽤 컸다는 것을 관찰하였다. 제7장에서 논의하였듯이, Orasanu(1997)는 스트레스 효과로 원인을 돌릴 수 있는 항공 사고 보고서를 조사하면서 작업기억과 밀접하게 연관된 과정인 상황인식에 스트레스 효과가 높은 빈도로 나타남을 주목하였다. 새 정보를 장기기억으로 부호화하는 데 넓은 선택 주의뿐만 아니라 작업기억의 중요한 역할을 고려할 때 스트레스는 효율적인 학습으로 이어질 것처럼 보이지 않는다(Keinan & Friedland, 1984). 이러한 추리는 비행이나 심해 잠수와 같이 위험한 활동을 위한 유용한 훈련 기구로서 시뮬레이터를 옹호하는 배후에 있는 중요한 요인들 중 하나다(Flexman & Stark, 1987; O'Hare & Roscoe, 1990; 제7장 참조). 즉, 시뮬레이터는 생명을 위협하는 스트레스가 심한 위험을 실제로 부과하지 않으면서 실제 과제의 복합성을 뒷받침할 수 있다.

### 4.5.4 지속

높은 수준의 스트레스는 사람들이 과거에 해왔던 주어진 행위 또는 행위 계획을 '고집하도록', 즉 계속하도록 한다는 증거가 있다(Zakay, 1993). 예를 들면, 스트레스하에서의 문제해결(Luchins, 1942)에서 사람들은 이전에 성공하지 못했던 바로 그 해결책(스트레스 증가의 원인일 수도 있는 바로 그 실패)을 계속 시도하기가 더 쉬울 것이다. Cowen(1952)은 사람들이 (전기)충격의 위협하에서 부적절한 문제해결책을 더 오래 고집함을 발견하였다. 또한 이전 행위 패턴의 고집이라는 개념은 스트레스하에서 친숙한 행동은 거의 방해받지 않고 좀 더 낯선 행동이 방해받는다는 견해와 일치하는데, 이것은 긴급상황이라는 스트레스 상황에서 사용될 절차의 설계에 대해 심오한 함의를 지닌 효과이다. 새로운 또는 창의적 행동에 대한 스트레스의 더 큰 붕괴 효과는 Shanteau와 Dino(1993)가 관찰한 효과와 일치하는데, 그들은 열기, 사람들의 혼잡함, 주의 산만이 결합된 스트레스에 의해 유발되는, 창의성 검사에서 선택적인 수행 저하를 관찰하였다.

주의 협소화와 지속에 대한 스트레스의 결합된 효과는 위기 의사결정에서 위험할 수 있는 수렴적 사고 또는 '인지적 협소화'의 패턴에 기여할 수 있다는 것이 명백하다(Woods, Johannesen et al., 1994; 제8장 참조). 처음에는 스트레스는 처리된 단서 집합을 가장 중요하다고 지각된 단서들로 좁힌다. 이런 단서들이 한 가지 가설을 지지하는 것으로 보임에 따라, 의사결정자는 오직 그 가설만을 고려하고 그 집합과 일치하는 (제한된) 범위의 단서만을 처리하기를 고집할 것이다. 즉, 스트레스는 제8장에서 논의한 **확증 편향**(confirmation bias)을 증가시키고, 의사결정자가 대안 가설을 지지할지도 모를 정보를 한층 덜 고려하게 만들 것이다. 이 패턴은 스리마일 섬에서 조작원의 행동, 또는 자격이 없는 조종사가 나쁜 날씨에도 비행을 계속하는 위험한 행동 패턴을 서술하는 데 사용될 수 있다(Jensen, 1982; Wiegmann & O'Hare, 2003).

### 4.5.5 전략적 제어

스트레스하에서 발생되는 가장 중요한 처리 변화는 아마 **전략적 제어**(strategic control)라는 일반적인 명칭으로 특정지어질 수 있는데, 즉 이는 인간이 지각된 스트레스 효과에 대처하기 위해 의식적으로 조절할 일단의 책략을 특징짓는 말이다. 이 책략들은 그림 11.5에 제시된 피드백 통제 모형에 통합되었는데, 다른 연구자들(Lazarus & Folkman, 1984; Hockey, 1997; Matthews, 2001)에 의해 제안된 유사한 개념에 근거한다. 이 모형은 평정(appraisal)과 전략적 선택이라는 2개의 핵심 성분을 가지고 있다. 이 모형의 한 가지 중요한 개념은 조작원이 스트레스원 그 자체에 반응하지 않고, 스트레스의 지각된 또는 이해된 수준에 반응한다는 것이다. 이 장의 앞에서 서술했듯이, Lazarus와 Folkman은 이것을 인지적 평가 과정이라고 명명하였다. 그래서 두 사람은 동일한 상황(즉, 같은 신체적 스트레스 또는 위험한 조건)에 있을지라도 자신들이 얼마나 위험한지, 혹은 스트레스원에 대처하는 데 가용한 자원이 어느 정도인지에 대해 아주 다르게 인정할 수 있다. 스트레스는 필요한 자원과 가용한 자원 사이의 지각된 불일치가 증가함에 따라 증가할 것이다.

스트레스의 수준을 평정하면서 인간은 그 스트레스원에 대처할 다양한 정보처리 전략 중에 선택할 선택권을 가진다(Hockey, 1997; Maule & Hockey, 1993). 사람들 사이에 스트레스 반응의 상당한 변동성이 발견되는 것은 적절한 또는 부적절한 전략의 선택에서이다. Hockey(1997; Maule & Hockey, 1993)가 제안한 틀을 수정하면서, 적응적 반응의 4개의 주

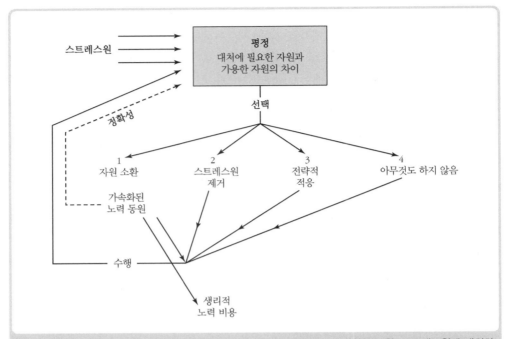

**그림 11.5** Hockey가 제안한 개념에 근거를 둔, 스트레스의 적응적인 폐쇄회로 모형. 스트레스원에 대처하는 능력은 상단에서 평정된다. 이 평정의 결과로 네 범주의 전략들 중 하나가 선택된다. 이 선택은 다양한 정도로 수행에 영향을 줄 것이다(그 결과로 재평정으로 이어질 것이다). 오랫동안 노력을 동원하려는 선택은 생리적인 비용을 치를 수 있다. 가속화하려는 선택은 정확도를 낮추는 특정한 효과를 낳을 것이다.

출처 : Adapted from G. R. J. Hockey, "Compensatory Control in the Regulation of Human Performance Under Stress and High Workload," *Biological Psychology, 45*, 1997, pp.73–93; A. J. Maule and G. R. J. Hockey, "State, Stress, and Time Pressure," in *Time Pressure and Stress in Human judgment and Decision Making, ed*, O. Svenson and A. J. Maule(New York : Plenum, 1993), pp.83–102.

요 범주가 제안될 수 있는데, 각각은 수행에 대한 다소 다른 함의를 가지고 있다.

### 4.5.5.1 더 많은 자원의 소환

여기에서의 반응은 단순히 스트레스원을 직면했을 때 '더 노력', 즉 더 많은 자원을 동원하는 것이다. 만일 스트레스의 출처가 시간 압력이라면(Svenson & Maule, 1993), 이 전략은 '가속화'라고 명명될 수 있다(Stiensmeier-Pelster & Schrmann, 1993). 즉, 적은 시간에 더 많이 하는 것이다. 그런 전략이 적응적일 수 있지만, 위험이 있다. 처음에는 증가된 노력을 지속적으로 동원하는 것은 피로와 건강 위험의 가능성이라는 장기간의 비용을 부과할 수 있고(Hockey, 1997), 스트레스원이 제거된 후에도 사람을 취약 상태로 내버려둘 수 있다 (Huey & Wickens, 1993). 더욱이 몇몇 사례에서 가속화는 중복성을 제거할 수도 있다. 제7 장에서 논의된 바와 같이 의사소통 시스템에서 중복성을 제거하면 혼동과 오류가 초래될 수 있다.

가속화 전략은 속도-정확도 교환 관계에서, 수행이 더 빠르지만 오류를 더 범하기 쉬운 쪽으로 변동을 초래하는 것인데, 이는 다양한 스트레스원하에서 관찰되어 온 효과이다(Hockey, 1997). 예를 들어, Villoldo와 Tarno(1984)는 폭탄처리 전문가가 스트레스하에서 더 빠르게 작업했지만 더 많은 절차상의 오류를 범했다고 보고하였다. Keinan과 Friedland(1987)는 피험자들이 잠재적인 충격이라는 스트레스하에서 문제해결 활동을 일찌감치 끝맺는다는 것을 발견하였다. 정확 반응에서 빠른 (그러나 오류를 범하기 쉬운) 반응으로 수행의 변동을 야기하는 긴급상황이라는 스트레스의 경향성은 핵발전소 제어실에서 복합적인 고장에 대한 조작원의 반응과 관련하여 한 걱정거리로서 언급되어 왔다. 스리마일 섬 사고에 대한 반응으로 제어실 조작원의 성급한 조처는 사실 제대로 작동하고 있었던 자동화 장치를 정지시키는 것이었다. 긴급상황에서 최적이 아닌 속도-정확도 변동이라는 이런 경향성을 극복하기 위해, 어떤 나라에서는 핵발전소 규정에 경보 후 일정 시간 동안 조작원이 어떤 물리적 조치도 수행하지 않도록 명시적으로 요구하는데, 그동안 그들은 오기능의 본질에 대한 정확한 심적 그림을 얻게 된다.

### 4.5.5.2 스트레스원 제거

인간은 때때로 단순히 스트레스의 출처를 제거하려는 노력을 통해 성공적으로 적응할 수 있다. 때로는 이것이 쉬운데, 예컨대 소음이라는 스트레스 출처를 꺼버리거나(또는 그 출처에서 멀리 떨어지거나), 더 이상 수면이 결핍되지 않을 때까지 과제 수행을 미루거나, 또는 시간 압력을 제거하고자 마감일을 연기하는 것이다. 다른 경우에는 불안의 출처를 생각지 않으려 하는 경우처럼 제거는 더 어려울 수 있고 훈련된 스트레스 대처 기술의 가용성에 의존할 수 있는데, 이는 다음에 묘사될 것이다.

### 4.5.5.3 과제 목표의 변경

스트레스 연구자들은 높은 스트레스 상황에서 사람들이 질적으로 상이한 수행 책략을 적응적으로 드러내는 다양한 방식들을 밝혀내 왔다(Driskell et al., 1994; Ford et al., 1989; Johnson et al., 1993; Klein, 1996). 이러한 전략들을 적응적인 것으로 만드는 것은 앞에서 서술한 바와 같이 그것들이 정보처리에 대한 스트레스의 알려진 저해 효과에 더 면역성을 지닌 것으로 선택된다는 것이다. 그러므로 더 단순하고 노력을 덜 드는 전략이 자주 선택된다. 이러한 변화에 대한 많은 예들이 시간 압력하에서의 의사결정 과제에서 관찰되어 왔다(Flin et al., 1997; Svenson & Maule, 1993). 이것은 더 단순한 편법이 작업기억을 더 많이 요하는 전략들을 지배하기 시작할 수 있다고 제8장에서 논의된 바와 비슷하다. 숙련된 조작원에게는 종종 스트레스 효과에 어느 것이 가장 면역성이 높은 것인지를 선택할 수 있는, 전략들의 레퍼토리가 활용 가능할 것이다. 스트레스원이 때때로 수행 저하를 낳지 않는 것은 부분적으로 이런 이유 때문이다. 인간은 더 단순하고 더 효율적인 전략을 선택함으로써 적응한다. 실제로 스트레스원은 때때로 수행 **향상**을 낳기도 한다(Driskell et al., 1994). 예를 들면, Lusk(1993)는 전문 기상 예보관을 대상으로 한 연구에서 바쁜 기상 예보(단위시간당 처리해야 할 기상 정보가 더 많은 것)에 의해 부과된 시간 압력하에서 예보 수행이 실제로 향상되었다는 것을 발견했다.

그러나 과제가 더 단순한 전략으로 잘 처리되지 못한다면 전략 선택이 수행을 저하시킬 수 있는 사례도 있다. 예를 들면, 우리가 앞에서 논의한 확고한(robust) 발견은 사람들이 시간 압력하에서 수행된 결정 과제에서 더 적은 수의 가설을 생성하고(Dougherty & Hunter, 2003) 더 적은 수의 단서를 선택한다는 것이다. 만일 의사결정 과제가 적은 수의 단서들을 포함한다면 이 전략은 아무런 불이익도 낳지 않을 것이지만, 다중 단서 과제에서는 불이익을 낳을 것이다(Edland, 1989). 더욱이 더 적은 수의 단서를 처리하는 효과는 여과되는 단서들이 덜 중요하다거나(수행에 거의 비용이 없음), 또는 단순히 덜 현저한 정도에 달려 있을 것이다. 만일 여과된 덜 현저한 단서도 또한 더 중요했다면 이 경우에 비용이 있을 것이다. Wallsten(1993)은 중요성과 현저성 모두가 시간 압력하에서 사람들에 의해 단서를 여과하는 속성으로 사용된다는 것을 주목하였다.

### 4.5.5.4 아무것도 하지 않기

Maule과 Hockey(1993)가 파악한 마지막 전략은 스트레스하에서 처리를 조절하기 위해 단순히 아무것도 하지 않는 것인데, 스트레스 효과가 더 예측 가능한 방식으로 수행에 영향을 주도록 해준다.

그림 11.5에 보이는 네 가지 범주의 전략 반응 선택을 고려하면, 세 가지 다른 조절 전략(1~3)의 각각이 '언제 사용되는지 혹은 사용될 것인지'라는 면에서, 여러 사람이 같은 스트레스원에 대해 꽤 다르게 반응할 수 있다는 것이 분명하다. 만일 전략 1이 선택되면 더 많은 노력이 동원되는 정도(동기 문제)에 따라, 그리고 전략 2가 선택되면 그 과제를 수행하는 선택된 방식이 최적인지 아닌지의 정도에 따라, 더 큰 차이가 생길 것이다. 정확한 스트레스 예측을 하기 힘들게 하는 것은 부분적으로는 선택의 폭이 이처럼 크기 때문이다.

## 4.6 스트레스 개선

스트레스로 인해 인간 수행이 저하되는 효과를 최소화하려는 노력에서 여러 기법들이 채택될 수 있다. 대략 이런 기법들은 과제를 다루는 환경적 해결책, 디자인 해결책, 그리고 과제 훈련을 통해서든 스트레스 관리 전략을 통해서든 인간을 다루는 개인적 해결책으로 범주화될 수 있다.

### 4.6.1 환경적 해결책

명백하게도 스트레스원은 가능하다면 환경에서 제거되어야만 하는데, 이것은 불안과 관련된 것과 같은 내적 스트레스원보다 소음이나 기온 같은 외적 스트레스원의 경우에 더 그럴 듯한 해결책이다.

### 4.6.2 디자인 해결책

디자인 해결책은 디스플레이의 인간요인에 초점을 둔다. 만일 정보 출처 간에 지각적 협소 화 혹은 비체계적인 검색이 일어나면, 불필요한 정보(시각 잡동사니)의 양을 줄이고, 정보 조직화를 증가시키면 스트레스의 저해 효과가 다소 완충될 것이다. Schwartz와 Howell (1985)은 시뮬레이션된 결정 과제에 대한 시간 압력의 저해 효과가 디지털 디스플레이보다 는 그래픽 디스플레이를 써서 감소되었다는 것을 발견하였다. 마찬가지로 조작원이 작업기 억에서 정보를 유지하거나 변환할 필요를 최소화하는 디자인 노력은 어떤 것이든 효과적일 것임이 분명하다. 그래서 반응과의 부합성이든 과제의 심적 모형과의 부합성이든, 높은 디 스플레이 부합성이 중요하다. 이것이 생태학적 인터페이스 디자인을 통해 달성되는 방식은 제3장과 제4장에서 간략하게 논의되었으며, 작업기억 요구를 지각적 요구로 대체하려는 노 력은 결함 관리에서 가장 효과적인데(Burns et al., 2008), 이런 관리는 거의 정의상 스트레 스가 높은 과제이다.

특별한 주의가 응급처치 절차를 지원하는 디자인에 주어져야 하는데, 이것들은 통상적 절차보다 아마도 덜 친숙할 것이며 (응급상황이 발생하는 정도에 따라), 정의상 응급상황의 속성인 높은 스트레스 상황에서 필요할 것이기 때문이다. 그러므로 이런 절차들은 명백하 고 단순하게 표시되어야 하고(제6장 참조), 통상적 조작들과 가능한 한 일관적이어야 한다. 이상적으로 보면 무엇을 할 것인가에 대한 절차적 지시는 인쇄 또는 사진뿐만 아니라 구두 로도 중복적으로 부호화되어야만 하고, 임의적인 상징적 부호화(일반적 경고와는 다른 약 어와 소리)를 피해야만 하며, 무엇을 하지 말라는 진술문보다는 어떤 행위를 하라는 직접적 진술로 표시되어야 한다(부정어를 피함). 제6장에서 논의한 바와 같이, 명령된 행위 또는 절차는 시스템의 현 상태를 묘사할 뿐인 어떤 정보를 증가시켜야 하며, 그(상태) 정보와 혼 동되어서는 안 된다. 이것은 비상상황에 있는 비행기에 대해 음성 경고를 할 때 내재된 정 책인데, 그 명령은 충돌을 피하기 위해 할 일에 관해 조종사에게 직접 내려진다("상승하라, 상승하라, 상승하라").

### 4.6.3 훈련

우리는 이전에 훈련, 특히 주요 응급 절차의 광범한 훈련의 혜택 효과를 언급했는데, 그 결과 그것들은 스트레스가 그런 편중을 일으킬 때 장기기억에서 우세하고 쉽게 인출되는 습관이 된다. 특히 응급 절차들(또는 높은 스트레스 상황에서 지켜야 할 것들)이 정상적 조 작과 어떤 식으로든 일치하지 않을 때, 응급 절차의 훈련은 통상적 조작의 훈련보다 더 높은 우선순위가 주어져야 한다. 이러한 불일치의 예로서, 빙판 위에서 제어가 되지 않을 때(응급상황) 자동차에서 따라야 할 절차는 미끄러지는 **방향으로** 운전대를 돌리는 것인데, 이것은 정상 운전 상황에서 습관적인 조향 습관과는 정확하게 반대다. 가능하다면, 시스템은 응급상황에서 따라야 할 절차는 정상 조작으로 따라야 할 절차와 가능한 한 일치하도록 디자인되어야 한다는 것이 분명하다.

　　**스트레스 예방접종**(stress inoculation) 훈련 또는 스트레스 노출 훈련 프로그램은 사람에게 스트레스가 자신의 수행에 미치는 결과를 알려주도록 설계되었다(Johnston & Cannon-Bowers, 1996; Keinan & Friedland, 1996; Meichenbaum, 1985, 1993). 그러한 프로그램은 기대된 스트레스 효과의 설명, 스트레스 대처 전략의 교육, 수행에 대한 스트레스원의 실제 경험, 즉 점진적으로 도입되고 적응적으로 증가되는 경험 등을 혼합하여 제공한다(제7장 참조). 시험 보기, 암벽 내려가기, 공개 연설하기, 또는 배구 수행 등과 같은 스트레스가 많은 상황에 적용된 기법들을 평가한 연구들의 개관은 그중 많은 것들이 성공적이었음을 밝혔다(Johnston & Cannon-Bowers, 1996). 그러나 이 연구들에 걸쳐서 보면 피훈련자의 태도에 대한 긍정적인 이득(더 큰 자신감)이 실제 수행에 대한 이득보다 더 일관되게 관찰되는 것으로 보인다.

　　결론적으로 수행에 대한 스트레스원의 효과 예측은 인간 수행 이론, 스트레스의 다차원적인 효과의 결과, 사람이 활용할 수 있는 다중 보완 또는 대처 책략들에 대한 가장 큰 난제들 중 하나라는 것이 명백하다. 이 효과들은 대처 전략의 생리적 반영뿐만 아니라 그 수행에 포함된 행동과 인지적 과정을 고려하기 위해 과제 수행의 최종 출력 그 이상을 봄으로써 드러나야 한다. 그러나 공학심리학자들에게 정확한 수행 예측을 어렵게 만드는 그런 전략의 가용성 그 자체가 훈련과 디자인을 통해서 효과적인 개선을 위한 여러 선택권을 가용하게 함으로써 인간요인(연구)에 실제적인 이득이 된다.

## 5. 개인차

우리가 지금까지 서술한 주제들은 모두 참가자 집단들에서 행동적 그리고/또는 생리학적 측정치를 조사하는 연구들과 관련되어 왔는데, 보고된 발견들은 작업부하, 수행, 또는 스트레스와 관련하여 그 집단의 평균을 반영한다. 작업부하에 대한 서술과 약간 덜한 정도로 스트레스에 대한 서술은 이런 현상에 영향을 주는 환경적 요인들은 모든 사람에게 다소 같은 방식으로 영향을 준다고 암묵적으로 가정했다. 그러나 연구 중인 한 집단의 모든 사람들이 스트레스 및 작업부하에 관해 같은 효과를 보일 것인가? 큰 집단에 대한 연구에서 그 집단 내의 어떤 개인들은 평균 프로파일에 반영되지 않는 수행 또는 뇌 함수 변화를 보일 수 있다는 것이 잘 알려져 있다. 그러나 평균에서의 그런 이탈은 보통 '잡음'이라 간주되는데, 공학심리학에서 많은 연구의 목적은 널리 응용될 수 있는 인간 수행에 대한 일반 원칙을 도출하는 것이며, 그래서 그런 개인차들은 연구의 초점이 아니기 때문이다(Szalma,

2009). 우리는 이 책에서 모집단에 널리 적용되는 원칙의 예를 많이 서술했는데, 예컨대 작업기억의 제한된 용량(제7장)과 Fitts 법칙(제9장)이 그렇다.

그런 원칙들의 보편적인 발생에도 불구하고, 개인차는 시스템 디자인의 인간요인 연구에서 보통 자세히 고려되지 않았다. 암묵적 가정은 좋은 인터페이스 디자인과 훈련은 어떤 특정한 개인 작업자가 시스템을 조작하는 데 직면할 수 있는 어떤 어려움이든 극복할 수 있다는 것이었다.

그러나 개인차에 대한 고려는 인사 선발 및 훈련에 대해서뿐만 아니라 디자인에 대해서도 함의가 있다. 이 장의 앞에서 광범하게 논의된, 심적 작업부하 그리고 제10장에서 살펴본 관련된 문제인 다중 작업을 생각해 보라. 작업기억은 심적 작업부하에 대한 주요한 기여 인자로 생각된다. 그러나 작업기억 용량에서 개인들은 크게 다른 것으로 알려져 있다 (Engle, 2002). 그러므로 '평균적인' 작업자의 작업부하 한계 내에 있다고 예측되고 측정되는 디자인이 낮은 작업기억 용량을 가지고 있는 개인에 의해 잘 처리되지 않을 수 있다. 마찬가지로, 현대 사회에서 다중 작업(휴대폰, 아이폰, GPS 기기 등)을 할 경우가 증가하는 것을 고려하면 어떤 개인이 그런 다중 작업 요구를 다른 사람보다 더 잘 처리할 수 있는지를 묻는 것이 중요하다. 제10장에서 우리는 실행제어에서의 개인차가 다중 작업에서 전문성의 발달을 위한 훈련 방법의 개발에 관한 정보를 줄 수 있을지를 조사했다. 우리는 이 절에서 그 논의를 계속하는데, 다중 작업뿐 아니라 작업에서 인간 수행의 다른 측면에도 기여하는 인지 기능들에 대해 더 광범하게 초점을 둘 것이다.

우리는 먼저, 사람들 간의 (아마 선천적일) 능력 차이를 고려하는데, 이것이 왜 어떤 사람이 다른 사람들보다 더 좋은 다중 작업자인지를 설명해 줄 것이다. 분자유전학은 신경인체공학에 사용되어 온 새로운 방법론적 도구(Parasuraman, 2009)로서, 이제 인지 능력의 상속을 제어하는 특정 유전자들을 조사하는 것을 가능하게 하는데, 우리는 인간 수행에서 개인적 변산에 대한 유전적 기여를 논의한다. 끝으로, 신체적 장애로 인지 기능이 축소된 개인에서 수행을 향상시킬 방법을 간단히 논의하는데, 그런 사람들을 돕기 위해 '신경적 보철 (neural prostheses)'에 초점을 둔다.

## 5.1 다중 작업에서 능력 차이

다중 작업 능력 차이가 존재하는지를 확립하기 위해 상관 연구를 채택할 필요가 있다. 많은 수의 사람들이 다양한 성분 과제들에서, 개별적으로 그리고 짝지어진(시간공유) 조합으로 측정된다. 단일 및 이중과제 수행 측정치들은 서로 상관되어 있으며, 이중과제 저하가 서로 상관되지만 그 성분 과제들의 수행과는 상관되지 않는 정도가 식별된다. 이런 상관은 모든 이중과제 결합에 공통되나 단일과제 성분들에는 공통되지 않는 특징인데, **시간공유**(time-sharing) 능력을 반영할 수 있다(Ackerman et al., 1984; Fogarty & Stankov, 1983; Jennings & Chiles, 1977; Stankov, 1982). 그런 (보통 대량의) 실험에서 수집된 자료는 사실 그런 해석을 지지하는 것으로 드러난다(Fogarty & Stankov, 1982; Wickens et al., 1981; Wickens & McCarley, 2008 참조). 인지의 어떤 측면이 이런 능력의 기저를 이루는지를 판정하는 것이 다음 단계이다. 이런 측면이 즉각 측정될 수 있다면, 그 가능한 목적은 고성능 비행기를 조종하는 것처럼 높은 수준의 시간공유 숙숙도를 필요로 하는 그런 특별한 기술을 위해 선별 도구를 제공할 수도 있을 것이라는 것이다(Gopher et al., 1994). 여기에서 자료는 세 가지 가능성을 드러내는 것처럼 보인다.

이들 중 첫째는 실행제어, 작업기억, 그리고 인지 간의 비교적 복잡한 상호 관계성에서 반영된다(Wickens & McCarley, 2008). 실행제어 시스템은 뇌에서 잘 확인되며(Banich, 2009) 매우 유전적인 것으로 알려져 있는데(Friedman et al., 2008) 주의 전환, 과제 순위 관리, 주의 초점화에 중요한 역할을 한다. 또한 실행제어는 작업기억 용량과 밀접하게 관련되어 있는데(제7장 참조), 그런 시스템은 그 항목들에 수행되는 조작들로 항목들의 시연을 조정해야 하기 때문이다(Turner & Engle, 1989). 작업기억에서 큰 그리고 안정적인 개인차가 있으며(Engle 2002; 다음 참조) 이것은 주의를 요구하는 과제의 수행을 예측한다고 주장된다. 다음에서 더 상세히 논의하듯이, 작업기억은 또한 이제 뇌에서 특정 유전 성분들(Parasuraman, 2009)과 잘 관련되는 것처럼 보인다. 작업기억은 또한 일반 지능 또는 $g$의 주요한 성분인 유동 지능과 밀접하게 관련된다(Cattell, 1971, Engle et al., 1999; 5.2절 참조). 마지막 통합적 연결고리로서, $g$ 그 자체는 복잡한 다중과제 영역의 수행에서 개인차에 대한 가장 좋은 예측인자로 밝혀졌다(Borman et al., 1997; Caretta & Ree, 2003).

두 번째 가능성은 주의 전환의 속도와 관련되는 능력(Hunt & Lansman 1981; Hunt et al., 1989; Kahneman et al., 1973)인데, 이것은 어느 정도의 안정성을 가지고 있고 단일과제 능력과 독립적인(즉, 상관되지 않는) 것처럼 보인다. 그러나 이런 현상이 특정 감각양상에 한정된 정도는 불명확하다(Braune & Wickens, 1986).

세 번째 가능성은 사람들은 과제에 노력을 투입하려는(그림 11.1의 빨간 선을 일시적으로 오른쪽으로 옮기는, 즉 수행-자원 함수의 오른쪽으로 자원 투입을 움직이는) 동기, 또는 제10장에서 논의된(Matthews et al., 2010; Young & Stanton, 2002) '조절 가능한 주의 자원'의 풀을 일시적으로 확장하려는 동기가 서로 다르다는 것이다. Matthews와 Davies(2001)는 이런 사람들은 '고에너지 사람'이라고 지칭한다.

## 5.2 작업기억의 차이

최근까지 심리측정학은 여러 인간 능력에서 개인차가 여러 과제에 대한 수행에 어떻게 영향을 주는지의 연구에서 주요한 도구를 제공해 왔다. 인간요인 연구에서 사용된 선별과 훈련 방법도 심리측정 접근에 크게 의존해 왔다. 보통 IQ와 같은 일반 지능, 그리고 유동 및 결정 지능(Cattell, 1971)과 같은 하위 성분들뿐만 아니라 그 주요 요인인 $g$의 검사들은 인간 수행 측정치들과 상관된다. 유동 지능(fluid intelligence)은 새로운 학습을 거의 요구하지 않고 비교적 문화적 영향으로부터 자유로운, 인지 기능(예 : 주의, 작업기억)을 수행하는 개인 적인 기본 능력을 가리킨다. 반면에 결정 지능(crystallized intelligence)은 획득된 지능과 연 결된 능력을 반영하며, 학습, 교육, 및 다른 문화 요인들에 크게 의존한다. 유동 지능은 나 이가 들면 감퇴할 수 있지만, 결정 지능은 종종 증가한다(Cattell, 1971).

심적 작업부하에 대한 이전 논의에서, 우리는 작업기억이 여러 과제를 수행할 때 개인이 경험하고 보고하는 노력의 경험에서 어떻게 핵심 역할을 하는지를 서술했다. 과제 요구의 동일한 객관적 수준에 대해, 어떤 개인은 비교적 낮은 수준의 작업부하를 보고하는 반면, 다른 사람은 더 큰 노력을 들이고 더 높은 수준의 주관적 작업부하를 보고할 것이다. 그런 차이는 작업기억 용량에서 개인차를 반영할 수 있다(Colom et al., 2003).

제7장에서 논의되었듯이, 작업기억 용량의 측정에서 몇 가지 다른 방법들이 여러 가지 버전의 '폭(span)' 과제들(Engle, 2002)을 포함하여 제안되어 왔다. 그런 과제에서 참가자들 은 기억에 보유되어야 하고 그다음 기억 검사에서 회상되어야 하는 다른 자극물들이 동시 에 제시되는 중에, 일단의 자극물에 대해 어떤 심적 조작을 수행해야 한다. 예를 들어, 읽기 폭(reading span) 과제에서 참가자들은 그들이 읽은 문장에 대해 판단을 하고 그다음 문장 의 단어들을 순서에 맞게 회상해야 한다(Daneman & Carpenter, 1980). 조작폭 과제에서, 참가자들은 문자 혹은 단어가 뒤따르는 산수 조작(식)에 관해 예/아니요 판단을 한 다음, 그런 일련의 조작이 끝난 후 이것들(문자나 단어)을 회상해야 한다. 언어적 작업기억에 대 한 읽기폭 검사는 읽기 및 듣기 이해에서 개인차와 상관되어 왔다(Daneman & Carpenter, 1980). 작업기억 용량의 폭 측정치에서 개인차는 시각 검색 과제에서(Bleckley et al., 2003), 그리고 복잡한 비행 의사결정의 능숙도(Causse, Dehaise, & Pastor, 2011)에서 주의 초점을 제어하는 능력과 관련되어 왔다. 우리는 제7장에서 일시적 저장 및 정보 조작에 대한 Baddeley (2003)의 작업기억 모형이, 중앙집행기에 의해 조정되는 작업기억의 하위 시스템들인 언어-음운 고리와 시공간 '그림판(sketchpad)'을 어떻게 구별하는지를 서술했다. 이런 견해와 일 관되게, 음운 및 시공간 작업기억 용량의 개인차는 각각 언어(Caplan & Waters, 1999), 공간 적(Miyake et al., 2001) 과제 수행에서의 변동성을 예측하는 것으로 밝혀졌다.

## 5.3 인지에서 분자유전학과 개인차

급속히 팽창하는 새 분야인 분자유전학은 인간 수행의 개인차의 출처를 조사하는 새 도구 로서 능력 접근과 심리측정학 모두를 보완한다. 우리는 이 장에서 신경인체공학에 대한 초 점의 일부로 이 접근을 간단히 고찰한다. 이 접근의 이점은 2000년대 초 인간게놈 프로젝트 의 완료와 유전자 변이 및 유전자 표현에 관한 정보의 확장과 더불어, 인지신경과학의 결과 들이 인지의 개인차와 연관된 분자 수준의 경로를 조사하는 데 사용될 수 있다는 것이다. 이것은 다시 인지에서 개인 간 변산성에 대해 이론의 향상을 이끌고 작업에서 인간 수행을 이해하고 향상시키는 데에 중요한 함의를 가질 수 있다(Parasuraman, 2009).

유전학은 개인차의 조사와 관련되는데 일반 지능, 작업기억 용량, 실행 기능과 같은 인간 능력의 주요한 측면들이 쌍둥이 연구에 기초해서 매우 유전적인 것으로 밝혀졌기 때문이다 (Ando et al., 2001; Friedman et al., 2008). 쌍둥이 연구는 그 유전성에 기여하는 특정한 유전자를 식별할 수 없지만, 새 분자유전학 방법은 기여하는 인자들의 식별을 가능하게 한다. 유전자를 구성하는 특정 DNA 계열에서 사람들 간의 정상적 변산성은 유전자에 의해 부호화되는 단백질의 생성에 영향을 준다. 만일 단백질이 뇌에서 신경전달물질의 기능에 영향을 준다면, 그것들이 인지 기능과 연관되는 신경망의 효율성에 영향을 준다는 것도 가능하다. 그렇다면 유전자 표현에서의 변산성은 인지 수행의 개인차와 연결될 수 있다 (Parasuraman & Greenwood, 2004).

마찬가지로, 인지의 개인차에 관한 분자유전학 연구는 유전자-유전자 변이-단백질 표현-신경전달물질 조절-뇌 네트워크 조절-인지 수행과 같은 추리를 따라왔다. 많은 연구들이 이론적 기반에서 인지와 연결될 법한 것들인 '후보 유전자'에 집중하였으나, 다른 연구들은 인지 수행의 변산성과 관련하여 전체 인간게놈과 그 변이들을 조사함으로써 비이론적인 '동시다발적(shot-gun)' 접근을 사용해 왔다(Butcher et al., 2008). (모든 것은 아니지만) 어떤 유전자는 여러 형태(대립형질)로 관여하는데, 짝지어진 DNA 띠(strand)의 두 대립형질 중 하나는 각 부모로부터 물려받은 것이다. 어떤 사람은 유전자 안의 특정 위치에 대립형질을 1개 혹은 2개를 갖거나, 혹은 전혀 갖지 않을 수 있다. 그다음 그런 대립적 변산성의 기능적 결과를 조사할 수 있다. 이 접근을 쓰는 연구들은 인지 기능에서의 개인차가 특정 유전자의 변산성에로 연결될 수 있다는 것을 입증하였다(Green et al., 2008; Greenwood, et al., 2005; Parasuraman & Greenwood, 2004; Posner et al., 2007).

예를 들어, Parasuraman 등(2005)은 약 100명의 건강한 성인들 표본에서 아세틸콜린 신경전달물질을 부호화하는 CHRNA4 유전자와 도파민과 노르에피네프린 신경전달물질의 상대적 가용성을 제어하는 DBH 유전자를 찾기 위해 유전자형 분석을 했다. 뺨에서 얻은 표본에서 수집된 DNA는 CHRNA4 유전자의 특정 영역에서 시토신(C) 대립형질과 DBH 유전자에서 구아닌(G) 대립형질을 찾기 위해 검사되었다. Posner(1980; 제3장 참조)에 따라 모형화된 공간 주의 과제의 수행은 CHRNA4 유전자와 연관되었으나 DBH 유전자와는 관련되지 않았다. 거꾸로, 공간 작업기억 과제의 수행은 DBH 유전자와 더불어 변동했으나 CHRNA4 유전자와는 연관되지 않았다. 그래서 작업기억 및 주의 전환은 두 가지 구별되고 결합되지 않는 능력으로 보인다(그래서 실행제어와 시간공유에서 이 둘 간의 복합적 관계성을 분해한다). 이 유전자 각각은 이 인지 기능에 꽤 큰 효과를 가지고 있다. Cohen(2008)은 어떤 요인의 영향이 인간 수행에 얼마나 큰지를 판정하는 데 사용될 수 있는 효과 크기(effect size)라고 알려진 통계치를 서술했다. 보통 0.5의 효과 크기는 적절한 크기로 생각된다. CHRNA4와 DBH 유전자의 효과 크기는 0.4에서 0.7 사이의 범위에 있었다.

최근에 분자유전학 연구는 선택 주의, 작업기억, 경계와 같은 단순한 실험실 과제를 넘어서서 작업장에서 과제를 대표하는 더 복잡한 과제로 진행되어 왔다. Parasuraman과 동료들 (2012)은 시뮬레이션된 전쟁 명령 및 제어 과제에서 복잡한 의사결정에서 개인차를 조사했는데, 여기에서 참가자들은 지표면 장면에서 가장 위험한 적 표적을 식별하고 전투에서 개입할 대응하는 아군 단위를 고르도록 요구받았는데, 이 과정은 80%로 믿음직한 자동화 장치인 의사결정 지원기기(decision aid)에 의해 지원받았다. 결정 정확도와 속도 모두는 불완전한 자동화를 쓸 때, 유전자 변이와 연관되는 상당한 개인차를 보였다.

인지에 대한 분자유전학이라는 새 분야는 여전히 그 유아기에 있으며, 신경인체공학에 대한 미래의 영향은 아직 불투명하다. 최근까지의 연구는 기본 인지 기능들에 대한 유전적 연관성을 조사하는 이론적 틀을 확립해 왔다. 예비적인 발견은 유전적 연관성이 의사결정과 같은 더 복잡한 인지 기능에 대해서도 발견될 수 있다는 것을 가리킨다(Parasuraman, 2009; Parasuraman & Jiang, 2012). 그런 연구들이 더 많이 수행됨에 따라, 특히 유전-인간 상호작용이 조사된다면(예 : 유전형으로 정의되는 하위 집단의 사람들에서 훈련에 대한 연구), 실제적 응용을 위한 잠재성은 더 크게 출현할 것이다. 사용자 인터페이스 디자인의 개인화는 또한 사람들 간의 인지적 및 정서적 변산성에 대한 유전적 기초를 더 잘 이해함으로써 많은 정보를 얻을 것이다.

## 5.4 건강한 사람 및 장애인들을 위한 뇌 컴퓨터 인터페이스

지금까지 우리는 개인차의 '정상 범위'라고 불릴 만한 것, 즉 다중 작업 혹은 의사결정과 같은 영역에서 비교적 열등하거나 우수한 사람들을 고려해 왔다. 그러나 이 범위의 한 극단에 일상 및 작업 과제의 수행에 영향을 주는 신체적 장애를 가진 사람들이 있다(Vanderheiden, 2006). 신경인체공학은 그런 사람들을 도울 수 있을 것인가? **뇌 컴퓨터 인터페이스**(brain computer interface, BCI)(Nam, 2012)라는 출현 영역은 그것이 가능하다고 주장한다.

BCI는 신체 장애를 가진 사람들이 기기들 혹은 다른 사람들과 더 쉽게 상호작용할 수 있게 하는 시스템이다. 신경 활동은 사용자가 생각하고, 상상하고, 또는 어떤 다른 인지 조작을 수행하는 동안 감지된다. '락인 증후군(locked-in syndrome)'(근위축성 경화증)을 가진 환자에게서처럼 말하거나 사지를 움직일 수 없는 사용자들을 위해, 그런 기기는 바깥세상과의 의사소통 및 다른 사람과의 어느 정도의 사회적 상호작용을 가능하게 할 수 있는데, 이 중 어느 것도 이전에 없었던 것이다. BCI로 사용자는 어떤 근육 활동에 개입하지 않고 (예 : 손이나 눈을 움직일 필요가 없이) 환경과 상호작용할 수 있다. 그 대신, 사용자는 독특한 뇌 '서명(signature)'과 연관되는 특정 유형의 심적 활동에 개입하도록 훈련받는다. 그 결과로 나오는 뇌 전위(만일 EEG가 사용된다면) 혹은 혈류역학적 활동(만일 NIRS가 사용된다면)가 외부 기기에 실시간으로 제어 신호를 제공하도록 처리되고 분류된다.

BCI 연구는 최근에 극적으로 증가하였다. 여러 유형의 뇌 신호들이 운동 출력의 필요 없이 외부 기기들을 제어하기 위해 사용되어 왔다. BCI의 기본 아이디어는 Donchin(1980)에 의해 선구적으로 탐구되었던 1980년대의 '바이오사이버네틱스(biocybernetics)'에 관한 작업으로부터 나오지만, BCI는 더 많은 기술적 개발과 더불어 초기의 성취를 넘어서서 진보했다. 바이오사이버네틱 개념은 처음에는 건강한 사람들에게 추가적인 의사소통 채널을(예 : 손 움직임이나 말에 추가해서) 제공하여 그것으로 기기들과 상호작용하게 하는 수단으로 제안되었다. BCI 연구는 또한 증강인지(Augmented Cognition, Aug Cog) 프로그램에 의해 한층 더 자극받았는데(Schmorrow et al., 2006; St. John et al., 2004), 이것은 EEG와 같은 신경생리학적 측정치들을 써서 건강한 사람의 인지 수행을 향상시킬 수 있는 자동화된 지원 시스템을 촉발시키기 위해 탐색한다. 증강인지 개념은 신경인체공학적 측정치에 기반을 둔 적응적 자동화의 사용과 중첩되는데, 이것은 제12장에서 더 자세히 고찰된다.

건강한 사람들의 수행을 향상시키는 데 초점을 둔 사이버네틱스와 증강인지에 관한 이전 연구와 대조적으로, 대부분의 BCI 연구와 개발은 장애를 가진 사람들에게 상호작용적인 도움을 제공하는 데 집중해 왔다. 그러나 더 최근에 연구자들은 건강한 사람들과 신체적 장애를 가진 사람들 모두에 의해 사용될 수 있는 인터페이스로서, 보통 EEG 신호들의 자동적 감시(monitoring) 및 해부호(decoding)에 근거를 둔 '수동적' BCI를 또한 제안했다(Zander & Kothe, 2011).

비침입적인 BCI는 두피 EEG 기록들로부터 도출되는 여러 뇌 신호들을 사용해 왔다. 여기에는 여러 주파수 대역으로부터 양화된 EEG(Pfurtscheller & Neuper, 2001)와 P300과 같은 ERP(Donchin et al., 2000)가 포함된다. 이 신호들에 기반을 둔 BCI는 음성 합성기를 작동시키고, 로봇 팔을 움직이고, 컴퓨터 디스플레이에 문자들을 쓰고, 다른 물리기기를 제어하는 데 사용되어 왔다. 현재 비침입적인 BCI는 비교적 느린 처리율을 보이지만 미래에 향상될 가능성이 있다. (개관을 위해 Birbaumer, 2006; Mussa-Ivaldi et al., 2007 참조). 의도 기반 및 자발적 뇌 신호 모두에 기반을 둔 BCI에 대한 최근 조사를 원하면 Coffey 등(2010)을 참조하라.

건강한 사람에게서 탐구된 하나의 흥미로운 BCI 응용은 ERP의 '오류 관련 부적 전위(error related negtativity, ERN)'에 기초를 둔다. 이것은 사람들이 지각 또는 인지 과제에서 오류를 범할 때 유발되는 ERP 성분이다(Fedota & Parasuraman, 2010). Parra 등(2003a)은 ERN은 많은 ERP 성분들에 대해 흔히 하듯이 여러 시행들에 걸쳐 평균을 낼 필요가 없이 단일 시행 기반으로 식별될 수 있다는 것을 보였다. Parra 등(2003b)은 이 방법을 써서 중추 자극물에 관한 결정이 측면 자극들을 무시하면서 내려져야 하는 Eriksen의 측면 자극 과제와 같은 과제에서(Eriksen & Eriksen, 1974) ERN이 과제를 수행하는 개별적 오류들에 대한 ERN을 기록함으로써 BCI를 구동하는 데 사용될 수 있다는 것을 보였다. 오류의 온라인 교정의 경우, BCI는 오분류 기회를 최소화하는 ERN 신호의 역치를 계산하기 위해 이전의 100개의 정확 및 오류 반응을 사용했다. 역치 ERN 신호 강도가 초과되면, BCI는 그 시행을 오류로 해석하고 그 반응을 교정했다. 그런 온라인 교정은 21%의 평균 오류 감소를 이끌었다. Ferrez와 del Millan(2005)은 또한 인간-로봇 상호작용에 잠재적으로 사용될 수 있는 BCI

를 보고했다. 그들은 로봇 인터페이스에 의해 만들어진 오류에 대한 반응으로 유발된 ERN 신호들이 단일 시행에서 탐지되고 로봇과의 상호작용 효율성을 향상시키는 데 사용될 수 있다는 것을 보여주었다.

비침입적인 BCI에 더해서, 침입적인 BCI도 개발되었다. 이것은 보통 이식된 전극으로부터 장 전위(field potential) 및 다요소 신경 활동의 기록을 필요로 한다. 이 기법은 원숭이의 로봇 팔 제어에 성공적인 것으로 보고되었다(Nicolelis, 2003). 그런 비침입적인 기록 기법은 우수한 신호 대 잡음 비율을 가지고 있지만 전극 이식이 임상적으로 정당화되는, 운동 기능이 없는 환자에게로 그 사용이 명백히 제한된다. Felton 등(2005)은 뇌파도(electrocorticogram), 즉 이식된 피질 전극으로부터 기록된 뇌 활동에 기반을 둔 BCI를 개발하였다. 그 BCI는 마비 환자에게 컴퓨터로 편지와 기호를 쓸 수 있는 능력을 제공하였다. 후속 연구에서 Felton 등(2009)은 Fitts 법칙을 써서 두피 EEG 기반의 BCI를 사용한 환자들이 표적 획득 과제에서 보인 수행을 평가했다. 운동 장애를 가진 5명의 환자 집단의 BCI 수행이 건강한 8명의 통제 집단(후자는 또한 별도의 시행 블록에서 조이스틱 통제기를 사용했다)과 비교되었다. Fitts 법칙(제9장 참조)은 건강한 피험자와 장애 피험자 간, 그리고 건강인에게서 EEG 제어와 조이스틱 제어 간의 (난이도 지표의 함수로서) 움직임 시간에 대해 직접적인 비교를 예측하고 가능하게 했다. 1950년대부터 인간요인 연구에서 잘 확립된, 기본적으로 법칙적인 관계, 즉 Fitts 법칙이 사진 기반 직접 운동 제어뿐만 아니라 뇌 기반 제어에도 적용된다는 것은 (그 법칙 이후) 40년 동안 개발되어 온 신경인체공학에 적합한 보증을 제공한다.

## 6. 결론과 다음 장과의 관계

이 장은 높은 수준의 스트레스가 부과될 때 인간 수행의 결정적 한계를 다루었는데, 높은 과제 요구 또는 심적 작업부하의 스트레스에 특별한 강조를 두었다. 우리는 또한 스트레스에 대한 반응이 사람들 사이에서, 기술 자동성, 시간공유 기술, 대처 전략, 유전적으로 기반을 둔 작업기억 및 실행 기능 능력이란 면에서 어떻게 달라지는지를 보았다. 특히 우리는 이 반응이 뇌기능의 여러 측면에서 어떻게 표출되는지를 강조하였는데, 이는 신경인체공학 접근과 일관적이다.

그래서 우리는 다음 장과 두 가지 중요한 연결을 제공한다. 첫째, 인간 수행을 대체하거나 증강시키려는 자동화 디자이너들은 인간 조작원의 작업부하를 줄이거나 '덜려는' 바람에 의해 (전적으로는 아니더라도) 크게 주도되었다. 둘째, 그런 필요는 일정하지 않고 사람에 따라, 경우에 따라 다르기 때문에 그런 자동화는 동일한 정태적 방식이 아니라 적응적으로 적용될 수 있다. 바로 이 영역에서 이 장에서 논의한 신경인체공학적 방법이 개별 인간 조작원의 특정한 필요에 자동화를 언제 적용할 것인지에 대해 가장 중요한 신호 중 일부를 제공하는 것으로 드러난다.

# 핵심 용어

각성(arousal)

교류적 평가(transactional appraisal)

내포된 이차 과제(embedded secondary task)

뇌 컴퓨터 인터페이스(brain computer interface, BCI)

다중 작업(multitasking)

데이터링크(data link)

상대적 예측(relative prediction)

상대적 작업부하(relative workload)

스트레스 예방접종(stress inoculation)

시간공유(time-sharing)

신경인체공학(neuroergonomics)

심적 작업부하(mental workload)

엔트로피(entropy)

예측 모형(predictive model)

오프라인 측정치(offline measures)

온라인 측정치(online measures)

인지적 평가(cognitive appraisal)

자동화(automaticity)

작업부하 측정(workload assessment)

적응적 자동화(adaptive automation)

전략적 제어(strategic control)

절대적 작업부하(absolute workload)

주의 협소화(attentional narrowing)

확증 편향(confirmation bias)

# 12 자동화와 인간 수행

## 1. 도입

컴퓨터가 발명된 이후 컴퓨터는 더 작아졌고, 빨라졌고, 강해졌고, 싸졌고, 어느 정도는 더 '똑똑해졌다'. 컴퓨터의 변화는 직선적이기보다는 기하급수적으로 이루어졌는데, 이러한 가속적 변화는 'Moore의 법칙'(Moore, 1965)'으로 알려져 있다. 컴퓨터의 가속적 변화는 컴퓨터 기반 자동화가 1960년대 작은 출발로부터 시작하여 광범위한 영역에 걸쳐 도입됨으로써 더욱 탄력을 받았다. 오늘날 컴퓨터 기반 자동화는 일상생활의 거의 모든 영역에 스며들어 있다. 자동화 시스템은 제조, 발전, 교통, 사무실, 가정, 그리고 그밖의 다른 많은 산업체를 포함하는 거의 모든 영역에서 찾아볼 수 있다. 자동화의 성장이 광범위하게 진행된 결과, 이것은 이제 우리 생활의 일부가 되었다. GPS, 인터넷 검색 엔진, 전자상거래가 없는 삶을 생각해 보라. 멀지 않은 미래에 아주 작은 자동화 장치가 의복, 심지어 우리의 신체에도 장착될 수 있을 것이다. 자동화가 작업장이나 일상생활에 얼마나 많이 스며들어 있는지는 자동화에 대한 Nof(2009)의 방대한 양의 저서를 보면 알 수 있는데, 이 저서에서 자동화의 응용을 기술하는 데 무려 90개 이상의 장이 필요하였다.

자동화가 광범위한 영역에 구현될 수 있게 한 것에는 많은 요인들이 영향을 미쳤고, 그 영향력은 아직도 여전하다. 이러한 요인들은 경제적 측면, 특히 인건비 절감, 효율성 증대, 안전성 향상, 그리고 경쟁적인 시장에서 생존하는 것 등을 포함한다(Satchell, 1998). 자동화는 이러한 경제적 측면에 기여하였는가? 대체적으로 말하면 "그렇다." 자동화는 많은 이점을 가져다주었다. 자동화가 흔히 사용되는 의료와 항공 영역을 고려해 보자. 의료 영역의 경우, 전자 의무기록과 의사결정 보조 시스템 등은 환자 안전사고를 줄여주었다(Gawande & Bates, 2000; Morrow, Wickens, & North, 2006). 특정 환자의 건강 문제에 의사들이 주의를 기울일 수 있도록 하고 치료 후 추적(follow up)에 대한 추천사항을 제공하는 자동진료 상기 시스템(automatic clinical reminder)도 환자 진료의 수준을 향상시켰다(Karsh, 2010; Vashitz et al., 2009). 수술 영역에서는 유방암 절제술을 시행하는 의사를 지원하는 '이미지 유도 항행(image-guided navigation)' 디스플레이가 환자의 안전을 향상시킬 수 있다(Manzey et al., 2011). 항공 영역에서의 자동화는 항공기가 좀 더 직접적인 경로로 비행할 수 있도록 해줌으로써 연료를 절감할 수 있게 해주었다. 상업용 항공기의 자동화 수준이 높아질수록 이전 세대의 항공기들에 비해 안전 기록 측면에서 많은 향상을 가져왔다(Billings, 1997; Pritchett, 2009; Wiener, 1988). 자동화가 구현된 다른 영역들, 예를 들어 작업장, 교통, 레저 활동, 가정 등에서도 이러한 이점들이 보고되었다(Nof, 2009; Sheridan & Parasuraman, 2006).

자동화의 적용 영역이 무엇이든 자동화가 신중하게 설계된 경우라면 자동화의 가장 주된 이점은 사용자의 작업부하를 정신적, 신체적으로 모두 경감시켜 줄 수 있다는 것이다. 그러한 작업부하의 경감은 반응 실행과 근력 발휘(자동 깡통 따개, 스크루 드라이버, 자동 연필 깎기 등을 고려해 보라), 의사결정에서의 선택(제8장에서 논의한 바와 같이, 익숙하지 않은 영역에서 위험 가능성이 높은 의사결정에 투여되어야 하는 정신적 노력의 정도를 기억해 보라), 그리고 정보 획득과 분석(혼잡한 디스플레이를 주사하거나 2개의 숫자를 암산으로 합산할 때의 부담을 생각해 보라) 등에서 찾아볼 수 있다. 이러한 이점들보다도 시간 압력이 높은 환경이나 혹은 다른 과제를 동시에 수행해야 하는 요구로 인해 현재 과제에 대한 인지적 노력을 최소화해야 하는 작업환경의 인간 조작자에게는 작업부하를 경감시켜 줄 수 있는 자동화의 잠재력은 더 매력적인 부분이다. 이 장의 뒷부분에서 살펴보겠지만 자동화가 도입되었을 때 얻어질 수 있는 이러한 작업부하 경감의 장점은 그 자체가 새로운 유형의 문제를 동시에 가져오기도 한다.

자동화가 제공할 수 있는 이점들이 이렇게 광범위하다면 설계자들이 새로운 시스템을 설계하는 임무를 맡았을 때 이들은 당연히 더 크고 더 강력한 자동화 시스템을 구현하고자 노력했을 것이다. 이것은 종종 자동화를 통해 인간의 오류를 제거하거나 혹은 조작자의 과도한 작업부하 수준을 낮출 수 있기 때문에 인간이 오류를 범할 기회가 감소할 것이라는 믿음에 기초한다. 그러나 이러한 믿음은 잘못된 것으로 밝혀졌다. 자동화가 어떤 형태의 오류는 감소시킬 수 있지만 새로운 유형의 오류도 가져올 수 있고(Pritchett, 2009; Sarter, 2008), 어떤 경우에 자동화는 인간의 정신적 작업부하를 줄여주기는커녕 오히려 더 **증가시키는** 모순을 보일 수도 있다(Wiener & Curry, 1980). 인간-자동화 상호작용에 대한 연구들은 종종 설계자들이 기대하거나 예측하지 않은 방식으로 인간이 수행해야 하는 인지적 과제들의 본질이 변화된다는 것을 보여주었다(Parasuraman & Riley, 1997). 결과적으로 그리고 아이러니컬하게 자동화가 더욱 강력하고 권한을 많이 가질수록 인간의 역할은 덜 중요해지는 것이 아니라 오히려 더 중요해진다(Parasuraman & Wickens, 2008).

설계에 대한 기술 기반 접근은 자동화된 시스템에 기인한 인간 수행에서의 문제들에 대해 책임이 크다. 설계자들은 전형적으로 자동화 시스템의 사용자들이 어떠한 특징을 갖고 있는지에 대해서는 거의 주의를 기울이지 않은 채 자동화 시스템에 구현될 센서, 알고리듬,

작동장치에 그들의 에너지를 집중해 왔다. 그러나 지금은 단순히 자동화의 기술적 세부특징에만 집중하기보다 설계자들은 인간의 수행도 고려해야 한다는 관점을 지지하는 많은 증거들이 있다. 이러한 관점은 종종 **인간중심 자동화**(human-centered automation)(Billings, 1997)라 불린다. 따라서 추구해야 할 과제는 인간의 수행과 자동화의 수행을 결합하는 설계를 하는 것이다(Lee & Seppelt, 2009).

이 장에서는 어떻게 이러한 과제를 해결할 수 있을지에 대해 논의할 것이다. 우리는 인간이 자동화와 상호작용할 때 보이는 (이 책의 이전 장들에서 이미 광범위하게 다룬 바 있는) 역량과 한계의 여러 측면들을 고려할 것이다. 자동화는 감각에서부터 의사결정에 이르는 인간 기능의 모든 영역에 걸쳐 적용될 수 있기 때문에, 제1장에서 다루었던 정보처리 모형의 많은 요소들이 인간-자동화 상호작용의 이해에도 고려될 수 있을 것이다. 먼저 자동화의 사례와 목적에 대한 논의를 시작으로 인간-자동화 상호작용과 관련된 문제들을 살펴보고자 한다.

## 2. 자동화의 사례와 목적

자동화(automation)는 전적으로 혹은 부분적으로 인간에 의해 수행되었던 기능들이 기계(전형적으로 컴퓨터)에 의해 수행되는 것으로 정의될 수 있다(Parasuraman & Riley, 1997). 어떤 경우에 자동화는 인간이 수행할 수 없는 과제(예 : 인간이 볼 수 없거나 들을 수 없는 범위의 자극을 감각하는 것, 혹은 무거운 물체를 들어올리거나, 독성 물질을 다루는 것)를 기술하는 데도 적용된다. 자동화는 그것의 목적, 자동화가 대신하는 인간 수행 기능, 그리고 단순한 경보 시스템에서부터 복잡한 자동항법, 나아가 의사결정 보조 시스템에 이르는 자동화된 시스템과 인간이 상호작용할 때 보이는 강점과 약점의 관점에서도 기술될 수 있다. 자동화의 목적들은 다음 다섯 가지의 일반적 범주로 구분하여 생각할 수 있다.

### 2.1 인간이 수행할 수 없는 과제들

인간 조작자가 수행할 수 없는 기능들을 자동화가 대신 수행해야 하는 경우에 자동화가 필요하다. 이 범주에 해당하는 대표적인 예는 인간이 수행하기 불가능한 수학적인 연산(예 : 복잡한 통계 분석)을 컴퓨터를 이용해 대신 수행하는 것을 들 수 있다. 역동적 시스템 영역에서 자동화의 예들에는, 인간 조작자의 시간 지연이 불안정성을 초래할 수 있는 유인 우주선 제어(제10장 참조), 인간이 온라인으로 반응하기에는 역동적 과정이 너무 복잡한 핵반응 제어, 혹은 9.11 테러 공격 이후 붕괴된 세계무역센터 안에서 희생자를 찾기 위해 사용된 로봇과 같이 위험 요소가 가득한 환경에서 작동하는 로봇(Casper & Murphy, 2003) 등이 포함된다. 이러한 상황(혹은 이와 유사한 상황)에서는 비용이 얼마가 들든 자동화는 매우 필수적이고 불가피한 것으로 보인다.

## 2.2 인간 수행의 한계

이 범주의 자동화는 인간이 직접 수행할 수는 있어도 시스템의 복잡성이나 정보부하 때문에 인간이 직접 수행할 경우에는 수행의 질이 너무 낮아지거나 혹은 높은 작업부하가 요구되는 기능들을 포함한다. 이 범주에 속하는 자동화의 예들에는 민간 항공기에서 많이 볼 수 있는 자동항법장치(Degani, 2004; Pritchett, 2009; Sarter & Woods, 1995; Sebok et al., 2012), 항공기가 지상이나 다른 항공기와 충돌할 가능성이 있을 때 각각 이를 조종사들에게 경고해 주는 지상근접경고 시스템(ground proximity warning system, GPWS) 등이 포함된다(Wickens, Rice, et al., 2009). 또한 의학(Garg et al., 2005; Morrow et al., 2006), 핵처리 제어(Woods & Roth, 1988), 선박 항행(Lee & Sanquist, 2000), 그리고 중다의 무인 항공기나 무인 차량의 협동작업(Barnes & Jentsch, 2010; Cummings et al., 2007; Parasuraman et al., 2007) 등과 같은 영역에서 진단과 의사결정 과정을 자동화하고자 하는 노력이 이루어졌다. 군사적 지휘통제 작전 영역도 네트워크중심 방식으로 이루어지는 경향이 증가하고 있다. 여기에서는 많은 실체들이 크고, 복잡하고, 분산된 네트워크에 서로 연결되어 자동화된 대리자를 통해 기능이 수행된다(Cummings et al., 2010). 이러한 접근은 일반적으로 전문가 시스템(expert system)(Darlington, 2000)이나 대리자 기반(agent-based) 소프트웨어(Lewis, 1998) 등의 형태로 구현된 인공지능을 요구한다.

## 2.3 인간 수행 증강과 보조

자동화는 인간이 수행의 한계를 나타내는 영역에서 인간을 보조해 줄 수 있다. 이 범주는 앞에서 언급한 것과 유사하지만 이 때의 자동화는 과제의 모든 측면을 대신하는 것이 아니라 중심 과제의 수행에 요구되는 주변 과제나 정신적 조작을 돕는 것을 목적으로 한다. 앞 장에서 살펴보았듯이, 인간의 작업기억이나 예언/기대 능력에는 한계가 있기 때문에 인간 수행에는 일종의 병목 현상이 나타나는데, 이러한 측면들에 대한 자동화는 매우 유용할 것이다. 제6장과 제7장에서 살펴보았던 자동화된 디스플레이나 청각 메시지를 시각적으로 다시 보여주는 것 등이 이러한 자동화 범주의 예가 될 수 있다. 구체적으로, 전화번호 안내시스템의 경우 음성으로 들려준 전화번호를 전화기의 디스플레이를 통해 시각적으로 다시 제시해 준다거나, 관제탑으로부터 주어진 명령이 시각적인 텍스트 형태로 항공기 조종석에 부착된 화면을 통해 시각적으로 반복 제시되는 경우 등이 포함될 수 있다(Helleberg & Wickens, 2003).

　또한 화학공장, 핵발전소 혹은 그밖의 여러 처리 제어 공장에서 시스템에 대한 오류 진단 결과들을 컴퓨터 화면을 통해 나타내주는 '스크래치 패드'도 이러한 자동화의 또 다른 사례다. 이러한 절차들은 조작자의 작업기억 부담을 많이 줄여줄 수 있다(제8장 참조). 이 책에서 여러 번 언급되었듯이, 예측 요구에 기인한 인지적 부담을 덜어줄 수 있는 예측 디스플레이들은 어떤 종류이건 거의 대부분 아주 유용하게 사용될 수 있다. 자동화된 보조수단의 또 다른 예로 디스플레이의 '탈혼잡화' 옵션을 들 수 있다. 이것은 디스플레이에서 불필요한 세부특징을 제거할 수 있도록 해주어 초점 주의나 선택 주의 과정을 촉진시켜 준다(St. John et al., 2005; Yeh & Wickens, 2001).

## 2.4 경제성

자동화는 경제적인 이유 때문에 도입되기도 한다. 동일한 과제를 사람이 직접 수행할 때의 비용이나 과제에 대한 훈련 비용에 비해 자동화된 시스템이 수행할 때의 비용이 더 적게 든다면 자동화하는 것이 더 바람직할 것이다. 제조업체에서 인간 작업자를 대신하여 로봇이 작업한다거나, 사람을 대신하여 자동전화응답 시스템이 안내 기능을 담당하는 것 등은 이러한 경제적 이유 때문에 자동화가 된 경우라 할 수 있다. 무인 항공기는 제조와 비행 두 가지 측면 모두에서 유인 항공기에 비해 훨씬 더 비용이 적게 든다(Cooke et al., 2006). 그러나 우리가 자동전화응답 시스템을 대할 때마다 느낄 수 있듯이, 자동화된 시스템을 통해 얻어진 경제적 이득은 시스템과 상호작용하는 사람들이 원하는 '사용자중심적' 서비스까지 보장해 주는 것은 아니다(Landauer, 1995; St. Amant et al., 2004).

## 2.5 생산성

인력이 부족할 경우 개인에 대한 생산성 요구가 증가하는 경우가 많이 있다. 예를 들어, 항공 여행의 수요가 증가함에도 불구하고 숙련된 관제사 인력이 제한적이거나, 혹은 의사의 수가 부족하여 의사들이 더 많은 환자들을 진료해야 하는 경우다. 군대에서는 조종사 수가 부족할 경우 감시 임무에서의 생산성을 높이기 위해 더 많은 수의 무인 항공기를 활용해야 할 것이고, 이것은 조종사 한 사람이 여러 대의 무인 항공기를 감시해야 하는 결과를 초래한다. 이 경우에 다양한 수준의 자동화가 도입되지 못한다면 작업부하는 적정 수준을 급속하게 초과하게 된다(Cummings & Nehme, 2010; Dixon et al., 2005).

# 3. 자동화 관련 사건과 사고

비록 자동화가 많은 이점을 주기는 하지만 이것은 사고로 이어질 수 있는 새로운 문제를 동시에 야기하기도 한다. 자동화의 문제와 관련된 몇 가지 많이 알려진 사고들은 자동화 시스템을 설계할 때 초기의 시스템 요구사항 반영 단계부터 인간요인에 대한 고려가 있어야 한다는 것을 보여준다. 그와 같은 많은 사고들은 자동화된 상업용 항공기에서 많이 발생하였다(Billings, 1997; Parasuraman & Byrne, 2003). 이러한 사고들에 대한 분석 결과는 자동화가 시스템 작동에서의 새로운 취약성을 가져올 수 있을 뿐만 아니라 설계자들이 완전히 기술중심적 관점에서 자동화를 설계할 경우 인간이 갖고 있는 역량과 한계가 시험대에 오를 수 있다는 것을 보여주었다. 다음에서는 자동화와 관련하여 발생한 몇 가지 사고와 사건을 예시할 것이다.

그와 같은 사례들을 예시하기 전에 먼저 고려해야 할 것들이 있다. 대부분의 사고는 궁극적으로 문제를 야기하는 여러 가지 촉발적 사건이나 조건의 결과라는 점이다(Reason, 1990, 2008). 이 때문에 자동화 설계만으로 사고의 원인을 찾는 것은 어려운 일이 될 수 있다. 그럼에도 불구하고 몇 개의 사건들에 대한 분석 결과는 자동화가 사건 발생에서의 주된 역할을 한다는 것을 보여주었다(Funk et al., 1999).

자동화 관련 사고의 초기 사례는 1972년 미국 마이애미 공항에서 발생한 L-1011 항공기 충돌사고다. 승무원들은 랜딩기어 지시등의 문제 때문에 온통 여기에 신경을 쓰고 있었고 자동항법장치의 '고도 고정(altitude-hold)' 기능이 부주의에 의해 해제된 것을 전혀 알아차리지 못했다. 이 사고의 가장 중요한 요인은 자동화 시스템에 의해 제공되는 자동화 상태에 대한 피드백이 매우 열악하게 주어졌다는 것이다(Norman, 1990). 미국 교통안전위원회(National Transportation Safety Board, NTSB)의 사고 보고서는 자동화 해제에 대해 그것이 의도한 것인지 아니면 의도하지 않은 것인지를 조종사들이 확실하게 인지할 수 있도록 신호를 보내주어야 한다는 것을 지적하고 있다(NTSB, 1973). L-1011 항공기 사고에서는 자동화의 현재 상태와 상태 변화를 인간 조작자에게 분명하게 제시해 주어야 한다는 기본적인 원리가 위반되었던 것이다. 최근 대부분의 자동항법장치들은 자동화 해제에 대한 시각 경보와 청각 경보를 모두 (혹은 이 중 한 가지를) 제공해 준다. 이러한 경보는 몇 초간 지속되거나 혹은 조종사가 경보를 끄기 전까지 계속 제시된다.

해양에서 발생한 사고 사례로는 미국 매사추세츠의 Nantucket 해안에서 발생한 크루즈선 *Royal Majesty*호의 좌초 사고를 들 수 있다. 이 사고의 주요 요인은 경보의 현저성이 너무 낮았다는 것과 승무원들이 자동화 시스템을 너무 믿고 방심하였다는 것으로 요약된다. 이 사고로 인해 막대한 재정적 손실이 발생하였다(Parasuraman & Riley, 1997). 이 선박에는 항행을 위해 GPS 신호를 수신하여 작동하는 자동 레이더 플로팅 장치(automatic radar plotting aid, ARPA)(일종의 충돌예방장치)를 장착하고 있었다. 선교 승무원들은 다른 작업을 하면서 ARPA를 감시해야 했다. 그러나 안테나의 케이블이 닳아 GPS 신호를 제대로 수신하지 못하였고, 이 때문에 ARPA는 '추측항법(dead reckoning)'으로 전환되었다. 추측항법을 통해 항행할 경우 수시로 변화되는 조류와 바람에 따라 이 장치를 교정해야 하는데 승무원은 이를 제대로 하지 않았고, 결과적으로 선박이 수심이 낮은 지역의 모래 언덕 쪽으로 점차 이동하게 되었다. 자동화 모드에서의 변화는 작은 액정화면 위에 하나의 글자로 나타나 이를 확인하기가 매우 어려웠다(제3장의 변화맹 부분 참조). 승무원은 하루 종일 ARPA 디스플레이를 지속적으로 감시하였고, 수면이 얕은 지역으로 선박이 위험하게 이동하고 있다는 것을 알려주는 다른 정보들(예 : 같은 구역에 있던 다른 소형 어선들로부터의 교신 내용과 해안에 있는 등대로부터 주어진 불빛)을 알아차리지 못했다. 사고에 대한 NTSB(1997) 보고서는 열악한 인터페이스 설계, ARPA 시스템에 대한 승무원의 과다한 의존, 그리고 지나친 안심감 등이 다른 항행 정보(예 : 다른 레이더에서 제공되는 정보와 외부 상황에 대한 육안 관찰 내용)에 대한 불충분한 감시와 연합되어 사고가 발생하였다고 결론지었다.

지난 몇 년 동안 발생한 월스트리트 격변은 자동화가 재앙적 결말을 가져올 수 있음을 보여주는 세 번째 사례다. 2008년과 2010년에 발생한 금융위기는 주식시장에서 사용되는 전산화된 파생상품 거래 시스템이나 다른 유형의 자동거래 시스템 사용과 직접적으로 관련되어 있다. 자동거래 시스템은 이것이 갖는 경제적 이점 때문에 오랜 시간 동안 장점이 많은 시스템으로 인식되어 왔다(Domowitz, 1993; Steil, 2001). 그러나 수백만 주의 주식이 인간의 개입없이 자동적으로 거래되는 이른바 극초단타 매매(high-frequency trading)라고 불리는 것 때문에 극심한 주가 변동이 발생하여 2008년과 2010년에 주식시장에서의 몰락이 발생하였다. 자동거래 시스템에 기반하는 알고리듬의 복잡성과 불투명성이 이러한 자동화 시스템의 알고리듬을 제대로 이해하고 있지 못하는 인간 사용자(증권관리위원회와 같은 감독기관 종사자들을 포함하여)와 결합된 것이 이러한 위기의 주요 원인이다(McTeague, 2011). 더구나 Taleb(2007)에 의해 지적되었듯이, 빗나간 예측을 제공한 재정 모형 알고리듬의 문제는 인간의 의사결정이 최적이라고 상정하였다는 점이다. 그러나 앞의 제8장에서 언급하였듯이, 항상 그러한 것은 아니지만 대부분의 연구 결과들은 대부분의 경우 인간의 의사결정은 어림법(heuristics)이나 다른 인지적 '지름길'에 의존하여 이루어진다는 것을 보여주었다(Tversky & Kahneman, 1974). 불행하게도 의사결정 어림법은 자동화 알고리듬에는 결코 반영되지 못하는 특성이다.

## 4. 자동화 수준과 단계

자동화 관련 사건이나 사고에 대한 분석 결과는 자동화의 기능성이 목표를 달성하기 위해 그러한 시스템과 상호작용하는 인간 사용자의 수행에 중요한 영향을 미친다는 것을 보여준다. 자동화 시스템이 수행할 수 있는 다양한 기능들은 많은 방식으로 기술될 수 있다. 자동화는 실무율적(all or none)으로 작동하는 것이 아니고 완전한 수동 수행에서부터 완전 자동 수행에 이르기까지 여러 수준들의 연속선상에 걸쳐 이루어진다. Sheridan과 Verplanck (1978)는 감독 제어에 대한 개념을 제안하면서 처음으로 열 가지의 **자동화 수준**(levels of automation)을 분류하였다. **감독 제어**(supervisory control)란 인간 조작자가 통제실에서 직접 조작을 하는 것이 아니라 센서로부터 얻어진 정보에 기초하여 반응기를 통해 환경에 작용하는 중간 매개수단(주로 컴퓨터)을 통해 조작하는 것을 말한다(Sheridan, 2002; Sheridan & Parasuraman, 2006).

그림 12.1은 10점 척도로 제시된 Sheridan-Verplanck 척도인데, 여기에서 점수가 높아질수록 인간에 비해 컴퓨터의 자율성이 더 증가한다는 것을 의미한다. 예를 들어, 수준 2에서는 컴퓨터가 인간에게 몇 가지의 선택사항을 제공하지만 어떤 결정을 해야 하는지에 대해

| | | |
|---|---|---|
| 고수준 | 10. | 컴퓨터가 인간을 무시한 채 모든 것을 결정하고 자율적으로 행위한다. |
| | 9. | 컴퓨터가 필요하다고 결정한 경우에만 인간에게 알린다. |
| | 8. | 컴퓨터는 요구받았을 경우에만 인간에게 알린다. |
| | 7. | 컴퓨터가 먼저 자동적으로 실행한 후 이에 대해 반드시 인간에게 알린다. |
| | 6. | 컴퓨터는 자동화가 실행되기 이전에 인간이 거부할 수 있는 시간을 제한적으로 허락한다. |
| | 5. | 인간이 승인한 경우라면 컴퓨터가 실행한다. |
| | 4. | 컴퓨터가 하나의 대안을 제안한다. |
| | 3. | 컴퓨터가 선택 범위를 좁힌다. |
| | 2. | 컴퓨터가 결정/행위 대안들의 완전한 목록을 제공한다. |
| 저수준 | 1. | 컴퓨터는 아무런 도움을 주지 않는다. 인간이 모든 결정과 행동을 떠맡아야 한다. |

**그림 12.1** 자동화 수준 척도(Sheridan & Verplanck, 1978에 기초함)

서는 컴퓨터가 더 이상 관여하지 않는다. 수준 4에 해당하는 사례에는 갈등 탐지 시스템이
나 해결책 제안 시스템 등과 자동화 시스템이 포함될 수 있는데, 이러한 시스템들은 항공관
제사들에게 비행 경로상의 항공기 간 갈등 상황을 알려주고 해결책을 제안하기는 하지만
그 제안을 받아들일 것인지 혹은 다른 해결책을 적용할 것인지의 여부는 인간이 결정한다.
수준 6에서 자동화 시스템은 스스로 결정한 것을 직접 실행하기 이전에 인간에게 이를 거
부할 수 있는 시간을 제한적으로 제공한다. Sheridan은 이후 연구에서 이 척도를 좀 더 정교
화하였고(Sheridan, 2002; Sheridan & Parasuraman, 2006), 다른 연구자들은 이와 관련된 또
다른 분류체계를 제안하였다(Endsley & Kaber, 1999).

자동화 수준의 개념에서 반드시 10개의 수준이 있어야 하는 것은 아니라는 것에 주목할
필요가 있다. 즉, 10이라는 '마법의 수'는 존재하지 않는다. 가장 중요한 점은 높은 수준일
수록 자동화 시스템의 책임이 커지고 이에 따라 인간의 인지적 작업을 경감시켜 준다는 방
식으로 이러한 수준들이 정의되어 있다는 점이다. 자동화 수준 개념은 인간과 자동화 시스
템이 독립적으로 작용한다는 것을 의미하는 것도 아니다. Sheridan과 Verplanck(1978)가 감
독 제어 개념에 대해 처음으로 기술하면서 인간이 기계를 통해 실행하기 위한 계획을 수립
하고, 그것의 행위를 감시하며, 그다음에 무엇을 해야 하는지 기계를 '가르치는' 방식으로
인간과 기계는 상호의존적이라고 강조하였다. 그러나 이러한 활동에 인간이 관여하는 상대
적인 정도는 자동화 수준에 따라 달라진다. 예를 들어, 자동화 시스템이 더 많은 책임을
담당할수록 인간이 이를 감시해야 한다는 요구는 더 증가한다(Parasuraman, 1987).

Sheridan-Verplanck 척도는 인간과 기계가 관여하거나 제어하는 서로 다른 수준에 기초하
여 구성되어 있지만 감각, 의사결정 그리고 행위에 이르는 정보처리 단계에 적용된 자동화
시스템도 생각해 볼 수 있을 것이다. 이 책은 정보처리 단계들의 틀 안에서 구성되어 있다.
이와 유사하게 자동화 시스템이 어떻게 이러한 다양한 정보처리 단계를 증강시켜 주거나
보조해 주는지의 관점으로도 자동화를 개념화할 수 있을 것이다. Parasuraman 등(2000,

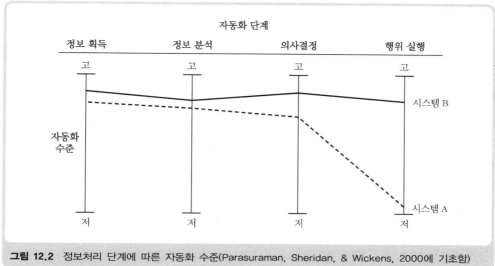

**그림 12.2** 정보처리 단계에 따른 자동화 수준(Parasuraman, Sheridan, & Wickens, 2000에 기초함)

2008)은 인간-기계 시스템에서 **자동화의 단계들**(stages of automation)을 기술하기 위해 자동화 수준의 개념을 확장하였다. 이 확장 버전에서는 제1장에서 제시되었던 인간 정보처리에 대한 좀 더 단순한 형태가 채택되어 4단계 모형으로 구성되었는데, 이 모형에는 정보획득, 정보 분석, 의사결정 그리고 행위 실행의 단계들이 포함되어 있다(그림 12.2 참조).

Parasuraman 등(2000)의 모형의 첫 번째 단계는 여러 정보들을 획득하고 등록하는 단계다. 이 단계에는 감각처리, 완전한 지각 이전에 자료에 대한 초기의 전처리, 그리고 선택주의를 포함한다. 예를 들어, 제2장에서 논의된 경보는 문제에 대해 사용자의 주의를 이끌기 위해 설계된 자동화의 한 형태이다. 두 번째 단계는 작업기억에서 정보를 처리하거나 인출하는 작업을 포함한다. 이 단계는 시연, 통합, 그리고 상황 평가(situation assessment)와 자동 진단과 같은 추론을 포함하는 인지적 작업도 포함하는 것으로 개념화할 수 있다. 그러나 그와 같은 작업들은 의사결정과 행위 선택 이전에 발생한다. 의사결정과 행위 선택은 이 모형에서 세 번째 단계에 해당하는데, 이 단계에서는 자동화 시스템이 인간의 선택 결정을 돕는다. 이 모형은 이러한 네 가지 단계 각각에서 완전 수동 작업으로부터 완전 자동작동에 이르기까지 자동화의 다양한 수준들이 가능하다고 제안한다.

비록 이러한 4단계 모형이 이 책의 전반에 걸쳐 논의된 정보처리 모형의 복잡성(여기에는 많은 피드백 루프와 병렬처리 기제 등도 포함되어 있다)을 좀 더 단순화한 것이기는 하지만 자동화 설계에 넓게 활용될 수 있는 유용한 틀이라는 것이 밝혀졌다. 더구나 이것은 자동화 시스템이 지원하고자 하는 인간만큼 **자동화 지원** 모형이 복잡할 필요는 없다는 것도 시사한다.

그림 12.2는 자동화의 수준과 단계들에 대한 이 모형을 도식적으로 나타내주고 있다. 특

정 시스템이 네 가지 차원 모두에서 서로 다른 수준으로 자동화될 수 있다. 예를 들어, 시스템 A는 정보 획득, 정보 분석 그리고 의사결정 단계에 대해서는 높은 수준으로, 반면 행위 실행 단계에서는 낮은 수준으로 자동화될 수 있을 것이다. 이와는 달리 시스템 B는 4개 단계 모두에 걸쳐 높은 수준으로 자동화될 수 있을 것이다. A와 같은 시스템의 한 예가 탄도 미사일을 중간에 격추하는 데 사용되는 전구 고고도지역방어(Theater High Altitude Area Defense, THAAD) 시스템이다(Department of the Army, 2003). 이것은 정보와 의사결정 단계에 걸쳐 고도로 자동화되어 있다. 그러나 행위 실행 자동화 수준은 낮기 때문에 미사일을 발사할지의 여부는 인간이 완전한 통제를 갖고 있다. 이와는 대조적으로 로봇 우주인이라 할 수 있는 **로보놋**(Robonaut)은 시스템 B의 한 가지 사례라 할 수 있는데, 이것은 모든 단계에 걸쳐 높은 수준으로 자동화되어 있고, 깊은 우주 공간에서 우주 유영의 임무를 수행한다(Bluethmann et al., 2003). Parasuraman 등(2000)의 모형에 포함된 분류체계에 따라 각 단계를 기술하면 다음과 같다.

## 4.1 정보 획득

정보 획득에 대한 자동화(단계 1 자동화)는 입력 자료에 대한 감각과 등록에 적용된다. 이러한 작업은 인간 정보처리의 첫 번째 단계와 동일한데, 여기에서는 인간의 감각과 선택 주의 과정을 지원한다. 낮은 수준의 정보 획득 자동화는 주사나 관찰을 위한 센서 작동이 포함된다. 예를 들어, 최근의 무인 비행체는 전형적으로 장면에 대한 비디오 영상을 멀리 떨어져 있는 조작자에게 전송할 수 있는 카메라를 장착하고 있고, 화면각도 조절과 줌 기능 같은 특징들도 갖고 있다(Cooke et al., 2006). 의료 영역에서 전자의료기록(electronic medical records, EMR) 시스템은 환자에 대한 정보나 사용될 수 있는 처방약에 대해 의사가 선택 주의를 기울일 수 있도록 유도할 수 있다. 이 단계에서 좀 더 높은 수준으로 자동화될 경우 어떤 기준에 맞추어 들어오는 정보를 체제화하기도 한다(예 : 우선성에 따라 목록을 배열하거나 정보의 일부를 부각시켜 주는 것 등). 예를 들어, 최근의 항공관제소에는 관제사가 관제해야 하는 항공기의 우선성을 기준으로 항공기들을 목록화해 주는 '전자 활주로(electronic flight strips)' 시스템이 사용되고 있다. 인간-컴퓨터 상호작용에서 새로 도착한 메일에 대한 '핑(ping)' 기능과 잘못 입력된 철자를 부각시켜 주는 기능 등은 사용자의 주의를 유도할 수 있다.

제2장의 신호탐지 이론 부분에서 기술하였듯이 인간 조작자는 경우에 따라 환경에서 발생하는 중요한 사상을 탐지하는 데 실패할 수 있는데, 그와 같은 주요표적 탐지 실패는 작업기간이 길어질수록 더 빈번해진다(경계 감소). 정보 획득 자동화는 그와 같은 사상들에 대해 조작자의 주의를 안내함으로써 이 두 가지 문제들(탐지 실패와 경계 감소)을 줄일 수 있다. 그와 같은 경보 시스템이 단순히 센서에 의해 작동된다면 이러한 시스템은 상대적으로 '멍청하다'고 일컬어지고, 이것은 정보 획득(단계 1) 자동화의 낮은 수준에 해당된다. 그

러나 경보 시스템이 몇 개의 센서로부터 주어지는 정보를 통합하여 중요한 사상의 정체나 심각성을 추론하는 경우 이러한 '똑똑한' 경보 시스템은 정보 분석(단계 2) 자동화 수준의 자격을 갖추었다고 할 수 있다. 온도와 입자 농도를 통합하여 경보를 제공하는 화재 경보 시스템은 그러한 통합 기능을 갖춘 시스템의 한 예이다. Pritchett(2009)에는 항공기 조종실에서 사용되는 이러한 경보 시스템의 사례들이 소개되어 있다.

## 4.2 정보 분석

정보 분석 자동화는 작업기억이나 추론 과정과 같은 인지 기능을 지원한다. 이 단계의 낮은 수준에 해당하는 자동화는 유입되는 자료를 처리하고 그러한 자료의 미래 추세를 조작자의 디스플레이에 제시해 준다. 이것은 추세 디스플레이 혹은 예측 디스플레이(predictor display) 라고 불린다(Yin et al., 2011; 제5장 참조). 예를 들어, 원자력발전소의 관제실에는 발전소의 현재 상태와 함께 미래 상태에 대한 예측 자료가 제시되는 디스플레이들(Moray, 1997)이 구현되어 있다. 예측 디스플레이에 대해서는 처리 제어와 관련하여 논의한 바 있다(제5장). 이 단계에서 높은 수준의 자동화는 단지 예측만 하는 것보다는 정보 가치에 대한 통합도 포함된다. 이 경우 자동화 시스템은 처리 제어와 수술 장면에서 사용되는 통합적 다각형 디스플레이(integrated polygon display)와 같이 몇 개의 정보 입력을 단일의 값 혹은 대상으로 조합한다(Smith et al., 2006). 이러한 사례들에서 볼 수 있듯이, 시스템에 의한 정보 통합은 인간 조작자의 작업기억 부담과 노력을 경감시켜 준다. 의학 영역에서의 진단보조 시스템은 이 단계의 전형적 사례다(Garg et al., 2005). 두 평균이 어떤 가능성을 가지고 차이가 나는지의 여부를 추론하는 통계 패키지도 마찬가지다. 이 경우 낮은 수준의 자동화는 신뢰구간을 출력해 주지만(따라서 인간이 유의성을 판단한다) 높은 수준의 자동화는 '유의함' 혹은 '유의하지 않음'과 같은 출력 결과를 제시해 준다(따라서 시스템이 유의성을 판단한다).

제7장에서 논의된 바와 같이, 단계 1은 상황인식의 제1 수준(정보 획득)과, 그리고 단계 2는 상황인식의 제2 수준(추론) 및 제3 수준(예측)과 각각 밀접하게 관련되어 있다. 즉, 단계 1 자동화는 상황인식의 제1 수준을, 반면 단계 2는 상황인식의 제2 수준과 제3 수준을 각각 보조해(혹은 대신해) 준다.

## 4.3 의사결정과 행위 선택

세 번째 단계인 의사결정과 행위 선택은 의사결정 선택 대안들 중 하나를 선택하는 것을 포함한다. 단계 3 자동화는 인간 의사결정자에게 우선순위를 둔 대안들의 전체 목록 혹은 가장 바람직한 하나의 대안을 선택하여 제시해 준다. Sheridan의 초기 분류체계에서 수준 10이 이 자동화 단계에 적용될 수 있다. 그와 같은 의사결정 자동화에 대해서는 제6장의 '명령 디스플레이(command displays)'의 맥락에서 논의한 바 있다. 단계 3 자동화에 포함된 수준들을 구분하는 것이 중요하다. (a) 인간은 단일한 선택사항을 제안받을 수 있지만 이것을 무시할 수 있다. (b) (일정 시간의 범위 안에서) 인간이 특정 선택사항을 거부하지 않을 경우 그것이 선택(혹은 실행)될 것이기 때문에 인간은 그 선택사항을 무시할 수 없다. (c) 인간은 거부조차 하지 못한다. 수준 (b)와 (c)는 가장 높은 수준의 행위 실행 자동화에도 적용된다.

단계 3 자동화의 예들은 많은 작업 영역에서 찾아볼 수 있다. 항공 영역에서의 한 가지 예는 공중교통 경고 시스템(airborne traffic warning system)인데, 이 시스템은 비행 중 다른 항공기와의 충돌 위험이 있을 경우 조종사가 이것을 피할 수 있도록 조종사에게 회피 조언 (예 : "상승하라", "상승하라")을 제공해 준다(Pritchett, 2009). 의료 영역에서는 의사결정 보조 시스템이 의사들에게 환자에 대한 진단과 치료 결정을 지원해 준다(Garg et al., 2005; Morrow et al., 2006). 이에 대한 한 가지 예는 HIV 환자의 치료에 대한 추전사항들이 전산화된 환자기록 시스템의 디스플레이 스크린상에 제시되는 것이다(Patterson et al., 2004).

인간 조작자가 어떠한 행위 경로를 따라야 하는지 규정하는 단계 3 자동화와 추론적 처리만 지원하고 결정은 인간에게 맡기는 단계 2 자동화를 서로 구분하는 것이 중요하다. 통계 패키지를 예로 들면, p값(통계적 유의도)만 제시하는 것을 넘어 영가설에 대해 '기각' 혹은 '기각하지 않음' 결정을 사용자에게 알려주는 수준은 단계 3 자동화다.

단계 2 자동화와 단계 3 자동화를 서로 비교하는 것은 Mosier와 Fischer(2010)가 말한 전단 의사결정(front end decision making)과 후단 의사결정(back end decision making)을 서로 비교하는 것과 매우 유사하다. 제8장에서 그러했던 것처럼 이러한 구분은 여기에서도 매우 중요한데, 왜냐하면 단계 2에서 자동화는 진단 상태나 상황 평가 내용을 추론하면서 이에 대한 어떠한 값도 제공해 주지 않는 반면, 단계 3 자동화는 그것이 추천하거나 명령하고자 하는 다양한 의사결정 결과들에 대해 외현적으로 혹은 암묵적으로 값들을 추정하기 때문이다. 그러나 이러한 추정은 인간의 선택과는 큰 차이를 보일 수도 있다.

## 4.4 행위 실행

마지막 단계인 행위 실행 단계는 선택한 행위를 실제적으로 실행하는 것을 말한다. 단계 4 자동화는 인간의 운동 반응(예 : 손이나 손가락 움직임 또는 음성 명령)을 대신하여 행위 선택을 기계가 직접 실행하는 것을 포함한다.

행위 자동화의 여러 수준들은 반응을 실행할 때의 수동 활동과 자동 활동의 상대적 양으로 정의될 수 있다. 예를 들어, 복사기를 사용할 때 수동 문서 분류, 자동 문서 분류, 자동 페이지 순서 정렬, 그리고 자동 묶음 등은 사용자가 선택할 수 있는 행위 자동화의 수준들이다. 항공관제 영역에서 어느 정도 복잡한 사례는 자동화된 '핸드오프(handoff)'인데, 이것은 관제사에 의해 일단 어떤 결정이 이루어지면 하나의 키만 눌러도 한 항공기에 대한 관제가 한 공역 섹터(airspace sector)에서 다른 공역 섹터로 자동적으로 전이되도록 한다(Wickens et al., 1998). 의사가 로봇으로 하여금 환자 수술을 수행하도록 안내하는 로봇 원격수술도 높은 수준의 단계 4 자동화에 대한 또 다른 예다. Marescaux 등(2001)은 뉴욕에 있는 의사가 이러한 시스템을 통해 3,500마일(약 5,600km) 떨어져 있는 프랑스에서 담낭 제거수술을 성공적으로 수행하였다고 보고하였다.

자동화 설계에 대한 단계와 수준 모형이 갖는 시사점은 이 장의 9.2절에서 논의된다. 다음 절에서는 인간 사용자가 자동화 시스템을 사용할 때 자동화 시스템의 어떤 측면들에 대해 어려움을 경험하는지 고려할 것이다.

## 5. 자동화 복잡성

본질적으로 자동화는 원래 인간이 수행하던 기능을 기계 혹은 컴퓨터가 대신하는 것이다. 따라서 제9장에서 논의된 바와 같이 자동화는 인간에 의한 에러는 제거하지만 인간이 수행하지 않는 요소가 증가함에 따라 시스템 에러 혹은 고장을 일으킬 가능성을 증가시킬 것이다. 더구나 자동화 기능의 복잡성이 증가함에 따라 자동화는 더 많은 요소를 포함하게 될 것이고 제9장의 신뢰도 공식을 사용하면 시간에 따라, 장소에 따라 그리고 자동화 요소에 따라 실패할 가능성을 더 크게 증가시킬 것이다. 따라서 그와 같은 복잡한 시스템에서 자동화가 불완전한 것은 불가피한 것이다. 자동화 불완전성은 이 장의 다음 절들에서 논의될 자동화에 대한 과다신임 혹은 과소신임의 문제를 이끌어낼 수 있다.

아날로그 장치 혹은 전기-기계적 장치들과 같은 낡은 시스템들에서 발생하는 고장은 소프트웨어를 사용하여 줄일 수 있기 때문에, 이들에 비해 컴퓨터 기반 자동화가 시스템의 신뢰도와 안전성을 더 향상시킬 수 있을 것이라고 종종 가정된다. 그러나 소프트웨어라 할지라도 잠재적 고장으로부터 자유로운 것은 아니다. 소프트웨어의 복잡성과 정교함이 증가할수록 자동화 시스템 속의 코드라인(code line) 수가 더 많아진다. 때로 어떤 회사는 새로운 소프트웨어를 개발하면서 그 회사를 오래전에 퇴사한 프로그래머가 작성한 '기존' 코드('legacy' code)를 활용하기도 하는데, 이 경우 이전 코드에 새로운 정보를 제공할 수 없기 때문에 새로 첨가되는 기능 부분만큼 코드라인의 수가 더 증가한다.

소프트웨어 크기와 복잡성 문제의 한 가지 예는 보잉 737 '드림라이너(Dreamliner)' 항공기에서 찾아볼 수 있다. 이 항공기는 자동화 시스템을 작동하기 위해 수백만 줄의 코드가 요구되었다. 그와 같은 대형 시스템의 경우 소프트웨어 속에 감춰진 '버그'가 예상하지 못한 문제를 야기할 가능성이 매우 높다(Landauer, 1995). Leveson(2005)은 '소프트웨어 안전(software safety)' 문제와 소프트웨어 검증에서의 어려움에 대해 광범위하게 기술한 바 있다. 그녀는 항공기, 우주선, 그리고 다른 복합 시스템 등에서 발생한 많은 사고들의 원인이 되는 소프트웨어의 문제를 분석하기도 하였다. 예를 들어, 1996년에 발생한 SOHO 우주선 사고에 대한 분석을 통해 그녀는 **과잉확신**과 지나친 안심감 때문에 지상에서 우주선으로

송신한 소프트웨어 명령에서의 변화에 대해 검사와 검토를 적절하게 수행하지 않은 것이 사고로 이어졌다고 지적하였다(Leveson, 2005). 따라서 소프트웨어 오류에 대한 인간의 구조적 반응(즉, 과잉확신이나 지나친 안심감 등)도 이 장의 앞에서 논의했던 것과 함께 자동화 관련 사고 원인의 또 다른 유형을 나타낸다고 할 수 있다.

자동화 복잡성은 인간 사용자의 관찰 가능성(observability) 문제를 제기한다. 복잡한 알고리듬이 자동화된 시스템에 구현되면 조작자는 그러한 알고리듬을 관찰할 수 없기 때문에 자동화 시스템이 어떤 행위를 왜 수행하였는지 이해하지 못할 가능성이 높다. 이러한 문제는 2008년의 주식시장 위기를 가져왔던 컴퓨터 거래 시스템의 알고리듬에도 해당되는 것이다. 어떤 경우에는 자동화가 너무 복잡하여 환경에 따라 행위하는 인간 조작자와는 독립적으로 자동화가 기능할 수 있다(Lewis, 1998). 이것은 인간과 기계 대리자 사이에서 상호이해의 상실을 가져올 수 있다(Woods, 1996). 결과적으로, 대리자 기반 시스템은 상대적으로 단순하고 위험성이 낮은 과제에 가장 적합하게 활용될 수 있을 것이다. 그러나 맥락에 따라 의사결정을 달리해야 하는 것을 포함하는 좀 더 복잡한 과제의 경우라면, 인간 조작자가 시스템의 의도를 이해할 수 있도록 피드백을 제공해 주어야 한다(Olson & Sarter, 2000).

자동화 복잡성의 증가는 두 번째 문제도 가져온다. 만일 알고리듬이 너무 복잡하여 동일한 과제에 대해 인간이 정상적으로(혹은 이전에) 수행했던 것과 상이한 방식으로 시스템이 과제를 수행한다면 인간 조작자는 당황할 수 있고, 경우에 따라 자동화 시스템의 기능에 대해 의구심을 가질 수도 있을 것이다. 이에 대한 한 가지 예가 비행관리 시스템(light management system, FMS)이다. 이 시스템은 효율적 경로로 항공기를 유도하기 위해 사용되는 정교화된 자동항법장치들의 집합체인데, 조종사가 같은 경로를 비행하는 데 사용하는 것과 비교하여 상당히 정교한 알고리듬이나 로직을 사용한다(Pritchett, 2009; Sarter & Woods, 1995; Sarter, 2008; Sebok et al., 2012). 이러한 복잡하고 인간이 배제된(따라서 직관적이지 못한) 알고리듬 때문에 그러한 시스템은 조종사가 기대하지 않았던 일을 종종 ('당당하게') 수행할 것이고, 조종사로 하여금 "도대체 왜 이걸 하는 거야?"라고 묻게 한다. 이것이 항공 영역에서 '**자동화에 의한 당황**(automation surprises)'이라고 불리는 개념이다(Degani, 2004; Sarter, 2008; Sarter et al., 1997). 일반적으로, 만일 자동화 시스템이 인간으로 하여금 자동화가 오류를 일으켰다고 생각하지 못하도록 한다면 조종사는 '당황'했다 하더라도 특별한 조치를 취하지 않을 것이다. 이것은 치명적 사고로 (아마도 부적절하게) 이어질 수 있는 상황을 만들어낸다(Degani, 2004).

## 6. 자동화의 상태와 행동에 대한 피드백

자동화가 신중하게 도입되지 않는다면 이것은 Sarter와 Woods(1996)가 말한 '팀 플레이어'로서의 특징을 갖지 못한다. 자동화가 갖는 대부분의 결함은 시스템의 기능(시스템이 무엇을 왜 하는지 등)을 감시하는 인간에게 효과적인 피드백을 제대로 제공하지 못하기 때문이다(Norman, 1990). 이러한 문제는 강력하지만 복잡하고 때로는 상호작용할 수 없는 FMS에 대해 조종사가 갖는 골칫거리 중 하나였다(Wiener, 1988; Sarter & Woods; 1995; Sarter, 2008). 자동화 피드백의 결함은 몇 가지 유형으로 구분될 수 있다. 먼저 전혀 피드백이 제시되지 않을 수 있다. Sarter와 Woods(1995)는 이것을 자동화가 '고요하다'고 표현하였다. 둘째, 피드백이 열악하게 제시될 수 있다. 즉, 피드백은 조작자의 주의를 끌어 변화를 확인할 수 있을 만큼 현저하지 못할 수 있다. 셋째, 피드백이 모호하여 조작자에게 혼동을 일으킬 수 있다. 마지막으로 피드백이 유연하지 못하거나, 상세하지 못하거나 혹은 상황에 대해 구체적인 정보를 제공하지 못할 수 있다.

자동화 시스템이 그것의 상태에 대해 피드백을 전혀 제공하지 않으면 인간 조작자는 "어둠 속에서 헤맬 것이다". 제2장에서 지적하였듯이 인간은 신호탐지와 경계 역량에서의 한계 때문에 환경에서 발생하는 미묘한 변화를 탐지하는 데 어려움을 경험할 수 있다. 그러나 피드백이 제시된다 하더라도 조작자가 (특히 조작자가 다른 과제에 주의를 집중하고 있다면) 이것을 알아차릴 만큼 충분하게 현저하지 못할 수 있다. 그리고 제3장에서 기술하였듯이 환경에서 분명한 변화가 발생하더라도 주의가 다른 곳에 집중되어 있으면 이것을 놓칠 수 있다(예 : 사람들이 공을 서로 몇 번 주고받는지에 주의를 두고 있으면 그 속에 고릴라 복장을 한 사람이 나타나 춤을 추고 지나가는 것을 알아차리지 못한다). 이것이 **변화맹**(change blindness) 현상의 하나이다(Simons & Chabris, 1999). 비행에서 고장표시 장치에 제시된 정보는 조종사들이 그것을 기대하지 않는다면 알아채지 못할 것이다(Sarter, Mumaw, & Wickens, 2007). 이 장의 앞에서 논의했던 Royal Majesty호 사고에서는 자동 레이더 시스템에 GPS 고장 신호가 표시되었으나 신호가 너무 작아(작은 LCD에 하나의 낱자로) 사실상 알아채는 것이 매우 어려웠다.

현저한 피드백이 제공된다 하더라도 대부분의 자동화 시스템과는 본질적으로 대화를 유연하게 할 수 없는데 이것은 의사소통 결함의 또 다른 이유이다. 그러한 시스템들은 어찌되었건 한정된 수의 규칙들에 기초하여 미리 프로그램화되는데, 이 때문에 시스템들은 '대화 유연성'에서의 한계를 갖게 된다. 점차 많아지고 있는 자동응답 서비스가 이러한 비유연성의 완벽한 한 가지 예인데, 사용자가 원하는 아주 단순한 질문조차 그 시스템의 메뉴 항목 속에 포함되어 있지 않으면 답을 얻기가 매우 어려워진다. 그래서 사람들은 때로 최종 선택사항("상담원과 직접 통화를 원하시면 8번을 누르세요.")이 들릴 때까지 기다려야 한다. 또한 제6장에서도 지적하였듯이, 사람과 사람 사이의 의사소통에 많은 비언어적 특징들을 컴퓨터 매개(즉, 자동화된) 의사소통에는 쉽게 반영되지 못한다. 자동화된 시스템과 인간 사이의 의사소통 문제는 이 장의 뒷 부분에서 '인간-컴퓨터 에티켓' 개념을 논의할 때 좀 더 자세하게 다룰 것이다.

## 7. 자동화 신임과 의존성

인간-컴퓨터 상호작용에서 **신임**(trust)만큼 중요한 변인은 없을 것이다. 이 개념은 Bainbridge (1983), Muir(1988), Wiener와 Curry(1980), 그리고 Lee와 Moray(1992)에 의해 수행된 고전적 연구들에서 소개되었고, Parasuraman 등(1993)의 초기 논문들에서는 **안심감**(complacency) 혹은 **과다신임**(over-trust)의 개념이, 그리고 Sorkin(1989)의 연구에서는 '**거짓경보 효과**(cry wolf effect)' 혹은 **과소신임**(under-trust)의 개념을 각각 소개하였다. 이 개념들에 대해서는 다음에서 상세하게 다룰 것이다. 이후에 신임, 그리고 이것과 자동화 사용 사이의 관계, 그리고 인간-시스템 상호작용에서의 신임과 관련된 많은 문헌들이 출간되었다. Lee와 See (2004)는 이 연구 영역에 대해 개관한 후 자동화에서의 신뢰에 대한 처리 모형을 제공하였다. Madhavan와 Wiegmann(2007)은 이들의 개관 연구를 확장하였고, 인간-인간 신뢰와 인간-기계 신뢰를 비교한 후, 두 가지의 신뢰가 공통점도 있지만 구분될 수 있는 특징이 있다는 것도 관찰하였다. Hancock 등(2011)은 인간-로봇 상호작용 맥락에서의 신뢰에 대한 연구들을 통합적으로 분석한 결과를 보고하였다.

이러한 개념들에 대해 본격적으로 논의하기 전에, **자동화 신뢰**(automation trust)와 **자동화 의존성**(automation dependence)을 먼저 구분할 필요가 있다. 전자는 전형적으로 주관적 평정 기법을 사용하여 측정된 사용자의 인지적/정서적 상태(Jian et al., 2000; Singh et al., 1993)다. 반면 후자는 자동화 시스템과 사용자 사이의 상호작용 과정에서 측정될 수 있는 객관적 행동을 의미한다(Lee & Moray, 1992). 예를 들어, 사용자가 얼마나 자주 자동화 시스템을 작동시키거나 그것의 지시를 따르는지, 혹은 원자료와 자동화의 권고사항을 서로 얼마나 자주 비교하는지 등으로 측정될 수 있을 것이다(Bahner et al., 2008).

자동화 신뢰와 의존성은 대개의 경우 서로 관련이 있다. 만일 우리가 인간이든 기계든 어떤 대리자를 신뢰하면 우리는 그 대리자에 의존하고자 할 것이다. 예를 들어, "나는 10대의 내 딸에게 운전하면서 문자 주고받는 것은 안전하지 못한 것이라고 수차례 주의를 주었으니 그렇게 하지 않을 것이라고 믿어." 혹은 "현금인출기를 통해 거래할 때 인출된 금액을 일일이 세어보지 않아도 현금인출기가 정확하게 처리했을 것이라고 믿어. 왜냐하면 지금까지 내가 입력한 인출 금액보다 적게 인출해 준 적이 한 번도 없었으니까."라고 한다. 신뢰와 의존성 사이의 이러한 상관관계는 1.0보다 훨씬 적은 경우가 종종 있다. 사람들은 작업기억 부담이 높을 때 자동화에 의존해야 하는 경우가 있지만 그렇다고 그것을 완전하게 신뢰하지는 않을 수 있다. 그래서 이렇게 한 다음에 무슨 일이 잘못되지나 않을까 때때로 긴장하기도 한다. 혹은 우리는 자동화를 완전하게 신뢰하고 있기는 하지만 직접 수행하는 것이 더 재미있고 하고 도전감을 느끼는 것일 수도 있기 때문에 자동화에 전혀 의존하지 않을 수도 있을 것이다.

몇 가지 변인들이 신뢰와 의존성에 동시에 영향을 미치는 것으로 알려졌다. 예를 들어,

자동화 **처리**(process)의 알고리듬이 복잡할수록 신뢰는 낮아진다(Lee & See, 2004). 이것이 바로 조종사들이 엄청나게 복잡한 FMS를 **신뢰하지 않는** 주요 요인이기도 하다(5절). 이것과 밀접하게 관련되어 있는 것이 자동화가 무엇을 하고 있는지에 대한 투명성 혹은 피드백이다(6절). '블랙박스' 안에서 무슨 일이 벌어지고 있는지 아는 것이다. Madhavan 등(2006)은 자동화에 의한 몇 가지 착오(mistake)도 신임에 영향을 미친다는 것을 발견하였다. 정말 '나쁜' 자동화 에러는 발생할 법한 에러(즉, 인간이라면 흔히 범할 수 있는 에러)보다 신임의 수준을 더 저하시킨다. 또한 신임/의존성에는 개인차도 있다(Krueger et al., 2012; Merritt & Ilgen, 2008).

신임/의존성에 영향을 주는 모든 변인들 중 아마도 가장 중요한 것은 **자동화 신뢰도**(automation reliability)일 것이다. 극히 단순한 것이 아니라면 완전하게(100%) 신뢰로운 자동화 시스템은 거의 없다. 이것은 인간 조작자가 자동화된 시스템의 산출물을 때에 따라 신임해서는 안 된다는 것을 의미한다. 물론, 일기 예보, 경제, 질병 경과 혹은 개인 행동의 예측(예 : 테러리즘이나 정신 건강) 등과 같은 영역에서는 자동화 시스템이 처리해야 하는 정보 안에 본질적인 불확실성이 포함되어 있기 때문에, 과제를 자동화 시스템이 수행하건 아니면 인간 전문가가 수행하건 불확실한 환경에서 복잡한 시스템이 완전하게 수행하는 것은 사실상 불가능한 일이기도 하다. 그러나 불완전하기는 하지만 자동화는 그와 같은 영역에서 인간에게 유용한 도움을 제공할 수 있다(Wickens & Dixon, 2007). 앞에서도 언급하였듯이, 시스템 신뢰도를 저하시키는 또 다른 원인은 자동화 불완전성을 야기하는 소프트웨어 버그. 예를 들어, 시스템의 전원이 꺼진다거나(예 : 시험 중간에 전자계산기의 전원이 꺼져 긴 숫자를 암산해야 하는 경우를 상상해 보라) 혹은 적합하지 않은 사람이 자동화 시스템을 '설정'하거나 프로그래밍하는 경우도 시스템 신뢰도를 저하시킬 수 있다(Wiener & Curry, 1980). 후자의 두 가지 경우는 **자동화 시스템 자체**의 고장이라고 생각하지 않을 수 있지만 이것들도 신임과 의존성에 대해서는 유사한 영향을 미친다.

비신뢰도의 원천이 무엇이든 자동화와 신뢰도 사이의 관련성에서 핵심적 개념은 그림 12.3에 보이는 것과 같은 **교정 곡선**(calibration curve)이다. 여기에서 신뢰도는 X축에 표시되어 있다(이것은 자동화 에러를 에러 기회의 수로 나누어 0-1.0 척도로 수량화되어 나타내어질 수 있다). 신임이나 의존성은 Y축에 표시되는데, 여기에는 신임의 경우 최소-최대 주관적 평정 척도가, 반면 의존성은 자동화가 사용된 비율(예 : 인간 사용자가 자동화의 추천에 동의한 비율)을 수량화하여 나타낼 수 있는 모든 객관적 측정치가 사용될 수 있다. 대각선은 **완전한 교정선**(line of perfect calibration)을 나타낸다. 중요한 점은 이 선이 그림에 나타난 공간을 과다신임(왼쪽 상단)과 과소신임(오른쪽 하단)의 두 영역으로 이등분한다는 점이다. 이에 대해서는 다음에 좀 더 자세하게 기술하였다. 때로 이 두 가지 영역은 **신임의 역동성**(dynamics of trust)에 따라 시간 변인과 결합되기도 한다(Lee & Moray, 1992; Yeh, Merlo, et al., 2003). 전형적 시나리오라면 인간 조작자는 높은 신뢰도를 가진 자동화와 상호작용

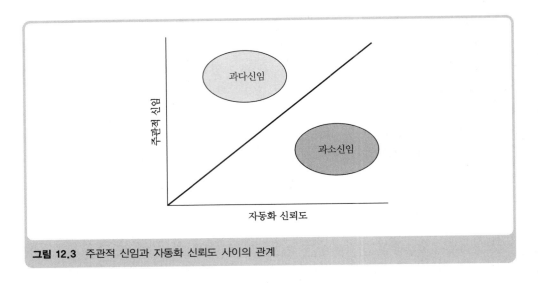

**그림 12.3** 주관적 신임과 자동화 신뢰도 사이의 관계

할 것이다. 자동화는 많은 '시행' 동안(혹은 오랜 시간 동안) 고장 없이 작동할 수 있고 이 시간 동안 조작자는 이에 대해 신임과 의존성을 갖게 될 것이다. 그리고 경우에 따라서는 그림 12.3의 왼쪽 상단 끝부분에 해당하는 지점까지 이르러 이 수준에서 안심감(complacency)을 갖고 자동화를 믿게 된다. 그러다가 발생하는 자동화 실패, 특히 최초 실패(first failure)는 인간-자동화 상호작용의 연구에서 특히 중요한 문제를 이끌어낸다(Rovira et al., 2007). 최초 실패에 대한 인간 조작자의 반응(혹은 비반응)은 종종 극적으로 나타나는데, 이것은 앞에서 기술한 *Royal Majesty*호의 좌초사고(항공기 자동화에서의 최초 실패에 대해서는 Dornheim, 2000도 참조)와 같은 많은 자동화 기반 사고의 원천이기도 하다.

최초 실패 이후에 조작자는 전형적으로 그림 12.3의 교정선을 가로질러 오른쪽 하단 영역 쪽으로 이동하여 자동화 시스템에 대해 큰 불신감을 갖게 된다("한 번 당했으면 됐지, 다시는 안 당해!"). 그 이후에 어느 정도의 시간이 경과하면 장시간의 신뢰도에 근접하는 수준의 교정선 쪽으로 신뢰와 의존성이 회복된다(Yeh, Merlo, et al., 2003). 다음의 논의에서는 과다신임으로부터 최초 실패, 그리고 과소신임에 이르는 전형적 순서를 기초로 이 두 가지 영역에 대해 자세하게 다룰 것이다.

## 7.1 과다신뢰

### 7.1.1 안심감

고도로 신뢰로운 것이기는 하지만 완전하게 신뢰롭지 못한 자동화 시스템은 조작자로 하여금 자동화 시스템이나 자동화 시스템이 제공하는 정보에 대해 감시하지 않게 하는 경향을 가져올 수 있다. 안심감이라는 용어는 항공 영역(Wiener, 1981)과 그 외의 영역(Casey, 1988)에서 오랫동안 사용되어 왔다. 앞에서 기술했던 *Royal Majesty*호 사고에서처럼, 안심감은 많은 사고의 주요 요인으로 지목되었다.

자동화에 대한 안심감은 최초 실패가 발생하기 이전까지는 자동화 시스템이 수행하는 과제 이외의 다른 과제들을 조작자가 수행하는 데 풍부한 자원을 제공해 줄 수 있을 것이다 (왜냐하면 조작자는 안심하고 자동화 시스템에 어떤 수행을 맡기고 자신은 다른 과제들에 집중할 수 있을 것이기 때문에). 그러나 최초 실패가 발생한 직후에는 최소한 두 가지의 행동적 결과가 수반된다. 한편으로는, 잘 발생하지도 않고 따라서 기대하지도 않았던 자동화 실패가 실제로 발생한다면 [우리가 이미 제2장(기대와 신호탐지), 제3장(기대와 시각 주사), 그리고 제9장(기대와 반응시간)에서 각각 살펴본 바와 같이] 이것을 탐지하는 것은 매우 어려울 것이다. 다른 한편으로, 자동화 시스템이 직무를 잘 수행하고 있다고 안심하고 있는 조작자는 시스템이 수행하고 있는 직무를 제대로 감시하지 않을 것이고, 이에 따라 자동화된 시스템의 진행 상태 혹은 이 시스템을 둘러싼 다른 요소들에 대한 인식을 상실할 수도 있을 것이다(Endsley & Kiris, 1995; Kaber et al., 1999; 제7장의 상황인식 부분 참조). 따라서 실제로 시스템 실패가 발생하면 조작자는 이것을 적절하게 처리하지 못할 것이다. 예를 들어, 자동항법장치에 의지하여 비행하던 조종사는, 전혀 기대하지 않았던 실패가 발생하면 비행기를 수동으로 조종하기 위해 '제어 루프 속으로 뛰어들어야' 할 것이다. 특히 연구들에 따르면 자신이 직접 선택한 행위는 다른 대리자들(예 : 다른 사람이나 자동화 시스템)에 의해 선택된 행위에 비해 훨씬 더 기억하기 용이하다는 것을 보여주고 있다(Farrell & Lewandowsky, 2000; Slamecka & Graf, 1978). 이것을 **생성 효과**(generation effect)라고 부른다. 따라서 자동화는 시스템 안에서 수행된 행위들(예 : 자동화 시스템이 지금 실행하고 있는 모드는 무엇인가?)을 조작자가 잘 인식하지 못하게 할 수 있다(Sarter & Woods, 1997). 물론 자동화에 대한 안심감 자체는 자동화가 잘못될 때까지는 문제를 일으키지 않을 것이다. 그러나 비록 자동화 실패가 그렇게 흔한 것은 아니라 할지라도 이것이 전혀 발생하지 않는다는 보장은 없다.

자동화 안심감에 대한 실험적 증거들은 Parasuraman 등(1993)의 연구에서 제공되었다. 이 연구에서 실험참가자들은 중다과제 검사세트(Multiple Task Battery, MATB)에서 선택된 세 가지의 동시 과제를 수행하였는데, 이 중에서 한 가지 과제(엔진 감시 과제)는 완전하게 신뢰롭지 못한 자동화 시스템에 의해 지원을 받았다. 여기에서 안심감은 엔진 고장 탐지 수행에서 단계 1 자동화의 실패를 탐지하지 못하거나 이것을 늦게 알아차리는 것으로 조작적으로 정의되었다. 통제조건에서 실험참가자들은 다른 수동 과제에 대한 수행 없이 자동화 시스템의 지원을 받아 엔진 감시 과제만 수행하였기 때문에 이 조건에서는 전반적 과제 수행 부담이 매우 낮았다. 자동화 실패에 대한 탐지 수행은 단일과제 조건에 비해 과제들 사이에 자원이 공유되어야 하는 중다과제 조건(제10장 참조)에서 유의하게 저조하였다. 실험참가자들이 다른 과제 수행에 대한 부담 없이 자동화 시스템의 정규적인 수행을 '확인해 가면서' 감시만 할 경우에는 감시 수행이 더 효율적이고 정확하였다. 따라서 자동화 안심감은 작업부하가 높은 상황에서 자동화 시스템 감시로부터 다른 수동 과제들로 주의를 적극적으로 재할당한다는 것을 알 수 있다(Manzey & Parasuraman, 2010).

제2장에서 논의하였듯이, 조작자는 드물게 발생하는 신호는 잘 탐지하지 못할 것이다. 이것은 경계에 대한 기대 이론(expectancy theory of vigilance)(Parasuraman, 1987)에서 말하는 것과 일치한다. 따라서 자동화 실패가 드물게 발생하거나, 조작자의 경험에 비추어 처음 발생한 것(최초 실패)이거나 혹은/그리고 에러가 오랜 시간 동안 없다가 발생하는 경우 자동화 안심감의 문제가 더 심각해진다. 실제로, 자동화가 갖는 아이러니 중 하나는 자동화가 신뢰로운 것일수록 사람들은 그것을 더 신임하게 되고, 자동화에 대해 안심하는 경향이 증가한다는 것이다(Bainbridge, 1983). Molloy와 Parasuraman(1996)은 2개의 분리된 회기 중 초반부 혹은 후반부에서 자동화 실패가 한 번만 발생하도록 한 연구에서 이것을 확인하였다. 실험참가자 중 절반이 전반부에서 발생한 자동화 실패를 탐지한 반면, 후반부에서 발생한 자동화 실패에 대해서는 이보다 더 적은 실험참가자들이 자동화 실패를 탐지하였다[이러한 결과를 반복 검증한 Bailey와 Scerbo(2007), 그리고 Manzey 등(2012)의 연구도 참조하라]. 이와 관련하여 De Waard와 동료들(1999)의 연구에서는 실험참가자들에게 조향이나 횡적 통제는 자동화되어 있지만 브레이크를 밟음으로써 이것이 해제되도록 한 운전 시뮬레이터 차량을 운전하도록 하였다. 실험 도중 실험참가자 전방으로 다른 차량이 갑자기 끼어들었는데 자동화 시스템이 이것을 탐지하지 못하는 상황이 한 차례 발생하였다. 운전자의 절반은 이러한 실패를 탐지하지 못하였고, 브레이크를 밟지 않았으며, 수동 제어를 통해 차량을 다시 제어하지 않았다. 14%의 실험참가자들은 제대로 반응하기는 하였으나 충돌을 회피하기에는 너무 늦게 반응하였다.

단계 1 자동화(경보와 경고)에서의 안심감은 두 가지 서로 다른 형태의 자동화 의존성(의지와 이행)으로 나타난다(Meyer, 2001, 2004, 2012). 경보가 '조용할 때'(혹은 활성화되지 않을 때) 조작자가 오랜 시간 동안 원자료를 감시하지 않는다면 다른 과제로 주의를 돌릴 수 있을 것이다. 의존성의 이러한 형태는 자동화에 대해 **의지**(reliance)하는 수준이 높다고 묘사된다(Dixon & Wickens, 2006; Meyer, 2001). 경보가 '울릴 때'(혹은 활성화될 때) 조작자가 이에 대해 신속하게 반응하는 것은 **이행**(compliance)을 반영한다. 자동화에 대해 의지하는 수준에서의 변화가 이행에서의 변화를 반드시 가져오는 것은 아니지만(이 반대의 경우도 마찬가지이다), 이 두 가지 상태는 제2장에서 논의된 **경보 역치**(alert threshold)에 따라 서로 결합적 형태로 나타난다. 다시 말해, 경보 역치(신호탐지론에서의 베타, 제2장 참조)가 감소함에 따라 대개의 경우 이행은 감소하는 반면 의지 정도는 높아질 것이다(Dixon & Wickens, 2006; Maltz & Shinar, 2003).

자동화 안심감은 실제 시스템과 매우 유사한 자동화 시스템을 감독하는 숙련된 작업자에 대한 연구에서도 발견된다. 예를 들어, Galster와 Parasuraman(2001)은 경험이 많은 일반 조종사들은 모든 비행 시뮬레이션 과제들이 수동으로 수행되도록 한 경우에 비해 조종실에 실제로 장착된 자동화 시스템[엔진 지시계 및 승무원 경보 시스템(Engine Indicator and Crew Alerting System, EICAS)]을 사용할 때 엔진 결함을 더 적게 탐지한다는 것을 발견하였다. Yeh 등(2003)은 제3장에서 논의된 주의 유도 자동화 시스템을 사용할 때 병사들이 보이는 강력한 **최초 실패 효과**(first failure effect)를 관찰하였다. Metzger와 Parasuraman(2005)은 몇 분 후 두 항공기 사이에 갈등이 발생할 수 있음을 미리 알려주는 '갈등 탐침(conflict probe)' 자동화가 장착된 고충실도 항공교통 시뮬레이터를 통해 경험 많은 관제사들의 수행을 비교하였다. 그 결과, 항공기 사이의 잠재적 갈등을 직접 감시하였던 조건에 비해 동일한 갈등상황을 자동화 시스템이 탐지하지 못한 조건에서 이러한 갈등을 탐지한 관제사의 수가 유의하게 더 적었다. 이 연구에서는 안구 운동 분석 결과, 갈등상황을 탐지하지 못했던 조종사들은 수동 관제 조건에 비해 자동화의 지원을 받은 조건에서 유의하게 더 적은 수로 레이더 디스플레이를 응시한다는 것도 보여주었다. 이러한 결과는 자동화 안심감 효과로 인해 자동화 시스템이 작동하는 데 필요한 정보의 원자료에 대해 시각적 주의를 투여하는 정도가 더 작아질 수 있다는 것을 다시 보여준다(Bagheri & Jamieson, 2004; Manzey et al., 2012; Wickens, Dixon, Goh, & Hammer, 2005 참조).

따라서 이러한 연구 결과들은 조작자의 주의를 놓고 수동(비자동화) 과제들과 자동화된 과제들이 서로 경쟁할 때, 자동화 안심감은 전형적으로 중다과제 조건에서 관찰될 수 있음을 시사한다. 또한 이러한 결과는 단계 1 자동화 신뢰도에 대한 Wickens와 Dixon(2007)의 통합분석 연구 결과와도 일치한다. 이 연구에서는 안심감을 반영하는 자동화 의존성이 단일과제 조건에 비해 인지적 자원이 부족한 이중과제 조건에서의 자동화 신뢰도와 더 높은 상관을 보임을 발견하였다. 이러한 중다과제 조건에서는 조작자들이 자동화된 과제보다는 수동 과제에 대해 주의를 더 많이 할당하는 것을 선호하는 것으로 보인다. 이러한 방략은 자동화에 대해 일차적으로 보이는 신임으로부터 나온 것으로 보이고, 자동화가 실패 없이 수행을 계속할수록 더 강화된다(Parasuraman & Manzey, 2010).

Moray(2003; Moray & Inagaki, 2000)는 주의를 일차적으로 비자동화 과제에 할당하되 자동화 과제에 대해서는 경우에 따라 가끔 할당하는 방략은 **합리적인**(rational) 것으로 볼 수 있다고 주장하였다(Moray, 1984; Sheridan, 2002도 참조). 또한 Moray는 자동화된 과제에 대해 조작자가 정보를 수집하는 비율이 최적 관찰자 혹은 규범적 관찰자에 비해 실제로 더 낮은 경우에만 조작자들이 안심감을 갖고 있다는 것을 추론할 수 있다고 제안하였다. 자동화 시스템이 (당신의 경험에 비추어) 전혀 실패를 보이지 않음에도 불구하고 굳이 왜 이것을 살펴보아야 하는가? 물론 이에 대한 대답은 자동화가 실패할 수 있기 때문이라는 것이다. 시각 주사에 대한 SEEV 모형(제3장)의 용어로 보면 자동화를 감시하는 것에서의 기대(expectancy)는 매우 낮지만 **가치**(value)는 매우 높기 때문이다. 그러나 사람들은 자신의 경험에 기초하여 기대의 수준을 변화시킨다(Hertwig & Erev, 2009; 제8장 참조).

Bahner 등(2008)은 자동화 시스템이 제공한 원자료를 조작자들이 실제로 표집하는 빈도와 자동화 시스템의 진단 결과를 확인하는 데 요구되는 최적 수의 정보 원천들을 이들이 얼마나 자주 관찰하는지를 서로 비교하는 연구를 수행하였다. 이 연구자들은 실험참가자들로 하여금 우주정거장에서 사용되는 생명유지장치의 하위 시스템들에 대한 일종의 모사된 처리 제어 과제(감독 제어 과제)를 수행하도록 하였다. 그리고 자동화된 오류 관리 시스템이 생명유지장치의 하위 시스템 오류에 대한 진단 결과를 제공해 주었다. 실험참가자들이 자동화의 진단 결과를 확인하지 않고 그것을 얼마나 받아들이는지의 정도가 안심감에 대한 측정치로 사용되었다. 실험참가자들은 진단 결과를 확인하는 데 필요한 모든 시스템 관련 정보(예 : 저장소 내 유체 흐름)들에 (마우스 클릭을 통해) 접근할 수 있었다. Moray(2003)의 연구에 기초하여 Bahner와 동료들은 자동화 진단 결과를 받아들이기 이전에 이것을 확인하는 데 필요한 정확한 빈도로 정보에 접근하는 실험참가자들은 최적의 수행을 보이는 것으로, 반면 이보다 보다 더 적은 수로 정보를 표집하는 실험참가자들은 안심감을 갖고 있을 것이라고 생각하였다. 연구 결과, 모든 실험참가자들은 최적의 정보 수보다 더 적은 수로 정보를 표집하였고, 일부 실험참가자들에게서는 최초 실패를 탐지하는 것에서도 열악한 수행이 관찰되었다. 즉, 안심감이 일반적으로 관찰되었다. Manzey, Reichenbach, 그리고 Onasch(2012)는 최적으로 표집하는 사람들은 최초 실패를 놓칠 가능성이 더 적다는 것을 발견하였고, Bahner 등(2008)도 자동화 실패에 대한 사례들을 통해 특별하게 훈련을 받은 실험참가자들은 높은 정보 표집 비율을 보이고, 자동화가 실패했을 때 더 적절한 방식으로 개입한다는 것을 관찰하였다. 이러한 결과들은 자동화 안심감에 대한 강력한 증거들을 제공해 주기는 하지만, 훈련(즉, 자동화 실패에 대해 미리 경험해 보는 것)과 같은 방법을 통해 이것을 경감시킬 수 있다는 것도 시사한다.

### 7.1.2 자동화 편향

Mosier와 Fischer(2010)가 언급한 **자동화 편향**(automation bias)은 과다신임에 기인한 인간 수행의 또 다른 측면을 나타낸다. 안심감과 밀접하게 관련되어 있는 자동화 편향은 복잡한 환경에서의 인간 의사결정을 보조하도록 설계된 의사결정 보조 시스템과 연합되어 있다 (Mosier & Fischer, 2010; Mosier et al., 1998). 만일 그와 같은 시스템의 사용자가 그러한 시스템에 대해 강한 신임을 갖고 있으면 다른 정보나 권고사항에 비해 그것에 더 큰 힘과 권한을 부여할 것이다. Mosier와 Skitka(1996, p.205)는 자동화 편향을 '주의깊은 정보 추구와 처리를 위한 어림법적 대체(heuristic replacement)'라고 정의하였다. 이러한 관점에서 본다면 개인은 모든 가용한 정보를 분석하여 행위하기보다는 단순히 자동화 시스템의 조언을 따를 것이다. 이것은 그러한 정보가 부정확한 경우에도 해당되는데 이 때문에 사람들은 작위 에러(error of commission)를 범할 수 있다(Bahner et al., 2008). 비행계획 자동화 시스템의 권고(단계 3 자동화)가 잘못된 것임에도 불구하고 조종사가 이것을 따르는 경우가 이에 대한 한 가지 예가 될 수 있다(Layton et al., 1994).

초기의 비행 시뮬레이션 실험을 통해 Mosier 등(1992)은 자동화 시스템이 멀쩡한 엔진에서 화재가 발생하였다고 진단하고 이것을 조종사에게 잘못 알려주었음에도 불구하고, 조종사의 75%가 그 엔진을 정지시켰다는 것을 발견하였다. 이와는 대조적으로 전통적인 종이 체크리스트를 사용한 조종사들 중에서는 단지 25%의 조종사들만이 이러한 작위 에러를 범하였다. 추후 연구는 상업용 항공기 조종사들도 이와 마찬가지로 자동화의 그러한 잘못된 권고를 따르기 쉽다는 것을 보여주었다. 앞에서 기술한 것과 같이 '원자료' 확인의 실패는 바쁜 중다과제 환경에서 조작자들이 자동화되지 않은 다른 과제에 주의를 할당하는 것을 반영하는 자동화 안심감의 결과이다.

자동화 편향은 제10장에서 논의된 주의 협소화도 만들어낸다. Wickens와 Alexander(2009)는 숙련된 조종사들을 대상으로 수행된 비행 시뮬레이션 연구들을 요약한 후, 항공기의 차창을 통해 위험 요소를 충분히 볼 수 있었음에도 불구하고 52%의 조종사들이 그들을 방해 요소나 위험 요소가 있는 경로로 안내하는 '하늘의 고속도로' 디스플레이의 지시에 따른다는 것을 관찰하였다.

자동화 편향의 몇 가지 측면에는 안심감을 이끄는 것과 동일한 주의 한계가 영향을 주고 있음이 분명해 보인다(Parasuraman & Manzey, 2010). 그러나 자동화 편향의 또 다른 측면들은 지각적 요인보다는 의사결정 요인의 역할을 반영하는 것으로 보인다(Goddard et al., 2012; Mosier & Fischer, 2010). 이러한 관점에서 다른 의사결정 어림법이나 편향과 유사하게 자동화 편향도 의사결정에서 이른바 '인지적 구두쇠' 가설(의사결정에 대한 제8장 참조)이라고 불리는 최소의 인지적 노력 선택의 경향을 반영하는 것으로 보인다. 자동화 편향은 사용자가 자동화 보조 시스템의 역량을 과대평가하는 경우에도 나타난다. 좀 더 구체적으로, 사용자들은 다른 사람 혹은 자신보다 자동화 시스템의 수행과 권한을 더 크게 생각할 수 있다(Dzindolet et al., 2002).

Goddard 등(2012)은 의사결정 보조 시스템의 사용에 초점을 맞추어 건강관리 장면에서의 자동화 편향을 검토한 연구들을 개관하였다. 이 연구자들은 자동화 편향이 많은 의학적 진단 의사결정 상황에서 비교적 흔하게 나타난다는 것을 발견하였는데, 방사선 이미지에 대한 컴퓨터 보조 탐지와 뇌전도에 대한 컴퓨터 기반 해석의 경우에 특히 더 그러하였다. 그러한 경우에는 자동화 시스템의 도움이 없는 경우보다 자동화 시스템에 의해 권고사항이 잘못 전달되었을 때 실험참가자들의 진단 정확성이 더 감소하였다.

### 7.1.3 과다의존성 : 탈숙련화와 'OOTLUF'

안심감과 생성 효과 문제(상황인식의 상실)와 함께 고수준 자동화가 갖는 세 번째의 부정적 결과는 자동화 시스템을 수동으로 조작하는 조작자의 능력이 시간이 경과함에 따라 점차 쇠퇴한다는 것이다. 이것은 때에 따라 '탈숙련화(deskilling)' 현상이라고 불린다(Ferris, Sarter, & Wickens, 2010; Geiselman, Johnson, & Buck, 2012; Lee & Moray, 1994). 그와 같은 기술

상실에 대한 증거들은 고도로 자동화된 항공기의 조종사들에게서 찾을 수 있다. 그러나 이러한 기술 상실은 조종사들이 때때로 항공기를 수동으로 조작함으로서 경감될 수 있다 (Wiener, 1988). 안심감에 의한 탐지의 저하, 상황인식/진단의 상실, 그리고 수동 기술의 상실 등의 세 가지 현상은 '**외부 루프 비친숙성**(out of the loop unfamiliarity, OOTLUF)' 신드롬이라고 불린다.

자동화와 관련된 사고나 사건들에 대해서는 이 장의 앞에서 기술한 바 있다. 그러나 최근의 많은 항공사고들은 자동화에 따른 직접적 효과로 나타나는 탈숙련화의 문제와 특히 더 관련되어 있다. 많이 알려진 사고는 2009년에 뉴욕의 버팔로 근처에서 발생한 콜간 항공(Colgan Air) 추락사고이다. 부조종사는 FMS에 잘못된 정보를 입력하였는데, 이 때문에 항공기는 불안전한 속도까지 느려졌고 이에 따라 '스틱 쉐이커(stick shaker)*'를 통해 항공기의 실속(stall)에 대한 경고가 제시되기 시작하였다. 승무원들은 항공기가 속도를 상실하고 있다는 것을 알아차리지 못했고, 실속에 대한 경고가 제시되었을 때 기장은 조종간을 반복하여 뒤로 잡아당겼는데 이 때문에 항공기의 실속은 더 심해졌고 결국 추락하게 되었다. 이 사고로 탑승자 49명이 사망하였다. 사고 조사는 기장이 만일 조종간을 뒤로 당기는 대신 앞으로 밀었다면 사고를 피할 수 있었을 것이라고 시사하였다. 이와 유사한 사고가 2009년 대서양 상공에서 발생한 프랑스 항공(France Air) 사고다. 이 사고는 높은 고도에서 양력을 유지하기 위해서는 항공기가 아래를 향해 날 수 있도록 해야 함에도 불구하고 조종사가 항공기의 기수를 위로 향하도록 조종간을 조작하였기 때문에 발생한 것이었다. 이러한 사고 그리고 이와 연관된 사고들에서는 자동항법 시스템의 지나친 사용으로 인해 실속 문제를 다루는 조종사의 기술이 상실된 것이 사고의 주된 원인이었다.

많은 자동화된 시스템들의 경우, OOTLUF와 관련된 문제들과 자동화 시스템의 실제 이점 (즉, 작업부하를 감소시켜 주는 것)은 서로 교환적인 관계가 있다. 낯선 지역의 고속도로를 바쁘게 운전하고 있는 운전자에게는 신뢰로운 자동항법 시스템이 도움이 될 것이고, 실제로 안전과 관련하여 많은 이점이 있을 것이다. 즉, 운전자는 자동차의 내부 루프 제어의 몇 가지 측면들(예 : 차선 유지나 진행방향 감시)은 지능형의 신뢰로운 자동항법장치에 넘겨주고, 자신은 주의 자원을 다른 곳으로 돌리지 않고 항행 정보를 얻거나 의사결정을 할 수 있을 것이다. 이러한 교환적 관계를 신중히 검토하여 OOTLUF 신드롬이 나타나지 않도록 하는 것이 중요하다. 9.2절에서는 득실적 교환관계에서 OOTLUF 신드롬을 만들지 않으면서도 작업부하 수준을 경감시킬 수 있을 만큼 높은 수준의 자동화를 제공할 수 있는 최적의 자동화 수준이 가능한지의 여부를 살펴볼 것이다(Wickens, 2008).

---

\* 역주 : 스틱 쉐이커란 실속 위험을 경고하기 위해 조종간이 소음을 내며 진동하는 장치다.

## 7.2 불신과 오경보 경고

7절을 시작하면서 언급하였듯이, 자동화의 최초 실패는 조작자가 종종 과다신임 상태에서 과소신임 상태로 변경하도록 하는데, 이와 마찬가지로 복잡성이나 열악한 피드백과 같은 다른 요인들도 자동화에 대한 불신을 야기한다. 이에 따라 그와 같은 시스템이 정확한 것이라 하더라도(전체 시스템 작동 시간 중에서 90%는 정확하게 작동하고 10%만 신뢰롭지 못하게 작동하는 경우라도) 사람들은 그 자동화를 사용하지 않고 폐기해 버릴 수 있다 (Parasuraman & Riley, 1997). 이러한 문제에 대한 예시로 자동화 단계 1과 2에서의 '오경보 경고(alarm false alarm)' 문제보다 더 좋은 것은 없을 것이다. 이 경우 실제로는 아무런 시스템상의 문제가 없을 때에도 (자동화된 장치를 통한) 경보가 울려댄다(Dixon et al., 2007; Parasuraman et al., 1997; Sorkin, 1989). 이러한 경우에 조작자들은 그러한 경보 시스템을 불신하게 되는데, 다시 말해 경보 시스템이 실제로 제공해 줄 수 있는 것보다 더 낮게 신임의 수준을 교정한다.

자동화를 사용하지 않는(자동화 시스템을 꺼버리는) 이유가 자동화의 비신뢰성 때문이든, 아니면 (궁극적으로는 자동화에 대한 비신뢰성을 가져오는) 자동화의 복잡성 때문이든 자동화 시스템을 사용하지 않았을 때의 결과는 비교적 미미한 것일 수 있다. 예를 들어, 우리가 어떤 작업을 직접 수행할 때는 자동화 시스템의 도움을 받으면서 수행하는 경우에 비해 단지 수행의 효율성만 감소할 수 있다. 여기에서는 시스템이 어느 정도의 신뢰도를 갖고 있어야 하는지가 중요한 문제가 될 것인데, Wickens와 Dixon(2007)은 에러율이 최대 20% 정도인 자동화 진단 시스템이라면 조작자들이 수동적 진단 기술에 의존하여 수행하는 경우에 비해 더 좋은 수행을 보일 수 있다는 것을 발견하였다. 이와는 대조적으로 자동화 시스템의 비사용(폐기)으로 인해 재앙이 발생하는 경우도 있다. 이것은 진정한 (타당한) 경보가 무시되었거나, 오경보를 자주 발생시켜 신뢰롭지 못하면서도 '짜증나게 했던' 경보 시스템을 조작자들이 꺼버려서 위험 상황에 대한 경보를 사람들이 한 번도 접해보지 못하였기 때문에 발생한다. Sorkin(1989)은 기차의 운전실에 장착된 청각 경보장치가 오류가 많다는 이유로 경보가 울리는 스피커에 테이프를 붙여 소리가 들리지 않게 하는 경우가 많다고 보고하였다. Seagull과 Sanderson(2001)은 마취과 간호사들이 청취한 청각 경보의 42%가, 그리고 Wickens와 Rice 등(2009)은 항공관제사가 수신한 45%의 항공기 간 갈등 경보가 무시된다고(따라서 경보가 의도한 어떠한 조치도 취하지 않는다고) 보고하였다. 일기 예보 영역에서 Barnes 등(2007)은 토네이도 경고의 76%는 잘못된 것이었다고 보고하였다.

경우에 따라 경보 시스템에 오류가 많아 조작자들이 그것을 믿지 않고, 이에 대해 반응하지 않는 경향을 반영하는 '거짓경보(cry wolf)' 효과는 비극적인 결과를 가져올 수 있다. 한 보고에 따르면 장기입원 환자의 인공호흡기 사고와 관련된 사망이나 상해의 21%는 인공호흡기에서 제시되는 경고를 무시하고 조치를 취하지 않았거나 조치가 늦어졌기 때문에 발생하였다(Joint Commission, 2002). 괌에서 100명 이상의 사망자를 발생시킨 2001년의 항공기

사고는 거짓경보 효과가 가져온 비극적 사고의 전형적 사례다. 이 항공기를 관제하고 있던 관제사는 지상충돌회피 시스템이 너무 자주 오경보를 제시한다는 이유로 이것을 끄고 관제하였는데, 이 때문에 관제사는 항공기가 산 쪽으로 하강하고 있다는 것을 알아차리지 못하였다.

물론 신임 상실과는 상관없이 오경보 혹은 오경고에 반응하지 않는 이유는 많이 있는데 (Lees & Lee, 2007; Wickens, Rice, et al., 2009; Xiao et al., 2004), 만일 조작자가 시스템의 경보로 이어진 원자료 혹은 정보에 접근하거나 인식하고 있는 경우에 특히 그러하다. 제2장에서 논의하였듯이, 경보 시스템의 반응 역치(혹은 준거)는 탈루를 방지하기 위해 낮은 수준으로 설정되기도 하는데, 이 때문에 오경보의 문제가 발생한다. 그러나 만일 실제로 진정한 위험이 아니더라도 오경보가 조작자에게 **잠재적으로** 위험할 수 있는 미래 상황에 대해 경고해 준다면 이것은 여전히 유용하고 불신이나 거짓경보 효과를 가져오지 않을 수도 있다. 예를 들어, Lees와 Lee(2007)는 차량 내 자동화 경보장치(예 : 충돌 경고)는 운전자들이 안전한 운전 제어가 무엇인지 판단하는 데 추가적 정보를 제공해 줄 수 있다고 주장하였다. 이와 유사하게 Wickens와 Rice 등(2009)은 항공관제에서의 항공기 간 갈등 정보를 분석한 후, 경보 시스템의 경보 역치가 낮게 설정되어 이것이 오경보를 제공한다 하더라도 관제사들이 거짓경보 효과에 빠진다는 증거는 거의 없고, 오히려 이것이 관제사들로 하여금 원자료(예 : 공항으로 접근하고 있는 두 항공기가 서로 근접할 수 있는 지점이 어디인가)를 스스로 지각하도록 강화한다는 것을 발견하였다.

결론적으로, 신임, 의존성, 신뢰도 사이의 관계는 복잡하기는 하지만 인간은 스스로의 인지나 행동을 교정하는 데 항상 최적은 아니고, 과다신임에 의해서건 아니면 과소신임에 의해서건 이 때문에 심각한 결과가 초래될 수 있다는 것은 의심의 여지가 없다. 다음 절에서는 적응형 자동화를 포함하여 인간-자동화 상호작용이 조화를 이루기 위해 어떠한 해결책이 가능한지에 대해 논의할 것이다. 그리고 작업부하와 (교정된 신임에 기반하는) OOTLUF 사이의 균형을 위해 자동화의 수준과 단계가 어떠한 방식으로 최적화되어야 하는지에 대해 살펴보고자 한다.

## 8. 적응형 자동화

자동화와 상호작용하는 인간의 여러 측면들에 대한 지금까지의 논의에서는 자동화가 일단 설계되고 구현된 다음에는 시스템이 작동하는 동안 일정하게 변하지 않은 상태로 남아 있다고 가정하였다. 자동화의 특징들이 설계 단계에서 정해지고 그다음의 작동 단계에서는 같은 방식으로 실행되는 것을 정적 자동화(static automation)라고 부른다. 이와는 대조적으로 **적응형 자동화**(adaptive automation)는 자동화가 작동되는 동안 수준과 단계가 고정되어 있지 않고 변화된다(Feigh, Dorneich, & Hayes., 2012; Hancock & Chignell, 1989; Inagaki,

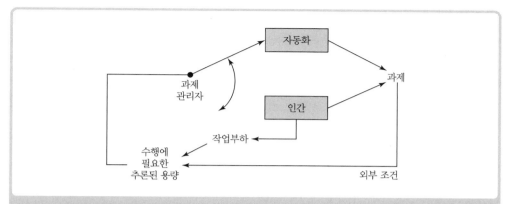

**그림 12.4** 적응형 자동화. '작업 관리자'에 의해 인간 수행에서의 작업부하와 용량이 추론된다. 이러한 추론에 기초하여 작업 관리자는 (작업부하가 높다고 추론할 경우) 자동화 시스템에 더 많은 과제를 할당하거나, (작업부하가 낮다고 추론할 경우) 인간에게 더 많은 과제를 할당한다. 작업 관리자는 그 자체가 자동화 시스템일 수도 있고, 인간일 수도 있으며 혹은 이 두 가지의 협동하는 형태일 수도 있다.

2003; Kaber et al., 2005; Kaber & Kim, 2011; Parasuraman et al., 1992, 1996; Rouse, 1988; Scerbo, 2001).

　적응형 자동화에 대한 일반적인 도식이 그림 12.4에 제시되어 있다. 여기에서 인간 조작자의 수행과 관련된 작업부하와 용량으로 표시된 인지적 상태가 추론되고, 일종의 '과제 관리자'가 과제를 자동화 시스템에 좀 더 할당할 것인지(만일 작업부하가 높아졌다면), 아니면 인간 조작자에게 과제를 좀 더 할당할 것인지(만일 작업부하가 감소되었다면)를 결정한다. 과제 관리자는 그 자체가 자동화된 시스템일 수도 있고, 인간일 수도 있으며, 혹은 양자가 서로 협동적으로 작용하는 형태일 수도 있다. 그림 12.5는 작업부하와 상황인식 사이에 균형을 이루기 위해 적응형 자동화가 이 두 가지를 어떻게 변화시킬 수 있는지에 대한 몇 가지 방식을 보여주고 있다.

　적응형 자동화는 인간과 기계 사이의 일 분담이 고정되어 있다기보다는 변화 가능하고 유연하며, 상황에 따라 달라지는 역동적 **기능 할당**(function allocation)과 유사하다(Lintern, 2012; Winter & Dodou, 2011). 예를 들어, 자동화의 특정 수준에서 인간의 작업부하가 높다고 추론되면, 그래서 수행 붕괴가 임박했다고 의심된다면 자동화는 인간을 보조하기 위해 그 수준을 더 높일 것이다. 이와는 달리 만일 인간 조작자가 높은 수준의 자동화와 작업하는 것으로 인해 상황인식을 상실할 위기에 처했다면 인간 조작자는 자동화의 수준을 낮추고 제어 루프 안으로 복귀할 수 있을 것이다. 일반적으로, 자동화 시스템은 자동화에 따른 잠재적 손실(특히 OOTLUF)의 한계가 어디까지인지 찾아 시스템이 작동하는 동안 그것의 기능성을 변화시킴으로서 전반적 수행을 향상시키고자 한다. 정적 자동화와는 달리 적응형 자동화는 (a) 무엇을 자동화하는가, (b) 적응적 변화를 어떻게 추론할 것인가, 그리고 (c) 언

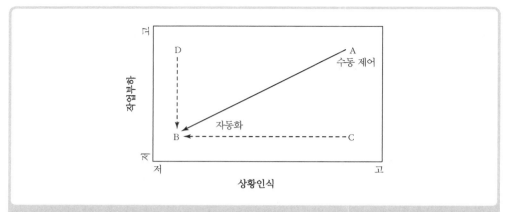

**그림 12.5** 적응형 자동화의 세 가지 가능한 방략. 여기에서 B는 A, C 및 D에 비해 자동화 수준이 가장 높은 것으로 가정된다.

제 변화를 가져올 것인가의 관점에서 과제 환경을 재구성할 수 있도록 해준다.

## 8.1 적응성 적용 대상의 결정

적응형 시스템을 사용하기 위해 맨 처음 고려해야 하는 문제는 과제(혹은 과제의 복합체)의 어떤 측면에 대해 적응성을 갖도록 할 것인지를 결정하는 것이다. Parasuraman 등(1999)은 자동화에 의해 과제의 특정 측면이 좀 더 단순해지도록 하는 방법인 적응형 보조(adaptive aiding)와 (좀 더 큰 중다과제 맥락으로부터) 과제 전체가 자동화로 변화되는 적응형 과제 할당(adaptive task allocation)을 구분하였다.

어떤 과제를 적응시킬 것인지의 문제에 대한 그럴듯한 주장은, 비록 상황인식을 감소시키기도 하겠지만 작업부하를 가장 많이 감소시켜 줄 수 있는 과제를 선택한다는 것이다 (예 : 그림 12.5에서 A로부터 B로 이동). 만일 적응형 자동화가 C에서 B로 이동할 경우에는 작업부하에 아무런 이득이 없기 때문에 자동화할 이유가 없을 것이다. 이와는 대조적으로 적응형 자동화가 D에서 B로 이루어질 경우에는 유연성이 전혀 없이 과제를 완전히 자동화하는 것이 좋을 것인데, 왜냐하면 이 경우에는 상황인식에 아무런 손실이 없기 때문이다. 무엇이 적응적이 되도록 할 것인지에 대한 이와 같은 선택 기준은 적응형 보조 혹은 적응형 과제 할당이 구현되는 것과는 상관없이 독립적으로 적용될 수 있다.

## 8.2 적응 필요성의 추론

두 번째 문제는 적응적 변화가 언제 이루어져야 하는지 추론하는 것이다. 이러한 추론이 효과적이기 위해서는 해서는 인간 조작자와 자동화된 시스템 모두 상대방의 역량, 수행, 그리고 상태에 대한 지식을 갖고 있어야 한다. 사용자가 채택할 수 있는 일반적 기준들을 만들어내는 데 다음과 같은 몇 가지 접근이 제안되었다. (1) 환경 요인의 변화에 기초한 추론, 예를 들어 교통량이나 복잡성이 높은 경우에만 항공관제사에게 하강 권고를 제공하는 경우와 같이 쉽게 측정할 수 있는 환경적 변화나 외부 과제 조건에 따라 자동화 기능성이 변화되는 것(Hilburn et al., 1997), (2) 조작자 수행의 지속적 측정에 기초한 추론(Kaber & Endsley, 2004; Parasuraman et al., 2009), (3) 신경인체공학 측정치를 통한 조작자의 정신적 작업부하에 대한 지속적 측정에 기초한 추론(Wilson & Russell, 2007) 등이 그것이다. 이를 통해, 조작자의 상태가 최적 수준 이하로 저하되는 것(예 : 높은 작업부하)이 탐지되었을 때 조작자를 보조할 수 있다.

환경적 요인에 기초한 추론의 한 가지 사례로, Parasuraman 등(1999)은 비행기 조종 상황에서 (인지 자원이 가장 많이 요구되는 것으로 알려진) 이륙이나 착륙 국면에는 자동화를 채택하는 반면, 작업부하가 낮은 심야의 순항 상황에서는 자동화를 사용하지 않도록 설계된 적응형 자동화가 매우 성공적이었다는 것을 보여주었다. 이 경우에서는 비행 국면이 무엇인지가 외부 조건이 된다. Inagaki(1999)는 자동화 시스템이 이륙을 거부하는 것은 엔진에 오류가 있는 다음에 가능하기 때문에, 이륙하기 위해 비행기를 가속시킬 때의 시간 경과는 이륙을 담당하는 자동화 시스템이 이륙을 거부할지의 여부를 결정하는 데 중요하게 고려되는 요인이라고 지적하였다. 이 경우에는 비행기 가속을 위한 시간 경과 및 비행기 속도가 외부 과제 조건들이 된다. 운전 상황에서는 운전자가 피로해져 있고 경계가 감소하였다는 것을 추론하는 외부 과제 조건으로서 야간 운전 상황을 생각해 볼 수 있다. 따라서 야간 운전일 경우에는 차선 이탈에 대해 자동 경고 시스템이 좀 더 민감하게 반응하도록 적응시킬 수 있을 것이다.

수행 측정치도 언제 자동화 수준을 적응화할 것인지 결정하는 데 사용될 수 있다. 인간 수행에 대한 모형에 기초하여 인간의 수행 저하에 대한 분명한 '선행 지표들(leading indicators)'이 제공될 수 있다면 이 방법은 매우 유용한 것이 될 수 있다. 예를 들어, Kaber와 Riley(1999)는 자동화에 의해 감시되는 이차 수행의 저하에 기초하여 일차 과제(역동적인 인지적 감시와 제어 과제)에 대해 적응적으로 보조해 주었을 때의 이점을 예시해 준 바 있다. Parasuraman 등(2009)은 중다의 육상 및 비행 무인 이동체 감시 과제에 대한 적응적 보조[예 : 자동표적탐지(automatic target recognition, ATR)]의 효과를 검토하기 위해 변화탐지 과제(예 : 상황지도에서의 아이콘의 변화를 탐지하는 것)에서의 수행을 비교하였다. 그 결과, ATR이 제공되지 않았던 조건이나 ATR이 항상 가용하였던 정적 자동화 조건에 비해 적응적 자동화 조건에서는 작업부하는 감소하는 반면 상황인식은 향상되었다는 것이 관찰되었다.

제11장에서 논의된 바와 같이 **정신적 작업부하**(mental workload)나 인지적 상태는 생리적 측정치로 직접 감시할 수 있다. 생리적 측정치들은 대역폭이 높을 뿐만 아니라 (관심을 두고 있는 일차 과제로부터 주의 자원을 가져갈 수 있는) 행동적 측정치들을 외현적으로 관찰할 수 없을 때라도 얻을 수 있다는 점에서 수행 측정치에 비해 몇 가지 이점들이 있다(Kramer

& Parasuraman, 2007). 많은 연구들은 EEG이나 심박률 등과 같은 생리적 측정치들이 적응형 자동화에 대한 연구 영역에서 사용될 수 있는 가능성을 검토한 바 있다(Dorneich, Ververs, et al., 2012; Feigh et al., 2012; Scerbo, 2001).

예를 들어, Wilson과 Russell(2007)은 실험참가자들에게 공격 무기를 발사해야 하는 주요 표적 지점에 대해 레이더 영상을 제공하는 무인항공기를 감독하도록 지시하였다. 실험참가자들의 EEG, 안구 운동, 그리고 심박률이 지속적으로 측정되었고, 이것이 조작자의 작업부하 수준을 확인하도록 인공 신경망 시스템을 훈련시키는 데 사용되었다. 높은 작업부하 조건에서의 탐지인 경우에 비행체가 공격 무기 발사 지점에 도달하기 이전에 조작자가 충분한 시간을 갖도록 자동화가 비행체의 속도를 늦추어 주었다. 그 결과, 수동 과제 조건 혹은 자동화 보조가 무선적으로 제공되었던 조건에 비해 적응적 자동화의 조건에서 표적 설정 수행이 유의하게 향상되는 것이 관찰되었다.

조작자의 상태에 대한 생리적 측정치들은 환경적 측정치나 조작자와 관련된 다른 측정치들과 조합되어 언제 조작자를 보조해 줄 것인지 추론하는 데 사용될 수 있다. Ting 등(2010)은 모사된 처리 제어 과제에 대한 적응적 보조를 언제 시행할 것인지 결정하기 위해 다양한 생리적 지표들(심박률, EEG)을 수행 측정치들과 통합한 인공 신경망을 사용하였다. Inagaki(2008)는 모사된 차량 충돌 시나리오에서 언제 운전자가 도움이 필요한지 결정하기 위해 귀와 코의 표면 온도나 안구 응시와 같은 생리적 자료를 수행 측정치와 조합하였다.

미국 국방고등연구계획국(Defence Advanced Research Projects Agency, DARPA)의 연구 및 개발 프로그램을 통해, 현장에서 직접 사용될 수 있는 ['증강인지(augmented cognition)'라고 알려진] 신경생리적 적응형 시스템들이 개발되고 있다(Schmorrow, 2005). 이 프로그램을 통해 수행된 한 연구에서 Dorneich 등(2007)은 이동하고 있는 사람들의 작업부하 수준을 추정하여 이것이 높을 경우 메시지가 들어오는 것을 차단하는 통신 스케줄러 구동에 EEG 자료를 사용하였다. 이와 유사하게 다양한 기계 학습 기술을 적용하여 작업부하 수준을 실시간으로 추정하기 위해 EEG 자료를 사용한 적응형 자동화의 사례도 보고되었다(Baldwin & Penaranda, 2012; Christensen et al., 2012; Wang et al., 2012).

조작자의 인지적 상태를 평가하기 위해 생리적 측정치들을 사용하는 적응형 시스템들은 얼마나 실용적인가? 이들이 갖는 장점들에도 불구하고 그와 같은 측정치들은 실제 환경에 대한 인위적 측정치일 수 있다는 점과 사용자의 수용성 등과 같은 측면에서 도전에 직면하고 있다는 것은 분명해 보인다(Cummings, 2010). 조작자의 인지적 상태를 추론하기 위해 선행 지표나 평가 자료로서 생리적 측정치를 사용할 때는 한 가지 고려해야 하는 문제가 있다. 즉, 수행 역량이 감소하고 있다는 것에 대해(혹은 그 역량이 회복되고 있다는 것에 대해) 신뢰로운 추론을 하기 위해서는 충분한 양의 자료들이 수집되어 통합적으로 분석되어야 하며 따라서 어느 정도의 시간이 소요된다는 점이다. 만일 자동화 시스템의 이러한 분석에 충분한 시간이 주어지지 못한다면 수행 변화에 대한 추론은 부정확해질 수 있고,

이 때문에 정작 작업부하의 수준이 낮아져야 하는 상황에서 적응형 자동화가 작업부하를 오히려 증가시키는 결과를 초래할 수도 있을 것이다(물론 작업부하를 높여야 하는데 더 낮추는 결과도 이와 마찬가지의 이유로 발생될 수 있다). 이와는 반대로, 만일 신뢰로운 추정치를 얻는 데 충분한 시간이 주어져 있는 대신, 환경으로부터 주어지는 작업부하 크기가 역동적으로 빠르게 변하는 조건이라면, 우리가 제5장에서 논의했던 추적 과제의 맥락에서 볼 때 이러한 추론 과정에서 발생한 시간상의 지연은 그림 12.4에 제시된 피드백 루프와 결합되어 **폐쇄루프 불안정성**(closed loop instability)을 발생시킬 수도 있을 것이다. 예를 들어, 작업부하가 높다는(혹은 낮다는) 것을 시스템이 늦게 추론했다고 가정해 보자. 이러한 추론을 바탕으로 적응형 자동화 시스템은 인간 조작자를 보조해 주기 위해 작업부하를 낮추거나 혹은 자동화를 제거하는 방식으로 작용하게 될 것이다. 그러나 자동화 시스템이 작용하는 바로 그 시점에서는 (추론을 위해 시간이 어느 정도 경과한 이후이기 때문에) 작업부하의 부담이 이미 사라진 상태일 수 있다(이 반대의 경우도 마찬가지이다). 이러한 관점에서 볼 때, 폐쇄루프를 갖는 적응형 자동화 시스템을 사용하고자 할 경우에는 (EEG나 다른 측정치들에 기초한) 작업부하에 대한 신뢰로운 추정치를 얻는 데 요구되는 시간을 분명히 파악할 수 있어야 한다(Christensen et al., 2012).

## 8.3 자동화 수준 결정 주체

적응형 자동화와 관련된 세 번째의 (그리고 가장 논란이 많은) 문제는 자동화를 적용하거나 제거하는 것을 '누가 결정할 것인가'의 문제다. 즉, 그림 12.4의 맥락에서 보면 누가 '과제 관리자(task manager)'가 될 것이냐의 문제이다. 앞절에서 논의된 것에 비추어 보면 기계가 세 가지의 추론 정보들(즉, 과제 조건, 선행 지표 및 작업부하 상태) 중에서 한 가지 이상의 정보를 기초로 자동화의 수준을 결정한다고 암묵적으로 가정된다. 다시 말해 기계가 과제 관리자로서 가장 높은 단계 3 자동화 수준에서 작동하고 있는 것이다(그림 12.2). 그러나 인간 스스로가 자기 자신의 작업부하(혹은 수행 역량)를 감시하고 있다가, 상황에 맞게 자동화의 수준을 높이거나 낮출 수 있다는 생각도 가능하다. 이러한 자동화의 개념은 때로 **조절형** 자동화(adaptable automation)라고 불린다(Ferris et al., 2010).

지금까지의 연구 자료로는 누가 자동화 수준을 결정할 것인지의 문제에 대해 분명한 결론을 내리기가 어렵다. 이 문제와 관련된 또 다른 논쟁거리는 사람들이 자신의 수행 역량을 평가할 때 얼마나 정확하게 평가할 수 있는지의 여부이다. 사람들은 일반적으로 자신의 능력을 더 과신하거나 부정확한 경향이 있고(Horrey et al., 2009; 제8장 참조), 특히 동일한 과제를 수행할 때 기계가 보이는 수행과 비교하여 그러한 경향이 더 뚜렷해진다는 점을 고려하면(Liu et al., 1993), 인간이 자동화의 수준을 스스로 결정하도록 할 경우에는 주의를 기울여야 할 것이다.

인간보다는 기계가 자동화 수준을 결정하는 책임을 담당하도록 하는 것이 더 바람직하다는 생각은 적응형 자동화 보조수단에 대한 Kaber와 Riley(1999)의 연구를 통해 지지되었다. 이들은 비디오 게임 과제 수행에 적응형 보조수단을 제공하면서 두 가지의 보조 방략을 비교하였다. **직접 실행**(mandating) 방략 조건에서는 보조가 요구된다고 생각되는 시점에서 자동화 시스템이 스스로 필요한 조작을 직접 실행한 반면(높은 수준의 단계 3 자동화), 조언(advisory) 방략 조건에서는 시스템이 요구되는 해결책들을 조작자에게 제시해 주기만 하였다(낮은 수준의 단계 3 자동화). 이 연구자들은 자동화 수준이 낮은 조언 방략 조건에서 더 열악한 수행을 관찰할 수 있었는데, 이러한 수행의 저하는 조작자가 자신의 수행을 직접 감시한 후에 자동화가 필요한지의 여부를 결정하는 과정에서 추가적으로 발생하는 작업부하 부담에 기인한 것으로 해석되었다. Inagaki(2008)도 논란의 여지가 있기는 하지만 인간이 위험한 상황을 효과적으로 피할 수 없다는 것이 추론된다면 어떤 경우에는 기계가 자동화의 수준을 결정하는 것이 정당화될 수 있다고 주장하였다. 그러나 그와 같은 입장은 특정 영역에 따라 크게 달라질 수 있다. Inagaki(2008)는 항공기 조종사나 의사와 같이 숙련되고 전문적인 사용자들보다는 능력이나 기술 수준에서 개인차가 큰 운전자와 같은 일상적 자동화 시스템 사용자들의 경우에 기계가 자동화 수준을 결정하도록 하는 것이 더 정당화될 수 있다는 것을 시사하였다.

과제 관리자로서 기계(혹은 컴퓨터)가 권한을 갖도록 하는 것을 지지하는 이러한 공식적이고 자료주도적 주장은 몇 가지 가설적 상황을 고려해 보면 그렇게 단정적인 것은 아닌 것으로 보인다. 예를 들어, 운전자들이 졸음에 빠졌거나 운전 역량을 상실했을 때(이에 대해 경보를 제공해 줄 뿐만 아니라) 자동으로 차선을 유지하거나 속도를 늦추도록 설계된 적응형 자동화 시스템을 고려해 보자. 대부분의 사람들은 이러한 적응형 자동화 시스템이 그 기능을 제대로 발휘하기 위해서는 운전자의 이러한 상태에 대한 추론이 신뢰할 수 있는 것이어야 한다는 것에 모두 동의할 것이다. 그러나 여기에서 핵심적 요인은 추론의 신뢰도이다. 그림 12.2의 단계 2(정보 분석)에 해당하는 자동화 수준을 생각해 본다면, 추론의 신뢰도가 떨어질수록 자동화된 의사결정 시스템은 더 낮은 (혹은 좀 더 초기의) 수준으로 '적응되어야' 할 것이다. 중간 정도 수준으로 자동화 시스템을 적응시킨다는 것은 인간과 기계가 서로 협동하고 협응할 수 있는 수준으로 맞춘다는 것을 의미한다. 이것이 바로 **인간중심적 자동화**(human centered automation)가 갖는 핵심적 개념이다.

Miller와 Parasuraman(2007)도 자동화의 기능 과정에서 인간이 책임을 갖는 것이 더 이로운 상황들이 많이 있다고 주장하였다. 이들은 플레이북(Playbook)이라고 불리는 '조절형(adaptable)' 자동화의 제어 체계에 대해 개관하였다(Opperman, 1994 참조). 이 시스템의 사용에서 인간은 작업부하의 수준이 높은 과제인 경우에는 과제에 대해 다양한 조건이나 제약을 규정한 후 자동화 시스템에 과제들을 넘겨줄 수 있다. Parasuraman 등(2005)은 적응형 자동화에 대한 플레이북 방식의 접근이 인간의 수행에 이점이 있다는 것을 관찰한 인간-로봇 상호작용에 대한 시뮬레이션 연구를 한 가지 소개하기도 하였다.

적응형/조절형 자동화(adaptive/adaptable automation)라는 개념은 인간과 기계가 갖고 있는 장점을 역동적이고 협동적인 방식으로 활용한다는 측면에서(Winter & Dodou, 2011) 인간-기계 시스템 설계에서는 개념적으로는 매력적인 접근이다. 이와 관련된 개념인 **조절 가능 자율성**(adjustable autonomy)도 인간-로봇 상호작용의 영역에서 많이 다루어졌는데, 여기에서도 로봇 자율성 결정에 기계주도적 변화와 인간주도적 변화가 갖는 상대적 장점에 대해 논쟁이 되고 있다(Cummings et al., 2010; Goodrich et al., 2007; Valero-Gomez et al., 2011).

적응형/조절형 자동화 개념은 고도로 자동화된 복잡한 시스템의 설계자들이 우선적으로 고려해야 하는 개념으로 남아 있다(Ahlstrom et al., 2005; Inagaki, 2003; Miller & Parasuraman, 2007; Parasuraman et al., 2007; Valero-Gomez et al., 2011). 그러나 우리가 앞에서도 논의하였듯이, 시스템이 효과적으로 기능할 수 있기 전까지는(심지어 실제로 그 시스템이 사용될 수 있기까지는) 많은 문제들이 해결되어야 한다. 가장 중요한 점은, 이러한 해결책들을 찾아내기 위해서는 최근에 와서야 인간공학 영역에서 사람들의 관심을 받고 있는 인간 수행 이론의 영역들(즉, 의사소통, 협동 그리고 신임)과 더불어, 인간의 주의가 갖고 있는 근본적 속성에 대한 지속적이면서도 더 나은 이해가 수반되어야 한다는 점이다.

## 9. 효과적 인간-자동화 상호작용을 위한 설계

앞에서는 사용자가 자동화된 시스템과 상호작용할 때 발생할 수 있는 많은 인간 수행 문제들을 확인하였다. 이러한 문제들의 많은 부분은 완전하게 기술중심적인 관점에서 설계된 시스템들에서 발견된다. 이와는 대조적으로, 인간-자동화 상호작용에 대한 지난 수년간의 연구들은 이러한 문제들에 대한 몇 가지 해결책들을 제시하였다(Degani, 2004; Parasuraman, 2000; Sheridan, 2002; Sheridan & Parasuraman, 2006; Sethumadhavan, 2011). 사실 이러한 해결책들은 인간-자동화 상호작용에서 발생하는 문제들에 대해 우리가 이전에 논의한 내용에서 암묵적으로 제시되었던 것이기도 하다. 해결방안들 중 많은 부분은 인간중심적 자동화라는 항목으로 대략적으로 묶여질 수 있을 것이다(Billings, 1997). 인간중심적 자동화와 관련된 해결방안들은 자동화가 생산성이나 시스템 수행 측면에서 반드시 최적의 수행을 보여야 한다는 것을 요구하지는 않는다. 그 대신 이러한 해결방안들이 자동화에 적용될 경우에는 안전성을 더 높이고 인간 사용자들에게 더 큰 만족감을 주며, 시스템에 오류가 발생했을 때는 최소한 인간 조작자가 시스템을 '수동으로 회복할 수 있도록' 해주어야 할 것이다.

### 9.1 피드백

우리는 앞에서 자동화된 시스템에서 발생하는 많은 사고와 사건은 자동화의 상태나 작동에 대한 피드백이 열악하게 제공되거나 혹은 전혀 제공되지 않기 때문에 발생한 것이라는 것을 살펴본 바 있다(Norman, 1990). 따라서 자동화 시스템 설계자들은 자동화 시스템의 현재 상태, 그러한 상태에서의 변화(예 : 자동화 수준의 전환), 그리고 자동화 시스템에 의해 감시되거나 제어되고 있는 처리 과정의 상태(예 : 자동화된 경고 시스템이 감지하고 있는 연속 변인) 등에 대한 중요한 정보를 제공하는데 노력해야 한다. 피드백의 유형도 신중하게 고려해야 한다. 열악하게 혹은 너무 과도하게 제공되는 피드백은 이것을 제공하지 않는 경우만큼 좋지 않은 결과를 초래할 수 있다. 제4장에서는 생태학적 인터페이스 설계(Seppelt & Lee, 2007)의 맥락에서 성공적 디스플레이를 다룬 몇 가지 사례 연구들에 대해 기술한 바 있다.

인간 조작자에게 피드백을 제공하는 한 가지 접근 방식은 **중다 양상**(multi-modal) 디스플레이를 사용하는 것인데, 이를 통해 조작자가 주로 사용하는 감각 경로(전형적으로 시각; 제7장 참조)가 과부하되는 것을 막을 수 있다. 청각 경로를 고려해 볼 수 있는데, 청각적 피드백을 제공함으로써 일차적인 시각 과제 수행에서 향상이 있음을 밝힌 사례들은 많이 있다(Ho & Spence, 2008). 그러나 청각적 이어콘(earcon)이나 음성 합성장치 등의 사용(Baldwin, 2012; 제6장 참조)으로 청각 디스플레이가 점차 더 정교해지고 복잡해짐에 따라 청각 경로도 혼잡해질 수 있다. 이에 따라 많은 연구자들이 피드백 제공 경로로서 햅틱(haptic) 혹은 촉각(tactile) 디스플레이의 유용성도 탐색하고 있다(Sarter, 2007). 예를 들어, Sklar와 Sarter(1999)는 손목에 찰 수 있는 촉각 디스플레이를 통해 FMS 모드 전환에 대한 정보를 제공할 경우 일차적 비행 수행에는 방해를 주지 않으면서 경보탐지 수행을 향상시킬 수 있음을 보여주었다.

## 9.2 자동화의 적합 수준과 단계

신임/의존성에 대한 논의와 자동화의 단계/수준에 대한 논의를 종합하면 '더 많은' 자동화(즉, 자동화의 나중 단계, 특정 단계 안에서의 높은 수준, 혹은 더 높은 자동화 정도)는 칼의 양날과 같은 속성을 갖고 있음을 알 수 있을 것이다. 전형적으로 자동화 정도가 높을수록 정규적 수행은 향상시키는 반면 작업부하 수준은 낮출 것이다. (만일 이 두 가지 모두 관찰되지 않는다면 인간 수행의 관점에서 볼 때 자동화 시스템은 분명 오류가 있는 것이다). 그러나 자동화 정도를 높이는 것은 (상황인식을 저하시킴으로써) OOTLUF를 증가시키고 그 결과, 실패 관리 수행을 저하시킬 것이다. 따라서 자동화의 정도를 높임으로써 얻을 수 있는 작업부하와 정규적 수행에서의 이점은 상황인식 상실과 실패 관리 저하 문제에 의해 상쇄된다고 할 수 있다(Wickens, Li, et al., 2010). 이러한 교환적 득실 관계는 신호탐지에서 반응 기준(베타)을 높임으로써 탈루율은 감소되는 대신 오경보율은 증가되는 것과 유사하다. 자동화 시스템의 신뢰도가 증가할수록 이러한 교환적 득실 관계가 향상되는 것으로 보인다. 자동화 정도와 관련된 이러한 변인들 사이의 가상적인 교환적 득실 관계가 그림 12.6에 제시되어 있다.

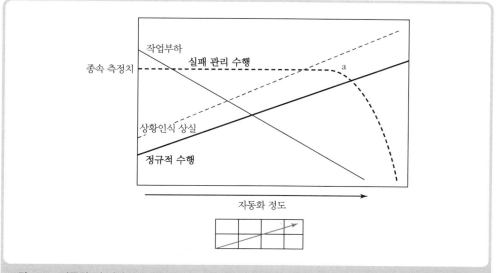

**그림 12.6** 자동화 정도(단계와 수준)의 증가에 따른 정규적 수행과 실패 관리 수행, 그리고 작업부하와 상황 인식 상실 사이의 가상적인 교환적 득실 관계

만일 자동화 정도에 따른 수행, 작업부하, 그리고 상황인식에서의 변화를 예측할 수 있고 이것이 신뢰로운 것이라면 이러한 변인들을 통해 설계자들은 수행 향상과 작업부하 경감에 대해 할당해야 하는 상대적 비중을 설정할 수 있을 것이고 이에 따라 최적의 자동화 정도를 결정할 수 있을 것이다. 그러나 이것은 매우 어려운 일임이 밝혀졌다.

물론 자동화의 단계 혹은(그리고) 수준들을 변화시키면서 이러한 주요 변인들을 측정한 몇 개의 연구들도 있다. 이에 대한 고전적 연구 중 하나가 제6장에서 기술되었던 Crocoll과 Coury(1990)의 연구이다. 이들은 상태 디스플레이(단계 2 자동화)와 명령 디스플레이(단계 3 자동화)를 비교한 후 전자는 정규적인 수행에, 반면 후자는 실패 관리 수행에 더 이점이 있다는 것을 발견하였다. 이와 유사한 결과가 Sarter와 Schroeder(2001)의 연구에서도 관찰 되었다. 이 연구에서는 항공기 결빙을 방지하는 두 가지 형태의 자동화 시스템 즉, 결빙이 이루어지는 부분을 추론해 주는 시스템(단계 2 자동화)과 결빙으로부터 회복할 수 있는 조 작을 조언해 주는 시스템(단계 3 자동화)을 서로 비교하였다. 자동화 수준 사이의 교환적 득실 관계를 검토한 고전적 연구는 Endsley와 Kiris(1995)에 의해 수행되었다. 이들은 운전 의사결정 보조 시스템의 효과를 검증하였는데, 그 결과 최적의 교환적 득실 관계는 자동화 수준이 가장 높은 조건보다는 중간 정도의 수준에서 나타난다는 것을 관찰하였다.

Rovira 등(2007)은 불완전한 의사결정 시스템과의 상호작용 과정에서 시스템의 신뢰도 수 준(60~80%)과 세 가지 자동화 수준이 수행 손상에 어떠한 효과를 갖는지 좀 더 검토하였 다. 그 결과, 부정확한 의사결정 조건에 따른 수행 손상은 자동화의 수준이 가장 높으면서

(예 : 최적 의사결정에 대한 권고사항이 구체적으로 제공되는 조건) 자동화 신뢰도도 높은 경우에 가장 심각하였다.

Wickens와 Li 등(2010)은 통합분석을 통해 자동화의 불완전성 정도를 달리하면서 4개의 주요 변인들(그림 12.6에서 보이는 것과 같은 정규 모드와 실패 상황에서의 수행, 작업부하 및 상황인식) 중 2개 이상의 효과를 살펴본 연구들의 결과(Manzey, Reichenbach, & Onnasch, 2012; Sethumadhavan, 2009; Kaber, Onal, & Endsley, 2000)를 종합적으로 비교하였다. 인간 조작자의 수행에 대한 이들의 통합분석 결과는 수행 관련 연구들이 일반적으로 밝힌 경향 과 일치하였다. 즉, 자동화의 정도가 증가함에 따라 정규적 과제 수행은 향상되는 반면 실 패 관리 과제의 수행은 저하되었다. 그러나 작업부하와 상황인식 저하에 대한 결과는 그렇 게 분명하게 드러나지는 않았다(그 이유는 부분적으로는 상이한 자동화 수준에 걸쳐 상황 인식이 어떻게 변화되는지 살펴본 연구가 많지 않기 때문일 수 있다). 그러나 한 가지 연구 결과는 특히 주목해서 살펴볼 필요가 있다. 자동화 정도가 높을수록 상황인식도 향상된다 는 것을 관찰한 연구들에서는 자동화 정도의 증가에 따라 정규적 수행과 실패 관리 수행도 모두 향상된 것으로 나타났다. 추론하건대 이러한 연구들에서 연구자들은 (앞절에서 상세 하게 기술되었던) 효과적 디스플레이 설계와 피드백 투명성에 특히 더 많은 주의를 기울인 것으로 보인다.

바람직한 피드백은 최적점을 그림 12.6에서 오른쪽으로 좀 더 이동하도록 한다는 것도 사실인 것으로 보이지만, 자동화의 불완전성과 인간/자동화의 에러가 높은 경우에는 이와는 반대로 최적점이 그림의 왼쪽으로 좀 더 이동해야 하는 경우도 있다(Parasuraman, Sheridan, & Wickens, 2000). 그러나 인간 조작자가 제시간에 의사결정을 할 수 없을 만큼 시간 압력 이 매우 높다면(예 : 이륙 시에 고장난 엔진을 끄는 의사결정을 하는 것)(Inagaki, 2003), 조종사의 의사결정을 보조하는 자동화 시스템의 최적점은 오른쪽으로 좀 더 이동하여야 한다.

### 9.3 인간-자동화 '에티켓'을 위한 설계

앞에서 논의하였듯이, 신임은 인간 조작자가 자동화 시스템에 얼마나 의존할 것인지를 결 정하는 데 중요한 역할을 한다. 신임은 인지적 속성과 정서적 속성을 모두 갖고 있다. 정서 적 속성의 경우는 자동화가 그것의 '지능성'을 더 증가시킬수록, 그리고 이것이 인간-인간 상호작용에서 보이는 것과 같은 방식(예 : 음성이나 면대면 의사소통과 같은 방식)으로 인 간과 상호작용할 수 있는 능력이 향상될수록 더 중요한 역할을 하게 된다. Nass와 동료들 (Nass et al., 1995; Reeves & Nass, 1996)은 사람들이 다른 사람들과 상호작용하는 것과 유사 한 방식으로 컴퓨터에 종종 사회적으로 반응한다는 것을 보여주었다. 어떤 자동화 형태는 더 높은 수준의 지능과 인간을 닮은 속성을 갖추고 있기 때문에 이러한 것들이 사회적으로 적합한 방식으로 인간과 상호작용하도록 설계되어야 하는지 질문하는 것이 중요하다.

우리가 다른 사람들과 상호작용할 때는 전형적으로 공식적이든 비공식적이든 대부분의 상황에서 암묵적으로 이해되고 준수되는 규칙을 따른다. 대부분의 상황에서 개인 사이의 행동규범으로 받아들여지기는 하지만 대개의 경우 암묵적인 그와 같은 에티켓의 준수는 효과적인 인간-컴퓨터 관계에서도 중요하다. Parasuraman과 Miller(2004)는 조작자가 자동화를 사용하여 진단 의사결정을 내릴 때의 효율성에 그러한 에티켓이 영향을 미칠 수 있음을 보여주었다. 이 연구자들은 자동화 시스템이 잠재적인 엔진 고장에 대해 조언해 주는 자동화된 실패 관리 시스템을 갖춘 중다과제 검사세트(MATB)를 통해 실험참가자들의 수행을 평가하였다. 자동화가 바람직한 에티켓을 보이는 조건에서는 자동화 시스템이 조작자에게 미리 경고를 제시해 주고, 이 경고에 따라 조작자가 수행을 마치도록 기다려주었다. 다른 조건은 자동화 시스템이 열악한 에티켓을 보이는 조건으로 이 조건에서 자동화 시스템은 경고도 미리 제시하지 않았고 조작자가 수행을 마칠 때까지 기다리지도 않았다. 그 결과 열악한 에티켓 조건에 비해 바람직한 에티켓 조건에서는 진단 정확성이 20% 정도 더 높았다. Dorneich와 Ververs 등(2012)도 중다과제 수행에서 좋은 **자동화 에티켓**(automation etiquette)이 갖는 이와 유사한 이점을 보고하였다. 이들은 좋은 에티켓을 보이는 인간 조력자가 보이는 것과 유사하게 사용자의 작업부하가 높은 경우에는 높은 우선성을 갖는 메시지만 전달하고 낮은 우선성을 갖는 메시지들은 저장만 하는 방식으로 메시지를 관리하는 일종의 적응형 자동화 시스템을 설계하였다.

자동화 시스템이 언제 사용자의 과제를 중단시켜야 하는지 아는 것 이외에 다른 에티켓 요소들이 포함된 연구들도 있다. Grice(1975)는 사람들 사이에서 수용 가능하고 효율적인 상호작용을 가능하게 하는 행동적 관례들에 대해 기술한 바 있다. 예를 들어, 우리는 전형적으로 다른 사람과 대화할 때 대화를 효과적으로 진행하기 위해 불분명하거나 애매하게 말하지 않으려고 노력한다. Hayes와 Miller(2011)는 자동화된 시스템도 이와 유사하게 모호함과 애매함을 피해야 한다고 제안하였다. 그와 같이 합의된 에티켓을 따르도록 설계된 자동화 시스템은 인간 사용자들이 더 많이 받아들이고 선호하는 경향이 있다.

## 9.4 조작자 신뢰 조정하기 : 디스플레이 설계와 훈련

앞에서 살펴보았듯이, 열악하게 교정된 신임은 인간-자동화 상호작용의 비효율성을 가져오는 주요 요인이다. 인간 사용자들은 과다신임과 과소신임을 모두 보인다. 이 두 가지 문제는 자동화 시스템 설계와 훈련에 대해 주의를 기울임으로써 해결될 수 있다. 불신에 대한 가능한 해결책을 먼저 논의하고, 그 다음에 과다신임과 안심감 문제에 대해 기술하기로 하자.

### 9.4.1 불신 경감

불신에 대한 해결책들은 자동화에서의 불신의 원천에 대해 다루었던 7.2절에서 이미 제시된 바 있다. 예를 들어, 자동화 기능의 복잡성을 단순화하는 것 혹은/그리고 좋은 디스플레이를 통해 사용자에게 시스템 상태를 좀 더 '투명하게' 보이도록 하는 것 등이다. 또한 인간 감독자에 대한 훈련도 좋은 해결책 중 하나다. 자주 오경보를 경보하는 시스템에 대한 불신 문제에 대해서는 제2장에서 기술된 내용들을(4.3절) 다시 살펴보기 바란다. 여기에서는 이 중에서 두 가지 해결책, 즉 훈련과 가능성 경보와 관련하여 좀 더 구체적으로 살펴보기로 하자.

먼저, 훈련 측면에서 보면 경보 시스템의 사용자들은 시스템 실패를 감지하기 어렵지만 이것이 큰 재앙으로 이어질 수 있기 때문에 초기에 경고를 제시하는 것이 바람직한 경우와, 실패의 기저율이 매우 낮은 경우에서는 오경보 경고가 불가피한 것이고 이를 수용해야 한다는 것을 깨닫는 것이 중요하다(Parasuraman et al., 1997).

둘째, 디스플레이와 관련하여, 오경보 경고 문제는 **가능성 디스플레이**(likelihood display)의 사용을 통해 어느 정도 경감될 수 있다는 증거들이 있다(Sorkin et al., 1988). 이러한 유형의 경보 디스플레이는 시스템에 문제가 있다는 것에 대한 확실성의 정도를 2개 이상의 등급화된 수준으로 제시해 준다. 본질적으로, 이러한 디스플레이가 갖는 설계 개념은 경고 시스템이 단순히 완전한 경보를 제시하거나 이와는 반대로 전혀 반응하지 않는 것보다는 '확실하지 않음'과 같은 방식의 반응을 통해 사용자들이 경고 신호를 탈루하지 않는 수준으로 반응 기준을 유지하게 해주는 것이다. 우리가 제2장에서도 살펴보았듯이, 신호를 탐지하는 '신호 제시' 여부에 대해 한 가지 수준 이상으로 자신들의 확신감을 표현하도록 하는 것은 사람들의 민감도를 향상시킬 수 있다. 마찬가지로 경보 시스템도 경보에 대한 확신 정도를 다양하게 하여 반응하도록 하면 시스템과 인간 모두의 민감도에서 이에 상응하는 향상을 가져올 수 있다(Sorkin et al., 1988).

미국 국토안보위협탐지시스템(homeland security threat detection system) 중 하나인 국경 방사능탐지대에 대한 현장 연구를 통해 Sanquist 등(2008)은 가능성 경보 디스플레이와 베이지안 분석을 사용하여 오경보 문제를 줄일 수 있음을 보여주었다. 현재 국경에 배치되어 방사능 물질(예 : 폭발물)을 탐지하는 검사관들은 (비료, 애완동물용 깔개, 혹은 방사선 조사 과일 등과 같은 것에 의해 방사능이 탐지되었다 하더라도) 그것이 위협이 되지 않는 경우에도 제공되는 '장애 경보(nuisance alarms)'에 의해 어려움을 경험하고 있다. Sanquist 등은 진정한 위협(예 : 무기 등급의 플루토늄)의 (매우 낮은) 기저율을 추정한 후, 경보 양성 예측치(alarm positive predictive value, PPV)(즉, 경보가 울렸을 때 진정한 위협 물질이 실제로 존재할 확률)를 증가시키기 위한 기준을 제공하였다. 이들은 또한 탐지 시스템 알고리듬에 화물적하 정보(예 : 트럭에 비료가 실려 있는지의 여부)를 포함시키면 PPV가 증가될 수 있다는 것(그리고 장애 경보가 줄어들 수 있다는 것)을 보여주었다. 마지막으로 이들은 세 수준의 가능성 경보[예 : 통과(해당 물질 없음), 주의(자연 발생적 방사능 물질), 경보(방사능 물질의 잠재적 위협이 있음)]를 사용하는 것도 오경보를 유의하게 경감시킬 수 있음을 보여주었다.

### 9.4.2 과다신임과 과다안심 경감

조작자가 자동화 시스템을 과다신임하는 문제를 해결하는 한 가지 방법은 이들에게 자동화 시스템의 신뢰도에 대한 정보를 제공해 주는 것이다. 예를 들어, 자동화된 전투 식별 시스템의 신뢰도에 대한 정보 제공은 사용자들이 신임과 의존성의 수준을 교정하는 데 도움을 줄 수 있다는 몇 가지 증거가 보고되었다(Neyedli et al., 2011; Wang et al., 2009). 7.1.1절에서 자동화 실패에 대한 최초 반응과 이후 반응의 비교를 통해 시사되었듯이(Parasuraman & Molloy, 1996; Merlo et al., 2003; Manzey, Reichenbach, & Onnasch, 2012; Wickens et al., 2009), 최상의 기법 중 하나는 자동화에 대한 훈련과 연습을 통해 이것이 실시간으로 사용되기 이전에 '최초 실패를 제거하는 것'이다. 이렇게 하면 실시간 사용에서의 '최초 실패'는 이제는 자동화에 대한 불신이 어느 정도 축적된 이후 나타나는 '추후 실패(subsequent failure)'가 된다.

그러나 중요한 점은 자동화 사용자에게 실패가 발생할 수 있다고 단순히 알려주는 것은 실제 실패를 경험하는 것에 비해 훨씬 더 효과적이지 못하다는 점이다(Skitka, Mosier, & Burdick, 2000). 이것은 제8장의 9.1절(Larrick, 2006)에서 논의했던 의사결정에서의 탈편향과 관련된 것과 같은 맥락이다. 이러한 결론은 자동화 실패의 경험이 안심감을 감소시키는지의 여부를 검토한 Bahner, Huper, 그리고 Manzey(2008)의 연구에서 강조되었다. 이들은 실패 관리 자동화 시스템이 실패에 대한 조언을 제공해 주는 처리 제어 시뮬레이션을 통해 실험참가자들의 수행을 비교하였다. 실험참가자의 한 집단('정보 집단')은 자동화 시스템이 완벽하지는 않더라도 매우 신뢰롭게 작동하고 있다고 알려주었고, 각각의 진단 내용을 수용하기 이전에 시스템이 제공하는 진단 정보를 확인하여 그것이 맞는지 여부를 판단해야 한다고 지시하였다. 다른 실험참가자 집단에게도 동일한 정보를 제공하였지만 이들은 훈련 기간 동안 몇 개의 시스템 실패(부정확한 진단)에 추가적으로 노출되었다('경험 집단'). Lee와 Moray(1992)의 연구 결과와 마찬가지로, Bahner와 동료들도 불완전한 자동화를 경험하는 것은 전반적인 신임의 수준을 저하시키고 이에 따라 안심감의 정도(이것은 진단 결과를 수용하기 이전에 실험참가자들이 확인한 정보의 수로 측정되었다)도 경감된다는 것을 발견하였다. '정보 집단' 실험참가자들은 '경험 집단' 실험참가자들에 비해 더 적은 수의 정보를 표집하였다. 이러한 결과는 자동화 실패 노출을 통한 훈련이 안심감을 경감시킬 수 있음을 시사한다.

## 10. 결론

인간의 정보처리의 모든 단계들을 지원하거나 대신 수행해 주는 자동화된 시스템들은 직장과 일상생활의 모든 측면(제조공장, 발전소, 의료기관, 교통, 사무실, 가정, 그리고 그밖의 다른 많은 산업 장면들)에서 찾아볼 수 있다. 그와 같은 환경에서 자동화 시스템은 효율성을 증가시켰고, 안전성을 향상시켰으며, 조작자의 작업부하를 경감시켜 주었다. 동시에 자동화 시스템은 새로운 문제들도 가져왔고, 인간 조작자의 인지적 작업이 갖는 본질을 변화시켰다. 이 때문에 때로 사고와 사건이 발생한다. 몇 가지 인간 수행과 관련된 문제들은 자동화 시스템이 기술중심적 관점에서 설계되었기 때문에 발생하였다. 여기에는 비균형적인 정신적 작업부하, 상황인식의 감소, 그리고 과소신임과 과다신임 모두에서의 잘못된 교정 등이 포함된다. 효과적인 인간-자동화 상호작용을 위한 수많은 설계방안들이 가능하다. 여기에는 자동화 수준과 단계의 적절한 사용, 자동화 복잡성의 경감, 피드백 제공, 그리고 신임 수준 교정을 위한 훈련 등이 포함된다. 비록 하나의 설계방안으로서 활용도가 더 높아지기 위해서는 더 많은 연구가 요구되기는 하지만 적응형/조절형 자동화도 자동화에 따른 인간 수행에서의 몇 가지 문제를 해결하는 방안이 될 수 있을 것이다.

## 핵심 용어

가능성 디스플레이(likelihood display)

거짓경보 효과(cry wolf effect)

과다신임(over-trust)

과소신임(under-trust)

교정 곡선(calibration curve)

기능 할당(function allocation)

변화맹(change blindness)

생성 효과(generation effect)

신임(trust)

안심감(complacency)

외부 루프 비친숙성(out of the loop unfamiliarity, OOTLUF)

의지(reliance)

이행(compliance)

인간중심적 자동화(human centered automation)

자동화 수준(levels of automation)

자동화 신뢰(automation trust)

자동화 신뢰도(automation reliability)

자동화 에티켓(automation etiquette)

자동화 의존성(automation dependence)

자동화 편향(automation bias)

자동화에 의한 당황(automation surprises)

자동화의 단계들(stages of automation)

적응형 자동화(adaptive automation)

정신적 작업부하(mental workload)

조절 가능 자율성(adjustable autonomy)

중다 양상(multi-modal)

최초 실패 효과(first failure effect)

# 에필로그

11개의 장은 단일 장을 넘어서 관련된 연구 결과와 원리로 묘사되는 주제, 수행의 특정 구성요소들을 다룬다. 수행의 특정 구성요소들이 반복적으로 나타나는데, 우리는 이 주제들이 일터에서 나타내는 인간 수행의 강점과 한계점을 이해하기 위해 특히 중요하다고 믿는다. 다음의 리스트는 완벽하지 않다. 독자들이 스스로의 생각으로 부족한 부분을 채워가길 바란다.

1. **작업기억 한계** : 반복적으로, 우리는 작업기억이 본질적으로 매우 제한적이라는 것에 주목하지만(예 : 휴대전화 걸기), 한편으로는 이러한 제한이 다른 처리 과정의 제약, 그리고 시공간적으로 비교되고 분리되어야 할 것들에 대한 비용과 같은 원리들을 작동시킨다. 작업기억의 효과적인 사용에는 노력이 필요하다. 노력은 한정된 자원이며 그것을 아끼려는 인간의 선천적인 경향성은 작업기억, 오류 발생, 수행 지연, 인지적 부하 부과를 기반으로 하는 처리 과정을 손상시킬 수 있다.

2. **2개의 C : 부합성과 혼동** : 부합성과 혼동(compatibility and confusion) 개념은 디스플레이 제어(자극-반응), 생태학적, 양상적, 인지적 측면에 관한 부합성으로 반복하여 나타난다. 여기서 핵심은 정보처리 과정의 단계 사이의 상호작용이다. 단독적으로 쉽게 취급될 수 있는 단계는 없다. 왜냐하면 단계들 간의 연결이 아주 중요하기 때문이다.

   공학심리학에서 부합성은 오랫동안 잘 알려져 온 원리인 반면에, 유사성에 기반한 혼동 개념은 그러한 다채로운 역사를 만끽할 수 없다. 그러나 인간 수행의 특징을 묘사하는 데 여러 모로 중요하다. 만약 두 가지의 어떤 것을 비슷하게 보고, 듣고, 또는 느낀다면, 그리고 같은 맥락에서 두 가지의 것이 동시에 발생한다면, 잘못된 하나가 부적절하게 지각될 가능성이 높거나 작업기억에서 혼동을 일으킬 것이다. 그것과 관련된 반응은 때때로 엄청나게 충격적인 결과를 유발시킨다. 따라서 이 장에서 유사성은 나쁨, 변별성은 좋음을 나타낸다.

3. **교환** : 부합성과 혼동처럼 교환(trade-offs)도 두 가지 양상을 보여준다. 첫 번째, 사람

들은 종종 인간 수행에서 두 가지 변수나 처리 과정을 교환할 수 있는 인지적 세트를 가진다. 예를 들면, 신호탐지에서 (베타를 통하여) 적중 대 탈루, 많은 과제에서 속도 대 정확성, 시간공유에서 과제 A 대 과제 B, 의사결정과 검색에서 보수성 대 정확성, 그리고 선택에서 확률 대 가치의 균형 맞추기다. 인간 수행 이론은 이러한 전략적 교환들, 즉 무엇이 사람을 교환 함수에 따르게 하는지, 어디서 그것이 작동되어야 하는지 혹은 작동되는지, 그리고 그 함수를 넘어 인간 수행의 질을 어떻게 측정하는지를 이해하는 것을 돕는 데 중요하다. 이런 맥락, 수용자 조작 특성, 속도-정확성 조작 특성, 그리고 수행 조작 특성은 그러한 교환의 명시적 표시를 제공한다.

두 번째, 설계의 원리는 종종 교환적이다. 특정한 설계가 하나의 원리를 만족시키면 다른 원리는 위반하게 된다. 예를 들어, 경보 역치(신임 대 준수의 교환), 좁고 깊은 메뉴 대 얇고 넓은 메뉴(시각 검색을 위한 인지적 부하의 교환), 일치성을 위한 설계 대 디스플레이 제어 매핑 세트에 걸친 부합성, 근접성을 위한 설계(정보에 접근하는 노력 감소) 또는 더 큰 분리(판독된 잡동사니의 감소), 또는 상황인식을 증가시키거나 업무부하를 줄이기 위한 자동화를 설계하는 것을 고려해 보자. 이런 교환성이 존재한다는 사실은 전산화된 모델에 대한 욕구를 증폭시킨다. 전산화된 모델은 설계자가 하나의 기능과 다른 기능의 균형점을 이해하거나 실제로 교환에서 공짜, 혹은 적어도 싼 것을 제공할 수 있는 최적의 지점이 있는지 찾는 데 도움을 줄 수 있다.

4. **기대** : 기대는 여러 장에 걸쳐 반복적으로 다루어진다. 기대는 우리가 무엇을 그리고 어떻게 보고 듣는지, 어떻게 반응할지 또는 반응할지 말지에 대해 큰 영향을 미친다.

5. **처리 과정의 단계** : 물론 처리 단계들은 정보처리 접근의 특징을 반영한다. 그리고 우리는 많은 장과 응용에 걸쳐 강조된 4개 단계(때로는 단지 세 가지나 두 가지)를 보았다. 신호탐지 이론(2 : 민감성과 반응 기준)에서부터 디스플레이(2 : 상태와 명령), 상황인식(3 : 수준 1, 2, 그리고 3), 의사결정(3 : 단서 지각, 상황 평가, 선택), 훈련 전이(2 : 자극 유사성, 반응 유사성), 자원(2 : 지각적-인지적, 행동), 자동화(전체 모델에서 4개의 처리 단계를 보조하는 자동화의 모든 네 단계)까지다. 한편으로, 우리는 제10장과 제11장의 여러 부분에서 논의되었던 것과 이에 더하여 한 단계 또는 다른 단계에서 시스템에 제한을 부과한 것으로부터 나왔을 수 있는 다른 설계의 결과들 사이에서 매우 현실적인 생리학적 차이를 강조할 수 있다. 그러나 다른 한편으로는, 단계의 차이가 단계들이 반드시 순수하게 순차적인 방식으로 작동되거나 어떤 특정 단계에서 '시작' 처리 과정을 나타내는 것은 아니다. 사실, 피드백 루프의 중요성은 수동 제어와 같은 작업이 그것을 필요로 할 경우 어느 곳에서든 시작하며 계속해서 수행하는 인간 정보처리 과정의 순환을 정확하게 허용하는 것이다.

그럼에도 불구하고, 많은 작업 영역에서와 같이, 어떤 것들은 다른 것보다 반드시 원칙적으로 일어나야 한다는 특징을 가진다(예 : 전원 스위치를 찾기 전에 안전 수칙을 읽고 다음으로 위험한 장비를 사용하는 것). 그래서 인간 수행에서 종종 이상적인 수행은 어떤 단계에서 부자연스러운 방법으로 진행된다. 그리고 그것을 하지 않을 때, 이전의 주의 깊은 상황 평가 없이 행동할 때, 좋지 못한 수행이 발생할 수 있다.

6. **지각-인지의 강조** : 독자들은 우리가 4단계 모형을 정교화시키기는 했지만, 7개의 장에서 주로 지각과 인지의 '초기' 단계에 대해 언급하고 2개의 장에서만(제8장과 제9장) 행위 선택에 대해 비중 있게 다루고, 행위 실행에 대해서는 제5장과 제9장만이 다루고 있다는 것을 주목할 것이다. 부분적으로 이런 강조는 우리가 제12장에서 설명했듯이, 작업장에서 점점 더 많은 기능들이 기계화되어 반응 실행 과제를 훨씬 용이하게 하는 기술의 진화를 반영한다. 결과적으로, 전체 시스템 수행에 대한 인간의 지각과 인지의 상대적인 기여는 그에 따라 더 증가하는 실정이다.

7. **원리로부터 설계로, 그리고 다시 원점으로 돌아가서** : 우리가 시작에서 말했듯이, 이 책이 '인간중심적인 무엇인가'를 어떻게 구축할지를 보여주는 인간공학 교과서가 되도록 의도한 것은 아니다. 빠르고, 정확하고, 그리고 작업부하를 줄이도록 하면서 수행을 지원하는 설계에서 우리가 기술했던 원리가 적용되기 위해서는 신중한 과제 분석과 좋은 공학이 잘 결합되어야 한다. 우리는 독자들이 이러한 원리가 어떻게 적용될 수 있는지 이해하기를 희망하며 다른 소스로부터 설계의 인간공학에 대한 깊은 이해가 뒤따르기를 바란다. 동시에 우리는 독자들이 주위를 둘러보고 어떻게 이러한 원리들이 일상생활에서 좋거나 나쁜 설계(또는 골치 아픔)의 사례들에 내포되어 있는지 볼 수 있기를 바란다. 마지막으로 우리는 여기에 언급된 원리들이 (인간요인으로부터 나온 발견들을 포함하여) 심리학과 인지과학의 기초 연구자들에게 피드백되어 자신들의 이론들이 성공적이었다는 것을 강조하고 더 발전되고 정교화된 것을 바라는 것으로 귀결되기를 바란다. 그렇게 하여 완전한 피드백 루프로서의 인간공학이 실현될 것이다.

# 참고문헌

**Aaslid, R.** (1986). Transcranial Doppler examination techniques. In R. Aaslid (Ed.), *Transcranial Doppler Sonography* (pp. 39–59). New York: Springer-Verlag.

**Ackerman, P., Schneider, W., & Wickens, C. D.** (1984). Deciding the existence of a time-sharing ability: A combined methodological and theoretical approach. *Human Factors, 26*, 71–82.

**Adamic, E. J., Behre, J., & Dyre, B. P.** (2010). Attentional locus and ground dominance in control of speed during low altitude flight. In *Proceedings of the Human Factors and Ergonomics Society 54th Annual Meeting* (pp. 1,665–1,669). Santa Monica, CA: Human Factors and Ergonomics Society.

**Adams, B. D., Webb, R. D. G., Angel, H. A., & Bryant, D. J.** (2003). *Development of theories of collective and cognitive skill retention.* DRDC Contractor Report CR-2003-078. Toronto: Defence Research and Development Canada.

**Adams, J. A., & Hufford, L. E.** (1962). Contribution of a part-task trainer to the learning and relearning of a time-shared flight maneuver. *Human Factors, 4*, 159–170.

**Adams, M. J., Tenney, Y. J. and Pew, R. W.** (1995). Situation awareness and the cognitive management of complex systems. *Human Factors, 37*, 85–104.

**Adelman, L., Bresnick, T., Black, P., Marvin, F., & Sak, S.** (1996). Research with Patriot air defense officers: examining information order effects. *Human Factors, 38*, 250–261.

**Ahlstrom, V., Longo, M., & Truitt, T.** (2005). *Human factors design guide* (DOT/FAA/CT-02-11). Atlantic City, NJ: Federal Aviation Administration.

**Alexander, A. L., Wickens, C. D., & Hardy, T. J.** (2005). Synthetic vision systems: The effects of guidance symbology, display size, and field of view. *Human Factors, 47*, 693–707.

**Alexander, A. L., Wickens, C. D., & Merwin, D. H.** (2005). Perspective and coplanar cockpit displays of traffic information: Implications for maneuver choice, flight safety, and mental workload. *International Journal of Aviation Psychology, 15*, 1–21.

**Algom, D., Dekel, A., & Pansky, A.** (1996). The perception of number from the separability of the stimulus: The Stroop effect revisited. *Memory and Cognition, 24*, 557–572.

**Alkov, R., Borowsky, M. & Gaynor, M** (1982). Stress coping and US Navy aircrew factor mishap. *Aviation Space and Environmental Medicine. 53*, 1,112–1,115.

**Allen P. A., Groth, K. E., Grabbe, J. W., Smith, A. F., Pickle, J. L., & Madden, D. J.** (2002). Differential age effects for case and hue mixing in visual word recognition. *Psychology and Aging, 17*, 622–635.

**Allen, G.** (1982). Probability judgment in weather forecasting. In *Ninth Conference in Weather Forecasting and Analysis.* Boston: American Meteorological Society.

**Allison, R. S., Gillam, B. J., & Becellio, E.** (2009). Binocular depth discrimination and estimation beyond interaction space. *Journal of Vision, 9*(1):10, 1–14.

**Allport, D. A.** (1993). Attention and control: Have we been asking the wrong questions? A critical review of the last 25 years. In D.E. Meyer & S. Kornblum (Eds.), *Attention and performance XIV: A silver jubilee.* Cambridge, MA: MIT Press.

**Allport, D. A., Styles, E. A., & Hsieh, S.** (1994). Shifting intentional set: Exploring the dynamic control of tasks. In C. Umilta & M. Moscovitch (Eds.), *Attention and performance XV* (pp. 421–452). Cambridge, MA: MIT Press.

**Alluisi, E., Muller, P. I., & Fitts, P. M.** (1957). An information analysis of verbal and motor response in a force-paced serial task. *Journal of Experimental Psychology, 53*, 153–158.

**Altmann, E. M., & Trafton, J. G.** (2002). Memory for goals: An activation-based model. *Cognitive Science, 23*, 39–83.

**Amadieu, F., Mariné, C., & Laimay, C.** (2011). The attention-guiding effect and cognitive load in the comprehension of animations. *Computers in Human Behavior, 27*, 36–40.

**Amer, T. S.** 2005. Bias due to visual illusion in the graphical presentation of accounting information. *Journal of Information Systems, 19*, 1–18.

**Amishav, R., & Kimchi, R.** (2010). Perceptual integrality of componential and configural information in faces. *Psychonomic Bulletin & Review, 17*, 743–748.

**Anderson, J. R.** (1981). *Cognitive skills and their acquisition.* Hillsdale, NJ: Erlbaum.

**Anderson, J. R.** (1991). Is human cognition adaptive? *Behavioral and Brain Sciences, 14*, 471–484.

Anderson, J. R. (1993). *Rules of the mind*. Hillsdale, NJ: Erlbaum.

Anderson, J. R. (1996). ACT: A simple theory of complex cognition. *American Psychologist, 51*, 355–365.

Anderson, M. C. (2003). Rethinking interference theory: Executive control and the mechanisms of forgetting. *Journal of Memory and Language, 49*, 415–445.

Ando, J., Ono, Y., & Wright, M. J. (2001). Genetic structure of spatial and verbal working memory. *Behavioral Genetics, 31*, 615–624.

Andre, A. D., & Wickens, C. D. (1992). Compatibility and consistency in display-control systems: Implications for aircraft decision aid design. *Human Factors, 34*, 639–653.

Andre, A. D., & Wickens, C. D. (1995). When users want what's not best for them. *Ergonomics in Design*, October, 10–14.

Andre, A. D., Wickens, C. D., & Goldwasser, J. B. (1990). *Compatibility and consistency in display-control systems: Implications for decision aid design*. University of Illinois Institute of Aviation Technical Report (ARL-90-13/NASA-A3I-90-2). Savoy, IL: Aviation Research Laboratory.

Andre, A. D., Haskell, I. D., & Wickens, C. D. (1991). S-R compatibility effects with orthogonal stimulus and response dimensions. In *Proceedings of the 35th Annual Meeting of the Human Factors Society* (pp. 1546-1550). Santa Monica, CA: Human Factors Society.

Andre, A. D., Wickens, C. D., Moorman, L., & Boschelli, M. M. (1991). Display formatting techniques for improving situation awareness in the aircraft cockpit. *International Journal of Aviation Psychology, 1*, 205–218.

ANSI (1997). *Methods for calculation of the speech intelligibility index*, S3.5-1997. New York: American National Standards Institute.

Antonijevic, S. (2008). From text to gesture online: A microethnographic analysis of nonverbal communication in the Second Life virtual environment. *Information, Communication & Society, 11*(2), 221–238.

Aretz, A. J. (1991). The design of electronic map displays. *Human Factors, 33*, 85–101.

Aretz, A. J., & Wickens, C. D. (1992). The mental rotation of map displays. *Human Performance, 5*, 303–328.

Arkes, H. R., & Blumer, C. (1985). The psychology of sunk cost. *Organizational Behavior and Human Performance, 35*, 129–140.

Arkes, H. R., & Harkness, A. R. (1980). Effect of making a diagnosis on subsequent recognition of symptoms. *Journal of Experimental Psychology: Human Learning and Memory, 6*, 568–575.

Arnott, D. (2006). Cognitive biases and decision support systems development: a design science approach. *Information Systems Journal, 16*, 55–78.

Arthur, J. J., Prinzel, L. J., Kramer, L. J., & Bailey, R. E. (2006). *Dynamic tunnel usability study: Format recommendations for synthetic vision system primary flight displays*. NASA Langley Research Center, Technical Report TM-2006-214272. Hampton, VA: National Aeronautics and Space Administration.

Arthur, W. Jr., Bennett, W., Jr., Stanush, P. L., & McNelly, T. L. (1998). Factors that influence skill decay and retention: A quantitative review and analysis. *Human Performance, 11*, 57–101.

Ashby, F. G., & Lee, W. W. (1991). Predicting similarity and categorization from identification. *Journal of Experimental Psychology: General, 120*, 150–172.

Ashby, F. G., & Maddox, W. T. (1994). A response time theory of perceptual separability and perceptual integrality in speeded classification. *Journal of Mathematical Psychology, 33*, 423–466.

Atchley, P., & Chan, M. (2011). Potential benefits of concurrent task engagement to maintain vigilance: A driving simulator study. *Human Factors, 53*, 3–12.

Avery, B., Sandor, C., & Thomas, B. H. (2009). Improving spatial perception for augmented reality x-ray vision. In *IEEE Virtual Reality 2009 Proceedings* (pp. 79–82). New York: Institute of Electrical and Electronics Engineers.

Ayaz, H., Shewokis, P. A., Bunce. S., Izzetoglu, K., Willems, B., & Onaral, B. (2012). Optical brain monitoring for operator training and mental workload assessment. *NeuroImage, 59*, 36–47.

Ayres, T. J. (2006). Fifty years of warning researchers. In *Proceedings of the Human Factors and Ergonomics Society 50th Annual Meeting* (pp. 1,794–1,797). Santa Monica, CA: Human Factors and Ergonomics Society.

Azuma, R. T. (2001). Augmented reality: Approaches and technical challenges. In W. Barfield & T. Caudell (Eds.), *Fundamentals of wearable computers and augmented reality* (pp. 27–63). Mahwah, NJ: Erlbaum.

Baber, C. (1997). *Beyond the desktop*. San Diego: Academic Press.

Baber, C., Morin, C., Parekh, M., Cahillane, M., & Houghton, R. (2011). Multimodal control of sensors on multiple simulated unmanned vehicles. *Ergonomics, 54,* 792–805.

Backs, R. W., Lennerman, J. K., Wetzel, J. M., & Green, P. (2003). Cardiac measures of driver workload during simulated driving with and without visual occlusion. *Human Factors, 45,* 525–538.

Baddeley, A. (1966). The capacity for generating information by randomization. *Quarterly Journal of Experimental Psychology, 18,* 119–130.

Baddeley, A. (1996). Exploring the central executive. *Quarterly Journal of Experimental Psychology, 49A,* 5–28.

Baddeley, A. D. (1972). Selective attention and performance in dangerous environments. *British Journal of Psychology, 63,* 537–546.

Baddeley, A. D. (1986). *Working memory.* Oxford: Clarendon Press.

Baddeley, A. D. (1990). *Human memory: Theory and practice.* Boston, MA: Allyn and Bacon.

Baddeley, A. D. (1993). Working memory or working attention? In A. Baddeley & L. Weiskrantz (Eds.), *Attention: Selection, awareness, and control. A tribute to Donald Broadbent* (pp. 152–170). Oxford: Oxford University Press.

Baddeley, A. D. (1995). Working memory. In M. S. Gazzaniga et al. (Eds.), *The cognitive neurosciences* (pp. 755–784). Cambridge, MA: MIT Press.

Baddeley, A. D. (1996). Exploring the central executive. *Quarterly Journal of Experimental Psychology, 49A,* 5–28.

Baddeley, A. D. (2003). Working memory: Looking back and looking forward. *Nature Reviews Neuroscience, 4,* 829–839.

Baddeley, A. D. (2007). *Working memory, thought and action.* Oxford: Oxford University Press.

Baddeley, A. D., & Colquhoun, W. P. (1969). Signal probability and vigilance: A reappraisal of the "signal rate" effect. *British Journal of Psychology, 60,* 169–178.

Baddeley, A. D., & Hitch, G. (1974). Working memory. In G. Bower (Ed.), *Recent advances in learning and motivation* (vol. 8). New York: Academic Press.

Baddeley, A. D., Chincotta, D., & Adlam, A. (2001). Working memory and the control of action: Evidence from task switching. *Journal of Experimental Psychology: General, 130,* 641–657.

Baddeley, A. D., Hitch, G. J., and Allen, R. J. (2009). Working memory and binding in sentence recall. *Journal of Memory and Language, 61,* 438–456.

Bagheri, N., & Jamieson, G. A. (2004). Considering subjective trust and monitoring behavior in assessing automation-induced "complacency." In D. A. Vicenzi, M., Mouloua, & P. A. Hancock (Eds.), *Human performance, situation awareness, and automation: Current research and trends* (pp. 54–59). Mahwah, NJ: Erlbaum.

Bahner, E., Huper, A. D., & Manzey, D. (2008). Misuse of automated decision aids: Complacency, automation bias and the impact of training experience. *International Journal of Human-Computer Studies, 66,* 688–699.

Bahrick, H. P., Noble, M., & Fitts, P. M. (1954). Extra task performance as a measure of learning a primary task. *Journal of Experimental Psychology, 48,* 298–302.

Bahrick, H. P., & Shelly, C. (1958). Time-sharing as an index of automization. *Journal of Experimental Psychology, 56,* 288–293.

Bailey, B. P., & Iqbal, S. T. (2008). Understanding changes in mental workload during execution of goal-directed tasks and its application for interruption management. *ACM Transactions on Computer-Human Interaction, 14(4).* 21:1–28.

Bailey, B. P., & Konstan, J. A. (2006). On the need for attention-aware systems: measuring effects of interruption on task performance, error rate, and affective state. *Computers in Human Behavior, 23,* 685–708.

Bailey, N., & Scerbo, M. S. (2007). Automation-induced complacency for monitoring highly reliable systems: The role of task complexity, system experience, and operator trust. *Theoretical Issues in Ergonomics Science, 8,* 321–348.

Bailey, R. W. (1989). *Human performance engineering: Using human factors/ergonomics to achieve computer system usability* (2nd Ed.). Englewood Cliffs, NJ: Prentice Hall.

Bainbridge, L. (1983). Ironies of automation. *Automatica, 19(6),* 775–779.

Baker, C. H. (1961). Maintaining the level of vigilance by means of knowledge of results about a secondary vigilance task. *Ergonomics, 4,* 311–316.

Baldwin, C. L. (2012). *Auditory cognition and human performance: Research and applications.* New York: CRC Press.

*Baldwin, C. L., & Coyne, J.* (2005). Dissociable aspects of mental workload: Examinations of the P300 ERP component and performance assessments. *Psychologia, 48,* 102–119.

*Baldwin, C. L., & Penaranda, B.* (2012). Adaptive training using an artificial neural network and EEG metrics for within- and cross-task workload classification. *NeuroImage, 59,* 48–56.

*Balla, J.* (1980). Logical thinking and the diagnostic process. *Methodology and Information in Medicine, 19,* 88–92.

*Balla, J.* (1982). The use of critical cues and prior probability in concept identification. *Methodology and Information in Medicine, 21,* 9–14.

*Ballard, D. H., Hayhoe, M. M., & Pelz, J. B.* (1995). Memory representation in natural tasks. *Journal of Cognitive Neuroscience, 7(1),* 66–86.

*Banbury, S., & Berry, D. C.* (1997). Habituation and dishabituation to speech and office noise. *Journal of Experimental Psychology: Applied, 3,* 1–16.

*Banbury, S., & Berry, D. C.* (1998). The disruption of office-related tasks by speech and office noise. *British Journal of Psychology, 89,* 499–517.

*Banbury, S., & Berry, D. C.* (2005). Office noise and employee concentration: Identifying causes of disruption and potential improvements. *Ergonomics, 48,* 25–37.

*Banbury, S., Croft, D. G., Macken, W. J., & Jones, D. M.* (2004). A cognitive streaming account of situation awareness. In S. Banbury & S. Tremblay (Eds.), *A cognitive approach to situation awareness: Theory and application* (pp. 117–134). Aldershot, UK: Ashgate.

*Banbury, S., & Tremblay, S.* (Eds.) (2004). *A cognitive approach to situation awareness: Theory and application.* Aldershot: Ashgate.

*Banbury, S., Dudfield, H., & Lodge, M.* (2007). FASA: Development and validation of a scale to measure factors affecting commercial airline pilot Situation Awareness. *International Journal of Aviation Psychology, 17,* 131–152.

*Banbury, S., Fricker, L., Emery, L., & Tremblay, S.* (2003). Using auditory streaming to reduce disruption of serial memory by extraneous auditory warnings. *Journal of Experimental Psychology: Applied, 9,* 12–29.

*Banbury, S., Jones, D. M., & Berry, D. C.* (1998). Extending the 'irrelevant sound effect': The effects of extraneous sound on performance in the office and on the flight deck. In *Proceedings of the 7th International Congress on Noise as a Public Health Problem,* Sydney, Australia.

*Banbury, S., Macken, W. J., Tremblay, S., & Jones, D. M.* (2001). Auditory distraction and short-term memory: Phenomena and practical implications. *Human Factors, 45,* 12–29.

*Banbury, S., Selcon, S. J., & McCrerie, C. M.* (1997). New light through old windows: The role of cognitive compatibility in aircraft dial design. In *Proceedings of the Human Factors and Ergonomics Society 41st Annual Meeting* (pp. 56–60). Santa Monica, CA: Human Factors and Ergonomics Society.

*Banich, M. T.* (2009). Executive function. The search for an integrated account. *Current Directons in Psychological Science, 18,* 89–93.

*Barclay, R. L., Vicari, J. J., Doughty, A. S., Johanson, J. F., & Greenlaw, R. L.* (2006). Colonoscopic withdrawal times and adenoma detection during screening colonoscopy. *New England Journal of Medicine, 355,* 2,533–2,541.

*Barfield, W.* (1997). Skilled performance on software as a function of domain expertise and program organization. *Perceptual and Motor Skills, 85,* 1,471–1,480.

*Barnes, L. R., Gruntfest, E. C., Hayden, M. H., Schultz, D. M., & Benight, C.* (2007). False alarms and close calls: A conceptual model of warning accuracy. *Weather and Forecasting, 22,* 1,140–1,147.

*Barnes, M., & Jenstch, F.* (Eds.) (2010). *Human-robot interactions in future military operations.* Farnham, Surrey, UK: Ashgate.

*Barnett, B. J.* (1990). Aiding type and format compatibility for decision aid interface design. In *Proceedings of the 34th Annual Meeting of the Human Factors Society* (pp. 1,552–1,556). Santa Monica, CA: Human Factors Society.

*Barnett, B. J., & Wickens, C. D.* (1988). Display proximity in multicue information integration: The benefit of boxes. *Human Factors, 30,* 15–24.

*Barr, R. A., & Giambra, L. M.* (1990). Age-related decrement in auditory selective attention. *Psychology and Aging, 5,* 597–599.

*Barrouillet, P., Bernardin, S., & Camos, V.* (2004). Time constraints and resource sharing in adults' working memory spans. *Journal of Experimental Psychology: General, 133,* 83–100.

*Barsalou, L. W.* (2008). Grounded cognition. *Annual Review of Psychology, 59,* 617–645.

*Barton, P. H.* (1986). The development of a new keyboard for outward sorting foreign mail. IMechE, 57–63.

*Bartram, D. J.* (1980). Comprehending spatial information: The relative efficiency of different methods of presenting information about bus routes. *Journal of Applied Psychology, 65,* 103–110.

*Bastardi, A., Uhlman, E., & Ross, L.* (2011). Belief, desire and the motivational evaluation of scientific evidence. *Psychological Science, 22,* 731–732.

*Bateman, S., Mandryk, R. L., Gutwin, C., Genest, A., McDine, D., & Brooks, C.* (2010). Useful junk? The effects of visual embellishment on comprehension and memorability of charts. In *Proceedings of the 28th International Conference on Human Factors in Computing Systems CHI 2010* (pp. 2,573–2,582). New York: Association for Computing Machinery.

*Bates, D. W., Cohen, M., Leape, L. L., Overhage, J. M., Shabot, M. M., & Sheridan, T.* (2001). Reducing the frequency of errors in medicine using information technology. *Journal of the American Medical Informatics Association, 8,* 299–308.

*Bates, E., & Fitzpatrick, D.* (2010). Spoken mathematics using prosody, earcons and spearcons. In K. Miesenberger et al. (Eds.), *Proceedings of the ICCHP 2010, Part II, LNCS 6180,* 407–414.

*Bazerman, M.* (1998). *Judgment in managerial decision making* (4th Ed.). New York: Wiley.

*Beaman, C. P.* (2005). Auditory distraction from low-intensity noise: A review of the consequences for learning and workplace environments. *Applied Cognitive Psychology, 19,* 1,041–1,064.

*Beatty, J.* (1982). Task-evoked pupillary responses, processing load, and the structure of processing resources. *Psychological Bulletin, 91,* 276–292.

*Beck, M. R., Lohrenz, M. C., & Trafton, J. G.* (2010). Measuring search efficiency in complex visual search tasks: Global and local clutter. *Journal of Experimental Psychology: Applied, 16,* 238–250.

*Beck, M. R., Peterson, M. S., & Angelone, B. L.* (2007). The roles of encoding, retrieval, and awareness in change detection. *Memory & Cognition, 35,* 610–620.

*Becker, A. B., Warm, J. S., Dember, W. N., & Hancock, P. A.* (1995). Effects of jet engine noise and performance feedback on perceived workload in a monitoring task. *International Journal of Aviation Psychology, 5,* 49–62.

*Becker, R., & Cleveland, W.* (1987). Brushing scatterplots. *Technometrics, 29*(2), 127–142.

*Bederson, B. B., Hollan, J. D., Stewart, J., Rogers, D., Vick, D., Ring, L., Grose, E., & Forsythe, C.* (1998). A zooming web browser. In C. Forsythe, E. Grose, & J. Ratner (Eds.), *Human factors and web development* (pp. 255–266). Mahwah, NJ: Erlbaum.

*Beilock, S. L., Bertenthal, B., Hoerger, M. & Carr, T.* (2008). When does haste make waste? *Journal of Experimental Psychology: Applied, 14,* 340–352.

*Bellenkes, A. H., Wickens, C. D., & Kramer, A. F.* (1997). Visual scanning and pilot expertise: The role of attentional flexibility and mental model development. *Aviation, Space, and Environmental Medicine, 68,* 569–579.

*Bennett, A. M., Flach, J. M., McEwen, T. R., Russell, S. M.* (2006). Active regulation of speed during a simulated low-altitude flight task. In *Proceedings of the Human Factors and Ergonomics Society 50th Annual Meeting* (pp. 1,589–1,593). Santa Monica, CA: Human Factors and Ergonomics Society.

*Bennett, K. B., & Flach, J. M.* (1992). Graphical displays: implications for divided attention, focused attention, and problem solving. *Human Factors, 34,* 513–533.

*Bennett, K. B., & Flach, J. M.* (2011). *Display and interface design: Subtle science, exact art.* Boca Raton, FL: CRC Press.

*Bennett, K. B., & Flach, J. M.* (2012). Visual momentum redux. *International Journal of Human Computer Studies* 70 (2012) 399–414.

*Ben-Shakhar, G., & Elaad, E.* (2003). The validity of psychophysiological detection of information with the Guilty Knowledge Test: A meta-analytic review. *Journal of Applied Psychology, 88,* 131–151.

*Berends, I. E., & van Lieshout, E. C. D. M.* (2009). The effects of illustrations in arithmetic problem-solving: Effects of increased cognitive load. *Learning and Instruction, 19,* 345–353.

*Beringer, D. B., & Chrisman, S. E.* (1991). Peripheral polar-graphic displays for signal/failure detection. *International Journal of Aviation Psychology, 1,* 133–148.

*Beringer, D. B., Williges, R. C., & Roscoe, S. N.* (1975). The transition of experienced pilots to a frequency-separated aircraft attitude display. *Human Factors, 17,* 401–414.

*Berkun, M. M.* (1964). Performance decrement under psychological stress. *Human Factors, 6,* 21–30.

Bertelson, P. (1965). Serial choice reaction-time as a function of response versus signal-and-response repetition. Nature, 206, 217–218.

Bertelson, P. (1966). Central intermittency twenty years later. Quarterly Journal of Experimental Psychology, 18, 153–163

Bertin, J. (1983). *Semiology of graphics*. Madison, WI: University of Wisconsin Press.

Bertolotti, H., and Strybel, T. Z. (2011). Audio and audiovisual cueing in visual search: effects of target uncertainty and auditory cue precision. In D. Harris (Ed.): *Engineering psychology and cognitive ergonomics, HCII 2011, LNAI 6781* (pp. 10–20). Springer-Verlag: Berlin.

Bettman, J. R., Johnson, E. J., & Payne, J. (1990). A componental analysis of cognitive effort and choice. *Organizational Behavior and Human Performance, 45,* 111–139.

Bettman, J. R., Payne, J. W., & Staelin, R. (1986). Cognitive considerations in designing effective labels for presenting risk information. *Journal of Marketing and Public Policy, 5,* 1–28.

Bialystok, E., Craik, F. I. M., Green, D. W., & Gollan, T. H. (2009). Bilingual minds. *Psychological Science in the Public Interest, 10,* 89–129.

Biederman, I. (1987). Recognition-by-components: A theory of human image understanding. *Psychological Review, 94,* 115–147.

Biederman, I., Mezzanotte, R. J., Rabinowitz, J. C., Francolin, C. M., & Plude, D. (1981). Detecting the unexpected in photo interpretation. *Human Factors, 23,* 153–163.

Biggs, S. J., & Srinivasan, M. A. (2002). Haptic interfaces. In K. M. Stanney (Ed.), *Handbook of virtual environments* (pp. 93–115). Mahwah, NJ: Erlbaum.

Billings, C. (1997). *Aviation automation: The search for a human-centered approach*. Englewood Cliffs, NJ: Erlbaum.

Birbaumer, N. (2006). Breaking the silence: Brain-computer interfaces (BCI) for communication and motor control. *Psychophysiology, 43,* 517–532.

Bird, J. (1993). Sophisticated computer gets new role: system once used only in fighters helping in Bosnia, *Air Force Times*, October 25, p. 8.

Bjork, R. A. (1999). Assessing our own competence: Heuristics and illusions. In D. Gopher & A. Koriat (Eds.), *Attention and performance XVII: Cognitive regulation of performance: Interaction of theory and application*. New York: Academic Press.

Bleckley, M. K., Durso, F. T., Crutchfield, J. M., Engle, R. W., & Khanna, M. M. (2003). Individual differences in working memory capacity predict visual attention allocation. *Psychonomic Bulletin & Review, 10,* 884–889.

Bliss, J. P., & Dunn, M. C. (2000). Behavioral implications of alarm mistrust as a function of task workload. *Ergonomics, 43,* 1283–1300.

Bluethmann, W., Ambrose, R., Diftler, M., Askew, S., Huber, E., Goza, M., Rehnmark, F., Lovchik, C., & Magruder, D. (2003). Robonaut: A robot designed to work with humans in space. *Autonomous Robots, 14,* 179–197.

Boeing Company (2000). Statistical Summary of Commercial Jet Airplane accidents: world wide operations: 1959–1999 [online] available: *www.boeing.com/news/techissues/pdf/1999_statsum.pdf.*

Bogner, M. S. (1994) (Ed.). *Human error in medicine*. Hillsdale, NJ: Erlbaum.

Bojko, A., Kramer, A. F., & Peterson, M. S. (2004). Age equivalence in switch costs for prosaccade and antisaccade tasks. *Psychology and Aging, 19,* 226–234.

Boles, D. B., Bursk, J. H., Phillips, J. B., & Perdelwitz, J. R. (2007). Predicting dual-task performance with the multiple resources questionnaire (MRQ). *Human Factors, 49,* 32–45.

Bolstad, C. A., & Endsley, M. (2000). Shared displays and team performance. *Proceedings of the Human Performance, Situation Awareness and Automation Conference*, Savannah, GA.

Booher, H. R. (1975). Relative comprehensibility of pictorial information and printed words in proceduralized instructions. *Human Factors, 17,* 266–277.

Booher, H. R. (2003) (Ed.). *Handbook of human systems integration*. Hoboken, NJ: Wiley.

Borman, W. C., Hanson, M. A., & Hedge, J. W. (1997). Personnel selection. *Annual Review of Psychology, 48,* 299–337.

Bos, J. C., & Tack, D. W. (2005). *Investigation: Visual display alternatives for infantry soldiers: A literature review*. DRDC Toronto Contract Report CR 2005-027. Toronto: Defence Research and Development Canada.

Botzer, A., Meyer, J., Bak, P., & Parmet, Y. (2010). User settings of cue thresholds for binary categorization decisions. *Journal of Experimental Psychology: Applied, 16,* 1–15.

*Bourne, P. G.* (1971). Altered adrenal function in two combat situations in Vietnam. In B. E. Elefheriou and J. P. Scott (Eds.), *The physiology of aggression and defeat.* New York: Plenum.

*Bower, G. H., & Springston, F.* (1970). Pauses as recoding points in letter series. *Journal of Experimental Psychology, 83,* 421–430.

*Bower, G. H., Clark, M. C., Lesgold, A. M., & Winzenz, D.* (1969). Hierarchical retrieval schemes in the recall of categorical word lists. *Journal of Verbal Learning and Verbal Behavior, 8,* 323–343.

*Boyle, E. A., Anderson, A. H., & Newlands, A.* (1994). The effect of eye contact on dialogue and performance in a cooperative problem-solving task. *Language & Speech, 37,* 1–20.

*Brainard, R. W., Irby, T. S., Fitts, P. M., & Alluisi, E.* (1962). Some variable influencing the rate of gain of information. *Journal of Experimental Psychology, 63,* 105–110.

*Bransford, J. D., & Johnson, M. K.* (1972). Contextual prerequisites for understanding: Some investigations of comprehension and recall. *Journal of Verbal Learning and Verbal Behavior, 11,* 717–726.

*Braun, C. C., & Silver, N. C.* (1995). Interaction of signal word and colour on warning labels: Differences in perceived hazard and behavioural compliance. *Ergonomics, 38,* 2,207–2,220.

*Braune, R. J.* (1989). *The common/same type rating: Human factors and other issues.* Anaheim, CA: SAE.

*Braune, R., & Wickens, C. D.* (1986). Time-sharing revisited: Test of a componential model for the assessment of individual differences. *Ergonomics, 29,* 1,399–1,414.

*Braunstein, M. L.* (1990). Structure from motion. In J. I. Elkind, S. K. Card, J. Hochberg, & B. M. Huey (Eds.), *Human performance models for computer-aided engineering* (pp. 89–105). Orlando, FL: Academic Press.

*Bregman, A. S.* (1990). *Auditory scene analysis: The perceptual organization of sound.* Cambridge, MA: MIT Press.

*Brehmer, B.* (1981). Models of diagnostic judgment. In J. Rasmussen & W. Rouse (Eds.), *Human detection and diagnosis of system failures.* New York: Plenum.

*Bremen, P.,* van *Wanrooij, M. M., & van Opstal, A. J.* (2010). Pinna cues determine orienting response modes to synchronous sounds in elevation. *The Journal of Neuroscience, 30*(1), 94 –204.

*Bresley, B.* (1995, April–June). 777 flight deck design. *Airliner.* 1–9.

*Breslow, L. A.,* Trafton, J. G. *McCurry, J. M., & Ratwani, R. M.* (2010). An algorithm for generating color scales for both categorical and ordinal coding. *Color Research and Application, 35,* 18–28.

*Breslow, L. A., Trafton, J. G., & Ratwani, R. M.* (2009). A perceptual process approach to selecting color scales for complex visualizations. *Journal of Experimental Psychology: Applied, 15,* 25–34.

*Brewer, N., & Wells, G. L.* (2006). The confidence-accuracy relationship in eyewitness identification: Effects of line-up instructions, foil similarity, and target-absent base rates. *Journal of Experimental Psychology: Applied, 12,* 11–30.

*Brewer, N., Harvey, S., & Semmler, C.* (2004). Improving comprehension of jury instructions with audio-visual presentation. *Applied Cognitive Psychology, 18,* 765–776.

*Brewster, C., & O'Hara, K.* (2007). Knowledge representation with ontologies: Present challenges—future possibilities. *International Journal of Human-Computer Studies, 65,* 563–568.

*Brewster, S.* (2009). Nonspeech auditory output. In A. Sears & J. A. Jacko (Eds.), *Human-computer interaction: Fundamentals* (pp. 223–240). Boca Raton, FL: CRC Press.

*Breznitz, S.* (1983). Cry-wolf: The psychology of false alarms. Hillsdale, NJ: Lawrence Earlbaum.

*Broadbent, D. E.* (1958). *Perception and communications.* New York: Permagon.

*Broadbent, D. E.* (1971). *Decision and stress.* New York: Academic Press.

*Broadbent, D. E.* (1975). The magic number seven after fifteen years. In A. Kennedy & A. Wilkes (Eds.), *Studies in long-term memory* (pp. 3–18). New York: Wiley.

*Broadbent, D. E.* (1977). Language and ergonomics. *Applied Ergonomics, 8,* 15–18.

*Broadbent, D. E.* (1982). Task combination and selective intake of information. *Acta Psychologica, 50,* 253–290.

*Broadbent, D. E., & Broadbent, M. H.* (1980). Priming and the passive/active model of word recognition. In R. Nickerson (Ed.), *Attention and performance VIII.* New York: Academic Press.

*Broadbent, D. E., & Gregory, M.* (1965). Effects of noise and of signal rate upon vigilance as analyzed by means of decision theory. *Human Factors, 7,* 155–162.

*Brookhuis, K. A., & de Waard, D.* (1993). The use of psychophysiology to assess driver status. *Ergonomics, 36,* 1,099–1,100.

*Brookings, J. B., Wilson, G. F., & Swain, C. R.* (1996). Psychophysiological responses to changes in workload during simulated air traffic control. *Biological Psychology, 42,* 361–377.

*Brown, I. D., & Poulton, E. C.* (1961). Measuring the spare "mental capacity" of car drivers with a subsidiary task. *Ergonomics, 4,* 35–40.

*Brown, J.* (1959). Some tests of the decay theory of immediate memory. *Quarterly Journal of Experimental Psychology, 10,* 12–21.

*Brown, M. E., & Gallimore, J. J.* (1995). Visualization of three-dimensional structure during computer-aided design. *International Journal of Human-Computer Interaction, 7,* 37–56.

*Brown, S. D., Marley, A. A. J., Donkin, C., & Heathcote, A.* (2008). An integrated model of choices and response times in absolute identification. *Psychological Review, 115,* 396–425.

*Brown, S. W., & Boltz, M. G.* (2002). Attentional processes in time perception: Effects of mental workload and event structure. *Journal of Experimental Psychology: Human Perception and Performance, 28,* 600–615.

*Bruno, N., & Cutting, J. E.* (1988). Minimodularity and the perception of layout. *Journal of Experimental Psychology: General, 117,* 161–170.

*Bruyer, R., & Scailquin, J. C.* (1998). The visuospatial sketchpad for mental images: Testing the multicomponent model of working memory. *Acta Psychologica, 98,* 17–36.

*Bryant, D.* (2003). *Critique, explore, compare, and adapt (CECA): A new model for command decision making.* DRDC Toronto Technical Report TR 2003–105. Toronto: Defence Research and Development Canada.

*Buehler, R., Griffin, D., & Ross, M.* (2002). Inside the planning fallacy: the causes and consequences of optimistic predictions. In T. Gilovich, D. Griffin, & D. Kahneman (Eds.), *Heuristics and biases* (pp. 250–270). Cambridge, UK: Cambridge University Press.

*Bulkley, N. K., Dyre, B. P., Lew, R., & Caufield, K.* (2009). A peripherally-located virtual instrument landing display affords more precise control of approach path during simulated landings than traditional instrument landing displays. In *Proceedings of the Human Factors and Ergonomics Society—53rd Annual Meeting* (pp. 31–35). Santa Monica, CA: Human Factors and Ergonomics Society.

*Bundesen, C.* (1990). A theory of visual attention. *Psychological Review, 97,* 523–547.

*Burgess, N., & Hitch, G. J.* (2006). A revised model of short-term memory and long-term learning of verbal sequences. *Journal of Memory and Language, 55,* 627–652.

*Burgess-Limerick, R., Krupenia, V., Wallis, G., Pratim-Bannerjee, A., & Steiner, L.* (2010). Directional control-response relationships for mining equipment. *Ergonomics, 53,* 748–757.

*Burki-Cohen, J., Sparko A., & Mellman, M.* ( 2011). Flight Simulator Motion Literature Pertinent to Airline-Pilot Recurrent Training and Evaluation. *AIAA Modeling and Simulation Technologies Conference AIAA 2011-6320.*

*Burns, C. M., & Hajdukiewicz, J. R.* (2004). *Ecological interface design.* Boca Raton, FL: CRC Press.

*Burns, C. M., Skraaning, G., Jamieson, G. A., Lau, N., Kwok, J., Welch, R., & Andresen, G.* (2008). Evaluation of ecological interface design for nuclear process control: Situation awareness effects. *Human Factors, 50,* 663–679.

*Butcher, L. M., Davis, O. S., Craig, I. W., & Plomin, R.* (2008). Genome-wide quantitative trait locus association scan of general cognitive ability using pooled DNA and 500K single nucleotide polymorphism microarrays. *Genes, Brain, and Behavior, 7,* 435–446.

*Buxton, W.* (2007). *Sketching user experience.* San Francisco: Morgan Kaufmann.

*Byrne, M. D., & Davis, E. M.* (2006). Task structure and postcompletion error in the execution of a routine procedure. *Human Factors, 48,* 627–638.

*Cabeza, R., Kapur, S., Craik, F. I. M., McIntosh, A. R., Houle, S., & Tulving, E.* (1997). Functional neuroanatomy of recall and recognition: A PET study of episodic memory. *Journal of Cognitive Neuroscience, 9,* 254–265.

*Cacioppo, J. T.* (2002). Social neuroscience: Understanding the pieces fosters understanding the whole and vice versa. *American Psychologist, 57,* 819–831.

Caclin, A., Giard, M. H., Smith, B. K., & McAdams, S. (2007). Interactive processing of timbre dimensions: A Garner interference study. *Brain Research, 1138,* 159–170.

Cades, D. M., Boehm-Davis, D. A., Trafton, J. G., & Monk, C. A. (2011). Mitigating disruptive effects of interruptions through training: what needs to be practiced? *Journal of Experimental Psychology: Applied. 17,* 97–109.

Cades, D. M., Trafton, J. G., Boehm-Davis, D. A., & Monk C. A. (2007). Does the difficulty of an interruption affect our ability to resume? In *Proceedings of the Human Factors and Ergonomics Society 51st Annual Meeting* (pp. 234–238). Santa Monica, CA: Human Factors and Ergonomics Society.

Caggiano, D., & Parasuraman, R. (2004). The role of memory representation in the vigilance decrement. *Psychonomic Bulletin* & *Review, 11,* 932–937.

Cain, B., Magee, L. E., & Kersten, C. (2011). *Validation of a virtual environment incorporating virtual operators for procedural learning.* DRDC Technical Report No. 2011–132. Toronto: Defence Research and Development Canada.

Caird, J., Willness, C., Steel, P., & Scialfa, C. (2008). A meta analysis of the effects of cell phones on driver performance. *Accident Analysis and Prevention, 40,* 1,282–1,293.

Caldwell, B. (2009). Delays and user performance in human-computer network interaction tasks. *Human Factors, 31,* 813–830.

Camacho, M. J., Steiner, B. A., & Berson, B. L. (1990). Icons versus alphanumerics in pilot-vehicle interfaces. In *Proceedings of the 34th annual meeting of the Human Factors Society* (pp. 11–15). Santa Monica, CA: Human Factors Society.

Canham, M. S., Wiley, J., & Mayer, R. E. (in press). When diversity in training improves dyandic problem solving. *Applied Cognitive Psychology.*

Cannon-Bowers, J. A., and Salas, E. (2001). Reflections on shared cognition. *Journal of Organizational Behavior, 22,* 195–202.

Caplan, D., & Waters, D. S. (1999). Verbal working memory and sentence comprehension. *Behavioral and Brain Sciences, 22,* 77–126.

Carbonnell, J. R., Ward, J. L., & Senders, J. W. (1968). A queueing model of visual sampling: Experimental validation. *IEEE Transactions on Man-Machine Systems, MMS-9,* 82–87.

Card, S. K., English, W. K., & Burr, B. J. (1978) Evaluation of mouse, rate-controlled isometric joystick, step keys and task keys for text selection on a CRT. *Ergonomics, 21,* 601–613.

Card, S. K., Mackinlay, J. D., & Shneiderman, B. (1999) (Eds.). *Readings in information visualization.* San Francisco: Morgan Kaufmann.

Card, S. K., Moran, T. P., & Newell, A. (1983). *The psychology of human-computer interaction.* Hillsdale, NJ: Erlbaum.

Card, S. K., Newell, A., & Moran, T. P. (1986). The model human processor. In K. Boff, L. Kaufman, & J. Thomas (Eds.), *Handbook of perception and performance* (Vol. II, Ch. 45). New York: Wiley.

Carlander, O., Kindström, M., & Eriksson, L. (2005). Intelligibility of stereo and 3D-audio call signs for fire and rescue command operators. In *Proceedings of the Eleventh Meeting of the International Conference on Auditory Display* (pp. 292–295). ICAD: Limerick, Ireland.

Carlson, L., Holscher, C., Shipley, D., & Dalton, R. (2010). Getting lost in buildings. *Current Directions in Psychological Science. 5,* 284–289.

Carpenter, P. A., & Shah, P. (1998). A model of the perceptual and conceptual processes in graph comprehension. *Journal of Experimental Psychology: Applied, 4,* 75–100.

Carrasco, M., Pizarro, L., & Domingo, M. (2010). Visual inspection of glass bottlenecks by multiple-view analysis. *International Journal of Computer Integrated Manufacturing, 23,* 925–941.

Carretta, T. R., Perry, D. C. & Ree, M. J. (1996). Prediction of situational awareness in F-15 Pilots. *International Journal of Aviation Psychology, 6,* 21–41.

Caretta, T., & Ree, M. J. (2003). Pilot selection methods. In M. Vidulich & P. Tsang (Eds.), Principles and Practices of Aviation Psychology. Mahwah, NJ: Lawrence Erlbaum.

Carroll, J. (1990). The Nurnberg Funnel: Designing minimalist instruction for practical computer skills. Cambridge, MA: MIT Press.

Carroll, J. M. (2002). *Human-computer interaction in the new millennium.* New York: Addison-Wesley Professional.

Carroll, J. M., & Olson, J. (Eds.). (1987). *Mental models in human-computer interaction: Research issues about what the user of software knows.* Washington, DC: National Academy Press.

*Carswell, C. M.* (1992a). Reading graphs: Interactions of processing requirements and stimulus structure. In B. Burns (Ed.), *Percepts, Concepts and Categories* (pp. 605–645). Amsterdam: Elsevier.

*Carswell, C. M.* (1992b). Choosing specifiers: An evaluation of the basic tasks model of graphical perception. *Human Factors, 34,* 535–554.

*Carswell, C. M., Frankenberger, S., & Bernhard, D.* (1991). Graphing in depth: Perspectives on the use of three-dimensional graphs to represent lower-dimensional data. *Behaviour & Information Technology, 10,* 459–474.

*Carswell, C. M., & Wickens, C. D.* (1996). Mixing and matching lower-level codes for object displays: Evidence for two sources of proximity compatibility. *Human Factors, 38,* 1–22.

*Carter, R. C. & Cahill, M. C.* (1979). Regression models of search time for color-coded information displays. *Human Factors, 21,* 293–302.

*Casey, S.* (1988). *Set phasers on stun.* Santa Barbara: Aegean Press.

*Casner, S. M.* (1991). A task-analytic approach to the automated design of graphic presentations. *ACM Transactions on Graphics, 10,* 111–151.

*Casner, S. M.* (1994). Understanding the determinants of problem-solving behavior in a complex environment. *Human Factors, 36,* 580–596.

*Casper, J., & Murphy, R.* (2003). Human-robot interactions during the robot-assisted urban search and rescue response at the World Trade Center. *IEEE Transactions on Systems, Man, and Cybernetics, 33,* 367–385.

*Catrambone, R., & Carroll, J. M.* (1987). Learning a word processing system with training wheels and guided exploration. *Proceedings of CHI & GI human-factors in computing systems and graphics conference* (pp. 169–174). New York: Association for Computing Machinery.

*Causse, M., Dehais, F. & Pastor, J.* (2011). Executive functions and pilot characteristics predict flight simulator performance in general aviation pilots. *International Journal of Aviation Psychology 21,* 217–234.

*Cattell, R. B.* (1971). *Abilities: Their structure, growth, and action.* Boston: Houghton Miffin.

*Cellier, J. M., & Eyrolle, H.* (1992). Interference between switched tasks. *Ergonomics, 35,* 25–36.

*Cellier, J. M., Eyrolle, H., & Mariné, C.* (1997). Expertise in dynamic environments. *Ergonomics, 40,* 28–50.

*Cepeda, Pashler, et al.,* 2006

*Chan, A. H. S., & Chan, W. H.* (2008). Strength and reversibilty of stereotypes for a rotary control with linear displays. *Perceptual and Motor Skills, 106,* 341–353.

*Chan, A. H. S., & Hoffman, E.* (2010). Movement compatibility for frontal controls with displays located in four cardinal directions. *Ergonomics, 53,* 1403–1419.

*Chan, A. H. S., & Hoffman, E.* (2011). Movement compatibility for configurations of displays located in three cardinal orientations and ipsilateral, contralateral and overhead controls. *Applied Ergonomics,* 1–13.

*Chan, W. H., & Chan, A. H. S.* (2007a). Movement compatibility for rotary control and digital display. *Recent Advances in Engineering and Computer Science, 978e988-98671-1-9,* pp. 79–84.

*Chan, W. H., & Chan, A. H. S.* (2007b). Strength and reversibility of movement stereotypes for lever control and circular display. *International Journal of Industrial Ergonomics, 37,* 233–244.

*Chan, W. H., & Chan, A. H. S.* (2008). Movement compatibility for two dimensional lever control and digital counter. *IEEE Transactions on Systems, Man, & Cybernetics A, 38,* 528–536.

*Chandler, J. & Ponin, E.* (2012) Fast though speed induces risk taking. *Psychological Science. 23,* 370–374.

*Chandrasekaran, B., & Lele, O.* (2010). Mapping descriptive models of graph comprehension into requirements for a computational architecture: Need for supporting imagery operations. In A. K. Goel, M. Jamnik, & N. H. Narayanan (Eds.), *Diagrams 2010 Lecture Notes in Artificial Intelligence 6170* (pp. 235–242). Berlin: Springer-Verlag.

*Chapanis, A., & Lindenbaum, L. E.* (1959). A reaction time study of four control-display linkages. *Human Factors, 1,* 1–14.

*Chapman, G. B., & Johnson, E. J.* (2002). Incorporating the irrelevant: Anchors in judgments of belief and value. In T. Gilovich, D. Griffin, & D. Kahneman (Eds.), *Heuristics and biases* (pp. 120–138). Cambridge UK: Cambridge University Press.

*Charissis, V., Papanastasiou, S., & Vlachos, G.* (2009). Interface development for early notification warning system: Full windshield head-up display case study. *Lecture Notes in Computer Science, HCII 2009, 5613,* 683–692. Heidelberg: Springer.

*Charness, N.* (1976). Memory for chess positions: Resistance to interference. *Journal of Experimental Psychology: Human Learning and Memory, 2,* 641–653.

*Chase, W. G., & Chi, M.* (1979). *Cognitive skill: Implications for spatial skill in large-scale environments* (Technical Report No. 1). Pittsburgh: University of Pittsburgh Learning and Development Center.

*Chase, W. G., & Ericsson, A.* (1981). Skilled memory. In S. A. Anderson (Ed.), *Cognitive skills and their acquisition.* Hillsdale, NJ: Erlbaum.

*Chase, W. G., & Simon, H. A.* (1973). The mind's eye in chess. In W. G. Chase (Ed.), *Visual information processing.* New York: Academic Press.

*Chau, A. W., & Yeh, Y. Y.* (1995). Segregation by color and stereoscopic depth in three-dimensional visual space. *Perception & Psychophysics, 57,* 1,032–1,044.

*Cheal, M. & Lyon, D. R.* (1991). Central and peripheral precueing of forced-choice discrimination. *Quarterly Journal of Experimental Psychology A, 43,* 859–880.

*Chen, C., & Czerwinski, M.* (2000). Introduction to special issue on empirical evaluation of information visualizations. *International Journal of Human-Computer Studies, 53,* 631–635.

*Chen, J., Forsberg, A. S., Swartz, S. M., & Laidlaw, D. H.* (2007). Interactive multiple scale small multiples. In *IEEE Visualization Proceedings.* New York: Institute of Electrical and Electronics Engineers.

*Chi, C. F., & Drury, C. G.* (1998). Do people choose an optimal response criterion in an inspection task? *IIE Transactions, 30,* 257–266.

*Chignell, M. H., & Peterson, J. G.* (1988). Strategic issues in knowledge engineering. *Human Factors, 30,* 381–394.

*Childress, M. E., Hart, S. G., & Bortalussi, M. R.* (1982). The reliability and validity of flight task workload ratings. In R. Edwards (Ed.), *Proceedings of the 26th Annual Meeting of the Human Factors Society.* Santa Monica, CA: Human Factors Society.

*Childs, J. M.* (1976). Signal complexity, response complexity, and signal specification in vigilance. *Human Factors, 18,* 149–160.

*Chou, C., Madhavan, D., & Funk, K.* (1996). Studies of cockpit task management errors. *International Journal of Aviation Psychology, 6,* 307–320.

*Christ, R. E.* (1975). Review and analysis of color coding research for visual displays. *Human Factors, 17,* 542–570.

*Christensen, J. C.,* Estepp, J. R, *Wilson, G. F., & Russell, C. S.* (2012). The effects of day-to-day variability of physiological data on operator functional state classification. *NeuroImage, 59,* 57–63.

*Christenssen-Szalanski, J. J., & Bushyhead, J. B.* (1981). Physicians' use of probabilistic information in a real clinical setting. *Journal of Experimental Psychology: Human Perception and Performance, 7,* 928–936.

*Chun, M. M., & Wolfe, J. M.* (1996). Just say no: How are visual searches terminated when there is no target present? *Cognitive Psychology, 30,* 39–78.

*Cizaire, C.* (2007). *Effect of 2 module docked spacecraft configurations on spatial orientation.* Unpublished Master's thesis, Massachusetts Institute of Technology. Cambridge, MA: MIT.

*Clark, H. H., & Brownell, H. H.* (1975). Judging up and down. *Journal of Experimental Psychology: Human Perception and Performance, 1,* 339–352.

*Clark, R. C., & Kwinn, A.* (2007). *The new virtual classroom: Evidence-based guidelines for synchronous e-learning.* San Francisco: Wiley-Pfeiffer.

*Clawson, D. M., Healy, A. F., Ericsson, K. A., & Bourne, L. E., Jr.* (2001). Retention and transfer of Morse code reception skill by novices: Part-whole training. *Journal of Experimental Psychology: Applied, 7,* 129–142.

*Cleveland, W. S., & McGill, R.* (1984). Graphical perception: Theory, experimentation, and application to the development of graphic methods. *Journal of the American Statistical Association, 70,* 531–554.

*Cleveland, W. S., & McGill, R.* (1985). Graphical perception and graphical methods for analyzing scientific data. *Science, 229,* 828–833.

*Cleveland, W. S., & McGill, R.* (1986). An experiment in graphical perception. *International Journal of Man-Machine Studies, 25,* 491–500.

*Clifasefi, S. L., Takarangi, M. K. T., & Bergman, J. S.* (2006). Blind drunk: The effects of alcohol on inattentional blindness. *Applied Cognitive Psychology, 20,* 697–704.

*Cockburn, A., & McKenzie, B.* (2001). What do web users do? An empirical analysis of web use. *International Journal of Human-Computer Studies, 54,* 903–922.

*Coffey, E. B. J., Brouwer, A.M., Wilschut, E., & van Erp, J. B. F.* (2010). Brain–machine interfaces in space: Using spontaneous rather than intentionally generated brain signals. *Acta Astronautica, 67,* 1–11.

Cohen, A. L., Rotello, C. M., & Macmillan, N. A. (2008). Evaluating models of remember-know judgments: Complexity, mimicry, and discriminability. *Psychonomic Bulletin & Review, 15*, 906–926.

Cohen, G. (2008). Memory for knowledge: General knowledge and expert knowledge. In G. Cohen & M. A. Conway (Eds.), *Memory in the real world* (3rd Ed.) (pp. 207–227). New York: Taylor & Francis.

Cohen, M. S., Freeman, J. T., & Thompson, B. B. (1997). Training the naturalistic decision maker. In C. E. Zsambok & G. Klein (Eds.), *Naturalistic decision making* (pp. 257–268). Mahwah, NJ: Erlbaum.

Cohen, S., Kessler, R. C., & Gordon, U. (1997). *Measuring stress: A guide for health and social scientists.* New York: Oxford University Press.

Cole, W. G. (1986). Medical cognitive graphics. In *Proceedings of the ACM–SIGCHI: Human factors in computing systems* (pp. 91–95). New York: Association for Computing Machinery.

Coles, M. G. H. (1988). Modern mind-brain reading: Psychophysiology, physiology, and cognition. *Psychophysiology, 26*, 251–269.

Collet, C., Guillot, S. A., & Petit, C. (2010). Phoning while driving II: A review of driving conditions influence. *Ergonomics, 53*, 602–616.

Collins, A. M., & Quillian, M. R. (1969). A spreading activation theory of semantic processing. *Psychological Review, 82*, 407–428.

Colom, R., Rebollo, I., Palacios, A., Juan-Espinosa, M., & Kyllonen, P. C. (2003). Working memory is (almost) perfectly predicted by g. *Intelligence, 32*, 277–296.

Coman, A., Manier, D., & Hirst, W. (2009). Forgetting the unforgettable through conversation: Socially shared retrieval-induced forgetting of September 11 memories. *Psychological Science, 20*, 627–633.

Combs, B., & Slovic, P. (1979). Newspaper coverage of causes of death. *Journalism Quarterly, 56*(4), 837–843; 849.

Commarford, P. M., Lewis, J. R., Smither, J. A., & Gentzler, M. D. (2008). A comparison of broad versus deep auditory menu structures. *Human Factors, 50*, 77–89.

Comstock, J. R., Jones, L. C., & Pope, A. T. (2003). The effectiveness of various attitude indicator display sizes and extended horizon lines on attitude maintenance in a part-task simulation. In *Proceedings of the Human Factors and Ergonomics Society—47*th *Annual Meeting* (pp. 144–148). Santa Monica, CA: Human Factors and Ergonomics Society.

Conrad, R., & Longman, D. S. A. (1965). Standard typewriter vs. chord keyboard: An experimental comparison. *Ergonomics, 8*, 77–88.

Cook, M. B., & Smallman, H. S. (2008). Human factors of the confirmation bias in intelligence analysis. *Human Factors, 50*, 745–754.

Cooke, N. J. (1994). Varieties of knowledge elicitation techniques. *International Journal of Human-Computer Studies, 41*, 801–849.

Cooke, N. J., & Gorman, J. C. (2006). Assessment of team cognition. In P. Karwowski (Ed.), *International Encyclopedia of Ergonomics and Human Factors* (2nd Ed.). UK: Taylor & Francis.

Cooke, N. J., Pringle, H. L., Pedersen, H. K., & Connor, O. (Eds.) (2006). *Human factors of remotely operated vehicles: Advances in human performance and cognitive engineering research* (Vol. 7). Amsterdam.

Courtney, A. J. (1986). Chinese population stereotypes: Color associations. *Human Factors, 28*, 97–99.

Cowan, N. (2001). The magical number 4 in short-term memory: A reconsideration of mental storage capacity. *Behavioral and Brain Sciences, 24*(1), 87–114.

Cowen, E. L. (1952). The influence of varying degrees of psychosocial stress on problem-solving rigidity. *Journal of Abnormal and Social Psychology, 47*, 512–519.

Craig, A. (1981). Monitoring for one kind of signal in the presence of another. *Human Factors, 23*, 191–198.

Craik, F. I. M., & Lockhart, R. S. (1972). Levels of processing: A framework for memory research. *Journal of Verbal Learning and Verbal Behavior, 11*, 671–684.

Craik, K. W. J. (1947). Theory of the human operator in control systems I: The operator as an engineering system. *British Journal of Psychology, 38*, 56–61.

Crandall, B., Klein, G., Militello, L. G., & Wolfe, S. P. (1994). *Tools for applied cognitive task analysis* (Contract summary report on N66001-94-C-7008). Fairborn, OH: Klein Associates.

Crede, M., & Sniezek, J. A. (2003). Group judgment processes and outcomes in video-conferencing versus face-to-face groups. *International Journal of Human-Computer Studies, 59*, 875–897.

Crocoll, W. M., & Coury, B. G. (1990). Status or recommendation: Selecting the type of information for decision aiding. In *Proceedings of the 34th Annual Meeting of the Human Factors Society* (pp. 1,524–1,528). Santa Monica, CA: Human Factors Society.

*Croft, D., Banbury, S., Butler, L. T., & Berry, D. C.* (2004). The role of awareness in situation awareness. In S. Banbury & S. Tremblay (Eds.), *A cognitive approach to situation awareness: Theory and application* (pp. 82–103). Aldershot, UK: Ashgate.

*Crossley, S. A., Greenfield, J., & McNamara, D. S.* (2008). Assessing text readability using cognitively based indices. *TESOL Quarterly, 42*(3), 475–493.

*Cummings, M. L.* (2004). Automation bias in intelligent time critical decision support systems. *Paper presented to the AIAA 1st Intelligent Systems Technical Conference,* September 2004. Reston, VA: American Institute for Aeronautics and Astronautics. [Available from: http://citeseerx.ist.psu.edu/viewdoc/summary?doi=10.1.1.91.2634.]

*Cummings, M. L.* (2010, Spring). Technology impedances to augmented cognition. *Ergonomics in Design, 18*(2), 25–27.

*Cummings, M. L., Brezinski, A. S., & Lee, J. D.* (2007). The impact of intelligent aiding for multiple unmanned aerial vehicle schedule management. *IEEE Intelligent Systems, 22,* 52–59.

*Cummings, M. L., Bruni, S., & Mitchell, P. J.* (2010). Human supervisory control challenges in network-centric operations. *Reviews of Human Factors and Ergonomics, 6,* 34–78.

*Cummings, M. L., & Guerlain, S.* (2007). Developing operator capacity estimates for supervisory control of autonomous vehicles. *Human Factors, 49,* 1–15.

*Cummings, M. L., & Nehme, C. E.* (2010). Modeling the impact of workload in network-centric supervisory control settings. In S. Kornguth, R. Steinberg, & M. D. Matthews (Eds.), *Neurocognitive and physiological factors during high-tempo operations.* (pp. 23–40). Surrey, UK: Ashgate.

*Cutting, J. E., & Vishton, P. M.* (1995). Perceiving layout and knowing distances: The integration, relative potency, and contextual use of different information about depth. In W. Epstein & S. Rogers (Eds.), *Perception of space and motion* (pp. 69–117). San Diego: Academic Press.

*Dahlström, Ö., Danielsson, H., Emilsson, M., & Andersson, J.* (2011). Does retrieval strategy disruption cause general and specific collaborative inhibition? *Memory, 19,* 140–154.

*Damos, D. L.* (1978). Residual attention as a predictor of pilot performance. *Human Factors, 20,* 435–440.

*Damos, D. L.* (1997). Using interruptions to identify task prioritization in Part 121 air carrier operations. In R. Jensen (Ed.), *Proceedings of the 9th International Symposium on Aviation Psychology.* Columbus, OH: Ohio State University.

*Damos, D. L., & Wickens, C. D.* (1980). The identification and transfer of time-sharing skills. *Acta Psychologica, 46,* 15–39.

*Danaher, J. W.* (1980). Human error in ATC systems. *Human Factors, 22,* 535–546.

*Daneman, M., & Carpenter, P. A.* (1980). Individual differences in working memory and reading. *Journal of Verbal Learning and Verbal Behavior, 19,* 450–466.

*Danzigera, L., Levav, J.Avnaim-Pessoa, L.* (2011). Extraneous factors in judicial decisions. Proceedings of the National Academy of Sciences US. April 26, *108* PP 6,889–6,892.

*Darken, R. P., & Peterson, B.* (2002). Spatial orientation, wayfinding, and representation. In K. M. Stanney (Ed.), *Handbook of virtual environments* (pp. 493–518). Mahwah, NJ: Erlbaum.

*Darker, I. T., Gerret, D., Filik, R., Purdy, K. J., & Gales, A. G.* (2011). The influence of "Tall Man" lettering on errors of visual perception in the recognition of written drug names. *Ergonomics, 54,* 21–33.

*Darlington, K.* (2000). *The essence of expert systems.* New York: Pearson Education.

*Davenport, W. G.* (1968). Auditory vigilance: The effects of costs and values of signals. *Australian Journal of Psychology, 20,* 213–218.

*Davies, D. R., & Parasuraman, R.* (1982). *The psychology of vigilance.* London: Academic Press.

*Davies, G., Shepherd, J., & Ellis, H.* (1979). Effects of interpolated mugshot exposure on accuracy of eyewitness identification. *Journal of Applied Psychology, 64,* 232–237.

*Davis, J. H.* (1984). Order in the courtroom. In D. J. Miller, D. G. Blackman, & A. J. Chapman (Eds.), *Perspectives in psychology and law.* New York: Wiley.

*Davis, M. H., & Johnsrude, I. S.* (2007). Hearing speech sounds: Top-down influences on the interface between audition and speech perception. *Hearing Research, 229,* 132–147.

Davis, R., Moray, N., & Treisman, A. (1961). Imitative responses and the rate of gain of information. *Quarterly Journal of Experimental Psychology, 13*, 78–89.

Dawes, R. M. (1979). The robust beauty of improper linear models in decision making. *American Psychologist, 34*, 571–582.

Dawes, R. M., & Corrigan, B. (1974). Linear models in decision making. *Psychological Bulletin, 81*, 95–106.

Dawes, R. M., Faust, D., & Meehl, P. E. (1989). Clinical versus statistical judgment. *Science, 243*, 1,668–1,673.

De Bondt, W. F. M., & Thaler, R.H. (2002). Do analysts overreact? In T. Gilovich, D. Griffin & D. Kahneman (Eds). *Heuristics & biases: The psychology of intuitive judgment.* (pp. 678–685). New York: Cambridge University Press.

De la Pena, N., Weil, P., Liobera, J., et al. (2010). Immersive journalism: Immersive virtual reality for the first-person experience of news. *Presence, 19*, 291–301.

De Waard, D., Schepers, P., Ormel, W., and Brookhuis, K. (2010). Mobile phone use while cycling. *Ergonomics, 53*, 30–42.

De Waard, D., van der Hulst, M., Hoedemaeker, M., & Brookhuis, K. A. (1999). Driver behavior in an emergency situation in the automated highway system. *Transportation Human Factors, 1*, 67–82.

Debecker, J., & Desmedt, R. (1970). Maximum capacity for sequential one-bit auditory decisions. *Journal of Experimental Psychology, 83*, 366–373.

Deffenbacher, K. A., Bornstein, B. H., and Penrod, S. D. (2006). Mugshot exposure effects: Retroactive interference, mugshot commitment, source confusion, and unconscious transference. *Law and Human Behavior, 30*(3), 287–307.

Degani, A. (2004). *Taming HAL. Designing interfaces beyond 2001.* New York: Talgrave MacMillan.

Degani, A., & Wiener, E. L. (1990). *Human factors of flight-deck checklists: The normal checklist* (NASA Contractor Report 177549). Moffett Field, CA: NASA Ames Research Center.

deGroot, A. D. (1965). *Thought and choice in chess.* The Hague: Mouton.

Dehais, F., Causse, M., & Tremblay, S. (2011). Mitigation of conflicts with automation: use of cognitive countermeasures. *Human Factors, 53*, 448–460.

Deininger, R. L., Billington, M. J., & Riesz, R. R. (1966). The display mode and the combination of sequence length and alphabet size as factors of speed and accuracy. *IEEE Transactions on Human Factors in Electronics, 7*, 110–115.

DeLucia, P. R. (2003). Judgments about collision in younger and older drivers. *Transportation Research, Part F, 6*, 63–80.

DeLucia, P. R. (2004). Time-to-contact judgments of an approaching object that is partially concealed by an occluder. *Journal of Experimental Psychology: Human Perception and Performance, 30*, 287–304.

DeLucia, P. R. (2005). Does binocular disparity or familiar size information override effects of relative size on judgements of time to contact? *Quarterly Journal of Experimental Psychology, 58A*, 865–886.

DeLucia, P. R. (2007). How big is an optical invariant? In M. A. Peterson, B. Gillam, & H. A. Sedgwick (Eds.), *In the mind's eye: Julian Hochberg on the perception of pictures, films and the world* (pp. 473–482). Oxford, UK: Oxford University Press.

DeLucia, P. R. (2008). Critical roles for distance, task, and motion in space perception: Initial conceptual framework and practical implications. *Human Factors, 50*, 811–820.

DeLucia, P. R., & Griswold, J. A. (2011). Effects of camera arrangement on perceptual-motor performance in minimally invasive surgery. *Journal of Experimental Psychology: Applied, 17*, 210–232.

Dempsey, P., Mathiassen, E., Jackson, J., & O'Brien, N. (2010). Influence of three principles of pacing on the temporal organization of work during cyclic assembly and disassembly tasks. *Ergonomics, 53*, 1,347–1,358.

Denton, G. G. (1980). The influence of visual pattern on perceived speed. *Perception, 9*, 393–402.

Department of the Army (2003). *THAAD theatre high altitude area defense missile system, USA.* Retrieved from http://www.army–technology.com/projects/thaad/.

Derrick, W. L. (1988). Dimensions of operator workload. *Human Factors, 30*, 95–110.

DeSota, C. B., London, M., & Handel, S. (1965). Social reasoning and spatial paralogic. *Journal of Personality and Social Psychology, 2*, 513–521.

Dewar, R. E. (1976). The slash obscures the symbol on prohibitive traffic signs. *Human Factors, 18*, 253–258.

*Dewar, R. E.* (1993, July). Warning: Hazardous road signs ahead. *Ergonomics in Design*, 26–31.

*Di Nocera, F., Camilli, M., & Terenzi, M.* (2007). A random glance at the flight deck: Pilots' scanning strategies and the real-time assessment of mental workload. *Journal of Cognitive Engineering and Decision Making*, 1, 271–285.

*Diehl, A. E.* (1991). The effectiveness of training programs for preventing aircrew error. In R. S. Jensen (Ed.), *Proceedings of the 6th International Symposium on Aviation Psychology* (pp. 640–655). Columbus, OH: Dept. of Aviation, Ohio State University.

*Dienes, Z.* (2011). Basyesian versus orthodox statistics: which side are you on? *Perspectives on Psychological Sciences*. 6, 274–290.

*Dietz, P. H., & Eidelson, B. D.* (2009). SurfaceWare: Dynamic tagging for Microsoft surface. In *TEI '09 Proceedings of the 3rd International Conference on Tangible and Embedded Interaction* (pp. 249–254). New York: Association for Computing Machinery.

*Difede, J., Cukor, J., Jayasinghe, N., Patt, I., Jedel, S., Spielman, L., et al.* (2007). Virtual reality exposure therapy for the treatment of posttraumatic stress disorder following September 11, 2001. *Journal of Clinical Psychiatry, 68*, 1639–1647.

*Dinges, D. F., Orne, K. T., Whitehouse, W. G., & Orne, E. C.* (1987). Temporal placement of a nap for alertness: Contributions of circadian phase and prior wakefulness. *Sleep, 10*, 313–329.

*Dingus, T. A., Klauer, S. G., Neale, V. L., Petersen, A., Lee, S. E., Sudweeks, J., et al.* (2006). *The 100-car naturalistic driving study, phase II–Results of the 100-car field experiment.* (Tech Report No. DOT HS 810 593). Washington, DC: National Highway Traffic Safety Administration.

*Dingus, T. A., Hanowski, J., & Klauer, S.* (2011). Estimating crash risk. *Ergonomics in Design, 4*, 8–12.

*Dismukes, R. K.* (2010). Remembrance of things future: prospective memory in the laboratory, workplace and everyday settings. In D. Harris (Ed.), *Reviews of Human factors and Ergonomics* (Vol. 6). Santa Monica CA: Human Factors and Ergonomics Society.

*Dismukes, R. K., Berman, B. A., & Loukopoulos, L. D.* (2010). *The limits of expertise: Rethinking pilot error and the causes of airline accidents.* Aldershot, England: Ashgate.

*Dismukes, R. K., & Nowinski, J.* (2007). Prospective memory, concurrent task management and pilot error. In A. Kramer, D. Wiegmann, & A. Kirlik (Eds.), *Attention: from theory to practice.* Oxford, England: Oxford University Press.

*Dixon, S. R., & Wickens, C. D.* (2006). Automation reliability in unmanned aerial vehicle flight control: A reliance-compliance model of automation dependence in high workload. *Human Factors, 48*, 474–486.

*Dixon, S. R., Wickens, C.D., & Chang, D.* (2005). Mission control of multiple unmanned aerial vehicles: A workload analysis. *Human Factors, 47*, 479–487.

*Dixon, S. R., Wickens, C. D., & McCarley, J. S.* (2007). On the independence of compliance and reliance: Are automation false alarms worse than misses? *Human Factors, 49*, 564–572.

*Doane, S. M., Pellegrino, J. W., & Klatzky, R. L.* (1990). Expertise in a computer operating system: Conceptualization and performance. *Human-Computer Interaction, 5*, 267–304.

*Dobbs, A. R., & Rule, B. G.* (1989). Adult age differences in working memory. *Psychology and Aging, 4*, 500–503.

*Dockrell, J. E.,* and *Shield, B.M.* (2006). Acoustical barriers in classrooms: the impact of noise on performance in the classroom. *British Educational Research Journal, 32*(3), 509–525.

*Dodhia, R. & Dismukes, R,* (2008). Interruptions create prospective memory tasks. *Applied Cognitive Psychology 22*, 1–17.

*Doll, T. J., & Hanna, T. E.* (1989). Enhanced detection with bimodal sonar displays. *Human Factors, 31*, 539–550.

*Domini, F., & Caudek, C.* (2010). Matching perceived depth from disparity and from velocity: Modeling and psychophysics. *Acta Psychologica, 133*, 81–89.

*Domini, F., Shah, R., & Caudek, C.* (2011). Do we perceive a flattened world on the monitor screen? *Acta Psychologica, 138*, 359–366.

*Domowitz, I.* (1993). A taxonomy of automated trade execution systems, *Journal of International Money and Finance, 12*, 607–631.

*Donald, F. M.* (2008). The classification of vigilance tasks in the real world. *Ergonomics, 51*, 1,643–1,655.

*Donchin, E.* (1980). Event-related potentials: Inferring cognitive activity in operational settings. In F. E. Gomer (Ed.), *Biocybernetic applications for military systems* (pp. 35–42). (Technical Report MDC EB1911). Long Beach, CA: McDonnell Douglas.

*Donchin, E., Spencer, K. M., & Wijesinghe, R.* (2000). The mental prosthesis: Assessing the speed of a P300-based brain-computer interface. *IEEE Transactions on Rehabilitation Engineering, 8,* 174–179.

*Donders, F. C.* (1869, trans. 1969). On the speed of mental processes (trans. W. G. Koster). *Acta Psychologica, 30,* 412–431.

*Dong, X., & Hayes, C.* (2011). The impact of uncertainty visualizations on team decision making and problem solving. In *Proceedings of the Human Factors and Ergonomics Society 55th Annual Meeting* (pp. 257–261). Santa Monica, CA: Human Factors and Ergonomics Society.

*Donmez, B., Boyle, L., & Lee, J. D.* (2006). The impact of distraction mitigation strategies on driving performance. *Human Factors, 48,* 785–801.

*Donovan, J. J., & Radosevich, D. J.* (1999). A meta-analytic review of the distribution of practice effect: Now you see it, now you don't. *Journal of Applied Psychology, 84,* 795–805.

*Dornheim, M. A.* (2000, July 17). Crew distractions emerge as new safety focus. *Aviation Week and Space Technology,* 58–65.

*Dornreich, M. C., Whitlow, S. D., Mathan, S., Ververs, P. M., Erdogmus, D., Adami, A., Pavel, M., & Lan T.* (2007). Supporting real-time cognitive state classification on a mobile individual. *Journal of Cognitive Engineering and Decision Making, 1,* 240–270.

*Dorneich, M. C., Ververs. P. M., Mathan, S., Whitlow, S., & Hayes, C. C.* (2012). Considering etiquette in the design of an adaptive system. Journal of Cognitive Engineering and Decision Making, 6(2), 243–265.

*Dosher, B. A., & Lu, Z. L.* (2000). Noise exclusion in spatial attention. *Psychological Science, 11,* 139–146.

*Dougherty, E. M.* (1990). Human reliability analysis --Where shouldst thou turn? *Reliability Engineering and System Safety, 29,* 283–299.

*Dougherty, M. R. P., & Hunter, J. E.* (2003). Probability judgment and subadditivity: The role of working memory capacity and constraining retrieval. *Memory & Cognition, 31,* 968–982.

*Draper, M. H.* (1998). The effects of image scale factor on vestibulo-ocular reflex adaptation and simulator sickness in head-coupled virtual environments. In *Proceedings of the Human Factors and Ergonomics Society 42nd Annual Meeting* (pp. 1,481–1,485). Santa Monica, CA: Human Factors and Ergonomics Society.

*Drazin, D.* (1961). Effects of fore-period, fore-period variability and probability of stimulus occurrence on simple reaction time. *Journal of Experimental Psychology, 62,* 43–50.

*Drews, F. A., & Strayer, D. L.* (2007). Multi-tasking in the automobile. In A Kramer, D. Wiegmann, & A. Kirlik (Ed.), *Attention: From theory to practice.* Oxford UK: Oxford University Press.

*Drews, F. A., & Strayer, D. L.* (2009). Cellular phones and driver distraction. In M. Regan, J. Lee, & K. Young (Eds.), *Driver distraction: Theory, effects and mitigation.* Boca Raton, FL: CRC Press.

*Drews, F. A., Pasupathi, M., & Strayer, D. L.* (2008). Passenger and cell phone conversations in simulated driving. *Journal of Experimental Psychology: Applied, 14,* 392–400.

*Drews, F. A., & Westenskow, D. R.* (2006). The right picture is worth a thousand numbers: Data displays in anesthesia. *Human Factors, 48,* 59–71.

*Drews, F. A., Yazdani, H., Godfrey, C. N., Cooper, J. M., & Strayer, D. L.* (2009). Text messaging during simulated driving. *Human Factors, 51,* 762–770.

*Driskell, J. E., Radtke, P. H., & Salas, E.* (2003). Virtual teams: Effects of technological mediation on team performance. *Group Dynamics: Theory, Research, and Practice, 7*(4), 297–323.

*Driskell, J. E., Salas, E., & Hall, J. K.* (1994). *The effect of vigilant and hypervigilant decision training on performance.* Paper presented at the Annual Meeting of the Society of Industrial and Organizational Psychology. Nashville, TN.

*Driver, J., & Spence, C.* (2004). Crossmodal spatial attention: Evidence from human performance. In C. Spence & J. Driver (Eds.), *Crossmodal space and crossmodal attention* (pp. 179–220). Oxford: Oxford University Press.

*Druckman, D., & Bjork, R. A.* (1994). Transfer: Training for performance. In *Learning, remembering, believing* (pp. 25–56). Washington, DC: National Academy Press.

*Drury, C. G.* (1975). Inspection of sheet metal: Model and data. *Human Factors, 17,* 257–265.

*Drury, C. G.* (1990). Visual search in industrial inspection. In D. Brogan (Ed.), *Visual search* (pp. 263–276). London: Taylor & Francis.

*Drury, C. G.* (1994). The speed accuracy tradeoff in industry. *Ergonomics, 37,* 747–763.

Drury, C. G. (2001). Human factors in aircraft inspection. In *Aging aircraft fleets: Structural and other sybsystem aspects* (pp. 7-1-7-11). Report No. ADA390841. Defense Technical Information Center.

Drury, C. G. (2006). Inspection. In W. Karwowski (Ed.), *International encyclopedia of ergonomics and human factors* (Vol. 2). Boca Raton, FL: Taylor & Francis.

Drury, C. G., & Chi, C. F. (1995). A test of economic models of stopping policy in visual search. *IIE Transactions, 27,* 382–393.

Drury, C. G., & Clement, M. R. (1978). The effect of area, density, and number of background characters on visual search. *Human Factors, 20,* 597–602.

Drury, C. G., & Coury, B. G. (1981). Stress, pacing, and inspection. In G. Salvendy & M. J. Smith (Eds.), *Machine pacing and operational stress.* London: Taylor & Francis.

Drury, C. G., Maheswar, G., Das, A., & Helander, M. G. (2001). Improving visual inspection using binocular rivalry. *International Journal of Production Research, 39,* 2143–2153.

Duffy, E. (1957). The psychological significance of the concept of 'arousal' or 'activation'. *Psychological Review, 64,* 265–275.

Duggan, G. B., & Payne, S. J. (2009). Text skimming: The process and effectiveness of foraging through text under time pressure. *Journal of Experimental Psychology: Applied, 15,* 228–242.

Dulaney, C. L., & Marks, W. (2007). The effects of training and transfer on global/local processing. *Acta Psychologica, 125,* 203–220.

Duncan, J. (1979). Divided attention: The whole is more than the sum of its parts. *Journal of Experimental Psychology: Human Perception and Performance, 5,* 216–228.

Duncan, J. (1984). Selective attention and the organization of visual information. *Journal of Experimental Psychology: General, 113,* 501–517.

Duncan, J., & Humphreys, G. W. (1989). Visual search and stimulus similarity. *Psychological Review, 96,* 433–458.

Durding, B. M., Becker, C. A., & Gould, J. D. (1977). Data organization. *Human Factors, 19,* 1–14.

Durgin, F. H., & Li, Z. (2010). Controlled interaction: Strategies for using virtual reality to study perception. *Behavior Research Methods, 42,* 414–420.

Durso, F. T., Bleckley, M. K., & Dattel, A. R. (2006). Does situation awareness add to the validity of cognitive tests? *Human Factors, 48,* 721–733.

Durso, F. T., & Dattel, A. R. (2004). SPAM: The real-time assessment of SA. In S. Banbury and S. Tremblay (Eds.). *A cognitive approach to Situation Awareness: Theory and application.* Aldershot, England: Ashgate.

Durso, F. T., & Gronlund, S. D. (1999). Situation awareness. In F. T. Durso, R. Nickerson, R. Schvaneveldt, S. Dumais, S. Lindsay and M. Chi (Eds.), *Handbook of applied cognition* (pp. 283–314). New York: Wiley.

Durso, F. T., & Sethumadhavan, A. (2008). Situation awareness: Understanding dynamic environments. *Human Factors, 50,* 442–448.

Duschek, S., & Schandry, R. (2003). Functional transcranial Doppler sonography as a tool in psychophysiological research. *Psychophysiology, 40,* 436–454.

Dutcher, J. S. (2006). Caution: This Superman suit will not enable you to fly: Are consumer product warning labels out of control? *Arizona State Law Journal, 38,* 633–659.

Dutt, V., & Gonzalez, C. (in press). Why do we want to delay actions on climate change? Effects of probability and timing of climate consequences. Journal of Behavioral Decision Making, 24: n/a. doi: 10.1002/bdm.721.

Dutta, A., & Nairne, J. S. (1993). The separability of space and time: Dimensional interaction in the memory trace. *Memory* & *Cognition, 21,* 440–448.

Dvorak, A. (1943). There is a better typewriter keyboard. *National Business Education Quarterly, 12,* 51–58.

Dwyer, F. M. (1967). Adapting visual illustrations for effective learning. *Harvard Educational Review, 37,* 250–263.

Dye, M., Green, S., & Bavelier, D. (2009). Increasing speed of processing with action video games. *Current Directions in Psychological Science. 18,* 321–326.

Dyre, B. P. (1997). Perception of accelerating self-motion: Global optical flow rate dominates discontinuity rate. In *Proceedings of the Human Factors and Ergonomics Society 41st Annual Meeting* (pp. 1,333–1,337). Santa Monica, CA: Human Factors and Ergonomics Society.

Dyre, B. P., & Anderson, G. J. (1997). Image velocity magnitudes and perception of heading. *Journal of Experimental Psychology: Human Perception and Performance, 23,* 546–565.

*Dyre, B. P., & Lew, R.* (2005). Steering errors may result from non-rigid transparent optical flow. In *Proceedings of the Human Factors and Ergonomics Society—49th Annual Meeting* (pp. 1,531–1,534). Santa Monica, CA: Human Factors and Ergonomics Society.

*Dyson, B. J., & Quinlan, P. T.* (2010). Decomposing the Garner interference paradigm: Evidence for dissociations between macrolevel and performance. *Attention, Perception & Psychophysics, 72,* 1,676–1,691.

*Dzindolet, M. T., Pierce, L. G., Beck, H. P., & Dawe, L. A.* (2002). The perceived utility of human and automated aids in a visual detection task. *Human Factors, 44,* 79–94.

*Eberts, R. E., & MacMillan, A. G.* (1985). Misperception of small cars. In R. E. Eberts & C. G. Eberts (Eds.), *Trends in ergonomics/human factors II* (pp. 33–39). Amsterdam: North Holland.

*Eckstein, M. P., Thomas, J. P., Palmer, J., & Shimozaki, S. S.* (2000). A signal detection model predicts the effects of set size on visual search accuracy for feature conjunction, triple conjunction, and disjunction displays. *Perception & Psychophysics, 62,* 425–451.

*Edland, A.* (1989). *On cognitive processes under time stress: A selective review of the literature on time stress and related stress.* Reports from the Department of Psychology. University of Stockholm, Sweden.

*Edwards, W.* (1987). Decision making. In G. Salvendy (Ed.), *Handbook of human factors* (pp. 1,061–1,104). New York: Wiley.

*Edwards, W., Lindman, H., & Savage, L. J.* (1963). Bayesian statistical inference for psychological research. *Psychological Review, 70,* 193–242.

*Edworthy, J., Hellier, E., Morley, N., Grey, C., Aldrich, K., & Lee, A.* (2004). Linguistic and location effects in compliance with pesticide warning labels for amateur and professional users. *Human Factors, 46,* 11–31.

*Edworthy, J., Hellier, E., Titchener, K., Naweed, A., & Roels, R.* (2011). Heterogeneity in auditory alarm sets makes them easier to learn. *International Journal of Industrial Ergonomics, 41,* 136–146.

*Edworthy, J., & Loxley, S.* (1990). Auditory warning design: The ergonomics of perceived urgency. In E. J. Lovesey (Ed.), *Contemporary ergonomics 1990* (pp. 384–388). London: Taylor & Francis.

*Egan, J., Carterette, E., & Thwing, E.* (1954). Some factors affecting multichannel listening. *Journal of the Acoustical Society of America, 26,* 774–782.

*Egeth, H. E., & Pachella, R.* (1969). Multidimensional stimulus identification. *Perception & Psychophysics, 5,* 341–346.

*Egeth, H. E., & Yantis, S.* (1997). Visual attention: control, representation, and time course. *Annual Review of Psychology, 48,* 269–297.

*Egger, M., & Smith, G. D.* (1997). Meta-analysis: Potentials and promise. *British Medical Journal, 315,* 1,371–1,374.

*Ehrenreich, S. L.* (1982). The myth about abbreviations. *Proceedings of the 1982 IEEE International Conference on Cybernetics and Society.* New York: Institute of Electrical and Electronic Engineers.

*Ehrenreich, S. L.* (1985). Computer abbreviations: Evidence and synthesis. *Human Factors, 27,* 143–155.

*Ehrlich, J. A., & Kolasinski, E. M.* (1998). A comparison of sickness symptoms between dropout and finishing participants in virtual environment studies. In *Proceedings of the Human Factors and Ergonomics Society 42nd Annual Meeting* (pp. 1,466–1,470). Santa Monica, CA: Human Factors and Ergonomics Society.

*Ehrlich, J. A., Singer, M. J., & Allen, R. C.* (1998). Relationships between head-shoulder divergences and sickness in a virtual environment. In *Proceedings of the Human Factors and Ergonomics Society 42nd Annual Meeting* (pp. 1,471–1,475). Santa Monica, CA: Human Factors and Ergonomics Society.

*Eichstaedt, J.* (2002). Measuring differences in preactivation on the Internet: The content category superiority effect. *Experimental Psychology, 49,* 283–291.

*Einhorn, H. J., & Hogarth, R. M.* (1978). Confidence in judgment: Persistence of the illusion of validity. *Psychological Review, 85,* 395–416.

*Einhorn, H. J., & Hogarth, R. M.* (1981). Behavioral decision theory. *Annual Review of Psychology, 32,* 53–88.

*Einhorn, H. & Hogarth, R.* (1982). Theory of diagnositic inference 1: imagination and the psychopysics of evidence. Technical Report #2. Chicago: University of Chicago School of Business.

*Einstein, G. O., & McDaniel, M. A.* (1990). Normal aging and prospective memory. *Journal of Experimental Psychology: Learning, Memory, and Cognition, 16,* 717–726.

*Einstein, G. O., & McDaniel, M. A.* (1996). Retrieval processes in prospective memory: Theoretical approaches and some new findings. In M. Brandimonte, G. O. Einstein, & M. A. McDaniel (Eds.), *Prospective memory: Theory and applications.* Mahwah, NJ: Erlbaum.

**Eisen, L. A., & Savel, R. H.** (2009). What went right: Lessons for the intensivist from the crew of US Airways Flight 1549. *Chest, 136,* 910–917.

**Elliott, E. M.** (2002). The irrelevant speech effect and children: theoretical implications of developmental change. *Memory & Cognition, 30,* 478–487

**Ellis, N. C. & Hennelly, R. A.** (1980). A bilingual word-length effect: Implications for intelligence testing and the relative ease of mental calculation in Welsh and English. *British Journal of Psychology, 71,* 43–51.

**Ellis, N. C., & Hill, S. E.** (1978). A comparison of seven-segment numerics. *Human Factors, 20,* 655–660.

**Ellis, S. R.** (2006). Towards determination of visual requirements for augmented reality displays and virtual environments for the airport tower. In *NATO workshop proceedings: Virtual Media for the Military HFM–121/RTG 042 HFM–136* (pp. 31-1-31-9). West Point, NY: North Atlantic Treaty Organization.

**Ellis, S. R., & Hitchcock, R. J.** (1986). The emergence of Zipf's law: Spontaneous encoding optimization by users of a command language. *IEEE Transactions on Systems, Man, and Cybernetics, SMC-16*(3), 423–427.

**Ellis, S. R., Mania, K., Adelstein, B. D., & Hill, M. I.** (2004). Generalizability of latency detection in a variety of virtual environments. In *Proceedings of the Human Factors and Ergonomics Society—48th Annual Meeting* (pp. 2,632–2,636). Santa Monica, CA: Human Factors and Ergonomics Society.

**Ellis, S. R., McGreevy, M. W., & Hitchcock, R. J.** (1987). Perspective traffic display format and air pilot traffic avoidance. *Human Factors, 29,* 371–382.

**Ellis, S. R., Smith, S. R., Grunwald, A. J., & McGreevy, M. W.** (1991). Direction judgement error in computer generated displays and actual scenes. In S. R. Ellis (Ed.), *Pictorial communication in virtual and real environments* (pp. 504–526). London: Taylor and Francis.

**Emmelkamp, P. M. G., Krijn, M., & Hulsbosch, A. M.** (2002). Virtual reality treatment versus exposure in vivo: A comparative evaluation in acrophobia. *Behaviour Research and Therapy, 40,* 509–516.

**End, C. M., Worthman, S., Mathews, M. B.,** and **Wetterau, K.** (2010). Costly cell phones: The impact of cell phone rings on academic performance. *Teaching of Psychology, 37,* 55–57.

**Endsley, M. R.** (1988). Design and evaluation for situation awareness enhancement. In *Proceedings of the Human Factors Society 32nd Annual Meeting* (pp. 97–101). Santa Monica, CA: Human Factors Society.

**Endsley, M. R.** (1995a). Toward a theory of situation awareness in dynamic systems. *Human Factors, 37,* 32–64.

**Endsley, M. R.** (1995b). Measurement of situation awareness in dynamic systems. *Human Factors, 37,* 65–84.

**Endsley, M. R.** (1997). The role of situation awareness in naturalistic decision making. In G. K. Caroline and E. Zsambok (Eds.), *Naturalistic decision making expertise: Research and applications* (pp. 269–283). Mahwah, NJ: Erlbaum.

**Endsley, M. R.** (2000). Theoretical underpinnings of situation awareness: A critical review. In M. R. Endsley & D. J. Garland (Eds.), *Situation awareness analysis and measurement* (pp. 3–32). Mahwah, NJ: Erlbaum.

**Endsley, M. R.** (2004). Situation awareness: Progress and directions. In S. Banbury & S. Tremblay (Eds.), *A cognitive approach to situation awareness: Theory and application* (pp. 317–341). Aldershot, UK: Ashgate.

**Endsley, M. R., & Garland, D. G.** (Eds.) (2001). *Situation awareness analysis and measurement.* Mahwah, NJ: Erlbaum.

**Endsley, M. R., & Jones, D. G.** (2001). Disruptions, interruptions, and information attack: Impact on situation awareness and decision making. In *Proceedings of the Human Factors and Ergonomics Society 45th Annual Meeting* (pp. 63–67). Santa Monica, CA: Human Factors and Ergonomics Society.

**Endsley, M. R., & Kaber, D. B.** (1999). Level of automation effects on performance, situation awareness and workload in a dynamic control task. *Ergonomics, 42,* 462–492.

**Endsley, M. R., & Kiris, E. O.** (1995). The out-of-the-loop performance problem and level of control in automation. *Human Factors, 37,* 381–394.

**Engle, R. W.** (2002). Working memory capacity as executive attention. *Current Directions in Psychological Science, 11*(1), 19–23.

**Engle, R. W., Tuholski, S. W., Laughlin, J. E., & Conway, A. R. A.** (1999). Working memory, short-term memory, and general fluid intelligence: A latent-variable approach. *Journal of Experimental Psychology: General, 128,* 309–331.

**Enns, J. T., & Lleras, A.** (2008). What's next? New evidence for prediction in human vision. *Trends in Cognitive Sciences, 12*(9), 327–333.

**Ephrath, A. R., Tole, J. R., Stephens, A. T., & Young, L. R.** (1980). Instrument scan—Is it an indicator of the pilot's workload? In *Proceedings of the Human Factors Society 24th Annual Meeting.* (pp. 257–258). Santa Monica, CA: Human Factors and Ergonomics Society.

Ericsson, K. A. (2006). The influence of experience and deliberate practice in the development of superior expert performance. In K. A. Ericcson, N. Charness, P. J. Feltovich, & R. R. Hoffman (Eds.), *The Cambridge handbook of expertise and expert performance* (pp. 683–704). New York: Cambridge University Press.

Ericsson, K. A., & Kintsch, W. (1995). Long-term working memory. *Psychological Review, 102,* 211–245.

Ericsson, K. A., & Polson, P. G. (1988). An experimental analysis of a memory skill for dinner orders. *Journal of Experimental Psychology: Learning, Memory, and Cognition, 14,* 303–316.

Ericsson, K. A., & Ward, P. (2007). Capturing the naturally occurring superior performance of experts in the laboratory: Toward a science of expert and exceptional performance. *Current Directions in Psychological Science, 16(6),* 346–350.

Eriksen, B. A., & Eriksen, C. W. (1974). Effects of noise letters upon the identification of a target letter in a nonsearch task. *Perception & Psychophysics, 16,* 143–149.

Eriksen, C. W., & Hake, H. N. (1955). Absolute judgments as a function of stimulus range and number of stimulus and response categories. *Journal of Experimental Psychology, 49,* 323–332.

Erlick, D. E. (1964). Absolute judgments of discrete quantities randomly distributed over time. *Journal of Experimental Psychology, 67,* 475–482.

Ersner-Hershfield, H., Garton, T., Ballard, K., Samanez-Larkin, G. & Knutson, B. (2009). Don't stop thinking about tomorrow: Individual differences in future self-continuity account for saving. *Judgment and Decision Making, 4,* 280–286.

ESSAI (2001). WP2 Identification of factors affecting situation awareness and crisis management on the flight deck work package report. Report accessible online at www.essai.nlr.nl.

Eulitz, C., & Hanneman, R. (2010). On the matching of top-down knowledge with sensory input in the perception of ambiguous speech. *BMC Neuroscience, 11,* 67–78.

Evans, J. St. B. T. (2007). Hypothetical thinking: Dual processes in reasoning and judgment. Hove, East Sussex, England: Psychology Press.

Fadden, S., Ververs, P. M., & Wickens, C. D. (1998). Costs and benefits of head-up display use: A meta-analytic approach. In *Proceedings of the Human Factors and Ergonomics Society 42nd Annual Meeting* (pp. 16–20). Santa Monica, CA: Human Factors and Ergonomics Society.

Fadden, S., Ververs, P. M., & Wickens, C. D. (2001). Pathway HUDS: Are they viable? *Human Factors, 43,* 173–193.

Falk, V., Mintz, D., Grunenfelder, J., Fann, J. I., & Burdon, T. A. (2001). Influence of three-dimensional vision on surgical telemanipulator performance. *Surgical Endoscopy, 15(11),* 1282–1288.

Farrell, S., & Lewandowsky, S. (2000). A connectionist model of complacency and adaptive recovery under automation. *Journal of Experimental Psychology: Learning, Memory, and Cognition, 26,* 395–410.

Fedota, J. R., & Parasuraman, R. (2010). Neuroergonomics and human error. *Theoretical Issues in Ergonomics Science, 11,* 402–421.

Feigh, K. M., Dorneich, M. C., & Hayes, C. C. (2012). Toward a characterization of adaptive systems: A framework for researchers and system designers. Human Factors, 54. doi: 10.1177/0018720812443983.

Fein, R. M., Olson, G. M., & Olson, J. S. (1993). A mental model can help with learning to operate a complex device. In *CHI 93 Proceedings of Human Factors in Computing Systems* (pp. 157–158). New York: Association for Computing Machinery.

Feldon, D. F. (2007). The implications of research on expertise for curriculum and pedagogy. *Educational Psychology Review, 19,* 91–110.

Felton, E. A., Radin, R. G., Wilson, J. A., & Williams, J. C. (2009). Evaluation of a modified Fitts law brain-computer interface target acquisition task in able and motor disabled individuals. *Journal of Neural Engineering, 6,* 1–7.

Felton, E. A., Wilson, J. A., Radwin, R. G., Williams, J. C., & Garell, P. C. (2005). Electrocorticogram-controlled brain-computer interfaces in patients with temporary subdural electrode implants. *Neurosurgery, 57(2),* 425.

Fendrich, D. W., & Arengo, R. (2004). The influence of string length and repetition on chunking of digit strings. *Psychological Research, 68,* 216–223.

Fennema, M. G., & Kleinmuntz, D. N. (1995). Anticipations of effort and accuracy in multiattribute choice. *Organizational Behavior and Human Decision Processes, 63,* 21–32.

Ferrarini, L, Verbist, B. M., Olofsen, H., et al. (2008). Autonomous virtual mobile robot for three-dimensional medical image exploration: Application to micro-CT cochlear images. *Artificial Intelligence in Medicine, 43,* 1–15.

Ferrez, P. W., & del Millan, J. (2005). You are wrong!—automatic detection of interaction errors from brain waves. In *Proceedings of the 19th International Joint Conference on Artificial Intelligence* (pp. 1,413–1,418). Edinburgh, Scotland: IJCAI.

Ferris, T., Sarter, N. B., & Wickens, C. D. (2010). Cockpit automation: still struggling to catch up….In E. Weiner & D. Nagle (Eds) *Human Factors in Aviation. 2nd Ed.* Elsevier.

Figner, B. & Weber, E. (2011). Who takes risks when and why? *Determinants of risk taking. Current Directions in Psychological Science. 20.* 211–216.

Fincham, J. M., Carter, C. S., van Veen, V., Stenger, V. A., & Anderson, J. R. (2002). Neural mechanisms of planning: A computational analysis using event-related fMRI. *Proceedings of the National Academy of Sciences (USA), 99,* 3,346–3,351.

Fischer, E., Haines, R., & Price, T. (1980, December). *Cognitive issues in head-up displays* (NASA Technical Paper 1711). Washington, DC: NASA.

Fischhoff, B. (1977). Perceived informativeness of facts. *Journal of Experimental Psychology: Human Perception and Performance, 3,* 349–358.

Fischhoff, B. (2002). Heuristics and biases in application. In T. Gilovich, D. Griffin, & D. Kahneman (Eds.). *Heuristics and biases: The psychology of intuitive judgment* (pp. 730–748). New York: Cambridge University Press.

Fischhoff, B., & Bar-Hillel, M. (1984). Diagnosticity and the base-rate effect. *Memory & Cognition, 12,* 402–410.

Fischhoff, B., & MacGregor, D. (1982). Subjective confidence in forecasts. *Journal of Forecasting, 1,* 155–172.

Fischhoff, B., Slovic, P., & Lichtenstein, S. (1977). Knowing with certainty: The appropriateness of extreme confidence. *Journal of Experimental Psychology: Human Perception and Performance, 3,* 552–564.

Fisher, D. L., & Tan, K. C. (1989). Visual displays: The highlighting paradox. *Human Factors, 31,* 17–30.

Fisher, D. L., Coury, B. G., Tengs, T. O., & Duffy, S. A. (1989). Minimizing the time to search visual displays: The role of highlighting. *Human Factors, 31,* 167–182.

Fisher, D. L., & Pollatsek, A. (2007). Novice driver crashes: Failure to divide attention or failure to recognize risks. In A. Kramer, D. Wiegmann, & A. Kirlik (Eds.), *Attention: from theory to practice* (pp. 134–156). Oxford, UK: Oxford University Press.

Fisher, D. L., Schweickert, R., & Drury, C. G. (2006). Mathematical models in engineering psychology: Optimizing performance. In G. Salvendy (Ed.), *Handbook of human factors and ergonomics* (3rd Ed.), (pp. 997–1024). New York: Wiley.

Fisk, A. D., Ackerman, P. L., & Schneider, W. (1987). Automatic and controlled processing theory and its applications to human factors problems. In P. A. Hancock (ed.), *Human factors psychology* (pp. 159–197). Amsterdam: Elsevier.

Fisk, A. D., Oransky, N. A., & Skedsvold, P. R. (1988). Examination of the role of "higher-order" consistency in skill development. *Human Factors, 30,* 567–582.

Fisk, A. D., & Rogers, W. (2007). Attention goes home: support for aging adults. In A. Kramer, D. Wiegmann, & A. Kirlik (Eds.), *Attention: From theory to practice.* Oxford, UK: Oxford University Press.

Fisk, A. D., & Schneider, W. (1981). Controlled and automatic processing during tasks requiring sustained attention. *Human Factors, 23,* 737–750.

Fitts, P. M. (1966). Cognitive aspects of information processing III: Set for speed versus accuracy. *Journal of Experimental Psychology, 71,* 849–857.

Fitts, P. M., & Deininger, R. L. (1954). S-R compatibility: Correspondence among paired elements within stimulus and response codes. *Journal of Experimental Psychology, 48,* 483–492.

Fitts, P. M., & Posner, M. A. (1967). *Human performance.* Pacific Palisades, CA: Brooks Cole.

Fitts, P. M., & Seeger, C. M. (1953). S-R compatibility: Spatial characteristics of stimulus and response codes. *Journal of Experimental Psychology, 46,* 199–210.

Fitts, P. M., Peterson, J. R., & Wolpe, G. (1963). Cognitive aspects of information processing II: Adjustments to stimulus redundancy. *Journal of Experimental Psychology, 65,* 423–432.

Fitts, P., & Posner, M. (1967). *Human performance.* Brooks Cole.

Flach, J. M., Hagen, B. A., & Larish, J. F. (1992). Active regulation of altitude as a function of optical texture. *Perception & Psychophysics, 51,* 557–568.

Flach, J. M., Warren, R., Garness, S. A., Kelly, L., & Stanard, T. (1997). Perception and control of altitude: Splay and depression angles. *Journal of Experimental Psychology: Human Perception and Performance, 23,* 1,764–1,782.

Flach, J., Mulder, M., & van Paassen, M. M. (2004). The concept of situation in psychology. In S. Banbury & S. Tremblay (Eds.), *A cognitive approach to situation awareness: Theory and application* (pp. 42–60). Aldershot, UK: Ashgate.

Flannagan, M., & Sayer (2010). University of Michigan Transportation Research Institute Technical report.: Ann Arbor Michigan: University of Michigan.

Flavell, R., & Heath, A. (1992). Further investigations into the use of colour coding scales. *Interacting with Computers, 4,* 179–199.

Fleetwood, M. & Byrne, M. (2006) ,pde;omg the vosia; searcj pf ds[;aus: revosed ACT-R model of icon search based on eye-hand tracking data. *Human-Computer INtereaction, 21,* 155–98.

Flexman, R., & Stark, E. (1987). Training simulators. In G. Salvendy (Ed.), *Handbook of human factors.* New York: Wiley.

Flight International. (1990, October 31). *Lessons to be learned,* pp. 24–26.

Flin, R. H. (2007). Crew resource management for teams in the offshore oil industry. *Team Performance Management, 3*(2), 121–129.

Flin, R., Fletcher, G., McGeorge, P., Sutherland, A., & Patey, R. (2003). Anaesthetists' attitudes to teamwork and safety. *Anaesthesia, 58,* 233–242.

Flin, R., Salas, E., Strub, M., & Martin, L. (1997). *Decision making under stress: Emerging themes and applications.* Burlington, VT: Ashgate.

Flowe, H. D., & Ebbesen, E. B. (2007). The effect of lineup member similarity on recognition accuracy in simultaneous and sequential lineups. *Law and Human Behavior, 31,* 33–52.

Fogarty, G., & Stankov, L. (1982). Competing tasks as an index of intelligence. *Personality and Individual Differences, 3,* 407–422.

Folk, C. L., Remington, R. W., & Johnston, J. C. (1992). Involuntary covert orienting is contingent on attentional control settings. *Journal of Experimental Psychology: Human Perception and Performance,* 18, 1030–1044.

Fong, G. T., & Nisbett, R. E. (1991). Immediate and delayed transfer of training effects in statistical reasoning. *Journal of Experimental Psychology: General,* 120, 34–45.

Fontenelle, G. A. (1983). *The effect of task characteristics on the availability heuristic or judgments of uncertainty* (Report No. 83–1). Office of Naval Research, Rice University.

Ford, J. K., Schmitt, N., Scheitman, S. L., Hults, B. M., & Doherty, M. L. (1989). Process tracing methods: Contributions, problems and neglected research questions. *Organizational Behavior & Human Decision Processes, 43,* 75–117.

Fougnie, D., & Marois, R. (2007). Executive working memory load induces inattentional blindness. *Psychonomic Bulletin & Review, 14,* 142–147.

Foushee, H. C. (1984). Dyads and triads at 35,000 feet: Factors affecting group process and aircrew performance. *American Psychologist, 39,* 885–893.

Foushee, H. C., & Helmreich, R. L. (1988). Group interaction and flight crew performance. In E. Wiener & D. Nagel (Eds.), *Human factors in aviation.* San Diego, CA: Academic Press.

Fowler, F. D. (1980). Air traffic control problems: A pilot's view. *Human Factors, 22,* 645–654.

Fracker, M. L., & Wickens, C. D. (1989). Resources, confusions, and compatibility in dual axis tracking: Display, controls, and dynamics. *Journal of Experimental Psychology: Human Perception and Performance, 15,* 80–96.

Frankenstein, J., Mohler, B., Bulthoff, H. & Meilinger, T. (2012). Is the map in our head oriented north? *Psychological Science. 22,* 120–125.

Franklin, N., & Tversky, B. (1990). Searching imagined environments. *Journal of Experimental Psychology: General, 119,* 63–76.

Frankmann, J. P., & Adams, J. A. (1962) Theories of vigilance. *Psychological Bulletin, 59,* 257–272.

Frantz, J. P. (1994). Effect of location and procedural explicitness on user processing of and compliance with product warnings. *Human Factors, 36,* 532–546.

Freed, M. (2000). Reactive prioritization. In *Proceedings of the 2nd NASA International Workshop on Planning and Scheduling in Space.* Washington, DC: National Aeronautics and Space Administration.

Friedman, D. B., & Hoffman-Goetz, L. (2006). A systematic review of readability and comprehension instruments used for print and web-based cancer information. *Health Education & Behavior, 33*(3), 352–373.

Friedman, N. P., Miyake, A., Young, S. E., DeFries, J. C., Corley, R. P., & Hewitt, J. K. (2008). Individual differences in executive functions are almost entirely genetic in origin. *Journal of Experimental Psychology: General, 137,* 201–225.

**Fuchs, A. H.** (1962). The progression regression hypothesis in perceptual-motor skill learning. *Journal of Experimental Psychology, 63,* 177–192.

**Funk, K., Lyall, B., Wilson, J., Vint, R., Niemczyk, M., Suroteguh, C., & Owen, G.** (1999). Flight deck automation issues. *International Journal of Aviation Psychology 9,* 109–123.

**Gajendran, R. S., & Harrison, D. A.** (2007). The good, the bad, and the unknown about telecommuting: Meta-analysis of psychological mediators and individual consequences. *Journal of Applied Psychology, 92,* 1,524–1,541.

**Gallimore, J. J., & Brown, M. E.** (1993). Visualization of 3-D computer-aided design objects. *International Journal of Human-Computer Interaction, 5,* 361–382.

**Galster, S., & Parasuraman, R.** (2001). Evaluation of countermeasures for performance decrements due to automated-related complacency in IFR-rated General Aviation pilots. In *Proceedings of the International Symposium on Aviation Psychology* (pp. 245–249). Columbus, OH: Association of Aviation Psychology.

**Gane, B. D., & Catrambone, R.** (2011). Extended practice in motor learning under varied practice schedules: Effects of blocked, blocked-repeated, and random schedules. In *Proceedings of the Human Factors and Ergonomics Society--55th Annual Meeting* (pp. 2143–2147). Santa Monica, CA: Human Factors and and Ergonomics Society.

**Ganel, T., Goshen-Gottstein, Y., & Goodale, M. A.** (2005). Interactions between the processing of gaze direction and facial expression. *Vision Research, 45,* 1,191–1,200.

**Garbis, C., and Artman, H.** (2004). Team situation awareness as communicative practices. In S. Banbury & S. Tremblay (Eds.), *A cognitive approach to situation awareness: Theory and application* (pp. 275–296). Aldershot, UK: Ashgate.

**Gardiner, J. M., & Richardson-Klavehn, A.** (2000). Remembering and knowing. In E. Tulving & F. I. M. Craik (Eds.), *The Oxford handbook of memory* (pp. 229–244). New York: Oxford University Press.

**Garg, A. X., Adhikari, N. K., McDonald, H., Rosas-Arellano, M. P., Devereaux, P., & Beyene, J.** (2005). Effects of computerized clinical decision support systems on practitioner performance and patient outcomes. *Journal of the American Medical Association, 293,* 1,223–1,238.

**Gärling, T.** (1989). The role of cognitive maps in spatial decisions. *Journal of Environmental Psychology, 9,* 269–278.

**Garling, T., Kirchler, E., Lewis, A. & van Raaij, F.** (2009). Psychology, financial decision making and financial crises. *Psychological Science in the Public Interest. 10,* (whole issue).

**Garner, W. R.** (1974). *The processing of information and structure.* Hillsdale, NJ: Erlbaum.

**Garner, W. R., & Felfoldy, G. L.** (1970). Integrality of stimulus dimensions in various types of information processing. *Cognitive Psychology, 1,* 225–241.

**Garzonis, S., Jones, S., Jay, T., & O'Neill, E.** (2009). Auditory icon and earcon mobile service notifications: Intuitiveness, learnability, memorability and preference. In *Proceedings of the 27th International Conference on Human Factors in Computing Systems.* Boston, MA, USA.

**Gawande, A., & Bates, D.** (2000, February). The use of information technology in improving medical performance: Part I. Information systems for medical transactions. *Medscape General Medicine, 2,* 1–6.

**Gazzaley, A., Cooney, J. W., Rissman, J., & D'Esposito, M.** (2005). Top-down suppression deficit underlies working memory impairment in normal aging. *Nature Neuroscience, 8,* 1,298–1,300.

**Gazzaniga, M. S.** (2009). *The cognitive neurosciences.* Cambridge, MA: MIT Press.

**Geelhoed, E., Parker, A., Williams, D. J., & Groen, M.** (2011). *Effects of latency on telepresence.* HP Laboratories Report HPL-2009-120. Palo Alto, CA: Hewlett-Packard.

**Geisler, W. S.** (2008). Visual perception and the statistical properties of natural scenes. *Annual Review of Psychology, 59,* 10.1–10.26.

**Geisler, W. S., & Chou, K.** (1995). Separation of low-level and high-level factors in complex tasks: visual search. *Psychological Review, 102,* 356–378.

**Gentner, D. R.** (1982). Evidence against a central control model of timing in typing. *Journal of Experimental Psychology: Human Perception and Performance, 9,* 793–810.

**Gentner, D., & Stevens, A. L.** (1983). *Mental models.* Hillsdale, NJ: Erlbaum.

**Getty, D., Swets, J., Pickett, R., & Gonthier, D.** (1995). System operator response to warnings of danger. *Journal of Experimental Psychology: Applied, 1,* 19–33.

**Getty, D. J., & Green, P. J.** (2007). Clinical applications for stereoscopic 3-D displays. *Journal of the Society for Information Display, 15* (6), 377–384.

Getty, D. J., Pickett, R. M., D'Orsi, C. J., & Swets, J. A. (1988). Enhanced interpretation of diagnostic images. *Investigative Radiology, 23*, 240–252.

Getzmann, S. (2003). The influence of the acoustic context on vertical sound localization in the median plane. *Perception & Psychophysics, 65*, 1,045–1,057.

Gevins, A., & Smith, M. E. (2003). Neurophysiological measures of cognitive workload during human-computer interaction. *Theoretical Issues in Ergonomics Science, 4(1–2)*, 113–131.

Gevins, A., & Smith, M. E. (2007). Electroencephlaogram in neuroergonomics. In R. Parasuraman & M. Rizzo (Eds.), *Neuroergonomics: The brain at work* (pp. 15–31). New York: Oxford University Press.

Gevins, A., Smith, M. E., Leong, H., McEvoy, L., Whitfield, S., & Du, R. (1998). Monitoring working memory load during computer-based tasks with EEG pattern recognition methods. *Human Factors, 40*, 79–91.

Gibb, R. W. (2007). Visual spatial disorientation: Revisiting the black hole illusion. *Aviation, Space, and Environmental Medicine, 78*, 801–808.

Gibson, J. J. (1979). *The ecological approach to visual perception*. Boston: Houghton-Mifflin.

Gigerenzer, G., Czerlinski, J., & Martignon, L. (2002). How good are fast and frugal heuristics? In T. Gilovich, D. Griffin, & D. Kahneman (Eds). *Heuristics and biases: The psychology of intuitive judgment*. New York: Cambridge University Press.

Gigerenzer, G., & Todd, P (1999). *Simple heuristics that make us smart*. New York: Oxford University Press.

Gigerenzer, G., Czerlinski, J., & Martignon, L. (2002). How good are fast and frugal heuristics? In T. Gilovich, D. Griffin, & D. Kahneman (Eds.), *Heuristics and Biases* (pp. 559–581). Cambridge, UK: Cambridge University Press.

Gillan, D. J. (1995). Visual arithmetic, computational graphics, and the spatial metaphor. *Human Factors, 37*, 766–780.

Gillan, D. J. (2009). A componential model of human interaction with graphs: VII. A review of the mixed arithmetic-perceptual model. In *Proceedings of the Human Factors and Ergonomics Society 53rd Annual Meeting* (pp. 829–833). Santa Monica, CA: Human Factors and Ergonomics Society.

Gillan, D. J., & Lewis, R. (1994). A componential model of human interaction with graphs: I. Linear regression modeling. *Human Factors, 36*, 419–440.

Gillan, D. J., & Richman, E. H. (1994). Minimalism and the syntax of graphs. *Human Factors, 36*, 619–644.

Gillan, D. J., & Sorensen, D. (2009). Minimalism and the syntax of graphs: II. Effects of graph backgrounds on visual search. In *Proceedings of the Human Factors and Ergonomics Society—53rd Annual Meeting* (pp. 1,096–1,100). Santa Monica, CA: Human Factors and Ergonomics Society.

Gillan, D. J., Wickens, C. D., Hollands, J. G., & Carswell, C. M. (1998). Guidelines for presenting quantitative data in HFES Publications. *Human Factors, 40*, 28–41.

Gillie, T., & Broadbent, D. (1989). What makes interruptions disruptive? A study of length, similarity, and complexity. *Psychological Research, 50*, 243–250.

Gillies, M., & Spanlang, B. (2010). Comparing and evaluating real-time character engines for virtual environments. *Presence, 19*, 95–117.

Gilovich, T., Griffin, D., & Kahneman, D. (Eds.). *Heuristics and biases: The psychology of intuitive judgment*. New York: Cambridge University Press.

Gilovich, T., Vallone, R., & Tversky, A. (2002). The hot hand in basketball: On the misperception of random sequences. In T. Gilovich, D. Griffin, & D. Kahneman (Eds.), *Heuristics and Biases* (pp. 601-616). Cambridge, UK: Cambridge University Press.

Glanzer, M., Kim, K., Hilford, A., & Adams, J. K. (1999). Slope of the receiver-operating characteristic in recognition memory. *Journal of Experimental Psychology: Learning, Memory, and Cognition, 25*, 500–513.

Glass, G. V. (1976). Primary, secondary, and meta-analysis of research. *Educational Researcher, 5*, 3–8.

Gobet, F. (1998). Expert memory: A comparison of four theories. *Cognition, 66*, 115–152.

Gobet, F. (2005). Chunking models of expertise: Implications for education. *Applied Cognitive Psychology, 19*, 183–204.

Gobet, F., & Clarkson, G. (2004). Chunks in expert memory: Evidence for the magical number four....or is it two? *Memory, 12(6)*, 732–747.

Goddard, K., Roudsari, A., & Wyatt, J. C. (2012). Automation bias: a systematic review of frequency, effect mediators, and mitigators. *Journal of the American Medical Informatics Association, 19*, 121–127.

Goldberg, L. (1968). Simple models or simple processes? Some research on clinical judgment. *American Psychologist, 23*, 483–96.

*Golden, T. D., Veiga, J. F., & Dino, R. N.* (2008). The impact of professional isolation on teleworker job performance and turnover intentions: Does time spent teleworking, interacting face-to-face, or having access to communication-enhancing technology matter? *Journal of Applied Psychology, 93*, 1,412–1,421.

*Goldstein, E. B.* (2010) *Sensation and perception* (8th Ed.). Belmont, CA: Wadsworth.

*Goldstein, W. M., & Hogarth, R. M.* (1997). *Research on judgment and decision making: Currents, connections, and controversies.* New York: Cambridge University Press.

*Golestani, N., Rosen, S., & Scott, S. K.* (2009). Native-language benefit for understanding speech-in-noise: The contribution of semantics. *Bilingualism: Language & Cognition, 12*, 385–392.

*Gollwitzer, P. M.* (1999). Implementation intentions: strong effects of simple plans. *American Psychologist, 54*, 493–503.

*Gong, L., & Nass, C.* (2007). When a talking-face computer agent is half-human and half-humanoid: Human identity and consistency preference. *Human Communication Research, 33*(2), 163–193.

*Gonzales, V. M., & Mark, G.* (2004). Constant, constant, multi-tasking craziness: Managing multiple working spheres. In *Human Factors of Computing Systems: CHI 04* (pp. 113–120). New York: Association for Computing Machinery.

*Gonzalez, C., & Wimisberg, J.* (2007). Situation awareness in dynamic decision-making: Effects of practice and working memory. *Journal of Cognitive Engineering and Decision Making, 1*, 56–74.

*Goodale, M. A., & Milner, A. D.* (2005). *Sight unseen: An exploration of conscious and unconscious vision.* Oxford, UK: Oxford University Press.

*Goodman, M. J., Tijerna, L., Bents, F. D., & Wierwille, W. W.* (1999). Using cellular telephones in vehicles: Safe or unsafe? *Transportation Human Factors, 1*, 3–42.

*Goodrich, M. A., McLain, T. W., Anderson, J. D., Sun, J., & Crandall, J. W.* (2007). Managing autonomy in robot teams: Observations from four experiments. In *Proceedings of the Second ACM SIGCHI/SIGART Conference on Human-Robot Interaction* (pp. 25–32). doi:10.1145/1228716.1228721. New York: Association for Computing Machinery.

*Goodstein, L. P.* (1981). Discriminative display support for process operators. In J. Rasmussen & W. B. Rouse (Eds.), *Human detection and diagnosis of system failures.* New York: Plenum.

*Goodwin, G. A.* (2006). *The training, retention, and assessment of digital skills: A review and integration of the literature.* U.S. Army Research Institute Research Report 1864. Arlington, VA: U.S. Army Research Institute for the Behavioral and Social Sciences.

*Gopher, D.* (1993). The skill of attention control: Acquisition and execution of attention strategies. In D. Meyer & S. Kornblum (Eds.), *Attention and performance XIV.* Hillsdale, NJ: Erlbaum.

*Gopher, D.* (2007). Emphasis change in high demand task training. In A. Kramer, D. Wiegmann, & A. Kirlik (Eds.), *Attention: from theory to practice.* Oxford, England: Oxford University Press.

*Gopher, D., Brickner, M., & Navon, D.* (1982). Different difficulty manipulations interact differently with task performance: evidence for multiple resources. *Journal of Experimental Psychology: Human Perception and Performance, 8*, 146–157.

*Gopher, D., & Donchin, E.* (1986). Workload: An experimentation of the concept. In K. Boff, L. Kauffman, & J. Thomas (Eds.), *Handbook of perception and performance* (Vol. II). New York: Wiley.

*Gopher, D., & Koriat, A.* (Eds.) (1998). *Attention and performance XVII: Cognitive regulation of performance: Interaction of theory and application.* New York: Academic Press.

*Gopher, D., & Raij, D.* (1988). Typing with a two hand chord keyboard—will the QWERTY become obsolete? *IEEE Transactions in System, Man, and Cybernetics, 18*, 601–609.

*Gopher, D., Weil, M., & Bareket, T.* (1994). Transfer of skill from a computer game trainer to flight. *Human Factors, 36*, 387–405.

*Gopher, D., Weil, M., & Siegel, D.* (1989). Practice under changing priorities: An approach to the training of complex skills. *Acta Psychologica, 71*, 147–177.

*Gordon, C. P.* (2009). Crash studies of driver distraction. In M. Regan, J. Lee, & K. Young (Eds.), *Driver distraction: Theory, effects and mitigation.* Boca Raton, FL: CRC Press.

*Gordon, R. L., Schön, D., Magne, C., Astésano, C., & Besson, M.* (2010). Words and melody are intertwined in perception of sung words: EEG and behavioral evidence. *PLoS ONE 5*(3): e9889.

*Gordon, S. E., Schmierer, K. A., & Gill, R. T.* (1993). Conceptual graph analysis: Knowledge acquisition for instructional system design. *Human Factors, 35*, 459–481.

*Gorman, J. C., & Cooke, N. J.* (2011). Changes in team cognition after a retention interval: The benefits of mixing it up. *Journal of Experimental Psychology: Applied, 17,* 303–319.

*Gorman, J. C., Cooke, N. J.,* and *Winner, J. L.* (2006). Measuring team situation awareness in decentralized command and control environments. *Ergonomics, 49,* 1,312–1,325.

*Gramopadhye, A. K., Drury, C. G., Jiang, X., & Sreenivasan, R.* (2002). Visual search and visual lobe size: can training on one affect the other? *International Journal of Industrial Ergonomics, 30,* 181–195.

*Gratton, G., Coles, M. G. H., Sirevaag, E., Eriksen, C. W., & Donchin, E.* (1988). Pre- and post-stimulus activation of response channels: A psychophysiological analysis. *Journal of Experimental Psychology: Human Perception and Performance, 14,* 331–344.

*Gray, R.* (2004). Attending to the execution of a complex sensory motor skill: Expertise differences, choking and slumps. *Journal of Experimental Psychology: Applied, 10,* 42–54.

*Gray, W.* (2007) (Ed.) *Integrated Models of Cognitive Systems.* Oxford, UK: Oxford University Press.

*Gray, R., Geri, G. A., Akhtar, S. C., & Covas, C. M.* (2008). The role of visual occlusion in altitude maintenance during simulated flight. *Journal of Experimental Psychology: Human Perception and Performance, 34,* 475–488.

*Gray, W. D., & Fu, W. T.* (2004). Soft constraints in interactive behavior: The case of ignoring perfect knowledge in-the-world for imperfect knowledge in-the-head. *Cognitive Science, 28,* 359–382.

*Green, A. E., Munafo, M., DeYoung, C., Fossella, J. A., Fan, J., & Gray, J. R.* (2008). Using genetic data in cognitive neuroscience: From growing pains to genuine insights. *Nature Reviews Neuroscience, 9,* 710–720.

*Green, C. S., & Bavelier, D.* (2003). Action video game modifies visual selective attention. *Nature, 423,* 534–537.

*Green, D. M., & Swets, J. A.* (1966). *Signal detection theory and psychophysics.* New York: Wiley. (Reprinted 1988, Los Altos, CA: Peninsula).

*Greenwald, A.* (1970). A double stimulation test of ideomotor theory with implications for selective attention. *Journal of Experimental Psychology, 84,* 392–398.

*Greenwood, P. M., Fossella, J., & Parasuraman, R.* (2005). Specificity of the effect of a nicotinic receptor polymorphism on individual differences in visuospatial attention. *Journal of Cognitive Neuroscience, 17,* 1,611–1,620.

*Gregory, R. L.* (1997). Knowledge in perception and illusion. *Philosophical Transactions of the Royal Society London, B, 352,* 1,121–1,128.

*Grether, W. F.* (1949). Instrument reading I: The design of long-scale indicators for speed and accuracy of quantitative readings. *Journal of Applied Psychology, 33,* 363–372.

*Grether, W. F., & Baker, C. A.* (1972). Visual presentation of information. In H. P. Van Cott & R. G. Kinkade (Eds.), *Human engineering guide to system design.* Washington, DC: U.S. Government Printing Office.

*Grice, H. P.* (1975). Logic and conversation. In P. Cole & J. Morgan (Eds.), *Syntax and semantics: Speech acts* (Vol. 3, pp. 276–290). New York: Academic Press.

*Griffin, D., & Tversky, A,* (1992).The weighing of evidence and the determinants of confidence. *Cognitive Psychology, 24,* 411–435.

*Griffiths, T. L., Steyvers, M., & Tenenbaum, J. B.* (2007). Topics in semantic representation. *Psychological Review, 114,* 211–244.

*Gronlund, S. D., Ohrt, D. D., Dougherty, M. R. P., Perry, J. L., & Manning, C. A.* (1998). Role of memory in air traffic control. *Journal of Experimental Psychology: Applied, 4,* 263–280.

*Gronlund, S. D., Carlson, C., Dailey, S, & Foodsell, C.* (2009). Robustness of the sequential line up advantage. *Journal of Experimental Psychology: Applied, 15.* 140–152.

*Grossman, T., Dragicevic, P., & Balakrishnan, R.* (2007). Strategies for accelerating online learning of hotkeys. In *CHI 2007 Proceedings of Human Factors in Computing Systems* (pp. 1,591–1,600). New York: Association for Computing Machinery.

*Grosz, J., Rysdyk, R. T., Bootsma, R. J., Mulder, J. A.,* van der *Vaart, J. C., & van Wieringen, P. C. W.* (1995). Perceptual support for timing of the flare in the landing of an aircraft. In P. Hancock, J. Flach, J. Caird, & K. Vicente, *Local applications of the ecological approach to human-machine systems* (pp. 104–121). Hillsdale, NJ: Erlbaum.

*Grundgeiger, T., Sanderson, P., Macdougall, H., & Balaubramanian, V.* (2010). Interruption management in the intensive care unit. *Journal of Experimental Psychology: Applied, 16,* 317–334.

*Grunwald, A. J., & Ellis, S. R.* (1993). Visual display aid for orbital maneuvering: Design considerations. *Journal of Guidance, Control, and Dynamics, 16,* 139–150.

Gugerty, L. J., & Tirre, W. C. (2000). Individual differences in situation awareness. In M. R. Endsley & D. J. Garland (Eds.), *Situation awareness analysis and measurement* (pp. 249–276). Mahwah, NJ: Erlbaum.

Gugerty, L. J., Brooks, J. O., & Treadaway, C. A. (2004). Individual differences in situation awareness for transportation tasks. In S. Banbury & S. Tremblay (Eds.), *A cognitive approach to situation awareness: Theory and application* (pp. 193–212). Aldershot, UK: Ashgate.

Gugerty, L. J., Rakauskas, M., & Brooks, J. (2004). Effects of remote and in-person verbal interactions on verbalization rates and attention to dynamic spatial scenes. *Accident Analysis and Prevention, 36*, 1,029–1,043.

Gunn, D. V., Warm, J. S., Nelson, W. T., Bolia, R. S., Schumsky, D. A., & Corcoran, K. J. (2005). Target acquisition with UAVs: Vigilance displays and advanced cuing interfaces. *Human Factors, 47*, 488–497.

Gurushanthaiah, K., Weinger, M. B., & Englund, C. E. (1995). Visual display format affects the ability of anesthesiologists to detect acute physiologic changes: A laboratory study employing a clinical display simulator. *Anesthesiology, 83*, 1,184–1,193.

Haber, R. N., & Schindler, R. M. (1981). Error in proofreading: Evidence of syntactic control of letter processing? *Journal of Experimental Psychology: Human Perception and Performance, 7*, 573–579.

Haelbig, T. D., Mecklinger, A., Schriefers, H., & Friederici, A. D. (1998). Double dissociation of processing temporal and spatial information in working memory. *Neuropsychologia, 36*, 305–311.

Hagen, L., Herdman, C. M., & Brown, M. S. (2007). *The performance costs of digital head-up displays.* VSIM Report, Centre for Advanced Studies in Visualization and Simulation, Carleton University, Ottawa, Canada. Available at http://www6.carleton.ca/ace/projects-and-publications/heads-up-displays/

Hailpern, J., Karahalios, K., DeThorne, L., & Halle, J. (2009). Talking points: the differential impact of real-time computer generated audio/visual feedback on speech-like & non-speech-like vocalizations in low functioning children with ASD. *Proceedings of the 11th international ACM SIGACCESS conference on Computers and Accessibility.* Pittsburgh, PA.

Hale, S., Stanney, K. M., & Malone, L. (2009). Enhancing virtual environment spatial awareness training and transfer through tactile and vestibular cues. *Ergonomics, 52*, 187–203.

Halford, G. S., Baker, R., McCredden, J. E., & Bain, J. D. (2005). How many variables can humans process? *Psychological Science, 16(1)*, 70–76.

Halford, G., Wilson, W., & Philips, S. (1998). Processing capacity defined by relational complexity. *Behavioral and Brain Sciences. 21*, 803–831.

Hammond, K. R., Hamm, R. M., Grassia, J., & Pearson, T. (1987). Direct comparison of the efficacy of intuitive and analytical cognition in expert judgment. *IEEE Transactions on Systems, Man, and Cybernetics, SMC–17(5)*, 753–770.

Hampton, D. C. (1994). Expertise: The true essence of nursing art. *Advances in Nursing Science, 17*, 15–24.

Hancock, P. A., Billings, D. R., Schaefer, K. E., Chen, J. Y. C., de Visser, E., & Parasuraman, R. (2011). A meta-analysis of factors affecting trust in human-robot interaction. *Human Factors, 53*, 517–727.

Hancock, P. A., & Chignell, M. H. (Eds.) (1989). *Intelligent interfaces: Theory, research and design.* North–Holland: Elsevier.

Hancock, P. A., & Desmond, P. (2001). *Stress, workload and fatigue.* Mahwah, NJ: Erlbaum.

Hancock, P. A., & Ganey, N. (2003). From the inverted-U to the extended-U: The evolution of a law of psychology. *Journal of Human Performance in Extreme Environments, 7*, 5–14.

Hancock, P. A., & Meshkati, N. (1988). *Human mental workload.* Amsterdam: North Holland.

Hancock, P. A., & Warm, J. S. (1989). A dynamic model of stress and sustained attention. *Human Factors, 31*, 519–537.

Hankins, T. C., & Wilson, G. F. (1998). A comparison of heart rate, eye activity, EEG and subjective measures of pilot mental workload during flight. *Aviation, Space and Environmental Medicine, 69*, 360–367.

Harrington, D., & Kello, J. (1991). Systematic evaluation of nuclear operator team skills training. In *Proceedings of the American Nuclear Society*, San Francisco, CA.

Harris, D. H., & Chaney, F. D. (1969). *Human factors in quality assurance.* New York: Wiley.

Harris, H., Ballenson, J. N., Nielsen, A., & Yee, N. (2009). The evolution of social behavior over time in Second Life. *Presence, 18*, 434–448.

Harris, R. L., Glover, B. L., & Spady, A. A. (1986). *Analytic techniques of pilot scanning behavior and their application,*

NASA Langley Research Center, Technical Paper No. 2525. Hampton, VA: National Aeronautics and Space Administration.

**Hart, S. G.** (1988). Helicopter human factors. In E. L. Wiener & D. C. Nagel (Eds.), *Human factors in aviation* (pp. 591–638). San Diego, CA: Academic Press.

**Hart, S. G., & Staveland, L. E.** (1988). Development of NASA-TLX (Task Load Index): Results of empirical and theoretical research. In P. A. Hancock & N. Meshkati (Eds.), *Human mental workload* (pp. 139–183). Amsterdam: North Holland.

**Hart, S. G., & Wickens, C. D.** (1990). Workload assessment and prediction. In H. R. Booher (Ed.), *MANPRINT: An emerging technology. Advanced concepts for integrating people, machines and organizations* (pp. 257–300). New York: Van Nostrand Reinhold.

**Hart, S. G., & Wickens, C. D.** (2010). Cognitive Workload. NASA Human Systems Integration handbook, Chapter 6.

**Hasher, L., & Zacks, R.** (1979). Automatic and effortful processes in memory. *Journal of Experimental Psychology: General, 108,* 356–388.

**Haskell, I. D., & Wickens, C. D.** (1993). Two- and three-dimensional displays for aviation: A theoretical and empirical comparison. *The International Journal of Aviation Psychology, 3,* 87–109.

**Haskell, I. D., Wickens, C. D., & Sarno, K.** (1990). Quantifying stimulus-response compatibility for the Army/NASA A3I display layout analysis tool. In *Proceedings of the 5th Mid-Central Human Factors/Ergonomics Conference.* Dayton, OH.

**Hawkins, F. H.** (1993). In H. W. Orlady (Ed.), *Human factors in flight* (2nd ed.). Brookfield, VT: Ashgate.

**Hawkins, F., & Orlady, H. W.** (1993). *Human factors in flight* (2nd Ed.). Brookfield, VT: Gower.

**Hayes, C., & Miller, C.** (Eds.) (2011). *Human-computer etiquette: Understanding the impact of human culture and expectations on the use and effectiveness of computers and technology.* New York: Taylor & Francis.

**He, J., Becic, W., Lee, Y. C., & McCarley, J.** (2011). Mind wandering behind the wheel: performance and oculomotor correlates. *Human Factors, 53,* 13–21.

**Healy, A. F.** (1976). Detection errors on the word "the". *Journal of Experimental Psychology: Human Perception and Performance, 2,* 235–242.

**Healy. A. & Bourne, L.** (2012). *Training cognition: Optimizing efficiency, durability, and generalizability.* New York: Psychology Press.

**Heer, J., & Robertson, G. G.** (2007). Animated transitions in statistical data graphics. *IEEE Transactions on Visualization and Computer Graphics, 13,* 1,240–1,247.

**Heer, J., Kong, N., & Agrawala, M.** (2009). Sizing the horizon: The effects of chart size and layering on the graphical perception of time series visualizations. In *CHI 2009: Proceedings of the 27th International Conference on Human Factors in Computing Systems* (pp. 1,303–1,312). New York: Association for Computing Machinery.

**Hegarty, M., & Waller, D.** (2005). Individual differences in spatial intelligence. In P. Shah & A. S. Miyaki (Eds.), *The Cambridge handbook of visuospatial thinking.* Cambridge, UK: Cambridge University Press.

**Helleberg, J. R., & Wickens, C. D.** (2003). Effects of data-link modality and display redundancy on pilot performance: An attentional perspective. *International Journal of Aviation Psychology, 13,* 189–210.

**Hellier, E., Edworthy, J., Weedon, B., Walters, K. & Adams, A.** (2002). The perceived urgency of speech warnings: Semantics versus acoustics. *Human Factors, 44,* 1–17.

**Helmreich, R. L.** (2000). On error management: Lessons from aviation. *British Medical Journal, 320,* 781–785.

**Helmreich, R. L., & Merritt, A. C.** (1998). *Culture at work in aviation and medicine.* Brookfield, VT: Ashgate.

**Henderson, S. J., & Feiner, S.** (2009). Evaluating the benefits of augmented reality for task localization in maintenance of an armored personnel carrier turret. In *IEEE Symposium on Mixed and Augmented Reality Science and Technology Proceedings* (pp. 135–144). Orlando FL: Institute of Electrical and Electronic Engineers.

**Hendy, K. C., Liao, J., & Milgram, P.** (1997). Combining time and intensity effects in assessing operator information-processing load. *Human Factors, 39,* 30–47.

**Henrion, M., & Fischoff, B.** (2002). Assessing uncertainty in physical constants. In T. Gilovich, D. Griffin, & D. Kahneman (Eds), *Heuristics and biases: The psychology of intuitive judgment.* Cambridge University Press.

**Henry, R. A., & Sniezek, J. A.** (1993). Situational factors affecting judgments of future performance. *Organizational Behavior and Human Decision Processes, 54,* 104–132.

**Herbert, W.** (2010). *On second thought.* New York: Random House.

Hermann, D., Brubaker, B., Yoder, C., Sheets, V., & Tio, A. (1999). Devices that remind. In F. Durso (Ed.) *Handbook of Applied Cognition* (2nd Ed., pp. 377–408). New York: Wiley.

Herron, S. (1980). A case for early objective evaluation of candidate displays. In G. Corrick, M. Hazeltine, & R. Durst (Eds.), *Proceedings of the 24th Annual Meeting of the Human Factors Society*. Santa Monica, CA: Human Factors Society.

Hershon, R. L., & Hillix, W. A. (1965). Data processing in typing: Typing rate as a function of kind of material and amount exposed. *Human Factors, 7*, 483–492.

Hertwig, R., & Erev, I. (2009). The description-experience gap in risky choice. *Trends in Cognitive Science. 9*, 1–7.

Hess, S. & Detweiller, M. (1994). Training Interruptions. *Proceedings 38th Conference of the Human Factors & Ergonomics Society*. Santa Monica, CA: Human Factors.

Hess, S. M., & Detweiler, M. C. (1996). The value of display space at encoding and retrieval in keeping track. In *Proceedings of the Human Factors and Ergonomics Society—40th Annual Meeting* (pp. 1,232–1,236). Santa Monica, CA: Human Factors and Ergonomics Society.

Hess, S. M., Detweiler, M. C., & Ellis, R. D. (1999). The utility of display space in keeping-track of rapidly changing information. *Human Factors, 41*, 257–281.

Hick, W. E. (1952). On the rate of gain of information. *Quarterly Journal of Experimental Psychology, 4*, 11–26.

Hickox, J. C., & Wickens, C. D. (1993). Two- and three-dimensional displays for aviation: A theoretical and empirical comparison. *International Journal of Aviation Psychology, 3*, 87–109.

Hickox, J. C. & Wickens, C. D. (1999). Effects of elevation angle disparity, complexity, and feature type on relating out-of-cockpit field of view to an electronic cartographic map. *Journal of Experimental Psychology: Applied, 5*, 284–301.

Hicks, J. L., Marsh, R. L., & Russell, E. J. (2000). The properties of retention intervals and their effect on retaining prospective memories. *Journal of Experimental Psychology: Learning, Memory, and Cognition, 26*, 1,160–1,169.

Hilburn, B. (2004). Cognitive complexity in air traffic control: A literature review. (CHPR Technical Report). The Hague, Netherlands: Center for Human Performance Research.

Hilburn, B., Jorna, P. G., Byrne, E. A., & Parasuraman, R. (1997). The effect of adaptive air traffic control (ATC) decision aiding on controller mental workload. In M. Mouloua and J. Koonce (Eds.), *Human-automation interaction: Research and practice* (pp. 84–91). Mahwah, NJ: Erlbaum.

Hill, S. G., Iavecchia, H. P., Byers, J. C., Bittner, A. C., Jr., Zaklad, A. L., & Christ, R. E. (1992). Comparison of four subjective workload rating scales. *Human Factors, 34*, 429–440.

Hillyard, S. A., Vogel, E. K., & Luck, S. J. (1998). Sensory gain control (amplification) as a mechanism of selective attention: electrophysiological and neuroimaging evidence. *Philosophical Transactions of the Royal Society of London-Series B: Biological Sciences, 353*, 1,257–1,270.

Hirst, W. (1986). Aspects of divided and selected attention. In J. LeDoux & W. Hirst (Eds.), *Mind and brain*. New York: Cambridge University Press.

Hirst, W., & Kalmar, D. (1987). Characterizing attentional resources. *Journal of Experimental Psychology: General, 116*, 68–81.

Ho, C. Y., Nikolic, M. I., Waters, M., & Sarter, N. B. (2004). Not now! Supporting interruption management by indicating the modality and urgency of pending tasks. *Human Factors, 46*, 399–410.

Ho, C., & Spence, C. (2008). *The multisensory driver*. Brookfield, VT: Ashgate.

Ho, G., Scialfa, C. T., Caird, J. K., & Graw, T. (2001). Visual search for traffic signs: The effects of clutter, luminance and aging. *Human Factors, 43*, 194–207.

Hochberg, J., & Brooks, V. (1978). Film cutting and visual momentum. In J. W. Senders, D. F. Fisher, & R. A. Monty (Eds.), *Eye movements and the higher psychological functions*. Hillsdale, NJ: Erlbaum.

Hockey, G. R. J. (1970). Effect of loud noise on attentional selectivity. *Quarterly Journal of Experimental Psychology, 22*, 28–36.

Hockey, G. R. J. (1997). Compensatory control in the regulation of human performance under stress and high workload: A cognitive-energetical framework. *Biological Psychology, 45*, 73–93.

Hockey, R. (1984). Varieties of attentional state: The effects of the environment. In R. Parasuraman & D. R. Davies (Eds.), *Varieties of attention* (pp. 449–484). New York: Academic Press.

*Hockey, G. R. J., Nickel, P., Roberts, A. C., & Roberts. M. H.* (2009). Sensitivity of candidate markers of psychophysiological strain to cyclical changes in manual control load during simulated process control. Applied Ergonomics, 40(6), 1,011–1,018.

*Hodgetts, H., Farmer, E., Joose, M., Parmentier, F., Schaefer, D., Hoogeboom, P., van Gool, M. & Jones, D.* (2005). The effects of party line communication on flight task performance. In D. de Waard, K. A. Brookhuis, R. van Egmond, and T. Boersema (Eds.), *Human factors in design, safety, and management* (pp. 1–12). Maastricht, Netherlands: Shaker.

*Hoffman, R. R., Crandall, B., & Shadbolt, N.* (1998). Use of the critical decision method to elicit expert knowledge: A case study in the methodology of cognitive task analysis. *Human Factors, 40*, 254–276.

*Hoffman, R. R., Shadbolt, N. R., Burton, A. M., & Klein, G.* (1995). Eliciting knowledge from experts: A methodological analysis. *Organizational Behavior and Human Decision Processes, 62*, 129–158.

*Hoffmann, E. R.* (1990). Strength of component principles determining direction-of-turn stereotypes for horizontally moving displays. In *Proceedings of the 34th Annual Meeting of the Human Factors Society* (pp. 457–461). Santa Monica, CA: Human Factors Society.

*Hoffmann, E. R.* (1997). Strength of component principles determining direction of turn stereotypes e linear displays with rotary controls. *Ergonomics 40*, 199–222.

*Hoffmann, E. R.* (2009). Warrick's principle, implied linkages and hand/control location effect. *The Ergonomics Open Journal 2*, 170–177.

*Hogarth, A.* (1987). *Judgment and choice* (2nd Ed.). Chichester: Wiley.

*Hogarth, R. M., & Einhorn, H. J.* (1992). Order effects in belief updating: The belief-adjustment model. *Cognitive Psychology, 24*, 1–55.

*Hogue, J. R., Allen, R. W., MacDonald, J., & Schmucker, C., Markham, S., & Harmsen, A.* (2001). Virtual reality parachute simulation for training and mission rehearsal. In *16th AIAA Aerodynamic Decelerator Systems Seminar and Conference, AIAA 2001-2061* (pp. 1–8). Reston, VA: American Institute of Aeronautics and Astronautics.

*Holding, D. H.* (1976). An approximate transfer surface. *Journal of Motor Behavior, 8*, 1–9.

*Holding, D. H.* (1987). Training. In G. Salvendy (ed.), *Handbook of human factors*. New York: Wiley.

*Hole, G. J.* (1996). Decay and interference effects in visuospatial short-term memory. *Perception, 25*, 53–64.

*Hollands, J. G.* (2003). The classification of graphical elements. *Canadian Journal of Experimental Psychology, 57*, 38–47.

*Hollands, J. G., Carey, T. T., Matthews, M. L., & McCann, C. A.* (1989). Presenting a graphical network: A comparison of performance using fisheye and scrolling views. In G. Salvendy & H. Smith (Eds.), *Designing and using human-computer interfaces and knowledge-based systems* (pp. 313–320). Amsterdam: Elsevier.

*Hollands, J. G., & Dyre, B. P.* (2000). Bias in proportion judgments: The cyclical power model. *Psychological Review, 107*, 500–524.

*Hollands, J. G., & Lamb, M.* (2011). Viewpoint tethering for remotely operated vehicles: Effects on complex terrain navigation and spatial awareness. *Human Factors, 53*, 154–167.

*Hollands, J. G., & Merikle, P. M.* (1987). Menu organization and user expertise in information search tasks. *Human Factors, 29*, 577–586.

*Hollands, J. G., & Neyedli, H. F.* (2011). A reliance model for automated combat identification systems: Implications for trust in automation. In N. Stanton (Ed.), *Trust in military teams* (pp. 151–182). Farnham, England: Ashgate.

*Hollands, J. G., Parker, H. A., & Morton, A.* (2002). Judgments of 3D bars in depth. In *Proceedings of the Human Factors and Ergonomics Society—46th Annual Meeting* (pp 1565–1569). Santa Monica, CA: Human Factors and Ergonomics Society.

*Hollands, J. G., Pavlovic, N. J., Enomoto, Y., & Jiang, H.* (2008). Smooth rotation of 2-D and 3-D representations of terrain: An investigation into the utility of visual momentum. *Human Factors, 50*, 62–76.

*Hollands, J. G., Pierce, B. J., & Magee, L. E.* (1998). Displaying information in two and three dimensions. *International Journal of Cognitive Ergonomics, 2*, 307–320.

*Hollands, J. G., & Spence, I.* (1992). Judgments of change and proportion in graphical perception. *Human Factors, 34*, 313–334.

*Hollands, J. G., & Spence, I.* (1998). Judging proportion with graphs: The summation model. *Applied Cognitive Psychology, 12*, 173–190.

*Hollands, J. G., & Spence, I.* (2001). The discrimination of graphical elements. *Applied Cognitive Psychology, 15*, 413–431.

Holsanova, J. N., Holmberg, N., & Holmqvist, K. (2009). Reading information graphics: The role of spatial contiguity and dual attentional guidance. *Applied Cognitive Psychology, 23*, 1,215–1,226.

Holscher, C. (2009). Adaptivity of wayfinding strategies in a multi-building ensemble: The effects of spatial structure, task requirements and metric information. *Journal of Environmental Psychology, 29*, 208–219.

Hoosain, R., & Salili, F. (1988). Language differences, working memory, and mathematical ability. In M. M. Grunberg, P. E. Morris, & R. N. Sykes (Eds.), *Practical aspects of memory: Current research and issues* (Vol. 2, pp. 512–517). Academic Press: New York.

Hope, L., Lewinski, W., Dixon, J., Blocksidge, D., & Gabbert, F. (2012) Witnesses in action: The effect of physical exertion on recall and recognition. *Psychological Science. 23*, 386–390.

Hope, L.Memon, A., & McGeorge, P. (2004). Understanding pre-trial publicity: Predecisional distortion of evidence by mock jurors. *Journal of Experimental Psychology: Applied, 10*, 111–119.

Hope, L., & Wright, D. (2007). Beyond unusual? Examining the role of attention in the weapon focus effect. *Applied Cognitive Psychology, 21*, 951–961.

Hopkin, V. S. (1980). The measurement of the air traffic controller. *Human Factors, 22*, 347–360.

Hörmann, H. J., Banbury, S., Dudfield, H., Lodge, M. and Soll, H. (2004). Evaluating the effects of situation awareness training on flight crew performance. In S. Banbury and S. Tremblay (Eds.), *A cognitive approach to situation awareness: Theory and application.* Aldershot, UK: Ashgate and Town.

Horrey, W. J., & Wickens, C. D. (2003). Multiple resource modeling of task interference in vehicle control, hazard awareness and in-vehicle task performance. In *Proceedings of the Second International Driving Symposium on Human Factors in Driver Assessment, Training, and Vehicle Design*, Park City, UT.

Horrey, W. J., & Wickens, C. D. (2004). Driving and side task performance: The effects of display clutter, separation, and modality. *Human Factors, 46*, 611–624.

Horrey, W. J., & Wickens, C. D. (2006). The impact of cell phone conversations on driving: A meta-analytic approach. *Human Factors, 48*, 196–205.

Horrey, W. J., & Wickens, C. D. (2007). In-vehicle glance duration: Distributions, tails and a model of crash risk. *Transportation Research Record, 2018*, 22–28.

Horrey, W. J., Lesch, M. F., & Garabet, A. (2009). Dissociation between driving performance and driver's subjective estimates of performance and workload in dual task conditions. *Journal of Safety Research, 40*, 7–12.

Horrey, W. J., Lesch, M. F., Kramer, A. F., & Melton, D. F. (2009). Examining the effects of a computer-based training module on drivers' willingness to engage in distracting activities while driving. *Human Factors, 51*, 571–581.

Horrey, W. J., Wickens, C. D., & Consalus, K. P. (2006). Modeling drivers' visual attention allocation while interacting with in-vehicle technologies. *Journal of Experimental Psychology: Applied, 12*, 67–86.

Hosking, S. G., Young, K. L., & Regan, M. A. (2009). The effects of text messaging on young drivers. *Human Factors, 51*, 582–592.

Howell, W. C., & Kreidler, D. L. (1963). Information processing under contradictory instructional sets. *Journal of Experimental Psychology, 65*, 39–46.

Howell, W. C., & Kreidler, D. L. (1964). Instructional sets and subjective criterion levels in a complex information processing task. *Journal of Experimental Psychology, 68*, 612–614.

Hu, Y., & Malthaner, R. A. (2007). The feasibility of three-dimensional displays of the thorax for preoperative planning in the surgical treatment of lung cancer. *European Journal of Cardio-thoracic Surgery, 31*, 506–511.

Huang, K. C. (2008). Effects of computer icons and figure/background area ratios and color combinations on visual search performance on an LCD monitor. *Displays, 29*(3), 237–242.

Hubbold, R. J., Hancock, D. J., & Moore, C. J. (1997). Autosteroscopic display for radiotherapy planning. In: S. F. Scott, J. O. Merritt, & M. T. Bolas (Eds.), *Stereoscopic display and virtual reality system IV.* SPIE Proceedings; 3012: 16–27.

Huestegge, L., & Philipp, A. M. (2011). Effects of spatial compatibility on integration processes in graph comprehension. *Attention, Perception, & Psychophysics, 73*, 1,903–1,915.

Huey, M. B., & Wickens, C. D. (Eds.). (1993). *Workload transition: Implications for individual and team performance.* Washington, DC: National Academy Press.

Huggins, A. (1964). Distortion of temporal patterns of speech: Interruptions and alterations. *Journal of the Acoustical Society of America, 36*, 1,055–1,065.

*Hughes, T. & MacRae, A. W.* (1994). Holistic peripheral processing of a polygon display. *Human Factors, 36,* 645–651.

*Humes, L. E., Lee, J. H.,* and *Coughlin. M. P.* (2006). Auditory measures of selective and divided attention in young and older adults using single-talker competition. *Journal of the Acoustical Society of America, 120,* 2,926–2,937.

*Hunn, B. P.* (2006). Video imagery's role in network centric, multiple unmanned aerial vehicle (UAV) operations. In N. J. Cooke, H. L. Pringle, H. K. Pedersen, O. Connor, & E. Salas (Eds.), *Human factors of remotely operated vehicles* (pp. 179–191). Amsterdam: Elsevier.

*Hunt, E., & Lansman, M.* (1981). Individual differences in attention. In R. J. Sternberg (Ed.), *Advances in the psychology of human intelligence. Vol 1.* Hillsdale, NJ: Erlbaum.

*Hunt, E., Pellegrino, J. W., & Yee, P. L.* (1989). Individual differences in attention. In G. H. Bower (Ed.), *The Psychology of Learning and Motivation, Vol. 24* (pp. 285–310). San Diego: Academic Press.

*Hunt, R., & Rouse, W.* (1981). Problem-solving skills of maintenance trainees in diagnosing faults in simulated power plants. *Human Factors, 23,* 317–328.

*Hurts, K., Angell, L., & Perez, M. A.* (2011). Attention, distraction, and driver safety. In P. DeLucia (Ed.), *Reviews of Human Factors & Ergonomics. Vol 7.* Santa Monica, CA: Human Factors and Ergonomics Society.

*Hyman, I. E., Boss, S. M., Wise, B. M., McKenzie, K. E., & Caggiano, J. M.* (2010). Did you see the unicycling clown? Inattentional blindness while walking and talking on a cell phone. *Applied Cognitive Psychology, 24,* 597–607.

*Hyman, R.* (1953). Stimulus information as a determinant of reaction time. *Journal of Experimental Psychology, 45,* 423–432.

*Iani, C., & Wickens, C. D.* (2007). Factors affecting task management in aviation. *Human Factors, 49,* 16–24.

*Ichikawa, M., & Saida, S.* (1996). How is motion disparity integrated with binocular disparity in depth perception? *Perception and Psychophysics, 58,* 271–282.

*Inagaki, T.* (1999). Situation-adaptive autonomy: Trading control of authority in human-machine systems. In M. W. Scerbo & M. Mouloua (Eds.), *Automation technology and human performance: Current research and trends* (pp. 154–159). Mahwah, NJ: Erlbaum.

*Inagaki, T.* (2003). Adaptive automation: Sharing and trading of control. In E. Hollnagel (Ed.), *Handbook of cognitive task design* (pp. 46–89). Mahwah, NJ: Erlbaum.

*Inagaki, T.* (2008). Smart collaboration between humans and machines based on mutual understanding. *Annual Reviews in Control, 32,* 253–261.

*Inbar, O., Tractinsky, N., & Meyer, J.* (2007). Minimalism in information visualization—attitudes towards maximizing the data-ink ratio. In *Proceedings of the European Conference on Cognitive Ergonomics* (pp. 185–188). New York: Association for Computing Machinery.

*Ince, F., Williges, R. C., & Roscoe, S. N.* (1975). Aircraft simulator motion and the order of merit of flight attitude and steering guidance displays. *Human Factors, 17,* 388–400.

*Inoue, T., Kawai, T., & Noro, K.* (1996). Performance of 3-D digitizing in stereoscopic images. *Ergonomics, 39,* 1,357–1,363.

*Inselberg, A.* (1999). Multidimensional detective. In S. K. Card, J. D. Mackinlay, & B. Shneiderman, (Eds.), *Readings in information visualization* (pp. 107–114). San Francisco: Morgan Kaufmann.

*Isakoff, M., & Corn, D.* (2006). *Hubris.* NY.: Random House.

*Isherwood, S.* (2009). Graphics and semantics: The relationship between what is seen and what is meant in icon design. In D. Harris (Ed.), *Engineering Psychology and Cognitive Ergonomics,* Berlin: Springer.

*Isherwood, S. J., McDougall, S. J. P., & Curry, M. B.* (2007). Icon identification in context: The changing role of icon characteristics with user experience. *Human Factors, 49,* 465–476.

*Isreal, J. B., Chesney, G. L., Wickens, C. D., & Donchin, E.* (1980). P300 and tracking difficulty: Evidence for a multiple capacity view of attention. *Psychophysiology, 17,* 259–273.

*Isreal, J. B., Wickens, C. D., Chesney, G. L., & Donchin, E.* (1980). The event-related brain potential as a selective index of display monitoring workload. *Human Factors, 22,* 211–224.

*Itti, L., & Koch, C.* (2000). A saliency-based search mechanism for overt and covert shifts of visual attention. *Vision Research, 40,* 1,489–1,506.

*Jack, D., Boian, R., Merians, A. S. et al.* (2001). Virtual reality-enhanced stroke rehabilitation. *IEEE Transactions on Neural Systems and Rehabilitation Engineering, 9,* 308–318.

Jacob, R. J. K., Sibert, L. E., McFarlane, D. C., & Mullen, M. P. (1994). Integrality and separability of input devices. *ACM Transactions on Computer-Human Interaction, 1,* 3–26.

Jagasinski, R. J., & Flach, J. M. (2003). *Control theory for humans.* Mahwah, NJ: Erlbaum.

Jakobsen, M. R., & Hornbaek, K. (2006). Evaluating a fisheye view of source code. In *Proceedings of the SIGCHI conference on human factors in computing systems (CHI 2006)* (pp. 377–386). New York: Association for Computing Machinery.

James, W. (1890). *Principles of psychology.* New York: Holt. (Reprinted in 1983 by Harvard University Press). Available online at http://psychclassics.yorku.ca/James/Principles/.

Jang, J., Schunn, C. D., & Nokes, T. J. (2011). Spatially distributed instructions improve learning outcomes and efficiency. *Journal of Educational Psychology, 103,* 60–72.

Janiszewski, C., Lichtenstein, D., & Belyavsky, J. (2008). Judgments about judgments: The dissociation of consideration price and willingness to purchase judgments. *Journal of Experimental Psychology: Applied, 14,* 151–164.

Jarmasz, J., Herdman, C. M., & Johannsdottir, K. R. (2005). Object-based attention and cognitive tunneling. *Journal of Experimental Psychology: Applied, 11,* 3–12.

Jarvic, J. G., Hollingworth, W., Martin, B., et al. (2003). Rapid magnetic resonance imaging versus radiographs for patients with low back pain. *Journal of the American Medical Association. 289,* 2,810–2,818.

Jay, C., Glencross, M., & Hubbold, R. (2007). Modeling the effects of delayed haptic and visual feedback in a collaborative virtual environment. *ACM Transactions on Computer-Human Interaction, 14* (2), Article 8.

Jenkins, D., Stanton, N., Salmon, P & Walker, G. (2009). *Cognitive work analysis: Coping with complexity.* Burlington, VT: Ashgate.

Jenkins, H. M., & Ward, W. C. (1965). Judgment of contingency between responses and outcomes. *Psychological Monographs: General and Applied, 79* (whole no. 594).

Jennings, A. E., & Chiles, W. D. (1977). An investigation of time-sharing ability as a factor in complex task performance. *Human Factors, 19,* 535–547.

Jensen, R. S. (1982). Pilot judgment: Training and evaluation. *Human Factors, 24,* 61–74.

Jeon, M., & Walker, B. N. (2009). "Spindex": Accelerated initial speech sounds improve navigation performance in auditory menus. In *Proceedings of the 53rd Annual Meeting of the Human Factors and Ergonomics Society* (pp. 1,081–1,085). Santa Monica, CA: Human Factors and Ergonomics Society.

Jeon, S., & Choi, S. (2009). Haptic augmented reality: Taxonomy and an example of stiffness modulation. *Presence, 18,* 387–408.

Jersild, A. T. (1927). Mental set and shift. *Archives of Psychology,* Whole No. 89.

Jessa, M., & Burns, C. M. (2007). Visual sensitivities of dynamic graphical displays. *International Journal of Human-Computer Studies, 65,* 206–222.

Jex, H. R., & Clement, W. F. (1979). Defining and measuring perceptual-motor workload in manual control tasks. In N. Moray (Ed.), *Mental workload: Its theory and measurement.* New York: Plenum.

Jian, J. Y., Bisantz, A., & Drury, C. (2000). Foundations for an empirically determined scale of trust in automated systems. *International Journal of Cognitive Ergonomics, 4,* 53–71.

Johannsdottir, K. R., & Herman, C. M. (2010). The role of working memory in supporting drivers' situation awareness for surrounding traffic. *Human Factors, 52,* 663–673.

Johnson, A., & Proctor, R. (2004) *Attention: Theory and practice.* Thousand Oaks, CA: Sage.

Johnson, E. J., & Payne, J. W. (1985). Effort and accuracy in choice. *Management Science, 31,* 395–414.

Johnson, E. J., Payne, J. W., & Bettman, J. R. (1988). Information displays and preference reversals. *Organizational Behavior and Human Decision Processes, 42,* 1–21.

Johnson, E. J., Payne, J. W., & Bettman, J. R. (1993). Adapting to time constraints. In O. Svenson & A. J. Maule (Eds.), *Time pressure and stress in human judgment and decision making* (pp. 103–116). New York: Plenum.

Johnson, E.R., Cavanaugh, R., Spooner, R., & Samet, M. (1973). Utilization of reliablility measurements in Bayesian Inference. *IEEE Transactions on Reliability.* PP 176–182

Johnson, R., Jr. (1986). A triarchic model of P300 amplitude. *Psychophysiology, 23,* 367–384.

Johnson, S. J., Guediri, S. M., Kilkenny, C., & Clough, P. J. (2011). Development and validation of a virtual reality simulator: Human factors input to interventional radiology training. *Human Factors, 53,* 612–625.

Johnson, S. L., & Roscoe, S. N. (1972). What moves, the airplane or the world? *Human Factors, 14,* 107–129.

Johnston, J. H., & Cannon-Bowers, J. A. (1996). Training for stress exposure. In J. E. Driskell & E. Salas (Eds.), *Stress and human performance* (pp. 223–256). Mahwah, NJ: Erlbaum.

Joint Commission, (2002) Sentinel Event alert. Preventing ventilator-related deaths and injuries. The joint commission American Association of Respiratory Care. Issue 25. Feb 26, 2002.

Jolicouer, P., & Ingleton, M. (1991). Size invariance in curve tracing. *Memory & Cognition, 19,* 21–36.

Jones, D. M. (1993). Objects, streams, and threads of auditory attention. In A. D. Baddeley and L. Weiskrantz (Eds.), *Attention: Selection, awareness and control.* Oxford, UK: Clarendon Press.

Jones, D. M. (1999). The cognitive psychology of auditory distraction: The 1997 BPS Broadbent Lecture. *British Journal of Psychology, 90,* 167–187.

Jones, D. M., & Macken, W. J. (2003). Irrelevant tones produce an irrelevant sound effect: Implications for phonological coding in working memory. *Journal of Experimental Psychology: Learning, Memory and Cognition, 19,* 369–381.

Jones, D. M., Alford, D., Bridges, A., Tremblay, S., and Macken, B. (1999). Organizational factors in selective attention: The interplay of acoustic distinctiveness and auditory streaming in the irrelevant sound effect. *Journal of Experimental Psychology: Learning, Memory, and Cognition, 25,* 464–473.

Jones, D. M., Hughes, R. W., & Macken, W. J. (2010). Auditory distraction and serial memory: The avoidable and the ineluctable. *Noise Health, 12,* 201–209.

Jonides, J., & Nee, D. E. (2006). Brain mechanisms of proactive interference in working memory. *Neuroscience, 139,* 181–193.

Jorna, P. (1997). In D. Harris (Ed.), *Engineering psychology and cognitive ergonomics: Vol 1.* Brookfield, VT: Ashgate.

Joslyn, S., Savelli, S., & Limor, N. G. (2011). Reducing probabalistic weather forecasts to the worst-case scenario: Anchoring effects. *Journal of Experimental Psychology: Applied, 17,* 342–353.

Juan, M. C., & Perez, D. (2009). Comparison of the levels of presence and anxiety in an acrophobic environment viewed via HMD or CAVE. *Presence, 18,* 232–248.

Jung, T. P., Makeig, S., Humphreys, C., Lee, T., McKeown, M. J., Iragui, V., & Sejnowski, T. (2000). Removing electroencephalographic artifacts by blind source separation. *Psychophysiology, 37,* 163–178.

Jungk, A., Thull, B., Hoeft, A., & Rau, G. (2001). Evaluation of two new ecological interface approaches for the anesthesia workplace. *Journal of Clinical Monitoring and Computing, 16,* 243–258.

Just, M. A., & Carpenter, P. A. (1971). Comprehension of negation with quantification. *Journal of Verbal Learning and Verbal Behavior, 10,* 244–253.

Just, M. A., Carpenter, P. A., & Miyake, A. (2003). Neuroindices of cognitive workload: Neuroimaging, pupillometric, and event-related potential studies of brain work. *Theoretical Issues in Ergonomics Science, 4,* 56–88.

Kaarlela-Tuomaala, A., Helenius, R., Keskinen, E., and Hongisto, V. (2009). Effects of acoustic environment on work in private office rooms and open-plan offices - longitudinal study during relocation. *Ergonomics, 52,* 1423–1444.

Kaber, D. B., Alexander, A. L., Stelzer, E. M., Kim, S. H., Kaufmann, K., and Hsiang, S. (2008). Perceived clutter in advanced cockpit displays. *Aviation Space and Environmental Medicine, 79,* 1–12.

Kaber, D. B., & Endsley, M. (2004). The effects of level of automation and adaptive automation on human performance, situation awareness and workload in a dynamic control task. *Theoretical Issues in Ergonomics Science, 5,* 113–153.

Kaber, D. B., & Kim, S. H. (2011). Understanding cognitive strategy with adaptive automation in dual-task performance using computational cognitive models. *Journal of Cognitive Engineering and Decision Making, 5,* 309–331.

Kaber, D. B., Onal, E., & Endsley, M. R. (1999). Level of automation effects on telerobot performance and human operator situation awareness and subjective workload. In M. W. Scerbo & M. Mouloua (Eds.), *Automation technology and human performance: Current research and trends* (pp. 165–170). Mahwah, NJ: Erlbaum.

Kaber, D. B., Onal, E., & Endsley, M. R. (2000). Design of automation for telerobots and the effect on performance, operator situation awareness, and subjective workload. *Human Factors and Ergonomics in Manufacturing, 10,* 409–430.

Kaber, D. B., & Riley, J. M. (1999). Adaptive automation of a dynamic control task based on secondary task workload measurement. *International Journal of Cognitive Ergonomics, 3,* 169–187.

**Kaber, D. B., Wright, M. C., Prinzel, L. J., & Clamann, M. P.** (2005). Adaptive automation of human-machine system information-processing functions. *Human Factors, 47,* 730–741.

**Kahneman, D.** (1973). *Attention and effort.* Englewood Cliffs, NJ: Prentice Hall.

**Kahneman, D.** (1991). Judgment and decision making: A personal view. *Psychological Science, 2*(3), 142–145.

**Kahneman, D.** (2003). A perspective on judgment and choice: mapping bounded rationality (Nobel Prize lecture). *American Psychologist, 58,* 697–720.

**Kahneman, D., Beatty, J., & Pollack, I.** (1967). Perceptual deficits during a mental task. *Science, 157,* 218–219.

**Kahneman, D., Ben-Ishai, R., & Lotan, M.** (1973). Relation of a test of attention to road accidents. *Journal of Applied Psychology, 58,* 113–115.

**Kahneman, D., & Frederick, S.** (2002). Representativeness revisited: Attribute substitution in intuitive judgment. In T. Gilovich, D. Griffin, & D. Kahneman (Eds.), *Heuristics and biases: The psychology of intuitive judgment* (pp. 49–81). New York: Cambridge University Press.

**Kahneman, D., & Klein, G. A.** (2009). Conditions for intuitive expertise. A failure to disagree. *American Psychologist. 64,* 515–524.

**Kahneman, D., Slovic, P., & Tversky, A.** (Eds.). (1982). *Judgment under uncertainty: Heuristics and biases.* New York: Cambridge University Press.

**Kahneman, D., & Treisman, A.** (1984). Changing views of attention and automaticity. In R. Parasuraman and D. A. Davies (Eds.), *Varieties of attention* (pp. 29–61). New York: Academic Press.

**Kahneman, D., & Tversky, A.** (1973). On the psychology of prediction. *Psychological Review, 80,* 251–273.

**Kahneman, D., & Tversky, A.** (1984). Choices, values, and frames. *American Psychologist, 39,* 341–350.

**Kalkofen, D., Mendez, E. & Schmaltstieg, D.** (2009).

**Kalyuga, S.** (2011) Cognitive Load Theory: How Many Types of Load DoesIt Really Need? Educational Psychology Review 23:1–19.

**Kalyuga, S., Chandler P., & Sweller, J.** (2001). Learner experience and efficiency of instructional guidance. *Educational Psychology. 21,* 5–23.

**Kalyuga, S., & Renkl, A.** (2010). Expertise reversal effect and its instructional implications: Introduction to the special issue. *Instructional Science, 38,* 209–215.

**Kalyuga, S., Chandler, P., Tuovinen, J., & Sweller, J.** (2001). When problem solving is superior to studying worked examples. *Journal of Educational Psychology, 93,* 579–588.

**Kanarick, A. F., Huntington, A., & Peterson, R. C.** (1969). Multisource information acquisition with optimal stopping. *Human Factors, 11,* 379–386.

**Kane, M. J., Bleckley, M. K., Conway, A. R. A., & Engle, R. W.** (2001). A controlled-attention view of working-memory capacity. *Journal of Experimental Psychology: General, 130,* 169–183.

**Kane, M. J., & Engle, R. W.** (2000). Working memory capacity, proactive interference and divided attention: Limits on long-term memory retrieval. *Journal of Experimental Psychology: Learning, Memory and Cognition, 26,* 336–358.

**Kane, M. J., & Engle, R. W.** (2002). The role of prefrontal cortex in working memory capacity, executive attention, and general fluid intelligence: An individual differences perspective. *Psychonomic Bulletin and Review, 9,* 637–671.

**Kantowitz, B. H.** (1974). Double stimulation. In B. H. Kantowitz (Ed.), *Human information processing.* Hillsdale, NJ: Erlbaum.

**Kantowitz, B. H., & Knight, J. L.** (1976). Testing tapping timesharing. I. Auditory secondary task. *Acta Psychologica, 40,* 343–362.

**Kaplan, S., & Berman, M. G.** (2010). Directed attention as a common resource for executive functioning and self regulation. *Perspectives on Psychological Science, 5,* 43–57.

**Kapralos, B., Jenkin, M. R., & Milios, E.** (2008). Virtual audio systems. *Presence, 17,* 527–549.

**Karlin, L., & Kestinbaum, R.** (1968). Effects of number of alternatives on the psychological refractory period. *Quarterly Journal of Experimental Psychology, 20,* 160–178.

**Karlsen, P. J., Allen, R. J., Baddeley, A. D., & Hitch, G. J.** (2010). Binding across space and time in visual working memory. *Memory & Cognition, 38,* 292–303.

**Karpicke, J. & Roediger, H** (2008). The critical importance of retrieval for learning. *Science, 319,* 966–968.

**Karsh, B. T.** (2010). *Clinical practice improvement and redesign: How change in workflow can be supported by clinical decision support.* (AHRQ Publication No. 09-0054-EF). Rockville, MD: Agency for Healthcare Research and Quality.

Karsh, R., Walrath, J. D., Swoboda, J. C., & Pillalamarri, K. (1995). *Effect of battlefield combat identification system information on target identification time and errors in a simulated tank engagement task* (Technical report ARL-TR-854). Aberdeen Proving Ground, MD, United States: Army Research Laboratory.

Karwowski, W., & Mital, A. (Eds.) (1986). *Applications of fuzzy set theory in human factors.* New York: Elsevier.

Kaufmann, R., & Glavin, S. J. (1990). General guidelines for the use of colour on electronic charts. *International Hydrographic Review, 67,* 87–99.

Keele, S. W. (1969). Repetition effect: A memory dependent process. *Journal of Experimental Psychology, 80,* 243–248.

Keele, S. W. (1972). Attention demands of memory retrieval. *Journal of Experimental Psychology, 93,* 245–248.

Kees, J., Burton, S., Andrews, J. C., & Kozup, J. (2006). Tests of graphic visuals and cigarette package warning combinations: implications for the framework convention on tobacco control. *Journal of Public Policy & Marketing, 25*(2), 212–223.

Keillor, J., Trinh, K., Hollands, J. G., & Perlin, M. (2007). Effects of transitioning between perspective-rendered views. In *Proceedings of the Human Factors and Ergonomics Society–51st Annual Meeting* (pp. 1,322–1,326). Santa Monica, CA: Human Factors and Ergonomics Society.

Keinan, G., & Freidland, N. (1984). Dilemmas concerning the training of individuals for task performance under stress. *Journal of Human Stress, 10,* 185–190.

Keinan, G., & Freidland, N. (1987). Decision making under stress: Scanning of alternatives under physical threat. *Acta Psychologica, 64,* 219–228.

Keinan, G., & Friedland, N. (1996). Training effective performance under stress: Queries, dilemmas, and possible solutions. In J. E. Driskell & E. Salas (Eds.), *Stress and human performance* (pp. 257–278). Mahwah, NJ: Erlbaum.

Keith, N., & Frese, M. (2008). Effectiveness of error management training: A meta-analysis. Journal of Applied Psychology, 93(1), 59–69.

Kelley, C. M., & McLaughlin, A. C. (2008). How individual differences and task load may affect feedback use when learning a new task. In *Proceedings of the Human Factors and Ergonomics Society Annual Meeting* (pp. 1,825–1,829). Santa Monica, CA: Human Factors and Ergonomics Society.

Kelly, M. L. (1955). A study of industrial inspection by the method of paired comparisons. *Psychological Monographs, 69,* (394), 1–16.

Kemler-Nelson, D. G. (1993). Processing integral dimensions: The whole view. *Journal of Experimental Psychology: Human Perception and Performance, 19,* 1,105–1,113.

Kenney, R. L. (1973). A decision analysis with multiple objectives: The Mexico City airport. *Bell Telephone Economic Management Science, 4,* 101–117.

Keppel, G., & Underwood, B. J. (1962). Proactive inhibition in short-term retention of single items. *Journal of Verbal Learning and Verbal Behavior, 1,* 153–161.

Kesting, I., Miller, B., & Lockhart, C (1988). Auditory alarms during anesthesia monitoring. *Anesthesiology, 69,* 106–107.

Kidd, D., & Monk, C. (2009). Are unskilled drivers aware of their deficiencies? In *Proceedings of the Human Factors and Ergonomics Society—53rd Meeting* (pp. 1,781–1,786). Santa Monica, CA: Human Factors and Ergonomics Society.

Kim, J., Palmisano, S. A., Ash, A., & Allison, R. S. (2010). Pilot gaze and glideslope control. *ACM Transactions on Applied Perception, 7*(3), 18:1–18.18.

Kim, W. S., Ellis, S. R., Tyler, M., Hannaford, B., & Stark, L. (1987). A quantitative evaluation of perspective and stereoscopic displays in three-axis manual tracking tasks. *IEEE Transactions on Systems, Man, and Cybernetics, 17,* 61–71.

Kingstone, A., Smilek, D., & Eastwood, J. D. (2006). Cognitive ethology: A new approach for studying human cognition. *British Journal of Psychology, 99,* 317–340.

Kintsch, W., & Van Dijk, T. A. (1978). Toward a model of text comprehension and reproduction. *Psychological Review, 85,* 363–394.

Kirby, P. H. (1976). Sequential effects in two choice reaction time: Automatic facilitation or subjective expectation. *Journal of Experimental Psychology: Human Perception and Performance, 2,* 567–577.

Kirk, D., Sellen, A., & Cao, X. (2010). Home video communication: Mediating closeness. In *Proceedings of Computer Supported Cooperative Work 2010* (pp. 135–144). New York: Association for Computing Machinery.

Kirkpatrick, M., & Mallory, K. (1981). Substitution error potential in nuclear power plant control rooms. In R. C. Sugarman (Ed.), *Proceedings of the 25th Annual Meeting of the Human Factors Society* (pp. 163–167). Santa Monica, CA: Human Factors Society.

*Kirschenbaum, S. S., & Arruda, J. E.* (1994). Effects of graphic and verbal probability information on command decision making. *Human Factors, 36,* 406–418.

*Kirsh, D.* (1995). The intelligent use of space. *Artificial Intelligence, 73,* 31–68.

*Kirwan, B., & Ainsworth, L.* (1992). *A guide to task analysis.* London: Taylor & Francis.

*Klapp, S. T.* (1979). Doing two things at once: The role of temporal compatibility. *Memory & Cognition, 7,* 375–381.

*Klapp, S. T., & Irwin, C. I.* (1976). Relation between programming time and duration of response being programmed. *Journal of Experimental Psychology: Human Perception and Performance, 2,* 591–598.

*Klatzky, R. L., Marston, J. R., Giudice, N. A., Golledge, R. G., & Loomis, J. M.* (2006). Cognitive load of navigating without vision when guided by virtual sound versus spatial language. *Journal of Experimental Psychology: Applied, 12,* 223–232.

*Klayman, J., & Ha, Y. W.* (1987). Confirmation, disconfirmation, and information in hypothesis testing. *Psychological Review, 94,* 211–228.

*Klein, G.* (1989). Recognition primed decision making. *Advances in Man-Machine Systems Research, 5,* 47–92.

*Klein, G.* (1996). The effects of acute stressors on decision making. In J. E. Driskell & E. Salas (Eds.), *Stress and human performance* (pp. 49–88). Mahwah, NJ: Erlbaum.

*Klein, G.* (1997). The recognition-primed decision (RPD) model: Looking back, looking forward. In C. E. Zsambok & G. Klein (Eds.), *Naturalistic decision making* (pp. 285–292). Mahwah, NJ: Erlbaum.

*Klein, G., Calderwood, R., & Clinton-Cirocco, A.* (1996). Rapid decision making on the fire ground. In *Proceedings of the 30th Annual Meeting of the Human Factors and Ergonomics Society* (pp. 576–580). Santa Monica, CA: Human Factors and Ergonomics Society.

*Klein, G., & Crandall, B. W.* (1995). The role of mental simulation in problem solving and decision making. In P. A. Hancock, J. Flach, J. Caird, & K. Vicente (Eds.), *Local applications of the ecological approach to human-machine systems* (Vol., 2, pp. 324–358). Hillsdale, NJ: Erlbaum.

*Klein, G., Moon, B., & Hoffman, R.* (2006). Making sense of sensemaking. *IEEE Intellligent Systems, 21,* 88–92.

*Kleinmuntz, B.* (1990). Why we still use our heads instead of formulas: Toward an integrative approach. *Psychological Bulletin, 107,* 296–310.

*Klemmer, E. T.* (1957). Simple reaction time as a function of time uncertainty. *Journal of Experimental Psychology, 54,* 195–200.

*Klemmer, E. T.* (1969). Grouping of printed digits for manual entry. *Human Factors, 11,* 397–400.

*Kliegel, M., Martin, M., McDaniel, M. A., & Einstein, G. O.* (2004). Importance effects on performance in event-based prospective memory tasks. *Memory, 12*(5), 553–561.

*Knight, J. B., Meeks, J. T., Marsh, R. L., Cook, G. I., Brewer, G. A., & Hicks, J. L.* (2011). An observation on the spontaneous noticing of prospective memory event-based cues. *Journal of Experimental Psychology: Learning, Memory, and Cognition, 37,* 298–307.

*Knill, D. C.* (2007). Robost cue integration: A Bayesian model and evidence from cue-conflict studies with stereoscopic and figure cues to slant. *Journal of Vision, 7(7):5,* 1–24.

*Koehler, D., Brenner, L., & Griffin, D.* (2002). The calibration of expert judgment: Heuristics and biases beyond the laboratory. In T. Gilovich, D. Griffin, & D. Kahneman (Eds.), *Heuristics and biases: The psychology of intuitive judgment.* New York: Cambridge University Press.

*Kohn, L., Corrigan, J., & Donaldson, M.* (1999) *To err is human: building a safer health care system.* Washington, DC: National Academy Press.

*Koh, R., Park, T., Wickens, C., Teng O., & Chia, N.* (2011). Differences in attentional strategies by novice and experienced operating theatre scrub nurses. *Journal of Experimental Psychology: Applied, 17,* 233–246.

*Kolygula, Chandler, & Sweller, J.* (1998) Expertise and Instructional Design. Human Factors, 1–17.

*Kooi, F.* (2011). A display with two depth layers: Attentional segregation and declutter. In C. Roda (Ed.), *Human attention in digital environments* (pp. 245–258). Cambridge, England: Cambridge University Press.

*Kopala, C. J.* (1979). The use of color-coded symbols in a highly dense situation display. In *Proceedings of Human Factors Society—23rd Annual Meeting* (pp. 397–401). Santa Monica, CA: Human Factors Society.

*Kopardekar, P., Schwartz, A., Magyarits, S., & Rhodes, J.* (2009). Airspace complexity measurement: An air traffic control simulation analysis. *International Journal of Industrial Engineering, 16,* 61–70.

*Koriat, A., Lichtenstein, S., & Fischoff, B.* (1980). Reasons for confidence. *Journal of Experimental Psychology: Human Learning and memory. 6,* 107–118.

*Kornblum, S.* (1973). Sequential effects in choice reaction time. A tutorial review. In I. Kornblum (Ed.), *Attention and performance IV.* New York: Academic Press.

*Kornblum, S., Hasbroucq, T., & Osman, A.* (1990). Dimensional overlap: Cognitive basis for stimulus-response compatibility—A model and taxonomy. *Psychological Review, 97,* 253–270.

*Kornbrot, D. E.* (2006). Signal detection theory, the approach of choice: Model-based and distribution-free measures and evaluation. *Perception & Psychophysics, 68,* 393–414.

*Kosko, B.* (1993). *Fuzzy thinking: The new science of fuzzy logic.* New York: Hyperion.

*Kraft, C.* (1978). A psychophysical approach to air safety. Simulator studies of visual illusions in night approaches. In H. L. Pick, H. W. Leibowitz, J. E. Singer, A. Steinschneider, & H. W. Stevenson (Eds.), *Psychology: From research to practice.* New York: Plenum.

*Kraiger K, & Jerden E.* (2007). A new look at learner control: Meta-analytic results and directions for future research. In Fiore, S.M., Salas E. (Eds.), Where is the learning in distance learning? Towards a science of distributed learning and training. Washington, DC: American Psychological Association.

*Kraiger, K., Salas, E., & Cannon-Bowers, J. A.* (1995). Measuring knowledge organization as a method of assessing learning during training. *Human Factors, 37,* 804–816.

*Kraiss, K. F., & Knäeuper, A.* (1982). Using visual lobe area measurements to predict visual search performance. *Human Factors, 24,* 673–682.

*Kramer, A. F., & Parasuraman, R.* (2007). Neuroergonomics—application of neuroscience to human factors. In J. Caccioppo, L. Tassinary, & G. Berntson (Eds.), *Handbook of psychophysiology* (2nd Ed.). New York: Cambridge University Press.

*Kramer, A. F., Larish, J. F., & Strayer, D. L.* (1995). Training for attentional control in dual task settings: A comparison of young and old adults. *Journal of Experimental Psychology: Applied, 1,* 50–76.

*Krueger, F., Parasuraman, R., Iyengar, V., Thornburg, M., Weel, J., Lin, M., Clarke, E., McCabe, K., & Lipsky, R.* (2012). Oxytocin receptor genetic variation promotes trust behavior. Frontiers in Human Neuroscience, 6, doi: 10.3389/fnhum.2012.00004.

*Krijn, M., Emmelkamp, P. M. G., Olafsson, R. P., & Biemond, R.* (2004). Virtual reality exposure therapy of anxiety disorders: A review. *Clinical Psychology Review, 24,* 259–281.

*Kroft, P., & Wickens, C. D.* (2003). Displaying multi-domain graphical database information: An evaluation of scanning, clutter, display size, and user interactivity. *Information Design Journal, 11*(1), 44–52.

*Kryter, K. D.* (1972). Speech communications. In H. P. Van Cott & R. G. Kinkade (Eds.), *Human engineering guide to system design.* Washington, DC: U.S. Government Printing Office.

*Kuhl, S. A., Thompson, W. B., & Creem-Regeher, S. H.* (2009). HMD calibration and its effects on distance judgments. *ACM Transactions on Applied Perception, 35,* 9, 1–24.

*Kühl, T., Scheiter, K., Gejets, P., & Edelmann, J.* (2011). The influence of text modality on learning with static and dynamic visualizations. *Computers in Human Behavior, 27,* 29–35.

*Kujala, T., & Saariluoma, P.* (2011). Effects of menu structure and touch screen scrolling style on the variability of glance duration during in-vehicle visual search tasks. *Ergonomics, 53,* 716–732.

*Kumagai, J. K., & Massel, L. J.* (2005). *Alternative visual displays in support of wayfinding.* DRDC Toronto Contractor Report CR-2005-016. Toronto: Defence Research and Development Canada.

*Kumar, N., & Benbasat, I.* (2004). The effect of relationship encoding, task type, and complexity on information representation: An empirical evaluation of 2D and 3D line graphs. *MIS Quarterly, 28,* 255–281.

*Kundel, H. L., & LaFollette, P. S.* (1972). Visual search patterns and experience with radiological images. *Radiology, 103,* 523–528.

*Kundel, H. L., & Nodine, C. F.* (1978). Studies of eye movements and visual search in radiology. In J. W. Senders, D. F. Fisher, & R. A. Monty (Eds.), *Eye movements and the higher psychological functions* (pp. 317–328). Hillsdale, NJ: Erlbaum.

*Kutas, M., McCarthy, G., & Donchin, E.* (1977). Augmenting mental chronometry: The P300 as a measure of stimulus evaluation time. *Science, 197,* 792–795.

*Kveraga, K., Ghuman, A. S., & Bar, M.* (2007). Top-down predictions in the cognitive brain. *Brain and Cognition, 65,* 145–168.

*Kwantes, P. J.* (2005). Using context to build semantics. *Psychonomic Bulletin & Review, 12,* 703–710.

*LaBerge, D.* (1973). Attention and the measurement of perceptual learning. *Memory & Cognition, 1,* 268–276.

**Lalomia, M. J., Coovert, M. D., & Salas, E.** (1992). Problem-solving performance as a function of problem type, number progression, and memory load. *Behaviour & Information Technology, 11,* 268–280.

**Lam, T. M., Mulder, M., & van Paassen, M. M.** (2007). Haptic Interface for UAV Collision Avoidance. *International Journal of Aviation Psychology, 17,* 167–195.

**Laming, D.** (2001). Statistical information, uncertainty, and Bayes' theorem: Some applications in experimental psychology. In *Proceedings of ECSQARU 2001, LNAI 2143* (pp. 635–646). Berlin: Springer-Verlag.

**Laming, D.** (2010). Statistical information and uncertainty: A critique of applications in experimental psychology. *Entropy, 12,* 720–771.

**Landauer, T. K.** (1995). *The trouble with computers.* Cambridge, MA: MIT Press.

**Landauer, T. K., & Dumais, S. T.** (1997). A solution to Plato's problem: The latent semantic analysis theory of acquisition, induction, and representation of knowledge. *Psychological Review, 104,* 211–240.

**Langewiesche, W.** (1998). The lessons of ValuJet 592. *The Atlantic Monthly,* March, 81–98.

**Lanthier, S. N., Risko, E. F., Stolz, J. A., & Besner, D.** (2009). Not all visual features are created equal: Early processing in letter and word recognition. *Psychonomic Bulletin & Review, 16,* 67–73.

**Lappin, J.** (1967). Attention in the identification of stimuli in complex visual displays. *Journal of Experimental Psychology, 75,* 321–328.

**Larish, J. F., & Flach, J. M.** (1990). Sources of optical information useful for perception of speed of rectilinear self–motion. *Journal of Experimental Psychology: Human Perception and Performance, 16,* 295–302.

**Larrick, R. P.** (2004). Debiasing. In D. Koehler and N. Harvey (Eds.), *Blackwell handbook of judgment and decision making* (pp. 316–357). Oxford, UK: Blackwell.

**Laskowski, S. J., & Redish, J.** (2006). Making ballot language understandable to voters. In *Proceedings of the USENIX/Accurate Electronic Voting Technology Workshop 2006 on Electronic Voting Technology Workshop.* Vancouver, B.C., Canada, USENIX Association: 1–1.

**Laszlo, S., & Federmeier, K. D.** (2007). The acronym superiority effect. *Psychonomic Bulletin & Review, 14,* 1158–1163.

**Latorella, K. A.** (1996). Investigating interruptions—An example from the flightdeck. In *Proceedings of the 40th Annual Meeting of the Human Factors and Ergonomics Society* (pp. 249–253). Santa Monica, CA: Human Factors and Ergonomics Society.

**Lau, N., Veland, O., Kwok, J., Jamieson, G. A., Burns, C. M., Braseth, A. O., & Welch, R.** (2008). Ecological interface design in the nuclear domain: An application to the secondary subsystems of a boiling water reactor plant simulator. *IEEE Transactions on Nuclear Science, 55,* 3579–3596.

**Laudeman, I. V., & Palmer, E. A.** (1995). Quantitative measurement of observed workload in the analysis of aircrew performance. *International Journal of Aviation Psychology, 5,* 187–198.

**Laudeman, I. V., Shelden, S. G., Branstrom, R., & Brasil, C. L.** (1998) *Dynamic density: An air traffic management metric.* Technical Report, NASA–TM–1998–112226. Ames, CA: National Aeronautics and Space Administration.

**Lavie, N.** (2010). Attention, distraction and cognitive control under load. *Current Directions in Psychological Science. 19,* 143–48.

**Layton, C., Smith, P. J., & McCoy, C. E.** (1994). Design of a cooperative problem-solving system for en-route flight planning: An empirical evaluation. *Human Factors, 36,* 94–119.

**Lazarus, R., & Folkman, S.** (1984). *Stress, appraisal and coping.* New York: Springer.

**Leachtenauer, J. C.** (1978). Peripheral acuity and photointerpretation performance. *Human Factors, 20,* 537–551.

**Lee, D. N.** (1976). A theory of visual control of braking based on information about time-to-collision. *Perception, 5,* 437–459.

**Lee, E., & MacGregor, J.** (1985). Minimizing user search time in menu-retrieval systems. *Human Factors, 27,* 157–162.

**Lee, J. D.** (2005). Driving safety. In R. Nickerson (Ed.) *Reviews of Human Factors & Ergonomics, vol 1.* Santa Monica, CA: Human Factors and Ergonomics Society.

**Lee, J. D., & Angell, L.** (2011). (Eds.), Special issue on Driver Distraction. *Ergonomics in Design,* October.

**Lee, J. D., Caven, B., Haake, S., & Brown, T. L.** (2001). Speech-based interaction with in-vehicle computers: The effect of speech-based e-mail on drivers' attention to the roadway. *Human Factors, 43,* 631–640.

*Lee, J. D., & Moray, N.* (1992). Trust, control strategies and allocation of function in human-machine systems. *Ergonomics, 35,* 1,243–1,270.

*Lee, J. D., & Moray, N.* (1994). Trust, self confidence, and operator's adaptation to automation. *International Journal of Human–Computer Studies, 40,* 153–184.

*Lee, J. D., & Sanquist, T. F.* (2000). Augmenting the operator function model with cognitive operations: Assessing the cognitive demands of technological innovation in ship navigation. *IEEE Transactions on Systems, Man, and Cybernetics. Part A: Systems and Humans, 30,* 273–285.

*Lee, J. D., & See, J.* (2004). Trust in automation and technology: Designing for appropriate reliance. *Human Factors, 46,* 50–80.

*Lee, J. D., & Seppelt, B. D.* (2009). Human factors in automation design. In S. Nof (Ed.), *Springer handbook of automation* (pp. 417–436). New York: Springer.

*Lee, J. D., Young, K., & Regan, M.* (2009). Defining driver distraction. In M. Regan, J. Lee, & K Young (Eds.), *Driver distraction: Theory, effects and mitigation.* Boca Raton, FL: CRC Press.

*Lee, K. M.* (2004). Why presence occurs: Evolutionary psychology, media equation, and presence. *Presence, 13,* 494–505.

*Lee, Y. C., Lee, J. & Boyle, L.* (2007). Visual attention in driving: the effects of cognitive load and visual disruption. *Human Factors, 49,* 721–733.

*Lees, M. N., & Lee. J. D.* (2007). The influence of distraction and driving context on driver response to imperfect collision warning systems. *Ergonomics, 50,* 1,264–1,286.

*Lehrer, J. U.* (2009). *How we decide.* Boston: Houghton-Mifflin.

*Lehto, M.* (1997) Decision making. In G. Salvendy (Ed.), *Handbook of human factors & ergonomics* (pp. 1201–1248). New York: Wiley.

*Leibowitz, H. W., Post, R. B., Brandt, T., & Dichgans, J. W.* (1982). Implications of recent developments in dynamic spatial orientation and visual resolution for vehicle guidance. In W. Wertheim & H. W. Leibowitz (Eds.), *Tutorials on motion perception* (pp. 231–260). New York: Plenum.

*Lei, S., & Roetting, M.* (2011). Influence of task combination on EEG spectrum modulation for driver workload estimation. Human Factors, 53(2), 168–179.

*Leonard, J. A.* (1959). Tactile choice reactions I. *Quarterly Journal of Experimental Psychology, 11,* 76–83.

*Leroy, G., Helmreich, S., Cowie, J. R., Miller, T., & Zheng, W.* (2008). Evaluating online health information: Beyond readability formulas. In *Proceedings of the American Medical Informatics Association Symposium* (pp. 394–398). Bethesda, MD: American Medical Informatics Association.

*Danziger, S., Levav, J., & Pesso, A.* (2011). Extraneous factors in judicial decisions. Proceeedings of the National Academy of Sciences. 108, 6689–6692.

*Leveson, N.* (2005). Software challenges in achieving space safety. *Journal of the British Interplanetary Society, 62,* 265–272.

*Levin, D. T., Momen, N., Drivdahl, S. B., & Simons, D. J.* (2000). Change blindness blindness: The metacognitive error of overestimating change-detection ability. *Visual Cognition, 7,* 397–412.

*Levine, M.* (1982). You-are-here maps: Psychological considerations. *Environment and Behavior, 14,* 221–237.

*Lew, R., Dyre, B. P., & Wotring, B.* (2006). Effects of roadway visibility on steering errors while driving in blowing snow. In *Proceedings of the Human Factors and Ergonomics Society—50th Annual Meeting* (pp. 1,656–1,660). Santa Monica, CA: Human Factors and Ergonomics Society.

*Lewandowsky, S., Little, D., & Kalish, M. L.* (2007). Knowledge and expertise. In F. Durso (Ed.), *Handbook of applied cognition* (2nd Ed.) (pp. 83–109). New York: Wiley.

*Lewandowsky, S., Oberauer, K.*, and *Brown, G. D. A.* (2009). No temporal decay in verbal short-term memory. *Trends in Cognitive Science, 13*(3), 120–126.

*Lewis, K.* (2003). Measuring transactive memory systems in the field: Scale development and validation. *Journal of Applied Psychology, 88,* 587–604.

*Lewis, M.* (1998). Designing for human-agent interaction. *Artificial Intelligence, 19*(2), 67–78.

*Li, F. F., VanRullen, R., Koch, C., & Perona, P.* (2002). Raplid natural scene categorization in the near absence of attention. *Proceedings of the National Academy of Sciences, 99*(14), 9,596–9,601.

*Li, L., & Chen, J.* (2010). Relative contributions of optic flow, bearing, and splay angle information to lane keeping. *Journal of Vision, 10*(11), 1–14.

*Li, S. Y., Blandford, A., Cairns, P., & Young, R. M.* (2008). The effect of interruptions on postcompletion and other procedural errors: An account based on the activation-based goal memory model. *Journal of Experimental Psychology: Applied, 14,* 314–328.

*Li, Z., & Durgin, F. H.* (2009). Downhill slopes look shallower from the edge. *Journal of Vision, 9*(11):6, 1–15.

*Liang, D. W., Moreland, R., & Argote, L.* (1995). Group versus individual training and group performance: the mediating role of transactive memory. *Personality and Social Psychology Bulletin, 21,* 384–393.

*Liao, J., & Moray, N.* (1993). A simulation study of human performance deterioration and mental workload. *Le Travail humain, 56(4),* 321–344.

*Liao, T. W.* (2003). Classification of welding flaw types with fuzzy expert systems. *Expert Systems with Applications, 25,* 101–111.

*Liben, L.* (2009). The road to understanding maps. *Current Directions in Psychological Science, 18,* 310–315.

*Lieberman, H. R., Bathalon, G. P., Falco, C. M., Kramer, F. M., Morgan, C. A., & Niro, P.* (2004). Severe decrements in cognition function and mood induced by sleep loss, heat, dehydration, and undernutrition during simulated combat. *Biological Psychiatry, 57,* 422–429.

*Linden, D. E. J., Bittner, R., Muckli, L., Waltz, J. A., Kriegeskorte, N., Goebel, R.,* Wolf *Singer, W., & Munk, M. H. J.* (2003). Cortical capacity constraints for visual working memory: dissociation of fMRI load effects in a fronto-parietal network. *NeuroImage, 20,* 1,518–1,530.

*Lindsay, P. H., & Norman, D. A.* (1972). *Human information processing.* New York: Academic Press.

*Lindsay, R. C. L.* (1999). Applying applied research: Selling the sequential line-up. *Applied Cognitive Psychology, 13,* 219–225.

*Lindsay, R. C. L., & Wells, G. L.* (1985). Improving eyewitness identification from lineups: simultaneous versus sequential lineup presentations. *Journal of Applied Psychology, 70,* 556–564.

*Ling, J., & van Schaik, P.* (2004). The effects of link format and screen location on visual search of web pages. *Ergonomics, 47,* 907–921.

*Lintern, G.* (2012). Work-focused analysis and design. Cognition, Technology, and Work, 14, 71–81.

*Lintern, G., Roscoe, S. N., & Sivier, J. E.* (1990). Display principles, control dynamics, and environmental factors in pilot training and transfer. *Human Factors, 32,* 299–317.

*Lintern, G., & Wickens, C. D.* (1991). Issues for acquisition in transfer of timesharing and dual-task skills. In D. Damos (Ed.), *Multiple-task performance.* (pp. 123–138). London: Taylor & Francis.

*Lipshitz, R.* (1997). Naturalistic decision making perspectives on decision errors. In C. E. Zsambok & G. Klein (Eds.), *Naturalistic decision making* (pp. 151–162). Mahwah, NJ: Erlbaum.

*Lipshitz, R., & Cohen, M. S.* (2005). Warrants for prescription: Analytically and empirically base approaches to improving decision making. *Human Factors, 47,* 102–120.

*Liu, Y.* (1996) Quantitative assessment of effects of visual scanning on concurrent task performance. *Ergonomics, 39,* 382–289.

*Liu, Y. C., Fuld, R., & Wickens, C. D.* (1993). Monitoring behavior in manual and automated scheduling systems. *International Journal of Man–Machine Studies, 39,* 1,015–1,029.

*Liu, Y. C., & Wen, M. H.* (2004). Comparison of head-up display (HUD) vs. head-down display (HDD): driving performance of commercial vehicle operators in Taiwan. *International Journal of Human–Computer Studies, 61,* 679–697.

*Liu, Y. C., & Wickens, C. D.* (1992). Use of computer graphics and cluster analysis in aiding relational judgment. *Human Factors, 34,* 165–178.

*Liu, Y. C., & Wickens, C. D.* (1992). Visual scanning with or without spatial uncertainty and divided and selective attention. *Acta Psychologica, 79,* 131–153.

*Liu, Y. C., Zhang, X., & Chaffin, D.* (1997). Perception and visualization of human posture information for computer-aided ergonomic analysis. *Ergonomics, 40,* 819–833.

*Liuzzo, J., & Drury, C. G.* (1978). An evaluation of blink inspection. *Human Factors, 11,* 201–210.

*Lockhead, G. R., & King, M. C.* (1977). Classifying integral stimuli. *Journal of Experimental Psychology: Human Perception & Performance, 3,* 436–443.

*Lockhead, G. R., & Klemmer, E. T.* (1959, November). *An evaluation of an 8-k wordwriting typewriter* (IBM Research Report RC–180). Yorktown Heights, NY: IBM Research Center.

*Loeb, M., & Binford, J. R.* (1968). Variation in performance on auditory and visual monitoring tasks as a function of signal and stimulus frequencies. *Perception & Psychophysics, 4,* 361–367.

*Loft, S., Sanderson, P., Neal, A., & Mooij, M.* (2007). Modeling and predicting mental workload in en route air traffic control: Critical review and broader implications. *Human Factors, 49,* 376–399.

*Loft, S., Smith, R. E., & Bhaskara, A.* (2009). Designing memory aids to facilitate intentions to deviate from routine in an air traffic control simulation. In *Proceedings of the Human Factors and Ergonomics Society 53rd Annual Meeting* (pp. 56–60). Santa Monica, CA: Human Factors and Ergonomics Society.

*Loftus, E. F.* (1979). *Eyewitness testimony.* Cambridge, MA: Harvard University Press.

*Loftus, E. F.* (2005). Planting misinformation in the human mind: A 30-year investigation of the malleability of memory. *Learning & Memory, 12,* 361–366.

*Loftus, E. F., Coan, J. A.* and *Pickrell, J. E.* (1996). Manufacturing false memories using bits of reality. In L. M. Reder (Ed.), *Implicit memory and metacognition* (pp. 195–220). Hillsdale, NJ: Erlbaum.

*Loftus, G. R., Dark, V. J., & Williams, D.* (1979). Short-term memory factors in ground controller/pilot communications. *Human Factors, 21,* 169–181.

*Logan, G. D.* (2004). Cumulative progress in formal theories of attention. *Annual Review of Psychology, 55,* 207–234.

*Logan, G., & Klapp, S.* (1991) Automatizing alphabet arithmetic. *Journal of Experimental Psychology: Learning, Memory, & Cognition, 17,* 179–195.

*Logie, R. H.* (1995). *Visuo-spatial working memory.* Hove, UK: Erlbaum.

*Logie, R. H.* (2011). The functional organization and capacity limits of working memory. *Current Directions in Psychological Science, 20*(4), 240–245.

*Logie, R., Baddeley, A., Mane, A., Donchin, E., & Sheptak, R.* (1989). Working memory in the acquisition of complex cognitive skills. *Acta Psychologica, 71,* 53–87.

*Lohse, G. L.* (1993). A cognitive model for understanding graphical perception. *Human–Computer Interaction, 8,* 353–388.

*Long, J.* (1976). Effects of delayed irregular feedback on unskilled and skilled keying performance. *Ergonomics, 19,* 183–202.

*Loomis, J. M., & Knapp, J. M.* (2003). Visual perception of egocentric distance in real and virtual environments. In L. J. Hettinger & M. W. Hass (Eds.), *Virtual and Adaptive Environments.* Hillsdale NJ: Erlbaum.

*Lopes, L. L.* (1982, October). *Procedural debiasing* (Technical Report WHIPP 15). Madison, WI: Wisconsin Human Information Processing Program.

*Lorenz, B., Di Nocera, F., Roettger, S., & Parasuraman, R.* (2002). Automated fault management in a simulated space flight micro-world. *Aviation, Space, & Environmental Medicine, 73,* 886–897.

*Loukopoulos, L., Dismukes, R. K., & Barshi, E.* (2009). *The multi-tasking myth.* Burlington, VT: Ashgate.

*Loveless, N. E.* (1963). Direction of motion stereotypes: A review. *Ergonomics, 5,* 357–383.

*Lu, S., Wickens, C. D., Sarter, N., & Sebok, A.* (2011). Informing the design of multimodal displays: A meta-analysis of empirical studies comparing auditory and tactile interruptions. In *Proceedings of the 55th Annual Meeting of the Human Factors and Ergonomics Society* (pp. 1,155–1,159). Santa Monica, CA: Human Factors and Ergonomics Society.

*Luce, R. D.* (2003). Whatever happened to information theory in psychology? *Review of General Psychology, 7,* 183–188.

*Luce, R. D., Nosofsky, R. M., Green, D. M., & Smith, A. F.* (1982). The bow and sequential effects in absolute identification. *Perception & Psychophysics, 32,* 397–408.

*Luchins, A. S.* (1942). Mechanizations in problem solving: The effect of Einstellung. *Psychological Monographs, 54* (Whole No. 248).

*Luo, Z., Wickens, C. D., Duh, H. B. L., & Chen, I.* (2010). Integrating route and survey learning in complex virtual environments: Using a 3D map. In *Proceedings of the Human Factors and Ergonomics Society 54th Annual Meeting* (pp. 2,393–2,397). Santa Monica, CA: Human Factors and Ergonomics Society.

*Lusk, C. M.* (1993). Assessing components of judgment in an operational setting: The effects of time pressure on aviation weather forecasting. In O. Svenson & A. J. Maule (Eds.), *Time pressure and stress in human judgment and decision making* (pp. 309–322). New York: Plenum.

*Lusted, L. B.* (1976). Clinical decision making. In D. Dombal & J. Grevy (eds.), *Decision making and medical care.* Amsterdam: North Holland.

*Luus, C. A. E., & Wells, G. L.* (1991). Eyewitness identification and the selection of distracters for lineups. *Law and Human Behavior, 15,* 43–57.

*Lyall, B., & Wickens, C. D.* (2005). Mixed fleet flying between two commercial aircraft types: An empirical evaluation of the role of negative transfer. Proceedings of the 49th Annual Meeting of the Human Factors & Ergonomics Society. Santa Monica, CA: HFES.

*Ma, J., Hu, Y., & Loizou, P. C.* (2009). Objective measures for predicting speech intelligibility in noisy conditions based on new band-importance functions. *Journal of the Acoustical Society of America, 125*(5), 3,387–3,405.

*Macedo, J., Kaber, D., Endsley, M., Powanusorn, P., & Myung, S.* (1998). The effect of automated compensation for incongruent axes on teleoperator performance. *Human Factors, 40,* 541–553.

*MacGregor, D., & Slovic, P.* (1986). Graphic representation of judgmental information. *Human-Computer Interaction, 2,* 179–200.

*MacGregor, D., Fischhoff, B., & Blackshaw, L.* (1987). Search success and expectations with a computer interface. *Information Processing and Management, 23,* 419–432.

*MacGregor, J. N. & Chu, Y.* (2010). Human performance on the traveling salesman and related problems: A review. *Journal of Problem Solving, 3,* 1–29.

*MacGregor, J. N. & Ormerod, T.* (1996). Human performance on the traveling salesman problem. *Perception & Psychophysics, 58,* 527–539.

*MacGregor, J. N., Chronicle, E. P., & Ormerod, T. C.* (2004). Convex hull or crossing avoidance? Solution heuristics in the traveling salesperson problem. *Memory & Cognition, 32,* 260–270.

*Mack, A., & Rock, I.* (1998). *Inattentional blindness.* Cambridge, MA: MIT Press.

*Mackinlay, J. D., Robertson, G. G., & Card, S. K.* (1991). The perspective wall: Detail and context smoothly integrated. In *Proceedings of CHI '91: Human Factors in Computing Systems* (pp. 173–179). New York: Association for Computing Machinery.

*Mackworth, J. F., & Taylor, M. M.* (1963). The *d'* measure of signal detectability in vigilance–like situations. *Canadian Journal of Psychology, 17,* 302–325.

*Mackworth, N. H.* (1948). The breakdown of vigilance during prolonged visual search. *Quarterly Journal of Experimental Psychology, 1,* 5–61.

*Mackworth, N. H.* (1950). Research in the measurement of human performance (MRC Special Report Series No. 268). London: H. M. Stationery Office. Reprinted in W. Sinaiko (Ed.), *Selected papers on human factors in the design and use of control systems.* New York: Dover, 1961.

*MacLean, K. A., Ferrer, E., Aichele, S. R., Bridwell, D. A., Zanesco, A. P., et al.* (2010). Intensive meditation training improves perceptual discrimination and sustained attention. *Psychological Science, 21,* 829–839.

*MacLeod, C. M.* (1991). Half a century of research on the Stroop effect: An integrative review. *Psychological Bulletin, 109,* 163–203.

*MacMahon, C., & Starkes, J. L.* (2008). Contextual influences on baseball ball-strike decisions in umpires, players, and controls. *Journal of Sports Sciences, 26,* 751–760.

*Macmillan, N. A., & Creelman, C. D.* (1990). Response bias: Characteristics of detection theory, threshold theory, and "nonparametric" indexes. *Psychological Bulletin, 107,* 401–413.

*Macmillan, N. A., & Creelman, C. D.* (1996). Triangles in ROC space: History and theory of "nonparametric" measures of sensitivity and response bias. *Psychonomic Bulletin and Review, 3,* 164–170.

*Macmillan, N. A., & Creelman, C. D.* (2005). *Detection theory: A user's guide* (2nd Ed.). Mahwah, NJ: Erlbaum.

*Maddox, W. T.* (2002). Toward a unified theory of decision criterion learning in perceptual categorization. *Journal of the Experimental Analysis of Behavior, 78,* 567–595.

*Maddox, W. T., & Ashby, F. G.* (1996). Perceptual separability, decisional separability, and the identification-speeded classification relationship. *Journal of Experimental Psychology: Human Perception and Performance, 22,* 795–817.

*Madhavan, P., & Wiegmann, D.* (2007). Similarities and differences between human-human and human-automation trust: an integrative review. *Theoretical Issues in Ergonomics Science, 8,* 270–301.

*Madhavan, P., Lacson, F., & Wiegmann, D.* (2006). Automation failures on tasks easily performed by operators undermine trust in automated aids. *Human Factors, 48,* 241–256.

*Maki, R. H., Maki, W. S., & Marsh, L. G.* (1977). Processing locational and orientational information. *Memory & Cognition, 5,* 602–612.

*Malcolm, R.* (1984). Pilot disorientation and the use of a peripheral vision display. *Aviation, Space, and Environmental Medicine, 55,* 231–238.

Malhotra, N. K. (1982). Information load and consumer decision making. *Journal of Consumer Research, 8,* 419–430.

Malpass, R. S., & Devine, P. G. (1981). Eyewitness identification: lineup instructions and the absence of the offender. *Journal of Applied Psychology, 66,* 482–489.

Maltz, M., & Shinar, D. (2003). New alternative methods in analyzing human behavior in cued target acquisition. *Human Factors, 45,* 281–295.

Mane, A., Adams, J., & Donchin, E. (1989) Adaptive and part-whole training in the acquisition of a complex perceptual-motor skill. Acta Psychologica, 71, 179–196.

Manzey, D., Luz, M., Mueller, S., Dietz, A., Meixensberger, J., & Strauss, G. (2011). Automation in surgery: The impact of navigation-control assistance on performance, workload, situation awareness, and acquisition of surgical skills. *Human Factors, 53,* 544–599.

Manzey, D., Reichenbach, J., & Onnasch, L. (2012). Human performance consequences of automated decision aids: The impact of degree of automation and system experience. *Journal of Cognitive Engineering and Decision Making, 6,* 1–31.

Marescaux, J., Leroy, J., Gagner, M., Rubino, F., Mutter, D.,Vix, M., Butner, S. E., & Smith, M. K. (2001). Transatlantic robot-assisted telesurgery. *Nature, 413,* 379–380.

Marshall, D. C., Lee, J. D., & Austria, P. A. (2007). Alerts for in-vehicle information systems: Annoyance, urgency and appropriateness. *Human Factors, 49,* 145–157.

Marshall, D., Lee, J. D., & Austria, A. (2001). Annoyance and urgency of auditory alerts for in-vehicle information systems. In *Proceedings of the Human Factors and Ergonomics Society 45th Annual Meeting* (pp. 1627–1631). Santa Monica, CA: Human Factors and Ergonomics Society.

Martens, M. H. (2011). Change detection in traffic: Where do we look and what do we perceive? *Transportation Research Part F, 14,* 240–250.

Martin, B. A., Brown, N. L., and Hicks, J.L. (2011). Ongoing task delays affect prospective memory more powerfully than filler task delays. *Canadian Journal of Experimental Psychology, 65,* 48–56.

Martin, G. (1989). The utility of speech input in user-computer interfaces. *International Journal of Man-Machine Studies, 18,* 355–376.

Martin, R. C., Wogalter, M. S., & Forlano, J. G. (1988). Reading comprehension in the presence of unattended speech and music. *Journal of Memory and Language, 27,* 382–398.

Masalonis, A. J., & Parasuraman, R. (2003). Fuzzy signal detection theory: Analysis of human and machine performance in air traffic control, and analytic considerations. *Ergonomics, 46,* 1,045–1,074.

Mattes, S., & Hallen, A. (2009). Surrogate distraction measurement techniques. In M. Regan, J. Lee, & K. Young (Eds.), *Driver distraction.* Boca Raton, FL: CRC Press.

Matthews, G. (2001). Levels of transaction: A cognitive science framework for operator stress. In P. A. Hancock and P. Desmond (Eds.), *Stress, workload, and fatigue* (pp. 5–33). Mahwah, NJ: Erlbaum.

Matthews, G., & Davies, D. R. (2001). Individual differences in energetic arousal and sustained attention: A dual-task study. *Personality and Individual Differences, 31,* 575–589.

Matthews, G., & Desmond, P. (2001). A transactional model of driver stress. In P. A. Hancock and P. Desmond (Eds.), *Stress, workload, and fatigue* (pp. 133–163). Mahwah, NJ: Erlbaum.

Matthews, G., Davies, D. R., & Holley, P. J. (1993). Cognitive predictors of vigilance. *Human Factors, 35,* 3–24.

Matthews, G., Davies, D. R., Westerman, S. J., & Stammers, R. B. (2000). *Human performance: Cognition, stress, and individual differences.* Hove, UK: Psychology Press.

Matthews, G., Warm, J., Reinerman-Jones, L., Langheim, L., Washburn, D., & Tripp, L. (2010). Task engagement, cerebral blood flow velocity, and diagnostic monitoring for sustained attention. *Journal of Experimental Psychology: Applied, 16,* 187–203.

Matthews, M. D., Eid, J., Johnsen, B. H., & Boe, O. C. (2011). A comparison of expert ratings and self-assessments of situation awareness during a combat fatigue course. *Military Psychology, 23,* 125–136.

Maule, A. J., & Hockey, G. R. J. (1993). State, stress, and time pressure. In O. Svenson & A. J. Maule (Eds.), Time pressure and stress in human judgment and decision making (pp. 83–102). New York: Plenum Press.

May, P. A., Campbell, M., & Wickens, C. D. (1996). Perspective displays for air traffic control: Display of terrain and weather. *Air Traffic Control Quarterly, 3*(1), 1–17.

Mayer, A., Boron, J. B., Kress, C., Fisk, A. D., & Rogers, W. A. (2007). Caution! Warning effectiveness may be more obfuscated than it appears: Making sense of the warning literature. In *Proceedings of the Human Factors and Ergonomics Society 51st Annual Meeting* (pp. 1,511–1,513). Santa Monica, CA: Human Factors and Ergonomics Society.

Mayer, R. E. (2001). *Multi-media learning*. New York: Cambridge University Press.

Mayer, R. E. (in press). Multi-Media Instruction. In *Handbook of Research on Educational Communications and Technology*.

Mayer, R. (2007). Research guidelines for multi-media instructions. In F. Durso (Ed.), Reviews of Human Factors & Ergonomics vol 5. Santa Monica, CA: Human Factors.

Mayer, R., Griffith, I., Jurkowitz, N., & Rothman, D. (2008). Increased interestingness of extraneous details in a multimedia science presentation leads to decreased learning. Journal of Experimental Psychology: Applied. 14, 329–339.

Mayer, R., Hegarty, M., Mayer, S., & Campbell, J. (2005). When static media promote active learning. *Journal of Experimental Psychology: Applied, 11*, 256–265.

Mayer, R. E., & Moreno, R. (2003). Nine ways to reduce cognitive load in multimedia learning. Educational Psychologist, 38, 45–52.

Mayer, R. E., & Johnson, C. I. (2008). Revising the redundancy principle in multimedia learning. *Journal of Educational Psychology, 100*, 380–386.

Mayeur, A., Bremond, R., & Bastien, J. M. C. (2008). Effect of task and eccentricity of the target on detection thresholds in mesopic vision: Implications for road lighting. *Human Factors, 50*, 712–721.

Mayhew, D. J. (1992). *Principles and guidelines in software user interface design*. Englewood Cliffs, NJ: Prentice–Hall.

McBride, D. M., Beckner, J. K., & Abney, D. H. (2011). Effects of delay of prospective memory cues in an ongoing task on prospective memory task performance. *Memory* & *Cognition*, 39, 1,222–1,231.

McCarley, J. S. (2009). Effects of speed-accuracy instructions on ocularmotor scanning and target recognition in a simulated baggage X-ray screening task. *Ergonomics, 52*, 325–333.

McCarley, J. S., Kramer, A. F., Wickens, C. D., Vidoni, E. D., & Boot, W. R. (2004). Visual skills in airport-security screening. *Psychological Science, 15*, 302–306.

McCarley, J. S., Vais, M. J., Pringle, H., Kramer, A. F., Irwin, D. E., & Strayer, D. L. (2004). Conversation disrupts change detection in complex traffic scenes. *Human Factors, 46*, 424–436.

McCarthy, G., & Donchin, E. (1979). Event-related potentials: Manifestation of cognitive activity. In F. Hoffmeister & C. Muller (Eds.), *Bayer Symposium VIII: Brain function in old age*. New York: Springer.

McClelland, J. L. (1979). On the time-relations of mental processes: An examination of processes in cascade. *Psychological Review, 86*, 287–330.

McConkie, G. W. (1983). Eye movements and perception during reading. In K. Rayner (Ed.), *Eye movements in reading*. New York: Academic Press.

McCormick, E., Wickens, C. D., Banks, R., & Yeh, M. (1998). Frame of reference effects on scientific visualization subtasks. *Human Factors, 40*, 443–451.

McDaniel, M., Howard, D., & Einstein, G. (2009). The read-recite-review study strategy. *Psychological Science. 20*, 516–522.

McDaniel, M. A., & Einstein, G. O. (2007). *Prospective memory: An overview and synthesis of an emerging field*. Thousand Oaks, CA: Sage.

McDaniel, M. A., Einstein, G. O., Graham, T., & Rall, E. (2004). Delaying execution of intentions: Overcoming the costs of interruptions. *Applied Cognitive Psychology, 18*, 533–547.

McDougall, S. J. P., De Bruijn, O., & Curry, M. B. (2000). Exploring the effects of icon characteristics on user performance: The role of icon concreteness, complexity, and distinctiveness. *Journal of Experimental Psychology: Applied, 6*, 291–306.

McDougall, S., Forsythe, A., Isherwood, S., Petocz, A., Reppa, I., & Stevens, C. (2009). The Use of Multimodal Representation in Icon Interpretation. In D. Harris (Ed.). *Engineering Psychology and Cognitive Ergonomics* (pp. 62–70). Berlin: Springer.

McDougall, S., Reppa, I., Smith, G., & Playfoot, D. (2009). Beyond emoticons: Combining affect and cognition in icon design. In D. Harris (Ed.). *Engineering Psychology and Cognitive Ergonomics* (pp. 71–80). Berlin: Springer.

McFall, R. M., & Treat, T. A. (1999). Quantifying the information value of clinical assessments with signal detection theory. *Annual Review of Psychology, 50*, 215–241.

*McFarland, C.*, and *Glisky, E.* (2011). Implementation intentions and imagery: individual and combined effects on prospective memory among young adults. *Memory & Cognition, 40,* 62–69.

*McFarlane, D. C., & Latorella, K. A.* (2002). The source and importance of human interruption in human-computer interface design. *Human-Computer Interaction, 17,* 1–61.

*McGeoch, J. A.* (1936). Studies in retroactive inhibition: VII. Retroactive inhibition as a function of the length and frequency of presentation of the interpolated lists. *Journal of Experimental Psychology, 19,* 674–693.

*McGookin, D. K., & Brewster, S. A.* (2004). Understanding concurrent earcons: Applying auditory scene analysis principles to concurrent earcon recognition. *ACM Transactions on Applied Perception, 1*(2), 130–155.

*McGowan, A., & Banbury, S.* (2004). Evaluating interruption-based techniques using embedded measures of driver anticipation. In S. Banbury *&* S. Tremblay (Eds.), *A cognitive approach to situation awareness: Theory and application* (pp.176–192). Aldershot, UK: Ashgate.

*McGrath, B. J., Estrada, A., Braithwaite, M. G., Raj, A. K., & Rupert, A. H.* (2004). *Tactile situation awareness system flight demonstration final report.* U.S. Army Report USAARL 2004–10. Fort Rucker, AL: United States Army Aeromedical Research Laboratory, Aircrew Health and Performance Division.

*McGraw, A. P., Larsen, J. T., Kahneman, D., & Schkade, D.* (2010). Comparing gains and losses. *Psychological Science, 10,* 1,438–1,445.

*McIntire, J. P., Havig, P. R., Watamaniuk, S. N. J., & Gilkey, R. H.* (2010). Visual search performance with 3-D auditory cues: Effects of motion, target location, and practice. *Human Factors, 52,* 41–53.

*McKee, S. P. and K. Nakayama.* The detection of motion in the peripheral visual field. Vision Res. 24: 25–32, 1984.

*McKee, S. P., Levi, D. M., & Bowne, S. F.* (1990). The imprecision of stereopsis. *Vision Research, 30,* 1,763–1,779.

*McNeil, B. J., Pauker, S. G., Sox, H. C., Jr., & Tversky, A.* (1982). On the elicitation of preferences for alternative therapies. *New England Journal of Medicine, 306,* 1,259–1,262.

*McTeague, J.* (2011). *Crapshoot investing.* New York: Free Trade Press.

*McVay, J., & Kane, M.* (2009). Conducting the train of thought: Working memory capacity, goal neglect, and mind wandering in an executive-control task. *Journal of Experimental Psychology: Learning, Memory and Cognition, 35,* 196–204.

*Meehl, P. C.* (1954). *Clinical versus statistical prediction.* Minneapolis: University of Minnesota Press.

*Meichenbaum, D.* (1985). *Stress inoculation training.* New York: Pergamon.

*Meichenbaum, D.* (1993). Stress inoculation training: A twenty year update. In R. L. Woolfolk, *&* P. M. Lehrer (Eds.), *Principles and practice of stress management* (2nd ed., pp. 373–406). New York: Guilford.

*Meiran, N.* (1996). Reconfiguration of processing mode prior to task performance. *Journal of Experimental Psychology: Learning, Memory, and Cognition, 22,* 1,423–1,442.

*Meissner, C. A., Tredoux, C. G., Parker, J. F., & MacLin, O. H.* (2005). Eyewitness decisions in simultaneous and sequential lineups: A dual-process signal detection theory analysis. *Memory & Cognition, 33,* 783–792.

*Melara, R. D., & Mounts, J. R. W.* (1994). Contextual influences on interactive processing: Effects of discriminability, quantity, and uncertainty. *Perception* & *Psychophysics, 56,* 73–90.

*Mellers, B. A., Schwartz, A., & Cooke, A. D. J.* (1998). Judgment and decision making. *Annual Review of Psychology, 49,* 447–477.

*Melton, A. W.* (1947) (Ed.), Apparatus tests. USAAF Aviation Psychology Progrram Research report. No.4 PP 917–921.

*Melton, A. W.* (1963). Implications of short-term memory for a general theory of memory. *Journal of Verbal Learning and Verbal Behavior, 2,* 1–21.

*Memmert, D.* (2006). The effects of eye movements, age, and expertise on inattentional blindness. *Consciousness and Cognition, 15,* 620–627.

*Merkel, J.* (1885). Die zeitlichen Verhaltnisse der Willensthatigkeit. *Philosophische Studien, 2,* 73–127.

*Merritt, S. M., & Ilgen, D. R.* (2008). Not all trust is created equal: dispositional and history–based trust in human-automation interactions. *Human Factors, 50,* 194–210.

*Merwin, D. H., Vincow, M. A., & Wickens, C. D.* (1994). Visual analysis of scientific data: Comparison of 3D-topographic, color, and gray scale displays in a feature detection task. In *Proceedings of the Human Factors and Ergonomics Society 38th Annual Meeting* (pp. 240–244). Santa Monica, CA: Human Factors and Ergonomics Society.

Merwin, D. H., & Wickens, C. D. (1993). Comparison of eight color and gray scales for displaying continuous 2D data. In *Proceedings of the 37th Annual Meeting of the Human Factors Society*. Santa Monica, CA: The Human Factors and Ergonomics Society.

Metzger, U., & Parasuraman, R. (2001). The role of the air traffic controller in future air traffic management: An empirical study of active control versus passive monitoring. *Human Factors, 43*, 519–528.

Metzger, U., & Parasuraman, R. (2005). Automation in future air traffic management: Effects of decision aid reliability on controller performance and mental workload. *Human Factors, 47*, 35–49.

Meyer, D. E., & Kieras, D. E. (1997a). A computational theory of executive cognitive processes and multiple-task performance: Part 1. Basic mechanisms. *Psychological Review, 104*, 3–65.

Meyer, D. E., & Kieras, D. E. (1997b). A computational theory of executive cognitive processes and multiple-task performance: Part 2. Accounts of psychological refractory-period phenomena. *Psychological Review, 104*, 749–791.

Meyer, J. (2001). Effects of warning validity and proximity on responses to warnings. *Human Factors, 43*, 563–572.

Meyer, J. (2004). Conceptual issues in the study of dynamic hazard warnings. *Human Factors, 46*, 196–204.

Meyer, J., Shinar, D., & Leiser, D. (1997). Multiple factors that determine performance with tables and graphs. *Human Factors, 39*, 268–286.

Meyer, J., Taieb, M., & Flascher, I. (1997). Correlation estimates as perceptual judgments. *Journal of Experimental Psychology: Applied, 3*, 3–20.

Michinov, N., & Michinov, E. (2009). Investigating the relationship between transactive memory and performance in collaborative learning. *Learning and Instruction, 19*, 43–54.

Micire, M. J. (2010). *Multi-touch interaction for robot command and control*. Unpublished doctoral dissertation, University of Massachusetts, Lowell, Department of Computer Science.

Miles, K. S., & Cottle, J. L. (2011). Beyond plain language: A learner-centered approach to pattern jury instructions. *Technical Communication Quarterly, 20*(1), 92–112.

Milgram, P., & Colquhoun, H., Jr. (1999). A taxonomy of real and virtual world display integration. In Y. Ohta & H. Tamura (Eds.), *Mixed reality—merging real and virtual worlds* (pp. 5–30). Berlin: Springer-Verlag.

Milgram, S., & Jodelet, D. (1976). Psychological maps of Paris. In H. M. Proshansky, W. H. Itelson, & L. G. Revlin (Eds.), *Environmental psychology*. New York: Holt Rinehart & Winston.

Miller, C., & Parasuraman, R. (2007). Designing for flexible interaction between humans and automation: Delegation interfaces for supervisory control. *Human Factors, 49*, 57–75.

Miller, R. B. (1968). Response time in non-computer conversational transactions. In *Proceedings of 1968 Fall Joint Computer Conference*. Arlington, VA: AFIPS Press.

Miller, D., & Swain, A. (1987). Human reliability analysis. In G. Salvendy (Ed.), *Handbook of human factors*. New York: Wiley.

Miller, G. A. (1956). The magical number seven plus or minus two: Some limits on our capacity for processing information. *Psychological Review, 63*, 81–97.

Miller, G. A., & Isard, S. (1963). Some perceptual consequences of linguistic rules. *Journal of Verbal Learning and Verbal Behavior, 2*, 217–228.

Miller, R. J., & Penningroth, S. (1997). The effects of response format and other variables on comparisons of digital and dial displays. *Human Factors, 39*, 417–424.

Mischel, W., Shoda, Y., & Rodriguez, M. L. (1989). Delay of gratification in children. *Science, 244*, 933-938.

Misra, S., Ramesh, K. T., & Okamura, A. M. (2008). Modeling of tool-tissue interactions for computer-based surgical simulation: A literature review. *Presence, 17*, 463–491.

Mitchell, J., & Shneiderman, B. (1989). Dynamic versus static menus: An exploratory comparison. *ACM SIGCHI Bulletin, 20*(4), 33–37.

Mitta, D., & Gunning, D. (1993). Simplifying graphics-based data: Applying the fisheye lens viewing strategy. *Behaviour & Information Technology, 12*, 1–16.

Miyake, A., Friedman, N. P., Emerson, M. J., Witzki, A. H., Howerter, A., & Wager, T. D. (2000). The unity and diversity of executive functions and their contributions to complex "frontal lobe" tasks: A latent variable analysis. *Cognitive Psychology, 41*, 49–100.

Miyake, A., Friedman, N. P., Rettinger, D. A., Shah, P., & Hegarty, M. (2001). How are visuospatial working memory, executive functioning, and spatial abilities related? A latent-variable analysis. *Journal of Experimental Psychology: General, 130*, 621–664.

Moertl, P. M., Canning, J. M., Gronlund, S. D., Dougherty, M. R. P., Johansson, J., & Mills, S. H. (2002). Aiding planning in air traffic control: An experimental investigation of the effects of perceptual information integration. *Human Factors, 44*, 404–412.

Molden, D., & Hui, C. (2011). Promoting deescalation of commitment: a regulatory focus perspective on sunk costs. *Psychological Science, 22*, 8–12.

Molloy, R., & Parasuraman, R. (1996). Monitoring an automated system for a single failure: Vigilance and task complexity effects. *Human Factors, 38*, 311–322.

Mondor, T. A., & Zatorre, R. J. (1995). Shifting and focusing auditory spatial attention. *Journal of Experimental Psychology: Human Perception & Performance, 21*, 387–409.

Mondor, T. A., Zatorre, R. J., & Terrio, N. A. (1998). Constraints on the selection of auditory information. *Journal of Experimental Psychology: Human Perception and Performance, 24*, 66–79.

Monk, C., Boehm-Davis, D., & Trafton, J. G. (2004). Recovering from interruptions: implications for driver distraction research. *Human Factors, 46*, 650–664.

Monk, C., Trafton, G., & Boehm-Davis, D. (2008) The effect of interruption duration and demand on resuming suspended goals. *Journal of Experimental Psychology: Applied, 13*, 299–315.

Monsell, S. (2003). Task switching. *Trends in Cognitive Science, 7*, 134–140.

Montello, D. (1995). Navigation. In P. Shah & A. S. Miyaki (Eds.), *The Cambridge handbook of visuospatial thinking.* Cambridge UK: Cambridge University Press.

Montgomery, H., & Shareafi, P. (2004). Engaging in activities involving information technology: Dimensions, mode and flow. *Human Factors, 46*, 334–348.

Moore, A. B., Clark, B. A., & Kane, M. J. (2008). Who shalt not kill? Individual differences in working memory capacity, executive control and moral judgement. *Psychological Science, 19*(6), 549–557.

Moore, G. E. (1965). Cramming more components onto integrated circuits. *Electronics Magazine, 38 (8)*, 114–117.

Moray, N. (1959). Attention in dichotic listening. *Quarterly Journal of Experimental Psychology, 11*, 56–60.

Moray, N. (Ed.). (1979). *Mental workload: Its theory and measurement.* New York: Plenum.

Moray, N. (1984). Attention to dynamic visual displays in man-machine systems. In R. Parasuraman & D. R. Davies (Eds.), *Varieties of attention* (pp. 485–513). San Diego, CA: Academic Press.

Moray, N. (1986). Monitoring behavior and supervisory control. In K. R. Boff, L. Kaufman, & J. P. Thomas (Eds.), *Handbook of perception and performance,* (Vol II, pp. 40-1-40-51). New York: Wiley.

Moray, N. (1988). Mental workload since 1979. *International Reviews of Ergonomics, 2*, 123–150.

Moray, N. (1997). Human factors in process control. In G. Salvendy (Ed.), *Handbook of ergonomics and human factors* (pp. 1944–1971). New York: Wiley.

Moray, N. (1999). Mental models in theory and practice. In D. Gopher & A. Koriat (Eds.), *Attention and performance XVII: Cognitive regulation of performance* (pp. 223–258). Cambridge, MA: MIT Press.

Moray, N. (2003). Monitoring, complacency, scepticism and eutactic behaviour. *International Journal of Industrial Ergonomics 31*, 175–178.

Moray, N., & Inagaki, T. (2000). Attention and complacency. *Theoretical Issues in Ergonomics Science, 1*, 354–365.

Moray, N., & Rotenberg, I. (1989). Fault management in process control: Eye movements and action. *Ergonomics, 32*, 1,319–1,342.

Moray, N., Dessouky, M. I., Kijowski, B. A., & Adapathya, R. (1991). Strategic behavior, workload and performance in task scheduling. *Human Factors, 33*, 607–629.

Moray, N., King, K. R., Turksen, R., & Waterton, K. (1987). A closed-loop model of workload based on a comparison of fuzzy and crisp measurement techniques. *Human Factors, 29*, 339–348.

Moreland, R. L., & Myaskovsky, L. (2000). Exploring the performance benefits of group training: Transactive memory or improved communication? *Organizational Behavior and Human Decision Processes, 82*, 117–133.

Morgan, P., Patrick, J., Waldron, S., King, S. & Patrick, T. (2009). Improving memory after interruption: exploiting soft constraints and manipulating information access cost. *Journal of Experimental Psychology: Applied. 15*, 291–306.

Mori, H., & Hayashi, Y. (1995). Visual interference with users' tasks on multiwindow systems. *International Journal of Human–Computer Interaction, 7*, 329–340.

Morrow, D. G., North, R., & Wickens, C. D. (2006). Reducing and mitigating human error in medicine. In R. S. Nickerson (Ed.), *Reviews of Human Factors and Ergonomics* (Vol. 1, pp. 254–296). Santa Monica, CA: Human Factors and Ergonomics Society.

Morrow, D. G., Weiner, M., Steinley, D., Young, J., & Murray, M. D. (2007). Patients' health literacy and experience with instructions—Influence preferences for heart failure medication instructions. *Journal of Aging and Health*, 19, (4), 575–593.

Morrow, D., North, R., & Wickens, C. D. (2006). Reducing and mitigating human error in medicine. *Reviews of Human Factors and Ergonomics*, 1, 254–296.

Moses, F. L., & Ehrenreich, S. L. (1981). Abbreviations for automated systems. In R. Sugarman (Ed.), In *Proceedings of the 25th Annual Meeting of the Human Factors Society*. Santa Monica, CA: Human Factors Society.

Moses, F. L., Maisano, R. E., & Bersh, P. (1979). Natural associations between symbols and military information. In C. Bensel (Ed.), *Proceedings of the 23rd Annual Meeting of the Human Factors Society*. Santa Monica, CA: Human Factors Society.

Mosier, K. L., & Fischer, U. (2010). Judgment and decision making by individuals and teams: Issues, models, and applications. *Reviews of Human Factors and Ergonomics*, 6, 198–255.

Mosier, K. L., & Skitka, L. J. (1996). Human decision makers and automated decision aids: Made for each other? In R. Parasuraman & M. Mouloua (Eds.), *Automation and human performance: Theory and application* (pp. 201–220). Mahwah, NJ: Erlbaum.

Mosier, K. L., Sethi, N., McCauley, S., Khoo, L., & Orasanu, J. M. (2007). What you don't know *can* hurt you: Factors impacting diagnosis in the automated cockpit. *Human Factors*, 49, 300–310.

Mosier, K. L., Skitka, L. J., Heers, S., & Burdick, M. (1998). Automation bias: Decision-making and performance in high-tech cockpits. *International Journal of Aviation Psychology*, 8, 47–63.

Most, S. B., & Astur, R. S. (2007). Feature-based attentional set as a cause of traffic accidents. *Visual Cognition*, 15, 125–132.

Mourant, R. R., & Rockwell, T. H. (1972). Strategies of visual search by novice and experienced drivers. *Human Factors*, 14, 325–335.

Mowbray, G. H., & Gebhard, J. W. (1961). Man's senses vs. informational channels. In W. Sinaiko (Ed.), *Selected papers on human factors in the design and use of control systems*. New York: Dover.

Mowbray, G. H., & Rhoades, M. V. (1959). On the reduction of choice reaction time with practice. *Quarterly Journal of Experimental Psychology*, 11, 16–23.

Muhlbach, L., Bocker, M., & Prussog, A. (1995). Telepresence in videocommunications: A study of stereoscopy and individual eye contact. *Human Factors*, 37, 290–305.

Muir, B. (1987) Trust between humans and machines. In E. Hollnagel, G. Mancini, & D. Woods (Eds.) , *Cognitive engineering in complex dynamic worlds* (pp 71-83) London: Academic Press.

Mulder, G., & Mulder, L. J. (1981). Information processing and cardiovascular control. *Psychophysiology*, 18, 392–401.

Mulder, L. J. M., van Roon, A., Veldman, H., Laumann, K., Burov, O., Qusipel, L., & Hogenoom, P. (2003). How to use cardiovascular state changes in adaptive automation. In G. R. J. Hockey, O. Burov, & A. W. K. Gaillard (Eds.), *Operator functional state* (pp. 260–269). Amsterdam: IOS Press.

Mulder, M. (2003). An information-centered analysis of the tunnel-in-the-sky display, Part One: Straight tunnel trajectories. *International Journal of Aviation Psychology*, 13, 49–72.

Muller, H. J., & Rabbitt, P. M. (1989). Reflexive and voluntary orienting of visual attention: Time course of activation and resistance to interruption. *Journal of Experimental Psychology: Human Perception & Performance*, 15, 315–330.

Munichor, N., Erev, I., & Lotern, A. (2006). Risk attitude in small timesaving decisions. *Journal of Experimental Psychology: Applied*, 12, 129–141.

Munoz, Y., Chebat, J. C., & Suissa, J. A. (2010). Using fear appeals in warning labels to promote responsible gaming among VLT players: The key role of depth of processing. *Journal of Gambling Studies*, 26, 593–609.

Munzer, S., Zimmer, H., & Baus, J. (2012). Navigational assistance: a tread-off between wayfinding support and configural learning support. *Journal of Experimental Psychology: Applied*. 16, 18–37.

Murphy, A. H., & Winkler, R. L. (1984). Probability of precipitation forecasts. *Journal of the Association of the American Meteorological Society*, 79, 391–400.

Murphy, T. D., & Eriksen, C. W. (1987). Temporal changes in the distribution of attention in the visual field in response to precues. *Perception & Psychophysics, 42,* 576–586.

Mursalin, T. E., Eishita, F. Z., & Islam, A. R. (2008). Fabric defect inspection system using neural network and microcontroller. *Journal of Theoretical and Applied Information Technology, 4,* 560–570.

Mussa-Ivaldi, F., Miller, L., Rymer, W. Z., & Weir, R. (2007). Neural engineering. In R. Parasuraman & M. Rizzo (Eds.), *Neuroergonomics: The brain at work* (pp. 293–312). New York: Oxford.

Mussweiler, T., Strack, F., & Pfeiffer, T. (2000). Overcoming the inevitable anchoring effect: Considering the opposite compensates for selective accessibility. *Personality and Social Psychology Bulletin, 26,* 1,142–1,150.

Mynatt, C. R., Doherty, M. E., & Tweney, R. D. (1977). Confirmation bias in a simulated research environment: An experimental study of scientific inference. *Quarterly Journal of Experimental Psychology, 29,* 85–95.

Nagy, A. L., & Sanchez, R. R. (1992). Chromaticity and luminance as coding dimensions in visual search. *Human Factors, 34,* 601–614.

Nakano, A., Bachlechner, M. E., Kalia, R. K., et al. (2001). Multiscale simulation of nanosystems. *Computing in Science & Engineering, 3,* 56–66.

Nass, C., Moon, Y., Fogg, B. J., Reeves, B., & Dryer, D. C. (1995). Can computer personalities be human personalities? *International Journal of Human-Computer Studies, 43,* 223–239.

National Highway Traffic Safety Administration (2005). *Traffic safety facts 2005.* Department of Transportation technical report DOT HS 810 631. Washington, DC: U.S. Department of Transportation.

National Transportation Safety Board (1973). *Eastern Airlines L-1011, Miami, Florida, 20 December 1972. (Report NTSB-AAR-94/07).* Washington, DC: Author.

National Transportation Safety Board. (1997). *Grounding of the Panamanian passenger ship Royal Majesty on Rose and Crown shoal near Nantucket, Massachusetts, June 10, 1995.* (Report NTSB/MAR-97-01). Washington DC: Author.

Navarro, J., Marchhena, E., Alcalde, C., Ruiz, G., Llorens, I. & Aguillar, M. (3002). Improving attention behavior in primary and secondary school children with a computer assisted instruction procedure. *International Journal of Psychology. 38,* 359–365.

Navon, D. (1977). Forest before trees: The presence of global features in visual perception. *Cognitive Psychology, 9,* 353–383.

Navon, D. (1984). Resources: A theoretical soup stone. *Psychological Review, 91,* 216–334.

Navon, D., & Gopher, D. (1979). On the economy of the human processing system. *Psychological Review, 86,* 254–255.

Navon, D., & Miller, J. (1987). The role of outcome conflict in dual-task interference. *Journal of Experimental Psychology: Human Perception and Performance, 13,* 435–448.

Naylor, J., & Briggs, G. (1963). Effects of task complexity and task organization on the relative efficiency of part and whole training methods. *Journal of Experimental Psychology, 65,* 217–224.

Neider, M. B., McCarley, J. S., Crowell, J. A., Kaczmarski, H., & Kramer, A. F. (2010). Pedestrians, vehicles, and cell phones. *Accident Analysis and Prevention, 42,* 589–594.

Neisser, U. (1963). Decision time without reaction time: Experiments in visual scanning. *American Journal of Psychology, 76,* 376–385.

Neisser, U. (1967). *Cognitive psychology.* New York: Appleton-Century-Crofts.

Neisser, U., Novick, R., & Lazar, R. (1964). Searching for novel targets. *Perceptual and Motor Skills, 19,* 427–432.

Nelson, T. O. (1996). Consciousness and meta cogntition. *American Psychologist, 51,* 102–116.

Nelson, W. T., Bolia, R. S., & Tripp, L. D. (2001). Auditory localization under sustained +Gz acceleration. *Human Factors, 43,* 299–309.

Neuhoff, J. G., & McBeath, M. K. (1996). The Doppler illusion: The influence of dynamic intensity change on perceived pitch. *Journal of Experimental Psychology: Human Perception and Performance, 22,* 970–985.

Nevile, M. (2002). Gesture in the airline cockpit: Allocating control of the power levers during takeoff. In *Proceedings of the First International Conference on Gesture,* University of Texas at Austin, USA.

Newsome, S. L., & Hocherlin, M. E. (1989). When "not" is not bad: A reevaluation of the use of negatives. In *Proceedings of the 33rd Annual Meeting of the Human Factors Society* (pp. 229–234). Santa Monica, CA: Human Factors Society.

Neyedli, H. F., Hollands, J. G., & Jamieson, G. A. (2011). Beyond identity: Incorporating system reliability information into an automated combat identification system. *Human Factors, 53*, 338–355.

Nguyen, D. T., & Canny, J. (2009). More than face-to-face: Empathy effects of video framing. *Proceedings of CHI 2009—Telepresence and online media*. New York: Association for Computing Machinery.

Nickerson, R. S. (1998). Confirmation bias: A ubiquitous phenomenon in many guises. *Review of General Psychology, 2*, 175–220.

Nickerson, R. S. (1977). Some comments on human archival memory as a very large data base. In *Proceedings of the Third International Conference on Very Large Data Bases*, VLDB 77, Vol. 3. (pp. 159–168). Tokyo.

Nicolelis, M. A. (2003). Brain-machine interfaces to restore motor function and probe neural circuits. *Nature Reviews Neuroscience, 4*, 417–422.

Nikolic, M. I., & Sarter, N. B. (2001). Peripheral visual feedback. *Human Factors, 43*, 30–38.

Nikolic, M. I., Orr, J. M., & Sarter, N. B. (2004). Why pilots miss the green box: How display context undermines attention capture. *International Journal of Aviation Psychology, 14*, 39–52.

Nilsson, L. G., Ohlsson, K., & Ronnberg, J. (1977). Capacity differences in processing and storage of auditory and visual input. In S. Dornick (Ed.), *Attention and Performance VI*. Hillsdale, NJ: Erlbaum.

Nisbett, R. E., Zukier, H., & Lemley, R. (1981). The dilution effect: Nondiagnostic information. *Cognitive Psychology, 13*, 248–277.

Nishanian, P., Taylor, J. M. G., Korns, E., Detels, R., Saah, A., & Fahey, J. L. (1987). Significance of quantitative enzyme-liked immunosorbent assay (ELISA) results in evaluation of three ELISAs and Western blot tests for detection of antibodies to human immunodeficiency virus in a high-risk population. *Journal of the American Medical Association, 259*, 2,574–2,579.

Nof, S. Y. (2009). (Ed.), *Springer handbook of automation*. New York: Springer.

Nolte, L. W., & Jaarsma, D. (1967). More on the detection of one of M orthogonal signals. *Journal of the Acoustical Society of America, 41*, 497–505.

Norman, D. (1968). Toward a theory of memory and attention. *Psychological Review, 75*, 522–536.

Norman, D. A. (1981). Categorization of action slips. *Psychological Review, 88*, 1–15.

Norman, D. A. (1981). The trouble with UNIX. *Datamation, 27*(12), 139–150.

Norman, D. A. (1988). *The psychology of everyday things*. New York: Basic.

Norman, D. A. (1990). The 'problem' with automation: Inappropriate feedback and interaction, not 'over-automation'. *Philosophical Transactions of the Royal Society of London. Series B, Biological Sciences, 327*, 585–593.

Norman, D. A. (1992). *The design of everyday things*. New York: Harper & Row.

Norman, D. A., & Bobrow, D. G. (1975). On data-limited and resource-limited processing. *Cognitive Psychology, 7*, 44–60.

Norman, D. A., & Fisher, D. (1982). Why alphabetic keyboards are not easy to use: Keyboard layout doesn't much matter. *Human Factors, 24*, 509–520.

North, C. (2006). Information Visualization. In G. Salvendy (Ed.), *Handbook of human factors and ergonomics* (3rd Ed.) New York: Wiley.

North, R. A., & Riley, V. A. (1989). A predictive model of operator workload. In G. R. McMillan, D. Beevis, E. Salas, M. H. Strub, R., Sutton, & L. Van Breda (Eds.), *Applications of human performance models to system design* (pp. 81–90). New York: Plenum.

Noyes, J. M., & Starr, A. F. (2007). A comparison of speech input and touch screen for executing checklists in an avionics application. *International Journal of Aviation Psychology, 17*, 299–315.

Noyes, J. M., Hellier, E., & Edworthy, J. (2006). Speech warnings: A review. *Theoretical Issues in Ergonomics Science, 7*, 551–571.

Nugent, W. A. (1987). A comparative assessment of computer-based media for presenting job task instructions. In *Proceedings of the 31st Annual Meeting of the Human Factors Society* (pp. 696–700). Santa Monica, CA: Human Factors Society.

Nunes, A., Wickens, C. D., & Yin, S. (2006). Examining the viability of the Neisser search model in the flight domain and the benefits of highlighting in visual search. In *Proceedings of the Human Factors and Ergonomics Society 50th Annual Meeting* (pp. 35–39). Santa Monica, CA: Human Factors and Ergonomics Society.

O'Brien, K. S., & O'Hare, D. (2007). Situation awareness ability and cognitive skills training in a complex real-world task. *Ergonomics, 50*, 1064–1091.

O'Donnell, R. D., & Eggemeier, F. T. (1986). Workload assessment methodology. In K. Boff, L. Kaufman, & J. Thomas (Eds.), *Handbook of perception and performance* (vol. II). New York: Wiley.

O'Hanlon, J. F., & Beatty, J. (1997). Concurrence of electroencephalographic and performance changes during a simulated radar watch and some implications for the arousal theory of vigilance. In R. R. Mackie (Ed.), *Vigilance: Theory, operational performance, and physiological correlates* (pp. 189–202). New York: Plenum.

O'Hara, K. P., & Payne, S. J. (1998). The effects of operator implementation cost on planfulness of problem solving and learning. *Cognitive Psychology, 35*, 34–70.

O'Regan, J. K., Deubel, H., Clark, J. J., & Rensink, R. A. (2000). Picture changes during blinks: Looking without seeing and seeing without looking. *Visual Cognition, 7*, 191–211.

O'Connor, P., Campbell, J., Newon, J., Melton, J., Salas, E., & Wilson, K. A. (2008). Crew Resource Management training effectiveness: A meta-analysis and some critical needs. *The International Journal of Aviation Psychology, 18*, 353–368.

O'Hare, D., & Roscoe, S. N. (1990). *Flightdeck performance: The human factor.* Ames, IA: Iowa State University Press.

Okado, Y. and Stark, C. E. L. (2005). Neural activity during encoding predicts false memories created by misinformation. *Learning & Memory, 12*, 3–11.

Oliva, A., & Torralba, A. (2007). The role of context in object recognition. *Trends in Cognitive Sciences, 11*(12), 520–527.

Olmos, O., Liang, C. C., & Wickens, C. D. (1997). Electronic map evaluation in simulated visual meteorological conditions. *International Journal of Aviation Psychology, 7*, 37–66.

Olmos, O., Wickens, C. D., & Chudy, A. (2000). Tactical displays for combat awareness: An examination of dimensionality and frame of reference concepts and the application of cognitive engineering. *International Journal of Aviation Psychology, 10*, 247–271.

Olson, J. S., Olson, G. M., & Meader, D. K. (1995). What mix of video and audio is useful for remote real-time work. In *Proceedings of the Conference on Human Factors in Computing Systems* (pp. 33–45). Denver, CO: Academic Press.

Olson, W. A., & Sarter, N. B. (2000). Automation management strategies: Pilot preferences and operational experiences. *International Journal of Aviation Psychology, 10*, 327–341.

Opperman, R. (1994). *Adaptive user support.* Hillsdale, NJ: Erlbaum.

Orasanu, J. (1997). Stress and naturalistic decision making: Strengthening the weak links. In R. Flin, E. Salas, M. Strub, & L. Martin (Eds.), *Decision making under stress: Emerging themes and applications* (pp. 43–66). Brookfield: Ashgate.

Orasanu, J., & Fischer, U. (1997). Finding decisions in natural environments: The view from the cockpit. In C. E. Zsambok & G. Klein (Eds.), *Naturalistic decision making* (pp. 343–358). Mahwah, NJ: Erlbaum.

Orasanu, J., & Strauch, B. (1994). Temporal factors in aviation decision making. In *Proceedings of the 38th Annual Meeting of the Human Factors and Ergonomics Society* (pp. 935–939). Santa Monica, CA: Human Factors and Ergonomics Society.

Orlansky, J., Taylor, H. L., Levine, D. B., & Honig, J. G. (1997). *The cost and effectiveness of the multi-service distributed training testbed (MDT2) for training close air support.* IDA Paper P-3284. Alexandria, VA: Institute for Defense Analyses.

Oron-Gilad, T., Szalma, J., & Hancock, P. A. (2005). Incorporating individual differences into the adaptive automation paradigm. In P. Carayon, M. Robertson, B. Kleiner, and P. L. T. Hoonakker (Eds.), *Human factors in organizational design and management VIII* (pp. 581–586). Santa Monica, CA: IEA Press.

Oskamp, S. (1965). Overconfidence in case-study judgments. *Journal of Consulting Psychology, 29*, 261–265.

Overbye, T. J., Wiegmann, D. A., Rich, A. M., & Sun, Y. (2002). Human factors aspects of power system voltage contour visualizations. *IEEE Transactions on Power Systems, 18*, 76–82.

Owen, A. M., McMillan, K. M., Laird, A. R., & Bullmore, E. (2005). N-back working memory paradigm: A meta-analysis of normative functional neuroimaging studies. *Human Brain Mapping, 25*, 46–59.

Owen, D. H., & Warren, R. (1987). Perception and control of self-motion: Implications for visual simulation of vehicular locomotion. In L. S. Mark, J. S. Warm, & R. L. Huston (Eds.), *Ergonomics and human factors: Recent research* (pp. 40–70). New York: Springer-Verlag.

*Owsley, C., Ball, K., McGwin, G., Sloane, M. E., Roenker, D. L., White, M. F., & Overley, E. T.* (1998). Visual processing impairment and risk of motor vehicle crash among older adults. *Journal of the American Medical Association, 279*, 1,083–1,088.

*Paas, F. Renkl, & Sweller, J.* (2003). Cognitive load theory and instructional design. Educational Psychologist 38, 1–4.

*Paas, F., & van Gog, T.* (2009). Principles for designing effective and efficient training of complex cognitive skills. In F. Durso (Ed.), *Reviews of Human Factors and Ergonomics,* Vol. 5. Santa Monica, CA: Human Factors and Ergonomics Society.

*Pachella, R. G.* (1974). The interpretation of reaction time in information processing research. In B. H. Kantowitz (Ed.), *Human information processing* (pp. 41–82). Potomac, MD: Erlbaum.

*Paese, P. W., & Sniezek, J. A.* (1991). Influences on the appropriateness of confidence in judgment: Practice, effort, information, and decision making. *Organizational Behavior and Human Decision Processes, 48*, 100–130.

*Palmer, S. E.* (1999). *Vision science: Photons to phenomenology.* Cambridge, MA: MIT Press.

*Palmisano, S., Favelle, S., & Sachtler, W. L.* (2008). Effects of scenery, lighting, glideslope, and experience on timing the landing flare. *Journal of Experimental Psychology: Applied, 14*, 236–246.

*Parasuraman, R.* (1979). Memory load and event rate control sensitivity decrements in sustained attention. *Science, 205*, 925–927.

*Parasuraman, R.* (1985). Detection and identification of abnormalities in chest x-rays: Effects of reader skill, disease prevalence, and reporting standards. In R. E. Eberts & C. G. Eberts (eds.), *Trends in ergonomics/human factors II* (pp. 59–66). Amsterdam: North-Holland.

*Parasuraman, R.* (1986). Vigilance, monitoring, and search. In K. Boff, L. Kaufman, & J. Thomas (eds.), *Handbook of perception and human performance. Vol. 2: Cognitive processes and performance* (pp. 43.1–43.39). New York: Wiley.

*Parasuraman, R.* (1987). Human-computer monitoring. *Human Factors, 29*, 695–706.

*Parasuraman, R.* (2000). Designing automation for human use: Empirical studies and quantitative models. *Ergonomics, 43*, 931–951.

*Parasuraman, R.* (2009). Assaying individual differences in cognition with molecular genetics: theory and application. *Theoretical Issues in Ergonomics Science, 10*, 399–416.

*Parasuraman, R., de Visser, E., Lin, M.-K., & Greenwood, P. M.* (2012). DBH genotype identifies individuals less susceptible to bias in computer-assisted decision making. PLoS One, 7(6). e39675. doi:10.1371/journal.pone.0039675.

*Parasuraman, R.* (2011). Neuroergonomics: Brain, cognition, and performance at work. *Current Directions in Psychological Science, 20*, 181–186.

*Parasuraman, R., Bahri, T., Deaton, J. E., Morrison, J. G., & Barnes, M.* (1992). *Theory and design of adaptive automation in aviation systems* (Technical Report, Code 6021). Warminster, PA: Naval Air Development Center.

*Parasuraman, R., Barnes, M., & Cosenzo, K.* (2007). Adaptive automation for human-robot teaming in future command and control systems. *International Journal of Command and Control, 1(2)*, 43–68.

*Parasuraman, R., & Byrne, E. A.* (2003). Automation and human performance in aviation. In P. Tsang and M. Vidulich (Eds.), *Principles of aviation psychology* (pp. 311–356). Mahwah, NJ: Erlbaum.

*Parasuraman, R., & Caggiano, D.* (2005). Neural and genetic assays of mental workload. In D. McBride & D. Schmorrow (Eds.), *Quantifying human information processing* (pp. 123–155). Lanham, MD: Rowman and Littlefield.

*Parasuraman, R., Cosenzo, K., & de Visser, E.* (2009). Adaptive automation for human supervision of multiple uninhabited vehicles: Effects on change detection, situation awareness, and mental workload. *Military Psychology, 21*, 270–297.

*Parasuraman, R., De Visser, E., Clarke, E., McGarry, W. R., Hussey, E., Shaw, T., & Thompson, J.* (2009). Detecting threat-related intentional actions of others: Effects of image quality, response mode, and target cueing on vigilance. *Journal of Experimental Psychology: Applied, 15*, 275–290.

*Parasuraman, R., Galster, S., Squire, P., Furukawa, H., & Miller, C.* (2005). A flexible delegation interface enhances system performance in human supervision of multiple autonomous robots: Empirical studies with RoboFlag. *IEEE Transactions on Systems, Man, and Cybernetics. Part A: Systems and Humans, 35*, 481–493.

*Parasuraman, R., & Greenwood, P. M.* (2004). Molecular genetics of visuospatial attention and working memory. In M. I. Posner (Ed.), *Cognitive neuroscience of attention* (pp. 245–259). New York: Guilford.

*Parasuraman, R., Greenwood, P. M., Kumar, R., & Fossella, J.* (2005). Beyond heritability: Neurotransmitter genes differentially modulate visuospatial attention and working memory. *Psychological Science, 16,* 200–207.

*Parasuraman, R., & Hancock, P. A.* (2001). Adaptive control of workload. In P. A. Hancock & P. E. Desmond (Eds.), *Stress, workload, and fatigue* (pp. 305–320). Mahwah, NJ: Erlbaum.

*Parasuraman, R., Hancock, P. A., & Olofinboba, O.* (1997). Alarm effectiveness in driver-centered collision-warning systems. *Ergonomics, 40,* 390–399.

*Parasuraman, R., & Jiang, Y.* (2012). Individual differences in cognition, affect, and performance: Behavioral, neuroimaging, and molecular genetic approaches. *NeuroImage, 59,* 70–82.

*Parasuraman, R., & Manzey, D.* (2010). Complacency and bias in human use of automation: An attentional integration. *Human Factors, 52,* 381–410.

*Parasuraman, R., Masalonis, A. J., & Hancock, P. A.* (2000). Fuzzy signal detection theory: Basic postulates and formulas for analyzing human and machine performance. *Human Factors, 42,* 636–659.

*Parasuraman, R., & Miller, C.* (2004). Trust and etiquette in high-criticality automated systems. *Communications of the Association for Computing Machinery, 47(4),* 51–55.

*Parasuraman, R., Molloy, R., & Singh, I. L.* (1993). Performance consequences of automation-induced "complacency". *International Journal of Aviation Psychology, 3,* 1–23.

*Parasuraman, R., Mouloua, M., & Hilburn, B.* (1999). Adaptive aiding and adaptive task allocation enhance human-machine interaction. In M. W. Scerbo & M. Mouloua (Eds.), *Automation technology and human performance: Current research and trends* (pp. 119–123). Mahwah, NJ: Erlbaum.

*Parasuraman, R., Mouloua, M., & Molloy, R.* (1996). Effects of adaptive task allocation on monitoring of automated systems. *Human Factors, 38,* 665–679.

*Parasuraman, R., & Riley, V.* (1997). Humans and automation: Use, misuse, disuse, abuse. *Human Factors, 39,* 230–253.

*Parasuraman, R., & Rizzo, M.* (2007). *Neuroergonomics: The Brain at Work.* New York: Oxford.

*Parasuraman, R., Sheridan, T. B., & Wickens, C. D.* (2000). A model for types and levels of human interaction with automation. *IEEE Transactions on Systems, Man, and Cybernetics. Part A: Systems and Humans, 30,* 286–297.

*Parasuraman, R., Sheridan, T. B., & Wickens, C. D.* (2008). Situation awareness, mental workload, and trust in automation: Viable, empirically supported cognitive engineering constructs. *Journal of Cognitive Engineering and Decision Making, 2,* 141–161.

*Parasuraman, R., & Wickens, C. D.* (2008). Humans: Still vital after all these years of automation. *Human Factors, 50,* 511–520.

*Parasuraman, R., & Wilson, G. F.* (2008). Putting the brain to work: Neuroergonomics past, present, and future. *Human Factors, 50,* 468–474.

*Park, O., & Gittelman, S. S.* (1995). Dynamic characteristics of mental models and dynamic visual displays. *Instructional Science, 23,* 303–320.

*Parkes, A. M., & Coleman, N.* (1990). Route guidance systems: A comparison of methods of presenting directional information to the driver. In E. J. Lovesey (Ed.), *Contemporary ergonomics 1990* (pp. 480–485). London: Taylor & Francis.

*Parks, D. L., & Boucek, G. P., Jr.* (1989). Workload prediction, diagnosis, and continuing challenges. In G. R. McMillan, D. Beevis, E. Salas, M. H. Strub, R. Sutton, & L. Van Breda (Eds.), *Applications of human performance models to system design* (pp. 47–64). New York: Plenum.

*Parra, L. C., Spence, C. D., Gerson, A. D., & Sajda, P.* (2003b). Response error correction–a demonstration of improved human-machine performance using real-time EEG monitoring. *IEEE Transactions on Neural Systems and Rehabilitation Engineering, 11(2),* 173–177.

*Parra, L., Alvino, C., Tang, A., Pearlmutter, B., Yeung, N., Osman, A., & Sajda, P.* (2003a). Single-trial detection in EEG and MEG: Keeping it linear. *Neurocomputing, 52–54,* 177–183.

*Pashler, H., McDaniel, M., Rohrer, D., & Bjork, R.* (2008). Leaning styles: concepts and evidence. *Psychological Science in the Public Interest. 9, #3.*

*Pashler, H. E.* (1998). *The psychology of attention.* Cambridge, MA: MIT Press.

*Pashler, H., McDaniel, M., Rohrer, D., & Bjork, R.* (2008). Learning styles: Concepts and evidence. *Psychological Science in the Public Interest, 9(3),* 105–119.

*Patel, V. L., & Groen, G. J.* (1991). The general and specific nature of medical expertise: A critical look. In K. A. Ericsson & J. Smith (Eds.), *Toward a general theory of expertise* (pp. 93–125). Cambridge, MA: Cambridge University Press.

Paterson, K. B., & Jordan, T. R. (2010). Effects of increased letter spacing on word identification and eye guidance during reading. *Memory & Cognition, 38*, 502–512.

Patrick, J., & James, N. (2004). A task-oriented perspective of situation awareness. In S. Banbury & S. Tremblay (Eds.), *A cognitive approach to situation awareness: Theory and application* (pp. 61–81). Aldershot, UK: Ashgate.

Patterson, E., Nguyen, A. D., Halloran, J. M., & Asch, S. M. (2004). Human factors barriers to the effective use of ten HIV clinical reminders. *Journal of the American Medical Informatics Association, 11*, 50–59.

Patterson, R. (2007). Human factors of 3D displays. *Journal of the Society for Information Display, 15* (11), 861–871.

Pavlovic, N. J., Keillor, J., Chignell, M. H., & Hollands, J. G. (2006). Congruency between visual and auditory displays on spatial tasks using different reference frames. In *Proceedings of the Human Factors and Ergonomics Society—50th Annual Meeting* (pp. 1523–1527). Santa Monica, CA: Human Factors and Ergonomics Society.

Pavlovic, N. J., Keillor, J., Hollands, J. G., & Chignell, M. H. (2009). Reference frame congruency in search-and-rescue tasks. *Human Factors, 51*, 240–250.

Payne, J. W. (1980). Information processing theory: Some concepts and methods applied to decision research. In T. S. Wallsten (Ed.), *Cognitive processes in choice and decision behavior*. Hillsdale, NJ: Erlbaum.

Payne, J. W., Bettman, J. R., & Johnson, E. J. (1993). *The adaptive decision maker*. Cambridge, England: Cambridge University Press.

Payne, S. J. (1991). Display-based action at the user interface. *International Journal of Man-Machine Studies, 35*, 275–289.

Payne, S. J. (1995). Naive judgments of stimulus-response compatibility. *Human Factors, 37*, 495–506.

Pea, R. D. (2004). The social and technological dimensions of scaffolding and related theoretical concepts for learning, education, and human activity. The Journal of the Learning Sciences, 13, 423–451.

Peacock, B. (2009) *The laws and rules of Ergnomics in Design*. Santa Monica Cal.: Human Factors Society.

Peavler, W. S. (1974). Individual differences in pupil size and performance. In M. Janisse (Ed.), *Pupillary dynamics and behavior*. New York: Plenum.

Peebles, D. (2008). The effect of emergent features on judgments of quantity in configural and separable displays. *Journal of Experimental Psychology: Applied, 14*, 85–100.

Peebles, D., & Cheng, P. C. H. (2003). Modeling the effect of task and graphical representation on response latency in a graph reading task. *Human Factors, 45*, 28–45.

Penningroth, S. L., Scott, W. D., & Freuen, M. (2011). Social motivation in prospective memory: Higher importance ratings and reported performance rates for social tasks. *Canadian Journal of Experimental Psychology, 65*, 3–11.

Perham, N., Banbury, S., & Jones, D. M. (2007). Do realistic reverberation levels reduce auditory distraction? *Applied Cognitive Psychology, 21*, 839–847.

Perrin, B. M., Barnett, B. J., Walrath, L., & Grossman, J. D. (2001). Information order and outcome framing: An assessment of judgment in a naturalistic decision making context. *Human Factors, 43*, 227–238.

Perrone, J. A. (1982). Visual slant underestimation: A general model. *Perception, 11*, 641–654.

Perrott, D. R., Saberi, K., Brown, K., & Strybel, T. Z. (1990). Auditory psychomotor coordination and visual search performance. *Perception & Psychophysics, 48*, 214–226.

Peterson, C. R., & Beach, L. R. (1967). Man as an intuitive statistician. *Psychological Bulletin, 68*, 29–46.

Perrow, C. (1984). *Normal accidents: Living with high risk technology*. New York: Basic Books.

Peterson, L. R., & Peterson, M. J. (1959). Short-term retention of individual verbal items. *Journal of Experimental Psychology, 58*, 193–198.

Petrov, A. A., & Anderson, J. R. (2005). The dynamics of scaling: A memory-based anchor model of category rating and absolute identification. *Psychological Review, 112*, 383–416.

Pew, R. W. (1969). The speed-accuracy operating characteristic. *Acta Psychologica, 30*, 16–26.

Pew, R. W. (2000). The state of situation awareness measurement: Heading toward the next century. In M. R. Endsley & D. J. Garland (Eds.), *Situation awareness analysis and measurement* (pp. 33–47). Mahwah, NJ: Erlbaum.

Pew, R., & Mavor, A. (1998). *Modeling Human & Organizational Behavior*. Washington, DC: National Academy Press.

Pfurtscheller, G., & Neuper, C. (2001). Motor imagery and direct brain-computer communication. *Proceedings of the IEEE, 89*, 1123–1134.

*Pichora-Fuller, M. K.* (2008). Use of supportive context by younger and older adult listeners: Balancing bottom-up and top-down information processing. *International Journal of Audiology, 47*(s2), 144–154.

*Pigeau, R. A., Angus, R. G., O'Neill, P., & Mack, I.* (1995). Vigilance latencies to aircraft detection among NORAD surveillance operators. *Human Factors, 37,* 622–634.

*Pilotti, M., Chodorow, M., & Schauss, F.* (2009). Text familiarity, word frequency, and sentential constraints in error detection. *Perceptual and Motor Skills, 109,* 627–645.

*Pinker, S.* (1990). A theory of graph comprehension. In R. Freedle (Ed.), *Artificial intelligence and the future of testing* (pp. 73–126). Hillsdale, NJ: Erlbaum.

*Plath, D. W.* (1970). The readability of segmented and conventional numerals. *Human Factors, 12,* 493–497.

*Playfair, W.* (1786). *Commercial and political atlas.* London: Corry.

*Poldrack, R. A., & Packard, M. G.* (2003). Competition among multiple memory systems: Converging evidence from animal and human brain studies. *Neuropsychologia, 41,* 245–251.

*Poldrack, R. A., & Wagner, A. D.* (2004). What can neuro-imaging tell us about the mind? Insights from prefrontal cortex. *Current Directions in Psychological Science, 13,* 177–181.

*Polich, J.* (2003). Updated P300: An integrative theory of P3a and P3b. *Clinical Neurophysiology, 118,* 2,128–2,148.

*Pollack, I.* (1952). The information of elementary auditory displays. *Journal of the Acoustical Society of America, 24,* 745–749.

*Pollack, E., Chandler, P., & Sweller, J.* (2002). Assimilating complex information. *Learning & Instruction. 12,* 61–86.

*Pollack, I., & Ficks, L.* (1954). The information of elementary multidimensional auditory displays. *Journal of the Acoustical Society of America, 26,* 155–158.

*Pollack, I., & Norman, D. A.* (1964). A non-parametric analysis of recognition experiments. *Psychonomic Science, 1,* 125–126.

*Pollatsek, A., Narayanaan, V., Pradhan, A., & Fisher, D. L.* (2006). Using eye movements to evaluate a PC-based risk awareness training program on a driving simulator. *Human Factors, 48,* 447–464.

*Polson, M. C., & Friedman, A.* (1988). Task-sharing within and between hemispheres: A multiple-resources approach. *Human Factors, 30,* 633–643.

*Pomerantz, J. R., & Pristach, E. A.* (1989). Emergent features, attention, and perceptual glue in visual form perception. *Journal of Experimental Psychology: Human Perception and Performance, 15,* 635–649.

*Pond, D. J.* (1979). Colors for sizes: An applied approach. In *Proceedings of the Human Factors Society—23rd Annual Meeting* (pp. 427–430). Santa Monica, CA: Human Factors Society.

*Pool, M. M., Koolstra, C. M., & Van Der Voort, T. H. A.* (2003). Distraction effects of background soap operas on homework performance: An experimental study enriched with observational data. *Educational Psychology, 23*(4), 361–380.

*Porter, G., Troscianko, T., & Gilchrist, I. D.* (2007). Effort during visual search and counting: Insights from pupillometry. *Quarterly Journal of Experimental Psychology, 60,* 211–229.

*Posner, M. I., Snyder, C. R. R., & Davidson, B. J.* (1980). Attention and the detection of signals. Journal of Experimental Psychology: General, 109(2), 160–174.

*Posner, M. I.* (1964). Information reduction in the analysis of sequential tasks. *Psychological Review, 71,* 491–504.

*Posner, M. I.* (1978). *Chronometric explorations of mind.* Hillsdale, NJ: Erlbaum.

*Posner, M. I.* (1980). Orienting of attention. *Quarterly Journal of Experimental Psychology, 32,* 3–25.

*Posner, M. I.* (1986). *Chronometric explorations of mind* (2nd Ed.). New York: Oxford University Press.

*Posner, M. I., Nissen, M. J., & Ogden, W. C.* (1978). Attended and unattended processing modes: The role of set for spatial location. In H. L. Pick & I. J. Saltzman (Eds.), *Modes of perceiving and processing information.* Hillsdale, NJ: Erlbaum.

*Posner, M. I., Rothbart, M. K., & Sheese, B. E.* (2007). Attention genes. *Developmental Science, 10,* 24–29.

*Posner, M. I., & Tudela, P.* (1997). Imaging resources. *Biological Psychology, 45,* 95–107.

*Poulton, E. C.* (1976). Continuous noise interferes with work by masking auditory feedback and inner speech. *Applied Ergonomics, 7,* 79–84.

*Poulton, E. C.* (1985). Geometric illusions in reading graphs. *Perception & Psychophysics, 37,* 543–548.

*Povenmire, H. K., & Roscoe, S. N.* (1973). Incremental transfer effectiveness of a ground-based general aviation trainer. *Human Factors, 15,* 534–542.

*Pradham, A., Hammel, K.*, De Remus, R, *Pollatsek, A., Noyce, D., & Fisher, D.* (2005). The use of eye movements to evaluate the effects of driver age on risk perception in an advanced driving simulatior. *Human Factors, 47,* 840–852.

*Pradham, A.Pollatsek, A., Knodler, M. & Fisher, D.* (2009). Can younger drivers be trained to scan for information that will reduce their risk in roadway traffic scenarios? *Ergonomics, 53,* 657–673.

*Pradham, A., Divekar, K., Masserasng, K., et al.* (2011) The effects of focused attention training on the duration of novice drivers' glances inside the vehicle. *Ergonomics, 54,* 917–931.

*Previc, F. H.* (1998). The neuropsychology of 3–D space. *Psychological Bulletin, 124,* 123–164.

*Previc, F. H.* (2000). Neuropsychological guidelines for aircraft control stations. *IEEE Engineering in Medicine and Biology,* March/April, 81–88.

*Previc, F. & Ercoline, W.* (2004) *Spatial Disorientation in Aviation. Vol 203.* Reston, VA: Americal Institute of Aeronautics & Astronautics.

*Prichard, J. S., Bizo, L. A., & Stratford, R. J.* (2011). Evaluating the effects of team-skills training on subjective workload. *Learning and Instruction, 21,* 429–440.

*Prinzel, L., & Wickens, C. D.* (Eds.) (2009). Preface to special issue on synthetic vision systems. *International Journal of Aviation Psychology, 19,* 99–104.

*Pritchett, A.* (2009). Aviation automation: General perspectives and specific guidance for the design of modes and alerts. *Reviews of Human Factors and Ergonomics, 5,* 82–113.

*Proctor, R. W., & Dutta, A.* (1995). *Skill acquisition and human performance.* Thousand Oaks, CA: Sage.

*Proctor, R. W., & Van Zandt, T.* (1994). *Human factors in simple and complex systems.* Boston: Allyn-Bacon.

*Proctor, R. W., & Van Zandt, T.* (2008). *Human factors in simple and complex systems* (2nd Ed.). Boca Raton, FL: CRC Press.

*Proctor, R. W., & Vu, K.* (2006). Selection and control of action. In G. Salvendy (Ed.) *Handbook of human factors and ergonomics* (3rd Ed.). New York: Wiley.

*Proctor, R. W., & Vu, K. L.* (2010). Cumulative knowledge and progress in human factors. *Annual Review of Psychology, 61,* 623–651.

*Puffer, S.* (1989). Task completion schedules: determinants and consequences for performance. *Human Relations, 42,* 937–955.

*Puto, C. P., Patton, W. E., III, & King, R. H.* (1985). Risk handling strategies in industrial vendor selection decisions. *Journal of Marketing, 49,* 89–98.

*Rabbitt, P. M. A.* (1978). Detection of errors by skilled typists. Ergonomics, 21, 945–958.

*Rabbitt, P. M. A.* (1989). Sequential reactions. In D. H. Holding (Ed.), *Human skills* (2nd Ed.). New York: Wiley.

*Raby, M., & Wickens, C. D.* (1994). Strategic workload management and decision biases in aviation. *International Journal of Aviation Psychology, 4,* 211–240.

*Randel, J. M., Pugh, H. L., & Reed, S. K.* (1996). Differences in expert and novice situation awareness in naturalistic decision making. *International Journal of Human-Computer Studies, 45,* 579–597.

*Raskin, J.* (2000). *The humane interface.* Boston: Addison–Wesley.

*Rasmussen, J.* (1981). Models of mental strategies in process control. In J. Rasmussen & W. Rouse (Eds.), *Human detection and diagnosis of system failures.* New York: Plenum.

*Rasmussen, J.* (1986). *Information processing and human-machine interaction: An approach to cognitive engineering.* New York: North Holland.

*Rasmussen, J., & Rouse, W. B.* (1981). *Human detection and diagnosis of system failures.* New York: Plenum.

*Rattan, A., & Eberhardt, J. L.* (2010). The role of social meaning in inattentional blindness: When gorillas in our midst do not go unseen. *Journal of Experimental Social Psychology, 46,* 1,085–1,088.

*Ratwani, R. M., Trafton, J. G., & Boehm-Davis, D. A.* (2008). Thinking graphically: Connecting vision and cognition during graph comprehension. *Journal of Experimental Psychology: Applied, 14,* 36–49.

*Ratwani, R., & Trafton, J. G.* (2010). An eye movement analysis of the effect of interruption modality on primary task resumption. *Human Factors, 52,* 370–380.

*Rau, P. L. P., & Salvendy, G.* (2001). Ergonomics guidelines for designing electronic mail addresses. *Ergonomics, 44,* 402–424.

*Rayner, K.* (2009). Eye movements and attention in reading, scene perception, and visual search. *Quarterly Journal of Experimental Psychology, 62,* 1,457–1,506.

*Rayner, K., & Juhasz, B.* (2004). Eye movements in reading: Old questions and new directions. *European Journal of Cognitive Psychology, 16,* 340–352

*Razael, M., & Klette, R.* (2011). Simultaneous analysis of driver behavior and road condition for driver distraction detection. International Journal of Image and Data Fusion, 2(3), 217–236.

*Reason, J. T.* (1984). Lapses of attention. In R. Parasuraman & R. Davies (Eds.), *Varieties of attention.* New York: Academic Press.

*Reason, J.* (1990). *Human error.* Cambridge, England: Cambridge University Press.

*Reason, J.* (2008). *The human contribution: Unsafe acts, accidents and heroic recoveries.* Burlington, VT: Ashgate.

*Recarte, M. A., & Nunes, L. M.* (2000). Effects of verbal and spatial-imagery tasks on eye fixations while driving. *Journal of Experimental Psychology: Applied, 6,* 31–43.

*Recarte, M. A., & Nunes, L. M.* (2003). Mental workload while driving: Effects on visual search, discrimination, and decision making. *Journal of Experimental Psychology: Applied, 9,* 119–137.

*Redelmeier, D. A., & Tibshirani, R. J.* (1997). Association between cellular-telephone calls and motor vehicle collisions. *New England Journal of Medicine, 336,* 453–458.

*Reder, L.* (1996). *Implicit memory and metacognition.* Mahwah, NJ: Erlbaum.

*Reeves, B., & Nass, C.* (1996). *The media equation: How people treat computers, television, and new media like real people and places.* New York: Cambridge University Press.

*Regan, M., Lee, J., & Young, K.* (2009a). *Driver distraction.* Boca Raton, FL: CRC Press.

*Regan, M., Lee, J., & Young, K.* (2009b). Driver distraction injury prevention countermeasures part 2: Education and Training. In M. Regan, J. Lee, & K. Young (Eds.), *Driver distraction.* Boca Raton, FL: CRC Press.

*Regan, M., Young, K., Lee, J., & Gordon, C.* (2009a). Distraction, crashes and crash risk. In M. Regan, J. Lee, & K. Young (Eds.), *Driver distraction.* Boca Raton, FL: CRC Press.

*Regan, M., Young, K., Lee, J., & Gordon, C.* (2009b). Sources of driver distraction. In M. Regan, J. Lee, & K. Young (Eds.), *Driver distraction.* Boca Raton, FL: CRC Press.

*Reicher, G. M.* (1969). Perceptual recognition as a function of meaningfulness of stimulus material. *Journal of Experimental Psychology, 81,* 275–280.

*Reichle, E. D., Liversedge S. P., Pollatsek, A., & Rayner, K.* (2009). Encoding multiple words simultaneously in reading is implausible. *Trends in Cognitive Sciences, 13*(3), 115–119.

*Reid, G. B., & Nygren, T. E.* (1988). The subjective workload assessment technique: A scaling procedure for measuring mental workload. In P. A. Hancock & N. Meshkati (Eds.), *Human mental workload* (pp. 185–213). Amsterdam: North Holland.

*Remington, R. W., Johnston, J. C., Ruthruff, E., Gold, M., & Romera, M.* (2000). Visual search in complex displays: Factors affecting conflict detection by air traffic controllers. *Human Factors, 42,* 349–366.

*Renshaw, J. A., Finlay, J. E., Tyfa, D., & Ward, R. D.* (2004). Understanding visual influence in graph design through temporal and spatial eye movement characteristics. *Interacting with Computers, 16,* 557–578.

*Rensink, R. A.* (2002). Change detection. *Annual Review of Psychology, 53,* 245–277.

*Rey, G., & Buchwald, F.* (2010). The expertise reversal effect: cognitive load and motivational explanations. *Journal of Experimental Psychology: Applied, 17,* 33-48.

*Reynolds, D.* (1966). Time and event uncertainty in unisensory reaction time. *Journal of Experimental Psychology, 71,* 286–293.

*Ricchiute, D. N.* (1998). Evidence, memory, and causal order in a complex audit decision task. *Journal of Experimental Psychology: Applied, 4,* 3–15.

*Richards, A., Hannon, E. M., & Derakshan, N.* (2010). Predicting and manipulating the incidence of inattentional blindness. *Psychological Research, 74,* 513–523.

*Richer, F., Silverman, C., & Beatty, J.* (1983). Response selection and initiation in speeded reactions: A pupillometric analysis. *Journal of Experimental Psychology: Human Perception and Performance, 9,* 360–370.

*Rieskamp, J.* (2006). Positive and negative recency effects in retirement savings decisions. *Journal of Experimental Psychology: Applied. 12,* 233–250.

*Risden, K.Czerwinski, M., Munzer, T., & Cook, D.* (2000). An initiatl examination of the ease of use for 2D and 3D information visualizations of Web content. *International Journal of Huyman-computer studies, 53.*

*Rizy, E. F.* (1972). *Effect of decision parameters on a detection/localization paradigm quantifying sonar operator performance* (Report No. R–1156). Washington, DC: Office of Naval Research Engineering Program.

*Robertson, G. G., Card, S. K., & Mackinlay, J. D.* (1993). Information visualization using 3D interactive animation. *Communications of the ACM, 36,* 57–71.

*Robertson, G., Czerwinski, M., Fisher, D., & Lee, B.* (2009). Human factors of information visualization. In F. Durso (Ed.), *Reviews of Human Factors and Ergonomics,* (Vol. 5). Santa Monica, CA: Human Factors and Ergonomics Society.

*Roediger, H., & Karpicke, J* (2006) Test-enhanced learning: Taking memory tests improves long-term retention. Psychological Science, 17, 249–255.

*Roenker, D. L., Cissell, G. M., Ball, K. K., Wadley, V. G., & Edwards, J. D.* (2003). Speed-of-processing and driving simulator training result in improved driving performance. *Human Factors, 45,* 218–233.

*Roge, J., Douissembekov, E., & Vienne, F.* (2012). Low conspicuity of motorcycles for car drivers. *Human Factors, 54,* 14–25.

*Rogers, R. D., & Monsell, S.* (1995). Costs of a predictable switch between simple cognitive tasks. *Journal of Experimental Psychology: General, 124,* 207–231.

*Rogers, S. P.* (1979). Stimulus-response incompatibility: Extra processing stages versus response competition. In *Proceedings of the 23rd Annual Meeting of the Human Factors Society.* Santa Monica, CA: Human Factors Society.

*Rogers, W. A., Rousseau, G. K., & Fisk, A. D.* (1999). Application of attention research. In F. Durso (Ed.), *Handbook of Applied Cognition.* West Sussex, UK: Wiley.

*Rolfe, J. M.* (1973). The secondary task as a measure of mental load. In W. T. Singleton, J. G. Fox, & D. Whitfield (Eds.), *Measurement of man at work* (pp. 135–148). London: Taylor & Francis.

*Rollins, R. A., & Hendricks, R.* (1980). Processing of words presented simultaneously to eye and ear. *Journal of Experimental Psychology: Human Perception and Performance, 6,* 99–109.

*Rolt, L. T. C.* (1978). *Red for danger.* London: Pan Books.

*Roring, R. W., Hines, F. G., & Charness, N.* (2007). Age differences in identifying words in synthetic speech. *Human Factors, 49,* 25–31.

*Roscoe, S. N.* (1968). Airborne displays for flight and navigation. *Human Factors, 10,* 321–332.

*Roscoe, S. N.* (2004). Moving horizons, control reversals, and graveyard spirals. *Ergonomics in Design, 12* (4), 15–19.

*Roscoe, S. N., & Williges, R. C.* (1975). Motion relationships in aircraft attitude guidance displays: A flight experiment. *Human Factors, 17,* 374–387.

*Roscoe, S. N., Corl, L., & Jensen, R. S.* (1981). Flight display dynamics revisited. *Human Factors, 23,* 341–353.

*Rose, A. M.* (1989). Acquisition and retention of skills. In G. MacMillan, D. Beevis, E. Salas, M. H. Strub, R. Sutton & L. Van Breda (Eds.), *Applications of human performance models to system design.* New York: Plenum.

*Rosen, M. A., Salas, E., Fiore, S. M., Pavlas, D., & Lum, H. C.* (2009). Team cognition and external representations: A framework and propositions for supporting collaborative problem solving. In *Proceedings of the Human Factors and Ergonomics Society 53rd Annual Meeting* (pp. 257–261). Santa Monica, CA: Human Factors and Ergonomics Society.

*Rosenholtz, R., Li, Y., & Nakano, L.* (2007). Measuring visual clutter. *Journal of Vision, 7*(2), 1–22.

*Rosenthal, R., & DiMatteo, M. R.* (2001). Meta-analysis: Recent developments in quantitative methods for literature review. Annual Review of Psychology, 52, 59–82.

*Roske-Hofstrand, R. J., & Paap, K. R.* (1986). Cognitive networks as a guide to menu organization: An application in the automated cockpit. *Ergonomics, 29,* 1,301–1,311.

*Rossi, A. L., & Madden, J. M.* (1979). Clinical judgment of nurses. *Bulletin of the Psychonomic Society, 14,* 281–284.

*Roth, E. M., & Woods, D. D.* (1988). Aiding human performance I: Cognitive analysis. *Le Travail Humain, 51,* 39–64.

*Rothbaum, B. O., Anderson, P., Zimand, E., et al.* (2006). Virtual reality exposure therapy and standard (in vivo) exposure therapy in the treatment of fear of flying. *Behavior Therapy, 37,* 80–90.

*Rothrock, L., Barron, K., Simpson, T. W., Frecker, M., Ligetti, C., & Barton, R. R.* (2006). Applying the proximity compatibility and the control-display compatibility principles to engineering design interfaces. *Human Factors and Ergonomics in Manufacturing, 16,* 61–81.

*Rouse, W. B.* (1981). Experimental studies and mathematical models of human problem solving performance in fault diagnosis tasks. In J. Rasmussen & W. Rouse (Eds.),

*Human detection and diagnosis of system failures*. New York: Plenum.

Rouse, W. B. (1988). Adaptive aiding for human/computer control. *Human Factors, 30*, 431–438.

Rouse, W. B., & Morris, N. M. (1987). Conceptual design of a human error tolerant interface for complex engineering systems. *Automatica, 23*(2), 231–235.

Rouse, W. B., & Rouse, S. H. (1983). Analysis and classification of human error. *IEEE Transactions on Systems, Man, and Cybernetics, SMC-13*, 539–554.

Rouse, S. H., Rouse, W. B., & Hammer, J. M. (1982). Design and evaluation of an onboard computer-based information system for aircraft. *IEEE Transactions on Systems, Man, and Cybernetics, SMC-12*, 451–463.

Rousseau, R., Tremblay, S., and Breton, R. (2004). Defining and modeling situation awareness: A critical review. In S. Banbury & S. Tremblay (Eds.), *A cognitive approach to situation awareness: Theory and application* (pp. 3–21). Aldershot, UK: Ashgate.

Rousseau, R., Tremblay, S., Banbury, S., Breton, R., & Guitouni, A. (2010). The role of metacognition in the relationship between objective and subjective measures of situation awareness. *Theoretical Issues in Ergonomic Science, 11*, 119–130.

Rovira, E., McGarry, K., & Parasuraman, R. (2007). Effects of imperfect automation on decision making in a simulated command and control task. *Human Factors, 49*, 76–87.

Rowe, A. L., Cooke, N. J., Hall, E. P., & Halgren, T. L. (1996). Toward an online knowledge assessment methodology: Building on the relationship between knowing and doing. *Journal of Experimental Psychology: Applied, 2*, 31–47.

Roy, C. S., & Sherrington, C. S. (1890). On the regulation of the blood supply of the brain. *Journal of Physiology, 11*, 85–108.

Rubenstein, T., & Mason, A. F. (1979, November). The accident that shouldn't have happened: An analysis of Three Mile Island. *IEEE Spectrum*, pp. 33–57.

Rubinstein, J. S., Meyer, D. E., & Evans, J. E. (2001). Executive control of cognitive processes in task switching. *Journal of Experimental Psychology: Human Perception and Performance, 4*, 763–797.

Ruffle-Smith, H. P. (1979). *A simulator study of the interaction of pilot workload with errors, vigilance, and decision* (NASA Technical Memorandum 78482). Washington, DC: NASA Technical Information Office.

Rumelhart, D. E. (1977). *Human information processing*. New York: Wiley.

Rumelhart, D. E., & McClelland, J. L. (1986). *Parallel distributed processing: Explorations in the microstructure of cognition* (Vol. 1). Cambridge, MA: MIT Press.

Rumelhart, D., & Norman, D. (1982). Simulating a skilled typist: A study of skilled cognitive-motor performance. *Cognitive Science, 6*, 1–36.

Russo, J. E. (1977). The value of unit price information. *Journal of Marketing Research, 14*, 193–201.

Ruva, C. L., & McElvoy, C. (2008). Negative and positive pretrial publicity affect juror memory and decision making. *Journal of Experimental Psychology: Applied, 14*, 226–235.

Ryu, H., & Monk, A. (2009). Interaction unit analysis: A new interaction design framework. *Human–Computer Interaction, 24*, 367–407.

Sadowski, W., & Stanney, K. (2002). Presence in virtual environments. In K. M. Stanney (Ed.), *Handbook of virtual environments* (pp. 791–806). Mahwah, NJ: Erlbaum.

Saito, M. (1972). A study on bottle inspection speed-determination of appropriate work speed by means of electronystagmography. *Journal of Science of Labor, 48*, 395–400. (In Japanese, English summary.)

Salamé, P., & Baddeley, A. D. (1989). Effects of background music on phonological short-term memory. *Quarterly Journal of Experimental Psychology, 41A*, 107–122.

Salas, E., Wilson, K. A., Burke, C. S., Wightman, D. C., & Howse, W. R. (2006). A checklist for crew resource management training. *Ergonomics in Design*, Spring 2006, 6–15.

Salmon, P., Stanton, N., Walker, G., & Green D. (2006). Situation awareness measurement: A review of applicability for C4i environments. *Applied Ergonomics, 37*, 225–238.

Salterio, S. (1996). Decision support and information search in a complex environment: Evidence from archival data in auditing. *Human Factors, 38*, 495–505.

Salvendy, G. (2012) Ed. Handbook of Human Factors & Ergonomics, 4th edition. NY.: John Wiley & Sons.

Salvucci, D., & Beltowska, J. (2008). Effects of memory rehearsal on driver performance: experiment and theoretical account. *Human Factors, 50*, 824–844.

Salvucci, D., & Taatgen, N. A. (2008). Threaded cognition. *Psychological Review, 115*, 101–130.

Salvucci, D., & Taatgen, N. A. (2011). *The multi-tasking mind.* Oxford, UK: Oxford University Press.

Salzer, Y., Oron-Gilad, T., Ronen, A., & Parmet, Y. (2011). Vibrotactile "on-thigh" alerting system in the cockpit. *Human Factors, 53,* 118–131.

Samet, M. G., Weltman, G., & Davis, K. B. (1976, December). *Application of adaptive models to information selection in C3 systems* (Technical Report PTR-1033-76-12). Woodland Hills, CA: Perceptronics.

Sanders, A. F., & Houtmans, M. J. M. (1985). Perceptual processing models in the functional visual field. *Acta Psychologica, 58,* 251–261.

Sanderson, P. M. (1989). Verbalizable knowledge and skilled task performance: Association, dissociation, and mental models. *Journal of Experimental Psychology: Learning, Memory, and Cognition, 15,* 729–747.

Sanderson, P. M., Flach, J. M., Buttigieg, M. A., & Casey, E. J. (1989). Object displays do not always support better integrated task performance. *Human Factors, 31,* 183–198.

Sanquist, T. F., Doctor, P., & Parasuraman, R. (2008). A threat display concept for radiation detection in homeland security cargo screening. *IEEE Transactions on Systems, Man, and Cybernetics. Part C. Applications, 38,* 856–860.

Sarno, K. J., & Wickens, C. D. (1995). Role of multiple resources in predicting time-sharing efficiency: Evaluation of three workload models in a multiple-task setting. *International Journal of Aviation Psychology, 5,* 107–130.

Sarter, N. B. (2007). Multimodal information presentation: Design guidance and research challenges. *International Journal of Industrial Ergonomics, 36,* 439–445.

Sarter, N. B. (2008). Investigating mode errors on automated flight decks: Illustrating the problem-driven, cumulative, and interdisciplinary nature of human factors research. *Human Factors, 50,* 506–510.

Sarter, N. B. (2009). The need for multisensory interfaces in support of effective attention allocation in highly dynamic event-driven domains: The case of cockpit automation. *International Journal of Aviation Psychology, 10,* 231–245.

Sarter, N. B., Mumaw, R. J., & Wickens, C. D. (2007). Pilots' monitoring strategies and performance on automated flight decks: An empirical study combining behavioral and eye-tracking data. *Human Factors, 49,* 347–357.

Sarter, N. B., & Schroeder, B. K. (2001). Supporting decision-making and action selection under time pressure and uncertainty: The case of in-flight icing. *Human Factors, 43,* 573–583.

Sarter, N. B., & Woods, D. D. (1995). How in the world did we ever get into that mode? Mode error and awareness in supervisory control. *Human Factors, 37,* 5–19.

Sarter, N. B., & Woods, D. D. (1996). Team play with a powerful and independent agent: Operational experiences and automation surprises on the Airbus A-320. *Human Factors, 39,* 559–573.

Sarter, N. B., Woods, D. D., & Billings, C. E. (1997). Automation surprises. In G. Salvendy (Ed.), *Handbook of human factors and ergonomics* (2nd ed., pp. 1926–1943). New York: Wiley.

Satchell, P. (1998). *Innovation and automation.* Brookfield, VT: Ashgate.

Sauer, J., Wastell, D. G., & Schmeink, C. (2009). Designing for the home: A comparative study of support aids for central heating systems. *Applied Ergonomics, 40,* 165–174.

Scanlan, L. A. (1975). Visual time compression: Spatial and temporal cues. *Human Factors, 17,* 337–345.

Scerbo, M. (1996). Theoretical perspectives on adaptive automation. In R. Parasuraman & M. Mouloua (Eds.), *Automation and human performance: Theory and applications.* Mahwah, NJ: Erlbaum.

Scerbo, M. (2001). Adaptive automation. In W. Karwowski (Ed.), *International encyclopedia of ergonomics and human factors* (pp. 1,077–1,079). London: Taylor & Francis.

Scerbo, M. W., Greenwald, C. Q., & Sawin, D. A. (1993). The effects of subject-controlled pacing and task type on sustained attention and subjective workload. *Journal of General Psychology, 120,* 293–307.

Schall, G., Mendez, E., Kruijff, E., Veas, E., Junghanns, S., Reitinger, B., & Schmalstieg, D. (2009). Handheld augmented reality for underground infrastructure visualization. *Personal and Ubiquitous Computing, 13,* 281–291.

Scharenborg, O. (2007). Reaching over the gap: A review of efforts to link human and automatic speech recognition research. *Speech Communication, 49*(5), 336–347.

Schaudt, W. A., Caufield, K. J., & Dyre, B. P. (2002). Effects of a virtual air speed error indicator on guidance accuracy and eye movement control during simulated flight.

In *Proceedings of the Human Factors and Ergonomics Society—46th Annual Meeting* (pp. 1,594–1,598). Santa Monica, CA: Human Factors and Ergonomics Society.

Scheck, B., Neufeld, P., & Dwyer, J. (2003). *Actual innocence: When justice goes wrong and how to make it right.* New York: New American Library.

Schiff, W., & Oldak, R. (1990). Accuracy of judging time to arrival: Effects of modality, trajectory, and gender. *Journal of Experimental Psychology: Human Perception and Performance, 16,* 303–316.

Schkade, D. A., & Kleinmuntz, D. N. (1994). Information displays and choice processes: Differential effects of organization, form, and sequence. *Organizational Behavior and Human Decision Processes, 57,* 319–337.

Schlittmeier, S. J., & Hellbrück, J. (2009). Background music as noise abatement in open-plan offices: A laboratory study on performance effects and subjective preferences. *Applied Cognitive Psychology, 23,* 684–697.

Schlittmeier, S. J., Hellbrück, J., Thaden, R., & Vorländer, M. (2008). The impact of background speech varying in intelligibility: Effects on cognitive performance and perceived disturbance. *Ergonomics, 51,* 719–736.

Schumacher, E., Seymour, T., Glass, J., Fencsik, D., Lauber, E., Kieras, D., & Meyer, D. (2001). Virtually perfect time sharing in dual task performance. *Psychological Science, 12,* 101–108.

Schmauder, A. R., Morris, R. K., & Poynor, D. V. (2000). Lexical processing and text integration of function and content words: Evidence from priming and eye fixations. *Memory & Cognition, 28,* 1,098–1,108.

Schmidt, J. K., & Kysor, K. P. (1987). Designing airline passenger safety cards. In *Proceedings of the 31st Annual Meeting of the Human Factors Society* (pp. 51–55). Santa Monica, CA: Human Factors Society.

Schmidt, R. A., & Bjork, R. A. (1992). New conceptualizations of practice: Common principles in three paradigms suggest new concepts for training. *Psychological Science, 3,* 207–217.

Schmorrow, D. D. (Ed.) (2005). *Foundations of augmented cognition.* Mahwah, NJ: Erlbaum.

Schmorrow, D. D., Stanney, K., Wilson, G., & Young, P. (2006). Augmented cognition in human-system interaction. In G. Salvendy, *Handbook of human factors and ergonomics.*

Schneider, W. (1985). Training high-performance skills: Fallacies and guidelines. *Human Factors, 27,* 285–300.

Schneider, W., & Chein, J. M. (2003). Controlled & automatic processing: Behavior, theory, and biological mechanisms. *Cognitive Science, 27,* 525–559.

Schneider, W., & Fisk, A. D. (1982). Concurrent automatic and controlled visual search: Can processing occur without resource cost? *Journal of Experimental Psychology: Learning, Memory and Cognition, 8,* 261–278.

Schneider, W., & Fisk, A. D. (1984). Automatic category search and its transfer. *Journal of Experimental Psychology: Learning, Memory, and Cognition, 10,* 1–15.

Schneider, W., & Shiffrin, R. M. (1977). Controlled and automatic human information processing I: Detection, search, and attention. *Psychological Review, 84,* 1–66.

Schoenfeld, V. S., & Scerbo, M. W. (1997). Search differences for the presence and absence of features in sustained attention. In *Proceedings of the Human Factors and Ergonomics Society 41st Annual Meeting* (pp. 1,288–1,292). Santa Monica, CA: Human Factors and Ergonomics Society.

Scholl, B. J. (2001). Objects and attention: The state of the art. *Cognition, 80,* 1–46.

Schraagen, J. M., Chipman, S. F., & Shalin, V. L. (2000). *Cognitive task analysis.* Mahwah, NJ: Erlbaum.

Schraagen, J. M., Chipman, S. F., & Shute, V. J. (2000). State-of-the-art review of cognitive task analysis techniques. In J. M. Schraagen, S. F. Chipman, & V. L. Shalin (Eds.), *Cognitive task analysis* (pp. 467–487). Mahwah, NJ: Erlbaum.

Schreiber, B. T., Wickens, C. D., Renner, G. J., Alton, J., & Hickox, J. C. (1998). Navigational checking using 3D maps: The influence of elevation angle, azimuth, and foreshortening. *Human Factors, 40,* 209–223.

Schriver, A. T., Morrow, D. G., Wickens, C. D., & Talleur, D. A. (2008). Expertise differences in attentional strategies related to pilot decision making. *Human Factors, 50,* 846–878.

Schröder, S., & Ziefle, M. (2008). Effects of icon concreteness and complexity on semantic transparency: Younger vs. older users. In K. Miesenberger, J. Klaus, W. Zagler, & A. Karshmer (Eds.), *Computers helping people with special needs* (pp. 90–97). Berlin: Springer.

Schroeder, R. G., & Benbassat, D. (1975). An experimental evaluation of the relationship of uncertainty to information used by decision makers. *Decision Sciences, 6,* 556–567.

*Schultheis, H., & Jamieson, A.* (2004). Assessing cognitive load in adaptive hypermedia systems: Physiological and behavioral methods. In P. De Bra and W. Nejdl (Eds.), *Adaptive hypermedia and adaptive web-based systems.* (pp. 18–24). Eindhoven Netherlands: Springer.

*Schum, D.* (1975). The weighing of testimony of judicial proceedings from sources having reduced credibility. *Human Factors, 17,* 172–203.

*Schurr, P. H.* (1987). Effects of gain and loss decision frames on risky purchase negotiations. *Journal of Applied Psychology, 72,* 351–358.

*Schustack, M. W., & Sternberg, R. J.* (1981). Evaluation of evidence in causal inference. *Journal of Experimental Psychology: General, 110,* 101–120.

*Schutte, P. C., & Trujillo, A. C.* (1996). Flight crew task management in non-normal situations. In *Proceedings of the 40th Annual Meeting of the Human Factors and Ergonomics Society* (pp. 244–248). Santa Monica, CA: Human Factors and Ergonomics Society.

*Schwartz, D. R., & Howell, W. C.* (1985). Optional stopping performance under graphic and numeric CRT formatting. *Human Factors, 27,* 433–444.

*Schwarz, N. & Vaughn, L.* (2002). The availability heuristics revisited. In T. Gilovich, D. Griffin & D. Kahneman (Eds.), *Heuristics and biases: The psychology of intuitive judgment.* New York: Cambridge University Press.

*Scialfa, C. T., Kline, D. W., & Lyman, B. J.* (1987). Age differences in target identification as a function of retinal location and noise level: Examination of the useful field of view. *Psychology and Aging, 2,* 14–19.

*Scullin, M., & McDaniel, M.* (2010). Remembering to execute a goal: Sleep on it. *Psychological Science, 21,* 1,028–1,035.

*Seagull, F. J., & Sandserson, P. M.* (2001). Anesthesiology alarms in context: An observational study. *Human Factors, 43,* 66–78.

*Seagull, F. J., Xiao, Y., & Plasters, C.* (2004). Information accuracy and sampling effort: a field study of surgical scheduling coordination. *IEEE Transactions on Systems Man & Cybernetics Part A. 34,* 764–771.

*Seamster, T. L., Redding, R. E., & Kaempf, G. L.* (1997). *Applied cognitive task analysis in aviation.* Brookfield, VT: Ashgate.

*Seamster, T. L., Redding, R. E., Cannon, J. R., Ryder, J. M., & Purcell, J. A.* (1993). Cognitive task analysis of expertise in air traffic control. *International Journal of Aviation Psychology, 3,* 257–283.

*Search, A. & Jacko, J* (2009). *Human-Computer Inreraction Fundamentals.* Boco Ratan, FL: CRC Press.

*Sebok, A., Wickens, C. D., Sarter, N. B., Quesada, S., Socash, C., & Anthony, B.* (in press). The Automation Design Advisor Tool (ADAT): Development and validation of a model-based tool to support flight deck automation design for NextGen operations. *Human Factors and Ergonomics in Manufacturing and Service Industries.*

*See, J. E., Howe, S. R., Warm, J. S., & Dember, W. N.* (1995). Meta-analysis of the sensitivity decrement in vigilance. *Psychological Bulletin, 117,* 230–249.

*See, J. E., Warm, J. S., Dember, W. N., Howe, S. R.* (1997). Vigilance and signal detection theory: An empirical evaluation of five measures of response bias. *Human Factors, 39,* 14–29.

*Seegmiller, J. K., Watson, J. M., & Strayer, D. L.* (2011). Individual differences in susceptibility to inattentional blindness. *Journal of Experimental Psychology: Learning, Memory, and Cognition, 37,* 785–791.

*Segal, L.* (1995). Designing team workstations: The choreography of teamwork. In P. A. Hancock, J. M. Flach, J. Caird, & K. J. Vicente (Eds.), *Local applications of the ecological approach to human-machine systems* (Vol. 2). Hillsdale, NJ: Erlbaum.

*Seibel, R.* (1964). Data entry through chord, parallel entry devices. *Human Factors, 6,* 189–192.

*Seibel, R.* (1972). Data entry devices and procedures. In R. G. Kinkade & H. S. Van Cott (Eds.), *Human engineering guide to equipment design.* Washington, DC: U.S. Government Printing Office.

*Seidler, K. S., & Wickens, C. D.* (1992). Distance and organization in multifunction displays. *Human Factors, 34,* 555–569.

*Seligman, M. E. P., & Kahana, M.* (2009). Unpacking intuition: A conjecture. *Perspectives on Psychological Science, 4*(4), 399–402.

*Selye, H.* (1976). *Stress in health and disease.* Boston, MA: Butterworth.

*Senders, J.* (1964). The human operator as a monitor and controller of multidegree of freedom systems. *IEEE Transactions on Human Factors in Electronics, HFE-5,* 2-6.

*Senders, J.* (1980). *Visual Scanning Processes.* Unpublished Doctoral Dissertation. University of Tilburg, Netherlands.

Senders, J., & Moray, N. (1991). *Human error: Cause, prediction and reduction.* Hillsdale, NJ: Erlbaum.

Seppelt, B. D., & Lee, J. D. (2007). Making adaptive cruise control (ACC) limits visible. *International Journal of Human-Computer Studies, 65,* 192–205.

Serfaty, D., MacMillan, J., Entin, E. E., & Entin, E. B. (1997). The decision-making expertise of battle commanders. In C. E. Zsambok & G. Klein (Eds.), *Naturalistic decision making* (pp. 233–246). Mahwah, NJ: Erlbaum.

Servos, P., Goodale, M. A., & Jakobson, L. S. (1992). The role of binocular vision in prehension: a kinematic analysis. *Vision Research, 32,* 1,513–1,521.

Sethumadhavan, A. (2009). Effects of automation types on air traffic controller situation awareness and performance. In *Proceedings of the Human Factors and Ergonomics Society 53rd Annual Meeting* (pp. 1–5). Santa Monica, CA: Human Factors and Ergonomics Society.

Sethumadhavan, A. (2011). Automation: Friend or foe? Ergonomics in Design, 119(2), 31–32.

Sexton, J. B., & Helmreich, R. L. (2000). Analyzing cockpit communication: The links between language, performance, error, and workload. In *Proceedings of the Tenth International Symposium on Aviation Psychology,* Columbus, OH.

Shaffer, L. H. (1973). Latency mechanisms in transcription. In S. Kornblum (Ed.), *Attention and performance IV.* New York: Academic Press.

Shaffer, L. H. (1975). Multiple attention in continuous verbal tasks. In S. Dornic (Ed.), *Attention and performance V.* New York: Academic Press.

Shaffer, L. H., & Hardwick, J. (1970). The basis of transcription skill. *Journal of Experimental Psychology, 84,* 424–440.

Shaffer, M. T., Hendy, K. C., & White, L. R. (1988). An empirically validated task analysis (EVTA) of low level Army helicopter operations. In *Proceedings of the 32nd Annual Meeting of the Human Factors Society* (pp. 178–183). Santa Monica, CA: Human Factors Society.

Shah, P., & Carpenter, P. A. (1995). Conceptual limitations in comprehending line graphs. *Journal of Experimental Psychology: General, 124,* 43–61.

Shah, P., & Miyaki, A. (Eds). (2005). *The Cambridge handbook of visuospatial thinking.* Cambridge UK: Cambridge University Press.

Shallice, T., McLeod, P., & Lewis, K. (1985). Isolating cognition modules with the dual-task paradigm: Are speech perception and production modules separate? *Quarterly Journal of Experimental Psychology, 37,* 507–532.

Shannon, C. E., & Weaver, W. (1949). *The mathematical theory of communications.* Urbana, IL: University of Illinois Press.

Shanteau, J. (1992). Competence in experts: The role of task characteristics. *Organizational Behavior and Human Decision Processes, 53,* 252–266.

Shanteau, J., & Dino, G. A. (1993). Environmental stressor effects on creativity and decision making. In O. Svenson & A. J. Maule (Eds.), *Time pressure and stress in human judgment and decision making* (pp. 293–308). New York: Plenum.

Shapiro, K. L., & Raymond, J. (1989). Training of efficient oculomotor strategies enhances skill acquisition. *Acta Psychologica, 71,* 217–242.

Sharit, J. (2006). Human error. In G. Salvendy (Ed.), *Handbook of human factors and ergonomics* (3rd Ed.). New York: Wiley.

Sharma, G., Mavroidis, C., Ferreira, A. (2005). Virtual reality and haptics in nano- and bionanotechnology. In M. Rieth & W. Schommers (Eds.), *Handbook of theoretical and computational nanotechnology* (Vol X, pp. 1–33). Valencia: CA: American Scientific Publishers.

Shaw, T. H., Parasuraman, R., Guagliardo, L., & de Visser, E. (2010). Towards adaptive automation: A neuroergonomic approach to measuring workload during a command and control task. In W. Karwowski & G. Salvendy (Eds.), *Applied human factors and ergonomics.* Boca Raton, FL: Taylor & Francis.

Shebilske, W. L., Goettl, B. P., & Garland, D. J. (2000). Situation awareness, automaticity, and training. In M. R. Endsley & D. J. Garland, *Situation awareness, analysis, and measurement* (pp. 271–288). Mahwah, NJ: Erlbaum.

Shechter, S., & Hochstein, S. (1992). Asymmetric interactions in the processing of the visual dimensions of position, width, and contrast of bar stimuli. *Perception, 21,* 297–312.

Sheedy, J. E., Subbaram, M. V., Zimmerman, A. B., & Hayes, J. R. (2005). Text legibility and the letter superiority effect. *Human Factors, 47,* 797–815.

Shen, M.Carswell, M., Santhanam, R. and Bailey, K. (2012). Emergency management information systems: Could decision makers be supported in choosing display formats?, Decision Support Systems, 52(2), 318–330.

**Shepard, R. N.** (1982). Geometrical approximations to the structure of musical pitch. *Psychological Review, 89,* 305–333.

**Sheridan, T. B.** (1970). On how often the supervisor should sample. *IEEE Transactions on Systems Science and Cybernetics, SSC-6(2),* 140–145.

**Sheridan, T. B.** (1996). Further musings on the psychophysics of presence. *Presence, 5,* 241–246.

**Sheridan, T. B.** (2002). *Humans and automation: Systems design and research issues.* New York: Wiley.

**Sheridan, T. B., & Ferrell, W. A.** (1974). *Man-machine systems: Information, control, and decision models of human performance.* Cambridge, MA: MIT Press.

**Sheridan, T. B., & Parasuraman, R.** (2006). Human-automation interaction. *Reviews of Human Factors and Ergonomics, 1,* 89–129.

**Sheridan, T. B., & Verplank, W. L.** (1978). *Human and computer control of undersea teleoperators.* (Technical Report, Man-Machine Systems Laboratory, Department of Mechanical Engineering). Cambridge, MA: MIT Press.

**Sherman, W., & Craig, A.** (2003). *Understanding virtual reality: Interface, application and design.* San Francisco: Morgan Kaufmann.

**Shiffrin, R. M., & Nosofsky, R. M.** (1994). Seven plus or minus two: A commentary on capacity limitations. *Psychological Review, 101,* 357–361.

**Shiffrin, R. M., & Schneider, W.** (1977). Controlled and automatic human information processing II: Perceptual learning, automatic attending, and a general theory. *Psychological Review, 84,* 127–190.

**Shih, S. I., & Sperling, G.** (2002). Measuring and modeling the trajectory of visual spatial attention. *Psychological Review, 109,* 260–305.

**Shinar, D.** (2008). Looks are (almost) everything: Where drivers look to get information. *Human Factors, 50,* 380–384.

**Shneiderman, B. & Plaisant, C.** (2005). *Designing the user interface: Strategies for effective human computer interaction* (4th Ed.). Reading, MA: Addison-Wesley.

**Shneiderman, B., & Plaisant, M.** (2009). *Designing the user interface: Strategies for effective human computer interaction* (5th Ed.). Reading, MA: Addison-Wesley.

**Shoda, M. & Rodriguez, M. L.** (1989). Delay of gratification in children. *Science, 244,* 933–938.

**Sholl, M. J.** (1987). Cognitive maps as orienting schemata. *Journal of Experimental Psychology: Learning, Memory and Cognition, 13,* 615–628.

**Shortliffe, E. H.** (1983). Medical consultation systems. In M. E. Sime and M. J. Coombs (Eds.), *Designing for human-computer communications* (pp. 209–238). New York: Academic Press.

**Shugan, S. M.** (1980). The cost of thinking. *Journal of Consumer Research, 7,* 99–111.

**Shulman, H. G., & McConkie, A.** (1973). S-R compatibility, response discriminability and response codes in choice reaction time. *Journal of Experimental Psychology, 98,* 375–378.

**Shutko, J., & Tijierno, L.** (2011). Ford's approach to managing driver attention: SYNC and MyFord Touch. *Ergonomics in Design, 4,* 13–16.

**Sidorsky, R. C.** (1974, January). Alpha-dot: A new approach to direct computer entry of battlefield data (Technical Paper 249). Arlington, VA: U.S. Army Research Institute for the Behavioral and Social Sciences.

**Siegel, J. A., & Siegel, W.** (1972). Absolute judgment and paired associate learning: Kissing cousins or identical twins? *Psychological Review, 79,* 300–316.

**Siegrist, M.** (1996). The use or misuse of three-dimensional graphs to represent lower-dimensional data. *Behaviour & Information Technology, 15,* 96–100.

**Simola, J., Kuisma, J., Öörni, A., Uusitalo, L., Hyönä, J.** (2011). The impact of salient advertisements on reading and attention on web pages. *Journal of Experimental Psychology: Applied, 17,* 174–190.

**Simon, H. A.** (1955). A behavioral model of rational choice. *Quarterly Journal of Economics, 69,* 99–118.

**Simon, H. A.** (1978). Rationality as process and product of thought. *Journal of the American Economic Association, 68,* 1–16.

**Simon, H. A.** (1981). *The sciences of the artificial* (2nd Ed.). Cambridge, MA: MIT Press.

**Simon, H. A.** (1990). Invariants of human behaviour. *Annual Review of Psychology, 41,* 1–19.

**Simon, J. R.** (1969). Reaction toward the source of stimulus. *Journal of Experimental Psychology, 81,* 174–176.

**Simonov, P. V., Frolov, M. V., Evtushenko, V. F., & Suiridov, E. P.** (1977). Effect of emotional stress on recognition of visual patterns. *Aviation, Space, and Environmental Medicine, 48,* 856–858.

*Simons, D. J., & Chabris, C. F.* (1999). Gorillas in our midst: sustained inattentional blindness for dynamic events. *Perception, 28,* 1,058–1,074.

*Simons, D. J., & Levin, D. T.* (1998). Failure to detect changes to people during a real-world interaction. *Psychonomic Bulletin & Review, 5,* 644–649.

*Simonsohn, U.* (2009) Direct Risk Aversion. *Psychological Science, 20,* 686–691.

*Simpson, B. D,, Brungart, D. S., Giley, R. H., Cowgill, J. L., Dallman, R. C., Green, R. F., Youngblood, K. L., & Moore. T. J.* (2004). 3D audio cueing for target identification in a simulated flight task. In *Proceedings of the Human Factors and Ergonomics Society–48th Annual Meeting* (pp. 1,836–1,840). Santa Monica, CA: Human Factors and Ergonomics Society.

*Singh, I. L., Molloy, R., & Parasuraman, R.* (1993). Automation-induced "complacency": Development of the complacency-potential rating scale. *International Journal of Aviation Psychology, 3,* 111–121.

*Singley, M., & Andersen, J.* (1989) *The transfer of cognitive skill.* Cambredge, MA: Harvard University Press.

*Sirevaag, E. J., Kramer, A. F., Wickens, C. D., Reisweber, M., Strayer, D. L., & Grenell, J. F.* (1993). Assessment of pilot performance and mental workload in rotary wing aircraft. *Ergonomics, 36,* 1,121–1,140.

*Sit, R. A., & Fisk, A. D.* (1999). Age-related performance in a multiple-task environment. *Human Factors, 41,* 26–34.

*Sitzmann, T., Ely, K., Bell, B. S., & Bauer, K.* (2010). The effects of technical difficulties on learning and attrition during online training. Journal of Experimental Psychology: Applied, 16 (3), 281–292.

*Skitka, L. J., Mosier, K. L., & Burdick, M.* (2000). Accountability and automation bias. *International Journal of Human-Computer Studies, 52,* 701–717.

*Sklar, A. E., & Sarter, N. B.* (1999). Good vibrations: Tactile feedback in support of attention allocation and human-automation coordination in event-driven domains. *Human Factors, 41,* 543–552.

*Slamecka, N. J., & Graf, P.* (1978). The generation effect: Delineation of a phenomenon. *Journal of Experimental Psychology: Human Learning, Memory, and Cognition, 4,* 592–604.

*Slater, M. & Usoh, M.* (1993). Presence in immersive virtual environments. In *IEEE Virtual Reality International Symposium* (pp. 90–96). New York: IEEE.

*Sloman, S.* (2002). Two systems of reasoning. In T. Gilovich, D. Griffin, & D. Kahneman (Eds.), *Heuristics and biases: The psychology of intuitive judgment.* New York: Cambridge University Press.

*Slovic, P.* (1987). Perception of risk. *Science, 236,* 280–285.

*Slovic, P., Finucane, M., Peters, E., & MacGregor, D.* (2002). The affect heuristic. In T. Gilovich, D. Griffin, & D. Kahneman (Eds.), *Heuristics and biases: The psychology of intuitive judgment.* New York: Cambridge University Press.

*Smallman, H. S., & Cook, M. B.* (2011). Naïve realism: Folk fallacies in the design and use of visual displays. *Topics in Cognitive Science, 3*(3), 579–608.

*Smallman, H. S., Manes, D. I., & Cowen, M. B.* (2003). Measuring and modeling the misinterpretation of 3-D perspective views. In *Proceedings of the Human Factors and Ergonomics Society—47th Annual Meeting* (pp. 1,615–1,619). Santa Monica, CA: Human Factors and Ergonomics Society.

*Smallman, H. S., & St. John, M.* (2005). Naïve realism: Misplaced faith in the utility of realistic displays. *Ergonomics in Design, 13,* 6–13.

*Smallman, H. S., St. John, M., & Cowen, M. B.* (2002). Use and misuse of linear perspective in the perceptual reconstruction of 3-D perspective view displays. In *Proceedings of the Human Factors and Ergonomics Society—46th Annual Meeting* (pp. 1,560–1,564). Santa Monica, CA: Human Factors and Ergonomics Society.

*Smallman, H. S., St. John, M., & Cowen, M. B.* (2005). Limits of display realism: Human factors issues in visualizing the common operational picture. In *Visualisation and the common operational picture.* NATO RTO Meeting Proceedings RTO-MP-IST-043. Neuilly-sur-Seine, France: NATO Research and Technology Organisation.

*Smelcer, J. B., & Walker, N.* (1993). Transfer of knowledge across computer command menus. *International Journal of Human-Computer Interaction, 5,* 147–165.

*Smilek, D., Carriere, J., & Cheyne., J. A.* (2010). Out of mind, out of sight: eye blinking as an indicator and embodiment of mind wandering. *Psychological Science, 21,* 786–789.

*Smith, J. J., & Wogalter, M. S.* (2010). Behavioral compliance to in-manual and on-product warnings. In *Proceedings of the Human Factors and Ergonomics Society 54th Annual Meeting* (pp. 1,846–1,850). Santa Monica, CA: Human Factors and Ergonomics Society.

Smith, K. U. (1962). *Delayed sensory feedback and balance*. Philadelphia: Saunders.

Smith, S. (1981). Exploring compatibility with words and pictures. *Human Factors, 23*, 305–316.

Smith, K., & Hancock, P. A. (1995). Situation awareness is adaptive, externally directed consciousness. *Human Factors, 37*, 137–48.

Smith, P. J., Bennett, K. B., & Stone, R. B. (2006). Representation aiding to support performance on problem-solving tasks. *Reviews of Human Factors and Ergonomics, 2*, 74–108.

Smith, P., Bennett, K., & Stone, R (2006). Representational aiding. In R. Williges (Ed.), *Reviews of Human Factors & Ergonomics* (Vol 2). Santa Monica, CA: Human Factors and Ergonomics Society.

Smith, S., & Thomas, D. (1964). Color versus shape coding in information displays. *Journal of Applied Psychology, 48*, 137–146.

Sniezek, J. A. (1980). Judgments of probabilistic events: Remembering the past and predicting the future. *Journal of Experimental Psychology: Human Perception and Performance, 6*, 695–706.

Snodgrass, J. G., & Corwin, J. (1988). Pragmatics of measuring recognition memory: Applications to dementia and amnesia. *Journal of Experimental Psychology: General, 117*, 34–50.

Snow, M. P., & Williges, R. C. (1997). Empirical modeling of perceived presence in virtual environments using sequential exploratory techniques. In *Proceedings of the Human Factors and Ergonomics Society—41st Annual Meeting* (pp. 1,224–1,228). Santa Monica, CA: Human Factors and Ergonomics Society.

Sodnik, J., Dicke, C., Tomazic, S., & Billinghurst, M. (2008). A user study of auditory versus visual interfaces for use while driving. *International Journal of Human Computer Studies, 66*, 318–322.

Sodnik J., Jakus, G., Tomazic, S. (2011). Multiple spatial sounds in hierarchical menu navigation for visually impaired computer users. *International Journal of Human Computer Studies, 69*, 100–112.

Soegaard, Mads (2010). Interaction Styles. Retrieved 29 February 2012 from Interaction–Design.org: http://www.interaction–design.org/encyclopedia/interaction_styles.html.

Sohn, Y. W., & Doane, S. M. (2003). Roles of working memory capacity and long-term working memory skill in complex task performance. *Memory & Cognition. 31*, 458–466.

Sohn, Y. W., & Doane, S. M. (2004). Memory processes of flight situation awareness: Interactive roles of working memory capacity, long-term working memory, and expertise. *Human Factors, 46*, 461–475.

Sollenberger, R. L., & Milgram, P. (1993). Effects of stereoscopic and rotational displays in a three-dimensional path-tracing task. *Human Factors, 35*, 483–499.

Sorensen, C. (2011). Cockpit crisis. *Macleans* magazine, September 5, 56–61. Rogers Publishing: Toronto. Available online at http://www2.macleans.ca/2011/08/24/cockpit-crisis/.

Sorensen, L. J., Stanton, N. A., and Banks, A. P. (2011). Back to SA school: Contrasting three approaches to situation awareness in the cockpit. *Theoretical Issues in Ergonomics Science, 12*, 451–471.

Sorkin, R. D. (1989). Why are people turning off alarms? *Human Factors Society Bulletin, 32*(4), 3–4.

Sorkin, R. D., & Woods, D. D. (1985). Systems with human monitors: A signal detection analysis. *Human-Computer Interaction, 1*, 49–75.

Sorkin, R. D., Kantowitz, B. H., & Kantowitz, S. C. (1988). Likelihood alarm displays. *Human Factors, 30*, 445–460.

Sowerby, L. J., Rehal, G., Husein, M., Doyle, P. C., Agrawal, S., & Ladak, H. M. (2010). Development and face validity testing of a three-dimensional myringotomy simulator with haptic feedback. *Journal of Otolaryngology—Head & Neck Surgery, 39*, 122–129.

Spanish Ministry of Transportation and Communications (1978). Report of collision between PAA B-747 and KLM B-747 at Tenerife. *Aviation Week & Space Technology, 109* (November 20), 113–121; (November 27), 67–74.

Speier, C. (2006). The influence of information presentation formats on complex task decision-making performance. *International Journal of Human-Computer Studies, 64*, 1,115–1,131.

Spence, C., McDonald, J., & Driver, J. (2004). Exogenous spatial-cuing studies of human crossmodal attention and multisensory integration. In C. Spence & J. Driver (Eds.), *Crossmodal space and crossmodal attention* (pp. 277–320). Oxford: Oxford University Press.

*Spence, C., & Read, L.* (2003). Speech shadowing while driving: On the difficulty of splitting attention between eye and ear. *Psychological Science, 14,* 251–256.

*Spence, I.* (2004). The apparent and effective dimensionality of representations of objects. *Human Factors, 46,* 738–747.

*Spence, I., & Efendov, A.* (2001). Target detection in scientific visualization. *Journal of Experimental Psychology: Applied, 7,* 13–26.

*Spence, I., Kutlesa, N., & Rose, D. L.* (1999). Using color to code quantity in spatial displays. *Journal of Experimental Psychology: Applied, 5,* 393–412.

*Spencer, K.* (1988). *The psychology of educational technology and instructional media.* London: Routledge.

*Sperling, G., & Dosher, B. A.* (1986). Strategy and optimization in human information processing. In K. Boff, L. Kaufman, & J. Thomas (Eds.) *Handbook of Perception and Performance* (Vol. 1), (pp. 2-1-2-65). New York: Wiley.

*St. Amant, R., Horton, T. E., & Ritter, F. E.* (2004). Model-based evaluation of expert cell phone menu interaction. In *Proceedings of the ACM Conference on Human Factors in Computing Systems* (pp. 343–350). Washington DC: Association for Computing Machinery.

*St. Cyr, O., & Burns, C. M.* (2001). Mental models and the abstraction hierarchy. In *Proceedings of the Human Factors and Ergonomics Society—45th Annual Meeting* (pp. 297–301). Santa Monica, CA: Human Factors and Ergonomics Society.

*St. John, M., Cowen, M. B., Smallman, H. S., & Oonk, H. M.* (2001). The use of 2D and 3D displays for shape understanding versus relative position tasks. *Human Factors, 43,* 79–98.

*St. John, M., Kobus, D. A., Morrison, J. G., & Schmorrow, D.* (2004). Overview of the DARPA augmented cognition technical integration experiment. *International Journal of Human–Computer Interaction, 17,* 131–149.

*St. John, M., & Risser, M. R.* (2009). Sustaining vigilance by activating a secondary task when inattention is detected. In *Proceedings of the Human Factors and Ergonomics Society 53rd Annual Meeting* (pp. 155–159). Santa Monica, CA: Human Factors and Ergonomics Society.

*St. John, M., & Smallman, H.* (2008). Four design principles for supporting situation awareness. *Journal of Cognitive engineering and Decision Making 2,* 118–139.

*St. John, M., Smallman, H. S., Manes, D. I., Feher, B. A., & Morrison, J. G.* (2005). Heuristic automation for decluttering tactical displays. *Human Factors, 47,* 509–525.

*Stager, P., & Angus, R.* (1978). Locating crash sites in simulated air-to-ground visual search. *Human Factors, 20,* 453–466.

*Stankov, L.* (1983). Attention and Intelligence. Journal of Educaational Psychology, 74(4), 471–490.

*Stankov, L.* (1988). Single tasks, competing tasks, and their relationship to the broad factors of intelligence. Personality and Individual Difference, 9, 25–44.

*Stanney, K. M., & Zyda, M.* (2002). Virtual environments in the 21st century. In K. M. Stanney (Ed.), *Handbook of virtual environments* (pp. 1–14). Mahwah, NJ: Erlbaum.

*Stansfeld, S. A., Berglund, B., Clark, C., Lopez-Barrio, I., Fischer, P., Öhrström, E., Haines, M., Head, J., Hygge, S., van Kamp, I., and Berry, B. F.* (2005). Aircraft and road traffic noise and children's cognition and health: A cross-national study. *The Lancet, 265,* 1942–1949.

*Stansky, D., Wilcox, L., & Dubrowski, A.* (2010). Mental rotation: Cross task training and generalization. *Journal of Experimental Psychology: Applied. 16,* 349–360.

*Stanton, N. A., & Baber, C.* (2008). Modeling of human alarm handling response times: A case study of the Ladbroke Grove rail accident in the UK. *Ergonomics, 51,* 423–440.

*Stanton, N. A., Salmon, P. M., Walker, G. H., and Jenkins, D. P.* (2010). Is situation awareness all in the mind? *Theoretical Issues in Ergonomics Science, 11,* 29–40.

*Starr, M. S., & Rayner, K.* (2004). Eye movements during reading: Some current controversies. *Trends in Cognitive Science, 5,* 156–163.

*Steblay, N.* (1997). Social influence in eyewitness recall: A meta-analytic review of lineup instruction effects. *Law and Human Behavior, 21,* 283–297.

*Steblay, N., Dysart, J., Fulero, S., & Lindsay, R. C. L.* (2001). Eyewitness accuracy rates in sequential and simultaneous linup presentations: A meta-analytic comparison. *Law and Human Behavior, 25,* 459–473.

*Steelman, K. S., McCarley, J. S., & Wickens, C. D.* (2011). Modeling the control of attention in visual workspaces. *Human Factors, 53,* 142–153.

*Stefanidis, D., Korndorffer, J. R., Markley, S., Sierra, R., & Schott, D. J.* (2006). Proficiency maintenance: Impact of ongoing simulator training on laparoscopic skill retention. *Journal of the American College of Surgeons, 202* (4), 599–603.

Stefanidis, D., Korndorffer, J. R., Sierra, R. Touchard, C., Dunne, J. B., & Scott, D. J. (2005). Skill retention following proficiency-based laparoscopic simulator training. *Journal of Surgery, 138* (2), 165–170.

Steil, B. (2001). Creating securities markets in developing countries: A new approach for the age of automated trading. *International Finance, 4(2),* 257–278.

Steltzer, E. M., & Wickens, C. D. (2006). Pilots strategically compensate for display enlargements in surveillance and flight control tasks. *Human Factors, 48,* 166–181.

Sternberg, S. (1966). High speed scanning in human memory. *Science, 153,* 652–654.

Sternberg, S. (1969). The discovery of processing stages: Extension of Donders' method. *Acta Psychologica, 30,* 276–315.

Sternberg, S. (1975). Memory scanning: New findings and current controversies. *Quarterly Journal of Experimental Psychology, 27,* 1–32.

Sternberg, S., Kroll, R. L., & Wright, C. E. (1978). Experiments on temporal aspects of keyboard entry. In J. P. Duncanson (Ed.), *Getting it together: Research and application in human factors.* Santa Monica, CA: Human Factors Society.

Stevens, S. S. (1946). On the theory of scales of measurement. *Science, 103,* 677–680.

Stevens, S. S. (1957). On the psychophysical law. *Psychological Review, 64,* 153–181.

Stevens, S. S. (1975). *Psychophysics.* New York: Wiley.

Stiensmeier-Pelster, J., & Schrmann, M. (1993). Information processing in decision making under time pressure: The influence of action versus state orientation. In O. Svenson & A. J. Maule (Eds.), *Time pressure and stress in human judgment and decision making* (pp. 241–254). New York: Plenum.

Stokes, A. & Kite, K. (1994). *Flight Stress: Fatigue and performance in aviation.* Aldershot, UK: Ashgate.

Stokes, A. F., Wickens, C. D., & Kite, K. (1990). *Display technology: Human factors concepts.* Warrendale, PA: Society of Automotive Engineers.

Stokes, A. F., & Raby, M. (1989). Stress and cognitive performance in trainee pilots. In *Proceedings of the 33rd Annual Meeting of the Human Factors Society.* Santa Monica, CA: Human Factors Society.

Stone, D. E., & Gluck, M. D. (1980). *How do young adults read directions with and without pictures?* (Technical Report). Ithaca, NY: Cornell University, Department of Education.

Stone, E. R., Yates, J. F., & Parker, A. M. (1997). Effects of numerical and graphical displays on professed risk-taking behavior. *Journal of Experimental Psychology: Applied, 3,* 243–256.

Stone, R. J. (2002). Applications of virtual environments: An overview. In K. M. Stanney (Ed.), *Handbook of virtual environments* (pp. 827–856). Mahwah, NJ: Erlbaum.

Stone, R. T., Watts, K. P., Zhong, P., & Wei, C. S. (2011). Physical and cognitive effects of virtual reality integrated training. *Human Factors, 53,* 558–572.

Strayer, D. L., & Drews, F. A. (2007). Multitasking in the automobile. In A. F. Kramer, D. A. Wiegmann, & A. Kirlik (Eds.), *Attention: From theory to practice.* Oxford UK: Oxford University Press.

Strayer, D. L., Drews, F. A., & Johnston, W. A. (2003). Cell phone-induced failures of visual attention during simulated driving. *Journal of Experimental Psychology, Applied, 9,* 23–32.

Strayer, D. L., Wickens, C. D., & Braune, R. (1987). Adult age differences in the speed and capacity of information processing. II. An electrophysiological approach. *Psychology and Aging, 2,* 99–110.

Stroobant, N., & Vingerhoets, G. (2000). Transcranial Doppler ultrasonography monitoring of cerebral hemodynamics during performance of cognitive tasks: A review. *Neuropsychology Review, 10,* 213–231.

Stroop, J. R. (1935). Studies of interference in serial verbal reactions. *Journal of Experimental Psychology, 18,* 643–662.

Sturm, W., & Wilmes, K. (2001). On the functional neuroanatomy of intrinsic and phasic alertness. *NeuroImage, 14,* S76–S84.

Sulistyawati, K., Wickens, C. D., & Chui, Y. P. (2011). Prediction in situation awareness: Confidence bias and underlying cognitive abilities. *The International Journal of Aviation Psychology, 21,* 153–174.

Summala, H. (1981). Driver/vehicle steering response latencies. *Human Factors, 23,* 683–692.

Summala., H., Nieminen, T., & Punto, M. (1996). Maintaining lane position with peripheral vision during in-vehicle tasks. *Human Factors, 38,* 442–451.

Svenson, O. (1981). Are we less risky and more skillful than our fellow drivers? *Acta Psychologica, 47,* 143–148.

Swain, A. D. (1990). Human reliability analysis: Need, status, trends and limitations. *Reliability Engineering and System Safety, 29,* 301–313.

Svenson, S., & Maule, A. (1993). *Time pressure and stress in human judgment and decision making.* New York: Plenum Press.

Sweller, J. (1988). Cognitive load during problem solving: Effects on learning. Cognitive Science, 12, 257–285.

Sweller, J., & Chandler, P. (1994). Why some material is difficult to learn. *Cognition and Instruction, 12,* 185–233.

Sweller, J., Chandler, P., Tierney, P., & Cooper, M. (1990). Cognitive load as a factor in the structuring of technical material. *Journal of Experimental Psychology: General, 119,* 176–192.

Swets, J. A. (Ed.). (1964). *Signal detection and recognition by human observers: Contemporary readings.* New York: Wiley.

Swets, J. A. (1992). The science of choosing the right decision threshold in high-stake diagnostics. *American Psychologist, 47,* 522–532.

Swets, J. A. (1996). *Signal detection theory and ROC analysis in psychology and diagnostics.* Mahwah, NJ: Erlbaum.

Swets, J. A. (1998). Separating discrimination and decision in detection, recognition, and matters of life and death. In *An invitation to cognitive science: Methods, models, and conceptual issues* (Vol. 4, D. Scarborough and S. Sternberg, Eds.) (2nd Ed., pp. 635–702). Cambridge, MA: MIT Press.

Swets, J. A., & Pickett, R. M. (1982). *The evaluation of diagnostic systems.* New York: Academic Press.

Szalma, J. L. (2009). Individual differences in human-technology interaction: incorporating variation in human characteristics into human factors and ergonomics research and design *Theoretical Issues in Ergonomics Science, 10,* 381–397.

Szalma, J. L., & Hancock, P. A. (2011). Noise effects on human performance: A meta-analytic synthesis. *Psychological Bulletin, 137,* 682–707.

Taatgen, N. A., Huss, D., Dickison, D., & Anderson, J. R. (2008). The acquisition of robust and flexible cognitive skills. *Journal of Experimental Psychology: General, 137,* 548–565.

Taati, B., Tahmasebi, A. M., & Hashtrudi-Zaad, K. (2008). Experimental identification and analysis of the dynamics of a PHANToM premium 1.5A haptic device. *Presence, 17,* 327–343.

Takeuchi, A. H., & Hulse, S. H. (1993). Absolute pitch. *Psychological Bulletin, 113,* 345–361.

Taleb, N. N. (2007). *The black swan: The impact of the highly improbable.* New York: Random House.

Taylor, H., Brunye, T., & Taylor, S. (2008). Spatial mental representation implications for navigation system design. In M. Carswell (Ed.), *Reviews of Human Factors and Ergonomics* (Vol 4). Santa Monica, CA: Human Factors and Ergonomics Society.

Taylor, J. L., O'Hara, R., Mumenthaler, M. S., Rosen, A. C., and Yesavage, J. A. (2005). Cognitive Ability, Expertise, and Age Differences in Following Air-Traffic Control Instructions. *Psychology and Aging In the public domain, 20* (1), 117–133.

Taylor, R. M., & Selcon, S. J. (1990). Cognitive quality and situational awareness with advanced aircraft attitude displays. In *Proceedings of the 34th annual meeting of the Human Factors Society* (pp. 26–30). Santa Monica, CA: Human Factors Society.

Taylor, V. A., & Bower, A. B. (2004). Improving product instruction compliance: "If you tell me why, I might comply". *Psychology and Marketing, 21*(3), 229–245.

Technical Working Group for Eyewitness Evidence (1999). *Eyewitness evidence: A guide for law enforcement.* Washington, DC: US Department of Justice, Off. Justice Programs.

Teevan, J. (2008). How people recall, recognize, and reuse search results. *ACM Transactions on Information Systems, 267,* 4, Article 19.

Teichner, W. H. (1974). The detection of a simple visual signal as a function of time of watch. *Human Factors, 16,* 339–353.

Teichner, W. H., & Krebs, M. J. (1972). Laws of the simple visual reaction time. *Psychological Review, 79,* 344–358.

Telford, C. W. (1931). Refractory phase of voluntary and associate response. *Journal of Experimental Psychology, 14,* 1–35.

Teichner, W. H., & Mocharnuk, J. B. (1979). Visual search for complex targets. *Human Factors, 21,* 259–276.

Teichner, W. H., & Krebs, M. J. (1974). Laws of visual choice reaction time. *Psychological Review, 81,* 75–98.

Tenney, Y. J., & Pew, R. W. (2007). Situation awareness catches on. What? So what? What now? In R. C. Williges (Ed.), *Reviews of human factors and ergonomics* (Vol. 2, pp. 89–129). Santa Monica, CA: Human Factors and Ergonomics Society.

*Tetlock, P. E.* (2002). Intuitive politicians, theologians and prosecutors: Exploring the empirical implications of deviant functionalist metaphors. In T. Gilovich, D. Griffin & D. Kahneman (Eds.), *Heuristics and biases: The psychology of intuitive judgment.* New York: Cambridge University Press.

*Tetlock, P. E.* (2005). *Expert political judgment: How good is it? How can we know?* Princeton, NJ: Princeton University Press.

*Theeuwes, J., Atchley, P., & Kramer, A. F.* (1998). Attentional control within 3-D space. *Journal of Experimental Psychology: Human Perception and Performance, 24,* 1,476–1,485.

*Thomas, L. C., & Wickens, C. D.* (2008). Display dimensionality and conflict geometry effects on maneuver preferences for resolving in-flight conflicts. *Human Factors, 50,* 576–588.

*Thurstone, L. L.* (1927). A law of comparative judgment. *Psychological Review, 34,* 273–286.

*Tierney, J.* (2011). To choose is to lose. NY Times Magazine. Aug 17.

*Tiersma, P. M.* (2006). *Communicating with juries: How to draft more understandable jury instructions.* National Center for State Courts, Williamsburg, VA.

*Tindall-Ford, S., Chandler, P., & Sweller, J.* (1997). When two sensory modes are better than one. *Journal of Experimental Psychology: Applied, 3,* 257–287.

*Ting, C., Mahfouf, M., Nassef, A., Linkens, D. A., Panoutsos, G., Nickel, P., Roberts, A. C., & Hockey, G.* (2010). Real-time adaptive automation system based on identification of operator functional state in simulated process control operations. *IEEE Transactions on Systems, Man, and Cybernetics. Part A: Systems and Humans, 40,* 251–262.

*Tinker, M. A.* (1955). Prolonged reading tasks in visual research. *Journal of Applied Psychology, 39,* 444–446.

*Titchner, E. B.* (1908). *Lectures on the elementary psychology of feeling and attention.* New York: MacMillan.

*Torgerson, W. S.* (1958). *Theory and method of scaling.* New York: Wiley.

*Toronov, V., Webb, A., Choi, J. H., Wolf, M., Michalos, A., Gratton, E., & Huber, D.* (2001). Investigation of human brain hemodynamics by simultaneous near-infrared spectroscopy and functional magnetic resonance imaging. *Medical Physics, 28,* 521–527.

*Trafton, J. G., & Monk, C.* (2007). Dealing with interruptions. *Reviews of Human Factors and Ergonomics, Vol 3.* Santa Monica, CA: Human Factors and Ergonomics Society.

*Trafton, J. G., Altman, E. M., & Brock, D. P.* (2005). Huh? What was I doing? How people use environmental cues after an interruption. In *Proceedings of the Human Factors and Ergonomics Society 49th Annual Meeting* (pp. 468–472). Santa Monica, CA: Human Factors and Ergonomics Society.

*Trafton, J. G., Altmann, E. M., Brock, D. P., & Mintz, F. E.* (2003). Preparing to resume an interrupted task: Effects of prospective goal encoding and retrospective rehearsal. *International Journal of Human–Computer Studies, 58,* 583–603.

*Treisman, A. M.* (1964a). The effect of irrelevant material on the efficiency of selective listening. *American Journal of Psychology, 77,* 533–546.

*Treisman, A. M.* (1964b). Verbal cues, language, and meaning in attention. *American Journal of Psychology, 77,* 206–214.

*Treisman, A. M.* (1986). Properties, parts, and objects. In K. R. Boff, L. Kaufman, & J. P. Thomas (Eds.), *Handbook of perception and human performance* (Vol. II, pp. 35.1–35.70). New York: Wiley.

*Treisman, A. M., & Davies A.* (1973). Divided attention to eye and ear. In S. Kornblum (Ed.), *Attention and performance IV.* New York: Academic Press.

*Treisman, A. M., & Gelade, G.* (1980). A feature-integration theory of attention. *Cognitive Psychology, 12,* 97–136.

*Treisman, A., & Souther, J.* (1985). Search asymmetry: A diagnostic for preattentive processing of separable features. *Journal of Experimental Psychology: General, 114,* 285–310.

*Tremblay, S., & Jones, D. M.* (1999). Changes in intensity fails to produce an irrelevant sound effect Implications for representation of unattended sound. *Journal of Experimental Psychology: Human Perception and Performance, 25,* 1,005–1,015.

*Tremblay, S., & Jones, D. M.* (2001). Beyond the matrix: A study of interference. In D. Harris (Ed.). *Engineering Psychology and Cognitive Ergonomics* (Vol. 6, pp. 255–262). Aldershot, England: Ashgate.

*Tripp, L. D., & Warm, J. S.* (2007). Transcranial Doppler sonography. In R. Parasuraman & M. Rizzo (Eds.) *Neuroergonomics: The brain at work.* (pp. 82–94). New York: Oxford University Press.

Tsang, P. S. (2006). Regarding time-sharing with concurrent operations. *Acta Psychologica, 121*, 137–175.

Tsang, P. S., & Shaner, T. L. (1998). Age, attention, expertise, and time-sharing performance. *Psychology and Aging, 13*, 323–347.

Tsang, P. S., & Vidulich, M. A. (2006). Mental workload and situation awareness. In G. Salvendy (Ed.), *Handbook of human factors & ergonomics* (pp. 243–268). Hoboken, NJ: Wiley.

Tsang, P. S., & Wickens, C. D. (1988). The structural constraints and strategic control of resource allocation. *Human Performance, 1*, 45–72.

Tsang, P. S., & Wilson, G. (1997). Mental workload. In G. Salvendy (Ed.), *Handbook of human factors and ergonomics* (2nd Ed.). New York: Wiley.

Tsimhoni, O., Smith, D., & Green, P. (2004). Address entry while driving: speech recognition versus touch screen keyboard. *Human Factors, 46*, 600–610.

Tsirlin, I., Allison, R. S., & Wilcox, L. M. (2008). Stereoscopic transparency: Constraints on the perception of multiple surfaces. *Journal of Vision, 8(5):5*, 1–10.

Tufte, E. (2001). *The visual display of quantitative information.* (2nd Ed.). Cheshire, CT: Graphics Press.

Tulga, M. K., & Sheridan, T. B. (1980). Dynamic decisions and workload in multitask supervisory control. *IEEE Transactions on Systems, Man, and Cybernetics, SMC–10*, 217–232.

Tullis, T. S. (1988). Screen design. In M. Helander (Ed.), *Handbook of human-computer interaction* (pp. 377–411). Amsterdam: North-Holland.

Tulving, E., & Schacter, D. L. (1990). Priming and human memory systems. *Science, 247*, 302–306.

Tulving, E., Mandler, G., & Baumal, R. (1964). Interaction of two sources of information in tachistoscopic word recognition. *Canadian Journal of Psychology, 18*, 62–71.

Turner, M. L., & Engle, R. W. (1989). Is working memory capacity task dependent? *Journal of Memory and Language, 28*, 127–154.

Tversky, A. (1972). Elimination by aspects: A theory of choice. *Psychological Review, 79*, 281–299.

Tversky, A. (1977). Features of similarity. *Psychological Review, 84*, 327–352.

Tversky, A., & Kahneman, D. (1971). The law of small numbers. *Psychological Bulletin, 76*, 105–110.

Tversky, A., & Kahneman, D. (1974). Judgment under uncertainty: Heuristics and biases. *Science, 185*, 1,124–1,131.

Tversky, A., & Kahneman, D. (1981). The framing of decisions and the psychology of choice. *Science, 211*, 453–458.

Tversky, B., Morrison, J., & Bertrancourt, M. (2002) Animation: can it facilitate? *International Journal of Human-Computer Studies, 57*, 247–262.

U.S. Navy (1988). *Investigation report: Formal investigation into the circumstances surrounding the downing of Iran airflight 655 on 3 July 1988.* Washington, DC: Department of Defense Investigation Report.

Ullsperger, P., Freude, G., & Erdmann, U. (2001). Auditory probe sensitivity to mental workload changes—an event-related potential study. *International Journal of Psychophysiology, 40*, 201–209.

Upton, C., & Doherty, G. (2008). Extending ecological interface design principles: A manufacturing case study. *International Journal of Human-Computer Studies, 66*, 271–286.

Ursin, H., Baade, E., & Levine, S (Eds.), 1978. Psychobiology of stress. NY.: Academic Press.

Valero-Gomez, A., de la Puente, P., & Hernando, M. (2011). Impact of two adjustable-autonomy models on the scalability of single-human/multiple-robot teams for exploration missions. Human Factors, 53(6), 703–716.

Van Beurden, M. H. P. H., van Hoey, G., Hatzakis, H., & Ijsselsteijn, W. A. (2009). Stereoscopic displays in medical domains: A review of perception and performance effects. In *Human Vision and Electronic Imaging XIV, Proceedings of the SPIE.* ( pp. 72400A-72400A-15). Bellingham, WA: International Society for Optics and Photonics.

Van Breda, L. (1999). *Anticipatory behavior in supervisory vehicle control.* Delft, Netherlands: Delft University Press.

Van Dam, S. B. J., Mulder, M., & van Paassen, M. M. (2008). Ecological interface design of a tactical airborne separation assistance tool. *IEEE Transactions on Systems, Man, and Cybernetics, Part A: Systems and Humans, 38*, 1221–1233.

Van Der Horst, R. (1988). Driver decision making at traffic signals. In *Traffic accident analysis and roadway visibility* (pp. 93–97). Washington, DC: National Research Council.

Van Der Kleij, R., & Brake, G. (2010). Map mediated dialogues. *Human Factors, 52*, 526–536.

*Van Ee, R., Banks, M. S., & Backus, B. T.* (1999). An analysis of stereoscopic slant contrast. *Perception, 28,* 1,121–1,145.

*Van Erp, J. B. F., Eriksson, L., Levin, B., Carlander, O., Veltman, J. A., & Vos, W. K.* (2007). Tactile cueing effects on performance in simulated aerial combat with high acceleration. *Aviation, Space, and Environmental Medicine, 78,* 1,128–1,134.

*Van Gog, T., & Rummel, N.* (2010). Example-based learning: Integrating cognitive and social-cognitive research perspectives. Educational Psychology Review 22(2), 155-174.

*Van Laar, D., & Deshe, O.* (2007). Color coding of control room displays: The psychocartography of visual layering effects. *Human Factors, 49,* 477–490.

*Van Merriënboer, J. J. G., Kester, L., & Paas, F.* (2006). Teaching complex rather than simple tasks: balancing intrinsic and germane load to enhance transfer of learning. Applied Cognitive Psychology 20, 343–352.

*Van Overschelde, J. P., & Healy, A. F.* (2005). A blank look in reading. *Experimental Psychology* (formerly Zeitschrift für Experimentelle Psychologie), *52,* 213–223.

*Van Rooij, I., Stege, U., & Schactman, A.* (2003). Convex hull and tour crossings in the Euclidean traveling salesperson problem: Implications for human performance studies. *Memory & Cognition, 31,* 215–220.

*Van Veen, H. A. H. C., and & van Erp, J. B. F.* (2003). Providing directional information with tactile torso displays. In *Proceedings of the World Haptics Conference* (pp. 471–474). New York: IEEE.

*Vanderheiden, G. C.* (2006) Design for people with functional limitations. In G. Salvendy (Ed.), *Handbook of Ergonomics & Human Factors* (3rd Ed).

*Varey, C. A., Mellers, B. A., & Birnbaum, M. H.* (1990). Judgments of proportions. *Journal of Experimental Psychology: Human Perception and Performance, 16,* 613–625.

*Vartabedian, A. G.* (1972). The effects of letter size, case, and generation method on CRT display search time. *Human Factors, 14,* 511–519.

*Vashitz, G., Meyer, J., Parmet, Y., Peleg, R., Goldfar, D., Porath, A., & Gilutz, H.* (2009). Defining and measuring physicians' responses to clinical reminders. *Journal of Biomedical Informatics, 42,* 317–326.

*Venetjoki, N., Kaarlela-Tuomaala, A., Keskinen, E., & Hongisto, V.* (2006). The effect of speech and speech intelligibility on task performance. *Ergonomics, 49,* 1,068–1,091.

*Venturino, M.* (1991). Automatic processing, code dissimilarity, and the efficiency of successive memory searches. *Journal of Experimental Psychology: Human Perception and Performance, 17,* 677–695.

*Vergauwe, E., Barrouillet, P., & Camos, V.* (2010). Do mental processes share a domain-general resource? *Psychological Science, 21,* 384–390.

*Verhaegen, P., Steitz, D. W., Sliwinski, M. J., & Cerella, J.* (2003). Aging and dual-task performance: A meta-analysis. *Psychology and Aging, 18,* 443–460.

*Vessey, I.* (1985). Expertise in debugging computer programs: A process analysis. *International Journal of Man-Machine Studies, 23,* 459–494.

*Vessey, I.* (1991). Cognitive fit: A theory-based analysis of the graphs versus tables literature. *Decision Sciences, 22,* 219–241.

*Vicente, K. J.* (1990). Coherence- and correspondence-driven work domains: Implications for systems design. *Behaviour & Information Technology, 9,* 493–502.

*Vicente, K. J.* (1992). Memory recall in a process control system: A measure of expertise and display effectiveness. *Memory & Cognition, 20,* 356–373.

*Vicente, K. J.* (1997). Should an interface always match the operator's mental model? *CSERIAC Gateway, 8,* 1–5.

*Vicente, K. J.* (1999). *Cognitive work analysis.* Mahwah, NJ: Erlbaum.

*Vicente, K. J.* (2002). Ecological interface design: Progress and challenges. *Human Factors, 44,* 62–78.

*Vicente, K. J., & Rasmussen, J.* (1992). Ecological interface design: Theoretical foundations. *IEEE Transactions on Systems, Man, and Cybernetics, 22,* 589–606.

*Vicente, K. J., Thornton, D. C., & Moray, N.* (1987). Spectral analysis of sinus arrhythmia: A measure of mental effort. *Human Factors, 29,* 171–182.

*Vicente, K. J., & Wang, J. H.* (1998). An ecological theory of expertise effects in memory recall. *Psychological Review, 105,* 33–57.

*Vicentini, M., & Botturi, D.* (2009). Human factors in haptic contact of pliable surfaces. *Presence, 18,* 478–494.

*Vickers, D.* (1970). Evidence for an accumulator model of psychophysical discrimination. *Ergonomics, 13,* 37–58.

*Victor, T* (2011). Distraction and inattention countermeasure technologies. *Ergonomics in Design, 19*(4), 20–22.

*Vidulich, M. A., & Tsang, P. S.* (1986). Techniques of subjective workload assessment: A comparison of SWAT and the NASA-bipolar methods. *Ergonomics, 29,* 1,385–1,398.

*Vidulich, M. A., & Tsang, P. S.* (2007). Methodological and theoretical concerns in multitask performance: A critique of Boles, Bursk, Phillips, and Perdelwitz. *Human Factors, 49,* 46–49.

*Vidulich, M. A., & Wickens, C. D.* (1986). Causes of dissociation between subjective workload measures and performance: Caveats for the use of subjective assessments. *Applied Ergonomics, 17,* 291–296.

*Villoldo, A., & Tarno, R. L.* (1984). *Measuring the performance of EOD equipment and operators under stress* (DTIC Technical Report AD-B083-850). Indian Head, MD: Naval Explosive and Ordnance Disposal Technology Center.

*Vincow, M. A., & Wickens, C. D.* (1998). Frame of reference and navigation through document visualizations: Flying through information space. In *Proceedings of the Human Factors and Ergonomics Society 42nd Annual Meeting* (pp. 511–515). Santa Monica, CA: Human Factors.

*Vinze, A. S., Sen, A., & Liou, S. F. T.* (1993). Operationalizing the opportunistic behavior in model formulation. *International Journal of Man–Machine Studies, 38,* 509–540.

*Violanti, J. M., & Marshall, J. R.* (1996). Cellular phones and traffic accidents: An epidemiological approach. *Accident Analysis and Prevention, 28(2),* 265–270.

*Votanopoulos, K., Brunicardi, F. C., & Thornby, J., & Bellows, C. F.* (2008). Impact of three-dimensional vision in laparoscopic training. *World Journal of Surgery, 32*(1), 110–118.

*Wachtel, P. L.* (1968). Anxiety, attention, and coping with threat. *Journal of Abnormal Psychology, 73,* 137–143.

*Waganaar, W. A., & Sagaria, S. D.* (1975). Misperception of exponential growth. *Perception & Psychophysics, 18,* 416–422.

*Walker, B., & Kogan, A.* (2009). Spearcon performance and preference for auditory menus on a mobile phone. In C. Stephanidis (Ed.), *Universal access in human-computer interaction: Intelligent and ubiquitous interaction environments,* Berlin: Springer.

*Wallis, T. S. A., & Horswill, M. A.* (2007). Using fuzzy signal detection theory to determine why experienced and trained drivers respond faster than novices in a hazard perception test. *Accident Analysis and Prevention, 39,* 1,177–1,185.

*Wallsten, T. S., & Barton, C.* (1982). Processing probabilistic multidimensional information for decisions. *Journal of Experimental Psychology: Learning, Memory and Cognition, 8,* 361–384.

*Wang, B.* (2011). Simplify to clarify. *Nature Methods, 8,* 611.

*Wang, L., Jamieson, G. A., & Hollands, J. G.* (2009). Trust and reliance on an automated combat identification system. *Human Factors, 51,* 281–291.

*Wang, W., & Milgram, P.* (2009). Viewpoint animation with a dynamic tether for supporting navigation in a virtual environment. *Human Factors, 51,* 393–403.

*Wang, Z., Hope, R., Wang, Z., Ji, Q., & Gray, W. D.* (2012). Cross-subject workload classification with a hierarchical Bayes model. *NeuroImage, 59,* 64–69.

*Ward, G., & Allport, A.* (1997). Planning and problem-solving using the five-disc Tower of London task. *Quarterly Journal of Experimental Psychology, 50A,* 49–78.

*Ware, C. & Franck, G.* (1996). Evaluating stereo and motion cues for visualizing information nets in three dimensions. *ACM Transactions on Graphics 15,* 2, 121–139.

*Ware, C., & Mitchell, P.* (2008). Visualizing graphs in three dimensions. *ACM Transactions on Applied Perception, 5* (1), 2-1-2-15.

*Warm, J. S.* (Ed.). (1984). *Sustained attention in human performance.* Chichester: Wiley.

*Wargo, E.* ( 2011) From the lab to the courtroom. *APS Observer 24* (November) 1–14.

*Warm, J. S., & Dember, W. N.* (1998). Tests of a vigilance taxonomy. In R. R. Hoffman, M. F. Sherrick, & J. S. Warm (Eds.), *Viewing psychology as a whole: The integrative science of William N. Dember* (pp. 87–112). Washington, DC: American Psychological Association.

*Warm, J. S., Dember, W. N., & Hancock, P. A.* (1996). Vigilance and workload in automated systems. In R. Parasuraman & M. Mouloua (Eds.), *Automation and human performance: theory and applications* (pp. 183–200). Mahwah, NJ: Erlbaum.

Warm, J. S., Dember, W. N., Murphy, A. Z., & Dittmar, M. L. (1992). Sensing and decision-making components of the signal-regularity effect in vigilance performance. *Bulletin of the Psychonomic Society, 30*, 297–300.

Warm, J. S., Parasuraman, R., & Matthews, G. (2008). Vigilance requires hard mental work and is stressful. *Human Factors, 50*, 433–441.

Warren, W. H. (2004). Optic flow. In L. M. Chalupa & J. S. Werner (Eds.), *The visual neurosciences* (pp. 1,247–1,259). Cambridge, MA: MIT Press.

Warren, W. H., & Hannon, D. J. (1990). Eye movements and optical flow. *Journal of the Optical Society of America A, 7*, 160–169.

Warren, W. H., Kay, B. A., Zosh, W. D., Duchon, A. P., & Sahuc, S. (2001). Optic flow is used to control human walking. *Nature Neuroscience, 4*, 213–216.

Warrick, M. J. (1947). *Direction of movement in the use of control knobs to position visual indicators* (USAF AMC Report no. 694–4C). Wright AFB: U.S. Air Force.

Warrick, M. S., Kibler, A., Topmiller, D. H., & Bates, C. (1964). Response time to unexpected stimuli. *American Psychologist, 19*, 528.

Watson, M., & Sanderson, P. (2004). Sonification supports eyes-free respiratory monitoring and task time-sharing. *Human Factors, 46*, 497–517.

Watts-Perotti, J., & Woods, D. (1999). How experienced users avoid getting lost in large display networks. *International Journal of Human Computer Interaction. 11*, 269–299.

Weber, E. (2010). What shapes perceptions of climate change? *Wiley Interdisciplinary Reviews: Climate Change, 1*, 332–342.

Weeks, D. J., & Proctor, R. W. (1990). Salient features coding in the translation between orthogonal stimulus and response dimensions. *Journal of Experimental Psychology: General, 119*, 355–366.

Wegner, D. M., Giuliano, T., & Hertel, P. (1985). Cognitive interdependence in close relationships. In W. J. Ickes (Ed.), *Compatible and incompatible relationships* (pp. 253–276). New York: Springer.

Weinstein, L. F., & Wickens, C. D. (1992). Use of nontraditional flight displays for the reduction of central visual overload in the cockpit. *International Journal of Aviation Psychology, 2*, 121–142.

Weinstein, Y., McDermott, K., & Roediger, H. (2010). A comparison of study strategies for passeges: Rereading, answering questions and generating questions. *Journal of Experimental Psychology: Applied. 16*, 308–316.

Weintraub, D. J. (1971). Rectangle discriminability: Perceptual relativity and the law of pragnanz. *Journal of Experimental Psychology, 88*, 1–11.

Weiss, D., & Shanteau, J. (2003). Empirical assessment of expertise. *Human Factors, 45*, 104–116.

Weldon, M. S., & Bellinger, K. D. (1997). Collective memory: Collaborative and individual processes in remembering. *Journal of Experimental Psychology: Learning, Memory, and Cognition, 23*, 1,160–1,175.

Welford, A. T. (1952). The psychological refractory period and the timing of high speed performance. *British Journal of Psychology, 43*, 2–19.

Welford, A. T. (1967). Single channel operation in the brain. *Acta Psychologica, 27*, 5–21.

Welford, A. T. (1968). *Fundamentals of skill*. London: Methuen.

Welford, A. T. (1976). *Skilled performance: Perceptual and motor skills*. Glenview, IL: Scott, Foresman.

Wellner, M., Sigrist, R., & Riener, R. (2010). Virtual competitors influence rowers. *Presence, 19*, 313–330.

Wells, G. L. (1993). What do we know about eyewitness identification? *American Psychologist, 48*, 553–571.

Wells, G. L.(1984). The psychology of lineup identifications. *Journal of Applied Social Psychology, 14*, 89–103.

Wells, G. L., & Bradfield, A. L. (1998). "Good, you identified the suspect": Feedback to eyewitnesses distorts their reports of the witnessing experience. *Journal of Applied Psychology, 83*, 360–376.

Wells, G. L., & Loftus, E. F. (1984). *Eyewitness testimony: Psychological perspectives*. New York: Cambridge University Press.

Wells, G. L., & Olson, E. A. (2003). Eyewitness testimony. *Annual Review of Psychology, 54*, 277–95.

Wells, G. L., Lindsay, R. C., & Ferguson, T. I. (1979). Accuracy, confidence, and juror perceptions in eyewitness testimony. *Journal of Applied Psychology, 64*, 440–448.

Weltman, H., Smith, J. & Egstrom, G. (1971). Perceptual narrowing during simulated pressuresure chamber exposure. *Human Facotrs, 13*, 99–107.

Wenger, M. J., & Payne, D. G. (1995). On the acquisition of mnemonic skill: Application of skilled memory theory. *Journal of Experimental Psychology: Applied, 1,* 194–215.

Westheimer, G. (2011). Three-dimensional displays and stereo vision. *Proceedings of the Royal Society B, 278,* 2,241–2,248.

Wetherell, A. (1981). The efficacy of some auditory-vocal subsidiary tasks as measures of the mental load on male and female drivers. *Ergonomics, 24,* 197–214.

Wetzel, C. D., Radtke, P. H., & Stern, H. W. (1994). *Instructional effectiveness of video media.* Hillsdale, NJ: Erlbaum.

Wheatley, D. J., & Basapur, S. (2009). A comparative evaluation of TV video telephony with webcam and face to face communication. *Proceedings of the seventh European conference on interactive television.* Leuven, Belgium.

Whitaker, L. A., & Stacey, S. (1981). Response times to left and right directional signals. *Human Factors, 23,* 447–452.

Whitney, P., Arnett, P. A., Driver, A., & Budd, D. (2001). Measuring central executive functioning: what's in a reading span? *Brain and Cognition, 45,* 1–14.

Whittaker, S. (2003). Things to talk about when talking about things. *Human-Computer Interaction, 18,* 149–170.

Wickelgren, W. (1977). Speed accuracy tradeoff end information processing dynamics. *Acta Psychologica, 41,* 67–85.

Wickelgren, W. A. (1964). Size of rehearsal group in short-term memory. *Journal of Experimental Psychology, 68,* 413–419.

Wickens. C. D. ( 2009). The psychology of aviation surprise: an 8 year update regarding the noticing of black swans. In J. Flach & P. Tsang (eds), Proceeedngs 2009 Symposium on Aviation Psychology: Dayton Ohio: Wright State University.

Wickens, C. D. (1976). The effects of divided attention on information processing in tracking. *Journal of Experimental Psychology: Human Perception and Performance, 2,* 1–13.

Wickens, C. D. (1980). The structure of attentional resources. In R. Nickerson (Ed.), *Attention and performance VIII* (pp. 239–257). Hillsdale, NJ: Erlbaum.

Wickens, C. D. (1984). *Engineering psychology and human performance.* Columbus, OH: Merrill.

Wickens, C. D. (1984). Processing resources in attention. In R. Parasuraman & R. Davies (Eds.), *Varieties of attention* (pp. 63–101). New York: Academic Press.

Wickens, C. D. (1986). The effects of control dynamics on performance. In K. R. Boff, L. Kaufman, & J. P. Thomas (Eds.), *Handbook of Perception and Performance* (Vol. II, pp. 39–1/39–60). New York: Wiley.

Wickens, C. D. (1992). *Engineering psychology and human performance* (2nd ed.). New York: Harper Collins.

Wickens, C. D. (1993). Cognitive factors in display design. *Journal of the Washington Academy of Sciences, 83*(4), 179–201.

Wickens, C. D. (1996). Designing for stress. In J. E. Driskell & E. Salas (Eds.), *Stress and human performance* (pp. 279–296). Mahwah, NJ: Erlbaum.

Wickens, C. D. (1999). Frames of reference for navigation. In D. Gopher & A. Koriat (Eds.), *Attention and performance XVI* (pp. 113–144). Orlando, FL: Academic Press.

Wickens, C. D. (2002a). Multiple resources and performance prediction. *Theoretical Issues in Ergonomics Science, 3,* 159–177.

Wickens, C. D. (2002b). Aviation psychology. In L. Backman & C. von Hofsten (Eds.), *Psychology at the turn of the millennium* (Vol. 1). East Sussex, UK: Psychology Press.

Wickens, C. D. (2002c). Situation awareness and workload in aviation. *Current Directions in Psychological Science, 11*(4), 128–133.

Wickens, C. D. (2003). Aviation displays. In P. Tsang & M. Vidulich (Eds.), *Principles and practices of aviation psychology.* Mahwah, NJ: Erlbaum.

Wickens, C. D. (2005). Multiple resource time sharing model. In N. A. Stanton, E. Salas, H. W. Hendrick, A. Hedge, & K. Brookhuis (Eds.), *Handbook of human factors and ergonomics methods* (pp. 40–1/40–7). Taylor & Francis.

Wickens, C. D. (2007). How many resources and how to identify them: Commentary on Boles et al., and Vidulich & Tsang. *Human Factors, 49,* 53–56.

Wickens, C. D. (2008a). Multiple resources and mental workload. *Human Factors, 50,* 449–455.

Wickens, C. D. (2008b). Situation awareness: Review of Mica Endsley's 1995 articles on SA theory and measurement. *Human Factors, 50,* 397–403.

Wickens, C. D. (2012). Noticing events in the visual workplace: The SEEV and NSEEV models. In R. Hoffman & R. Parasuraman (Eds.), *Handbook of Applied Perception* (pp. xx–xx). Cambridge, UK: Cambridge University Press.

Wickens, C. D., & Alexander, A. (2009). Attentional tunneling and task management in synthetic vision displays. *International Journal of Aviation Psychology, 19*, 182–199.

Wickens, C. D., Alexander, A. L., Ambinder, M. S., & Martens, M. (2004). The role of highlighting in visual search through maps. *Spatial Vision, 37*, 373–388.

Wickens, C. D., Bagnall, T., Gosakan, M., & Walters, B. (2011) Modeling single pilot control of multiple UAVs. In M. Vidulich & P. Tsang (Eds), *Proceedings 16th International Symposium on Aviation Psychology:* Dayton, OH: Wright State University.

Wickens, C. D., & Baker, P. (1995). Cognitive issues in virtual reality. In W. Barfield & T. Furness III (Eds.), *Virtual Environments and Advanced Interface Design* (pp. 514–541). New York: Oxford University Press.

Wickens, Carolan, Hutchins & Cumming, 2011 Investigating the impact of training on transfer: A meta-analytic approach. In Proceedings 55th Conference of the Human Factors & Ergonomics Society. Santa Monica, CA.: Human Factors.

Wickens, C. D. & Carswell, C. M. (1995). The proximity compatibility principle: Its psychological foundation and relevance to display design. *Human Factors, 37*, 473–494.

Wickens, C. D., & Carswell, C. M. (2012). Information processing. In G. Salvendy (Ed.), *Handbook of Human Factors and Ergonomics* (4th Ed.) (Ch. 5., pp. xx–xx). New York: Wiley.

Wickens, C. D., & Colcombe, A. (2007). Performance consequences of imperfect alerting automation associated with a cockpit display of traffic information. *Human Factors, 49*, 564–572.

Wickens, C. D., & Dixon, S. R. (2007). The benefits of imperfect diagnostic automation: A synthesis of the literature. *Theoretical Issues in Ergonomics Science, 8*, 201–212.

Wickens, C. D., Dixon, S. R., & Ambinder, M. S. (2006). Workload and automation reliability in unmanned air vehicles. In N. J. Cooke, H. L. Pringle, H. K. Pedersen, & O. Connor (Eds.), *Human factors of remotely operated vehicles* (pp. 209–222). Elsevier: Amsterdam.

Wickens, C. D., Dixon, S., Goh, J., & Hammer, B. (2005). Pilot dependence on imperfect diagnostic automation in simulated UAV flights: an attentional visual scanning analysis. In J. Flach (Ed.), *Proceedings 13th International Symposium on Aviation Psychology*, Wright-Patterson AFB, Dayton OH.

Wickens, C. D., Keller, J. W. & Small, R. L. (2010). Left, No, Right! Development of the Frame of Reference Transformation Tool (FORT). *In Proceedings of the Annual Meeting of the Human Factors and Ergonomics Society* (pp. 1022-1026). Santa Monica, CA: Human Factors and Ergonomics Society.

Wickens, C. D., Dixon, S., & Seppelt, B. (2002). *In-vehicle displays and control task interferences: The effects of display location and modality* (Technical Report AFHD-02-7/NASA-02-5/GM-02-1). Savoy, IL: University of Illinois, Aviation Research Lab.

Wickens, C. D., Gempler, K., & Morphew, M. E. (2000). Workload and reliability of predictor displays in aircraft traffic avoidance. *Transportation Human Factors Journal, 2*, 99–126.

Wickens, C. D., Goh, J., Helleberg, J., Horrey, W. J., & Talleur, D. A. (2003). Attentional models of multitask pilot performance using advanced display technology. *Human Factors, 45*, 360–380.

Wickens, C. D., & Gosney, J. L. (2003). Redundancy, modality, and priority in dual-task interference. In *Proceedings of the 47th Annual Meeting of the Human Factors & Ergonomics Society*. Santa Monica, CA: Human Factors and Ergonomics Society.

Wickens, C. D., Hutchins, S., Carolan, T. & Cumming, J. (2012).

Wickens, C. D., & Hollands, J. G. (2000). *Engineering psychology and human performance* (3rd. Ed.). Upper Saddle River, NJ: Prentice-Hall.

Wickens, C. D., Hooey, B. L., Gore, B. F., Sebok, A., & Koenicke, C. S. (2009). Identifying black swans in NextGen: Predicting human performance in off-nominal conditions. *Human Factors, 5*, 638–651.

Wickens, C. D., & Horrey, W. (2009). Models of attention, distraction and highway hazard avoidance. In M. Regan, Lee, J. D., & Young, K. L. (Eds.), *Driver distraction: Theory, effects, and mitigation*. Boca Raton, FL: CRC Press.

Wickens, C. D., Huiyang, L., Santamaria, A., Sebok, A., & Sarter, N. B. (2010). Stages and levels of automation: An integrated meta-analysis. In *Proceedings of the Human Factors and Ergonomics Society* 54th Annual Meeting. (pp. 389–393). Santa Monica, CA: Human Factors and Ergonomics Society.

*Wickens, C. D., Hutchins, S., Carolan, T. & Cumming, J.* (2012a). Attention and Cognitive Resource Load in Training Strategies . In A. Healy & Lyle Bourne (Eds.), *Training cognition: Optimizing efficiency, durability, and generalizability.* Boca Ratan FL: CRC.

*Wickens, C. D., Hutchins, S., Carolan, T. & Cumming, J.* (2012b). Effectiveness of Part Task Training and Increasing Difficulty Training Strategies: A meta-analysis approach. Human Factors. *Human Factors, 54, #4*

*Wickens, C. D., Hyman, F., Dellinger, J., Taylor, H., & Meador, M.* (1986). The Sternberg Memory Search task as an index of pilot workload. *Ergonomics, 29,* 1,371–1,383.

*Wickens, C. D., & Kessel, C.* (1980). The processing resource demands of failure detection in dynamic systems. *Journal of Experimental Psychology: Human Perception and Performance, 6,* 564–577.

*Wickens, C. D., Ketels, S. L., Healy, A. F., Buck-Gengler, C. J., & Bourne, L. E.* (2010). The anchoring heuristic in intelligence integration: A bias in need of de-biasing. In *Proceedings of the Annual Meeting of the Human Factors and Ergonomics Society* (pp. 2,324–2,328). Santa Monica, CA: Human Factors and Ergonomics Society.

*Wickens, C. D., Kramer, A. F., Vanasse, L., & Donchin. E.* (1983). Performance of concurrent tasks: a psychophysiological analysis of the reciprocity of information-processing resources. *Science, 221(4615),* 1,080–1,082.

*Wickens, C. D., Lee, J. D., Liu, Y., & Gordon Becker, S. E.* (2004). *An Introduction to Human Factors Engineering* (pp. 289–290). Upper Saddle River, NJ.: Pearson.

*Wickens, C. D., Liang, C. C., Prevett, T. T., & Olmos, O.* (1996). Egocentric and exocentric displays for terminal area navigation. *International Journal of Aviation Psychology, 6,* 241–271.

*Wickens, C. D., & Liu, Y.* (1988). Codes and modalities in multiple resources: A success and a qualification. *Human Factors, 30,* 599–616.

*Wickens, C. D., & Long, J.* (1995). Object versus space-based models of visual attention: Implications for the design of head-up displays. *Journal of Experimental Psychology: Applied, 1,* 179–193.

*Wickens, C. D. & McCarley, J. M.* (2008). *Applied attention theory.* Boca Raton, FL: CRC Press.

*Wickens, C. D., Mavor, A., Parasuraman, R., & McGee, J.* (1998). *The future of air traffic control: Human operators and automation.* Washington DC: National Academy Press.

*Wickens, C. D., Merwin, D. H., & Lin, E. L.* (1994). Implications of graphics enhancements for the visualization of scientific data: Dimensional integrality, stereopsis, motion, and mesh. *Human Factors, 36,* 44–61.

*Wickens, C. D., Miller, S., & Tham, M.* (1996). The implications of data link for representing pilot request information on 2D and 3D air traffic control displays. *International Journal of Industrial Ergonomics, 18,* 283–293.

*Wickens, C. D., & Prevett, T. T.* (1995). Exploring the dimensions of egocentricity in aircraft navigation displays: Influences on local guidance and global situation awareness. *Journal of Experimental Psychology, Applied, 1,* 110–135.

*Wickens, C. D., Prinet, J., Hutchins, S., Sarter, N., & Sebok, A.* (2011). Auditory-visual redundancy in vehicle control interruptions: Two meta-analyses. In *Proceedings of the Human Factors and Ergonomics Society Annual Meeting* (pp. 1,155–1,159). Santa Monica, CA: Human Factors and Ergonomics Society.

*Wickens, C. D., Rice, S., Keller, D., Hutchins, S., Hughes, J., & Clayton, K.* (2009). False alerts in the air traffic control conflict alerting system: is there a "cry wolf" effect? *Human Factors, 51,* 446–462.

*Wickens, C. D., & Rose, P. N.* (2001). *Human factors handbook for displays: Summary of findings from the Army Research Lab's Advanced Displays & Interactive Displays Federated Laboratory.* Thousand Oaks, CA: Rockwell Scientific Co.

*Wickens, C. D., Sandry, D., & Vidulich, M.* (1983). Compatibility and resource competition between modalities of input, central processing, and output: Testing a model of complex task performance. *Human Factors, 25,* 227–248.

*Wickens, C. D., Self, B. P., Andre, T. S., Reynolds, T. J., & Small, R. L.* (2007). Unusual attitude recoveries with a spatial disorientation icon. *The International Journal of Aviation Psychology, 17,* 153–165.

*Wickens, C. D., Stokes, A. F., Barnett, B., & Hyman, F.* (1993). The effects of stress on pilot judgment in a MIDIS simulator. In O. Svenson & A. J. Maule (Eds.), *Time pressure and stress in human judgment and decision making* (pp. 271–292). New York: Plenum.

*Wickens, C. D., Thomas, L. C., & Young, R.* (2000). Frames of reference for display of battlefield terrain and enemy information: Task-display dependencies and viewpoint interaction use. *Human Factors, 42,* 660–675.

Wickens, C. D., Todd, S., & Seidler, K. (1989). *Three-dimensional displays: Perception, implementation, and applications* (CSERIAC SOAR-89-01). Wright-Patterson AFB, OH: Armstrong Aerospace Medical Research Laboratory.

Wickens, C. D., Ververs, P., & Fadden, S. (2004). Head-up display design. In D. Harris (Ed.), *Human factors for civil flight deck design* (pp. 103–140). UK: Ashgate.

Wickens, C. D., Vidulich, M., & Sandry-Garza, D. (1984). Principles of S-C-R compatibility with spatial and verbal tasks: The role of display-control location and voice-interactive display-control interfacing. *Human Factors, 26*, 533–543.

Wickens, C. D., Vincow, M. A., Schopper, A. W., & Lincoln, J. E. (1997). *Computational models of human performance in the design and layout of controls and displays.* CSERIAC State of the Art (SOAR) Report. Wright-Patterson AFB: Crew Systems Ergonomics Information Analysis Center.

Wickens, T. (2002). Elementary Signal Detection. San Francisco: Freeman.

Wiegmann, D., & Shappell, S. (2003). *A human error approach to aviation accident analysis.* Burlington VT: Ashgate.

Wiegmann, D., Goh, J., & O'Hare, D. (2002). The role of situation assessment and flight experience in pilots' decisions to continue visual flight rules flight into adverse weather. *Human Factors, 44*, 171–188.

Wiener, E. L. (1977). Controlled flight into terrain accidents: System-induced errors. *Human Factors, 19*, 171–181.

Wiener, E. L. (1981). Complacency: Is the term useful for air safety? In *Proceedings of the 26th Corporate Aviation Safety Seminar* (pp. 116–125). Denver, CO: Flight Safety Foundation.

Wiener, E. L. (1988). Cockpit automation. In E. L. Wiener & D. C. Nagel (Eds.), *Human factors in aviation* (pp. 433–461). San Diego: Academic Press.

Wiener, E. L. (1989). Reflections on human error: Matters of life and death. In *Proceedings of the 33rd Annual Meeting of the Human Factors Society* (pp. 1–7). Santa Monica, CA: Human Factors Society.

Wiener, E. L., & Curry, R. E. (1980). Flight deck automation: Promises and problems. *Ergonomics, 23*, 995–1,012.

Wiener, E. L., Kanki, B. G., & Helmreich, R. L. (1993). *Cockpit resource management.* San Diego, CA: Academic Press.

Wierwille, W. W., & Casali, J. G. (1983). A validated rating scale for global mental workload measurement applications. In *Proceedings of the 27th Annual Meeting of the Human Factors Society.* Santa Monica, CA: Human Factors Society.

Wierwille, W. W., & Williges, R. C. (1978, September). *Survey and analysis of operator workload assessment techniques* (Report No. S-78-101). Blacksburg, VA: Systemetrics.

Wiese, E. E. & Lee, J. D. (2004). Auditory alerts for in-vehicle information systems: the effects of temporal conflict and sound parameters on driver attitudes and performance. *Ergonomics 47*, 965–86.

Wiggins, M. W. (2010). Vigilance decrement during a simulated general aviation flight. *Applied Cognitive Psychology, 25*, 229–235.

Wiggins, M., & O'Hare, D. (1995). Expertise in aeronautical weather-related decision making: A cross-sectional analysis of general aviation pilots. *Journal of Experimental Psychology: Applied, 1*, 305–320.

Wightman, D. C., & Lintern, G. (1985). Part-task training for tracking and manual control. *Human Factors, 27*, 267–283.

Wikman, A. S., Nieminen, T., & Summala, H. (1998). Driving experience and time-sharing during in-car tasks on roads of different width. *Ergonomics, 41*, 358–372.

Wilkinson, R. T. (1964). Artificial "signals" as an aid to an inspection task. *Ergonomics, 7*, 63–72.

Willemsen, P., Colton, M. B., Creem-Regehr, S. H., & Thompson, W. B. (2009). The effects of head-mounted display mechanical properties and field of view on distance judgments in virtual environments, *ACM Transactions on Applied Perception, 6*(2), Article 8, 1–14.

Williams, A. & Davids, K. (1998) Visual search strategy, selective attention, and expertise in soccer. *Research Quarterly for Exercise and Sport, 69*, 111–128.

Williams, D. E., Reingold, E. M., Moscovitch, M., & Behrmann, M. (1997). Patterns of eye movements during parallel and serial visual search tasks. *Canadian Journal of Experimental Psychology, 51*, 151–164.

Williams, D. J., & Noyes, J. M. (2007). How does our perception of risk influence decision-making? Implications for the design of risk information. *Theoretical Issues in Ergonomics Science, 8*, 1–35.

Williams, H. P., Wickens, C. D., & Hutchinson, S. (1994). Realism and interactivity in navigational training: A comparison of three methods. In *Proceedings of the Human Factors and Ergonomics Society 38th Annual Meeting* (pp. 1,163–1,167). Santa Monica, CA: Human Factors and Ergonomics Society.

Williams, M. D., Hollan, J. D., & Stevens, A. L. (1983). Human reasoning about a simple physical system. In D. Gentner & A. L. Stevens (eds.), *Mental models*. Hillsdale, NJ: Erlbaum.

Williges, R. C. (1971). The role of payoffs and signal ratios on criterion changes during a monitoring task. *Human Factors, 13*, 261–267.

Williges, R. C., & Wierwille, W. W. (1979). Behavioral measures of aircrew mental workload. *Human Factors, 21*, 549–555.

Wilson, G. F. (2001). In-flight psychophysiological monitoring. In F. Fahrenberg & M. Myrtek (Eds.) *Progress in ambulatory monitoring*. (pp. 435–454). Seattle: Hogrefe and Huber.

Wilson, G. F. (2002). Psychophysiological test methods and procedures. In S. G. Charlton & T. G. O'Brien (Eds.), *Handbook of human factors testing and evaluation* (2nd Ed., pp. 127–156). Mahwah, NJ: Erlbaum.

Wilson, G. F., & Russell, C. A. (2003). Operator functional state classification using multiple psychophysiological features in an air traffic control task. *Human Factors, 45*, 381–289.

Wilson, G. F., & Russell, C. A. (2007). Performance enhancement in an uninhabited air vehicle task using psychophysiologically determined adaptive aiding. *Human Factors, 49*, 1,005–1,018.

Wilson, P. N., Foreman, N., & Tlauka, M. (1997). Transfer of spatial information from a virtual to a real environment. *Human Factors, 39*, 526–531.

Wine, J. (1971). Test anxiety and direction of attention. *Psychological Bulletin, 76*, 92–104.

Winter, J. C., F., & Dodou, D. (2011). Why the Fitts list has persisted throughout the history of function allocation. Cognition, Technology, and Work, doi 10.1007/s10111-011-0188-1.

Wise, J. A., & Debons, A. (1987). Principles of film editing and display system design. In *Proceedings of the 31st Annual Meeting of the Human Factors Society* (pp. 121–124). Santa Monica, CA: Human Factors Society.

Witmer, B. G., & Kline, P. B. (1998). Judging perceived and traversed distance in virtual environments. *Presence, 7*, 144-167.

Wixted, J. T. (2007). Dual-process theory and signal-detection theory of recognition memory. *Psychological Review, 114*, 152–176.

Wogalter, M. S., & Conzola, V. C. (2002). Using technology to facilitate the design and delivery of warnings. *International Journal of Systems Science, 33*(6), 461–466.

Wogalter, M. S., Godfrey, S. S., Fontenelle, G. A., Desaulniers, D. R., Rothstein, P. R., & Laughery, K. R. (1987). Effectiveness of warnings. *Human Factors, 29*, 599–612.

Wogalter, M. S., & Laughery, K. R. (2006). Warnings and hazard communications. In G. Salvendy (Ed.), *Handbook of human factors and ergonomics* (3rd Ed., pp. 889–911). Hoboken, NJ: Wiley.

Wogalter, M. S., & Silver, N. C. (1995). Warning signal words: Connoted strength and understandability by children, elders, and non-native English speakers. *Ergonomics, 38*, 2,188–2,206.

Wolf, L. D., Potter, P., Sedge, J., Bosserman, S., Grayson, D., & Evanoff, B. (2006). Describing Nurses' work: Combining quantitative and qualitative analysis. *Human Factors, 48*, 5–14.

Wolfe, F. M. (1986). *Meta-analysis: quantitative methods for research synthesis*. Newbury Park, CA: Sage.

Wolfe, J. M. (1994). Guided search 2.0: A revised model of visual search. *Psychonomic Bulletin and Review, 1*, 202–238.

Wolfe, J. M. (2007). Guided search 4.0: Current progress with a model of visual search. In W. D. Gray (Ed.), *Integrated models of cognitive systems* (pp. 99–119).New York: Oxford University Press.

Wolfe, J. M., & Horowitz, T. S. (2004). What attributes guide the deployment of visual attention and how do they do it? *Nature Reviews Neuroscience, 5*(6), 495–501.

Wolfe, J. M., Horowitz, T. S., & Kenner, N. M. (2005). Rare items often missed in visual searches. *Nature, 435*, 439.

Wolfe, J. M., Horowitz, T. S., & Kenner, N. M. (2005). Rare items often missed in visual searches. *Nature, 435*, 439–440.

Wolfe, J. M., Horowitz, T. S., Van Wert, M. J., Kenner, N. M., Place, S. S., & Kibbi, N. (2007). Low target prevalence is a stubborn source of errors in visual search tasks. *Journal of Experimental Psychology: General, 136*, 623–638.

**Wood, N., & Cowan, N.** (1995). The cocktail party phenomenon revisited: How frequent are attention shifts to one's name in an irrelevant auditory channel? *Journal of Experimental Psychology: Learning, Memory, & Cognition, 21,* 255–260.

**Woods, D. D.** (1984). Visual momentum: A concept to improve the cognitive coupling of person and computer. *International Journal of Man-Machine Studies, 21,* 229–244.

**Woods, D. D.** (1995). The alarm problem and directed attention in dynamic fault management. *Ergonomics, 38,* 2,371–2,393.

**Woods, D. D.** (1996). Decomposing automation: Apparent simplicity, real complexity. In R. Parasuraman & M. Mouloua (Eds.), *Automation and human performance* (pp. 3–18). Mahwah, NJ: Erlbaum.

**Woods, D. D., Johannesen, L. J., Cook, R. I., & Sarter, N. B.** (1994). *Behind human error: Cognitive systems, computers, and hindsight* (State-the-the Art Report CSERIAC 94-01). Wright-Patterson AFB, OH: CSERIAC Program Office.

**Woods, D., Patterson, E., & Roth, E.** (2002). Can we ever escape from data overload? *Cognition, Technology and Work, 4,* 22–36.

**Woods, D. D., & Roth, E.** (1988). Aiding human performance: II. From cognitive analysis to support systems. *Le Travail Humain, 51,* 139–172.

**Woods, D. D., Wise, J., & Hanes, L.** (1981). An evaluation of nuclear power plant safety parameter display systems. In *Proceedings of the 25th Annual Meeting of the Human Factors Society.* Santa Monica, CA: Human Factors Society.

**Woodworth, R. S., & Schlossberg, H.** (1965). *Experimental psychology.* New York: Holt, Rinehart & Winston.

**Worringham, C., & Beringer, D.** (1989) Operator compatibility and orientation in visual-motor task performance. *Ergonomics, 32,* 387–399.

**Wotring, B., Dyre, B. P., & Behr, J.** (2008). Cross-talk between altitude changes and speed control during simulated low-altitude flight. In *Proceedings of the Human Factors and Ergonomics Society—52nd Annual Meeting* (pp. 1,194–1,198). Santa Monica, CA: Human Factors and Ergonomics Society.

**Wouters, P., Paas, F., & van Merriënboer, J. J. G.** (2008). How to optimize learning from animated models: A review of guidelines based on cognitive load. *Review of Educational Research, 78,* 645–675.

**Wright, D. & Davides, G.** (2007) Eyewitness testimony. In F. Durso (Ed.) *Handbook of Applied Cognition* (2nd Ed). West Sussex, UK: Wiley.

**Wright, D., & Loftus, E.** (2005). Eyewitness memory. In G. Cohen & M. A. Conway (Eds.), *Memory in the real world* (3rd Ed.) (pp. 91–106). New York: Taylor & Francis.

**Wright, P.** (1974). The harassed decision maker: Time pressures, distractions, and the use of evidence. *Journal of Applied Psychology, 59,* 555–561.

**Wright, P., & Barnard, P.** (1975). Just fill in this form—A review for designers. *Applied Ergonomics, 6,* 213–220.

**Xiao, Y., Seagull, F. J., Nieves-Khouw, F., Barczak, N., & Perkins, S.** (2004). Organizational–historical analysis of the "failure to respond to alarm" problems. *IEEE Transactions on Systems, Man, and Cybernetics. Part A. Systems and Humans, 34,* 772–778.

**Xu, X., Wickens, C. D., & Rantanen, E. M.** (2007). Effects of conflict alerting system reliability and task difficulty on pilots' conflict detection with cockpit display of traffic information. *Ergonomics, 50,* 112–130.

**Yallow, E.** (1980). *Individual differences in learning from verbal and figural materials* (Aptitudes Research Project Technical Report No. 13). Palo Alto, CA: Stanford University, School of Education.

**Yamani, Y., & McCarley, J. S.** (2010). Visual search asymmetries within color-coded and intensity-coded displays. *Journal of Experimental Psychology: Applied, 16,* 124–132.

**Yantis, S.** (1993). Stimulus driven attentional capture. *Current Directions in Psychological Science, 2,* 156–161.

**Yantis, S., & Johnston, J. C.** (1990). On the locus of visual selection: Evidence from focused attention tasks. *Journal of Experimental Psychology: Human Perception and Performance, 16,* 135–149.

**Yarbus. A. L.** (1967). *Eye movements and vision.* New York: Plenum Press.

**Ye, N., & Salvendy, G.** (1994). Quantitative and qualitative differences between experts and novices in Chunking computer software knowledge. *International Journal of Human–Computer Interaction, 6,* 105–118.

**Yechiam E., & Hochman, G.** (in press). Losses as modulators of attention: Review and analysis of the unique effects of losses over gains. Psychological Bulletin.

*Yeh, M., Merlo, J., & Wickens, C. D.* (2003). Head up versus head down: The costs of imprecision, unreliability, and visual clutter on cue effectiveness for display signaling. *Human Factors, 45,* 390–407.

*Yeh, M., Merlo, J. L., Wickens, C. D., & Brandenburg, D. L.* (2003). Head up versus head down: The costs of imprecision, unreliability, and visual clutter on cue effectiveness for display signaling. *Human Factors, 45,* 390–407.

*Yeh, M., Multer, J., & Raslear, T.* (2009). An application of signal detection theory for understanding driver behavior at highway-rail grade crossings. In *Proceedings of the Human Factors and Ergonomics Society—53rd Annual Meeting* (pp. 1776–1780). Santa Monica, CA: Human Factors and Ergonomics Society.

*Yeh, M., & Wickens, C. D.* (2001). Attentional filtering in the design of electronic map displays: A comparison of color coding, intensity coding, and decluttering techniques. *Human Factors, 43,* 543–562.

*Yeh, M., Wickens, C. D., & Seagull, F. J.* (1999). Target cuing in visual search: The effects of conformality and display location on the allocation of visual attention. *Human Factors, 41,* 524–542.

*Yeh, Y. Y., & Wickens, C. D.* (1988). The dissociation of subjective measures of mental workload and performance. *Human Factors, 30,* 111–120.

*Yin, S.Q., Wickens, C. D., Pang, H., & Helander, M.* (2011) Comparing rate of change cues in trend displays for a process control system. In *Proceedings of the 55th Annual Meeting of the Human Factors and Ergonomics Society.* Santa Monica, CA: Human Factors and Ergonomics Society.

*Young, M. J., Landy, M. S., & Maloney, L. T.* (1993). A perturbation analysis of depth perception from combinations of texture and motion cues. *Vision Research, 33,* 2,685–2,696.

*Young, M. S., & Stanton, N. A.* (2002). Malleable attentional resources theory: A new explanation for the effects of mental underload on performance. *Human Factors, 44,* 365–375.

*Young, S. L., Wogalter, M. S., & Brelsford, J. W.* (1992). Relative contribution of likelihood and severity of injury to risk perceptions. In *Proceedings of the 36th Annual Meeting of the Human Factors and Ergonomics Society* (pp. 1,014–1,018). Santa Monica, CA: Human Factors and Ergonomics Society.

*Yuille, J. C. & Bulthoff, H. H.* (1995). A Bayesian framework for the integration of visual modules. In T. Inui & J. L. McClelland (Eds.), *Attention and performance: Vol 16. Information integration in perception and communication* (pp. 47–70). Cambridge, MA: MIT Press.

*Zadeh, L. A.* (1965). Fuzzy sets. *Information and Control, 8,* 338–353.

*Zakay, D.* (1993). The impact of time perception processes on decision making under time stress. In O. Svenson & A. J. Maule (Eds.), *Time pressure and stress in human judgment and decision making* (pp. 59–72). New York: Plenum.

*Zander, T., & Kothe, C.* (2011). Towards passive brain-computer interfaces: applying brain-computer interface technology to human-machine systems in general. *Journal of Neural Engineering, 8,* 1–5.

*Zarcadoolas, C.* (2010). *The simplicity complex: exploring simplified health messages in a complex world.* Health Promotion International.

*Zeitlin, L. R.* (1994). Failure to follow safety instructions: Faulty communications or risky decisions? *Human Factors, 36,* 172–181.

*Zekveld, A. A., Heslenfeld, D. J., Festen, J. M., & Schoonhoven, R.* (2006). Top-down and bottom-up processes in speech comprehension. *NeuroImage, 32,* 1,826–1,836.

*Zhai, S.* (2008). On the ease and efficiency of human-computer interfaces. In *ETRA '08 Proceedings of the 2008 Symposium on Eye Tracking Research & Applications* (pp. 9–10). New York: Association for Computing Machinery.

*Zhai, S., Kristensson, P. O., Appert, C., Andersen, T. H., & Cao, X.* (in press). Foundational issues in touch-screen stroke gesture design—An integrative review. *Foundations and Trends in Human–Computer Interaction.*

*Zhang, J., & Norman, D. A.* (1994). Representations in distributed cognitive tasks. *Cognitive Science, 18,* 87–122.

*Zhang, L., & Cao, C.* (2010). The effect of image orientation on a dynamic laparoscopic task. In *Proceedings of the 54th Annual Meeting of the Human Factors Society.* Santa Monica, CA: Human Factors and Ergonomics Society.

*Zheng, Y., Brown, M., Herdman, C. M., & Bleichman, D.* (2007). Lane position head-up displays in automobiles: Further evidence for cognitive tunneling. In *14th International Symposium on Aviation Psychology.* Dayton, OH: Wright State University. Available at http://www6.carleton.ca/ace/projects-and-publications/heads-up-displays/

*Zsambok, C. E., & Klein, G.* (1997). *Naturalistic decision making.* Mahwah, NJ: Erlbaum.

# 찾아보기

## 역자 소개

### 곽호완

서울대학교 대학원 심리학과 석사(지각심리학 전공)

미국 존스홉킨스대학교 대학원 심리학과 졸업(Ph.D., 실험심리학 전공)

현재 경북대학교 심리학과 교수

### 박창호

서울대학교 대학원 심리학과 석사(지각심리학 전공)

서울대학교 대학원 심리학과 졸업(문학박사, 지각심리학 전공)

현재 전북대학교 심리학과 교수

### 남종호

서울대학교 대학원 심리학과 석사(실험심리학 전공)

미국 Rutgers, the State University of New Jersey(MS, Ph.D., 인지심리학 전공)

미국 University of California, Irvine, 박사후 연구원(PostDoc)

현재 가톨릭대학교 심리학과 교수

### 이재식

서울대학교 대학원 심리학과 석사(성격심리학 전공)

미국 아이오와대학교 대학원 심리학과 졸업(Ph.D., 공학심리학/인간공학 전공)

미국 아이오와대학교, CCAD & IDS 연구원(PostDoc)

현재 부산대학교 심리학과 교수

### 김영진

서울대학교 대학원 심리학과 석사(언어심리학 전공)

미국 켄트주립대학교 대학원 심리학과 졸업(Ph.D., 인지심리학 전공)

현재 아주대학교 심리학과 교수